W0205494

Der Zweite Weltkrieg

Ein Lexikon

Der Zweite Weltkrieg

Ein Lexikon

Herausgegeben von Christian Zentner

tosa

Alle Rechte vorbehalten
Genehmigte Lizenzausgabe für Tosa Verlag, Wien 2005
© Ullstein Heyne List GmbH & Co. KG, München
Veröffentlicht 1995 im Wilhelm Heyne Verlag, München
Umschlag von Peter Udo Pinzer
In jenen Fällen, in denen die Rechteinhaber an Bildern nicht eruiert werden konnten, bleiben berechtigte Ansprüche bestehen.
Printed in Czech Republic 2005

www.tosa-verlag.com

Verzeichnis der Abkürzungen

Außer den nachstehend aufgeführten Abkürzungen werden allgemein übliche verwendet wie etwa für Monatsnamen (z.B. Aug.), Staaten (z.B. USA), Parteien (z.B. NSDAP) und Maßangaben (z.B. km = Kilometer oder m/s = Meter pro Sekunde). Kürzel, die als eigenes Lexikonstichwort auftauchten, fehlen hier (z.B. DAK = Deutsches Afrika-Korps). Alle Abkürzungen gelten gewöhnlich auch für die gebeugten (flektierten) Formen (z.B. der Pz., dem Pz.), die Mehrzahl (die Pz.), in Zusammensetzungen (Flakpz.) und im Wortinnern (Schützenpz.wagen). Die Endungen -isch und -lich können entfallen (z.B. techn. = technisch, gefährl. = gefährlich), sofern Mißverständnisse ausgeschlossen sind und die Abbreviaturen den Lesefluß nicht behindern. Das jeweilige Stichwort erscheint im zugehörigen Artikel immer nur mit dem Anfangsbuchstaben plus Punkt, ohne Punkt abgekürzt werden nur die Himmelsrichtungen (z.B. W = West/en, SO = Südost/en) und die üblichen Maßangaben (z.B. kp = Kilopond). Im übrigen können die folgenden Wörter auch unabgekürzt vorkommen.

Abb.	Abbildung
Abk.	Abkürzung
Abt.	Abteilung
allg.	allgemein
Aufl.	Auflage
Bd.	Band
Bde	Bände
bes.	besonders
Bez.	Bezeichnung
Div.	Division
dt.	deutsch
ebd.	ebenda
einschl.	einschließlich
entspr.	entsprechend
erfolgr.	erfolgreich
europ.	europäisch
ev.	evangelisch
Frkr.	Frankreich
frz.	französisch
gegr.	gegründet
Gen.	General
ges.	gesamt
Großbrit.	Großbritannien
Hrsg.	Herausgeber
Inf.	Infanterie
insbes.	insbesondere
insges.	insgesamt
Inst.	Institut
internat.	international
inzw.	inzwischen
Jh.	Jahrhundert
kath.	katholisch
kn	Knoten
Kommand.	Kommandierender
MdR	Mitglied des Reichstags
Min.	Minister/ium
Mio.	Millionen
Mrd.	Milliarden
nat.	national
nat.-soz.	nationalsozialistisch
Nat.-soz.	Nationalsozialismus, Nationalsozialist/en
OB	Oberbefehlshaber
offiz.	offiziell
Präs.	Präsident
Prof.	Professor
Pz.	Panzer
Reg.	Regierung
RGBl	Reichsgesetzblatt
sm	Seemeile/n
sog.	sogenannt
stellv.	stellvertretend
Stellv.	Stellvertreter
Vors.	Vorsitzender
wirtsch.	wirtschaftlich
Wirtsch.	Wirtschaft
wiss.	wissenschaftlich
Wiss.	Wissenschaft
zahlr.	zahlreich
z.S.	zur See
zus.	zusammen
zV	zur Verfügung
zw.	zwischen

Geographische Angaben entsprechen den politischen Verhältnissen der Jahre 1939-45.

A

A 4, Abk. für Aggregat 4, offiz. Bez. für die Fernrakete ➢ V 2.

Aachen, dt. Großstadt nahe der belg. Grenze mit 162 000 Einwohnern (1939). A. war gleich nach Angriffsbeginn im W (10.5.40) Ziel brit. Luftangriffe, die in den folgenden Monaten und Jahren mit wachsender Intensität wiederholt wurden. Besonders schwere Bombenangriffe trafen die Stadt am 13./14.7.43, am Heiligen Abend 43 und am 11./12.4.44. Dabei wurden Dom, Kaiserpfalz und weitere Kulturdenkmäler zerstört oder beschädigt. A. als »Wiege des Heiligen Röm. Reiches Dt. Nation« sollte nach Hitlers Willen um jeden Preis gehalten werden: Am 11.9.44 nahmen die dt. Truppen im Raum A. ihre Stellungen am ➢ Westwall ein, den Einheiten der 1. (Hodges) und 9. US-Armee (Simpson) Anfang Okt. durchbrachen. Die Zivilbevölkerung der zu 65 % zerstörten Stadt wurde weitgehend evakuiert, ehe die Amerikaner am 7.10. mit massiver Luft- und Artillerieunterstützung zur Umfassung ansetzten. Ihre Angriffskeile schlossen sich am 14.10. um A., das von 5000 Mann unter Oberst Wilck in zähem Straßenkampf verteidigt wurde. Erst am 21.10. wurden die Ruinen übergeben. Die Schlacht um A. verzögerte den alliierten Vormarsch ins Ruhrgebiet um mehrere Wochen.

AASF, Abkürzung für Advanced Air Striking Force, Luftstreitkräfte der RAF, die mit den ➢ British Expeditionary Forces (BEF) im Sept. 39 nach Frkr. verlegten.

Abbeville, nordfrz. Stadt am rechten Ufer der Somme, nahe ihrer Mündung, mit 19 500 Einwohnern (1940). A. wurde in der Nacht vom 20./21.5.40 nach Luftangriffen von mot. Verbänden der Wehrmacht besetzt, die am linken Flußufer einen Brückenkopf bildeten. Während das XIX. Pz.korps (Guderian) Richtung Boulogne einschwenkte, um sich an der Einkesselung der alliierten Armeen in Belgien zu beteiligen, übernahm am 28.5. die 51. (bayer.) Inf.div. die Verteidigung und Sicherung von Stadt und Brückenkopf. Tags zuvor war ein frz. Gegenangriff angelaufen mit zwei leichten Div., verstärkt durch brit. Pz.brigaden, und der 4. Pz.div. unter de Gaulle. Sie drangen trotz mangelhafter Pz.- und Artillerieunterstutzung am 29.5. bis zu 5 km tief in die dt. Stellungen ein, mußten das gewonnene Gelände am nächsten Tag jedoch im Feuer der 8,8-Flak-Batterien wieder räumen, dem zwei Drittel ihrer Kampfwagen zum Opfer fielen. Die Schlacht von A. war im Frankreichfeldzug der einzige halbwegs erfolgr. frz. Angriff mit zusammengefaßten gepanzerten Verbänden gegen die langgedehnten dt. Flanken.

AB-Aktion, Abkürzung für ⋙ Außerordentliche Befriedungsaktion.

ABC Ferry Command, Kurzbez. für die Nachschubeinheit der US-Luftwaffe in Assam, Burma und China. Das A. versorgte 1942 die zurückweichenden alliierten Truppen in Burma und flog später Kriegsmaterial von Indien über den Himalaya für die abgeschnittenen chines. Streitkräfte (⋙ »The Hump«).

ABDA Command, Kurzbez. für ein Austral.-Brit.-Holländ. (Dutch)-Amerikanisches Oberkommando im ⋙ Pazifik-Krieg, geplant gleich nach dem japan. Angriff und installiert unter ⋙ Wavell am 8.1.42, zunächst in Singapur, dann auf holländ. Wunsch in Lembang (Java), Gen.stabschef Henry Pownall (Großbrit.). Das A. sollte die Maßnahmen zur Eindämmung des japan. Vormarsches in Indonesien koordinieren, konnte aber weder den Fall von ⋙ Singapur noch die Landungen auf Sumatra, Celebes, Borneo und Timor verhindern. Ein Marinevorstoß unter dem holländ. Admiral Karl Doorman scheiterte in der Schlacht in der ⋙ Java-See (27.2.-1.3.42). Schon am 25.2. hatte Wavell die Auflösung des A. angeordnet, Java geräumt und den Holländern die aussichtslose Verteidigung der Insel überlassen. Das A. wurde durch ein Oberkommando SO-Pazifik unter MacArthur und ein Fernost-Hauptquartier unter Wavell ersetzt.

»Aberdeen«, Codebez. für den Gegenschlag der brit. 8. Armee (Ritchie) gegen die Offensive Rommels zur Umgehung der brit. Ghasala-Front (⋙ »Theseus«) Mai/Juni 42. »A.« lief am 4.6. an und sollte nördl. des dt.-italien. Hauptstoßes Breschen in den Sperrgürtel der Achsentruppen schlagen und die Angreifer abschneiden. Trotz erhebl. Materialverluste der Abwehrkräfte unter Gen. ⋙ Nehring (u.a. 190 von 320 Pz.) wurde »A.« zu einer schweren Niederlage der 8. Armee, die sämtl. Einsatzkräfte verschliß. Im brit. Zentrum klaffte nun eine breite Lücke, deren konsequente Nutzung Rommel jedoch wegen der Schlacht um ⋙ Bir Hacheim versäumte, so daß ⋙ Tobruk erst am 21.6. fiel.

Abessinien, Kaiserreich in O-Afrika (die Eigenbez. Äthiopien hat sich im dt. Sprachgebrauch erst nach 1945 durchgesetzt) mit 1,2 Mio. km^2 und 12 Mio. Einwohnern (1933), Hauptstadt Addis Abeba; seit Ende des 19. Jh. von Rom als italien. Interessengebiet betrachtet (1906 von Großbrit. und Frkr. anerkannt). A. wurde am 2.10.35 vom faschist. Italien angegriffen und nach unerwartet mühevollen Kämpfen bis Mai 36 erobert und annektiert. Sanktionen des Völkerbunds waren weitgehend wirkungslos geblieben, weil Hitler mit dt. Kohle- und Stahllieferungen in die Bresche sprang und damit den Grundstein der Achse Berlin – Rom legte.
Von A. aus holte Mussolini am 3.8.40 zum erfolgreichen Schlag gegen Brit. Somaliland aus, das am 19.8. von den letzten brit. Kontingenten geräumt wurde. Nur sehr vorübergehend gewann Italien damit eine Verbesserung der Kontrolle über die Zufahrten zum Roten Meer und zum Suezkanal, denn schon am 19.1.41 trat Gen. Platt mit ind. und sudanes. Truppen vom Sudan aus zum Angriff auf Eritrea an, am 10.2.1941 folgte aus Kenia die Offensive Gen. Cunninghams mit afrikan. und südafri-

kan. Verbänden gegen Italien. Somaliland, und am 16.3. 41 setzte eine brit. Kampfgruppe von Aden nach Berbera in Brit. Somaliland über. Mogadischu und damit Italien. Somaliland fiel am 25.2., so daß Cunningham nach Norden vorstoßen konnte (20.3. Harar, 4.4. Addis Abeba, 18.4. Dessie). Inzw. hatte Platt bis 1.4. Eritrea unter Kontrolle gebracht und traf sich am 16.5. mit der südl. Front bei Ambla Aladji. Damit war der A.-Feldzug de facto beendet, obwohl im westlichen Landesteil noch weitergekämpft wurde und letzter italien. Widerstand erst am 27.11.41 in Gondar erlosch.

Die italien. Niederlage war beschleunigt worden durch Nachschubprobleme wegen der brit. Seeherrschaft, durch den kräftezehrenden Kampf gegen Griechenland und durch Desertion zahlr. abessin. Truppenteile. Am 5.5.41 zog Kaiser Haile Selassie wieder in seiner Hauptstadt ein, doch blieb ein Teil von A. (zum Teil bis 1945) unter brit. militär. Kontrolle.

Abetz, Otto, * Schwetzingen 26.3.1903, † Langenfeld bei Düsseldorf 5.5.1958, dt. Diplomat; ursprünglich Zeichenlehrer, aktiv in der Jugendbewegung, Vorkämpfer einer dt.-frz. Aussöhnung. Trotz solch »internationalist.« Haltung fand Abetz 1931 zur NSDAP, arbeitete 1934 in der Reichsjugendführung und seit Januar 1935 als Frkr.-Experte in der Dienststelle Ribbentrop. Im Juli 39 ausgewiesen, wurde er im Aug. 40 nach der frz. Niederlage dt. Botschafter bei der ≫ Vichy-Regierung und vermittelte u.a. das Treffen Hitler – Pétain in ≫ Montoire. A. (seit 1941 SS-Brigadeführer) wurde 1945 von den Alliierten verhaftet und als Mitschuldiger unter anderem an den Judendeportationen 1949 zu 20 Jahren Zwangsarbeit verurteilt. 1954 freigelassen, kam er bei einem Autounfall ums Leben.

Abwehr, militär. Nachrichten- und Spionageabwehrdienst, offiz. Bez. seit 4.2.38 Amtsgruppe Abwehr und seit 1939 Amt Ausland/A. im OKW. Die A. entstand 1920, und die Namensgebung sollte nach dem 1. Weltkrieg den defensiven Charakter des im Reichswehrministerium angesiedelten Amtes betonen. Das änderte sich nach der Machtergreifung im Zuge der Aufrüstung zunächst 1933/34 unter Kapitän z. S. Patzig, der aber in Konflikt mit der NSDAP geriet, und dann (seit 1.1.35) unter Konteradmiral (1.1.40 Admiral) W. ≫ Canaris. Es entstand ein schlagkräftiger Geheimdienst, der sich gliederte in das Amt Ausland (Vizeadmiral Bürkner), die Zentralabteilung für Verwaltung und Archiv (Oberst ≫ Oster) sowie die Abteilungen I (Meldewesen; Oberst Piekenbrock), II (Sabotage, Subversion, Minderheiten; Oberst von Lahousen) und III (Spionageschutz, Gegenspionage; Oberst von Bentivegni). A.aufgaben hatten neben der Canaris-Behörde die Abteilungen beim Oberquartiermeister IV und »Fremde Heere« im OKH. Mit der militär. Abwehr rivalisierte der Sicherheitsdienst (SD) der SS (bis 1942 Heydrich, danach Schellenberg).

Das Amt Ausland/A. wurde nach der Fritsch-Krise zu einem Zentrum des militär. Widerstandes mit dem Motor H. Oster. Es glückte ihm lange, die Verschwörer zu tarnen, ihre Pläne abzusichern und den Kriegsgegnern Nachrichten zukommen zu lassen. Nach der Verhaftung von H. v. ≫ Dohnányi und Osters Kaltstellung im April 43 wegen

Achse Berlin – Rom: Benito Mussolini und Adolf Hitler bei der feierlichen Schlußkundgebung zum Staatsbesuch des Duce auf dem »Maifeld« in Berlin am 29. September 1937. Während des Treffens der beiden Diktatoren wurde die »Achse Berlin – Rom« besiegelt, die Hitler (neben der angestrebten Koalition mit England) schon in seinem Bekenntnisbuch »Mein Kampf« für sein außenpolitisches Wunschbündnis erklärt hatte.

unvorsichtiger Devisentransaktionen im Rahmen der Rettungsaktion »V7« schwanden aber die Möglichkeiten der A. Ihr Widerstand erlosch schließl. mit der Entmachtung ➢ Canaris im Febr. 44 und der Übernahme der A. als Militär. Amt (AMT MIL) durch den SD.

Achse Berlin – Rom, Bez. für das enge außenpolit. Verhältnis zw. Italien und dem Dt. Reich vor und während des 2. Weltkriegs. Der Begriff A. wurde im Sept. 36 von H. ➢ Frank geprägt (den europ. Wagen »auf der Achse von Nat.soz. und Faschismus vorwärtsfahren«), von Mussolini in der Mailänder

Rede vom 1.11.36 verbreitet und beschrieb die seit dem italien. Krieg gegen Abessinien sich intensivierende dt.-italien. Kooperation. Bestätigt im span. Bürgerkrieg (1936-39), ausgebaut durch den Antikominternpakt (6.11.37) und vertraglich fixiert im ➢ Stahlpakt (22.5.39), erfuhr die A. durch den ➢ Dreimächtepakt (27.9.40) eine wesentliche Ausweitung, so daß auch von einer A. Berlin–Rom–Tokio gesprochen wurde. Da jedoch wegen der räuml. Entfernung und der jeweiligen Sonderinteressen eine wirksame wirtschaftl. und militär. Zusammenarbeit nicht gelang, waren mit dem Begriff A.mächte gewöhnl. nur Deutschland und Italien gemeint. Die A. fand ihr Ende mit dem italien. Sonderwaffenstillstand im Sept. 43.

»**Achse**« (Fall A.), Deckname für die militär. Maßnahmen bei einem Ausscheren Italiens aus dem Bündnis mit Deutschland. Eine Woche nach der Kapitulation der dt.-italien. Heeresgruppe Afrika legte OKW-Chef Keitel am 21.5.43 einen Operationsplan für das italien. Festland und den italien. besetzten Teil von S-Frkr. vor: Stichwort »Alarich«, nach der Verhaftung Mussolinis am 25.7.43 umbenannt in »A.«. Der Plan sah vor: 1. Rücknahme der bedrohten Fronten und Räumung insbes. der Inseln Korsika und Sardinien; 2. »Neutralisierung« der italien. Streitkräfte; 3. Besetzung der militär. Befehlszentralen; 4. Beschlagnahme aller italien. Flugzeuge und Flak-Geschütze durch die Luftwaffe; 5. Blockierung der italien. Flotte in den Häfen.
Unmittelbar nach dem italien. Sonderwaffenstillstand vom 3.9.43 löste OB Süd Kesselring den Fall »A.« aus. Während Rommel in N-Italien die Truppen des bisherigen Verbündeten gefangennehmen ließ, beschränkte sich Kesselring auf Entwaffnung, die in wenigen Tagen abgeschlossen war (Übergabe Roms am 10.9.). Die Verbände der italien. Kriegsmarine konnten allerdings meist das offene Meer gewinnen und hatten nur einige Verluste durch dt. Luftangriffe (u.a. Schlachtschiff Roma). Im Gefolge von »A.« kam es bei der Übernahme italien. Stützpunkte v.a. in Dalmatien und auf den Inseln des ➢ Dodekanes – nicht nur bei Gegenwehr – zu summarischen Erschießungen von Offizieren und auch Mannschaften, ja zu regelrechten Massakern an den entwaffneten Truppen.

Acht-Acht, Bez. für die dt. ➢ Flak 18 mit dem 8,8-cm-Kaliber.

»**Acrobat**«, Codebez. für Offensiventwürfe der brit. 8. Armee (Ritchie) in N-Afrika 1941/42 zur Eroberung Tripolitaniens nach dem Erfolg des Unternehmens ➢ »Crusader«, das die dt.-italien. Truppen auf Mersa Brega zurückgeworfen hatte. »A.« mußte jedoch aufgegeben werden, als die Pläne zur Unterstützung durch die Mittelmeerflotte wegen schwerer Verluste (u.a. ➢ Ark Royal, ➢ Alexandria) illusor. wurden und zudem eine Gegenoffensive Rommels im Jan. 42 die 8. Armee in die Flucht schlug, die erst bei ➢ Ghasala gestoppt werden konnte.

Aden, Hafenstadt an der Südspitze der Arab. Halbinsel mit ca. 35 000 Einwohnern (1940), seit 1839 brit. besetzt, 1937 Kronkolonie. A. beherbergte bei Kriegsausbruch eine Garnison von etwa 2500 Mann; es beherrschte die Zufahrt zum Roten Meer und zum ➢ Suezkanal

»Adlertag«: Am 13. August 1940, dem sogenannten Adlertag, startete die Luftwaffe mit 2355 Maschinen den ersten Großangriff auf England. Insbesondere für die Londoner kam eine Zeit harter Prüfungen. Tag um Tag und Nacht um Nacht wurde die britische Hauptstadt bombardiert. Im Bild eine Heinkel He-111 über dem großen Themsebogen.

und war damit einer der wichtigsten brit. Stützpunkte für die Fernostverbindungen und für den Nachschub der Truppen im Nahen Osten über die Kaproute. Die etwa 1450 Mann in Brit. Somaliland zogen sich im Aug. 40 beim italien. Angriff von ➢ Abessinien aus nach A. zurück, das von der italien. Luftwaffe ohne große Wirkung bombardiert wurde. Auch die über Aden zum nordafrikan. Kriegsschauplatz geleiteten Nachschubkonvois der 8. Armee vermochten die Italiener kaum zu stören.

»Adler«, Deckname für die Rücknahme der dt. 17. Armee (Jaenecke) auf Sewastopol am 12.4.44 nach Durchbruch der sowjet. Küstenarmee (Jeremenko) durch die Front des V. Armeekorps (Allmendinger) auf der ➢ Krim. Nach Anhalten des Unternehmens ➢ »Michael« zur Räumung Ende Okt. 43 durch Hitler hatte die 17. Armee die Verteidigung übernommen. Beim Unternehmen »A.« konnte sie nur noch ein Drittel aller Geschütze retten und mußte einen Monat später kapitulieren, nachdem rd. zwei Drittel ihrer 230 000 Mann aufs rumän. Festland evakuiert worden waren.

»Adlertag«, Deckname für den Beginn der ➢ Luftschlacht um England am

13.8.40. Der am »A.« ausgelöste verschärfte Luftkrieg gegen Großbrit. sollte zur Erringung der Luftherrschaft über Kanal und Insel führen, um die Voraussetzung für eine Truppenlandung (»Seelöwe«) zu schaffen. Gemäß Führerweisung Nr. 17 für die Führung des »Luft- und Seekriegs gegen das engl. Mutterland« wurden die Luftflotten 2 (Kesselring) in Holland, Belgien und NO-Frkr., 3 (Sperrle) in NW-Frkr. und 5 (Stumpff) in Norwegen bereitgestellt. Sie verfügten über insges. 2355 Maschinen, die am »A.« bei 34 Verlusten rd. 1500 Einsätze gegen die brit. Inseln flogen. Die RAF verlor 13 Maschinen und 7 Piloten.

Admiral Graf Spee, nach Vizeadmiral Maximilian Graf von Spee (1861-1914) benanntes dt. Panzerschiff (Westentaschenschlachtschiff), Stapellauf 30.6.34, in Dienst gestellt 6.1.36; 16 200 t, 28,5 kn Höchstgeschwindigkeit, 186 m lang, 22 m breit, 1001 Mann Besatzung, 6x28-cm-Rohre in Drillingstürmen, 8x15-cm- und 6x10,5-cm-Kanonen, 8 Torpedorohre, Reichweite der schweren Artillerie 27,4 km, 2 Bordflugzeuge Arado Ar 196.
Bei der Unterlegenheit der dt. Kriegsmarine hatten die schweren Überwassereinheiten die Aufgabe, durch Einzelkampf im Handelskrieg die gegner. Kräfte zu zersplittern und zu binden. Gemäß diesem Auftrag lief die A. unter dem Kommando von Kapitän z.S. Hans Langsdorff am 21.8.39 von Wilhelmshaven in den S-Atlantik aus, wohin schon ihr Troßschiff ≫ Altmark vorausgefahren war. Ende September nahm die A. den Kampf auf mit der Versenkung des brit. Passagierdampfers Clement, dem bis Anfang Dezember 8 weitere brit. Handelsschiffe folgten (insgesamt 50 081 BRT).
Die A. operierte so geschickt, daß die

Admiral Graf Spee: das Ende des deutschen Panzerschiffs nach der von Kapitän Langsdorff verfügten Selbstsprengung vor der südamerikanischen Küste

Royal Navy mehrere Suchgruppen mit jeweils überlegener Feuerkraft zusammenstellen mußte, um die Gefahr auszuschalten. Erst am 13.12.39 stieß ein Verband mit dem Schweren Kreuzer ➢ Exeter und den Leichten Kreuzern Ajax und Achilles unter Commodore Henry Harwood vor der Mündung des Rio de La Plata auf die A., die sich weisungswidrig zum Kampf stellte. Es gelang Langsdorff, die Exeter außer Gefecht zu setzen und auch die beiden Leichten Kreuzer zu beschädigen. Wegen einiger eigener Treffer und Verluste (36 Tote, 59 Verwundete) aber nahm er nicht die Verfolgung auf und wich auch nicht in den offenen Atlantik aus, sondern lief zwecks Reparatur Montevideo an. Die uruguay. Behörden verweigerten jedoch die dafür erforderl. Liegezeit. Langsdorff, verunsichert durch gefälschte Meldungen über die Konzentration starker brit. Kräfte vor der Küste, ließ daher die Besatzung von Bord gehen, lief am 17.12. wieder aus und sprengte nach Rücksprache mit Berlin die A. knapp außerhalb der 3-Meilen-Zone. Er selbst nahm sich am 20.12. das Leben.

Admiral Hipper, dt. Schwerer Kreuzer, benannt nach dem letzten Führer der dt. Hochseeflotte im 1. Weltkrieg, Franz Ritter von Hipper (1863-1932), Stapellauf 6.2.37, in Dienst gestellt 29.4.39; 18 200 t, 202,8 m lang, 21,3 m breit, Höchstgeschwindigkeit 32 kn, 1380 Mann Besatzung, 8x20,3-cm-Rohre, 12x10,5-cm-, 12(später 8)x3,7-cm-Flak, zahlr. kleinere Fla-Kanonen, 12 Torpedorohre, 3 Bordflugzeuge Arado Ar 196.
Vom Kriegsausbruch wurde die nicht kriegsbereite A. in der Ostsee überrascht, von wo sie zu den Unternehmen »Nordmark«, ➢ »Weserübung« und ➢ »Juno« auslief. Ende Nov. 40 ging sie zum Kreuzerkrieg im Atlantik in See, durchbrach die Dänemarkstraße und erreichte nach einem Gefecht mit dem brit. Kreuzer Berwick Brest. Nach Deutschland zurückgekehrt, verlegte sie nach Norwegen und schaltete sich seit März 42 in den Geleitzugkrieg ein, u.a. Unternehmen ➢ »Rösselsprung«. Von Febr. 43 bis März 44 war die A. außer Dienst, fungierte danach als Ausbildungsschiff in der Ostsee und nahm gegen Kriegsende an der Rettung dt. Flüchtlinge aus dem Osten teil.
Am 3.5.45 von brit. Bombern im Kieler Dock schwer getroffen, wurde das Schiff in die Heikendorfer Bucht geschleppt und dort gesprengt; das Wrack wurde 1949 abgebrochen.

Admiralitätsinseln, Inselgruppe des Bismarckarchipels nördl. von Neuguinea mit rd. 1700 km^2 und etwa 7200 Einwohnern (1940), Hauptinsel Manus. Die A. waren seit 1885 dt. Kolonie und wurden 1918 Völkerbundsmandat, das Australien wahrnahm. 1942 von den Japanern besetzt, spielten die A. im amerikan. Konzept des ➢ Inselspringens eine wesentl. Rolle: Ihre Eroberung sollte nach dem Operationsplan ➢ »Elkton« (26.4.43) die Isolierung der japan. Festungen Kavieng (Neuirland) und ➢ Rabaul (Neubritannien) vollenden. Am 29.2.44 landeten Einheiten der 1. US-Kavalleriediv. auf Los Negros, einer kleinen Nebeninsel der A., und errichteten trotz massiver japan. Gegenangriffe einen stabilen Brückenkopf. Am 15.3. folgte eine Landung auf Manus, und am 25.3. erlosch der japan. Widerstand. Verluste: 3 280 Japaner und 326 Amerikaner gefallen, 1 189 GIs verwundet.

Admiral Scheer, dt. Panzerschiff (1940 Schwerer Kreuzer), benannt nach Reinhard Scheer (1863-1928), dem letzten Chef der Seekriegsleitung im 1. Weltkrieg; Stapellauf 1.4.33, in Dienst gestellt 12.11.34; 15 900 t, 186 m lang, 21 m breit, Höchstgeschwindigkeit 29 kn, bis zu 1150 Mann Besatzung, 6x28-cm-Rohre, 8x15 cm, 6x10,5 cm, zahlr. kleinere Fla-Geschütze, 8 Torpedorohre, 2 Bordflugzeuge Arado Ar 196.
Den Ernstfall probte die A. im span. Bürgerkrieg bei Operationen vor der iber. Küste und bei der Beschießung von Almeria als Antwort auf den Luftangriff gegen das Schwesterschiff ➢ Deutschland am 29.5.37. Erst am 23.10.40 konnte der Kreuzer unter Kommandant Krancke in den Handelskrieg eingreifen, passierte die Dänemarkstraße und erreichte nach Versenkung von 17 Schiffen mit insges. 113 232 BRT am 1.4.41 wieder Kiel. Von Norwegen aus nahm die A. 1942 an Geleitzugschlachten teil, u.a. Unternehmen ➢ »Rösselsprung«, »Wunderland«, trat dann zum Ausbildungsverband und beteiligte sich Ende 44 an der Bekämpfung von Landzielen im Osten. Herangezogen zu Rettungsfahrten für dt. Ostflüchtlinge, erhielt das Schiff im Kieler Hafen am 9.4.45 Bombentreffer und kenterte.

Adria(tisches Meer), nördl. Nebenmeer des Mittelmeers zw. Italien, Jugoslawien und Griechenland, 800 km lang und bis zu 220 km breit (132 000 km²). Die A. wurde wegen ihrer Lage zunächst vom Kriegsgeschehen wenig berührt, zumal sie nach der italien. Besetzung ➢ Albaniens (April 39), der Zerschlagung Jugoslawiens und der Besetzung Griechenlands im Zuge des ➢ Balkanfeldzugs (April 41) quasi ein italien. Meer wurde. Erst im Mai 43 rückte das Seegebiet ins Blickfeld, als Churchill auf der Konferenz in Washington (➢ »Trident«) die Landung in S-Italien forderte, u. a. um einen Zugang zur A. zu gewinnen und damit bessere Versorgungswege für die ➢ Partisanen auf dem Balkan. Die Briten übernahmen daher auch den rechten Flügel, besetzten am 9.9.43 Tarent (➢ »Slapstick«) und rückten an der italien. Ostküste bis 27.12.43 nach Ortona vor. Diese Stoßrichtung gehörte zu Churchills Süd-Strategie zur Eindämmung des sowjet. Vormarsches nach Westen und zur Freihaltung der Küsten des Mittelmeers, einer traditionellen Lebensader des brit. Empire, von sowjet. Einfluß. Er drang damit jedoch beim amerikan. Verbündeten nicht durch, so daß Angriffe über die A. auf den Balkan unterblieben und eine geordnete Rückführung der dortigen dt. Kräfte, aber auch das Einrücken der Roten Armee in Jugoslawien nicht behindert wurde.

Advanced Air Striking Force (AASF), Luftstreitkräfte der RAF, die mit den ➢ British Expeditionary Forces (BEF) im Sept. 39 nach Frkr. verlegten.

»Aerial«, Codebez. für die Räumung der Biskaya-Küste durch die Briten im Juni 40. Nach Abschluß der Einschiffung des brit. Expeditionskorps in ➢ Dünkirchen am 2.6.40 (Operation ➢ »Dynamo«) wurden bis 25.6. weitere engl., frz., poln. und tschech. Soldaten aus Frkr. evakuiert. Insges. schifften sich bei den Unternehmen »Cycle« (frz. N-Küste) und »A.« zw. Le Havre und St. Jean de Luz an der Atlantikküste 191 870 Mann ein. Hinzu kamen rd.

40 000 Zivilisten, denen die Flucht auf die brit. Insel gelang.

Afghanistan, seit 1921 unabhängiges Königreich in Mittelasien mit 650 000 km^2 und etwa 7 Mio. Einwohnern (1940), Hauptstadt Kabul. A. proklamierte im Sept. 39 seine Neutralität und hielt trotz wirtsch. Schwierigkeiten den ges. Krieg über an dieser Haltung fest. Berlin versuchte 1940/41 vergebl. durch antibrit. Propaganda in A. Einfluß zu gewinnen. Auf Druck Englands und der benachbarten Sowjetunion wurden Ende Okt. 41 über 200 Staatsangehörige der Achsenmächte des Landes verwiesen; die diplomat. Vertretungen blieben jedoch weiter bestehen. Als neutrales Land konnte A. im April 45 nicht an der Gründungskonferenz der Vereinten Nationen teilnehmen. Es wurde erst im Okt. 46 in die Weltorganisation aufgenommen.

Afrikafeldzug, Bez. für die militär. Operationen dt.-italien. Verbände gegen brit.-amerikan. Truppen in Nordafrika 1940/41-13.5.43. Als Italien an der Seite Deutschlands am 10.6.40 in den Krieg eintrat, stand in der italien. Kolonie Libyen eine 2 Armeen umfassende Heeresgruppe (Marschall Badoglio) mit 14 Divisionen. Mussolini schien hier ein Schlag gegen den schwachen brit. Gegner (ca. 36 000 Mann) in Ägypten aussichtsreich. Am 13.9.40 begann daher eine italien. Offensive, die am 16.9. Sidi Barrani erreichte, aber schon am 18.9. wegen angebl. Nachschubschwierigkeiten liegenblieb. Dt. Hilfsangebote wies Mussolini ab in der Furcht, die Deutschen nicht mehr loszuwerden, wie er Badoglio gegenüber äußerte. Am 9.12.40 begann jedoch das brit. XIII. Korps mit nur 31 000 Mann, 275 Panzern und 120 Geschützen eine Gegenoffensive, die sich rasch zu einer Katastrophe für die Italiener entwickelte. Sidi Barrani fiel am 10.12., Sollum am 16.12., am 5.1.41 waren die Briten in Bardia, am 22.1. in Tobruk und am 6.2. in Benghasi. Bei nur 558 Toten und 1 373 Verwundeten hatten sie 10 italien. Divisionen vernichtet, 130 000 Gefangene eingebracht, 408 Panzer und 1 290 Geschütze erbeutet. Logist. Probleme zwangen sie am 8.2.41 bei El Agheila stehenzubleiben. Auf einen italien. Hilferuf vom 19.12.40 hin hatte Hitler am 9.1.41 die Entsendung eines dt. »Sperrverbands« nach Libyen angeordnet. Die hierfür formierte 5. leichte Division wurde vom 8.2. an überführt. Die 15. Panzerdivision folgte rasch.

Am 12.2.41 übernahm Gen. ≫ Rommel den Befehl über das Dt. Afrika-Korps und ordnete gegen Hitlers Abwarte-Konzept am 22.3. einen Aufklärungsvorstoß gegen El Agheila an.

Die Briten zogen daraufhin nach Osten ab, Rommel folgte, nahm am 4.4. Benghasi und nach einem Marsch quer durch die Wüste am 8.4. Derna. Der Angriff auf Tobruk scheiterte, am 11.4. erreichte Rommel Bardia und bezwang am 15.4. den Halfaja-Paß. Ein brit. Gegenangriff im Juni 41 scheiterte, ein zweiter vom 18.11. an zur Entsetzung des seit 11.4. eingeschlossenen Tobruk, der mit überlegenen Kräften vorgetragen wurde, war erfolgreicher. Am 7.12. mußte Rommel den Kampf um die Festung aufgeben und zog sich geordnet zurück. Am 23.12. räumte er Benghasi und stand Anfang Jan. 42 nach schweren Verlusten für beide Seiten fast wieder in seiner Ausgangsstellung.

Doch Rommel griff im Schutz heftiger

Afrikafeldzug: Soldaten des Deutschen Afrika-Korps schützen sich mit Stoffbrillen vor dem gefürchteten Wüsten-Flugsand. Die Sandstürme der libyschen Wüste waren bei der Truppe ebenso gefürchtet wie britische Fliegerangriffe. Die winzigen aufgewirbelten Sandkörnchen drangen in die Augen wie in die empfindlichsten technischen Geräte und legten diese meist irreparabel lahm.

Sandstürme am 23.1.42 erneut den völlig überraschten Gegner an, rückte am 29.1. in Benghasi ein und erreichte am 3.2. Derna. Erst am 26.5.42 konnte er die Offensive fortsetzen. Die Briten vermuteten, Rommel wolle nach Ägypten vordringen, doch er brach am 18.6. den Vormarsch nach Osten ab, drehte nach Westen und konnte am 21.6. Tobruk erobern: 33 000 Gefangene wurden eingebracht und enorme Beute gemacht; Rommel wurde zum Gen.feldmarschall ernannt. Am 23.6. überschritt die dt.-italien. Panzerarmee Afrika erneut die ägypt. Grenze und erreichte am 30.6. die Enge von El Alamein (100 km westl. von Alexandria). Ein Durchbruch mißlang, Rommel mußte zur Verteidigung übergehen.

Jetzt rächte es sich, daß man das Nachschubproblem nicht energischer angegangen war und die brit. Mittelmeerinsel Malta nicht hatte ausschalten können. Vom 31.8.-2.9. scheiterte ein letzter Versuch Rommels, die Alamein-Stellung zu durchbrechen. Auch ein brit. Vorstoß gegen Tobruk blieb am 14.9. noch erfolglos.

Der nächste Schlag der brit. 8. Armee (General Montgomery) aber war nicht mehr abzuwehren: Am 23.10. griff sie mit 10 Divisionen und 4 Brigaden mit 1 114 Panzern und 880 Flugzeugen 5 dt. und 7 italien. Divisionen an, die nur über 530 Panzer und 372 Flugzeuge verfügten. Der in Abwesenheit Rommels führende General Stumme fiel. Am 2.11. durchbrach Montgomery die dt. Stellungen und nahm 30 000 Mann gefangen. Gleichzeitig landeten die Alliierten am 7./8.11.42 in Marokko und Algerien (Operation »Torch«). Die dt. Führung reagierte mit der Besetzung ➢ Vichy-Frkr.s und konnte durch rasch nach Tunesien überführte Truppen den Verlust dieses Teils von Frz. Nordafrika verhindern. Angesichts der Bedrohung im Rücken zog sich Rommel mit der Panzerarmee Afrika zurück, räumte am 13.11.42 Tobruk, einen Monat später El Agheila. Mit der Aufgabe von Tripolis (23.1.43) war die italien. Kolonie Libyen verloren. Am 9.3. gab Rommel wegen Krankheit das Kommando über die Heeresgruppe Afrika in Tunesien an Gen.oberst v. Arnim ab, der am 13.5.43 mit den Resten von 11 dt. und 6 italien. Divisionen kapitulieren mußte: 130 000 dt. und 120 000 italien. Soldaten gerieten in Gefangenschaft. Eine durchaus mögl. Rettung großer Teile der Heeresgruppe hatte Hitler abgelehnt. Deutsche Verluste des A.: 18 594 Tote, 3400 Vermißte; Italien: 13 748 Tote, 8821 Vermißte; Großbrit.: 35 476 Tote; USA : 16 500 Tote.

Afrika-Korps, ➢ Deutsches Afrika-Korps.

Ägäis, nördl. Nebenmeer des Mittelmeers zw. Griechenland, Kreta und Kleinasien, ca. 196 000 km² mit zahlr. Inseln. Nach dem ➢ Balkanfeldzug und der Kapitulation Griechenlands besetzten dt. Heeres- und Marineverbände 1941 die westl. Hauptinseln der Ä. (Kykladen). Auch im weiter östl. gelegenen ➢ Dodekanes vor der türk. Küste, der seit 1912 unter italien. Mandatsherrschaft stand, wurde auf der Hauptinsel Rhodos ein Stützpunkt mit einer 6000 Mann starken Garnison und einem Fliegerhorst errichtet. ➢ Kreta wurde vom 20.5. bis 1.6.41 unter schweren Verlusten von dt. Fallschirmjägern erobert. Nach dem italien. Sonderwaffenstillstand (Sept. 43) versuchten brit. Flotteneinheiten, die Seeherrschaft in der östl. Ä. zu gewinnen. Sie setzten auf Leros, Samos, Karpathos und anderen Inseln Truppen ab, auf Kos landete eine Staffel Spitfire. Bei einer Serie von Landungsunternehmen mit Stuka-Unterstützung (u.a. »Eisbär« und »Leopard«) brachte die Wehrmacht die Ä. bis Ende 43 wieder unter Kontrolle. Die Briten verloren 6 Zerstörer und 2 U-Boote. Sie beschränkten sich in der Folge auf einzelne Kommandounternehmen, ehe sie gegen Ende 44 erneut auf Samos, Naxos, Lemnos und anderen Inseln landeten. Rhodos wurde am 2.5.45 angegriffen, Kreta fiel erst mit der dt. Kapitulation am 8.5.45.

Ägypten, Königreich in N-Afrika mit fast 1 Mio. km² und 16,5 Mio. Einwohnern (1940), Hauptstadt Kairo. Ä., seit Ende des 19. Jh. brit. Einflußgebiet, im 1. Weltkrieg brit. Protektorat, wurde 1922 unabhängig, wobei sich Großbrit. jedoch Verteidigung, Schutz internat. Interessen sowie Kontrolle des ➢ Suezkanals vorbehielt. Diese Schutzherrschaft wurde in einem Abkommen vom 26.8.36 in ein Bündnis umgewandelt, das die militär. Präsenz der Briten auf die Kanalzone und den gepachteten Flottenstützpunkt ➢ Alexandria konzentrierte und der ägypt. Reg. außenpolit. mehr Handlungsfreiheit sicherte (u.a.

Beitritt zum Völkerbund 26.5.37); die Verpflichtung zu gemeinsamer Verteidigung des Landes bei äußerer Aggression wurde bestätigt. Dieser Passus trug der neuen Lage Rechnung, die durch die Annexion ➢ Abessiniens durch Italien entstanden war: Die unverhüllt imperialist. italien. Politik bedrohte nun Ä. von S (Italien. O-Afrika) wie W (Tripolitanien).
Dies wurde allerdings vornehml. von London als Gefahr gesehen, das um eine Lebensader seines Empire fürchtete; Ä. unterhielt dagegen traditionell gute Beziehungen zu Rom, während das ägypt.-brit. Verhältnis unterhalb der großpolit. Ebene aufgrund der langen Fremdherrschaft eher gespannt war. Im Vorfeld des Krieges bemühte sich die faschist. Propaganda daher nicht ohne Erfolg um Pflege der Freundschaft und Förderung der antibrit. Kräfte. Die ägypt. Haltung während der Kriegsjahre entwickelte sich in drei Phasen:
1) Sept. 39-Mai 40 schwankende Neutralität: Auf brit. Druck brach Ä. nach Kriegsausbruch die Beziehungen zu Berlin ab und internierte dt. Staatsbürger, aber die ägypt.-italien. Beziehungen blieben intakt. Auch nach dem Kriegseintritt Italiens (10.6.40) und der Niederlage Frkr.s entzog sich Ä. brit. Drängen auf aktive Unterstützung und verweigerte demonstrativ eine Kriegserklärung an die Achsenmächte.
Deren Kräfte im Mittelmeer bedrohten nach der Ausschaltung Frkr.s nun unmittelbar die brit. Nahostposition in Ä. Etwa 100 000 Briten, verstreut von Palästina bis Kenia, standen 215 000 Italiener in Libyen und 250 000 in O-Afrika gegenüber, den 3 300 italien. Flugzeugen (ein Drittel modern) hatte die RAF nichts Nennenswertes entgegenzusetzen, selbst die italien. Flotte war zahlenmäßig weit überlegen.
2) Juni 40-Jan. 42 begrenzte Zusammenarbeit mit den Engländern: Die brit. Unbeugsamkeit nach den dt. Siegen verfehlte ihre Wirkung in Ä. nicht. Als dann die italien. Offensive von Libyen aus (13.9.40) trotz der ungeheuren Überlegenheit scheiterte und die brit. 8. Armee bis Febr. 41 die Cyrenaika eroberte, stabilisierte sich die Lage. Rommels Siege im ➢ Afrikafeldzug und die Verlegung dt. Fliegerkräfte nach Syrien (Mai 41) ließen die Stimmung noch einmal schwanken. Doch Hitler verschob in Erwartung eines schnellen Erfolges in Rußland den mit Weisung 32 (11.6.41) bereits angeordneten »konzentr. Angriff ... aus Libyen durch Ä.«.
3) Febr. 42-Mai 45 klare Unterstützung der Alliierten: Der brit. Sieg bei ➢ El Alamein (Nov. 42) klärte die Situation endgültig, zumal London der nationalist. Wafd-Partei zur Macht verhalf und mit der Konferenz von ➢ Kairo (26.11.43) für internat. Aufwertung sorgte. Ä. profitierte zudem als Drehscheibe der alliierten Europa- und Fernostaktivitäten wirtsch. vom Krieg und gewann eine Art Führungsrolle in der arab. Welt (22.3.45 Gründung der Arab. Liga in Kairo). Die – erstaunl. späte – Kriegserklärung vom 24.2.45 an Deutschland war nur noch ein formaler Akt.

Aichi D3-A Val, japan. Sturzkampfbomber. Die A. gehörte am 7.12.41 beim Überfall auf ➢ Pearl Harbor als damaliges Standardmuster der Marineluftwaffe zur ersten Angriffswelle.
Maschinen dieses Typs versenkten im April 42 die brit. Kreuzer Cornwall und Dorsetshire vor der Küste Ceylons, vier

Tage später den Flugzeugträger Hermes und den Zerstörer Vampire. Beim Untergang des Trägers Shokaku in der Schlacht in der ≫ Korallensee gingen zahlr. A. verloren, und auch die Schlacht bei ≫ Midway brachte hohe Verluste an A.-Bombern und erfahrenen Marinepiloten, so daß die Kampfkraft der übrigen japan. Sturzkampfstaffeln rapide absank. Die A. hatte wie der Stuka zwei Mann Besatzung und ein starres Fahrwerk mit Radkappen. Die Vorserientypen kamen im März 39 mit einem 1000-PS-Mitsubishi-Sternmotor zur Truppe; das Standardmuster, ein Tiefdecker in Ganzmetallbauweise, war mit 3x7,7-mm-MG und einer 250-350-kg-Bombe bestückt; Höchstgeschwindigkeit 420 km/h. Die verbesserte Version D3-A2 hatte einen stärkeren 1300-PS-Sternmotor, ein neukonstruiertes Cockpit und größere Treibstofftanks für rd. 2500 km Reichweite.

Air to Surface Vessel Radar (ASV-Radar), brit. Ortungsgerät für Flugzeuge zum Auffinden der eigenen Konvois und zum Ausmachen feindl. Schiffe bei ungenügender Sicht; gegen U-Boote wirkungslos; ≫ Radar.

Aisne, Departement in N-Frkr. (Hauptstadt Laon) und Name eines Nebenflusses der Oise, der im ≫ Frankreichfeldzug am 18.5.40 von dt. Truppen erreicht wurde. Nach dem Zusammenbruch der Somme-Front bildete der 280 km lange Flußlauf zw. den Argonnen und Compiègne Anfang Juni 40 die letzte frz. Verteidigungslinie. Vier Armeen sollten der dt. Heeresgruppe A (Rundstedt) den Übergang und damit den gefürchteten Pz.durchbruch zur Marne und nach Paris verwehren. Nachdem die dt. 9. Armee bereits am 8.6. bei Soissons einen Brückenkopf erobert hatte, begann im Morgengrauen des 9.6. der dt. Großangriff mit drei Armeen. Die Pz.gruppe Guderian stieß beiderseits Rethel zunächst auf hartnäckigen Widerstand, doch verschlissen die frz. Verteidiger bei lokalen Gegenstößen rasch ihre Reserven, so daß die Schlacht an der A. am Abend des 10.6. nach dem Fall von Reims entschieden war. Mit der Aufgabe der A. endete zugleich der letzte organisierte und zusammenhängende Widerstand der frz. Streitkräfte.

AK, Abk. für **A**rmia **K**rajówa, die poln. ≫ Heimatarmee.

Akagi, japan. Flugzeugträger, ursprüngl. Schlachtschiff, nach mehrmaligem Umbau 1938: 36 500 t, max. 31 kn, 260,7 m lang, 31,8 m breit, rd. 2000 Mann Besatzung, Bewaffnung: 6x20,3 cm, 12x12,7 cm, 28x2,5-cm-Flak, 91 Flugzeuge. Beim japan. Angriff auf ≫ Pearl Harbor (7.12.41) war die A. Flaggschiff des Admirals ≫ Nagumo, wurde anschließend im Jan. 42 nach Truk (Karolinen) verlegt und war bis Anfang April an Operationen gegen ≫ Rabaul, Port Darwin (Australien), Java und Ceylon beteiligt. Auch für den Schlag gegen ≫ Midway wurde der Träger eingesetzt: Am frühen Morgen des 5.6.42 von 29 US-Torpedobombern vom Typ Devastator angegriffen, gelang den ≫ Zeros der A. die völlige Vernichtung der Staffel. Wenig später jedoch wurde die A. Opfer einer unerwarteten Attacke von Sturzbombern (≫ Dauntless), die den Hauptaufzug trafen und die zum Start an Deck aufgereihten Trägermaschinen vernichteten.
Das ganze Schiff geriet in Brand, so daß

es aufgegeben werden mußte. Admiral Nagumo verließ die A. und gab am 6.6. den Befehl, den hilflos treibenden Träger zu versenken.

Akarit, Wadi (nur nach Regenfällen wasserführendes Flußbett) nördl. Gabès im O von Tunesien. Nachdem Einheiten der brit. 8. Armee (Montgomery) die ⋙ Mareth-Linie südl. umgangen und die dt.-italien. Pz.armee (Messe) am 27.3.43 zur Aufgabe dieser Stellung gezwungen hatten, bildete Messe im Wadi A. einen neuen Riegel. Er hielt zunächst den Angriffen der Engländer stand und verschaffte den Achsentruppen Zeit, den weiteren Rückzug nach N zu organisieren. Als am 6.4. ind. Einheiten der brit. 8. Armee erste Einbrüche in die A.-Stellung gelangen, verzögerten italien. Gegenangriffe den weiteren Vorstoß so lange, bis das Gros der Verteidiger abgezogen war. Die Briten gewannen nun Fühlung mit dem von W herankommenden II. US-Korps, so daß sich der Ring um die Heeresgruppe Afrika endgültig schloß.

Aktion »Reinhard«, Tarnbez. für die sog. Endlösung der Judenfrage im Generalgouvernement ⋙ Judenverfolgung), benannt nach dem Ende Mai 42 bei einem Attentat tödl. verletzten RSHA-Chef Reinhard ⋙ Heydrich. Der bis Okt. 43 abgeschlossenen A. fielen mindestens 1,75 Mio. Juden zum Opfer, minimal 180 Mio. RM an Sachwerten (ohne Immobilien) wurden den Ermordeten abgenommen und zur Förderung dt. Siedlung in den besetzten Ostgebieten eingesetzt.

Alam Halfa, Höhenrücken südl. ⋙ El Alamein in W-Ägypten. Etwa 10 km vor der Linie gelegen, die Rommels dt.-italien. Pz.armee Afrika Ende Juni 42 erreicht hatte, beherrschte der A.-Kamm die Enge zw. Kattara-Senke und Küste. Beim zweiten Versuch der Achsentruppen, die Alamein-Front zu durchbrechen, war er daher Ziel des geballten Stoßes mit den dt. 15. und 21. Pz.div. sowie zwei italien. und der dt. 90. leichten Div. am 30.8.42. Zwar erreichten die Spitzen der 15. Pz.div. am 1.9. den Rand von A., das der neue OB der brit. 8. Armee, Montgomery, mit dem XIII. Korps (2 Pz.div. und starke Inf.kräfte) besetzt hatte, doch zwangen Treibstoffmangel und Flankenangriffe der brit. 7. Pz.div. im S und der 23. Pz.brigade von N zum Abbruch der Offensive. Mit dem Scheitern vor A. verlor Rommel endgültig die Initiative in N-Afrika. Da wegen des stockenden Nachschubs an bewegl. Kampfführung vorerst nicht mehr zu denken war, ließ er seine Truppen sich eingraben und legte in Erwartung brit. Gegenangriffe tiefgestaffelte Minenfelder an.

Alamein, ägypt. Ortschaft an der Mittelmeerküste, ⋙ El Alamein.

Alamogordo, Ortschaft im US-Staat New Mexico nahe der texan. Grenze. Bei A. wurde auf einem Versuchsgelände der Luftwaffe am 16.7.45 um 5.30 (Ortszeit) als Abschluß des sog. ⋙ Manhattan Project die erste ⋙ Atombombe gezündet: Der Sprengsatz war auf einen 30 m hohen Stahlmast montiert, in 10 km Entfernung beobachtete eine automat. Meßstation den Versuchsablauf, 8 km weiter saßen die ersten wiss. Beobachter, ein weiterer Überwachungspunkt war in 40 km Abstand installiert. Die Wetten, daß überhaupt eine

Explosion stattfinden werde, standen 50:50 in der Versuchsleitung unter Gen. Groves und den Physikern Oppenheimer und Enrico Fermi (1901-1954), dem am 2.12.42 die erste Kettenreaktion gelungen war. Die Detonation übertraf alle Erwartungen: Statt der prognostizierten Sprengwirkung von 10 000 t TNT (herkömml. Sprengstoff) wurde das Doppelte erreicht. Der Blitz wurde noch in 300 km Entfernung gesehen, offiz. meldete man aus Geheimhaltungsgründen die Explosion eines Munitionsdepots. US-Präs. Truman versuchte den Erfolg von A. für das Potsdamer Abkommen auszuschlachten und ordnete den Einsatz der eigentl. für den europ. Kriegsschauplatz entwickelten Bombe gegen Japan an.

Alanbrooke, Francis Viscount, ➢ Brooke, Alan Francis.

»Alarich«, bis 24.7.43 Deckname des dt. Operationsplans für die Maßnahmen im Fall eines Ausscherens Italiens aus dem Bündnis mit Deutschland, danach ➢ »Achse«.

Albacore, brit. Torpedobomber der Firma Fairey; Erstflug 12.12.38. Der dreisitzige Doppeldecker mit verglaster Kabine wurde für die Marineluftwaffe als Nachfolger der älteren Fairey ➢ Swordfish entwickelt. Die A. war mit einem 1065- oder 1 130-PS-Bristol-Taurus-Sternmotor ausgerüstet, trug einen 730 kg Torpedo unter dem Rumpf oder bis 900 kg Bomben unter den Flügeln und war mit 3x7,7-mm-MG bewaffnet; insges. 841 Exemplare gebaut.

Albanien, Königreich auf dem Balkan mit 27 500 km^2 und 1,1 Mio. Einwohnern (1939). Das jahrhundertelang türk. A. erklärte 1913 seine Unabhängigkeit, wurde im 1. Weltkrieg im Süden von italien., im Norden von Truppen der Mittelmächte besetzt und 1919 als selbständiger Staat etabliert (2.8.19 italien. Anerkennung). Innere Unruhen nutzte Ahmed Zogu 1925 zum Staatsstreich und 1928 zur Annahme der Königswürde als Zogu I. Nach einer Phase enger Anlehnung an Italien beantwortete Rom zaghafte Versuche der Abkoppelung mit der Besetzung des Landes im April 39; der König ging ins Exil. Von A. aus griffen am 28.10.40 italien. Truppen Griechenland an, dessen Gegenoffensive aber weit in alban. Gebiet führte und den dt. ➢ Balkanfeldzug auslöste. Bis Nov. 44 blieb A. zunächst italien., seit Sept. 43 von Dt. besetzt bei reger, von ➢ Tito unterstützter Partisanentätigkeit. Nach dem Krieg wurde A. eine kommunist. Volksrepublik (11.1.46).

Albemarle, brit. Transportflugzeug der Firma Armstrong Whitworth. Die A. wurde 1938/39 als zweimotoriger Bomber für 6 Mann Besatzung entwickelt, die Masse aller rd. 600 gefertigten Maschinen diente jedoch für Transportaufgaben und zum Schleppen von Lastenseglern, u.a. bei der Landung auf ➢ Sizilien, während der ➢ Invasion und bei ➢ Arnheim.

»Alberich«, Deckname der dt. Kriegsmarine für eine Methode zur Behinderung der gegner. Schallortung: Gummiummantelung des gesamten Bootskörpers zur Dämpfung des Echos. Das bei Versuchen recht erfolgr. System bewährte sich in der Praxis nicht wegen des hohen techn. Aufwands und der Stabilitätsprobleme. »A.« kam daher nach Ersterprobung an U 67 im Jahre 41 nur selten zum Einsatz.

Albert-Kanal, Schiffahrtsstraße in Belgien zw. Lüttich und Antwerpen, 152 km lang, 6 Schleusen. Der A. bildete mit seinem tiefeingeschnittenen Lauf und seinen hohen, steilen Ufern ein beträchtl. militär. Hindernis und wurde durch Befestigungsanlagen zu einer starken Stellung ausgebaut. An seiner Einmündung in die Maas lag das stärkste Pz.werk des Festungsbereichs von Lüttich, das Fort ≫ Eben Emael, das zu Beginn des dt. Westfeldzugs am 11.5.40 von dt. Luftlandetruppen genommen wurde. Auch eine Stellung am A. zw. Maastricht und Hasselt wurde am 11./12.5. durchbrochen.

Aleuten, Kette von ca. 150 Inseln im nördl. Pazifik zw. Alaska und Kamtschatka; etwa 1750 km lang, 37 840 km², dünn besiedelt. Die A. kamen 1867 zus. mit Alaska an die USA, die bei Kriegsbeginn in Dutch Harbor einen kleinen Stützpunkt für ihre Marineluftwaffe unterhielten. Im Zusammenhang mit der Schlacht bei den ≫ Midway-Inseln unternahmen die Japaner Anfang Juni 42 einen Ablenkungsangriff auf die A. Die Landungsflotte unter Vizeadmiral Moshiro Hosogaya traf auf keinen nennenswerten Widerstand und konnte einige Inseln besetzen. Das Fehlen ihrer Träger Ryujo und Junyo mit ihren 82 Maschinen bei Midway sollte sich allerdings bitter rächen.
Die Japaner mußten ihre Garnisonen auf den A. über See versorgen. Die amerikan. Flotte nutzte das zu Angriffen auf die Konvoi-Verbindungen. Bei den russ. Kommandeur-Inseln kam es dabei am 26.3.43 zum ersten und letzten Artillerie-Gefecht zw. schweren Überwassereinheiten beider Seiten (sonst meist Luft- oder U-Boot-Angriffe auf Schiffsziele). Anfang Mai 43 eroberte eine amerikan. Landungsstreitmacht von ca. 11 000 Mann gegen zähen Widerstand die Insel Attu zurück. Am 15.8.43 folgte die Wiederbesetzung von Kiska, das die Japaner kurz zuvor unbemerkt geräumt hatten. Mit den A. war das einzige Stück amerikan. Staatsgebiets während des Krieges zeitweilig in Feindeshand. Strateg. hatte das wenig Bedeutung und schadete den Japanern eher durch die Zersplitterung ihrer Seestreitkräfte, wie bei Midway bewiesen.

Alexander, Sir Harold, Earl of Tunis, * Grafschaft Tyrone (Nordirland) 10.12.1891, † London 16.6.1969, brit. Feldmarschall (4.6.44); 1911 nach Absolvierung der Militärakademie Sandhurst zu den Irish Guards, im 1. Weltkrieg Bataillonskommandeur in Frkr., 1919 im Baltikum Kampf gegen die Rote Armee, danach zahlr. Kommandos u.a. in Indien (1937/38). Bei Kriegsausbruch 1939 Gen.major, war A. Div. kommandeur bei den ≫ Brit. Expeditionary Forces (BEF) in Frkr., deren Evakuierung aus dem Kessel von ≫ Dünkirchen er leitete (29.5.- 4.6.40). In England übernahm er das sog. Southern Command, das die erwartete dt. Invasion abwehren sollte. Als diese Gefahr schwand, erhielt A. am 3.3.42 den Oberbefehl über die brit. Streitkräfte in Burma und mußte gleich wieder eine große Rettungsaktion organisieren. Er entkam im letzten Augenblick mit seinen Truppen aus dem von den Japanern belagerten Rangun.
Im Aug. 42 wurde A. zum OB Mittelost

als Nachfolger ➢ Auchinlecks berufen. Ihm unterstand damit auch ➢ Montgomery mit der brit. 8. Armee, die von Rommel bis nach Ägypten hineingedrückt worden war. A. hatte großen Anteil an den Planungen für den Gegenschlag in der Schlacht von ➢ El Alamein (23.10.-4.11.42), die in N-Afrika die Kriegswende brachte. Hier und später bewährte sich v.a. sein Geschick, auch mit schwierigen Kollegen umzugehen und Konflikte zu lösen. Er wurde am 18.2.43 OB der 18. Heeresgruppe und Stellv. Eisenhowers, mit dem er nach dem Sieg in Tunesien (13.5.43) die Landungen auf ➢ Sizilien (Juli 43) und bei ➢ Salerno (9.9.43) leitete. Wenn er nach Anfangserfolgen in Italien nur langsam vorankam und im Febr. 44 vor ➢ Monte Cassino sogar steckenblieb, dann weil ihm zur Vorbereitung der ➢ Invasion immer wieder Kräfte entzogen und der nötige Nachschub gedrosselt wurden. Für die Einnahme Roms (4.6.44) mit dem Marschallstab ausgezeichnet, erhielt er im Dez. 44 den Oberbefehl über alle alliierten Streitkräfte im Mittelmeerraum und konnte am 29.4.45 die erste Teilkapitulation der Wehrmacht entgegennehmen, nachdem er eine Woche zuvor den Po erreicht hatte. A. wurde im Juni 45 Gen.gouverneur von Kanada und war 1952-54 Verteidigungsmin. unter Churchill.

Alexandria, größte Hafenstadt Ägyptens mit 612 000 Einwohnern (1940), im ägypt.-brit. Vertrag vom Aug. 36 als Stützpunkt an die Royal Navy verpachtet. A. war Hauptquartier der brit. Mittelmeerflotte und wichtigster Nachschubhafen der in N-Afrika operierenden 8. Armee, die von Großbrit. aus teils über die Kaproute, teils mit schnellen Geleitzügen durch die Straße von Gibraltar versorgt wurde. Von A. aus wurde am 11./12.11.40 das Unternehmen »Judgement« zur Bombardierung von ➢ Tarent gestartet, von A. aus sicherte Admiral ➢ Cunningham im Mai/Juni 41 unter schweren Verlusten für die Royal Navy die Evakuierung der brit. Expeditionstruppen aus Griechenland und Kreta. Zur Jahreswende 41/42 verfügte das A.-Geschwader über kein einziges Schlachtschiff mehr, nachdem U 331 am 25.11. die Barham vor Sollum versenkt hatte und italien. Torpedomänner direkt im Hafen von A. die Valiant und die Queen Elizabeth schwer beschädigt hatten (19.12.). Wiederholt griff die dt. Luftwaffe A. an, und im Sommer 42 bedrohte Rommels Vormarsch die Stadt. Nach Montgomerys Offensive bei ➢ El Alamein (Nov. 42) verlor A. seine herausragende strateg. Bedeutung.
Fast drei Jahre lang lag in A. ein frz. Flottenverband mit dem Schlachtschiff Lorraine und vier Kreuzern fest. Admiral Godfroy war 1940 mit der Force X im Mittelmeer vom Waffenstillstand überrascht worden und hatte sich der Aufforderung Cunninghams widersetzt, sich unverzügl. den Briten anzuschließen oder seine Einheiten selbst zu versenken. Ein Drama wie in ➢ Mers el-Kebir konnte in letzter Minute durch einen Kompromiß der beiden OB vermieden werden. Godfroy demobilisierte einen Teil seiner Besatzungen und lieferte die Geschützverschlüsse aus. 1943 schlossen sich die Franzosen dann freiwillig den Alliierten an.

ALFSEA, Abk. für ➢ **A**llied **L**and **F**orces **S**outh **E**ast **A**sia.

Algerien, frz. (Kolonial-)Gebiet in N-Afrika mit 2,2 Mio. km^2 und 7,3 Mio. Einwohnern (1940), davon rd. 1 Mio. Europäer, regiert von einem Gen.gouverneur; Hauptstadt ➢ Algier. A. war 1881 zum Bestandteil des frz. Mutterlandes erklärt worden, ohne daß jedoch die Eingeborenen das frz. Bürgerrecht erhielten. Trotz des dadurch belasteten Verhältnisses zu Paris blieb die Bevölkerung auch nach dem Fall Frkr.s loyal, zumal die Politik der Vichy-Reg. traditionellen antisemit. Affekten der Araber entgegenkam und der erste Gen.gouverneur ➢ Weygand populär war. Als am 8.11.42 die Angloamerikaner A. in ihr Landungsunternehmen ➢ »Torch« einbezogen, stießen sie zunächst auf Widerstand, und erst der Vermittlung ➢ Darlans gelang ein Waffenstillstand.
Der Krieg hatte die Bindungen an Frkr. geschwächt und die nationalist. Strömungen gefördert. Angesichts der Uneinigkeit der frei-frz. Bewegung präsentierten die alger. Führer – ermutigt von den USA – Forderungen nach allmähl. Entlassung in die Unabhängigkeit. Das stieß bei de Gaulle, der die Befreiung nicht mit Verlusten belasten wollte, auf entschiedenen Widerstand. Es kam trotz polit. Zugeständnisse zu Aufständen, die blutig niedergeschlagen wurden und den Keim legten zum A.krieg der 50er Jahre.

Algier, Hauptstadt und größter Hafen Algeriens mit 264 000 Einwohnern (1940). A. gehörte mit Constantine und Oran zu den frz. Territorien an der afrikan. Mittelmeerküste, die 1881 zu Bestandteilen des frz. Mutterlandes erklärt worden waren; Sitz des frz. Gen.gouverneurs für Algerien. Nach dem Waffenstillstand im Juni 40 wurde die Stadt dank ihrer günstigen geograph. Lage polit. Drehscheibe des Maghreb und Metropole des frz. Kolonialreichs in Afrika mit guten Fernsprech-, Schiffs- und Flugverbindungen ins unbesetzte Frkr.; daher Sitz zahlr. Verwaltungs- und Kommandostäbe sowie einer dt.-italien. Kommission zur Überwachung der Waffenstillstandsbedingungen in frz. N-Afrika. Am Vorabend der alliierten Landung (8.11.42) schlug ein übereilter Putschversuch in A. fehl; die Angloamerikaner stießen auf z.T. heftige Gegenwehr der pétaintreuen Küstengarnisonen. Der zufällig in A. weilende OB der Vichy-Streitkräfte, Admiral ➢ Darlan, vermittelte einen Waffenstillstand. Nach Darlans Ermordung (24.12.42) führte Gen. ➢ Giraud frz. N-Afrika in den Krieg gegen die Achsenmächte: 3.6.43 in A. Gründung des Frz. Komitees der Nat. Befreiung, das sich auf den Tag genau ein Jahr später, drei Tage vor der ➢ Invasion in der Normandie, unter Führung de Gaulles als provisor. Reg. der frz. Republik proklamierte.

Allied Land Forces South East Asia (ALFSEA), Oberkommando der alliierten Landstreitkräfte in SO-Asien in Kandy unter dem brit. Gen. Leese; koordinierte seit Nov. 44 die Operationen der brit. 14. Armee und der chines.-amerikan. Truppen in Indien und Yünnan. Die Gründung von A. sollte die interalliierten Beziehungen nach dem Zerwürfnis zw. Gen. ➢ Stilwell und Marschall ➢ Tschiangkaischek verbessern.

Allied Military Government of Occupied Territories (AMGOT), alliierte Militärreg. in besetzten Gebieten Asiens und Europas; bestand aus einem Korps bes. geschulter angloamerikan. Offiziere, die beim Vormarsch nach den Weisungen des alliierten Oberkommandos die Zivilverwaltung in den rückwärtigen Gebieten organisieren und leiten sollten. Ihre Hauptaufgabe bestand in der Sicherung der öffentl. Ordnung sowie der Mobilisierung örtl. Hilfsquellen für den zivilen und militär. Bedarf. Zur Verhinderung von Hungerkatastrophen und Seuchen verteilte A. in den befreiten Gebieten Westeuropas rd. 5,6 Mio. t Hilfsgüter. Art und Dauer der A.-Aktivitäten variierten: In befreundeten Ländern mit eigenen Exilreg. in London wie Benelux oder Norwegen beschränkten sie sich auf die Absicherung der militär. Operationen, in Feindgebieten, vor allem natürl. in Deutschland, übernahmen alliierte Offiziere nach dem Einmarsch mangels anderer Autoritäten prakt. die ges. Zivilverwaltung. Nach Kriegsende gingen ihre Kompetenzen an den ➢ Alliierten Kontrollrat über.

Alliierte (Mächte), (Eigen-)Bez. für die (verbündeten) Kriegsgegner zunächst Deutschlands, dann der ➢ Achse. A. waren anfangs (seit 3.9.39) Großbrit. mit seinen Dominions nach Kriegserklärung an das Dt. Reich aufgrund der Garantieerklärung für Polen vom 31.3.39 sowie Frkr., das sechs Stunden nach London den Krieg erklärte. Nach dem Zusammenbruch Frkr.s (22.6.40) war England vorübergehend – die Exilreg. der besetzten Länder nicht gerechnet – einziger Kriegsgegner Deutschlands, seit 10.6.40 auch Italiens. Mit dem dt. Balkanfeldzug (April 41), dem dt. Angriff auf die Sowjetunion (22.6.41), dem Ausbruch des Pazifik-Krieges (7.12.41) und dem damit verbundenen Kriegseintritt der USA wuchs die Koalition der A. beträchtl., zumal ihr die mit Washington verbündeten Staaten nach und nach sämtl. beitraten. Neben dem Bündnis der Großmächte als eigentl. A. – 12.7.41 brit.-sowjet. Abkommen, 12.5.42 Vertrag der »Großen Drei« – bildeten sich am 1.1.42 durch Vertrag die ➢ Vereinten Nationen (zunächst 26 Staaten) als A. im weiteren Sinne. Die Zusammenarbeit hatte unterschiedl. Intensität, von der engen Kooperation der Angloamerikaner bis zur bloß nominellen Kriegführung lateinamerikan. Staaten. Auch die Zielsetzungen differierten: So blieb die Sowjetunion aufgrund eines Neutralitätsvertrages vom 13.4.42 der Front gegen Japan bis zum 9.8.45 fern, so kam es über strateg. Fragen oder Probleme der polit. Nachkriegsordnung zu erhebl. brit.-sowjet. Konflikten. Frkr. gewann allmähl. seinen Rang als Großmacht unter den A. zurück.

Alliierter Kontrollrat, das nach dem Zusammenbruch auf der Rechtsgrundlage der Junideklaration vom 5.6.45 errichtete Organ der Alliierten zur Ausübung der obersten Regierungsgewalt in Deutschland. Mitglieder: die OB der Besatzungstruppen. Der A. tagte erstmals am 30.7.45, dann alle 10 Tage unter einem monatlich turnusgemäß wechselnden Vorsitzenden im Gebäude des Berliner Kammergerichts im amerikan. Sektor Berlins. Aufgaben: Entscheidung aller Deutschland als Ganzes betreffenden Fragen, Sicherstellung einer einheitlichen Politik der Besatzungsmächte. Wegen der Unvereinbarkeit der brit.-amerikan. mit der sowjet., zum Teil auch mit der frz. Besatzungspolitik konnte der A. in den meisten Fragen nicht die vorgeschriebene Einstimmigkeit erzielen. Ende des A. am 20.3.48 nach Austritt der Sowjetunion.

Alpenfestung, von Hitler bei einer Lagebesprechung am 18.4.45 im Führerbunker erwogene Endkampfstellung, in der er abwarten könne, bis nach Zusammentreffen der Angloamerikaner und Sowjets Differenzen die »widernatürliche« Kriegskoalition sprengen würden. Schon am 24.4. sollten sich die in Norditalien kämpfenden dt. Verbände in die A. zurückziehen, die als Reichsbevollmächtigter der Tiroler Gauleiter Hofer führen sollte. An Hitlers Entscheidung, doch in Berlin zu bleiben, scheiterte der Plan.
Auch in den alliierten Planungen spukte eine umfassend gesicherte dt. A. OB Eisenhower telegraphierte Stalin am 28.3.45, er werde auf die Linie Erfurt-Leipzig vorgehen und dort die Rote Armee erwarten, mit dem Gros seiner Kräfte aber die dt. A. nehmen. Dadurch kam es zu entscheidender Verlangsamung des amerikan. Vormarsches nach Osten.

Altengrabow, Standort des Stalag XIA für sowjet. Kriegsgefangene, ≫ Truppenübungsplatz.

Altmark-Zwischenfall, Kaperung des dt. Troßschiffes Altmark durch den brit. Zerstörer Cossack in norweg. Hoheitsgewässern am 16.2.40 zur Befreiung gefangener engl. Handelsmatrosen, wobei

Altmark-Zwischenfall: die Altmark bei ihrer Ankunft im Jössingfjord nach Durchbrechen der britischen Blockade

vier dt. Seeleute ums Leben kamen. Die milden norweg. Proteste gegen den A. nährten den dt. Verdacht einer geplanten brit. Landung in ≻ Norwegen und beschleunigten die dt. Landungspläne.

Ambrosio, Vittorio, * Turin 28.7.1879, † Alassio 20.11.1958, italien. General; im 1. Weltkrieg Stabsoffizier, danach verschiedene Kommandos (u.a. Inspekteur der Kavallerie). A. erhielt beim Eintritt Italiens in den Krieg (10.6.40) den Oberbefehl über die 2. Armee, mit der er am ≻ Balkanfeldzug teilnahm (April/Mai 41) und mit Abscheu die dt. Besatzungspraktiken erlebte. Im Jan. 42 wurde er Gen.stabschef des Heeres, am 31.1.43 Chef des ≻ Comando Supremo (italien. Wehrmachtgen.stab). A. bemühte sich um Distanz zum dt. Verbündeten und um Rückführung der verstreuten italien. Truppen vom Balkan. Zwar war er damit weitgehend erfolglos, hatte aber entscheidenden Anteil an den Verhandlungen mit den Alliierten über einen italien. Sonderwaffenstillstand und an den Vorbereitungen zum Sturz Mussolinis. Am 25.7.43 stimmte er im Faschist. Großrat der Entmachtung des Duce zu und begleitete den König am 9.9.43 auf der Flucht nach Bari, wo er kurzfristig im Nov. 43 Kriegsmin. der Reg. ≻ Badoglio war. Am 27.11.43 von ≻ Messe abgelöst und zum Gen.inspekteur des Heeres zurückgestuft, wurde A. im Juli 44 »aus Altersgründen« in den Ruhestand versetzt.

AMGOT, Abk. für ≻ **A**llied **M**ilitary **G**overnment of **O**ccupied **T**erritories.

Amiot 143, frz. Bomber, Erstflug 1931. Die A., ein Hochdecker in Kastenbauweise, war bei Kriegsausbruch techn. veraltet, jedoch immer noch bei 4 Gruppen im Einsatz. Sie flog zuerst mit Flugblättern, später mit Bomben die ersten frz. Nachteinsätze gegen Deutschland. Der klobige »Autobus« erreichte mit 2x760-PS-Sternmotoren Gnome & Rhône 294 km/h Höchstgeschwindigkeit, konnte bis zu 1700 kg Bomben intern und unter den Tragflächen befördern. Bei einem ersten Tageseinsatz am 14.5.40 gegen dt. Pionierbrücken über die Maas wurde eine ganze A.-Formation fast völlig vernichtet. Insges. wurden 178 Maschinen gebaut.

Amiot 350-354, frz. zweimotoriger Mittelstreckenbomber, entstanden aus dem Postflugzeug Amiot 341. Die mit verschiedenen Triebwerken ausgestattete Bomberreihe A. mit 478 km/h Spitzengeschwindigkeit in 4550 m Höhe war zum Nachfolger der veralteten ≻ Amiot 143 bestimmt; die Reg. erhöhte ihren Auftrag nach Kriegsausbruch auf 285 Maschinen, doch waren im Mai 40 erst zwei Gruppen mit modernen A.-Bombern ausgerüstet.

Amphibische Streitkräfte, meist aus Teilen von Heer, Luftwaffe und Marine zusammengesetzte Großverbände mit Spezialschiffen für das Anlanden von Truppen und Material auf offenem Strand (amphib. Operationen). Während des Krieges bauten die USA und Großbrit. die größte Landungsflotte der Weltgeschichte mit Zehntausenden von Spezialfahrzeugen für die diversen Landungsunternehmen sowohl im Pazifik als auch auf dem europ. Kriegsschauplatz (z.B. ≻ Invasion). Allein die US-Werften bauten zw. 1942 und 1945: 24 große Landungsschiffe mit 110 000 t,

878 Pz.landungsschiff (LST) 1 308 220 t, 528 mittlere Landungsschiffe (LSM) 300 000 t, 1294 Inf.-Landungsfahrzeuge (LCI) 249 600 t, 130 Unterstützungsfahrzeuge(LCS) 15 990t, 1431 Pz.landungsfahrzeuge (LCT) 195 293 t, 60 513 Landungsboote 742 000 t; Tonnage insges. 2 921 103 t.
Starke A. eroberten unter Sicherung durch trägergestützte Fliegerverbände sowie Schlachtschiffe, Kreuzer und Zerstörer die von Japan 1941/42 besetzten Gebiete in SO-Asien zurück ≫ Inselspringen). An den Landungen ≫ »Torch« in N-Afrika (5.11.42), ≫ »Husky« auf Sizilien (10.7.43), ≫ »Avalanche« bei Salerno (9.9.43), ≫ »Shingle« bei Anzio (22.1.44), ≫ »Neptune« in der Normandie (6.6.44) und ≫ »Dragoon« in S-Frkr. (15.8.44) waren Tausende von Landungsfahrzeugen beteiligt. Allein bei »Neptune«, dem amphib. Teil von ≫ »Overlord«, betrug ihre Zahl 4 126.
Die dt. Kriegsmarine zog im Sommer 40 in den Häfen am Ärmelkanal zw. Le Havre und Antwerpen für die geplante Landung in S-England ≫ »Seelöwe«) 155 Transportschiffe mit rd. 700 000 BRT, 1277 Prähme und Leichter (Flußschiffe), 471 Schlepper und 1 161 Motorboote zusammen. Viele Einheiten mußten erst behelfsmäßig für Landungsoperationen hergerichtet werden (Bugrampe u.a.). Speziell für Landungen und Transporte im küstennahen Bereich baute die dt. Luftwaffe ca. 50 sog. Siebelfähren von 130-230 t und die Kriegsmarine, z.T. auch auf Werften in den besetzten Gebieten, 1007 Marinefährprähme (MFP) von 385-400 t.

Amsterdam, Hauptstadt (Reg.sitz Den Haag) der ≫ Niederlande mit (1940) ca. 760 000 Einwohnern. A. wurde nach der niederländ. Kapitulation im Zuge des dt. Westfeldzugs am 15.5.40 besetzt. Strateg. wenig bedeutend, blieb die Stadt von Bombenangriffen weitgehend verschont. Nur der Flughafen Schiphol wurde einige Male Ziel alliierter Bomber (z.B. 13.12.43). Wegen des hohen jüd. Bevölkerungsanteils (ca. 5 %) und als Verwaltungsmetropole war A. ein Zentrum der nat.-soz. ≫ Judenverfolgung in Holland. Bereits am 23.2.41 wurden etwa 400 jüd. Holländer ins KZ Mauthausen in Österreich deportiert, was am 25.2. zu einem Generalstreik in A. führte, der durch massiven SS- und Polizeieinsatz in den nächsten Tagen gebrochen wurde. Am 14.7.42 begannen die eigentl. Verfolgungen mit der Verschleppung von Tausenden ins Lager Westerbork und von dort in die Vernichtungslager Sobibór und Auschwitz. Den Deportationen, die bis in den Sept. 44 fortgesetzt wurden, fiel fast die ges. Judenschaft von A. zum Opfer. Abgeschnitten in der »Festung Holland«, endete die Not der Besatzungszeit in A. erst mit der dt. Teilkapitulation vor den Briten am 4.5.45.

Amt Ausland/Abwehr, Abt. im ≫ Oberkommando der Wehrmacht, ≫ Abwehr.

»Anakim«, auf der Konferenz von ≫ Casablanca (Jan. 43) gewählte Codebez. für die Pläne zur Rückeroberung Burmas. Vorgesehen war eine konzentr. Offensive ins Herz Burmas, Richtung Mandalay, unmittelbar nach dem Ende der Regenzeit, dabei gleichzeitig Vorstöße brit. Verbände aus Assam (Indien) und nationalchines. Truppen unter amerikan. Führung aus SW-China. Ein amphib. Unternehmen im Golf von Bengalen an der Küste von ➢ Arakan sollte mit der Besetzung der Hauptstadt Rangun enden. Die Operation »A.« mußte aus Mangel an Menschen und Material verschoben werden. Auf den Grundzügen von »A.« fußte jedoch die spätere alliierte Generaloffensive gegen Burma, deren endgültige Pläne seit Aug. 43 in Neu Delhi vom neugeschaffenen Oberkommando für SO-Asien (SEAC) unter Admiral Mountbatten ausgearbeitet wurden. Zwei neue Elemente kamen hinzu: Luftbrücke der US-Luftwaffe von Assam über den Himalaja nach China (➢ »The Hump«) und Dschungelkrieg im feindl. Hinterland durch brit. Spezialeinheiten in den Bergregionen des Arakan.

Anders, Wladyslaw, * Blonie bei Warschau 11.8.1892, † London 12.5. 1970, poln. General (seit 1936); geriet 1939 in sowjet. Kriegsgefangenschaft, entging aber dem Schicksal seiner Kameraden in ➢ Katyn. A. wurde 1941 freigelassen und baute eine poln. Freiwilligenarmee auf, die zur alliierten Orientarmee trat und in Afrika und Italien (u.a. Monte Cassino) kämpfte. Im Febr. 45 wurde A. OB aller poln. Truppen im Westen, fast 200 000 Mann, die zu 80 % nach dem kommunist. Umsturz in Polen die Repatriierung verweigerten. Auch A. blieb im engl. Exil.

Anderson, Sir Kenneth, * Dhawar (Indien) 25.12.1891, † Gibraltar 11.4. 1959, brit. General; Absolvent der Militärakademie Sandhurst (1911), im 1. Weltkrieg in Frkr. verwundet (1916), danach im Nahen Osten; in der Zwischenkriegszeit verschiedene Kommandos in Indien, Palästina und zuletzt als Chef der 11. Inf.brigade in England. A. war im Frankreichfeldzug bei den brit. Expeditionstruppen OB der 3. Inf.div., mit der er aus ➢ Dünkirchen entkam. Beim Unternehmen ➢ »Torch«, der angloamerikan. Landung in N-Afrika (8.11.42), führte er die brit. 1. Armee, deren Einheiten als erste in ➢ Algerien Fuß faßten. Sein erster Vorstoß auf Tunis scheiterte jedoch am dt. Widerstand, und im Febr. 43 erlitten A.s Truppen bei ➢ Kasserine eine schwere Schlappe. Erst im April 43 gelang der weitere Vormarsch und im Mai der endgültige Sieg. Danach zunächst als OB der brit. 2. Armee für die ➢ Invasion in der Normandie vorgesehen, wurde A. jedoch im Jan. 44 durch ➢ Dempsey ersetzt und zum Fernostkommando versetzt. Nach dem Kriege war er OB in O-Afrika und 1947-52 Gouverneur von Gibraltar.

»Anklet« (engl. Fußfessel), Codebez. für den brit. Raid gegen die Lofoten Ende Dez. 41. Zum Unternehmen »A.« lief am 22.12. unter dem Schutz von 1 Kreuzer, 8 Zerstörern und kleineren Einheiten ein Konvoi mit 260 Mann Landungstruppen aus Scapa Flow aus, erreichte am 26.12. den Vestfjord und zerstörte eine Fischölfabrik sowie mehrere Funkstationen; 2 norweg. Dampfer wurden aufgebracht, 1 dt. Vorpostenboot ging verloren. Die Operation wurde am 28.12. abgebrochen, nachdem der brit. Kreuzer Arethusa bei dt. Luftangriffen beschädigt worden war.

Anson, brit. Küstenaufklärer und Navigationstrainer der Firma ➢ Avro. Bei Kriegsbeginn waren insges. 760 A. beim Küstenkommando und beim Bomberkommando der RAF im Dienst. Eine

A. flog am 5.9.39 den ersten Bombenangriff auf ein dt. U-Boot in der Nordsee. Da das zweimotorige Baumuster (Erstflug der militär. Version 1935) zu jenem Zeitpunkt bereits veraltet war, wurde es bald von ➢ Hudson und ➢ Whitley im Fronteinsatz über See abgelöst.

Antifa, Kurzwort für **Antifa**schismus, antifaschist. Schulung, Politik u.ä., nach der dt. Kapitulation v.a. Bez. für eine Bewegung in der UdSSR mit der Aufgabe, die dt. Kriegsgefangenen durch intensive Schulung von antikommunist. Einflüssen zu befreien und im »antifaschist.« Sinne zu erziehen, damit auch sie sich die Sache der »Werktätigen« zu eigen machen könnten. Bereits nach Errichtung des ersten Gefangenenlagers in Temnikow 1941 begann die »Umerziehung« durch sowjet. Politinstruktoren in Zusammenarbeit mit dt. Emigranten und sog. antifaschist. Aktivisten (Überläufer und kollaborationswillige Gefangene). Im Mittelpunkt stand seinerzeit die Gewinnung der Gefangenen zur Mitarbeit bei der psycholog. Kriegführung, die zur Schwächung und schnelleren Zerschlagung des nat.-soz. Regimes beitragen sollte. Dazu wurde Mitte 43 das ➢ Nationalkomitee Freies Deutschland und der ➢ Bund dt. Offiziere gegründet, die nach der dt. Kapitulation aufgelöst wurden. An ihre Stelle trat die A.-Bewegung.
Die »Umerziehung« fiel in die Zuständigkeit der Hauptverwaltung für Gefangenen- und Internierungsfragen, Abt. für polit. Arbeit (Gen. Sobolewskij), Referat für antifaschist. Arbeit (Oberst Prichotkow), im Innenmin. (MVD) der Sowjetunion. Ihre Weisungen gingen über die Behörden der Unionsrepubliken an die Polit-Offiziere in den Lagern, wo sog. A.-Aktivs aus Gefangenen gebildet wurden. Ihre oberste Instanz war das ebenfalls aus dt. Gefangenen bestehende Zentral-Aktiv (auch »antifaschist. Arbeitsgruppe«) bei den sowjet. Lagerhauptverwaltungen. Das Zentral-Aktiv unterstützte die Lager-Aktivs durch operative Hilfe und propagandist. Auftreten. Schulungsschwerpunkt der A.-Aktivs war die Aufklärung über das Wesen des nat.-soz. Regimes und seine Verbrechen, die nur durch Abschaffung des kapitalist. Systems zu überwinden seien. Ferner wurde die Wiedergutmachungspflicht des dt. Volkes betont, mit der die Fortdauer der Gefangenschaft begründet wurde. Später trat die künftige Gestaltung Deutschlands in den Vordergrund, wobei v.a. die Pläne der Westalliierten als unvereinbar mit den nat., sozialen und wirtschaftl. Lebensinteressen des dt. Volkes kritisiert wurden.

Antikominternpakt, am 25.11.36 auf 5 Jahre geschlossenes, gegen die »Zersetzung« der Kommunist. Internationale (Komintern) und die Sowjetunion gerichtetes dt.-japan. Vertragswerk, dem sich Italien (6.11.37), Ungarn und Mandschukuo (Febr. 39), Spanien (März 39) sowie Finnland, Dänemark, Slowakei, Rumänien, Kroatien, Bulgarien und die Nanking-Reg. am 25.11.41 anschlossen, als der A. um weitere 5 Jahre verlängert wurde. Der A. blieb unverbindl. und hinderte weder Hitler am ➢ Dt.-Sowjet. Nichtangriffsvertrag (23.8.39) noch Tokio am Neutralitätsabkommen mit der UdSSR (13.4.41).

»Anton«, Deckname für den Plan zur Invasion des unbesetzten Frkr. durch die Wehrmacht vom 29.5.42 für den Fall einer Bedrohung der S-Flanke. Anders als die erste Direktive ≻ »Attila« (10.12.40) sah »A.« die Möglichkeit eines frz. Widerstands und die enge Mitwirkung des italien. Bündnispartners vor. Dieser sollte bei Auslösung des Stichwortes unverzügl. die Mittelmeerküste besetzen und die dortigen Häfen blockieren. Die Nachricht von der alliierten Landung in frz. N.-Afrika erreichte Hitler am 8.11.42 um Mitternacht. Er zitierte Vichys Reg.chef ≻ Laval am folgenden Tag nach Berchtesgaden und löste in der Nacht des 10./11.11.42 Plan »A.« aus, der nun allerdings ohne italien. Mitwirkung ablief. Um 7.00 Uhr überschritten die 1. Armee (Blaskowitz) und die Armeegruppe Felber die Demarkationslinie. Hitler erläuterte die Notwendigkeit seiner Maßnahme in einem Brief an Pétain, der vergebl. protestierte. Die frz. Waffenstillstandsarmee leistete keinen Widerstand und wurde Ende Nov. 42 aufgelöst. ≻ Toulon blieb auf Vorschlag der Kriegsmarine zunächst unbesetzt, da Großadmiral Raeder der dortigen frz. Kriegsflotte die Verteidigung des Hafens selbst überlassen wollte. Nach der Kehrtwendung ≻ Darlans in Algier jedoch mißtraute das OKW den anderen frz. Admiralen und ließ am 27.11. Truppen des II. SS-Pz.korps in Toulon einrücken. Die dort liegenden frz. Kriegsschiffe waren aber

Antonescu: der Marschall, der Rumänien an die Seite der Achsenmächte führte, bei einer Frontinspektion mit dem jungen König Michael (links)

bereits von ihren Besatzungen nach einem lange vorbereiteten Plan versenkt oder kampfunfähig gemacht worden (➢ »Lila«).

Antonescu, Ion, * Pitesti 15.6.1882, † Jilava (heute zu Bukarest) 1.6.1946, rumän. Politiker; 1933 Gen.stabschef, 1937/38 Kriegsmin. A. genoß als extremer Nationalist große Popularität, so daß ihn König Carol II. am 4.9.40 als Regierungschef akzeptieren mußte. Schon zwei Tage später stürzte der neue Conductor (= Führer) den König und baute eine persönl. Diktatur faschist. Zuschnitts auf. Einen Putschversuch der ➢ Eisernen Garde konnte er abwehren. A. geriet zunehmend unter dt. Einfluß, weil die Wehrmacht auf das rumän. Erdöl angewiesen war, mußte dem Dreimächtepakt beitreten (23.11.40) und beteiligte sich im Juni 41 am Angriff auf die Sowjetunion. Als die Rote Armee 1944 nach Rumänien vordrang, wurde A. gestürzt (23.8.44) und vor ein Volkstribunal gestellt, das ihn hinrichten ließ.

Antonow, Alexej, * Grodno 15.9.1896, † Moskau 18.6.1962, sowjet. Armeegeneral; im 1. Weltkrieg zarist. Offizier, seit 1919 bei der Roten Armee, 1928 Mitglied der KPdSU, Gen.stabsausbildung. Bei Ausbruch der Feindseligkeiten im Juni 41 war A. Stabschef in der Region Kiew, danach bei verschiedenen Fronten im Südabschnitt. Im Sommer 42 wurde er, inzw. zum Gen.major befördert, als Chef der Operationsabt. in den Gen.stab und bald darauf zum Stellv. des Gen.stabschefs Wassiljewski berufen. Er hatte damit unmittelbaren Zugang zu Stalin und war bis Kriegsende an allen Planungen und Operationsentwürfen beteiligt, insbes. für die Abwehr der dt. Offensive bei Kursk (➢ »Zitadelle«), die Operationen in Karelien und den Endkampf in Deutschland. Im Febr. 45 beriet er Stalin auf der Konferenz von ➢ Jalta und wurde anschließend zum Nachfolger Wassiljewskis als Gen.stabschef ernannt. Im Sommer 45 organisierte A. die Umgruppierung der Roten Armee nach Fernost gegen Japan.

Antwerpen, nordbelg. Provinz und Hafenstadt an der unteren Schelde, 88 km von der Nordsee entfernt, mit 271 000 Einwohnern (1940). Die Stadt A. wurde während des dt. Westfeldzugs am 18.5.40 von der Heeresgruppe B (v. Bock) genommen und war im Sept. 40 Ziel heftiger Luftangriffe der RAF gegen Schiffsansammlungen für das Unternehmen ➢ »Seelöwe«. Am 4.9.44 wurde A. von der 2. brit. Armee befreit. Die Hafenanlagen waren noch intakt, doch blockierten dt. Küstenbatterien auf der Halbinsel Walcheren die Scheldemündung, bis Bombenangriffe der RAF und Kommandounternehmen den dt. Widerstand brachen und die Hafenzufahrt Ende Nov. 44 freimachten. Mitte Dez. wurden tägl. bereits 20 000 t Nachschubgüter für die Armeen Eisenhowers und Montgomerys gelöscht. A. hatte dank seiner geograph. Lage und der Umschlagkapazität hohe strateg. Bedeutung für den alliierten Vorstoß ins Reich, zumal alle wichtigen Häfen an der Atlantik- und Kanalküste bis auf Cherbourg zerstört oder noch in dt. Hand waren. Dt. Klein-U-Boote versuchten, den Schiffsverkehr in der Scheldemündung zu stören. Die Stadt wurde außerdem unter Dauerbeschuß mit V-Waffen genommen, die schwere

Zerstörungen anrichteten und viele Opfer forderten, die alliierte Nachschubbasis aber nicht lahmlegen konnten: Insges. wurden 5760 V 1, von denen allerdings nur 628 ihr Ziel erreichten, und 1265 V 2, von denen 570 trafen, auf A. abgefeuert. A. war auch – bei weitem nicht erreichtes – Ziel der dt. ➢ Ardennenoffensive (Dez. 44).

»Anvil« (engl. Amboß), Codebez. des alliierten Operationsentwurfs für eine Landung in S-Frkr., beschlossen auf der Konferenz von ➢ Teheran (Nov. 43) als Flankierung des Unternehmens ➢ »Overlord« in der Normandie. Churchill, unterstützt von frz. Seite, hielt einen Vorstoß auf Wien von Italien aus für erfolgversprechender (Abschneiden der dt. Truppen auf dem Balkan) und für polit. erwünscht (Fernhalten der Roten Armee von Mitteleuropa). Er drang damit jedoch bei Roosevelt nicht durch, der mit »A.« den sowjet. Wunsch nach Stärkung der ➢ Zweiten Front in Frankreich erfüllen wollte. Die Planungen übernahm der Stab der 7. US-Armee (Patch) in Algier mit der Maßgabe, »Ende Mai 44 eine amphib. Operation gegen S-Frkr. durchzuführen, sich eines der großen Häfen zu bemächtigen, auf Lyon und Vichy vorzugehen und den Invasionstruppen aus der Normandie die Hand zu reichen«. Als Landestreifen wurde die Küste östl. von Hyères mit Schwerpunkt bei Saint-Tropez ins Auge gefaßt, nahe genug bei Korsika für effektive Luftunterstützung und in einiger Entfernung von den starken Verteidigungsstellungen um Toulon und Marseille. Der für die Auslösung von »A.« vorgesehene »J-Day« mußte, wie der »D-Day« in der Normandie, mehrfach verschoben werden, weil Landungsfahrzeuge fehlten und der alliierte Vormarsch in Italien hinter den Plänen zurückblieb, so daß von dort kaum Kräfte abzuzweigen waren. Erst am 5.7.44 wurde das nun in ➢ »Dragoon« umbenannte Unternehmen auf den 15.8.44 festgesetzt.

Anzio, Hafenstädtchen an der W-Küste Italiens mit 7000 Einwohnern (1940), etwa 50 km südl. von Rom. Am 22.1.44 landete bei A. und weiter östl. bei Nettuno das VI. Korps (Lucas, später Truscott) der 5. US-Armee (Clark) hinter den dt. Linien. Der alliierte Vorstoß aus dem Brückenkopf von ➢ Salerno war in den Bergen von Cassino an der »Gustav«-Linie steckengeblieben. Jetzt sollte die Operation ➢ »Shingle« die rückwärtigen Verbindungen der dortigen dt. Verteidiger abschneiden und damit helfen, den Weg nach Rom freizukämpfen. Die Ankunft der Landungsflotte aus Neapel vor A. mit 4 amerikan. und 2 brit. Div. an Bord blieb unbemerkt; bereits in den ersten 24 Stunden waren 15 000 Mann mit ihren Fahrzeugen ausgeschifft, bis zum 29.1. waren 68 886 Soldaten, 237 Pz. und 50 Geschütze an Land. Doch statt gegen den anfängl. kaum vorhandenen Widerstand gleich in den Rücken der dt. 10. Armee (v. Vietinghoff) vorzustoßen, begnügte sich Lucas mit dem Ausbau des Landekopfes und trat erst am 30.1. zum Angriff an, der gegen die nun herangeführten Kräfte kaum noch Boden gewann. Freilich blieben hartnäckige Versuche der dt. 14. Armee (v. Mackensen), den Brückenkopf einzudrücken, ebenfalls nach Anfangserfolgen stecken. 123 Tage lang lagen Amerikaner und Briten bei A. fest. Inzw. auf 6 Div. verstärkt, gelang ihnen schließl. am 23.5.44 die Verbindung mit den anderen Verbänden der 5. US-Armee, die von S her auf Rom marschierte und die italien. Hauptstadt am 4.6.44 kampflos besetzte.

Aosta, Amadeo II. von Savoyen, Herzog von, * Turin 21.10.1898, † Nairobi 3.3.1942, italien. General und Politiker. A., ein Vetter von König Viktor Emanuel III., in England erzogen, mit einer frz. Prinzessin verheiratet, wurde 1937 als Nachfolger ⋗ Grazianis Vizekönig von ⋗ Abessinien und bei Kriegseintritt Italiens (10.6.40) OB der italien. Truppen in O-Afrika. Im Aug. 40 eroberte A., der für den lärmenden Imperialismus Mussolinis eigentl. wenig übrig hatte, Brit. Somaliland, geriet aber bald in die Defensive, als die Briten aus Eritrea und Kenia zum Gegenangriff übergingen. Am 16.5.41 ergab sich A. mit 19 000 Mann bei Amba Alagi, weil er weiteres Blutvergießen vermeiden wollte, und ging in brit. Gefangenschaft.

»Aphrodite«, Deckname für das Funkmeß-Täuschungsgerät (FuMT 1) der Firma AEG zur Verwirrung der gegner. Radarortung: Von U-Booten aus zu startende Ballons an langer Ankerleine mit Metallstreifen, die ein Schiffsziel vortäuschten und die feindl. Aufklärung so lange beschäftigen sollten, bis das Boot entkommen war.

Apolda-Sperre, zu Beginn des Ostfeldzugs am 22.6.41 gelegte Minenkette vor dem Finn. Meerbusen, gesichert durch 5 Schnell- und 4 Räumboote. Die A. aus 500 Einheitsminen und 700 Sprengbojen sollte Teilen der sowjet. Ostseeflotte, die in der Kronstädter Bucht lagen, den Weg in die offene See verlegen. Sowjet. Luftangriffe konnten die Vollendung der A. nicht verhindern.

Arado: der einmotorige Küstenaufklärer Ar 196, der seit August 1939 zum katapultfähigen Bordflugzeug für die schweren Überwassereinheiten umgerüstet wurde

Arado, 1925 gegr. dt. Flugzeugwerke mit Hauptsitz Potsdam-Babelsberg und Hauptwerft in Brandenburg, eine weitere in Warnemünde. A. entwickelte und baute in den 30er Jahren eine Reihe einmotoriger Schwimmerflugzeuge; bekanntestes Baumuster wurde der zweisitzige Küstenaufklärer Ar 196 (Erstflug 1938), der seit Aug. 39 als katapultfähiges Bordflugzeug zu den schweren Überwassereinheiten der Kriegsmarine kam und als Patrouillenmaschine an der Atlantikküste, im Schwarzen Meer, in der Ägäis und in der Adria diente; bis Kriegsende wurden insges. 526 Exemplare gebaut. – In sehr viel größeren Stückzahlen war A. mit seinen einsitzigen Doppeldeckern bei der Luftwaffe vertreten : Die Ar 66 (Erstflug 1932) diente bei den Flugzeugführerschulen in großer Zahl zum Fortgeschrittenentraining und flog während des Krieges nächtl. Störeinsätze an der Ostfront. Die Ar 68 (Erstflug 1934) gehörte zur Erstausstattung der Jagdwaffe, wurde seit Sommer 38 von der Me 109 abgelöst und an die Fliegerschulen abgegeben. Ein eleganter Tiefdecker in Holzbauweise war der Hochleistungstrainer Ar 96 (Erstflug 1938), von dem bis Dez. 44 allein 11 546 Exemplare gefertigt wurden (Nachbau in Frkr. und in der Tschechoslowakei bis 1948). Als Nachfolgemuster der ➢ Ju 52 entwickelte A. den zweimotorigen Kampfzonen-Transporter Ar 232 (Erstflug Frühjahr 41), der von Behelfspisten operieren konnte und wegen seines geländegängigen Fahrwerks »Tausendfüßler« hieß. In der Geschichte der Luftfahrt machte sich A. jedoch v.a. einen Namen durch die Entwicklung des ersten Strahlbombers der Welt Ar 234 ➢ Hecht.

Arakan, Gebirgs- und Dschungelregion in Burma am Golf von Bengalen, im N an Indien grenzend. Nach der Eroberung der Andamanen landeten die Japaner am 5.5.42 in der Küstenstadt Akjab. Die Briten zogen sich in die Berge des A. zurück, eine Landoffensive ihrer 14. ind. Div. in Richtung Akjab scheiterte Anfang 43. Im Dez. 43 unternahmen die Briten mit dem XV. Korps (Christison) einen weiteren Vorstoß, wurden aber abgeschnitten und zeitweise eingeschlossen. Erst im März/April 44 gelang es ihnen, die japan. Verteidigungslinien zu durchbrechen und auf Maungdaw vorzugehen. Da die Schlacht um Imphal viele Kräfte band, erreichte das XV. Korps erst am 4.1.45 Akjab, von wo aus die 26. ind. Div. auf dem Seeweg Richtung Rangun in Marsch gesetzt wurde und die burmes. Hauptstadt am 3.5.45 kampflos nehmen konnte.

Arbeitserziehungslager (AEL), 1940 von der Gestapo eingerichtete Lager, in denen ausländ. Arbeitskräfte wegen Nichterfüllung ihrer Arbeitspflicht (Verweigerung, Bummelei u.a.) auf begrenzte Zeit (56 Tage mit Verlängerungsmöglichkeit) zur »Erziehung durch Arbeit« eingewiesen werden konnten. Die Lebens- und Arbeitsbedingungen für die Insassen der A. waren hart und mit den Verhältnissen in den KZ vergleichbar. Nach einem Runderlaß des Reichsführers SS vom 15.12.42 wurden zusätzl. in den größeren Betrieben, in deren Nähe kein A. lag, Erziehungslager unter Leitung der Staatspolizeileitstellen eingerichtet, wo die Häftlinge durch Angehörige des Werkschutzes bewacht wurden. Bei den entspr. A. der ➢ Dt. Reichsbahn erfüllte die Bahnpolizei diese Aufgabe.

»Arcadia«-Konferenz, Codebez. für eine Gesprächsserie zw. US-Präs. Roosevelt und dem brit. Premier Churchill vom 22.12.41-14.1.42 in Washington unter zeitweiliger Hinzuziehung der Stabschefs. Die »A.« wurde bedeutsam v.a. durch die strateg. Grundsatzentscheidung, alle Anstrengungen zunächst auf die Niederkämpfung Hitler-Deutschlands zu konzentrieren (»Germany first«) und im Fernen Osten derweil defensiv zu operieren. Außerdem wurde die Schaffung eines gemeinsamen Gen.stabs (➢ Combined Chiefs of Staff) sowie gemeinsamer Oberkommandos auf den verschiedenen Kriegsschauplätzen beschlossen. Auf der »A.« entstand zudem die Idee einer weltweiten Kriegs- und Nachkriegsallianz der

Kriegsgegner der Achsenmächte unter dem von Roosevelt geprägten Begriff der Vereinten Nationen. Die dazu formulierte Deklaration wurde zuerst von den brit. und amerikan. Reg.chefs, dem sowjet. und dem chines. Botschafter und später von Vertretern weiterer 22 Staaten unterschrieben. Sie bekräftigte die polit. Ziele der ➢ Atlantik-Charta (14.8.41), verpflichtete die Signatarstaaten, alle Hilfsquellen zu mobilisieren und bis zum gemeinsamen Sieg keinen Waffenstillstand oder Separatfrieden abzuschließen.

Ardeatinische Höhlen (Fosse Ardeatine), Höhlensystem am südl. Stadtrand von Rom. In den A. ließ am 24.3.44 der dt. Polizeichef von Rom, Obersturmbannführer Herbert Kappler, 335 Italiener erschießen als Repressalie für einen Bombenanschlag vom Vortag, bei dem in der Via Raselli 32 dt. Soldaten einer Südtiroler Polizeitruppe und 8 italien. Zivilisten getötet worden waren. Hitler hatte ursprüngl. angeordnet, für jeden dt. Toten 50 Geiseln zu erschießen, doch war es dem OB Südwest ➢ Kesselring gelungen, diese »Quote« auf 10 zu drücken und als Opfer zum Tode verurteilte Häftlinge auszuwählen. Da so die erforderl. Zahl nicht zustande kam, waren unter den Erschossenen nach einer wahllosen Razzia schließl. auch Frauen und sogar zwei 14jährige Jungen, außerdem hatte Kappler 30 Personen mehr als befohlen töten lassen. Er wurde im Juli 48 dafür zum Tod verurteilt; auch der OB der dt. 14. Armee, v. ➢ Mackensen, in dessen Befehlsbereich die A. lagen, mußte sich für das Massaker verantworten. Kappler wurde schließl. zu lebenslanger Haft begnadigt und konnte 1977 mit Hilfe seiner Frau aus einem Krankenhaus entweichen und nach Deutschland fliehen, wo er wenig später starb.

Ardennenoffensive, nach dem Plan ➢ »Wacht am Rhein« am 16.12.44 anlaufende Angriffsoperation der Wehrmacht zw. Hohem Venn und N-Luxemburg zur Wiedergewinnung der Initiative im W. Für die A., die nach Hitlers Willen aus der »ewigen Defensive« herausführen sollte, wurden bereitgestellt: Im N die 6. SS-Pz.armee (Dietrich) mit 4 Pz.- und 5 Inf.div., die über Lüttich den eigentl. Schlag gegen ➢ Antwerpen führen sollte; im Mittelabschnitt die 5. Pz.armee (v. Manteuffel) mit 3 Pz.- und 4 Inf.div., die weiter südwestl. über die Maas gehen und Dietrich gegen Angriffe von SW schützen sollte; im S die 7. Armee (Brandenberger) mit nur 4 Inf.div. (vorgesehen 5 und 1 Pz.div.), die einen schützenden Schleier an Manteuffels südl. Flanke bilden sollte. Den Oberbefehl hatte v. ➢ Rundstedt, nach dem die A. auch Rundstedt-Offensive genannt wird, obwohl der Gen.feldmarschall kaum an Planung und Durchführung beteiligt war. Die Truppen im Kampfraum unterstanden der Heeresgruppe B (Model), die Luftsicherung übernahm das Luftkommando West (J. Schmid) mit 1492 Jägern, 262 Bombern und Schlachtflugzeugen sowie 40 Aufklärern.

Trotz des umfangreichen Aufmarsches gelang die fast völlige Überrumpelung des Gegners, der 1. US-Armee (Hodges). Auch das für einen Erfolg der A. unabdingbare schlechte Wetter, das die alliierte Luftstreitmacht am Boden hielt, stellte sich ein. Wenn dennoch der erste Anlauf im N nach 10 km und in der Mitte nach 30 km ins Stocken geriet, so

Ardennenoffensive: Neben dem zerschossenen Halbkettenfahrzeug eines Panzergrenadierbataillons zeigt ein amerikanischer Offizier seinen Männern das Angriffsziel an.

wegen fataler Unterschätzung des angebl. in der Defensive hilflosen amerikan. Gegners und wegen Nachschubschwierigkeiten auf den verschneiten und verstopften Straßen. Das Unternehmen ➢ »Greif«, bei dem als US-Offiziere getarnte SS-Männer Verwirrung hinter den feindl. Linien stiften sollten, blieb fast ohne Wirkung. Das für den 2. Angriffstag vorgesehene Ziel, die Maas, wurde nicht erreicht.
Immerhin gelang der 5. Pz.armee die Einschließung des wichtigen Verkehrsknotens ➢ Bastogne und, solange eine niedrige Wolkendecke Schutz bot, der Vorstoß mit der 2. Pz.div. bis in die Nähe von Dinant. Im N ging eine Kampfgruppe der 1. SS-Pz.div. Leibstandarte »Adolf Hitler« unter SS-Obersturmbannführer ➢ Peiper schon am 17.12. auf Stavelot vor und wurde erst kurz vor einem amerikan. Benzindepot vom Treibstoffmangel gestoppt. Seiner Einheit wurde nach dem Krieg im Malmedy-Prozeß die Ermordung gefangener und verwundeter GIs angelastet. Das Gerücht über das Massaker führte in den folgenden Kämpfen zu wachsender Erbitterung und steigenden Verlusten auf beiden Seiten.
Nach einer Woche begannen die alliierten Gegenmaßnahmen zu greifen: Der mit Beginn der A. einsetzende Beschuß des reparierten Hafens von Antwerpen mit V-Waffen konnte den reichl. fließenden Nachschub für die US-Truppen nicht gefährden. Mit Wetterbesserung am 23.12. kam die Luftüberlegenheit zudem zum Tragen, so daß Nachschub für die dt. Verbände nur noch nachts und somit gänzl. unzureichend nach vorn kam. Angriffe auf die weitgedehnten dt. Flanken zwangen Manteuffel – oft unter Aufgabe zahlr. Kampfwagen – zur Zurücknahme der Pz.spitzen und ermöglichte der 4. US-Pz.div. am 26.12. den Durchbruch durch den Belagerungsring um Bastogne, das sich, aus der Luft versorgt, hatte halten können.
Trotz der sicheren Niederlage weigerte sich Hitler, der die A. vom Führerhauptquartier »Adlerhorst« leitete, die Rücknahme der dt. Truppen auf die Westwall-Stellungen anzuordnen, sondern befahl Kampf um jeden Meter Boden. So dauerte es noch bis zum 16.1.45, bis der durch die A. enstandene Frontbogen eingedrückt war, und bis zum 7.2., ehe die Amerikaner die Ausgangsstellungen wieder erreicht hatten. Die Wehrmacht verlor 17 200 Tote, 16 000 Gefangene und 34 439 Verwundete, die USA hatten 29 751 Tote und Vermißte sowie 47 129 Verwundete zu beklagen. Die letzten Reserven der Luftwaffe, die allein in den ersten acht Tagen der A. 1 088 Maschinen verlor, waren verheizt.

Argentinien, Republik in S-Amerika mit 2,8 Mio. km² und 13,2 Mio. Einwohnern (1940), Hauptstadt Buenos Aires. Die Haltung A.s bei Kriegsbeginn war zwiespältig: Zum einen tendierte v. a. die Wirtschaft zur Parteinahme für Großbrit., dem bei weiten größten Handelspartner und Weizen-Abnehmer, zum anderen gab es starke faschist. Kräfte im Lande, insbes. in der Armee, deren Offizierkorps »preuß.« eingestellt war. Gemeinsam war beiden Lagern die antiamerikan. Grundeinstellung, die sich auch nach ➢ Pearl Harbor (7.12.41) und dem Kriegseintritt der USA nicht änderte. Forderungen Washingtons nach Abbruch der Beziehungen zu den Achsenmächten verhallten ungehört. Die pro-dt. Fraktion erhielt im Gegenteil noch Auftrieb durch einen Staatsstreich der Armee am 4.6.43, der den Aufstieg des späteren Diktators Juan Domingo Perón (1895-1974) einleitete. A. war damit idealer Stützpunkt für die nat.-soz. Propaganda, während der US-Geheimdienst nur im Untergrund wirken konnte. Mit wachsenden Erfolgen der Alliierten geriet das Land jedoch in die Isolierung und verlor durch massive wirtsch. und militär. Hilfe der USA an die kooperationswilligeren südamerikan. Rivalen, v.a. Brasilien, polit. an Gewicht. Widerstrebend brach Buenos Aires daher schließl. am 26.1.44 die Beziehungen zum Dt. Reich ab, blieb aber trotz harter US-Sanktionen (u.a. Abberufung des Botschafters 22.6.44) dem Krieg noch fern. Erst am 27.3.45 sah sich A. zur Kriegserklärung gezwungen. Das änderte wenig an der antiamerikan. Stimmung im Lande, das nach dem Krieg zum bevorzugten Fluchtziel prominenter Nat.-soz. wurde (u.a. ≫ Eichmann).

Arizona, amerikan. Schlachtschiff; 17.10.16 in Dienst gestellt; 32 600 t, 21 kn Höchstgeschwindigkeit, 185,3 m lang, 32,4 m breit, 2 290 Mann Besatzung; Bewaffnung: 12x35,6 cm, 12x12,7 cm, 8x12,7-cm-Flak. Die A.

Ark Royal: Luftaufnahme des britischen Flugzeugträgers mit der Swordfish-Torpedobomberstaffel, der Ende Mai 1941 die entscheidende Beschädigung der Ruderanlage der Bismarck gelungen war.

gehörte von 1921 an zur amerikan. Pazifikflotte und wurde von Juli 29 bis März 31 umgebaut und modernisiert. Am 7.12.41 trafen die A. beim japan. Überfall auf ➢ Pearl Harbor ein Lufttorpedo und acht Bomben und zerrissen sie in zwei Teile. 47 Offiziere, darunter Admiral Kidd, dessen Flaggschiff die A. war, und 1 056 Mann kamen ums Leben.

Ark Royal, brit. Flugzeugträger, benannt nach dem brit. Flaggschiff beim Sieg über die span. Armada 1588; Stapellauf 13.4.37, in Dienst gestellt 16.11.38; 22 000 t, 208 m lang, 28 m breit, Höchstgeschwindigkeit 30,7 kn, 1575 Mann Besatzung; Bewaffnung: 16x11,4 cm, 64x4 cm, 72 Flugzeuge. Zusammen mit der ➢ Courageous operierte die A. bei Kriegsbeginn in einer Support Group gegen U-Boote und entkam am 14.9.39 nur knapp den Torpedos von U 39. Wenige Tage später, am 26.9., verfehlten sie ebenso knapp Bomben einer He 111, die den Träger irrtüml. als versenkt meldete. Die A. beteiligte sich danach ergebnislos an der Jagd auf die ➢ Admiral Graf Spee, griff mit wenig Erfolg in Norwegen ein, war vor ➢ Mers el-Kebir (3.7.40) dabei sowie beim mißglückten Raid gegen ➢ Dakar (23.9.40) und fuhr v.a. Geleitschutz für Mittelmeerkonvois.
Ende Mai 41 gelang ihren Swordfish-Torpedobombern die entscheidende Beschädigung der Ruderanlage der ➢ Bismarck. Anschließend wieder vornehml. im Mittelmeer eingesetzt, wurde die A. am 13.11.41 von U 81 (Guggenberger) 30 Meilen vor Gibraltar torpediert und sank nach Ausbruch eines Feuers an Bord am folgenden Morgen. Die Besatzung wurde bis auf einen Mann gerettet.

Armée de l'Air, offiz. Bez. für die frz. Luftstreitkräfte. Die A. entstand aus der Aviation Militaire, der Fliegertruppe des 1. Weltkriegs, die 1936 neu organisiert und zur selbständigen Waffengattung erhoben wurde; Personalbestand im Sept. 39 etwa 110 000 Mann, dem Luftfahrtmin. unterstellt, das Marineflugwesen (Aéronautique Navale oder kurz Aéronavale) ressortierte dagegen beim Marinemin. Die A. befand sich bei Kriegsbeginn in einer Umrüstungsphase auf moderne Baumuster, jedoch lag die Produktion weit hinter den Planungen zurück, so daß 2/3 der rd. 1400 einsatzbereiten Maschinen veraltet waren. Beim dt. Angriff im Mai 40 verfügte die A. auf einer Frontbreite von Basel bis Dünkirchen über 542 Jagdeinsitzer moderner Bauart. Inzw. hatte die Ausrüstung mit modernen Kampfflugzeugen wie der Leo 451, Amiot 350 oder Breguet 690 begonnen, was jedoch an der Unterlegenheit der A. gegenüber der Luftwaffe nichts mehr änderte.

Armée secrète (frz. Geheimarmee), (Eigen- und Sammel-)Bez. der frz. Untergrundkämpfer der ➢ Résistance, die sich unter Führung von Henri Frenay seit 1941 in der unbesetzten S-Zone Frkr.s organisierten. Höchst ungenügend ausgerüstet mit geretteten oder erbeuteten Waffen, schlecht ausgebildet, konnte die bis Sommer 42 auf etwa 25 000 Mann angewachsene A. nur punktuelle Sabotageakte ausführen oder Hilfsaufgaben übernehmen. Sie wurde zudem gelähmt durch rivalisierende Gruppen, die sich erst auf Initiative des aus London entsandten Jean Moulin im Okt. 42 zur »A. unifiée« (vereinigten Geheimarmee) zusammenschlossen. In der dt.-kontrollierten N-Zone hatte es die A. erhebl. schwerer, so daß dort erst im Jan. 44 eine überregionale Organisation zustande kam. Die dortige A. arbeitete v.a. nachrichtendienstl. und leistete Fluchthilfe in den S und nach Spanien. Nach der Besetzung von S-Frkr. im Nov. 42 und der Auflösung der Waffenstillstandsarmee erhielt die A. mehr Zulauf, so daß der SD ihre Anhängerschaft Mitte 43 auf insges. 130 000 Mann schätzte. Dennoch blieben ihre Aktivitäten gering und richteten sich zur Vermeidung massiver dt. Repressalien eher gegen Kollaborateure als gegen die Besatzungsmacht. Zudem unterstützten die Alliierten die A. angesichts der zerstrittenen Fraktionen nur zögernd, so daß die Mittel zu größeren Aktionen fehlten. Die A. sah daher ihre militär. Aufgabe v.a. in der Bindung dt. Kräfte durch lokale Aufstände im Vorfeld und während einer alliierten ➢ Invasion. Im März 44 scheiterte ein solcher vorzeitiger Versuch blutig in Savoyen, und auch die besser abgestimmten Erhebungen z.B. im ➢ Vercors im Sommer 44 forderten zahlr. Opfer, ohne die dt. Verteidiger nennenswert zu schwächen.

Ärmelkanal (Engl. Kanal, Der Kanal), meistbefahrene Schiffahrtsstraße der Erde zw. dem europ. Festland und Großbrit., im 2. Weltkrieg lange eine Art Hauptkampflinie zw. England und dem dt. besetzten W-Europa. Zunächst allerdings kam es wegen der anderweitigen Verpflichtungen der dt. Kriegsmarine und der langen Anmarschwege unter brit. Luftherrschaft kaum zu Kampfhandlungen im Ä., der erst mit der Gewinnung von Atlantikhäfen als Nachschub- und Ausfallstraße für die dt. Über- und Unterwasserstreitkräfte lebenswichtig wurde. Ins strateg. Blickfeld rückte er v.a. durch die Planungen für das Unternehmen ➢ »Seelöwe« zur Invasion Englands, nach deren Aufgabe die Sicherung der Transporte durch den Ä. im Vordergrund stand. Minensperren und Patrouillen sowie intensive Luftüberwachung wurden von beiden Seiten eingesetzt.
Dennoch kam es zu einigen spektakulären Aktionen im Ä., so dem Raid der Briten gegen ➢ Dieppe oder dem ➢ Kanaldurchbruch dt. Großkampfschiffe (12.2.42). Kriegsschauplatz im engeren Sinne wurde die Meeresstraße während und nach der ➢ Invasion der Alliierten Anfang Juni 44, als der gesamte Nachschub für die gewaltige Landungsstreitmacht übergesetzt wurde. Die dt. Gegenwehr aber erlahmte rasch angesichts der erdrückenden Überlegenheit der Angloamerikaner, die sich nicht einmal um die bis Kriegsende dt. besetzten ➢ Kanalinseln kümmerten.

Armia Krajówa, Eigenbez. der poln. ➢ Heimatarmee.

Arnheim (holländ. Arnhem), Hauptstadt der niederländ. Provinz Gelderland am Niederrhein mit 90 500 Einwohnern (1940). A. und Umgebung waren im Sept. 44 Schauplatz eines brit. Luftlandeunternehmens im Rahmen der Operation ➢ »Market Garden«, die Montgomerys 2. Armee über S-Holland den Weg ins Ruhrgebiet öffnen sollte. Allen voran wurde hier am 17./18.9. auf dem rechten Rheinufer die brit. 1. Luftlandediv. (Urquart) abgesetzt. Wichtigstes Angriffsziel war die Brücke von A., die wegen starker Flaksicherung nicht im Handstreich aus der Luft zu nehmen war, so daß der Absprung westl. der Stadt erfolgte.

Schon am Rande ihrer Landezone gerieten die Briten in heftiges Abwehrfeuer, und erst gegen Abend erreichte das 2. Bataillon die strateg. wichtige Straßenbrücke im Stadtinneren. Es stieß hier auf unerwarteten Widerstand und wurde in mehrtägigen Kämpfen aufgerieben. Das Gros der Division sah sich inzw. im Landekopf bei Oosterbeek von überlegenen dt. Kräften bedrängt. Der alliierten Aufklärung war entgangen, daß sich das II. SS-Pz.korps (Bittrich) mit 2 Div. zur Auffrischung im Raum A. versammelt hatte. Schlechtes Wetter verzögerte den Einflug von Verstärkungen und Nachschub für die eingeschlossenen Engländer, die verzweifelt, aber vergebl. auf die Ankunft der Pz.spitzen des XXX. Korps (Horrocks) am südl. Flußufer hofften. Die 1. poln. Luftlandebrigade (Sosabowski) sprang am 21.9. bei Driel auf der linken Rheinseite ab, vermochte aber den Fehlschlag nicht mehr abzuwenden. In der Nacht vom 25./26.9. befahl Urquart den Überresten seiner dezimierten Div. den Ausbruch. Unter Zurücklassung der Verwundeten entkamen nur 2 398 von 10 095 Luftlandesoldaten zurück über den Rhein (dt. Verluste 3 300 Mann). Der Name A. steht für das größte angloamerikan. Luftlandeunternehmen des Krieges mit insges. 35 000 Mann sowie 1 500 Transportmaschinen und Lastenseglern zur Eroberung von 5 strateg. bedeutenden Brücken über Maas, Waal und Rhein. A. enthüllte zugleich schwerwiegende Mängel in der westalliierten Zusammenarbeit.

Arnim, Hans-Jürgen von, * Ernstorf (Schlesien) 4.4.1889, † Bad Wildungen 1.9.1969, dt. Gen.oberst (3.12.42). A. führte im Polenfeldzug seit 8.9.39 die 52. Inf.div. und erhielt am 5.10.40 den Oberbefehl über die 17. Pz.div., die im Rußlandfeldzug der Heeresgruppe Mitte (v. Bock) zugeteilt wurde. Zum Gen. der Pz.truppe befördert (1.10.41), übernahm A. am 11.11.41 das XXXIX. Pz.korps als Kommand. Gen. und wurde Anfang Dez. 42 als OB der neugebildeten 5. Pz.armee damit beauftragt, den Brückenkopf Tunesien gegen die nach der Landung ➢ »Torch« von W anrückenden Alliierten zu halten und sich schließl. mit der aus Libyen zurückgehenden dt.-italien. Pz.armee Afrika zu vereinigen. Das gelang trotz unausgesetzter Versuche u.a. von freifrz. Truppen, ➢ Rommel abzuschneiden. Hingegen scheiterte A. mit seinem Unternehmen ➢ »Frühlingswind« in der Schlacht von ➢ Kasserine (Febr. 43). Nach Abberufung Rommels vom nordafrikan. Kriegsschauplatz wurde A. am 9.3.43 OB der Heeresgruppe Afrika, mit der er am 12./13.5.43 kapitulieren mußte und in amerikan. Gefangenschaft ging.

Arnold, Henry Harley, * Gladwyne (Penn.) 25.6.1886, † bei Sonoma (Calif.) 15.1.1950, amerikan. General; einer der ersten Militärflieger in den USA; 1938 Chef des Heeresfliegerkorps, nach Umbenennung in US Army Air Force (USAAF) am 20.6.41 OB und Gen.stabschef der Heeresluftwaffe. Als Gegner des Isolationismus bemühte sich A. trotz beschränkter Etatmittel schon vor dem Kriegseintritt der USA um eine Ankurbelung der Flugzeugproduktion, die er von 6 000 im Jahre 1940 auf über 22 000 zwei Jahre später steigerte. Die Fliegertruppe der US-Army, 1935 nur 6000 Mann stark, baute A. zu einer Streitmacht von über 2 Mio. Mann im

Jahre 1944 aus. Er war an allen Entscheidungen des Gen.stabs auf nationaler und alliierter Ebene beteiligt, vor allem am raschen Aufbau der 8. US Air Force seit 1942 in England, da er dem strategischen Bombenkrieg eine kriegsentscheidende Rolle beimaß. Als das Pentagon 1947 die Luftwaffe zu einem selbständigen Teil der Streitkräfte erhob, wurde A. erster Fünf-Sterne-General der neuen US Air Force.

Arras, nordfrz. Stadt im Artois an der Scarpe mit 31 500 Einwohnern (1939). Im 1. Weltkrieg jahrelang umkämpft, wurde A. im Frankreichfeldzug am 20.5.40 von den Spitzen des XV. Pz.Korps (Hoth) erreicht, konnte sich aber zunächst trotz dt. Luftangriffe halten. Von A. aus setzte am nächsten Tag Gen. Franklyn mit der 5. und der 50. brit. Div. zum Angriff auf die überdehnte, nur 40 km tiefe dt. Flanke zum Durchbruch nach S an, von wo ihm Einheiten der frz. 10. und 7. Armee entgegenkommen sollten. Trotz der Verwirrung bei der dt. 7. Pz.div., deren Kommandeur Rommel beinahe in Gefangenschaft geriet, wurde der von ≻ Weygand entwickelte Plan vereitelt, die Briten räumten A. Trotz dieses Erfolgs sprach man in der dt. Führung von der »Krise bei A.«, die zum folgenreichen Halt-Befehl Hitlers für die dt. Pz. vor ≻ Dünkirchen beitrug.

Arromanches, frz. Badeort an der Küste des Calvados, bei der ≻ Invasion in der Normandie im Bereich des brit. Landekopfes »Gold Beach«, schon am D-Day (6.6.44) befreit. A. war Standort einer der beiden ≻ Mulberry-Häfen, die im Gefolge der Invasionsarmada in die Seine-Bucht geschleppt und dort installiert wurden. Während der künstl. Hafen am amerikan. »Omaha Beach« nach einem Sturm aufgegeben werden mußte, war der von A. geschützter und spielte beim Unternehmen ≻ »Overlord« eine Schlüsselrolle für den alliierten Nachschub. Die Anlage aus 5 schwimmenden Piers und einer 7 km langen künstlichen Mole aus versenkbaren Betonkästen wurde von 600 Flakgeschützen und Sperrballons gegen Luftangriffe gesichert. Sie entsprach in ihren Dimensionen dem Hafen von Dover, an Kapazität dem von Gibraltar und blieb bis 1.12.44 in Betrieb.

Asdic, Kurzwort für **A**llied **S**ubmarine **D**etection **I**nvestigation **C**ommittee, Sonar.

ASV Radar, Abk. für engl. **A**ir to **S**urface **V**essel ≻ Radar.

Athen, Hauptstadt Griechenlands mit 425 000 Einwohnern (1940) auf der Halbinsel Attika, 5 km vom Hafen Piräus entfernt. Beim italien. Angriff auf Griechenland (28.10.40) waren Industriebetriebe und v.a. der Flugplatz von A. Ziel italien. Luftangriffe. Am 3.11.40 landeten brit. Truppen in Piräus. Gegen diese Bedrohung der S-Flanke richtete sich der dt. ≻ Balkanfeldzug, der am 27.4.41 zur Besetzung von A. durch die dt. 5. Pz.div. und Teile der 6. Gebirgsdiv. führte. Die danach in der Stadt stationierte italien. 11. Armee wurde nach dem Sonderwaffenstillstand Italiens (Sept. 43) von dt. Truppen entwaffnet. Vom 1.-3.10.44 mußte die Wehrmacht dann ihrerseits A. räumen, das am 13.10. vom brit. III. Korps besetzt wurde. Am 6.12. scheiterte am brit. Widerstand ein Putsch der kommunist. ≻

ELAS (Griech. Volksbefreiungsarmee) in A., das in der Folge Schauplatz heftiger Straßenkämpfe zw. kommunist. Partisanen und von den Briten unterstützten Reg.truppen wurde. Am 11.1.45 brachte Churchill, der nach A. geflogen war, einen Vertrag zw. den verfeindeten Lagern zustande, in dem die ELAS die Räumung der Stadt zusagte.

Athenia-Zwischenfall, Versenkung des brit. Passagierschiffs Athenia durch U 30 (Kapitänleutnant Lemp) südl. der Rockall-Bank am 3.9.39 unmittelbar nach der brit. Kriegserklärung. U 30 hatte entgegen Befehl den 13 581-BRT-Dampfer ohne Warnung angegriffen, da er abseits der Handelsrouten lief und ein Hilfskreuzer hätte sein können. Zunächst guten Glaubens, dann zur Wahrung des Gesichts wurde von dt. Seite eine Beteiligung am A., der 112 Menschenleben forderte, geleugnet und der Spieß umgedreht: Schuld sei die brit. Reg., auf deren Befehl eine Explosion inszeniert worden sei und zur Katastrophe geführt habe, die propagandist. gegen Deutschland ausgeschlachtet werden sollte. Immerhin führte der A. bei der dt. Kriegsmarine zum Verbot von Angriffen auf Passagierschiffe, selbst auf solche in Kriegsschiffschutz, eine erhebl. Behinderung des dt. U-Boot-Kampfes, die erst Mitte 40 widerrufen wurde.

Äthiopien, (heute allg. übl.) Eigenbez. des ostafrikan. Kaiserreichs ➢ Abessinien.

Atlantik-Charta, am 14.8.41 an Bord des brit. Schlachtschiffes Prince of Wales vor der amerikan. Küste vom brit. Premier Churchill und von US-Präs. Roosevelt veröffentlichte Absichtserklärung über eine Friedensordnung nach Niederwerfung der Achsenmächte: 1. keine Annexionen; 2. Gebietsveränderungen nur nach Volksabstimmung; 3. Selbstbestimmungsrecht der Völker; 4. Zugang für alle zu Rohstoffen und Welthandel; 5. wirtsch. Fortschritt durch Zusammenarbeit; 6. Freiheit von Furcht und Not durch Frieden; 7. Freiheit der Meere; 8. Gewaltverzicht, Entwaffnung der Aggressoren, Abrüstung. Die A. wurde durch insges. 47 Staaten anerkannt (Sowjetunion mit Vorbehalten) und beeinflußte die Charta der ➢ Vereinten Nationen.

Atlantikfestungen, Sammelbez. für frz. Hafenstädte und vorgelagerte Inseln, die nach dem Rückzug der Wehrmacht 1944 in dt. Hand verblieben. Die meisten lagen an der Biskaya. Zu ihnen gehörten namentl. ➢ Saint-Nazaire, ➢ La Rochelle und weiter südl. an der Gironde-Mündung Royan und Le Verdon.

In diese mit Küstenartillerie bestückten Marinestützpunkte hatten sich nach der alliierten Landung in S-Frkr. (Operation ➢ »Anvil«) die dt. 1. Armee (v. d. Chevallerie) und Teile der 19. Armee (Wiese) auf Befehl Hitlers zurückgezogen. In einer entspr. Direktive vom 17.8.44 hatte er ausdrückl. befohlen, daß die »Festungen und Verteidigungsbereiche« an den frz. Küsten »bis zum letzten Mann« zu halten seien. Bis auf Lorient in der Bretagne, die ➢ Kanalinseln und Dünkirchen an der Kanalküste wurden jedoch alle Häfen nördl. der Loire im Sommer/Herbst 44 nach z.T. erbitterten Kämpfen von den Alliierten erobert. Die anderen A. blieben, von der Landseite her abgeriegelt, mit insges. etwa 100 000 Mann Besatzung hinter der alliierten Front zurück. Für den Vormarsch der Angloamerikaner war nun ➢ Antwerpen als Nachschubbasis wichtiger. Die eingeschlossenen Garnisonen wurden mit U- und Schnellbooten oder auch aus der Luft versorgt. Saint-Nazaire, das die Loire-Mündung blockierte, verfügte, wie auch Dünkirchen, über ein eigenes Flugfeld. Dort wurde nach Vereinbarungen mit dem Internat. Roten Kreuz ein Teil der miteingeschlossenen Zivilbevölkerung evakuiert. Im April 45 eroberten schließl. frz. Truppen Royan und Le Verdon zurück. Die anderen A. hielten sich bis zur dt. Kapitulation.

Atlantikschlacht, zusammenfassende Bez. für die den ges. Krieg über andauernden Kämpfe zw. den Seestreitkräften (inkl. Luftunterstützung) der Achsenmächte und der Westalliierten im Atlant. Ozean; im engeren Sinne der ➢ Zufuhrkrieg der dt. Kriegsmarine gegen die brit. Nachschublinien. Es lassen sich dabei acht Phasen unterscheiden:
1) Sept. 39-März 40: Der Auftakt der A. war gekennzeichnet von Einzelaktionen, da die dt. Überwasserstreitkräfte zu direkter Konfrontation zu schwach waren und da die Seekriegsleitung mit nur 23 atlantikfähigen U-Booten die eigentl. vorgesehene Rudeltaktik nicht anwenden konnte. Immerhin gelang die Versenkung von 276 Schiffen mit 937 008 BRT durch dt. U-Boote bei nur 18 eigenen Verlusten. Hinzu kamen die Versenkung des Trägers ➢ Courageous und des Schlachtschiffs ➢ Royal Oak, die Erfolge im Handelskrieg durch die ➢ Deutschland im N-Atlantik und durch die ➢ Admiral Graf Spee im S-Atlantik und im Ind. Ozean, die Vorstöße der Schlachtschiffe ➢ Scharnhorst und ➢ Gneisenau. Insges. verloren die Alliierten und ihre Zulieferer Versorgungsschiffsraum von 1,3 Mio. BRT, ehe das Unternehmen ➢ »Weserübung« im April 40 alle Kräfte der Kriegsmarine beanspruchte.
2) Juni 40-März 41: Mit Gewinnung der frz. Atlantikhäfen wuchsen die Möglichkeiten der dt. U-Boot-Waffe durch Verkürzung der Anmarschwege und der Reparaturzeiten, Wegfall des frz. Gegners, Bindung brit. Kräfte wegen des drohenden Unternehmens ➢ »Seelöwe« und Unterstützung durch italien. Boote in Bordeaux. Allerdings band das umfangreiche Ausbildungsprogramm der Kriegsmarine zahlr. Boote, so daß immer nur 12 zugleich im Operationsgebiet zu halten und Rudelangriffe nur beschränkt möglich waren.
Probleme bereitete zudem die mangelnde Luftaufklärung, für die erst seit Jan. 41 einige wenige Langstreckenmaschinen Fw 200 ➢ Condor zur Verfügung standen. Daher stiegen die Versenkungsziffern nicht im erhofften Maße, wenn auch 410 Schiffe mit 2,2 Mio. BRT ausgeschaltet wurden. Über Wasser gab es weiter Einzelerfolge wie beim Unternehmen ➢ »Berlin«, die sich zus. mit den Opfern von Luftwaffe und Minen auf 1,1 Mio. BRT summierten, so daß die brit. Neubauten weit hinter den Verlusten zurückblieben. Vergebl. wies jedoch das OKM auf diese Chance zur Niederringung Englands hin; Hitler verweigerte die nötige Unterstützung, da er auf die kontinentale Karte, den Rußlandfeldzug, setzte.
3) April-Dez. 41: Hatten schon im März 41 rasch steigende Bootsverluste, darunter auch U 47 von Korvettenkapitän ➢ Prien, die dt. U-Bootführung alar-

Atlantikschlacht: Die Besatzung eines deutschen U-Boots fordert mit zielgerichteter Bordkanone einen feindlichen Frachter zur Übergabe auf.

miert, so wuchs nun durch das immer stärkere Engagement der USA zugunsten Englands die Gefahr für die Kriegsmarine. Island erhielt eine US-Garnison, der ➢ Mid Ocean Meeting Point für US-Geleitschutz wurde zunächst auf 26 Grad westl. Breite, nach dem ➢ Greer-Zwischenfall sogar auf 22 Grad vorverlegt, das ➢ Leih- und Pachtgesetz ermöglichte Waffenlieferungen an England, das schon zuvor 50 amerikan. Zerstörer erhalten hatte. Das alliierte Beobachtungsnetz über dem Atlantik wurde immer dichter, so daß die A. über Wasser nach Verlust der ➢ Bismarck bald aufgegeben werden mußte. Weiter erfolgreich blieben dagegen zunächst die U-Boot-Rudel, die 325 Schiffe mit über 1,5 Mio. BRT versenkten, und in kleinerem Maße die ➢ Hilfskreuzer, denen noch 125 550 BRT zum Opfer fielen. Die Luftwaffe vernichtete 80 000 BRT.

4) Jan.-Juli 42: Nach dem Kriegseintritt der USA (11.12.41) mehrten sich noch einmal drast. die dt. Siegesmeldungen aus der A. (Juni 42 allein 121 Schiffe mit 595 248 BRT). Da die US Navy Kräfte für den Pazifikkrieg abziehen mußte, wurden v.a. vor der amerikan. Ostküste zahlr. Frachter Opfer dt. U-Boote (➢ »Paukenschlag«), zumal dort zunächst fast noch friedensmäßiger Schiffsverkehr herrschte und die US-

Marine anfangs das Konvoisystem als »unamerikan.« ablehnte. Auch fehlte es an Geleitfahrzeugen, weil nun auch große Transporte ins ➢ Nordpolarmeer für die bedrängte Sowjetunion gingen (u.a. ➢ PQ 17). Erst als auf allen Routen das »Interlocking Convoy System« (ineinander greifender Geleitschutz) aufgebaut war, sanken die Verluste, die insges. rd. 3 Mio. BRT betrugen bei nur 22 versenkten dt. U-Booten. Die Überwasser-A. wurde mit dem dt. ➢ Kanaldurchbruch definitiv beendet.

5) Aug. 42-Mai 43: Die verbesserte amerikan. Abwehr zwang die dt. Kriegsmarine zur Verlegung der U-Boote aus dem Küstenbereich. Das konnte durch höhere Anzahl der Boote ausgeglichen werden, denen zudem die Schwächung der alliierten Sicherungen durch die Vorbereitung des Unternehmens ➢ »Torch« zugute kam, so daß zum Zeitpunkt dieser Landung im Nov. 42 das höchste monatl. Versenkungsergebnis mit über 650 000 BRT erreicht wurde. Der Sieg in der A. schien so nahe wie nie. Fast schlagartig jedoch griffen Ende März 43 die lange vorbereiteten Maßnahmen der Alliierten zur U-Boot-Bekämpfung: Unterstützung der Geleitzüge durch Support Groups, Schließung der »Luftlücke« über dem Atlantik durch Geleitträger und Fernkampfflugzeuge, Umstellung des Radars auf den Zentimeterwellenbereich, der von den ➢ Metox-Geräten der U-Boote nicht erfaßt wurde. Zwar gingen noch einmal insges. 3,8 Mio. BRT verloren, doch zugleich auch 123 dt. Boote, davon allein im Mai 38, so daß Dönitz am 24.5.43 die Aussetzung der A. anordnete.

6) Juni-Aug. 43: Da die seit längerem laufenden Entwicklungen techn. Verbesserungen – Elektro-U-Boot, Horchtorpedos, Radarabwehr u.a. – nicht abgeschlossen waren, trat eine Pause ein. Nur in wenigen gefährdeten Randgebieten operierten weiter dt. Boote und versenkten 328 564 BRT. Allerdings kostete dies 70 Boote.

7) Sept. 43-Mai 44: Ausgerüstet u.a. mit dem Horchtorpedo »Zaunkönig«, nahmen die dt. U-Boote die A. wieder auf, konnten aber trotz einiger Anfangserfolge den alliierten Nachschub nicht mehr wesentl. stören. Die Einführung des ➢ Schnorchels senkte zwar vor-übergehend die Bootsverluste, brachte aber keinen Anstieg der Versenkungen. Die Kriegsmarine mußte die Vernichtung von 411 216 BRT mit 199 Booten bezahlen.

8) Juni 44-Kriegsende: Die Invasion der Alliierten in der Normandie machte den ganzen Umfang der dt. Niederlage in der A. und die Machtlosigkeit zur See deutl. Der ungeheure Materialstrom, der sich auf den Kontinent ergoß, war über die sog. Western Approaches über den Atlantik gebracht worden. Weder U-Boote noch Minen oder die ➢ Kleinkampfmittel der Kriegsmarine vermochten die Landungsarmada zu gefährden oder ihren Nachschub zu mindern. Nun gingen auch die bombensicheren U-Boot-Basen am Atlantik verloren, so daß die Boote nach Norwegen ausweichen mußten. Trotz der Versenkung von noch einmal 544 526 BRT bei 151 Bootsverlusten war der Tonnagekrieg völlig aussichtslos geworden. Auch die erhoffte »Revolution im U-Boot-Krieg« durch die modernen Elektro-U-Boote vom Typ XXIII (seit Febr. 45 im Einsatz) und XXI (1. Boot 30.4.45 ausgelaufen) blieb aus, da die alliierte Bomberoffensive die Produktion gedrosselt

und die Indienststellung entscheidend verzögert hatte.
Ausschlaggebend für den Verlust der A. waren nicht nur der Ausbau und die Weiterentwicklung der alliierten Abwehrmaßnahmen durch weiträumige Luftüberwachung, Großserienbau von Geleitfahrzeugen, sondern neben der automat. Hochfrequenz-Funkpeilung und dem 9-cm-Radar die Entzifferung des dt. Funkverkehrs (➢ »Ultra«). Der Einbruch in den Funkverkehr der dt. U-Boot-Führung gelang den Kryptologen in Bletchley Park erstmals im März 41, nachdem fehlende Walzen der dt. Enigma-Schlüsselmaschine am 23.2.41 bei den Lofoten auf dem dt. Vorpostenboot Krebs (V 6301) erbeutet worden waren. Mit dem Wetterbeobachtungsschiff München und U 110 fielen den Briten am 7./8.5.41 weitere wertvolle Unterlagen in die Hände, darunter eine völlig intakte Schlüsselmaschine. Damit konnte Bletchley Park seit Ende Juli 41 die dt. Funksprüche verzugslos mitlesen, so daß in vielen Fällen die Umleitung von Geleitzügen gelang. Außerdem vermochten so die USA schon vor Kriegseintritt »verdeckt« einzugreifen und vom 1.9.41 an die operative Führung des ges. Konvoiverkehrs im N-Atlantik westl. 26 Grad W zu übernehmen.
Die »Ultra«-Waffe wurde stumpf, als der dt. U-Boot-Funkverkehr vom 1.2.42 an in einen eigenen Schlüsselbereich »Triton« mit neuer Schlüsselmaschine »M-4« überführt wurde. Der dt. Funkbeobachtungsdienst (B-Dienst), der zeitweise sehr erfolgr. arbeitete, drang nun seinerseits in den alliierten Funkschlüssel ein und konnte von Juli bis Dez. 42 die alliierte Konvoisteuerung genau verfolgen. Doch Bletchley Park knackte im Dez. 42 auch »Triton«, so daß wieder manche Umleitung um die dt. U-Boot-Aufstellungen glückte.

Atlantikwall, (Propaganda-) Bez. für die dt. Verteidigungsanlagen am Ärmelkanal und an der Atlantikküste Frkr.s. Der A. wurde zur Abwehr der Invasion seit Sommer 42 errichtet und erstreckte sich in unterschiedlicher Ausbaustärke entlang der über 4 000 km langen Küste von N-Holland bis zur span. Grenze, der Schwerpunkt lag im Bereich der Heeresgruppe B (Rommel) zwischen Loire und Schelde. Die prakt. Ausführung oblag unter Aufsicht der Pioniertruppe der ➢ Organisation Todt (OT). Anfang 44 waren laut OKW-Tagebuch in Frkr. 126 586 Mann beim Bau des A. beschäftigt, zu über 90 % ➢ Zwangsarbeiter. In knapp zwei Jahren wurden nach Angaben von Rüstungsmin. Speer rd. 17,3 Mio. t Beton und 1,2 Mio. t Stahl verbaut; Kostenaufwand ca. 4 Mrd. RM. Zum Zeitpunkt der alliierten Landung in der Normandie waren rd. 12 000 Bunker, Kasematten, Unterstände, MG-Nester und sonstige Befestigungsanlagen fertiggestellt. Zu den Eckpfeilern des A. gehörten die drei ➢ Kanalinseln sowie U-Boot-Basen und wichtige Seehäfen. Sie wurden Anfang 44 wegen bes. Bedeutung als mutmaßl. Invasionsziele zu Festungen erklärt. Am weitesten war der Ausbau des A. im Bereich der 15. Armee (v. Salmuth) an der Kanalfront nördl. der Seine fortgeschritten. Er war also gerade dort am stärksten, wo am Invasionstag kein alliierter Soldat an Land ging. Ähnl. wie die ➢ Maginot-Linie im Mai 40 hatte der A. damit seinen strateg. Hauptzweck verfehlt.
Die Gefahr alliierter Lande- und Kommandounternehmen auf dem besetzten

Kontinent hatte das OKW erstmals nach dem Kriegseintritt der USA ins Auge gefaßt. Am 14.12.41 erging eine Weisung, wonach die Küsten W-Europas vom Nordkap bis zur Biskaya in einen »zweiten Westwall« verwandelt werden sollten. Die Phase der offensiven Kriegführung im W wurde damit offiz. durch eine Verteidigungsstrategie abgelöst, die im Bau des A. ihren sichtbaren Ausdruck fand. In der Weisung 40 vom 23.3.42 erteilte Hitler ausführl. Direktiven zur Küstenverteidigung. Der brit. Erkundungsvorstoß gegen ➢ Dieppe vom 19.8.42 bewies die Dringlichkeit der Sicherung der W-Flanke gegen eine 2. Front der Angloamerikaner, er bestärkte zugleich Hitler in der irrigen Annahme, eine alliierte Großlandung in N-Frkr. werde vorrangig auf die Eroberung eines leistungsfähigen Nachschubhafens zielen. Die Entwicklung der künstl. ➢ Mulberry-Häfen blieb der Wehrmachtführung verborgen. Wie beim Bau des ➢ Westwalls inszenierte Goebbels eine massive Propagandakampagne. Einige viel publizierte Paradebeispiele wie die »offensive Großbatterie« bei Cap Gris Nez sollten der eigenen Bevölkerung und der Weltöffentlichkeit die Existenz einer angeblich unüberwindlichen »Festung Europa« suggerieren. Dabei litt der ges. Festungsbau am Atlantik unter Konzeptionslosigkeit, Kompetenzgerangel und Materialmangel, der sich bei wachsender alliierter Luftüberlegenheit immer weiter zuspitzte. Die Küsten- und Festungsartillerie am A. setzte sich aus Geschützen von 28 verschiedenen Kalibern zwischen 7,5 und 40,6 cm zusammen, darunter Schiffsgeschütze, sowjet. und tschech. Beutekanonen sowie museumsreife Modelle aus dem 1. Weltkrieg. Viele Batterien waren mangels geeigneter Feuerleitanlagen nicht imstande, bewegl. Seeziele zu bekämpfen. Zudem waren am A. überwiegend »bodenständige« Inf.div. stationiert, die aus älteren Reservisten, z.T. auch aus Ostbataillonen, bestanden. Das Durchschnittsalter der Marineartilleristen lag bei 45 Jahren.

Niemand kannte die Schwächen des A. gerade in der Normandie besser als Gen.feldmarschall ➢ Rommel, der seit Ende 43 als Inspekteur der Küstenverteidigung die Entscheidungsschlacht im W vorbereitete. Er war angesichts der erdrückenden gegner. Luftüberlegenheit überzeugt, daß sich die Invasion nur in den ersten 48 Stunden am Strand oder überhaupt nicht mehr zurückschlagen ließe. Im Wettlauf mit der Zeit versuchte er im Frühjahr 44, durch Bauarbeiten der Truppe Versäumtes nachzuholen. Gegen Luftlandungen im Hinterland wurden auf Feldern und Wiesen baumlange Pfähle (»Rommelspargel«) in den Boden gerammt. Die Strände ließ er mit einem Gürtel aus zersägten Eisenträgern (»Tschechenigel«), Auflaufblöcken und verdrahteten Betonpfosten bespicken. Die verminten Vorstrandhindernisse sollten nach Art künstlicher Korallenriffe amphibische Truppenlandungen bei Flut verhindern. Die Alliierten kamen entgegen allen Prognosen jedoch am 6.6.44 morgens 3 Uhr bei Ebbe. Dank absoluter See- und Luftherrschaft durchbrachen sie den örtl. A. schon am ersten Tag an vier der fünf Landestrände. Cherbourg und Le Havre, die beiden Hafenfestungen im Invasionsraum, wurden nach Konsolidierung der Brückenköpfe von Land her aufgerollt.

Die Ruinen des A. und der Verbindungsstraßen zwischen den Befestigungen sind noch heute an der ges. Küste zu sehen. Sprengungsversuche schlugen meist fehl.

Atlantis, dt. Hilfskreuzer (Schiff 16), gebaut 1937, 30.11.39 in Dienst gestellt; 7 862 BRT, 155 m lang, 19 m breit, Höchstgeschwindigkeit 16 kn, 350 Mann Besatzung; Bewaffnung: 6x15 cm, 1x7,5-cm-Schnellfeuerkanone, 6 Rohre Flak (3,7 und 2 cm), 4 Torpedorohre, 2 Bordflugzeuge Heinkel He 114 B. Die A. lief am 11.3.40 zum Handelskrieg aus, den sie nach Durchbruch in den Atlantik am 3.5.40 mit einem ersten Erfolg (Versenkung des brit. Frachters Scientist) aufnehmen konnte. Nach weiteren Versenkungen und Prisen auf allen Weltmeeren – insges. 22 Schiffe mit 145 698 BRT – erreichte die A. im Okt. 41 wieder den Atlantik, wo Kommandant Rogge Befehl erhielt, den Handelskrieg abzubrechen und als U-Boot-Versorger zu fahren. Am 22.11.41 wurde das Schiff bei Versorgung von U 126 nordwestl. Ascension vom brit. Kreuzer Devonshire gestellt und beschädigt, so daß Rogge am nächsten Tag die Selbstversenkung anordnete. Die Besatzung wurde teils vom U-Boot aufgenommen, teils in Rettungsbooten in Schlepp genommen und erreichte nach mehrfachem Umsteigen und abenteuerl. Fahrt Ende Dez. 41 frz. Atlantikhäfen. Mit 102 000 Seemeilen hatte die A. die längste ununterbrochene Fahrt eines Hilfskreuzers absolviert.

Atombombe, Waffe, die die bei der Atomkernspaltung frei werdende Energie nutzt und damit eine allen traditionellen Sprengstoffen weit überlegene Kraft entwickelt. Eine A. wurde mögl. nach Entdeckung der Urankernspaltung durch den dt. Chemiker Otto Hahn (1879-1968) und sein Team im Dez. 38. Die für einen Bau der A. erforderl. Industriekapazität war in Deutschland aber nicht vorhanden, zudem standen Vorurteile gegen die »jüd. Atomphysik« im Wege, so daß die A.entwicklung nicht über Ansätze hinauskam. Die Sorge davor jedoch veranlaßte ➢ Einstein am 2.8.39 zu einem warnenden Brief an US-Präs. Roosevelt, der die Entwicklung der A., das sog. Manhattan Project, in Auftrag gab. Sie wurde durch dt. Ankündigungen von Wunderwaffen forciert; die A. aber war erst nach Kriegsende in Europa einsatzbereit, so daß Japan Opfer der ersten A.abwürfe wurde: 6.8.45 Hiroshima, 9.8.45 Nagasaki.

»Attila«, Deckname der ersten Direktive des OKW zur blitzartigen Besetzung der freien Vichy-Zone in S-Frkr. Am 10.12.40 von Hitler unterzeichnet, sollte »A.« u.a. bei »Anzeichen einer Revolte in den Teilen des frz. Kolonialimperiums, die gegenwärtig unter dem Kommando Gen. Weygands stehen«, ausgelöst werden. Hauptziel von »A.« wie auch der nachfolgenden OKW-Planung ➢ »Anton« (29.5.42) war der Zugriff auf die frz. Flotte im Kriegshafen von ➢ Toulon. Im Mittelpunkt der Vorbereitungen stand deshalb ein Vorstoß schneller mot. Truppen über die Demarkationslinie an die Mittelmeerküste. Auch Luftlandeoperationen, Fliegerangriffe und eine Hafenblockade waren im Plan »A.« vorgesehen, der vor dem italien. Achsenpartner streng geheimgehalten wurde.

Attlee, Clement, * London 3.1.1883, † ebd. 8.10.1967, brit. Politiker; ursprüngl. Anwalt, seit 1907 Mitglied der Labour Party, 1922-25 im Unterhaus, 1924 Unterstaatssekretär. A. wurde 1935 Parteiführer und lehnte die Appeasement-Politik Chamberlains scharf ab, was ihn 1940 für das Kriegskabinett Churchills empfahl, dessen Stellvertreter er 1942 bis Kriegsende war und den er am 28.7.45 als Premiermin. bei den schwierigen Verhandlungen für das ⋙ Potsdamer Abkommen ablöste. Viele Zugeständnisse an die Sowjetunion wurden ihm später angelastet. A. entließ Indien in die Unabhängigkeit (1947), gab das brit. Palästina-Mandat auf und beteiligte sich am Koreakrieg. 1951-55 führte er die Opposition gegen Churchill und saß danach im Oberhaus.

Auchinleck, Sir Claude John Eyre, * Aldershot 21.6.1884, † Marrakesch (Marokko) 23.3.1981, brit. Feldmarschall (1.6.46); während des 1. Weltkriegs Offizier im Nahen Osten, danach Stabsaufgaben bei der Indienarmee, 1938 General. A. wurde im Frühjahr 40 OB des brit. Expeditionskorps in Norwegen und nach dessen Rückzug (Juni 40) bis Dez. 40 des sog. Southern Command in S-England. In dieser Stellung von ⋙ Alexander abgelöst, erhielt A. den Oberbefehl in Indien und tauschte am 5.7.41 den Posten mit dem glücklosen ⋙ Wavell als OB Mittlerer Osten und damit oberster Gegner Rommels im ⋙ Afrikafeldzug. Er hatte zunächst Erfolg mit dem verlustreichen Unternehmen ⋙ »Crusader« (Jan. 42), mußte aber schon wenige Wochen später die brit. 8. Armee (Ritchie) auf ⋙ Ghasala zurücknehmen, verlor im Juni 42 sogar Tobruk und wurde nach persönl. Übernahme des Kommandos an der Front bis ⋙ El Alamein zurückgedrängt. Trotz der Stabilisierung der Front und bemerkenswerter Abwehrerfolge ersetzte der ungeduldige Churchill A. am 8.8.42 erneut durch Alexander und gab ihm erst am 20.6.43 wieder ein Kommando als OB in Indien und Pakistan, seinem alten, jetzt militär. wenig bedeutenden Posten. Am 30.11.47 ging A. in Ruhestand, nachdem er die Auflösung der Indienarmee eingeleitet hatte.

Augsburg, süddt. Großstadt mit 185 000 Einwohnern (1940). Obwohl schon am 17.4.42 die MAN-Werke in A. Ziel eines brit. Bombenangriffs mit 12 ⋙ Lancaster waren – 7 Maschinen gingen dabei verloren –, geriet die Stadt erst mit Einführung des Begleitschutzes durch ⋙ Lightning im Herbst 43 in akute Gefahr. Am 20.12.43 griffen die Amerikaner bei Tage, am 25./26.2.44 die Briten mit 528 Maschinen in der Nacht an, wobei 1726 t Bomben fielen. Die Hilflosigkeit der dt. Luftverteidigung wurde deutl., als das Zerstörer-Geschwader 76 am 16.4.44 im Raum A. gegen amerikan. Einflüge aufstieg: 26 von 43 Me 110 gingen verloren, 10 weitere mußten notlanden, während nur 5 US-Bomber abgeschossen wurden. Am 28.4.45 wurde die Stadt von der 7. US-Armee besetzt. Mit dem Totalverlust von 12 500 Wohnungen und der Beschädigung von weiteren 32 000 kam A. verglichen mit anderen Großstädten noch glimpfl. davon.

Auschwitz (poln. Oswiecim), größtes nat.-soz. KZ und Vernichtungslager bei Krakau im ⋙ Generalgouvernement, eingerichtet Mai/Juli 40 (A. I = Stammlager), erweitert 1941 (A. III = Monowitz/»Lager Buna«) und Ende 41/Anfang 42 (A. II = Birkenau, das eigentl.

Vernichtungslager). A. hatte eine Doppelfunktion: Es diente mit seinen rd. 40 Außenstellen einerseits als Arbeitslager, zum anderen der Tötung von kranken Häftlingen, Zigeunern, Kriegsgefangenen, v.a. aber von Juden im Rahmen der sog. Endlösung (≫ Judenverfolgung). In A., dessen Gaskammern von Mitte 41 bis Ende Okt. 44 in Betrieb waren, sind über 1 Mio. Menschen getötet worden, weitere 500 000 Häftlinge erlagen Folter, Menschenversuchen und den Haftbedingungen (Gesamtschätzungen reichen bis 3 Mio. Ermordete). Obwohl v.a. die US-Luftwaffe die um A. konzentrierten Industriebetriebe mehrfach angriff und einige Fehlwürfe auch das Lager trafen, unterblieb trotz jüd. Appelle die systemat. Bombardierung der Zufahrtswege, da US-Präs. Roosevelt in der Konzentration aller Kräfte auf den militär. Sieg die beste Hilfe für alle Verfolgten sah. Am 27.1.45 erreichten Einheiten der Roten Armee das evakuierte A., wo sie noch 7 600 Überlebende und 650 Leichen vorfanden.

Ausfuhrstaffel, Bez. für eine Gruppe von 7 dt. Frachtern, die kurz vor Beginn des Unternehmens ≫ »Weserübung« aus Hamburg ausliefen, um Material für die Landungstruppen in norweg. Häfen zu bringen. Das gelang in keinem Fall: 6 Schiffe wurden versenkt oder aufgebracht, nur eins (Levante) erreichte verspätet Trondheim, zwei Drittel des Kriegsmaterials gingen verloren.

Außerordentliche Befriedungsaktion (AB-Aktion), Deckname für die Massenerschießung polit. Gegner und angebl. Berufsverbrecher im ≫ Generalgouvernement im Mai/Juni 40. Die von Hitler angeordnete A. war als »vorbeugende völk. Gegenbekämpfung« deklariert und traf etwa 3500 Männer und Frauen, die als Widerstandskämpfer galten, sowie rd. 3000 verurteilte Kriminelle. Mit der A. wurde das Mordprogramm der ≫ Intelligenz-Aktion fortgesetzt.

Australien, brit. Dominion und Erdteil mit 7,7 Mio. km² und rd. 7 Mio. Einwohnern. Trotz der 1931 von Großbrit. gewährten Autonomie richtete sich die austral. Außenpolitik fast gänzl. nach London, verzichtete auf die Entsendung von Botschaftern (erst 1940 Vertretungen in Tokio und Washington) und schloß sich im Gegensatz etwa zu Kanada am 3.9.39 ohne Debatte der brit. Kriegserklärung an Deutschland an. Austral. Piloten kämpften in der RAF bei der Luftschlacht um England, zwei Div. griffen in die Kämpfe in N-Afrika ein und bildeten u.a. die Besatzung des 1941 eingeschlossenen Tobruk. Schon vor dem Krieg besorgt wegen des japan. Imperialismus, der auch auf das rohstoffreiche A. zielte, verstärkte Canberra nach Ausbruch des Pazifik-Krieges seine militär. Anstrengungen in Fernost und berief einige Kontingente vom europ. Kriegsschauplatz zurück. Die USA gewährten Hilfe nach dem ≫ Leih- und Pachtgesetz. Nach dem Fall Singapurs (15.2.42), bei dem 17 000 Australier in Gefangenschaft gerieten, und der japan. Landung auf Neuguinea war A. unmittelbar bedroht. Es kam sogar zu vereinzelten Bombenangriffen u.a. auf Port Darwin. Im letzten Kriegsjahr bot A. 400 000 Mann auf, die v.a. im Dschungelkrieg in Burma und auf Neuguinea eingesetzt waren. 21 000 Australier fielen im Krieg, aus dem das Land mit erweiterter Autonomie und polit.

gestärkt als Ordnungsmacht im S-Pazifik hervorging.

»Avalanche« (engl. Lawine), Codebez. der alliierten Landungsoperation auf dem italien. Festland südl. Neapel Anfang Sept. 43. Nach der Eroberung ➢ Siziliens setzten die angloamerikan. Truppen nach kurzer Pause zum Sprung auf die italien. Halbinsel an: Am 3.9.43 begann die Invasion mit dem Unternehmen ➢ »Baytown« der brit. 8. Armee beim Übergang über die Straße von Messina, am 9.9.43 folgte das Unternehmen ➢ »Slapstick«, die Landung bei ➢ Tarent, und am gleichen Tag wurde »A.« ausgelöst. Es richtete sich gegen die Küste des Golfs von Salerno, wo ein 35 km langer Strand mit geringer Brandung die Ausschiffung von Landungstruppen begünstigte.
Salerno erhielt den Vorzug vor der Bucht von Gaeta rd. 100 km nordwestl. im Rücken der dt. »Gustav«-Linie auch wegen der besseren Erreichbarkeit für die takt. Luftstreitkräfte auf den sizilian. Flugplätzen und für die von S vorrückende brit. 8. Armee. Der Termin sollte die dt. Verwirrung nach dem italien. Sonderwaffenstillstand vom 3.9. (bekanntgegeben und in Kraft gesetzt am 8.9.) nutzen, der die Wehrmacht zu aufwendigen Maßnahmen gegen die ehemaligen Verbündeten (➢ »Achse«) zwang und das Heranführen von Reserven erschwerte. Bereitgestellt wurde für »A.« die 5. US-Armee (Clark) mit dem X. brit. Korps, das bei Salerno selbst, und dem VI. US-Korps, das weiter südl. beim antiken Paestum Fuß fassen sollte. Die Verteidigung lag bei der dt. 10. Armee (v. Vietinghoff), die zunächst nur die 16. Pz.div. aufbieten konnte. Trotz des klaren Übergewichts der Angreifer gestaltete sich der Ablauf von »A.« (➢ Salerno) nicht so, wie es die Planung vorsah, v.a. gelang es nicht, die dt. Truppen im »Fuß« des italien. Stiefels abzuschneiden.

Avenger, amerikan. Marinebomber Grumman TBF oder TBM (Typenkürzel für eine Baureihe von Eastern Aircraft), Erstflug 1.8.41. Die A. bestand im Juni 42 ihre Feuertaufe bei ➢ Midway und wurde Rückgrat der US-Marineluftwaffe im Pazifik. Die Maschine operierte mit einem Torpedo oder einer 907-kg-Bombe von Trägern oder Inselstützpunkten aus und verfügte für ein einmotoriges Kampfflugzeug über außergewöhnl. starke Abwehrbewaffnung: 2x7,62-mm- oder 3x12,7-mm-MG, davon eins im kraftgesteuerten Rumpfturm. Der Dreisitzer erreichte mit seinem 1700-PS-Motor max. 445 km/h. Insges. wurden 9836 Exemplare gebaut.

Avia B 534, tschech. Jagdeinsitzer, Erstflug Aug. 33. In insges. 499 Exemplaren gebaut, stellte die A. seit 1935 den Hauptanteil der tschechoslowak. Jagdfliegerei. Nach Bildung des ➢ Protektorats Böhmen und Mähren übernahmen die Slowakei und Bulgarien einen Teil der Maschinen. Die Luftwaffe nutzte den schnittigen Doppeldecker mit geschlossenem Cockpit bei den Jagdfliegerschulen und als Schleppflugzeug für den Lastensegler ➢ DFS 230. Mit 4x7,92-mm-MG bewaffnet, erreichte die A. mit einem 850-PS-Hispano-Suiza-Reihenmotor max. 363 km/h.

Avranches, frz. Kleinstadt oberhalb der Séemündung im Departement Manche. Als Tor zur Bretagne gehörte A. nach der Invasion zu den vorrangigen Zielen der 1. US-Armee (Bradley). Nach der Devise Montgomerys »links halten, rechts ausbrechen« wurde am 18.7.44 ➢ Saint-Lô erobert am südl. Fuß der Halbinsel Cotentin. Von dort begann am 25.7. unerwartet die amerikan. Hauptoffensive Operation »Cobra« gegen die dt. Verteidigungspositionen vor A. Die Stadt wurde nach massiven Teppichbombardements am 30.7. genommen und mit der Brücke über die Sée der Weg in die Bretagne geöffnet. Die Pz. der neuformierten 3. US-Armee (Patton) brachen am 1.8. durch das Loch bei A. weiträumig nach SW durch. Die dt. 5. Pz.armee (Eberbach) sollte die Amerikaner am 6./7.8. durch eine Gegenoffensive abschneiden. Von Hitler in allen Details ausgearbeitet, scheiterte sie jedoch im Feuer raketenbestückter Jabos. Der Durchbruch von A. erhielt so schlachtentscheidende Bedeutung.

Avro, brit. Flugzeugwerke mit Stammsitz in Manchester. Der Name stammte vom Firmengründer A. V. Roe (1877-1958), der 1909 das erste engl. Motorflugzeug, einen hölzernen Dreidecker, gebaut und geflogen hatte. A. fertigte im 1. Weltkrieg das Kampfflugzeug A. 504, das noch bis 1932 für den Export gebaut wurde. Im 2. Weltkrieg entwickelte A. aus der zweimotorigen Manchester die ➢ Lancaster, den erfolgreichsten Nachtbomber der RAF. Andere Baumuster bei der RAF waren der Küstenaufklärer A. ➢ Anson und der Transporter A. York.

Azoren, Gruppe von 9 portugies. Inseln im östl. Atlantik mit insges. 2335 km² und 254 000 Einwohnern (1940), 1500 km westl. vom Mutterland gelegen, Hauptstadt Angra do Heroismo. Portugal, das im 2. Weltkrieg strikte Neutralität wahrte, verstärkte angesichts der strateg. Bedeutung der A. mehrmals seine örtl. Verteidigungskräfte. Im April 43 hatte das Kriegsmin. auf den A. und den Kapverd. Inseln vor der afrikan. Küste 11 Inf.bataillone, 10 Flakbatterien sowie Artillerieeinheiten, Fliegerstaffeln und Garnisonstruppen stationiert. Am 12.10.43 überließ Portugal, unbeeindruckt von dt. Protesten, den Luft- und Seestreitkräften Groß-brit.s Stützpunkte auf den A. unter dem Vorwand eines angebl. immer noch gültigen anglo-portugies. Bündnisvertrages von 1373 (und späterer Zusatzabkommen). Die USA schlossen 1944 einen Stützpunktpakt und bauten auf Santa Maria einen Militärflughafen. Die Basen auf den A. erleichterten den Westalliierten in vielfältiger Weise die Sicherung ihrer Verbindungslinien zw. den USA und Europa sowie die Überwachung der Seewege nach Afrika und Gibraltar.

B

B 1, frz. schwerer Pz.kampfwagen. Im Mai 40 waren bei den 4 Pz.div. der frz. Armee jeweils zwei Bataillone mit dem 31,5 t schweren Tank für 4 Mann Besatzung ausgerüstet. An der 60 mm starken Panzerung des B 1 prallten 3,7-cm-Pak-Geschosse wirkungslos ab. Auch an Bewaffnung (7,5-cm-Kanone, 2 MG sowie 4-cm-Kanone im Turm) konnte es der Pz. mit jedem Gegner aufnehmen. Er war allerdings schwerfällig, mit max. 28 km/h viel zu langsam, und mit 2,79 m Höhe bot er der dt. 8,8-cm-Flak beim Direktbeschuß ein leichtes Ziel. In größerer Formation trat der B 1 während des Frankreichfeldzugs nur zweimal in Erscheinung: am 17./18.5. bei Montcornet, wo die frz. 4. Pz.div. unter de Gaulle einen Stoß gegen die Flanken des XIV. Pz.korps (Guderian) führte, und zehn Tage später bei ➢ Abbeville. Der Wehrmacht fielen etwa 150 B 1 in die Hände, die als Übungsfahrzeuge oder als Flammenwerfer und Selbstfahrlafette für die Feldhaubitze FH 18/2 verwendet wurden.

B 17, Typenkürzel des schweren amerikan. Bombers Boeing ➢ Flying Fortress.

B 29, Typenkürzel des überschweren amerikan. Bombers Boeing ➢ Superfortress.

Babi-Yar, Schlucht nahe der ukrain. Hauptstadt Kiew, die im Rußlandfeldzug am 19.9.41 von der Wehrmacht erobert wurde. Zehn Tage später wurden die Juden der Stadt aufgerufen, sich zur »Umsiedlung« zu melden. 33 771 Männer, Frauen und Kinder folgten der Aufforderung. Sie wurden vom Sonderkommando 4a der Einsatzgruppe C nach B. geführt und dort am 29./30.9. sämtl. erschossen. Die Schlucht wurde anschließend durch Sprengung eingeebnet. Das Massaker von B. war nur eine von zahlr. Mordaktionen im Rahmen der ➢ Judenverfolgung hinter der Ostfront.

Bachem, dt. Flugzeugwerke, Hersteller des Raketen-Abfangjägers ➢ Natter.

Bachstelze, Beiname des 1943 entwickelten dt. Schlepp-Tragschraubers Focke Achgelis FA 330 zur Vergrößerung des Sichthorizonts von U-Booten. Die B. war motorlos, hatte ein Fluggewicht (leer) von 80 kg (Rotordurchmesser 8,5 m) und wurde im U-Boot-Schlepp durch Wind und Fahrtwind auf bis zu 80 m Höhe gebracht, von wo ein Beobachter die Lage meldete. Wegen der Rückholprobleme war die B. wenig beliebt und wurde daher kaum eingesetzt.

Bach-Zelewski, Erich von dem, * Lauenburg 1.3.1899, † München 8.3.1972, SS-Obergruppenführer und Gen. der Polizei (Nov. 41); 1914 jüngster dt.

Kriegsfreiwilliger, 1930 NSDAP- und 1931 SS-Beitritt, 1932 Organisator des persönl. Schutzes Hitlers, dann Führer der SS-Oberabschnitte NO (Königsberg) und SO (Breslau), führend beteiligt an der Liquidierung der SA-Führung bei der sog. Röhm-Affäre (30.6./1.7.34). B. wurde bei Beginn des Rußlandfeldzugs (22.6.41) von Himmler zum »Sonderbeauftragten der SS für den Bandenkampf im O« ernannt, d.h. zu einem der Hauptverantwortl. für die Morde im Rahmen der ➢ Judenverfolgung – schon am 31.9.41 meldete er Estland »judenfrei« – und für Terrormaßnahmen zur Abschreckung von Partisanen. Im Herbst 44 erhielt er den Oberbefehl bei der Niederschlagung des ➢ Warschauer Aufstands u.a. mit Hilfe der SS-Sturmbrigade ➢ Dirlewanger, konnte am 2.10. die Kapitulation der poln. ➢ Heimatarmee entgegennehmen und erhielt dafür das Ritterkreuz. Nach Kriegsende Zeuge der Anklage bei den Nürnberger Prozessen, entging B. der Auslieferung an die Sowjetunion, wurde von einer dt. Spruchkammer 1949 zu 10 Jahren Arbeitslager (nicht vollstreckt) und erst 1961/62 wegen der polit. Morde 1933/34 zu lebenslängl. Haft verurteilt.

Bader, Douglas, * London 21.2.1910, † ebd. 2.12.1982, brit. Jagdflieger. B. verlor 1931 bei einem Flugunfall beide Beine, wurde jedoch nach einer medizin. und flieger. Prüfung bei Kriegsausbruch erneut in die RAF übernommen und zeichnete sich während der ➢ Luftschlacht um England als Staffelkapitän aus. 1941 zum Wing Commander befördert, geriet B. am 9.8.41 nach einem Luftkampf am Pas de Calais in dt. Gefangenschaft. Zehn Tage später warf eine Blenheim im Tiefflug über dem dt. Fliegerhorst St. Omer Ersatzprothesen für ihn ab; die Luftwaffenführung hatte der RAF über eine internat. SOS-Welle freies Geleit zugesichert. Nach vergebl. Fluchtversuchen wurde B. im Lager Colditz festgehalten und verließ, bei Kriegsende zum Group Commander befördert, die RAF 1946 hochdekoriert. Mit 22,5 anerkannten Luftsiegen schon zu Lebzeiten als »beinloses Wunder« eine Legende, wurde RAF-As B. in den Adelsstand erhoben.

Badoglio, Pietro, * Grazzano Monteferrato (heute: Grazzano Badoglio) 28.9. 1871, † ebd. 1.11.1956, italien. Marschall und Politiker; 1919-21 Gen.stabschef; schwankende Haltung gegenüber Mussolini, seit 1924 Annäherung: 1925 erneut Gen.stabschef, 1926 Marschall, 1929-33 Gouverneur von Libyen, 1935 OB in ➢ Abessinien (1936/37 Vizekönig). B. sah die Anlehnung Italiens an Deutschland mit Sorge und befürwortete 1939/40 einen Neutralitätskurs, ließ sich aber ohne Widerspruch in Dienst nehmen für Mussolinis imperialist. Politik. Mußte 1940 nach dem gescheiterten Angriff auf Griechenland (➢ Balkanfeldzug) zurücktreten und nahm Kontakt zu alliierten Stellen auf. Nach Mussolinis Sturz vom König mit der Reg.-bildung beauftragt, setzte sich B. zu den Anglo-Amerikanern ab, schloß Waffenstillstand und erklärte Deutschland am 13.10.43 den Krieg. 1944 mußte er Bonomi als Reg.-Chef weichen und verlor wegen der Kooperation mit den Faschisten seinen Senatssitz, wurde aber 1947 rehabilitiert.

Baedeker-Angriffe, nach dem bekannten Reiseführer benannte Bombenangriffe der dt. Luftwaffe vom 23.3.-31.10.42 auf brit. Städte mit wertvollen Kulturdenkmälern wie Canterbury, Exeter, Norwich, York während der ≫ Luftschlacht um England. Die B. wurden als »Vergeltung« für brit. Bombardierungen kulturhistor. wertvoller Städte wie Lübeck, Rostock u.a. ausgegeben.

Bagramjan, Iwan Christoforowitsch, * Elisavetpol 2.12.1897, † Moskau 21.9.1982, sowjet. Marschall (11.3.55). B. war bei Kriegsausbruch als Oberst Chef der Operationsabt. des Bes. Militärbezirks Kiew bzw. der SW-Front. Zum Gen.major befördert, wurde er im Sept. 41 stellv. Stabschef und nach Ernennung zum Gen.leutnant im Frühjahr 42 Chef des Stabes dieser Front. Im Juli 42 erhielt er den Oberbefehl über die 16. Armee, mit der er im Febr./März 43 eine erfolgr. Offensive Richtung Brjansk und im Juli 43 beim dt. Unternehmen ≫ »Zitadelle« am Kursker Bogen den Vorstoß auf Orel führte. B. wurde zum Gen.oberst und seine Truppe zur 11. Gardearmee ernannt. Seit Nov. 43 OB der 1. Balt. Front, war B. entscheidend an der Rückeroberung der ≫ Balt. Staaten beteiligt. Im Frühherbst 44 gelang es ihm, durch schnellen Vormarsch die Ostseeküste nördl. Memel zu erreichen und damit rd. 30 dt. Div. in Kurland abzuschneiden. Als Armeegen. wurde B. bei Kriegsende Chef der Hauptverwaltung Rückwärtige Dienste im Verteidigungsmin. und der Woroschilow-Gen.stabsakademie.

Baku, sowjet. Industriestadt am Kaukasus mit 810000 Einwohnern (1939), Mittelpunkt der Erdölgewinnung am Kasp. Meer. Die eigentl. Bohrfelder von B. lagen ca. 15 km nordöstl. der Stadt und sollten nach der dt.-sowjet. Kooperation im Polenfeldzug Ziel von brit.-frz. Bombenangriffen von Syrien und dem Irak aus werden, um die sowjet. Öllieferungen für die Wehrmacht zu unterbinden. Wegen des dt. Angriffs auf Frkr. (10.5.40) blieb der Plan unrealisiert. – Im Rußlandfeldzug war das Erdölgebiet von B. eins der Ziele der dt. Offensive im Sommer 42 (Führerweisung 5.4.42) im S-Abschnitt der Ostfront, wurde aber nicht entfernt erreicht. Der Angriff der Heeresgruppe A (List) mit der 1. Pz.armee (v. Kleist) blieb am 10.9.42 über 600 km vor der Stadt am Terek liegen, am 1.1.43 mußte nach Beginn einer Gegenoffensive der sowjet. Transkaukasus-Front (Tjulenjew) der Rückzug eingeleitet werden.

Balbo, Italo, * Ferrara 5.6.1896, † Tobruk 28.6.1940, italien. Luftmarschall (13.8.33); 1915 Kriegsfreiwilliger, 1919 Journalist u.a. beim »Popolo d'Italia« und Anhänger Mussolinis, zeitweilig Chef der faschist. Milizen, 1926 OB der italien. Luftstreitkräfte, 1929-33 Luftfahrtmin. B. löste am 16.10.33 ≫ Badoglio als Gen.gouverneur von Libyen ab. Ursprüngl. enger Vertrauter des Duce, kritisierte er offen dessen Annäherung an Hitler und widersetzte sich im Faschist. Großrat der Judengesetzgebung im Schlepptau des Nat.-soz. Vor Beginn der Feindseligkeiten in N-Afrika geriet B. bei der Rückkehr von einem Inspektionsflug in einen brit. Raid gegen Tobruk und wurde von eigener Flak abgeschossen.

Balck, Hermann, * Danzig 7.12.1893, † Asperg 29.12.1982, dt. General der Pz.truppen (1.11.43); 1938 im OKH. B., der am 1.8.42 zum Gen.major und am

1.1.43 zum Gen.leutnant ernannt wurde, kommandierte von Mai 42 bis März 43 die 11. Pz.div., anschließend bis Juni 43 die Div. »Großdeutschland«. Im Nov. 43 wurde er Kommand. Gen. des XXXXVIII. Pz.korps, mit dem er Mitte Nov. 43 Schitomir vorübergehend zurückerobern konnte, und im Aug. 44 OB der 4. Pz.armee. Einen Monat später übernahm er als OB die Heeresgruppe C und bildete in den letzten Kriegsmonaten aus der 6. Armee und der 2. ungar. Armee die Armeegruppe B., die er bis zur Kapitulation führte.

Balkanfeldzug, zusammenfassende Bez. für die Operationen der dt. Wehrmacht gegen Jugoslawien und Griechenland vom 6.4.41 bis 1.6.41. Seit dem italien. Angriff auf Griechenland von Albanien aus am 28.10.40 war der Balkan Kriegsgebiet. Nach italien. Anfangserfolgen waren die Griechen zum Gegenangriff angetreten und tief ins italien. Albanien eingedrungen. Zur Abwendung einer Niederlage des Verbündeten ordnete Hitler die Planung dt. Hilfe (Weisung Nr. 18 vom 20.11.40) und eines Angriffs auf Griechenland an (Weisung Nr. 20 für das Unternehmen »Marita« vom 13.12.). Als Reaktion für den dazu erforderl. dt. Aufmarsch in Bulgarien landete Großbrit. bis zum 24.4.41 ca. 58 000 Mann in Griechenland.
Fast zur selben Zeit stürzte ein Staatsstreich in ≫ Jugoslawien die dt.-freundl. Reg. des Prinzen Paul, so daß sich Hitler entschloß, »Jugoslawien militär. und als Staatsgebilde zu zerschlagen« (Weisung Nr. 25). Zum B. traten am 6.4.41 acht dt. Divisionen gegen Griechenland und 15 gegen Jugoslawien an, unterstützt von 780 Flugzeugen. Nach Durchbrechen der griech. Metaxas-Linie erreichten dt. Panzer am 9.4. Saloniki. Die Bedrohung von Norden zwang die Griechen zum Abzug aus Albanien. Inzw. wurden die 32 jugoslaw. Divisionen zerschlagen oder lösten sich auf, so daß am 17.4. General Kalafatovic die jugoslaw. Kapitulation unterzeichnen mußte. Am gleichen Tag genehmigte das brit. Oberkommando die Räumung Griechenlands, drei Tage später kapitulierte die griech. Epirus-Armee. Am 27.4. fuhren dt. Panzer in Athen ein, und am 30.4. war die dt. Besetzung des griech. Festlands inkl. Peloponnes abgeschlossen. 344 000 jugoslaw., 218 000 griech. und 10 682 brit. Soldaten gerieten in dt. Gefangenschaft. Die dt. Verluste betrugen 2 559 Tote, 3 169 Vermißte und 5 820 Verwundete; die Luftwaffe verlor 158, die Royal Air Force 209 Maschinen.
Als letzte griech. Bastion blieb Kreta, verteidigt von 31 000 Briten und 10 258 Griechen. Die Wehrmacht stellte zur Eroberung das XI. Fliegerkorps (General Student) mit einer Fallschirmjäger- und einer Gebirgsdivision bereit, die vom 20.5.41 an auf Kreta abgesetzt wurden, dazu Seetransportgruppen, die durch die brit. Flotte schwere Verluste erlitten. Nach sieben Tagen gaben die Verteidiger auf und räumten die Insel bis 1.6. Insges. verloren die Engländer 15 743 Mann und 2011 Marinesoldaten, 10 700 brit. Soldaten und 5 000 Griechen gingen in Gefangenschaft. Die schweren Opfer auf dt. Seite (6 580 Mann, davon 3250 Tote und Vermißte) führten zum Verzicht auf künft. Luftlandeunternehmen. Der B. hatte zudem den längst geplanten ≫ Rußlandfeldzug um mehrere Wochen und damit vielleicht kriegsentscheidend verzögert.

Baltische Inseln, Sammelbez. für die Inseln im Rigaischen Meerbusen, v.a. Dagö und Ösel. Da eine Besetzung der B. gleich zu Beginn des dt. Ostfeldzugs (22.6.41) durch die Kriegsmarine wegen der starken sowjet. Kräfte unmögl. war, mußten sie im Zuge des Vormarschs der Heeresgruppe Nord durch Landungstruppen genommen werden. Diese wurden vom 14.9.41 an in Sturmbooten und Fähren mit Luft- und Seeunterstützung übergesetzt und eroberten am 21.9. Arensburg auf Ösel und am 5.10. die Halbinsel Sworbe. Die letzten Verteidiger von Dagö ergaben sich am 21.10. Die Rückeroberung begann am 29.9.44 mit einem sowjet. Angriff auf Moon und war bis Mitte Okt. 44 weitgehend abgeschlossen.

Baltische Staaten (Baltikum), Sammelbez. für die während und nach dem 1. Weltkrieg entstandenen Republiken an der Ostseeküste zw. Memel und Finn. Meerbusen: das an Ostpreußen grenzende Litauen mit 53 000 km² und 2,39 Mio. Einwohnern (1939), Hauptstadt Kowno (Kaunas); daran anschließend Lettland mit 65 800 km² und 1,95 Mio. Einwohnern (1935), Hauptstadt Riga; schließl. bis zum Peipus-See und zur Narwa Estland mit 47 500 km² und 1,1 Mio. Einwohnern, Hauptstadt Reval. Nachdem im Vorfeld des Krieges Litauen vom Dt. Reich im März 39 zur Herausgabe des Memel-Gebiets, das er sich 1923 angeeignet hatte, gezwungen worden war, stimmte Hitler im ➢ Dt.-Sowjet. Nichtangriffsvertrag vom 23.8.39 der Eingliederung der B. in die sowjet. Einflußsphäre zu, die baltendt. Bevölkerung (ca. 79 000 Personen) wurde im Okt. 39 ins Reich umgesiedelt. Wegen angebl. faschist. Provokationen stellte die Sowjetunion den balt. Reg. im Juni 40 Ultimaten, ließ unmittelbar darauf Einheiten der Roten Armee einrücken: 15.6. in Litauen, 16.6. in Estland, 17.6. in Lettland, und wandelte die B. in Sowjetrepubliken um, die antisowjet. Opposition wurde u.a. mit Deportationen bekämpft. Die Westmächte reagierten auf die Annexionen mit Beschlagnahme balt. Eigentums und balt. Schiffe in ihren Häfen.

Im dt. Rußlandfeldzug (Angriffsbeginn 22.6.41) stießen die Truppen der Heeresgruppe Nord (v. Leeb) rasch durch die B. auf Leningrad vor: Wilna 24.6., Riga 1.7., Reval 24.8. Zunächst von der Bevölkerung freudig begrüßt, erhielt die Wehrmacht Zulauf von zahlr. Freiwilligen für den Kampf gegen die Rote Armee; u.a. Bildung von lett. und estn. Waffengrenadierdiv. der SS sowie Beschäftigung von balt. Hilfswilligen. Viele hofften mit dt. Hilfe die staatl. Selbständigkeit wieder erkämpfen zu können. Um so größer war die Enttäuschung über die harte nat.-soz. Besatzungspolitik und die gnadenlose ➢ Judenverfolgung gerade in den B., die dem Reichskommissariat Ostland eingegliedert wurden. Es kam zur Bildung von Partisanengruppen, die v.a. nach der Kriegswende rasch anwuchsen und die Rückeroberung der B. forderten, die im Sommer/Herbst 44 durch die sowjet. Weißruss. (Tschernjachowski), 1. Balt. (Bagramjan), 2. Balt. (Jeremenko), 3. Balt. (Maslennikow) und die Leningrader Front (Goworow) mit insges. 19 Armeen gelang: 13.7. Wilna, 22.9. Reval, 13.10. Riga. Nur im lett. ➢ Kurland hielten Reste der Heeresgruppe Nord (Frießner, später Schörner), die durch den schnellen sowjet. Vorstoß zur litau. Küste von der zerschlagenen Heeres-

Banzai-Angriffe: jubelnde Japaner nach Einnahme eines Höhenzugs auf den Philippinen

gruppe Mitte (Model, später Reinhardt) abgeschnitten worden waren, bis Kriegsende stand.

Bangkok, Hauptstadt Thailands (Siam) mit etwa 700000 Einwohnern (1940). B. wurde bereits einen Tag nach Beginn des Pazifikkrieges am 8.12.41 von der aus Indochina kommenden japan. 15. Armee besetzt, der schwache Widerstand erlosch am nächsten Tag. Japan gewann damit eine wichtige Nachschubbasis für die Landoffensive gegen ➢ Burma im Frühjahr 42. Zur Störung der Transporte war B. mehrfach Ziel alliierter Luftangriffe, erstmals am 28.11.42. Sie wurden während der Rückeroberung Burmas verschärft, so am 3.1. und am 7.2.45. Der erste Einsatz amerikan. Großbomber vom Typ B-29 ➢ Superfortress richtete sich am 5.6.44 ebenfalls gegen B., das bis Ende der Feindseligkeiten am 19.8.45 schwere Zerstörungen erlitt.

Banzai-Angriffe, infanterist. Gegenstück zu den japan. ➢ Kamikaze-Angriffen aus der Luft. Bei den B., meistens in ohnehin aussichtslosen Kampfsituationen angewandt, stürmten die japan. Soldaten mit dem Schrei »Banzai« (Hochruf auf den Kaiser) ohne Rücksicht auf Verluste, angeführt meist von einem Offizier mit gezücktem Schwert, gegen die feindl. Stellungen. Dahinter stand der Ehrenkodex der Samurai, für die Gefangennahme höchste Schmach bedeutete und die daher entweder durch B. oder Harakiri den Tod vorzogen. Selbst Ertrinkende lehnten oft Rettung durch den Feind ab und hinderten Kameraden mit der Waffe am Ergreifen von Rettungsleinen.

Baranow, poln. Stadt nordöstl. Krakau. Während der sowjet. Sommeroffensive 44 stieß die 1. Ukrain. Front (Konjew) am 29.7. bei B. über die Weichsel vor und errichtete bis 4.8. auf einer Länge von 50 km einen 30 km tiefen Brückenkopf. Er wurde Ausgangspunkt des Großangriffs der Roten Armee seit 12.1.45 gegen die Reichsgrenze. Mit 2 Pz.- und 5 Schützenarmeen durchbrach Konjew die schwachen Kräfte des dt. XXIV. Pz.korps der Heeresgruppe A (Harpe), das nur von einigen Inf.regimentern unterstützt wurde: 15.1. Kielce, 17. Tschenstochau, 18. Petrikau und Krakau; am 27.1. wurde das evakuierte Vernichtungslager ➢ Auschwitz befreit. Einen Tag nach der Offensive aus dem Raum B. heraus griffen auch die 1. (Schukow) und die 2. Weißruss. Front (Rokossowski) auf der gesamten Frontlänge bis Ostpreußen an.

»Barbara«-Linie, Deckname der dt. Auffangstellung in Mittelitalien von Mondragone am Tyrrhen. Meer bis in die Monti del Matese. Die B. sollte im Spätherbst 1943 den alliierten Vormarsch so lange bremsen, bis die vorbereitete »Gustav«-Linie fertiggestellt war. Anfang Nov. 43 mußte die B. vor der anrückenden 5. US-Armee (Clark) aufgegeben werden.

»Barbarossa«, Deckname des dt. Operationsplans für einen Angriff auf die Sowjetunion. Zunächst für die Zeit nach dem Sieg über Großbrit. vorgesehen, wurde »B.« schließl. eher ein Ersatz dafür und sollte nach der erfolglosen ➢ Luftschlacht um England den letzten potentiellen Gegner auf dem Kontinent »in einem schnellen Feldzug niederwerfen«: »Ist aber Rußland zerschlagen, dann ist

Englands letzte Hoffnung getilgt« (Hitler-Rede 31.7.40). Nach dem Triumph über die als stärkste europ. Militärmacht angesehenen frz. Streitkräfte wurde die Kampfkraft der Roten Armee von Hitler und der Generalität gleichermaßen niedrig eingeschätzt, v.a. auch wegen der Schlappen im finn.-sowjet. ≻ Winterkrieg. Nachdem bereits am 5.8.40 ein erster »Operationsentwurf Ost« von Gen.major Erich Marcks vorgelegt worden war (einarmige Zangenbewegung: Vorstoß im S nach Rostow, Eindrehen Richtung Moskau), erfolgte am 18.12.40 die eigentl. »Weisung Nr. 21 Fall B.«: Vernichtung der »Masse des russ. Heeres« durch schnelle Pz.raids, die den »Abzug kampfkräftiger Teile in die Weite des russ. Raums« verhindern sollten; Abschluß der Vorbereitungen bis 15.5.41. Der vornehml. mit der Planung betraute Oberquartiermeister I, Gen.leutnant ≻ Paulus, entwarf dafür einen geballten Vorstoß auf Moskau. Obwohl Hitler am 3.2.41 andere Prioritäten setzte (Leningrad als »Brutstätte des Bolschewismus«, Ukraine wegen der Versorgung), blieb es beim vorgesehenen Aufmarsch: stärkste Kräftemassierung bei der Heeresgruppe Mitte mit 51 Div., davon 9 Pz.div., flankiert von 26 Div. der Heeresgruppe Nord und 59, davon 14 rumän. und nur 5 Pz.div., bei der Heeresgruppe Süd. Dieser polit.-militär. Zielkonflikt führte im ≻ Rußlandfeldzug zu erhebl. Problemen. Hinzu kam die Verzögerung von »B.« durch den ≻ Balkanfeldzug um fünf Wochen.
»B.«, benannt nach dem Stauferkaiser Friedrich I., war von Hitler zudem als »Kampf zweier Weltanschauungen«, als »Kreuzzug« gegen das »soziale Verbrechertum« des Kommunismus konzipiert. Daraus resultierten der ≻ Barbarossa-Gerichtsbarkeitserlaß (13.5.41) und der ≻ Kommissarbefehl (6.6.41), für die Hitler ein Abrücken »vom Standpunkt des soldat. Kameradentums« forderte. Zwar erließ Heeres-OB v. Brauchitsch dagegen einen Tagesbefehl zur Wahrung der »herkömml. Manneszucht«, doch ließ sich die Verstrickung der Wehrmacht in die nat.-soz. Verbrechen nicht verhindern.

Barbarossa-Gerichtsbarkeitserlaß, von Hitler über das OKW am 13.5.41 herausgegebener Befehl zur Regelung der Jurisdiktion im Gebiet ≻ »Barbarossa«. Mit dem B. wurde der Militärgerichtsbarkeit die Aburteilung von Straftaten »feindl. Zivilpersonen« entzogen und ins Ermessen des jeweiligen Truppenführers gestellt. Für Vergehen dt. Soldaten gegen die Zivilbevölkerung wurde der Verfolgungszwang aufgehoben. Obwohl unter Hinweis auf die soldat. Traditionen weitergegeben, führte der B. dennoch zu zahlr. Willkürakten und nicht selten auch zu den ausdrückl. vorgesehenen »kollektiven Gewaltmaßnahmen«.

Bardia, Küstenort mit kleinem Hafen in Libyen, 10 km nordöstl. der ägypt. Grenze bei Sollum. B. war im ≻ Afrikafeldzug mehrfach hart umkämpft: Nach dem Scheitern des italien. Angriffs auf Ägypten kam es am 3.1.41 zur Schlacht von B., wohin sich 45 000 Italiener unter Gen. Bergonzoli zurückgezogen hatten. Gegen fünffache Übermacht eroberten zwei austral. Brigaden nach 36stündigem Kampf die Stadt und machten 40 000 Gefangene bei 456 eigenen Verlusten. Am 12.4. mußten die Engländer B. vor dem Dt. Afrika-Korps wieder räumen. Brit. Rückeroberungsversuche scheiterten zunächst im Mai (Unternehmen ≫ »Brevity«) und Juni 41 (≫ »Battleaxe«), erst im Rahmen des Unternehmens ≫ »Crusader« blieb B. Anfang Dez. 41 hinter der brit. Front zurück und mußte am 2.1.42 kapitulieren. Während der Sommeroffensive Rommels erreichten die dt.-italien. Truppen die Stadt erneut am 20.6.42, mußten sie aber nach der Schlacht von ≫ El Alamein endgültig am 12.11.42 aufgeben.

Barham, brit. Schlachtschiff, 19.10.15 in Dienst gestellt, 29 150 t, 196,8 m lang, 27,6 m breit, rd. 950-1300 Mann Besatzung; Bewaffnung: 8x38,1 cm, 12x15,2 cm, 8x10,2-cm-Flak, 2 Torpedorohre. In der Skagerrak-Schlacht am 31.5.16 beschädigt, repariert, 1930-33 modernisiert, operierte die B. bei Kriegsbeginn in der Nordsee und wurde am 28.12.39 vor der Clyde-Mündung von U 30 (Lemp) torpediert. Nach Reparatur (bis April 40) wurde das Schiff zum Raid gegen ≫ Dakar Ende Sept. 40 (Operation ≫ »Menace«) herangezogen. Es folgten Verlegung ins Mittelmeer, Geleitzugaufgaben, Einsätze zur Küstenbeschießung in N-Afrika u.a. beim brit. Unternehmen ≫ »Crusader« und Teilnahme an der Seeschlacht bei ≫ Matapan (28./29.3.41). Am 27.5.41 wurde die B. bei einem Entlastungsvorstoß während des dt. Unternehmens ≫ »Merkur« bei Kreta von Fliegerbomben erneut beschädigt, bevor sie schließl. am 25.11.41 Opfer eines Viererfächers von U 331 (Tiesenhausen) wurde. Dabei explodierte das gekenterte Schiff, 862 Mann fanden den Tod, 451, darunter der Chef des 1. Schlachtgeschwaders Vizeadmiral Pridham-Wippell, wurden gerettet.

Bari, Hafenstadt in S-Italien mit 205 000 Einwohnern (1940). B. wurde wenige Tage nach der brit. Landung ≫ »Slapstick« am 20.9.43 von Einheiten der 1. Luftlandediv. (8. Armee) besetzt und nach der Flucht König Viktor Emanuels III. aus Rom provisor. Amtssitz der Reg. ≫ Badoglio. Dt. Kampfflugzeuge versenkten am 3.12.43 im Hafen 19 Handelsschiffe mit insges. 73 343 BRT, darunter den amerikan. Frachter John Harvey, der Kampfstoffbomben mit 60 t Senfgas geladen hatten.

Barkhorn, Gerhard, * Königsberg (Pr.) 20.3.1919, † Frechen bei Köln 12.1. 1983 (Autounfall), dt. Jagdflieger; zweiter in der Rangliste der erfolgreichen »Asse« mit 301 Abschüssen; zuletzt (1945) als Major im Jagdverband 44 (Düsenjäger Me 262); Eichenlaub und Schwerter zum Ritterkreuz. 1973 Gen.major der Bundeswehr, 1975 Ruhestand.

Barracuda, brit. Torpedo- und Sturzkampfflugzeug der Firma Fairey, Erstflug 7.10.40. Die B. war der erste trägergestützte Bomber der brit. Marineluftwaffe in Ganzmetallbauweise, konnte mit einem 735-kg-Torpedo, einer 454-kg-Bombe oder vier Wasserbomben, einer Radarwanne oder Rettungsbooten behängt werden. Die Version Mk II erreichte mit einem 1 600-PS-V-Motor Rolls-Royce Merlin 32 max. 367 km/h; insges. wurden rd. 2 600 Maschinen gebaut.

Bastico, Ettore, * Bologna 9.4.1876, † Rom 1.12.1972, italien. Marschall (11.8.42); im 1. Weltkrieg Gen.stabsoffizier, als Oberst 1919-23 Dozent an der Marineschule Livorno. Nach verschiedenen Truppenkommandos führte B. in ≫ Abessinien 1935/36 als Kommand. Gen. das III. Armeekorps und im span. Bürgerkrieg das italien. Freiwilligen-Korps auf seiten Francos 1937/38. Bei Kriegsausbruch war er OB der 6. Armee als strateg. Reserve und wurde im Dez. 40 zum Oberkommandierenden Ägäis ernannt. Am 10.6.41 übernahm B. den Posten eines Gen.gouverneurs in Libyen und wurde OB der dortigen Achsentruppen im ≫ Afrikafeldzug. Rommel, der ihm formal unterstellt war, überging wiederholt B.s Anweisungen. Der Konflikt eskalierte, bis Rommel im Sommer 42 dem ≫ Comando Supremo direkt unterstellt wurde. Erst am 15.11.42 erhielt B. die Befehlsgewalt zurück, wurde aber nach dem Rückzug der dt.-italien. Pz.armee Afrika auf die ≫ Mareth-Linie endgültig von ≫ Messe abgelöst und kaltgestellt.

Bastogne, belg. Kleinstadt in den Ardennen mit 4500 Einwohnern (1940). B. lag im Dez. 44 bei der dt. ≫ Ardennenoffensive im Angriffsabschnitt der 5. Pz.armee (v. Manteuffel). Der Vorstoß des XLVII. Pz.korps (v. Lüttwitz) in Richtung Maas blieb am 19.12. vor B. liegen; den Amerikanern war es gelungen, Verstärkungen, darunter die 101. Luftlandediv. mit 11 840 Mann, nach B. zu werfen, die den Verkehrsknoten an den Nat.straßen nach Namur, Lüttich und Luxemburg zäh verteidigten. B. wurde von der 15. Pz.div. und der 26. Volksgrenadierdiv. eingeschlossen. Ein schriftl. Ultimatum vom 22.12. zur Übergabe der Stadt beschied US-Brigadegen. McAuliffe mit seinem berühmten »Nuts!« (etwa: »Schert euch zum Teufel!«). Am 23.12. warf die US-Luftwaffe nach Wetterbesserung Munition und Verpflegung für die 18 000 Verteidiger ab, am 27.12. gelang der 3. US-Armee (Patton) der Entsatz auf dem Landweg. Die verlustreiche Schlacht um B. zog sich noch bis zum 12.1.45 hin und kostete auf amerikan. Seite 4378 Tote, Verwundete und Vermißte, die dt. Truppen verloren etwa 10 000 Mann, 500 Zivilisten kamen ums Leben. Als »Verdun der Ardennen« ist B. mit Mahnmal, Museum und Andenkenhandel inzw. zur Touristenattraktion geworden.

Bataan, etwa 50 km breite und 80 km tiefe Halbinsel im NW der Bucht von Manila auf den Philippinen. Nach der japan. Invasion der Hauptinsel ≫ Luzon seit 10.12.41 zogen sich die Verteidiger unter US-Gen. ≫ MacArthur – ein Kampf um Manila war aussichtslos – im Jan. 42 ins gebirgige, unwegsame B. zurück. Dort wollten sie Entsatz durch die US-Navy abwarten und die Einfahrt in die Manila-Bucht kontrollieren, obwohl es an schweren Waffen und Luftuntertützung mangelte. Die Versorgungslage spitzte sich zu, weil mit dem philippin. Staatspräs. Quezón rd. 25 000 Zivilisten in das malariaverseuchte Gebiet geflohen waren. Es kam zu einer wachsenden Zahl von Desertionen, v.a. nach der Abberufung MacArthurs (23.2.42). Dennoch machte die japan. Offensive zunächst kaum Fortschritte, denn die 14. Armee (Homma) mußte eine Div. nach Java abgeben. Zudem forderte die Malaria auch bei den Angreifern Tausende von Opfern, so daß Anfang März 42 nur noch 3 kampfstarke Bataillone am Feind standen. Erst nach Eintreffen von Verstärkungen gelang der Einbruch in die Stellungen der Amerikaner, die am 9.4.42 kapitulierten. 76 000 Mann, darunter 15 000 GIs, traten den »Todesmarsch von B.« in die Gefangenschaft an. 7 000 starben schon unterwegs, für die anderen folgten drei harte Jahre im berüchtigten Camp ➢ O'Donnell, wo weitere 15 000 Mann umkamen. Nach dem Verlust von B. war nur noch die vorgelagerte Insel ➢ Corregidor in amerikan. Hand. Mit ihr fiel am 6.5.42 die letzte philippin. US-Bastion. Erst im Jan. 45 faßten US-Verbände wieder Fuß auf Luzon und eroberten B. bis 28.2. zurück.

»Battleaxe« (engl. Kriegsbeil), Codebez. für den Angriff der 4. ind. Div. und der brit. 4. und 7. Pz.brigade auf die dt. Stellungen am ➢ Halfaja-Paß an der ägypt. Grenze am 15.6.41. Nach Lieferung von 238 neuen Tanks durch den Geleitzug »Tiger« sah sich der brit. OB ➢ Wavell zu einer erneuten Offensive ermutigt und wollte mit »B.« den Weg zum Entsatz des belagerten ➢ Tobruk freikämpfen. Doch auch Rommel hatte Verstärkung durch die 15. Pz.div. erhalten und seine Stellungen ausgebaut. Während die Inder vergebl. die Paßhöhe berannten, stießen die brit. Tanks südl. vorbei auf Fort Capuzzo und den Hafid-Rücken vor, die beide am Abend in brit. Hand waren. Nach dt. Gegenstoß jedoch mit dem 8. Pz.regiment und der 5. leichten Div. am 16.6., bei dem fast alle Pz. der brit. 7. Brigade vernichtet wurden, mußten die Engländer bei drohender Einschließung eilig den Rückzug antreten. Nach dieser Niederlage wurde Wavell durch ➢ Auchinleck ersetzt.

Battle of Britain, engl. Bez. für die ➢ Luftschlacht um England.

Baumbach, Werner, * Cloppenburg 27.12.1916, † bei Buenos Aires 20.10. 1953 (Flugzeugabsturz), dt. Luftwaffenoffizier; erfolgreichster Bomberpilot (über 300 000 BRT versenkter Schiffsraum). B., als Oberst in der Dienststellung eines Gen. der Kampfflieger, protestierte Anfang 45 briefl. bei Göring gegen die sinnlose Fortsetzung des Krieges und stellte Amt und Orden zur Verfügung. Er blieb dennoch unbehelligt, konnte zu der kampflosen Übergabe Hamburgs beitragen und wurde nach alliierter Kriegsgefangenschaft Luftwaffenberater in Argentinien.

Bayerlein, Fritz, * Würzburg 14.1. 1899, † ebd. 30.1.1970, dt. Gen.leutnant; Eintritt ins Heer 5.6.17, Reichswehroffizier, bis Kriegsausbruch verschiedene Stabsverwendungen. Am 1.9.40 zum Oberstleutnant befördert, nahm Pz.spezialist B. als Ia der Pz.gruppe 2 Guderian am Angriff auf die Sowjetunion (22.6.41) teil. Am 5.10.41 wurde B. als Chef des Stabes des Dt. Afrika-Korps nach Libyen versetzt und als Oberst i.G. (1.2.42) am 7.12.42 Chef des Gen.stabs der dt.-italien. Pz.armee Afrika. Vom 1.3. bis 6.5.43 war er Dt. Chef des Gen.stabs der italien. 1. Armee in Tunesien und wurde eine Woche vor der Kapitulation ausgeflogen. Zunächst als Gen.major (1.3.43) mit der 3. Pz.div. an der Ostfront, erhielt B. am 10.1.44 das Kommando über die bes. gut ausgerüstete Pz.lehrdiv., mit der er vergebl. zum Gegenangriff auf die alliierten Landeköpfe bei der Invasion in der Normandie antrat und schwere Verluste erlitt. Mit der aufgefrischten Div. gehörte er zu den Angriffsspitzen der 5. Pz.armee (v. Manteuffel) während der ➢ Ardennenoffensive im Dez. 44, berannte erfolglos ➢ Bastogne und konnte auch die Maas nicht erreichen. Am 29.3.45 wurde B. mit der Führung des LIII. AK beauftragt, mit dem er am 15.4.45 im ➢ Ruhrkessel in US-Gefangenschaft geriet.

»Baytown« (engl. Küstenstadt), Codebez. für das Übersetzen von Verbänden der brit. 8. Armee (Montgomery) über die Straße von Messina am 3.9.43. »B.« war der Auftakt für den Sprung der Alliierten auf das italien. Festland nach der Eroberung ➢ Siziliens. Endgültig Fuß fassen wollten sie mit den wenig später einsetzenden Landungsoperationen ➢ »Avalanche« im Golf von Salerno und ➢ »Slapstick« bei Tarent. Im Juli geplant, sollte »B.« zus. mit den anderen Landungen das wankende Italien aus der gegner. Front herausbrechen und zugleich dt. Truppen im »Fuß des italien. Stiefels« festhalten, so daß sie durch die weiter nördl. vorgesehene Invasion abgeschnitten werden könnten.
Beide Absichten neutralisierten sich z.T., so daß der Zangenoperation der volle Erfolg versagt blieb: Der am 3.9.43 unterzeichnete und am 8.9. in Kraft gesetzte italien. Sonderwaffenstillstand war von der dt. Führung erwartet (➢ »Achse«) und der Rückzug der 10. Armee (v. Vietinghoff) daher vorsorgl. vorbereitet worden. Das brit. XIII. Korps traf daher nach zweitägiger Beschießung der Küste zw. Reggio di Calabria und Pessaro durch 4 Schlachtschiffe und zahlr. Kreuzer und Zerstörer am »B.«-Tag kaum auf Gegenwehr, da sich die dt. Verbände abgesetzt hatten und die italien. die Waffen streckten. Am 9.9. erreichten die Briten die Landenge von Cattanzaro, wo sie auf ersten hinhaltenden dt. Widerstand stießen, so daß sie erst am 16.9. Kontakt zu den südl. Salerno gelandeten Verbänden fanden und sich erst am 19.9. bei Auletta mit ihnen vereinigten zum weiteren Vormarsch.

Bazooka, seit 1933 entwickelte, aber erst 1942 einsatzfähige rückstoßfreie, tragbare amerikan. Pz.abwehrwaffe, von der Wehrmacht unter der Bez. ➢ Panzerschreck (Ofenrohr) nachgebaut. Die B. kam erstmals in N-Afrika zum Einsatz, hatte ein Kaliber von 6 cm, wog bei einer Gesamtlänge von 1,15 m 6,58 kg und war in zwei Teile zerlegbar. Sie verschoß Raketen mit einer Hohlladung, die Stahl bis zu 12,7 cm Stärke durchschlug; insges. wurden während des Krieges 460 000 Stück gefertigt.

BBC, Abk. für ➢ **B**ritish **B**roadcasting **C**orporation, die staatl. brit. Rundfunkgesellschaft.

BDO, Abk. für ➢ **B**und **D**eutscher **O**ffiziere.

Beaufighter, brit. Langstreckenjäger und Torpedobomber der Bristol Aircraft Ltd., Erstflug 17.7.39. Aus Flügeln, Leitwerk und anderen Hauptteilen der ➢ Beaufort entwickelte Bristol unter dem Eindruck der Sudetenkrise den Prototyp eines schweren Jägers für zwei Mann Besatzung. Die B. war der erste Nachtjäger, der diesen Namen wirkl. verdiente. Sie trug 4x20-mm-Kanonen im Rumpfbug, dazu nochmals 6x7,7-mm-MG in den Tragflächen. Mit 2x1500-PS-Sternmotoren Bristol Hercules erreichte sie max. 520 km/h. Die Maschine wurde dank ihrer enormen Feuerkraft erfolgr. bei Tag und Nacht im Wüstenkrieg und über dem Mittelmeer eingesetzt.

Beaufort, brit. Torpedo- und Patrouillenbomber der Bristol Aircraft Ltd., Erstflug 15.10.38. Die viersitzige B. gehörte von 1940-43 zu den Standardmustern des Küstenkommandos. In England wurden für die RAF insges. 1428 Maschinen gefertigt, von denen viele an die Schuleinheiten gingen. Die Hauptserie Mk I war mit 2x1010- oder 1130-PS-Bristol-Taurus-Sternmotoren ausgestattet und erreichte mit einem 728-kg-Torpedo halbintern unter dem Rumpf max. 362 km/h.

Beaverbrook, William Maxwell Aitken, Baron (1916), * Maple (Ontario/Kanada) 25.5.1879, † Mickleham (Surrey) 9.6.1965, brit. Zeitungsverleger und Politiker. Ursprüngl. Kanadier, übersiedelte B., der als Industrieller ein beträchtl. Vermögen erworben hatte, 1910 nach England, wurde als Abgeordneter der Konservativen im gleichen Jahr ins Unterhaus und nach der Nobilitierung ins Oberhaus gewählt, erwarb zw. 1917 und 1923 den »Daily Express« und den »Evening Standard« und begründete den »Sunday Express«. Mit seinem Presseimperium unterstützte er die Politik des Appeasement, schwenkte aber 1939 auf scharf antidt. Kurs um und wurde im Kriegskabinett Churchills 1940 Min. für Luftrüstung, 1942 für die ges. Kriegsproduktion. Seiner Initiative war die rasche Steigerung der Flugzeugproduktion (Febr. 40 nur 719, im Aug. 40 schon 1601) zu danken, die in der Luftschlacht um England entscheidend wurde. Als Koordinator für die amerikan. Lieferungen im Rahmen des ≻ Leih- und Pachtgesetzes verhandelte er in Washington und nahm im Sept. 42 an den Beratungen in Moskau über Hilfe für die UdSSR teil. 1943-45 war B. Lordsiegelbewahrer. Nach dem Krieg mühte er sich vergebl., die dt. Wiederaufrüstung zu vereiteln.

Beck, Józef, * Warschau 4.10.1894, † Stanesti (Rumänien) 5.6.1944, poln. Politiker; 1932-39 Außenmin. B., nach dem Tod des Diktators Pilsudski 1935 eigentl. starker Mann Polens, war Mitarchitekt des Dt.-Poln. Nichtangriffspakts vom 26.1.34 und versuchte unter poln. Führung einen ostmitteleurop. Staatenblock des sog. Dritten Europa zu schaffen. Seine Illusionen über Hitlers Expansionspolitik erhielten im ≻ Münchener Abkommen 1938 neue Nahrung durch territoriale Gewinne Polens (Teschen). Als B. im Frühjahr 39 die wahre Stoßrichtung der nat.-soz. Außenpolitik erkannte, kam seine Umorientierung durch Beistandspakte mit Großbrit. (6.4.) und Frkr. (19.5.) zu spät. Nach dem ≻ Polenfeldzug wurde der geflüchtete B. in Rumänien interniert.

Beck, Ludwig, * Biebrich (heute Wiesbaden-B.) 29.6.1880, † Berlin 20.7. 1944, dt. Gen.oberst (1.10.38) und Widerstandskämpfer; Eintritt ins Heer 12.3.98, im 1. Weltkrieg Gen.stabsoffizier an der W-Front, in der Reichswehr 1.2.31 Gen.major, in der Wehrmacht 1.10.35 Gen. der Artillerie. B., der den Aufrüstungsplänen Hitlers zunächst positiv gegenüberstand, wurde am 1.10.33 im Reichswehrmin. Chef des Truppenamtes, am 1.7.35 umbenannt in Chef des Gen.stabs des Heeres. Als Hitler unmißverständl. zu verstehen gab, daß er die neue Rüstung auch krieger. zu nutzen gedenke, versuchte B. mit Denkschriften über ungenügende Vorbereitung gegenzusteuern. Insbes. nach der Weisung für den Fall »Grün« zur »Zerschlagung« der Tschechoslowakei vom 30.5.38 mühte er sich um die Sammlung einer militär. Opposition dagegen. Er fand jedoch inbes. beim Heeres-OB ≻ Brauchitsch keine Resonanz und reichte daher am 18.8. während der sich zuspitzenden Sudeten-Krise seinen Rücktritt ein, der ihm am 1.10.38 gewährt wurde. B. fand keine Verwendung mehr, hielt aber Kontakt zu den militär. Spitzen und arbeitete gegen die nat.-soz. Gewaltpolitik. Als Mitglied der sog. Mittwochsgesellschaft besaß er zudem vorzügl. Verbindungen zu führenden Vertretern aus Wirtschaft, Wissenschaft und Politik, so daß er neben ≻ Goerdeler zur herausragenden Figur des bürgerl. Widerstands und zu einem der aktivsten der Verschwörer des Zwanzigsten Juli 44 wurde, die ihn als provisor. Staatsoberhaupt vorgesehen hatten. Als die Nachricht vom Überleben Hitlers eintraf, versuchte sich B. zu erschießen, verletzte sich jedoch nur und wurde daraufhin von einem Unteroffizier auf Befehl von Gen.oberst ≻ Fromm erschossen.

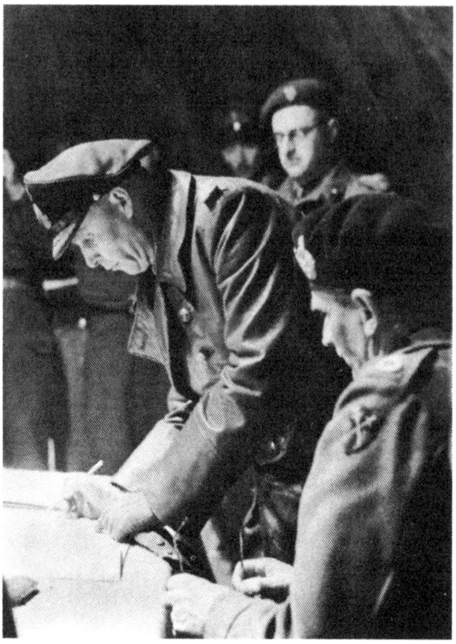

Bedingungslose Kapitulation: Generaladmiral Hans-Georg von Friedeburg bei der Unterzeichnung der deutschen Teilkapitulation im Nordwestraum am 4.Mai 1945

Bedingungslose Kapitulation (engl. unconditional surrender), erstmals auf der Konferenz von ≻ Casablanca am 24.1.43 erhobene alliierte Forderung, nach der die Feindseligkeiten gegen die Achsenmächte nur eingestellt werden sollten, wenn diese ihr militär. und polit. Schicksal völlig in die Hände der Sieger legten. Diese Forderung nach Globalvollmacht, von der Sowjetunion am 1.5.43 ausdrückl. übernommen, war völkerrechtl. problemat., stieß selbst in westl. Militärkreisen auf Kritik, lieferte der nat.-soz. Propaganda für den ≻ Totalen Krieg Munition und erschwerte die Lage des dt. Widerstands. Hauptvertreter einer B. war US-Präs. Roosevelt, der sich allen Modifizierungsvorschlägen widersetzte und am Konzept des »total victory« festhielt. Die Kapitulationsurkunden vom 7./8.5.45 und das ≻ Potsdamer Abkommen sind davon geprägt.

Belgien, westeurop. Königreich mit 30 500 km² und 8,3 Mio. Einwohnern (1939). Wegen seiner strateg. Lage an der N-Flanke Frkr.s wurde B. in beiden Weltkriegen unter Verletzung seiner Neutralität vom Dt. Reich überfallen. Bei den Angriffsplanungen ging es in beiden Fällen um die Umgehung des ostfrz. Festungsgürtels bzw. der ≻

Maginot-Linie. B. hatte 1920 in einem Militärpakt Anlehnung an Frkr. gesucht, kehrte jedoch 1936 zu einer Politik der bewaffneten Neutralität zurück. Das bewahrte B. nicht vor der dt. Besetzung im ➢ Frankreichfeldzug. Der König, ➢ Leopold III., blieb in B., während sich in London eine belg. Exilreg. bildete. Unter dt. Besatzung (bis Sept./Okt. 44) wurden 18 000 Belgier wegen Widerstands in dt. KZ deportiert, 24 387 belg. Juden fielen der ➢ Endlösung zum Opfer, 140 000 Zwangsarbeiter wurden für die dt. Rüstungsindustrie rekrutiert. Zu einer schweren Belastung der belg. Nachkriegsgeschichte wurde die ➢ Kollaboration, sichtbar in den Freiwilligen-Verbänden der Waffen-SS: Fläm. Legion und Pz.div. »Wallonie« (➢ Degrelle), je etwa 20 000 Mann.

Belgorod, sowjet. Stadt nördl. von ➢ Charkow an der Bahnlinie nach Kursk mit 37 000 Einwohnern (1939). Im Zuge der dt. Herbstoffensive wurde B. am 24.10.41 von der dt. 6. Armee genommen, die im Sommer 42 von hier aus an der Offensive ➢ »Blau« teilnahm. Am 9.2.43 konnte die sowjet. 40. Armee (Moskalenko) der Woronesch-Front (Golikow) die Stadt zurückerobern, mußte sie aber nach Gegenangriffen des II. SS-Pz.korps (Hausser) am 21.3. erneut räumen. Erst nach Zusammenbruch des dt. Unternehmens ➢ »Zitadelle« gegen den Frontbogen bei Kursk gelang der sowjet. 53. Armee (Managarow) der Steppenfront (Konjew) die endgültige Befreiung von B. gegen die dt. 4. Pz.armee (Hoth).

Belgrad, Hauptstadt Jugoslawiens mit rd. 410 000 Einwohnern (1940). Das fast unverteidigte B. wurde zum Auftakt des dt. ➢ Balkanfeldzugs am 6.4.41 in 5 Angriffswellen von 484 Maschinen der dt. Luftflotte 4 (➢ Löhr) bombardiert. Die Angriffe richteten sich vor allem gegen das Verkehrsnetz, den Flughafen und das Reg.viertel im Zentrum der Stadt. Daher gab es auch unter der Zivilbevölkerung erhebl. Verluste (über 1500 Tote). Zugleich aber gelang die Unterbrechung von Befehls- und Nachrichtensträngen, so daß eine koordinierte Kampfführung gegen die einmarschierenden dt. Truppen entscheidend erschwert wurde. Am 11.4.41 erreichten die Spitzen der 11. Pz.div. B., wo am 17.4. der jugoslaw. OB Gen. Kalafatovic die Kapitulation seines Landes unterzeichnete. Am 25.8.43 richtete der dt. OB Südost, Gen.feldmarschall v. Weichs, in B. sein Hauptquartier ein, obwohl gerade in Serbien die Partisanentätigkeit stark zugenommen hatte und Anschläge auch in der Hauptstadt an der Tagesordnung waren. Wehrmachttransporte von und nach B. konnten nur noch in geschützten Geleitzügen verkehren, der Nachrichtenverkehr war empfindl. gestört. Als Repressalie ließ die dt. Besatzungsmacht vornehml. in B. zahlr. Geiseln erschießen. Allein bis Dez. 41 wurden nach einer Aktennotiz der Dienststelle des Kommand. Gen. in Serbien 11 164 Personen im Zuge von »Sühnemaßnahmen« exekutiert. Der Militärverwaltungschef von B., SS-Gruppenführer Turner, wurde wegen solcher Verbrechen nach dem Kriege hingerichtet. Dieses Schicksal teilte Gen.oberst Löhr, der die Luftangriffe auf B. geleitet hatte. Die Stadt wurde am 15.10.44 vom sowjet. IV. mot. Korps mit Hilfe der Partisanenarmee Titos eingeschlossen und nach fünf Tagen genommen.

Belzec, nat.-soz. Vernichtungslager an der südöstl. Grenze des Distrikts Lublin im Generalgouvernement, Anfang März 42 fertiggestellt. In B. wurden bis Dez. 42 im Rahmen der ➢ Judenverfolgung mindestens 400 000 Juden ermordet.

Benghasi, Hauptstadt der Provinz Cyrenaika am O-Ufer der Großen Syrte in der italien. Kolonie Libyen mit 65 000 Einwohnern (1940). B. wechselte während des ➢ Afrikafeldzugs fünfmal den Besitzer: Nach dem italien. Angriff auf Ägypten am 13.9.40 und der brit. Gegenoffensive seit 9.12.40 erreichten die Truppen der brit. Western Desert Force (O'Connor) B. am 6.2.41, mußten es aber nach Eingreifen des Dt. Afrika-Korps am 4.4.41 wieder räumen. Der Erfolg des brit. Unternehmens ➢ »Crusader« zwang Rommel im Dez. 41 zur Räumung der Cyrenaika, so daß auch B. vorübergehend aufgegeben werden mußte, wo die Gefahr der Einschließung bestand. Beim nächsten Anlauf zur Vorbereitung der Eroberung ➢ Tobruks nahmen die dt.-italien. Truppen B. erneut am 28.1.42, das sie erst nach der Niederlage von ➢ El Alamein am 20.11.42 endgültig verlassen mußten.

Bergen-Belsen, nat.-soz. ➢ Konzentrationslager in der Lüneburger Heide; Standort des Stalag XIC (311) für sowjet. Kriegsgefangene, ➢ Truppenübungsplatz.

Berger, Gottlob, Gorstetten 16.7.1896, † Stuttgart 5.1.1975, SS-Obergruppenführer (15.8.40); Offizier im 1. Weltkrieg, danach Turnlehrer, SA-Beitritt und nach der Affäre um SA-Stabschef Röhm 1934 Mitglied der SS. B. war bei Kriegsausbruch Leiter des Ergänzungsamtes (VIII) im SS-Hauptamt, dessen Chef er am 15.8.40 wurde und damit eigentl. Begründer der ➢ Waffen-SS. Sie konnte nämlich zunächst nicht auf Wehrpflichtige zurückgreifen, so daß B. sog. Volksdeutsche anwarb, die wiederum das Heer nicht rekrutieren durfte. Später entwickelte B. die Idee der ➢ Freiwilligen-Verbände aus den besetzten nord- und westeurop. Ländern. Seine Vision eines »german. Heeres« scheiterte allerdings, da Hitler den fremden Einheiten gegenüber mißtrauisch blieb. Als Staatssekretär im Ministerium für die besetzten Ostgebiete seit Juli 42 war B. unter dem schwachen ➢ Rosenberg dessen eigentl. Leiter. Im Sept. 44 erhielt er den Auftrag zur Niederschlagung eines Aufstandes in der Slowakei, den er blutig erstickte. Seit 1.10.44 war B. Leiter des Kriegsgefangenenwesens, konnte aber die herrschenden Mißstände bei rapide sich verschlechternder Kriegslage nicht abbauen und wurde u.a. deswegen am 14.4.49 in Nürnberg zu 25 Jahren Haft verurteilt. Die Strafe wurde am 31.1.51 auf 10 Jahre herabgesetzt und B. am 16.12.51 schließl. freigelassen.

Berija, Lawrenti Pawlowitsch, * Mercheuli bei Suchumi (Georgien) 29.3.1889, † Moskau 23.12.1953 (hingerichtet), sowjet. Politiker und Marschall (1945); Landsmann Stalins, 1917 Beitritt zur KP, seit 1921 bei der Tscheka (bolschewist. Sicherheitsdienst), 1931 Erster Parteisekretär in Transkaukasien und Georgien, 1934 ZK-Mitglied. 1938 zum Volkskommissar des Innern und damit zum obersten Polizisten und Chef des Geheim- und Sicherheitsdienstes ernannt, wurde B. Stalins gefürchtetste Waffe in den

»Großen Säuberungen« zur Ausschaltung der innerparteil. Opposition. Im Krieg schwand sein Einfluß vorübergehend, als die Mobilisierung des russ. Patriotismus Vorrang erhielt. Nach Kriegsende ins Politbüro aufgestiegen, organisierte B. die Abrechnung mit den Kollaborateuren. Als engster Vertrauter Stalins büßte er nach dessen Tod bald alle Macht ein, wurde am 9.7.53 aus der Partei ausgeschlossen und in einem Geheimprozeß als »imperialist. Agent« zum Tod verurteilt.

Berlin, Hauptstadt und kultureller Mittelpunkt des Dt. Reiches mit 4,34 Mio. Einwohnern (1939). Aus polit.-propagandist. Gründen, aber auch wegen der in und um B. konzentrierten Industrie war die Stadt Hauptziel der alliierten Luftangriffe, die schon am 8.6.40 mit dem Einflug eines frz. Flugzeugs begannen. Es folgten insges. 363 weitere, v. a. brit. und amerikan., gegen Kriegsende auch sowjet. Bombardierungen. Dabei fielen 45 517 t Bomben, die trotz umfassender Luftschutz-Maßnahmen über 50 000 Zivilisten töteten und die Stadt fast völlig verwüsteten; letzter brit. Nachtangriff 18./19.4.45; bes. schwere Zerstörungen richteten die amerikan. Tagesbombardierungen vom 3.2.45 durch 937 und vom 26.2.45 durch 1112 Maschinen an.

Berlin: sowjetischer Panzer vor dem Brandenburger Tor nach Beendigung der Kampfhandlungen am 2. Mai 1945

Im April 45 war B. dann Ziel des sowjet. Vormarsches. Truppen der 1. Weißruss. Front (Schukow) hatten schon Anfang Febr. bei Küstrin die zugefrorene Oder überschritten und einen Brückenkopf gebildet, mußten dann aber nach einem Vormarsch von 500 km in nur 18 Tagen halten. Die dt. Führung erklärte B., wo noch etwa 2,7 Mio. Menschen geblieben waren, am 1.2. zur Festung, ließ Standgerichte einführen und zog ≫ Volkssturm und Zivilisten zum Bau von Pz.sperren und Schützengräben heran. Gen.leutnant Reymann, erster Befehlshaber des Verteidigungsbereichs, erließ am 9.3. einen Grundsatzbefehl, nach dem B. »bis zum letzten Mann und bis zur letzten Patrone« zu verteidigen sei. Er hatte dazu nach dt. Quellen 46 630 Soldaten, 42 531 Mann Volkssturm sowie 3523 Mitglieder von HJ, RAD und OT zur Verfügung (russ. Angaben: insges. 300 000 Verteidiger). B. wurde in 9 Befehlsabschnitte eingeteilt, um die Stadt ein äußerer Sperr-Ring gelegt und im Innern die Verteidigung in 2 HKL gestaffelt, wobei die engere der Ringbahn folgte. Im Kern dieses Kerns, genannt »Zitadelle«, lag das Reg.viertel mit dem Führerbunker unter der Neuen Reichskanzlei.

Die ≫ Stawka arbeitete zur Eroberung von B. eine kombinierte Großoffensive von 3 Heeresgruppen an Oder und Neiße aus, die am 16.4. anlief und an der beteiligt waren: die 1. Weißruss. Front (Schukow) im Zentrum für den Direktstoß auf B., die 1. Ukrain. Front (Konjew) zur südl. und am Unterlauf der Oder die 2. Weißruss. Front (Rokossowski) zur nördl. Umfassung der Stadt. Trotz dieser weit überlegenen Streitmacht gab es schon zu Anfang Probleme, als Schukows Angriff an den Seelower Höhen ins Stocken geriet. Erst unter den Schlägen der Pz.armeen Konjews brach die dt. Oderfront zusammen, so daß die Vorhuten der 1. Weißruss. Front am 21.4. den nördl. Stadtrand von B. erreichen und zwei Tage später sowjet. Pz. in Neukölln, Tempelhof und Zehlendorf eindringen konnten. Die Zange der flankierenden Heeresgruppen schloß sich am 25.4. westl. von B., und die Spitzen der Roten Armee trafen bei ≫ Torgau erstmals auf die an der Elbe haltenden US-Truppen.

Hitler entschloß sich dennoch, in B. zu bleiben und die Schlacht von seinem Bunker aus zu leiten. Sie gestaltete sich für die Angreifer überraschend verlustreich und schwierig, da stellenweise um jedes einzelne Gebäude und jede Ruine gekämpft werden mußte. Hinzu kamen die über 400 ständigen Befestigungsanlagen, darunter die mächtigen Flakbunker am Zoo, am Humboldt- und am Friedrichshain, die mit ihren 12,8-cm-Geschützen in die Erdkämpfe eingriffen. Die sowjet. Pz.waffe erwies sich zudem wie schon die dt. in ≫ Stalingrad im Straßenkampf als stumpf. Die nat.-soz. Propaganda – vom 23. bis 29.4. erschien ein Kampfblatt für die B.-Verteidiger namens »Der Panzerbär« – versuchte den Durchhaltewillen durch Meldungen über heranrückenden Entsatz zu stärken. Tatsächl. jedoch war ein Gegenangriff der (12.) Armee ≫ Wenck am 28.4. bei Ferch aus Kräftemangel liegen geblieben. Am 30.4. setzten Soldaten der sowjet. 3. Stoßarmee (Kusnetzow) zum Sturm auf den Reichstag an, auf dem die Feldwebel Jegorow und Kantarija um 12.45 Uhr die Rote Fahne hißten; Stoßtrupps arbeiteten sich meterweise ins Reg.viertel vor, wo der Führerbunker, in dem Hitler am gleichen Tag Selbstmord beging, schon lange unter Dauerfeuer lag. Vergebl. suchte Gen.stabschef Krebs am 1.5. bei einem Besuch des Tempelhofer Gefechtsstands von Gen. ➢ Tschuikow um Waffenpause nach. Am Tag darauf unterschrieb der letzte Kampfkommandant von B., Gen. der Artillerie Weidling, den Kapitulationsbefehl an seine Truppen und ließ ihn per Lautsprecherwagen in der Stadt verbreiten; am Nachmittag des 2.5.45 gegen 15 Uhr endeten die Kampfhandlungen. 135 000 Verteidiger gingen in Gefangenschaft. Die Rote Armee hatte 1,8 Mio. Artilleriegranaten in B. verfeuert und zahlr. Bombenangriffe gegen die Stadt geflogen, darunter den Großangriff vom 25.4. mit 1486 Maschinen. Nachdem die Sowjets schon an der Oder 33 000 Mann verloren hatten, fielen in B. noch einmal 20 000 Rotarmisten, zu deren Gedenken aus Marmorresten der Reichskanzlei das Treptower und das sowjet. Ehrenmal im Tiergarten errichtet wurden.

»Berlin«, Bez. für eine nach dem Muster des alliierten ➢ »Rotterdam«-Geräts entwickelte ➢ Funkmeß-Anlage der dt. Kriegsmarine. »B.« lieferte mit rotierender Antenne (3300 MHz) einen guten Rundblick, wurde aber nur noch in wenigen Versuchsmustern fertiggestellt und u.a. auf dem Schweren Kreuzer ➢ Prinz Eugen erprobt.

Bernadotte, Folke, Graf von Wisborg, * Stockholm 2.1.1895, † Jerusalem 17.9.1948, schwed. Politiker; ursprüngl. Offizier, 1943 Vizepräs., 1946 Präs. des schwed. Roten Kreuzes. B. glückte nach langen Verhandlungen mit Himmler im Frühjahr 45 die Befreiung von rd. 20 000 meist dän. und norweg. KZ-Häftlingen. Ohne Erfolg hingegen übermittelte er Himmlers Angebote zu Gesprächen über einen Waffenstillstand mit den Westmächten, da diese Kontakte mit dem SS-Chef, insbes. nach den frischen Eindrücken bei der Befreiung der ersten nat.-soz. KZs, ablehnten und auf der ➢ Bedingungslosen Kapitulation beharrten. B. wurde Opfer jüd. Terroristen, als er im Auftrag der Vereinten Nationen im Palästina-Konflikt vermitteln wollte.

»Bernhard«, Deckname für eine Anfang 40 gestartete großangelegte Fälschungsaktion des RSHA zur Produktion von Pfund-»Blüten«. Das Ziel, die brit. Kriegswirtsch. in Schwierigkeiten zu bringen, wurde nur in Ansätzen erreicht. Immerhin gewann man mit den nahezu originalgetreuen Banknoten Mittel zur Finanzierung von Agenten (u.a. ➢ Cicero) und rarer ausländ. Waren und Geräte. Der gefälschte Gesamtbetrag ist unbekannt, ein Teil der Falsifikate wurde bei Kriegsende im Toplitzsee versenkt.

Bessarabien, 1918-40 rumän. Gebiet zw. Pruth und Dnjestr, ca. 44 000 km² mit 3 Mio. Einwohnern (56 % Rumänen, 31 % Russen). Im geheimen Zusatzprotokoll zum ➢ Dt.-Sowjet. Nichtangriffsvertrag vom 23.8.39 wurde B. zur sowjet. Interessensphäre gerechnet, während von dt. Seite das »völlige polit. Desinteressement« daran erklärt wurde. Es kam im Sommer 40 dennoch zu einer dt.-sowjet. Verstimmung wegen der B.-Frage, weil Moskau die Überlassung nunmehr ultimativ forderte und zudem Ansprüche auf die ➢ Bukowina erhob. Am 28.6.40 mußte

Rumänien B. auf dt. Druck an die Sowjetunion abtreten. Die erhoffte Rückgewinnung war nicht zuletzt Motiv für den Eintritt Rumäniens in den dt. ➢ Rußlandfeldzug. Im Frühjahr 44 wurde B. von der Roten Armee zurückerobert und nach dem sowjet.-rumän. Waffenstillstand endgültig der UdSSR angegliedert.

Best, Werner, * Darmstadt 10.7.1903, dt. Politiker und SS-Obergruppenführer (1944); Jurist, 1930 NSDAP-Eintritt, Juli 33 Landespolizeipräs. in Hessen, 1935 zur Gestapo nach Berlin, Mitarbeit am Aufbau des Sicherheitsdienstes (SD) der SS. Als Leiter des Amtes II (Organisation, Recht, Verwaltung) im Reichssicherheitshauptamt soll B. 1939/40 mitverantwortl. gewesen sein für Massaker in Polen, 1940-42 war er gegen die frz. Widerstandsbewegung eingesetzt und regierte von Nov. 42 bis Kriegsende Dänemark als Reichsbevollmächtigter. Obwohl er dort dazu beitrug, den dän. Juden das Entkommen zu ermöglichen, wurde er 1949 in Kopenhagen zum Tod verurteilt. Zu 12 Jahren Haft begnadigt und 1951 freigelassen, wurde B. 1972 in der Bundesrepublik erneut angeklagt wegen der Morde in Polen. Aus Gesundheitsgründen kam es jedoch zu keiner Verurteilung.

Betty, alliierter Codename für den japan. schweren Bomber Mitsubishi G4M, Erstflug 23.10.39. Die B., ein landgestützter Marinebomber für bis zu 1000 kg Bomben oder 1 Torpedo, flog ihre ersten Kampfeinsätze noch vor Pearl Harbor im Krieg gegen China. Die Maschine für 8 Mann Besatzung war ganz auf Reichweite ausgelegt. Sie zeigte sich beim Einsatz über dem Pazifik wegen ihrer großen ungeschützten Treibstoffbehälter sehr verwundbar, daher im Jargon der US-Piloten »Ein-Schuß-Feuerzeug« genannt. Der massige Bomber mit 15 t Startgewicht wurde in insges. 2479 Stück gefertigt, die letzten wurden als Truppentransporter für 20 Mann gebaut. Eine andere Version diente als Trägerflugzeug für die bemannte ➢ Ohka-Bombe. Daten: 2x1850 PS, max 437 km/h in 4600 m Höhe, Reichweite 2410 km, 4x20-mm-Kanonen und 1x7,7-mm-MG.

Bewährungseinheit, Truppenverband aus Soldaten, die wegen Disziplinar- und anderer Vergehen – in der Wehrmacht häufig wegen »polit. Unzuverlässigkeit« – verurteilt worden waren. Bewährung im Kampf konnte zur Löschung oder Milderung der Strafe führen. Mit Erlaß vom 21.12.40 wurde aus Häftlingen der Wehrmachtgefängnisse eine »Bewährungstruppe 500« gebildet, aus der am 1.10.41 in Fulda das Inf.-Ersatz-Bataillon 500 entstand. Es wurde am 1.12.43 ins Generalgouvernement verlegt und 1944 zum Grenadier-Ersatz- und Ausbildungsregiment erweitert und war einige Zeit in Brünn und Olmütz stationiert. Im März 45 wurden seine 5 Bataillone der Heeresgruppe Mitte zum Einsatz zugeleitet. Ein im Juni 41 ebenfalls in Fulda aus »Bewährungssoldaten« formiertes Inf.bataillon z.b.V. 500 kämpfte 1941-44 in S-Rußland und 1945 in der Hohen Tatra und in Mähren, zuletzt bei der 1. Pz. armee.

Aus »bedingt Wehrwürdigen« entstand am 6.10.42 eine weitere B. auf dem Truppenübungsplatz Heuberg, die Afrika-Brigade 999 mit den Afrika-Schützenregimentern 961 und 962 nebst Artillerie. Nach Aufstellung eines weiteren Regiments (963) wurde die Brigade am 2.2.43 zur Afrika-Div. 999 erweitert. Das Gros der Div. geriet im Mai 43 in Tunesien in alliierte Gefangenschaft. Aus den Resten, die nicht mehr nach N-Afrika hatten überführt werden können, und den laufend neu zugeteilten Häftlingen entstanden die Festungsbataillone I.-XXIII./999. Sie waren zum größten Teil in Griechenland, Jugoslawien und auf den Inseln in der Ägäis eingesetzt. Das 1. Bataillon wurde im Mai 44 in Sewastopol vernichtet, XIV, XV und XVII kämpften in S-Rußland und in Rumänien, das XXIII. 1945 an der W-Front.

Bey, Erich, * Hamburg 23.3.1898, † Nordkap 26.12.1943, dt. Konteradmiral (1.3.43); 1916 zur Kaiserl. Marine, Reichsmarine, 1929 Kapitänleutnant und Führer der ersten Schnellboote (bekannt als »Vater der Schnellboote«), 1935 Korvettenkapitän. Bei Kriegsbeginn war B. Kommandant der 4. Zerstörer-Flottille, wurde am 1.4.40 zum Kapitän z.S. befördert, übernahm nach Teilnahme an der Besetzung Narviks die Führung der Zerstörer und war gleichzeitig Chef der 6. Zerstörer-Flottille. Am 20.4.42 zum Kommodore ernannt, fiel B. auf dem Schlachtschiff ➢ Scharnhorst als Befehlshaber der Kampfgruppe N-Norwegen.

Bialystok, Hauptstadt der gleichnamigen poln. Woiwodschaft mit 92 000 Einwohnern (1939), wichtiger Bahnknotenpunkt, im geheimen Zusatzprotokoll zum Dt.-Sowjet. Nichtangriffsvertrag vom 23.8.39 zur russ. Interessensphäre gerechnet und am 17.9.39 von der Roten Armee besetzt. Etwa 85 km südl. der ostpreuß. Grenze gelegen, schlossen sich bei Beginn des Rußlandfeldzugs hinter B. die Zangen der dt. Pz.gruppen 2 und 3 und kesselten 40 sowjet. Div. mit 328 000 Mann ein (Teile der sowjet. 3. und 10. Armee). B. fiel am 28.6.41 in dt. Hand. Die Rückeroberung gelang der 3. Armee (Gorbatow) der 2. Weißruss. Front (Sacharow) am 27.7.44 nach Zerschlagung der dt. Heeresgruppe Mitte. Polen mußte nach dem Krieg auf das westl. Weißrußland mit B. endgültig zugunsten der UdSSR verzichten.

Biber, Kleinst-U-Boot der dt. Kriegsmarine, 1944 entwickelt; 6,3 cbm Verdrängung, Länge 9 m, Breite 1,59 m, getaucht 5,3 kn schnell, Tauchtiefe 20 m; Bewaffnung: 2 Torpedos an den Rumpfseiten; 1 Mann Besatzung. Von den v.a. im Küstenbereich und gegen Häfen wenig erfolgr. eingesetzten B. gingen über zwei Drittel verloren. Insges. wurden 324 frontklare Boote gebaut, ehe der B. von Febr. 45 an durch den ➢ Seehund ersetzt wurde. Eine weiterentwickelte 2-Mann-Version wurde nicht mehr fertig.

Bidault, Georges, * Moulins (Allier) 5.10.1899, † Cambo-les-Baines 27.1. 1983, frz. Politiker; Geschichtslehrer, 1936-39 Journalist bei der christl.-demokrat. Zeitung » L'Aube« und Gegner der Appeasement-Politik ➢ Daladiers. B. gründete zus. mit anderen Christdemokraten nach der frz. Niederlage die Widerstandsgruppe und gleichnamige Untergrundzeitschrift »Liberté«, übernahm später die Leitung der Presse- und Informationsarbeit bei der ➢ Résistance in Lyon und nach der Ermordung von Jean Moulin durch die Gestapo den Vorsitz im nat. Widerstandsrat (Conseil

National de la Résistance, CNR). B. profilierte sich als Mittler zw. den Gaullisten in London und den heim. Widerstandsgruppen (u.a. Gründer des christdemokrat. Mouvement Républicain Populaire, MRP), führte im Aug. 44 den Pariser Aufstand an und wurde danach Außenmin. der provisor. Reg. de Gaulles. In der IV. Republik war er mehrmals Min.präs., überwarf sich 1958 wegen der Algerienfrage mit de Gaulle und ging bis 1968 ins Exil.

»Big Week« (engl. = große Woche), Serie alliierter Luftangriffe gegen Betriebe der dt. Rüstungsindustrie vom 20.2. bis 26.2.44. Die Offensive richtete sich gegen 12 Hauptziele, darunter die Kugellagerfabriken in Schweinfurt sowie Produktions- und Montagebetriebe für Jagdflugzeuge. Die Vorbereitungen liefen unter der Codebez. »Argument« seit Nov. 43. Bei Tage trug die Hauptlast die 8. US Air Force in England und die 15. US Air Force in Italien. Die RAF beteiligte sich mit Nachtangriffen u.a. gegen Stuttgart, Regensburg und Augsburg. Bei klarem Winterhimmel eröffneten die Amerikaner mit 940 Bombern und 700 Begleitjägern ihre bis dahin größte strateg. Tagesoperation gegen Ziele im Raum Braunschweig, Oschersleben und Leipzig. In den folgenden Tagen wurden die Angriffe weiter nach Osten bis Teltow und Posen vorgetragen. Einige Ziele wurden nach dem »Double-blow«-Verfahren bei Tag und bei Nacht angegriffen. Insges. flogen die beiden US-Luftflotten 3800 Bombereinsätze. Sie verloren dabei 226 viermotorige Bomber und 28 Jäger mit rd. 2600 Mann. Die dt. Flugzeugproduktion sank von 2077 im Vormonat auf 1671 abgelieferte Maschinen, was nicht den hochgespannten Erwartungen der Alliierten entsprach. Die »B.« beschleunigte zudem die Dislozierung der dt. Flugzeugfabrikation, so daß der Ausstoß von Jägern 1944 sogar den Höchststand erreichte.

Billotte, Gaston Henri, * Sommeval (Aube) 10.2.1875, † bei Ypern 23.5. 1940, frz. General. Im Mai 40 kommandierte B. die 1. Armeegruppe an der N-Front von Montmedy bis zum Kanal entlang der Grenze nach Belgien. Ihm unterstanden an diesem entscheidenden Abschnitt mit dem 1. und dem 7. Armeekorps die besten frz. Heeresverbände und außerdem das brit. Expeditionskorps. Nach dem dt. Angriff auf Belgien koordinierte B. mit König Leopold III. den frz. Vormarsch in die Dijle-Stellung und danach den Rückzug zur Schelde. Die von ihm geplante Gegenoffensive konnte er nicht mehr in Gang bringen, da er am 21.5. schwere Verwundungen erlitt, denen er zwei Tage später erlag.

Bir Hacheim (arab. Hundebrunnen), Wüstenfort südl. von ➢ Ghasala mit 1200 Kampfständen in Felsennestern zur Verteidigung. B. war Ende Mai 42 die südlichste »Box« der brit. Abwehrstellung vor ➢ Tobruk, gehalten von der 1. freifrz. Brigade (Koenig), der ersten größeren frz. Kampfgruppe nach dem Zusammenbruch 1940. Sie umfaßte auch Einheiten der Fremdenlegion und 400 Mann der jüd. Brigade Palästina, insges. 3500 Soldaten, die sich hier seit Febr. 42 hinter immer stärker ausgebauten Minenfeldern verschanzt hatten. Im Rahmen des Unternehmens ➢ »Theseus« plante Rommel die Umgehung von B. im 5, um in den Rücken der brit. Front zu gelangen; dazu aber

mußte B. aus Gründen der Nachschubsicherung ausgeschaltet werden.
Nach Ablenkungsangriffen im N am 26.5. begann am nächsten Tag auch die Offensive gegen B., getragen v.a. von der italien. Pz.div. »Ariete«, die sich aber nach schweren Verlusten zurückziehen mußte. Nach weiteren Angriffen, die nur die Eroberung der »Box« Gott-el-Qualeb nördl. von B. brachten und das Fort isolierten, waren keine weiteren Erfolge zu erzielen. Rommel forderte daher Luftwaffe an: Vom 2. bis 10.6. bekämpften Stukas und Bomber in über 1300 Einsätzen die gegner. Stellungen. Am 9.6. stürmte dann erneut Inf., gegen die sich die inzw. dezimierte Besatzung von B. noch bis zum folgenden Abend hielt. In der Nacht 10./11.6. brachen die Überlebenden unter noch einmal hohen Verlusten aus. Insges. büßte die frz. Brigade 1058 Tote und Vermißte sowie 307 Verwundete ein. Auf dt. Seite wog – neben den fast genauso hohen Verlusten – bes. schwer, daß der Kampf um B. den Vorstoß auf Tobruk um 14 Tage verzögerte und der brit. 8. Armee (Ritchie) Zeit zu geordnetem Rückzug gab.

»Birke«, Deckname für die Rückzugspläne der dt. 20. Gebirgsarmee (Rendulic) im Falle eines Zusammenbruchs Finnlands. Im Frühjahr 44 angesichts erster finn.-sowjet. Verhandlungen entworfen, wurde »B.« aktuell, als ➢ Mannerheim am 4.9.44 bei noch einigermaßen stabilen Fronten Waffenstillstand schließen und die völlige Räumung des Landes durch dt. Truppen zusagen mußte. Zwei Tage später wurde »B.« ausgelöst: Rücknahme sämtl. dt. Einheiten, z.T. über bis zu 1000 km, auf die norweg. Grenze unter Sicherung der Nickelgruben bei Petsamo. Zwar gelang letzteres nicht, doch konnte die Operation ohne nennenswerte Verluste abgeschlossen werden. Diesen takt. Erfolg vermochte die sowjet. Karel. Front (Merezkow) auch nicht durch Angriffe ihrer 14. Armee über die norweg. Grenze bis Kirkenes vom 7. bis 29. Okt. 44 zu gefährden.

Birkenau, Teil des Vernichtungslagers ➢ Auschwitz.

Birma, heute im dt. Sprachgebrauch übl. Name für das (engl.) ➢ Burma.

Biserta, tunes. Hafenstadt und frz. Flottenstützpunkt mit rd. 35 000 Einwohnern (1940). B. verblieb nach der frz. Kapitulation im Juni 40 unter Oberhoheit der Vichy-Reg., wurde aber am 11.11.42 durch dt.-italien. Truppen besetzt, die nach der alliierten Landung in N-Afrika (➢ »Torch«) in aller Eile von Sizilien nach Tunesien verlegten. Die Stadt gehörte wie Tunis und Cap Bon zu den letzten Bastionen der Heeresgruppe Afrika und wurde erst am 7.5.43 von der 9. US-Div. des II. US-Korps (Bradley) genommen.

Bismarck, dt. Schlachtschiff, benannt nach dem Reichsgründer Otto von Bismarck (1815-1898), Stapellauf 14.2.39 (Taufrede Hitlers), in Dienst gestellt 24.8.40; 49 947 t (Maximalverdrängung), Länge 251 m, Breite 36 m, max. 29 kn; Bewaffnung: 8x38 cm (Geschoßgewicht 798 kg), 12x15 cm, 16x10,5-cm-Flak, 28 kleinere Rohre Flak, 6 Bordflugzeuge Arado Ar 196; bis 2200 Mann Besatzung.
Nach Erprobungsfahrten war die B. im Frühjahr 41 einsatzfähig und erhielt den

Bismarck: Frontalaufnahme des nach dem Reichsgründer benannten, seinerzeit größten deutschen Schlachtschiffs vor dem Auslaufen in den Nordatlantik im Mai 1941

Auftrag zur Ausführung des Unternehmens ≫ »Rheinübung« im Atlantik. Dazu ging Flottenchef Admiral ≫ Lütjens mit Stab an Bord und führte seit 18.5.41 den schließl. nur aus der B. und dem Schweren Kreuzer ≫ Prinz Eugen bestehenden Verband aus der Ostsee ins Nordmeer, wo er von der brit. Aufklärung erfaßt wurde. Dennoch erreichten die dt. Schiffe zunächst unbehelligt die Dänemark-Straße, wo sie von Teilen der brit. Home Fleet erwartet wurden. Am Morgen des 24.5. kam es zu einem kurzen Gefecht zw. der dt. Kampfgruppe und den brit. Schlachtschiffen ≫ Hood und ≫ Prince of Wales unter Vizeadmiral Holland. Innerhalb von 5 Minuten wurde die Hood versenkt (1416 Tote, nur 3 Gerettete) und die Prince of Wales nach 7 schweren Treffern zum Ablaufen gezwungen. Allerdings hatte auch die B. 3 Treffer erhalten, die zu erhebl. Verminderung der Fahrt zwangen und eine deutl. Ölspur hervorriefen.
In dieser Lage kam es zum Konflikt zw. Lütjens und dem B.-Kommandanten Lindemann, der die Verfolgung und Vernichtung der Prince of Wales und anschließende Heimkehr forderte. Der Flottenchef aber bestand in Verkennung des wahren Schadensausmaßes auf Fortsetzung von »Rheinübung«, nachdem mit dem Durchbruch in den Atlantik der schwierigste Teil der Operation gelungen schien. Immerhin entließ die B. die Prinz Eugen und lief selbst südöstl. Richtung frz. Atlantikhäfen ab, während die feindl. Suche fächerförmig südwestl. verlief. Insges. waren auf brit. Seite schließl. 5 Schlachtschiffe, 2 Träger, 9 Kreuzer und 18 Zerstörer an der Jagd auf die B. beteiligt. Erst am 26.5. sichtete ein Flugboot das Schlachtschiff wieder und konnte das brit. Gibraltargeschwader (Force H) alarmieren. Torpedofliegern gelang am Abend die Zerstörung der Ruderanlage der B., die sich damit zum Endkampf stellen mußte.
Nach erfolgr. Abwehr nächtl. Zerstörerangriffe sah sich die B. am Morgen des 27.5. den Schlachtschiffen ≫ King George V. und ≫ Rodney sowie den Kreuzern Norfolk und Dorsetshire gegenüber. Das Gefecht begann um 8.48 Uhr und dauerte bis 10 Uhr, die B. war nur noch ein brennendes Wrack, so daß die Selbstversenkung angeordnet wurde, obwohl das Innenschiff noch völlig intakt geblieben war. Um 10.36 Uhr sank das Schiff, 2106 Seeleute (darunter der gesamte Flottenstab) kamen ums Leben, nur 115 wurden gerettet.

Bismarck-Archipel, vulkan. Inselgruppe im SW-Pazifik östl. und nördl. von Neuguinea mit 47 100 km² und 170 000 Einwohnern (1930). Die ehemals dt. Südseeinseln waren seit 1920 austral. Völkerbundsmandat. Die Japaner landeten im Jan. 42 auf den Inseln des B. und errichteten eine Reihe von Luft- und Seestützpunkten, die wichtigsten in Kavieng (Neu-Irland) und in Rabaul (Neu-Britannien), wo 100 000 Mann stationiert und die Hauptquartiere der japan. 8. Flotte (Mikawa) und der 8. Armee (Imamura) eingerichtet wurden. Außerdem massierten die Japaner auf Neu-Britannien zwei Luftflotten mit 600 Maschinen für die Invasion Neuguineas und der Salomon-Inseln. Bei der Rückeroberung während des amerikan. ≫ Inselspringens sparten die US-Truppen das B. zunächst aus, doch wurde Rabaul durch Luftangriffe neutralisiert. Am 26.12.43 landeten amerikan. Marineinfanteristen auf Neu-Britannien bei Cap Gloucester und eroberten den dortigen Flugplatz. Sie kontrollierten damit die S-Zufahrt zum B. durch die Vitiaz-Straße. Als sie schließl. im März 44 die ≫ Admiralitätsinseln und die St. Matthias-Gruppe am N-Ausgang des B. besetzt hatten, waren Kavieng und Rabaul mit rd. 90 000 Mann abgeschnitten und damit schon vor der japan. Kapitulation ausgeschaltet.

Bittrich, Wilhelm, * Wernigerode 26.2.1894, † Münsing (Obb.) 19.4. 1979, SS-Obergruppenführer (1.8.44); im 1. Weltkrieg bei einem Jägerbataillon, später Jagdflieger, nach dem Krieg im Freikorps »von Hülsen«, 1923 Reichswehr und weitere flieger. Ausbildung, 1.12.32 NSDAP, 15.7.33 SS und 25.8.34 SS-Verfügungstruppe. Bei Kriegsbeginn war B. Kommandeur des 1. Bataillons der SS-Standarte »Der Führer« und übernahm am 1.12.40 das Regiment (Standarte) »Deutschland«, mit dem er in den Krieg gegen die UdSSR zog. Am 19.10.41 zum Brigadeführer befördert, führte er vom 1.5.42 an die 8. SS-Kavallerie-Div. »Florian Geyer« und seit 15.2.43 die 9. SS-Pz.div. »Hohenstaufen«. Am 10.7.44 wurde B. Kommand. Gen. des II. SS-Pz.korps, das er u.a. erfolgreich gegen die brit. Luftlandung bei Arnheim einsetzte.

Blaskowitz, Johannes, * Peterswalde (Ostpreußen) 10.7.1883, † Nürnberg 5.2.1948, dt. Gen.oberst (1.10.39); 1901 Eintritt ins Heer, 1916 Gen.stabsdienst, 1919 in die Reichswehr übernommen, 1932 Gen.major, 1933 Gen.leutnant und Inspekteur der Waffenschulen, 1936 Gen. der Inf. B. führte im Polenfeldzug die 8. Armee und wurde im Okt. 39 OB Ost. In dieser Eigenschaft verfaßte er zwei Denkschriften über SS- und Partei-Greuel in Polen, fiel in Ungnade und blieb trotz Wiederverwendung (Okt. 40-Mai 44: 1. Armee in Frkr.) unbefördert. Mehrfach OB von Heeresgruppen, erhielt B. am 7.4.45 den Oberbefehl in der »Festung Holland«, wo er in Absprache mit den Alliierten die Versorgung der Zivilbevölkerung sicherte. Nach der Kapitulation in mehreren Lagern, dann Anklage wegen angebl. Kriegsverbrechen. Dem Verfahren entzog sich B. durch Selbstmord.

»Blau«, Deckname für die dt. Sommeroffensive 1942 an der O-Front. Angesichts des drohenden Zweifrontenkriegs nach Kriegseintritt der USA im Dez. 41 und der Gefährdung der dt. Ölversorgung wurde für »B.« die Eroberung der Ölfelder im nördl. Kaukasus und ihre Abschirmung durch eine Verteidigungsstellung am Don zw. Kursk und Stalingrad ins Auge gefaßt. Hitler ließ daher die Heeresgruppe Süd teilen: Herresgruppe A (List) mit Stoßrichtung Kaukasus, Heeresgruppe B (v. Bock, seit 15.7. v. Weichs) für den Aufbau der Donstellung und – als zusätzl. Aufgabe – die Eroberung Stalingrads. Durch diese Ausweitung des Auftrags über die ursprüngl. bloße Flankensicherung hinaus trug die Heeresgruppe B schließl. sogar die Hauptlast des Kampfes bei zunehmender Zersplitterung der Kräfte. Weiter erschwerend kam hinzu, daß die Pläne für die erste Operationsphase bei der Notlandung des Majors i.G. Reichel (1. Gen.stabsoffizier der 23. Pz.div.) am 19.6. der Roten Armee in die Hände gefallen waren.
»B.« (am 30.6. in »Braunschweig« umbenannt) begann am 28.6. um 2.15 Uhr aus dem Raum Kursk mit der 2. Armee

Blaue Division: Fahnenträger des spanischen Freiwilligenverbands, den Franco im August 1941 an die Ostfront entsandt hatte

(v. Weichs), der 4. Pz.armee (Hoth) und der 2. ungar. Armee (Jány) mit 3 Pz.-, 3 Pz.grenadier- und 11 Inf.div. sowie 10 ungar. Div. gegen die sowjet. Brjansker Front (seit 7.7. Woronesch-Front). Am 30.6. folgte der Angriff der dt. 6. Armee (Paulus) aus dem Raum Belgorod. Obwohl Hitler zunächst durch die Bestimmung von Stalingrad als Hauptangriffsziel (13.7.) und durch Entzug der 4. Pz.armee zur Unterstützung der Heeresgruppe A im Kaukasus (17.7.) die Operationen behinderte, erreichte die Heeresgruppe B am 23.8. die Wolga nördl. Stalingrad und die Heeresgruppe A zwei Tage vorher mit dem ≫ Elbrus den Kamm des Kaukasus. Offenkundig wurde jedoch, daß der Gegner nur wich und nicht mehr wie im Vorjahr überholt und eingekesselt werden konnte. So blieb »B.« letztl. ein Pyrrhus-Sieg und erreichte keins der beiden angestrebten Ziele, weder die Einnahme ≫ Bakus noch ≫ Stalingrads.

Blaue Division (span. División Azul), span. Freiwilligenverband im ≫ Rußlandfeldzug; durfte zur Wehrmachtsuniform die blauen Falange-Hemden tragen, daher der Name B. Das Gros der B. kehrte im Herbst 43 nach Spanien zurück. Nach offiz. Angaben verlor die B. insges. 12 736 Mann, davon 6386 Gefallene.

Blenheim, brit. mittlerer Bomber der Bristol Aircraft Ltd., hervorgegangen aus dem Schnellverkehrsflugzeug Bristol 142, der ersten brit. Maschine mit Glattblechbeplankung, verstellbaren Luftschrauben und einziehbarem Fahrwerk, Erstflug 25.6.36. Die erste Produktionsserie Mk I, leicht erkennbar an der stumpfen Vollsichtkanzel, kam seit März 37 zur Truppe. Im März 39 folgte eine verbesserte Version mit verlängerter Rumpfnase und 2x920-PS-Sternmotoren Bristol Mercury, Spitzengeschwindigkeit 494 km/h, 3 Mann Besatzung. Die B. Mk IV verfügte über eine max. Reichweite von 3138 km, bis zu 454 kg Bombenzuladung und 5x7,7-mm-MG als Abwehrbewaffnung. In insges. 3297 Exemplaren gefertigt, gehörte sie bis Anfang 42 zu den wichtigsten Frontmustern der RAF und wurde von Norwegen bis N-Afrika hauptsächl. als takt. Tagbomber eingesetzt.

Bletchley Park, Landsitz in Buckinghamshire, etwa 70 km nordwestl. von London. In B. war seit Kriegsbeginn der brit. Chiffrierdienst, die »Government Code & Cypher School« untergebracht. Ihm gelangen die Einbrüche in den dt. Funkverkehr und schließl. dessen laufende Entzifferung, bekanntgeworden unter dem Codenamen ➢ »Ultra«.

»Blitz«, in den engl. Sprachgebrauch übernommene Bez. (the blitz, to blitz) für die dt. Bomberoffensive gegen London und andere brit. Großstädte in der zweiten Phase der ➢ Luftschlacht um England im Herbst/Winter 40. Die Welle von Nachtangriffen hieß sinngemäß »Night B.«. Die letzte dt. Bomberoffensive (➢ »Steinbock«) im Winter 1943/44, von Hitler zur Vergeltung der Luftangriffe der RAF befohlen, wurde wegen der geringen Zahl der Bomber und der vergleichsweise unbedeutenden Wirkungen »Baby B.« genannt.

Blitzkrieg, propagandist. Bez. für die rasch Entscheidung suchende Kampfmethode der dt. Wehrmacht in der Anfangsphase des 2. Weltkriegs, seitdem allg. gebraucht für schnell entschiedene Feldzüge. B.-Strategie: Überraschender Einsatz massierter Pz.verbände mit starker Luftunterstützung, Durchbrechen der Front und zügiges Vordringen in die Tiefe des Raums, um den Gegner zu lähmen, zu überflügeln und einzuschließen. Für die Wehrmacht war 1939 im ➢ Polenfeldzug angesichts der unzureichenden dt. Rohstoff- und Wirtschaftsbasis ein B. die einzige Chance, einem existenzbedrohenden Abnutzungskrieg zu entgehen und den knappen, nicht lange zu haltenden dt. Rüstungsvorsprung zu nutzen. Hitler befahl daher den Angriff trotz bei weitem nicht beendeter Rüstungsvorbereitungen und v.a. fehlender Tiefenrüstung. Die auf alliierter Seite entwickelten B.-Konzepte etwa von de ➢ Gaulle oder Liddell Hart fanden kaum Gehör, so daß mit dem ➢ Frankreich- und ➢ Balkanfeldzug weitere dt. B. folgen konnten. Die Grenzen der Strategie wurden in den Weiten Rußlands und den klimat. Bedingungen des Ostens deutlich.

Blockade, Absperrung feindl. Häfen und Unterbrechung ihrer Zufahrtswege durch Seestreitkräfte. Nach der Genfer Konvention ist eine B., deren Ziel die ökonom. Schwächung oder gar Aushungerung des Gegners ist, völkerrechtl. nur zulässig nach ihrer Bekanntmachung dem blockierten Land und den betroffenen neutralen Handelspartnern gegenüber. ➢ B.brecher können aufgebracht und beschlagnahmt werden. Im 1. Weltkrieg war die brit. B. Deutschlands so erfolgr., weil die dt. Abwehr nur auf küstennahe Maßnahmen eingerichtet worden war und weil die geplante Gewinnung von Atlantikhäfen nicht gelang. Daraus war die Lehre gezogen worden, so daß die sofort nach der Versenkung der ➢ Athenia (3.9.39) einsetzende engl. B. im 2. Weltkrieg zunächst wenig effektiv blieb. Als dt. Antwort erfolgte am 14.8.40 die Erklärung des Seegebiets um die brit. Inseln zum »Operationsgebiet«. Zu Kriegsbeginn befanden sich

330 dt. Handelsschiffe von über 1000 BRT im Ausland, 76 durchbrachen die B., 54 gingen verloren (Aufbringung oder Selbstversenkung), 200 erreichten neutrale Häfen. Die dt. Rohstoffversorgung, ohnehin in den ersten Jahren begünstigt durch die eroberten weiten Räume, wurde z.T. durch B.brecher von und nach Japan aufrechterhalten, ehe 1943/44 den Alliierten eine schließl. lückenlose Seeüberwachung gelang.

Blockadebrecher, (Handels-)Schiffe, denen es in einem Krieg gelingt, feindl. Sperren vor der Heimat zu passieren. Im engeren Sinn wurden im 2. Weltkrieg als B. dt. Frachter bezeichnet, die in der ersten Kriegsphase (bis etwa 1943) von und nach Übersee, insbes. Japan, durch die brit. Seeblockade Rohstoffe und Handelsware brachten. Bevor sich um die Jahreswende 1943/44 der alliierte Ring um Europa gänzl. schloß, waren rd. 35 Ladungen von Asien und 17 dorthin abgegangen, etwa die Hälfte erreichte den Empfänger.

Blohm & Voß, dt. Schiff- und Flugzeugbaufirma in Hamburg, gegründet als Schiffswerft 1877, der 1933 eine Flugzeugabt. angegliedert wurde. Sie baute nach eigenen Entwürfen v.a. Flugboote wie die dreimotorige Bv 138, leicht erkennbar an ihrem Knickflügel und dem MG-Turm im Rumpfbug; 5 Mann Besatzung. Bei der Truppe »Fliegender Holzschuh« genannt, flog sie bei den Seefliegerverbänden als Standardmuster bei den Seeaufklärungsgruppen an der Atlantikküste, über Mittelmeer und Schwarzem Meer, v.a. jedoch in Norwegen. Der Operationsbereich ging bei einer max. Reichweite von knapp 4000 km bis an die Packeisgrenze; manche Maschinen waren zum Aufspüren von Geleitzügen mit Schiffssuchradar ausgerüstet. Erstflug des 0-Musters am 11.7.39, aber erst die verbesserte C-Reihe mit 3x880-PS-Motoren Jumo 25D (seit 1941) befriedigte. Insges. wurden 281 Stück gebaut. – Vornehml. zu Transportzwecken diente das 6-motorige Großraumflugboot Bv 222 ➢ Wiking. – Eines der unkonventionellsten Flugzeuge ihrer Zeit war die Bv 141: Die einmotorige Maschine (Erstflug 25.2.38) war zum Heeresaufklärer bestimmt; deshalb plazierte Konstrukteur Richard Vogt eine schnittige Vollsichtkabine neben den Rumpf an der Tragfläche, was der dreiköpfigen Besatzung optimale Sichtverhältnisse bot. Von den insges. 13 Maschinen kamen nur wenige zur Truppenerprobung; dann wurde die Fertigung wieder eingestellt.

Blücher, dt. Schwerer Kreuzer, benannt nach dem preuß. Feldmarschall Gebhard Leberecht Fürst Blücher (1742-1819), Stapellauf 8.6.37, in Dienst gestellt 20.9.39; 18 000 t, Länge 205,9 m, Breite 21,3 m, Höchstgeschwindigkeit 32,5 kn, bis 1600 Mann Besatzung; Bewaffnung: 8x20,3 cm, 12x10,5 cm, zahlr. kleinere Fla-Geschütze, 12 Torpedorohre, 3 Bordflugzeuge Arado Ar 196. Die B. machte bis April 40 Probe- und Ausbildungsfahrten und nahm am 9.4.40 als Führerschiff der Kriegsschiffgruppe 5 am Unternehmen ➢ »Weserübung« teil. Noch am gleichen Tag wurde sie im Oslofjord Opfer norweg. Küstenartillerie und Torpedobatterien, da sie als erste durch die engste Stelle bei Döbrak lief. 125 Seeleute und 195 Heeressoldaten kamen ums Leben, gerettet wurden insges. 1965 Mann.

Bock, Fedor von, * Küstrin 3.12.1880, † Lensahn (Schleswig-Holstein) 5.5. 1945, dt. Gen.feldmarschall (19.7.40); im 1. Weltkrieg Bataillonskommandeur und Gen.stabsoffizier, Übernahme in die Reichswehr, 1929 Gen.major. Bis zum Gen.oberst (15.3.38) befördert, führte B. den dt. Einmarsch in Österreich, war OB der Heeresgruppe Nord im Polenfeldzug und befehligte im Frankreichfeldzug die Heeresgruppe B zunächst gegen die Niederlande und Belgien, deren Kapitulationen er entgegennahm, dann beim Vorstoß zur Loire. Im Rußlandfeldzug trug B.s Heeresgruppe Mitte die Hauptangriffslast. In der Winterkrise vor Moskau am 18.12.41 abgelöst, übernahm B. am 16.1.42 die Heeresgruppe Süd, wurde aber nach Protesten gegen Hitlers Plan, Stalingrad und Kaukasus zugleich anzugreifen, verabschiedet und fand keine Verwendung mehr. B. kam bei einem Tieffliegerangriff ums Leben, nachdem er sich der Reg. ➢ Dönitz zur Verfügung gestellt hatte.

Bock: Im Rußlandfeldzug führte der deutsche Generaloberst die Heeresgruppe Mitte, die den Angriff auf Moskau vorzutragen hatte.

»Bodenplatte«, Deckname für den Großangriff der dt. Luftwaffe am 1.1.45 auf alliierte Flugfelder hinter der W-Front. »B.« war gedacht zur Ausschaltung der takt. angloamerikan. Luftstreitkräfte am Boden und war in Verbindung mit der ➢ Ardennenoffensive geplant worden. 5 Jagdgeschwader, die eigentl. im Spätherbst 44 einen »großen Schlag« gegen amerikan. Tageseinflüge führen sollten, wurden nach W verlegt. Insges. hatte das Luftwaffenkommando West (Gen.leutnant Schmid) 33 Jagd- und Schlachtgruppen mit etwa 800 Me 109 und Fw 190 auf Absprunghäfen zw. Oldenburg und Odenwald zusammengezogen; dazu kamen noch die »Blitzbomber« Me 262 Schwalbe vom KG 51; offiz. wurde von 1035 einsatzbereiten Maschinen gesprochen. Der Großangriff unter Befehl von Gen.major Peltz unterlag strengster Geheimhaltung, was trag. Folgen haben sollte. »B.« verzögerte sich aus Wettergründen bis zum Neujahrsmorgen 45. Die überwiegend unerfahrenen Piloten wurden unmittelbar vor dem Start in die jeweiligen Angriffsziele eingewiesen: Flugbasen in S-Holland, Belgien und N-Frkr. Pfadfinderflugzeuge lotsten die Geschwader bei absoluter Funkstille über die Linien. Der Überraschungsschlag gelang; insges. 439 alliierte Maschinen wurden als zerstört gemeldet (Wehrmachtbericht sogar 579), was an der alliierten Luftherrschaft freil. nichts änderte. Schwerer als die kurzfristigen Materialeinbußen auf angloamerikan. Seite wogen die eigenen Verluste: 214 Jagdpiloten (63 in Gefangenschaft) kehrten nicht zurück; dabei waren die meisten Maschinen Opfer der eigenen Flak geworden, die über die Route der im Tiefflug zurückkehrenden Verbände nicht informiert war.

Boeing, amerikan. Flugzeugfirma mit Hauptsitz in Seattle, aus der von dem Flieger und Konstrukteur William Edward B. (1881-1956) gegr. Pacific Aero Products Company hervorgegangen. B. entwickelte Mitte der 30er Jahre mit der B-17 ➢ Flying Fortress einen der berühmtesten strateg. Bomber der Luftfahrtgeschichte, dessen größerer Nachfolger B-29 ➢ Superfortress am 6.8.45 die erste ➢ Atombombe auf ➢ Hiroshima warf. B. ist heute größter Luftfahrtkonzern der USA und führender Hersteller von Düsenverkehrsmaschinen.

Bomber Command, Oberkommando der brit. Bomberverbände, die innerhalb der RAF wie das Fighter Command (Jäger), das Coastal Command (Küstenflieger) und das Army Cooperation Command (takt. Luftwaffe) eine eigene Gliederung darstellten; OB Luftmarschall Ludlow-Hewitt (12.9.39), Luftmarschall Portal (4.4.40), Luftmarschall Peirse (5.10.40) und Luftmarschall A. ➢ Harris (22.2.42); Hauptquartier High Wycombe. Das B. war Hauptträger der nächtl. Flächenangriffe über dem Reichsgebiet, die ihren Höhepunkt im Febr. 45 mit 13 715 Einsätzen erreichten. Mit Nachlassen der dt. Jagdabwehr operierte das B. von Juni 44 an zunehmend auch am Tage. Die Gesamtzahl aller Tages- und Nachteinsätze summierte sich auf 364 514, wobei 8235 Maschinen verlorengingen und insges. 55 573 Mann fliegendes Personal, vorwiegend Unteroffiziere und Offiziere, ums Leben kamen, 4200 Flieger wurden verwundet, 9784 gerieten in Gefangenschaft.

Bong, Richard Ira, * Superior (Wisc.) 24.9.1920, † Burbank (Calif.) 6.8. 1945, amerikan. Jagdflieger, mit 40 bestätigten Abschüssen Jagd-As Nr. 1 der US-Heeresluftwaffe im 2. Weltkrieg. B. errang sämtl. Luftsiege gegen die Japaner im Pazifik auf einer Lockheed P-38 ➢ Lightning und beendete seinen Fronteinsatz im Dez. 44 im Range eines Majors. Als Testpilot verunglückte er tödl. bei der Erprobung des neuen Düsenjägers Lockheed P-80.

Bono, Emilio de, * Cassano d'Adda 19.3.1866, † Verona 11.1.1944, italien. Marschall (16.11.35); als einer der ersten hohen Offiziere Mussolini-Anhänger, Teilnahme am Marsch auf Rom im Okt. 22, 1925 Gouverneur von Libyen, 1929-35 Kolonialmin., April-Nov. 35 OB der italien. Ostafrikaarmee im Krieg gegen ➢ Abessinien. Am 25.7.43 stimmte B. im Faschist. Großrat für die Entmachtung Mussolinis. Nach dessen Wiedereinsetzung durch die Deutschen wurde B. zum Tod verurteilt und hingerichtet.

Bonte, Friedrich, * Potsdam 19.10. 1896, † Narvik 10.4.1940, dt. Kommodore (Nov. 39); 1914 zur Marine, in der Kriegsmarine 1938 Chef der 2. Zerstörer-Flottille, April 39 Kapitän z.S. B.

wurde im Nov. 39 Führer der Zerstörer und nahm in dieser Eigenschaft am Unternehmen ≻ »Weserübung« teil. Er fiel beim Angriff der brit. 2. Zerstörer-Flottille auf dem Führungszerstörer Wilhelm Heidkamp und erhielt postum am 17.10.40 das Ritterkreuz.

Boomerang, austral. Jagdeinsitzer Commonwealth CA-12, Erstflug 29.5.42. Die B. wurde nach Kriegsausbruch in Fernost in aller Eile von Commonwealth Aircraft als einheim. »Panik-Jäger« für den 1200-PS-Doppelsternmotor Twin Wasp aus Teilen des in Lizenz nachgebauten Trainers North American NA-33 entwickelt. Die austral. Luftwaffe (RAAF) verfügte nur über zwei Jagdstaffeln Brewster ≻ Buffalo in Malaya; weder die USA noch Großbrit. waren in der Lage, kurzfristig Jäger aus eigener Produktion abzuzweigen. Die B. kam von Mitte 43 an in Neuguinea zum Einsatz und bewährte sich dank ihrer Wendigkeit als Jagdbomber, Fotoaufklärer und Abfangjäger bei den Kämpfen in bergigem Gelände. Daten des Jabo: 2x20-mm-Kanonen, 2x7,7- mm-MG, 230-kg-Bombe; max. 474 km/h. Insges. wurden 250 Maschinen gebaut.

Bordeaux, südwestfrz. Stadt an der Garonne mit etwa 260 000 Einwohnern (1940). Nach B. floh während des ≻ Frankreichfeldzugs am 14.6.40 die frz. Reg. Reynaud und residierte dort bis zum Wechsel nach ≻ Vichy am 11.7.40. Als bedeutende Hafenstadt wurde B., am 26.6.40 von Wehrmachteinheiten erreicht, in die dt. besetzte Zone Frkr.s einbezogen und im Sept. 40 Standort des italien. U-Boot-Kommandos Betasom. Nach der alliierten Invasion in S-Frkr. räumten die dt. Truppen am 24.8.44 die Stadt und zogen sich in die Festungsbereiche Gironde-S und -N zurück.

Bór-Komorowski, Tadeusz Graf, * Terebowlja (Gebiet Tarnopol) 1.6.1895, † Grove Farm (Buckinghamshire) 24.8.1966, poln. General; im 1. Weltkrieg Kavallerie-Offizier im österreich. Heer, 1933 Oberst in der poln. Armee, 1938/39 Kommandeur der Kavallerieschule Graudenz. Der unpolit. B. befehligte im Polenfeldzug eine Kavallerie-Brigade bei Lublin, löste seine Einheit nach der poln. Kapitulation auf und organisierte zusammen mit anderen Offizieren eine »private« Untergrundbewegung in SW-Polen; eine Flucht ins frz. Exil lehnte er ab. Unter dem Tarnnamen »Bór« (= Wald), den er auch nach dem Krieg beibehielt, übernahm er für den Bereich Krakau das Kommando über bewaffnete Widerstandseinheiten, die Anfang 42 in der ≻ Heimatarmee aufgingen. Nach der Verhaftung von deren OB Gen. Stefan Rowecki trat der im Mai 40 zum Gen. beförderte B. am 30.6.43 die Nachfolge an und brachte die Untergrundtruppen bis Mitte 44 auf rd. 360 000 Mann. Mit ihnen glaubte er, einer Eroberung der poln. Hauptstadt durch die Rote Armee zuvorkommen zu können, und löste am 1.8.44 in Absprache mit der Londoner Exilreg. den ≻ Warschauer Aufstand aus. Nach Ausbleiben sowjet. Hilfe mußte er am 2.10.44 vor den dt. Truppen (von dem ≻ Bach-Zelewski) kapitulieren und ging in Gefangenschaft. B. wurde nach der Befreiung (5.5.45) OB aller poln. Streitkräfte im W und war 1947-49 Min.präs. der poln. Exilreg.

Bormann, Martin, * Halberstadt 16.7.1900, † Berlin 2.5.1945, dt. Politiker; 1927 Eintritt in die NSDAP, 1933 Stabsleiter bei ≫ Heß, Vermögensverwalter Hitlers, Bauherr des Führergeländes auf dem Obersalzberg (Berghof). B., der mit unermüdl. Fleiß und gutem Gedächtnis schon vor dem Krieg eigentl. Leiter der Parteikanzlei war, wurde nach Kriegsbeginn Hitler zunehmend unentbehrl. und erhielt nach dem England-Flug von Heß dessen Kompetenzen. Als »Braune Eminenz« bestimmte er nach Hitlers Weisungen über alle wesentl. innenpolit. Bereiche durch Beherrschung der Staatspartei und ihrer Gliederungen. In militär. Belange mischte er sich jedoch nie ein und wurde von Goebbels verächtl. »Gen. der Fernschreiber« genannt. Der polizeistaatl. Alltag im Krieg war jedoch wesentl. geprägt von B.s Verordnungen, die meist in verschärfter Form Befehle Hitlers weitergaben. Zum Diktator führte schließl. nur noch der Weg über den »Sekretär des Führers«, wie sich B. seit 12.4.43 nennen durfte. Am 1.5.45 versuchte er nach dem Selbstmord Hitlers vergebl. den Ausbruch aus dem umkämpften Berlin. Jahrelang blieb er verschollen, wurde im Nürnberger Prozeß gegen die Hauptkriegsverbrecher in Abwesenheit zum Tod verurteilt und nach Skelettfunden an der Invalidenbrücke mit deutl. Spuren des Freitods durch Zyankali am 11.4.73 amtl. für tot erklärt.

Borneo, größte Sundainsel im Malaiischen Archipel mit 747 000 km^2 und rd. 3 Mio. Einwohnern. Bei Kriegsbeginn gehörte der größere S-Teil der Insel zu Niederländ. Ostindien, der N und der NW zum brit. Kolonialreich. B. zählte wegen seiner Lage und der ergiebigen Ölvorkommen zu den ersten japan. Zielen beim Ausgreifen nach S und wurde vom 16.12.41 bis 10.2.42 von Verbänden der Kampfgruppen West und Mitte genommen.
Sie fanden wenig Widerstand, konnten aber die meisten Ölförder- und -raffinieranlagen nur noch zerstört in die Hand bekommen. Von B. aus wurden weitere Inseln des Archipels wie Celebes, Bali und Timor besetzt. Im Frühjahr 45 landeten wieder alliierte Truppen auf B., darunter ein austral. Korps. Sie stießen in Brunei und bei Tarakan im NO auf starke Gegenwehr und konnten auch im Juli 45 mit einer dritten Landung bei Balikpapan den japan. Widerstand nicht brechen. Bei Ende der Feindseligkeiten Anfang Sept. 45 hielten die Japaner noch zwei Drittel der Insel.

Bose, Subhas Chandra, * Kattak 23.1.1897, † Taipeh 18.8.1945, ind. Politiker; neben Gandhi und Nehru einer der bedeutenden Führer der ind. Unabhängigkeitsbewegung, Bürgermeister von Kalkutta, 1938/39 Vorsitzender der Kongreßpartei. Anfang 41 floh B. über Afghanistan und die UdSSR nach Berlin und rief dort mit Hilfe des Auswärtigen Amtes eine »Zentrale Freies Indien« ins Leben. Über einen Geheimsender rief er zum Aufstand gegen die brit. Kolonialmacht in der Heimat auf und formierte aus kriegsgefangenen Landsleuten eine »Ind. Legion«. Der dt. Geheimdienst plante unter dem Decknamen »Tiger« Sabotageakte in Indien und warb dafür B.-Anhänger. B.s Hoffnungen, die Wehrmacht könne über den Kaukasus bis nach Indien vordringen, erfüllten sich allerdings nicht, auch weigerte sich Hitler, die ind. Unabhängigkeit zu garantieren. B. suchte daher Anlehnung an Japan und setzte sich im Febr. 43 per U-Boot nach Fernost ab. Am 4.6.43 proklamierte er in Singapur eine »Provisor. Reg. des Freien Indien« und erklärte den USA und Großbrit. den Krieg. Rd. 30 000 Soldaten seiner schlecht bewaffneten »Ind. Nationalarmee« beteiligten sich im Frühjahr 44 an der letzten japan. Offensive in N-Burma.

Boston, brit. takt. Bomber Douglas DB-7; trug als Nachtjäger bei der RAF und bei der US-Heeresluftwaffe den Beinamen ➢ Havoc.

Bougainville, größte der Salomon-Inseln mit (zus. mit den kleineren vorgelagerten Inseln wie Buka, Shortland, Fauro u.a.) 9550 km² und rd. 40 000 Einwohnern (1930). B. wurde im Jan. 42 von den Japanern besetzt, die v.a. im S der Insel ihre Streitkräfte und Stützpunkte massierten. Am 1.11.43 landete die 3. US-Marineinf.div. gemäß Plan ➢ »Elkton« mit 14 000 Mann im Schutz von Flugzeugträgern an der schwach gesicherten W-Küste (Unternehmen ➢ »Cherryblossom«) und bildete bis Monatsende an der Kaiserin-Augusta-Bucht einen soliden Brückenkopf mit drei Flugfeldern. Japan. Gegenangriffe von ➢ Rabaul aus scheiterten am 7/8.11. verlustreich. Auch die japan. Seestreitkräfte erlitten schwere Schlappen: So gingen am 2.11. der Schwere Kreuzer Sendai und ein Zerstörer in einem Seegefecht verloren, so versenkten am 5.11. US-Trägerflugzeuge sieben Kreuzer und zwei Zerstörer, die Admiral Kurita in Rabaul für einen Flottenvorstoß gegen B. zusammengezogen hatte. Mit einem Dschungelmarsch quer über die Insel unternahmen 15 000 Japaner im März 44 einen letzten, ebenfalls vergebl. Versuch, die US-Truppen von B. zu vertreiben. Bei schweren Gefechten fielen 5000 japan. Soldaten; die Insel war Ende März in amerikan. Hand und wurde zur Basis für Luftangriffe auf Rabaul und zum Sprungbrett für den Angriff auf den ➢ Bismarck-Archipel.

Boulogne-sur-Mer, frz. Hafenstadt an der Kanalküste mit 52 000 Einwohnern (1940). Am 17.5.40 verminten dt. Kampfflugzeuge die Gewässer vor B., um die Evakuierung weichender brit. Verbände zu verhindern. Als Hitlers Haltbefehl die dt. Pz. im Frankreichfeldzug erreichte, hatte die 2. Pz.div. des XIX. Pz.korps (Guderian) die Stadt am 25.5.40 gerade genommen. In der Folge wurden hier Landungsfahrzeuge für das Unternehmen ➢ »Seelöwe« zusammengezogen, die Ziel mehrerer Luftangriffe der RAF waren. Die Hafenanlagen wurden auch in der Folgezeit wiederholt bombardiert, v.a. zur Vorbereitung der Eroberung: Am 17.9.44 warfen 690 brit. Maschinen 3400 t Bomben auf B., dessen Verteidiger unter Gen. leutnant Heim am 23.9. vor der kanad. 1. Armee kapitulierten.

Bradley, Omar Nelson, * Clark (Missouri) 12.2.1893, † New York 8.4. 1981, amerikan. General; Ausbildung (u.a. zusammen mit ➢ Eisenhower und ➢ Marshall) in West Point, Abschluß 1915; im 1. Weltkrieg Wachdienst an der mexikan. Grenze. B. war seit Febr. 43 Korpskommandeur in NW-Afrika. Dort wurde er als Gen.leutnant Befehlshaber des II. AK, das am 10.7.43 im Verband der 7. US-Armee an der Landung auf ➢ Sizilien (➢ »Husky«) teilnahm und wesentl. Anteil am Erfolg hatte; anschließend nach London zur Vorbereitung des Unternehmens ➢ »Overlord«, der Landung der Angloamerikaner in der Normandie, versetzt. Bei der ➢ Invasion am 6.6.44 führte er die 1. US-Armee und erzielte bei St. Lô am 26.7. den entscheidenden Durchbruch, der den Pz. der 3. US-Armee (Patton) den Weg nach Paris frei machte. Mitte August 44 übernahm B. die Führung der 12. Heeresgruppe (1. und 3., später auch 7. US-Armee) in N-Frkr., die bei der Abwehr der dt. ➢ Ardennenoffensive die Hauptlast trug und schließlich mit dem Sprung über die Brücke von ➢ Remagen den siegreichen Endkampf einleitete. Im Juli 45 militär. Berater von US-Präs. Truman auf der Potsdamer Konferenz, übernahm B. zur gleichen Zeit die Leitung der Veteranen-Versorgung, der Wiedereingliederung von 15 Mio. GIs ins Zivilleben. Am 21.4.47 wurde er Nachfolger Eisenhowers als Gen.stabschef des Heeres und am 1.8.49 Chef des ➢ Combined Chiefs of Staff Committee. In dieser Funktion wirkte er u.a. mit an den Planungen im Korea-Krieg. Mitte Mai 53 Ruhestand als bisher letzter amerikan. Fünf-Sterne-General.

Brandenburger, Spezialtruppe der ➢ Abwehr für Sondereinsätze. Hervorgegangen aus dem Industrieschutz Oberschlesien, bezog die Bau-Lehr-Kompanie z.b.V. 800 am 16.10.39 Garnison in Brandenburg a.d. Havel, seitdem B. genannt. Nach Teilnahme am Frankreichfeldzug wurde die nunmehr zum Lehr-Regiment Brandenburg z.b.V. 800 mit drei Bataillonen erweiterte Einheit in Brandenburg, Dülmen und Baden bei Wien stationiert und am 1.11.42 zur Div. Brandenburg ausgebaut. Die Unterstellung unter die Abwehr wurde 1943 aufgehoben, und im Herbst 44 erfolgte die Umwandlung in eine Pz.grenadierdiv., die bis 30.4.45 mit der Pz.grenadierdiv. »Großdeutschland« und der Führerbegleitdiv. das Pz.korps »Großdeutschland« bildete. Die B., die zunächst Sabotageaufgaben im feindl. Hinterland u.ä. ausgeführt und sich einen legendären Ruf erworben hatten, waren damit gegen Kriegsende zu einer normalen Kampftruppe geworden.

Brasilien, Bundesstaat in S-Amerika mit 8,5 Mio. km^2 und 45 Mio. Einwohnern (1939), Hauptstadt Rio de Janeiro (damals schon geplant: Brasilia). In B. herrschte seit 1930 der klerikalfaschist. Diktator Getulio Vargas, der ideolog. den Achsenmächten nahestand, gegen fremde Einflüsse jedoch zugleich den heim. Nationalismus aktivierte. Wesentl. dt. Einflußfaktor war die Volksgruppe der etwa 800 000 heimattreuen Auswanderer, v.a. in Rio Grande do Sul. Nach dem Kriegsausbruch in Europa hatte sich B. auf der Konferenz von Panama für neutral erklärt, nach einer Phase der Schaukelpolitik zw. den USA und dem Dt. Reich wechselte es jedoch seit Ende 41 ins alliierte Lager und brach nach einem amerikan. 20-Mio.-Dollar-Kredit im Jan. 42 die diplomat. Beziehungen zu Berlin und Rom ab. B. erhielt danach den Löwenanteil der US-Lieferungen an Lateinamerika im Rahmen des ➢ Leih- und Pachtgesetzes, umgekehrt wurde es nach dem Fall von Malaya Hauptlieferant von Kautschuk für die US-Rüstungsindustrie. Nachdem dt. U-Boote am 14./15.8.42 in einer einzigen Nacht 5 brasilian. Handelsschiffe versenkt hatten, erklärte B. am 28.8. den Krieg. 1944 schickte es ein Expeditionskorps von 25 445 Mann nach Europa, das als geschlossene Div. der 5. US-Armee in Italien kämpfte. Eine Jagdgruppe der brasilian. Luftwaffe flog 2550 Einsätze. Die Kriegsverluste, davon 75 % durch U-Boote, betrugen insges. 1889 Gefallene.

Brauchitsch, Walther von, * Berlin 4.10.1881, † Hamburg 18.10.1948, dt. Gen.feldmarschall (19.7.40); während der Kadettenausbildung Leibpage der Kaiserin, 1900 Offizier, im 1. Weltkrieg Gen.stabsaufgaben an der Westfront, 1921 von der Reichswehr übernommen, 1930 Gen.major. Als Leiter der Heeresausbildungsabteilung besuchte B. 1931 die Rote Armee, wurde 1932 Inspekteur der Artillerie und nach weiteren Kommandos am 4.2.38 von Hitler zum Nachfolger von ➢ Fritsch als OB des Heeres ernannt und zum Gen.oberst befördert. Hitler hatte sich B. durch finanzielle Hilfen bei Scheidung und neuer Eheschließung verpflichtet, so daß der ohnehin unpolit. und vorsichtige Soldat nie Widerspruch gegen die von ihm durchaus krit. gesehene Kriegspolitik wagte. B. war daher im Offizierskorps wenig geachtet, woran auch die »Blitzsiege« in Polen, Frkr. und auf dem Balkan wenig änderten. Hitler regierte zunehmend an B. vorbei in die Operationsführung hinein, machte ihn, der mehrfach seinen Abschied angeboten hatte, zum Sündenbock für die Winterkrise vor Moskau, entließ ihn am 19.12.41 und übernahm selbst den Oberbefehl über das Heer. B. starb vor der Eröffnung eines gegen ihn geplanten Militärgerichtsverfahrens in brit. Haft.

Braun, Wernher von, * Wirsitz (Posen) 23.2.1912, † Alexandria (USA) 16.6. 1977, dt. Ingenieur. Seit Okt. 32 beim Heereswaffenamt, wurde B. schon mit 25 Jahren Leiter der Raketenversuchsanstalt des Heeres in Peenemünde. 1938 gelang die Fertigstellung eines ersten Prototyps der späteren ballist. Fernrakete A 4, die unter dem Propagandanamen V 2 (V = Vergeltung) am 3.10.42 erstmals erfolgreich erprobt wurde; erster Kriegseinsatz 8.9.44 gegen London (insges. 1054, gegen Brüssel und Antwerpen 2100). B. wurde, weil er mehr an Raumfahrt als an Waffentechnik interessiert war, von der SS beargwöhnt: 14.3.44 Verhaftung, Freilassung nach Intervention von ➢ Speer. Im März 45 räumte B. Peenemünde und ging mit seinem Team (ca. 100 Techniker) in amerikan. Gefangenschaft. Nach dem Krieg Fortsetzung der Arbeit in den USA; 1955 US-Staatsbürgerschaft; 1959 zur NASA, Entwicklung von Trägerraketen, Mitarbeit am Mondflugprogramm »Apollo«, 1970 Chefplaner der NASA.

Brazzaville, Hauptstadt von frz. Äquatorialafrika mit 25 000 Einwohnern (1940). In B., 1940 Ausgangsbasis de Gaulles und seiner Freifranzosen (»Refugium unserer Ehre«), fand vom 30.1. bis 8.2.44 die erste Konferenz der 20 frz. Gouverneure in W-Afrika über eine Entkolonialisierung statt. Sie machten weitreichende Vorschläge zur Bildung einer »Union Française« aus den Kolonialländern: Freiheit der Arbeit, Recht auf Bildung, Frauenbefreiung, demokrat. Vertretung. Fälschl. wurde die Eröffnungsrede de Gaulles als Versprechen auf Gleichstellung mit dem Mutterland und polit. Unabhängigkeit verstanden, was in der Folge zu erhebl. Konflikten führte.

»Breda«, nach der niederländ. Stadt gewählte Codebez. des frz. Oberkommandos für die Abwehr eines dt. Angriffs durch die neutralen Benelux-Staaten. Falls wie im 1. Weltkrieg die Offensive nur Belgien treffen sollte, wollte man auf den Dijle-Plan zurückgreifen, falls auch Holland Kriegsgebiet würde, sollte »B.« anlaufen: Vorrücken der frz. 7. Armee (Giraud) von Antwerpen über Breda und Tilburg zur Besetzung des Dreiecks Amsterdam – Den Haag – Rotterdam. Wegen des rasanten dt. Vormarschs nach Beginn der Feindseligkeiten (10.5.40) konnte »B.« nicht realisiert werden.

Breguet Bre. 690-695, frz. Kampfflugzeug. Bei Beginn der dt. Offensive (10.5.40) zählten 193 B. zu den wenigen modernen Bombern der Armée de l'Air. Sie erlitten bei Tiefangriffen gegen Brücken und dt. Pz.spitzen im holländ.-belg. Grenzgebiet katastrophale Verluste. Ihre opfervollen Einsätze bei ➢ Arras und an der Somme konnten den dt. Vormarsch nicht nennenswert hemmen. Die gebräuchlichste Variante Bre. 693 war mit 1x20-mm-Kanone und 4x7,5-mm-MG bewaffnet, trug bis zu 400 kg Bomben und erreichte max. 486 km/h.

Breslau, Hauptstadt Schlesiens am Oberlauf der Oder mit 630 000 Einwohnern (1939). B. war wegen seiner Lage bis 1945 von Luftangriffen nahezu völlig verschont geblieben und durch Zuwanderung aus »Luftnotgebieten« fast zur Millionenstadt angeschwollen, auch zahlr. Unternehmen und Behörden hatten ihren Sitz hierher verlegt. Als einer der wesentl. Pfeiler in der dt. Verteidigung sollte B. um jeden Preis gehalten werden und wurde daher zur »Festung« erklärt. Nachdem zunächst angeordnet worden war, daß niemand die Stadt verlassen dürfe, wurden nun Maßnahmen zur Evakuierung der Zivilbevölkerung getroffen. Nach Beginn der sowjet. Winteroffensive aus den Weichselbrückenköpfen (➢ Baranow) am 12.1.45 forderten Lautsprecherwagen v.a. Frauen und Kinder zum Verlassen B.s Richtung Liegnitz auf. Die Vorsorge war angesichts des unerwartet raschen sowjet. Vormarschs geboten: Die Heeresgruppe A (Harpe, 20.1. Schörner) wurde von der sowjet. 1. Ukrain. Front (Konjew) durchbrochen, die mit der 52. Armee (Korotejew) und der 3. Garde-Pz.armee (Rybalko) am 19.1. die ehemals dt.-poln. Grenze und zwei Tage später die Oder nördl. und südl. von B. bei Brieg und Steinau erreichte. Am 8.2. begannen die sowjet. 6. Armee (Gluzdowski) von N und die 5. Garde-Armee (Schadow) mit der Einkreisung von B., die am 15.2. abgeschlossen war. Dennoch verteidigte Gen.major v. Ahlfen (später Gen. der Inf. Niehoff) die Stadt mit geringen Kräften und schließl. nur noch 200 Geschützen und 7 Pz. gegen eine erdrückende Übermacht bis zum 6.5.45. B. wurde dabei zu 68 % zerstört.

Brest, frz. Stadt und Kriegshafen an der breton. Küste, Departement Finistère, mit 79 000 Einwohnern (1939); am 19.6.40 von der dt. Heeresgruppe B (v. Bock) besetzt. Die Eroberer fanden die Marinebasis mit brennenden Öltanks, aber so gut wie leer vor; die meisten Kriegs- und Handelsschiffe waren ausgelaufen. Das Schlachtschiff ➢ Ri-

Brest: alliiertes Bomberkommando beim Angriff auf den deutschen U-Bootstützpunkt

chelieu hatte sich mit den Kadetten der Marineakademie nach Dakar abgesetzt, wohin ebenfalls von B. aus auch das Gold der Bank von Frkr. rechtzeitig verschifft worden war. Die dt. Kriegsmarine machte aus B. eine U-Boot-Basis. 1941 kehrten die ≫ Gneisenau, ≫ Scharnhorst und ≫ Prinz Eugen vom Handelskrieg im Atlantik hierher zurück und zogen bis zum ≫ Kanaldurchbruch beinahe tägl. Luftangriffe der RAF auf B. Eine Woche nach dem alliierten Durchbruch bei ≫ Avranches tauchten am 7.8.44 die Pz.spitzen der 3. US-Armee (Patton) vor der Stadt auf, wo sich Teile der dt. 2. Fallschirmdiv. (Ramcke) sowie Marine- und Luftwaffeneinheiten, insges. 29 000 Mann, zur Verteidigung einrichteten. B. wurde zur Festung erklärt und erlitt bis zur Einstellung des letzten Widerstands am 19.9.44 verheerende Luftangriffe: u.a. kamen am 9.9. 394 Zivilisten, darunter der Bürgermeister, zus. mit zahlr. dt. Soldaten durch explodierende Munition in einem öffentl. Luftschutzbunker ums Leben.

Brest-Litowsk, poln. Stadt am westl. Bug mit rd. 50 000 Einwohnern (1939). B. wurde im Polenfeldzug am 16.9.39 vom dt. XIX. Pz.korps genommen und das poln. Heer westl. des Bug eingeschlossen. B., das nach der poln. Kapitulation den Sowjets überlassen wurde, konnte im Rußlandfeldzug erst am 28.6.41 nach heftiger Gegenwehr v.a. der Zitadelle vom dt. XII. AK (Schroth) und der Pz.gruppe 2 erneut erobert werden, die hier die sowjet. 4. Armee vernichtete. Die Rückeroberung von B. gelang der 1. Weißruss. Front (Rokossowski) am 28.7.44, nachdem die dt. Heeresgruppe Mitte unter den Schlägen der sowjet. Sommeroffensive zusammengebrochen war.

»Brevity« (engl. Kürze), Codebez. für den Angriff der brit. 22. Gardebrigade, der 7. Pz.brigade und einer Küstengruppe auf die dt. Stellungen an der ägypt. Grenze am 15.5.41. Der brit. OB ➢ Wavell wollte mit »B.« den Weg nach ➢ Tobruk freikämpfen, das von dt.-italien. Truppen belagert wurde. Während der ➢ Halfaja-Paß rasch in brit. Hand fiel, entbrannten um Fort Capuzzo schwere Kämpfe; auch Sollum wurde nicht erreicht. Nach dt. Gegenangriffen mit drei Pz.regimentern und dem 54. leichten Inf.regiment mußten die brit. Tanks und am 27.5. auch die Besatzung der Paßhöhe wieder weichen und für den nächsten Anlauf (➢ »Battleaxe«) erst einmal Nachschub abwarten.

Briesen, Kurt von, * Anklam 3.5.1883, † bei Deriewka (O-Front) 20.11.1941 (gefallen), dt. Gen. der Inf. (1.8.40); 1904 Eintritt ins Heer, im 1. Weltkrieg schwer verwundet (Verlust des linken Arms), 1920 entlassen, 1934 reaktiviert. Am 1.3.37 zum Gen.major und am 1.8.39 zum Gen.leutnant befördert, zog B. als Kommandeur der 30. Inf.div., die er seit 1.3.38 kommandierte, im Rahmen der 8. Armee (Blaskowitz) in den Polenfeldzug und zeichnete sich in der Schlacht an der ➢ Bzura aus. Nach Ausheilung einer erneuten Verwundung wurde der bei seinen Soldaten sehr beliebte Befehlshaber (Spitzname »Papa B.«) am 25.11.40 Kommand. Gen. des II. AK, das er in den Rußlandfeldzug führte.

Bristol Aircraft Ltd., brit. Flugzeug- und Motorenwerke mit Hauptsitz in Bristol, 1910 als British Colonial Aeroplane Co. gegründet, seit Ende 1919 B. genannt. Die Firma baute u.a. den leichten Bomber ➢ Blenheim, den Langstrekkenjäger ➢ Beaufighter und den Torpedobomber ➢ Beaufort. 1959/60 ging die B. zus. mit Vickers-Armstrong und anderen Gesellschaften im Luftfahrtkonzern British Aircraft Corporation (BAC) auf.

British Broadcasting Corporation (BBC), staatl. brit. Rundfunkgesellschaft, 1922 als privatrechtl. AG gegr., 1927 öffentl.rechtl. Anstalt. In Deutschland auch als »Londoner Rundfunk« bekannt, wurde die B. im Krieg wichtigstes Instrument der brit. psycholog. Kriegführung, mit dem der NS-Propaganda weltweit begegnet werden sollte. Unter seinem Präs. Sir Allan Powell arbeitete der Sender eng mit der brit. Reg. zusammen: der Home Service für das Inland insbes. mit dem neugegr. Informationsmin., die fremdsprachigen Dienste mit dem Foreign Office und dessen Political Intelligence Department. Die Zahl der festangestellten Mitarbeiter wuchs von 4889 bei Kriegsbeginn auf 11 479 im April 45. Das Organisationsmodell der B. stand nach dem Krieg bei der Neuordnung des Rundfunkwesens in den westl. Besatzungszonen Deutschlands Pate.

Das Ziel der Propaganda der B.-Sendungen, die von den dt. Überwachungsorganen als hochgefährl. eingestuft wurden, bestand in der Vermittlung neuer Leitbilder für polit. Verhalten, in der Erschütterung des Vertrauens in die nat.-soz. polit. und in die militär. Führung und in der Motivation zum Umsturz. Obwohl die B. bei ihren dt. Hörern ein hohes Maß an Glaubwürdigkeit besaß, läßt sich ihre Wirkung in bezug auf die Zielsetzung kaum bestimmen, da es wegen des offiz. Abhörverbots keine entspr. Erkenntnisse gibt und auch Umfragen der US-Luftwaffe nach dem Krieg nur vage Ergebnisse brachten.

British Expeditionary Forces (BEF), brit. Hilfskorps, das nach der Kriegserklärung vom 3.9.39 nach Frkr. entsandt wurde. Die B. bestanden zu Beginn des dt. ➣ Frankreichfeldzugs aus 394 000 Mann, ausschließl. gut ausgebildete, obschon kampfunerfahrene Berufssoldaten, gegliedert in 3 Armeekorps von insges. 9 Div. Der OB der brit. Truppen, Gen. Gort, hatte sein Hauptquartier in ➣ Arras, er war dem frz. OB ➣ Gamelin unterstellt. Die einzige Pz.brigade der B. war vorwiegend mit veralteten Tanks Mk VI ausgerüstet, der neue schwere Pz. Mk II ➣ Matilda erst in wenigen Exemplaren geliefert; insges. konnten die B. 300 Pz.fahrzeuge aufbieten. Erst die am 17.5. nachgeführte brit. 1. Pz.div. ließ sich in etwa mit dem entspr. dt. Verband vergleichen. Mit den Heereseinheiten der B. hatte die RAF eine Advanced Air Striking Force (AASF) über den Kanal geschickt. Sie konzentrierte sich auf Flugfeldern in N-Frkr. und setzte vornehml. den Bomber ➣ Blenheim, Jäger vom Typ ➣ Hurricane (2 Staffeln) sowie eine takt. Bombergruppe mit 160 Fairey Battle ein, von denen die meisten bei Verzweiflungsangriffen gegen Maasbrücken geopfert wurden. Die B. waren inzw. nach dem Dijle-Plan nordwärts nach Belgien vorgerückt, mußten sich aber nach dem dt. Pz.durchbruch im S Richtung Kanalküste zurückziehen. Ein Versuch, den Korridor bei Arras nach S zu durchstoßen, scheiterte. Hitlers Haltbefehl für die dt. Pz. vom 24.5. verschaffte den B. eine letzte Atempause zur Evakuierung aus dem Kessel von Dünkirchen auf die brit. Insel. Bei der dazu organisierten Operation ➣ »Dynamo« wurden bis 3.6. rd. 225 000 engl. Soldaten unter Verlust des ges. Materials gerettet. Die 51. Highlander Div. mußte am 12.6. bei Saint-Valery-en-Caux kapitulieren, die 52. Div. und die 1. kanad. Div. wurden über verschiedene Atlantikhäfen abtransportiert.

Brjansk, sowjet. Stadt im Gebiet Orel mit 88 000 Einwohnern (1940), Eisenbahnknoten. Bei B. und ➣ Wjasma entwickelte sich im Rahmen der Offensive der dt. Heeresgruppe Mitte (v. Bock) gegen Moskau (Unternehmen ➣ »Taifun«) vom 2. bis 20.10.41 eine Doppelschlacht, in der mehrere sowjet. Armeen vernichtet wurden, bei B. v.a. Teile der 3. und das Gros der 13. und 50. Armee, wobei insges. 673 000 Gefangene eingebracht wurden. Den Vorstoß bei B. trug die Pz.gruppe 2 (Guderian), die während der Offensive in 2. Pz.armee umbenannt wurde und am 6.10. die Stadt mit der 17. Pz.div. eroberte. Die eigens zur Abwehr des dt. Angriffs gebildete und nach B. benannte sowjet. Brjansker Front mußte am 11.11. aufgelöst werden, ihre Reste übernahmen West- und Südwestfront. Eine neue Brjansker Front wurde im Jan. 42 unter Gen.oberst Tscherewitschenko gebildet. Sie nahm an der sowjet. Winteroffensive vor Moskau teil und unter Gen.oberst Popow nach der dt. Niederlage in der Pz.schlacht bei ≻ Kursk im Juli/Aug. 43 am Vorstoß auf Orel. Im Sept. 43 gelang es diesen Verbänden, die Eisenbahnlinien nach B. abzuschneiden, so daß die dt. 9. Armee die Stadt aufgeben mußte, die am 17.9.43 von der sowjet. 11. Armee erobert wurde.

Brockdorff-Ahlefeldt, Walter Graf von, * Perleberg 13.7.1887, † Berlin 5.9.1943, dt. Gen. der Inf. (1.8.40); 1907 Eintritt ins Heer, 1.4.37 Gen.major. B. wurde am 1.3.38 Kommandeur der 23. Inf.div. und am 21.6.40, inzw. zum Gen.leutnant befördert (1.3.39), Kommand. Gen. des II. AK, mit dem er vom 18.1. bis 28.4.42 den Kessel von ≻ Demjansk verteidigte.

Brooke, Alan Francis (Viscount Alanbrooke), * Bagnères-de-Bigorre (Frkr.) 23.7.1883, † Hartley Wintney (Hampshire) 17.6.1963, brit. Feldmarschall (1.1.44); Artillerieoffizier, 1914-18 in Frkr., Gen.stabsausbildung, 1935 Inspekteur der Artillerie, 1937 Kommandeur der ersten brit. Pz.div., Sept. 39 bis Mai 40 Kommandeur des II. Korps der ≻ British Expeditionary Forces in Frkr., mit dem er den brit. Rückzug nach ≻ Dünkirchen deckte; Juli 40 bis Nov. 42 OB der brit. Heimatstreitkräfte und als solcher für die Reorganisation des ges. brit. Heeres verantwortl. B. wurde am 1.12.42 als Nachfolger von Dill Chef des Empire-Gen.stabs und damit engster militär. Mitarbeiter Churchills, dessen volles Vertrauen er besaß. Als exzellenter Stratege und Organisator sollte B. auf Wunsch des Premiermin. das Oberkommando bei der ≻ Invasion übernehmen, die endgültige Wahl fiel jedoch auf Eisenhower wegen des polit. und militär. Übergewichts der USA. Rivalitäten unter den alliierten OB wußte B. mit Sachkunde und Gelassenheit auszugleichen. In dieser Rolle bewährte er sich v.a. in den krit. Tagen der ≻ Ardennenoffensive (Dez. 44/ Jan. 45), als zw. Eisenhower und Montgomery erhebl. Spannungen herrschten.

Brummbär, dt. Sturmpz. IV mit 15-cm-Sturmhaubitze 43 L/12, 27,6 t, Panzerung bis 100 mm. Die Haubitze des B. war in einem geräumigen turmartigen Aufbau untergebracht. Bei einer Länge von 5,89 m, 3,10 m Breite und 2,49 m Höhe hatte der Pz. 5 Mann Besatzung. Probleme bereitete das überlastete Fahrgestell. Der B. wurde seit 1944 bei schweren Inf.geschütz-Kompanien der Pz.grenadierregimenter, vereinzelt auch bei Pz.artillerieabt. eingesetzt.

Bruneval, frz. Dorf etwa 20 km nordwestl. von Le ≻ Havre. Eine bei B. an der normann. Steilküste gelegene dt. Radarstellung war in der Nacht vom 27./28.2.42 Ziel eines brit. Kommandounternehmens (Operation »Biting«), bei dem die Geheimnisse des Funkmeßgeräts ≻ »Würzburg« in gegner. Hände fielen. Da sich von See her keine Angriffsmöglichkeit bot, wurde mit Hilfe von Informationen der ≻ Résistance ein Fallschirmunternehmen geplant: 119 Mann, darunter 7 Elektronikfachleute, sprangen aus 12 Whitley-Bombern hinter der Stellung ab. Die Fallschirmjäger unter Major I.D. Frost setzten einen dt. MG-Posten außer Gefecht und stürmten das Quartier der Bedienungsmannschaft, während Techniker das Ortungsgerät mit der neuartigen Parabolantenne fotografierten, wichtige Einzelteile ausbauten und den Rest sprengten. Anschließend kämpften sich die Briten bei 5 Verlusten den Weg zum Strand frei und wurden im Schutz mehrerer Kriegsschiffe von einem Landungsboot aufgenommen. Für den weiteren Verlauf des Luftkriegs war das Unternehmen gegen B. folgenreich: Es lieferte Aufschluß, daß das neue »Würzburg«-Gerät im Wellenbereich von 60 cm arbeitete und nach dem ⪢ Window-Verfahren leicht zu stören war. Beim Großangriff auf Hamburg Ende Juli 43 (⪢ »Gomorrha«) machte sich die RAF diese Erkenntnis zunutze.

»Brunhild«, Deckname für die Einsätze der dt. Kriegsmarine beim Übersetzen der zurückgehenden dt. Truppen über die Straße von ⪢ Kertsch im Sept. 43. Die 17. Armee (Jaenecke) räumte planmäßig den Kuban-Brückenkopf und verhinderte dabei Durchbrüche der gleichzeitig zum Angriff angetretenen sowjet. Nordkaukasus-Front (Petrow). Für »B.« wurden 4 Landungsflottillen und zahlr. Hilfsfahrzeuge – Siebel- und Pionierfähren, Schlepper, Leichter und Fluß-Zugschiffe – eingesetzt, insges. 240 Schiffe, gesichert von Schnell- und Räumbooten sowie diversen Artillerieträgern. Beim unter Leitung des Admirals Schwarzes Meer (Kieseritzky) und dem Seekommandanten Kaukasus (Grattenauer) ablaufenden Unternehmen »B.« gelang die Rettung von 239 669 Mann, 16 311 Verwundeten, 27 456 Zivilpersonen, 115 477 t Material, 21 230 Kfz, 27 741 bespannten Fahrzeugen, 1815 Geschützen, 74 Pz., 74 657 Pferden und 6255 Stück Vieh. Überholende Landungen sowjet. Kräfte konnten die dt. Bewegungen nicht mehr gefährden.

Brüssel, Hauptstadt Belgiens mit 220 000 Einwohnern (1939) im eigentl. Stadtbereich und rd. 850 000 in der Agglomeration. Im Frankreichfeldzug floh die belg. Reg. schon kurz nach dem Beginn des dt. Angriffs aus B. und ließ die Stadt auch nicht verteidigen, so daß Verbände der Heeresgruppe B am 17.5.40 kampflos einziehen konnten. Nach der belg. Kapitulation wurde König Leopold III. in seinem Schloß Laeken in B. interniert. Am 3.9.44 begann die drei Tage dauernde Rückeroberung von B. durch Einheiten der brit. 2. Armee (Dempsey), fünf Tage später traf die belg. Exilreg. in der Hauptstadt ein. Im Rahmen der Beschießung belg. Industriezentren war auch B. vom 8.10.44 bis 5.4.45 Ziel dt. V-1-Flugbomben und V-2-Fernraketen; beim Unternehmen ⪢ »Bodenplatte« zerstörten dt. Flieger am 1.1.45 zudem den Flugplatz der Stadt und 85 der dort stationierten alliierten Maschinen.

BT-7, schneller sowjet. Kampfpz. (Bystrochodnij Tank), 13,8 t, 5,66 m Länge, 2,29 m Breite, 2,42 m hoch. Mit einem 450-PS-Motor erreichte der B. auf der Straße 53 km/h, hatte 3 Mann Besatzung und war mit einer 4,5-cm-Kanone bewaffnet, dazu 1-3 MG. Die Panzerung war wegen der gewünschten Schnelligkeit mit 20 mm relativ schwach, der Aktionsradius reichte bis 375 km. Die dt. Truppen trafen nach dem Angriff auf die Sowjetunion am 22.6.41 in großer Zahl auf den B. und später auf eine verbesserte Version mit einem 500-PS-Dieselmotor, der sogar 62 km/h erreichte. Daneben existierte noch eine Version mit einer 7,62-cm-Haubitze L/16,5.

Buchenwald, nat.-soz. ≫ Konzentrationslager auf dem Ettersberg bei Weimar.

Bücker-Flugzeugbau, 1933 von Carl Clemens Bücker in Berlin-Johannisthal gegr. Flugzeugwerk (später nach Berlin-Rangsdorf verlegt). B. machte sich in den 30er Jahren internat. einen Namen mit den Schul- und Übungsflugzeugen Bü 131 Jungmann und Bü 133 Jungmeister. Beide Modelle waren drahtbespannte Doppeldecker und dienten bei den Fliegerschulen zur Anfängerausbildung (Bü 131) und zur Kunstflugschulung (Bü 133). Als dritter Standardtrainer kam seit 1940 die zweisitzige Bü 181 Bestmann hinzu, ein Tiefdecker mit verglaster Kabine, der auch als Schleppflugzeug für Lastensegler und als Kuriermaschine eingesetzt wurde. Allein im Hauptwerk Rangsdorf wurden bis 1944 mindestens 5900 Bü 181 gebaut, dazu nochmals 708 Exemplare bei den Fokker-Werken im besetzten Holland. Alle drei B.-Modelle erfreuten sich in der Sport- und Kunstfliegerei außergewöhnl. Beliebtheit. Sie wurden in verschiedenen Ländern z.T. unter anderer Typenbez. in Lizenz gefertigt.

Budapest, Hauptstadt Ungarns mit 1,12 Mio. Einwohnern (1941). Nach einem Versuch der ungar. Reg. ≫ Horthy im Frühjahr 44, zu einem Waffenstillstand mit der UdSSR zu kommen, besetzten am 19.3.44 dt. Truppen unter Gen.feldmarschall v. Weichs B., das mit Vorrücken der Roten Armee im Sept./Okt. 44 in Frontnähe geriet. Schon im Juli zuvor war die Stadt Ziel von drei amerikan. Bombenangriffen von Italien aus gewesen. Die Verteidiger, 2 dt. und 2 ungar. Armeen sowie die dt. 2. Pz.armee, sahen sich der vielfachen Übermacht der sowjet. 3. Ukrain. (Tolbuchin) und der 2. Ukrain. Front (Malinowski) gegenüber, die nach der rumän. Kapitulation und Kriegserklärung an das Dt. Reich auch rumän. Einheiten (14 Div.) umfaßten und zudem von der aus S-Polen angreifenden 4. Ukrain. Front (Petrow) unterstützt wurden. Die sowjet. Offensive zur Einschließung von B. begann am 8.12.44 und war nach zeitweise erfolgr. dt. Gegenangriffen am 26.12. abgeschlossen, die Marionettenreg. ≫ Szálasi hatte sich nach Österreich abgesetzt. Trotz örtl. Einbrüche in die sowjet. Front blieben Ausfälle letztl. ebenso ergebnislos wie der von der Luftflotte 4 unterstützte Entsatzvorstoß des IV. SS-Pz.korps am 27.1.45. Dennoch hielten sich die Verteidiger unter Wehrmachtbefehlshaber und Kommand. Gen. des IX. SS-Gebirgskorps Pfeffer-Wildenbruch bis zum 11.2.45. 138 000 Mann gingen in sowjet. Gefangenschaft.

Budjonny, Semjon Michailowitsch, * Kosjurin (Gebiet Rostow am Don) 25.4.1883, † Moskau 27.10.1973, sowjet. Marschall (1935); Eintritt in die Zarenarmee 1903, im 1. Weltkrieg Wachtmeister in einem Dragonerregiment, im Bürgerkrieg Nov. 19 Führer der 1. Reiterarmee der Roten, Verteidiger von Zarizyn (dem späteren Stalingrad), Eroberer von Rostow, Sieger über die Wrangell-Armee auf der Krim. Nach dem Bürgerkrieg wurde B. Inspekteur der Kavallerie, absolvierte 1930-32 die Militärakademie Frunse und wurde im Aug. 37 OB des Moskauer Militärbezirks, zugleich Mitglied des Zentralkomitees der KPdSU. Gegen Ende des finn.-sowjet. ≫ Winterkriegs übernahm er den Oberbefehl an der N-Front und bekam nach Beginn des dt. Angriffs am 12.7.41 den Oberbefehl im SW-Abschnitt der sowjet. Front, wurde aber noch während der Kesselschlacht von Kiew durch ➢ Timoschenko ersetzt und mit dem Oberbefehl über die Reservefront betraut. Nach schweren Niederlagen, u.a. Vernichtung seiner 24. und 32. Armee bei ➢ Wjasma, am 10.10.41 von ➢ Schukow abgelöst, wurde B. am 28.7.42 OB der Nordkaukasusfront, konnte aber auch hier auf dem Feld seiner einstigen glanzvollen Siege keinen Kriegsruhm mehr ernten und wurde im Sept. 42 abberufen. 1946 in den Obersten Sowjet gewählt.

Buffalo, amerikan. Jagdeinsitzer der Firma Brewster, Erstflug Jan. 38; Die B. kam seit Juni 39 als erster Eindecker-Jäger in geringen Stückzahlen unter der Typenbez. F2A zur US-Navy; über zwei Drittel aller 570 hergestellten Maschinen wurden ins Ausland geliefert. Die Exportversion mit 4x12,7-mm-MG und 484 km/h Höchstgeschwindigkeit bewährte sich bei der finn. Luftwaffe. Sie kämpfte beim Luftkorps in Niederländ. Ostindien gegen die Japaner und flog bei verschiedenen Jagdstaffeln der RAF in Fernost, die diesen Typ u.a. zur Verteidigung von ➢ Singapur und ➢ Rangun einsetzte. Die Fertigung wurde im März 42 eingestellt.

»Büffel-Bewegung«, Deckname für eine dt. Begradigungsoperation an der O-Front vom 1. bis 16.3.43: Schon im Sept. 42 hatte der OB der Heeresgruppe Mitte v. Kluge die Aufgabe des vor Moskau weit vorgeschobenen Frontbogens um Rschew, Ghatsk und Wjasma verlangt, war aber mit Hinweis auf die propagandist. Bedeutung des Keils von Hitler abschlägig beschieden worden. In der angespannten Lage nach Stalingrad erhielt er nun die Genehmigung zur Rücknahme seiner Truppen und kürzte so unter Einsparung von 21 Div. die Front um 230 km.

Bukarest, Hauptstadt Rumäniens mit 648 000 Einwohnern (1941). Als Reg. sitz und Industriezentrum eines mit dem Dt. Reich verbündeten Staates war B. 1944 mehrfach Ziel von Bombenangriffen der 15. US-Luftflotte (4.4., 24.4., 8.5., 28.6.). Nach dem Sturz der Reg. ➢ Antonescu richtete sich auch ein dt. Luftangriff am 28.8.44 gegen die Stadt, wenige Tage nachdem eine Offensive der Roten Armee aus dem Raum Dnjestr/Pruth gegen B. losgebrochen war (20.8.). Die verteidigende dt. Heeresgruppe Südukraine (Frießner) mit den Armeegruppen Moldau (Wöhler) und Bessarabien (Dumitrescu) wurde von der Sowjet. 3. (Malinowski) und 2. Ukrain. Front (Tolbuchin) mit 8 Armeen und mehreren mechanisierten Kavalleriekorps überrannt, die dt. 6. Armee und die rumän. 3. Armee wurden am 23.8. eingeschlossen, 16 dt. Div. gingen in russ. Gefangenschaft. Der Weg nach B., wo die dt. Stellen von der Bitte der neuen rumän. Reg. um Waffenstillstand und der Kriegserklärung an Deutschland überrascht wurden, war frei. Am 31.8.44 besetzte die sowjet. 53. Armee (Managarow) die Stadt.

Bukowina (dt. Buchenland), seit 1918 rumän. Gebiet am Außenrand der Karpaten, etwa 10 000 km² mit 1 Mio. Einwohnern, davon ein Drittel Russen, Hauptstadt Czernowitz. Das ehemalige österreich. Kronland B. wurde auch von der Sowjetunion beansprucht, zu deren Interessensphäre es im ≻ Dt.-Sowjet. Nichtangriffsvertrag (23.8.39) gerechnet wurde. Das führte im Sommer 40 zu ultimativer Forderung Moskaus nach Abtretung. Unter Druck Berlins, das vergebl. zu vermitteln suchte und den sowjet. Anspruch nur noch auf die Nord-B. vermindern konnte, mußte Rumänien das Gebiet zusammen mit ≻ Bessarabien herausgeben. Die Hoffnung auf Rückgewinnung war ein Grund für die Teilnahme Rumäniens am 1. Rußlandfeldzug. In dessen Verlauf wurde die B. im Frühjahr 44 von Truppen der 1. Ukrain. Front (Watutin) zurückerobert und endgültig der Sowjetunion als Teil der Ukrain. SSR angegliedert.

Bulgarien, Königreich in Südosteuropa mit 103 000 km² und 6,1 Mio. Einwohnern (1934). B. konnte im 1. Weltkrieg auf seiten der Mittelmächte (seit 1915) vorübergehend seine territorialen Ziele in Rumänien und Serbien erreichen, wurde aber im Frieden von Neuilly (dem bulgar. »Versailles«) 1919 auf die Grenzen von 1913 zurückverwiesen und mit hohen Reparationsauflagen belastet. Die Folge war wirtsch. und polit. Instabilitat, die in den 20er Jahren zu Unruhen führte wie u.a. dem kommunist. Aufstand unter Dimitrow 1923. 1934/35 errichtete Zar Boris III. eine vom Militär getragene »Königsdiktatur« und lehnte sich aus nat. Kalkül verstärkt an die Achsenmächte an. 1940 erwirkte B. mit dt. Hilfe die Rückgabe der Süd-Dobrudscha von Rumänien und trat im März 41 dem ≻ Dreimächtepakt bei.
Für den ≻ Balkanfeldzug erhielten die dt. Truppen Aufmarscherlaubnis in B. (April/Mai. 41). Der Sieg über Jugoslawien und Griechenland brachte B. über seine 1918 verlorenen Gebiete hinaus das ganze jugoslaw. Makedonien und mit dem griech. Teil Thrakiens einen Zugang zur Ägäis. Boris III. trat Ende 41 auf dt. Seite in den Krieg gegen England und die USA ein, verweigerte aber die Beteiligung am ≻ Rußlandfeldzug. Auch dt. Wünschen nach Deportation der ca. 50 000 bulgar. Juden in die Vernichtungslager widersetzte sich das bulgar. Parlament am 17. 3. 43 einstimmig.
Die Neutralität gegenüber der Sowjetunion bewahrte B. im Herbst 44 nicht vor der Besetzung durch die Rote Armee. Nach einem Putsch der »Vaterländ. Front«, in der auf sowjet. Druck alsbald die Kommunisten die Oberhand gewannen, trat B. in den Krieg gegen Deutschland ein (28.10.44) und wurde enger Verbündeter Moskaus. Die Gebietserwerbungen 1940/41 mußte es 1945 allerdings bis auf die Süd-Dobrudscha wieder herausgeben.

Buna, synthet. Kautschuk, hergestellt aus Butadien unter Verwendung von Natrium als Katalysator. 1936 lief die industrielle Massenfertigung von B. bei I.G. Farben an, die eine Rohstofflücke schließen sollte. Bis 1939 gelang aber nur die Deckung von 22 % des Kautschukbedarfs (22 000 t). In Zschoppau, Leverkusen, Hüls (seit Mai 40) und Ludwigshafen (seit März 43) wurden 1943 ca. 117 000 t hergestellt, bevor die Produktion wegen der Luftangriffe zurückging.

Bund Deutscher Offiziere (BDO), von 95 dt. Offizieren am 11./12.9.43 im Gefangenenlager Lunjowo bei Moskau gegr. »antifaschist.« Organisation. Die Initiatoren des B. hofften, durch Kooperation mit den Sowjets einen Beitrag für die Erhaltung des Dt. Reiches nach der zu erwartenden Niederlage leisten zu können. Unter Vorsitz von Gen. v. ≫ Seydlitz-Kurzbach, später auch gefördert von Gen.feldmarschall ≫ Paulus, rief der B. in Flugblättern und Radiosendungen die dt. Soldaten zum Überlaufen und zum Kampf gegen die Hitler-Diktatur auf. Nennenswerten Erfolg hatten weder diese Appelle noch die Bemühungen um Einfluß auf die sowjet. Deutschlandpolitik. Nach der Konferenz von ≫ Teheran und der Übernahme der angloamerikan. Forderungen nach ≫ Bedingungsloser Kapitulation durch die Sowjetunion schrumpfte der Handlungsspielraum des B. zusehends. Von Stalin gegen die Westalliierten ausgespielt, verlor er zudem an Glaubwürdigkeit und wurde nach der Vereinigung mit dem ≫ Nationalkomitee »Freies Deutschland« am 2.11.45 aufgelöst.

Burma, brit. Kronkolonie in SO-Asien mit 605 000 km² und 15,6 Mio. Einwohnern (1939). Das einstige hinterind. Königreich B. wurde im 19. Jh. von den Briten unterworfen, war 1886-1935 ind. Provinz und seitdem Kolonie mit beschränkter Autonomie. Als Ausgangspunkt der ≫ Burmastraße, aber auch als Einfallstor nach Indien spielte B. in den japan. Eroberungsplänen eine Schlüsselrolle. Hinzu kam die wirtsch. Bedeutung als Lieferant von Erdöl, Wolfram und Nahrungsmitteln (v.a. Reis). Die japan. 15. Armee (Iida) hatte bei ihrem Angriff vom äußersten S der hinterind. Halbinsel aus im Dez. 41 leichtes Spiel, da ihr weder die Briten noch die Nat.chinesen gleichwertige Truppen entgegenstellen konnten. Am 8.3.42 rückte sie in ≫ Rangun ein und brachte so den einzigen Nachschubhafen für die Armee ≫ Tschiangkaischeks in ihre Hand. Mit der Einnahme von Lashio am 29.4. wurde Nat.china von der letzten Landverbindung nach W abgeschnitten. Die brit.-ind. B.-Armee (Hutton, später Alexander) zog sich durch das Irawadi-Tal nach N zurück, setzte die Ölfelder von Jenangjaung in Brand und erreichte nach verlustreichem Rückmarsch über 1500 km im Mai 42 Indien. Die Japaner, unterstützt von der burmes. Nat.bewegung, kontrollierten das ganze Land.

Bei den Alliierten wurde B. ein eigener Kriegsschauplatz (CBI = China-B.-India), auf dem zunächst ungeklärte Befehlsverhältnisse herrschten. Die Verantwortung lag einerseits bei ≫ Wavell als brit. OB Indien und andererseits bei US-Gen. ≫ Stilwell als Gen.stabschef Tschiangkaischeks in Tschungking. Erst im Aug. 43 wurde ein einheitl. Oberkommando für SO-Asien (SEAC) unter ≫ Mountbatten berufen. Schon Anfang 43 hatten sich die Alliierten in ≫ Casablanca unter der Codebez. ≫ »Anakim« auf einen Plan zur Rückeroberung von B. geeinigt. Dazu bauten sie systemat. ihre Luftüberlegenheit aus, begünstigt durch den Abzug starker feindl. Fliegerverbände in den SW-Pazifik. Hinzu kamen Guerilla-Operationen der ≫ Chindits (Wingate) im Rücken des Gegners. Im Herbst 44 hatten die Alliierten die Oberhand gewonnen. Den chines.-amerikan. Landtruppen unter Stilwell (seit Okt. 44 Wedemeyer) war es gegen zähen japan. Widerstand gelungen, den Landweg von Ledo nach China durch die Bergregion in NO-B. freizukämpfen. Die 14. brit. Armee (Slim) bereitete den Japanern in der Abwehrschlacht von Imphal eine schwere Niederlage und startete Ende 44 eine Offensive über den Chindwin in Richtung Mittel-B.; Mandalay fiel am 20.3.45. Eine zweite brit. Offensive zielte in W-B. auf die Küstenregion des ➢ Arakan, wo Akjab als erstes Etappenziel am 4.1.45 erreicht wurde. Damit war das Sprungbrett für amphib. Operationen im Golf von Bengalen Richtung Rangun gewonnen, das am 3.5.45 kampflos besetzt wurde. Japan, das längst auch den Rückhalt bei den Nationalisten der burmes. Befreiungsarmee verloren hatte, mußte sich geschlagen geben.

Burmastraße, während des japan.-chines. Krieges ausgebaute strateg. Hochgebirgsstraße zw. SW-China und N-Burma. Durch den japan. Überfall 1937 wurde Nationalchina von seinen Seehäfen abgeschnitten. Rd. 120 000 Kulis bauten daher in aller Eile eine 1200 km lange Serpentinenstraße von Kunming in der Provinz Yünnan nach Lashio in N-Burma; von dort Anbindung an westl. Zufuhren über Mandalay und den Hafen von ➢ Rangun. Nach Fertigstellung im Jan. 39 flossen monatl. rd. 10 000 t Nachschub über die B. nach China. Ihre Unterbrechung und damit die Isolierung der Truppen ➢ Tschiangkaischeks gehörte zu den strateg. Absichten Japans bei der Eroberung ➢ Burmas 1942. Zur Versorgung der chines. Streitkräfte mußten die Amerikaner danach eine Luftbrücke von N-Indien über den Himalaja organisieren (Operation ➢ »The Hump«), die schließl. im Juli 45 eine monatl. Transportkapazität von etwa 72 000 t erreichte. Aus Ledo in der nordind. Provinz Assam trieben US-Pioniere mit Hilfe von 35 000 einheim. Arbeitskräften unter mörder. Bedingungen eine neue Dschungelstraße nach N-Burma vor. Diese Abzweigung erreichte im Verein mit einer Landoffensive im Jan. 45 die B., die nach der Rückeroberung Ranguns (3.5.45) wieder auf ganzer Strecke benutzbar war.

Burmastraße: Über die 1100 Kilometer lange Lebensader zwischen Burma und China rollte der Nachschub von Britisch-Indien zu den Armeen Tschiang Kai-scheks.

»Burza« (poln. Gewitter), Codebez. der poln. ➢ Heimatarmee für die Auslösung des ➢ Warschauer Aufstands (1.8.44).

Busch, Ernst, * Essen-Steele 6.7.1885, † Gefangenenlager Aldershot (England) 17.7.1945, dt. Gen.feldmarschall (1.2.43); 1904 Eintritt ins Heer, bei Beginn des 2. Weltkriegs Kommand. Gen. des VIII. Armeekorps, 19.7.40 Gen. oberst. B. wurde im Okt. 43 OB der Heeresgruppe Mitte im Rußlandfeldzug, die im Sommer 44 von der Roten Armee nahezu völlig vernichtet wurde.

Am 28.6.44 als Sündenbock abgelöst, fand der völlig unpolit. Soldat B. im März 45 wieder Verwendung als OB Nordwest. B. starb in brit. Gefangenschaft.

Bv, Typenabk. für die Flugzeuge und -boote der Hamburger Schiff- und Flugzeugbaufirma ➢ **B**lohm & **V**oß.

Byrnes, James Francis, * Charleston (South Carolina) 2.5.1879, † Columbia 9.4.1972, amerikan. Politiker; Jurist, 1914-18 Kriegsberichterstatter, Abgeordneter, 1930 Senator. B. war 1941/42 Richter am Obersten Gerichtshof der USA, ehe er von US-Präs. Roosevelt im Okt. 42 zum Direktor des Amtes für wirtsch. Stabilisierung berufen wurde; Hauptaufgaben: Ankurbelung der Industrieproduktion und Eindämmung der Inflation, die er u.a. durch einen Lohnstopp zu bekämpfen suchte. 1943 übertrug man ihm auch die Verantwortung für die Rüstungsproduktion. Im Febr. 45 beriet B. Roosevelt auf der Konferenz von ➢ Jalta und trat danach von seinen Reg.ämtern zurück. Schon am 29.6.45 aber holte ihn Präs. Truman als Außenmin. in sein Kabinett. Es gelang ihm nicht, die rapide zerfallende Koalition der Sieger zusammenzuhalten, in der sich schon beim ➢ Potsdamer Abkommen unüberbrückbare Risse zeigten. B. schlug daher in einer Rede in Stuttgart am 6.9.46 einen Kurs der Versöhnung gegenüber (West-)Deutschland ein, mochte aber den scharfen antikommunist. Schwenk seines Präs. nicht mitmachen und trat am 6.1.47 zurück. 1951-55 war er noch einmal Gouverneur seines Heimatstaats.

Bzura, Fluß in Polen, der nördl. Lodz entspringt und unterhalb von Warschau in die Weichsel mündet. An der B. entschied sich der ➢ Polenfeldzug, nachdem dort die poln. Armeen »Posen« (Kutrzeba) und »Pommerellen« (Bortnowski) von den dt. Angriffskeilen eingeschlossen worden waren. Vom 9. bis 12.9.39 unternahmen die poln. Verbände starke Ausbruchsversuche, indem sie die dt. 8. Armee (Blaskowitz) in der Flanke zu fassen suchten. Der OB der dt. Heeresgruppe Süd, v. Rundstedt, warf daraufhin das XV. AK und das XVI. Pz.korps in den Rücken von Bortnowski, während die dt. 8. Armee den Ausbruch nach S. blockierte, wobei sich v.a. die 30. Inf.div. des Gen.majors v. Briesen auszeichnete. Nach Scheitern weiterer Ausbruchsversuche mußten die Polen am 19.9.39 bei Kutno die Waffen strecken, 170 000 Mann gingen in dt. Gefangenschaft.

C

Cadorna, Graf Raffaele, * Pallanza 12.9.1889, † ebd. 1973, italien. Div. gen. (März 45); Sohn des Marschalls Luigi C., gegen Ende des 1. Weltkriegs Hauptmann, bei Ausbruch des 2. Weltkriegs Oberst, 1941-43 Kommandeur der Kavallerieschule Pinerolo. Im April 43 zum Gen.major befördert, übernahm C. die Führung der Pz.div. »Ariete«. Im Aug. 43 nach Rom beordert, leistete er nach dem Ausscheiden Italiens aus dem Krieg gegen die dt. Truppen beim Entwaffnungsunternehmen ≫ »Achse« vergebl. Widerstand und floh am 9.9.43 aus der Stadt. Am 4.6.44 erhielt er von der Reg. Badoglio den Auftrag, den Partisanenkampf im N des Landes zu organisieren, und wurde am 11.8.44 bei Bergamo hinter den dt. Linien abgesetzt. Ende April 45 war er maßgebl. am Todesurteil gegen Mussolini beteiligt und wurde am 3.5.45 italien. Gen.stabschef; aus Protest gegen die Bestimmungen im Entwurf des Friedensvertrags 22.12.46 Rücktritt.

Caen, Hauptstadt des frz. Departements Calvados, 62 000 Einwohner (1940), durch den Ornekanal mit dem 14 km entfernten Meer (Ärmelkanal) verbunden. C. wurde im Frankreichfeldzug am 17.6.40 von der dt. 7. Pz.div. (Rommel) genommen. Bei der Invasion der Westalliierten in der Normandie 1944 war die Stadt erstes Ziel der brit. 2. Armee (Dempsey). Montgomery wollte hier am linken Flügel die dt. Pz.reserven binden, während die Amerikaner auf dem rechten Landeabschnitt ≫ Cherbourg eroberten und ihre gepanzerten Verbände zum Durchbruch ins frz. Hinterland versammelten. Nach den Planungen sollte C. als wichtiger Straßenknotenpunkt bereits am 7.6.44 (D-Day + 1) genommen werden. Das Vorhaben scheiterte jedoch an Gegenangriffen der dt. 21. Pz.div.; die 12. SS-Pz.div. und die Pz.-Lehr-Div. verstärkten den Sperriegel westl. C., wo die dichte Heckenlandschaft die Verteidiger begünstigte. Vor C. entbrannte eine Material- und Abnutzungsschlacht, so daß die brit.-kanad. Truppen erst am 13.7. den Stadtrand erreichten. Am 18.7. eröffneten 1500 Bomber und 760 Geschütze das Unternehmen »Goodwood« zur Eroberung von C., das zunächst unter schweren Verlusten eingeschlossen und dann im erbitterten Straßenkampf vom kanad. II. Korps besetzt wurde. Am 20.7. waren die Trümmer von C. in alliierter Hand; schwere Schiffsartillerie und Bombenteppiche hatten die Stadt förmlich umgepflügt.

Calais, frz. Hafenstadt und Seefestung an der engsten Stelle des Ärmelkanals mit rd. 70 000 Einwohnern (1940). Schon während des Polenfeldzugs verminten brit. Schiffe die Meerenge von C., wo während des Frankreichfeldzugs erneut Minensperren gelegt wurden. Dt. Pz.verbände erreichten von ≫ Abbeville vorstoßend am 26.5.40 die Stadt und nahmen sie nach Stuka-Angriffen und schweren Kämpfen. Weitere Zerstörungen brachten in der Folge brit. Luftangriffe, die sich u.a. gegen die zur Kontrolle der Durchfahrt in den Kanal aufgebauten schweren dt. Küstenbatterien richteten, u.a. am 2./3.3.41 und v.a. im Vorfeld der Rückeroberung am 20.9.44, als RAF-Maschinen 3365 t Bomben über C. abwarfen. Die zur Festung erklärte Hafenstadt (Oberstleutnant Schröder) mußte am 1.10.44 vor Verbänden der kanad. 1. Armee (Crerar) kapitulieren.

»Calais«, Eigenbez. eines brit. Propagandasenders, ➢ »Soldatensender C.«.

California, amerikan. Schlachtschiff, 20.11.19 Stapellauf, 8.10.21 in Dienst gestellt, 32 300 t, 20,5 kn; 190,4 m lang, 29,7 m breit, bis zu 2375 Mann Besatzung; Bewaffnung: 12x35,6 cm, 16x12,7 cm, 56 kleinere Rohre. Die C. erhielt beim japan. Angriff auf ➢ Pearl Harbor am 7.12.41 zwei Lufttorpedo- und drei Bombentreffer und sank mit noch aufgespanntem Sonnensegel. Am 23.3.42 gehoben, wurde sie wiederhergestellt und modernisiert, 31.1.44 wieder einsatzbereit. Seit dem 11.6.44 fuhr die C. Einsätze gegen Saipan, Guam, Tinian, im Leyte-Golf und vor Luzon, wo sie am 6.1.45 durch Kamikaze-Flieger beschädigt wurde. Nach erneuter Reparatur folgten Einsätze gegen Okinawa (15.6.-21.7.45) und im Südchines. Meer. 14.2.47 eingemottet und im März 59 in Baltimore abgewrackt.

Canaris, Wilhelm, * Aplerbeck bei Dortmund 1.1.1887, † KZ Flossenbürg 9.4.1945, dt. Admiral (1.1.40); 1905 zur Marine, 1916 Geheimauftrag des Admiralstabs in Spanien, danach U-Boot-Kommandant, Übernahme in die Reichsmarine, 1924-28 in der Marineleitung, nach verschiedenen Kommandos 1932 Kapitän z.S. und 1934 Festungskommandant in Swinemünde. Der konservative C. wurde am 1.1.35 als Konteradmiral Chef der Abwehrabteilung im Kriegsmin. (März 38 Amt Ausland/ ➢ Abwehr), die er zu einem erfolgreichen Nachrichtendienst und Instrument der Gegenspionage ausbaute. Nach der Affäre um den Heeres-OB von Fritsch und der Entmachtung der Wehrmachtführung (Febr. 38) ging C. immer deutlicher auf Distanz zur Kriegspolitik Hitlers. Die Abwehr wurde zu einem Zentrum des Widerstands v.a. um den Chef der Zentralabt. ➢ Oster. Wegen der unstreitigen Erfolge blieb C.s' Doppelspiel – für das Reich, gegen Hitler – lange unentdeckt. Mit wachsender Kriegsdauer aber schwand sein Einfluß, v.a. nachdem die alliierte Landung in N-Afrika (➢ »Torch«) von der Abwehr nicht beizeiten erkannt worden war. Nach Überlaufen dt. Agenten zu den Briten wurde C. im Febr. 44 durch Übernahme der Abwehr ins RSHA kaltgestellt. Drei Tage nach dem mißglückten Attentat vom 20.7. wurde er verhaftet. Obwohl ihm keine Beteiligung an dem Anschlag nachzuweisen war, blieb er inhaftiert und wurde nach einem hastigen Standgerichtsverfahren im KZ Flossenbürg kurz vor Eintreffen amerikan. Truppen gehängt.

Carls, Rolf, * Rostock 29.5.1885, † Bad Oldesloe 15.4.1945, dt. Gen.admiral (19.7.40); 1903 zur Marine, 1914 Kapitänleutnant, 1917 Kommandant von U 9, später U 124, in der Reichsmarine Stabsaufgaben und verschiedene Kommandos, 1934 Konteradmiral. C. war 1934-36 Befehlshaber der Linienschiffe und befehligte im Spanischen Bürgerkrieg anfangs die dt. Einheiten vor der span. Küste. Bei Kriegsbeginn 1939 war er nach schneller Beförderung Kommand. Admiral der Ostseestation und von Sept. 40 bis März 43 OB des Marinegruppenkommandos Nord. Als der OB der Kriegsmarine ➢ Raeder Ende Jan. 43 verabschiedet wurde, empfahl er C. als Nachfolger, hatte aber damit bei Hitler keinen Erfolg. C. wurde am 31.5.43 zV gestellt.

Carol II., * Sinaia 15.10.1893, † Estoril (Portugal) 10.4.1953, König von Rumänien. 1926 zunächst wegen skandalösen Lebenswandels von der Thronfolge ausgeschlossen und ins Exil nach Paris ausgewichen, konnte C. 1930 zurückkehren und am 6.6. den Thron besteigen. Sein Herrschaftsstil wurde immer autoritärer und mündete nach Aufhebung der Verfassung 1938 in eine »Königsdiktatur«. Wegen des dt. Drucks nach Kriegsbeginn jedoch und wegen der Gebietsverluste an die Sowjetunion (➢ Bessarabien, ➢ Bukowina) geriet C. in die Kritik. Am 4.9.40 berief er den Kriegsmin. ➢ Antonescu zum Reg.chef, der ihn zwei Tage später zur Abdankung zugunsten des Thronfolgers Michael zwang. C. ging erneut ins Exil.

Casablanca, Hafenstadt in NW-Marokko mit 260 000 Einwohnern (1940), davon 75 000 Europäer. C. war nach der frz. Kapitulation 1940 einer der wichtigsten Stützpunkte Vichy-Frkr.s am Atlantik und Drehscheibe der Geleitzüge zu den Antillen und nach Frz. N-Afrika. Mit 6 Div., je einer Jagd- und Bombergruppe sowie starken Marinekräften, darunter dem Schlachtschiff Jean Bart, 11 U-Boote und 8 Einheiten eines leichten Geschwaders, konzentrierten sich hier Vichys Verteidigungskräfte in N-Afrika. Beim Unternehmen ➢ »Torch« war C. Ziel der amerikan. Task Force West (Hewitt/Patton), die direkt aus den USA kam und bei der Landung auf unerwartet heftigen Widerstand stieß. Die dreitägige Schlacht von C. (8.-10.11.42) kostete auf frz. Seite rd. 1000 Tote und Vermißte sowie mindestens ebenso viele Verwundete; 7 Überwassereinheiten und 5 U-Boote wurden von amerikan. Schiffsgeschützen und Trägerflugzeugen versenkt. Ein letztes Mal wurde C. Schauplatz von Kriegshandlungen, als dt. ➢ Condor-Fernbomber vom KG 40 die Stadt am 1.1.43 angriffen, wobei freil. mehr Verwirrung als Schaden entstand.

Casablanca-Konferenz, Treffen der Reg.chefs der USA (Roosevelt) und Großbrit.s (Churchill) vom 14.-25.1.43 in der marokkan. Hafenstadt, alliierte Codebez. »Symbol«; hinzugezogen waren die Stabschefs, Stalin war wegen der Schlacht um ➢ Stalingrad unabkömml. Es ging bei der C. um die Abstimmung der gemeinsamen Strategie zur Fortführung des Krieges. Die Westalliierten bekräftigten ihre Absicht, Hitler-Deutschland zuerst zu bezwingen (»Germany first«). Auf Drängen Churchills stellten sie dafür die Eröffnung der ➢ Zweiten Front in Frkr. zugunsten einer Landung auf Sizilien (➢ »Husky«) zurück. An die Luftstreitkräfte erging die Direktive zum strateg. Bombenkrieg gegen Deutschland; als weitere Hauptziele wurden die Sicherung der Seewege und die Unterstützung der UdSSR mit Kriegsmaterial gefordert. In Fernost wurde die Rückeroberung Burmas (≫ »Anakim«) ins Auge gefaßt. Die eigentl. Bedeutung der C. lag in der erst nach Abschluß von Roosevelt ohne Rücksprache formulierten Forderung nach ≫ Bedingungsloser Kapitulation (Unconditional Surrender) der Achsenmächte.

Caserta, italien. Stadt am N-Rand der Ebene Kampaniens, 30 km nördl. von Neapel, mit rd. 35 000 Einwohnern (1940). In C. war im April 45 das alliierte Hauptquartier untergebracht; hier unterzeichneten am 29.4.45 der OB der dt. Heeresgruppe C, Gen.oberst v. ≫ Vietinghoff, und der Höchste SS- und Polizeiführer in Italien, General der Waffen-SS Karl ≫ Wolff, für die in Italien stehenden dt. Truppen – noch fast 1 Mio. Mann – die Kapitulationsurkunde, in der für den 2.5., 14 Uhr, Waffenniederlegung vereinbart wurde.

Cash-and-carry-Klausel (bezahlen und abholen), am 1.5.37 beschlossene Präzisierung des amerikan. Neutralitätsgesetzes vom 31.8.35, nach dem die Lieferung kriegswichtiger Güter an Kriegführende ausgeschlossen war. Durch den Zusatz sollte das nur noch für Waffen gelten, während andere Waren bei Barzahlung und Abholung durch Schiffe des Käufers geliefert werden durften. Die C. wurde nach dem Polenfeldzug am 4.11.39 auch auf Waffen und Munition ausgedehnt, so daß v.a. Seemächte wie Großbrit. und Frkr. amerikan. Rüstungsgüter beziehen konnten. Am 11.3.41 wurde sie durch das ≫ Leih- und Pachtgesetz für solche Länder gegenstandslos, deren Verteidigung der US-Präs. für die Sicherheit der USA als lebenswichtig ansah.

Cassino, mittelitalien. Stadt mit 19 000 Einwohnern (1936) im Tal des Rapido am östl. Fuße des ≫ Monte Cassino mit dem Gründungskloster des Benediktinerordens.

Castellano, Giuseppe, * Prato 1893, † Poretta Terme 1977, italien. General; bei Kriegsbeginn Adjutant des Gen. stabschefs des Heeres. C. beteiligte sich seit Herbst 42 aktiv an den Bemühungen zur Entmachtung Mussolinis und zur Abkoppelung Italiens von Deutschland. Nach dem Sturz des »Duce« (25.7.43), an dessen Verhaftung C. zus. mit ≫ Ambrosio führend mitwirkte, entsandte ihn die Reg. Badoglio am 12.8.43 unter dem Decknamen »Raimondi« nach Madrid und Lissabon zu Verhandlungen über einen Sonderwaffenstillstand; 19.8. erstes Treffen in der brit. Botschaft. Am 3.9.43 unterzeichnete C. in Cassibile (Sizilien) trotz schwerer Bedenken die italien. Kapitulation, die bis zur geplanten Landung der Amerikaner in der Bucht von ≫ Salerno geheimgehalten werden sollte.

»Catapult«, Codebez. für die brit. Maßnahmen zur »Neutralisierung« der frz. Flotte nach dem dt. Sieg über Frkr. im Juni/Juli 40, insbes. den Überfall in ≫ Mers el-Kebir. Schon während des dt. Vormarsches hatte London gedrängt, die frz. Kriegsmarine solle ihre Seestreitkräfte nach Übersee oder in brit. Häfen verlegen, um sie dt. oder italien. Zugriff zu entziehen. Admiral ≫ Darlan hatte daher Selbstversenkungsbefehl gegeben für den Fall, daß von dt. Seite der Versuch zur Beschlagnahme der Flotte gemacht würde. Dem trugen die dt. Waffenstillstandsbedingungen vom 22.6.40 Rechnung, die keinen Anspruch auf die Kriegsflotte erhoben, sondern nur die Demobilisierung und Internierung in bestimmten frz. Häfen vorsahen. Da jedoch Churchill den dt. Zusicherungen nicht traute und auch Darlan nicht glaubte, der sich der Reg. Pétain zur Verfügung gestellt hatte, beschloß das brit. Kriegskabinett am 24.6. die Planung von »C.«. Außer Aktionen zur Ausschaltung der frz. Einheiten in ≫ Alexandria, Mers el-Kebir und ≫ Dakar wurde damit die Wegnahme der in brit. Häfen liegenden frz. Kriegsschiffe angeordnet. Bei der Auslösung von »C.« am 3.7.40 besetzten brit. Truppen u.a. in Portsmouth, Plymouth, Coucy, Dundee und Falmouth 2 Schlachtschiffe, 1 Kreuzer, 1 Zerstörer, 6 Torpedoboote, 9 Avisos, 6 U-Boote und eine Vielzahl kleinerer Einheiten.

»Catchpole« (amerikan. Büttel), Codebez. für die Landung der 22. Regimentskampfgruppe und des II. Bataillons der 27. US-Inf.div. auf ≫ Eniwetok vom 17.-23.2.44. Insges. 8000 Mann wurden im Rahmen des Unternehmens »C.« zunächst im N des Atolls und am 19.2. auch auf der Hauptinsel von 11 Transportern und 16 Landungsfahrzeugen abgesetzt, gedeckt durch eine Flotte von 3 Schlachtschiffen, 3 Kreuzern und 14 Zerstörern, Luftunterstützung durch Flugzeuge von drei Geleitträgern. Der Widerstand der 3431 japan. Verteidiger (Gen.major Nishida) wurde in wenigen Tagen gebrochen, nur 64 Mann ließen sich gefangennehmen; amerikan. Verluste: 195 Tote, 521 Verwundete.

Catroux, Georges, * Limoges 29.1.1877, † Paris 21.12.1969, frz. General und Politiker; im 1. Weltkrieg Offizier alger. Truppen in Frkr., danach u.a. Militärattaché in der Türkei, in Marokko und Syrien, 1934 Div.gen., 1939 zV. Schon im Aug. 39 nach Indochina berufen, wurde C. dort am 20.5.40 Gen.gouverneur, trat aber nach dem Zusammenbruch Frankreichs als Anhänger von de Gaulle am 26.7.40 zurück und wurde durch Admiral J. Decoux ersetzt. Über Singapur erreichte C. London, von wo ihn de Gaulle als »Vertreter des Freien Frkr.« am 28.11.40 nach Kairo entsandte. Die Vichy-Reg. ließ ihn in Abwesenheit zum Tod verurteilen. Als alliierte Truppen im Juni 41 das frz. Mandatsgebiet Syrien und den Libanon besetzten, schloß sich C. mit gaullist. Truppen an und wurde nach der Kapitulation der Pétain-treuen Verbände am 14.7.41 Hochkommissar Levante. Nach der alliierten Landung in N-Afrika (8.11.42) wurde er OB der dortigen frz. Streitkräfte und bemühte sich um einen Ausgleich zw. de Gaulle und ≫ Giraud. Als Beauftragter des frz. Befreiungskomitees für Algerien seit 2.7.43 war C. maßgebl. beteiligt an der Verordnung vom 7.3.44, nach der Algerier unter bestimmten Bedingungen die frz. Staatsbürgerschaft bekamen oder erwerben konnten. Am 4.6.44 wurde er Gen.gouverneur in Algier und am 9.9.44 Min. der Provisor. Reg. für N-Afrika. Vom 27.2.45 bis 1948 vertrat er Frkr. in Moskau. Danach Mitglied der Nat.versammlung.

Cavallero, Ugo Conte, * Casale Monferrato 20.9.1880, † Frascati 12.9.1943, Marschall von Italien (1.7.42); 1919 Leiter der italien. Militärdelegation bei den Friedensverhandlungen in Versailles, April 25 bis Nov. 28 Unterstaatssekretär im Kriegsmin., 1936/37 OB in O-Afrika. Nach der Ablösung ➢ Badoglios als Chef des italien. Wehrmachtgen.stabs (Capo di Comando Supremo) durch Mussolini am 6.12.40 übernahm C. dieses Amt (bis 30.1.43) und am 30.12.40 außerdem (bis Mai 41) den Oberbefehl über die italien. Truppen in Albanien anstelle des erkrankten Armeegen. Ubaldo Soddu. Nach dem Sturz Mussolinis ließ ihn sein Vorgänger Badoglio verhaften wegen angebl. faschist. Umtriebe. C. rechtfertigte sich in einer Denkschrift und mußte nach der Befreiung aus dem Gefängnis in Rom durch dt. Truppen nun die Aburteilung durch das neue Mussolini-Regime befürchten. Dem entzog er sich durch Selbstmord.

CBI-Command, Abk. für das 1942 gebildete alliierte Oberkommando für **C**hina-**B**urma-**I**ndien unter Gen. Stilwell in Delhi, dem SEAC (South East Asia Command) unterstellt, zuständig für die Operationen in N-Burma. Mit Abberufung Stilwells wurde das C. geteilt: für Burma-Indien war fortan Gen. Sultan, für China Gen. Wedemeyer zuständig.

Celebes, drittgrößte der Großen Sundainseln in Niederländ. Ostindien mit 179 416 km² und rd. 4 Mio. Einwohnern (1939). Beim japan. Angriff auf das niederländ. Kolonialreich in Fernost landeten am 11.1.42 Fallschirmjäger und amphib. Truppen im N von C. bei Menado, am 24.1. wurde Kendari im SO und am 9.2. Makassar an der S-Spitze besetzt. Die Insel blieb bis Kriegsende in japan. Hand.

»Cerberus«, Deckname für den ➢ Kanaldurchbruch schwerer dt. Überwassereinheiten am 12.2.42. Das höchst riskante Unternehmen sollte die Schlachtschiffe Scharnhorst und Gneisenau sowie den Schweren Kreuzer Prinz Eugen, die in ➢ Brest lagen, den ständigen brit. Luftangriffen entziehen und sie für die Abwehr einer befürchteten Invasion Norwegens sowie für die Bekämpfung der alliierten Nordmeer-Geleitzüge verfügbar machen.

Ceylon (heute Sri Lanka), brit. Kronkolonie im Ind. Ozean mit 65 608 km² und rd. 6 Mio. Einwohnern (1940), Hauptstadt Colombo. Anders als im benachbarten Indien unterstützten die meisten Führer der ceylones. Nationalbewegung die brit. Kriegsanstrengungen gegen Japan, vereinzelte Opponenten wurden auf Anordnung von Gouverneur Caldecott interniert. Die beiden Marinestützpunkte Colombo und Trincomalee waren wichtige Verbindungsstationen zw. europ. und fernöstl. Kriegsschauplatz. Nach dem Verlust der Malaiischen Halbinsel und ➢ Niederländ. Ostindiens 1942 an Japan fiel C. eine strateg. Schlüsselrolle bei der Sicherung der brit. Schiffahrtsrouten vom Ind. Ozean in den Pers. Golf und den Suezkanal zu. Churchill fürchtete einen japan. Angriff auf C. als einen der gefährlichsten Augenblicke des ganzen Krieges. Dem alliierten Oberkommando waren im März 42 japan. Pläne für einen Flottenvorstoß in den Ind. Ozean bekannt geworden. In Colombo versammelte sich daher unter Vizeadmiral ➢ Somerville ein brit. Flottenverband, der am 30.3.42 zur Abwehr einer mögl. japan. Invasion auslief und sich auf See in verschiedene Kampfgruppen aufteilte:

Die Eastern Fleet bestand aus 5 Schlachtschiffen, 3 Flugzeugträgern, 8 Kreuzern und 15 Zerstörern mit beschränktem Kampfwert, da einige der schweren Einheiten überaltert und damit aus der Luft leicht verwundbar waren. Am 4.4. sichtete ein Catalina-Flugboot 360 sm südl. C. einen japan. Verband aus 4 Schlachtschiffen und 5 Trägern unter Admiral ➢ Nagumo, der am 5.4. 144 Trägerflugzeuge zu einem Bombenangriff gegen Colombo aufsteigen ließ und mit der Versenkung der Schweren Kreuzer Dorsetshire und Cornwall erste Erfolge errang. Am 9.4. ließ Nagumo Trincomalee bombardieren, wehrte einen brit. Luftangriff gegen seinen Verband ab und konnte den Träger Hermes versenken. Die Japaner, zu denen noch eine leichte Kampfgruppe unter Admiral Ozawa gestoßen war, nutzten den Sieg nicht aus, hatten aber dem brit. Prestige in SO-Asien einen empfindl. Stoß versetzt.

Chamberlain, Neville, * bei Birmingham 18.3.1869, † Heckfield bei Reading 9.11.1940, brit. Politiker; 1918 konservativer Abgeordneter im Unterhaus. C. wurde am 28.5.37 Premiermin. und versuchte, seinem Land durch Ausgleich mit den Diktatoren, v.a. Hitler, die nötige Zeit für eine wirtschaftl. Gesundung zu verschaffen. Diese Appeasement-Politik führte nicht nur zu wachsenden dt. Forderungen, sondern auch zu tiefer Irritation in der Sowjetunion über die Haltung der Westmächte. Obwohl C. nach der dt. Annexion der Tschechei (➢ Protektorat) im März 39 demonstrativ seinen Beschwichtigungskurs beendete, kam der Schwenk zu spät, um Hitlers Kriegspläne zu bremsen und die Verständigung Berlin–

Chamberlain: Hitler und der britische Premierminister auf der Treppe des Berghofs bei Berchtesgaden (15. September 1938)

Moskau zu verhindern. Die zunächst folgenlose brit. Kriegserklärung (3.9.39) nach dem dt. Einmarsch in Polen und die Schlappe durch die dt. Besetzung von Dänemark und Norwegen (9.4.40) ließen die Kritik an C. anwachsen, der am Tag des dt. Angriffs im W (10.5.40) ➢ Churchill weichen mußte.

»Chariot« (engl. Streitwagen), Codebez. für das brit. Kommandounternehmen gegen die Werftanlagen der westfrz. Hafenstadt ➢ Saint-Nazaire im März 42. Seit dem Auftauchen der ➢ Bismarck im Atlantik befürchtete die brit. Admiralität die Verlegung der ➢ Tirpitz in atlant. Gewässer, wo sie sich zusammen mit den schweren Überwassereinheiten Scharnhorst, Gneisenau und Prinz Eugen, die in ≫ Brest lagen, zu einer bedrohl. Streitmacht hätte vereinigen können. Im Okt. 41 wurde daher »C.« in Planung genommen zur Zerstörung des einzigen Docks, das die Tirpitz aufnehmen konnte: Der alte Zerstörer Campbelltown wurde mit Sprengstoff und Zeitzünder ausgerüstet und sollte, gesichert von zwei Begleitzerstörern und 16 Vorpostenbooten mit insges. 353 Mann und 258 Kommando-Soldaten, von der Besatzung vor das äußere Schleusentor des großen Docks bugsiert werden. Die Mannschaft sollte nach Auslösung des Zünders wie die anderen Kommandos an Land gehen und weitere Sabotageakte gegen die Werft- und Hafenanlagen des dt. U-Boot-Stützpunkts ausführen. Zur Verwirrung der Abwehr war ein vorangehender Luftangriff auf die Stadt geplant. Als »C.« am 26.3.42 unter Führung von Fregattenkapitän Robert Ryder anlief, war der Grund dafür weitgehend weggefallen, da die dt. Kriegsmarine mit dem ≫ Kanaldurchbruch im Febr. 42 die ≫ Atlantikschlacht über Wasser abgebrochen hatte.

Charkow, sowjet. Verkehrsknotenpunkt und mit rd. 850 000 Einwohnern (1940) zweitgrößte Stadt der Ukraine. Zur Absicherung der Eroberung des ukrain. Industriereviers wurde C. im Zuge der Schlacht um ≫ Moskau (Angriffsbeginn 30.9.41) am 24.10.41 von Verbänden der dt. 6. Armee (v. Reichenau) genommen und während der sowjet. Winteroffensive trotz eines Einbruchs südl. der Stadt bei Isjum gehalten. Nach Kampfpause während der Schlammperiode setzte die sowjet. Südwestfront (Timoschenko) am 12.5.42 mit 5 Armeen zur Rückeroberung von C. an und stieß dabei auf die dt. 6. Armee (Paulus) und die Gruppe Kleist (17. Armee und 1. Pz.Armee). In der entbrennenden Schlacht um C. kamen nach Anfangserfolgen dt. Gegenangriffe seit 17.5. (Unternehmen »Fridericus I.«) auf die Flanken des Frontbogens zum Tragen. Da Stalin den Abbruch der Offensive ablehnte, gelang es den dt. Verbänden, starke sowjet. Kräfte einzuschließen, 240 000 Gefangene einzubringen und damit günstige Voraussetzungen für die Sommeroffensive im S-Abschnitt der Front zu schaffen.

Nach der Katastrophe von Stalingrad bahnte sich im Frühjahr 43 bei C. ein weiteres Desaster für die Wehrmacht an, als die Rote Armee mit der Woronesch-Front (Golikow) über den Don ging, mit der Südwestfront (Watutin) auf den Donez vorstieß und mit der Südfront (Jeremenko, seit 2.2.43 Malinowski) die dt. Heeresgruppe Don (später Süd/v. Manstein) zurückwarf. Nachdem der Kommand. Gen. des II. SS-Pz.korps ≫ Hausser am 16.2. die Stadt befehlswidrig zur Rettung seiner Truppen geräumt hatte, spitzte sich die Lage so zu, daß Hitler zu Manstein nach Saporoschje flog und vorübergehend wieder das Führerhauptquartier ≫ »Werwolf« bei Winniza bezog. Dank der bewegl. Kampfführung Mansteins gelang es der dt. 4. Pz.armee (Hoth) am 12.3., C. erneut zu nehmen, das erst nach dem Scheitern des Unternehmens ≫ »Zitadelle« im Rahmen der sowjet. Gegenoffensive am 23.8.43 von der Steppenfront (Konjew) endgültig befreit wurde.

Während der hin- und herwogenden Kämpfe um C. im Febr./März 43, an denen u.a. die 2. SS-Pz.div. »Das Reich« und die 3. SS-Pz.div. »Totenkopf« teilnahmen, kamen Tausende von Einwohnern um. Nach sowjet. Dokumenten sollen Angehörige der genannten SS-Einheiten an der Erschießung und Folterung von Zivilisten und Kriegsgefangenen beteiligt gewesen sein.

Chelmno, poln. Name des nat.-soz. Vernichtungslagers Kulmhof, in dem im Rahmen der ➢ Judenverfolgung von Dez. 41 bis März 43 und von April bis Aug. 44 mindestens 155 000, nach poln. Angaben sogar 300 000 Juden ermordet wurden.

Chennault, Claire Lee, * Commerce (Texas) 6.9.1890, † New Orleans 27.7.1958, amerikan. Fliegergeneral; 1917 US Army Air Corps, Fluglehrer und Kunstflieger. Vorzeitig als Hauptmann pensioniert, ging C. 1937 als Berater nach China und bildete dort im Rang eines Oberst Flieger zum Kampf gegen die Japaner aus. Mit stillschweigender Billigung der Reg. in Washington stellte er 1940/41 zur Unterstützung ➢ Tschiangkaischeks aus beurlaubten amerikan. Militärpiloten und Ausländern die American Volunteer Group auf. Die Söldnertruppe flog Jäger vom Typ P-40 Warhawk und wurde durch ihre Luftsiege über Burma unter dem Namen ➢ Flying Tigers berühmt. Im Juli 42 wurde C. im Rang eines Brigadegen. reaktiviert, mit seiner Einheit der US-Heeresluftwaffe unterstellt und 1943 zum Gen.major und Kommandeur der 14. US-Luftflotte in China ernannt.

Cherbourg, frz. Kriegs- und Handelshafen an der Spitze der Halbinsel Cotentin mit rd. 40 000 Einwohnern (1940). C. wurde im Frankreichfeldzug am 18.6.40 von der 7. Pz.div. (Rommel) besetzt, nachdem das letzte Schiff mit evakuierten Soldaten und Zivilisten nur 24 Stunden zuvor den Hafen verlassen hatte. Insges. retteten sich von C. aus 30 630 Mann des brit. Expeditionskorps. – Bei der alliierten Invasion am 6.6.44 sollte C. als erster natürl. Hafen an der Normandie-Front möglichst rasch vom VII. US-Korps (Collins) genommen werden, doch blockierte die dt. 709. Inf.div. (v. Schlieben) den Weg nach N zur nur 40 km entfernten Stadt. Collins griff daher zunächst Richtung W an, stieß am 18.6. bis Barneville vor und durchschnitt damit die Halbinsel Cotentin, so daß C. abgeriegelt war. Hier igelten sich 21 000 dt. Marine-, Heeres- und Luftwaffensoldaten ein und lieferten den amerikan. Truppen einen zähen Abwehrkampf. Drei US-Div. griffen zu Lande mit massiver Luftunterstützung an, während schwere Schiffsartillerie von See her die Küstenbatterien neutralisierte. Nach Sprengung der Hafenanlagen ergaben sich am 26.6. Festungskommandant v. Schlieben und Admiral Hennecke, Seekommandant Normandie, mit dem größten Teil ihrer Truppen, die letzten Außenwerke kapitulierten zwei Tage später.
Am 15.7. lief das erste alliierte Transportschiff ein, Ende Sept. 44 wurden tägl. 25 000 t Nachschub entladen; erstrangige Bedeutung für die alliierte Treibstoffversorgung erhielt C. als Endpunkt der untermeerischen Pipeline »Pluto« von England durch den Ärmelkanal.

»Cherryblossom« (engl. Kirschblüte), Codebez. für die Landung amerikan. Truppen am 1.11.43 auf der größten Salomoninsel ≫ Bougainville. Für das Unternehmen »C.«, das im Zuge des ≫ Inselspringens den östl. Zangenarm zur Isolierung der japan. Stützpunkte Rabaul und Kavieng im Bismarckarchipel bildete, wurde die 3. US-Marineinf.div. (Turnage) mit 14 321 Mann bereitgestellt, der die 37. Inf.div. folgen sollte. Die Marines landeten unter dem Schutz der Task Force 39 mit 4 Kreuzern und 8 Zerstörern im Morgengrauen des Stichtags in der Kaiserin-Augusta-Bucht und konnten einen Brückenkopf ausbauen, japan. Luftangriffe von Rabaul aus blieben wirkungslos. Gefährlicher war die Bedrohung von See her, wo am 2.11. die japan. 5. Kreuzer-Div. (Konteradmiral Omori) mit 3 Schweren Kreuzern und 1 Leichten Kreuzer sowie 6 Zerstörern angriff. Nach Verlust des Leichten Kreuzers Sendai, Kollisionsschäden und Artillerietreffern auf anderen Einheiten mußte Omori das Gefecht abbrechen. Trotz ähnl. Verluste konnten die US-Einheiten den Landungsraum erfolgreich sichern. Im weiteren Verlauf von »C.« wurden am 7.11. im O des US-Brückenkopfs gelandete japan. Verstärkungen zurückgeschlagen. Angriffe japan. Trägerflugzeuge richteten nur unwesentl. Schäden an, kosteten hingegen 121 Maschinen, so daß die japan. Trägerluftwaffe vorerst nicht mehr einsatzfähig war.

China, Republik in O-Asien mit 420 Mio. Einwohnern (1937), volkreichstes Land der Erde, 6,5 Mio. km^2, Hauptstadt Nanking, Kriegshauptstadt Tschungking. C., ohnehin zerrissen vom Bürgerkrieg der Nat.chinesen und der Kommunisten, wurde in den 30er Jahren erstes Opfer des japan. Expansionismus und mußte schon 1931 die Besetzung der ≫ Mandschurei und ihre Umwandlung ins japan. kontrollierte Kaiserreich ≫ Mandschukuo hinnehmen. Mit dem sog. C.-Zwischenfall, einem lokalen Feuergefecht an der Marco-Polo-Brücke in Peking, eröffnete die japan. Kwantungarmee am 7.7.37 dann den unerklärten Angriffskrieg gegen C., der – ähnl. wie in Europa der span. Bürgerkrieg – das fernöstl. Vorspiel zum 2. Weltkrieg bildete. Die Japaner eroberten den gesamten N von C., Teile der Inneren Mongolei sowie einige der großen Flußläufe mit den zentralen Großstädten am Unterlauf des Jangtse einschließl. der Hauptstadt Nanking (12.12.37), auch die Häfen im S fielen ihnen in die Hände. Die chines. Nat.reg. unter Marschall ≫ Tschiangkaischek zog sich ins Landesinnere nach Tschungking zurück. Der japan. Vormarsch kam 1939 zum Stillstand, rd. 850 000 Mann kontrollierten nun in C. die Städte und die wichtigen Verbindungslinien, doch eine völlige Unterwerfung war vorerst gescheitert. Diese Atempause bescherte C. der eskalierende Konflikt Japans mit den USA, der sich beim Überfall auf ≫ Pearl Harbor (7.12.41) entlud und das Land unversehens in eine Allianz mit den Angloamerikanern führte; 9.12.41 Kriegserklärung an die Achsenmächte. C. wurde mit den benachbarten ≫ Burma und ≫ Indien zu einem Kriegsschauplatz zusammengefaßt und auf der ≫ Kairo-Konferenz (Nov. 43) in die Friedensplanungen einbezogen (Rückgabe der japan. besetzten Gebiete u.a.). US-Gen.leutnant Stilwell wurde als Gen.stabschef zu Tschiangkaischek entsandt und sollte dafür sorgen, daß möglichst viele japan. Kräfte auf dem chines. Festland gebunden blieben. Wegen des Ausfalls der ≫ Burmastraße war er allerdings weitgehend auf den nie ausreichenden Nachschub über die Luftbrücke »The Hump« angewiesen. Gegen die letzte japan. Offensive ≫ »Ichi-Go« im April 44 waren die Kuomintang-Truppen daher nicht genügend gerüstet, sie mußten noch einmal weite Gebiete in S-China räumen, die 14. US-Luftflotte (Chennault) verlor wichtige Basen. Doch auch in C. ging mit den Niederlagen im Pazifik die japan. Herrschaft zu Ende. Das Land aber, dank US-Hilfe zur Großmacht aufgerückt, kam nicht zur Ruhe, da der durch die äußere Bedrohung zeitweilig unterbrochene Bürgerkrieg gegen die Kommunisten erneut aufflammte. Die USA setzten ihre militär. und wirtschaftl. Unterstützung für Tschiangkaischek massiv fort, konnten aber dem erbitterten Kampf nicht mehr die erhoffte Wende geben. Er endete mit der Vertreibung der Nat.chinesen vom Festland nach ≫ Formosa und der Gründung der kommunist. Volksrepublik (»Rot-C.«) am 21.9.49.

Chindits, brit. Spezialeinheit, die 1943/44 in ≫ Burma hinter den feindl. Linien operierte, benannt nach einem burmes. mytholog. Fabeltier in Gestalt eines unbesiegbaren Löwen, der die Pagoden bewacht. Gegr. ursprüngl. unter der Bez. Long Range Penetration Groups (LRP, Eingreiftruppe mit großer Reichweite) von Gen.major ≫ Wingate als 77. ind. Brigade Ende 42, sollten die etwa 3000 C. weiträumigen Guerillakrieg im Rücken des Gegners führen. Im Schutz des Dschungels sollten sie, aus der Luft versorgt, ins feindl. Gebiet einsickern und über Funk Kontakt halten. Die Truppe rekrutierte sich aus Engländern, Indern, Gurkhas und Angehörigen burmes. Bergvölker. Das erste C.-Unternehmen (8.2.-24.3.43) richtete sich über mehrere hundert km gegen Ziele im Irawadi-Tal südl. Katha, mußte aber nach Erreichen des Operationsgebiets abgebrochen werden. Zwar waren die direkten Erfolge gering, die Verluste (1000 Mann und sämtl. Ausrüstung) dagegen unverhältnismäßig hoch, doch sammelte man wertvolle Erfahrungen für den Dschungelkrieg. Ein Jahr später startete daher Wingate eine zweite C.-Operation zur Unterstützung der Offensive der amerikan.-chines. Armee (Stilwell) gegen Myitkyna nordwestl. Katha am Irawadi. Dieses Mal wurden 12000 Mann teils mit Lastenseglern und per Fallschirm am 5.3.44 ins Zielgebiet rund um den Indawgyi-See gebracht, teils marschierten sie von Ledo (5.2.44) südwärts. Zunächst wenig erfolgreich und erschüttert vom Tod Wingates (24.3.), nahmen die C. am 18.4. Indaw und unterbrachen an vielen Stellen den japan. Nachschub. Dennoch mußten die meisten C. im Juni/Juli 44 erschöpft ausgeflogen werden. Nur Reste erlebten Anfang Aug. die Eroberung von Myitkyna.

Cholm, sowjet. Stadt an der Lowat mit rd. 6000 Einwohnern (1940), rd. 80 km westl. des Seligersees; Ende Aug. 41 von dt. Truppen erobert. C. lag im Winter 1941/42 im Verteidigungsbereich der dt. 16. Armee (Busch), die sich seit 8.1.42 einer Offensive der sowjet. Nordwestfront (Kurotschkin) südl. des Ilmensees gegenübersah. Die ausgeruhten sowjet. Verbände der 34. Armee und der 3. und 4. Stoßarmee, zu denen am 15.1. noch die 22. Armee trat, brachen weiträumig Richtung Welikije Luki durch, überschritten die Lowat, zerrissen die Naht zw. den dt. Heeresgruppen

Cholm: Generalmajor Scherer, der Verteidiger des Cholmer Kessels, wird von Offizieren seines Stabes mit dem Ritterkreuz geschmückt.

Nord und Mitte und schlossen bei ≫ Demjansk (8.2.) und C. (21.1.) die dt. Verteidiger ein.

Gen.major Scherer sammelte in C. versprengte dt. Einheiten, gliederte sie neu und stellte so aus Teilen der 123. und 218. Inf.div., Gebirgsjägern, dän. Freiwilligen, Marine- und Luftwaffenangehörigen eine später nach ihm benannte Kampfgruppe von rd. 6000 Mann auf, die, versorgt aus der Luft durch Lastensegler, prakt. ohne jede Artillerie allen Angriffen weit überlegener sowjet. Kräfte standhielt, bis sie Anfang Mai 42 entsetzt werden konnte. C. wurde im Febr. 44 wieder von der Roten Armee besetzt.

Choltitz, Dietrich von, * Schloß Wiese bei Neustadt (Oberschlesien) 9.11.1894, † Baden-Baden 4.11.1966, dt. Gen. der Inf. (1.8.44); 1914 Berufssoldat, 1936 Oberstleutnant, bei Kriegsbeginn Kommmandeur des III. Bataillons des 16. Inf.regiments. Nach Polen- und Frankreichfeldzug zeichnete sich C. in Rußland bei der Belagerung von ≫ Sewastopol aus, wurde am 1.9.42 Gen.major, am 1.2.43 Gen.leutnant und erhielt am 5.3.43 das Kommando über die 11. Pz.div. Nachdem er 1944 zunächst die 76. Pz.div. in Italien befehligt hatte, übernahm er am 20.6. als Kommand. Gen. das LXXXIV. AK an der Invasionsfront. Als unpolit. und loyalen Offizier berief ihn Hitler am 7.8.44 ins Führerhauptquartier »Wolfsschanze« und ernannte ihn als Nachfolger von Gen. v. Boineburg zum Wehrmachtbefehlshaber Groß-Paris, zu dem außer der Stadt auch das Departement Seine und Teile der Departements Seine-et-Oise sowie Seine-et-Marne gehörten, Hauptquartier im Hotel Meurice. Am 12.8. erhielt er den Befehl, die Seinebrücken sprengen zu lassen. Es folgten noch acht weitere Zerstörungsbefehle Hitlers, die C. jedoch verschleppte, nur teilweise ausführte oder ignorierte, da er den Krieg als verloren und weitere Opfer als sinnlos ansah. Als gegen aufständ. Résistance-Gruppen Luftwaffe eingesetzt werden sollte, erreichte er über den schwed. Konsul Raoul Nordling eine Feuerpause, so daß die Bombardierung unterblieb. Er konnte Paris, das die Alliierten am 24.8. erreichten, planmäßig räumen, unterzeichnete am 28.8. die Übergabe vor ➢ Leclerc und ging in frz. Gefangenschaft; 1947 entlassen.

Christbäume, umgangssprachl. Bez. für Leuchtzeichen, mit denen die brit. Nachtbomber ihre Ziele markierten, benannt wegen der kegelförmigen Ausbreitung nach dem Abwurf. Im März 42 war die RAF zu ihrer neuen Strategie des Flächenbombardements übergegangen und setzte dabei seit Aug. 42 bes. ➢ Pfadfinder Flugzeuge ein, die dem Bomberstrom vorausflogen und den Angriffsbereich durch Leuchtzeichen absteckten. Zur nächtl. Zielfindung dienten ihnen das ➢ GEE- und später das ➢ Oboe-Funkleitverfahren sowie bordeigene H2S Radargeräte (➢ Rotterdam-Gerät).

Christian X., * Charlottenlund 26.9. 1870, † Kopenhagen 20.4.1947, König von Dänemark (seit 1912); konnte im 1. Weltkrieg die dän. Neutralität bewahren. Trotz des im Sommer 39 geschlossenen dt.-dän. Nichtangriffsvertrags wurde C.s Land im Rahmen des dt. Unternehmens ➢ »Weserübung« seit 9.4.40 von der Wehrmacht besetzt. C. ließ den sinnlosen Widerstand einstellen und blieb zunächst wie seine Reg. im Amt. Wegen der Ablehnung der dt. Rassenpolitik und wegen zunehmender Sabotageakte dän. Widerstandsgruppen wurde von Reichskommissar ➢ Best am 29.8.43 das Kriegsrecht verhängt. C. blieb bis Kriegsende als Gefangener auf Schloß Amalienborg.

Christiansen, Friedrich, * Wyk auf Föhr 12.12.1879, † Aukrug-Innien (Schleswig-Holstein) 3.12.1972, dt. Gen. der Flieger (1939); zunächst Seemann, im 1. Weltkrieg als Flieger Pour le mérite, dann in der Flugzeugindustrie tätig. C. wurde 1933 ins Luftfahrtmin. berufen und mit dem Befehl über die Fliegerschulen und das Nat.-soz. Fliegerkorps (NSFK) betraut. Nach dem Frankreichfeldzug wurde er Wehrmachtbefehlshaber der besetzten Niederlande. In seinen Befehlsbereich fiel die Zerstörung des Dorfes Putten (Okt. 44), für die C. im Aug. 48 zu 12 Jahren Haft verurteilt wurde, 1951 begnadigt.

Chruschtschow, Nikita Sergejewitsch, * Kalinowka (Gouvernement Kursk) 17.4.1894, † Moskau 11.9.1971, sowjet. Politiker; Dez. 1917 zu den Bolschewiki, im Bürgerkrieg Offizier, 1934 ZK- und 1939 Politbüro-Mitglied. Am 5.8.41 wurde C. als Politkommissar der Roten Armee der Südwestfront (Budjonny) zugeteilt, plante im Frühjahr 42 mit Timoschenko die dann scheiternde sowjet. Offensive bei Charkow und war seit Aug. 42 bei der Stalingradfront (Jeremenko). An der Pz.schlacht bei Kursk nahm C., inzw. Gen.leutnant, im Zentrum bei der Woronesch-Front (Watutin) teil und war später v.a. bei der 1. Ukrain. Front (Schukow, später Konjew) an der Rückeroberung der Ukraine und der W-Gebiete beteiligt. Nach dem Krieg 1953 Erster Sekretär des ZK der KPdSU und 1956 bis 15.10.64 prakt. Alleinherrscher, seit 1956 Kurs der Entstalinisierung; gestürzt wegen wirtschaftl. Mißerfolge und des Konflikts mit Rotchina.

Churchill, Winston (Leonard Spencer), * Blenheim Palace (Oxfordshire) 30.11.1874, † London 24.1.1965, brit. Politiker; als Sproß der Familie der Herzöge von Marlborough Ausbildung an Eliteschulen wie Harrow und Kadettenanstalt Sandhurst; Offizier in mehreren Feldzügen; 1899/1900 Kriegsberichterstatter im Burenkrieg. Durch abenteuerl. Flucht aus bur. Gefangenschaft populär geworden, gelangte C. 1900 als konservativer Abgeordneter ins Unterhaus, wechselte 1906 zu den Liberalen und war mehrfach Min., u.a. 1. Lord der Admiralität (Marinemin., 1911-15). Zwischenzeitl. Frontoffizier in Frkr., bekleidete C. seit 1917 erneut verschiedene Min.posten (u.a. 1924-29 Schatzkanzler) und kehrte zu den Konservativen zurück.

Als energ. Vertreter einer brit. Politik der Stärke gegen das aufrüstende nat.-soz. Deutschland geriet C. zunehmend in Gegensatz zur konservativen Appeasement-Linie; 1929 bis 39 blieb er ohne Reg.beteiligung. Seine Warnungen vor nat.-soz. Rassismus und Imperialismus fanden wenig Gehör und wurden in Berlin als Angriffe eines »nicht ganz ernst zu nehmenden Außenseiters« registriert. Erst als die brit. Beschwichtigungspolitik an Hitlers ungebremst expansivem Kurs gescheitert war, führte öffentl. Druck im Sept. 39 zur Aufnahme C.s ins Kriegskabinett N. ➢ Chamberlains als Marinemin. Zu spät aber wurden seine Forderungen nach Besetzung des norweg. Erzhafens Narvik beherzigt, so daß Hitler Großbrit. zuvorkommen konnte. C. löste daher am Tag des dt. Angriffs im Westen (10.5.40) Chamberlain als Reg.-Chef ab.

Er bildete ein »Kabinett der nat. Konzentration« mit Beteiligung der Labour Party und kündigte unbeugsamen Widerstand gegen die dt. Eroberer an (»Blut, Mühsal, Tränen, Schweiß«). Als C. im Sommer 40 Hitlers Friedensangebote zurückwies, konnte er bereits auf

Churchill: Träger des englischen Widerstandswillens 1940, einer der großen drei Sieger des Zweiten Weltkriegs 1945

amerikan. Hilfe hoffen, wie sie dann das ≫ Leih- und Pachtgesetz gewährte. Nach dem dt. Angriff auf die Sowjetunion schloß C. am 12.7.41 ein Bündnis mit Stalin und war maßgebl. Initiator der Allianz der »Großen Drei«, USA, UdSSR und Großbrit. Konnte er noch in ≫ Casablanca (Jan. 43) seine Strategie zur Niederwerfung Deutschlands durch Angriff auf den »weichen Bauch Europas« von Süden her durchsetzen, so sank sein Einfluß auf den Konferenzen von ≫Teheran (Ende 43) und ≫ Jalta (Febr. 45). Sein Plan, die Rote Armee von Mitteleuropa fernzuhalten, scheiterte letztl. an Roosevelt, der Stalin zum Kriegseintritt gegen Japan umwarb. Auch die europ. Nachkriegsordnung konnte C. nur noch in Ansätzen mitgestalten, da ihn eine Wahlniederlage im Juli 45 um weitere Mitwirkung am ≫ Potsdamer Abkommen brachte. Eine neue Amtszeit als Premiermin. (1951-55) änderte nichts daran, daß Großbrit. im Krieg seine Großmachtstellung an die USA und die UdSSR verloren hatte.

Ciano, Galeazzo, Graf von Cortellazzo, * Livorno 18.3.1903, † Verona 11.1. 1944, italien. Politiker; Jurist, seit 1930 Schwiegersohn Mussolinis, 1935 Propagandamin. und Mitglied des Faschist. Großrats, 9.6.36 Außenmin. Zunächst mit Mussolinis imperialist. Politik und seiner Anlehnung an das Dt. Reich einverstanden, konnte er jedoch mit wachsender Kriegsgefahr immer weniger die Methoden Hitlers billigen und mochte sich mit der italien. Satellitenrolle nicht abfinden. Die nicht immer verhehlte Kritik führte zur Entfremdung von Mussolini und zu C.s Ablösung im Febr. 43. Beteiligt am Sturz des »Duce« am 25.7.43, wurde C. von dt. Truppen interniert und wenig später an die Reg. in Salò ausgeliefert; nach Sondergerichtsverfahren erschossen.

Cicero, eigentl. Elyesa Bazna, * 1904, † München 23.12.1970, Kammerdiener des brit. Botschafters in Ankara, 1943/44 Spion in dt. Diensten. Der gebürtige Albaner bot dem dt. Botschafter in der Türkei, v. Papen, aus Geldgier und Britenhaß im Okt. 43 geheime Dokumente aus dem Tresor seines Arbeitgebers, Sir Hugh Knatchbull Hugessen, an. Papen wurde von der ≫ Abwehr und dem RSHA zur Annahme der Offerte ermächtigt, obwohl man in Berlin eher an eine Falle des brit. Geheimdienstes glaubte. Bazna erhielt den Decknamen C. und belieferte die dt. Botschaft in den folgenden Monaten mit Kopien von ca. 300 Dokumenten, die er mit Hilfe von Nachschlüsseln beschafft hatte. Die Schriftstücke waren von unterschiedl. nachrichtendienstl. Wert; sie gaben u.a. Aufschluß über die brit. Nahostpolitik, v.a. über Versuche, die Türkei ins alliierte Lager zu ziehen. Am wichtigsten jedoch waren Hinweise auf die bevorstehende Operation ≫ »Overlord«, die geplante Landung der Alliierten auf dem dt. besetzten europ. Kontinent, für die allerdings keine näheren Daten genannt waren. Die Erkenntnisse blieben zudem ungenutzt wegen der Rivalitäten der verschiedenen Nachrichtendienste in Berlin und ihres Argwohns C. gegenüber. Da weder Papen noch der zuständige Attaché Moyzisch Erfahrung in der Führung von Agenten hatten, geriet C. in Verdacht und wurde im Frühjahr 44 von einer dt. Botschaftssekretärin den Engländern verraten. Der Kammerdiener, der bereits 300 000 Pfund kassiert hatte, konnte fliehen, seinen »Lohn« allerdings nur zum Teil genießen: Zwei Drittel waren von den dt. Auftraggebern in gefälschten Noten (≫ »Bernhard«) gezahlt worden; Schadenersatzforderungen nach dem Kriege an die Bundesrepublik wegen der »Nazi-Betrügerei« blieben ergebnislos. C.s Geschichte ist bis heute beliebter Stoff für Sensationspresse und Agentenfilme.

Ciliax, Otto, * Neudietendorf bei Gotha 30.10.1891, † Lübeck 12.12.1964, dt. Admiral (Juni 42); 1910 zur Marine, im 1. Weltkrieg bei den U-Booten. C. war in der Kriegsmarine Admiralstabsoffizier, Kommandant des Pz.schiffs ≫ Admiral Scheer und des Schlachtschiffs ≫ Scharnhorst sowie von Juni 41 bis Juni 42 Befehlshaber der Schlachtschiffe, als der er den erfolgreichen ≫ Kanaldurchbruch am 11./12.2.42 leitete. Bis Febr. 43 für die Torpedoinspektion zuständig, war C. danach bis Kriegsende OB des Marineoberkommandos Norwegen.

Clark, Mark Wayne, * Madison Barracks (New York) 1.5.1896, † Charleston (South Carolina) 17.4.1984, amerikan. General; 1917 Abschluß der Akademie West Point; 1918 an der Front in Frkr., Verwundung, Gen.stabstätigkeit; 1935 Gen.stabsschule, 1937 Army War College, 1940 Instrukteur an einer Offiziersschule. C., 1941 zum Brigadegen. ernannt, wurde nach Kriegseintritt der USA mit den Vorbereitungen der alliierten Landung in N-Afrika betraut. Im Okt. 42 arrangierte er ein Geheimtreffen mit frz. Offizieren, die zum Bruch mit Vichy bereit waren. Er ließ sich von einem U-Boot per Schlauchboot vor Algier aussetzen und mußte bei der Rückkehr wegen einer Panne sogar schwimmend zum U-Boot zurückkehren. Beim Unternehmen ≫ »Torch« (8.11.42) war C. Stellv. Eisenhowers, wurde am 13.11.42 zum (jüngsten) Gen.leutnant ernannt und erhielt den Oberbefehl über die 5. US-Armee, mit der er am 9.9.43 bei ≫ Salerno hinter den dt. Linien in Italien landete. Trotz des wenig befriedigenden Erfolgs unternahm C. mit dem VI. Korps seiner Armee im Januar 44 erneut eine Landung bei ≫ Anzio, die ihre Ziele ebenfalls nicht erreichte. Nach dem Einzug in Rom (4.6.44) wurde C. im Dez. 44 OB der 15. Heeresgruppe (alle alliierten Truppen in Italien) und konnte am 2.5.45 die dt. Kapitulation entgegennehmen. Er kommandierte anschließend die amerikan. Besatzungstruppen in Österreich und setzte sich als Hochkommissar erfolgreich gegen sowjet. Reparationsforderungen zur Wehr. Ende 47 wurde er OB der 6. Armee, 1949 Chef des Stabes der US-Landstreitkräfte und Ende April 52 OB der UN-Truppen in Korea, wo er am 27.7.53 das maßgebl. von ihm beeinflußte Waffenstillstandsabkommen unterzeichnete. Im selben Jahr Ruhestand.

Clostermann, Pierre, * Curitiba (Brasilien) 28.2.1921, frz. Jagdflieger. C. schlug sich 1940 aus Brazzaville nach London durch, meldete sich freiwillig zur RAF und beendete den Krieg als erfolgreichstes frz. Jagd-As und Squadron Leader (Major) nach 400 Feindflügen. Nach dem Zählsystem der RAF wurden ihm 19, nach dem frz. sogar 33 bestätigte und 5 wahrscheinl. Luftsiege gutgeschrieben. C. begann seine Karriere als Spitfire-Pilot bei der freifrz. No. 341 Squadron und erhielt im Juli 44 das »Distinguished Flying Cross«. Mit seiner

Hawker ➢ Tempest »Le Grand Charles« zerstörte er bei Tiefangriffen weitere 7 dt. Maschinen am Boden, außerdem u.a. 72 Lokomotiven und 225 Lkw.

»Cockpit«, Codebez. für einen brit. Trägerraid gegen Sabang (NW-Sumatra). Für »C.« lief am 16.4.44 die British Eastern Fleet in 2 Gruppen mit insges. 3 Schlachtschiffen, 1 Schlachtkreuzer, 6 Kreuzern und 8 Zerstörern von Ceylon aus. Sie eskortierten den brit. Träger Illustrious und den US-Träger Saratoga, von denen am 19.4. vor Sumatra 46 Bomber und 35 Jäger aufstiegen und Sabang sowie umliegende militär. Einrichtungen der Japaner bombardierten, 24 Flugzeuge am Boden zerstörten und 1 Dampfer versenkten. 3 japan. Torpedoflieger wurden beim Angriff auf die Flotte abgeschossen.

Colditz, sächs. Kleinstadt an der Zwickauer Mulde mit 6100 Einwohnern (1940). Das Jagdschloß von C., ein ausgedehnter Gebäudekomplex über der Stadt, der um 1800 als Gefängnis, später Behindertenanstalt, eingerichtet worden war, diente in den 30er Jahren als Kreisführerschule der NSDAP und wurde nach Kriegsbeginn zu einem Lager für bes. Kriegsgefangene (Prominente, Ausbrecher, »dt.feindl. Elemente« u.a.) ausgebaut (Offizierlager/Oflag IVC).
Zunächst für 200 poln. Offiziere vorgesehen, wurde C. mit sich weitenden Kriegsschauplätzen eine internat. Haftanstalt mit durchschnittl. 500 Mann, gegliedert in Nationalitäten. Trotz mancher Konflikte einte die Gefangenen die Konfrontation mit den dt. Bewachern und das ständige Planen von Fluchtversuchen aus dem als »ausbruchsicher« eingestuften C. Insges. gelang es 130 Gefangenen, die Wachen und Mauern zu überwinden, doch nur 32 wurden nicht gefaßt. Die Strafen verschärften die ohnedies harten Lagerbedingungen, die gegen Kriegsende durch Überbelegung (zeitweise 1500 Mann) fast unerträgl. wurden. Am 15.4.45 erreichten amerikan. Truppen C., das nach dem Krieg v.a. in Großbrit., Frkr. und den USA Stoff für zahlr. Romane, Filme und in England sogar für ein Würfelspiel lieferte.

»Collar« (engl. Kragen), Codebez. für Operationen der brit. Mittelmeerflotte Ende Nov. 40, die zur Seeschlacht bei Kap Teulada an der S-Spitze Sardiniens führten. Am 24./25.11.40 ließ Admiral Cunningham mehrere Kampfgruppen aus Alexandria auslaufen, die von W kommende Konvois aufnehmen sollten. Vor Gibraltar übernahm zugleich eine weitere Kampfgruppe (Force B) unter Vizeadmiral Somerville die Deckung eines nach O abgehenden Konvois. Nach Entdeckung der Schiffsbewegungen durch die italien. Aufklärung nahmen südl. Sardinien 4 und südl. Malta 2 italien. U-Boote Aufstellung, außerdem gingen am 26.11. mehrere Zerstörer-Flottillen, 3 Kreuzer und die Schlachtschiffe Vittorio Veneto und Giulio Ce-sare in See, um die von W kommenden brit. Verbände abzufangen. Als Aufklärer des brit. Trägers Ark Royal Teile der italien. Flotte gesichtet hatten, zog Somerville zur Verstärkung Einheiten der von O kommenden brit. Verbände an sich, ließ seinen Konvoi unter dem Schutz von Zerstörern und Kreuzern nach SO marschieren und lief selbst mit den Schlachtschiffen Renown und Ramillies sowie 5 Kreuzern und seinen Zerstörern den Italienern entgegen. Im folgenden, etwa einstündigen Gefecht bekam der brit. Kreuzer Berwick einen Treffer, ein italien. Zerstörer wurde schwer beschädigt. In der irrigen Annahme, überlegenen feindl. Kräften gegenüberzustehen, brach der italien. Flottenchef Admiral Campioni daraufhin die Schlacht ab. Auch der Einsatz der italien. U-Boote blieb erfolglos; die brit. Mittelmeerflotte konnte ihr Unternehmen »C.« planmäßig zu Ende führen.

Coffins, Joseph Lawton, * New Orleans 1.5.1896, † Washington 12.9.1987, amerikan. General; Militärakademie West Point 1917, 1919-21 im US-Hauptquartier in Europa, danach Lehrer an Offizierschulen. C. wurde 1941 als Oberst Stabschef des VII. AK, im Dez. 41 Gen.major und Kommandeur der 25. Inf.div., mit der er an den schweren Kämpfen auf ➢ Guadalcanal teilnahm. Im Dez. 43 übernahm er das Kommando über das VII. AK, das nach der Invasion in der Normandie ➢ Cherbourg eroberte und später Köln und Aachen besetzte. Nach Kriegsende leitete C. die Informationsabt. des Pentagon, wurde 1947 Stellv. ➢ Bradleys als Gen.stabschef des Heeres und im Aug. 49 dessen Nachfolger bis Aug. 53. Danach Vertreter der USA beim NATO-Rat, Nov. 54 Sonderbeauftragter von US-Präs. Eisenhower für SO-Asien, 31.3.56 Ruhestand.

Comando Supremo, Oberkommando der italien. Streitkräfte unter dem vom König mit der militär. und polit. Führung des Krieges beauftragten Obersten Befehlshaber Mussolini; Capo des C. (vergleichbar etwa dem Chef/OKW) waren nach dem italien. Kriegseintritt (10.6.40): Marschall Badoglio (bis 6.12.40), Marschall Cavallero (bis 30.1.43), Armeegen. Ambrosio (bis 26.7.43). Im Gegensatz zu den Alliierten bildeten die Achsenmächte nie ein gemeinsames Oberkommando, so daß es v.a. bei engem Zusammenwirken von dt. und italien. Truppen wie in N-Afrika oft zu grotesken Kompetenzrangeleien und Empfindlichkeiten kam.

Combined Chiefs of Staff Committee (CCS), auf der ➢ Arcadia-Konferenz in Washington am 14.1.42 gebildeter angloamerikan. Stab aus den Stabschefs aller Teilstreitkräfte der USA und Großbrit.s, Sitz Washington; die brit. Stabschefs wurden von ständigen Delegierten vertreten. Direkt der polit. Führung, also Roosevelt und Churchill unterstellt, nahmen die C. an den polit. Gipfelkonferenzen teil und setzten deren militär. Beschlüsse in Organisations- und Operationspläne um. Neben der strateg. Planung gehörten zu ihren Aufgaben die Zuteilung von Truppen für die einzelnen Kriegsschauplätze, das Nachschubwesen, Einsatz und Kontrolle der Nachrichtendienste, die Rüstungssteuerung und die Regelung der Verwaltung in den eroberten Gebieten. Mitglieder u.a.: Feldmarschall Dill für den brit. und den Empire-Gen.stab (bis Nov. 44), Admiral Somerville für den 1. Lord der Admiralität (seit Aug. 44), Fliegergen. Welsh für den Gen.stabschef der RAF; Admiral Leahy (persönl. Stabschef Roosevelts), Gen. Marshall (US-Heeresgen.stab), Admiral King (OB der US-Navy), Gen. Arnold (OB der US-Heeresluftwaffe).

Compiègne, frz. Stadt nordöstl. von Paris mit 18900 Einwohnern (1940). Im Salonwagen des frz. Marschalls Foch

Compiègne: Hitler und sein Stab in Erwartung der französischen Delegation (21. Juni 1940) vor dem gleichen Eisenbahnwaggon, in dem 1918 die deutschen Unterhändler das Diktat der Sieger annehmen mußten

nahm am 9.11.18 im Wald von C. eine dt. Delegation unter M. Erzberger die harten alliierten Waffenstillstandsbedingungen entgegen, die zum Versailler Vertrag führten, und unterzeichnete sie auf dringenden Rat der Obersten Heeresleitung am 11.11.18. – Im gleichen Wagen am gleichen Ort empfing Hitler während des ≫ Frankreichfeldzuges am 21.6.40 eine frz. Delegation und ließ die dt. Bedingungen für einen Waffenstillstand verkünden, der am nächsten Tage von ≫ Keitel und dem frz. Armeegeneral Huntziger unterzeichnet wurde: Demobilisierung der frz. Armee, Besetzung des Landes bis zur Loire und an der ges. Küste, Auslieferung dt. Emigranten u.a. Der histor. Eisenbahnwagen wurde nach Berlin gebracht, die Gedenkstätte C. für den frz. Sieg von 1918 zerstört.

Concordia V, dt. Schwarzsender, der Zersetzungsprogramme für sowjet. Zielgruppen ausstrahlte. C. tarnte sich als Station der Leninisten (»Alte Garde Lenins«) und verbreitete eine gegen Stalin und sein Regime gerichtete Propaganda.

Concordia Y, dt. Geheimsender, der für russ. Hörer Zersetzungsprogramme ausstrahlte. Er stellte sich als Sprachrohr einer angebl. nat. Widerstandsgruppe dar (»Für Rußland«) und verbreitete eine gegen den Bolschewismus gerichtete nat., großruss. Propaganda.

Condor, Beiname des Langstreckenflugzeugs und Fernaufklärers Focke-Wulf 200. Von Prof. Kurt Tank als viermotoriges Verkehrsflugzeug für die Lufthansa konstruiert, flog der Prototyp der C. (26 Passagiere) erstmals am 27.7.37. Am 10.8.38 gelang einer zivilen C. von Staaken aus der erste Nonstop-Flug Berlin–New York. Die 200 D. 2600 »Immelmann III« mit einem gepanzerten Fallschirmsessel und Notausstieg diente Hitler als Reisemaschine. Weil ihr ein strateg. Kampfflugzeug fehlte, griff die Luftwaffe bei Kriegsausbruch auf das umgebaute Verkehrsflugzeug zurück. Es diente u.a. bei der Besetzung Norwegens und der Luftbrücke nach Stalingrad als Transporter. Die wichtigste Rolle jedoch spielte die C. seit Sommer 40 beim Langstreckeneinsatz gegen die alliierten Schiffahrtsrouten im N-Atlantik. Hier gelangen den C. des KG 40 in Bordeaux überraschende Anfangserfolge, innerhalb von 7 Monaten versenkten sie 85 Schiffe mit zusammen 363 000 BRT. Unentbehrlich wurde die C. als fliegendes Auge der U-Boot-Waffe, indem sie Konvois weit auf See erfaßte und beschattete. Insges. 267 C. wurden bis Febr. 44 ausgeliefert. Daten der 200 C-3: 4x1200 PS, max. 360 km/h, 4400 km Reichweite, bis 2100 kg Bombenzuladung, 1x20-mm-Kanone, 3x13-mm- und 2x7,9-mm-MG als Abwehrbewaffnung, 7-8 Mann Besatzung.

Continental Central Prisoners of War Enclosures (CCPWE), nach der ≫ Invasion in Frkr. und Belgien von den Amerikanern errichtete Sammellager für Kriegsgefangene. Aus Transportgründen entschloß man sich, nach Überschreiten des Rheins auch auf dt. Boden C. einzurichten. Die ersten befanden sich bei Rheinberg, Remagen und Bad Kreuznach (≫ Rheinwiesenlager). Bei rasch wachsenden Gefangenenzahlen enstanden weitere C., die man in Abweichung zu den in Belgien und Frkr. errichteten als »Prisoner of War Transient Enclosures (PWTE)« bezeichnete. Bei der Kapitulation befanden sich auf dt. Boden außer den drei genannten die Lager Büderich, Sinzig, Winzenheim, Biebelsheim, Dietersheim, Wickrathberg, Andernach, Heidesheim, Böhl, Ludwigshafen und Heilbronn. Hinzu kamen noch im Aufbau befindliche Camps in Koblenz, Urmitz und ein weiteres in Heilbronn. Am 8.5.45 waren 902 373 Gefangene in diesen Lagern. Rheinberg und Sinzig wurden am 12.6.45 den Briten, Andernach, Dietersheim, Koblenz und die später entstandenen Lager Bretzenheim, Dietz, Hechtsheim und Siershahn am 10.7.45 den Franzosen übergeben.

Cooper, Duff, * London 22.2.1890, † bei Vigo (Spanien) 1.1.1954, brit. Politiker; seit 1923 konservativer Abgeordneter, 1935 bis Mai 37 Kriegsmin., dann 1. Lord der Admiralität (Marinemin.). Aus Protest gegen den weichen Kurs Chamberlains gegenüber Hitler trat C. nach dem Münchener Abkommen (29.9.38) zurück und trat erst am 10.5.40 wieder ins Kriegskabinett Churchills als Informationsmin. ein. Nachdem er 1941/42 Aufgaben in Fernost (u.a. Koordinierung der brit. Nachrichtendienste) wahrgenommen hatte, wurde er am 22.11.42 zum Botschafter beim frz. Befreiungskomitee und am 23.10.44 zum Botschafter bei der Provisor. Reg. in Paris ernannt; 1948 Rückzug ins Privatleben als Publizist, 1952 geadelt.

Coronel, dt. Hilfskreuzer (Schiff 14), 14.8.40 als Minenschiff in Dienst gestellt, im Dez. 42 als Hilfskreuzer; 5042 BRT, Länge 134 m, Breite 18 m, 350 Mann Besatzung; Bewaffnung: 6x15 cm, 12 Fla-Geschütze, 3 Bordflugzeuge. Die C. lief am 31.1.43 zum ersten Einsatz aus, erhielt jedoch Bombentreffer, mußte umkehren und wurde zum Nachtjagdleitschiff Togo umgerüstet.

»Coronet« (engl. Diadem), Codebez. für die amerikan. Pläne zur Invasion der japan. Hauptinsel Hondo, provisor. festgelegt für den 1.3.46, wegen der durch die ➢ Atombombe herbeigeführten japan. Kapitulation nicht mehr erforderl. Für »C.« waren die 1. (Hodges) auf dem rechten und die 8. US-Armee (Eichelberger) auf dem linken Flügel vorgesehen. Während die Marines der 1. Armee direkt auf Tokio vorgehen sollten, war eine Einkreisung der Hauptstadt durch Pz.kräfte der 8. Armee geplant, die zugleich den Hafen Jokohama nehmen sollten.

Corregidor, philippin. Inselfestung in der Bucht von Manila. Nach dem Fall der Halbinsel ➢ Bataan (9.4.42) war C. die letzte amerikan. Bastion auf den Philippinen, gehalten von 15 000 GIs und Philippinos unter Gen.leutnant Jonathan Wainwright, der nach Abberufung ➢ MacArthurs am 23.2.42 den Oberbefehl übernommen hatte. Bereits seit Jan. 42 lag C. unter japan. Artilleriebeschuß, der die Festungsbatterien nach und nach ausschaltete. Am 4.5.42 verschärften die Japaner mit einem Hagel von 16 000 Granaten das Trommelfeuer, setzten in der Nacht des 5./6.5. rd. 2000 Mann vom Festland über und errichteten bei Cavalry-Point mit Hilfe von 3 Pz. einen Landekopf. Trotz schweren Abwehrfeuers gelang ihnen am Vormittag des 6.5. der Einbruch in die amerikan. Verteidigungsstellungen im Bereich des Malinta-Tunnels; C. kapitulierte unmittelbar danach.
Noch während der Schlacht von Manila machten sich die Amerikaner 1945 an die Rückeroberung des wegen seiner Lage strateg. wichtigen C. Nach massiver Luftvorbereitung landeten am 16.2. zwei Bataillone, denen rasch Verstärkungen folgten. Die japan. Besatzung, rd. 4000 Mann, verteidigte sich hartnäckig in den Tunnels und Kasematten. Als ihr die Munition ausging, sprengte sie sich selbst in die Luft, nur 26 Gefangene (nach anderen Quellen 19) fielen nach Erlöschen des letzten Widerstands am 26.2. den US-Truppen in die Hände; amerikan. Verluste: 505 Gefallene, davon allein 280 zu Beginn der Rückeroberung bei einer mißlungenen Fallschirmlandung.

COSSAC, Abk. für **C**hief **o**f **S**taff to the **S**upreme **A**llied **C**ommander, am 13.4.43 gemäß Beschluß der ➢ Casablanca-Konferenz in London gebildeter angloamerikan. Arbeitsstab zur Vorbereitung der Operation ➢ »Overlord«, der Invasion in Frkr. Leiter wurde der brit. Gen.leutnant Freddie E. Morgan, Stellv. der amerikan. Gen.major Ray W. Barker. C. ging am 15.1.44 in SHAEF

(Supreme Headquarters Allied Expeditionary Force) auf.

Cotentin, frz. Halbinsel an der NW-Küste der Normandie mit den Städten ➢ Cherbourg, Bayeux, ➢ Saint-Lô und ➢ Caen. Im SO von C. landeten beim Unternehmen »Overlord« am 6.6.44 die alliierten Truppen und errichteten die von den Sowjets seit langem angemahnte ➢ Zweite Front auf dem europ. Kontinent. Nach Plan sollte die Halbinsel spätestens nach 14 Tagen erobert sein, doch dauerte es bis zum 19.7., ehe sie ganz in alliierter Hand war. Der Ausbruch ins frz. Hinterland (➢ Avranches) gelang sogar erst am 1.8., zu einem Zeitpunkt also, als die angloamerikan. Truppen längst an der Loire und vor Paris hatten stehen wollen.

»Countenance« (engl. Beistand), Codebez. für Landungsoperationen der Royal Navy im ➢ Iran bei Abadan, Khorramshar und Bandar Shapur am 25.8.41 zur Flankierung des Einmarschs sowjet. und brit.-ind. Truppen. Beim Unternehmen »C.« wurden mehrere iran. Schiffe versenkt, der OB der iran. Marine, Konteradmiral Bayendor, kam ums Leben. In Bandar Shapur fielen den Briten 4 dt. und 4 italien. Frachter (insges. 46 000 BRT) in die Hände.

Courageous, brit. Flugzeugträger, 1917 als Großer Kreuzer in Dienst gestellt, Umbau zum Träger am 5.5.28 abgeschlossen; 18 600 t, 18 kn, 239,6 m lang, 24,7 m breit, 842 Mann Besatzung; Bewaffnung: 16x12 cm, 48 Flugzeuge. Nach Einsätzen in der Endphase des 1. Weltkriegs diente die C. bis zum Umbau als Artillerie-Schulschiff. Westl. Irland erhielt sie bei einem Wendemanöver am 17.9.39 Torpedotreffer von U 29 (Kapitänleutnant Schuhart) und sank, wobei 514 Seeleute, darunter der Kapitän Makeig-Jones, den Tod fanden.

Coventry, brit. Industriestadt in den Midlands südöstl. von Birmingham mit 213 000 Einwohnern (1938). Gegen C. flogen während der ➢ Luftschlacht um England in der Nacht vom 14./15.11.40 insges. 449 dt. Bomber einen verheerenden Angriff. Bei nur geringer Luftabwehr warfen sie 500 t Spreng- und 30 t Brandbomben auf C., dessen Altstadt mit der got. Kathedrale in Flammen aufging. 554 Menschen fanden den Tod, 865 wurden verletzt, die Industrieproduktion der Rüstungsfabriken sank nur vorübergehend. Die dt. Propaganda kündigte an, die Luftwaffe werde weitere brit. Städte »coventrieren«. C. wurde zum Inbegriff des Flächenbombardements ohne Rücksicht auf die Zivilbevölkerung und zum Muster des alliierten Bombenkriegs gegen die dt. Städte, der allerdings ganz andere Dimensionen annahm. Die Engländer waren übrigens vom bevorstehenden Angriff unterrichtet, und zwar durch die Entschlüsselung des deutschen Funk-Codes. Die Geheimhaltung dieser Tatsache war so wichtig, daß Churchill Evakuierungsmaßnahmen verbot.

Crerar, Henry Duncan Graham, * Hamilton (Ontario) 28.4.1888, † Ottawa 2.4.1965, kanad. General; 1938 Kommandeur des Royal Military College. Im Juli 40 übernahm C. das Hauptquartier der kanad. Überseestreitkräfte in London und wurde Mitte 41 Chef des Gen.stabs in Ottawa. Im Dez. 41 erhielt er das Kommando über die kanad. 2. Div. in Übersee, die auf Korpsstärke gebracht wurde und im Juli 43 an der Landung in Sizilien teilnahm. Bei der Invasion in der Normandie im Juni 44 bildete C. als OB aus seinen Verbänden die kanad. 1. Armee, die am linken Flügel der 21. Heeresgruppe (Montgomery) an der Kanalküste über Dieppe (1.9.), Boulogne (23.9.) und Calais (1.10.) nach Belgien und Holland vorstieß. Bei der alliierten Schlußoffensive schnitt C. mit seiner Armee die »Festung Holland« durch Vormarsch bis Ostfriesland ab. 1946 Ruhestand.

»Crimson« (engl. Karmesin), Codebez. für einen Raid der Royal Navy gegen Sabang in NW-Sumatra Ende Juli 44. Zum Unternehmen »C.« lief am 22.7. die British Eastern Fleet (Somerville) mit den Trägern Illustrious und Victorious aus, von denen am 25.7. vor der Küste Sumatras 34 Corsairs aufstiegen und japan. Flugfelder bombardierten. Inzw. beschossen 4 Schlachtschiffe, darunter die frz. ➢ Richelieu, 5 Kreuzer und 5 Zerstörer Stadt und Hafen mit insges. rd. 1700 Granaten der Kaliber 10,2 bis 38,1 cm. Danach drangen 1 Kreuzer und 3 Zerstörer in den Hafen ein und feuerten im Direktbeschuß weitere 1600 schwere Granaten auf die dort vor Anker liegenden Schiffe und die Verladeeinrichtungen ab. Der Kreuzer und 2 Zerstörer erhielten Treffer von japan. Küstenartillerie, ein Luftangriff von 10 japan. Maschinen auf die brit. Flotte wurde bei 2 eigenen Verlusten durch Abschuß von 7 der Angreifer abgewiesen.

Cripps, Sir Stafford, * London 24.4.1889, † Zürich 21.4.1952, brit. Politiker; seit 1930 Labour-Abgeordneter im Unterhaus, 1932 Begründer der Socialist League. C. forderte als scharfer Kritiker der Appeasement-Politik Chamberlains 1939 eine Volksfront unter Einschluß der Kommunisten, was zu seinem Parteiausschluß führte, ihn aber bei Churchill als geeigneten Kontaktmann zur Sowjetunion empfahl. Am 20.5.40 wurde er Botschafter in Moskau und trug wesentl. zur brit.-sowjet. Verständigung nach dem dt. Überfall auf die UdSSR (22.6.41) bei. Im Febr. 42 wurde C. zum Lordsiegelbewahrer bestellt und im Nov. 42 zum Min. für Flugzeugproduktion, die er zus. mit ➢ Beaverbrook erfolgreich ankurbelte. Anfang 45 wieder in die Labourparty aufgenommen, war er unter Attlee 1945-47 Handelsmin. und dann bis 1950 Schatzkanzler; danach Rückzug aus dem polit. Leben.

Cromwell, brit. Kampfpz., benannt nach dem brit. Feldherrn und Lordprotektor Oliver C. (1599-1658); Prototyp A.24 Jan. 42 bei Nuffield unter Verwendung von Bauteilen des ➢ Crusader, aber mit stärkerer Panzerung, mit der Bez. Cavalier; Juli 42 neuer Prototyp A.27 L bei Leyland mit der Bez. Centaur. Als C. wurde erst die Weiterentwicklung A.27 M bezeichnet. Sie glich in Gewicht (27,5 t) und Länge (6,35 m) dem Centaur und besaß die gleiche Panzerstärke (76 mm). Ledigl. der 600-PS-Motor war neu und brachte den Tank auf max. 76 km/h. Die Serien C. I bis III besaßen weiterhin die 5,7-cm-Kanone, erst beim Typ IV ging man auf 7,5 cm über. Beste Ausführungen waren die Modelle VII und VIII mit etwa 28 t, 6,35 m Länge, 3,05 m Breite und 2,49 m Höhe; die Stirnpanzerung war auf 101 mm verstärkt worden, so daß die Höchstgeschwindigkeit bei gleichem

Fahrbereich (265 km) auf 52 km/h sank.

Cruiser-Tank (Kreuzer-Pz.), gepanzerter brit. Infanterie-Kampfwagen von geringer Geschwindigkeit zum Schutz der begleitenden Fußtruppen. Der C. diente zur Ausstattung von Kavallerie-Pz.verbänden für operative Verwendung. 12,7 t schwer, 5,87 m lang, 2,54 m breit, 2,54 m hoch und mit 16,5 mm noch schwach gepanzert, erreichte die Version C. I mit 150-PS-Motor max. 37 km/h und einen Fahrbereich von 210 km; 6 Mann Besatzung, 40-mm-Kanone und 3 MG.

Crusader, brit. Kampfpz., in drei Versionen gebaut; Gewicht: 18, 19 und 19,7 t; 340 und 345 PS, Geschwindigkeit 43,5 km/h; Fahrbereich 160 km; Besatzung 3-5 Mann; Bewaffnung 4,0- und 5,7-cm-Kanone. Insges. wurden 5300 Stück gebaut; Juli 1939 Auslieferungsbeginn.

»Crusader« (engl. Kreuzfahrer), Codebez. für den brit. Entsatzvorstoß auf ➢ Tobruk im Nov./Dez. 41 mit dem XIII. und XXX. Korps der 8. Armee (Cunningham) gegen die dt.-italien. Truppen Rommels. Während die ind.-neuseeländ. Einheiten des brit. XIII. Korps den ➢ Halfaja-Paß umgehen sollten, um Fort Capuzzo und Sollum anzugreifen, war für Pz.brigaden des XXX. Korps weiter südl. der Vormarsch über Bir El Gubi nach Tobruk vorgesehen. Am 18.11.41 überschritten die brit. Truppen mit 724 Tanks die libysch-ägypt. Grenze, kamen aber nur im Abschnitt der 7. Pz.brigade auf Sidi Rezegh vor den Toren Tobruks planmäßig voran. Die 22. Pz.brigade wurde von der italien. Div. »Ariete« gestoppt, die 4. Pz.brigade von der dt. 21. Pz.div., die von N in die brit. Flanke stieß. Rommel versuchte nun die brit. Spitzen einzuschließen und konnte in der verlustreichen »Schlacht am Totensonntag« (23.11.41) den ersten Ansturm von »C.« zum Scheitern bringen. Der brit. OB ➢ Auchinleck ersetzte daraufhin Cunningham durch Ritchie. Rommel setzte nach, zog fast alle Kräfte zum Gegenstoß nach O zusammen und entblößte dadurch den Belagerungsring um Tobruk, dessen brit. Besatzung (70. Div.) ausbrach und sich mit den im N vorgehenden Neuseeländern unter ➢ Freyberg vereinigte. Nun im Rücken bedroht und bei brit. Luftherrschaft (1076 Maschinen gegenüber 120 dt. und 200 italien.) ohne ausreichenden Nachschub, mußte das erschöpfte Dt. Afrika-Korps am 7.12. den Kampf abbrechen und die Cyrenaika räumen, die Besatzungen im Raum Sollum kapitulierten Mitte Jan. 42. Insges. verloren die Achsentruppen 33 000 Mann, die Briten 18 000 beim Unternehmen »C.«.

Crüwell, Ludwig, * Dortmund 20.3.1892, † ebd. 25.9.1958, dt. Gen. der Pz.truppen (1.12.41); 6.3.11 Eintritt ins Heer, nach dem 1. Weltkrieg Übernahme in die Reichswehr. C. wurde am 1.2.38 zum Kommandeur des Pz.regiments 6 (Neuruppin) ernannt, am 1.3.38 zum Oberst befördert und am gleichen Tag als Abt.chef in den Gen.stab des Heeres versetzt. Am 1.11.39 übernahm er das Amt des Oberquartiermeisters der 16. Armee und erhielt einen Monat später die Ernennung zum Gen.major. Nach Teilnahme am Frankreichfeldzug wurde C. Kommandeur der neugebildeten 11. Pz.div., mit der er am 6.4.41 in

Serbien einrückte und am 12.4.41 Belgrad eroberte. Mit Beförderung zum Gen.leutnant übernahm er am 1.9.41 das Kommando über das Dt. Afrika-Korps. Am 26.5.42 führte C. den Stoß der dt.-italien. Truppen im N gegen die ⋙ Ghasala-Stellung der brit. 8. Armee, während Rommel im S Richtung ⋙ Bir Hacheim angriff. Drei Tage später geriet C. bei einer Notlandung mit einem Fieseler Storch in brit. Gefangenschaft.

Cunningham, Andrew Browne, * Dublin 7.1.1883, † London 12.6.1963, brit. Flottenadmiral (21.1.43); 1899 zur Marine, im 1. Weltkrieg u.a. Befehlshaber der Zerstörer, danach zahlr. Kommandos, u.a. Befehlshaber des Schlachtschiffs ⋙ Rodney. Bei Kriegsausbruch war C. OB der brit. Mittelmeerflotte (seit Mai 39), die sich gegen die starke italien. Flotte und, da nach der frz. Kapitulation mit einer Gegnerschaft Frkr.s zu rechnen war, möglicherweise auch gegen die frz. Seestreitkräfte in prekärer Lage befand. C. gelang am 7.7.40 ein Abkommen mit dem in ⋙ Alexandria vom Waffenstillstand überraschten frz. Geschwader, das sich internieren ließ. Am 21.11.40 glückte ihm ein Schlag gegen den anderen Gegner durch einen Trägerangriff auf ⋙ Tarent, der die Hälfte der italien. Schlachtflotte lahmlegte. Mit dem Sieg in der Seeschlacht von ⋙ Matapan am 28./29.3.41 sicherte er dauerhaft die brit. Seeherrschaft im Mittelmeer. Daran änderten auch die Verluste nichts, die seine Flotte beim Einsatz gegen die dt. Luft- und Seelandung auf ⋙ Kreta Ende Mai 41 erlitt. Im Mai 42 abgelöst, wechselte C. zur brit. Marinedelegation in Washington und arbeitete mit am Plan zur Landung alliierter Streitkräfte in N-Afrika (⋙ »Torch«), bei der er am 7./8.11.42 den Deckungsverband führte. Am 10.7.43 war C. OB der alliierten Seestreitkräfte bei der Landung auf Sizilien (⋙ »Husky«), im Okt. 43 folgte die Ernennung zum Chef des Admiralstabs. 1946 Ruhestand.

Cunningham, John Henry Dacres, * Georgetown (Brit. Guayana) 13.4. 1886, † London 12.12.1962, brit. Admiral (21.1.48), nicht verwandt mit Andrew Browne C.; 1936 Konteradmiral und stellv. Stabschef der Royal Navy, 1939 Vizeadmiral. C., seit 1938 Befehlshaber des 1. Kreuzergeschwaders, wurde am 1.4.41 als 4. Lord der Admiralität Chef der Nachschubabt. im Marinemin. Im Nov. 42 erhielt er den Oberbefehl über das brit. Levante-Geschwader und war von Okt. 43 bis Febr. 46 OB der alliierten Seestreitkräfte im Mittelmeer; in dieser Eigenschaft leitete er u.a. die Landungen bei ⋙ Anzio (Jan. 44) und in S-Frkr. (⋙ »Dragoon«, 15.8.44). 1.3.46 Erster Lord der Admiralität und Chef des Admiralstabs, 1948 Ruhestand.

Curtiss Hawk H 75, Exportversion des amerikan. Jagdeinsitzers P-36. Die C. wurde unter der Bez. Model 75 als erster Ganzmetalleindecker entwickelt und 1938 an die amerikan. Heeresflieger geliefert. Zu den wichtigsten ausländ. Abnehmern gehörte mit einer Bestellung von 730 Maschinen Frkr. Bei der Mobilmachung 1939 waren vier frz. Jagdgruppen, darunter die berühmten Esquadrilles »Lafayette« und »Cicogne«, mit rd. 100 C. ausgerüstet, die damit neben der ⋙ Morane Saulnier M.S. 406 und der Bloch M.B.152 drittes

Standardmuster der ≻ Armée de l'Air war. Mit ihrem 1200-PS-Doppelsternmotor 500 km/h schnell und bewaffnet mit 6x7,5-mm-MG, rechtfertigte die C. schon bei den ersten Luftgefechten über der Maginot-Linie während des ≻ Sitzkriegs ihren Ruf als robuste, wendige Waffenplattform.

Curzon-Linie, nach dem brit. Außenmin. Lord G.N. Curzon (1859-1929) benannte und von ihm am 11.7.20 vorgeschlagene Demarkationslinie zw. dem neuen Polen und dem bolschewist. Rußland von Dünaburg über Wilna, Grodno, Brest, dann dem Bug folgend und Galizien durchschneidend bis Przemysl. Polen lehnte die C. nach dem Sieg über die Rote Armee (Aug. 20) ab und erreichte im Vertrag von Riga vom 12.3.21 eine rd. 250 km weiter östl. verlaufende Grenzziehung, so daß große Teile Weißrußlands und der Ukraine poln. wurden. Im geheimen Zusatzprotokoll zum ≻ Dt.-Sowjet. Nichtangriffsvertrag vom 23.8.39 diente die C. als Orientierung für die Aufteilung Polens, der am 28.9.39 endgültig festgelegte Verlauf der dt.-sowjet. Demarkationslinie entsprach der C. weitgehend. Während des Krieges machten sich die Westmächte gegen den erbitterten Protest der poln. Exilreg. die sowjet. Forderung nach der C. als W-Grenze zu eigen, die auf der Konferenz von Jalta (Febr. 45) mit leichten Abweichungen nach W (z.B. in Ostpreußen) durchgesetzt wurde. Polen wurde mit den dt. Gebieten östl. der Oder-Neiße-Linie entschädigt.

Cyrenaika, Landschaft und Provinz im NO der italien. Kolonie Libyen, Hauptstadt ≻ Benghasi, Häfen ≻ Tobruk und Derna. Die C. war Hauptschauplatz des ≻ Afrikafeldzugs und wechselte mehrfach den Besitzer: Nach dem Fehlschlag der italien. Offensive gegen Ägypten (13.9.40) eroberten die Briten bis 8.2.41 die gesamte Region, die erst durch das Eingreifen des ≻ Dt. Afrika-Korps (Rommel) mit Ausnahme Tobruks im März/April 41 zurückgewonnen werden konnte. Im Jan. 42 nach dem brit. Unternehmen ≻ »Crusader« erneut verloren, stießen die dt.-italien. Truppen im Mai/Juni 42 wieder vor, nahmen diesmal auch Tobruk und überschritten die Grenze der C. zu Ägypten. Nach der Niederlage von ≻ El Alamein im Nov. 42 mußten sie dann die C. und ganz Libyen endgültig räumen.

D

Dachau, erstes offiz., im März 33 errichtetes nat.-soz. ≻ Konzentrationslager bei München.

Dagö, eine der ≻ Baltischen Inseln.

DAK, Abk. für ≻ **D**eutsches **A**frika-**K**orps.

Dakar, Flottenstützpunkt und Hauptstadt von Frz. W-Afrika (Senegal) mit rd. 100 000 Einwohnern (1940). Nachdem brit. Torpedoflieger (Träger Hermes) D. und das dort liegende frz. Schlachtschiff Richelieu bereits am 8.7.40 angegriffen hatten, folgte im Sept. 40 im Rahmen des Unternehmens »Menace« unter dem Schutz starker brit. Seestreitkräfte ein Landungsversuch freifrz. Truppen unter Führung de ≻ Gaulles. Mit 2400 Mann erschien er am 23.9. vor D. und forderte in einer Rundfunkansprache die Übergabe. Doch Gen.gouverneur Boisson, der wegen dichten Nebels die imponierende brit. Schutzflotte – Force M (Admiral Cunningham) mit 2 Schlachtschiffen, 3 Schweren Kreuzern, 1 Träger und 6 Zerstörern – nicht sah, blieb standhaft und ließ die Küstenbatterien das Feuer eröffnen. Parlamentäre wurden mit MG-Salven vertrieben, eine nordöstl. in der Bucht von Rufisque gelandete Vorhut mußte sich wieder einschiffen. In den bis zum 25.9. dauernden Kampf griffen auch brit. Trägerflugzeuge (6 Verluste) und Vichy-treue frz. Seestreitkräfte (Konteradmiral Landriau) ein, die nach dem Überfall von ≻ Mers el-Kebir nicht zum Überlaufen zu bewegen waren. Nach schweren Treffern auf brit. Kriegsschiffen und Torpedierung des Schlachtschiffs ≻ Resolution durch ein frz. U-Boot ließ Churchill das Unternehmen abblasen. Die Verteidiger hatten 100 Gefallene und 182 Verwundete verloren, 84 Zivilisten waren ums Leben gekommen. Auf freifrz. Seite wog am schwersten die Prestigeeinbuße de Gaulles, der einen patriot. Spaziergang erwartet hatte.

Dakota, bei der RAF und den Luftstreitkräften des Commonwealth gebräuchl. Beiname des amerikan. Transportflugzeugs Douglas C47, das bei des US-Heeresluftwaffe ≻ Skytrain oder Skytrooper hieß.

Daladier, Édouard, * Carpentras 18.6. 1884, † Paris 10.10.1970, frz.Politiker. Von Beruf Geschichtslehrer, saß D. seit 1919 als Abgeordneter der Radikalsoz. Partei in der Nationalversammlung, war mehrfach Min. und Min.-präs.; als er im April 38 sein 3. Kabinett bildete, war die polit. Landschaft bereits von der Sudetenkrise überschattet. Auf der ≻ Münchener Konferenz, Sept. 38, stimmten D. und der brit. Premier ≻ Chamberlain der Abtretung des Sudetenlandes an Deutschland zu und tauschten damit die Überlebensfähigkeit der ≫ CSR gegen eine vage Hoffnung auf Entspannung ein. 11 Monate später, am 3.9.39, erfolgte als Antwort auf den dt. Überfall auf Polen die brit., Stunden später die frz. Kriegserklärung; nach dem frz. Zusammenbruch (Juni 40) wurde D. auf Anordnung der ≫ Vichy-Regierung verhaftet, 1943 ins Reich deportiert und 1945 von den Alliierten befreit. Er versuchte nach dem Krieg ein polit. Comeback, vermochte sich aber nicht aus dem »Schatten von München« zu lösen.

Daluege, Kurt, * Kreuzburg (Schlesien) 15.9.1897, † Prag 23.10.1946, SS-Oberstgruppenführer (20.4.42); 1922 NSDAP-Mitglied, 1928 zur SS, maßgebl. beteiligt an der Ermordung der SA-Führung beim sog. Röhm-Putsch (30.6./1.7.34). D. wurde 1936 Chef der Ordnungspolizei (»Orpo«) und Stellv. Himmlers. Nach dem Tod Heydrichs war er ein Jahr lang stellv. Reichsprotektor in Böhmen und Mähren und als solcher mitverantwortl. für das Massaker von ≫ Lidice. D. wurde nach dem Krieg u. a. deswegen in der Tschechoslowakei zum Tod verurteilt und hingerichtet.

Dänemark, an Schleswig-Holstein grenzendes Königreich mit 3,65 Mio. Einwohnern (1933); stand bei aller wirtschaftl. Verflechtung mit Deutschland der NS-Politik kritisch gegenüber und mußte im Zuge der Hitlerschen Revisionspolitik mit Konflikten um Nordschleswig rechnen. Als einziges nord. Land schloß D. einen Nichtangriffspakt mit dem Dt. Reich ab (Mai 39). Im Nov. 39 wurde der Große Belt vermint, um der Royal Navy die Ostsee zu sperren. Auch nach der handstreichartigen Besetzung des Landes (9.4.40) durch dt. Truppen (≫ Norwegenfeldzug) blieb Kopenhagen kooperativ; noch am gleichen Tag nahm die Reg. die dt. Forderungen (Kernpunkt: Verzicht auf Widerstand), die in verbindlichem Ton um Verständnis für die (gegen England gerichtete) Operation warben, unter Protest an. Als Folge blieben Königshaus, Regierung, Parlament und Armee unangetastet, die dän. Juden zunächst unbehelligt; auf die Rückgliederung Nordschleswigs wurde verzichtet. 1943, nach vereinzelten Streiks und Sabotageakten, verschärfte sich die Situation; am 29. 8. stellte Reichskommissar ≫ Best das Land unter Kriegsrecht, die Regierung trat zurück, große Teile der dän. Flotte versenkten sich selbst. Pläne der SS, nunmehr die dän. Juden zu deportieren, wurden durch eine einzigartige Rettungsaktion weitgehend vereitelt: Beizeiten gewarnt, konnten sich 7906 Juden, Halbjuden und mit Juden verheiratete Christen mit Fischerbooten nach Schweden in Sicherheit bringen; die SS konnte nur 492 Juden ins KZ Theresienstadt deportieren; 423 überlebten. Der dän. Widerstand gegen die dt. Okkupation forderte 3213 Opfer (113 Hinrichtungen). Am 9.5.45 liefen brit. Kriegsschiffe im Kopenhagener Hafen ein.

Danzig, seit 1919 Freistaat unter Völkerbundsaufsicht und Stadt an der Ostsee mit 260 000 Einwohnern (1939) im eigentl. Stadtgebiet. Das nach dem 1. Weltkrieg ohne Abstimmung vom Dt. Reich abgetrennte D., dessen Außen- und Verteidigungspolitik Polen wahrnahm und in dem seit 1933 – seit 1936 allein – die Nat.-soz. die Macht ausüb-

ten, war ein ständiger Krisenherd, belastete die dt.-poln. Beziehungen und wurde von Hitler 1939 zum Kriegsgrund hochgespielt. Mit der Beschießung der Westerplatte am 1.9.39 durch das dt. Linienschiff Schleswig-Holstein begann hier der 2. Weltkrieg. D. wurde noch am gleichen Tag dem Reich angegliedert, der poln. Widerstand auf der Westerplatte erlosch am 7.9., Hitler besuchte die Stadt am 19.9.
Trotz der Lage weit im dt. O wurde D. mehrmals Ziel alliierter Luftangriffe, u.a. am 11.7.42, als 44 Lancaster der brit. 5. Bomber Group gegen die Stadt eingesetzt wurden, von denen aber nur 15 das Ziel fanden, wobei 2 Maschinen Opfer der dt. Flak wurden. Schwerere Schäden richtete ein amerikan. Angriff mit 378 Maschinen am 9.10.43 an; der erbitterte Endkampf um D. brachte dann erneut schwere Verwüstungen, ehe die von der dt. 2. Armee (Weiß) verteidigte Stadt von der sowjet. 2. Stoßarmee (Fedjuninski) am 30.3.45 genommen werden konnte.

Danzig-Westpreußen, am 8.10.39 nach dem Polenfeldzug durch Führer-Erlaß gebildeter, unmittelbar unter Reichsverwaltung gestellter Reichsgau mit 26 056 km^2 und 2,3 Mio. Einwohnern, gebildet aus dem einstigen Freistaat Danzig, den annektierten ehemals dt. Provinzen Westpreußen und Posen mit Bromberg sowie dem bis dahin ostpreuß. Reg.bezirk Marienwerder, Reichsstatthalter A. Forster, Hauptstadt Danzig; 1945 poln. Verwaltung unterstellt bzw. wieder polnisch.

Darlan, François, * Nérac 7.8.1881, † Algier 24.12.1942, frz. Admiral und Politiker; 1934-36 OB des Atlantikgeschwaders, 1936 Gen.stabschef und seit 1.1.37 OB der frz. Kriegsmarine. 1939 zum »Amiral de la flotte« (etwa dem dt. Großadmiral oder dem brit. 1. Lord der Admiralität entsprechend) ernannt, wurde D. bei sich abzeichnender frz. Niederlage am 16.6.40 Marinemin. im Kabinett Pétain, als dessen »Kronprinz« er galt. Mit seiner Weigerung, die frz. Kriegsflotte in brit. kontrollierte Häfen zu dirigieren, löste D. die brit. Präventivschläge von ➢ Mers el-Kebir und ➢ Dakar aus, die ihn in seinen Vorbehalten gegen die Politik Londons und seiner Bereitschaft zur Kollaboration mit der dt. Besatzungsmacht bestärkten.
Nach der Entlassung ➢ Lavals im Dez. 40 eigentl. starker Mann in Vichy (stellv. Min.präs., Innen- und Außenmin.), reiste D. am 12.5.41 zu Hitler nach Berchtesgaden und machte weitgehende Zugeständnisse bei der Einräumung von Lande- und Transportrechten in den frz.-afrikan. Besitzungen. Da dt. Gegenleistungen aber ausblieben, sah sich D. immer stärkerer Opposition gegenüber. Nach dem amerikan. Kriegseintritt (7.12.41) vom dt. Sieg nicht mehr überzeugt, schlug er eine undurchsichtige Schaukelpolitik ein, die ihn schließl. auch die dt. Unterstützung kostete und zur Rückberufung Lavals am 17.4.42 führte. D. verlor alle polit. Ämter, wurde aber OB der Vichy-Streitkräfte. Zufällig befand er sich am 8.11.42 in ➢ Algier, als die alliierte Landung in N-Afrika begann. Offiziell von Pétain gerügt, aber insgeheim ermutigt, handelte er einen Waffenstillstand aus und ging mit den frz. Verbänden am 19.11. zu den Alliierten über, die ihm als einstigem Kollaborateur jedoch nicht recht trauten. D. fiel

dem Attentat eines monarchist. Fanatikers und Anhängers von de Gaulle zum Opfer.

Dauntless, amerikan. Marinebomber Douglas SBD, Erstflug Juni 35.
D. zeichneten sich bei der Schlacht in der ≫ Korallensee aus und leiteten mit der Versenkung von drei japan. Trägern bei ≫ Midway die Wende im Pazifik ein. Die Produktion lief im Juli 44 nach 5936 Maschinen aus. Daten der wichtigsten Serienvariante SBD-5: 1x1200-PS-Wright-Cyclone-Triebwerk, max. 406 km/h in 4200 m Höhe, Reichweite 1785 km, 2x12,7-mm- und 2x7,62-mm-MG, eine Bombe (454 kg oder 227 kg) unter dem Rumpf oder 2x45-kg-Bomben oder 2x113-kg-Wasserbomben unter den Flächen, 2 Mann Besatzung.

D-Day (Decision-Day = Tag der Entscheidung), alliierte Kurzbez. für Stichtag eines größeren militär. Unternehmens, insbes. gebraucht für den 6.6.44, als die ≫ Invasion in der Normandie begann.

De Gaulle, Charles, ≫ Gaulle, Charles de.

Degrelle, Léon, * Bouillon (Prov. Luxemburg) 15.6.1906, † Mlaga 31.3. 1994, belg. Politiker und Offizier; Mitbegründer der »Christus Rex«-Bewegung. Aus den zunächst religiösen An-

Degrelle: der Führer der »Wallonischen Legion« bei der von Hitler persönlich vorgenommenen Verleihung des Ritterkreuzes mit Eichenlaub

fängen entwickelte D. die Rexisten zu einer faschist.-autoritären Gruppierung, mit der er es 1936 auf 11,5 % der Stimmen und 21 Abgeordnete brachte. Ein »Marsch auf Brüssel« nach dem Vorbild Mussolinis scheiterte jedoch am 11.4.37, und D.s Anhängerschaft schrumpfte auf 4,5 % bei den Wahlen vom 2.8.39. Beim dt. Angriff im W am 10.5.40 wurde er aus Sicherheitsgründen verhaftet und in S-Frkr. interniert. Nach der Befreiung durch die Wehrmacht im Aug. 40 stellte er sich den dt. Besatzungsbehörden zur Verfügung und gründete am 5.1.41 die Wallon. Legion (später SS-Pz.div. »Wallonie«), die im Rußlandfeldzug eingesetzt wurde. D. wurde der höchstdekorierte Ausländer in der Wehrmacht. Bei Kriegsende setzte er sich über Norwegen nach Spanien ab und wurde am 14.12.45 von einem belg. Kriegsgericht in Abwesenheit zum Tod verurteilt, Auslieferungsanträge blieben jedoch ebenso erfolglos wie D.s Bemühungen um Straffreistellung bei einer Heimkehr.

De Havilland Ltd., brit. Flugzeugfirma mit Sitz in Hatfield (Hertford) und Zweigwerken in Kanada und Australien, gegründet von Geoffrey de Havilland (1882-1965), der 1910 sein erstes Flugzeug gebaut und sich selbst das Fliegen beigebracht hatte. D. baute schon im 1. Weltkrieg einige berühmte Militärmaschinen; weltbekannt wurden später die Sport- und Reiseflugzeuge der Moth-Serie sowie die hölzerne ➢ Mosquito, schnellster RAF-Bomber des 2. Weltkriegs.

Delmer, Denis Sefton, * Berlin 24.5. 1904, † Lamarsh (Suffolk) 5.9.1979, brit. Journalist; prominenter Korrespondent des »Daily Express« seit 1928 und dessen Kriegsberichterstatter im Polen- und Frankreichfeldzug. Von 1941 bis 45 übernahm D. im Auftrag des Foreign Office die gesamte Organisation und Leitung der brit. »schwarzen Propaganda« für die Medien Rundfunk und Flugblatt, die er zu einem schlagkräftigen Instrument der brit. Kriegspropaganda ausbaute. V.a. seine berühmten Geheimsender »Gustav Siegfried Eins« und ➢ Soldatensender Calais entwickelten sich zum Alptraum der dt. Überwachungsorgane. Erstklassige Nachrichtengewinnung, qualifiziertes Personal und ein erstaunl. Ideenreichtum kennzeichneten die subversiven Operationen des D.-Teams, dessen Methoden allerdings umstritten blieben, da sie sich auf das gesamte Spektrum von Lüge und Desinformation stützten. Sein drucktechn. Genie Ellic Howe (Pseudonym Armin Hull) ermöglichte eine in Stil und Form perfekte schwarze Flugblattpropaganda. Als Korrespondent des »Daily Express« und des »Spiegels« zeichnete sich D. nach 1945 durch krit. Beiträge zur dt. Nachkriegspolitik aus.

Demjansk, sowjet. Stadt zw. Ilmen- und Seligersee auf den Waldai-Höhen östl. des Flusses Pola. Im westl. Vorfeld von D. sah sich Mitte Aug. 41 die dt. 16. Armee (Busch) Gegenangriffen der sowjet. 11. und 34. Armee der Nordwestfront (Sobjennikow) ausgesetzt, erst die Zuführung von Einheiten des LVI. Pz.Korps und der 3. Inf.div. (mot.) bereinigte die Lage und zwang die Russen zum Rückzug hinter die Lowat; Ende Sept. 41 war D. in dt. Hand. Während der sowjet. Winteroffensive wurden hier das dt. II. AK (v. Brockdorff-Ahlefeldt) und Teile des X. AK, zusammen 6 Div. mit fast 100000 Mann, am 18.1.42 vom Vorstoß der sowjet. 3. Stoßarmee und der 34. Armee überrascht. Eine noch mögl. Absetzbewegung wurde untersagt, so daß sich der Ring um D. am 8.2. endgültig schloß. Die Verteidiger des Kessels mit ihren 20000 Pferden mußten nun ausschließl. durch die Luft versorgt werden: 300 t Lebensmittel und Munition tägl. waren das Minimum; unter erhebl. Verlusten landeten auf den von Artilleriefeuer förml. umgepflügten Behelfspisten jeden Tag bis zu 170 Transportmaschinen, brachten Nachschub und flogen die Verwundeten aus. Die Russen versuchten mit allen Mitteln, den Kessel einzudrücken und setzten am 15.2. sogar mehrere Bataillone Fallschirmjäger in der Tasche ab, die aber aufgerieben wurden. So hielten sich die Verteidiger bis zum 28.4.42, als es der dt. 16. Armee gelang, einen schmalen Korridor nach D. freizukämpfen. Der schließl. erfolgreiche Entsatz sollte wenig später für die in ➢ Stalingrad eingeschlossene dt. 6. Armee fatale Folgen haben, da Hitler nun Kesselbildung in bes. Fällen sogar für vorteilhaft hielt. Im Febr. 43 wurde D. von der Roten Armee zurückerobert, die dt. Verteidiger hatten sich beizeiten zurückziehen können.

»Demon« (engl. Gespenst), Codebez. für die Räumung Griechenlands gegen Ende der ersten Phase des dt. ➢ Balkanfeldzugs. Nach dem Durchbruch der dt. Truppen nach Attika am 20.4.41 war die Lage des brit. Expeditionskorps von über 60000 Mann hoffnungslos. Unter dem Vorwand, nicht gegen den Willen der Griechen den Widerstand fortsetzen zu können, da dies die Verwüstung des Landes bedeuten würde, ließ Churchill am 24.4. »D.« auslösen: 6 Leichte Kreuzer, 20 Zerstörer, 3 Kanonenboote, 2 Landungsschiffe und 19 Transporter sowie zahlr. kleinere Fahrzeuge nahmen die Commonwealth-Soldaten an Bord, die meist vom offenen Strand in Attika, v.a. aber auf dem Peloponnes eingeschifft wurden. Es wurde ein Wettrennen mit den vorstoßenden schnellen dt. gepanzerten Verbänden, denen Fallschirmjäger u.a. den Isthmus von Korinth öffneten. Bis zum 29.4. gelang schließl. unter Zurücklassung aller schweren Waffen und des meisten Geräts die Überführung von 50762 Mann nach Kreta und Ägypten. Die Evakuierungsflotte (Vizeadmiral Pridham-Wippell) verlor durch Luftangriffe des dt. VIII. Fliegerkorps (v. Richthofen) 2 Zerstörer und 4 Transporter mit 40480 BRT. Der Seetransport verlief dagegen fast störungsfrei, da die italien. Flotte kurz zuvor in der Schlacht bei Kap ➢ Matapan schwere Verluste erlitten hatte und ihre U-Boote ohne Erfolg blieben.

Dempsey, Miles Christopher, * Hoylake (Cheshire) 15.12.1896, † Yettendon (Berkshire) 6.6.1969, brit. General; Militärakademie Sandhurst, im 1. Weltkrieg in Frkr. und Belgien. Bei Kriegsbeginn Oberstleutnant, kommandierte D. bei ➢ Dünkirchen den Rückzug der brit. 13. Inf.brigade, wurde nach rascher Beförderung im Dez. 42 als Gen.leutnant Kommand. Gen. des brit. XIII. Korps in N-Afrika und verfolgte die nach der Niederlage von ➢ El Alamein zurückflutenden dt.-italien. Verbände. Als Spezialist für amphib. Unternehmen nahm er an den Landungen auf ➢ Sizilien (10.7.43) und bei ➢ Salerno (9.9.43) teil und war bei der Invasion in der Normandie OB der brit. 2. Armee. Der beliebte Truppenführer, Spitzname »Lucky«, leitete die verlustreichen Kämpfe um ➢ Caen, das erst am 20.7. in alliierter Hand war. Es folgten die maßgebl. Beteiligung am Sieg in der Kesselschlacht von ➢ Falaise und der Vormarsch an den Rhein, den D.s Verbände Ende Febr. 45 erreichten, zur Weser (5.4.) und an die Elbe (29.4.). Nach Kriegsende in Europa erhielt D. den Oberbefehl über die brit. 14. Armee in Fernost und wurde OB der Landstreitkräfte in SO-Asien; 22.8.47 Ruhestand.

Dentz, Henri Fernand, * Roanne 16.12.1881, † Fresnes 13.12.1945, frz. Armeegen. (5.6.41); 1908/09 Kriegsakademie, im 1. Weltkrieg Gen. stabstätigkeit, danach Militärattaché, 1934 Brigadegen. D. wurde bei Beginn der Schlacht um Frkr. am 5.6.40 Kommandant von Paris, mußte die Stadt aber schon neun Tage später der dt. 18. Armee (v. Küchler) übergeben. Im Dez. 40 ernannte die Vichy-Reg. D. zum OB der frz. Levantearmee im Mandatsgebiet Syrien, wo er sich mit seinen 45 000 Mann am 8.6.41 der Offensive brit. und schwacher freifrz. Kräfte von Palästina aus gegenübersah. Angesichts des drohenden Bruderkriegs zögerte er mit seinen Abwehrmaßnahmen und forderte zu spät die Unterstützung der dt. Luftwaffe an; am 21.6. fiel Damaskus, am 14.7. mußte D. den Widerstand einstellen. 1066 Vichy-Soldaten und 800 Gaullisten waren gefallen. Trotz der im Waffenstillstand vereinbarten Straffreistellung wurde D. nach der Befreiung Frkr.s vor Gericht gestellt und am 20.4.45 zum Tod verurteilt. Er starb, am 24.10.45 von de Gaulle zu lebenslanger Haft begnadigt, im Gefängnis.

Deportation, meist völkerrechtswidrige Zwangsverschickung und Umsiedlung von Menschen, von den dt. Behörden im Krieg vor allem im Rahmen der ➢ Judenverfolgung und des Einsatzes von ➢ Zwangsarbeitern angewandt; auch während der Vertreibung der dt. Bevölkerung aus den Ostgebieten kam es nach dem Krieg zu D.-Maßnahmen.

Dépôts, frz. Kriegsgefangenenlager für dt. und italien. Gefangene. Die ersten D. wurden während des Afrikafeldzugs in N-Afrika errichtet; Ende 44 bestanden 30 D. in Algerien, Marokko und Tunesien. Elf waren ganz oder teilweise mit Italienern belegt, vier wurden als Sonderlager für Gefangene mit besonders nat.-soz. bzw. faschist. Einstellung verwendet. Insges. befanden sich in den D. N-Afrikas 40 000 Italiener und 25 000 Deutsche.

Nach der ➢ Invasion entstanden in Frkr. zunächst nur wenige D., da wegen des anfängl. sehr beschränkten frz. Operationsgebiets nur kleinere Kontingente dt. Soldaten in frz. Gefangenschaft gerieten. Erst mit der Übergabe von Gefangenen aus amerikan. oder brit. Gewahrsam seit 1945 nahm die Anzahl der D. zu und stieg bis Sept. 45 auf 120 an. Neben den »D. de troupe« (Mannschaftslager) bestanden einige Offiziers-D. (Auvour, Mulsanne, Dijon, Erquy, Larzac, Rouillé, St-Martin-de-Ré, Andernos, Vaucouleurs/Baccarat) und Transit-D. (Thorée, Rennes, Sarralbe).

Mit der Übernahme von 8 ➢ Rheinwiesenlagern (Andernach, Bretzenheim, Dietersheim, Diez, Hechtsheim, Koblenz, Siershahn, Sinzig) am 10.7.45

von den Amerikanern war für die frz. Truppen in Deutschland eine schwierige Situation entstanden, die sie jedoch durch Verlegung der Gefangenen nach Frkr. und Entlassung der Kranken und Verwundeten bewältigen konnten. Die übrigen in der frz. Zone befindl. Gefangenen waren teilweise in den »D. de transit« Bretzenheim, Tuttlingen und Malschbach (No. 1 bis 3) untergebracht; soweit sich die Gefangenen im Arbeitseinsatz befanden, lagen sie in den »D. principaux« in Waldkirch (No. 231) mit den Unterlagern Offenburg, Singen und Villingen, in Bretzenheim (No. 232) mit den Unterlagern Diez und Trier sowie im Lager Innsbruck (No. 233) mit den Nebenlagern Bludenz und Runs. Die D. in Deutschland und Österreich unterstanden der »Direction des Prisonniers de Guerre Allemagne-Autriche« in Baden-Baden. Die »D. principaux« bestanden nur verhältnismäßig kurze Zeit, zumal die dort untergebrachten arbeitsfähigen Gefangenen nach Frkr. verlegt wurden; die Transit-D. dagegen, über die der Durchgangsverkehr der Gefangenen nach und deren Entlassung aus Frkr. oder den alliierten Zonen abgewickelt wurde, sofern sie in der frz. Zone beheimatet waren, wurden in der Mehrzahl erst nach der Repatriierung der letzten Gefangenen im Sept. 48 aufgelöst.

Deßloch, Otto, * Bamberg 11.6.1889, † München 13.5.1977, dt. Gen.oberst (1.3.44); 20.7.10 Eintritt ins Heer, 1914 Flugzeugführer, Reichswehr, 1935 Kommandeur der Flugzeugführerschulen, 1.1.39 Gen.major. D. war bei Kriegsausbruch Kommandeur der 6. Fliegerdiv. (Frankfurt am Main) und übernahm gegen Ende des Polenfeldzugs als Kommand. Gen. das II. Flak-Korps, das er bis zu dessen Auflösung im April 42 führte. Am 19.7.40 zum Gen.leutnant und am 1.1.42 zum Gen. der Flieger befördert, war D. vom 12.5.42 bis 11.6.43 Kommand. Gen. des 1. Flak-Korps im O und erhielt danach den Oberbefehl über die Luftflotte 4 (7.4.45 Luftwaffenkommando 4), die er mit einer kurzen Unterbrechung als OB der Luftflotte 3 im W bis 25.4.45 führte. Bis zur Kapitulation am 8.5.45 befehligte er dann die Luftflotte 6 an der Ostfront.

»Detachment« (engl. Abtrennung), Codebez. für die Landungen amerikan. Marineinfanteristen auf ➢ Iwo Jima im Febr. 45. Am 19.2. landete die Task Force 51 (Turner), bestehend aus insges. 485 Schiffen, darunter zahlr. Schlachtschiffe und Träger, und das V. Amphib. US-Korps (Smith) mit der 4. und 5. Marineinf.div. nach schwerer Feuervorbereitung gegen die Landungsräume. Während der Landung wurde die Feuerwalze der Schiffsartillerie und der Bombenteppiche von Trägerflugzeugen allmähl. landeinwärts vorverlegt. Dennoch stießen die GIs nach anfängl. unbehinderter Ausschiffung bald auf massives Abwehrfeuer, so daß die in Reserve gehaltene 3. Marineinf.div. zum Teil schon am ersten Tag eingesetzt werden mußte. Die schließl. gelandeten 30 000 Mann sahen sich 22 000 Verteidigern unter Gen.leutnant Kuribayashi gegenüber, die ihre Geländevorteile v.a. im Gebirge geschickt nutzten und den Amerikanern bis 16.3., vereinzelt auch bis 26.3., erbittert Widerstand leisteten.

Deutsch-Britisches Flottenabkommen, am 18.6.35 zw. dem Dt. Reich und Großbrit. erzielte Einigung über die Flottenrüstung. Gemäß D. sollte bei den Überwasserstreitkräften ein Verhältnis von dt. zu engl. Tonnage von 35:100, bei den U-Booten Parität gewahrt werden. Nach Ende der Appeasement-Politik durch die brit. Garantieerklärung für Polen kündigte Hitler am 28.4.39 das D., das die dt. Seerüstung nachhaltig gehemmt hatte.

Deutsche Reichsbahn (DR), aus der 1924 gegr. Dt. Reichsbahn-Gesellschaft hervorgegangenes Transportunternehmen. Durch Gesetz vom 10.2.37 wurde die im Besitz des Dt. Reiches bisher weitgehend selbständige Gesellschaft in unmittelbare Reichsverwaltung übernommen, ihre Dienststellen wurden Reichsbehörden. Aufsicht und Leitung unterstanden nun dem Reichsverkehrsmin. (RVM), seit 1937 Julius Heinrich Dorpmüller. Mit dem Anlagekapital von über 27 Mrd. RM war die DR das größte Unternehmen der dt. Wirtschaft. Es spielte eine zentrale Rolle bei der ➢ Endlösung, in deren Dienst die DR seit Herbst 1941 über 3 Mio. Menschen in die ➢ Vernichtungslager transportierte. Während sie auf Anforderung des RSHA für deutsche und westeurop. Juden, um den Schein zu wahren, bei quälender Enge immerhin Personenwagen zur Verfügung stellte, erfolgte die Verfrachtung der osteurop. Opfer in oft kaum mehr verwendungsfähigen Güter- und Viehwagen. Gerichtl. Ahndung blieb nach dem Krieg aus: Dorpmüller starb schon 1945, und der vermutl. Hauptverantwortl., Staatssekretär im RVM Albert Ganzenmüller, floh 1947 nach Argentinien. Nach seiner Rückkehr 1954 liefen seit 1957 gerichtl. Voruntersuchungen. 1973 begann gegen Ganzenmüller ein Prozeß wegen Beihilfe zum Mord und Freiheitsberaubung im Amt mit Todesfolge. Das Verfahren wurde 1977 wegen Verhandlungsunfähigkeit des Angeklagten eingestellt. 1985 in der Nürnberger Gedenkausstellung »150 Jahre Eisenbahn« wurde erstmals die Verstrickung der Bahn in die nat.-soz. Verbrechen eingestanden.

Deutscher Minenräumdienst (DMR), gemäß Waffenstillstandsbedingungen am 1.8.45 von der Royal Navy aus Verbänden der Kriegsmarine aufgestellte German Mines Sweeping Administration mit der völkerrechtl. unzulässigen Aufgabe, Seeminen in der Nord- und in Teilen der Ostsee unschädl. zu machen. Dt. Seeoffiziere faßten dazu die noch einsatzfähigen Minensuch- und Räumbooteinheiten zusammen, rd. 16 000 Mann auf über 400 Fahrzeugen. Die Einsatzbefehle wurden von der Royal Navy einem dt. Stab, der Minenräumdienstleitung in Flensburg, später Glückstadt und Hamburg, erteilt. Der D. bestand aus sechs Minenräumdiv. (Kiel, Cuxhaven, Dänemark, Norwegen, Holland, Bremerhaven), denen eine Anzahl von Räumflottillen und Sperrbrechern unterstellt war. Durch Verluste und Verkauf an die Alliierten verringerte sich der D. allmähl. 17 Schiffe wurden schließl. nach Protesten sowjet. Stellen wegen angebl. heiml. Aufrüstung der Westzonen 1948 dem Zollgrenzschutz Cuxhaven übergeben und 12 im Jahre 1951 von den dt. Einheiten des amerikan. Labor Service übernommen. Letztere überließen die USA im Mai 56 der Bundesrepublik zum Aufbau der Bundesmarine. Der D. hatte 53 Tote durch Explosionen und weitere 183 Opfer durch Schiffsverluste zu beklagen.

Deutsches Afrika-Korps (DAK), am 16.2.41 als Stab »Befehlshaber der dt. Truppen in Libyen« im Wehrkreis III gebildeter und am 21.2. in D. umbenannter Heeresverband. Zw. 8. und 11.2.41 lief der erste Konvoi mit dt. Truppen von Neapel nach Tripolis, am 12.2. traf Gen.leutnant ➢ Rommel dort ein und wurde mit Wirkung vom 15.2. zum Befehlshaber des späteren D. im ➢ Afrikafeldzug ernannt. Es verfügte zunächst über die sog. 5. leichte Div. unter Gen.major Johannes Streich, die aus der 3. Pz.brigade der 3. Pz.div. gebildet worden war und anfangs auch nur Brigadestärke hatte. Im März 41 kam die 15. Pz.div. unter Gen.major Heinrich v. Prittwitz (gefallen 10.4.41 vor Tobruk) hinzu. Volle Korpsstärke erreichte das D. erst im Herbst 41, nachdem seit 1.8.41 die 5. leichte Div. zur 21. Pz.div. umgegliedert und aus dem Div.stab z.b.V. Afrika seit 26.11.41 die 90. leichte Div. gebildet worden war. Nach Formierung der dt.-italien. Pz.armee Afrika, deren OB Rommel wurde, übernahm Gen.leutnant Ludwig ➢ Crüwell das D. Als Crüwell am 29.5.42 in brit. Gefangenschaft geriet, übernahm Gen. der Pz.truppen ➢ Nehring das Korps; ihm folgte am 13.11.42 Gen. der Pz.truppen Gustav Fehn. Letzter Kommand. Gen. war seit 1.3.43 Gen. der Pz.truppen Hans Cramer, der am 13.5.43 mit dem D. kapitulierte und in alliierte Gefangenschaft ging.

Deutsches Rotes Kreuz (DRK), am 25.1.21 gebildeter Zusammenschluß der in den einzelnen dt. Ländern existierenden Vereinigungen vom Roten Kreuz. Das DRK widmete sich während der Weimarer Republik vornehml. Aufgaben der Wohlfahrt und leistete Hilfe in Katastrophenfällen. Im nat.-soz.Staat erhielt es am 29.11.33 eine neue Satzung, die der Reichsreg. die Möglichkeit bot, sich die 9000 örtl. Organisationen, 10 000 Schwestern vom Roten Kreuz und die 130 000 Mitglieder der Sanitätskolonnen vom Roten Kreuz durch Umorganisation für ihre Pläne nutzbar zu machen. Während des Krieges unterstand es unter Führung des Kommissars der freiwilligen Krankenpflege (nominell war dies der Präs. des DRK) zunächst dem Heeressanitätsinspekteur, später dem Chef des Wehrmachtssanitätswesens. Am 25.12.43 stellten die 18 Wehrkreise für den regionalen und den überörtl. Einsatz in mobilen Sanitätseinheiten und Reservelazaretten 4300 DRK-Ärzte, 15 660 DRK-Schwestern und -Hilfsschwestern, 48 000 DRK-Schwesternhelferinnen, 313 000 DRK-Helferinnen und 65 000 DRK-Helfer. Sie waren das Rückgrat des Sanitätswesens. Für die Betreuung und Fürsorgearbeit (Luftschutz) stellten die DRK-Ortsgemeinschaften 315 000 weibl. und 48 000 männl. Mitglieder.

Deutschland, dt. Panzerschiff, Stapellauf 19.5.31, 1.4.33 in Dienst gestellt, 15 900 t, Länge 186 m, Breite 20,7 m, bis 950 Mann Besatzung, max. 28 kn; Bewaffnung: 6x28 cm, 8x15 cm, 6x10,5-cm-Flak, zahlr. kleinere Fla-Geschütze, 8 Torpedorohre, 2 Bordflugzeuge Arado Ar 196. Die D. wurde 1936/37 vor der span. Küste bei der internat. Seekontrolle während des Bürgerkriegs eingesetzt und in Ibiza am 29.5.37 von republikan. Flugzeugen bombardiert, wobei 31 Seeleute bei zwei Treffern ums Leben kamen. Den Kriegsbeginn wartete das Schiff im Atlantik ab und nahm am 26.9.39 den Handelskrieg auf, wobei ihm 3 Schiffe mit 11 925 BRT zum Opfer fielen, bevor es am 11.11.39 zurückkehrte. Angebl. wegen Hitlers Sorge vor einer Schlagzeile »Deutschland versenkt« wurde am 15.11.39 der Name in Schwerer Kreuzer ≫ Lützow geändert; außerdem sollte damit der Verkauf des neuen Kreuzers Lützow an die UdSSR verschleiert werden.

Deutsch-Sowjetischer Nichtangriffsvertrag, am 23.8.39 in Moskau auf 10 Jahre geschlossener Pakt zw. dem Dt. Reich und der UdSSR. Seit dem Münchener Abkommen der Westmächte mit den faschist. Diktatoren (30.9.38) von tiefem Mißtrauen gegenüber Großbrit. und Frkr. erfüllt und wegen des Aderlasses der »großen Säuberungen« in keiner Weise auf einen militär. Konflikt vorbereitet, konnte sich Stalin 1939 trotz intensiver westl. Bemühungen nicht zu einem Arrangement mit den Demokratien entschließen. Hingegen stießen dt. Angebote zu einer Verständigung in Moskau auf Interesse, so daß es trotz des jahrelangen Propagandakriegs gegen den »jüd.-bolschewist. Todfeind« bzw. den »faschist. Totengräber der Arbeiterklasse« zum D. kam. Er verschaffte der Sowjetunion den dringend benötigten Zeitgewinn und dem Dt. Reich die Sicherheit, die es für den Angriff auf Polen brauchte. Die dt. Seite profitierte zudem von sowjet. Rohstoff- und Lebensmittellieferungen, während

Deutsch-Sowjetischer Nichtangriffspakt: der sowjetische Außenminister Molotow bei der Unterzeichnung; hinter ihm (von links): Generalstabschef Schaposchnikow, Reichsaußenminister Ribbentrop, Stalin

die UdSSR die Modernisierung ihrer Industrie durch dt. Maschinen und Knowhow vorantreiben konnte. In einem geheimen Zusatzprotokoll, dessen Existenz erst seit Mitte der 80er Jahre in der Sowjetunion offiz. eingeräumt wird, grenzten die Vertragspartner außerdem ihre Interessensphären ab (u.a. ➢ Balt. Staaten, ➢ Bessarabien, ➢ Finnland), und vereinbarten eine »vierte poln. Teilung« entlang der ➢ Curzon-Linie, so daß die UdSSR ein breites Sicherheitsglacis im östl. Mitteleuropa erhielt. Der D. wurde am 28.9.39 durch einen Grenz- und Freundschaftsvertrag erweitert. Auch wenn der rasche dt. Siegeszug dann die erhoffte »Selbstzerfleischung« der kapitalist. Staaten nicht im erwünschten Ausmaß brachte, sollte sich die Atempause von fast zwei Jahren, die der D. der Sowjetunion schenkte, als mitentscheidend für den Kriegsausgang erweisen.

Deuxième Bureau, frz. militär. Nachrichtendienst, Zweite Abt. des Gen.stabs. Die Zentrale des D. befand sich bei Kriegsbeginn im 7. Pariser Arrondissement, 2 bis Avenue de Tourville, nahe dem Invalidendom. Die geheime Nachrichtenbeschaffung und Auslandsspionage für das D. oblag dem Service de Renseignement (SR) unter Oberst Rivet; eine zweite Sektion (SCR) war für die Spionageabwehr und Gegenspionage zuständig. Der SR unterhielt in verschiedenen Grenzstädten und in N-Afrika Außenstellen. Nach der Kriegserklärung wurde das Spitzenbüro beim Gen.stab wegen seiner erweiterten Aufgaben in Cinquième Bureau umbenannt; es arbeitete nun direkt dem OB der Streitkräfte und dem Verteidigungsmin. zu. Mit dem brit. Intelligence Service (SI) wurden Verbindungsoffiziere ausgetauscht. Das frz. Oberkommando war durch das D. über die dt. Angriffspläne im W präzise informiert, zog aber aus den Lagemeldungen keine Konsequenzen. Durch die Waffenstillstandsbedingungen vom 22.6.40 zur Auflösung gezwungen, arbeitete das D. dennoch in der unbesetzten S-Zone Frkr.s innerhalb und außerhalb der Vichy-Armee unter verschiedenen Tarnungen weiter. Seine Leute beteiligten sich an der Organisation des Widerstands und versorgten die Nachrichtennetze der ➢ Résistance mit Informationen. Oberst Rivet war weiterhin der führende Mann; er hielt per Funk und durch Kuriere den Kontakt zu den brit. Kollegen. Nach der alliierten Landung in N-Afrika (8.11.42) baute er das D. für die frz. Armee in Algier wieder auf. Es fusionierte im Nov. 43 mit dem gaullist. Geheimdienst; im Febr. 44 übernahm Jacques Soustelle die Leitung der Nachrichtendienste.

Devers, Jacob L., * York (Pennsylvania) 8.9.1887, † Washington 16.10. 1979, amerikan. General. Bei Kriegsbeginn 1939 war D. Stabschef der US-Truppen in der Panamakanalzone und wurde am 9.10.40 Kommandeur der 9. Div. in Fort Bragg (North Carolina), wo er zugleich Pz.truppen ausbildete. 1943 wurde er OB der US-Truppen in N-Afrika und wenig später stellv. OB der alliierten Verbände im Mittelmeerraum. Unter seiner Leitung wurden die Pläne zur Landung in S-Frkr. (➢ »Dragoon«) ausgearbeitet und durchgeführt. Er selbst kommandierte die amerikan. 6. Heeresgruppe, bestehend aus der 7. US-Armee und der frz. 1. Armee, und erreichte mit seinen Verbänden Anfang Okt. 44 Elsaß-Lothringen. Im Frühjahr

45 nahm er den Vormarsch wieder auf, überschritt den Rhein und eroberte Württemberg, Bayern und Österreich bis Berchtesgaden und Salzburg, wo ihn die Nachricht von der dt. Kapitulation erreichte. 1945-49 OB der amerikan. Landstreitkräfte.

Dewoitine D-520, frz. Jagdeinsitzer, Erstflug 2.10.38; Bewaffnung: 1x20-mm-Kanone, 4 MG; max. 525 km/h in 6000 m Höhe, Reichweite 990 km, Einsatzgipfelhöhe 11 000 m. Die D. war 1940 das modernste Baumuster der frz. Jagdwaffe; außerordentl. wendig und schnell, ließ sie sich mit der ➢ Me 109 oder der ➢ Spitfire vergleichen. Die Produktion in Toulouse ging während des Krieges weiter, so daß die Gesamtfertigung schließl. 905 Exemplare erreichte. Die letzten 150 D. übernahm die dt. Luftwaffe für Ausbildungszwecke.

DFS 230, Lastensegler des **D**t. **F**orschungsinstituts für **S**egelflug in Griesheim bei Darmstadt, das sich seit den frühen 30er Jahren mit der Konstruktion größerer Segelflugzeuge für den Lastentransport beschäftigte. Der Luftwaffenführung gelang es, Bau und Erprobung des neuartigen Kampfseglers so lange geheimzuhalten, bis die D. im Mai 40 mit dem lautlosen Sturmangriff auf ➢ Eben Emael Schlagzeilen machte; ein Jahr später erneut Masseneinsatz beim Unternehmen ➢ »Merkur« gegen Kreta. Dank ihres geringen Fluggewichts von 1,1 t konnte die D. beim normalen Lastentransport (900 kg oder neun Soldaten) problemlos auch von einmotorigen Maschinen wie der Hs 126 oder der Ju 87 geschleppt werden. Sie verfügte über ein starres oder abwerfbares Zweiradfahrgestell, landete im operativen Einsatz gewöhnl. auf einer Kufe unter dem stoffbespannten Stahlrohrrumpf. Höchstgeschwindigkeit im Motorschlepp 185 km/h, im freien Sturzflug 290 km/h. Von der D. wurden bis 1941 insges. 1022 Stück v.a. bei ➢ Gotha gebaut, wo inzw. als größeres Nachfolgemodell die Go 242 entwickelt wurde.

Diégo Suarez, frz. Flottenstützpunkt und Hafenstadt an der N-Spitze Madagaskars mit 12 000 Einwohnern (1939); verblieb wie die ges. Insel nach dem frz. Zusammenbruch unter Vichy-Verwaltung. Bei D. landeten die Briten am 5.5.42 an der W-Küste erste Verbände als Auftakt der Operation »Ironclad« zur Besetzung Madagaskars. Der Flottenverband unter Konteradmiral Syfret mit dem Schlachtschiff Ramillies, den Trägern Illustrious und Indomitable sowie 1 Kreuzer und 7 Zerstörern war im März von Schottland ausgelaufen und eskortierte 9 Truppentransporter mit 2 Heeresbrigaden, 12 Pz. und einer Kommandoeinheit. Die brit. Landungstruppen trafen auf entschlossenen Widerstand der frz. Verteidiger unter Oberst Claerebout. Brit. Trägerflugzeuge versenkten 1 Hilfskreuzer und 1 U-Boot und zerstörten einige wenige Morane-Jäger am Boden, ehe der Widerstand am 7.5. nachließ und sich die brit. Truppen schließl. in D. festsetzen konnten. Sie verloren 1 Minenräumer, 8 Pz. und 10 Flugzeuge, 121 Angreifer fielen, 300 wurden verwundet; frz. Verluste 171 Tote und 350 Verletzte. Mit der Eroberung von D. war das wichtigste strateg. Ziel der Operation, eine japan. Kontrolle des westl. Ind. Ozeans zu verhindern, erreicht; die Besetzung der restl. Insel dauerte bis Nov. 42.

Dienstverpflichtung, Heranziehung von Arbeitern und Angestellten zu Aufgaben von bes. staatspolit. Bedeutung bei gleichzeitiger (zunächst befristeter) Lösung bestehender Arbeitsverhältnisse, eingeführt durch Verordnung vom 22.6.38. Unmittelbarer Anlaß für die Verordnung, als »wirtsch. Gestellungsbefehl« apostrophiert, war der Ausbau der militär. Befestigungsanlagen an der Westgrenze des Reiches (➢ Westwall), für den ca. 400 000 Personen rekrutiert wurden. In der Folge nutzte der nat.-soz. Staat die D. als ein ständiges Instrument zur Aufrechterhaltung eines hohen Beschäftigungsstandes in der Rüstungsind. und zur Lenkung des Arbeitseinsatzes; am 13.2.39 wurde die zeitl. Begrenzung der D. aufgehoben und im Jan. 43, im Rahmen der Reichsverteidigung, auch auf Frauen zwischen 17 und 45 Jahren ausgedehnt.

Dieppe, nordfrz. Hafenstadt an der Kanalküste mit 26 000 Einwohnern (1939). D. wurde im Frankreichfeldzug am 9.6.40 von dt. Truppen eingeschlossen, die bis 13.6. die Stadt eroberten und über 20 000 Gefangene einbrachten. Der Hafen wurde in der Folgezeit für das Unternehmen ➢ »Seelöwe« ausgerüstet und die Küste später in den Ausbau des ➢ Atlantikwalls einbezogen.
Gegen D. richtete sich die brit. Landeoperation ➢ »Jubilee« als Probe für die geplante ➢ Invasion des europ. Festlands: Im Morgengrauen des 19.8.42 erschien vor der Küste eine Armada von 252 Schiffen, die zunächst unbemerkt 6086 Mann der kanad. 2. Div. (Roberts) und zweier brit. Kommandos mit 28 Pz. an Land setzte. Während die Briten westl. von D. die Batterien von Varengeville und östl. die dt. Stellungen bei Berneval angriffen, ging das Gros der Kanadier etwas später frontal gegen die Stadt vor. Von dt. Trawlern entdeckt und beschossen, trafen sie auf massives Abwehrfeuer der Heeres- und Marineartillerie. Das Inf.regiment 71 (Bartel) der 302. Inf.div. (Haase) schlug den Zentralangriff schon am Ufer zurück, wo alle Pz. in den Hindernissen steckenblieben und in kürzester Frist außer Gefecht gesetzt wurden. Die anfängl. brit. Luftüberlegenheit über dem Kampfraum wurde von dt. Jägern und Jagdbombern am Vormittag gebrochen, die zudem den Zerstörer Berkeley versenkten. Mit Ausnahme des verlustreichen westl. Flankenangriffs er- reichten die brit. und kanad. Truppen nirgendwo auch nur entfernt ihre Angriffsziele, die sich bis zum dt. Div.-Hauptquartier in Arques-la-Bataille und zum Flugplatz mehrere km landeinwärts erstreckten. Gegen Mittag wurde zum Rückzug geblasen, den allerdings nur noch zwei Fünftel der Angreifer antreten konnten: Unter den 4350 Personalausfällen waren 1179 Gefallene und 2190 Gefangene, die RAF verlor 106 Flugzeuge, die Navy 33 Landungsfahrzeuge. Die dt. Verluste betrugen dagegen nur 311 Gefallene und 280 Verwundete, die Luftwaffe büßte 48 Maschinen ein. Das Desaster von D. wurde von der dt. Propaganda weidl. ausgeschlachtet, aber auch die Gegenseite profitierte trotz des verheerenden Echos in der öffentl. Meinung: Neben takt. und operativen Aufschlüssen gewann sie ein Argument gegen die massiven sowjet. Forderungen nach einer ➢ Zweiten Front, allerdings zu einem horrend hohen Preis.

Dietl, Eduard, * Bad Aibling 21.7.1890, † bei Hartberg (Steiermark) 23.6.1944 (Flugzeugabsturz), dt. Gen.oberst (1.6.42); 1909 Eintritt ins Heer, 1.4.38 Gen.major, auf den Tag zwei Jahre später Gen.leutnant. D. wurde im April/ Mai 41 als »Held von ≫ Narvik« populär, das er mit Gebirgsjägern und Matrosen im Norwegenfeldzug gegen mehrfache Übermacht verteidigte. Schon früh – 1921 erste Begegnung mit Hitler – nat.-soz. eingestellt, war D. jedoch jedem polit. Fanatismus abgeneigt und als humorvoll-menschl. Truppenführer beliebt. Seit 15.1.42 führte er die 20. dt. (Lappland-)Armee im Rußlandfeldzug.

Dietl: Der deutsche General, der mit seinen Gebirgsjägern den kühnen Vorstoß auf Narvik unternahm, wurde zum populärsten Heerführer des Norwegenfeldzuges.

Dietrich, Joseph (»Sepp«), * Hawangen (Oberbayern) 28.5.1892, † Ludwigsburg 21.4.1966, SS-Obergruppenführer und Gen.oberst der Waffen-SS (1.8.44); Fleischerlehrling, 1911 Eintritt ins bayer. Heer, nach dem 1. Weltkrieg im Polizeidienst, 1928 NSDAP-Beitritt. D. stellte am 17.3.33 die SS-Stabswache Berlin auf, Kern der ≫ Leibstandarte-SS »Adolf Hitler« (LAH), deren Kommandeur er 1933-43 war. Mit ihr, später 1. SS-Pz.div. LAH, zog er im Rahmen der Waffen-SS in den Krieg (Holland, Frkr., Balkan und v.a. Rußland). Vom 27.7.43 bis 24.10.44 war er Kommand. Gen. des 1. SS-Pz.korps und danach bis Kriegsende OB der 6. SS-Pz.armee. Angeklagt wegen Ausschreitungen seiner Einheiten während der ≫ Ardennenoffensive bei Malmedy gegen amerikan. Gefangene, wurde D. am 16.7.46 zu lebenslanger Haft verurteilt, 1950 zu 25 Jahren begnadigt und 1955 amnestiert. Von einem dt. Gericht am 14.5.57 wegen der von ihm geleiteten Erschießungen von SA-Führern beim sog. Röhm-Putsch (30.6./ 1.7.34) zu 18 Monaten Haft verurteilt, kam er im Febr. 59 endgültig frei.

Dijle-Plan, Operationsentwurf des frz. Oberkommandos für den Fall eines dt. Angriffs im W unter Mißachtung der belg. Neutralität. Nach dem dt. Sieg gegen Polen im Sept. 39 rückte eine Neuauflage des dt. Schlieffen-Plans aus dem 1. Weltkrieg (Schwenk mit starkem rechten Flügel zur Umfassung der alliierten Streitkräfte im Artois und in Flandern) in greifbare Nähe, so daß der D. am 24.10.39 offiz. beschlossen wurde, vorausgesetzt Belgien würde um frz. Hilfe ersuchen. Danach sollten vorgehen: die frz. 7. Armee (Giraud) am linken Flügel Richtung Antwerpen, die ≫ British Expeditionary Forces (BEF) im Zentrum zum Schutz Brüssels bis Löwen, die frz. 1. Armee (Blanchard) in den Abschnitt Wawre – Namur und die frz. 9. Armee (Corap) daran anschließend bis zur belg.-frz. Grenze. Zur Ausweitung des D. war bei einem dt. Angriff auch auf Holland ein Vorrücken der frz. 7. Armee bis in die ≫ Breda-Stellung vorgesehen. Der D. litt lange unter der Weigerung Brüssels, sich an gemeinsamen militär. Planungen zu beteiligen; man wollte alles vermeiden, was Berlin hätte provozieren können, und auch die Holländer organisierten ihre Verteidigung ohne Absprache. Bei Beginn des dt. Angriffs am 10.5.40 lief der D. nach belg. Bitte um Beistand planmäßig an, die frz. 7. Armee drang bis Bergen-op-Zoom vor. Dann aber wurde der D. zur gigant. Falle, als gegen alle Erwartung der dt. Hauptschlag durch die angebl. völlig unwegsamen Ardennen mit den Pz.div. der Heeresgruppe A (v. Rundstedt) im S geführt wurde. Die vorgeschobenen alliierten Armeen gerieten in die Zange, zumal die belg. Verteidigungslinien schon nach wenigen Tagen brachen und Holland am 14.5. kapitulierte. Der Rückzugsbefehl kam zu spät, nachdem am 16.5. die dt. 6. Armee (v. Reichenau) die Stellung an der Dijle südl. Brüssel durchbrochen hatte. Die abgeschnittenen alliierten Truppen zogen sich auf ≫ Dünkirchen zurück.

Dinah, alliierter Codename für den japan. Heeresaufklärer Mitsubishi Ki-46, Erstflug Nov. 39. Ein aerodynam. perfekter Entwurf, wurde die D. bereits vor Pearl Harbor (7.12.41) zu geheimen strateg. Luftbildflügen über den japan. Angriffszielen in SO-Asien eingesetzt. Alliierte Abfangjäger wie die P-40 Warhawk oder die ≫ Hurricane konnten dem hochfliegenden Zweisitzer nichts anhaben, dessen Hauptvariante mit 2x1050 PS max. 604 km/h in 5800 m Höhe erreichte. Die letzte und modernste Serie Ki-46-III flog mit 2x1500 PS max. 630 km/h in 6000 m Höhe, die Reichweite ohne Bewaffnung lag bei 4000 km.

Dirlewanger, Oskar, * Würzburg 26.9.1895, † Altshausen (Oberschwaben) 19.6.1945, SS-Oberführer (1943); promovierter Jurist, 1923 NSDAP-Beitritt, wegen Vorstrafe 1937 freiwillig zur Legion Condor im span. Bürgerkrieg, 1939 Obersturmführer der Waffen-SS. Befreundet mit G. ≫ Berger, konnte D. 1940 seine Idee, eine Einheit von Scharfschützen aus verurteilten Wilddieben aufzustellen, deren »Schießkünste nicht brachliegen« dürften, an höchster Stelle vortragen. Am 1.9.40 stand ein erstes Sonderbataillon D., das, aufgefüllt z.T. mit Berufsverbrechern, zur Sturmbrigade D. erweitert und an der O-Front eingesetzt wurde. Ihre brutale Kampfführung, u.a. bei der Niederschlagung des ≫ Warschauer Aufstands, wurde selbst in der SS kritisiert; der sowjet. Marschall Schukow setzte ein Kopfgeld auf D. aus. Während seine Einheit am 29.4.45 in sowjet. Gefangenschaft geriet, konnte sich D., der im Febr. 45 verwundet worden war, nach W absetzen. Er soll in frz. Haft umgekommen sein; 1960 exhumierten die Behörden seine Leiche, um Gerüchten, D. lebe noch, ein Ende zu machen.

Displaced Persons (DP), alliierte Sammelbez. für nach Deutschland verschleppte ausländ. ➢ Zwangsarbeiter und nichtdt. Flüchtlinge und ➢ Hilfswillige, die mit der Wehrmacht vor der Roten Armee nach W gezogen waren (insges. rd. 8,5 Mio.). Viele DP wurden zwangsrepatriiert (u.a. ➢ Kosaken), andere verblieben als heimat- und/oder staatenlose Ausländer in den Westzonen oder erhielten in anderen Ländern Zuzugsgenehmigung.

Djibouti, Stadt in Frz. Somaliland, ➢ Dschibuti.

DMR, Abk. für ➢ **D**eutscher **M**inen**r**äumdienst.

Dnjepr, mit 2200 km Länge von der Quelle südl. der Waldai-Höhen bis zur Mündung ins Schwarze Meer zweitgrößter Strom im europ. Rußland, Transportschlagader der Ukraine. Der D., im Mittellauf von Orscha bis zur Einmündung des Pripjet ident. mit der ➢ Stalin-Linie, wurde im Rußlandfeldzug von der dt. Heeresgruppe Mitte am 10.7.41 bei Mogilew zuerst überschritten. Am 25.8. schwenkten dann die 2. Armee (v. Weichs) und die Pz.gruppe 2 (Guderian) nach S und schlossen mit der aus einem Brückenkopf bei Dnjepropetrowsk entgegenkommenden Pz. gruppe 1 (v. Kleist) östl. Kiew starke sowjet. Kräfte ein, so daß auch die Heeresgruppe Süd (v. Rundstedt) Anfang Sept. den D. in ganzer Länge überqueren konnte.
Als die Rote Armee nach der dt. Niederlage am Kursker Bogen (➢ »Zitadelle«) im Sommer 43 zur Rückeroberung der Ukraine ansetzte, wollte die Wehrmacht ihrerseits die Front am D. mit seinem auf weite Strecken steilen W-Ufer stabilisieren. Da Hitler jedoch nur abschnittsweise die Rücknahme der Truppen auf den strateg. günstigen Flußlauf genehmigte, konnte eine optimale D.-Stellung nicht vorbereitet werden. Die sowjet. Offensive mit rd. 2,6 Mio. Mann, 51 000 Geschützen, 2400 Pz. und 2850 Flugzeugen konnte von den kaum halb so starken dt. Heeresgruppen Süd (v. Manstein) und A (v. Kleist) nur unwesentlich gehemmt werden. Bis 30.9. war der ganze Unterlauf des D. von Gomel bis Saporoschje von den 6 angreifenden sowjet. Fronten erreicht und nördl. Kiew sowie südl. Krementschug bereits überschritten. Im Dez. 43 hielt die dt. D.-Front nur noch bei Mogilew, südl. Kiew und im Mündungsgebiet von Nikopol bis Cherson.

Dnjepropetrowsk, sowjet. Gebietshauptstadt in der Ukraine mit rd. 500 000 Einwohnern (1936). Das von der sowjet. »Reservearmee« (Tschibissow) verteidigte D. wurde am 25.8.41 von der dt. Pz.gruppe 1 (v. Kleist) genommen, die am O-Ufer des Dnjepr einen Brückenkopf bilden konnte. Bei der Rückeroberung der Ukraine gelang am 25.9.43 dem sowjet. XV. Schützenkorps der 7. Gardearmee (Schumilow) der Übergang über den Dnjepr südl. D., das einen Monat später von den dt. Truppen aufgegeben werden mußte.

Do 217, Typenabk. des dt. zweimotorigen schweren Kampfflugzeugs der Firma ➢ Dornier, Erstflug Aug. 38. Die D., eine vergrößerte Weiterentwicklung der Do 17 ➢ Fliegender Bleistift für bis zu 4000 kg Bombenzuladung und 2100 km Reichweite, war der erste neue Bomber der Luftwaffe nach Kriegsbe-

ginn. Sie wurde seit Ende 40 auch als Aufklärer, Lenkwaffenträger und Nachtjäger v.a. im W und im Mittelmeerraum eingesetzt.
Die beiden modernsten Bauserien, K, ausgerüstet mit 2x1800-PS-BMW 801-Doppelsternmotoren, und M, angetrieben von 2x1750-PS-DB 603A-Reihenmotoren, mit einem vollverglasten, abgerundeten Rumpfbug kamen Ende 42 an die Front: max. 515 bzw. 525 km/h, 1x15-mm-, 2x13-mm- und 3x7,92-mm-MG als bewegl. Abwehrbewaffnung, 4 Mann Besatzung. 362 Maschinen wurden mit der Typenbez. J bzw. N mit 4x20-mm-Kanonen und 4x7,92-mm-MG im Rumpfbug zu Nachtjägern umgerüstet, als sich Engpässe bei der Lieferung der ≻ Me 110 ergaben.

Dodekanes (griech. Zwölf Inseln), Archipel in der ≻ Ägäis, seit 1912 (bestätigt im Vertrag von Lausanne 1923) von Italien verwaltet, Hauptinseln Rhodos, Samos, Leros, Kos, Patmos u.a. mit insges. 2869 km² und 140 000 Einwohnern (1940), Hauptstadt Rhodos. Nach dem Eintritt Italiens in den Krieg (10.6.40) wurden nach Rhodos auch eine dt. Garnison und Luftwaffeneinheiten verlegt, die brit. Geleite im östl. Mittelmeer bekämpften. Zusammen mit den im Mai 41 eroberten Kykladen bildete der D. einen wirksamen Riegel vor dem Balkan. Er geriet in Gefahr nach dem italien. Sonderwaffenstillstand im Sept. 43, als brit. Truppen auf einigen Inseln landeten. Auf Rhodos konnte Gen. Kleemann mit 6000 Mann und Luftwaffenunterstützung gegen überlegene ita-lien. Kräfte die Lage rasch unter Kontrolle bringen, während Kos beim Unter- nehmen »Eisbär« bis 12.10.43 und Samos sowie Leros durch die Operation »Leopard« bis 22.11.43 in verlustreichen Kämpfen zurückerobert werden mußten. Damit war mangels amerikan. Unterstützung Churchills Plan gescheitert, mit einer Strategie der Peripherie doch noch von SO her einen Stoß gegen den »weichen Bauch Europas« zu führen, die Türkei damit ins Lager der Alliierten zu zwingen und ein allzu weites Vordringen der Roten Armee nach W zu verhindern. Beim brit. Rückzug gerieten 4800 Engländer in Gefangenschaft, alle italien. Verbände wurden entwaffnet. Im Sept. 44 begann die Wehrmacht ihrerseits mit der schrittweisen Räumung des D., der 1947 an Griechenland fiel.

Dohnányi, Hans von, * Wien 1.1.1902, † KZ Sachsenhausen 8. oder 9.4.1945, dt. Jurist; Mai 33 persönl. Referent von Justizmin. Gürtner. D. entwickelte sich zum entschiedenen Gegner des nat.-soz. Unrechtsstaats und legte insgeheim eine Kartei der ihm bekannt gewordenen Verbrechen an; seit Febr. 38 Kontakte zum militär. Widerstand. Zur ≻ Abwehr versetzt, leitete D. in der Zentralabt. Osters das polit. Referat und konnte so wertvolle Informationen sammeln. Seine Unterlagen fielen der Gestapo in die Hände, als sie D. am 5.4.43 verhaftete; ein Schweizer Kontaktmann hatte ihn belastet. Zum Prozeß aber kam es nicht. D. wurde nach einem irregulären Standgerichtsverfahren gehängt.

Dollmann, Friedrich, * Würzburg 2.2.1882, † bei Le Mans 27.6.1944, dt. Gen.oberst (19.7.40); Eintritt ins Heer 15.7.99, in der Reichswehr 1.10.32 Gen.major und am 1.2.33 Inspekteur der Artillerie, 1.10.33 Gen.leutnant. Seit

1.4.36 Gen. der Artillerie, führte D. bei Kriegsausbruch das XI. AK bei der 1. Armee in der Saarpfalz und wurde am 25.10.39 OB der 7. Armee, die an der Oberrheinfront stand und mit der er nach dem Frankreichfeldzug als Besatzungstruppe in W-Frkr. blieb. Die Truppe wurde während und nach der ➢ Invasion im Juni 44 in schweren Kämpfen dezimiert, D. selbst erlag in seinem Gefechtsstand einem Herzinfarkt.

Donau, mit 2850 km zweitlängster Strom Europas. Da im SO bei Kriegsbeginn zunächst keine Kampfhandlungen zu erwarten waren, wurden Teile der dt. ➢ Donauflottille 1940 in die Niederlande verlegt und erst im Frühjahr 41 wieder zurückgebracht. Am Tag vor dem dt. Angriff auf Jugoslawien und Griechenland (6.4.41) scheiterte ein brit. Sabotageunternehmen zur Sperrung der D. am Eisernen Tor bei Orsava an der Wachsamkeit der dt. Abwehr. Der Fluß wurde nach Beginn des Rußlandfeldzugs zu einer wichtigen Nachschubstraße des Ostheeres und in Gegenrichtung für die Lieferungen rumän. Erdöls. Die Kriegsmarine entsandte 1942-44 über die D. ins Schwarze Meer: 6 U-, 15 Schnell- und 23 Minenräumboote sowie 26 U-Boot-Jäger und 343 weitere Fahrzeuge. Brit. Flugzeuge behinderten seit Sommer 43 durch Einflüge aus Italien mit Minen den Schiffsverkehr empfindl., zumal die Anrainerstaaten über wenig Räumkapazität verfügten. Allein von Mai bis Okt. 44 warfen RAF-Maschinen 1382 Minen. Erst die Bildung eines dt. Minenräumdienstes D. im Juli 44 ließ die Schäden – allein Mai/Juni 44 Verlust von 39 und Beschädigung von 42 Schiffen – sinken. Das ermöglichte beim dt. Rückzug die Rettung zahlr. Einheiten der Kriegsmarine und fast aller Besatzungen. Da die D. für offensive Zwecke nicht mehr in Betracht kam, setzte Anfang Okt. 44 eine Verminung durch dt. Flußstreitkräfte ein, die freil. den sowjet. Vormarsch nicht nennenswert zu hemmen vermochte.

Donauflottille, nach dem Anschluß Österreichs mit Weisung vom 23.3.38 gebildeter Verband der dt. Kriegsmarine mit Hauptstützpunkt Linz. Die D., im Frühjahr 39 nach der Besetzung der Tschechoslowakei mit erbeuteten Booten und Waffen ausgerüstet, wurde für den Westfeldzug auf dem Rhein abwärts geführt und vor Beginn des Feldzugs gegen Griechenland und Jugoslawien wieder zurückverlegt. Für den Rußlandfeldzug liefen ihre Einheiten ins Schwarze Meer aus und bildeten dort Räum- und Geleitflottillen. Mit dem Landheer zogen sie sich in schweren Abwehrkämpfen Ende 44/Anfang 45 auf der Donau zurück.

Donez, Steppenfluß in S-Rußland, 1100 km lang, Mündung 100 km oberhalb Rostow in den Don. Kohle- und Erzvorkommen machten das D.-Becken südl. des Unterlaufs zu einem bedeutenden Industrierevier, auf das der erste Stoß der dt. Sommeroffensive ➢ »Blau« Ende Juni 42 zielte. Bis Mitte Juli war das ges. Gebiet in dt. Hand. Nach der Katastrophe von Stalingrad begann die Rückeroberung aber schon Anfang Febr. 43, als die sowjet. Süd- (Malinowski) und Südwestfront (Watutin) den D. erreichten, am 14.2. Rostow nahmen und Ende des Monats schon am Mius standen.

Dönitz, Karl, * Grünau bei Berlin 16.9.1891, † Aumühle bei Hamburg 24.12.1980, dt. Großadmiral (31.1.43); 1910 zur Marine, im 1. Weltkrieg seit 1916 bei der U-Boot-Waffe, nach Gefangenschaft zur Reichsmarine. D. wurde nach zahlr. Kommandos und Stabsstellungen am 1.1.36 Führer der U-Boote und baute diese Waffe gemäß ➢ Dt.-Brit. Flottenabkommen auf. Das ungenügende Bautempo machte er im 2. Weltkrieg – seit 12.9.39 Befehlshaber der U-Boote – durch takt. Geschick wett. Seine Rudel-Angriffe auf alliierte Geleitzüge brachten zeitweilig die brit. Versorgung über See fast zum Erliegen. 1943 wurde er Nachfolger von ➢ Raeder als Oberbefehlshaber der Kriegsmarine, mußte wenig später wegen steigender Verluste die ➢ Atlantikschlacht abbrechen, unterstützte aber weiter dem Soldateneid getreu Hitlers Kriegführung und verurteilte scharf die »ehrvergessenen« Offiziere, die das Attentat vom 20.7.44 geplant hatten. Hitler dankte ihm das im polit. Testament durch Ernennung zum Nachfolger als Reichspräs., weil er die unbeirrte Fortführung des Kampfes von ihm erwartete. D. aber hatte nur noch das Ziel, durch Teilkapitulation nach Westen möglichst viele Soldaten und Flüchtlinge vor der Roten Armee zu retten. Seiner »Geschäftsführenden Reichsreg.« in Flensburg (2.5.–23.5.45) unter ➢ Schwerin von Krosigk gelang das nur in Ansätzen, bevor sie die ➢ Bedingungslose Kapitulation unterzeichnen mußte. D. wurde in den ➢ Nürnberger Prozessen wegen »Verbrechen gegen den Frieden« zu 10 Jahren Haft verurteilt, die er in Spandau verbüßte.

Dönitz: Kopf der deutschen U-Boot-Waffe und ab 30. Januar 1943 Oberbefehlshaber der gesamten Kriegsmarine

Doolittle-Raid, Bez. für den ersten amerikan. Luftangriff auf das japan. Mutterland und die Hauptstadt Tokio am 18.4.42. Dem Ruf nach Vergeltung für den japan. Überfall auf die US-Pazifikflotte in ➢ Pearl Harbor (7.12.41) konnte und wollte sich US-Präs. Roosevelt nicht entziehen und ließ daher bei der Admiralität nachfragen, unter welchen Umständen eine Bombardierung Japans möglich wäre. Das Starten der Bomber von Flugzeugträgern aus war zwar bereits erprobt, eine Landung aber unmöglich. Es blieb eine kombinierte Operation: Start möglichst nahe Japan, Bombenwurf ohne Jagdschutz über Japan, Landung in China. Unter Oberstleutnant James H. Doolittle (1896-

1993) wurde in Florida eine 80 Mann starke Sondereinheit mit 16 B-25 Mitchell aufgestellt, trainiert und am 12.4.42 von Kalifornien auf dem US-Träger Hornet unter Admiral Halsey mit 4 Kreuzern, 8 Zerstörern und 2 Versorgern in Marsch gesetzt. Schon rd. 1000 km vor der japan. Küste wurde der Verband von der gegner. Aufklärung erfaßt. Trotz der damit weit über Plan liegenden Flugdistanz bestand Doolittle auf Durchführung des Angriffs und stieg am 18.4. mit seinen Bombern auf. Die japan. Luftabwehr wurde völlig überrascht, als am hellen Mittag 13 Mitchell über Tokio erschienen und militär. und industrielle Einrichtungen bombardierten. Der Jagdabwehr gelang es nicht mehr, die Maschinen einzuholen. Dennoch gingen alle US-Bomber verloren: 1 landete in Wladiwostok, wo die Besatzung von den Sowjets interniert wurde, 11 Besatzungen sprangen per Fallschirm über China ab, 4 machten Bruchlandungen. 5 Mann gerieten in japan. Gefangenschaft und wurden zum Tod verurteilt.

Dora, dt. Eisenbahngeschütz, Kaliber 80 cm, Granatengewicht 7,1 t bei 250 kg Sprengstoff, Länge der Granate 3,60 m bei 4 m langer Treibladung, Mündungsgeschwindigkeit 720 m/s, Rohrlänge 32,48 m, Rohrgewicht 400 t, Gesamtgewicht 1350 t, 3 Schuß pro Stunde, Schußweite normal 37 km, bei vergrößerter Treibladung bis max. 48 km, erster Übungsschuß 10.9.41. Im April 42 wurden D. und die einschließl. Sicherungstruppen 4400 Mann starke Bedienungsmannschaft mit 5 Zügen in den Raum ≫ Sewastopol verlegt, wo das Geschütz auf die 47,3 m lange, 40-achsige Lafette montiert wurde, 5.6. erster Schuß gegen die Seefestung. Nach insges. 48 Abschüssen, die oft weit neben dem Ziel lagen, war der Munitionsvorrat erschöpft, ohne daß mit dem D.-Einsatz entscheidend zur Eroberung beigetragen worden war. An die Leningrad-Front verlegt, kam das Geschütz nicht mehr zum Schuß und wurde zur Überholung nach Rügenwalde gebracht. Eine zweite D. wurde zwar fertig, blieb aber ohne Bedienungsmannschaft.

»Dora«, Deckname für ein Außenkommando des KZ Buchenwald im unterird. Rüstungszentrum ≫ »Mittelbau« bei Nordhausen im Harz.

Doriot, Jacques, * Bresles 26.9.1898, † Süddeutschland 22.2.1945, frz. Politiker; Stahlarbeiter, 1922 KP-Mitglied, 1924 Abgeordneter. D. trennte sich 1934 von der kommunist. Partei und gründete 1936 den faschist. inspirierten Parti Populaire Français (PPF). Nach der frz. Niederlage 1940 setzte er sich konsequent für eine Zusammenarbeit mit der dt. Besatzungsmacht ein und war Mitbegründer der frz. Freiwilligen-Legion (LVF) gegen den Bolschewismus. Nach der alliierten Invasion wich D. nach Sigmaringen aus und gründete dort ein Komitee zur Befreiung Frkr.s von den »anglo-amerikan. Okkupanten«. Sabotagetrupps, die er dafür zusammenstellte, waren allerdings so erfolglos wie die Rundfunkreden, in denen er seine Landsleute zum Widerstand gegen die »Eroberer« aufrief. D. kam ums Leben, als sein Wagen von einem Jagdbomber mit Bordwaffen angegriffen wurde.

Dornier-Werke GmbH, dt. Flugzeugfabriken in Friedrichshafen (Bodensee);

gegr. 1922 von Prof. Claude Dornier, einem ehemaligen Mitarbeiter des Grafen Zeppelin. D. machte sich in der Zwischenkriegszeit einen Namen als Konstrukteur von Atlantik-Flugbooten. Weltweites Aufsehen erregte 1929/31 das zwölfmotorige »Flugschiff« Do X. Die zweimotorigen Ganzmetallflugboote der Wal-Serie von D. und die viermotorige Do 26 erschlossen die ersten Post- und Passagierrouten über den N- und S-Atlantik. Militär. Versionen mit Kampfständen flogen als Seeaufklärer bei der Luftwaffe. Zahlenmäßig fiel bei Kriegsbeginn die mit 2 Dieselmotoren in Tandemanordnung ausgerüstete Do 18 ins Gewicht, die schon im Sept. 39 Patrouillenflüge über der Nordsee absolvierte. V.a. bei den Seenotstaffeln an den Küsten des besetzten Europas war die dreimotorige Do 24 zu finden. Dieses bes. seetüchtige Flugboot (Erstflug 1937) hatte die holländ. Marine für den Kolonialdienst in SO-Asien bestellt. Es wurde auch im Krieg in Holland weitergebaut; insges. 217 Stück gingen an die Luftwaffe. In sehr viel größeren Stückzahlen bauten die D. die zweimotorigen Kampfflugzeuge Do 17 ➢ Fliegender Bleistift und ➢ Do 217. Das Ausgangsmuster entstand 1936/37 aus einem schnellen Postflugzeug. Nicht mehr zum Einsatz kam der schwere Mehrzweckjäger Do 335 Pfeil (Erstflug 1943), mit 765 km/h schnellstes dt. Kolbenflugzeug des Krieges.

Dortmund, größte Stadt Westfalens mit rd. 540 000 Einwohnern (1940). Als Zentrum eines industriellen Ballungsraums (Kohle, Stahl, Maschinen u.a.) war D. während des Kriegs eines der Hauptziele der alliierten Luftoffensive. 1942 trafen die ersten schweren Angriffe die Stadt, u.a. am 14./15.4., als 215 RAF-Maschinen in der Nacht 278 t Bomben abwarfen, und steigerten sich 1943, u.a. am 4./5.5., als 1436 t Bomben fielen und 1218 Häuser zerstörten, 2141 schwer beschädigten und 693 Menschen töteten, und am 24.5., als 724 brit. Flugzeuge angriffen und 2042 t Bomben einsetzten. 1944 waren es v.a. zwei Angriffe, die das Zerstörungswerk fortsetzten: am 11./12.11. mit 1122 t Bomben und am 29.11. mit 1618 t. Die schwersten Verwüstungen aber richtete die RAF an, als sie am 12.3.45 mit 1107 Maschinen über D. erschien und 4851 t Bomben ausklinkte. Das geschah kurz vor dem Einschließen der dt. Heeresgruppe B. im ➢ Ruhrkessel, an dessen N-Rand D. lag. Nachdem mehrere Vorstöße der 9. US-Armee (Simpson) Anfang April 45, die Stadt zu nehmen, abgewiesen worden waren, gelang am 12.4. der Einbruch in den dt. Verteidigungsgürtel, so daß D. am folgenden Tag aufgegeben werden mußte. Die Straßenkämpfe hatten weitere Zerstörungen gebracht, so daß schließl. rd. zwei Drittel aller Wohnungen vernichtet waren.

Douglas, Sir William Sholto, * Oxford 23.12.1893, † Northampton 29.10. 1969, brit. Luftmarschall (Jan. 46); 1915 zum Royal Flying Corps in Frkr., nach dem 1. Weltkrieg Verkehrspilot, 1920 Fortsetzung der Offizierslaufbahn in der RAF, 1938 Air Vice Marshal (Gen.leutnant) und Assistent beim Chef des brit. Luftstabes. Als Nachfolger ➢ Dowdings wurde D. im Nov. 40 Chef des Fighter Command, das unter seiner Führung in der Luftschlacht um England zur Offensive überging. Im Jan. 43 folgte die Ernennung zum OB der brit. Luftstreitkräfte im Nahen Osten und im

Jan. 44 zum Chef des Küsten-Kommandos der RAF, das er erfolgr. gegen die dt. U-Boote im Atlantik und bei der Sicherung der Invasion in der Normandie (Juni 44) führte. Im Juni 45 wurde D. OB der RAF in der brit. Besatzungszone in Deutschland und im Jan. 46 Nachfolger Montgomerys als Militärgouverneur und brit. Vertreter im ≫ Alliierten Kontrollrat. In dieser Funktion unterschrieb er nach dem Nürnberger Prozeß gegen die Hauptkriegsverbrecher das Todesurteil für Göring, gegen den er 1918 in Frkr. als Jagdflieger gekämpft hatte. D. verließ 1948 die RAF und wurde Direktor der British European Airways (BEA).

Douglas Aircraft Co., amerikan. Flugzeugfirma mit (seit 1928) Hauptsitz in Santa Monica (Cal.), 1920 von D.W. Douglas gegr.; fusionierte 1937 mit Northrop, wuchs im Kriege auf über 150 000 Mitarbeiter an, davon 50 % Frauen, und fertigte ein Sechstel aller US-Militärflugzeuge bis 1945. D. baute im Auftrag der US-Armee die Bomberserien Havoc (Boston) und Invader sowie für die Navy die trägergestützten Marinesturzbomber TBD Devastator und SBD ≫ Dauntless. Von den zivilen Entwicklungen, Typenkürzel DC (= D. Commercial), wurde die DC-3 das erfolgreichste Verkehrsflugzeug der Welt und als C-47 ≫ Skytrain wichtigste Transportmaschine auf alliierter Seite. Die erste viermotorige Langstreckenkonstruktion der DC-Reihe kam als C-54 ≫ Skymaster zum Air Transport Command und spielte 1948/49 bei der Berliner Luftbrücke eine entscheidende Rolle.

Dowding, Sir Hugh Caswall, * Moffat (Dumfries) 24.4.1892, † Tunbridge Wells (Kent) 15.2.1970, brit. Luftmarschall; im 1. Weltkrieg zuerst Artillerieoffizier, dann Übertritt zum Royal Flying Corps, Staffelführer in Frkr., 1919 Brigadegen. Nach verschiedenen Stabsverwendungen im Nahen Osten und in London wurde D. am 14.7.36 OB des neugegründeten ≫ Fighter Command der RAF mit Hauptquartier Stanmore bei London. Er trieb die Entwicklung der ≫ Hurricane und ≫ Spitfire sowie den Ausbau der Frühwarnkette Chain Home energ. voran. Sie bildeten die Basis des modernen, zentral geführten Luftverteidigungssystems, an dem im Sommer/Herbst 40 die dt. Luftwaffe in der ≫ Luftschlacht um England scheiterte. D. hatte diese Auseinandersetzung vorausgesehen und sich deshalb hartnäckig geweigert, während des Frankreichfeldzugs weitere brit. Jäger auf den Kontinent zu entsenden. Er ließ sich auch nicht auf eine vorzeitige Abnutzung an der Kanalfront ein, sondern dirigierte seine kostbaren Jagdstaffeln sparsam dosiert gegen klar erkannte Bomberverbände. Trotz zahlenmäßiger Unterlegenheit sicherte diese überlegte Taktik den Sieg, was D. allerdings nicht gedankt wurde. Er wurde am 25.11.40 durch Luftmarschall ≫ Douglas abgelöst und ohne Beförderung in offiz. Mission in die USA entsandt. 1942 ließ er sich schließl. in den Ruhestand versetzen und wurde im folgenden Jahr geadelt.

DP, Abk. für ≫ **D**isplaced **P**ersons.

»Dragoon« (engl. Dragoner), Deckname für die Landung alliierter Truppen in S-Frkr. nach dem Operationsentwurf

≫ »Anvil« am 15.8.44 zur Flankierung der ≫ Invasion in der Normandie. Für »D.« wurde die 7. US-Armee (Patch) mit dem VI. US-Korps und dem II. (frei-)frz. Korps unter de ≫ Lattre de Tassigny bereitgestellt. Die Landungsflotte bestand aus 2000 Fahrzeugen, davon 500 Kriegsschiffe, unter einem Luftschirm von 1900 Maschinen. Die dt. Abwehr, zermürbt durch ständige Bombenangriffe seit April 44 (insges. 13 000 t) und geschwächt durch die Abgabe von Truppen an die Invasionsfront, bestand aus der 19. Armee (Wiese) mit 7 Inf.div. und der 11. Pz.div., die allerdings noch herangeführt werden mußte. Die Luftwaffe konnte 200 Maschinen stellen, nennenswerte Kräfte der Kriegsmarine standen zur Bekämpfung der Landungsarmada nicht zur Verfügung. Während die Moral der gut ausgerüsteten Angreifer, insbes. natürl. der frz. Truppenteile, tadellos war, litt die dt. Verteidigung unter Nachschubmangel, den Hiobsbotschaften von allen Fronten, Sabotage durch Kommandos der ≫ Résistance und ungeeignetem Personal. Der Ausbau des sog. Mittelmeerwalls steckte zudem noch in den Anfängen. Zwar hatte die dt. Aufklärung zahlr. Erkenntnisse über »D.«, unsicher aber war bis zuletzt der genaue Angriffsraum.
Mit einigen Ablenkungsattacken gelang den Alliierten daher die geplante Überraschung, als sie im Morgengrauen des »J-Day« (15.8.) das Feuer aus zahllosen Schiffsgeschützen auf die Küste zw. Hyères im W und Cannes im O eröffneten, den Strand mit deckenden Bombardements belegten und hinter den Verteidigungslinien bei Le Muy das Argens-Tal durch Absetzen der 1. US-Luftlandediv. sperrten. Am Abend waren bei Saint-Tropez und bei Saint-Raphael zwei Brückenköpfe mit 6000 Mann gebildet, 5000 t Material an Land gebracht und 2000 Gefangene gemacht worden; rd. 320 GIs waren gefallen. Die unumschränkte alliierte Luftherrschaft behinderte das Heranführen von dt. Reserven, insbes. den Marsch der 11. Pz.div. Bis zum Abend des 17.8. waren die Landeköpfe weit ins Hinterland ausgedehnt und bereits 87 000 Mann mit 12 250 Fahrzeugen auf dem Vormarsch, der durch den dt. Beschluß zur schrittweisen Räumung von S-Frkr. ausgeweitet wurde. Nur die Hafenstädte ≫ Toulon und ≫ Marseille, gegen die das frz. II. Korps eingesetzt wurde, sollten von je einer Div. gehalten werden. Als sie jedoch nur wenige Tage später fielen, war »D.« erfolgreich abgeschlossen; am 12.9.44, viele Wochen eher als geplant, traf sich bei Landres (Bourgogne) die 3. US-Armee (Patton) der Invasions- mit dem frz. II. Korps der »D.«-Front.

Dreimächtepakt, am 27.9.40 zw. Japan, Italien und dem Dt. Reich geschlossene Vereinbarung über die jeweiligen Interessensphären und über gegenseitige Unterstützung mit »allen polit., wirtschaftl. und militär.« Mitteln im Falle eines fremden Angriffs. Als westl. Gegenstück zum ≫ Antikominternpakt war der D. v.a. gegen die USA gerichtet; ihm traten 1940/41 Ungarn, Rumänien, die Slowakei, Bulgarien und vorübergehend Jugoslawien (später Kroatien) bei, die Sowjetunion ließ sich dazu nicht bewegen. Obwohl am 7.12.41 der Krieg gegen die USA nach japan. Aggression ausbrach, schlossen sich Italien und Deutschland dem Kampf an, Japan hingegen hielt sich an die Buchstaben des Vertragstextes und wahrte im dt.-sowjet. Krieg Neutralität. Trotz der Erweiterung durch ein Militärabkommen (18.1.42) und wirtschaftl. Abmachungen (2.6.42) blieb der D. wenig wirksam und verlor nach dem italien. Sonderwaffenstillstand (Sept. 43) jede Bedeutung, obwohl er formal bis zur Kapitulation Japans am 2.9.45 galt.

Dresden, dt. Großstadt an der Elbe mit rd. 630 000 Einwohnern (1940). Die einstige sächs. Residenzstadt, wegen ihrer Schönheit und reichen Kunstschätze als »Elb-Florenz« gerühmt, wurde am 13./14.2.45 Opfer eines kombinierten Großangriffs der brit. und amerikan. Luftwaffe. 13 km² Fläche wurden total zerstört, darunter die histor. Altstadt mit architekton. Kostbarkeiten wie Zwinger, Schloß oder Hofkirche. Die genaue Zahl der Opfer konnte nie ermittelt werden, da D. zum Zeitpunkt des Angriffs mit Flüchtlingen aus Schlesien überfüllt war; mindestens 1,25 Mio. Menschen hielten sich in der Stadt auf. Die Leichen unzähliger namenloser Opfer wurden auf riesigen Rosten verbrannt oder in Massengräbern beigesetzt. Bis zum 6.5.45 waren 39 773 Tote identifiziert; amtl. Schätzungen sprachen von 135 000 Toten, inzw. jedoch wurden die abschließenden Zahlen auf 40 000 bis 60 000 Opfer korrigiert.

Die Stadt brannte drei Tage lang, die Aufräumungsarbeiten und die Bergung der Leichen zogen sich wochenlang hin. Die Schreckensnachrichten aus D. lösten nicht nur in Deutschland einen Schock aus, Korrespondenten aus den neutralen Ländern berichteten erschüttert über das Inferno, das alle bekannten Schrecken des Luftkriegs übertraf.

D. wurde am 15.2., 2.3. und 17.4. erneut von der US-Luftwaffe angegriffen, ehe die sowjet. 5. Gardearmee (Schadow) die Stadt am 8.5.45 einnahm. Auch nach dem Wiederaufbau seiner weltbekannten Kulturstätten wird D. immer zu den Namen gehören, die, beginnend mit Guernica, über ≻ Warschau, ≻ Rotterdam, ≻ Coventry bis hin zu ≻ Hiroshima, den sinnlosen Luftterror anklagen.

Drôle de guerre (frz. komischer Krieg), frz. Bez. für den ≻ Sitzkrieg zw. Kriegserklärung an das Dt. Reich und Beginn des dt. Angriffs im W.

Dschibuti, Hauptstadt und Hafen von Frz. Somaliland in O-Afrika mit 15 000 Einwohnern (1936), Ausgangspunkt der Bahn nach Addis Abeba (≻ Abessinien). Die Kolonie unterstellte sich nach der frz. Kapitulation 1940 der Reg. in ≻ Vichy, woraufhin die Royal Navy eine Seeblockade vor D. errichtete, an der sich zeitweise zwei Avisos der gaullist. Marine beteiligten. Die Versorgung konnte jedoch durch U-Boote und Kriegsschiffe von Madagaskar aus aufrechterhalten werden. Am 30.12.42 trat die Kolonie ins alliierte Lager über.

Duisburg, dt. Großstadt am rechten Rheinufer beiderseits der Einmündung der Ruhr mit 435 000 Einwohnern (1940), größter Binnenhafen des Dt. Reiches. Als Hauptumschlagplatz des Ruhrgebiets und Industriemetropole (Kohlebergbau, Hüttenindustrie, Schiffbau, Chemie u.a.) war D. eins der bevorzugten Ziele alliierter Luftangriffe. Die Verwüstungen begannen schon 1941, als u.a. am 12./13.6. brit. Maschinen 445 t Bomben abwarfen, und steigerten sich 1942 mit drei bes. schweren Angriffen am 1./2.6., als 726 Flugzeuge

1235 t Bomben ins Ziel brachten, am 21./22.7., als bei 13 Verlusten 250 RAF-Maschinen 577 t Bombenlast ausklinkten, und am 6./7.9. mit 185 Flugzeugen und 439 t Bomben. 1943 äscherten 577 brit. Bomber am 12./13.5. die gesamte Altstadt von D. mit 1599 t Bomben ein und machten 96000 Menschen obdachlos. Die schwersten Schäden erlitt die Stadt 1944, als u.a. am 22.5. über 2000 t Bomben fielen, eine Menge, die am 14./15.10. noch verdoppelt wurde, als 1005 Halifax, Lancaster und Mosquito über D. erschienen. Es folgten zahlr. weitere Großangriffe, u.a. am 30.11./1.12. (2270 t), am 8.12. (900 t) und am 17./18.12. (1760 t). 1945 kamen zu den Bombenschäden die Zerstörungen während des Endkampfes um die Stadt, die am NW-Rand des ≫ Ruhrkessels lag und seit 3.4. mit Artillerie beschossen wurde. Am 12.4. drangen Einheiten der 9. US-Armee (Simpson) in D. ein, das bis zum Abend von den dt. Verteidigern geräumt wurde.

Dulles, Alan, * Watertown (New York) 7.4.1893, † Washington 29.1.1969, amerikan. Politiker; 1916 Eintritt in den diplomat. Dienst. 1922-26 Leiter der Nahost-Abteilung im US-Außenmin., verschiedene diplomat. Missionen. Eine Schlüsselrolle spielte D. als Leiter des US-Nachrichtendienstes in Europa 1942-45 mit Sitz in Bern. Als einer der ersten westl. Politiker erhielt er genauere Kenntnisse über das nat.-soz. Programm der ≫ Endlösung, hatte Verbindung zu dt. Widerstandskreisen und fädelte über SS-Obergruppenführer ≫ Wolff die vorzeitige dt. Kapitulation in Italien (29.4.45) ein. Nach dem Krieg 1953 Chef der CIA, mußte er nach dem Scheitern der Kuba-Invasion in der Schweinebucht seinen Posten 1961 räumen.

Dumbarton Oaks, Landsitz in Washington, D.C. In D. trafen sich die Alliierten 1944 bei zwei Konferenzen zur Vorbereitung einer Satzung der Vereinten Nationen (United Nations, UN). Vom 21.8. bis 28.9. tagten die Vertreter der USA, Stettinius, der UdSSR, Gromyko, und Großbrit.s, Cadogan, und einigten sich auf die Gliederung der Weltorganisation in Vollversammlung, Sicherheitsrat und Generalsekretariat, wobei die Großen Vier (die genannten und China) ständige Mitglieder des 15köpfigen Sicherheitsrats sein und ein Vetorecht haben sollten. Die Ziele der UN wurden gemäß ≫ Atlantik-Charta definiert. Moskau konnte seinen Wunsch nach Stimmrecht für jede Sowjetrepublik nicht durchsetzen. Eine zweite Konferenz in D. wurde notwendig, weil die Sowjetunion im Pazifikkrieg neutral war und somit mit China keinen gemeinsamen Kriegsgegner hatte. Daher wurden die Beschlüsse von D. mit China von den Westmächten nochmals vom 29.9. bis 7.10. separat verhandelt.

Dunkerque, frz. Schlachtschiff, 2.10.35 Stapellauf, 1.5.37 in Dienst gestellt; 26500 t, 30 kn, 214,5 m lang, 31,1 m breit, 1431 Mann Besatzung; Bewaffnung: 8x33 cm, 16x13 cm, zahlr. kleinere Geschütze. Seit dem 21.10.39 war die D. zus. mit einigen Kreuzern als Force I zur Jagd auf dt. Handelsstörer im Atlantik eingesetzt. Vom 25.11. bis zum 2.12.39 machte sie vergebl. Jagd auf die dt. Schlachtschiffe ≫ Scharnhorst und ≫ Gneisenau, sicherte im Frühjahr 40 Goldtransporte nach Kanada und wurde am 27.4.40 der frz. Mittelmeerflotte zugeteilt. Beim Angriff des brit. Gibraltar-Geschwaders auf den frz. Flottenstützpunkt ≫ Mers el-Kebir bei Oran wurde die D. durch Artilleriefeuer schwer beschädigt. Bei einem weiteren Angriff brit. Trägerflugzeuge am 6.7.40 trafen Lufttorpedos ein längsseits liegendes Fahrzeug, dessen Munitionskammer explodierte und der D. ein riesiges Leck riß. Nach behelfsmäßiger Reparatur nach Toulon überführt, ordnete die frz. Admiralität bei Anlaufen des dt. Unternehmens ≫ »Lila« am 27.11.42 die Selbstversenkung an.

Dünkirchen (frz. Dunkerque), nordfrz. Hafenstadt am Ärmelkanal unweit der belg. Grenze mit 32 000 Einwohnern (1939). Mit dem Fall von D. endete am Vormittag des 4.6.40 die erste Phase des dt. Westfeldzugs. Die alliierten Befehlshaber, allen voran der soeben ernannte OB ≫ Weygand, hatten nicht schnell genug die tödl. Gefahr erkannt, die der Vormarsch der dt. Pz.verbände im S ihrer noch an der Schelde verteidigenden Streitkräfte bedeutete. Der Befehl zum Rückzug erfolgte daher viel zu spät, so daß sich die frz. 1. Armee und die ≫ British Expeditionary Forces (BEF) schließl. in einem Kessel bei D. zusammengedrängt fanden, nachdem ein letzter Durchbruchsversuch zur Somme bei ≫ Arras gescheitert war. Hitler aber, geprägt von seinen Erfahrungen im 1. Weltkrieg in Flandern, nutzte die Erfolge der Pz.truppen nicht aus, sondern befahl am 24.5.40, den stürm. Vormarsch anzuhalten. Neben den Sorgen um die gefährl. Überdehnung der Flanken leitete ihn der Wunsch, die Pz.div. für die Schlacht um Frkr. zu schonen. Nur zu gern glaubte er daher seinem Luftwaffen-OB Göring, der eine Zerschlagung des Kessels von D. allein aus der Luft für mögl. hielt.
Das geschah zu einem Zeitpunkt, als die Spitzen der 1. Pz.div. des XIX. Pz.korps (Guderian) an der Aa nur 18 km vor D. standen und den Hafen in wenigen Stunden hätten erreichen können. Spekulationen, Hitler habe auch aus polit. Gründen gezögert, um Großbrit. eine Verständigung nach dem dt. Sieg zu erleichtern, lassen sich nicht belegen. Auch als ≫ Belgien am 28.5. kapitulierte und damit der alliierte N-Flügel zusammenbrach, unterblieb der mögl. vernichtende Schlag. Inzw. konnten die Briten den Kessel stabilisieren und die größte Evakuierungsaktion der Kriegsgeschichte, das Unternehmen ≫ »Dynamo«, in Gang bringen und es trotz wieder anlaufender dt. Angriffe erfolgreich fortsetzen. Die dt. Luftwaffe vermochte die Einschiffung von insges. 215 000 Briten und 123 000 frz. Soldaten nach England nicht zu verhindern. Als das dt. X. AK (Gen. der Artillerie Hansen) schließl. die Stadt nahm, fiel ihm zwar das ges. Kriegsmaterial der Evakuierten in die Hände, gefangengenommen werden aber konnten nur noch 40 000 Mann der frz. Nachhut.
D. war in den folgenden Jahren nach Reparatur der Hafenanlagen Stützpunkt der dt. Kriegsmarine und wurde in den Ausbau des ≫ Atlantikwalls einbezogen. Nach der Invasion der Alliierten 1944 wurde es zur Festung erklärt und hielt sich, nach Evakuierung eines Teils der Zivilbevölkerung, bis Kriegsende.

Düsseldorf, dt. Großstadt am Niederrhein mit 542 000 Einwohnern (1939), Verwaltungs- und Industriemetropole. Im Vorfeld des Ruhrgebiets gelegen,

Dünkirchen: Britische Soldaten, die aus dem Kessel nicht mehr evakuiert werden konnten, auf ihrem Gang in die Gefangenschaft

gehörte D. zu den Hauptzielen der alliierten Luftoffensive gegen Deutschland. Schon 1941 begannen schwere Angriffe, u.a. am 27./28.12., als 96 RAF-Maschinen bei 7 Verlusten 126 t Bomben auf die elegante Geschäftsstadt abwarfen. 4000 Menschen wurden obdachlos, 44 starben, als nach weiteren Bombardements am 10./11.9.42 rd. 760 t Bomben fielen. Von 1943 an gab es fast tägl. Fliegeralarme, meist wegen überfliegender Verbände, nicht selten aber auch wegen schwerer Großangriffe gegen D. selbst, z.B. am 25./26.5., als 686 brit. Flugzeuge fast 2000 t Bomben ausklinkten, wobei der Schaden durch Fehlwürfe in den Rhein begrenzt blieb. Am 11./12.6.43 wiederholte sich der Fehler nicht: Die 683 Angreifer brachten trotz 38 Verlusten ihre wiederum fast 2000 t Bomben genauer ins Ziel, 120 000 Menschen wurden obdachlos; etwas schwächer der Angriff am 31.7./1.8.43 mit 470 Flugzeugen und rd. 900 t Bomben. Mit wachsender Zahl der viermotorigen Angreifer nahm das abgeworfene Zerstörungspotential rapide zu: Beim Einflug am 4.11.43 luden 527 RAF-Maschinen 2234 t Bomben ab. Der Höhepunkt der in regelmäßigen Abständen fortgesetzten Luftangriffe auf D. kam am 2./3.11.44, als 992 Flugzeuge über der Stadt auftauchten und mit nahezu 4500 t Bomben einen weiteren Feuersturm entfesselten. Ende März 45 geriet D. in den von der Heeresgruppe B (Model) verteidigten ➢ Ruhrkessel. Erst am 17.4.45 konnte die Stadt nach Erlöschen des dt. Widerstands von Einheiten der 1. US-Armee (Hodges) genommen werden, von Straßenkämpfen zusätzl. zerstört; Gesamtverlust 86 500 Wohnungen (51%).

Dyle, frz. Schreibweise des belg. Flusses Dijle, ➢ Dijle-Plan.

»Dynamo«, Codebez. für die Evakuierung der bei ➢ Dünkirchen eingeschlossenen alliierten Truppen Ende Mai/Anfang Juni 40. Das vom brit. Admiral Ramsay geleitete Unternehmen »D.« blieb die einzige Möglichkeit zur Rettung der Verbände, die ihr Kriegsmaterial allerdings zurücklassen mußten. Der Erfolg von »D.» – 338 000 nach England transportierte Soldaten, darunter 123 000 Franzosen – wurde mögl. durch die Vormarschpause der dt. Pz. am 24.5., den zähen Abwehrkampf der Verteidiger von ➢ Calais, die günstige Wetterlage (tiefe Wolkendecke, ruhige See) und den erbitterten Widerstand der RAF, die ihre gesamte Jagdwaffe zur Deckung einsetzte. Die von Göring angekündigte Verhinderung von »D.« aus der Luft erwies sich als unmögl.; Wetter und Rauchfahnen der riesigen Brände behinderten eine wirksame Bekämpfung der Einschiffungen, die Wirkung der Bomben blieb zudem am sandigen Strand und im Wasser gering. Die Kriegsmarine konnte daher erst zu spät und nur mit Schnellbooten eingreifen, so daß insges. nur 270 Fahrzeuge der Evakuierungsflotte (davon 235 durch Luftangriffe) versenkt werden konnten und die alliierten Verluste mit rd. 7000 Toten relativ gering blieben. Die Rettung von nahezu 85 % der ➢ British Expeditionary Forces (BEF) ermöglichte Großbrit. den Neuaufbau von Streitkräften zur Abwehr der nun befürchteten dt. Invasion und nach deren Ausbleiben (➢ »Seelöwe«) zur Fortführung des Krieges, zunächst an der europ. Peripherie und schließl. wieder auf dem Kontinent.

E

Eagle, brit. Flugzeugträger, Okt. 23 in Dienst gestellt, 22 600 t, 24 kn, 203,3 m lang, 32 m breit, 748 Mann Besatzung; Bewaffnung: 9x15,2 cm, 6x10,2 cm, 16x4 cm, 21 Flugzeuge. Ursprüngl. als Schlachtschiff für den Export nach Chile geplant, blieb die E. dann doch bei der Royal Navy und nahm nach Kriegsausbruch Sicherungsaufgaben im Mittelmeer wahr. Am 9.7.40 von italien. Bombern beschädigt, wurde der Träger unter Kapitän Mackintosh am 11.8.42 südl. der Balearen von U 73 (Kapitänleutnant Rosenbaum) versenkt, wobei 260 Mann ums Leben kamen.

EAM, Abk. für **E**llinikos **A**peleftherotikos **M**etopos, Nat. Griech. Befreiungsfront, kommunist. Widerstandsorganisation gegen die dt.-italien. Besatzer, bes. bekannt ihre Guerilla-Truppe ≫ ELAS.

Eben Emael, belg. Sperrfort zw. Lüttich und Maastricht am Albertkanal, 1932/35 nach dem Muster einer Werk-

Eben Emael: deutsche Fallschirmjäger nach der Einnahme des als unbezwingbar geltenden belgischen Sperrforts am 11. Mai 1940

gruppe der ≫ Maginot-Linie zur Sicherung von 3 Brücken errichtet. Das 60 ha große E. galt nach Lage, Befestigung und Bewaffnung als uneinnehmbar mit herkömml. Methoden. Bewaffnet war das 3stöckige Befestigungswerk u.a. mit einer Pz.kuppel, deren 2x12-cm-Geschütze 16 km Reichweite hatten, 2 Pz.kuppeln mit je 2x7,5cm, 11 km Reichweite, sowie vier Kasematten mit je 3x7,5-cm-Kanonen. Die 40 m hohen Steilwände des Forts wurden von 6-cm-Pak und MG aus Bunkern bestückt, allerdings gab es auch tote Winkel im artillerist. Schußfeld. Bei einer Sollstärke von 1200 Mann waren Anfang Mai 40 nur 650 Soldaten in E. stationiert, Kommandant Major Jottrand.
Die Ausschaltung von E. und der blitzartige Zugriff auf die Brücken über Maas und Albertkanal rangierten im dt. Plan ≫ »Gelb« an oberster Stelle. Dafür stellte die Fallschirmtruppe die Sturmabt. unter Hauptmann Koch bereit, die aus 4 Sturmgruppen bestand, darunter die Gruppe »Granit« mit 84 Fallschirmpionieren der 7. Luftlandediv. Im Schlepp von 11 Ju 52 hoben ihre bis dahin streng geheimen Kampfsegler ≫ DFS 230 am 10.5.40 kurz vor Tagesanbruch von zwei Kölner Flugplätzen ab, an Bord 6 MG, 4 Flammenwerfer und 2400 kg Sprengstoff. Zwei Segler mußten notlanden, die anderen schwebten um 5.25 Uhr beim ersten Tageslicht auf das Dach der Kampfanlage. Gegen den lautlosen Überfall aus der Luft war sie mit nur 3 Fla-MG auf Zwillingslafetten im SO so gut wie ungesichert, Stacheldrahtverhaue auf Kuppeln und Wällen fehlten. Die Überraschung gelang perfekt. Die Gruppe unter Oberleutnant Rudolf Witzig hatte sich an Modellen so gründl. vorbereitet, daß sich jeder Soldat sofort zurechtfand. Die Fla-Stellungen wurden in den ersten 10 Minuten ausgeschaltet, die Kuppeln mit neuartigen Hohlladungen neutralisiert. Die Belgier konnten die kleine Sturmtruppe weder mit Artilleriefeuer von außerhalb noch durch den zaghaften Gegenangriff der 7. Div. vertreiben. Die Führung ließ sich durch dt. Transportflugzeuge täuschen, die weitab von E. zahlr. Puppen an Fallschirmen absetzten. Während Stukas über E. kreisten, verharrte die Garnison wie gelähmt in den unterird. Betongewölben, im Gefechtsstand häuften sich alarmierende Meldungen, ohne daß man ein genaues Bild über Art und Zahl der Angreifer gewann. Inzw. hatten die Angriffsspitzen des XVI. Pz.-korps (Hoepner) die von Fallschirmjägern eroberten Brücken erreicht, das Pionierbataillon 51 (Oberstleutnant Mikosch) war auf dem Landweg herangekommen. Am Morgen des 11.5. gelang einem Stoßtrupp die Überquerung des Festungsgrabens in Schlauchbooten, gegen Mittag drangen die Pioniere von außen in E. ein, die Verteidiger gaben auf, der Kommandant nahm sich das Leben, 24 Mann waren gefallen, 59 verwundet. Die Angreifer hatten 6 Gefallene und 20 Verletzte verloren.

Eden, Robert Anthony, Earl of Avon (seit 1961), * Windlestone Hall 12.6. 1897, † bei Salisbury (Wiltshire) 14.1. 1977, brit. Politiker; konservativer Unterhausabgeordneter seit 1923, verschiedene Ämter im Außenmin., 1935 Min. für Völkerbundangelegenheiten. 1935-38 bestimmte E. als Außenmin. ≫ Chamberlains maßgebl. den brit. Appeasement-Kurs. Im Kabinett Chur-chill war er 1940 zunächst Kriegsmin., dann 1940-45 Außenmin. E. verhandelte

1942 über einen 20jährigen Beistandspakt mit der UdSSR und war an der UNO-Gründungskonferenz 1945 beteiligt. Nach dem Krieg setzte sich E., von 1951 bis 55 Außenmin., 1955-57 Premiermin., für eine enge Zusammenarbeit der europ. Staaten ein. Das Fiasko der brit.-frz. Intervention in der Suezkrise 1956 setzte seiner polit. Karriere ein Ende.

Edertalsperre, Stausee im hess. Kreis Waldeck, erbaut 1909-14, Staumauer 400 m lang und 48 m hoch, Fassungsvermögen 202 Mio. cbm. Schon vor dem Krieg war eine Bombardierung der E. in den Einsatzplänen des brit. Bomber Command vorgesehen, wurde jedoch aus techn. Gründen erst im späteren Verlauf der Luftoffensive gegen Deutschland realisierbar.
In der Nacht des 16./17.5.43 drangen 18 ➢ Lancaster im Tiefflug unter dem Erfassungsbereich der dt. Flugmeldegeräte ins Zielgebiet ein und griffen die E. sowie die Sorpe- und ➢ Möhnetalsperre mit 3-t-Spezialbomben an. Mit eingeschalteten Landescheinwerfern gelang drei Maschinen der genaue Bombenwurf in die E., deren Staumauer barst, so daß eine riesige Flutwelle zu Tal schoß. 2009 Menschen ertranken, noch Wochen später wurden in den Schlammassen Leichen gefunden. Dennoch blieb das Ausmaß der Katastrophe hinter den brit. Erwartungen zurück, da die Sorpetalsperre hielt und die Überschwemmung nicht weiträumig genug ausfiel.

EDES, Abk. für **E**llinikos **D**imokratikos **E**thnikos **S**tratos, Griech.-Demokrat. Nationalarmee, antikommunist. Widerstandsgruppe während der dt.-italien. Besetzung Griechenlands 1941-44. Erste Sabotage-Aktivitäten entwickelte die E. im Juli 42 in Epirus, zunächst in Zusammenarbeit mit der ➢ ELAS. Obwohl die Briten zur Eindämmung des kommunist. Einflusses ihre Unterstützung zunehmend auf die E. konzentrierten, konnte sie Ende 43 mit rd. 1300 aktiven Kämpfern kaum mehr als ein Zehntel der ELAS-Truppe stellen. Die Rivalität führte zu bürgerkriegsähnl. Zusammenstößen und in der Bedrängnis sogar zu begrenzter Zusammenarbeit von E. und dt. Besatzungsmacht. Als nach der Kapitulation Italiens den Kommunisten große Waffenlager in die Hände fielen, geriet die E. in eine prekäre Lage und wurde nur durch eine Gegenoffensive der Wehrmacht Mitte Okt. 43 gerettet. Trotz der partiellen Kollaboration mit dem Feind förderten die Briten die E. weiter und konnten Anfang 45 vorübergehend ein Stillhalteabkommen zw. den beiden Widerstandsgruppen erreichen.

Egerland, Tarnname eines dt. Flak-Ortungs- und Schießgeräts, ➢ Funkmeß.

»Eiche«, seit 1.8.43 Deckname für die Pläne zur Befreiung des eine Woche zuvor gestürzten und verhafteten italien. Staatschefs ➢ Mussolini. Für »E.« zuständig war das dt. XI. Fliegerkorps unter Gen. Student, der den gefangenen »Duce« zunächst auf der Insel Maddalena und Anfang Sept. 43 auf dem Gran Sasso in den Abruzzen aufspüren konnte. Für den Nachmittag des 12.9. löste er daraufhin »E.« aus und beauftragte mit der Befreiung das 1. Bataillon des Fallschirmjäger-Regiments 7 unter Major Harald Mors. Die verstärkte 3. Kompanie des Regiments besetzte kurz nach 14

Uhr die Talstation der Drahtseilbahn zum Gran Sasso, während die 1. Kompanie zus. mit einem kleinen SS-Kommando unter Hauptsturmführer ≫ Skorzeny zur gleichen Zeit mit Lastenseglern vor dem Sporthotel Campo Imperatore, in dem Mussolini festgehalten wurde, einschwebte, wobei ein Segler zu Bruch ging. Die völlig überrumpelte Karabinieri-Wachmannschaft ergab sich ohne Gegenwehr. Der »Duce« bestieg einen Fieseler Storch, begleitet von Skorzeny, der von der nat.-soz. Propaganda als eigentl. »Befreier« gefeiert wurde, obwohl er nur eine bescheidene Nebenrolle bei der Aktion gespielt hatte. Mussolini wurde anschließend über Wien und München ins Führerhauptquartier »Wolfsschanze« bei Rastenburg geflogen, wo er am 14.9. eintraf und am Tag danach wieder »die oberste Leitung des Faschismus in Italien« übernahm.

Eichmann, Adolf, * Solingen 19.3. 1906, † Ramle bei Tel Aviv 1.6.1962 (hingerichtet), SS-Obersturmbannführer (9.11.41); 1.4.32 Betritt zur österreich. NSDAP und zur SS, 1.10.34 zum »Judenreferat« im SS-Hauptamt, Aug. 38 Leiter der »Zentralstelle für jüd. Auswanderung« in Wien, Okt. 39 der »Reichszentrale für die jüd. Auswanderung« in Berlin. Seit Dez. 39 war E. im RSHA, Amt IV, Referat IVD4 für »Auswanderung und Räumung« zuständig, dann im Referat IVB4 für »Judenangelegenheiten und Räumung«, worunter zunächst Deportation und schließl. in der äußersten Konsequenz der nat.-soz. ≫ Judenverfolgung die Ermordung der jüd. Bürger im dt. Machtbereich zu verstehen war. Die Verschleppung von insges. etwa 3 Mio. Menschen in die Vernichtungslager wurde von E.s Dienststelle organisiert. Bei Kriegsende in amerikan. Gefangenschaft geraten, konnte E. 1946 fliehen und mit kirchl. Hilfe in Argentinien untertauchen. Dort spürte ihn der israel. Geheimdienst auf und entführte ihn nach Israel, wo er am 11.12.61 zum Tod verurteilt wurde.

Eicke, Theodor, * Hampont (Elsaß-Lothringen) 17.10.1892, † Orelka (O-Front) 26.2.1943 (Flugzeugabsturz), SS-Obergruppenführer (1943); im 1. Weltkrieg Zahlmeister, dann Polizeidienst und kaufmänn. Tätigkeit, 1923-32 Sicherheitskommissar bei I.G. Farben, 1928 NSDAP-Beitritt, 1930 SS, Freund Himmlers, Sommer 33 Kommandant des KZ Dachau, Juli 34 »Inspekteur der ≫ Konzentrationslager«. E.s Wachmannschaften, die sog. ≫ Totenkopfverbände, wurden nach dem Polenfeldzug Kerntruppe der Waffen-SS-Div. »Totenkopf«, die E. führte. Trotz mancher militär. Glanzleistungen (u.a. südl. des Ilmensees Herbst 42, Rückeroberung Charkows März 43) galten E. und seine Truppe als überharte Kämpfer, die auch vor Ausschreitungen gegen Gefangene und Zivilisten nicht zurückschreckten.

Einsatzgruppen, mobile Einheiten des Chefs der Sicherheitspolizei und des SD, die »in eigener Verantwortung« bei militär. Operationen des Heeres »Exekutivmaßnahmen« gegenüber der Zivilbevölkerung trafen. Schon in Österreich (März 38), der Tschechoslowakei (Okt. 38 und März 39) und im ≫ Polenfeldzug beteiligt, wurden für den Überfall auf die Sowjetunion 4 E. mit je 4-5 Sonderkommandos gebildet. Insges. rd. 3000 Mann stark, wurden sie den Heeresgruppen und der 11. Armee zugeteilt. Unter dem Vorwand der Bekämpfung von »Banden« und »reichsfeindl. Elementen« ermordeten die E. im Rahmen der nat.-soz. ➢ Judenverfolgung insges. rd. 900 000 Juden, wobei die Opfer zunächst meist erschossen, später auch in mobilen »S(pezial)-Wagen« vergast wurden.

Einstein, Albert, * Ulm 14.3.1879, † Princeton (New Jersey) 18.4.1955, dt.-amerikan. Physiker; 1914-33 Direktor des Kaiser-Wilhelm-Instituts für Physik in Berlin, dann am Institute for Advanced Study in Princeton, seit 1941 amerikan. Staatsbürger. Mit der Relativitätstheorie, die er 1905-15 entwickelte, wurde E. zum Begründer der modernen physikal. Weltbildes (Nobelpreis 1921). Als Jude und Pazifist sah er sich in Deutschland zunehmenden Anfeindungen ausgesetzt und emigrierte nach Hitlers Machtergreifung 1933, 1934 wurde er ausgebürgert. Aus Sorge, das nat.-soz. Dt. Reich könne nach der bahnbrechenden Entdeckung der Kernspaltung durch Otto Hahn im Dez. 38 Nuklearwaffen entwickeln, wandte er sich am 2.8.39 in einem Brief an US-Präs. Roosevelt, legte den Bau einer amerikan. ➢ Atombombe an und trug damit wesentl. bei zum Aufbau des ➢ Manhattan Project. Nach dem Krieg kämpfte er vergebl. gegen die Fortsetzung der atomaren Rüstung.

»Eisenhammer«, Deckname eines nicht mehr realisierten Plans der dt. Luftwaffe, mit 100 ➢ Mistel-Gespannen von Absprungbasen im Raum Berlin und an der Ostsee die wichtigsten Wasser- und Dampfkraftwerke im Raum Moskau und Gorki zu zerstören. Das Projekt stammte bereits aus dem Jahre 43, war jedoch immer wieder verschoben worden. Im Febr. 45 waren die Mistel-Piloten bereits in ihre Ziele eingewiesen worden, etwa 150 Pfadfinder-Flugzeuge sollten den nächtl. Langstreckenangriff unterstützen. Während das ➢ Kampfgeschwader 200 noch auf passendes Wetter wartete, wurden 18 Mistel-Gespanne bei einem Tagesangriff auf den Flugplatz Rechlin bei Berlin zerstört. Das Unternehmen »E.« wurde erneut aufgeschoben und schließl. abgeblasen.

Eisenhower, Dwight D(avid), * Denison (Texas) 14.10.1890, † Washington 28.3.1969, amerikan. General und Politiker; 1911 Eintritt in die Militärakademie Westpoint, Weltkriegsteilnahme zuletzt bei den Panzereinheiten, 1935-40 Chef des Stabes von General MacArthur auf den Philippinen. E. wurde 1941 General und war vom 16.2.41-26.6.42 Chef der Operationsabteilung des Gen. stabs, als der er entscheidend Einfluß nahm auf die Pläne zum Eingreifen der USA auf dem europ. Kriegsschauplatz. Seit 25.6.42 OB der US-Truppen in Europa, leitete er die Landungen in N-Afrika (8.11.42), auf Sizilien (9.7.43) und auf dem italien. Festland (3.9.43). Bei der ➢ Invasion in der Normandie (6.6.44) befehligte er die alliierten Streitkräfte insges., deren OB er seit 24.12.43 war. E. lehnte das draufgängerische Vorgehen seines brit. Stellv. ➢ Montgomery ab und setzte zur Schonung amerikan. Soldaten ganz auf Materialüberlegenheit. Auch eine dt. Teilkapitulation gegenüber den Westmächten kam für ihn nicht in Frage, er hielt sich strikt an die Forderung seines Präs. Roosevelt nach ➢ Bedingungsloser Kapitulation, die er am 7.5. in seinem Hauptquartier in Reims entgegennehmen konnte. Danach war er bis Nov. 45 OB der amerikan. Besatzungstruppen in Deutschland; auf ihn ging das »Fraternisierungsverbot« zurück. E. wurde später Gen.stabschef der US-Streitkräfte und war von 1953-61 der 34. Präs. der USA.

Eisernes Tor, Enge der ➢ Donau an der jugoslaw.-rumän. Grenze, stellenweise nur 120 m breit. Der Schiffsverkehr umgeht das E. in einem Kanal, der leicht verletzl. ist und daher im Krieg mehrfach Ziel von Luft- und Sabotageangriffen war, u.a. am 5.4.41, dem Vorabend des dt. Angriffs auf Jugoslawien.

Eismeer (Nördl. E.), ➢ Nordpolarmeer.

El Alamein, ägypt. Ortschaft knapp 100 km südwestl. ➢ Alexandria, 3 km vom Mittelmeer entfernt an der Bahnlinie nach Sollum. Nach der Eroberung ➢ Tobruks kam Ende Juni 42 bei E. der Vormarsch der dt.-italien. Pz.armee Afrika (Rommel) zum Stehen, da es der brit. 8. Armee (Auchinleck) gelang, hier in der Enge zw. Küste und der unpassierbaren Kattara-Senke eine stabile Auffangstellung zu bilden. Am 1.7. versuchte Rommel mit einem Angriff des Dt. Afrika-Korps beiderseits des Ruweisat-Rückens südl. E. vorbeizustoßen, wurde aber bei zwei Anläufen vom 2. bis 4.7. von der brit. 1. Pz.div. zurückgeworfen; auch die weiter nördl. angesetzte 90. leichte Div. scheiterte, der südl. Flankenangriff der italien. Div. »Ariete« brach im Feuer neuseeländ. Artillerie zusammen. Als am 11.7. die austral. 9. Div. aus E. ausbrach, mußte

El Alamein: zerstörter deutscher Panzerkraftwagen als versandendes Symbol der Entscheidungsschlacht in Nordafrika

Rommel, auch wegen der erhebl. Nachschubprobleme, den Durchbruchsversuch nach Alexandria und ins Niltal aufgeben und zur Verteidigung übergehen. Am 13.8. löste ≫ Montgomery den OB ab. Jeder Tag des Zuwartens stärkte die brit. Position, da v.a. über die Kaproute durch den Suezkanal ein nie versiegender Nachschubstrom bis direkt in Frontnähe floß. Von den Lieferungen für die Pz.armee Afrika gingen dagegen – v.a. durch Angriffe von ≫ Malta aus – schon auf See im Aug. 42 über 30 % verloren, auf dem 2000-km-Weg von Tripolis oder auch auf der nur 600 km langen Strecke von Tobruk wurden die Landtransporte zunehmend Opfer brit. Luftangriffe. Rommel suchte daher Ende Aug./Anfang Sept. eine schnelle Entscheidung mit der Schlacht von ≫ Alam Halfa, die aber schon zeigte, daß sich die Gewichte endgültig zugunsten der Briten verschoben hatten.
Jetzt konnten sich alle Anstrengungen nur noch darauf beschränken, einen brit. Durchbruch zu verhindern. Längs der ges., rd. 50 km langen Front ließ Rommel tiefgestaffelte Minenfelder (»Teufelsgärten«) anlegen und hielt seine Pz.verbände im rückwärtigen Gebiet in Reserve, um etwaige Einbrüche abzuriegeln. Wegen einer Erkrankung mußte er dann aber nach Deutschland und erfuhr dort am 23.10.42 vom Beginn der Entscheidungsschlacht bei E.: Die brit. 8. Armee trat mit 195 000 Mann, 1029 Pz., davon 252 amerikan. ≫ Sherman, 880 Flugzeugen, 1400 Pak und 1200 Geschützen zum Angriff auf die dt.-italien. Stellungen an. Sie wurden gehalten von 96 000 Mann mit 530 Pz. – in der Mehrzahl veraltete italien. Kampfwagen –, 362 einsatzbereiten Flugzeugen, 750 Pak und 470 Geschützen. Im unklaren über die Richtung des brit. Hauptstoßes waren die Verteidiger verstreut: Im S standen die italien. Div. »Pavia«, »Folgore« und »Brescia« sowie dahinter die Pz.div. »Ariete« und die dt. 21. Pz.div. dem brit. XIII. Korps (Horrocks) gegenüber, im Zentrum und im N erwarteten die Div. »Bologna«, »Trento« und die dt. 164. Div. sowie dahinter die Pz.div. »Littorio« und die dt. 15. Pz.div. den Angriff des brit. X. (Lumsdon) und XXX. Korps (Leese). Er begann um 21.40 Uhr mit einem Feuerschlag der Artillerie an der ges. Front. Erst als nach mehrstündigem Trommelfeuer die Inf. des brit. XXX. Korps vorging, wurde klar, daß der Durchbruch nicht wie erwartet im S, sondern an der Nahtstelle von »Trento« und dt. 164. Div. versucht werden sollte. Bei Rommels Rückkehr am 25.10. war sein Stellv., Gen. der Pz.truppen Stumme, einem Herzanfall erlegen, die brit. 1. und 10. Pz.div. hatte zwei Lücken in die Stellungen der Verteidiger geschlagen, und die austral. 9. Div. drohte zur Küste durchzubrechen. Die am 27.10. von S herangeführte dt. 21. Pz.div. konnte noch einmal die Lage stabilisieren, ehe Sprit- und Munitionsmangel Schlagkraft und Beweglichkeit bedrohl. herabsetzten. Zudem hatten die Briten die totale Luftherrschaft über dem Schlachtfeld und zerschlugen die gegner. Stellungen mit Teppichwürfen v.a. amerikan. Marauder-Bomber. Am 2.11. um 1 Uhr brach schließl. die verstärkte neuseeländ. 2. Inf.div., gefolgt von Pz., am Kidney-Rücken durch die dt.-italien. Front. Rommel befahl den Rückzug, den Hitler am 3.11. jedoch nicht genehmigte, so daß erst nach weiteren schweren Verlusten v.a. des Dt. Afrika-Korps

und des italien. XX. Korps am 4.11. die Rücknahme der Truppen eingeleitet werden konnte. Immer in Gefahr, von nachstoßenden brit. Verbänden überholt zu werden, gelang ein geordneter Rückzug, der erst nach Räumung der Cyrenaika und ganz Tripolitaniens an der ➢ Mareth-Linie vorübergehend endete.

ELAS, für **E**thnikos **L**aikos **A**peleftherotikos **S**tratos, Nat. Volksbefreiungsarmee in Griechenland, militär. Formation der kommunist. EAM unter Aris Veloukiotis, der stärksten Widerstandsorganisation während der dt.-italien. Besatzungszeit 1941-44. Im Sept. 41 gegründet, rekrutierte die E. ihre Kämpfer aus Anhängern der Linksparteien, begann im Mai 42 mit dem aktiven Partisanenkampf und hatte bis zum Jahresende größere Gebiete v.a. im Gebirge unter Kontrolle. Wegen des wachsenden kommunist. Einflusses in der E. ließen die Briten zwar bald nur noch der rivalisierenden ➢ EDES Unterstützung zukommen, doch war die Versorgung der E. wegen des großen Rückhalts in der Bevölkerung nie gefährdet. Als die Italiener im Sept. 43 kapitulierten, fielen den zu dieser Zeit etwa 12 000 E.-Kämpfern zahlr. Waffendepots in die Hände, die sie von brit. Hilfe vorerst weitgehend unabhängig machten. Mit zunehmendem Erfolg widersetzten sie sich dt. Deportationen von Zwangsarbeitern ins Reich und unterbrachen durch Anschläge Nachschub und Versorgung der Besatzer. Einer brit. Landung stimmten sie nur zögernd zu, da sie eine monarchist. Restauration, wie sie Churchill befürwortete, ablehnten. Nach anfängl. Zusammenarbeit kam es zu bewaffneten Auseinandersetzungen zw. brit. Truppen und E.-Einheiten, die mit der Vertreibung der Partisanen aus ➢ Athen und vorübergehender Einigung zw. den verfeindeten Widerstandsgruppen im Febr. 45 endeten.

Elba, italien. Insel zw. Korsika und dem Festland mit 223 km² und 30 000 Einwohnern (1939), Hauptstadt Portoferraio. Beim Vormarsch der Alliierten in Italien 1943/44 entstand der Plan, E. im Handstreich zu nehmen, um die dt. Transporte durch die Straße von Piombino zu behindern. Als einstiger Internierungsinsel Napoleons I. sollte die Eroberung frz. Einheiten, unterstützt von der Royal Navy, vorbehalten bleiben. Mit der Einnahme Roms (4.6.44) jedoch und dem raschen dt. Rückzug verlor das Unternehmen jede strateg. Bedeutung und wurde zu einer bloßen Prestigeangelegenheit. In der Nacht vom 16./17.6.44 landete eine alliierte Coastal Force die frz. 9. Kolonial-Div. bei Marina di Campo. Unterstützt von Schiffsartillerie konnten die 12 000 Angreifer einen Brückenkopf bilden und in zwei Tagen den Widerstand der 3000 dt. Verteidiger brechen; ganz E. war am Abend des 19.6. in frz. Hand.

Elbrus, mit 5633 m höchster Berg des Kaukasus. Auf dem Höhepunkt der dt. Sommeroffensive »Blau« bestiegen vom 18. bis 21.8.42 21 Mann des dt. Gebirgsjägerregiments 39 den E. und hißten auf dem Gipfel die Reichskriegsflagge. Militär. ohne Bedeutung, war die Besteigung eine propagandist. Demonstration der Stärke, gewann aber im Rückblick nicht beabsichtigte Symbolik als Gipfel- und Wendepunkt des Krieges im O, denn es gelang schon nicht

Elbrus: deutsche Gebirgsjäger beim Hissen der Reichskriegsflagge auf dem höchsten Kaukasus-Gipfel am 21. August 1942

mehr, den Gegner von den anderen Höhen des Kaukasus zu vertreiben.

Elefant (früher Ferdinand), dt. Jagdpz. mit 8,8-cm-Pak 43 L/71 auf Tiger-Fahrgestell, 68 t, Panzerung bis 200 mm, 6 Mann Besatzung, Länge 6,80 m, Breite 3,43 m, Höhe 3,20 m. Zwei Maybach-Motoren von je 320 PS Leistung verliehen dem E. auf der Straße eine Höchstgeschwindigkeit von 35 km/h, im Gelände 15 km/h; der Fahrbereich des schwerfälligen Riesen betrug nur 70 km, obwohl seine Tanks 1100 l faßten, denn der Treibstoffverbrauch war mit 1375 l auf 100 km extrem hoch.
E. kamen erstmals im Juli 43 beim Unternehmen ➢ »Zitadelle« gegen den sowjet. Frontbogen bei Kursk zum Einsatz.

»Elkton«, Codebez. für den am 26.4.43 fertiggestellten amerikan. Operationsplan zur Eroberung bzw. Neutralisierung der japan. Stützpunkte auf den ➢ Salomonen und ➢ Neuguinea. »E.« sah eine weiträumige Zangenbewegung vor: rechts von Guadalcanal über Neugeorgien, Bougainville bis zur St.-Matthias-Gruppe, links von SO-Neuguinea über ➢ Port Moresby nach Neubritannien bis auf die Admiralitätsinseln. Damit sollten japan. Festungen wie ➢ Rabaul, Kavieng u.a. umgangen, isoliert und so ohne direkte Bekämpfung ausgeschaltet werden. Die nach der Strategie des ➢ Inselspringens konzipierte Operation »E.« wurde von Juli 43 bis März 44 programmgemäß durchgeführt.

Elsaß-Lothringen, linksrhein. Territorium zw. Luxemburg und der Schweiz, umfaßte in seinen Grenzen als dt. Reichsland 1871-1918 rd. 14 500 km²; im Versailler Vertrag wurde E. ohne Abstimmung Frkr. zugesprochen, das in den 20er und 30er Jahren, wie zuvor Deutschland, mit einer starken elsäss. Autonomiebewegung zu kämpfen hatte. Trotz des nochmaligen dt. Verzichts auf E. im Locarnopakt 1925 und entgegen den mehrfachen Versicherungen Hitlers seit 1933, er wolle um den »jahrhundertealten Zankapfel« nicht mehr streiten, wurde das Gebiet unter Protest der ➢ Vichy-Reg. nach dem dt. Sieg im Westen 1940 de facto wieder ins Dt. Reich eingegliedert (verwaltungstechn. kam das Elsaß zu Baden, Lothringen zum Gau Westmark). E. wurde einbezogen ins Programm der nat.-soz. ➢ Judenverfolgung, in Natzweiler (Struthof) entstand ein ➢ Konzentrationslager. Allmähl. entwickelte sich eine immer stärkere Opposition gegen die dt. Besatzer, Flüchtlinge organisierten in Frkr. u.a eine Brigade Alsace-Lorraine, die der Schriftsteller André Malraux unter dem Decknamen Colonel Berger befehligte. Sie kämpfte im Herbst 44 mit der frz. 1. Armee (de Lattre de Tassigny) in den S-Vogesen und beteiligte sich im Jan./Febr. 45 an der Schlacht um Kolmar. Die 3. US-Armee (Patton) hatte Anfang Sept. 44 Lothringen erreicht, doch der dt. Widerstand versteifte sich an der Mosel, um Metz entbrannten schwere Kämpfe, und erst am 22.11. konnte die alte Festung genommen werden. Auf dem rechten Flügel fiel Straßburg einen Tag später, geriet aber im Jan. 45 bei der dt. Gegenoffensive ➢ »Nordwind« noch einmal in Gefahr.

Emden, dt. Leichter Kreuzer, 7.1.25 Stapellauf, 15.10.25 in Dienst gestellt; 6690 t, Länge 155 m, Breite 14,3 m, max. 29 kn, Besatzung bis zu 636

Mann; Bewaffnung: 8x15 cm, 3x8,8-cm-Flak, zahlr. kleinere Fla-Geschütze. Die E. diente zunächst als Schulkreuzer, nahm nach Kriegsbeginn am Unternehmen ➢ »Weserübung« teil und wurde 1941 erneut dem Ausbildungsverband zugeteilt. 1944 an Minenunternehmen im Skagerrak beteiligt, half das Schiff seit Anfang 45 bei der Rettung dt. Ostflüchtlinge. Nachdem es die Sarkophage Hindenburgs und seiner Frau von Königsberg nach Pillau gebracht hatte, ging es mit 1200 Flüchtlingen nach Kiel, wo es am 3.5.45 schwere Bombentreffer erhielt und in der Heikendorfer Bucht gesprengt werden mußte.

Endlösung, verschleiernde nat.-soz. Bez. für die systemat. ➢ Judenverfolgung im dt. Machtbereich, insbes. die Ermordung der jüd. Bevölkerung durch die ➢ Einsatzgruppen und in den Vernichtungslagern. Im Vorfeld des Rußlandfeldzugs finden sich die ersten Belege für den Begriff, der auf der Wannsee-Konferenz (20.1.42) von Vertretern der Min. und der Reichsbehörden mit SD-Chef ➢ Heydrich endgültig seinen mörder. Sinn erhielt. Der E. fielen etwa 5 Mio. Menschen zum Opfer.

»Enigma« (griech. Rätsel), Chiffrierautomat der dt. Wehrmacht, 1937 offiz. eingeführt. »E.« verschlüsselte durch 5 elektr. verbundene Walzen Befehle und Nachrichten und wechselte laut Dienstanweisung alle 48 Stunden den Code. Der Adressat empfing die Signale über ein synchrongeschaltetes Gerät und »übersetzte« sie mit Hilfe des jeweils verabredeten Schlüssels. Das System basierte auf einem holländ. Patent, das in den 20er Jahren von dem Berliner Erfinder Arthur Scherbius als Geheimschriftmaschine für kommerzielle Zwecke weiterentwickelt und auch ins Ausland verkauft wurde. Das Reichswehrmin. perfektionierte »E.« für die militär. Nachrichtenübermittlung. Im Frühjahr 40 gelang dem brit. Geheimdienst mit dem Vorläufer eines elektron. Rechners, der in der »Code and Cypher School« in Bletchley Park installiert wurde, der Einbruch in das »E.«-System, was auf dt. Seite für unmöglich gehalten wurde, so daß »E.« bis Kriegsende arglos weiterverwendet wurde und den Alliierten einen unschätzbaren Vorsprung sicherte. ➢ »Ultra«, so der Codename der brit. Entschlüsselungsoperation, erhielt höchste Geheimhaltungsstufe; Einzelheiten wurden erstmals 1974 enthüllt.

Eniwetok, westlichstes Atoll (Ralikgruppe) der ➢ Marshallinseln, etwa 30 km Durchmesser, rd. 40 unbewohnte Inseln, darunter Engebi, Parry und E. selbst; 1885 dt. Schutz-, seit 1920 japan. Mandatsgebiet. Am 17.2.44 gingen rd. 8000 amerikan. Marineinfanteristen im Rahmen des Unternehmens »Catchpole« an Land und brachen den Widerstand der 3431 japan. Verteidiger bis 23.2. Mit dem Fall von E. war die Eroberung der Marshallinseln abgeschlossen, das Atoll wurde 1947 unter Treuhandverwaltung der USA gestellt und diente danach als Gebiet für Atombombenversuche.

»Enola Gay«, Beiname der B-29 ➢ Superfortress, mit der US-Oberst Paul Tibbets am 6.8.45 die Uranbombe ➢ »Little Boy« über ➢ Hiroshima ins Ziel brachte. »E.« war der Mädchenname der Mutter des Piloten, der um 2.07

Uhr Ortszeit von Tinian aufstieg und wie drei vorausfliegende B-29 Kurs auf Iwo Jima nahm. Mit 13 Mann an Bord, darunter Kapitän William Parsons (1901-53), der für den Zusammenbau der Bombe während des Fluges zuständig war, erreichte die »E.« das Zielgebiet kurz nach 8 Uhr, stieg auf 10 000 m und klinkte um 8.15 Uhr den nuklearen 4,5-t-Sprengsatz mitten über der Stadt aus. Bis zur Detonation nach 45 Sekunden erreichte die »E.« rd. 18 km Abstand vom Punkt Null, so daß die Wissenschaftler an Bord ohne Gefahr die Ausbreitung von Feuerball und Atompilz beobachten konnten, die Hiroshima innerhalb weniger Augenblicke völlig zerstörten.

Enterprise, amerikan. Flugzeugträger, Stapellauf 3.10.36, in Dienst gestellt 12.5.38; 19 900 t (voll ausgerüstet 25 500 t), 246 m lang, 26 m breit, 34 kn, 4 Katapulte für max. 100 Flugzeuge, 8x12,7-cm-Flak, zahlr. kleinere Rohre, 2200 Mann Besatzung. Beim japan. Überfall auf Pearl Harbor (7.12.41) auf See, war die E. einer von drei »überlebenden« amerikan. Trägern. Sie wurde zu den ersten amerikan. Gegenschlägen eingesetzt, u.a. als Begleiterin der Hornet beim ➢ Doolittle-Raid gegen Tokio (April 42). In der Schlacht bei ➢ Midway (Juni 42) versenkten Maschinen der E. die japan. Träger Hiryu, Akagi und Kaga sowie den Kreuzer Mikuma, zu Beginn des ➢ Inselspringens nahm sie teil an den Landungen auf Guadalcanal und den östl. Salomoninseln, ehe Bombentreffer am 24.8.42 und erneut am 26.10.42 Reparaturen nötig machten. 1943/44 folgten Angriffe auf Tarawa, Kwajalein, Truk, Neuguinea und Saipan. Während der Schlacht im ➢ Leyte-Golf konnten Flugzeuge der E. am 24.10.44 das japan. Riesenschlachtschiff ➢ Musashi versenken; sie wurden auch für Raids gegen Hongkong, Formosa und Niederländ. Ostindien eingesetzt. Im Frühjahr 45 deckte die E. die Landungen auf Iwo Jima und Okinawa, wo sie nach dem Sieg über die Yamato zwei ➢ Kamikaze-Treffer erhielt. 1950 eingemottet, 1958 abgewrackt.

Ersatzheer, Ausbildungs- und Ergänzungstruppenteile für die im Fronteinsatz stehenden Verbände des dt. Feldheeres. Bei der Mobilmachung am 26.8.39 wurde in Berlin aus Teilen des Allg. Heeresamtes (AHA) eine Abt. »Befehlshaber des E.« (BdE) im OKW gebildet. Der erste Chef, Gen. der Inf. z.V. Joachim von Stülpnagel (1880 bis 1968), wurde nach wenigen Tagen am 31.8. von Hitler abgelöst; er mißtraute ihm nach einigen unvorsichtigen Äußerungen in abgehörten Telefonaten. Nachfolger wurde AHA-Chef ➢ Fromm unter Beibehaltung seiner bisherigen Dienststellung. Am 16.11.39 wurde die Dienststelle in »Chef der Heeresrüstung und des E.« (Chef HRüst und BdE) umbenannt. Fromm blieb bis zum Attentat am 20.7.44, in das er verwickelt war, auf seinem Posten und wurde dann durch Reichsführer SS ➢ Himmler abgelöst. Im Jan. 45 erfolgte im Hinblick auf das geplante Wehrmachtrüstungsamt die Trennung von Chef HRüst und der Aufgabe des BdE.

Esperance, Kap an der N-Spitze von ➢ Guadalcanal. In der Nacht vom 11./12.10.42 stießen bei E. ein amerikan. und ein japan. Kreuzerverband, die beide Nachschubkonvois sicherten, aufeinander und lieferten sich ein schweres Gefecht. Die US-Kampfgruppe (Scott) aus 5 Kreuzern und 4 Zerstörern war nicht nur zahlenmäßig im Vorteil, sondern auch dank ihrer ➢ Radar-Geräte takt. überlegen. Dagegen konnte der japan. Verband (Goto) aus 3 Kreuzern und 2 Zerstörern seine sonst stärkste Waffe, die Torpedos, nicht beizeiten einsetzen, da er kurz vor Mitternacht von präzise liegendem Feuer überrascht wurde. 1 Kreuzer und 1 Zerstörer sanken, 1 weiterer Kreuzer wurde beschädigt, Admiral Goto fiel. US-Trägerflugzeuge versenkten den zweiten Zerstörer am folgenden Tag. Die Amerikaner verloren 1 Zerstörer, 1 Kreuzer mußte beschädigt abdrehen. Beiden Seiten gelang es dennoch, den Nachschub nach Guadalcanal durchzubringen, wo die Schlacht um den Flugplatz Henderson Field in die entscheidende Phase trat.

Essen, dt. Großstadt im Ruhrgebiet mit 665 000 Einwohnern (1940). Die in und um E. massierten Industrieanlagen, v.a. die Rüstungsfabriken der Krupp-Werke, waren eines der bevorzugten Ziele alliierter Luftangriffe. Erste größere Einflüge brit. Bomber erlebte E. 1942 am 25./26.3., 10./11.4., 2./3.6. und 8./9.6., als jeweils zw. 200 und 300 t Bomben fielen. Mit einem Großangriff auf die Stadt am 5.3.43 eröffnete die RAF die »Luftschlacht über der Ruhr«, wobei sie erstmals das »Katze-und-Maus-Verfahren« anwandte: Um Flak und Nachtjägern weniger Ziele zu bieten, flogen die Bomber nicht in breiter Front, sondern als langgestreckter Strom an, dirigiert von zwei Sendern – Codebez. »Katze« und »Maus« –, die von England aus auf einem ➢ »Oboe«-Leitstrahl Navigationshilfe gaben. Den 386 angreifenden Maschinen flogen ➢ Pfadfinder voraus und setzten Zielmarkierungen, die von im Bomberstrom folgenden weiteren Pfadfindern alle 2 Minuten erneuert wurden. Als um 21.40 Uhr die letzte Welle abflog, waren die Innenstadtviertel von E. vernichtet, 3016 Häuser zerstört, 2050 schwer und 17 000 leicht beschädigt, 397 tote und 1440 verwundete Zivilpersonen wurden gezählt; die Briten verloren 14 Bomber. Trotz weiterer Angriffe, die auch die anderen Stadtbezirke verwüsteten, konnte die Industrieproduktion der Stadt erst in den letzten Kriegsmonaten empfindl. gestört werden. Im März und Okt. 44 fielen nochmals 7400 t und am 28./29.11.44 sowie am 11.3.45 über 5800 t Bomben auf E., das am 10.4.45 von Einheiten der 9. US-Armee (Simpson) besetzt wurde. Insges. waren rd. 100 000 Wohnungen (50,5 %) zerstört worden.

Estland, östlichster der ➢ Baltischen Staaten.

Eule (auch Uhu), Beiname des Nahaufklärers Focke-Wulf Fw 189. Die unorthodoxe Doppelrumpfkonstruktion mit ihren 2x465-PS-Motoren erntete fliegerisch hohes Lob, verfügte mit 6x7,92-mm-MG über eine relativ starke Abwehrbewaffnung und blieb nach stärkstem Beschuß noch flugfähig. Eine Staffel operierte in N-Afrika; im O auch Verwendung zum Erdkampf und zur Nachtjagd. Von Sept. 40 bis Aug. 44 wurden insges. 846 Stück gebaut, überwiegend in Fabriken in Frkr. und im Protektorat Böhmen und Mähren.

Eupen-Malmedy, belg. Grenzgebiet bei Aachen mit 1036 km² und 62 000 Einwohnern (1933). Seit 1815 preuß., wurde E. nach dem 1. Weltkrieg an Belgien abgetreten. Beim dt. Angriff im W wurde es schon am ersten Tag (10.5.40) genommen und am 18.10.40 auf Erlaß Hitlers wieder dem Reich angegliedert. Nachdem Einheiten des V. Korps der 1. US-Armee (Hodges) E. am 11.9.44 zurückerobert hatten, wurde das Gebiet wieder Teil Belgiens.

Exeter, brit. Schwerer Kreuzer, 18.7.29 Stapellauf, zwei Jahre später in Dienst gestellt, 8400 t, 32 kn, 175 m lang, 17,67 m breit, 6x20,3 cm, 4x10,2-cm-Flak, 6 Torpedorohre, 1 Bordflugzeug. Nach Kriegsbeginn beteiligte sich die E. mit dem südamerikan. Geschwader (Kommodore Harwood) an der Suche nach der ≫ Admiral Graf Spee. Im Gefecht mit dem dt. Pz.schiff vor der Mündung des Rio de la Plata am 13.12.39 wurde sie schwer beschädigt und mußte den Kampf abbrechen, 61 Mann waren gefallen, 23 verletzt. Nach oberflächl. Ausbesserung auf den Falklandinseln erreichte die E. im Febr. 40 Portsmouth, wurde überholt und erhielt zwei weitere 10,2-cm-Geschütze sowie zahlr. zusätzl. kleinere Rohre. Sie fuhr danach Geleitzugsicherung im Ind. Ozean und wurde nach Beginn des Pazifikkrieges der Flotte Admiral Doormanns zur Verteidigung Niederländ. Ostindiens zugeteilt. Am 27.2.42 in der Schlacht in der ≫ Java-See erneut schwer beschädigt, konnte sie nach Batavia entkommen und lief von dort unter dem Schutz von 2 Zerstörern Richtung Ceylon aus. Von 4 japan. Kreuzern und mehreren Zerstörern gestellt, wurde sie unter Mitwirkung japan. Trägerflugzeuge am 1.3. mit beiden Zerstörern versenkt; die Japaner retteten 600 Überlebende.

F

Falaise, westfrz. Stadt etwa 40 km südl. Caen mit 6000 Einwohnern (1940). Mitte Juni 40 von dt. Truppen erobert, war die Gegend um F. im Aug. 44 erneut Schauplatz schwerer Kämpfe. Nachdem am 1.8. die neugebildete 3. US-Pz.armee (Patton) bei ≫ Avranches weiträumig durchgebrochen und ein Gegenstoß der dt. 5. Pz.armee (Eberbach) über Mortain ohne Erfolg geblieben war, zeichnete sich bei F. die Einschließung starker dt. Kräfte durch das von S herankommende VII. US-Korps (Collins) und die längs Orne und Dives von N vorstoßenden Verbände der brit. 2. Armee (Dempsey) ab. Am 16.8. waren rd. 120 000 Mann der dt. 7. Armee (Hausser) und der 5. Pz.armee auf engstem Raum zw. F. und Argentan zusammengedrängt, so daß der OB der Heeresgruppe B, Gen.feldmarschall v. Kluge, auf eigene Verantwortung den Rückzug

Falaise: Impression aus der völlig zerstörten Stadt nach der Kesselschlacht Ende August 1944

befahl, der wenig später auch vom Führerhauptquartier genehmigt wurde. Da die Alliierten mehrere Tage zögerten, den Kessel zu schließen, gelang trotz pausenloser Luftangriffe die Rückführung von etwa der Hälfte der Truppen durch einen engen Schlauch, allerdings unter Verzicht auf die meisten Fahrzeuge, die mangels Sprit aufgegeben werden mußten. Erst am 20.8., als die Spitzen des XX. US-Korps bereits die Seine südl. Paris erreichten, riegelten die poln. 2. Pz.div. und das 317. US-Inf.regiment den Fluchtweg ab, 50 000 dt. Soldaten saßen in der Falle. Schlechtes Wetter aber, das die alliierten Flugzeuge am Boden hielt, und Unaufmerksamkeit der Sieger eröffneten noch vereinzelt Ausbruchsmöglichkeiten, so daß noch einmal 5000 Mann entkamen, darunter Fallschirmgen. Meindl, der Kommandeur der völlig aufgeriebenen 12. SS-Pz.div. ➢ »Hitlerjugend«, Kurt Meyer, Armee-OB ➢ Hausser und zahlr. andere hochrangige Offiziere. Die Niederlage von F. bedeutete die endgültige Entscheidung zugunsten der Alliierten an der Invasionsfront.

Falkenhausen, Alexander von, * Blumenthal bei Neiße (Schlesien) 29.10. 1878, † Nassau an der Lahn 31.7.1966, dt. Gen. der Inf. (1.9.40); 1900/01 Teilnahme an der China-Expedition der europ. Mächte, 1910-14 Militärattaché in Tokio, im 1. Weltkrieg Truppenführer an verschiedenen Fronten, danach Reichswehr, 31.1.30 als Gen.leutnant aus dem aktiven Dienst ausgeschieden, 1934-39 Militärberater in China bei Tschiangkaischek. F. wurde 1939 reaktiviert und im folgenden Jahr zum Militärbefehlshaber Belgien-N-Frkr. ernannt. Der unpolit. Soldat vertrat eine harte, aber korrekte Linie bei der Behandlung der Zivilbevölkerung und widersetzte sich anfängl. Maßnahmen der SS, wie z. B. der Einführung des Judensterns, gab jedoch letztl. nach und wurde damit verstrickt in die brutale nat.-soz. Besatzungspolitik. Nach dem 20. Juli 44 der Verbindung zu den Verschwörern verdächtigt, wurde F. verhaftet und bis Kriegsende im KZ Dachau festgehalten. Die Belgier machten ihm nach der Entlassung aus brit. Gefangenschaft den Prozeß vor dem Militärgericht in Lüttich und verurteilten ihn am 9.3.51 zu 12 Jahren Zwangsarbeit. Zahlr. Proteste der belg. Bevölkerung zu seinen Gunsten, weil F. nicht selten gefährdete Personen vor dem Zugriff der SS bewahrt hatte, führten schon nach 16 Tagen zur Begnadigung.

Falkenhorst, Nikolaus von, * Breslau 17.1.1885, † Holzminden 18.6.1968, dt. Gen.oberst (19.7.40); Eintritt ins Heer 22.3.03, in der Reichswehr 1.10.32 Oberst und in der Wehrmacht 1.7.35 Gen.major, 1.8.37 Gen.leutnant. Mit dem XXI. AK, das F. seit 16.8.39 als Kommand. Gen. führte, nahm er bei der Heeresgruppe Nord am Polenfeldzug teil. Für den Einsatz in Norwegen wurde das Korps als Gruppe XXI direkt dem OKW unterstellt. F. leitete seit 9.4.40 die Operation gegen Dänemark und Norwegen (➢ »Weserübung«). Aus seiner Gruppe XXI wurde am 19.12.40 das AOK Norwegen, das an der Murmansk-Front am Rußlandfeldzug teilnahm, und am 31.12.41 das AOK Nordfinnland. F. wurde am 1.2.42 Wehrmachtbefehlshaber Norwegen, verlor aber wegen Differenzen mit Reichskommissar Terboven am 18.12.44 diesen Posten. Ein brit. Militärgericht verurteilte ihn am 2.8.46 zum Tod als Verantwortl. für die Erschießung von Angehörigen brit. Kommando-Unternehmen. Die Strafe wurde jedoch auf dem Gnadenwege in 20 Jahre Haft umgewandelt und F. am 13.7.53 vorzeitig aus dem Kriegsverbrechergefängnis Werl freigelassen.

»Fat Man« (engl. Dicker Mann), angebl. in Anspielung auf den korpulenten Churchill gewählter Spitzname der rundl. ➢ Atombombe, die am 9.8.45 von US-Major Charles W. Sweeny mit einer B-29 Superfortress über ➢ Nagasaki ins Ziel gebracht wurde. »F.« war 4 m lang, wog 5 t und arbeitete nach dem Implosionsprinzip: 64 ringförmig angeordnete Zünder sprengten die Stützen weg, die beide Bombenhälften trennten. Sie wurden dadurch zusammengeführt und erreichten so die überkrit. Masse, die zur Auslösung der Kernkettenreaktion erforderl. ist. Mit 22 Kilotonnen (kt) Sprengwirkung war »F.« zwar deutl. stärker als die Hiroshima-Bombe ➢ »Little Boy«, erzielte aber wegen der örtl. Gegebenheiten (trennende Hügelkette) nicht die gleichen Verwüstungen. Ursprüngl. für Korkura auf Kiuschu vorgesehen, das aber unter dichten Wolken lag, vernichtete »F.« Nagasaki und besiegelte Japans Niederlage.

FdU, Abk. für ➢ Führer der Unterseeboote.

Fedorenko, Jakow Nikolajewitsch, * Krasnyi Oskol bei Charkow 10.10. 1896, † Moskau 26.3.1947, sowjet. Marschall der Pz.truppen (1944); Bergarbeiter, Febr. 17 zu den Bolschewiki, im Bürgerkrieg Offizier, 1931 Militärakademie Frunse. F. war ab 1937 Kommandeur der Pz.truppen im Militärbezirk Kiew und wurde 1940 zum Gen.leutnant befördert. Auf sein Drängen hin wurde die Produktion der Pz.typen ➢ T-34 und ➢ Kliment Woroschilow forciert. 1942 in den Stab des Volkskommissars der Verteidigung berufen, koordinierte F. den Einsatz der Pz.truppen und mechanisierten Verbände. In der Sommerkrise der Roten Armee griff er direkt an den Fronten in die Führung der Pz.armeen ein und gab am 26.10.42 Richtlinien für die takt. und operative Verwendung gepanzerter Verbände heraus. Hochdekoriert und rasch befördert (1943 Gen.oberst), wurde F. 1946 in den Obersten Sowjet gewählt.

Fegelein, Hermann, * Ansbach 30.10. 1906, † Berlin 28.4.1945, SS-Gruppenführer; vor dem Krieg Mitglied der Reiter-SS. Als SS-Brigadeführer kommandierte F. bis Mai 42 eine nach ihm benannte Reiterbrigade, aus der dann die 8. SS-Kavalleriediv. »Florian Geyer« aufgestellt wurde und die F. von April 43 bis März 44 führte. Vorher war er von Mai bis Okt. 42 Inspekteur der Kavallerie und des Transportwesens im RSHA und wurde nach Verwundung im Okt. 43 Verbindungsoffizier der SS-Führung zum Führerhauptquartier. Hier lernte er Gretel Braun, die Schwester der Hitler-Geliebten Eva, kennen und heiratete sie. F. hatte damit Zutritt zum engsten Kreis um Hitler und lebte bei Kriegsende mit im Führerbunker. Als Hitler von Kontakten Himmlers zu den Westalliierten erfuhr, ließ er F. im Garten der Reichskanzlei als vermeintlichen Mitwisser »stellvertretend« erschießen.

Feldgendarmerie, bis 1945 Militärpolizei des dt. Heeres zur Aufrechterhaltung von Disziplin und Ordnung der Truppe. Die F. rekrutierte sich im Krieg aus der Ordnungspolizei. Ihr oblag vor allem die Verkehrsregelung auf Vormarsch- und Rückzugsstraßen, das Erfassen versprengter Soldaten und ihre Sammlung in sog. Alarmeinheiten. Das bes. Kennzeichen der F., ein Ringkragen aus Metall, brachte ihr den Spitznamen »Kettenhunde« ein. Angehörige der F. waren in der letzten Kriegsphase häufig beteiligt an der Ermordung von Soldaten und Zivilpersonen, die Zweifel am »Endsieg« äußerten und für eine Beendigung des sinnlosen Krieges eintraten.

Feldgericht, Organ der dt. Militärjustiz zur Rechtsfindung und Rechtsprechung in der kämpfenden Truppe. Ein F. trat auf Anordnung des zuständigen militär. Gerichtsherrn von Regimentsebene an aufwärts zusammen. Es bestand aus 3 Richtern (meist 1 Militärjustizbeamter als Leiter der Verhandlung und 2 militär. Beisitzer). Die in vereinfachten und verkürzten Verfahren gefällten Urteile erhielten Rechtskraft durch die Zustimmung des Gerichtsherrn. Häufig geahndete Delikte waren »Feigheit vor dem Feind«, »Wehrkraftzersetzung« und Fahnenflucht. Vom 26.8.39 bis 31.1.45 verhängten F. 14 338 Todesurteile gegen Wehrmachtangehörige, davon wurden 8996 vollstreckt. In der letzten Kriegsphase wurden sog. fliegende F. eingerichtet, mit denen man bei zusammenbrechenden Fronten die Kampfmoral und Disziplin aufrechterhalten wollte. Sie fällten weiterhin zahllose Todesurteile. – Grundlage für die Tätigkeit der F. waren das Militärstrafgesetzbuch (letzte Fassung vom 10.10.40) sowie das ➢ Kriegssonderstrafrecht (Verordnung vom 17.8.38).

Feldhaubitze 18, Geschütz des dt. Heeres: die leichte F. L/28 mit 10,5-cm-Kaliber war eine Entwicklung der Firma Rheinmetall von 1928/29. Sie wurde jedoch erst 1935 Standard-Haubitze der entstehenden Wehrmacht. Das handl. Geschütz mit Spreizlafette ermöglichte rasches Richten auch gegen Pz. und andere bewegl. Ziele. Es wog 1985 kg, hatte eine Schußweite von 10 675 m und konnte 6-8 Granaten pro Minute abfeuern. Die verbesserte leichte F. M L/28 (mit Mündungsbremse) wog 2040 kg und kam auf 12 325 m Schußweite. Sie diente in Batterien zu 4 Geschützen bei der Div.artillerie. – Ein 15-cm-Geschütz war die schwere F. L/29,6, die 1926-30 bei Krupp (Lafette) und Rheinmetall (Rohr) entstand und 1933/34 im Heer eingeführt wurde. Sie wog in Fahrstellung 6304 kg, in Feuerstellung 5512 kg und war damit für den Pferdezug zu schwer. Mit einer Schußweite von 13 325 m war sie der sowjet. 15,2-cm-Kanonenhaubitze M 37, die 17 300 m weit reichte, deutl. unterlegen. Bei Kriegsausbruch besaß das Heer 4845 leichte und 2049 schwere F., ihre Zahl stieg bis zum 1.4.40 auf 5381 bzw. 2330 und bis zum Beginn des Rußlandfeldzuges (22.6.41) auf 7076 bzw. 2867 Stück.

Feldpost, Organisation des Brief- und Paketverkehrs zw. Front und Heimat sowie Bez. für die von der F. beförderten Sendungen, aufgebaut auf einem System von F.nummern. Die F. beschäftigte 12 000 Mann bei durchschnittl. 25 Mio. (portofreien) Sendungen tägl. (40 Mrd. insges.) in rd. 400 F.ämtern auf Div.ebene. F.prüfstellen (F.P.P.) zen-

Feldpost: deutscher Landser mit dem ersehnten Brief aus der Heimat

sierten das Postgut stichprobenartig, die Ergebnisse dienten als Grundlage für Berichte über die Stimmung in der Truppe. Der nat.-soz. Propaganda galt die F. als »Herzstück der geistigen Kriegführung« und wurde auch als »F.waffe« bezeichnet, die mit sinkendem Kriegsglück allerdings nach hinten losging durch Potenzierung der Katastrophenmeldungen.

»Felix«, Deckname für die geplante Eroberung ➢ Gibraltars, des brit. Flottenstützpunkts (seit 1704) an der S-Spitze Spaniens, durch dt. Land- und Seestreitkräfte. Überlegungen, die zu »F.« führten, wurden schon vor dem Krieg angestellt und nach der Weigerung Londons, den Kampf nach der Niederlage Frankreichs im Sommer 40 aufzugeben, wiederbelebt. Einen ersten Operationsentwurf vom 20.8.40 besprach Hitler bei seinem Treffen mit Franco am 23.10.40 in ➢ Hendaye, da ohne dessen Zustimmung »F.« illusor. war, und gab mit Weisung Nr. 18 vom 12.11.40 das Unternehmen in Auftrag. Als sich Spanien am 7.12.40 endgültig entschlossen hatte, nicht in den Krieg einzutreten, ließ Hitler den Plan wenige Tage später fallen. Die Seekriegsleitung versuchte wegen der großen seestrateg. Bedeutung mehrmals vergebl., die Diskussion über »F.« wieder in Gang zu bringen.

Felmy, Hellmuth, * Berlin 28.5.1885, † Darmstadt 14.12.1965, dt. Gen. der Flieger (1.2.38); 1903 Eintritt ins Heer, 1912/13 Ausbildung zum Flugzeugbeobachter, im 1. Weltkrieg Führer von Fliegerabt., Übernahme in die Reichswehr, 1.4.31 Chef des Stabes der Waffenschulen, 1.8.33 Oberst, 1935 zur Luftwaffe, 1.1.36 Gen.major, 1.4.37 Gen.leutnant. F. übernahm am 4.2.38 den Befehl über die Luftwaffengruppe 2 (später Luftflotte 2), wurde aber nach dem ➢ Mechelen-Zwischenfall am 12.1.40 von Hitler entlassen. Erst am 20.5.41 fand F. als Kommandeur des Sonderstabes F (Chef der Wehrmachtmission ➢ Irak) eine neue Verwendung, die ihm jedoch keine Erfolge brachte. Vom 21.6.41 bis 11.9.42 Befehlshaber S-Griechenland, war F. von Okt. 43 bis Kriegsende Kommand. Gen. des LXVIII. AK (bis 12.10.44 in Athen, danach in Jugoslawien). Durch seine Verhandlungen trug er wesentl. zur Rettung der griech. Hauptstadt bei und bemühte sich im Mai 45 beim brit. Feldmarschall ➢ Alexander um eine raschere Besetzung von Triest, Kärnten und Steiermark vor dem Zugriff der Roten Armee. Im Prozeß gegen die Südostgeneräle in Nürnberg wurde F. am 15.2.48 zu 15 Jahren Haft verurteilt, dann zu 10 Jahren begnadigt und im Dez. 51 freigelassen.

Ferdinand, anfängl. Name des dt. schweren Jagdpz. ➢ Elefant.

FFI, Abk. für ➢ **F**orces **F**rançaises de l'**I**ntérieur.

FFL, Abk. für ➢ **F**orces **F**rançaises **L**ibres.

Fiat B.R. 20 Cicogna (Schwan), italien. Mittelstreckenbomber, Erstflug 10.2.36. Die F. kam schon im span. Bürgerkrieg zum Einsatz, die Produktion lief bis Sommer 42 und erreichte 580 Stück. Techn. Daten: 2x1000 PS, max. 408 km/h in 4100 m Höhe, 2979 km Reichweite, 4x7,7-mm-MG als Abwehrbewaffnung, bis 1600 kg Bombenzuladung, 5 Mann Besatzung.

Fiat C.R. 42 Falco, italien. Jagdeinsitzer, Erstflug 23.5.38. Die F. war neben der Gloster ➢ Gladiator letzter Jagddoppeldecker des Krieges; beide lieferten sich über Griechenland noch Duelle im Luftkampf; insges. wurden bis 1942 1781 F. gebaut, die über dem Balkan, N-Afrika und dem Mittelmeerraum neben ihrer klass. Rolle als Abfangjäger auch als Jagdbomber, Bomber und Begleitjäger Verwendung fanden, in Italien sogar als Nachtjäger mit 2 Scheinwerfern. Techn. Daten: 1x840 PS, max. 430 km/h in 5330 m Höhe, 775 km Reichweite, 2x12,7-mm-MG, Vorrichtung für weitere 2x12,7-mm-MG oder 2x100-kg-Bomben unter den Tragflächen.

Fiat G.55 Centauro, italien. Jagdeinsitzer. Erst während des Krieges entwickelte die italien. Flugzeugindustrie auf der Grundlage des 1475-PS-Reihentriebwerks Daimler Benz DB 605 eine »Serie 5« zeitgemäßer Hochleistungsjäger. Dazu gehörte neben der Macchi M.C. 205 und der Reggiane Re. 2005 die F., Erstflug 30.4.42. Dieses Modell flog v.a. bei den Jagdgruppen der faschist. Repubblica Sociale Italiana nach dem Sonderwaffenstillstand Italiens (Sept. 43) und konnte sich als Höhenabfangjäger durchaus mit seinen alliierten Gegnern messen: max. 630 km/h in 7400 m Höhe, 3x20-mm-Kanonen und 2x12,7-mm-MG; insges. 160 Exemplare gebaut.

Fieseler Flugzeugbau GmbH, dt. Flugzeugfirma mit Hauptwerk in Kassel; 1934 von Gerhard Fieseler (* 15.4. 1896, † 1.9.1987) gegr., der dafür eine glanzvolle Kunstfliegerkarriere aufgab. F. baute das erste Kurzstart- und Langsamflugzeug der Welt (Erstflug 1936). Die Fi 156 ➢ Storch war wegen ihrer vielseitigen Verwendungsmöglichkeiten an allen Fronten beliebt; Weiterbau nach Kriegsende in Frkr. und der Tschechoslowakei. Unter der Tarnbez. FZG 76 entwickelte F. 1942 die raketengetriebene Flügelbombe Fi 103 Kirschkern, die 1944 als ➢ V 1 Schlagzeilen machte.

Finnisch-Sowjetischer Krieg 1939/40 ➢ Winterkrieg.

Finnland, Republik in Nordeuropa mit 388 279 km² und rd. 3,6 Mio. Einwohnern (1928). Nach der russ. Oktoberrevolution löste sich F. von Rußland, wurde nach Proklamation des finn. Landtags vom 21.6.19 selbständig und gab sich eine republikan. Verfassung mit starker Stellung des Staatspräs. Nach mehrjährigem grausamen Bürgerkrieg 1918-20 zw. einem »weißen« Schutzkorps unter ≫ Mannerheim mit zeitweiliger dt. Unterstützung (von der Goltz) und sowjet. Truppen mit finn. »Roten Garden« brachte der Frieden von Dorpat (14.10.20) die Anerkennung durch die Sowjetunion (Korridor zum Eismeer mit Hafen Petsamo an F., dafür Verbleib Ostkareliens bei Rußland). Tiefes Mißtrauen gegenüber Moskau, Spannungen zu Schweden (Sprachenstreit, Konflikt um die finn. Ålandinseln), kühle Distanz zu Deutschland und der fehlgeschlagene Versuch zur Bildung einer Entente mit den Balt. Staaten führten in der Zwischenkriegszeit zur internat. Isolierung F.s mit weitreichenden innenpolit. Rückwirkungen (Verbot der Kommunist. Partei u.a.). Der ≫ Dt.-Sowjet. Nichtangriffsvertrag vom 23.8.39, in dessen geheimem Zusatzprotokoll F. ausdrückl. der sowjet. Interessensphäre zugeordnet wurde, weckte in Helsinki schwere Befürchtungen um die eigene Sicherheit und außenpolit. Handlungsfreiheit, die der von Stalin provozierte ≫ Winterkrieg als nur zu berechtigt erwies. Ohne Hilfe der Westmächte, Schwedens und Deutschlands mußte F. am 12.3.40 mit Moskau einen verlustreichen Waffenstillstand schließen. Die totale Abschnürung von westl. Hilfe nach dem Norwegenfeldzug, Schwedens strikte Neutralität, die Sowjetisierung der Balt. Staaten, zunehmender Druck von Moskau und der Wunsch nach Revision des Waffenstillstands einerseits, strateg. und wehrwirtsch. (Nickel) Interessen Deutschlands andererseits führten Helsinki und Berlin 1940/41 zusammen: 26.6.41 Teilnahme am ≫ Rußlandfeldzug mit dem Anspruch auf autonome Kriegführung, 25.11.41 Beitritt zum ≫ Antikominternpakt, 6.12.41 Kriegszustand mit Großbrit. Die schweren dt. Niederlagen 1943/44 und der Zusammenbruch der karel. Front zwangen F. am 19.9.44 zum Waffenstillstand mit Moskau, dessen Bedingungen im Friedensvertrag von Paris 1947 bestätigt wurden: 300 Mio. Dollar Kriegsentschädigung, Abtretung des Gebietes um Petsamo, Verpachtung von Porkkala, Mitwirkung an der Vertreibung der dt. Lappland-Armee, was zu schweren Zerstörungen führte. Der geschickte Neutralitätskurs des Staatspräs. Paasikivi (1946-55) mit freundschaftl. Beziehungen zu Moskau sicherte F.s staatl. Unabhängigkeit.

Flak, Kurzwort für Flugabwehrkanone, die wichtigsten F. (Fla-Geschütze) der Wehrmacht waren:
2-cm-F 30, seit 1934 bei der Truppe eingeführtes leichtes Geschütz für die leichten F.-Batterien des Heeres und als leichte Züge bei schweren Batterien, auch auf Selbstfahrlafetten, Gewicht in Feuerstellung 450 kg, mit 6-mm-Schutzschild 562 kg, in Fahrstellung 770 kg, Bewegung mit Sonderanhänger, Feuergeschwindigkeit 120 Schuß/min., Schußweite 4800 m, Schußhöhe 3700 m. Die 2-cm-F. 30 war ein vollautomat. Rückstoßlader, der sich im Einsatz bewährte, obwohl Richt- und Feuergeschwindigkeit zu wünschen übrigließen. Sie wurde daher 1939 durch die verbesserte 2-cm-F. 38 ersetzt, die bei gleichen ballist. Leistungen auf 220 Schuß/min. kam. Noch 1944 wurden monatl. 170 Stück dieses Typs ausgeliefert, im Aug. 44 waren allein bei der Luftwaffe 17 589 Geschütze im Einsatz. Eine bes.

Flak: deutsches 8,8-cm-Flakgeschütz 18 im Einsatz bei der Panzerabwehr

wirkungsvolle Version war der 2-cm-F.-Vierling 38 mit 800 Schuß/min., der auch auf Selbstfahrlafette verwendet wurde (Wirbelwind).

3,7-cm-F. 18, seit 1930 bei Rheinmetall entwickeltes und 1935 bei der Truppe eingeführtes leichtes Geschütz für die leichten F.-Abt. der Luftwaffe und die Heeres-F.-Kompanien, Gewicht in Feuerstellung 1750 kg, in Fahrstellung auf zweiachsigem Sonderanhänger 3560 kg, Schußweite 6500 m, Schußhöhe 4800 m, 80 Schuß/min. Wegen zu geringer Beweglichkeit und zu niedriger Feuergeschwindigkeit wurde die Kanone durch die leichtere 3,7-cm-F. 36 ersetzt, die bei gleichen ballist. Leistungen auf 120 Schuß/min. kam. Sie wurde bis Kriegsende produziert, im Aug. 44 waren bei der Luftwaffe 4211 Kanonen dieses Typs im Einsatz. Nachfolgemodell wurde die 3,7-cm-F. 43 mit 180 Schuß/min. und 1250 kg in Feuerstellung. Die von Rheinmetall entwickelte Kanone kam in ersten Stücken seit Febr. 44 zur Truppe, seit April 44 auch in einer Zwillingsausführung von 2780 kg; insges. kamen 1500 Exemplare zum Fronteinsatz. Mit einem 8-Schuß-Magazin konnten bis zu 240 Schuß/min. abgegeben werden. Bei einer Mündungsgeschwindigkeit von 820 m/s durchschlugen die Sprenggranaten der F. auf 500 m noch Panzerungen von 27 mm. Die F. wurde auf Anhängern, Halbketten-Selbstfahrlafette oder auf dem Flakpz. IV »Ostwind« eingesetzt.

8,8-cm-F. 18 (Acht-acht), Gewicht 5150 kg, Schußweite 14 860 m, Schußhöhe 10 600 m, Rohrlänge 4,93 m. Die seit 1928 bei Krupp entwickelte F., Einführung 1933, wurde seit 1936/37 in verbesserter Form als 8,8-cm-F. 36 mit den obigen Daten geliefert. Sie erhielt Folgezeigerübertragung zur Einstellung der Höhen- und Seitenwerte sowie der Zünderlaufzeiten und verschoß pro Minute 15-20 Sprenggranaten von 9 kg

Gewicht bei einer Mündungsgeschwindigkeit von 820 m/s. Für den Erdeinsatz gab es u.a. eine 10,2 kg schwere Pz.granate, die noch auf 1000 m Panzerungen von 106 mm durchschlug. Insges. waren 10950 F. im Aug. 44 im Einsatz, im Okt. 44 betrug der Munitionsverbrauch für dieses Geschütz 3,2 Mio. Schuß. Die F. gilt als eines der erfolgreichsten Geschütze des Krieges. Eine Weiterentwicklung war die 8,8-cm-F. 41 von Rheinmetall, die zunächst nur in einer Nullserie von 44 Stück hergestellt wurde. Ihre Schußweite stieg auf 20 km, die -höhe auf 14 860 m, die Feuergeschwindigkeit auf 20-25 Schuß/min. und die Mündungsgeschwindigkeit auf 1000 m/s. Wegen der kriegsbedingten Engpässe waren allerdings im Febr. 45 erst 279 Geschütze dieser modernen Version im Einsatz. Bei steigenden Flughöhen der alliierten Bomber genügte die 8,8-cm-F. bald nicht mehr und mußte durch die erhebl. aufwendiger zu produzierenden schwereren Kaliber ersetzt werden.
10,5-cm-F. 39, ursprüngl. für die Kriegs- marine entwickeltes schweres F.-Geschütz, Ende 33 Umbauauftrag für die Luftwaffe, Gewicht 10240 kg in Feuerstellung, 17700 m Schußweite, 12800 m Schußhöhe, 12-15 Schuß/min., 880 m/s Mündungsgeschwindigkeit. Das meist ortsfest oder als Eisenbahn-F. verwendete Geschütz hatte eine elektr. angetriebene Richtmaschine und eine automat. Ladeeinrichtung und verschoß 15-kg-Granaten. Die 10,5-cm-F. diente v.a. im Heimatkriegsgebiet und im rückwärtigen Gebiet zum Objektschutz, im Aug. 44 waren bei der Luftwaffe auf Eisenbahnwagen 116, auf Betonsockeln im Reich 877 und fahrbar 1025 Exemplare im Einsatz.
12,8-cm-F. 40, seit 1936 von Rheinmetall entwickelte schwere F., 1941 erste Batterien der Luftwaffe und Kriegsmarine, Gewicht 18000 kg in Feuerstellung, mit vierachsigem Fahrgestell sogar 27000 kg, 10-12 Schuß/min., 20900 m Schußweite und 14800 m -höhe, Mündungsgeschwindigkeit 880 m/s, elektr. angetriebene Richtmaschine, automat. Ladeeinrichtung. Das Geschütz verfeuerte 26-kg-Granaten und war die wohl wirkungsvollste F. der Krieges. Im Aug. 44 hatte die Luftwaffe 6 fahrbare Exemplare, 242 auf Sockeln (Febr. 45: 362) und 201 auf Eisenbahnwagen im Einsatz. Auf den F.-Türmen der wichtigen Städte wurden auch Doppellafetten montiert (die ersten Zoo-Bunker Berlin im Aug. 42), von denen 34 im Febr. 45 im Einsatz waren.

Flakhelfer, umgangssprachl. Sammelbez. für die ➢ Luftwaffenhelfer.

Fleißiges Lieschen, von Hitler 1944 genehmigter Propagandaname der ➢ Hochdruckpumpe.

Fletcher, Frank Jack, * Marshalltown (Iowa) 29.4.1885, † Bethesda (Maryland) 25.4.1973, amerikan. Admiral (1947); im 1. Weltkrieg Kommandant eines Zerstörers, danach Bordkommandos und Stabsdienst, 1936 Kommandant des Schlachtschiffs New Mexico, 1939 Konteradmiral. Bei Beginn des Krieges in Fernost kommandierte F. eine Kreuzerdiv. im Pazifik, übernahm dann eine der Trägergruppen, die den fehlgeschlagenen Raid gegen die Gilbert- und die Marshallinseln führten. Vergebl. blieb auch sein Einsatz zur Rettung der Insel ➢ Wake (Dez. 41/Jan. 42). Bei der Schlacht in der ➢ Korallensee führte F. die Task Force 17 und verlor am

8.5.42 einen Träger. Auch bei ≫ Midway operierte er unglückl. und büßte am 7.6.42 einen weiteren Flugzeugträger ein. Noch einmal erhielt er in der Seeschlacht östl. der Salomonen eine Trägergruppe, die er aber nicht entschlossen genug eingreifen ließ, so daß die auf Guadalcanal gelandeten Truppen in eine prekäre Lage gerieten. Man schob F. daher auf den Nebenposten eines OB der North Pacific Force ab, mit der er bei Kriegsende Truppen auf Hokkaido landete. 1947 Ruhestand.

Fliegende Festung, viermotoriger amerikan. Langstreckenbomber Boeing B-17 ≫ Flying Fortress.

Fliegender Bleistift, Beiname des dt. mittleren Bombers und Fernaufklärers Dornier Do 17. Der zivile Prototyp des F. war für den Postdienst der Lufthansa bestimmt, Erstflug Herbst 34, 1935 Umbau zum Schnellbomber. Die ersten Serienmuster kamen 1937/38 zu den Kampfgeschwadern, Jugoslawien baute den Typ in Lizenz nach. Eine zweite Serie wurde als Fernaufklärer aufgelegt. Beide Versionen wurden im span. Bürgerkrieg bei der Legion Condor erprobt. Bei der letzten Standardserie Do 17 Z (seit 1939) wurde der glatt verglaste Rumpfbug durch einen eckigen, nach unten ausgebuchteten »Gefechtskopf« mit einem vierten MG-Stand ersetzt: 2x1000-PS-Bramo-Sternmotoren, max. 425 km/h, bis zu 8x7,92-mm- MG und 1000 kg Bombenzuladung, 4 Mann Besatzung. – Rd. 350 F. verteilten sich bei Kriegsbeginn auf 4 Kampfgeschwader, dazu kamen noch 213 bei den Aufklärungsgruppen. Durch ihre guten Tiefflugeigenschaften bewährte sich die Maschine in Polen und Frkr., hatte aber beim Tageseinsatz über England wachsende Verluste. Die Fertigung der Z-Serie wurde Ende 40 nach 500 Exemplaren zugunsten der ≫ Dornier Do 217 eingestellt. Beim Rußlandfeldzug spielte der F. im Vergleich zur ≫ He 111 oder ≫ Ju 88 nur noch eine untergeordnete Rolle.

Flossenbürg, nat.-soz. ≫ Konzentrationslager in der Oberpfalz bei Weiden.

Flugzeugfalle, Bez. für offensive Flak-Bewaffnung von U-Booten der dt. Kriegsmarine v.a. in der Biskaya. So ging z.B. U 441 als U-Flak 1 im Mai 43 in See, bewaffnet mit 1x3,7-cm-Flak, 2 Vierlings-2-cm-Geschützen und zahlr. MG 42. Es gelang allerdings nur der Abschuß einer brit. Maschine. Ein weiterer Einsatz der F. verlief so verlustreich, daß das System fallengelassen wurde.

Flying Fortress, amerikan. Langstreckenbomber Boeing B-17, Erstflug 28.7.35. Maschinen vom Typ F., der in insges. 12731 Exemplaren gebaut wurde, trugen die Hauptlast der US-Tagesangriffe gegen Deutschland, wobei sie 571460 t Bomben abwarfen und 4750 Totalverluste hatten. Ursprüngl. als Kampfflugzeug für den Patrouillendienst vor der amerikan. Küste konzipiert, verdienten die ersten Friedensmodelle noch nicht das Prädikat einer F.; erst die Baureihe E. (Probeflug 5.9.41) wurde anhand von Einsatzerfahrungen bei der RAF zum Angriffsbomber mit verstärkter Panzerung und verdoppelter Feuerkraft umgestaltet, deutlich sichtbar am Heckstand und der weit nach vorn gezogenen, elegant geschwungenen Seitenflosse. Die B-17E (512 Exemplare) bildete mit ihrer auf 10 Mann erweiterten Besatzung das Ausgangsmuster zweier Großreihen, die von Mai 42 bis Juli 45 bei ➣ Boeing, ➣ Douglas und Lockheed vom Band liefen: Die F-Reihe (3405 Exemplare) kam erstmals am 27.1.43 gegen Wilhelmshaven zum Einsatz, die G-Version war seit Herbst 43 wichtigstes Frontmodell (8680 Exemplare). Sie trug zur Abwehr von Frontalattacken einen dritten, ferngesteuerten Drehturm unter dem Rumpfbug (»Kinnturm«) und wurde mit 13x12,7-mm-Browning-MG die am stärksten bewaffnete Baureihe; eine geschlossene Battle Box von je 18 solcher F. brachte etwa 200 MG auf bis zu 1000 m zur Geltung. Dennoch mußten die unbegleiteten Langstreckenangriffe nach verlustreichen Luftschlachten vom Sommer/Herbst 43 vorübergehend aufgegeben werden, da sich der Einsatz von YB-40 »Begleitfestungen« nicht bewährt hatte. Erst unter dem Schutz der neuen ➣ Mustang-Fernjäger lebte die Offensive wieder auf; 6.3.44 erster Großangriff mit 500 F. gegen Berlin; am Heiligen Abend 44 demonstrierte die amerikan. Luftwaffe beim größten F.-Einsatz des Krieges mit 1400 Maschinen ihre absolute Luftherrschaft. Die F. überstand unglaubliche Beschußschäden, ließ sich leicht steuern und war wegen ihrer Zuverlässigkeit bei der Truppe beliebt. Daten der letzten Serienvariante B-17G: 4x1200-PS-Sternmotoren Wright Cyclone, max. 438 km/h in 9150 m Höhe, Reichweite 2980 km, bis 4880 kg Bomben, Startgewicht knapp 33 t, 11 Mann Besatzung.

Flying Tigers (engl. Fliegende Tiger), Gruppe amerikan. Jagdflieger, die von Dez. 41 bis Juli 42 als Freiwillige in China und Burma kämpften. Oberst ➣ Chennault, seit 1938 Luftwaffenberater ➣ Tschiangkaischeks, hatte die private Söldnertruppe unter der Tarnung einer kommerziellen Luftfahrtfirma aufgestellt. Sie bestand aus 112 angeworbenen Heeres- und Marinepiloten, die für den Dienst in Nationalchina von der US-Reg. stillschweigend beurlaubt worden waren. Die USA stellten auch die Ausrüstung dieser American Volunteer Group in Form von 100 älteren Curtiss P-40 Warhawk zur Verfügung. Die F. verteidigten zus. mit Hurricanes der RAF Rangun gegen japan. Massenangriffe und schossen dank ihrer unorthodoxen Taktik an einigen Glanztagen bis zu 25 Angreifer ab. Dafür zahlte die chines. Reg. zusätzl. zum monatl. Sold von 600 Dollar einen Bonus von jeweils 500 Dollar. Wahre Wunderdinge berichtete die amerikan. Presse über die Taten der F., die die Motorschnauzen ihrer Maschinen wie die dt. Me-110-Zerstörer mit furchterregenden Haifisch-Gebissen bemalten. Nach dem Fall Ranguns zog sich die Gruppe nach Kunming zurück, wurde am 5.7.42 aufgelöst und in die China Task Force der US-Heeresluftwaffe eingegliedert. Die Abschußbilanz der F. wies 297 bestätigte und 153 wahrscheinl. Luftsiege aus, ihre Verluste betrugen 12 im Luftkampf gefallene, 4 in Gefangenschaft geratene und 10 bei Flugunfällen umgekommene Piloten.

Focke-Wulf Flugzeugbau GmbH, dt. Flugzeugwerke mit Stammsitz in Bremen; gegr. 1924 von Heinrich Focke und Georg Wulf. F. konstruierte in den 20er Jahren das Experimentierflugzeug Fw 19 Ente mit Höhenleitwerk an der Rumpfspitze und 1937 den ersten verwendungsfähigen Hubschrauber der Welt, Fw 61. Andere zivile Entwicklungen wurden in den 30er Jahren unter der Typenabk. Fw von der Luftwaffe übernommen. Hierzu zählten die kunstflugtaugl. Schulflugzeuge Fw 44 Stieglitz und Fw 56 Stößer. Die zweimotorige Reisemaschine Fw 58 Weihe, von 1937-42 in etwa 4500 Stück ausgeliefert, diente als Mehrzwecktrainer, Kurierflugzeug sowie als Sanitätsmaschine, in dieser Rolle auch als »Leukoplastbomber« bekannt. Beim Fernkampf über dem Atlantik griff die Luftwaffe auf eine militär. Version der Fw 200 zurück. Diese viermotorige ➢ Condor (Erstflug 1937) war ursprüngl. für den zivilen Langstreckendienst bei der Lufthansa konzipiert worden. Von vornherein für militär. Zwecke entwickelte F. u.a. den Nahaufklärer Fw 189 ➢ Eule (Erstflug 1938). 1941 ging als zweiter Standardjäger der Luftwaffe die ➢ Fw 190 in die Massenfertigung; Gesamtproduktion 20 051 Stück. Die letzte langnasige Baureihe kam unter der Typenabk. Ta 152 an die Front, so benannt nach dem langjährigen F.-Chefkonstrukteur Prof. Kurt Tank.

Fokker D. XXI, Jagdeinsitzer der niederländ. Luftwaffe. Drei Jagdgruppen verfügten bei Beginn des dt. Angriffs am 10.5.40 über insges. 29 einsatzbereite F., die sich der dt. Luftlandearmada entgegenwarfen und nach eigenen Angaben 37 Ju 52 der ersten Welle vernichteten. Wendig, bewaffnet mit 4x7,92-mm- MG, standen sie allerdings gegen die Übermacht der Me 109 auf verlorenem Posten und mußten nach drei Tagen wegen Munitionsmangels am Boden bleiben.

Folgore (Blitz), Beiname des italien. Jagdeinsitzers ➢ Macchi C. 202.

Forces Françaises de l'Intérieur (FFI), am 1.2.44 durch Zusammenschluß aller bewaffneten Kräfte des frz. Widerstands vom Nat. Befreiungskomitee gebildete Streitmacht unter Gen. ➢ Koenig von der ➢ Armée secrète bis zu den ➢ Franc-tireurs et Partisans und Teilen der aufgelösten Waffenstillstandsarmee. Die Kampfkraft der F., etwa 250 000 Mann, davon allenfalls 70 000 umgehend mobilisierbar, litt unter Rivalitäten und polit. Konflikten zw. den kommunist. und bürgerl., teils sogar latent faschist. Gruppen. Hinzu kam schlechte, ausschließl. leichte Bewaffnung mit Beutestücken und alliiertem Material, das in völlig unzureichender Menge per Fallschirm abgeworfen wurde. Der Ausbildungsstand war entspr. niedrig, die medizin. Versorgung ungenügend, Uniformen fehlten. Auch deswegen erkannte die Wehrmacht die Kämpfer der F. nicht als Kombattanten an, woraufhin die provisor. frz. Reg. in Algier mit Repressalien drohte. Erst durch Vermittlung des Roten Kreuzes konnte die Spirale der gegenseitigen Grausamkeiten gebremst werden. Die Alliierten erwarteten sich nicht viel von den F. und planten ihre Invasion ohne sie, profitierten aber doch von ihren Sabotageakten und Meldungen über dt. Bewegungen. Eigene militär. Aktionen wie im ➢ Vercors scheiterten hingegen. Nach der Befreiung wurden zahlr. Soldaten der F. in die auf alliierter Seite kämpfenden frz. Verbände eingegliedert.

Forces Françaises Libres (FFL), nach Absprache mit Churchill vom 7.8.40 von de ➢ Gaulle rekrutierte bewaffnete Verbände, die auf alliierter Seite gegen Deutschland kämpften. Zunächst traten zur F. v.a. aus Norwegen evakuierte Expeditionstruppen (u.a. Angehörige der ➢ Fremdenlegion), zu denen während des ➢ Frankreichfeldzugs vom Kontinent gerettete Soldaten, Überläufer und in den frz. Kolonien ausgehobene Einheiten traten, obwohl der brit. Überfall von ➢ Mers el-Kebir viele Franzosen von einer Zusammenarbeit mit den Gaullisten abhielt. Unter beliebten Truppenführern wie u.a. ➢ Leclerc oder ➢ Koenig zeichneten sich die F., im Juni 42 insges. etwa 70 000 Mann, aus in den Kämpfen in N-Afrika (u.a. ➢ Bir Hacheim), Syrien und O-Afrika. Die F. spielten eine wesentl. Rolle bei der Überwindung der ➢ Mareth-Linie und im Feldzug in Tunesien. Danach bildeten sie den Kern der (frei)frz. 2. Pz.- und der 1. Inf.div., die mit der frz. 1. Armee (de Lattre de Tassigny) an der Befreiung Frkr.s teilnahmen. Die F. verfügten auch über Luft- (u.a. Gruppe »Normandie«) und Seestreitkräfte (65 kleinere Kriegsschiffe, 3600 Mann unter Admiral Muselier), sie waren aber in Ausrüstung und Ausbildung immer auf den guten Willen der Verbündeten angewiesen, ihre Verbände operierten nie selbständig, sondern unter brit. oder amerikan. Oberbefehl.

Formosa (chines./japan. Taiwan), Insel vor der SO-Küste Chinas mit knapp 36 000 km² (einschließl. Pescadores-Inseln) und 5,5 Mio. Einwohnern (1936), Hauptstadt Taipeh (Taihoku). Im 16. Jh. von Portugiesen entdeckt (Ilha formosa = schöne Insel) und im 17. Jh. chines. besetzt, kam F. nach dem Krieg von 1895 an Japan, blieb aber fast ausschließl. chines. besiedelt. Die ➢ Kuomintang-Reg. rief nach dem japan. Angriff auf China 1937 zum Widerstand gegen die Besatzer auf und erneuerte Chinas Anspruch auf die strateg. wichtige Insel. Sie diente den Japanern im Krieg als Sprungbrett bei der Eroberung der ➢ Philippinen. Umgekehrt favorisierten die US-Admirale King und Nimitz 1944/45 die Einnahme von F. als Basis für den Angriff gegen das japan. Mutterland, doch setzte sich bei Roosevelt die Meinung ➢ MacArthurs durch, der einer Rückeroberung der Philippinen den Vorzug gab, so daß F. bis Kriegsende in japan. Hand blieb und nur vereinzelte Luftangriffe durch US-Trägerflugzeuge gegen die japan. Luftstützpunkte erlebte. Am 25.10.45 gab Japan gemäß Vereinbarung auf der Kairo-Konferenz (Nov. 43) F. an China zurück. In der chines. Revolution wurde die Insel 1949 letzte Bastion der vom Festland vertriebenen Nationalreg. unter Marschall ➢ Tschiangkaischek.

Fosse Ardeatine, ➢ Ardeatinische Höhlen.

F.P.P., Abk. für **F**eld**p**ost**p**rüfstelle, ➢ Feldpost.

Franco Bahamonde, Francisco, * El Ferrol 4.12.1892, † Madrid, 20.11. 1975, span. Gen. und Politiker; Militärakademie Alcazar, 1912 Kolonialdienst in Marokko, 1922 Kommandeur der span. Fremdenlegion, 1928-31 Leiter der Militärakademie in Saragossa, 1935 Gen.stabschef. F. nutzte im Juni/Juli 1936 eine Militärrevolte in Span. Marokko zum Aufstand gegen die Volksfrontreg. im Mutterland, fand Unterstützung bei den italien. Faschisten und den Nat.-soz. und konnte so einen Bürgerkrieg gegen die sozialist. Reg. entfesseln. Trotz internat. Hilfe und sowjet.

Franco: Spaniens Caudillo mit Hitler auf dem Bahnhof von Hendaye am 23. Oktober 1940

Intervention mußte die Republik 1939 vor F. kapitulieren, der als »Caudillo« (»Führer«) ein diktator., klerikal-faschist. Regime etablierte. Hitler versuchte 1940 vergebl., u.a. beim Treffen mit F. in Hendaye (23.10.), Spanien zum Eintritt in den Krieg auf dt. Seite zu gewinnen. Daran scheiterte schließl. auch das geplante Unternehmen ≻ »Felix« gegen Gibraltar. Mehr als die Entsendung der ≻ »Blauen Div.« für den Rußlandfeldzug war von F. nicht zu erhalten. Er hielt die Neutralitätspolitik bis Kriegsende durch, steuerte danach einen prowestl. Kurs und verfügte die Wiedereinführung der Monarchie nach seinem Tod.

Franc-tireurs et Partisans (FTP), im Frühjahr 42 gebildete frz. Widerstandsorganisation unter kommunist. Führung. Das relativ späte Auftauchen der F. war auf die lange Lähmung der kommunist. Agitation durch den Hitler-Stalin-Pakt vom 23.8.39 zurückzuführen. Erst nach dem dt. Angriff auf die UdSSR (22.6.41) bildeten v.a. ehemalige Kämpfer der Internat. Brigaden im span. Bürgerkrieg Sabotagetrupps und Untergrundzirkel. Im Gegensatz zum bürgerl. Widerstand gegen die dt. Besatzer setzten die F. sofort auf bewaffneten Kampf, obwohl sie kaum über die nötigen Mittel verfügten und auch nicht mit Hilfe der Westalliierten rechnen konnten. Ihre Anschläge lösten wie erwartet eine dt. Terrorwelle aus, von der sie sich die Mobilisierung weiterer Widerstandskreise erhofften. Dennoch blieben die F. in der ≻ Résistance meist isoliert und fanden auch nur punktuell Unterstützung durch die ≻ Armée secrète. Selbst nach dem Zusammenschluß der verschiedenen Fraktionen des bewaffneten Widerstands im Febr. 44 zu den ≻ Forces Françaises de l'Intérieur (FFI) gaben die F. ihre selbständige Organisation nie auf und ließen die Partner im dunkeln über die wahre Stärke ihrer Anhängerschaft. Mit ihrem Vorschlag, nach der alliierten Invasion (6.6.44) ein frz. Milizheer zu bilden, drangen sie bei de Gaulle nicht durch. Ihre Kämpfer wurden zum großen Teil von der (frei)frz. 1. Armee aufgesogen.

Frank, Hans, * Karlsruhe 23.5.1900, † Nürnberg 16.10.1946 (hingerichtet), dt. Politiker; Jurist, Kriegsfreiwilliger 1918, Freikorps-Mitglied, Okt. 23 zur NSDAP, 1928 Gründer des Nat.-soz. Rechtswahrerbunds, 1930 Reichstagsabgeordneter, 1933/34 bayer. Justizmin., 1934 Reichsmin. ohne Geschäftsbereich. F. wurde nach dem Polenfeldzug Gen.gouverneur im nicht dem Reich einverleibten Teil des besiegten Landes, residierte in der Krakauer Burg und machte sich durch brutale Verfolgung der poln. Führungsschicht und Ausplünderung seines Herrschaftsbereichs verhaßt; über 1 Mio. Zwangsarbeiter ließ er für die dt. Rüstungsindustrie rekrutieren. 1942 deutete sich eine Wandlung an, als er in Reden an dt. Universitäten die Rückkehr zur Rechtsstaatlichkeit anmahnte. Er wurde daraufhin aller Parteiämter enthoben, blieb aber Gen.gouverneur und änderte auch seinen Herrschaftsstil nicht mehr. Bei Kriegsende in den W geflohen, wurde F. am 6.5.45 von US-Truppen verhaftet und in Nürnberg angeklagt; in der Haft konvertierte er zum Katholizismus. Seine 38 Diensttagebücher, die er dem Gericht zur Verfügung stellte, wurden Grundlage des Todesurteils am 1.10.46.

Frank, Karl Hermann, * Karlsbad 24.1.1898, † Prag 22.5.1946 (hingerichtet), dt. Politiker und SS-Obergruppenführer (1943); 1933 Propagandachef der Sudetendt. Partei, 1935 Abgeordneter im Prager Parlament. F. wurde nach der Angliederung des Sudetenlands 1938 stellv. Gauleiter und am 19.3.39 Staatssekretär beim Reichsprotektor für Böhmen und Mähren. Am 20.3.43 zum Staatsmin. für das Protektorat ernannt, setzte F. die mit ➢ Lidice eingeleitete terrorist. Besatzungspolitik fort und floh bei Kriegsende in den W, wurde aber von den Amerikanern an die Tschechoslowakei ausgeliefert und dort zum Tod verurteilt.

Frankfurt am Main, größte Stadt Hessens mit 553 000 Einwohnern (1940). F. war seit Aug. 41 Ziel brit. Bombenangriffe, die in der Nacht vom 2./3.12.42 einen ersten Höhepunkt erreichten: 2 Pfadfindergruppen führten rd. 150 Bomber heran und markierten nach Funkweisung zweier Masterbomber, die in 9000 m Höhe kreisten, die Angriffsziele. Wegen techn. Versagens kam es aber fast ausschließl. zu Fehlwürfen, so daß die Altstadt noch einmal verschont blieb. Sie ging am 22.3.44 unter, als 816 Maschinen 3116 t Bomben auf F. warfen, denen unersetzl. Kulturdenkmäler wie Römer, Goethehaus und Dom zum Opfer fielen. Nach weiteren Angriffen – u.a. 25.9. und 5.11.44 mit 2018 t Bomben – waren bei Kriegsende 80 600 Wohnungen (45%) zerstört. Am 29.3.45 besetzten Einheiten des VIII. US-Korps (Middleton) die Stadt.

Frankreichfeldzug (Westfeldzug), Bez. für die militär. Operationen in W-Europa nach dem dt. Angriff am 10.5.40 bis zum Zusammenbruch Hollands (14.5.), Belgiens (28.5.) und Frkr.s (22.6.).

Nach den brit. und frz. Kriegserklärungen vom 3.9.39, die auch nach dem dt. Sieg im ➢ Polenfeldzug aufrechterhalten blieben, kam es zunächst zum ➢ Sitzkrieg, währenddessen die dt. Vorbereitungen für einen F. (Fall »Gelb«) anliefen; erster unausgereifter Plan 19.10.39. Die endgültige Fassung des Operationsplans stammte von Gen. v. ➢ Manstein, abgestimmt mit dem Panzerexperten ➢ Guderian, und wurde am 24. 2. 40 vom OKH als neue Aufmarschanweisung (»Sichelschnitt«) vorgelegt. Manstein sah einen F. in zwei Phasen vor: Vorstoß mit Schwerpunkt südl. Namur gegen Somme und Kanalküste, damit Vernichtung der alliierten Armeen in Belgien, und nach Umgruppierung Vormarsch aller Kräfte nach Süden und Zerschlagung der übrigen alliierten Verbände. Die Mißachtung der Neutralität der Benelux-Staaten war Teil des Plans.

Revolutionär an dem Vorhaben, das in der dt. Generalität höchst skept. beurteilt wurde, war der Stoß von Panzerkorps durch die dicht bewaldeten, wegearmen Ardennen – wie sich zeigen sollte, der Angelpunkt der alliierten Niederlage. Manstein rechnete näml. mit einem feindl. Vorrücken durch Belgien, wie es im sog. »Dijle-Plan« vorgesehen war. Trotz der belg. und niederländ. Neutralitätserklärungen beschloß das alliierte Oberkommando unter Gen. Gamelin am 23.11.39 diesen Vorstoß mit Verlängerung des rechten Flügels nach Südholland hinein für den Fall einer dt. Invasion.

Der dt. Aufmarsch sah bei Angriffsbeginn daher so aus: Im Norden Heeresgruppe B (Gen.oberst v. Bock) gegen die niederländ. Armee (Gen. Winkelman), die belg. Armee (König Leopold III.) und die frz. Heeresgruppe 1 (Gen. Billotte) mit dem brit. Expeditionskorps (Gen. Lord Gort), d.h. 29 dt. gegen rd. 60 alliierte Divisionen. Das Angriffsschwergewicht lag bei den Panzergruppen der Heeresgruppe A (Gen.oberst v. Rundstedt) im Mittelabschnitt gegen die 9. und 2. frz. Armee, d.h. 45 dt. gegen 18 frz. Divisionen. Im Süden marschierte am ➢ Westwall und an der Oberrheinfront die Heeresgruppe C (Gen. oberst v. Leeb) auf gegen die frz. Heeresgruppen 2 (Gen. Prételat) und 3 (Gen. Besson), d.h. 19 dt. gegen 27 frz. Divisionen. Die dt. Luftflotten 2 und 3 sicherten die Operationen mit 2288 Maschinen gegen 1604 frz. und 581 brit. Flugzeuge.

Trotz der alliierten Panzerüberlegenheit (3373 gegen 2445) nahm der F. den geplanten Verlauf. Nach Luftlandungen in der »Festung Holland« und verheerendem Luftangriff auf Rotterdam (900 Opfer) brach der niederländ. Widerstand am 14. 5. zusammen (2890 Tote, 29 Vermißte, 6899 Verwundete). Am 16. 5. durchbrach die Heeresgruppe B die Dijle-Stellung, am 17. fiel Brüssel, am 19. war Abbeville und am 20. die Somme-Mündung erreicht. Der alliierte OB Gamelin wurde am 19.5. durch Gen. Weygand ersetzt. Nach nur 10 Tagen waren nun alle nördl. des »Sichelschnitts« kämpfenden alliierten Divisionen abgeschnitten, die belg. Armee kapitulierte am 28.5. mit 500 000 Mann (7500 Tote, 15 850 Verwundete). Daß 338 226 brit. und frz. Soldaten aus dem Kessel von Dünkirchen entkommen konnten, lag u.a. am Haltebefehl Hitlers für die Panzer am 24.5.

Am 5. 6. begann mit der zweiten Operationsphase (»Rot«) der eigentl. F. Die Heeresgruppe B erreichte am 9.6. die untere Seine, am 14. fiel Paris kampflos, am 16. durchbrach die Heeresgruppe C die ➢ Maginot-Linie. Als am 17.6. dt. Panzer die Schweizer Grenze erreichten, war die Masse des frz. Heeres eingeschlossen. Der italien. Angriff an der Alpenfront nach Kriegserklärung an Frkr. (10. 6.) blieb erfolglos. Am 16.6. bot der brit. Premiermin. (seit 10.5.40 ➢ Churchill) der nach Bordeaux ausgewichenen frz. Reg. die Union beider Staaten an, um den Krieg von den Kolonien aus weiterzuführen und die starke frz. Schlachtflotte für Großbrit. zu sichern. Das frz. Kabinett lehnte ab und trat zurück, ➢ Pétain wurde neuer Reg.-Chef und suchte am 17.6. um Waffenstillstand nach, der am 22.6. im Wald von ➢ Compiègne unterzeichnet wurde (mit Italien am 24.6. in Rom). Frkr. hatte 92 000 Tote und 200 000 Verwundete zu beklagen, die Wehrmacht 27 074 Tote, 18 383 Vermißte und 111 034 Verwundete. Die brit. Armee verlor 68 111 Mann, 1,9 Mio. alliierte Soldaten gingen in Gefangenschaft. Frkr. blieb von dt. Truppen bis zur Linie westl. und nördl. von Genf-Dôle-Tours-Mont de Marsan-span. Grenze besetzt. Die Reg. Pétain amtierte fortan in ➢ Vichy. In London rief de ➢ Gaulle zur Fortsetzung des Kampfes auf (➢ Résistance) und bildete eine Exilreg. Hitler aber schien endgültig die Hegemonie über Kontinentaleuropa errungen zu haben.

»Frankton«, Codebez. für den Angriff eines brit. Sonderkommandos auf dt. Blockadebrecher im Hafen von Bordeaux im Dez. 42. Das Royal Marine Boom Patrol Detachment ließ für »F.« am 7.12. Soldaten in fünf Faltbooten in der Gironde-Mündung zu Wasser, wobei drei Boote verlorengingen. Nur zwei Besatzungen (vier Mann) konnten bis in den Hafen vordringen und dort in der Nacht des 10./11.12. mit Haftladungen vier dt. Frachter schwer beschädigen. Zwei Kommandosoldaten gelang die Flucht nach Spanien, die anderen beiden wurden gefaßt und gemäß ➢ Kommandobefehl erschossen. Zwei ihrer Kameraden aus den gescheiterten Booten teilten dieses Schicksal; sie waren an Land geschwommen und von einer dt. Patrouille gefaßt worden.

Fraser, Bruce Austin, * Molesley (Surrey) 5.2.1888, † London 12.2.1981, brit. Flottenadmiral (1948); 1902 zur Marine, im 1. Weltkrieg Artillerieoffizier auf verschiedenen Schlachtschiffen, beteiligt an der Entwicklung eines neuartigen Feuerleitsystems, bis 1939 verschiedene Land- und Bordkommandos. F. war bei Kriegsbeginn 3. Seelord und erhielt 1940 die Ernennung zum Vizeadmiral. 1942 stellv. OB der Home Fleet unter Admiral ➢ Tovey, wurde F. im Jahr darauf dessen Nachfolger und konnte im Dez. 43 die Versenkung des dt. Schlachtschiffs ➢ Scharnhorst im Nordpolarmeer melden. Es folgte 1944 die Ernennung zum Admiral und zum OB der brit. Pazifikflotte, die er als eigene Kampfgruppe in den Verband der schnellen amerikan. Trägerflotte eingliederte. Er leitete die Operationen von seinem Hauptquartier in Sydney und überließ seinem Stellv. Admiral Rawlings die Führung auf dem Flaggschiff. Nach Kriegsende zunächst Stationskommandant in Portsmouth, 1948 1. Lord der Admiralität.

Freiburg im Breisgau, Stadt in Südbaden mit 110 000 Einwohnern (1939). F.

wurde am Tag des dt. Angriffs im W (10.5.40) Opfer eines Luftangriffs, bei dem 57 Zivilisten, darunter 22 Kinder und 13 Frauen, ums Leben kamen und über 100 verletzt wurden. Die Angreifer waren 3 He 111 einer Kette der III. Gruppe des Kampfgeschwaders 51 aus Landsberg am Lech, die eigentl. Dijon bombardieren sollten. Nach Navigationsfehler bei Gewitterflug über dem Schwarzwald hatten sie F. für das Ausweichziel Dôle-Tavaux gehalten und Flugplatz und Bahnlinie angegriffen. Die nat.-soz. Propaganda gab, offenbar auf ausdrückl. Anweisung Hitlers, den Fehlwurf als alliierten »Terrorangriff auf eine offene dt. Stadt« aus, der zur Rechtfertigung der »Vergeltung« dienen sollte. Ein amerikan. Angebot zu neutraler Untersuchung wurde abgelehnt, und während der Luftschlacht um England wurde der »Kindermord von F.« (Goebbels) zu einer Propagandabroschüre in 10 Sprachen verarbeitet. Gerüchte über einen Befehl zur Bombardierung von F. sind inzw. widerlegt. Die Stadt erlebte am 27./28.11.44 einen weiteren Angriff, diesmal durch die RAF, der mit 1700 t Bomben 3000 Menschen tötete und den größten Teil der Altstadt vernichtete. Am 22.4.45 wurde F. von Einheiten der frz. 1. Armee (de Lattre de Tassigny) besetzt.

Freifranzosen, Bez. für die Anhänger de ≻ Gaulles, die zunächst von Großbrit. und den frz. Kolonien aus nach der Niederlage Frkr.s den Kampf gegen Deutschland weiterführten und mit den ≻ Forces Françaises Libres an der Seite der W-Alliierten fochten.

Freisler, Roland, * Celle 30.10.1893, † Berlin 3.2.1945, dt. Jurist; 1925 NSDAP-Mitglied, 1934 Staatssekretär im Reichsjustizmin., Vorsitzender der Abt. Strafrecht in der Akademie für dt. Recht. F., der sich durch zahlr. Arbeiten zum nat.-soz. Recht empfohlen hatte, wurde 1942 Präs. des Volksgerichtshofs. Als bes. radikaler Richter verhängte er in 90 % aller Fälle die Todesstrafe oder lebensläng. Haft. Bekannt wurde v.a. seine brutale Prozeßführung gegen die Geschwister Scholl und gegen die Männer des militär. Widerstands, die er förml. an den Galgen brüllte. Er kam bei einem Bombenangriff ums Leben.

Freiwilligen-Verbände, Bez. für die in der dt. Wehrmacht dienenden Einheiten aus Angehörigen dt. besetzter oder verbündeter Länder. Zunächst wurden v.a. Hilfswillige (»Hiwis«) für Aufgaben im Troß geworben, 1941 etwa 200000 Mann, zum größten Teil russ. Gefangene. Im Winter 41/42 begann die Aufstellung geschlossener Einheiten v.a. zur Partisanenbekämpfung, und im Dez. 42 wurde eine »Inspektion der Osttruppen« gebildet, die Kampftruppen aus »Ostfreiwilligen« aufstellte. Sie wurden 1943 aus psycholog. Gründen bei wankender O-Front auf den Balkan und nach Frkr. verlegt. Kurz vor Kriegsende dienten etwa 600000 Mann in Heer, SS, Luftwaffe (≻ Heimatflak); dazu kamen noch Kosaken-Einheiten und unbewaffnetes Personal, insges. rd. 1 Mio. Mann. Unter den F. war die ≻ »Blaue Div.« ebenso wie die ≻ Wlassow-Armee als letzte größere Einheit.
Im Rahmen der ≻ Waffen-SS wurde schon 1940 als erster von schließl. 21 F. die Div. »Wiking« gebildet. Sie bestand noch aus verschiedenen Nationalitäten: Dänen, Holländer, Norweger, Finnen. Die erste nationale Einheit war die belg.

Sturmbrigade (später Div.) »Wallonie«, es folgten u.a. »Charlemagne« (Franzosen), »Nordland« (Skandinavier), »Skanderbeg« (Albanier). Diese F. kämpften, das war das Motiv, mit dem sie geködert wurden, gegen den Bolschewismus und für ein »freies« Europa z.T. bis zum Zusammenbruch. Dahinter standen zunächst noch großgerman. Utopien, die aber bald aufgegeben wurden, so daß schließl. sogar mit der 13. SS-Div. »Handschar« islam. Kämpfer mit der Wehrmacht fochten. In der Spätphase kamen noch – freil. zunehmend weniger »freiwillig« – lett., estn., ukrain., italien. und auch turkmen., tatar. und ind. Einheiten hinzu. Von den Anfang 45 noch vorhandenen 29 Div. der Waffen-SS bestanden 16 aus Ausländern. Darüber hinaus gab es volksdt. Einheiten, die allerdings nur zu einem geringen Teil als F. zu bezeichnen waren, weil sie zumeist aus eingezogenen Soldaten bestanden.

Fremdarbeiter, beschönigende offiz. Bez. für die zunächst angeworbenen, später gewaltsam rekrutierten ➢ Zwangsarbeiter aus den während des Krieges dt. besetzten Gebieten.

Fremde Heere, zwei Abt. des Gen.stabs des Heeres für militär. Aufklärung, bis 10.11.42 unter Oberquartiermeister IV. F. Ost (Abt. 3) zuständig für Sowjetunion, Skandinavien, Balkan, Afrika und Fernost; F. West (Abt. 12) zuständig für W-Europa, Großbrit., nördl. Balkan, seit Dez. 41 auch für Amerika, dessen Ressort bis dahin der Abt. 3 unterstand.

Fremdenlegion (frz. Légion étrangère), Verband des frz. Heeres, der sich vorwiegend aus Ausländern und Staatenlosen zusammensetzt; 1831 von »Bürgerkönig« Louis Philippe zur Eroberung Algeriens ins Leben gerufen. Die F. kämpfte in allen Teilen des frz. Kolonialreichs, v.a. aber in N-Afrika, wo sie bis 1958 in Sidi-Bel-Abbès ihr Stammquartier hatte. Diensttaugl. Männer aller Nationalitäten von 18 bis 40 Jahren können sich (auch heute noch) für jeweils 5 Jahre verpflichten; nach dem Motto »Legio patria nostra« (Die Legion ist unser Vaterland) leistet der Legionär seinen Eid nicht auf Frkr., sondern auf die Regimentsfahne. Das Kontingent rekrutiert sich traditionell aus Abenteurern, Gestrandeten und polit. Flüchtlingen aus vielen Ländern v.a. Europas; das Kommando führen vorwiegend frz. Berufsoffiziere.

Im Sept. 39 umfaßte die F. 2 Kavallerie- und 6 Inf.regimenter, dazu kamen Pioniere sowie Außenposten in der Sahara. Nach der Mobilmachung wurden in Frkr. 5 neue Regimenter aufgestellt, denn zur F. kamen nun auch rd. 6000 ausländ. Freiwillige, vielfach Exilspanier oder polit. Flüchtlinge aus dem nat.-soz. Machtbereich, die sich ledigl. für die Dauer des Krieges verpflichteten. Die Überreste dieser Einheiten wurden nach verlustreichen Abwehrkämpfen im Mai/Juni 40 aufgelöst oder nach N-Afrika evakuiert. Die Reichsreg. verlangte nach dem Waffenstillstand die Repatriierung aller dt. Legionäre. Diese etwa 2000 Mann wurden in der Wehrmacht im Inf.regiment 361 zusammengefaßt und in N-Afrika gegen die brit. 8. Armee eingesetzt. Auf der Gegenseite wurde die 13. Halbbrigade der F. zur ersten Kerntruppe der freifrz. Streitkräfte. Sie hatte mit dem frz.-poln. Expeditionskorps in Norwegen gekämpft, dort

vorübergehend den Erzhafen Narvik besetzt und sich kurz vor der frz. Niederlage nach Großbrit. abgesetzt.
Bei den gaullist. Verbänden diente sie später u.a. in Syrien und Libyen, wo sie sich bei ➢ Bir Hacheim auszeichnete. Nach der alliierten Landung in N-Afrika (Nov. 42) wurde die F. reorganisiert; 3 Regimenter kämpften in Tunesien, 3 andere marschierten mit der frz. 1. Armee (de Lattre de Tassigny) bis an den Rhein und in die Alpen. Die F. meldete insges. 9071 Gefallene und Vermißte. Nach dem Krieg füllte sie ihre Reihen mit dt. Gefangenen auf, so daß in den 50er Jahren Deutsche zeitweilig bis zu 70 % der Truppe stellten.

Freya, dt. Funkortungsgerät, seit 1934 entwickelt. F. arbeitete auf 2,40-m-Welle und wurde als Frühwarnanlage mit einer Reichweite von 120-150 km eingesetzt. Mit seiner Gitterantenne (»Matratze«) konnte es Entfernung und Kurs, nicht aber die Höhe anfliegender Maschinen orten. Beim ersten erfolgreichen Einsatz meldete ein F.-Gerät am 18.12.39 den Anmarsch eines Verbandes brit. Wellington-Bomber über der Dt. Bucht. In Verbindung mit dem Funkmeßgerät ➢ Würzburg dienten F. und seine Weiterentwicklungen Jagdschloß, Wassermann, Mammut bei der Nachtjagd über Deutschland.

Freyberg, Sir Bernard Cyril, Baron von Wellington und Munstead, * Richmond (Surrey) 21.3.1889, † Windsor 28.3. 1963, brit.-neuseeländ. Gen.leutnant; mit den Eltern nach Neuseeland ausgewandert, 1909 zur Armee, im 1. Weltkrieg 9mal verwundet, 1917 jüngster brit. Div.kommandeur, 1931 Oberst, 1935 Brigadegen., 1937 vorübergehend Ruhestand. F. wurde bei Kriegsbeginn reaktiviert und kommandierte seit Nov. 39 die neuseeländ. Expeditionsstreitkräfte, die u.a. bei der erbitterten, aber vergebl. Verteidigung ➢ Kretas und später bei der brit. 8. Armee im ➢ Afrikafeldzug und in Italien eingesetzt waren. B. war als mitreißender Truppenführer beliebt. Nach mehreren Verwundungen nahm er an der Schlacht am Monte Cassino teil und war maßgebl. am Entschluß der Alliierten beteiligt, das Gründungskloster der Benediktiner auf dem Berg zu bombardieren, das man fälschl. für eine dt. Bastion hielt. 1946-52 Gen.gouverneur von Neuseeland.

Frick, Wilhelm, * Alsenz (Pfalz) 12.3.1877, † Nürnberg 16.10.1946 (hingerichtet), dt. Politiker; Jurist, bis 1923 Beamter im Polizeipräsidium München, Teilnahme am Hitler-Putsch (9.11.23), 1928 Fraktionschef der NSDAP im Reichstag, Jan. 30 Innenmin. in Thüringen. F. wurde 1933 Reichsinnenmin. und Mitarchitekt des nat.-soz. Polizeistaats. In seinen Verantwortungsbereich fielen auch die Rassengesetze und ihre Durchführung. Am 24.8.43 durch Himmler abgelöst, wurde F. zum Reichsprotektor für Böhmen und Mähren ernannt, erlangte aber keinen nennenswerten Einfluß neben seinem Stellv. K. H. ➢ Frank. 1.10.46 Todesurteil im Nürnberger Prozeß gegen die Hauptkriegsverbrecher.

»Fridericus I.«, Deckname für die zur Vorbereitung des Großangriffs ➢ »Blau« geplante Offensive der dt. Heeresgruppe Süd (v. Bock) mit der 6. Armee (Paulus) und der Gruppe Kleist (17. Armee und 1. Pz.armee) gegen die sowjet. Südwestfront (Timoschenko) im Mai 42. Dem für den 17.5. vorgesehenen Angriffsbeginn kamen allerdings die Sowjets mit einer Offensive zur Rückeroberung von ≫ Charkow am 12.5. zuvor, so daß »F.« erst nach einer Phase der Verteidigung zum Gegenangriff wurde. Er führte zur Einschließung starker sowjet. Kräfte bei Isjum (240 000 Gefangene) und erfüllte mit der Beseitigung des sowjet. Frontbogens und dem Vorstoß über den Donez die ursprüngl. Planung.

Friedeburg, Hans Georg von, * Straßburg 15.7.1895, † Flensburg 23.5. 1945, dt. Gen.admiral (1.5.45); bei Kriegsausbruch 1939 Chef der Organisationsabteilung beim Befehlshaber der U-Boote ≫ Dönitz. F. wurde im Febr. 43 Kommandierender Admiral der U-Boote und nach Ernennung von Dönitz zu Hitlers Nachfolger am 1.5.45 letzter OB der dt. Kriegsmarine. In dieser Eigenschaft unterzeichnete er am 4.5. bei Montgomery die dt. Teilkapitulation im Nordwestraum und am 7.5. und 8.5. die Urkunden über die ≫ Bedingungslose Kapitulation in Reims bzw. Berlin-Karlshorst. F. nahm sich bei Verhaftung der Reg. Dönitz das Leben.

Frießner, Johannes, * Chemnitz 22.3. 1892, † Bayerisch Gmain 26.6.1971, dt. Gen.oberst (1.7.44); Eintritt ins Heer 20.3.11, in der Reichswehr 1.4.33 Major und in der Wehrmacht 1.3.38 Oberst und Chef des Stabes des Inspekteurs der Kriegsschulen. Seit Kriegsbeginn war F. Inspekteur des Erziehungs- und Bildungswesens des Heeres und wurde am 1.8.40 zum Gen.major befördert. Im Mittelabschnitt der O-Front übernahm er am 1.5.42 das Kommando über die 102. Inf.div., erhielt am 1.10.42 die Ernennung zum Gen.leutnant und führte vom 19.1.43 bis 11.12.43 als Kommand. Gen. das XXIII. AK. Seit 1.4.43 Gen. der Inf., wurde F. am 12.12.43 mit der Führung der 4. Armee betraut, am 2.2.44 zum Befehlshaber der »Nahtgruppe F.« am Ilmensee und am 23.2.44 zum OB der Armeeabt. Narwa ernannt. Danach führte er mehrere Heeresgruppen: 3.7.44 Nord, 25.7.44 Südukraine, später Südost. Am 23.12.44 wurde er von Hitler durch Gen. der Inf.Wöhler ersetzt und nicht mehr verwendet. Bei Kriegsende geriet F. in amerikan. Gefangenschaft und wurde Ende Nov. 47 aus dem Nürnberger Gefängnis entlassen.

Fritsch, Werner Freiherr von, * Benrath (heute Düsseldorf-B.) 4.8.1880, † Praga bei Warschau 22.9.1939, dt. Gen.oberst (1.4.36); 1900 zur preuß. Feldartillerie, 1907-10 Kriegsakademie, im 1. Weltkrieg beim Gen.stab, 1.11.30 Gen.major, 1.10.32 Gen.leutnant. F. wurde unter Beförderung zum Gen. der Artillerie am 1.2.34 Chef der Heeresleitung (2.5.35 Umbenennung in OB des Heeres) und war damit maßgebl. beteiligt an der massiven Aufrüstung. Trotz grundsätzl. Übereinstimmung mit Hitlers Kriegspolitik mahnte er jedoch zur Besonnenheit und opponierte am 5.11.37 gegen verfrühte Offensiv-Pläne (≫ Hoßbach). Er fiel dadurch in Ungnade und wurde Ende Jan./Anfang Febr. 38 wegen angebl. homosexueller Beziehungen als »Sicherheitsrisiko« abgelöst. Trotz völliger Rehabilitierung in einem Ehrengerichtsverfahren im März 38 blieb es bei der Kaltstellung. F. wurde Chef des Artillerieregiments 12, an dessen Spitze er bei einem Aufklärungsunternehmen im Polenfeldzug fiel. Seine Entmachtung, die vom Offizierkorps trotz der kriminellen Begleitumstände hingenommen wurde, war ein Markstein auf Hitlers Weg in den Krieg.

Fromm, Friedrich, * Berlin 8.10.1888, † Brandenburg 12.3.1945, dt. Gen.-oberst (19.7.40); Eintritt ins Heer 30.12.06, in der Reichswehr 1.2.33 Oberst und in der Wehrmacht 1.11.35 Gen.major, 1.1.38 Gen.leutnant, 1.4.39 Gen. der Artillerie. Mit Kriegsbeginn wurde F. Chef der Heeresrüstung und Befehlshaber des Ersatzheeres. Diese Position machte ihn für die Verschwörer des Zwanzigsten Juli 44 interessant, die ihn in ihre Pläne einweihten. Trotz grundsätzl. Ablehnung des Attentats verschwieg F. seine Kenntnisse und stellte sich erst offen gegen die Widerstandskämpfer, als das Scheitern des Putsches abzusehen war. Er ließ auf die Nachricht vom Überleben Hitlers hin die Hauptverschwörer, darunter ➢ Stauffenberg, in der Bendlerstraße in Berlin ohne Befehl standrechtl. erschießen und gab ➢ Beck Gelegenheit zum Selbstmord, um die eigene Verstrickung in die Umsturzpläne zu verschleiern. Das gelang jedoch nicht: F. wurde schon am nächsten Tag auf Befehl Himmlers, der sein Nachfolger als Befehlshaber des Ersatzheeres wurde, verhaftet und einige Monate später wegen »Feigheit« erschossen.

»Frühlingswind«, Deckname der Offensive der 5. dt. Pz.armee (v. Arnim) in Tunesien gegen das II. US-Korps (Fredendall) im Febr. 43. Unter Führung von Gen.leutnant Ziegler sollte eine Kampfgruppe aus 10. und 21. Pz.div. in die Bereitstellungsräume der Amerikaner stoßen und nach N drehen, um die alliierte Front aufzurollen. Für das am 14.2.43 anlaufende Unternehmen »F.« bot der mit der Pz.armee Afrika an der ➢ Mareth-Linie haltende ➢ Rommel seine Unterstützung an, allerdings mit wesentl. weitergesteckten Zielen. Er griff seinerseits am 15.2. nach dem Plan ➢ »Morgenluft« mit Einheiten des ➢ Dt. Afrika-Korps die US-Front im S an und erzielte so gute Erfolge, daß ihm die für »F.« angesetzten Truppen für die Schlacht von ➢ Kasserine am 17.2. zugeteilt wurden. Der schon begonnene N-Schwenk Zieglers wurde abgebrochen und »F.« zugunsten eines konzentrischen Stoßes Richtung Tebéssa aufgegeben. Das Unternehmen »F.« blieb daher nur ein Teilerfolg: 233 US-Tanks waren v.a. Opfer dt. ➢ Tiger-Pz. geworden, 2000 GIs in Gefangenschaft geraten.

FTP, Abk. für ➢ **F**ranc-**t**ireurs et **P**artisans.

Führer der Unterseeboote (FdU), am 1.1.36 aus der U-Flottille »Weddingen« gebildete Dienststelle der dt. Kriegsmarine unter ➢ Dönitz, am 17.10.39 umbenannt in Befehlshaber der U-Boote (BdU). Die Bez. F. war danach nur noch für regionale Kommandos in Gebrauch, z.B. FdU Italien/Mittelmeer (Nov. 41) oder FdU Norwegen/Nordmeer (Jan.43).

Funk, Walther, * Trakehnen 18.8.1890, † Düsseldorf 31.5.1960, dt. Politiker; 1931 NSDAP-Beitritt, Wirtschaftsberater Hitlers. Seit 1938 Reichswirtschaftsmin. und seit 1939 Reichsbankpräs., war F. maßgebl. beteiligt an der ➢ Judenverfolgung auf wirtschaftl. Gebiet (Arisierung) und an der Ausplünderung der besetzten Gebiete im Krieg. Mit

Himmler vereinbarte er u.a., daß die Reichsbank Wertsachen ermordeter Juden für die SS einlagert, mit dem ➢ Gen.bevollmächtigten für den Arbeitseinsatz, Sauckel, regelte er den Einsatz der ➢ Zwangsarbeiter. Wegen dieser Verbrechen gegen die Menschlichkeit wurde F. im Nürnberger Prozeß gegen die Hauptkriegsverbrecher am 1.10.46 zu lebenslanger Haft verurteilt; 1957 wegen Krankheit aus dem Spandauer Gefängnis entlassen.

Funkmeß, Ortungs- und Feuerleitverfahren mittels elektromagnet. Wellen, im engl. Sprachgebrauch unter der Abk. ➢ Radar bekannt. Die theoret. Grundlagen schufen Ende des 19. Jh. v.a. die Physiker Clerk Maxwell und Heinrich Hertz mit ihren Arbeiten zur Hochfrequenztechnik, Nikolas Tesla wies um 1900 erstmals auf die Möglichkeit der Funkmessung nach dem Rückstrahlprinzip hin, Christian Hülsmeyer erhielt 1904 das erste Patent für ein Verfahren zur Meldung metall. Gegenstände. In den 30er Jahren wurden in den europ. Industrieländern und in den USA erste F.-Geräte entwickelt, die den Luft- und Seekrieg revolutionierten. In Deutschland konzentrierten sich die Forschungen seit 1934 zunächst auf ein 50-cm-Feuerleitgerät für Kriegsschiffe. Es kam seit 1937 unter dem Tarnnamen ➢ Seetakt in die Erprobung und blieb den ganzen Krieg hindurch im Einsatz. Das Gegenstück bei der Flak hieß ➢ Würzburg; seit 1940 serienreif, gehörte es zur Standardausrüstung der schweren Batterien. In Verbindung mit dem Frühwarngerät ➢ Freya wurden Würzburg-Geräte bei der bodengeleiteten Nachtjagd (➢ Himmelbett) eingesetzt. 1942 erhielten die zweimotorigen Nachtjäger elektron. Fühler durch das bordeigene ➢ Lichtenstein-Gerät; dem entsprach für die Schiffssuche das F.-Gerät Hohentwiel.
Mit allen erdenkl. Mitteln versuchte der brit. Geheimdienst, die dt. F.-Technik auszuforschen. Beim Raid gegen ➢ Bruneval im Febr. 41 entführten Kommando-Truppen ein Würzburg-Gerät, das streng geheime Lichtenstein-Radar wurde der RAF quasi frei Haus geliefert, als am 9.5.43 eine Nachtjäger-Besatzung mit ihrer Ju 88 nach Schottland desertierte. Die Geräte arbeiteten mit Dezimeterwellen und waren durch Stanniolstreifen leicht zu stören (➢ Window). Dagegen entwickelte die Flak Entstörgeräte, die Nachtjagd wich seit Herbst 43 mit dem neuen Weitwinkel-Lichtenstein auf längere Frequenzen aus. Brit. Spezialisten war inzw. der Durchbruch im Bereich der Zentimeterwellen gelungen (➢ Rotterdam-Gerät), was die dt. Nachtjagd und U-Boot-Waffe sich wiederum durch ein passives Ortungsverfahren (➢ Naxos) für Impulse des brit. H2S-Bordradars zunutze machten: Das F.-Beobachtungsgerät Korfu sprach auf Entfernungen von 200 km und mehr auf die Ausstrahlungen an, so daß die alliierten Geschwader schon vor dem Start in England beim Aufwärmen des Radargeräts gemeldet werden konnten. Ende 44 hatte die dt. Hochfrequenztechnik mindestens alliierten Standard erreicht: Das 9-cm-Nachtjagdradar Berlin arbeitete nun ohne sperriges Antennengeweih; doch es kam ebenso zu spät wie Egerland, das modernste Ortungs- und Zielsystem der Flak mit rd. 50 km Reichweite.

Fw 190, Typenbez. des Jagdeinsitzers und Jagdbombers der Fa. ➢ Focke-Wulf, Erstflug 1.6.39. Die F. war das

einzige neue Frontmuster auf dt. Seite, das noch während des Krieges in die Massenfertigung ging, sie blieb mit der ➢ Me 109 bis Mai 45 im Einsatz; insges. 20051 Maschinen (ohne Prototypen) wurden gebaut, davon rd. ein Drittel Jagdbomber und Schlachtflugzeuge. Ihre gedrungene kraftvolle Silhouette erhielt die F. durch Verwendung des luftgekühlten Doppelsternmotors BMW 801 von anfangs 1600 PS Startleistung.
Zum Fronteinsatz kam der neue Jäger mit dem Beinamen Würger seit Juli 41 zuerst beim Elitegeschwader JG 26 »Schlageter« an der Kanalfront. Im Frühjahr 42 rüstete auch das JG 2 »Richthofen« auf die F. um. Bis zu 670 km/h schnell, robust und wendig, schlug sich der Jäger glänzend gegen die brit. ➢ Spitfire. Dank ihrer überlegenen Sturzgeschwindigkeit konnte die F. den Luftkampf nach Belieben abbrechen. Tageseinflüge gestalteten sich bei einem zeitweiligen Verlustverhältnis von 3:1 äußerst kostspielig für die Alliierten.
Im Winter 42/43 kamen die ersten F. an die O-Front zu den am Nord- und Mittelabschnitt operierenden JG 51 »Mölders« und JG 54 »Grünherz«. Sie zeigten sich dank ihrer starken Bewaffnung bes. zur Bekämpfung tieffliegender ➢ Il-2-Schlachtflugzeuge geeignet. Berühmtester F.-Pilot im O wurde Brillantenträger ➢ Nowotny.
Als Jäger war die Baureihe A standardmäßig mit 6 Bordwaffen, davon 4x20-mm-Kanonen in den Tragflächen, bewaffnet. Mit einem wachsenden Sortiment von Umrüstbausätzen (U) und Rüstsätzen (R) wurde sie 1943/44 für neue Gefechtsaufträge bei den Verbänden der Reichsverteidigung ausgestattet. Die Baureihe A-7 erhielt anstelle der leichten MG zwei großkalibrige 13-mm-MG 131 über dem Motor. Gute Erfolge beim Zersprengen von Bomberpulks brachte der Einbau von zwei Werferrohren für 21-cm-Raketen unter den Tragflächen. Die Sturmjägervariante A-8 war mit Pz.glas und 2x30-mm-MK 108 ausgerüstet. Als Nachtjäger bei der ➢ »Wilden Sau« trug die F. Flammendämpfer und eine zusätzl. Funkausrüstung. In verschiedenen Umrüstversionen hatte sie bereits 1942 eine zweite Karriere als Jagdbomber begonnen. Speziell zur Modernisierung der seit Okt. 43 in Schlachtgeschwader (SG) umbenannten Stuka-Einheiten wurden die Baureihen G und F aufgelegt. Die Jabo-Serien waren zur Erdkampfunterstützung stärker gepanzert und mit Abwurfvorrichtungen für Außenlasten von der 50-kg-Splitterbombe bis zur 1000-kg-Sprengbombe versehen, mit verstärktem Fahrwerk schleppten sie sogar eine 1800-kg-Bombe. Zur Pz.jagd im O kam 1944 eine Sonderversion »Panzerblitz« mit verschiedenen Raketenlasten an die Front.
Aus der Verbindung des wassergekühlten 1750-PS-Jumo 213 mit der verlängerten Standardzelle entstand 1943/44 die letzte Baureihe D (»Dora«). Die ersten Serienmuster D-9 »Langnase« mit 2x20-mm-Kanonen und 2x13-mm-MG kamen im Spätsommer 44 zur Truppe. Sie konnten es technisch wieder mit den modernsten alliierten Kolbenjägern aufnehmen. Mit Wasser-Methanoleinspritzung erreichten sie kurzfristig eine Kampfleistung von 2240 PS und max. 705 km/h in 11300 m Höhe. Eine Weiterentwicklung zum Höhenjäger mit 23,5 m Spannweite erhielt zu Ehren von Chefkonstrukteur Kurt Tank die Typenbez. Ta 152 H, von der noch 67 Exemplare gebaut wurden.

G

Galland, Adolf, * Westerholt 19.3.1912, dt. Gen.leutnant (1.11.44); Verkehrsfliegerausbildung, 1920 Eintritt in die Reichswehr, seit 1935 beim Jagdgeschwader »Richthofen«. Mit der Legion Condor im span. Bürgerkrieg und seit 1940 als Geschwaderkommodore über Frkr. und Großbrit. eingesetzt (insges. 104 Abschüsse), war G. 1941-Jan. 45 Gen. der Jagdflieger. Nach dem Krieg lebte er als Militärberater in Argentinien, nach 1954 als Geschäftsmann in der Bundesrepublik.

Galland: seit Ende 1941 als Nachfolger des bei einem Landeanflug tödlich verunglückten Mölders General der Jagdflieger

Gamelin, Maurice-Gustave, * Paris 20.9.1872, † ebd. 18.4.1958, frz. General; im 1. Weltkrieg Stabschef von Marschall Joffre, 1931 Chef des Gen.stabes, 1935 Gen.inspekteur des Heeres und Vizepräs. des Obersten Kriegsrates. Seit Sept. 1939 OB der alliierten Streitkräfte in Frkr., wurde G. am 19.5.40 durch General ➢ Weygand abgelöst, im Sept. 40 verhaftet und im Prozeß von Riom 1942 als Verantwortlicher für die militär. Niederlage Frkr.s angeklagt. Er war bis April 43 in frz. Haft, danach, an Deutschland ausgeliefert, bis 1945 in dt. Kriegsgefangenschaft.

Gamma, dt. 42-cm-Mörser, 1906 bei Krupp entwickelt. Nur in einem Exemplar gefertigt, wurde der G. 1918/19 von der alliierten Kommission auf dem Schießplatz Meppen übersehen und 1936/37 zu Schußversuchen mit Spezialgranaten reaktiviert. Im Dez. 39 ging der 140 t schwere Koloß, der zum Transport 10 Eisenbahnwaggons und als Bedienung 285 Mann brauchte, mit 80 Granaten an die Truppe und wurde im Sommer 42 gegen die Seefestung ➢ Sewastopol eingesetzt, wo er 188 Schuß abgab; im Sept. 44 kam es zum zweiten und letzten Einsatz beim ➢ Warschauer Aufstand. Der Mörser verschoß aus seinem 6,72 m langen Rohr 1020 kg schwere, 1,85 m lange Granaten mit 91 kg Sprengstoff, die durch eine Treibladung von 77,8 kg auf eine Mündungsgeschwindigkeit von 452 m/s und eine Schußweite von 14,2 km gebracht wurden.

Gariboldi, Italo, * Lodi 20.4.1879, † Rom 12.2.1970, italien. Armeegen. (28.10.42); im 1. Weltkrieg Gen.stabsoffizier, 1928 Brigadegen., nach der Eroberung ➢ Abessiniens Militärgouverneur von Addis Abeba, danach Gen.stabschef der italien. Ostafrika-Armee. Bei Kriegsbeginn nach Italien zurückberufen, wurde G. im Juni 40 OB der 5. Armee in N-Afrika und beim italien. Angriff auf Ägypten Stellv. ➢ Grazianis. Nach dessen Abberufung wurde G. OB der italien. Streitkräfte in N-Afrika, war vom 25.3. bis 12.7.41 Gen.gouverneur von Libyen und nahm an der Rückeroberung der Cyrenaika teil. Offenbar auf dt. Druck durch ➢ Bastico ersetzt, übernahm G. im Juni 42 die italien. 8. Armee an der O-Front, mit der er die schweren Abwehrkämpfe am Don im Herbst/Winter 42/43 mitmachte. Im Frühjahr 43 wurde er erneut nach Italien zurückbeordert und beim Ausscheiden Italiens aus dem Krieg am 9.9.43 zunächst interniert, dann an die Reg. Mussolini in ➢ Salò ausgeliefert, zu 10 Jahren Haft verurteilt und am 2.5.45 anläßl. der dt. Kapitulation in Italien befreit. Danach Ruhestand.

Gaulle, Charles de, * Lille 22.11.1890, † Colombey-les-deux Églises 9.11.1970, frz. General und Politiker; Kriegsschule Saint Cyr, im 1. Weltkrieg Offizier, 1920/21 auf poln. Seite Berater im poln.-russ. Krieg, 1922-24 Gen.stabsausbildung, 1932-37 Generalsekretär des Nat. Verteidigungsrates, 1940 Brigadegen. De G. hatte, anders als die siegreichen Feldherrn des 1. Weltkriegs, die an ihrem überlebten Erfolgskonzept klebten, früh die Bedeutung von Panzer- und Luftwaffe für einen künftigen Krieg erkannt und forderte hartnäckig, aber erfolglos den Ausbau der frz. Streitkräfte in dieser Richtung. Er wurde schließlich 1938 zum Garnisonsdienst in Metz abgeschoben. Sein Buch über den kommenden motorisierten Krieg »Vers l'armée de métier« (Auf dem Weg zur Berufsarmee, 1934) fand in Deutschland unter dem Titel »Frkr.s Stoßarmee« (1935) mehr Aufmerksamkeit als bei den frz. Verteidigungspolitikern.

De Gaulle: im Mai 1940 Kämpfer auf verlorenem Posten, seit der französischen Kapitulation im Juni 1940 Motor des Widerstands gegen die deutschen Besatzer

Bei Beginn des dt. Angriffs im Westen (≫ Frankreichfeldzug) war de G. Kommandeur der 4. Pz.division. Erst als sich seine Voraussagen über den dt. Panzervormarsch als schreckliche Realität erwiesen, ließ man ihn am 17.5., als es längst zu spät war, einen geballten Stoß gegen ≫ Guderians weitgedehnte Flanke führen. Es wurde der einzige Teilerfolg der Franzosen, der mangels Unterstützung zwar bald wieder verloren war, aber am 6.6. zur Berufung de G.s zum Unterstaatssekretär im Kriegsmin. der nach Bordeaux geflohenen Reg. ≫ Reynaud führte. Als sich dort die Stimmen für ein Waffenstillstandsgesuch häuften, brachte de G. seine Familie nach England in Sicherheit und folgte befehlswidrig am 17.6. Am Tag darauf erging sein histor. Rundfunkappell an alle Franzosen, den Widerstand auch nach der Niederlage fortzusetzen. Die Vichy-Reg. ließ ihn im Juli 40 zum Tod verurteilen. Aus dem Exil wurde de G. zur Seele der ≫ Résistance, konnte Rivalen wie ≫ Darlan und ≫ Giraud überspielen, wurde Chef des Frz. Komitees der Nat. Befreiung und im Juni 43 Chef der Londoner Exilreg., aus der im Mai 44 die Provisor. Reg. der Frz. Republik hervorging. Am 25.8.44 zog er ins befreite Paris ein, wurde als Min.präs. bestätigt und zum provisor. Staatsoberhaupt gewählt. Als neuer Parteienstreit sein Einigungswerk zu gefährden drohte, zog sich de G. 1947 aus der Politik zurück. 1958 nach dem Militärputsch vom 13.5. in Algier wurde de G. zurückgerufen und meisterte die Krise durch Verfassungsumbau (Präsidialsystem). Als 1. Präs. »seiner« 5. Republik beendete er den Algerien-Konflikt, führte Frkr. aus der NATO und legte zus. mit Adenauer die Grundlage zur dauerhaften dt.-frz. Aussöhnung (Freundschaftsvertrag vom 20.1.63). Nach Scheitern in einem Referendum über geplante Gebiets- und Reg.reformen trat er am 28.4.69 zurück.

GEE, Deckname für das erste elektron. Navigationssystem des brit. ≫ Bomber Command. Drei etwa 160 km voneinander entfernte Bodensender in England breiteten ein Gitter von Funkleitstrahlen über den Kontinent. Mit Hilfe von Spezialempfängern errechnete der Navigator des Bombers die Zeitdifferenzen zw. den Impulsen. Damit konnte er seine Position anhand einer besonderen Karte in Entfernungen bis zu 650 km auf 10 km genau bestimmen, näher zum Sender natürl. entspr. exakter; Sommer 41 Erprobung, März 42 Einsatz. Das System verlor Ende 42 seinen Wert, da sich die G.-Sender leicht stören ließen.

Geheime Staatspolizei (Gestapo), Sicherheitsorgan im Dt. Reich zur Erforschung und Bekämpfung aller staatsfeindl. Bestrebungen, seit Kriegsbeginn 4. Abt. im Reichssicherheitshauptamt. Maßnahmen der G. waren gerichtl. Kontrolle entzogen, sie reichten von Bespitzelung über Mißhandlungen bis zur KZ-Einweisung und verfahrenslosen Hinrichtung von vermeintl. oder wirkl. polit. Gegnern und rass. »unerwünschten Elementen«. Der Terror der G. nahm mit der Kriegsdauer zu.

Gehlen, Reinhard, * Erfurt 3.4.1902, † Berg bei Starnberg 8.6.1979, dt. General; seit 1920 Reichswehr, 1935 Gen.stab des Heeres. G. war 1942-45 Abt.leiter Fremde Heere Ost und mitverantwortl. für zahlr. Fehlmeldungen über die Feindlage, u.a. bei der sowjet. Gegenoffensive im Nov. 42 bei ⋙ Stalingrad. Nach dem Krieg im Auftrag der amerikan. Besatzungsmacht Aufbau eines Nachrichtendiensts (»Organisation G.«) und 1956-68 Chef des Bundesnachrichtendienstes (BND).

»Gelb«, seit dem Operationsplan vom 19.10.39 Deckname für den dt. Angriff im W, mehrfach (29.10., 20.11., 28.12.) geändert, mit Führerweisung Nr. 10 vom 19.1.40 und Aufmarschweisung für den Fall »G.« vom 30.1.40 bestätigt. Die Planungen sahen von Anfang an einen Aufmarsch von drei Heeresgruppen vor, nur war ursprüngl. wie im Schlieffen-Plan des 1. Weltkriegs der Hauptschlag im N bei der Heeresgruppe B mit weiträumiger Flügelbewegung vorgesehen, während die Heeresgruppe A im Zentrum zur Deckung des Angriffs die Maas zw. Namur und Fumay überschreiten und zunächst nur bis zur Linie Luxemburg – Arlon – Bouillon vorgehen sollte; die Heeresgruppe C sollte anfangs v.a. die Oberrheinfront gegenüber der ⋙ Maginot-Linie sichern. Erst der ⋙ Mechelen-Zwischenfall (10.1.40), bei dem die Belgier Teile des dt. Plans »G.« erbeuteten, brachte die Kritik ⋙ Mansteins daran zum Tragen. Der später nur noch in Details variierte endgültige Plan vom 24.2.40 wurde bekannt als »Sichelschnitt»: Vorstoß starker Pz.verbände der Heeresgruppe A im Zentrum durch die als unpassierbar geltenden Ardennen bis zur Kanalküste und Abschneiden der nach Belgien vorrückenden alliierten Armeen. Der rasche Erfolg im ⋙ Frankreichfeldzug war nicht zuletzt auf diese Neufassung von »G.« zurückzuführen.

Geleitzug (Konvoi), Zusammenfassung von Handels-, Transport- und/oder Versorgungsschiffen mit Kriegsschiffen zu einem größeren Verband zum Schutz vor feindl. Angriffen. Nach den Erfahrungen im 1. Weltkrieg bei der Abwehr dt. U-Boot-Angriffe führte die brit. Admiralität 1939 wenige Tage nach Kriegsausbruch das G.-System ein, wobei zunächst Zerstörer, Geleitboote und bewaffnete Trawler die Sicherung übernahmen; später speziell für G.aufgaben gebaute Geleitflugzeugträger, Fregatten und Korvetten (Escort Groups). Seit 1942 wurden wichtige G. auch durch Flugzeugträger und abgesetzte Dekkungsgruppen (Support Groups) geschützt, bestehend aus Kreuzern, Zerstörern und gelegentl. auch Schlachtschiffen. Schon vor Kriegseintritt der USA brachten amerikan. Kriegsschiffe brit. Atlantik-G. bis zum ⋙ Mid Ocean Meeting Point, wo sie von der Royal Navy übernommen wurden. Die ersten brit. G. liefen seit 6.9.39 an der engl. O-Küste zw. Firth of Forth und Themsemündung. Das G.-System wurde im Lauf des Krieges von allen anderen Seemächten übernommen.

Generalbevollmächtigter für den Arbeitseinsatz, im Zuge der Umstrukturierung der dt. ⋙ Kriegswirtschaft nach dem Scheitern der Blitzkriegskonzeption neugeschaffenes Amt, das die möglichst schnelle und umfangr. Mobilisierung von Arbeitskräften für die dt. Wirtschaft in die Wege leiten sollte. Die Bedarfsziffern dafür wurden von der »Zentralen Planung« (Speer) festgelegt. Am 21.3.42 ernannte Hitler den thüring. Gauleiter Fritz ⋙ Sauckel zum G., der zur Erfüllung seiner Aufgaben umfangr. Vollmachten und Weisungsbefugnisse erhielt. Im Reich stützte er sich auf den zentralen und regionalen Behördenapparat des Reichsarbeitsmin., aber auch auf die Gauleiter. Die Erfolge des G. bei der Mobilisierung dt. Arbeitskräfte (Stillegungsaktionen im Handel, Umschichtung von Arbeitskräften, Dienstverpflichtung u.a.) blieben allerdings begrenzt. Zwar stieg durch die Tätigkeit Sauckels die Zahl der in der Industrie Beschäftigten im ersten Jahr um 1,05 Mio. auf 11 Mio., doch kam das relativ positive Ergebnis v.a. auf Grund des Zustroms ausländ. ➢ Zwangsarbeiter zustande. Zur Rekrutierung dieser Arbeitskräfte zog der G. in den besetzten Gebieten Angehörige der Arbeitsämter zu mobilen Einsatzkommandos zusammen, die v.a. in Polen und in der UdSSR mit Hilfe der Sicherheitskräfte Mio. Menschen sammelten und zur Arbeit in Deutschland preßten.

Generalgouvernement (für die besetzten poln. Gebiete), seit 26.10.39 Bez. für das sog. dt. Nebenland im eroberten Polen unter Gen.gouverneur H. ➢ Frank, bestehend aus den 4 Distrikten Krakau, Radom, Warschau und Lublin, seit 1.8.41 zusätzl. Lemberg, 142 000 km^2 und 12 Mio. Einwohner. Das G. diente als Rekrutierungsfeld für ➢ Zwangsarbeiter und als Aufnahmeland für die aus den annektierten poln. Gebieten (Danzig-Westpreußen, Warthegau) vertriebenen 1,2 Mio. Polen. Hier errichtete die SS im Zuge der ➢ Judenverfolgung Gettos und Vernichtungslager. Die dt. Herrschaft im G. gilt als schrecklichste Erscheinungsform des braunen Terrors, gegen den sich trotz aller Unterdrückung die poln. ➢ Heimatarmee bildete. Der Haß entlud sich im Herbst 44 beim ➢ Warschauer Aufstand, der jedoch blutig niedergeschlagen wurde, da die Rote Armee ihre Hilfe verweigerte. Rd. 3 Mio. poln. Juden und fast ebenso viele Polen wurden während des Krieges im G. ermordet oder fielen Terror (u.a. ➢ Intelligenz-Aktion) und Not zum Opfer.

Generalplan Ost, am 12.6.42 von Himmler abgezeichnetes offiz. Programm der dt. Besatzungspolitik im O, betreffend Polen, Baltikum und sowjet. W-Gebiete. Der G. sah die Abdrängung von über 30 Mio. Menschen aus den fragl. Gebieten nach Sibirien und das Vorschieben der dt. »Volkstumsgrenze« um 1000 km nach O vor; die verbliebenen »slaw. Untermenschen« sollten als Arbeitssklaven für die »german.« Siedler eingesetzt werden. Die sich rasch verschlechternde Kriegslage ließ die Verwirklichung des G. nur in kleinsten Ansätzen zu, prägte aber nachhaltig die brutalen Besatzungspraktiken der nat.-soz. Behörden.

Genfer Abkommen (Genfer Konventionen), Bez. für 4 in Genf geschlossene internat. Verträge: 1. zum Schutz der Soldaten im Landkrieg (22.8.1864); 2. wesentl. Erweiterung nach Hineinnahme von Regelungen für den Seekrieg (6.7.06); 3. Vereinbarungen über die Behandlung von Soldaten in Gefangenschaft (27.7.29); 4. Schutz der Kriegsopfer (12.8.49). Die bis zum Krieg in Kraft gesetzten G. wurden von fast allen kriegführenden Parteien verletzt, v.a. aber durch das Dt. Reich im O-Feldzug, der als »Weltanschauungskrieg« ohne Rücksicht auf die G. geführt wurde, wobei die Nichtunterzeichnung des 3. G. und die Lossagung von allen »zarist.« Verträgen durch die UdSSR als willkommener Vorwand für Völkerrechtsverletzungen genommen wurde.

Georg VI., * Sandringham 14.12.1895, † ebd. 6.2.1952, engl. König (1936-52); Marineoffizier, Studium der Geschichte und Volkswirtsch. G. kam durch Abdankung seines Bruders Eduard VIII. auf den brit. Thron, ein Vorgang, der monatelang Schlagzeilen machte. Polit. hielt er sich im Hintergrund. Während der ➢ Luftschlacht um England trug sein Verbleiben in London wesentl. zur Stärkung des brit. Durchhaltewillens bei. Sein Verzicht auf den Titel eines »Kaisers von Indien« (1948) machte die rasche Entkolonialisierung und Englands Abschied von der Weltmachtrolle im Gefolge des 2. Weltkriegs deutlich.

Georges, Alphonse Joseph, * Montluçon 24.9.1875, † Paris 3.3.1951, frz. General; Gen.stabskarriere, 9.10.34 beim Attentat auf Außenmin. Barthou und König Alexander 1. von Jugoslawien schwer verletzt. Als Mitglied des Obersten Kriegsrates in Paris formulierte G. für Gen.stabschef ➢ Gamelin die Weisungen für den Einsatz der Heeresgruppen und Armeen. Im Sept. 39 wurde er zum OB der NO-Front längs der gesamten Grenze von der Schweiz bis zum Kanal ernannt, wo ihm im Mai 40 während der dt. Offensive 3 frz. Heeresgruppen und die ➢ British Expeditionary Forces unterstanden. Mangelnde Flexibilität im Gen.stab und zu geringer Entscheidungsspielraum behinderten seine Maßnahmen zur Verteidigung. Dennoch beteiligte er sich nach der Niederlage nicht an Schuldzuweisungen und quittierte im Aug. 40 aus Altersgründen den Dienst. Im Mai 43 ging er auf Wunsch von Gen. ➢ Giraud heiml. nach Algier und übernahm als dessen Parteigänger einen Sitz im Nat. Befreiungskomitee. Nach der Entmachtung Girauds zog sich G. ebenfalls aus dem Gremium zurück und blieb im Ruhestand.

Gerstein, Kurt, * Münster 11.8.1905, † Paris 23.7.1945, SS-Obersturmführer; Ingenieur, Mai 33 NSDAP-Beitritt, 1936 wegen Zugehörigkeit zur Bekennenden Kirche Entlassung aus dem Staatsdienst und KZ-Haft, danach Studium der Medizin. G. meldete sich nach Kriegsbeginn freiwillig zur Waffen-SS, um Einblick in den nat.-soz. Herrschaftsapparat zu gewinnen. Im Nov. 41 wurde er als Entseuchungsexperte zum SS-Führungshauptamt versetzt und erhielt den Auftrag, im Aug. 42 eine Lieferung von 100 kg des Blausäure-Präparats Zyklon B ins besetzte Polen zu bringen. Dort wurde G. in den Vernichtungslagern Zeuge von Massentötungen im Rahmen der ➢ Judenverfolgung. Er setzte sich mit dt. und niederländ. Widerstandskreisen sowie schwed. Stellen in Verbindung, fand aber für seine ungeheuerl. Aussagen kaum Glauben. Als SS-Mann in frz. Haft verfaßte er nach Kriegsende den berühmt gewordenen G.-Bericht über die millionenfachen Morde in den Gaskammern, der wegen mancher Ungenauigkeiten lange umstritten blieb, sich aber in allen wesentl. Punkten als völlig wahrheitsgetreu erwiesen hat. Ob G. in der Haft Opfer der Rache von SS-Kameraden wurde oder, wie offiz. angegeben, Selbstmord beging, ist ungeklärt.

Gestapo, Kurzwort für ➢ **Ge**heime **Sta**ats**po**lizei.

Geyr von Schweppenburg, Leo Freiherr, * Potsdam 2.3.1886, † Irschenhausen (Isar) 27.1.1974, dt. Gen. der Pz.truppen (1.4.40); 29.6.04 Eintritt ins Heer, 1.2.30 Oberstleutnant, 1.10.32 Oberst und Militärattaché in London mit Zuständigkeit auch für Brüssel und Den Haag, 1.9.35 Gen.major, 1.10.37 Gen. leutnant. G. übernahm am 12.10.37 das Kommando über die 3. Pz.div., mit der er im Verband der 4. Armee (v. Kluge) von Pommern aus in den Polenfeldzug zog. Am 15.2.40 wurde er Kommand. Gen. des XXIV. AK bei der Heeresgruppe C am Oberrhein und stieß am 14.6.40 aus dem Raum Saarbrücken von N her nach Elsaß-Lothringen vor. Nach dem Frankreichfeldzug wurde das Korps am 16.11.40 zum mot. Korps umgewandelt, das G. im Rahmen der 2. Pz.armee am 22.6.41 in den Krieg gegen die UdSSR führte. Er kämpfte bei Minsk, Smolensk, Kiew und Brjansk und übernahm am 26.6.42 das Kommando über das XXXX. Pz.korps, am 1.10.42 über das LVIII. Pz.korps an der O-Front. Im Okt. 43 erhielt er das Kommando über die Pz.gruppe West und wurde am 5.7.44 Inspekteur der Pz.truppen im OKH.

Ghasala, libyscher Ort an der NO-Küste der Cyrenaika, 60 km westl. Tobruk an der Küstenstraße Via Balbia, wechselte während des ➢ Afrikafeldzugs mehrfach den Besitzer. Bei G. versuchte u.a. das Dt. Afrika-Korps Mitte Dez. 41 den Vormarsch der ind. 4. Div. der brit. 8. Armee (Ritchie) zu stoppen, mußte sich aber nach wenigen Tagen wegen der Gefahr der Überflügelung durch die brit. 4. Pz.div. bis in die Auffangstellung bei El Agheila (6.1.42) zurückziehen. Von Ritchie bis hierher verfolgt, gelang es Rommel schneller als dem Gegner, seine Truppen neu zu formieren und seinerseits am 21.1.42 erneut zum Angriff überzugehen. Am 4.2.42 stand er nach Rückeroberung der gesamten Cyrenaika wieder an der G.-Front, wo allerdings die Offensivkraft seiner Verbände erschöpft war. Ritchie gewann so eine wertvolle Pause zur bisher versäumten Befestigung der Linie G. – ➢ Bir Hacheim durch tiefgestaffelte Minenfelder und sog. Boxes mit MG-Nestern und Pak-Riegeln. Nach beiderseitigem Kräftesammeln ergriff wieder Rommel die Initiative und führte am 26.5.42 einen Stoß gegen die gesamte Front bei G., während er im S die brit. Stellungen mit dem Dt. Afrika-Korps und der italien. Div. »Ariete« zu umgehen versuchte. Das gelang auch, doch hielten die brit. Stellungen bei G. dem Sturm der italien. Korps X und XXI stand, und auch Bir Hacheim blieb in feindl. Hand, so daß Nachschub und rückwärtige Verbindungen bedroht waren. Die G.front erstarrte erneut. Erst als der südl. Riegel am 11.6.42 fiel, konnten die dt.-italien. Truppen weiter nach N angreifen, so daß die Einschließung von G. drohte. Die dortigen brit. und südafrikan. Einheiten konnten in letzter Minute über die Via Balbia nach ➢ Tobruk zurückgenommen werden, das nach dem Sieg Rommels bei G. nächstes und eigentl. Ziel des Unternehmens ➢ »Theseus« war.

Gibraltar, brit. Flottenstützpunkt (seit 1704) und Stadt an der S-Spitze Spaniens mit 5 km^2 und 19 300 Einwohnern (1939). G. liegt an der Meerenge, die Europa und Afrika trennt und an der schmalsten Stelle nur 14,2 km breit ist; der Eingang zum Mittelmeer ist von hier aus optimal zu kontrollieren. Wegen dieser seestrateg. Bedeutung ließ Hitler nach schon früher angestellten Überlegungen und nach Konferenz mit Spaniens Diktator Franco in ➢ Hendaye (23.10.40) am 12.11.40 ein Unternehmen »Felix« zur Eroberung von G. planen. Er hoffte, damit die Engländer aus dem Mittelmeer vertreiben, ihre kolonialen Lebensadern nach Afrika und Fernost unterbrechen und selbst einen wertvollen Stützpunkt für die Atlantikkriegführung gewinnen zu können. Spanien aber, ohne dessen Genehmigung und Mitwirkung die Einnahme unmögl. war, verweigerte am 7.12.40 trotz der Dankesschuld für den dt. Beistand im Bürgerkrieg endgültig den Kriegseintritt, so daß Hitler die Planungen am 11.12.40 zur Enttäuschung der Kriegsmarine einstellen ließ. G. erlebte am 24./25.9.40 zwei Bombenangriffe, als erst 64, dann 83 frz. Maschinen zur Vergeltung für den brit. Raid gegen ➢ Dakar ihre Bomben über Stadt und Festung ausklinkten.

Gigant, Beiname des Großraumtransporters Messerschmitt Me 321/323. Ausgangsmodell war ein Transportgleiter, der bei einem einmaligen Invasionseinsatz schweres Gerät bis zu 22 t oder eine voll ausgerüstete Inf.kompanie von 130 Mann absetzen sollte. Die Me 321 (Erstflug 25.2.41) operierte bei zunächst 4 Sonderstaffeln als »fliegender Güterwagen« im Osten. Mit 13 t Eigengewicht benötigte sie beim Start Raketenhilfe, das Schleppverfahren im Troika-Gespann von 3 Me 110 war unfallträchtig; deshalb Umkonstruktion mit 10rädrigem Raupenrollwerk und serienmäßig 6x990-PS-Sternmotoren Gnome-Rhône 14 N zur Me 323. 8 m hoch und 28 m lang, war die G. bei einer Spannweite von 55 m und 43 t Startgewicht das größte Landflugzeug der Welt. Die Me 323 kam von Mai 42 an zur Truppe für Versorgungs- und Evakuierungsflüge im O und im Mittelmeerraum. Bis März 44 wurden insges. 210 Exemplare gebaut, Besatzung (gewöhnl. 5 Mann) und Bewaffnung wechselten je nach Kriegsschauplatz und Beladung. Zur serienmäßigen Abwehrbewaffnung von 5x13-mm-MG erhielten manche G. noch gepanzerte Waffenstände mit bis zu 11x20-mm-Kanonen.

Gilbertinseln, Teil der zu beiden Seiten des Äquators gelegenen brit. Kronkolonie G. and Ellice Island im mittleren Pazifik, 16 Atolle mit 430 km² und rd. 28 000 Einwohnern (1940). Ohne Schwierigkeiten bemächtigten sich die Japaner im Dez. 41 der G., um sie in ihren äußeren Verteidigungsring einzugliedern. Im Juni 43 beschlossen die ➢ Combined Chiefs of Staff die Rückeroberung des Archipels für den Herbst: Admiral Nimitz sollte hier Fuß fassen mit dem Ziel, das japan. Kernland allmähl. von seinem überseeischen Inselimperium abzuschneiden. Für die amphib. Kriegführung Mitte Nov. 43 wurde die 5. US-Flotte (Spruance) aufgestellt, bis dahin größter Kampfverband aus 19 Trägern, 12 Schlachtschiffen und 14 Kreuzern. Dazu kam die Landungsflotte mit 5 amphib. Korps (Smith) und je einer Div. Marine- und Heeresinf. von zus. 25 000 Mann. Die 7. US-Luftflotte (Hale) unterstützte das Unternehmen mit B-17-Langstreckenbombern von Ellice Island. Die US-Träger verfügten bei Tage über die absolute Luftherrschaft, so daß die Japaner gegen den Flottenaufmarsch nichts Entscheidendes unternehmen konnten. Nur ein Torpedotreffer gelang nachts auf der ➢ Independence, und ein japan. U-Boot konnte den Geleitträger Liscombe Bay (624 Mann) versenken. Inzw. gingen das pausenlose Trommelfeuer der Schiffsartillerie und die Luftangriffe gegen die beiden größten Atolle Makin und Tarawa weiter, und am 20.11.43 landeten die US-Truppen. Sie stießen auf erhebl. Widerstand, der erst am 26.11.43 erlosch und die USA 1245 Tote und 2405 Verwundete kostete, die japan. Verteidiger, rd. 5000 Mann, kamen fast alle ums Leben. Mit der Eroberung der G. war jedoch die Bedrohung der amerikan. Seewege nach Australien ein für allemal gebannt und ein Sprungbrett gewonnen für die Angriffe auf die ➢ Marshallinseln und die Marianen.

Gille, Herbert, * Gandersheim (Harz) 8.3.1897, † Stemmen bei Hannover 26.12.1966, SS-Obergruppenführer und Gen. der Waffen-SS (9.11.44); 1910 Aufnahme ins Königl. Preuß. Kadettenkorps, 1915 Leutnant, 1919 aus dem Heeresdienst ausgeschieden, Gutsverwalter. Dez. 31 SS-Anwärter, 20.4.33 Untersturmführer (Leutnant). Am 1.6.39 übernahm G. das Kommando über eine SS-Artillerie-Abt., mit der er am Polen- und Frankreichfeldzug teilnahm. Als Obersturmbannführer wurde er am 15.11.40 Kommandeur des SS-Artillerieregiments 5 und stieg in dieser Dienststellung am 30.1.41 zum Standartenführer und am 1.10.41 zum Oberführer auf. Im Rahmen der SS-Div. »Wiking« kämpfte G. seit 22.6.41 im S-Abschnitt der O-Front und wurde am 20.6.42 Korpsartillerie-Kommandeur. Als Brigadeführer (9.11.42) übernahm er am 1.5.43 das Kommando über die 5. SS-Pz.div. »Wiking« und erhielt am 9.11.43 die Ernennung zum SS-Gruppenführer. Am 6.8.44 wurde G. Kommand. Gen. des IV. SS-Pz.korps und nahm mit ihm an den vergebl. Entsatzversuchen von Budapest und an der Schlacht von Stuhlweißenburg teil. Am 8.5.45 geriet er bei Radstadt (Österreich) in US-Gefangenschaft. Zu einer Gefängnisstrafe von 18 Monaten verurteilt, die jedoch durch die Internierungshaft als verbüßt galt, kehrte G. 1947 heim.

Ginga (japan. Milchstraße), Beiname des japan. Sturzkampf- und Torpedobombers Yokasuka P1Y1. Die G. kam Anfang 44 an die Front und wurde meistens von der Insel Kiuschu aus eingesetzt. Auf ➢ Okinawa gingen viele G. bei Selbstmordeinsätzen verloren. Die G. flog mit 2x1820 PS max. 556 km/h in 5900 m Höhe, Reichweite 4390 km; 1x20-mm-Kanone und 1x12,7-mm-MG als Abwehrbewaffnung, bis zu 500 kg Bomben intern, weitere Bomben bzw. ein 800-kg-Torpedo extern, 3 Mann Besatzung. Eine Nachtjägerversion der G. war die P1Y2-S mit Radar und 3x20-mm-Kanonen, bei Kriegsende noch in der Erprobung.

Giraud, Henri-Honoré, * Paris 18.1. 1879, † Dijon 13.3.1949, frz. General. G. nahm am 1. Weltkrieg und an den frz. Kolonialkriegen in N-Afrika teil und wurde 1939 Mitglied des Obersten Kriegsrats und OB der frz. 7. Armee. 1940 in dt. Gefangenschaft geraten, konnte er 1942 aus der Festung Königstein fliehen. Von Mai-Nov. 43 war er mit de ➢ Gaulle Präs. des Nat. Befreiungskomitees. Bis 1944 hatte er den Oberbefehl über die frei-frz. Streitkräfte inne, anschließend war er bis 1948 Vizepräs. des Obersten Kriegsrats.

Gladiator, brit. Jagdeinsitzer der Firma Gloster Aircraft Co., Erstflug Sept. 37. Die G. war der letzte Jagddoppeldecker der RAF, die insges. 444 Maschinen abnahm. Weitere 60 Sea-G. gingen an die Marineluftwaffe (Fleet Air Arm) zum Trägereinsatz. Mit 4x7,7-mm-MG bewaffnet, schlug sich die G. 1940 in Norwegen gegen die Luftwaffe und später im Mittelmeerraum gegen die Regia Aeronautica.

Gleiwitz, dt. Großstadt im oberschles. Industrierevier mit 120 000 Einwohnern (1940). G. war Schauplatz der ersten Kriegshandlung 1939, als auf Befehl von SD-Chef Heydrich am 31.8. von einem SS-Kommando ein fingierter Überfall auf den dortigen Reichssender verübt wurde. Damit sollte vor der Weltöffentlichkeit der Beweis für unerträgl. poln. Grenzübergriffe erbracht und der am folgenden Tag beginnende dt. ➢ Polenfeldzug als Akt der Notwehr ausgegeben werden. Gegen 20 Uhr besetzte eine als poln. »Insurgenten« getarnte Gruppe den Senderaum, unterbrach das Programm und ließ einen poln. Aufruf zum Kampf gegen Deutschland verlesen, während im Hintergrund Gefechtslärm simuliert wurde. Nach Ende der 20minütigen Aktion ließen Heydrichs Leute einen getöteten KZ-Häftling in poln. Uniform als »Beweis« für die Provokation zurück. Der Coup erzielte nicht die erhoffte propagandist. Wirkung, da zum Zeitpunkt des »Überfalls« der überregionale Sender Breslau nicht zugeschaltet war und weil im In- und Ausland nach ähnl. Erfahrungen tiefe Skepsis herrschte bei nat.-soz. Entrüstungsfeldzügen. – G. wurde am 24.1.45 von der sowjet. 21. Armee (Gusjew) genommen.

Glorious, brit. Flugzeugträger, 1917 als Schlachtkreuzer in Dienst gestellt, 22 500 t, 31 kn, 239,6 m lang, 30,5 m breit, bis zu 1380 Mann Besatzung; Bewaffnung: 16x12 cm, 48 Flugzeuge. Nach letzten Einsätzen im 1. Weltkrieg in der Dt. Bucht diente die G. seit 1919 als Artillerie-Schulschiff und wurde von Febr. 24 bis Jan. 30 zum Träger umgebaut. Bei der Landung brit. Truppen in Norwegen im April 40 übernahm die G. Aufgaben der Luftsicherung und überführte Jäger für die Expeditionstruppen. Als das Unternehmen nach den Niederlagen in Belgien und N-Frkr. Anfang Juni 40 scheiterte, beteiligte sich das Schiff an der Evakuierung der alliierten Truppen und nahm Flugzeuge an Bord. Beim Abmarsch fiel die G. am 8.6.40 dem dt. Unternehmen ➢ »Juno« zum Opfer: Treffer der dt. Schlachtschiffe Scharnhorst und Gneisenau versenkten sie westl. Narvik, wobei 1229 Seeleute, darunter der Kapitän D'Ogly-Hughes, den Tod fanden, nur 43 Mann wurden gerettet.

Gloster Aircraft Co., brit. Flugzeugfirma; bekannt v.a. durch ihre Jagdmaschine ➢ Gladiator und den ersten alliierten Düsenjäger ➢ Meteor.

Gneisenau, dt. Schlachtschiff, benannt nach dem preuß. Feldherrn August Graf Neidhardt v. G. (1760-1831), 8.12.36 Stapellauf, 21.5.38 in Dienst gestellt, 31 850 t, 234,9 m lang, 30 m breit, 31 kn; Bewaffnung: 9x28 cm, 12x15 cm, 14x10,5-cm-Flak, zahlr. kleinere Rohre, 6 Torpedorohre, Katapulte für 4 Bordflugzeuge. Die G. war von Mai 39 bis März 41 Flaggschiff des Flottenchefs und operierte nach Kriegsbeginn zunächst in der Nordsee, nahm dann mit ➢ Scharnhorst an einem Vorstoß in den N-Atlantik teil zur Entlastung der Admiral Graf Spee und konnte trotz Verfolgung durch einen brit. Verband aus 26 Kriegsschiffen wieder in die Nordsee durchbrechen. Nach Überholung in Kiel war sie im Frühjahr 40 wieder einsatzfähig und lief zum Unternehmen »Nordmark« gegen brit. Geleite nach Norwegen aus. Es folgte der Sicherungseinsatz beim Unternehmen ➢ »Weserübung«, bei dem die G. am 9.4.40 einen schweren Treffer vom brit. Schlachtkreuzer ➢ Renown erhielt und beim Rückmarsch in die Ostsee von einer Mine beschädigt wurde. Im Juni 40 konnte sie jedoch mit Flottenchef Admiral Marschall wieder am Unternehmen ➢ »Juno« gegen brit. Truppentransporte aus Norwegen teilnehmen, wobei u.a die Versenkung zweier brit. Zerstörer und des Trägers Glorious gelang. Wegen erneuten Minentreffers bis Dez. 40 in Reparatur, brach die G. im Jan. 41 zum Handelskrieg in den Atlantik durch (Unternehmen »Berlin«) und erreichte nach zahlr. Erfolgen (allein insges. 66 300 BRT) und trotz wiederholter Verfolgung durch brit. Kampfgruppen am 22.3.41 Brest. Dort erlitt das Schiff mehrfach Bombentreffer, konnte aber im Febr. 42 beim ➢ Kanaldurchbruch in Sicherheit gebracht werden. Bombentreffer im Kieler Hafen setzten die G. wenig später außer Gefecht, sie wurde nach Gotenhafen (Gdingen) geschleppt und repariert, dann aber desarmiert und aufgelegt. Bei herankommender Front ließ sie die Kriegsmarine am 28.3.45 als Blockschiff versenken. Nach Hebung durch poln. Firmen 1947/51 abgewrackt.

Goebbels, Joseph, * Rheydt 29.10.1897, † Berlin 1.5.1945, dt. Politiker; körperbehindert (Krüppelfuß), Studium der Philosophie und Literaturgeschichte, 1921 Promotion, Redakteur, 1924 zur NSDAP, 1926 Gauleiter von Berlin, 1928 MdR, 13.3.33 Min. für Volksaufklärung und Propaganda, Präs. der Reichskulturkammer. G. gehörte zum engsten Führungskreis um Hitler, dem er sklav. ergeben war und dessen Ideologie und Politik er mit den von ihm »gleichgeschalteten« und gelenkten Medien virtuos »verkaufte«. Der außergewöhnl. talentierte Redner entwickelte einen fast religiösen Führerkult, trieb fanat. die ➢ Judenverfolgung voran und bereitete die außenpolit. Aktionen Hitlers klimat. in Presse und Rundfunk vor. So schürte er seit Frühjahr 39 antipoln. Ressentiments durch Meldungen über erfundene oder aufgebauschte poln. Ausschreitungen gegen »Volksdeutsche« und stellte die dt. Aggression als einen Akt der Selbstverteidigung nach angebl. Ausschöpfung aller diplomat. Verständigungsmöglichkeiten dar. In der ersten Kriegsphase sorgte G.' Propagandamaschine für Jubel und »Sondermeldungen« im Rundfunk. Zunehmend verlagerte sich die Aufgabe jedoch auf Bemühungen zur Hebung der Kampfmoral und Pflege von Feindbildern. Den Gipfel erreichte G. dabei in seiner Ausschlachtung der Katastrophe von Stalingrad in der Sportpalastrede vom 18.2.43 und seinem Aufruf zum ➢ Totalen Krieg. Mit Hetze und einer ausgeklügelten Strategie der (Ver-)Tröstungen (auf Wunderwaffen und neue geniale Schachzüge des »Führers«) hielt

Goebbels: Hitlers Propagandaminister beim Abschreiten eines letzten deutschen Aufgebots im schlesischen Lauban, 11. März 1945

er die Hoffnungen auf den »Endsieg« wach und sorgte andererseits, v.a. mit Hilfe des Films, für Ablenkung von Not und Elend des Alltags im Krieg. Zwei Tage nach dem Attentat auf Hitler wurde G. am 22.7.44 Generalbevollmächtigter für den totalen Kriegseinsatz. Als Hitler sich längst aus der Öffentlichkeit zurückgezogen hatte, besuchte G. die zerbombten Städte und die bröckelnden Fronten (u.a. 11.3.45 bei Küstrin) und prophezeite beim Tod ≫ Roosevelts (12.4.45) die Kriegswende. Hitler ernannte ihn im Testament am 29.4.45 zum Reichskanzler. G. aber wählte nach Vergiftung seiner sechs Kinder mit seiner Frau einen Tag nach seinem Herrn den Freitod.

Goerdeler, Carl Friedrich, * Schneidemühl 31.7.1884, † Berlin-Plötzensee 2.2.1945 (hingerichtet), dt. Politiker; Jurist, 1920-30 dt.-nat. Stellv. Bürgermeister von Königsberg, danach Oberbürgermeister von Leipzig, 1931 Reichskommissar für die Preisüberwachung. Nach anfängl. Kooperation mit der nat.-soz. Reg. geriet G. in Konflikt mit Hitlers Rassen- und Religionspolitik, trat 1935 als Preiskommissar und 1937 als Oberbürgermeister zurück, wurde Berater der Firma Bosch und polit. Kopf des bürgerl. Widerstands. Er hielt über L. ≫ Beck engen Kontakt zur militär. Opposition und entwickelte polit. Modelle für ein halbdemokrat. Deutschland nach Hitler. Seine konservative Haltung isolierte den für den Fall eines geglückten Putsches als Reichskanzler vorgesehenen G. zunehmend, zumal er ein Attentat als Mord ablehnte. Schon vor dem 20. Juli 44 kam ihm die Gestapo auf die Spur. G. tauchte unter, wurde aber am 12.8.44 nach Denunziation verhaftet und am 8.9.44 zum Tod verurteilt.

Goliath, ferngesteuerter unbemannter dt. Sprengpz., entwickelt zur Vernichtung von Brücken, Hindernissen, Feldbefestigungen u.a. ohne Einsatz von Menschenleben. Der Kleinstpz. G. konnte 90,7 kg Sprengstoff tragen und war unempfindl. gegen Inf.beschuß. Er wurde in zwei Versionen gebaut, die die gleichen Abmessungen hatten: 1,6 m lang, 0,67 m hoch, 0,66 m breit, 362,2 kg schwer und bis 19 km/h schnell. Die Version B-1-A wurde durch Ottomotor angetrieben und per Funk ins Ziel gesteuert, Reichweite ca. 1000 m. Die Version B-1-B fuhr mit Elektromotor und war drahtgesteuert, Aktionsradius ca. 600 m. Über Einsätze des G. sind die Nachrichten spärl. So soll er bei ➢ Monte Cassino und beim ➢ Warschauer Aufstand verwendet worden sein, nach unbestätigten Meldungen auch bei Volkssturmeinheiten in Schlesien. Der G. litt unter zahlr. »Kinderkrankheiten« und erreichte nie wirkl. Frontreife.

Gomel, sowjet. Stadt im östl. Weißrußland mit 145 000 Einwohnern (1940). Beim raschen dt. Vormarsch im Sommer 41 auf Smolensk stieß die Pz.gruppe 2 (Guderian) nördl. G. vorbei. Gegen ihre langgedehnten Flanken setzte die sowjet. Westfront (Timoschenko) 20 neue, im Raum G. aufgestellte Div. der 21. Armee (Jefremow) und der 5. Armee (Potapow) an. Doch brachte die dt. 4. Pz.div. (Langermann) allein den Angriff zum Stehen, so daß die dt. 2. Armee (v. Weichs) mit der Pz.gruppe 2 nach Abschluß der Kesselschlacht von ➢ Smolensk nach S eindrehen, die sowjet. Kräfte im Rücken fassen und vom 9.8.-24.8. ausschalten konnte: 78 000 Gefangene, 144 Pz. und 700 Geschütze wurden erbeutet. – Im Okt. 44 geriet G. erneut ins Krieggeschehen, als die sowjet. 1. Weißruss. Front (Rokossowski) am 16. den ➢ Dnjepr überschritt und am 10.11. mit den Armeen 48, 65 und 61 aus dem Brückenkopf Lojew heraus die Front der dt. 2. Armee (Weiss) südwestl. der Stadt durchbrach. Am 26.11. war G. nach erbitterten Straßenkämpfen wieder in sowjet. Hand.

»Gomorrha«, Codebez. für eine Serie alliierter Luftangriffe auf ➢ Hamburg Ende Juli 43, benannt nach der bibl. Stadt, die Gott wegen ihrer »himmelschreienden Sünden« vernichtete. Mit »G.« sollte nach dem Willen von Luftmarschall ➢ Harris die Millionenstadt an der Elbe »ausgelöscht« werden (Tagesbefehl vom 24.7.). Dazu setzte er bei den 3 schwersten Nachtangriffen (24./25., 27./28. und 29./30.7.) 2353 schwere Bomber ein, die 7196 t Bomben abwarfen, bei Tage flog zudem die US-Luftwaffe Punktangriffe auf Industrieziele. Insges. waren für »G.« über 100 000 Mann in der Luft und am Boden im Einsatz, die Bombenlast summierte sich schließl. auf rd. 9000 t, die fast ungehindert ins Ziel gebracht werden konnten, weil die dt. Abwehr durch das neue ➢ »Window«-Verfahren (Abwurf von Stanniolstreifen zur Störung der Funkortung) nahezu blind war.

Im Feuersturm von »G.«, verstärkt noch durch trockene und heiße Witterung, starben 30 500 Menschen.

Göring, Hermann, * Rosenheim 12.1. 1893, † Nürnberg 15.10.1946, dt. Politiker und Reichsmarschall (19.7.40); 1912 Inf.offizier, Herbst 14 Flieger, bei Kriegsende Kommandeur des Jagdgeschwaders Richthofen, Pour le mérite, 1922 von Hitler mit dem Aufbau der SA betraut, 1923 beim Hitler-Putsch schwer verwundet, Entwicklung einer Morphin-Abhängigkeit, 1928 Abgeordneter der NSDAP im Reichstag, 1932 Reichstagspräs., im Kabinett Hitler 1933 zunächst Min. ohne Portefeuille, Reichskommissar für die Luftfahrt, preuß. Min.präs., im Mai 33 Reichsmin. für die Luftfahrt, 1934 Reichsforst- und Reichsjägermeister, OB der Luftwaffe, 1936 Beauftragter für den Vierjahresplan, 1938 Gen.feldmarschall. G. vereinigte im 3. Reich die größte Ämterfülle aller nat.-soz. Führer auf sich und war zunächst unangefochten 2. Mann nach Hitler, der ihn bei Kriegsausbruch in dieser Rolle ausdrückl. bestätigte. Dieses Vertrauen rechtfertigte G. jedoch allenfalls als Motor der immer brutaleren und schließl. mörder. ⋙ Judenverfolgung, als militär. Führer erlitt sein Nimbus nach einer triumphalen kurzen Phase der ⋙ Blitzkriege schon beim unvollständigen Sieg von ⋙ Dünkirchen Einbußen und ging durch die Niederlage in der ⋙ Luftschlacht um England vollends verloren. Parallel dazu schritt ein Pensönlichkeitsverfall voran, der nicht zuletzt zu den krassen Fehlentscheidungen in der Luftrüstung und zur illusionären Überschätzung der eigenen Kräfte führte, u.a. beim Versprechen, die im Winter 42/43 in ⋙ Stalingrad eingeschlossene dt. 6. Armee (Paulus) aus der Luft zu versorgen.
G. gab sich mehr und mehr dem Wohlleben hin, ließ Europas Kunstsammlungen plündern und galt schließl. selbst bei Hitler nicht mehr viel, der ihn trotz erhebl. Mitschuld für das Versagen der Reichsverteidigung gegen die alliierten Bomberströme verantwortl. machte. Konsequenzen aber zog er erst in den letzten Kriegstagen: Als G. mit den Angloamerikanern in Verhandlungen treten wollte, stieß ihn Hitler testamentar. aus der Partei aus und ordnete seine Verhaftung an, die G. bald mit amerikan. Gefangenschaft tauschte. In Nürnberg vor Gericht gestellt, erholte sich G. gesundheitl. und war unbestritten die Nr. 1 der angeklagten Hauptkriegsverbrecher. Trotz geschickter Verteidigung konnte er jedoch bei den erdrückenden Beweisen für seine persönl. Täterschaft v.a. beim Völkermord in den Vernichtungslagern dem Todesurteil nicht entgehen, doch gelang es ihm, sich durch Selbstmord (ungeklärt blieb, wie die Giftkapsel in die Zelle geschmuggelt wurde) der Hinrichtung zu entziehen.

Gort, John Standish, Viscount, * London 10.7.1886, † ebd. 31.3.1946, brit. Feldmarschall (1.1.43); Militärakademie Sandhurst, im 1. Weltkrieg an der Front in Frkr., zuletzt Oberstleutnant, hochdekoriert (Victoria Cross), 1932 Brigadegen., Dez. 37 Chef des Empire Gen. stabs. Im Nov. 39 wurde G. zum OB der ⋙ British Expeditionary Forces in Frkr. ernannt, wo er Ende Mai 40 den erfolgr. Rückzug der brit. und einiger frz. Truppen aus dem Kessel von ⋙ Dünkirchen leitete. Am 20.7.40 zum Gen.inspekteur des Heeres ernannt, übernahm G. im folgenden Jahr den

Oberbefehl im gefährdeten ≫ Gibraltar, wurde am 7.5.42 Gouverneur der Felsenfestung und in Personalunion OB auf der von dt.-italien. Luftangriffen verwüsteten Insel ≫ Malta. Im letzten Kriegsjahr fungierte G. als Hochkommissar für Palästina und Transjordanien. 1945 Ruhestand.

Gotenhafen, seit dem Polenfeldzug im Sept. 39 bis Kriegsende Name der poln. Hafenstadt Gdingen, dem Reichsgau Danzig-Westpreußen zugeschlagen, rd. 90000 Einwohner (1940). Der bis zur Einnahme durch dt. Truppen (14.9.39) mit ≫ Danzig konkurrierende Umschlagplatz erhielt eine gemeinsame Hafenverwaltung mit der Gauhauptstadt und wurde Reichskriegshafen. Als solcher war G. in der zweiten Kriegshälfte mehrfach Ziel westalliierter Bombenangriffe, u.a. am 9.10.43, als 378 amerikan. Maschinen bei 28 Verlusten die Hafenanlagen zertrümmerten, und am 18./19.12.44, als brit. Viermotorige 824 t Bomben über dem Stadtgebiet ausklinkten. Am 28.3.45 nahm die sowjet. 70. Armee (Popow) G. ein.

»Goten-Stellung«, Deckname der nördlichsten dt. Verteidigungslinie in Italien 1944, am 15.6. umbenannt in ≫ »Grüne Linie«.

Gotha, Bez. für die Flugzeuge der Gothaer Waggonfabrik AG, Gotha; wurde im 1. Weltkrieg durch ihre Großflugzeuge bekannt; 1934 Wiederaufnahme des Flugzeugbaus mit dem Schuldoppeldecker Go 145. Bis Ende 43 wurden annähernd 10 000 Stück an die Luftwaffe geliefert, da der hölzerne Zweisitzer in großer Zahl bei den sog. Störstaffeln und späteren Nachtschlachtgruppen (NSGr.) im O flog. Unter der Typenabk. Go 242 produzierte das Kasseler Zweigwerk seit 1941 einen takt. Transportsegler für 2,4 t Nutzlast oder 21 Soldaten. Insges. wurden 1528 Stück hergestellt, davon entfielen 133 Exemplare auf die Version Go 244 mit zwei Sternmotoren, die sich allerdings nicht bewährte.

Graf Spee ≫ Admiral Graf Spee.

Graf Zeppelin, unvollendet gebliebener dt. Flugzeugträger, benannt nach dem Luftschiffpionier Ferdinand Graf von Zeppelin (1838-1917), Stapellauf 8.12.38; 31 367 t, 262,5 m lang, 36,2 m breit, max. 34 kn, etwa 1700 Mann Besatzung zuzügl. fliegendes Personal für zuletzt geplante 30 Stuka Ju 87 D und 12 Jäger Me 109 G. Bewaffnung außerdem: 16x15 cm, 12x10,5-cm-Flak sowie bis zu 50 kleinere Fla-Rohre. Schon 1934 waren erste Entwürfe für die G. entstanden, deren Fertigstellung v.a. durch die primär kontinentalstrateg. Konzeption Hitlers nachhaltig behindert wurde; 1940 wurde schließl. der Baustopp verfügt, obwohl die Arbeiten fast abgeschlossen waren. Die G. wurde von Kiel nach Gotenhafen geschleppt, wo sie als Depot diente. Im Sommer 42 zum Weiterbau nach Kiel zurückverlegt, kam schon am 30.1.43 im Zusammenhang mit Hitlers Verdikt gegen die schweren Überwassereinheiten der erneute Stopp. Die G. wurde nach Stettin gebracht und am 25.4.45 vor der anrückenden Roten Armee geflutet und auf Grund gesetzt. Die sowjet. Marine hob den Träger 1946/47 und wollte ihn zum Weiterbau nach Leningrad bringen, ein Vorhaben, das aber wegen schwerer Beschädigung der G. auf einer Minensperre im Finn. Meerbusen schließl. unterblieb.

Grand Slam (engl. Großer Knall), brit. Spezialbombe für Präzisionsangriffe gegen Brücken, Tunnels, U-Boot-Bunker und ähnl. massive Einzelobjekte. Eine erste »kleine« 6-t-Version wurde unter dem Namen Tallboy (engl. Kommode) seit Juni 44 von den ➢ Lancaster-Bombern der RAF-Sonderstaffel 617 gegen Ziele im Invasionsraum eingesetzt, später gegen das dt. Schlachtschiff ➢ Tirpitz. Die letzte Version der torpedoähnl. »Erdbebenbombe« G. war mit 10 t und fast 8 m Länge die größte Fliegerbombe des Krieges und stand erst seit März 45 zur Verfügung; die erste brachte am 14.3. ein Eisenbahnviadukt bei Bielefeld durch ihre unterird. Schockwellen zum Einsturz. Eines der letzten Opfer von insges. 41 abgeworfenen G. wurde am 16.4. der Schwere Kreuzer ➢ Lützow in Swinemünde.

Grant (General G.), nach dem Bürgerkriegsgen. und 18. US-Präs. Ulysses Simpson G. (1822-85) benannter amerikan. Kampfpz., auf 28,5 t vergrößerte und mit 400-PS-Motor stärker motorisierte Version des ➢ Lee, mit 2,84 auch etwas niedriger, ansonsten gleiche Abmessungen, aber nur 6 Mann Besatzung. Seit Anfang 42 erhielt die brit. 8. Armee in N-Afrika 317 Exemplare. Das sehr ungünstig geformte Übergangsmodell zum General ➢ Sherman konnte mit seiner 7,5-cm-Kanone im Rumpf die Frontpanzerung aller dt. Pz. bis zum Panzer IV Kurzrohr auf 1000 m Entfernung durchschlagen.

Graziani, Rodolfo, Marchese de Neghelli (seit 1936), * Filetino 11.8.1882, † Rom 11.1.1955, italien. Marschall; Kommandeur der Kolonialtruppen in Libyen, Befehlshaber im Krieg gegen ➢ Abessinien und 1936/37 dort Vizekönig. G. war OB der italien. Truppen in N-Afrika seit Juli 40, wurde im März 41 aber wegen schwerer Niederlagen gegen die brit. Streitkräfte abberufen. Seit Sept. 43 war er Kriegsmin. der faschist. Marionettenreg. von ➢ Salò. G. wurde 1950 zu 19 Jahren Gefängnis verurteilt, aber schon bald begnadigt.

Greer, Zerstörer der amerikan. Kriegsmarine, mit dem es am 4.9.41 südwestl. von Island zu einem Zwischenfall kam: Der G. wurde von einem brit. Aufklärer ein dt. U-Boot 10 Meilen voraus gemeldet, worauf der amerikan. Kommandant unter Verletzung der Neutralität Horchverfolgung anordnete. Nachdem angebl. zuerst die brit. Maschine das dt. Boot, U 652 unter Oberleutnant z.S. Fraatz, angegriffen hatte, antwortete dieses mit Torpedos gegen die G. in der Annahme, es handle sich um ein brit. Kriegsschiff. Die G. gehörte näml. zu dem Zerstörertyp, von dem im Rahmen des ➢ Leih- und Pachtgesetzes 50 Stück Großbrit. überlassen worden waren. In dem kurzen anschließenden Gefecht, an dem auch brit. Einheiten und Flugzeuge teilnahmen, kamen beide Seiten ohne Schaden davon. Es verschärfte jedoch die dt.-amerikan. Spannungen, da US-Präs. Roosevelt den G.-Zwischenfall am 9.9.41 zur Verkündung eines Schießbefehls gegen Schiffe der Achsenmächte nutzte, die in Seegebieten angetroffen wurden, die für die Verteidigung der USA als lebenswichtig galten.

Greif, Beiname des dt. Fernbombers Heinkel He 177, Erstflug 19.11.39. Die Entwicklung ihres einzigen strateg. Bombers bescherte der Luftwaffe eine Kette techn. Fehlschläge; wegen seiner vielen Triebwerksbrände war der G. bei der Truppe als »Reichsfeuerzeug« berüchtigt. Die ersten Serienmuster, die die Fw 200 ≻ Condor über dem Atlantik ablösen und die sowjet. Rüstungsschmieden am Ural lahmlegen sollten, kamen schließl. seit Herbst 43 zum Einsatz, jedoch wurde die Masse aller 1094 gefertigten Maschinen im Sommer 44 wegen Spritmangels stillgelegt und verschrottet. Daten der letzten Einsatzserie He 177 A-5: 2x2950 PS, max. 472 km/h, 5000 km Reichweite mit 2 Hs-129- oder FX-1400-Lenkwaffen als Außenlast, 6 Mann Besatzung, 2x20-mm-Kanonen, 2x13-mm-MG, je 1x13-mm- und 1x7,9-mm-MG als Abwehrbewaffnung.

»Greif«, Deckname für ein Kommando-Unternehmen dt. Soldaten hinter der amerikan. Front während der ≻ Ardennenoffensive im Dez. 44. In Nachahmung ähnl. alliierter Maßnahmen wurde unter SS-Obersturmbannführer ≻ Skorzeny eine Truppe gebildet und auf dem Truppenübungsplatz Grafenwöhr trainiert, die in US-Uniformen mit Beutewaffen und -fahrzeugen Maasbrücken sichern und Verwirrung beim Gegner stiften sollten durch widersprüchl. Anweisungen, Versetzung von Wegweisern u.a. Insges. wurden inkl. Nachschubbeinheiten 3300 Mann zusammengezogen, die jedoch z.T. wegen ungenügender Eignung wieder entlassen werden mußten. Nur ein kleiner Teil konnte nach Angriffsbeginn (16.12.) in die Einsatzgebiete einsickern. Der Effekt war trotz anfängl. Desorientierung beim Gegner mäßig, schürte aber eine Art »Fünfte-Kolonnen«-Hysterie, die anfällig machte für Propaganda-Erfindungen wie z. B. die ≻ Alpenfestung.

Greim, Robert Ritter von, * Bayreuth 22.6.1892, † Salzburg 24.5.1945, dt. Gen.feldmarschall (28.4.45); im 1.Weltkrieg Flugzeugführer, Studium der Rechtswiss.; 1924-27 in Kanton mit dem Aufbau der chines. Luftwaffe beauftragt. 1935 wurde G. Kommandeur des Jagdgeschwaders »Richthofen«, 1938 Gen.major im Reichsluftfahrtmin. Als Gen. der Flieger (1940) leitete er seit April 42 das Luftwaffenkommando Ost. Im April 45 flog er, zus. mit Hanna ≻ Reitsch, in das eingeschlossene Berlin ein und wurde als Nachfolger ≻ Görings zum OB der Luftwaffe ernannt. Nachdem er auf Befehl Hitlers Berlin verlassen hatte, geriet er in Gefangenschaft und beging Selbstmord.

Gretschko, Andrei Antonowitseh, * Golodajewka (heute Kuibyschewo) am Mius 1.10.1903, † Moskau 25.4. 1976, sowjet. Marschall (1955); 1928 Mitglied der KPdSU, 1936 Militärakademie Frunse. Bei Beginn des Krieges mit Deutschland war G. Kommandeur der 34. Kavalleriediv. und erhielt im Winter 42 die Führung des V. Kavalleriekorps. Mit der 47. Armee, die er seit 8.9.42 führte, wurde er im Raum Noworossisk eingesetzt, übernahm im Okt. von Gen.leutnant Kamkow die 18. Armee und als Gen.major am 5.1.43 im gleichen Gebiet den Oberbefehl über die 56. Armee, mit der er am 12.2. Krasnodar zurückeroberte. Am 15.12.43 wurde G. OB der 1. Gardearmee, die im Sommer 44 der 4. Ukrain. Front (Petrow) unterstellt wurde. In ihrem Verband eroberte G., mittlerweile zum Gen.oberst befördert, Stryj und Drogobytseh in SO-Galizien und kämpfte bei Kriegsende im tschechoslowak. Karpatenraum. G. wurde nach Stalins Tod

(5.3.53) OB der sowjet. Streitkräfte in Deutschland, mit denen er den Volksaufstand in der DDR vom 17.6.53 niederwarf, löste 1960 Marschall ≫ Konjew als OB der Warschauer-Pakt- Truppen ab und wurde nach dem Tod ≫ Malinowskis am 12.4.67 Verteidigungsmin. Seit 1973 gehörte er dem Politbüro an.

Griechenland, Staat in Südosteuropa mit rd. 127 000 km² und 6,2 Mio. Einwohnern (1928). G. gewann als Folge des 1. Weltkrieges 1919/20 erhebl. Gebiete auf Kosten Bulgariens (Südthrakien) und der Türkei (Ostthrakien, Smyrna), verlor aber die türk. Erwerbungen wieder nach der Niederlage im Griech.-Türk. Krieg 1920-22. Die bestehenden wirtsch. und sozialen Probleme des rückständigen Landes wuchsen danach durch neue Lasten: Ansiedlung und Integration von etwa 1,4 Mio. griech. Flüchtlingen; innenpolit. Dauerkrise durch wechselvolle Auseinandersetzungen zw. Royalisten und Republikanern um die Staatsform (1.5.24 Einführung der Republik, 25.11.35 nach manipulierter Volksabstimmung Wiedereinführung der Monarchie unter König Georg II.) mit einer stets putschbereiten, politisierenden und tief zerrissenen Armeeführung im Hintergrund. Nach gewisser Stabilisierung unter Min.präs. Venizelos (1928-32 und 33) brachten die katastrophalen Folgen der Weltwirtschaftskrise und der Sieg der radikalen Royalisten 1933 erneut innere Polarisierung, die dann die Diktatur des Generals ≫ Metaxas (4.8.36 Umsturz) nach faschist. und nat.soz. Vorbild zudeckte.
Außenpolit. blieb es bei der traditionellen Linie des Ausgleichs und der Neutralität durch bilaterale Abkommen mit den Nachbarstaaten und den Balkanpakt mit Jugoslawien, Rumänien und der Türkei (9.2.34). G. lehnte sich eng an den Westen an (13.4.39 brit.-frz. Garantie der griech. Unabhängigkeit), um dem italien. Imperialismus des »mare nostro« zu begegnen, und konnte den italien. Angriff von Albanien aus (28.10.40) noch auffangen, nicht aber den dt. ≫ Balkanfeldzug im April/Mai 41. König Georg II. floh mit der Reg. nach Ägypten unter brit. Schutz, G. wurde von dt. und italien. Truppen besetzt, Thrakien fiel an Bulgarien.
Unter einem sehr repressiven Besatzungsregime mit Geiselerschießungen, Massenexekutionen, Hungerkatastrophen und Judenpogromen (insges. 65 000 Opfer der ≫ Endlösung) entstanden fanat. kämpfende Widerstandsgruppen, die aber auch untereinander verfeindet waren. Zahlr. Versuche der Exilreg. und des brit. Oberkommandos im Mittelmeer, durch eine Zusammenarbeit sowohl mit den republikan.-nationalist. wie mit den revolutionär-kommunist. Gruppen den Bürgerkrieg in G. zu verhindern und gemeinsam eine Nachkriegsordnung vorzubereiten, scheiterten. Erst nach langen Kämpfen und regulären Feldzügen Ende 44 bis Mitte 49 setzten sich mit brit. und amerikan. Hilfe die bürgerl. Kräfte durch und verhinderten eine Umwandlung G.s in eine Volksrepublik nach dem von den Sowjets in den anderen Staaten Ost- und Südosteuropas erfolgreich angewandten Muster der Bolschewisierung.

Grönland, dän. Gebiet im arkt. Amerika, mit 2,176 Mio. km² (im Sommer etwa 300 000 km² eisfrei) größte Insel der Erde, knapp 20 000 Einwohner (1940), Verwaltungszentrum Gothaab. Nach der dt. Besetzung Dänemarks (April 40) konstituierte sich am 3.5.40 eine lokale Kriegsreg. auf G., die ihre Treue zur dän. Krone bekundete, sich aber dem Kampf gegen Deutschland anschließen wollte. Gleichzeitig rief der dän. Botschafter in Washington, Erik Kauffmann, die Bewegung »Freies Dänemark« ins Leben und schloß am 9.5.41 mit Roosevelt einen Vertrag, der G. amerikan. Schutz unterstellte und die strateg. bedeutende Insel ins US-Verteidigungssystem einbezog; die amerikan. Marineluftwaffe errichtete zwei Stützpunkte. An der kürzesten Route zw. den USA, Kanada und Großbrit. gelegen, wurde G. neben ≻ Island eine der wichtigsten Etappen bei Überführungsflügen und im transatlant. Flugverkehr. Geheime dt. Wetterstationen, wegen des weitgehenden Ausfalls atlant. Meldungen für den dt. Wetterdienst lebenswichtig, wurden von der örtl. Widerstandsbewegung aufgespürt und zerstört.

Groß Rosen, nat.-soz. ≻ Konzentrationslager bei Striegau (Schlesien).

»Grüne Linie«, Deckname für die nördlichste dt. Verteidigungsstellung in Italien, die sich über den ganzen Stiefelschaft zog: von der Küste des Tyrrhen. Meers nördl. Pisa an Lucca und Pistoia vorbei, über den Kamm des Apennin bis an die Adria zw. Pesaro und Rimini. Ursprüngl. »Goten-Stellung« genannt, wurde der Abwehrriegel »mit Rücksicht auf die italien. Bevölkerung« am 15.6.44 in »G.« umbenannt und nach Aufgabe kleinerer Sperrstellungen am Trasimen. See und am Arno im Aug. 44 von der dt. 14. Armee (Lemelsen) im W und der 10. Armee (v. Vietinghoff) auf der adriat. Seite eingenommen. Die Alliierten erreichten die »G.« Ende Aug. auf voller Länge und entschieden sich wegen der Unwegsamkeit des Zentrums zum Angriff im O mit der brit. 8. Armee (Leese), die sofort am linken Flügel mit dem V. Korps (Keightley) und dem kanad. 1. Korps (Burns) durchbrach. Am Gemmano- und Coriano-Rücken, 10 km nördl., blieb die Offensive jedoch liegen, und es dauerte bis Mitte Sept., ehe der Vormarsch auf Rimini (21.9.) fortgesetzt werden konnte. Die Briten kamen bis zur Winterpause Anfang Jan. 45 noch bis Ravenna, während die 5. US-Armee (Clark) nach Überwindung der »G.« 50 km vor Bologna zum Stehen gebracht wurde. Hier erstarrte die Front, und erst im April 45, unmittelbar vor der dt. Kapitulation in Italien, gelang den Alliierten der Durchbruch in die Po-Ebene.

Guadalcanal, zweitgrößte Insel der brit.-austral. ≻ Salomonen mit 6475 km² und rd. 20 000 Einwohnern (1940), Hauptstadt Honiara. Nach der Schlacht bei ≻ Midway verlagerte sich der Schwerpunkt des Fernostkrieges in den SW-Pazifik, wo die Amerikaner im Sommer 42 zum Gegenangriff übergingen.
Von der vorgelagerten Insel Tulagi aus hatten die Japaner G. besetzt und bedrohten damit die Seewege zw. Australien und den USA. Die Insel wurde daher von den ≻ Combined Chiefs of Staff am 5.7.42 zum vorrangigen Offensivziel bestimmt, was zu einer der härtesten Abnutzungsschlachten des Krieges führte: Im Schutz von zwei Trägergruppen gingen am 7.8.42 rd. 11 000 Mann der 1. US-Marinediv. (Vandegrift) an der NO-Küste an Land und eroberten

nahezu kampflos das Flugfeld bei Lunga Point, später als Henderson Field bekannt geworden. Die 2000 Japaner, zumeist Bauarbeiter, zogen sich in den Dschungel zurück. Inzw. kämpfte eine zweite Gruppe von 6000 Marines die 1500 japan. Verteidiger von Tulagi nieder. Die japan. 8. Flotte setzte unverzügl. eine Kampfgruppe von 7 Kreuzern unter Vizeadmiral Mikawa gegen den amerikan. Landekopf auf G. in Marsch und überraschte in der Nacht 8./9.8. bei der Insel Savo eine alliierte Unterstützungsgruppe unter dem brit. Vizeadmiral Crutchley. Mikawa nutzte den Erfolg jedoch in Sorge vor Luftangriffen bei Tage nicht aus, so daß sich die US-Transportflotte unter Admiral Turner in Sicherheit bringen konnte. Die Marines auf G. sahen sich in der Folgezeit zunehmenden Angriffen inzw. angelandeter japan. Verstärkungen ausgesetzt, konnten Henderson Field jedoch weiter befestigen und ausbauen. Am 24./25.8. vereitelte die US-Task Force 61 (Fletcher) den Durchbruch eines japan. Konvois, verlor dabei jedoch den Träger ➢ Enterprise, während die Japaner 70 Maschinen und den leichten Träger Ryujo einbüßten.

Beide Seiten landeten weiter Truppen und Nachschubgüter auf G., wobei es mehrfach zu schweren Seegefechten kam, u.a. am 11./12.10. bei Kap ➢ Esperance, am 26.10. bei den ➢ Santa-Cruz-Inseln und vom 13. bis 15.11. vor G. selbst (➢ Savo). Schließl. standen zu Lande 22000 Japaner gegen 23 000 GIs. Am 23.10.42 griff die japan. 2. Inf.div. unter Gen. Maruyama aus dem Dschungel an, kam bis auf wenige hundert Meter an das amerikan. Flugfeld heran, mußte aber wegen des mörder. Abwehrfeuers aufgeben, nachdem sie 3000 Mann verloren hatte. Es gelang auch in der Folge nicht mehr, die Marines zu vertreiben, zumal die erschöpften Truppen gegen Jahresende durch das frische amerikan. VI. AK ersetzt und auf 50000 Mann aufgestockt wurden. Die Lage der Japaner wurde unhaltbar. Am 8.2.43 holten Zerstörer aus Rabaul die verbliebenen 12000 Mann in einer geschickten Nachtoperation von G. ab. Die Japaner hatten insges. 15000 Mann im Kampf und 9000 durch Krankheit verloren, die Amerikaner nur 1752 Gefallene und 4200 Verwundete.

Guam, größte und südlichste Insel der ➢ Marianen im mittleren Pazifik mit 549 km^2 und 21000 Einwohnern (1940), Hauptstadt Agana. Bis 1898 span., dann in amerikan. Besitz, wurde G. gleich nach Beginn des Pazifikkrieges am 10.12.41 von den Japanern besetzt und wie ➢ Saipan und ➢ Tinian schwer befestigt. Nach dreiwöchiger Kampagne wurde G. vom 21.7. bis 10.8.44 vom amerikan. III. Amphib. Korps (Geiger) als letzte der drei Marianeninseln zurückerobert. Insges. 54900 Mann wurden an zwei Brückenköpfen an Land gebracht, 1435 GIs fielen, 5646 wurden verwundet; fast alle der rd. 19000 japan. Verteidiger kamen bei den Kämpfen um oder begingen Harakiri, einige wenige zogen sich zum Guerillakrieg in den Dschungel zurück, einer von ihnen gab erst 1972 auf. In der Folge spielte G. beim strateg. Luftkrieg gegen das japan. Mutterland eine wichtige Rolle: Hier hatte die 21. Luftflotte (Le May), die über rd. 1000 B-29 ➢ Superfortress verfügte, ihr Hauptquartier.

Guderian, Heinz, * Kulm 17.6.1888, † Schwangau bei Füssen 14.5.1954, dt. Gen.oberst (19.7.1940); seit 1919 bei der Reichswehr. 1933 zum Oberst befördert, widmete sich G. dem Aufbau einer modernen Pz.armee. Der »schnelle Heinz« entwickelte die Konzeption eines Pz.krieges (»Achtung, Panzer!« 1937) und wurde, nach einer Reihe rascher Beförderungen, 1938 Gen. der Pz.truppen. Die von ihm geführten Pz.verbände waren am Verlauf der ≫ Blitzkriege gegen Polen und Frkr. entscheidend beteiligt. Nach Differenzen mit Hitler über den Einsatz der Pz.truppen während des Rußlandfeldzuges wurde G. Weihnachten 41 seines Amtes enthoben. 1943 wurde er zum Gen.inspekteur der Pz.truppen ernannt, nach dem 20.7.44 zum Chef des Gen.stabes des Heeres. Als Mitglied des Ehrenhofes des Heeres, der nach dem ≫ Zwanzigsten Juli 44 eingerichtet wurde, beteiligte er sich an der Auslieferung Hunderter von Soldaten an den Volksgerichtshof. Nachdem er Anfang 45 für einen Waffenstillstand mit den Westmächten eingetreten war, wurde er am 28.3.45 entlassen. Bis 1948 in Gefangenschaft.

Guderian: der General der Panzertruppen in seinem Befehlswagen in den Ardennen, Mai 1940

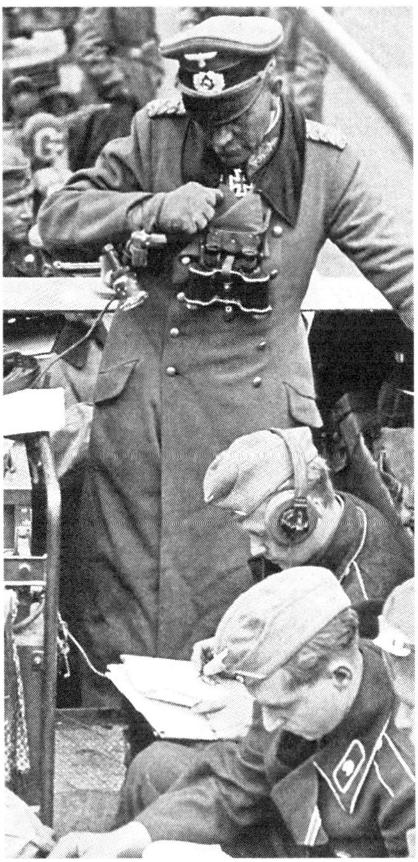

Gurkhas, Gebirgskrieger aus dem Himalaja. Ursprüngl. nach Gurkha, einem kleinen Fürstentum in Zentralnepal, benannt, ging der Begriff auf nepales. Söldner über, die Großbrit. nach dem Protektoratsvertrag von 1860 für seine eigene und die ind. Armee aus den örtl. Stämmen rekrutierte. Die G. galten als zäh und genügsam und kämpften in vielen Teilen des Empire, im 1. Weltkrieg auch in den Schützengräben der Champagne. Im 2. Weltkrieg dienten etwa 50 000 G. in der ind. Armee und ca. 10 000 in brit. Div., darunter auch 2 Bataillone Fallschirmjäger. Sie waren mit ihren Krummdolchen als lautlose Nahkämpfer gefürchtet, waren u.a. in N-Afrika, Italien, Malaya und bei den ≫ Chindits in Burma im Einsatz; 10 G. wurden mit dem Viktoriakreuz ausgezeichnet. Nach der ind. Unabhängigkeit 1947 verblieben 4 der 10 Regimenter bei der brit. Armee; Teile der G.-Rifle Brigade sind in Hongkong stationiert.

Der G.-Mythos lebte 1982 beim Falklandkrieg noch einmal auf.

»Gustav«-Linie, Codebez. für die von SW nach NO quer über den italien. »Stiefelschaft« verlaufende dt. Verteidigungsstellung in Mittelitalien als Riegel vor Rom. Die »G.« wurde nach der alliierten Landung bei ➢ Salerno (9.9.43) in fieberhafter Eile von der Organisation Todt und italien. Arbeitsbataillonen ausgebaut. Sie zog sich von der Mündung des Garigliano ins Tyrrhen. Meer flußaufwärts über den ➢ Monte Cassino bis ins Quellgebiet des Rapido in fast 2000 m Höhe und dann nach Roccaraso über den Kamm des Apennin bis Casoli und an die Adria hin. Nachdem die Alliierten Neapel schon am 1.10.43 genommen hatten, planten sie die Einnahme von Rom noch im Okt., stießen jedoch plötzl. auf massiven Widerstand der dt. 10. Armee (v. Vietinghoff), die Zeit zum Ausbau der »G.« gewinnen mußte. Erst im Dez. 43 bezog sie hier Stellung und lieferte von den Höhen herab dem an Feuerkraft und Luftwaffe zehnfach überlegenen Gegner eine über vier Monate dauernde Abwehrschlacht, die sich vor allem auf die Sperrstellung bei Cassino vor dem Liri-Tal konzentrierte. Der Versuch der Alliierten, durch die Landung bei ➢ Anzio (21.1.44) die »G.« »von hinten zu knacken«, scheiterte. Erst Mitte Mai 44 gab die Linie nach, und der Weg nach Rom wurde geöffnet.

»Gustav Siegfried 1« (GS1), Deckname für den neben dem ➢ Soldatensender Calais bekanntesten brit. Schwarzsender von Sefton ➢ Delmer, strahlte auf Kurzwelle vom 23.5.41 bis 18.11.43 insges. 693 Zersetzungsprogramme für dt. Zielgruppen aus. Der Sender gab sich als das Sprachrohr des »Chefs« aus, der der führende Kopf einer patriot. Opposition in Deutschland sein sollte. Zahlr. Berichte belegen die erstaunl. hohe Abhörquote von »G.«.

H

H2S, Kürzel für engl. **H**ome **S**weet **H**ome, Codebez. eines brit. Bordradargeräts, erstmals in einem abgeschossenen Bomber bei Rotterdam aufgefunden, deshalb auf dt. Seite ≫ Rotterdam-Gerät genannt; bei den US-Luftstreitkräften H2X. Im Zentimeterwellenbereich auf einer Frequenz von 3000 Megahertz arbeitend, gab das H. die überflogene Landschaft in groben Umrissen auf einer Kathodenröhre wieder und ermöglichte dadurch erstmals eine Navigation ohne Bodensicht oder Hilfe von Bodensendern; es gehörte seit 1943 zur Standardausrüstung der Pfadfindermaschinen, erster Einsatz am 30.1.43 bei einem RAF-Nachtangriff auf Hamburg. Da das H. die Konturen von Seen und Wasserläufen bes. gut nachzeichnete, wurden im Sommer 43 auf den Gewässern um Berlin Metallflöße als Radartarnung verankert. Auch entwickelte die dt. Industrie den Zentimerwellenempfänger ≫ Naxos, mit dem arbeitende H.-Sender von Nachtjägern angepeilt werden konnten.

Haager Landkriegsordnung (HLKO), auf den Friedenskonferenzen in Den Haag 1899 und 1907 formulierte Regeln der Landkriegführung: Abgrenzung Kriegführende/Zivilisten, Rechtsstellung der Kriegsgefangenen (u.a. Arbeitspflicht mit Ausnahme der Offiziere), Verbot bestimmter Mittel zur Schädigung des Feindes (u.a. Giftgas, Plünderung), Behandlung von Spionen und Parlamentären, Fragen des Waffenstillstands, Schutz der Bevölkerung in besetzten Gebieten (z.B. Garantie des Privateigentums), Rechte und Pflichten der Besatzungsmacht; ergänzende Bestimmungen im ≫ Genfer Abkommen. Im allg. hielten sich die kriegführenden Parteien 1939-45 an die H., Schwierigkeiten gab es im O, da die Sowjetunion Verträge des Zarenreiches nicht anerkannte und selbst der H. nicht beitrat. Die grausame Behandlung der sowjet. Soldaten in dt. Gewahrsam und der dt. Soldaten in sowjet. Kriegsgefangenschaft war nicht zuletzt darauf zurückzuführen.

»Hagen-Bewegung«, Deckname für die Zurücknahme der dt. Truppen aus dem Orel-Frontbogen auf eine Sehnenstellung östl. Brjansk nach Scheitern des Unternehmens »Zitadelle« Mitte Juli 43, von Hitler auf Drängen der Heeresgruppe Mitte (Kluge) am 1.8.43 gebilligt.

Halder, Franz, * Würzburg 30.6.1884, † Aschau/Chiemgau 2.4.1972, dt. Gen. oberst (19.7.40); im 1. Weltkrieg Gen. stabsoffizier, in der Reichswehr u.a. Taktiklehrer, Batteriechef, 1934 Gen. major, 1936 Gen.leutnant und Oberquartiermeister. Am 1.9.38 löste H. den aus Opposition zu Hitler zurückgetretenen L. ≫ Beck als Gen.stabschef des Heeres ab. Als nat.-konservativer, preuß. Offizier teilte H. zwar anfängl. nicht Hitlers Kriegspläne, doch dann plante und leitete er mit »unermüdl. Arbeitskraft« Hitlers Feldzüge in Polen, Frkr., auf dem Balkan und in Rußland. H. geriet bei strateg. Fragen immer mehr in Gegensatz zu Hitler, der 1941 den Oberbefehl des Heeres unmittelbar übernommen hatte. Wegen seines Widerspruchs gegen die Entscheidung, von der übrigen Front Truppen nach Stalingrad zu verlegen, wurde er am 24.9.42 von Hitler entlassen. H. unterhielt seit 1938 lose Verbindungen zu militär. Widerstandskreisen, lehnte es als korrekter Offizier, der sich durch Treueid an Hitler gebunden fühlte, aber ab, sich aktiv am Widerstand zu beteiligen. Trotzdem wurde er nach dem 20.7.44 wegen seiner Verbindung zu Witzleben und Beck verhaftet, kam ins KZ und wurde erst von den Amerikanern befreit.

Halfaja-Paß, 35 km lange Höhenstraße (etwa 200 m) nahe einem Gebirgsrücken der Bucht von ➢ Sollum im liby.-ägypt. Grenzgebiet. Nach der dt. Eroberung am 25.4.41 wurde der H. zu einer Schlüsselstellung im ➢ Afrikafeldzug, da er den Zugang zum belagerten ➢ Tobruk sperrte. Brit. Angriffe bei den Unternehmen ➢ »Brevity« (Mai) und ➢ »Battleaxe« (Juni 41) scheiterten; während des Unternehmens ➢ »Crusader« umging dann das brit. XXX. Korps Anfang Dez. 41 den Riegel, der erst am 17.1.42 genommen wurde, nachdem die dt.-italien. Besatzung (v.a. I. Bataillon des Schützenregiments 104/Major Bach) wochenlang Angriffe neuseeländ. und ind. Truppen abgewehrt und vom H. aus die Küstenstraße nach ➢ Bardia blockiert hatte. Im Juni 42 fiel die Höhe beim Vormarsch nach Ägypten kampflos erneut in dt. Hand, mußte aber nach der Niederlage bei ➢ El Alamein am 11.11.42 endgültig aufgegeben werden.

Half-track, Halbkettenfahrzeug der US-Army, Prototyp T14 auf der Basis des frz. Mannschaftstransporters Citroën-Kégresse. Der H. wurde im Sept. 40 vom amerikan. Heer als Zugmaschine für die Artillerie und Schützenpz. eingeführt, eine Anfangsserie lief seit Mai 41 vom Band. Dank seines kräftigen 12-Zylinder-Reihenmotors von 127, später 147 PS erreichte das geländegängige Mehrzweckfahrzeug max. 72 km/h und bewährte sich mit unterschiedl. Aufbauten bei vielfältigen takt. Aufgaben, u.a. als Träger für Granatwerfer, Pak-Wagen, Selbstfahrlafette, Flaksicherungsfahrzeug mit 12,7-mm-Vierlings-MG. Insges. wurden 41 169 Exemplare gebaut; eine bes. häufige Version des H. war der 10-t-Standardschützenpz. M3A2 für 13 Mann einschl. Fahrer: 6,32 m lang, 2,22 m breit, 2,26 m hoch, bis 12 mm Panzerung, Bewaffnung: 1x12,7-mm- und 2x7,62-mm-MG sowie Infanteriewaffen, selbstdichtende Benzintanks, bis 346 km Fahrbereich; zahlr. weitere Ausführungen.

Halifax, brit. schwerer Bomber der Firma Handley Page, Erstflug 25.10.39. Die H. war nach der ➢ Lancaster Hauptträger des nächtl. Bombenkriegs gegen dt. Städte. Bis Ende 46 wurden insges. 6176 Stück gebaut, zum Schluß allerdings nur noch als Truppentransporter H.P. Halton. Die ersten Bomber kamen Ende 40 zur Truppe. Insges. flog die H. im Krieg 75 532 Einsätze, wobei sie sich auch bei Spezialaufträgen wie dem Absetzen von Agenten oder bei der elektron. Kriegführung bewährte. Die vorletzte Bomberversion erreichte mit 4x1800 PS max. 470 km/h, hatte 3200 km Reichweite bei einer max. Bombenzuladung von 6550 kg, war mit 2x7,7-mm-Vierlings-MG in Drehtürmen sowie 1x7,7-mm-MG als Abwehr- bewaffnung ausgerüstet und hatte 7 Mann Besatzung.

Halsey, William Frederick jr., * Elizabeth (New Jersey) 30.10.1882, † Fishers Island (Connecticut) 16.8.1959, amerikan. Flottenadmiral (Juni 44); 1904 zur Marine, im 1. Weltkrieg Einsatz bei der Bekämpfung dt. U-Boote im Atlantik, 1922-24 Marineattaché in Berlin, danach Kommandos auf Zerstörern und Schlachtschiffen. H., der mit 52 Jahren noch den Pilotenschein als Marineflieger gemacht hatte, war bei Beginn des Krieges in Fernost Befehlshaber einer Trägergruppe, die dem Überfall Japans auf ➢ Pearl Harbor (7.12.41) entging, und konnte so zu ersten, allerdings wenig erfolgreichen Gegenangriffen auf die Gilbert- und Marshallinseln ansetzen. Von seinen Trägern stiegen die Maschinen zum legendären ➢ Doolittle-Raid auf (April 42), ehe H. aus Krankheitsgründen vorübergehend in die USA zurückkehrte. Im Okt. 42 übernahm er wieder das Kommando im Kampf um die Salomonen und löste sich mit Admiral ➢ Spruance seit Juni 44 in der Führung der zentralpazif. Seestreitkräfte (3. und 5. Flotte) ab. Er leitete die Angriffe auf die Palau-Inseln, die Philippinen, die Luftschlacht über Formosa und die Seeschlacht im ➢ Leyte-Golf (Okt. 44), wo seine ungeduldige Führung zu Problemen bei der Landungsflotte führte, was er durch energ. Nachsetzen allerdings ausgleichen konnte. In den letzten Kriegsmonaten dirigierte H., populärster amerikan. Seeoffizier, die Trägerraids gegen die japan. Hauptinseln, v.a. gegen die Werften in Kure und Tokio, und bereitete eine eventuelle Invasion (Operationen ➢ »Coronet« und »Olympic«) vor. Auf seinem Flaggschiff, der ➢ Missouri, wurde am 2.9.45 die Kapitulation Japans unterzeichnet.

Hamburg, Hafenstadt an der Elbe mit rd. 1,7 Mio. Einwohnern (1940). Als bedeutender Industriestandort (Werften, Petrochemie, Asbest, Düngemittel, Fette u.a.) und größter Umschlagplatz des dt. Seehandels war H., die zweitgrößte Stadt des »Altreichs«, Dauerziel zunächst der brit., später auch der amerikan. Bomben. Nach ersten Angriffen im Juni 40 folgten im Okt. 40, März, Mai und Okt. 41 weitere Bombardierungen. In der Nacht des 3./4.3.43 flog die RAF einen ersten Großangriff mit 344 Maschinen, die bei 10 Verlusten 913 t Bomben warfen. Doch auch das war nur ein Vorspiel für die größte Bomberoffensive, die je eine dt. Stadt traf: In der letzten Juliwoche 43 zerstörten beim Unternehmen ➢ »Gomorrha« 9000 t Minen, Spreng- und Brandbomben das Stadtgebiet (30 500 Tote). Obwohl H. damit ausgeschaltet schien, setzten die meisten Betriebe bald ihre Produktion fort, so daß die alliierten Bomberströme immer wieder über der Stadt erschienen; zuletzt warf am 30.3. die 8. US-Luftflotte 1103 t und am 8./9.4.45 die RAF 1491 t Bomben. Insges. 55 000 Hamburger fielen dem Luftkrieg zum Opfer, 62 856 Soldaten aus H. verloren an den Fronten ihr Leben. Trotz gegenteiliger Befehle Hitlers verbot Gauleiter Karl Kaufmann (1900-1969) bei Herannahen brit. Truppen die Zerstörung letzter intakter Versorgungseinrichtungen in der »Festung H.« und übergab die Stadt am 3.5.45 kampflos dem brit. XII. Korps (Ritchie).

Hampden, brit. Mittelstreckenbomber der Firma Handley Page, Erstflug 21.6.36, neben der ➢ Whitley und der ➢ Wellington dritter Standardbomber der RAF bei Kriegsausbruch. Für Tageseinsätze war dieses viersitzige Baumuster mit anfangs 4x7,7-mm-MG viel zu schwach bewaffnet, so daß es seit Dez. 39 nur noch im Schutz der Dunkelheit operierte; Teilnahme u.a. am ersten Nachtangriff auf Berlin am 25./26.8.40 sowie am Tausend-Bomber-Schlag gegen Köln am 30./31.5.42. Nach einem Angriff auf Wilhelmshaven (14./15. 9.42) wurde die H. noch im selben Jahr aus dem strateg. Nachteinsatz gezogen und als Torpedobomber und Trainer weiterverwendet. Die Hauptvariante Mk I erreichte mit 2x980-PS-Sternmotoren Bristol Pegasus max. 426 km/h und transportierte 1800 kg Bomben. Zwischen 1937 und 42 wurden insges. 1388 H. gebaut.

Handelsstörkreuzer (HSK), ursprüngl. offiz. Bez. für ➢ Hilfskreuzer, daher deren amtl. Abk. HSK.

Handley Page Ltd., brit. Flugzeugwerke, 1909 vom Konstrukteur Frederick Handley Page (1885-1962) in Barking bei London gegründet; später Umzug nach Radlett und Cricklewood, wo schon im 1. Weltkrieg Großflugzeuge gebaut wurden. H. entwickelte mit der ➢ Hampden und der ➢ Halifax zwei Standardmuster des RAF-Bomberkommandos.

Hannover, Hauptstadt der gleichnamigen preuß. Provinz mit 471 000 Einwohnern (1940). Als wichtiger Bahnknoten und Industriestandort war H. eines der Hauptziele der alliierten Bomberoffensive gegen Deutschland. Nach schwächeren Angriffen (u.a. 19./20.7.41 und 14./15.8.41) erschienen in der Nacht vom 27./28.9.43 fast 600 brit. Maschinen über H. und warfen 2196 t Bomben, 14 Tage später setzten sie mit 1667 t Bomben das Zerstörungswerk fort, das 250 000 Menschen obdachlos machte, die Produktionsanlagen etwa der Reifenindustrie aber fast unbeschädigt ließ. Erst nach zahlr. weiteren Luftangriffen (u.a. am 5./6.1.45 mit 2365 t Bomben), die sich schließl. auf 88 summierten, erlitt auch die Industrie schwere Schäden: 61 % ihrer Anlagen wurden zerstört, 33 % aller Betriebe vernichtet und über 50 % beschädigt. Am 10.4.45 nahmen Einheiten der 9. US-Armee (Simpson) die Stadt.

Harpe, Josef, * Buer (heute Gelsenkirchen-B.) 21.9.1887, † Nürnberg 14.3.1968, dt. Gen.oberst (20.4.44); Eintritt ins Heer 28.9.09, in der Wehrmacht 1.1.37 Oberst und seit 1.6.39 Kommandeur der 1. Pz.brigade (Erfurt). H. wurde am 15.2.40 Kommandeur der Pz.truppenschule und erhielt am 1.8.40 die Ernennung zum Gen.major. Am 15.10.40 übernahm er den Oberbefehl über die 2. Inf.div. (mot.) (10.1.41 in 12. Pz.div umgegliedert), mit der er seit Juli 41 im O eingesetzt war. Mit der Ernennung zum Gen.leutnant am 15.1.42 wurde er Kommand. Gen. des XXXXI. Pz.korps und am 1.6.42 zum Gen. der Pz.truppen befördert. Es folgten an der O-Front: Oberbefehl über die 9. Armee 4.11.43, die 4. Pz.armee 18.5.44, die

Heeresgruppe A 28.9.44. Hitler ersetzte H. nach Beginn der sowjet. Winteroffensive am 17.1.45 durch ≫ Schörner und übertrug ihm am 9.3.45 die Führung der 5. Pz.armee im W, mit der H. am 12.4.45 im ≫ Ruhrkessel kapitulierte.

»Harpoon« (engl. Harpune), Codebez. für ein Doppelkonvoi-Unternehmen der brit. Mittelmeerflotte zur Versorgung Maltas vom 12. bis 16.6.42: »H.« von Gibraltar, »Vigorous« von Alexandria aus. Trotz starker Sicherung von »H.« durch die brit. Force W wurde das Gros des Konvois v.a. Opfer dt. Luftangriffe; auch die italien. Flotte erzielte Erfolge. Nur 2 von 17 Frachtern und Tankern erreichten die Insel.

Harris, Sir Arthur Travers, * Cheltenham 13.4.1892, † Goring/Oxfordshire 5.4.1984, brit. Luftmarschall (1.1.46); im 1. Weltkrieg Kommodore eines Nachtfliegergeschwaders, 1937 Kommandeur der 4. Bomber-Group, 1938/39 Luftwaffenbefehlshaber Palästina. 1940 rückte H. zum stellv. OB der Royal Air Force auf und wurde 1942 zum Chef des brit. Bomberkommandos ernannt. Sein erklärtes Ziel war die »Zermürbung der Moral des dt. Volkes« durch flächendeckende Bombardierung dt. Großstädte, u.a. ordnete er den »1000-Bomber-Schlag« gegen Köln an und verschärfte durch die fast völlige Vernichtung von Städten wie Hamburg den Luftkrieg, der in der Zerstörung ≫ Dresdens gipfelte. H., in Deutschland als »Bomber-H.« bei Kriegsende zu einer Schreckfigur geworden, war auch auf seiten der Alliierten nicht unumstritten. Aufgrund der ihm vorgeworfenen »Vergeudung von Menschen und Material« wurde er bei Kriegsende zunächst bei militär. Auszeichnungen übergangen, aber später für seine Verdienste u.a. zum Baron ernannt (1953).

Harris: Chef des britischen Bomber Command seit 22. Februar 1942

Hartmann, Erich, * Weissach (Württemberg) 19.4.1922, dt. Jagdflieger. H., der sich 1940 zur Luftwaffe gemeldet hatte, 1942 mit dem Jagdgeschwader 52 an die Ostfront kam, erwarb durch Draufgängertum und Geschick schnell Ansehen. Als einer der meistdekorierten Fliegeroffiziere wurde er von der Propaganda als »As« gefeiert. 1945 noch zum Gruppenkommodore befördert, galt H. mit 352 offiz. anerkannten Abschüssen als »erfolgreichster Jagdflieger der Welt«. Von 1945-55 war er in sowjet.

Hartmann: mit 352 offiziell bestätigten Luftsiegen der erfolgreichste Jagdpilot des Zweiten Weltkrieges

Kriegsgefangenschaft, trat nach seiner Rückkehr in die Bundeswehr ein und wurde Kommodore des Jagdgeschwaders »Richthofen«. Am 26.7.67 erhielt H. die Beförderung zum Oberst und am 30.9.70 auf eigenen Wunsch den Abschied.

Hausser, Paul, * Brandenburg an der Havel 7.10.1880, † Ludwigsburg 21.12. 1972, dt. Gen.oberst der Waffen-SS und SS-Oberstgruppenführer (1.8.44); nach dem 1. Weltkrieg Mitglied des Stahlhelms, 1933 Übernahme in die SA, Übertritt zur SS. H. war maßgebl. beteiligt am Aufbau der SS-Verfügungstruppe, aus der nach Kriegsbeginn die ➢ Waffen-SS entstand. Mit ihren Verbänden kämpfte er in Frkr. und Rußland. 1944 wurde H. Heeresgruppenchef, gegen Kriegsende aber von Hitler seines Postens enthoben. Nach US-Gefangenschaft bis 1949 vertrat H. als Vorsitzender der Hilfsgemeinschaft auf Gegenseitigkeit (HIAG) die Veteranen der Waffen-SS, die er vergebl. vom Odium einer »Weltanschauungsarmee« zu befreien suchte.

Havoc, amerikan. mittelschwerer Bomber und Nachtjäger Douglas A-20/P-70, Erstflug 26.2.38. Die H. war eines der vielseitigsten Kampfflugzeuge auf alliierter Seite; die US-Heeresluftwaffe übernahm 1962 Maschinen, weitere 3600 Exemplare wurden im Rahmen des ➢ Leih- und Pachtgesetzes an die Sowjetunion geliefert, fast die Hälfte der Gesamtproduktion von 7479 Stück. Die H. war von 1940-45 in zahlr. Serienvarianten auf allen Kriegsschauplätzen im Einsatz, so bei der RAF als Nachtjäger oder unter der Bez. Boston mit verglaster Rumpfnase als takt. Bomber für drei Mann Besatzung. Die H. (Boston III) erreichte mit 2x1600-PS-Sternmotoren Wright Cyclone max. 550 km/h, Reichweite mit max. Bombenzuladung von 907 kg intern 1690 km, Startgewicht 11 t.

Havre, Le, frz. Hafenstadt in der Normandie (Departement Seine Maritime) am N-Ufer der Seinemündung mit 164 000 Einwohnern (1940). H. war Hauptnachschubhafen für die ➢ British Expeditionary Forces (BEF) im Frankreichfeldzug. Nach Brechung des Widerstands der frz. 10. Armee stießen Einheiten des dt. XV. Pz.Korps (Hoth) zur unteren Seine vor und erreichten am 13.6.40 H., dessen zuvor durch Stuka-Angriffe beschädigte Hafenanlagen instandgesetzt wurden, so daß die Kriegsmarine von hier aus Küstenkonvois sichern und die Schiffsbewegungen im Ärmelkanal überwachen konnte. Sie stationierte in H. mehrere Zerstörer und ließ durch die Organisation Todt mächtige Schnellboot-Bunker bauen. Auch in der Befestigungskette des ≫ Atlantikwalls war H. eine Schlüsselstellung, bei der Küsten- und Flakartillerie massiert wurde. Sie zog aber auch alliierte Luftangriffe an, so daß der Aufbau einer 38-cm-Schiffsbatterie, die bei einer Invasion die Seinebucht beherrschen sollte, nicht mehr gelang. Nach der Landung der Angloamerikaner in der Normandie flogen am 14.6.44 325 brit. Bomber mit 1800 t Bomben einen Großangriff auf den Hafen von H. und versenkten 38 Überwasserfahrzeuge, fast die gesamte dt. Torpedo- und Schnellbootflotte im Invasionsraum. Nach einem weiteren Flächenbombardement mit fast 5000 t Bomben am 10.9.44 griff das brit. I. Korps von Land her die »Festung« H. an und zwang die Verteidiger unter Oberst Wildermuth am 12.9. zur Kapitulation, 3000 dt. Soldaten gingen in Gefangenschaft. Damit endete das Martyrium der 50000 in der Stadt zurückgebliebenen Einwohner.

Hayabusa (Wanderfalke), Beiname des japan. Jagdeinsitzers Nakajima Ki.43, Erstflug Jan. 39. Die H. war mit 5919 Exemplaren Hauptmodell der Heeresluftwaffe und bis Kriegsende im Einsatz, zuletzt mit ≫ Kamikaze-Piloten. Die Hauptreihe Ki-43 II (seit 1942) erreichte mit 1x1150 PS max. 530 km/h in 4000 m Höhe, hatte 2x12,7-mm-MG und Vorrichtung für eine externe 50- oder 100-kg-Bombe unter den Tragflächen.

Hayate (Sturm), Beiname des japan. Jagdeinsitzers Nakajima Ki-84. Erstflug April 43. Die ersten Serienmuster der H. kamen im Sommer 44 bei der Heeresluftwaffe zum Einsatz. Sie war bis 9000 m Höhe den besten US-Jägern ebenbürtig und einer der gefürchtetsten Gegner der Alliierten in Fernost. Mit 2x12,7-mm-MG und 2x20-mm-Kanonen für einen japan. Standardjäger stark bewaffnet, erreichte die H. mit 1x1990 PS max. 687 km/h in 6000 m Höhe. Insges. umfaßte die Reihe 3513 Maschinen, von denen einige mit 2x20 mm und 2x30 mm über eine beachtl. Feuerkraft verfügten.

He 111, Typenbez. des Mittelstreckenbombers der Firma ≫ Heinkel, als zahlenmäßig wichtigster Standardbomber der Luftwaffe von 1937-44 in 5656 Exemplaren produziert, die auch als Pfadfinder, Torpedoflugzeuge, Reisemaschinen und Transporter Verwendung fanden. Von Juli 44 bis Jan. 45 flog die H. als Abschußplattform der ≫ V 1 nochmals gegen England, in einer fünfmotorigen Konstruktion als ≫ Zwilling schleppte sie im O den Großraumlastensegler Me 321.

Die Kampfgruppe 88 der Legion Condor erprobte den Horizontalbomber im span. Bürgerkrieg im scharfen Einsatz; seine zu schwache Abwehrbewaffnung von 3x7,9-mm-MG machte sich allerdings erst bei der Luftschlacht um England bemerkbar. Aus aerodynam. Gründen und zur Verbesserung der Sicht von Pilot und Beobachter erhielt die H. einen verkürzten Bug in Form der charakterist. ovalen Vollsichtkanzel (»Gewächshaus«).

Die Umrüstung der Kampfgeschwader auf die neuen Baureihen P und H be-

He 111: Das Kampfflugzeug der Heinkel-Werke war der Standardbomber der deutschen Luftwaffe im Zweiten Weltkrieg.

gann Anfang 39. Bei Kriegsbeginn stellten 789 H. zwei Drittel aller zweimotorigen Bomber. Nach den ursprüngl. Planungen des Gen.luftzeugmeisters sollte der Bomber bereits 1942 aus der Produktion genommen werden, den Himmel über England hatte er bei Tage bereits im Herbst 40 räumen müssen. Ein Jahr später wurde die H. wegen unerträgl. Verluste auch aus dem Nachteinsatz im W genommen, wichtige Einsätze dort waren u.a. noch die Bekämpfung der Eismeerkonvois ➢ PQ 17 und PQ 18. Nach dem Scheitern der Blitzoffensive gegen Rußland blieb die Masse aller H. zur Unterstützung des Heeres bei den Kampfverbänden im O, wo sie von 1942 an in zunehmendem Maße auch zur Luftversorgung herangezogen wurden.

Den wachsenden Bedürfnissen der Front paßte Heinkel seinen Standardbomber für 4 bis 6 Mann Besatzung immer aufs neue an: Die Abwehrbewaffnung erhöhte sich von 3 auf bis zu 8 Bord-MG, bei den letzten Varianten in Form von Zwillingslafetten und 20-mm-Bordkanonen. Die Bauserie H-20 trug statt des offenen MG-Standes einen modernen elektr. Drehturm mit einem 13-mm-MG 131 auf der Rumpfoberseite. Das Fluggewicht stieg von 8 auf 14 t; mit 2x1350-PS-Jumo-211-Motoren erreichten die Maschinen der Baureihe H bei 2000 kg Bomben max. 415 km/h.

Hecht (oft fälschl. Blitz), Beiname des dt. Schnellbombers und Aufklärers Arado Ar 234, 1941 aus einem Entwicklungsauftrag des Luftfahrtmin. für einen

Fotoaufklärer von mindestens 700 km/h und 1500 km Reichweite entstanden. Die Flugerprobung mit der Stahlturbine Jumo 109 begann im Juni 43. Ihre Leistungen als Aufklärer bewies die H. erstmals im Sommer 44, als ein Versuchsverband mit 3 Maschinen hinter der alliierten Invasionsfront operierte. Anfang 45 waren 3 Staffeln im W sowie ein Sonderkommando in N-Italien mit dem einsitzigen Fernaufklärer Ar 234 B-1 ausgerüstet. Die Bomberversion B-2 kam im Okt. 44 zur Truppe und unterstützte im Dez. die ≻ Ardennenoffensive. Im März 45 flogen Maschinen vom Typ H. mit 1000-kg-Bomben Blitzangriffe gegen die Rheinbrücke von ≻ Remagen. Techn. Daten der Version B-2: Bombenlast 1000 kg, Bewaffnung 2xMG 151/20 starr nach hinten im Rumpf; 2x900 kp Schub durch Strahlturbinen Jumo 004B oder BMW 003, Fluggewicht 9 t , max. 745 km/h, 1100 km Reichweite mit voller Bombenzuladung.

Hecht, dt. Kleinst-U-Boot für den Naheinsatz. Das 1944 entwickelte, rd. 10 m lange 2-Mann-Boot wurde per Schiff ins Zielgebiet gebracht und v.a. gegen ankernde gegner. Einheiten eingesetzt, die es mit Mine oder Torpedo angriff. 53 H. wurden fertiggestellt und im ≻ Ärmelkanal eingesetzt.

Heereswaffenamt (HWA), Zentralstelle für die techn. Entwicklung und Fertigung von Waffen, Munition und Gerät des dt. Heeres. 1920 als Waffenamt im Reichswehrmin. unter Oberst (später Gen.leutnant) Wurzbacher gegründet, war Chef des H. bei Kriegsbeginn Gen. der Artillerie Becker (1.3.38-8.4.40). Sein Nachfolger wurde Gen. der Artillerie E. Leeb. Das H. war im Frieden dem OB des Heeres unmittelbar unterstellt, seit 1.9.39 dem Chef der Heeresrüstung und Befehlshaber des ≻ Ersatzheeres (Chef H.Rüst. und B.d.E.). Aufgaben waren: a) Entwicklung neuer Waffen, Geräte und Munition (Entwicklungs- und Prüfwesen); b) Massenbeschaffung von Waffen, Geräten und Munition (Industrielle Rüstung); c) Techn. Grundlagen sowie Vorbereitung und Einrichtung von Massenfertigung bei der Industrie (Chefingenieur); d) Abnahme der fertigen Waffen, Geräte und Munition (Abnahme). Das H. wurde während des Krieges mehrfach umorganisiert; per 1.7.44 bestand es aus dem Stab mit Forschungsabt. und den 6 Amtsgruppen: Zentralaufgaben, Entwicklung und Prüfwesen, Chefingenieur, Industrielle Rüstung Waffen und Gerät, Industrielle Rüstung Munition, Abnahme. Die Personalstärke schwankte zw. 5000-7000 Mitarbeitern (1939-44). Die vom Chef der Heeresrüstung (seit 15.12.44 vom B.d.E. getrennt) Gen. der Inf. Walter Buhle zum 15.1.45 angeordnete Erweiterung des H. zum Wehrmachtwaffenamt kam wegen der sich zuspitzenden Lage an den Fronten über Ansätze nicht hinaus. Mitte April 45 verlegte der größte Teil des H. mit Chef nach S-Bayern und wurde durch Befehl vom 27.4.45 aufgelöst.

Heimatarmee (Armia Krajówa), Eigenbez. der Anfang 42 durch Zusammenschluß verschiedener poln. Widerstandsgruppen entstandenen bewaffneten Untergrundorganisation im dt. besetzten Polen. Zunächst geführt von Gen. Stefan Rowecki, der 1943 hingerichtet wurde, erreichte die H. unter Gen. ≻ Bór-Komorowski bis 1944 eine Stärke von rd. 360000 Mann. Sie war damit die mit Abstand größte Kampfvereinigung des poln. Widerstands, stand sowohl den Sozialisten der PPS wie der Bauernpartei (SL) nahe und erhielt die polit. Direktiven über einen Delegierten der Exilreg. in London, bis 1943 Prof. Jan Piekalkiewicz, der ebenfalls von den dt. Besatzern hingerichtet wurde. Als einzige bedeutende Widerstandsgruppe versagten sich die Kommunisten der H., die von Stalin als Hort der bürgerl. Reaktion angesehen wurde. Der Kampf der H., zunächst v.a. Fluchthilfe, Ausbildung und Information, später Sabotage, Partisanentätigkeit und direkter Angriff auf dt. Einrichtungen, band zunehmend dt. Sicherungskräfte. Obwohl der Kampf zahlr. Opfer forderte, wuchs die Schlagkraft der H., die auch als erste Nachrichten über die Vernichtungslager der nat.-soz. ➢ Judenverfolgung 1942 nach London funkte. Trotz des traditionellen poln. Antisemitismus stellte die H. jüd. Organisationen ihr Nachrichtennetz und – in bescheidenem Rahmen – auch Waffen zur Verfügung. Trotzdem vermochte sie den nat.-soz. Völkermord an den Juden nicht wirksam zu behindern, zumal der eigene Kampf die meisten Kräfte absorbierte. Sie wurden in großem Umfang mobilisiert, als die Rote Armee im Sommer 44 in Polen eindrang und damit die Chancen auf eine erfolgr. Erhebung gegen die dt. Fremdherrschaft stiegen. Die H.-Führung wollte v.a. der Befreiung der Hauptstadt durch die Sowjets zuvorkommen und löste am 1.8.44 den ➢ Warschauer Aufstand aus. Es wurde ihre letzte Schlacht, da die Rote Armee, die bereits die östl. Vorstadt Praga erreicht hatte, keine Hilfe leistete und auch westl. Hilfsflüge behinderte, so daß die Kerntruppe der H. verblutete und am 2.10.44 kapitulieren mußte.

Heimatflak, seit Mai 42 gebildete Flugabwehr-Einheiten, die ganz oder teilweise mit zivilem Personal besetzt waren. Arbeiter, Lehrlinge, Angestellte und Beamte wurden neben ihrer Berufsarbeit als »Flakwehrmänner« zum Dienst am Heimatort herangezogen. Die H.-Batterien waren ausdrückl. als Alarmeinheiten eingestuft, die nur bei Bedarf in Aktion traten und die zwangsläufig in der Nähe, etwa auf Flakständen in Industriebetrieben, eingesetzt wurden. Da die H. offensichtl. nicht genügend Flaksoldaten frei machte, wurden von Febr. 43 an Schüler als ➢ Luftwaffenhelfer (bzw. Marinehelfer) zum Dienst bei der Luftwaffen- und Marineflak eingezogen. Sie hatten nur mittelbar mit der H. zu tun; zahlr. Batterien, in denen vorwiegend Luftwaffenhelfer Dienst taten, wurden allerdings als H.-Batterien bezeichnet.

Heinkel AG, dt. Flugzeugwerke mit Hauptverwaltung in Rostock-Marienehe, 1922 in Warnemünde von Prof. Ernst Heinkel (* 24.1.1888, † 30.1.1958) gegründet, der sich während und nach dem 1. Weltkrieg als Konstrukteur von Marineflugzeugen einen internat. Namen gemacht hatte. Für den Export und die getarnte Fliegertruppe der Reichswehr baute H. in den frühen 30er Jahren eine Reihe militär. Prototypen, die 1935 zur Erstausstattung der Luftwaffe dienten. Dazu gehörten bei den Küstenfliegern die He 59 und die He 60, beide noch vereinzelt bis 1943 im Fronteinsatz. Als schwerstes Schwimmerflugzeug der Luftwaffe lieferte H. seit 1938 die zweimotorige He 115 mit 3350 km Reichweite und 327 km/h Höchstgeschwindigkeit. Sie flog hauptsächl. als Patrouillenflugzeug, Torpedobomber und Minenleger; bis 1944 wurden etwa 400 Stück produziert. Andere frühe Standardtypen waren der Nahaufklärer He 46 und der Jagd-Doppeldecker He 51. Als militär. bedeutsamste Neuentwicklung im Rahmen der forcierten Luftrüstung kam das zweimotorige Kampfflugzeug ➢ He 111. Zur Großserienproduktion dieses neuen Standardbombers errichtete H. 1936/37 aus Mitteln des OKL ein neues Zweigwerk in Oranienburg bei Berlin. Im Nov. 39 begann die Flugerprobung des Fernbombers He 177 ➢ Greif, der an einer unsinnigen Sturzkampfforderung des Luftfahrtmin. und seinen leicht entflammbaren Doppeltriebwerken scheiterte. Den Serienbau des zweimotorigen Nachtjägers He 219 ➢ Uhu (Erstflug Nov. 42) mußte H. im Nov. 43 zugunsten der ➢ Ju 88 wieder einstellen. Pionierarbeit leistete H. auf dem Gebiet des Raketen- und Strahlantriebs. Unter strengster Geheimhaltung startete auf dem Rostocker Werksgelände am 20.6.39 das erste Raketenflugzeug der Welt, die He 176, und zwei Monate später (24.8.) mit einer von H. entwickelten 500-kp-Strahlturbine das erste Düsenflugzeug der Luftfahrtgeschichte, die He 178. Beide Projekte wie auch das zweistrahlige Düsenflugzeug He 280 (Erstflug 2.4.41) wurden vom Lufffahrtmin. nicht für militär. Zwecke weiterverfolgt. Gegen Kriegsende entwickelte H. in kürzester Frist bis zur Frontreife den einstrahligen »Volksjäger« He 162 ➢ Salamander, der aber nicht mehr zum Einsatz kam.

Heinrici, Gotthard, * Gumbinnen (Ostpreußen) 25.12.1886, † Freiburg i.Br. 10.12.1971, dt. Gen.oberst (1.1.43); Eintritt ins Heer 8.3.05, in der Reichswehr 1.3.33 Oberst und in der Wehrmacht 1.3.36 Gen.major, 1.3.38 Gen. leutnant. Am 1.2.40 mit der Führung des VII. AK, am 9.4.40 des XII. AK betraut und am 20.4.40 zum Gen. der Inf. ernannt, nahm H. bei der 1. Armee am Frankreichfeldzug teil. Am 17.6.40 wurde er Kommand. Gen. des XXXXIII. AK, das nach der frz. Kapitulation an der Kanalküste blieb und im folgenden Jahr bei der Heeresgruppe Mitte gegen die Sowjetunion eingesetzt wurde. Vom 20.1.42 an war H. OB der 4. Armee und seit 19.8.44 der 1. Pz.armee im O. Als Nachfolger Himmlers übernahm er am 21.3.45 die Heeresgruppe Weichsel. Auf H. ging die sog. »Schlittenfahrt«-Taktik zurück: Er ließ vor dem sowjet. Feuerschlag, der jedem Großangriff voranging, die vordersten Linien räumen, so daß der Schlag ins Leere ging, und griff seinerseits die danach vorgehenden russ. Einheiten an. Damit erzielte er noch in aussichtslosen Lagen, z.B. bei den ➢ Seelower Höhen, erstaunl. Erfolge.

Hela, etwa 36 km lange, sehr schmale Halbinsel im W der Danziger Bucht. Im Polenfeldzug wurden im Hafen von H. und Heisternest die hier liegenden poln. Kriegsschiffe in den ersten Tagen des Krieges von der dt. Luftwaffe versenkt. Am 17.9.39 verlegte der Stab des poln. Flottenkommandos nach H., wo sich 80 Offiziere und 2449 Unteroffiziere und Mannschaften, zu denen noch rd. 40 Offiziere und 600 Seeleute der versenkten Schiffe kamen, gegen Verbände des dt. Korps Kaupisch verteidigten. Die Garnison verfügte über 4x15,2-cm-, 4x10,5- und 10x7,5-cm-Kanonen, dazu 6x7,5-

und 10x4,0-cm-Flak, sowie 6x3,7-cm-Pak und 11 Granatwerfer. Trotz heftiger Luftangriffe und häufiger Beschießung von Land und See – die alten Linienschiffe Schleswig-Holstein und Schlesien schossen 476x28-cm- und 440x15-cm-Granaten auf die poln. Stellungen – blieb die Halbinsel bis zum Ende des Feldzugs unbezwungen, erst am 1.10.39 unterzeichneten die Verteidiger die Übergabe.
Auch in der letzten Kriegsphase spielte H. eine bes. Rolle: Am 23.3.45 zerriß eine Offensive der 2. Ukrain. Front (Rokossowski) die Verteidigungslinien der dt. 2. Armee (v. Saucken) in drei Teile: H., Öxhöft-Gotenhafen und Danzig-Weichselniederung. H. war damit von allen Landverbindungen abgeschnitten, blieb aber bis zur Kapitulation in dt. Hand. Bis zum Schluß befanden sich hier das Armeeoberkommando Ostpreußen und der Stab Admiral östl. Ostsee, Standortkommandant Oberst Eberhard Schoepffer. 355 624 Menschen wurden im April 45 von H. über See evakuiert, darunter zahlr. Verwundete und Flüchtlinge, in der ersten Maiwoche waren es noch einmal rd. 50 000 Personen. Zuletzt blieben noch etwa 50 000 Soldaten mit ihrem OB, Gen. v. Saucken, auf H. zurück; sie legten am 9.5.45 die Waffen nieder.

Helgoland, Felseninsel in der Dt. Bucht, Teil der preuß. Provinz Schleswig-Holstein, 45 km vor der Küste, mit vorgelagerter Düne (Badeinsel) 1,6 km^2, 2700 Einwohner. H. kam durch Tausch gegen die Insel Sansibar (Ind. Ozean) an Deutschland und wurde wegen der strateg. günstigen Lage zum Flottenstützpunkt ausgebaut. 1918 mußten die militär. Anlagen geschleift werden, im Zuge der Aufrüstung nach 1933 errichtete die Kriegsmarine jedoch wieder U-Boot-Bunker, Flakstellungen, Radar-Stationen und Munitionsdepots auf H., das daher mehrfach Ziel brit. Luftangriffe war, aber zunächst nur geringe Schäden erlitt. Erst am 18.4.45 verwüstete ein Großangriff mit 4994 t Bomben die Insel, auf der am 14.5.45 brit. Truppen landeten. Nach Evakuierung der Bevölkerung diente H. der RAF als Bombenübungsgelände. Die letztl. geplante völlige Vernichtung gelang jedoch selbst bei einer Großsprengung am 18.4.47 nicht; nur ein Teil der SO-Steilküste stürzte ein. Am 1.4.52 wurde H. an die Bundesrepublik Deutschland zurückgegeben.

Hellcat, amerikan. Jagdeinsitzer Grumman F6F, Erstflug 26.6.42. Die H. löste die Grumman ➢ Wildcat seit Sommer 43 auf den US-Trägern ab und beendete damit die Überlegenheit der japan. ➢ Zero-Sen im Pazifik. Insges. fast 5000 Feindmaschinen wurden von trägergestützten H. abgeschossen, 80 % der Abschüsse aller US-Trägerflugzeuge. Von den zusammen 12 272 Exemplaren der verschiedenen Baureihen gingen 2112 an die brit. Marineluftwaffe. Daten der F6F-5: 1x2000 PS, max. 621 km/h in 5200 in Höhe, 6x12,7-mm-MG.

Helldiver, amerikan. Marinebomber Curtiss SB2C, Erstflug 18.12.40. Die H., ein zweisitziges Sturzkampfflugzeug, griff erstmals am 11.11.43 bei einem Tiefangriff auf ➢ Rabaul in die Schlacht im Pazifik ein: Danach waren Maschinen dieses Typs an jeder bedeutenden See- und Landungsoperation beteiligt. Daten der letzten Baureihe SB2C-4: 1x1900-PS-Sternmotor Wright

Cyclone, max. 471 km/h in 5100 m Höhe, Reichweite 3080 km, Fluggewicht 6,4 t, 2x20-mm- und 1x12,7-mm-MG, bis zu 450 kg Bomben oder ein Torpedo im Rumpf; insges. liefen 7200 H. vom Band.

Hendaye, frz. Atlantik-Seebad an der span. Grenze mit 5660 Einwohnern (1930). In H. traf sich Hitler am 23.10.40 mit ≻ Franco, um Spanien zum Kriegseintritt auf seiten des Dt. Reiches zu bewegen. V.a. ging es der dt. Seite um die Besetzung ≻ Gibraltars, von wo aus man den Zugang zum Mittelmeer hätte sperren können. Da Hitler jedoch nicht bereit war, Zusagen für eine Ausdehnung des span. Kolonialreichs in N-Afrika auf frz. Kosten zu machen, lehnte Franco nach geschicktem Hinhalten und unannehmbar hohen Forderungen nach wirtschaftl. Hilfe im Dez. 40 das dt. Ersuchen ab, da sein Land nach dem Aderlaß des Bürgerkriegs die Lasten eines weiteren Krieges nicht tragen könne.

Henschel Flugzeugwerke GmbH, Tochtergesellschaft der Kasseler Lokomotivfabrik Henschel & Sohn, 1933 in Berlin-Joachimsthal von Oskar R. Henschel gegründet; seit 1934 Hauptwerk mit Flugplatz in Schönefeld bei Berlin. H. entwickelte 1935/36 in Anlehnung an die amerikan. Curtiss Hawk II den ersten serienmäßigen dt. Sturzkampfeinsitzer, die Hs 123. Der Prototyp wurde am 8.5.35 von ≻ Udet öffentl. vorgeführt. Im span. Bürgerkrieg wurde der robuste Ganzmetall-Doppeldecker mit einem 880-PS-BMW-132-Sternmotor bei der Legion Condor als Schlachtflugzeug getestet. In dieser Rolle waren die letzten Hs 123-Veteranen noch bis Herbst 44 bei den Schlachtgruppen im O anzutreffen. Bewaffnung: 2x7,9-mm-MG, 2x20-mm-Kanonen, 4x50-kg-Bomben oder Behälter für Splitterbomben unter den Tragflächen; max. 340 km/h in 1200 in Höhe. – Zur Unterstützung von Heeresverbänden als Nahaufklärer diente der zweisitzige Hochdecker Hs 126 (Erstflug Aug. 36). Er war ebenfalls mit BMW-132-Sternmotor ausgerüstet; der Beobachter bediente eine vollautomat. Zeiss-Reihenbildkamera und im Ernstfall ein bewegl. 7,9-mm-MG 15. Die Hs 126 war bei Kriegsbeginn Standardmuster der Aufklärungsstaffeln; 1942 stufenweise durch die Fw 189 ≻ Eule als »fliegendes Auge des Heeres« abgelöst. – Das zweimotorige Erdkampfflugzeug Hs 129 (Erstflug Anfang 39) war auf dt. Seite das takt. Gegenstück zur sowjet. ≻ Il 2, von der Standardserie Hs 129B jedoch wurden von Anfang 42 bis Sept. 44 nur 841 Stück ausgeliefert. Da die 700-PS-Gnome-Rhône-Sternmotoren außerordentl. empfindl. auf Wüstenstaub reagierten, geriet das Einsatzdebüt der Hs 129 in N-Afrika zum Debakel. Dagegen bewährte sich der gepanzerte Einsitzer im O als Pz.jäger, was ihm den Spitznamen »fliegender Büchsenöffner« einbrachte. Die Standardbewaffnung bestand aus 2x20-mm-Kanonen und 2x7,9-mm-MG in der Rumpfunterseite sowie Gehänge für zwei 50-kg-Bomben. Speziell zur Pz.bekämpfung trugen andere Einsatzvarianten großkalibrige Rohrwaffen bis hin zu 75-mm-Pak mit Rückstoßbremse.

»Herkules«, Deckname für eine am 29./30.4.42 zw. Hitler und Mussolini auf dem Obersalzberg vereinbarte Eroberung der brit. Insel ≻ Malta zw. Sizilien und Libyen (OKW-Weisung 4.5.42). Nach den hohen Verlusten durch brit. Angriffe von Malta aus auf den Nachschub der dt.-italien. Pz.armee Afrika, bes. im Winter 41/42, sollte das für Juli 43 vorgesehene Unternehmen »H.« den »unsinkbaren brit. Flugzeugträger« beseitigen, der sonst nur durch pausenlose, verlustreiche Angriffe aus der Luft niederzuhalten war. Nur zögernd ging Hitler, nach den bitteren Erfahrungen beim Unternehmen ➢ »Merkur« gegen Kreta, auf den Plan einer Luftlandung ein und genehmigte sie nur für den Fall, daß zunächst die brit. 8. Armee in N-Afrika zurückgeschlagen und die Festung ➢ Tobruk genommen würde. Für »H.« war vorgesehen: Eine dt. Fallschirmjägerdiv. des XI. Fliegerkorps (Student) und die italien. Luftlandediv. »Folgore« mit insges. 30000 Mann sollten die beherrschenden Höhen um die maltes. Hauptstadt La Valetta nehmen, alle Abwehrkräfte binden und so die Landung von 70000 weiteren Soldaten auf dem Seeweg ermöglichen. 500 Ju 52 und ebenso viele Lastensegler standen zur Verfügung. Da Hitler jedoch der italien. Einsatzbereitschaft mißtraute, gab er auch nach dem Erfolg der Sommeroffensive gegen die brit. 8. Armee und dem Fall Tobruks (21.6.42) nicht das angekündigte grüne Licht für »H.«, sondern ließ das Unternehmen abblasen mit dem Hinweis auf Rommels Versicherung, den Vorstoß zum Nil trotz der maltes. Bedrohung im Rücken bewältigen zu können. Die – wie sich herausstellen sollte – nur zu berechtigten Warnungen des OB Süd Gen.feldmarschall Kesselring fanden kein Gehör.

Hermes, brit. Flugzeugträger, 18.2.24 in Dienst gestellt, 10850 t, 25 kn; Bewaffnung: 7x14 cm, 4x10,2 cm, 15 Flugzeuge. Im Herbst 39 gehörte die H. zu einer der 8 brit.-frz. Kampfgruppen, die zur Jagd auf die ➢ Admiral Graf Spee gebildet wurden, und war ein Jahr später auch an der ergebnislosen Suche starker brit. Flottenverbände nach der ➢ Admiral Scheer im S-Atlantik beteiligt. Zuvor hatte die H. am 8.7.40 am Raid gegen das noch unfertige frz. Schlachtschiff ➢ Richelieu in Dakar teilgenommen. Danach der British Eastern Fleet zugeteilt, operierte der Träger vor O-Afrika. Seine Flugzeuge wurden zur Unterstützung der Kämpfe in Somaliland eingesetzt (25.2.41 Eroberung von Mogadischu). Beim Angriff einer japan. Trägerflotte (Nagumo) gegen ➢ Ceylon wurde die H. (Kapitän Onslow) am 9.4.42 Opfer von Sturzkampfbombern.

Heß, Rudolf, * Alexandria 26.4.1894, † Berlin 17.8.1987, dt. Politiker; 1920 NSDAP-Beitritt, 1923 Teilnahme am Hitler-Putsch und Verurteilung zu 18 Monaten Festungshaft in Landsberg, dort Aufnahme des Diktats von »Mein Kampf« und seitdem Hitlers Privatsekretär, 1933 Stellv. des Führers als Parteichef und Leiter der Parteikanzlei (Min.rang). H., dessen Stabsleiter ➢ Bormann ihn bald aus dem Machtzentrum verdrängte, hing mit fast religiöser Inbrunst an Hitler und vertrat bedingungslos v.a. auch dessen rassist. und antisemit. Ansichten. Schon lange als Sonderling bekannt, flog er am 10.5.41 nach Großbrit. und versuchte, London zu einem Friedensschluß mit dem Dt. Reich zu bewegen, das er durch Hitlers Entschluß zum Angriff auf die Sowjetunion gefährdet sah. Hitler ließ ihn für geisteskrank erklären, die Briten nahmen ihn in Haft. Im Nürnberger Prozeß gegen die Hauptkriegsverbrecher wurde H. am 1.10.46 zu lebenslanger Haft verurteilt. Seit 1966 war er einziger Häftling im Gefängnis Spandau, seine von allen Bundesreg. und zahllosen Prominenten geforderte Begnadigung scheiterte immer wieder am Veto der Sowjets, auch wollte H. nie Gnade, sondern Rehabilitierung. Er nahm sich schließl. das Leben.

Hetzer, dt. Jagdpz. mit 7,5-cm-Pak 39 L/48 auf dem Fahrgestell des tschech. Pz. 38. Der H. wog 16 t, hatte 4 Mann Besatzung und erreichte mit einem 150-PS-Motor auf der Straße 42 km/h, im Gelände nur 15 km/h, Länge (ohne Rohr) 4,74 m, Breite 2,63 m, Höhe 2,17 m. Der H. hatte keinen Drehturm, die Pak war in der Kugelblende im Rumpfaufbau untergebracht. Seit 1944 gehörten H. zur Ausrüstung der Pz.jägerabt. der Inf.div.; in diesem Jahr wurden 2357 Exemplare fertig, 1945 folgten noch weitere 832 Stück. Bis in die 50er Jahre wurden H. in der Schweizer Armee unter der Bez. G. 13 verwendet.

Heuschrecke, dt. Selbstfahrlafette mit der leichten Feldhaubitze 18 (10,5 cm) auf Fahrgestell ≫ Panzer IV.

Heydrich, Reinhard, * Halle 7.3.1904, † Prag 4.6.1942, SS-Obergruppenführer (27.9.41); 1922 zur Marine, Ende 30 Entlassung wegen gebrochenen Eheversprechens, 1931 NSDAP- und SS-Beitritt (1.3.34 Gruppenführer), Aufbau eines Sicherheitsdienstes (SD), 1936 Chef der Sicherheitspolizei und des SD (CSSD). H., im Gegensatz zu seinem Chef Himmler und Hitler kein Ideologe, war der typ. Machtmanager, der ohne innere Beteiligung die Politik des nat.-soz. Regimes, v.a. im Rahmen der ≫ Judenverfolgung (20.1.42 Wannsee-Konferenz unter seinem Vorsitz über die Vernichtung des europ. Judentums), exekutierte. Er wurde im Sept. 41 stellv. Reichsprotektor in Prag und eigentl. Machthaber im Protektorat, das er durch polizeistaatl. Methoden, v.a. aber durch Maßnahmen zur wirtschaftl. Gesundung befriedete. Das daher relativ positive Erscheinungsbild der dt. Herrschaft in Böhmen und Mähren führte zum Entschluß der tschech. Exilreg. in London, H. zu beseitigen: Am 27.5.42 lauerten ihm per Fallschirm abgesetzte Agenten auf und schossen auf ihn. H. erlitt Verletzungen, denen er acht Tage später erlag. Zur Vergeltung vernichtete die SS am 10.6.42 das Dorf ≫ Lidice.

Hiei, japan. Schlachtkreuzer, 21.11.12 in Dienst gestellt und zunächst als Schulschiff verwendet; 1936 bis Jan. 40 Umbau zum Großkampfschiff, 32 150 t, 30 kn, 222 m lang, 32 m breit, 1437 Mann Besatzung; Bewaffnung: 8x35,6 cm, 14x15,2 cm, 8x12,7 cm. Die H. gehörte beim japan. Angriff auf Pearl Harbor (7.12.41) zum Unterstützungsverband (Vizeadmiral Mikawa) und fuhr bis 23.12. Sicherung für die Trägerflotte. Seit Jahresbeginn 42 folgten Operationen gegen Rabaul, Port Darwin (Australien) und Java, im April gegen Ceylon, im Juni bei ≫ Midway und dann bei der japan. Landung auf ≫ Guadalcanal (Ende Aug. 42). Die Gewässer dieser Insel wurden der H. im Nov. 42 zum Schicksal: Beim Anmarsch zum Entscheidungskampf prallte der japan. Kampfverband in der Nacht zum 13.11. südostwärts von Savo Island auf eine US Task Force mit 5

Kreuzern und 9 Zerstörern. Im folgenden wilden Gefecht erhielt die H. teils auf kürzeste Entfernung über 50 Artillerietreffer der US-Kreuzer Portland und San Francisco und sank am Morgen nach Treffern von 2 Lufttorpedos von Trägerflugzeugen der ➢ Enterprise sowie einem Bombentreffer von einer B-17 Flying Fortress; die Besatzung konnte geborgen werden.

Hien (Schwalbe), Beiname des japan. Jagdeinsitzers Kawasaki Ki-61/100. Erstflug Dez. 41. Die weitverbreitete H. wich durch ihren flüssigkeitsgekühlten V-Motor vom traditionellen Bild aller japan. Jagdflugzeuge ab. Nach ersten Einsätzen über Neuguinea tat sich dieser Jäger mit dem alliierten Codenamen Tony an allen pazif. Fronten hervor, u.a. über Rabaul, bei den Schlachten im ➢ Leyte-Golf und schließl. gegen amerikan. Bomberverbände über dem japan. Mutterland. Insges. 3078 Stück wurden gebaut, die Hauptvariante Ki-61 I (2734 Exemplare) flog mit 1x1175 PS max. 592 km/h in 4860 in Höhe. Die ursprüngl. Bewaffnung von 2x7,7- und 2x12,7-mm-MG wurde später durch die Kombination 2x12,7-mm-MG und 2x20- oder 2x30-mm-Kanonen verstärkt.

Hilfskreuzer (ursprüngl. offiz. Handelsstörkreuzer, HSK), für Kriegszwecke eingerichtete und bewaffnete Handelsschiffe, die unter Kriegsflagge fuhren und von Seeoffizieren geführt wurden. Der H.-Gedanke ging zurück auf die Zeiten des Kaperkrieges und wurde nach dessen Verbot 1856 Teil der seestrateg. Planung vieler Flotten. Meist zum Schutz der eigenen Handelsschiffahrt gedacht, wurden die dt. H. dagegen schon vor dem 1. Weltkrieg bewußt als Handelsstörer konzipiert. Sie sollten auch im 2. Weltkrieg die Überwasserstreitkräfte bei der Bekämpfung des gegner. Nachschubverkehrs unterstützen. Die dt. Kriegsmarine hatte vor dem Krieg die planmäßige Vorrüstung von Frachtern für H.-Zwecke versäumt, so daß erst relativ spät (31.3.40 ➢ Atlantis) der H.-Krieg aufgenommen werden konnte. Er ließ sich dennoch sehr erfolgreich an: Insges. neun H., die neben dem Namen noch die Bez. »Schiff« führten (z.B. ➢ Coronel Schiff 14), kamen zum Einsatz, einer wurde vor Indienststellung zerstört (Hansa Schiff 5). Sie trugen nach Verlust des Schlachtschiffs ➢ Bismarck die Hauptlast im überseeischen ➢ Zufuhrkrieg über Wasser und operierten außer im Eismeer auf allen Weltmeeren. Bewaffnet mit 15-, 10,5- und 6-cm-Geschützen, Fla-Waffen, Torpedos und Bordflugzeugen, gelang den H. die Versenkung von insges. 138 Schiffen mit 857 533 BRT. Wichtiger aber war der Seekriegsleitung, deren Operationsabt. den Einsatz steuerte, die Bindung starker feindl. Kräfte. Sie ließ sich allerdings nicht lange aufrechterhalten, da Verluste die H.-Flotte schwächten und weil den Alliierten mit wachsender Reichweite, Stärke und Überlegenheit ihrer Luftwaffen sowie v.a. durch die Einführung des ➢ Radars im Lauf des Jahres 43 die nahezu lückenlose Seeüberwachung möglich wurde. Als letzter dt. H. verschwand am 17.10.43 ➢ Michel von den Weltmeeren.

Hilfswillige (Hiwis), Bez. für »fremdvölk.« Helfer der Wehrmacht, Polizei oder SS, v.a. Russen, Ukrainer, Polen, Balten u.a. Die H. wurden im allg. nicht bei der kämpfenden Truppe, sondern zu zivilen und polizeil. Aufgaben eingesetzt, z.B. bei den ➢ Einsatzgruppen.

Hilpert, Carl, * Nürnberg 12.9.1888, † Moskau 1.2.1947 (Grab 43 in Krasnogorsk), dt. Gen.oberst (1.5.45); Eintritt ins Heer Frühjahr 07, in der Wehrmacht 1.4.39 Gen.major, 1.10.40 Gen. leutnant, 1.9.42 Gen. der Inf. Gegen Ende des Polenfeldzugs wurde H. Chef des Gen.stabes bei der Armeeabt. A an der niederländ. Grenze, am 25.10.39 beim Grenzabschnittskommando Süd in Krakau und am 1.2.40 bei der 1.Armee im W, mit der er am Frankreichfeldzug teilnahm. Am 26.10.40 zum Chef des Gen.stabs der Heeresgruppe B (spätere Heeresgruppe Mitte) ernannt, führte H. beim Angriff auf die Sowjetunion das LIX. AK, seit 25.7.42 als Kommand. Gen. das XXIII. AK, seit 20.1.43 das LIV. AK und seit 1.1.44 das 1. AK. Am 3.9.44 übernahm er den Oberbefehl über die 16. Armee im N-Abschnitt der O-Front und wurde am 10.3.45 OB der Heeresgruppe Kurland, mit der er nach der Kapitulation der Wehrmacht in sowjet. Gefangenschaft ging.

Himmelbett, Deckname für ein dt. Nachtjagdverfahren, beruhte im Gegensatz zur hellen Nachtjagd und späteren ➢ »Wilde-Sau«-Taktik auf straffer Führung einzelner Maschinen durch Sprechfunk vom Boden. Jägerleitoffiziere dirigierten die Maschinen mit Hilfe eines ➢ Würzburg-Radars an den Feind (»Kurier«) heran, der von einem zweiten Würzburg-Gerät erfaßt worden war. Die Bewegungen des eigenen wie des feindl. Flugzeugs ließen sich anhand der Funkmeßdaten auf einem »Seeburg«-Tisch als wandernde Lichtpunkte verfolgen, die nun durch laufende Kursangaben an den Nachtjäger in Kontakt gebracht werden sollten. Zusätzl. zu den Scheinwerferriegeln an der dt. W-Grenze und vor Berlin legte Gen. Kammhuber im Winter 41/42 einen Gürtel der H.-Stellungen an, der von der Dt. Bucht bis Belgien reichte (➢ Kammhuber-Linie). Die einzelnen H.-Kreise verfügten noch über ein ➢ Freya-Frühwarngerät von bis zu 150 km Reichweite. Die Jägerleitbezirke hatten einen Durchmesser von etwa 65 km und überlappten sich gegenseitig. Das aufwendige System bewährte sich, solange die brit. Nachtbomber einzeln auf breiter Front ins Reichsgebiet ein- und ausflogen. Die veränderte RAF-Angriffstaktik des nächtl. Bomberstroms seit Frühjahr 42 zwang die Nachtjäger zu flexibleren Leitverfahren.

Himmler, Heinrich, * München 7.10. 1900, † Lüneburg 23.5.1945, dt. Politiker; 1923 Teilnahme am Hitler-Putsch, 1925 Gaugeschäftsführer der NSDAP in Niederbayern, 1929 Reichsführer SS (RFSS), 1933 Polizeipräs. in München, mit ➢ Heydrich Aufbau eines Sicherheitsdienstes (SD) der SS und schrittweise Übernahme der polit. Polizei in den Ländern, 1934 Lösung der SS aus der Unterstellung unter die SA, 17.6.36 Chef der Dt. Polizei. Dem fanat. Rassen-Ideologen H. unterstand bei Kriegsbeginn ein riesiger Machtapparat, eine Art Staat im Staat: Neben Kripo, Gestapo, Ordnungspolizei (Orpo) gebot er über die KZ, die Wachmannschaften, die Junkerschulen und Ordensburgen, die SS-Verfügungstruppe, aus der die ➢ Waffen-SS entstand, wurde im Okt. 39 noch Reichskommissar für die Festigung des dt. Volkstums und schuf sich

Himmler: Der Reichsführer-SS, Adolf Hitler und SS-Standartenführer Paul Hausser (von links) begutachten ein Manöver der Waffen-SS.

mit dem Wirtschafts-Verwaltungshauptamt eine gigant. Behörde zur Kontrolle und Lenkung von SS-eigenen Betrieben, die durch Ausbeutung von ➢ Zwangsarbeitern und Häftlingen enorme Beträge in die SS-Kassen brachten. H.s Rang in der nat.-soz. Hierarchie resultierte aber v. a. aus seiner Rolle als Hitlers Organisator des Völkermords bei der ➢ Judenverfolgung, die er mit einer barbarischen Mischung aus Korrektheit und Gnadenlosigkeit betrieb. Zum Dank für seine bedingungslose Treue wurde H. 1943 Nachfolger ➢ Fricks als Innenmin. und nach dem fehlgeschlagenen Attentat vom 20. Juli 44 Befehlshaber des Ersatzheers. Sein Stern begann erst zu sinken, als er sich im Dez. 44 von Bormann zur Übernahme des Oberbefehls über eine Heeresgruppe (Oberrhein, später Weichsel) überreden ließ und als militär. Führer völlig versagte. Als Hitler in den letzten Kriegstagen von Kontakten H.s zu den Angloamerikanern erfuhr, stieß er ihn testamentar. aus der Partei aus und enthob ihn aller Ämter. Nach Kriegsende versuchte H. verkleidet unterzutauchen, wurde aber von brit. Soldaten festgenommen und beging Selbstmord durch Gift.

Hirohito, * Tokio 29.4.1901, † 7.1. 1989, 124. Tenno (japan. Kaiser) seit 25.12.26; 1921 Regent. Nominell OB der Streitkräfte, verlor H. seit 1931 zusehends an Einfluß auf Verteidigungs- und Außenpolitik und vollstreckte im wesentl. nur die Politik der herrschenden Militärs (Krieg gegen China, Austritt aus dem Völkerbund, Kriegserklärung an Großbrit., Angriff auf die USA). Erst seit 1944, bei sich abzeichnender Niederlage, gewann er durch seine Amtsautorität wieder an Gewicht und forderte seine Reg. auf, Möglichkeiten der Beendigung des Konflikts zu prüfen, was schließl. im Juli 44 zum Rücktritt des Min.präs. und Obersten Befehlshabers ➢ Tojo führte. Ein Ende der Kämpfe jedoch vermochte H. gegen die Mehrheit der Kriegspartei im Kabinett nicht durchzusetzen, Bitten um Vermittlung an das in einem Nichtangriffspakt mit Japan verbundene Moskau wurden dort verschleppt, so daß es Anfang Aug. 45 zu den Katastrophen von ≫ Hiroshima und ≫ Nagasaki kam. Eine Besetzung Japans aber konnte H. abwenden, indem er die unbelehrbaren Durchhaltekrieger in der Reg. entmachtete und die Kapitulation erzwang. 1948 vom Internat. Gerichtshof in Tokio von der Anklage, Kriegsverbrechen begangen zu haben, freigesprochen.

Hiroshima, japan. Hafenstadt mit knapp 400 000 Einwohnern (1941). H., bis 1945 verschont von amerikan. Bombenangriffen, kam gerade deswegen auf die Liste mögl. Ziele für den Abwurf der am 16.7.45 erstmals erfolgreich getesteten ≫ Atombombe, da ein bis dahin unzerstörtes Stadtgebiet nach der Explosion genaue Aufschlüsse über die Wirkung versprach und zudem zur Demonstration der amerikan. Entschlossenheit bes. geeignet schien. Am 26.7.45 forderte die US-Regierung Tokio ultimativ zur Kapitulation auf, andernfalls Japan die »völlige Vernichtung« erwarte. Da keinerlei Konzessionen an den japan. Wunsch nach Respektierung des Tenno ≫ Hirohito gemacht wurden, beschloß die Reg. Suzuki, die Note nicht zu beachten.

Ein bes. Bomberkommando, die sog. 509. Gruppe unter Oberst Paul Tibbets, begann auf ≫ Tinian mit dem Training für den Abwurf der A-Bombe, der am 5.8.45 für den kommenden Morgen angeordnet wurde. Tibbets selbst flog die B-29 ≫ »Enola Gay«, die am Montag, dem 6.8., um 8.15 Uhr und 17 Sekunden den Uransprengsatz ≫ »Little Boy« über H. ausklinkte. Die Stadt, in der zahlr. Menschen gerade zu ihren Arbeitsstätten eilten, wurde vollkommen überrascht: Zwar war beim Auftauchen der vorausfliegenden Aufklärermaschinen um 7.31 Uhr Luftalarm ausgelöst worden, doch gab es wegen der geringen Flugzeugzahl schon nach wenigen Minuten wieder Entwarnung. Die am Fallschirm herabschwebende Bombe hielt man für einen Notabwurf.

Der Tod von H. kam in drei Wellen: Nach einem Lichtblitz von blindmachender Helligkeit folgte eine Hitzewelle, die in der Nähe des Explosionsherdes Menschen förml. verdampfen ließ und noch in über 3 km Entfernung schwere Verbrennungen verursachte. Die aufflammenden Brände wurden noch angefacht von der anschließenden Druckwelle, die Häuser und Autos wegblies, Menschen zu Boden oder gegen Mauern wirbelte und noch in 12 km Entfernung alle Scheiben eindrückte. Bes. mörderisch war die dritte, die radioaktive Welle, deren tödliche Wirkung sich in größerem Abstand mit Verzögerung entfaltete. Sie zerstörte das Immunsystem der Opfer, verbrannte die Haut und erzeugte schwere Stoffwechselkrankheiten. Der Schock zeichnete die Überlebenden nachhaltig; man sprach von einer sog. H-Maske, einer Art gefrorenen, fratzenhaften Grinsens. Insges. kamen bei der Explosion und in den folgenden Wochen nach einer amtl. Aufstellung vom Frühjahr 46 mindestens 92 000 Menschen um (andere Angaben sprachen von bis zu 200 000 Opfern), H. wurde zu über 80 % zerstört.

Der Untergang der Stadt stärkte wie erwartet die Position der kapitulationswilligen Mitglieder der japan. Reg. um den Kaiser. Doch Tokio nahm zunächst Sondierungen in Moskau auf, das hinhaltend reagierte und statt zu vermitteln

Hiroshima: die bis auf die Grundmauern zerstörte Stadt nach dem Atombombenabwurf vom 6. August 1945

Japan am 8.8. den Krieg erklärte. Es kam damit dem Zusammenbruch zuvor, der am nächsten Tag mit dem Abwurf einer weiteren Atombombe auf ≫ Nagasaki besiegelt wurde.

Hiryu, japan. Flugzcugträger, 5.7.39 in Dienst gestellt, 17300 t, 34 kn; Bewaffnung: 12x12,7 cm, bis zu 73 Flugzeuge. Die H. gehörte zur Trägerflotte beim Großangriff auf Pearl Harbor (7.12.41) und unterstützte die Landung auf der Insel ≫ Wake. Es folgten Angriffe auf Port Darwin (19.2.42), Sicherungsaufgaben bei der Invasion Javas (Ende Febr. 42) und Operationen mit der Trägerflotte von Vizeadmiral Nagumo gegen Ceylon (April 42). In der Schlacht bei ≫ Midway gehörte die H. wieder zur Trägergruppe Nagumos, die am 4.6.42 nach erfolglosen Luftangriffen auf die Insel von amerikan. Trägerflugzeugen angegriffen wurde. Die erste Welle der Torpedostaffeln konnten die Japaner noch abwehren, dann aber erlitt der Verband schwere Verluste: Die Träger Akagi, Soryu und Kaga fielen den US-Sturzkampfflugzeugen der Träger York- town und Enterprise zum Opfer, so daß Nagumo zur Fortsetzung der Träger-Luftschlacht nur noch die H. blieb. Ihre Maschinen konnten am Nachmittag in 2 Wellen aufsteigen und 2 Torpedo- sowie 3 Bombentreffer auf der Yorktown erzielen. Daraufhin konzentrierten die Fliegergruppen der US-Träger Enter-prise und Hornet ihre Angriffe auf die H., die in Brand geriet und aufgegeben werden mußte. Die Besatzung konnte noch geborgen werden; allerdings waren der Kommandant Kapitän z.S. Kaku und der Befehlshaber der 2. Trägerdiv. Konteradmiral Yamagushi gefallen.

Hiryu (japan. Fliegender Drache), Beiname des japan. Bombers Mitsubishi Ki-67. Die ersten Serienmuster tauchten 1944 bei der Schlacht in der Philippinen-See auf, mit Marinebesatzungen flogen sie auch Torpedoangriffe. Im letzten Kriegsjahr operierten Maschinen vom Typ H. von Kiuschu aus über ➢ Iwo Jima, den ➢ Marianen und ➢ Okinawa. Die H. erreichte mit 2x1900 PS max. 537 km/h in 6000 m Höhe, normale Reichweite 2800 km, bis 800 kg Bomben intern. Die 6-8köpfige Besatzung konnte sich mit 1x20-mm-Kanone und 4x12,7-mm-MG gut verteidigen, überdies war das Baumuster mit rd. 13 t Startgewicht ungewöhnl. wendig. Viele der insges. 727 H. standen bei Kriegsende fabrikneu zu Selbstmordeinsätzen für den Fall einer Invasion Japans bereit.

Hitler, Adolf, * Braunau am Inn 20.4.1889, † Berlin 30.4.1945, dt. Politiker; Kriegsfreiwilliger im 1. Weltkrieg als Gefreiter (EK I 1918), nach der Niederlage V-Mann der Reichswehr, 1919 Beitritt zur Dt. Arbeiterpartei (DAP), 1921 Vors. der zur Nat.-soz. Dt. Arbeiterpartei (NSDAP) umbenannten rechtsextremist. und antisemit. Gruppierung, 1923 mißglückter Putschversuch gegen die Reichsreg., 1924 Festungshaft und Abfassung der Programmschrift »Mein Kampf«, 1925 Neugründung der Partei, 1930 Einzug mit 107 Abgeordneten in den Reichstag, 1932 stärkste Fraktion, 30.1.33 Ernennung zum Reichskanzler, 23.3.33 Ermächtigungsgesetz und Beseitigung des parlamentar. Systems, 30.6./1.7.34 Ausschaltung der innerparteil. Opposition durch Mordaktion während der Röhm-Affäre (83 Opfer, meist hohe SA-Führer), 2.8.34 Ernennung zum »Führer und Reichskanzler« und damit Vollendung der persönl. Diktatur, Aufrüstung und Revision der Friedensbedingungen von Versailles: Wiedereinführung der Wehrpflicht und Dt.-Brit. Flottenabkommen (1935), Besetzung der entmilitarisierten Zone des Rheinlands (1936), Angliederung Österreichs und des Sudetenlands (1938).
1939 forcierte H. seinen Lebensplan auf zwei ideolog. Hauptachsen: Rasse und Raum. Seit der sog. Reichskristallnacht (Nov. 38) beschleunigten etliche Erlasse die Ausbürgerung der dt. Juden aus der gedachten Volksgemeinschaft »deutschen Blutes«. Infolge der lange duldenden brit. Politik des Appeasement glaubte er, seine gewaltvorraussetzenden Nahziele – u.a. »Zerschlagung der Tschechoslowakei« – rascher ansteuern zu können als in der ➢ Hoß-

bach-Niederschrift (Nov. 37) veranschlagt. Alle Unternehmungen H.s seit 1938 scheinen nach den Selbstaussagen zudem unter dem Diktat der Lebensuhr gestanden zu haben; er war überzeugt, krank zu sein und nicht mehr viel Zeit zu haben. Nach dem Einmarsch in Prag (März 39) und dem Ende der brit. Nachgiebigkeit schuf der Nichtangriffsvertrag mit der UdSSR, nebst geheimem Zusatzprotokoll über die Aufteilung Ostmitteleuropas (Aug. 39), die vermeintl. glückverheißende strateg. Ausgangslage. Damit war der Weg frei zum Einfall in Polen, wobei H. auf das Stillhalten Englands spekulierte. Stalin hingegen rechnete durch den sicher erwarteten Krieg im Westen mit einer wechselseitigen kapitalist. Selbstzerfleischung zum sowjet. Vorteil. Er ahnte aber nicht, daß H.s Wehrmacht sich lange als unwiderstehlich erweisen und im Grunde gestärkt aus den Blitzkriegen 39-41 hervorgehen würde.

Der »Feldherr H.« war eine zwiespältige Erscheinung. Er konnte unkonventionell denken und war kühnen Operationsplänen geöffnet, so hinsichtl. des Angriffs durch die Ardennen im Mai 40 (≫ Frankreichfeldzug). Auch förderte er mit dem Sinn für moderne Technik den kombinierten Bewegungskrieg von Land- und Luftwaffe. Erst als die Gegner gleichzogen, später an Menschen und Material weit überlegen wurden, wendeten sich Vorzüge in Schwäche. Jetzt fehlte dem Autodidakten die Denkschulung des Gen.stäblers. Da er aber erfahrenen Rat nicht annahm wegen früherer Fehlvoraussagen der Militärs gegen seinen besseren Instinkt, häuften sich nun die Fehler. Alles selber entscheidend, degradierte er seine Feldmarschälle zu Handlangern. In der Not der Abwehrschlachten kehrte er zu den Methoden des Stellungskrieges 14/18 zu-rück: Halten um jeden Preis. Unter dem veränderten Gesetz der Bewegung von 39-45 und angesichts überdehnter Fronten und mangelnder Reserven beschleunigte dieses Rezept den Untergang.

Im Schatten des Weltanschauungskrieges im Osten (seit Juni 41) ließ H. seine wiederholten Drohungen gegenüber der »jüd. Rasse in Europa« wahr werden. Das furchtbarste Ausrottungsprogramm der Weltgeschichte begleitete die Jahre 41-45, in denen Rassenwahn und Lebensraum-Utopie zeitl. und räuml. ineinanderliefen. Der Auftrag zur ≫ Endlösung der Judenfrage und der Eroberungskrieg gegen Rußland unter Vertragsbruch waren für H. die histor. Vollzugsmeldungen der Programmatik von »Mein Kampf«. Inmitten millionenfachen Todes anderer blieb der Urheber trotz mehrerer geplanter oder vollendeter Attentate nahezu unversehrt und riß zuletzt noch die Widerständler des Zwanzigsten Juli rachedurstig ins Verderben. Wie zum Hohn auf alle Fehlversuche, ihn umzubringen, starb H. in den Trümmern dessen, was einmal seine Weltmetropole »Germania« hätte werden sollen, von eigener Hand, nachdem er zuvor in einer apokalypt. Bunkerszene seine Geliebte Eva Braun geheiratet hatte. Seine letzte polit. Willenserklärung (Testament) verlangte »unbarmherzigen Widerstand gegen die Weltvergifter aller Völker, das internat. Judentum«. H. blieb seiner fixen Idee bis zum Tod treu. Unsägliches Leid und der größte Völkermord der Geschichte bleiben untrennbar mit seinem Namen verbunden.

»Hitlerjugend«, Beiname zunächst einer Pz.grenadierdiv. (aufgestellt Juli 43), später (Okt. 43) der 12. SS-Pz.div. unter SS-Standartenführer Witt, nach dessen Tod (16.6.44) geführt von SS-Brigadeführer Kurt Meyer (»Panzermeyer«). Die Aufstellung einer Elite-Einheit aus 16- bis 18jährigen Hitlerjungen ging zurück auf eine Idee von Reichsjugendführer Axmann und wurde von Hitler begrüßt als Test für die nat.-soz. Erziehung. Die schließlich 20000 Freiwilligen, z.T. aus Wehrertüchtigungslagern der HJ rekrutiert, wurden ausgebildet vom Stammpersonal der Leibstandarte-SS »Adolf Hitler« und im Juni 44 an die Invasionsfront geworfen. Dort verblutete die Div. »H.« bis auf geringe Reste. Der fanat. Kampfeswillen der förml. auf den Feind dressierten Jungen trug der Einheit beim Gegner den Namen »Baby-Division« ein. Eine neue SS-Div. »H.« wurde in der Ardennenoffensive und bei Einsätzen in Ungarn weitgehend aufgerieben.

Hitler-Stalin-Pakt, umgangssprachl. Bez. für den ≫ Deutsch-Sowjet. Nichtangriffsvertrag vom 23.8.39.

Hiwis, Kurzwort für ≫ **Hi**lfs**wi**llige.

Hlinka-Garde, nat. slowak. Miliz, benannt nach dem Führer der Christl. Volkspartei, Pater Hlinka. Das Oberkommando der H. war beim slowak. Innenmin. in Preßburg eingerichtet; ihr erster Kommandeur war Innenmin. Mach.

Hitlerjugend: beim sinnlosen Endkampf ums Reich im »Volkssturm« eingesetzte Hitlerjungen nach ihrer Auszeichnung für Tapferkeit vor dem Feind

Unter dt. Befehl wurde die Garde im Aug./Sept. 44 bei der Niederschlagung des Aufstands in der Slowakei eingesetzt.

Hochdruckpumpe (HDP), Deckname einer dt. Spezialwaffe für Fernbeschuß, zurückgehend auf eine frz. Planung von 1918, die 1940 erbeutet wurde. Die H. war ein Mehrkammergeschütz, das seine Geschosse in einem Rohrsystem durch seitl. angebrachte Treibladungen mehrfach beschleunigte. Seit Anfang 42 in der Entwicklung, wurde ein Modell im Sept. 43 Hitler vorgeführt, der den Propagandanamen »Fleißiges Lieschen« dafür genehmigte und den Bau von 50 H. zum Beschuß von London anordnete. Dazu wurde umgehend an der Kanalküste der Bau von zwei unterird. Stellungen für je 25 H. begonnen, für die 5000 Mann der Organisation Todt abgestellt wurden. In 30 m Tiefe sollten eine Feldbahn und eine zweispurige Straße die Kampfstände und Barackenunterkünfte der 1100 Mann Bedienung verbinden. Wassereinbrüche und Lüftungsprobleme verhinderten jedoch eine Fertigstellung, so daß die nutzlosen Stellungen im Sept. 44 kanad. Truppen in die Hände fielen.
Schwierigkeiten gab es auch bei der Konstruktion der H. und v.a. ihrer Granaten: Geplant waren bis 124 m lange Rohre aus 32 Teilstücken, zw. denen die Treibsätze montiert werden sollten, Gesamtgewicht 76 t. Verschießen wollte man bei einem Kaliber von 15 cm 3,165 m lange Granaten von 140 kg Gewicht bei 25 kg Sprengladung. Zur Stabilisierung war ein ausfaltbares Heckleitwerk vorgesehen, das jedoch nie richtig funktionierte. Die Mündungsgeschwindigkeit sollte auf 1500 m/s gebracht werden, damit eine Schußweite von 160 km bis in die brit. Hauptstadt möglich wurde. Erprobungen seit Jan. 44 ergaben jedoch, daß die H. zwar wie gewünscht arbeitete, die Geschosse jedoch trudelten. Als schließl. neue Granatenentwürfe vorlagen, machte die Lage eine radikale Reduzierung der Planungen erforderl., so daß nur eine verkleinerte Version des bei der Truppe »Tausendfüßler« genannten Geräts zum Einsatz kam. Am 30.12.44 fiel der erste Schuß, abgefeuert von der Artillerie-Abt. 705 gegen Luxemburg aus einer nur 28 t schweren H., Schußweite 42,5 km. Ein zweites Geschütz feuerte seit 3.1.45. Beide verschossen bis zum Ende des Einsatzes am 22.2.45 insges. 157 Granaten mit minimaler Wirkung.

Ho Chi Minh (vietnames. der Erleuchtete), ursprüngl. Nguyen That Tanh, * Kim Lien 19.5.1890, † Hanoi 3.9.1969, vietnames. Politiker; 1911 als Schiffsjunge nach Europa, 1913-24 unstetes Leben als Koch, Journalist, Fotograf in London, Paris und Moskau. Während seiner Wanderjahre warb der glühende Nationalist und Anti-Kolonialist H. unermüdl. für die Unabhängigkeit seines unter frz. Fremdherrschaft leidenden Landes. 1930 war er in Hongkong Mitbegründer der KP Indochinas und organisierte seit 1941 zus. mit Pham Van Dong und Giap, dem späteren Sieger von Dien Bien Phu (1954), den Untergrundkampf gegen die japan. Besatzer Indochinas, die mit den Vichy-treuen frz. Behörden zusammenarbeiteten. Die von H. und seinen Mitstreitern gegründete nat. Befreiungsfront, der Vietminh, wurde vom amerikan. Geheimdienst OSS mit Waffen und Munition unterstützt. Noch bevor die japan. Truppen am 15.8.45 kapituliert hatten, proklamierten die Vietminh-Kämpfer im N die »Demokrat. Republik Vietnam« mit H. als Staatschef. Der nun entbrennende Kampf um die Wiedererrichtung der frz. Kolonialherrschaft endete 1954 mit der Vertreibung der Franzosen und der Teilung des Landes, dessen N-Teil H. als Präs. einer kommunist. Volksrepublik regierte. In einem zweiten Vietnamkrieg (1960/64 bis 1973) gegen die Amerikaner und ihr Satellitenregime im S des Landes konnte H. die Wiedervereinigung des Landes erreichen, deren Vollendung (1975) er nicht mehr erlebte.

Hodges, Courtney, * Perry (Georgia) 5.1.1887, † San Antonio Texas 15.1. 1966, amerikan. General; 1906 zur Inf., 1917/18 mit den US-Truppen in Frkr., bei Kriegsbeginn 1939 Kommandant der Inf.schule. H. nahm als Stellv. ➢ Bradleys mit der 1. US-Armee an der Invasion in der Normandie (Juni 44) teil und wurde am 1.8.44 selbst OB dieser Armee, die er in der Schlacht von ➢ Falaise, bei der Einnahme Lüttichs (8.9.44) und Aachens (21.10.44) führte. Sie traf Mitte Dez. 44 die volle Wucht der ➢ Ardennenoffensive, doch gelang es, die Krise zu meistern und die Initiative zurückzugewinnen. Er stieß zum Rhein vor und trug durch die Eroberung der Brücke von ➢ Remagen (7.3.45) wesentl. zur Beschleunigung des alliierten Vormarsches bei. Am 25.4.45 reichten Soldaten seiner 1. Armee bei ➢ Torgau Rotarmisten der 1. Ukrain. Front die Hand. 1947 Ruhestand.

Hoepner, Erich, * Frankfurt (Oder) 14.9.1886, † Berlin 8.8.1944, dt. Gen.oberst (19.7.40); Eintritt ins Heer 1905, in der Reichswehr 1.2.33 Oberst und in der Wehrmacht 1.1.36 Gen.major, 30.1.38 Gen.leutnant, 1.4.39 Gen. der Kavallerie. Mit dem XVI. AK (mot.), das H. seit 24.11.38 als Kommand. Gen. führte, nahm er am Polen- und am Frankreichfeldzug teil. Am 17.2.41 wurde er OB der Pz.gruppe 4 (1.1.42 umbenannt in 4. Pz.armee) und kämpfte mit ihr bei der Heeresgruppe Nord im Rußlandfeldzug, seit Okt. 41 bei der Heeresgruppe Mitte. Als H. Anfang Jan. 42 dem stark gefährdeten rechten Flügel seiner Armee im Raum westl. von Moskau den Rückzug befahl, stieß ihn Hitler »wegen Feigheit und Ungehorsam« aus der Wehrmacht aus; Heeresgruppen-OB ➢ Kluge spielte dabei eine zwielichtige Rolle. Im September 43 erfuhr H. in Berlin durch Gen. ➢ Olbricht von der Absicht, Hitler zu beseitigen, und erklärte sich bereit, nach erfolgreichem Attentat OB im Heimatkriegsgebiet zu werden. Am ➢ Zwanzigsten Juli 44 wurde er nach Scheitern des Putsches in der Bendlerstraße verhaftet, am 8.8.44 vom Volksgerichtshof zum Tod verurteilt und noch am gleichen Tage in Plötzensee gehängt.

Hohentwiel, Tarnname eines dt. Schiffssuchradar-Geräts (FuG 200), das auf 53,6-cm-Welle arbeitete und zunächst in Flugzeugen, seit 1943 auch in U-Booten installiert wurde; ➢ Funkmeß.

Hollidt, Karl Adolf, * Speyer 25.4.1891, dt. Gen.oberst (1.9.43); Eintritt ins Heer 19.7.09, in der Reichswehr 1.1.35 Oberst, in der Wehrmacht 1.4.38 Gen.major, 1.4.40 Gen.leutnant, 1.4.42 Gen. der Inf. Seit 10.11.38 Inf.führer IX, stellte H. am 28.8.39 die 52. Inf.div.

auf, mit der er nach Kriegsbeginn in der Saarpfalz lag. Am 1.11.39 wurde H. Chef des Gen.stabs beim OB Ost in Polen und im Frankreichfeldzug Chef des Gen.stabs der 9. Armee. Mit der 50. Inf.div., die er seit 25.11.40 befehligte, nahm H. am Balkanfeldzug und am Angriff auf die Sowjetunion teil (bei der 11. Armee im S-Abschnitt). Dort übernahm er am 23.1.42 als Kommand. Gen. das XVII. AK, am 23.11.42 die »Armeeabt. H.« und führte vom 5.3.43 an die nach Stalingrad neugebildete 6. Armee. Am 7.4.44 zur Führerreserve versetzt, geriet H. im Mai 45 in amerikan. Kriegsgefangenschaft, wurde im OKW-Prozeß in Nürnberg am 28.10.48 zu 5 Jahren Haft verurteilt, aber bereits zu Weihnachten 49 freigelassen.

Home Fleet, Hauptverband der Royal Navy im Bereich der Brit. Inseln mit Stützpunkt in ≫ Scapa Flow. OB der H. waren während des Krieges: Admiral Forbes bis Dez. 40, Admiral Tovey bis Mai 43, Admiral Fraser bis Juni 44 und schließl. Admiral Moore.

Home Guard, brit. Heimwehr. Die H. wurde aus unbezahlten Freiwilligen gebildet, die sich jeweils für 1 Jahr mit mindestens 60 Stunden Dienst verpflichteten. Sie nahmen vorwiegend, v.a. während der Luftschlacht um England und in Erwartung einer dt. Invasion 1940/41, Objektschutzaufgaben wahr.

Homma, Masahura, * Sado 1887, † Banos (Luzon) 3.4.1946 (hingerichtet), japan. Gen.; 1915 kaiserl. Begleitoffizier, 1930 Militärattaché in London, 1938 OB der japan. Truppen in N-China. Bei Kriegsbeginn im Pazifik war H. OB der japan. 14. Armee auf Formosa und erhielt den Auftrag, die Philippinen zu erobern, was ihm erst nach 5 Monaten im Mai 42 gelang. Deswegen und wegen der hohen Verluste kritisiert, wurde H. nicht weiter befördert und mit Nebenaufgaben betraut. Nach Kriegsende stellten ihn die Amerikaner als Verantwortlichen für den »Todesmarsch von ≫ Bataan« vor ein philippin. Gericht, das auf Todesstrafe erkannte.

Hongkong, brit. Kronkolonie und Militärstützpunkt an der S-Küste Chinas mit 1013 km^2 und rd. 1,5 Mio. Einwohnern (1940), zu 98 % Chinesen. Histor. Kern der Kolonie war seit 1842 die Insel H. mit der Hauptstadt Victoria, hinzu kamen 1898 die Halbinsel Kaulun (engl.

Kowloon) und die Neuen Territorien auf dem Festland. Die Japaner hatten schon 1938 im chines. Krieg das Hinterland von H. einschließl. Kantons besetzt. Von hier aus griffen sie gleich nach Beginn des Pazifikkrieges am 8.12.41 mit 2 Div. die Neuen Territorien an, die nach vier Tagen genommen wurden. Die brit.-kanad. Verteidiger unter Gen. major Maltby, insges. 2 Inf.brigaden, zogen sich auf die Insel zurück, wo sie am Weihnachtsabend 41 in aussichtsloser Lage kapitulierten. Während der bis Kriegsende andauernden japan. Okkupation galten die europ. Einwohner von H. als Gefangene, der Handelshafen verödete. Am 30.8.45 wurde H. an die brit. Pazifikflotte übergeben, eine Woche später wurde erneut die brit. Kolonialverwaltung etabliert, die gemäß Vertrag mit Peking 1997 endet.

Hood, brit. Schlachtkreuzer, Stapellauf 22.8.1918, Indienststellung 5.3.20, 41 200 t, 31 kn, 262,2 m lang, 31,7 m breit, bis 1500 Mann Besatzung; Bewaffnung: 8x38,1 cm, 12x14 cm, 8x10,2-cm-Flak, 16x4-cm-Fla-Rohre.

Hood: Nach kurzem Gefecht wurde der britische Schlachtkreuzer am 24. Mai 1941 durch eine Vollsalve der Bismarck versenkt.

Im Spätherbst 39 nahm das damals mächtigste Kriegsschiff der Welt an der ergebnislosen Jagd auf die dt. Schlachtschiffe Scharnhorst und Gneisenau teil und wurde dann zur Konvoisicherung u.a. nach Australien eingesetzt. Beim brit. Überfall auf die frz. Flotte in ➢ Mers el-Kebir am 3.7.40 (Unternehmen »Catapult«) gehörte die H. zu den Angreifern. Sie wurde dann in Erwartung einer dt. Invasion der brit. Insel nach Rosyth zurückverlegt und später zur Kontrolle u.a. der Dänemarkstraße zw. Grönland und Island eingesetzt. Dort traf sie zus. mit dem Schlachtschiff Prince of Wales am 24.5.41 auf das dt. Schlachtschiff ➢ Bismarck und den Schweren Kreuzer ➢ Prinz Eugen, die in den Atlantik durchbrechen sollten. Bei einem 5minütigen Gefecht am frühen Morgen versenkte eine Vollsalve der Bismarck die H., mit der 1321 Mann und 91 Offiziere, darunter der Chef des brit. Schlachtkreuzergeschwaders, Vizadmiral Holland, untergingen; nur 3 Mann konnten gerettet werden.

Hornisse, anfängl. Name der dt. Selbstfahrlafette ➢ Nashorn.

Hornisse, Beiname des schweren Jägers und Zerstörers Messerschmitt Me 410, eine Weiterentwicklung der Me 210, die ursprüngl. als Nachfolgerin der ➢ Me 110 vorgesehen war. Die Produktion begann Ende 42, im Mai 43 kamen die ersten Serienmuster zur Truppe. Als schnelles Kampfflugzeug flog die H. mit 1000 kg Bombenlast im Rumpf Nachteinsätze über der brit. Insel; als Zerstörer und Nachtjäger kämpfte sie mit verschiedenen Rüstsätzen bei der Reichsverteidigung; als Aufklärer operierte sie an der Italienfront. Im Sept. 44 wurde die Produktion, die insges. 1160 Exemplare bei verschiedenen Herstellern erreichte, zugunsten der Me 262 ➢ Schwalbe gestoppt. Daten Me 410 A-1: 2x1750 PS, max. 625 km/h, 2330 km Reichweite, bis zu 2000 kg Bomben, 2x20-mm-Kanonen und 2x7,9-mm-MG in der Rumpfnase sowie je 1x13-mm-MG an den Rumpfseiten als Standardbewaffnung, 2 Mann Besatzung.

Horsa, brit. Kampf- und Lastensegler Airspeed A.S 51. Das ganz aus Holz gefertigte Segelflugzeug war das Standardmodell der brit. Luftlandetruppen (Erstflug 2.9.41) und diente auch bei den US-Luftstreitkräften. Die H. war für 2 Piloten und 15 voll ausgerüstete Soldaten oder 3,3 t Zuladung ausgelegt und verfügte über ein starres Dreiradfahrgestell. Die 1942-45 in insges. 3655 Stück gebaute H. kam u.a. bei der alliierten Landung auf Sizilien im Sommer 43 zum Einsatz.

Horthy, Miklós (Nikolaus H. von Nagybánya), * Kenderes 18.6.1868, † Estoril (Portugal) 9.2.1957, ungar. Politiker; 1909-14 Flügeladjutant des österreich. Kaisers, 1918 Konteradmiral, Kampf gegen den sozialist. Umsturz 1919, 1920 ungar. »Reichsverweser«. Zunächst nur provisor. Staatsoberhaupt, übernahm H. allmähl. die gesamte Macht und baute eine Art faschist. Diktatur auf. Seine Anlehnung an Deutschland zog Ungarn mit in den Strudel der dt. Kriegspolitik, brachte in den ➢ Wiener Schiedssprüchen Landgewinne, führte zum Einsatz ungar. Truppen im Krieg gegen die UdSSR und am 19.3.44 nach Bekanntwerden von Friedensbemühungen H.s zur Besetzung des

Landes durch dt. Truppen. Am 16.10.44 von SS-Einheiten verhaftet, kam H. nach dem Abzug der Wehrmacht frei und ging angesichts der Bolschewisierung Ungarns ins Exil.

Horton, Max Kennedy, * Rosneigr (Insel Anglesey, Wales) 29.11.1883, † London 30.7.1951, brit. Admiral (1941); 1898 Kadett, 1904 U-Boot-Ausbildung, im 1. Weltkrieg erfolgreichster brit. U-Boot-Kommandant, 1920 Kapitän z.S., 1930 Kommandant Schlachtschiff ➢ Resolution, 1932 Konteradmiral, 1936 Vizeadmiral. H. führte bis Kriegsbeginn die Reserveflotte, übernahm dann bis Jan. 40 die Northern Patrol, die v.a. Dänemarkstraße und Färöer-Enge sichern sollte, war anschließend Führer der U-Boote und von 1942 an OB der Western Approaches. In dieser Eigenschaft war er direkter Gegenspieler von Großadmiral Dönitz in der ➢ Atlantikschlacht, die er schließl. mit der bis dahin größten Seestreitmacht der Geschichte gewann. 1945 Ruhestand.

Hoßbach, Friedrich, * Unna 21.11. 1894, † Göttingen 10.9.1980, dt. Gen. der Inf. (1.11.43), 1913 Eintritt ins Heer, 1920 Übernahme in die Reichswehr. H. war vom 3.8.34 bis zum 28.1.38 Abt.leiter im Personalamt des Heeres und damit Adjutant der Wehrmacht bei Hitler. In dieser Eigenschaft fertigte er am 5.11.37 die sog. H.-Niederschrift an, die eine Besprechung Hitlers mit Reichsaußenmin. v. Neurath, Reichskriegsmin. v. Blomberg und den OB der drei Wehrmachtteile, v. Fritsch, Raeder und Göring, protokollierte. Hitler hatte dabei unmißverständl. angekündigt, daß er die dt. »Raumfrage« mit Gewalt zu lösen gedenke. Dieses Papier wurde nach dem Krieg im Nürnberger Prozeß ein wesentl. Beweisstück für die Anklage im Punkt »Verbrechen gegen den Frieden«. Wegen seiner Proteste gegen das Vorgehen Hitlers in der Fritsch-Krise mußte H. am 28.1.38 den Posten wechseln, führte im Rußlandfeldzug verschiedene Inf.div. und verteidigte seit Okt. 44 mit der 4. Armee Ostpreußen. Wegen eigenmächtigen Handelns wurde er am 28.1.45 entlassen.

Hotchkiss H 35, H 39/40, leichter frz. Kampfpz., 11,4 t, 4,22 m lang, 1,85 m breit, 2,14 m hoch. Mit einem 75-PS-Motor erreichte der H 35 max. 28 km/h bei einem Fahrbereich von 129 km, hatte 2 Mann Besatzung und war mit einer 3,7-cm-Kanone sowie einem MG bewaffnet. Beim Kriegsbeginn im W (10.5.40) waren 276 Pz. der verbesserten Version H 39/40 mit stärkerem Motor bei den Verbänden, doch war der Pz. für die operative Verwendung kaum geeignet.

Hoth, Hermann, * Neuruppin 12.4.1885, † Goslar 25.1.1971, dt. Gen.oberst (19.7.40); Eintritt ins Heer 27.2.04, in der Reichswehr 1.10.34 Gen.major und in der Wehrmacht 1.10.36 Gen.leutnant, 1.11.38 Gen. der Inf. H. wurde am 1.10.38 Kommand. Gen. des XV. AK und nahm mit ihm am Polen- und am Frankreichfeldzug teil. Das Korps wurde am 16.11.40 zur Pz.gruppe 3 erweitert und beim Angriff auf die Sowjetunion eingesetzt. Am 5.10.41 wurde H. OB der 17. Armee und am 1.6.42 der 4. Pz.armee, mit der er vom 12.-23.12.42 vergebl. versuchte, die in Stalingrad eingeschlossene 6. Armee zu entsetzen (➢ »Wintergewitter«). Bei den Kämpfen in der Ukraine im Herbst 43 wurde die Stellung von H.s Armee am 3.11. vom Gegner durchbrochen, so daß es nicht gelang, Kiew zu halten. Hitler enthob H. daraufhin am 10.12. seines Postens und gab ihm erst im April 45 wieder ein, allerdings bedeutungsloses, Kommando als »Befehlshaber Erzgebirge«. Im OKW-Prozeß wurde H. zu 15 Jahren Haft verurteilt, 1954 jedoch begnadigt und aus Landsberg entlassen.

HSK, Abk. für **H**andels**s**tör**k**reuzer, ursprüngl. offiz. Bez. für ➢ Hilfskreuzer.

Hube, Hans Valentin, * Naumburg an der Saale 29.10.1890, † Nähe Obersalzberg 21.4.1944, dt. Gen.oberst (20.4.44); 27.2.09 Eintritt ins Heer, trotz schwerer Verwundung (Verlust des linken Arms) am 20.9.14 weiter im Dienst, in der Reichswehr am 1.6.34 Oberstleutnant, 1.1.35 Kommandeur der Inf.-Schule, 1.8.36 Oberst. Nach dem Polenfeldzug übernahm H. am 18.10.39 das Inf.regiment 3 und am 14.5.40 die 16. Inf.div., mit der er im Verband der Pz.gruppe Kleist operierte und zwei Tage vor dem Waffenstillstand im Frankreichfeldzug bei Mirecourt (Lothringen) die Kapitulation des frz. XXI. AK (Flavigny) entgegennehmen konnte. Teilnahme am Balkanfeldzug mit der 16. Pz.div. Als Gen.leutnant (1.4.42) wurde H. am 16.9.42 im S-Abschnitt Kommand. Gen. des XIV. Pz.korps, mit dem er in Stalingrad eingeschlossen wurde. Am 28.12.42 zur Dekorierung aus dem Kessel ausgeflogen, kehrte er am 8.1.43 wieder zurück und wurde auf Befehl Hitlers am 18.1.43 erneut ausgeflogen. Vergebl. beschwor er Hitler, einen Ausbruchsversuch der 6. Armee zu genehmigen und ihm die Rückkehr zu den eingeschlossenen Kameraden zu erlauben. Im Febr. 43 erhielt H. Befehl, sein an der Wolga untergegangenes XIV. Pz.korps neuaufzustellen und damit nach Italien zu verlegen, wo H. am 17.7.43 den Oberbefehl über die auf ➢ Sizilien gegen die alliierten Landungsverbände kämpfenden dt. Truppen übernahm, die er beim Unternehmen »Lehrgang« aufs italien. Festland retten konnte. Am 29.10.43 wurde er zum OB der 1. Pz.armee an der O-Front ernannt. Im Febr. 44 befreite er bei Korsun eingeschlossene dt. Truppen und führte seine Armee am 8.4.44 aus dem Kessel nördl. von Kamenez-Podolsk heraus. Dafür am 20.4.44 zur Beförderung auf den Obersalzberg befohlen, kam H. beim Absturz seiner Maschine aus 80 m Höhe kurz nach dem Start zum Rückflug ums Leben.

Hudson, zweimotoriger brit. Küstenbomber und U-Boot-Jäger Lockheed A 28/29. Die H. war die militär. Version der elfsitzigen US-Passagiermaschine Lockheed Model 14. Erstflug 10.12.38. Die H. kam als erstes Kampfflugzeug amerikan. Bauart auf brit. Seite zum Fronteinsatz und lieferte sich schon am 4.9.39 über der Nordsee das erste Luftgefecht mit einem dt. Do 18-Flugboot. Mit der Ausweitung des U-Boot-Krieges dehnten die H.-Staffeln ihr Operationsgebiet auf die Gewässer um Irland und Island aus. Als Patrouillenbomber mit max. 3476 km Reichweite trug die Serienvariante Mk III bis zu 7x7,7-mm-MG als Abwehrbewaffnung, davon 2 in einem Drehturm auf dem Rumpf, dazu 4 Wasserbomben oder bis zu 340 kg Bomben. Die Produktion lief im Frühjahr 43 aus, bis dahin waren insges.

2940 H. in 6 Baureihen hergestellt worden.

Hull, Armin, eigentl. Ellic Howe, * London 20.9.1910, brit. Propagandist; Studium in Oxford, Druckerausbildung. Im März 42 erkannte Sefton ≫ Delmer die vielfältigen Möglichkeiten, die ihm das techn. Genie H.s für seine »schwarze« Propaganda bieten konnte, und übertrug ihm die Aufgabe, die graph. Gestaltung und den Druck der dafür erforderl. Flugblätter zu übernehmen. Bis Kriegsende produzierte H. daraufhin rd. 2000 Flugblätter für den europ. Kriegsschauplatz. V.a. die Empfehlungen der von H. in unterschiedl. Tarnausgaben gedruckten Broschüre »Krankheit rettet« sollen in der Endphase des Krieges zu zahlr. Simulationsversuchen bei dt. Soldaten geführt haben.

Hull, Cordell, * Overton County (Tennessee) 2.10.1871, † Washington 23.7. 1955, amerikan. Politiker; seit 1907 Abgeordneter der Demokrat. Partei im Repräsentantenhaus, 1931-33 im Senat, 1933-44 Außenmin. Roosevelts. H. verfolgte gegenüber den faschist. Staaten eine Politik des »moral. Embargos« und setzte sich nach Kriegsbeginn rückhaltlos für eine Unterstützung Londons ein. Trotz seines entschiedenen antidt. Kurses fand der ≫ Morgen-thau-Plan im Sept. 44 nicht seine Billigung. Friedensnobelpreis 1945 für das Engagement bei der Gründung der Vereinten Nationen.

»Hump« (engl. Höcker), im GI-Jargon Bez. für die alliierte Luftbrücke von Indien nach China, ≫ »The Hump«.

Huntziger, Charles, * Lesneven (Finistère) 25.6.1880, † bei Le Vigan (Gard) 12.11.1941 (Flugzeugabsturz), frz. Armeegeneral; 1934-38 OB in Syrien. H. war während des ≫ Sitzkriegs seit Sept. 39 OB der 2. Armee, die er auch in der ersten Phase des ≫ Frankreichfeldzugs führte, ehe er am 5.6.40 die 5. Armee übernahm. Am 22.6.40 unterzeichnete er in Compiègne das Waffenstillstandsabkommen mit der Wehrmacht und am 24.6.40 in Rom mit den italien. Streitkräften. H. wurde am 6.9.40 Kriegsmin. der Reg. in Vichy und am 29.8.41 OB in N-Afrika.

Hurricane, brit. Jagdeinsitzer der Firma Hawker Aircraft, Erstflug 6.11.35. Die H. war der erste moderne Jagdeindecker der RAF. Mit der Auslieferung der Serienmuster im Okt. 37 ging die Ära der Doppeldecker beim Fighter Command zu Ende. Hawker-Chefkonstrukteur Sydney Camm hatte die H. Mk I nach amtl. Spezifikation seit 1934 entwickelt, die u.a. eine für damalige Verhältnisse sensationelle Bewaffnung von 8x7,7-mm-MG in den Tragflächen verlangte. Die H. erreichte mit ihrem 1030-PS-Motor Rolls Royce Merlin II 507 km/h und stieg in 5:42 min auf 4600 m bei einer Dienstgipfelhöhe von 10 400 m. Aus dem ersten Großauftrag für 3500 Maschinen waren bei Kriegsausbruch 315 einsatz- und weitere 107 abnahmebereit. Eine H. errang am 30.10.39 mit einem Abschuß einer Dornier Do 17 ≫ Fliegender Bleistift über Toul den ersten brit. Luftsieg an der W-Front.
Seit Febr. 40 kam die verbesserte Serie Mk II mit einem 1280-PS-Motor Merlin XX heraus. Anfang Aug. 40, wenige Tage vor Beginn der ≫ Luftschlacht um England, standen 527 H. bei 32

Staffeln in Dienst; 19 Staffeln waren mit der ➢ Spitfire ausgerüstet. Diese war der leinenbespannten H. zwar an Geschwindigkeit überlegen, verlangte aber wegen ihrer Ganzmetallbauweise wesentl. mehr Produktionsaufwand.

Spätere Versionen der H. trugen bis zu 12 MG oder als Jagdbomber 4x20-mm-Kanonen in den Tragflächen, einige sogar 2x40-mm-Kanonen, mit denen sie als fliegende Pak z.B. erfolgreich gegen Rommels Pz. in N-Afrika operierten.

H.-Jäger und -Jagdbomber beteiligten sich an der Verteidigung Maltas wie Burmas. Die letzte Bauserie Mk IV war wie ihr gefürchteter Nachfolger Hawker ➢ Typhoon mit Raketen zum Jabo-Einsatz bestückt. Bis 1944 wurden allein in Großbrit. insges. 12 780 H. produziert, dazu kamen noch 1450 in Kanada. 2932 H. lieferte Großbrit. im Rahmen des ➢ Leih- und Pachtgesetzes an die Sowjetunion.

»Husky« (amerikan. starker Mann), Codebez. der alliierten Landungsoperationen auf ➢ Sizilien am 10.7.43. Beschlossen auf der ➢ Casablanca-Konferenz im Jan. 43, entsprach »H.« ganz der »Strategie der Peripherie« Churchills, der sich damit gegen den amerikan. Wunsch durchsetzte, die ➢ Zweite Front in N-Frkr. zu errichten. Sizilien erhielt den Vorzug vor Sardinien, weil es günstiger im Aktionsbereich der von N-Afrika operierenden Luftstreitkräfte lag. Das Unternehmen verzögerte sich allerdings wegen des unerwartet langsamen Vormarsches in Tunesien und wegen der weiterschwelenden brit.-amerikan. Differenzen, die sich auf unterer Ebene fortsetzten: Die Leitung von »H.« lag gemeinsam beim amerikan. OB Eisenhower und seinem brit. Kollegen Alexander. Die Landung durchführen sollten US-Gen.leutnant Patton mit der amerikan. 7. Armee und der brit. Gen. Montgomery mit seiner 8. Armee, gedeckt zur See durch die Flotte des brit. Admirals Cunningham und in der Luft durch die Verbände des brit. Luftmarschalls Tedder. Schließl. verständigte man sich auf eine Doppellandung: An der SO-Spitze des sizilian. Dreiecks zw. der Halbinsel von Pachino und dem Hafen von Syrakus sollten Montgomerys Verbände Fuß fassen, möglichst schnell die dahinter liegenden Höhen nehmen und Häfen für den Nachschub sichern; Pattons Truppen erhielten als Angriffsziel den Golf von Gela zugewiesen und den Auftrag, die Flugfelder von Licata im W und hinter Gela im ersten Ansturm zu nehmen, aus symbol. Gründen wurde ihrer 3. Div. ein frz. Bataillon zugeteilt. Insges. waren für die erste Welle 160 000 Mann mit 24 000 Fahrzeugen, 600 Pz. und 1800 Geschützen vorgesehen. Sie würden auf 200 000 Mann der italien. 6. Armee und die dt. Pz.div. »Hermann Göring« sowie die 15. Pz.grenadierdiv. treffen, wobei allerdings nur die dt. Verbände einigen Kampfwert hatten. Den Alliierten war die desolate Situation der Verteidiger bekannt, die zudem zur See und in der Luft der Invasionsstreitmacht nichts entgegenzusetzen hatten. Dennoch fürchtete man, daß die dt. Wehrmacht Reserven heranbringen würde. Außerdem kannte man nicht die Haltung der Bevölkerung und hatte wenig Erfahrung mit amphib. Operationen. Überraschend kam daher die schnelle Eroberung der Insel, nachdem »H.« nach wochenlangen vorbereitenden Luftangriffen angelaufen war.

Hydra, dt. Kleinstschnellboot mit 4 Mann Besatzung; 25.8.44 Entwicklungsauftrag, nach erfolgreicher Erprobung gegen Jahresende Auftrag zum Serienbau. Die 7,45 t große H., bewaffnet mit 2 Hecktorpedos und MG, erreichte 36 kn Höchstgeschwindigkeit; es kamen noch 39 Exemplare zum Einsatz, u.a. im Mündungsgebiet der Schelde.

»Hydra«, Codebez. für den brit. Luftraid gegen ➢ Peenemünde in der Nacht 17./18.8.43. Für »H.« stellte das Bomber Command 598 viermotorige Lancaster- und Halifax-Bomber ab, die mit 4000 Mann Besatzung in drei Wellen die Raketenversuchsanstalt des Heeres vernichten sollten. Das wegen der großen Entfernung riskante Unternehmen wurde flankiert von einem Ablenkungsangriff mit ➢ Mosquito-Bombern gegen Berlin, der die dt. Luftabwehr erfolgreich täuschte. Immerhin gelang noch der Abschuß von 40 und die Beschädigung von 32 Bombern der dritten Welle. Der knapp zweistündige »H.«-Angriff verursachte riesige Brände, doch blieben die wesentl. Versuchseinrichtungen, die sich rechtzeitig hatten einnebeln können, weitgehend unversehrt. 733 Menschen kamen ums Leben, darunter Triebwerk-Experte Thiel und Werkstättenleiter Walther. »H.« verzögerte die Weiterentwicklung der ➢ V 2 um 2 Monate, da wegen der Gefahr weiterer Angriffe die Verlegung der Produktion in abgelegenere Gebiete (➢ »Mittelbau«) angeordnet wurde.

I

Iachino, Angelo, * San Remo (Ligurien) 24.4.1889, † Rom 3.12.1976, italien. Flottenadmiral (6.4.43); 1904 Marineakademie, 1911/12 Teilnahme am Krieg gegen die Türkei, im 1. Weltkrieg bei der Torpedowaffe, 1926 Fregattenkapitän, 1927/29 Direktion der Stabsakademie in Livorno, bis 1934 Marineattaché in London, danach verschiedene Bordkommandos, 1936 Konteradmiral und Chef des leichten Geschwaders bei der Seeblockade im span. Bürgerkrieg, 1938 Div.admiral. Kurz nach Kriegseintritt Italiens zum Geschwaderadmiral befördert, führte I. von seinem Flaggschiff Pola aus die ital. Verbände in der Seeschlacht bei Kap Teulada, übernahm als Flottenchef (Dez. 40) das Schlachtschiff ≫ Vittorio Veneto und hatte die schwere Niederlage in der Seeschlacht bei Kap ≫ Matapan (März 41) zu verantworten. Auch in den beiden Gefechten in der Syrte (Dez. 41, März 42) hatte I. wenig Erfolg, bekämpfte glücklos brit. Geleitzüge im Mittelmeer und ging im April 43 in Ruhestand.

»Ichi-Go« (japan. Nummer 1), Deckname für die letzte japan. Landoffensive in China seit 17.4.44 zur Ausschaltung der amerikan. Luftbasen im W und S sowie zur Herstellung einer Landverbindung von Hankau nach Kanton und zur indochines. Grenze. Für »I.« setzte OB Okamura 4 Armeen in Marsch und vertrieb die 14. US-Luftflotte (≫ Chennault) von den meisten Stützpunkten: Tschangsha (18.6.), Henyang (8.8.), Lingling (4.9.), Kweilin (10.11.), Liautschu (11.11.) und Nanning (24.11.). Die chines. Verteidigung zerbröckelte, der Angriff von Gen. ≫ Stilwell in N-Burma mußte abgeblasen werden, in Tschungking und Kunming brach Panik aus. »I.« aber kam für eine entscheidende Wende zu spät und mußte Ende 44 eingestellt werden, da sich die Lage Japans im Pazifik inzw. dramat. verschlechtert hatte.

I.G. Farben (**I**nteressen**g**emeinschaft Farbenindustrie AG), 1925 gegründeter Konzern der bedeutendsten dt. Chemieunternehmen (BASF, Bayer, Hoechst, Agfa u.a.). Die I. als größte Unternehmensgruppe Europas und größter Chemiekonzern der Welt trat während des 3. Reiches in enge Verflechtung mit dem nat.-soz. Machtapparat; sie unterstützte die wirtschaftl. Autarkiebestrebungen und spielte eine führende Rolle bei der Durchführung des Vierjahresplans von 1936 sowie bei der Aufstellung der Pläne (um 1941) zur europ. Neuordnung unter dt. Herrschaft für die Zeit nach dem Krieg. Für die Kriegführung war die I. als wichtigster Produzent von Stickstoff, synthet. Kautschuk (≫ Buna) und Treibstoff unentbehrl.; umgekehrt profitierte die I. vom Krieg, indem sie sich große Teile der chem. Industrie der besetzten Länder aneignete oder unter ihre Kontrolle brachte. Auch beutete sie in großem Maßstab ≫ Zwangsarbeiter aus, die Mitte 43 rd. 40 % der Gesamtbelegschaft stellten. In ≫ Auschwitz kamen beim Bau eines riesigen Hydrierwerks mehr als 25 000 Arbeitskräfte aus dem KZ und Vernichtungslager ums Leben. Eine von der I. kontrollierte Firma, die Deutsche Gesellschaft für Schädlingsbekämpfung (Degesch), produzierte das Zyklon B, das bei den Massentötungen in den Gaskammern eingesetzt wurde. Nach dem Krieg ordneten die Westalliierten die Entflechtung der I. im wesentl. in die bis 1925 existierenden Einzelfirmen an; 13 leitende Angestellte der I. wurden 1948 zu Freiheitsstrafen verurteilt, jedoch nach kurzer Haftzeit begnadigt.

Il, Typenabk. für Flugzeuge des sowjet. Konstrukteurs Sergej W. **Il**juschin (* 18.3.1894, † 10.2.1977). Sein wesentlichster Beitrag zum »Großen Vaterländ. Krieg« war das gepanzerte Schlachtflugzeug Il-2 Sturmowik, von dem Stalin in einem Telegramm an die Fabrikdirektoren sagte, die Rote Armee brauche es »so dringend wie Luft und Brot«. Der Prototyp flog erstmals am 30.12.39. Im Juni 41 standen die ersten 249 Serienmuster bereit, sie bewährten sich hervorragend bei den schweren Abwehrkämpfen im Mittelabschnitt. Wegen der Verlagerung der Flugzeugfabriken aus Moskau, Fili und Woronesch nach O lief die Massenproduktion verspätet an. Nach ersten Einsatzerfahrungen wurde die Il-2M zur zweisitzigen Hauptvariante Il-2M3 entwickelt mit einem 1750-PS-AM-38F-Reihenmotor und 1 bewegl. 12,7-mm-MG als Abwehrbewaffnung für den Bordschützen. Sie kam seit Aug. 42 zum Einsatz.

Für ihre Aufgaben als Tiefangriffsbomber war die Il-2 (»Iljuscha«) bis zu 13 mm Stärke gepanzert und damit gegen Inf.beschuß prakt. immun. Auf dt. Seite war sie als »Eiserner Gustav«, »Fliegender Pz.« oder »Die Bucklige« bekannt und als »Schwarzer Tod« gefürchtet. Die Standardbewaffnung bestand aus 2x23-mm-Kanonen in den Tragflächen sowie 2x7,62-mm-MG in der Motorhaube, 400 kg Bomben im Rumpf und 4x82-mm-Luft-Boden-Raketen RS-82 oder 100 kg Bomben als Außenlast, 404 km/h Höchstgeschwindigkeit in 1500 m Höhe. Die Il-2 attackierten ihre Ziele paarweise im Horizontalflug direkt über dem Boden oder im Zwölferverband im Sturzflug. Für die Bekämpfung der dt. Kampfwagen ≫ Tiger und ≫ Panther war ihre Kanonenbewaffnung auf 2x37 mm verstärkt worden. Insges. wurden 31 136 Il-2 und 5027 Maschinen der modernisierten Serie Il-10 (Einsatz seit Ende 44) gebaut. Diese Schlachtflugzeuge hatten wie der Pz. ≫ T-34 kriegsentscheidende Bedeutung. Zum Langstreckeneinsatz gedacht wie die Pe-8 war der Bomber Il-4, Ausgangsmuster 1935 als DB-3, verbesserte Serie seit 1939. Maschinen dieses Typs warfen im Aug./Sept. 41 zur Vergeltung dt. Luftangriffe auf Moskau ohne nennenswerten Erfolg über Berlin Bomben ab. Daten der auch als Torpedobomber, Aufklärer und Transporter dienenden Il-4:

2x1100-PS-Sternmotoren M-88B, Startgewicht 10 t, max. 410 km/h in 6400 m Höhe, mit 1000 kg Bomben intern 4260 km, 940 kg Torpedos oder bis zu 1500 kg Bomben unter dem Rumpf, 3x7,62-

mm-oder 12,7-mm-MG als Abwehrbewaffnung, 3-4 Mann Besatzung; insges. 5256 Exemplare bis 1944.

Ilmensee, südl. Leningrad gelegener See von schwankender Größe, bei Mittelwasser 1120 km². Die Ufer des I. waren mehrfach Schauplatz schwerer Kämpfe während des ≫ Rußlandfeldzugs: Am 31.7.41 erreichte das dt. X. Korps das SW-Ufer, und am 16.8.41 nahm das 1. Korps der 16. Armee Nowgorod; den I. ganz zu umschließen, gelang jedoch nie, das O-Ufer blieb in sowjet. Hand. Von dort aus setzte die Rote Armee im Jan. 44 zur Rückeroberung der westl. Küste an und konnte am 20.1.44 wieder Nowgorod besetzen.

IMT, Abk. für **I**nternational **M**ilitary **T**ribunal, Gerichtshof zur Aburteilung der Hauptkriegsverbrecher; ≫ Nürnberger Prozesse.

Independence, amerikan. Flugzeugträger, Stapellauf 22.8.42, in Dienst gestellt 25.2.43, 11 000 t, 33 kn, 189,9 m lang, 33,3 m breit, 1569 Mann Besatzung; Bewaffnung: 2x12,7 cm, 30 Rohre Flak, 45 Flugzeuge. Zu den ersten Aufgaben der I. gehörten 1943 Einsätze gegen Wake, Rabaul, die Gilbertinseln und Tarawa. Am 20.11.43 erhielt sie Lufttorpedo-Treffer, die drei Schraubenwellen zerstörten und zu erhebl. Wassereinbruch führten. Nach 24 Wochen Reparatur wurde die I. erst Ende Aug. 44 wieder in den Kampf geschickt. Sie nahm u.a. teil an Angriffen gegen Luzon, Okinawa, Formosa und an der Schlacht im ≫ Leyte-Golf. 1945 folgten weitere Einsätze im SW-Pazifik sowie Raids gegen das japan. Mutterland. Seit Juni 46 Zielobjekt bei Atombomben-Tests im Bikini-Atoll, dabei im Jan. 51 gesunken.

Indien, brit. Kronkolonie in S-Asien mit 4,1 Mio. km² und 369 Mio. Einwohnern (1940), regiert von einem brit. Vizekönig in Delhi. Seit 1935 (India Act) gab es erste Fortschritte auf dem Wege I.s zur Selbständigkeit, u.a. durch beschränktes Wahlrecht der Oberschicht und Selbstverwaltung in den Provinzen. Außenpolitik, Verteidigung und innere Sicherheit aber blieben ausschl. London vorbehalten; ohne Konsultation einheim. Würdenträger wurde am 3.9.39 der Kriegseintritt an der Seite des Mutterlands verfügt und eine Armee aus Freiwilligen aufgestellt, deren z.T. gut ausgebildete Kontingente (≫ Gurkhas) 1940/41 u.a. in Afrika und im Irak kämpften. Ind. Div. verteidigten Malaya und Burma 1942 gegen den Ansturm der Japaner und trugen 1944/45 die Hauptlast bei der Rückeroberung dieser Kolonien sowie Niederländ. (Ost-)Indiens. I. selbst wurde zwar nicht Kriegsschauplatz, erlebte aber Bombenangriffe, u.a. auf Kalkutta als wichtigstem Umschlagplatz der US-Luftbrücke nach China (≫ »The Hump«), Hungersnöte (v.a. 1943 in Bengalen, angebl. über 1 Mio. Todesopfer) und durch milit. Aufträge einen Industrialisierungsschub.
Innenpolit. verschärfte sich der Konflikt zw. der Kolonialmacht und der hinduist. Kongreßpartei. Unter Führung Gandhis entwickelte sich eine breite Bewegung, die »zivilen Ungehorsam« propagierte; Gandhi und 20 000 seiner Anhänger wurden inhaftiert. Als I. durch die japan. Offensive 1942 in Gefahr geriet, bemühte sich London um eine Verständigung mit den nationalist. Kräften, fand aber kaum Gehör, sondern sah sich

Forderungen nach sofortiger Unabhängigkeit gegenüber. Unter der Parole »Quit India!« (Raus aus I.) breiteten sich Streiks und Unruhen aus, die nur gewaltsam einzudämmen waren (10 000 Opfer). ≫ Bose, ein geflüchteter Mitkämpfer Gandhis, versuchte 1942 aus dem dt., später japan. Exil eine bewaffnete Erhebung zu entfachen. Die Lage in I. entspannte sich erst im Zuge der günstigeren Kriegsentwicklung für die Briten und nach dem Amtsantritt ≫ Wavells als Vizekönig (Okt. 43): Er ließ Gandhi frei und leitete Schritte zur Selbständigkeit I.s ein, die am 15.8.47 nach blutigem Religionskrieg (1,5 Mio. Tote) unter Teilung in einen moslem. (Pakistan) und einen hinduist. (I.) Staat gewährt wurde.

Indochina, frz. Besitzung in SO-Asien mit 725 000 km^2 und 24 Mio. Einwohnern (1939), Sitz des Gen.gouverneurs in Saigon. I. war bei Kriegsbeginn in 5 Kolonien aufgeteilt: Tongking, Annam, Kotschinchina (das spätere Vietnam), Laos und Kambodscha. Seit 1918 wurde der Ruf nach Unabhängigkeit immer lauter, wobei die straff geführte kommunist. Partei unter ≫ Ho Chi Minh sich zum Hauptgegner der Kolonialmacht entwickelte. Sie wurde 1939 von Gen.gouverneur Catroux verboten und setzte ihren Kampf im Untergrund fort. Nach der frz. Niederlage 1940 sah sich die Reg. Pétain zur Verständigung mit Japan gezwungen, das Luftstützpunkte und das Recht zum Durchmarsch erhielt und im Dez. 41 von I. aus zur Eroberung von ganz SO-Asien ansetzte. Von einer regelrechten Besetzung konnte zunächst jedoch nicht die Rede sein, da sich die japan. Truppen, rd. 35 000 Mann, an wenigen Orten konzentrierten, während Vichy-Hochkommissar Decoux (seit 20.7.40) mit autoritärer Kolonialverwaltung die Fassade der frz. Oberhoheit wahrte.
Nach der US-Landung auf den Philippinen (Okt. 44) verstärkten die Japaner ihre Streitkräfte in I. auf 60 000 Mann. Die inzw. in Frkr. amtierende provisor. Reg. de Gaulle bestätigte zur Vermeidung von Provokationen ausdrückl. Decoux in seinem Amt, bereitete aber heiml. die Befreiung der Kolonie vor. Das wurde in Tokio bekannt, und am 9.3.45 umstellten japan. Einheiten die Unterkünfte der frz. Kolonialtruppen, entwaffneten sie oder machten sie bei Widerstand nieder, die weißen Kolonialbeamten und Kaufleute wurden interniert. Damit schlug die Stunde der nationalist. Gruppen, die das Ende der frz. Herrschaft proklamierten. Während sich in Hué eine nat. Reg. bildete, kontrollierten die kommunist. Vietminh die Bergregionen im N, unterstützt vom amerikan. Geheimdienst (19.8.45 Besetzung Hanois, 2.9.45 Proklamation der Demokrat. Republik Vietnam). Die gaullist. Reg. in Paris unterschätzte die Entwicklung, pochte auf das Potsdamer Abkommen (2.8.45), das die frz. Souveränität über I. bestätigt hatte, und versuchte ihre Rechte gewaltsam durchzusetzen, was nach 10jährigem Kolonialkrieg im Mai 54 mit der Niederlage in Dien Bien Phu endgültig scheiterte.

Inselspringen, amerikan. Strategie im Pazifik-Krieg. Das I. war zunächst Ergebnis von materiellen und zeitl. Zwängen, aus denen heraus eine direkte Konfrontation mit Japan oder gar ein Frontalangriff auf das japan. Mutterland unmögl. war. Mit stärkster Materialkonzentration wurden daher Einzelziele jeweils mit möglichst überlegenen Kräften angegriffen, indem zu starke Positionen wie etwa ➣ Rabaul u.a. isoliert oder strateg. unbedeutende Inseln umgangen (»übersprungen«) wurden (➣ »Elkton«). Bei Vorstößen gegen die ➣ Salomonen und die ➣ Gilbert-Inseln erprobten die amphib. Streitkräfte der USA erfolgr. das I.-Konzept, das den Gegner zur Zersplitterung seiner Mittel zwang. Die Landungen erfolgten im allg. nach massiver Feuervorbereitung durch Luftangriffe und Schiffsartillerie, wobei sich bes. die alten Schlachtschiffe, die in Pearl Harbor inzw. gehoben worden waren, bewährten. Selbst als schließl. genügend schwimmendes Material für ein direktes Vorgehen bereitstand, blieb man bei der Strategie des I., das Menschen und Material bei größtmögl. Wirkung schonte. Mit der Eroberung von ➣ Iwo Jima und ➣ Okinawa im Frühjahr/ Sommer 45 fand das I. sein Ende, da der letzte Sprung, der auf die japan. Hauptinseln, nach Einsatz der ➣ Atombombe und der Kapitulation Japans nicht mehr erforderl. war.

Intelligenz-Aktion, Tarnbez. für die Erschießung poln. Intellektueller nach dem ➣ Polenfeldzug auf Weisung Hitlers und Himmlers, durchgeführt von ➣ Einsatzgruppen und volksdt. Milizen. Bis 20.11.39 fielen der I. rd. 60 000 Ärzte, Anwälte, Beamte, Lehrer, ehemalige Offiziere und einflußreiche Kaufleute zum Opfer. Vorher schon war die Liquidierung von Geistlichen, Adligen und Juden angelaufen.

Internationales Komitee vom Roten Kreuz (IKRK), geistiger und prakt. Führer der Rot-Kreuz-Bewegung, entstanden 1863 durch Zusammenschluß von 5 Schweizer Bürgern, die auf internat. Grundlage Gesellschaften zum Schutz von Verwundeten errichten wollten, Sitz: Genf. Im 2. Weltkrieg handelte das I. gemäß Bestimmungen des ➣ Genfer Abkommens vom 27.7.29, war allerdings dadurch gehandicapt, daß z.B. die UdSSR und Japan die Vereinbarungen über die Behandlung der Kriegsgefangenen nicht unterzeichnet hatten. Dennoch bemühte sich das I., das Los der Gefangenen in aller Welt zu erleichtern. Es schuf Möglichkeiten der briefl. Kontaktaufnahme mit den Angehörigen, Delegationen besuchten 8000 Gefangenenlager und regelten den Austausch von Verwundeten und Gefangenen, 1400 Besuche in 50 Ländern galten Zivilinternierten. Es gelang aber nicht, die dt. ➣ Konzentrationslager in das Programm einzubeziehen, ledigl. Theresienstadt wurde dem I. als »Muster-Getto« vorgeführt.
Eine der erfolgreichsten Aktionen des I. wurde die Hungerhilfe für ➣ Griechenland seit Winter 41/42; tägl. wurden im ganzen Land 800 000 Portionen Essen verteilt. Diese und viele andere humanitäre Unternehmungen ließen die ansonsten kleine Genfer Organisation personell und finanziell anschwellen. Sie vergrößerte sich von 360 Mitarbeitern im Dez. 33 auf 3373 im Dez. 44, die Zahl der ständigen Delegationen wuchs von 3 auf 145, wozu noch 156 Sonderkommissionen kamen, das Budget weitete sich von 130 000 Franken (1939) auf 43 Mio. (Ende 45), zur Verfügung gestellt von den Reg. und nat. Rot-Kreuz-Gesellschaften der kriegführenden und neutralen Staaten.

International Military Tribunal (IMT), brit.-amerikan. Bez. für den Gerichtshof, der 1945/46 die Haupkriegsverbrecher in den ➢ Nürnberger Prozessen aburteilte.

Internierungsräume, Gebiete in N- und NW-Deutschland außerhalb des Kampfgebietes, die den geschlossenen dt. Verbänden bei der Teilkapitulation am 5.5.45 von der brit. 21. Heeresgruppe zugewiesen worden waren. Es bestanden 5 I.: In Ostfriesland von der Küste bis zum Ems-Jade-Kanal, auf der »Cuxhaven-Peninsula« (Bereich von Cuxhaven bis Stade, nordöstl. begrenzt durch die Elbmündung), im südwestl. Schleswig-Holstein zwischen Husum und Brunsbüttelkoog, im Bereich der Kieler Bucht von Neustadt bis etwa Kiel sowie auf der Insel Nordstrand. In Ostfriesland lagen rd. 180 000 Mann, darunter die dt. Truppen aus den Niederlanden; im Raum Cuxhaven befanden sich etwa 260 000, im südwestl. Schleswig-Holstein 410 000 (einschließl. der ehemaligen Besatzungstruppen aus Dänemark) und an der Kieler Bucht 569 000 Mann. Die Insel Nordstrand war Reservat für die Angehörigen der Waffen-SS.

Intrepid, amerikan. Flugzeugträger, Stapellauf 26.4.42, in Dienst gestellt 16.8.43, 27 100 t, 33 kn, 267,2 m lang, 45 m breit, 3240 Mann Besatzung; Bewaffnung: 12x12,7 cm, 78 Rohre Flak, 100 Flugzeuge. Nach ersten Einsätzen im Jan. 44 gegen die Marshall-Inseln erhielt die I. bei Truk (Karolinen) am 17.2.44 einen Lufttorpedo-Treffer, der die Ruderanlage beschädigte. Nach Reparatur in Pearl Harbor (Hawaii) folgten erneut Einsätze gegen die Marshall-Inseln, Palau, Mindanao und Luzon, Okinawa und Formosa. Während der zweiten Phase der Schlacht im ➢ Leyte-Golf wurde die I. am 29.10.44 bei einem ➢ Kamikaze-Angriff getroffen (10 Tote) und war am 25.11.44 erneut Ziel japan. Selbstmordflieger (65 Tote). Nach 7 Wochen Reparatur im Einsatz gegen die Riukiu-Inseln, Wake, Eniwetok und das japan. Mutterland, wurde sie am 16.4.45 vor Okinawa wieder Opfer eines Kamikaze-Angriffs und mußte erneut für 5 Wochen in die Werft. Beim Endkampf im Pazifik nahm sie an zahlr. Raids gegen japan. Hafenstädte teil. 22.3.47 außer Dienst gestellt.

Invader, mittelschwerer amerikan. Bomber Douglas A-26, Erstflug 10.7.42. Die I. wurde als Nachfolgemodell der zweimotorigen Baureihe Douglas DB 7 entwickelt und galt noch bis weit in die Nachkriegszeit als vielseitigster und einer der schnellsten Propellerbomber. Zwei Standardversionen wurden gebaut: A-26 B mit starrer Bugbewaffnung und A-26 C mit verglastem Rumpfbug für den Bombenschützen. Die 9. US-Luftflotte flog mit der I. seit Nov. 44 noch 11 000 Einsätze über Europa. Die Maschine verfügte über 2x2000-PS-Doppelsternmotoren und eine max. Bombenzuladung von intern 1814 kg, 4x12,7-mm-MG in ferngesteuerten Rumpftürmen als Abwehrbewaffnung, Höchstgeschwindigkeit 571 km/h. Die Bugbewaffnung der B-Version bestand aus verschiedenen Rüstsätzen von bis zu 8x12,7-mm-MG oder entspr. weniger bei Ausrüstung mit 3,7-cm-Bordkanonen, dazu Außenlasten unter den Tragflächen. Bis 1946 liefen 2500 Stück vom Band.

Invasion, allg. Bez. für das Eindringen mit Truppen in feindl. Gebiet, im engeren Sinn die Landung der Alliierten am

Invasion: amerikanische Infanteristen bei der Landung am Strand der Normandie im Juni 1944

6.6.44 (D-Day) in der Normandie, der im Sommer/Herbst 43 Landungen auf ➢ Sizilien und dem italien. Festland (➢ »Baytown«, ➢ »Slapstick«, ➢ »Avalanche«) vorausgegangen waren. Die I. wurde seit 1942 von Stalin gefordert, der die angloamerikan. Angriffe in N-Afrika und den Sprung nach Italien als Umwege und Versuche ansah, den vermutl. verlustreichen Aufbau einer ➢ Zweiten Front in Frkr. zu umgehen. Das war auch Churchills Absicht, der die I. lieber in SO-Europa gesehen hätte, schließl. aber Roosevelt nachgab und dem direkten Weg von Großbrit. über den Ärmelkanal zustimmte. Für diese I. versammelten sich seit Ende 42 schließl. 2 Mio. GIs, eine Flut von Waffen und Gerät gelangte über den Atlantik, ein Stab zur Vorbereitung des Unternehmens ➢ »Overlord« wurde in London installiert.

Eine I. in N-Frkr. wurde auf dt. Seite seit langem erwartet, doch gingen die Vermutungen eher Richtung Pas de Calais als in die Normandie. Die Verteidiger wurden daher am 6.6.44 fast völlig überrascht, als im ersten Morgenlicht Fallschirmjäger im normann. Hinterland niedergingen und wenig später ein dichter Bombenhagel die Küstenbefestigungen umpflügte. Ihm folgte um 5.50 Uhr ein Feuerschlag aus über 1000 Rohren der Deckungsflotte, bestehend aus 7

Schlachtschiffen, 2 Monitoren, 23 Kreuzern, 105 Zerstörern und 1076 kleineren Einheiten, ehe um 6.30 Uhr die erste Welle der Landungstruppen das Ufer erreichte. Unter dem Schutz von 5112 Bombern und 5409 Jägern folgten pausenlos weitere Truppen in 4126 Landungsfahrzeugen und 2316 Transportflugzeugen, so daß in 5 Tagen mit Hilfe der künstlichen ➢ »Mulberry«-Häfen 326000 alliierte Soldaten mit 104 000 t Nachschub und 54000 Fahrzeugen angelandet waren.
Die Alliierten hatten 5 Küstenabschnitte zur Bildung von Landeköpfen vorgesehen: »Utah« nördl. Carentan auf der Halbinsel Cotentin für das VIII. US-Korps (Collins), »Omaha« 15 km östl. davon für das V. US-Korps (Gerow), »Gold« nordöstl. Bayeux für das brit. XXX. Korps (Bucknall), »Juno« direkt östl. anschließend für die kanad. Verbände des brit. 1. Korps (Crocker) und »Sword« nördl. Caen für dessen brit. Einheiten. Dank absoluter Luftherrschaft – 14 674 Einsätzen alliierter Flugzeuge standen am ersten Tag nur 319 dt. gegenüber – stabilisierten sich die Landeköpfe rasch, doch wurden die Tagesziele nirgendwo erreicht, da Gegenmaßnahmen der verteidigenden dt. 7. (Dollmann) und 15. Armee (Salmuth) allmähl. griffen, obwohl Hitler lange die Zuführung von Verstärkungen verweigerte, weil er weiter an eine »Hauptlandung« bei Calais glaubte. Nach Plan sollte ➢ Cherbourg mit dem wichtigen Hafen noch am I.-Tag genommen werden; das gelang jedoch erst drei Wochen später. Der Durchbruch ins frz. Hinterland war für den 27.6. vorgesehen, glückte aber erst am 1.8. bei ➢ Avranches. Die I.-Schlacht hatte bis dahin auf dt. Seite 114000 Gefallene und 41 000 Gefangene gekostet, die Alliierten hatten 122000 Mann verloren. Nach der erhebl. Verzögerung beim Ausbruch aus der Halbinsel Cotentin kam dann der alliierte Vormarsch unter dem dichten Luftschirm rasch voran, und mit dem Fall von ➢ Paris (25.8.) war man im O wieder im Plan (D-Day plus 90), während sich die Eroberung der Bretagne bis 18.9. hinzog und einige Atlantikfestungen sogar bis Kriegsende hielten. Mit einer weiteren Landung in S-Frkr. (➢ »Dragoon«) flankierten die Alliierten am 15.8. die I., so daß die dt. Truppen im W des Landes in Gefahr gerieten, abgeschnitten zu werden, und sich nach O zurückziehen mußten. Am 11.9. trafen sich die beiden I.-Arme bei Dijon, am gleichen Tage erreichten amerikan. Truppen bei Trier erstmals die Reichsgrenze. Die Zahl der bis dahin in Gefangenschaft geratenen dt. Soldaten hatte sich auf 360000 erhöht.

Irak, Königreich in Vorderasien mit 440000 km^2 und knapp 4 Mio. Einwohnern (1939), Hauptstadt Bagdad, Haupthafen Basra. Nach dem 1. Weltkrieg wurde der I. brit. Völkerbundsmandat, das 1930 durch einen Beistandspakt abgelöst wurde; eine brit. Militärmission blieb in Bagdad, 90 km westl. im Euphrattal befand sich die RAF-Basis Habbaniya. Die irak. Position war u. a. wegen der Ölfelder von Mossul und Kirkuk (Pipeline nach Haifa) eine brit. Schlüsselstellung im Mittleren Osten. Bei Kriegsbeginn setzte Premiermin. Nuri es Said den Beistandspakt in Kraft und brach die diplomat. Beziehungen zum Dt. Reich ab; Botschafter Fritz Grobba wurde ausgewiesen. Gegen die brit. »Bevormundung« regte sich nationalist. Opposition um die »Vaterländ.

Bruderschaft«. Deren Führer Raschid Ali el-Gailani riß am 3.4.41 die Macht an sich; der minderjährige König Faisal II. und der Premier flohen.
Die neue Reg. nahm die Beziehungen zu Berlin wieder auf und warnte England vor einer Intervention. Dennoch landeten Ende April 41 brit. Truppen in Basra. Die noch im Aufbau befindl. irak. Armee von insges. 37000 Mann setzte sich zur Wehr und umzingelte den brit. Luftstützpunkt Habbaniya. Die Reg. rief zum Heiligen Krieg auf, der am 10.5. zurückgekehrte dt. Botschafter versprach Hilfe. Sie beschränkte sich in der Praxis auf die Entsendung von militär. Hilfsgütern und Kampfflugzeugen. Von Rhodos starteten je eine Staffel Me 110 und He 111 mit hastig übermalten Nationalitätskennzeichen, doch dieser »Sonderverband Junck« mußte sich mit so vielen techn. Problemen herumschlagen, daß seine wenigen Kampfeinsätze den Zusammenbruch des übereilt angezettelten Aufstands nicht abwenden konnten. Noch am 23.5. hatte Hitler eine Weisung zur Unterstützung des I. erlassen und die arab. Befreiungsbewegung als den besten Verbündeten im Vorderen Orient gepriesen. Doch inzw. waren brit. Verstärkungen aus Palästina eingetroffen, die am 1.6. nach kurzem Kampf Bagdad besetzten. Die Reg. Raschid Ali floh nach Italien, der Großmufti von Jerusalem al Husseini, der im I. Asyl erhalten und die antibrit. Stimmung angeheizt hatte, setzte sich nach Berlin ab. Der König kehrte zurück, der brit.-irak. Pakt wurde erneuert; am 20.1.43 folgte die offiz. Kriegserklärung an Deutschland, ohne daß sich irak. Truppen noch aktiv an den Kampfhandlungen beteiligten.

Iran, Kaiserreich in Vorderasien, bis 1935 offiz. Persien, mit 1,65 Mio. km² und 16,4 Mio. Einwohnern (1940), Hauptstadt Teheran. Der I. war lange Streitobjekt der Großmächte und wurde 1907 zw. Rußland und Großbrit. in Interessensphären eingeteilt. Seine strateg. Bedeutung wuchs nach 1918 durch den Ausbau der Ölfelder, die sich fast ausschließl. in der Hand der Anglo-Iran Oil Co. befanden, und der Transiran. Eisenbahn, die über 1394 km den Golfhafen Bandar Schapur mit dem Kasp. Meer verbindet. I. erklärte bei Kriegsbeginn seine Neutralität, sah sich aber bald massivem brit. Druck zum Abbruch der Beziehungen zu den Achsenmächten ausgesetzt. Wenige Wochen nach dem Überfall Deutschlands auf die UdSSR besetzten brit. und sowjet. Truppen am 25.8.41 das Land, dessen Streitkräfte den Widerstand nach drei Tagen einstellten. Die Briten drangen vom Pers. Golf und in zwei Marschsäulen aus dem ➢ Irak Richtung Teheran vor, die Rote Armee okkupierte den N des Landes mit Täbris und dem Küstengebiet des Kasp. Meeres. Die iran. Reg. erklärte sich bereit, die diplomat. Vertretungen Berlins und Roms zu schließen. Schah Reza Pahlewi dankte am 17.9.41 zugunsten seines 22jährigen Sohnes Mohammed Reza Pahlewi ab, der den Alliierten als fügsamer Partner genehm war. In einem brit.-sowjet. Bündnisvertrag vom 22.1.42 wurde die Souveränität und territoriale Integrität des I. ausdrückl. garantiert, alle Besatzungstruppen sollten spätestens 6 Monate nach Kriegsende abgezogen werden.
Da die dt. Sommeroffensive ➢ »Blau« ihre Ziele nicht erreichte und die iran. Position der Alliierten nicht gefährdete, konnte das Land als »Brücke zum Sieg«

ausgebaut werden, über die bis 1944 insges. 4,7 Mio. t Kriegsmaterial an die UdSSR geliefert wurden. Die USA verstärkten ihre Präsenz im Golf auf schließl. 30 000 Mann. Die nationalist. Opposition wurde durch Ausweisungen und Internierungen mundtot gemacht. Sichtbares Zeichen für die Bedeutung des I. wurde die Konferenz von ➢ Teheran (28.11.-1.12.43), auf der die Großen Drei nochmals die Unabhängigkeit des Kaiserreichs betonten. Nach der Kapitulation Japans (2.9.45) wurde die Räumung des I. auf den 2.3.46 festgelegt. Während die Westalliierten sogar vorzeitig abrückten, zögerte Moskau mit der Aufgabe seiner besetzten Gebiete und forderte Ölkonzessionen. Unter dem Druck der Weltöffentlichkeit zog die Rote Armee dann aber doch am 9.5.46 ab.

IKRK, Abk. für ➢ **I**nternationales **K**omitee vom **R**oten **K**reuz.

Irland (Eire), Republik in NW-Europa mit 70 300 km² und 2,9 Mio. Einwohnern (1939) auf der gleichnamigen Insel, deren NO-Spitze (Nord-I./Ulster) zu Großbrit. gehört. Seit 1921 selbständig, aber weiterhin Mitglied des Brit. Commonwealth, lockerte I. mit Verfassung von 1937 die Bindungen zu London, das die Wiedervereinigung der Inselteile verweigerte; 1938 verzichtete Großbrit. auch auf die letzten 3 Flottenstützpunkte in I., eine vertrauensbildende Maßnahme, die Feindseligkeiten wie im 1. Weltkrieg vermeiden helfen sollte. I. erklärte bei Kriegsbeginn seine Neutralität, von der es auch durch massiven Druck aus London und später Washington nicht abzubringen war. Dennoch profitierten die Alliierten mehr von dieser ir. Haltung als das Dt. Reich: Etwa 50 000 Freiwillige strömten aus I. in die brit. Armee, fast ebenso viele Iren arbeiteten wegen der Not daheim in Großbrit. Wirtschaftl. litt das Land erhebl. unter dem Krieg, der es von den meisten Handelsverbindungen abschnitt, Streiks und Auswanderung nahmen zu. Die brit. Seeblockade brachte den Import fast gänzl. zum Erliegen, so daß immer mehr Güter von Rationierungsmaßnahmen betroffen waren, Kohle durch Torf ersetzt werden mußte. Nur die Landwirtschaft erlebte durch den hohen brit. Bedarf einen Aufschwung, so daß die Anbaufläche sich auf 1 Mio. ha fast verdoppelte. Die strikte Neutralität isolierte I. über das Kriegsende hinaus, da es u.a. zunächst nicht Mitglied der Vereinten Nationen werden konnte.

Island, Insel und Königreich im nördl. Atlantik mit 102 800 km² und 122 000 Einwohnern (1940), Hauptstadt Reykjavik. I. war 1918 von Dänemark die Autonomie gewährt worden, blieb aber in Personalunion mit dem dän. Königreich verbunden, das weiterhin Außenpolitik und Verteidigung wahrnahm. Als Dänemark am 9.4.40 von dt. Truppen besetzt wurde, erklärte das isländ. Parlament am nächsten Tag die vorläufige Unabhängigkeit. Dt. Pläne, nun auch I. zu besetzen (Unternehmen »Ikarus«), erwiesen sich als illusorisch. Statt dessen stationierten die Briten am 10.5.40 Truppen im W der Insel, die noch vor Kriegseintritt der USA am 7.7.41 von der 1. Brigade der US-Marineinfanterie abgelöst wurden. Roosevelt weitete damit die amerikan. Sicherheitszone erhebl. aus und bereitete sich auf den Konflikt mit den Achsenmächten vor. Die Alliierten beherrschten damit die für die späteren Nordmeergeleite und die ≫ Atlantikschlacht seestrateg. wichtige Dänemarkstraße und beeinflußten maßgebl. die isländ. Innenpolitik. Der 1943 zur Erneuerung anstehende Unionsvertrag mit Dänemark wurde nicht fortgeschrieben, die Personalunion gekündigt und nach Wahl eines eigenen Staatsoberhaupts (S. Björnsson) am 17.6.44 die unabhängige Republik I. verkündet. Nach Kriegsende verließen die alliierten Truppen das Land, nur einige Stützpunkte blieben aufgrund von Bündnisvereinbarungen in amerikan. Hand.

Italia (bis 30.6.43 Littorio), italien. Schlachtschiff, 22.8.37 Stapellauf, 6.5.40 in Dienst gestellt, 35 000 t, 31 kn, 237,8 m lang, 32,9 m breit, bis 1870 Mann Besatzung; Bewaffnung: 9x38,1 cm, 12x15,2 cm, 20x3,7-cm-Flak.
Nach dem Kriegseintritt Italiens (10.6.40) wurde die I. ohne nennenswerten Erfolg gegen brit. Konvois im Mittelmeer eingesetzt. Bei einem Aufenthalt im Hafen von Tarent wurde sie am 12.11.40 beim brit. Unternehmen »Judgement« durch 3 Lufttorpedo-Treffer schwer beschädigt. Nach Reparatur wurde das Schlachtschiff zur Sicherung des Nachschubs der in N-Afrika kämpfenden dt.-italien. Truppen eingesetzt und nahm u.a. Mitte Dez. 41 und Ende März 42 an den Seeschlachten in der Syrte teil. Beim Bekämpfen eines brit. Konvois zur Versorgung Maltas erhielt die I. am 15.6.42 erneut Treffer, einen durch einen amerikan. Liberator-Bomber und einen weiteren durch brit. Wellington-Torpedoflugzeuge. Wieder repariert, wurde das Schlachtschiff beim italien. Sonderwaffenstillstand nach Malta überführt, wobei es auf dem Marsch am 9.9.43 westl. der Straße von Bonifacio (Sardinien) von dt. Do 217 mit Gleitbomben Fritz X angegriffen und getroffen wurde. 14.9.43 zur Internierung nach Alexandria verlegt, im Febr. 47 an Italien zurückgegeben und am 1.6.48 außer Dienst gestellt.

Iwo Jima, eine der Vulkaninseln im Zentralpazifik, zum japan. Mutterland gerechnet, 20 km^2. Im Frühjahr 45 sollte das amerikan. ≫ Inselspringen abgeschlossen sein, um mit den Inseln I. und ≫ Okinawa Absprungplätze für Luftangriffe auf die japan. Städte zu gewinnen. Im Rahmen des Unternehmens »Detachment« landete die US-Navy vom 19.2. an das V. Amphib. Korps (Smith) mit 3 Marineinf.div. im SW von I., das zuvor 72 Tage lang bombardiert worden war. Nach weiteren Feuerschlägen durch Schiffsartillerie und Trägerflugzeuge der Landungsflotte kamen die ersten der 30 000 US-Marines zunächst ohne Probleme auf den Strand. Erst nach 20 Minuten eröffneten die Japaner, 22 000 Mann unter Gen.leutnant Kuribayashi, das Feuer aus gut gesicherten Geschützständen und MG-Nestern. Zwar konnte sich der Landekopf halten, doch dauerte es bis zum 23.2., ehe mit dem Suribachi-Massiv an der S-Spitze der Insel die größte Gefahr im Rücken der Amerikaner ausgeschaltet war; das – nachgestellte – Foto von der Hissung des Sternenbanners auf dem Gipfel ging durch die Weltpresse. In den Kampf hatten am 22.2. auch ≫ Kamikaze-Flieger eingegriffen und mehrere amerikan. Schiffe versenkt oder beschädigt.
In systemat. Durchkämmung unter massiver Luftdeckung schoben sich die GIs nach N vor, eroberten die beiden Flugplätze, kamen aber nur meterweise ge-

gen die ortskundigen Verteidiger in den verzweigten Bunkerstellungen voran. Am 9.3. waren die überlebenden Japaner im nordwestl. Gebirge auf engstem Raum zusammengedrängt, ihre dortigen feuerspeienden Befestigungen wurden von den Marines »Fleischwolf« getauft. Es kam zu selbstmörder. ➢ Banzai-Angriffen der Eingeschlossenen, vielfach wurden unterird. Kampfstände mit Bergepz. und Bulldozern zusammengewalzt und ihre Besatzungen unter den Trümmern begraben. Am 16.3. endete der organisierte Widerstand, am 26.3. waren auch die letzten Bastionen in amerikan. Hand. Nur 216 Japaner gingen in Gefangenschaft, alle anderen waren gefallen; amerikan. Verluste: 5931 Marines und 890 Matrosen gefallen, 17 272 verwundet.

J

Jablunka-Paß, Gebirgsübergang an der poln.-tschech. Grenze. Über den J. stieß schon am 26.8.39 ein dt.-slowak. Kommando, das nicht mehr beizeiten von der Rücknahme des Angriffsbefehls erfahren hatte, nach Polen vor. Dieser Angriff war damit die erste Kampfhandlung des ≫ Polenfeldzugs und des 2. Weltkriegs in Europa.

Jaenecke, Erwin, * Freren 22.4.1890, † Köln 3.7.1960, dt. Gen.oberst (1.2.44); 27.3.11 Eintritt ins Heer, in der Reichswehr am 1.4.34 Oberst. J. war seit 10.11.38 Chef des Stabes beim Inspekteur der Festungen, ging als Oberquartiermeister bei der 8. Armee in den Polenfeldzug und war danach seit 1.11.39 als Gen.major bei Oberost in Polen. Vom 1.5.40 bis zum 31.1.42 war er Oberquartiermeister in Belgien, Paris und, seit 1.11.41 Gen.leutnant, beim OB West. Es folgten Kommandos an der O-Front: 1.2.42 Kommandeur der 389. Inf.div., 1.11.42 bis 22.1.43 Kommand. Gen. des IV. AK (1.12.42 Beförderung zum Gen. der Pioniere), 1.4.43 Kommand. Gen. des LXXXII. AK und seit 1.6.43 OB der 17. Armee im Kaukasus und schließl. auf der ≫ Krim. J. legte am 29.4.44 Hitler eindringl. nahe, Sewastopol zu räumen und seiner abgeschnittenen Armee die Rückführung zu ermöglichen.
Er wurde daraufhin abgelöst und am 31.1.45 endgültig verabschiedet. Vom 11.6.45 bis 13.10.55 blieb J. in sowjet. Kriegsgefangenschaft.

Jagdpanther, dt. Jagdpz. auf Panther-Fahrgestell mit 8,8-cm-Pak 43 L/71. Mit 44 t, max. 45 km/h und 200 km Reichweite war der J. – auch in den Abmessungen – den Leistungen des ≫ Panthers sehr ähnl., verfügte über ein 7,92-mm-Front-MG und hatte 5 Mann Besatzung, Frontpanzerung 80 mm. Die Granaten des J., der durch günstige flache Formgebung selbst nur schwer verwundbar war, durchschlugen fast alle feindl. Panzertypen auf 900 m Distanz. Die Produktion begann im Dez. 43 und erreichte bis April 45 insges. 382 Stück.

Jagdtiger, dt. Jagdpz. auf Tiger-Fahrgestell mit 12,8-cm-Pak L/55. Der J. wog in der Henschel-Ausführung 71,7 t, in der von Porsche 69,9 t, war 7,80 m lang (mit Rohr 10,66 m), 2,63 m breit und 2,82 m hoch; 6 Mann Besatzung. Mit einem 700-PS-Maybach-Motor erreichte er 38 km/h auf der Straße und 17 km/h im Gelände bei einem Fahrbereich von 170 bzw. 121 km. Das mit bis zu 250 mm sehr stark gepanzerte Fahrzeug besaß mit seiner schweren Pak eine allen alliierten Pz. gewachsene Bewaffnung, war jedoch infolge des enormen Gewichts zu unbeweglich. Bis Febr. 45 wurden insges. 74 Stück ausgeliefert.

Jak, Typenabk. für Flugzeuge des sowjet. Konstrukteurs Alexandr Sergejewitsch **Jak**owlew (* 1.4.1906). Aus seinem auf einmotorige Schul- und Jagdflugzeuge spezialisierten Entwicklungsbüro stammten die Jagdeinsitzer und Jagdbomber der Baureihen J.-1 bis J.-9, von denen bis kurz nach dem Krieg insges. 36737 Exemplare gebaut wurden. Die Entwürfe in Gemischtbauweise aus Holz, Aluminium und Stoffbespannung waren von vornherein für die Massenfertigung konzipiert, unkompliziert, robust und daher für die Kampfbedingungen im O bes. geeignet.
Die J.-1., Erstflug 13.1.40, beeinflußt von der Heinkel He 100, wurde am Revolutionstag (7.11.40) bei der Moskauer Luftparade öffentl. vorgeführt. Daten: max. 540 km/h mit 1200-PS-Reihenmotor, Startgewicht 2820 kg, 20-mm-Motorkanone und 2x7,62-mm-MG, 8721 Exemplare. Die J.-3 unterschied sich von ihr opt. durch die aufgesetzte Vollsichthaube. Dank aerodynam. Verfeinerungen zeigte sie hervorragende Leistungen beim Luftkampf in Bodennähe und in mittleren Höhen. Sie kam als letztes Modell der Reihe zum Fronteinsatz. Daten: max. 648 km/h mit 1310-PS-Klimow-Reihenmotor, 20-mm-Maschinenkanone und 2x12,7-mm-MG, 4484 Exemplare. Die J.-7 war als zweisitzige Ableitung der J.-1 zur Schulung

Jalta: Churchill, Roosevelt und Stalin (von links) vor dem Konferenzgebäude, in dem im Februar 1945 die letzten militärischen Operationen und die Behandlung Deutschlands nach Kriegsende ausgehandelt wurden

von Piloten bestimmt, diente jedoch auch in einer einsitzigen Version als Nachtjäger; 6399 Exemplare. Zahlenmäßig wichtigstes Modell der Reihe war die J.-9 mit 16769 Exemplaren. Der Prototyp, eine Weiterentwicklung der J.-7, wurde im Sommer 42 getestet, die ersten Serienmuster kamen während der Schlacht um Stalingrad zu den neuen Gardefliegerregimentern. Die J.-9 trat als Jagdbomber, als Pz.jäger mit einer 37- bzw. 45-mm-Kanone und als Fotoaufklärer auf; die Langstreckenversion J.-9DD mit 2200 km Reichweite eskortierte amerikan. Bomberverbände bei Pendelflügen zw. Italien und der Ukraine und unterstützte jugoslaw. Partisanen. Die letzten J.-Jäger kamen gegen Kriegsende in Ganzmetallversionen an die Front, wobei die J.-9P mit einem 1700-PS-Klimow-Reihenmotor und 698 km/h Höchstgeschwindigkeit den Endpunkt der Entwicklung markierte.

Jalta, sowjet. Stadt an der S-Küste der Krim, 4.-11.2.45 Schauplatz einer Tagung der Reg.chefs von Großbrit. (Churchill), der UdSSR (Stalin) und der USA (Roosevelt) unter Beteiligung ihrer Außenmin. In J. wurde u.a. beschlossen: Aufteilung des besiegten Deutschlands in Besatzungszonen (erstmals wurde eine frz. Zone geplant), Koordinierung der Besatzungspolitik in einem ≻ Alliierten Kontrollrat, Entmilitarisierung und Entnazifizierung Deutschlands, Aburteilung der Kriegsverbrecher, Erhebung von Reparationen, W-Verschiebung Polens (ohne genaue Grenzziehung), Anerkennung der kommunist. provisor. Reg. in Polen (die vorgesehene Einbeziehung von Mitgliedern der Londoner Exilreg. war reine Kosmetik), Einberufung einer Konferenz nach San Francisco zur Gründung der Vereinten Nationen, Eintritt der UdSSR in den Krieg gegen Japan nach der dt. Kapitulation. – J. sanktionierte de facto die sowjet. Politik der Bolschewisierung O- und SO-Europas gegen das »Zugeständnis« des Kriegseintritts in Fernost, den Stalin ohnehin zur Sicherung eines Anteils an der Beute plante.

Java-See, Meeresbecken im Malaiischen Archipel zw. den Inseln Borneo und Java, vom 27.2. bis 1.3.42 Schauplatz einer dreitägigen Seeschlacht zw. japan. und alliierten Überwassereinheiten. Im Zuge der japan. S-Offensive hatten sich kaiserl. Truppen auf den Inseln Sumatra und Bali festgesetzt, von wo aus ihre Flugzeuge die J. beherrschten. Das alliierte ≻ ABDA-Command unter Gen. Wavell auf Java wurde daraufhin aufgelöst und den Holländern unter Gen. ter Porten die aussichtslose Verteidigung der Insel überlassen. Am 27.2. näherten sich zwei japan. Landungskonvois: Die Kampfgruppe W (Vizeadmiral Ozawa) steuerte mit 56 Transportschiffen die NW-Küste an, während die Kampfgruppe O (Konteradmiral Nishimura) mit 41 Truppentransportern auf dem Weg durch die Makassar-Straße gesichtet wurde. Ein kombinierter alliierter Flottenverband aus 5 Kreuzern und 11 Zerstörern unter dem holländ. Konteradmiral Doormann versuchte die Invasionsflotte abzufangen, die von 4 Kreuzern und 14 Zerstörern gesichert wurde. Eine Serie von nächtl. Feuergefechten entwickelte sich zur Katastrophe für Doormanns Geschwader, das ohne Luftaufklärung operierte. Die japan. Einheiten mit ihren Torpedos vom Typ »Lange Lanze« erzielten zahlr. Erfolge: Ihr erstes Opfer wurde der brit.

Kreuzer ≫ Exeter, der nach einem Treffen mit der japan. Sicherungsgruppe (Admiral Takagi) beschädigt ablaufen mußte. Wenig später gingen 2 Zerstörer bei Gegenangriffen verloren, ein weiterer lief auf eine Mine. 4 amerikan. Zerstörer mußten sich nach Verschießen ihrer Torpedos nach Surabaya zurückziehen. Der Rest des alliierten Verbandes setzte am 28.2. erneut zum Angriff an und verlor dabei die niederländ. Kreuzer Java und de Ruyter. 24 Stunden später sanken der amerikan. Kreuzer Houston und der austral. Kreuzer Perth in der Sunda-Straße, wo auch die Flucht der Exeter im Feuer japan. Kreuzer und Zerstörer endete. Mit ihr gingen die beiden Begleitzerstörer unter. Der japan. Sieg in der J. machte den Weg zur Eroberung Javas frei, die am 9.3. nach der Kapitulation der letzten niederländ. und brit. Truppen (rd. 60 000 Mann) abgeschlossen war.

Jean Bart, frz. Schlachtschiff, benannt nach dem Seehelden J. (1650-1702), 6.3.40 Stapellauf, offiz. 1.5.55 in Dienst gestellt, 35 000 t, 30 kn, 247,8 m lang, 35,5 m breit, 2134 Mann Besatzung; Bewaffnung: 8x38 cm, 9x15,2 cm. Die J. war erst zu 77 % fertiggestellt, als sich im Juni 40 dt. Pz.spitzen dem Heimathafen Saint-Nazaire näherten. In letzter Minute gelang ihr am 19.6. die Flucht nach Casablanca. Dort griff am 8.11.42 die amerikan. Landungsflotte für das Unternehmen ≫ »Torch« die J. an, die das Feuer mit dem einzigen intakten 38-cm-Turm erwiderte, aber nach schweren 40,6-cm-Treffern des US-Schlachtschiffs Massachusetts und Beschädigungen durch Bomben den Kampf aufgeben mußte. Erst nach Kriegsende instand gesetzt, Sommer 61 außer Dienst gestellt, April 69 verschrottet.

Jeep, leichter Geländewagen der US-Army und bekanntestes alliiertes Militärfahrzeug des Krieges. Der Name ist die phonet. Wiedergabe der beiden Anfangsbuchstaben der offiz. Truppenbez. General Purpose (Vehicle), zu dt. Allzweckfahrzeug. Der J. wurde 1940 aus einem robusten Farmerauto der Fa. Willys Overland in Toledo (Ohio) entwickelt. Als schwergewichtigeres Pendant zum VW-Kübelwagen der Wehrmacht bewährte sich der J. bei vielfältigen Transport- und Kampfaufgaben. Er meisterte mit seinem Allradantrieb und dem wassergekühlten 54-PS-Vierzylindermotor Steigungen bis 60 Grad, durchquerte flache Gewässer und behauptete sich im Dschungel wie in der Wüste; Höchstgeschwindigkeit auf der Straße 105 km/h. Dank seiner anspruchslosen Bauweise eignete sich der J. vorzügl. für die Massenfertigung; rd. 600 000 Stück wurden während des Krieges produziert. Die USA versorgten auch die Rote Armee und andere Verbündete mit dem J., der nach 1945 Standardmodell der US-Army blieb und 1951 sogar zu Filmruhm kam in dem Streifen »Die vier im J.« über eine alliierte Militärpatrouille im Wien der ersten Nachkriegsjahre.

Jeremenko, Andrei Iwanowitsch, * Markowa (Bezirk Woroschilowgrad) 14.10.1892, † Moskau 19.11.1970, sowjet. Marschall (11.3.55); Eintritt in die Zarenarmee 1913, im Bürgerkrieg zur Roten Armee und 1918 Mitglied der KPdSU. J., Absolvent der Militärakademie Frunse, wurde 1938 Kommand. Gen. des VI. Kosaken-Kavalleriekorps, mit dem er am 22.9.39 in O-Polen und am 17.6.40 in Kowno (Kaunas) bei der Annexion der ≫ Baltischen Staaten einrückte. Von Dez. 40 bis Juni 41 im Fernen Osten als OB der 1. Rotbannerarmee stationiert, löste J. nach dem dt. Angriff am 28.6.41 Armeegen. Pawlow als OB der Westfront ab und übernahm am 12.8.41 die Brjansker Front, die im Okt. von der dt. 2. Pz.armee (Guderian) zerschlagen wurde, wobei J. schwere Verwundungen erlitt. Genesen erhielt er am 25.12.41 den Oberbefehl über die 4. Stoßarmee, die am 16.1.42 Andreapol und vier Tage später Toropez nehmen konnte. Im Aug. 42 wurde J. OB der Stalingrad-Front, die die Hauptlast der Kämpfe um die Wolgametropole trug und maßgebl. Anteil hatte an der Einschließung der dt. 6. Armee (Paulus). Abgelöst von ≫ Malinowski, übernahm J. den Oberbefehl über die selbständig operierende Küstenarmee, stieß über Kertsch vor und sicherte von S die Rückeroberung der ≫ Krim (Mai 44). Im Juli 44 OB der 2. Balt. Front und Armeegen. geworden, gelang ihm die Einnahme Rigas im Okt. 44. Im März 45 löste er Armeegen. Petrow als OB der 4. Ukrain. Front ab und ließ bei Kriegsende einige ihrer Einheiten in Prag einrücken. Nach dem Krieg war der hochdekorierte J. Befehlshaber in verschiedenen Militärbezirken: Juli 45 Karpaten, Okt. 46 Westsibirien, Nov. 53 Westkaukasien. Im Mai 1958 wurde er Gen.inspekteur im Verteidigungsmin.

Jeschonnek, Hans, * Hohensalza (Posen) 9.4.1899, † Goldap (Ostpreußen) 18.8.1943, dt. Gen.loberst (1.4.42); im 1. Weltkrieg bei den Fliegern, bei der Reichswehr an der heiml. Luftrüstung beteiligt und im Frühjahr 34 Staffelführer einer der ersten Kampffliegerstaffeln der Luftwaffe. J. wurde am 1.2.39 Gen.stabschef der Luftwaffe und war damit maßgebl. an allen militär. Planungen beteiligt. Unter dem Eindruck der Katastrophe von Stalingrad und der schweren Bombenangriffe auf dt. Städte, insbes. Hamburg (Ende Juli 43), nahm sich J. im ostpreuß. Hauptquartier der Luftwaffe das Leben, nachdem seine Forderungen nach massivem Ausbau der Jagdabwehr abgelehnt worden waren.

Jeschonnek: Generalstabschef der Luftwaffe von Februar 1939 bis zu seinem Freitod im August 1943

Jodl, Alfred, * Würzburg 10.5.1890, † Nürnberg 16.10.1946 (hingerichtet), dt. Gen.oberst (30.1.44); im 1. Weltkrieg Artillerieoffizier, 1.10.19 von der Reichswehr übernommen, 1.7.35 Chef der Abteilung L (Landesverteidigung) im Reichskriegsmin., März-Okt. 38 und seit 23.8.39 Chef des Wehrmachtführungsamtes (8.8.40 in Wehrmachtführungsstab umbenannt). J. war damit zum engsten militär. Berater Hitlers aufgerückt und wurde zudem zuständig für die westl. Kriegsschauplätze. An allen militär. Planungen war J. beteiligt, widersprach Hitler auch zuweilen, immer aber aus sachl., nie aus moral. oder polit. Gründen, die er nach seinem soldat. Selbstverständnis nicht für seine Sache hielt. Als Konsequenz mußte J. am 7.5.45 die bedingungslose Kapitulation in Reims unterzeichnen, wurde am 23.5.45 mit der Reg. Dönitz verhaftet, in Nürnberg vor Gericht gestellt, am 1.10.46 in allen Anklagepunkten schuldig gesprochen und zum Tode verurteilt. Eine dt. Spruchkammer rehabilitierte J. am 28.2.53 als nicht schuldig der ihm zur Last gelegten Völkerrechtsbrüche, allerdings unter Ausklammerung des umstrittenen Anklagepunktes »Verbrechen gegen den Frieden«.

Josef Stalin (JS I A), sowjet. schwerer Pz.kampfwagen, als Nachfolger des ➢ Kliment Woroschilow (KW I) 1941 entwickelt, 4 Mann Besatzung, 44 t, 6,77 m lang, 3,07 m breit und 2,73 m hoch. Der JS 1 hatte den gleichen Dieselmotor (550 PS) wie der KW I und erreichte damit 37 km/h, der Fahrbereich sank wegen der auf 160 mm gesteigerten Panzerung auf 150 km. Bewaffnet war der JS I mit einer 8,5-cm-Kanone L/51,5 und drei MG. 1944 wurden 2350 Exemplare einer verbesserten Version JS II mit einer 12,2-cm-Kanone L/43 gebaut. Im gleichen Jahr begann die Serienfertigung des in seiner Formgebung völlig neu entwickelten JS III, wobei die Panzerung auf 200 mm verstärkt wurde. JS II wie JS III trugen zusätzl. ein 12,7-mm-Fla-MG auf dem Turm. Vom JS gab es außerdem eine Jagdpz.-Version mit 12,2-cm-Kanone und einen Sturmpz. mit 15,2-cm-Haubitze.

Ju 52: Entladung von Ölfässern auf einem Landeplatz an der Ostfront

JS, Typenabk. für den sowjet. schweren Pz.kampfwagen ≫ Josef Stalin.

Ju 52, Transportflugzeug der Firma Junkers, Erstflug 13.10.30. Ursprüngl. als einmotoriges Frachtflugzeug geplant, wurde die J. auf Anregung der Lufthansa zu einer dreimotorigen Passagiermaschine weiterentwickelt. Die Ju 52/3m (3m = 3motorig) war für 15-17 Passagiere eingerichtet und serienmäßig mit dem BMW-132-Sternmotor ausgerüstet. Dank ihrer Zuverlässigkeit machte sie sich in den 30er Jahren weltweit einen Namen. Im Krieg erwarb sich das robuste Wellblechflugzeug als »Tante Ju« oder »Eiserne Anna« legendären Ruf. Es diente an allen Fronten und bei jedem Wetter als Arbeitspferd der Transportverbände. Bis zu 18 vollausgerüstete Soldaten, 14 Bahren oder 2 t Fracht fanden im Kastenrumpf Platz.

In der Rolle als »Mädchen für alles« wurde die J. genauso berühmt wie die C-47 ➢ Skytrain auf alliierter Seite. Sie schleppte Lastensegler und leistete als Sanitätsflugzeug Samariterdienste, in einer Schwimmerversion unternahm sie Seetransporte, mit einer Magnetspule unter dem Rumpf suchte sie Seeminen. Im Ausbildungsbetrieb schätzte man sie als »fliegenden Hörsaal« und Blindflugtrainer.
Parallel zur zivilen Fertigung war 1934 eine militär. Baureihe angelaufen, die zunächst als Behelfsbomber verwendet wurde. Bei Ausbruch des span. Bürgerkriegs brachten 20 J. bei Pendelflügen im Aug. 36 rd. 10 000 Mann der Afrika-Armee von Span. Marokko aufs Festland. Beim Aufbau der Fallschirmtruppe stellte die Luftwaffe ihr erstes Transportgeschwader aus Ju 52 (Kampfgeschwader zur bes. Verwendung – KGzbV) auf; im Sommer 39 standen 522 J. zur Verfügung. Beim Luftlandeangriff auf Norwegen und auf Holland 1940 machte die Luftwaffe erstmals in großem Stil von den Transportflugzeugen Gebrauch, beim Unternehmen ➢ »Merkur« gegen Kreta gehörten 493 J. zur ersten Angriffswelle. Mit der Ausweitung des Landkrieges auf Rußland und N-Afrika verlagerte sich der Schwerpunkt auf Nachschubflüge. Die Luftbrückeneinsätze von ➢ Demjansk, ➢ Stalingrad oder Tunis stehen für zahllose kleinere Transportunternehmen, bei denen die J. bis zuletzt die Hauptlast trug.
Insges. 2084 Exemplare wurden während des Krieges gebaut; Daten der Ju 52/3m g7e: 3x830 PS, max. 290 km/h, 11 t Abfluggewicht, 3 Mann Besatzung, 1x13-mm-MG im offenen Drehstand auf dem Rumpfrücken und 2x7,9-mm-MG in den Rumpffenstern. Zur Verteidigung trugen viele J. im Frontgebiet ein zusätzl. MG in einer Plexiglashaube auf dem Dach des Führerraums. Dennoch fielen die trägen Maschinen feindl. Jägern oft hilflos zum Opfer; im April 45 zählten die letzten Transportgruppen noch etwa 130 einsatzfähige Flugzeuge. Die hochbejahrte »Tante Ju« wurde nach dem Krieg u.a. in Frkr. und Spanien weitergebaut und war in manchen Ländern bis in die 80er Jahre anzutreffen.

Ju 87, Typenabk. für Sturzkampfbomber der Firma Junkers AG, der als ➢ Stuka bekannt wurde.

Ju 88, zweimotoriges Kampfflugzeug der Firma Junkers, Erstflug 21.12.36. Die J. war nicht nur der modernste Standardbomber der Luftwaffe, sondern auch ihr vielseitigstes Baumuster, sie wurde in 60 Varianten und 40 verschiedenen Waffenversionen gebaut, u.a. als Pfadfinder, Ballonzerstörer, Torpedoflugzeug, Fernaufklärer, Pz.jäger, Erdkampfflugzeug, Trainer und Kurierflugzeug. Eine als Zerstörer geplante Reihe gewann seit 1943 zunehmende Bedeutung als Nachtjäger, darüber hinaus fand die J. als unbemannte fliegende Bombe im ➢ Mistel-Gespann Verwendung. Insges. produzierte Junkers 14 980 Exemplare, deren Masse mit dem Reihenmotor Jumo-211/213 ausgerüstet war; spätere Varianten erhielten den luftgekühlten BMW-801-Sternmotor mit gleichem Ringkühler und gleicher Triebwerksgondel.
Als mittlerer Horizontal- und Sturzbomber mit 4 Mann Besatzung kam die J. Anfang 39 in die Truppenerprobung, maßgebl. Großserie wurde seit Mitte 40

die Baureihe A-4: 2x1400 PS, 12 t Abfluggewicht, 1x13-mm- und mindestens 5x7,9-mm-MG als Abwehrbewaffnung, bis 3000 kg Bombenzuladung, max. 472 km/h in 5300 m Höhe, 2730 km Reichweite. Als 1943 ein Nachfolger für die A-Serie fällig wurde, griff Junkers auf das Schnellbomberkonzept zurück; Die 3sitzige Baureihe S erhielt einen abgerundeten Plexiglasbug und andere aerodynam. Verfeinerungen. Unter Verzicht auf die übl. Panzerung und Abwehrbewaffnung waren die Überlebenschancen ganz auf die eigene Geschwindigkeit von max. 610 km/h abgestellt. Mit Reihenbildkamera und Zusatztanks wurde die D-Serie als strateg. Fernaufklärer gebaut, eine Langstreckenversion H mit max. 5150 km Reichweite operierte 1943/44 beim Fliegerführer Atlantik und war z.T. mit dem Hohentwiel-Schiffssuchradar ausgerüstet. Speziell zur Pz.jagd an der O-Front entstand die Baureihe P mit 7,5-cm-Pak 40, 2x3,7-cm-Flak oder 50-mm-Bordkanone in einer Kanonenwanne unter dem Rumpfbug. Annähernd 4000 J. entfielen auf die Baureihen C und G, die neben der ➣ Me 110 G zur Standardausrüstung der Nachtjagdgeschwader gehörten. Wichtigste Variante war die C-6a mit ➣ Lichtenstein-Radar, 3x20-mm-Kanonen und 3x7,9-mm-MG als starrer Bewaffnung nach vorn, 1x13-mm MG als bewegl. Abwehrbewaffnung nach hinten, 2x-20-mm-MG als ➣ »Schräge Musik« auf der Rumpfoberseite, max. 480 km/h, 2000 km Reichweite. Die Baureihe R mit 2x1700 PS BMW 801 D und max. 523 km/h leitete zur Version G über, die Mitte 44 mit dem vergrößerten Seitenleitwerk der ➣ Ju 188 an die Front kam. In einer optimalen Kombination von Flugleistungen und Feuerkraft trug sie 4x20-mm-MG mit je 200 Schuß in einem flachen Waffenpack unter dem Rumpf, außerdem Vorrichtung für 2x20-mm-MG als Schrägwaffen. Die letzten Ju 88 G waren mit Funkmeßgeräten ausgerüstet, die im Zentimeterwellenbereich ohne störendes Antennengeweih arbeiteten. Die letzte Baureihe G-7 erreichte mit Methanoleinspritzung 585 km/h, ohne Flammendämpfer und Zusatztanks sogar 643 km/h.

Ju 188, zweimotoriges Kampfflugzeug der Firma Junkers. Die J. war eine Weiterentwicklung der ➣ Ju 88-Reihe mit umkonstruierter Zelle und neuer Typennummer. Die auffälligste Veränderung zeigte sich in Form einer strömungsgünstigen, nach vorn gezogenen Glashauskanzel mit bedeutend mehr Raum und hervorragenden Sichtverhältnissen für die 4köpfige Besatzung. Der erste Versuchstyp flog im Dez. 41, die erste Bomberreihe Ju 188 E mit 2x1700-PS-Doppelsternmotoren BMW 801 G kam im Mai 43 zur Truppenerprobung; max. 494 km/h in 6000 m Höhe, 20-mm-Kanone und 3x13-mm-MG als Abwehrbewaffnung, 3000 kg Bombenlast, Abfluggewicht 15 t. Als zweite Bomberserie kam Mitte 43 die 30 km/h schnellere Ju 188 A mit 2x1775-PS-Reihentriebwerken Jumo 213 A dazu. Beide Bomber beteiligten sich Anfang 44 bei einigen Kampfgruppen im W an der letzten Nachtoffensive (➣ »Steinbock«) gegen England, die Untervarianten A-3 bzw. E-2 dienten als Torpedobomber. V.a. zum Einsatz über See waren die Fernaufklärer der Serien D und F bestimmt, die bis Kriegsende bei einigen Staffeln in Norwegen flogen. Der Typ wurde im Frühsommer 44 aus dem Beschaffungsprogramm gestrichen; bis dahin waren 446 Bomber und 570 Fernaufklärer geliefert worden. Der unbewaffnete Schnellbomber Ju 188 S mit Druckkabine und max. 685 km/h in 11 500 m Höhe diente als Ausgangsmuster für das fortgeschrittene Höhenflugzeug Ju 388, von dem bis Anfang 45 noch 99 Serienmuster als Fernaufklärer Ju 188 L produziert wurden.

»Jubilee« (ursprüngl. »Rutter«), seit Juli 42 Deckname des brit. Operationsentwurfs für einen Raid gegen die frz. Hafenstadt ➢ Dieppe an der Kanalküste. Der seit April 42 geplante Invasionsversuch »J.« sollte Aufschlüsse über die dt. Verteidigungstaktik im Falle einer Großlandung bringen und begrenzte militär. Aufträge erfüllen. Polit. stand dahinter die Bemühung um Beschwichtigung der bedrängten Sowjetunion, die ungeduldig die Eröffnung einer ➢ Zweiten Front in Europa einforderte. Trotz der beengenden Steilküstenabschnitte wurde Dieppe als Ziel gewählt, weil es typ. war für die dt. Küstenbefestigungen und günstig im Aktionsradius der brit. Jagdwaffe lag. Militär. Ziel war die Ausschaltung der dt. Batterien von Berneval östl. bis Varengeville westl. von Dieppe, wo die Hafenanlagen, die Radar-Station, der Feldflugplatz sowie die Munitions- und Treibstoffdepots zerstört werden sollten. Außerdem wollte man versuchen, das Hauptquartier der dt. 302. Inf.div. (Gen. Haase) 5 km landeinwärts in Arques-la-Bataille zu erreichen und dort strateg. Planungsunterlagen zu erbeuten. Bereitgestellt wurden als Landungstruppen 6096 Mann der 4. und 6. Brigade der 2. kanad. Div. (Gen.major Roberts) mit 30 Pz. und des 3. und 4. Kommandos der Royal Navy unter dem Schutz von 8 Zerstörern, 2 Kanonen- und 16 Vorpostenbooten, 7 U-Jägern, 20 Artillerieträgern und kleineren Einheiten; die Landungsflotte umfaßte 191 Schiffe und Boote. Ursprüngl. für den 4.7.42 vorgesehen, wurde das Unternehmen »J.« wegen schlechten Wetters auf den 18./19.8.42 verschoben.

Judenverfolgung, einer der Kernpunkte der nat.-soz. Weltanschauung, gipfelte während des 2. Weltkrieges in einem millionenfachen Mord an den europ. Juden. Eine »Lösung« der Judenfrage hatte immer zu Hitlers Zielen gehört; geht man nach dem Parteiprogramm, Hitlers Äußerungen in »Mein Kampf« und in seinen Reden bis 1939, so war damit das schrittweise Herausdrängen der Juden aus ihren bürgerl. Stellungen und schließlich aus dem Reichsgebiet selbst gemeint. Für diese Politik stehen als Vorkriegsereignisse der Boykott jüd. Geschäfte im Apr. 33, die Nürnberger Gesetze von 1935, die Ausweisungen poln. Juden im Okt. 38, die Pogrome der »Reichskristallnacht« vom Nov. desselben Jahres, die Arisierungen (Übernahme jüd. Wirtschaftsbetriebe durch Deutsche) sowie zahllose bürokrat. Schikanen und Berufsverbote.

Im Febr. 39 wurde die »Reichszentrale für die jüd. Auswanderung« unter Leitung des Chefs der Sicherheitspolizei Heydrich gegründet, als deren Geschäftsführer zunächst der Abteilungsleiter der Gestapo Heinrich Müller und seit Okt. 39 Eichmann fungierten. Die Juden Deutschlands mußten sich zu einer »Reichsvereinigung« zusammenschließen; diese requirierte bei vermögenden Juden Mittel, mit denen armen Juden die Auswanderung ermöglicht wurde. Bei Kriegsbeginn waren auf diese oder andere Weise von den über 500 000 Juden, die Anfang 33 in Deutschland lebten, ca. 260 000 emigriert. Die Zurückgebliebenen hofften immer noch auf eine Normalisierung der Verhältnisse. Auch gestaltete sich die Emigration keineswegs problemlos, da viele Länder nicht bereit waren, mittellose Juden aufzunehmen. Eine Weltflüchtlingskonferenz in Evian am Genfer See, im Juli 38 vom US-Präs. Roosevelt angeregt, brachte keine Lösung. Einige Delegierte begründeten die ablehnende Haltung sogar mit rassist. Argumenten, die der nat.-soz. Ideologie nahekamen.

Der Krieg brachte drei neue, verschärfende Elemente in die Judenverfolgung. Zum einen wurden die Juden von Hitler als Urheber des Krieges verleumdet, der Kampf gegen sie erlaube von nun an alle Mittel. Zum zweiten brachten der rasche Vormarsch der dt. Armeen und die Eroberung weiter Teile Europas Mio. von Juden unter dt. Herrschaft; das vom Nat.-soz. beschworene »Judenproblem« potenzierte sich also zunächst. Und zum dritten boten sich im O, in Polen, Rußland und im Baltikum, Möglichkeiten, einigermaßen unbemerkt und ungestört den inzwischen beschlossenen Massenmord ins Werk zu setzen. Für einige Maßnahmen ließ sich sogar ein dort seit langem latenter Antisemitismus mobilisieren; auf Gleichgültigkeit, wenn nicht gar Mithilfe bestimmter Bevölkerungskreise konnte gerechnet werden.

Wann Hitler den Befehl zur Vernichtung der Juden gab, ist nicht mehr exakt festzustellen; ein schriftl. Dokument ist nicht erhalten. Verheimlichung und Tarnung kennzeichnen das Unternehmen von Beginn an. Sprachregelungen wie »Sonderbehandlung«, »Säuberung« oder »Umsiedlung« für Mordaktionen kursierten. Das Bemühen war um so wirksamer, als auch die mit der »Endlösung« schließl. Beauftragten ihr einen unterschiedl. Zweck unterstellten. Für SS-Obergruppenführer Heydrich etwa hatte das Wort zunächst einen polit. Sinn: Ein System des abgestuften Terrors sollte die Juden »reif« zur Auswanderung machen. Dementsprechend beschäftigten sich seine Mitarbeiter 1939 und 40 mit Plänen, im besetzten Polen halbautonome Reservate für Juden zu bilden oder diese nach der frz. Kolonie Madagaskar zu schicken. Im Herbst 40 begann man mit der Errichtung »geschlossener Wohnbezirke« für Juden u.a. in Warschau, Lodz, Lublin, Lemberg. Diese Großgettos, in denen wegen Überfüllung und mangelnder Versorgung Seuchen und Unterernährung herrschten, wurden zur Vorstufe einer allg. Zusammenfassung der Juden im dt. Machtbereich. Unter dem Vorwand, »Saboteure, Spione, Schmuggler und Diebe« zu bekämpfen, kam es zu ersten Massenexekutionen, die von Einsatzgruppen, mobilen Einheiten der Sicherheitspolizei und des SD, durchgeführt wurden.

Diese Kommandos wurden nach Beginn des ➢ Rußlandfeldzugs im Mai 41 zu den ersten Trägern der nat.-soz. Ausrottungspolitik im O. Ihren Auftrag, das Hinterland der vormarschierenden dt. Truppen zu sichern, nutzten sie, um die jüd. Bevölkerung ganzer Städte und Dörfer, einschl. Frauen und Kindern, als »sicherheitsgefährdend« in Massen umzubringen.

Nach Schätzungen fielen den Einsatzgruppen bis Ende 41 rund 500 000 Menschen zum Opfer. Die im Spätherbst 41 anschwellende Partisanenbewegung diente den Einsatzgruppen als willkom-

mener Vorwand für ihre blutige »Arbeit«. Um die »seel. Belastungen« der Täter bei den Massenerschießungen zu verringern, wurden um die Jahreswende 41/42 die ersten Gaswagen eingeführt, in denen man die Juden mittels der Auspuffgase des Motors tötete.
Während die Vernichtungsaktionen der Einsatzgruppen bereits liefen, beauftragte Göring SD-Chef Heydrich am 31.7.41, einen Entwurf »zur Durchführung der angestrebten Endlösung der Judenfrage« vorzubereiten. Nach Fertigstellung des Planes lud Heydrich Vertreter der für die Durchführung nötigen Behörden zum 20.1.42 nach Berlin ins Kripogebäude Am Großen Wannsee. Auf dieser sog. Wannsee-Konferenz wurde das Programm der Judenvernichtung in kaum verhüllter Form ausgesprochen. Die Juden sollten im O zum Arbeitseinsatz kommen; in großen Arbeitskolonnen würden sie »straßenbauend« in diese Gebiete geführt, wobei »zweifellos ein Großteil durch natürl. Verminderung ausfallen« werde. Der »allfällig verbleibende Restbestand«, bei dem es sich um den »widerstandsfähigsten Teil« handele, werde »entsprechend behandelt werden müssen«.
Mit den Deportationen der Juden aus dem Reichsgebiet hatte man bereits im Okt. 41 begonnen. Ausgenommen blieben (im wesentl.) zunächst Juden mit Kriegsauszeichnungen, in »Mischehe« lebende und diejenigen, die in Rüstungsbetrieben arbeiteten. Für erstere wurde jedoch bald das »Altersgetto« Theresienstadt eingerichtet, in das sich die Juden durch Heimeinkaufsverträge unter Abgabe ihres Vermögens »einkaufen« mußten. Theresienstadt bekam den Anstrich einer »jüd. Siedlung«; man wagte sogar, es – sorgfältig geschönt – Vertretern des Roten Kreuzes zu präsentieren. Doch auch von hier gingen Transporte weiter in die Vernichtungslager. Bis zum Einsetzen der Deportationen hatten sich die Lebensbedingungen der Juden immer weiter verschlechtert. Mit dem Judenstern gekennzeichnet, diffamiert, schikaniert, ihres Vermögens beraubt, aus ihren Wohnungen vertrieben und als Arbeitssklaven ausgenutzt, lebten sie als rechtlose Parias. Von den Anfang 41 noch ca. 180 000 Juden im »Altreich« wurden am 1.9.44 nur noch 14 574 registriert. Auch danach gingen noch zahlr. Transporte in den O; der vermutl. letzte »Alterstransport« nach Theresienstadt verließ Berlin am 27.3.45.
Gemäß Heydrichs Ankündigung auf der Wannsee-Konferenz wurde »Europa von W nach O durchgekämmt«. Zwar stellten sich in verschiedenen besetzten Ländern Reg. und Bevölkerung der nat.-soz. Judenpolitik entgegen (so v.a. Bulgarien, Dänemark, Niederlande, Italien); aber nur selten gelang es, die Juden allg. vor dem Zugriff der Gestapo zu bewahren. Auf Einzelfälle beschränkten sich die Einsprüche oder gar Sabotageversuche dt. Militärbefehlshaber gegen die Judenrazzien (Gen. v. Falkenhausen in Belgien, Gen. v. Stülpnagel in Paris), die Regel war eher Mithilfe oder wenigstens Duldung.
Im Zuge der Vorbereitungen zur »Endlösung« wurde in Auschwitz (50 km westl. von Krakau) das erste Vernichtungslager geschaffen. Es handelte sich um eine ehemalige österreich. Artilleriekaserne, in der seit Mai/Juli 40 ein Schutzhaftlager existierte. Diesem KZ wurde in 3 km Entfernung ein Lager angegliedert (Auschwitz II, Birkenau). Der Lagerkommandant Rudolf Höß ließ

dort ein Bauernhaus für Vergasungen umbauen und begann mit Probevergasungen. Inzw. waren in einem anderen Lager im besetzten Polen, in Kulmhof (Chelmno) im Reichsgau Wartheland, die Vorbereitungen für Massenvergasungen abgeschlossen. Von Dez. 41 an wurden hier Juden aus dem Warthegau und dem Getto Lodz ermordet, bis März 43 insges. 145 000 und 1944 noch einmal vermutl. mindestens 25 000.
Dabei setzte man Kohlenmonoxyd in Gaskammern ein. In Auschwitz dagegen entschied man sich für das Blausäurepräparat Zyklon B, ursprüngl. ein Desinfektionsmittel zur Rattenbekämpfung in Schiffsräumen. Auf Kieselgur aufgezogen und in Dosen abgefüllt, entwickelte es an der Luft Cyanwasserstoff-Dämpfe, die die in Kammern eingesperrten Menschen in wenigen Minuten töteten.
Ende 41 nahm die Vergasungsanstalt in Auschwitz-Birkenau den Betrieb auf. Seit Anfang 42 trafen laufend größere Transportzüge mit Juden ein, zunächst aus den benachbarten Gebieten, dann im Zuge des militär. Ausgreifens Deutschlands aus zahlr. europ. Ländern von Frkr. bis Rumänien. Bei der Ankunft wurden die Juden selektiert: Die arbeitsfähigen kamen zum Arbeitseinsatz in die SS- bzw. I.G. Farben-eigenen Produktionsstätten; die schwächeren wurden vergast. Dieses Schicksal konnte auch ganze Transporte ohne vorherige Selektion treffen. Am 7.10.44 wurde bei einem Häftlingsaufstand eine Gaskammer gesprengt; die noch bestehenden Anlagen wurden Ende Nov. 44 von der SS demontiert bzw. im Jan. 45 kurz vor Aufgabe des Lagers zerstört. Die Gesamtzahl der in Auschwitz getöteten Juden ist mangels Registrierung nicht bekannt. Höß sprach im Nürnberger Prozeß zunächst von 2,5 Mio., später von 1,3 Mio. Opfern.
Die mit der Judenverfolgung Beauftragten erkannten bald, daß für die Vernichtung der europ. Juden Kulmhof und Auschwitz nicht ausreichen würden. 3 weitere Vernichtungslager wurden eingerichtet: Treblinka (nordöstl. Warschau), Belzec und Sobibor (beide im Distrikt Lublin). Die »Umsiedlung« der Juden (hauptsächl. aus dem Generalgouvernement) lief unter dem Decknamen »Aktion Reinhard« (nach dem Ende Mai 42 einem Attentat zum Opfer gefallenen Reinhard Heydrich). Die Tötungsmethode war in allen Lagern überwiegend die Vergasung mit Monoxyd aus Kfz- bzw. Panzermotoren. Anfang März 42 begannen die Vernichtungsaktionen in Belzec. In Sobibor trafen die ersten Transporte im Mai 42 ein. Treblinka wurde am 23.7.42 in Betrieb genommen. Eine Selektion fand nicht statt; die Lager waren als reine Vernichtungsstätten geplant. Dabei versuchte man, die Todgeweihten möglichst lange über ihr Schicksal im unklaren zu lassen; die Gaskammern wurden als Bäder oder Desinfektionsräume, das Entkleiden der Opfer als hygien. Maßnahme ausgegeben. Hunderttausende gingen tatsächl. ahnungslos in den Tod. Die persönl. Habe sowie alles, was an den Leichen noch irgend verwertbar schien (Haare, Goldzähne), wurde gesammelt und den Wirtschaftsbetrieben der SS zur Verfügung gestellt. Der Leiter der Aktion, SS- und Polizeiführer Odilo Globocnik, gab 1943 den Gesamtwert der Gegenstände mit 180 Mio. RM an.
Im Sommer 42 kam es kriegsbedingt zu Transportschwierigkeiten. In den Lagern wurde die erzwungene Pause zu

Kapazitätserweiterungen genutzt. Nach den Umbauten konnten die Anlagen in Belzec 1500, die in Treblinka 4000 und die in Sobibor 1200-1300 Menschen fassen. Seit Anfang Aug. 42 lief die Vernichtungsmaschinerie wieder auf Hochtouren. Ende 42 konnte der größte Teil der jüd. Bevölkerung des Generalgouvernements (ca. 2 Mio.) als ermordet gelten; man beschloß, die Lager aufzulösen. Vorher jedoch sollten die Spuren beseitigt werden. In einer »Enterdungsaktion« wurden die in Massengräbern verscharrten Leichen ausgegraben und in Tag- und Nachtarbeit verbrannt. In Sobibor und Treblinka traten Verzögerungen ein, weil einige Gettos wegen der Weigerung dt. Firmen, ihre jüd. Arbeiter herauszugeben, nicht in der vorgesehenen Zeit geräumt wurden, oder weil es dort zu Widerstand, dem ersten in 2000 Jahren jüd. Leidensgeschichte, kam.

Am 19.4.43 wagte eine Kampforganisation von ca. 1500 Männern und Frauen im Warschauer Getto einen Aufstand, der erst Mitte Mai durch Einheiten unter SS-Brigadeführer Stroop niedergeschlagen wurde. Im Nov. 43 war die »Aktion Reinhard« abgeschlossen. Währenddessen und v.a. danach fanden weitere Vernichtungsaktionen statt, die zumeist Juden betrafen, die in kriegswichtigen Betrieben arbeiteten und in Lagern in der Nähe dieser SS-eigenen oder privaten Produktionsstätten lebten. Sie wurden seit Nov. 43 im KZ Maidanek (bei Lublin) und in den Lagern Poniatowo und Trawniki erschossen. In den besetzten Teilen der UdSSR und im Baltikum hatten zahlr. Juden überlebt, da die Einsatzgruppen häufig ihren Standort wechselten, um mit dem Vormarsch der dt. Armeen Schritt zu halten. Für sie wurden in Libau, Dünaburg, Wilna, Kowno und Minsk Gettos eingerichtet als Vorstufe zu Massentötungen, die zw. Aug. 41 und Okt. 42 durchgeführt wurden.

Die genaue Zahl der im nat.-soz. Herrschaftsbereich umgebrachten Juden läßt sich nicht feststellen. Schätzungen sprechen von rd. 5 Mio. Im Nürnberger Prozeß gegen die Hauptkriegsverbrecher, in den Nachfolgeprozessen und bei späteren Gerichtsverhandlungen wurden Teile des Völkermordes aufgeklärt. Durchweg zeigten die Mitwirkenden an der industriemäßig betriebenen Tötung wenig Einsicht; stereotyp war ihre Berufung auf einen Befehlsnotstand. Wie das Fabrikmäßige, der »technische Genocid ohne Pogromstimmung« (Broszat), gehören auch die »grundsätzl. Befehlsergebenheit und ein falsch verstandenes Pflichtgefühl gegenüber den Anordnungen der obersten Staatsführung« (Kulmhof-Urteil des Schwurgerichts Bonn, 1963) bei den Tätern zu den Merkmalen des größten Massenmords der dt. Geschichte.

Jugoslawien, Königreich in SO-Europa mit 250 000 km² und 15,7 Mio. Einwohnern (1940), Hauptstadt Belgrad. 1918 gebildet aus Serbien, Montenegro und Teilen Österreich-Ungarns. J. stand seit Mussolinis Machtübernahme im Schatten der italien. Expansionspolitik (»mare nostro«) und in wirtschaftl. Abhängigkeit vom Dt. Reich, an das es sich zunehmend anlehnte, was am 25.3.41 im Beitritt zum ➢ Dreimächtepakt gipfelte.

Dagegen kam es zwei Tage später zu einem antidt. Militärputsch, der den ➢ Balkanfeldzug auslöste und zum Untergang des Staates J. führte: 10.4.41 Proklamation des »Unabhängigen Staates

Kroatien«, Bildung eines selbständigen Montenegro, Aufteilung des Rests zw. Deutschland, Italien, Ungarn und Bulgarien. Völkerrechtl. existierte J. in der Londoner Exilreg. unter König Peter II. weiter, die aber zugunsten ≫ Titos und seiner Partisanenbewegung von den Alliierten auf der Konferenz von ≫ Teheran fallengelassen wurde. Zwar wurden Vertreter der bürgerl. Parteien am 8.3.45 in die Koalitionsreg. des neuen J. unter Tito aufgenommen, doch vermochten sie die Vollendung der kommunist. »Föderativen Volksrepublik J.« (29.11.45) nicht abzuwenden. J., das unter der dt. Fremdherrschaft gelitten hatte wie kaum ein anderes Land, trug lange schwer an den Folgen des blutigen Bürgerkriegs zw. kommunist. und nichtkommunist. Partisanen, die zu Zehntausenden Opfer einer wahllosen Abrechnung mit wirkl. und vermeintl. Kollaborateuren wurden, wobei ethn. Konflikte verschärfend hinzukamen (v.a. Gegensatz Serben – Kroaten).

Juin, Alphonse, * Bône (Frz. Algerien) 16.12.1888, † Paris 27.1.1967, Marschall von Frkr. (7.5.52). Bei Beginn des dt. Angriffs im W (10.5.40) war J. Kommandeur der 15. Inf.div. mot. und deckte den Rückzug der frz. 1. Armee (Blanchard) nach Dünkirchen. Am 30.5.40 geriet er bei den Kämpfen um Lille in dt. Gefangenschaft, wurde aber im Juni 41 auf Wunsch ≫ Pétains freigelassen, der ihn im Nov. 41 zum OB der Vichy-Truppen in N-Afrika ernannte. Von der alliierten Landung ≫ »Torch« (8.11.42) überrascht, leistete J. zunächst Widerstand, schloß sich aber bald den Angloamerikanern an und übernahm den Oberbefehl über die nun freifrz. Truppen in Tunesien. Im Okt. 43 wurde er Chef des frz. Expeditionskorps in Italien, das auf dem N-Flügel der 5. US-Armee (Clark) bei ≫ Monte Cassino kämpfte und in Rom (4.6.44) einrückte. Am 12.8.44 folgte die Ernennung zum Gen.stabschef der frz. Streitkräfte. 1947-51 Gen.resident in Marokko, 1951-53 Gen.inspekteur des Heeres, 1953-56 OB der NATO-Streitkräfte Europa Mitte.

Juminda-Sperre, vom 8.-26.8.41 gelegter Minengürtel im Finn. Meerbusen zw. Kap Juminda und Kallbada. Die J. verstärkte bereits vorhandene dt.-finn. Sperren und bestand aus rund 3000 Einheitsminen und 1500 Sprengbojen in Abständen von z.T. weniger als 10 m. Unter den zahlr. sowjet. Schiffen, die an der J. scheiterten, waren auch 2 Zerstörer.

Junkers AG, dt. Flugzeug- und Motorenwerke mit Stammsitz in Dessau (Anhalt), 1919 von Prof. Hugo Junkers gegr., der nach der nat.-soz. Machtergreifung die Aktienmehrheit an das Reich übertragen und die Leitung seines für die Luftrüstung wichtigen Konzerns abgeben mußte. In Großserien produzierte J. zwei Standardmuster der Luftwaffe: den als ≫ Stuka bekanntgewordenen Sturzkampfbomber Ju 87 und das zweimotorige Kampfflugzeug ≫ Ju 88. Zum J.-Programm gehörte eine Reihe internat. erfolgreicher Verkehrsflugzeuge, von denen die dreimotorige ≫ Ju 52 (»Tante Ju«, Erstflug 1930) später Standardtransporter der Luftwaffe wurde. Das schwere Kampfflugzeug Ju 86 (Erstflug 1936) war bei Kriegsausbruch bereits veraltet. Als Sondervariante des Bombers entwickelte J. einen Höhenaufklärer mit Druckkabine, 2x950-PS-

Spezialtriebwerken Jumo 207 LD und auf 26 m verbreiterter Spannweite. Unerreichbar für die gegner. Luftabwehr operierte die Ju 86-P 1940-42 in 12000 m Höhe über England, Rußland und Ägypten. Aus dem viermotorigen Passagier- und Transportflugzeug Ju 90 (Erstflug 1937) entstand als militär. Weiterentwicklung das schwere Langstreckenmuster Ju 290 mit einer max. Reichweite von 5950 km, das um die Jahreswende 1942/43 verlustreiche Transporteinsätze nach Stalingrad flog. 11 Ju 290 Patrouillenbomber flogen 1943/44 beim Fliegerführer Atlantik weiträumige Seeaufklärung, später kamen einige dieser Maschinen für Sonderaufgaben zum Geheimgeschwader ➣ KG 200.

Im Juli 39 hatte das RLM als wichtigstes Entwicklungsprogramm der dt. Luftfahrtindustrie den »Bomber B« ausgeschrieben. J. erhielt den Zuschlag und sollte die Maschine bis 1942 frontreif machen, doch laborierte die hochgezüchtete Ju 288 ein Jahr später immer noch an techn. Kinderkrankheiten und wurde schließl. verschrottet. Von insges. 22 Versuchsmustern waren bis dahin mindestens 17 abgestürzt. – Eines der interessantesten aerodynam. Projekte bei Kriegsende war der sechsstrahlige Düsenbomber Ju 287 mit einem negativ gepfeilten Flügel. Das erste Versuchsmuster flog am 16.8.44. Mehrere Prototypen wurden nach Kriegsende unter sowjet. Aufsicht in Dessau fertiggestellt. Noch bis 1961 verfolgte man in der DDR Pläne, eine zivile Version der Ju 287 zur Basis einer ostdt. Flugzeugproduktion zu machen.

»Juno«, Codename für den Raid schwerer dt. Überwassereinheiten gegen alliierte Basen und Nachschublinien in Norwegen Anfang Juni 40. »J.« sollte Dietls Gebirgsjäger in Narvik entlasten und die vom dt. Vormarsch in Frkr. verunsicherten Alliierten zum Abzug zwingen. Beteiligt waren die Schlachtschiffe ➣ Gneisenau und ➣ Scharnhorst, der Schwere Kreuzer ➣ Admiral Hipper, 4 Zerstörer und 2 Torpedoboote, die am 4.6. ausliefen und das Zielgebiet unbehelligt erreichten. Wegen unklarer Feindlage jedoch gab Flottenchef Admiral ➣ Marschall den geplanten Angriff auf die brit. Hauptbasis Harstad auf und konzentrierte sich auf die Nachschubbekämpfung. Dabei gelang die Versenkung von 3 Frachtschiffen, 2 Zerstörern und am 8.6. die Vernichtung des Flugzeugträgers ➣ Glorious, wobei Scharnhorst einen schweren Torpedotreffer hinnehmen mußte. Marschall brach das Unternehmen »J.« ab und ließ am 9.6. in Trondheim einlaufen, ehe brit. Gegenmaßnahmen zum Tragen kommen konnten.

K

Kaga, japan. Flugzeugträger, 17.11.21 Stapellauf, 31.3.28 in Dienst gestellt, 38200 t, 28 kn, 230 m lang, 29,6 m breit, 2016 Mann Besatzung; Bewaffnung: 10x20,3 cm, 16x12,7 cm, 22 kleinere Rohre, 90 Flugzeuge. K., ein zum Träger umgebautes Schlachtschiff, gehörte zur japan. Trägerflotte, mit deren Angriff auf Pearl Harbor am 7.12.41 der Krieg im Pazifik begann. Es folgten Einsätze bei der Eroberung ➢ Rabauls (23.1.42) und beim Luftangriff auf Port Darwin (19.2.42). In der Schlacht bei ➢ Midway gehörte die K. (Kapitän z.S. Akada) zur Trägergruppe Vizeadmiral Nagumos, die den Kampf am 4.6.42 eröffnete. Nachdem es gelungen war, eine erste Welle amerikan. Torpedobomber abzuwehren, wurde die K. von Trägerflugzeugen der ➢ Enterprise angegriffen und innerhalb von 5 Minuten außer Gefecht gesetzt. Sie sank um 19.25 Uhr, wobei 800 Seeleute, darunter der Kapitän, ums Leben kamen.

Kairo-Konferenz, amerikan.-brit.-chines. Gipfeltreffen in der ägypt. Hauptstadt am 26.11.43 im Vorfeld der Konferenz von ➢ Teheran; Teilnehmer: US-Präs. Roosevelt, Premiermin. Churchill und Marschall Tschiangkaischek, Thema: Kriegschauplatz Fernost. Auf der K. vereinbarten die drei Staaten die Verstärkung des militär. Drucks auf Japan, die Beseitigung der japan. Herrschaft in China, die Rückgabe der Mandschurei, ➢ Formosas und der Pescadoren an China sowie die Wiederherstellung der Unabhängigkeit ➢ Koreas. Außerdem wurde beschlossen, die Forderung nach ➢ Bedingungsloser Kapitulation auch auf Japan auszudehnen.

Kaltenbrunner, Ernst, * Ried (Innkreis) 4.10.1903, † Nürnberg 16.10. 1946 (hingerichtet), SS-Obergruppenführer (30.1.43); Jurist, 1932 NSDAP- und SS-Beitritt, 1935 Chef der österreich. SS, 11.3.38 Berufung ins Kabinett ➢ Seyß-Inquart, Aufbau der Gestapo in der Ostmark. Bei Kriegsbeginn Höherer SS- und Polizeiführer Donau, wurde K. am 30.1.43 Nachfolger ➢ Heydrichs als Chef des RSHA, der Sicherheitspolizei und des SD. Er war damit einer der Hauptverantwortlichen für den Völkermord im Rahmen der ➢ Judenverfolgung. Auch zahlr. weitere Völkerrechtsbrüche wie den ➢ Kugelerlaß trug er mit. Im Mai 45 nahm ihn eine amerikan. Streife fest. K. wurde in Nürnberg vor das Internat. Militärtribunal gestellt und am 1.10.46 zum Tod verurteilt.

Kamikaze (japan. Götterwind), Bez. für das Sonderangriffskorps der japan. Marineluftwaffe, dessen Piloten sich mit voller Bombenlast auf feindl. Schiffe stürzten; am 20.10.44 auf den Philippinen gegründet. Der offiz. Name Shimpu bezog sich ebenso wie der allgemeiner gefaßte Begriff K. auf einen Taifun, der Japan im Jahr 1281 vor einer mongol. Flotten-Invasion gerettet hatte. Zum ersten K.-Einsatz kam es am 25.10.44 in der Schlacht im ➢ Leyte-Golf, als eine hastig aufgestellte Formation von 5 ➢ Zero-Sen-Jägern mit je einer 250-kg-Bombe den US-Geleitträger St. Lô versenkte und 3 andere beschädigte. Nach dem ersten Schock stellte sich die US-Navy durch zusätzl. Frühwarnzerstörer und Flakbewaffnung immer besser auf die neue Gefahr ein, so daß viele K.-Maschinen schon beim Anflug scheiterten.

Für den K.-Kampf wurden spezielle Waffen entwickelt wie die bemannte ➢ Ohka-Bombe oder die von vornherein als Einwegbomber gebaute Nakajima K-115 Tsurugi (japan. Säbel), die allerdings nicht mehr zum Fronteinsatz kam. In zwei Zentren auf ➢ Formosa bildete die japan. Marineluftwaffe Freiwillige aus, in der Mehrzahl fanatisierte Schüler und Studenten. Sie wurden in nur einer Woche in Startprozeduren, Formationsflug und verschiedene Angriffsmethoden eingewiesen: Anflug und Todessturz aus 6000 bis 7000 m Höhe oder Unterfliegen der Radarortung knapp über den Wogen und Hochziehen in Sichtweite des Ziels auf 500 m zum Endanflug. Größere Verbände kombinierten beide Verfahren. Erprobte Kampfpiloten wurden mit dem Begleitschutz betraut, die todgeweihten Besatzungen vor dem Start mit einem Helden-Ritual verabschiedet. Hauptziel aller K.-Flieger waren die alliierten Träger, die sich in zentralen Aufzügen und Flugdecks besonders verheerend treffen ließen. Angesichts der hoffnungslosen japan. Unterlegenheit entwickelten sich die Selbstmordeinsätze seit Jan. 45 immer mehr zur letzten erfolgversprechenden Angriffstaktik der japan. Marineflieger. Sie erreichte während der Schlacht um ➢ Okinawa (März-Juni 45) ihren Höhepunkt, als sich ganze Wellen von K.-Bombern auf die amerikan. Invasionsflotte stürzten und um den Preis von 903 Maschinen 16 Schiffe versenkten, darunter 11 Zerstörer; weitere 185 Schiffe, darunter 7 Träger, wurden beschädigt. Gesamtbilanz: 2314 K.-Einsätze, 1228 Totalverluste einschließl. Begleitjäger, 34 Kriegsschiffe versenkt, 288 beschädigt, darunter nach amerikan. Angaben 36 Träger, 15 Schlachtschiffe, 15 Kreuzer und 87 Zerstörer. Einer alliierten Invasion des Mutterlands wollte das japan. Oberkommando ganze Selbstaufopferungsgeschwader entgegenwerfen; dafür standen bei Kriegsende Tausende von Flugzeugen aller Typen bereit. Nach Aufgabe dieses zweiten »Götterwinds« bat der Schöpfer und Kommandeur des K.-Korps, Admiral Kakijivo, die Familien seiner geopferten Piloten um Verzeihung und beging am 15.8.45 Selbstmord.

Kammhuber-Linie, von Sylt bis zur Scheldemündung reichende Kette von Scheinwerfern und Flak-Batterien, seit Sommer 40 vom damaligen Kommandeur der 1. Nachtjagd-Division, Gen. major Josef Kammhuber (1896-1986) für die Nachtjagd aufgebaut. Hinter der K. aus einem 25 km breiten Streifen von Scheinwerfern vor den Flakstellungen waren die Nachtjäger in Luftbereitschaftszonen stationiert. Bereits in der Luft befindl. Maschinen konnten anfliegende Bomber angreifen, sobald sie von den Lichtkegeln erfaßt waren und bevor die Flak das Feuer eröffnete. Die K.

wurde ständig verfeinert. Schon im Okt. 40 standen ➢ Würzburg-Geräte zur Verfügung, so daß ein 30 km breiter Radar-Streifen noch vor den Scheinwerfer-Gürtel gelegt werden konnte, der den Nachtjägern Angriffe in völliger Dunkelheit ermöglichte. Weiter perfektioniert wurde die Verteidigung an der K. durch das sog. ➢ Himmelbett-Verfahren.

Kampfgeschwader 200 (KG 200), Verband der dt. Luftwaffe für bes. schwierige Kampf- und Transportaufträge, aufgestellt mit Befehl vom 20.2.44. Seinen legendären Ruf als Geister-, Gespenster- oder Spionagegeschwader erwarb sich das K. durch Einsätze zum Absetzen und Versorgen von Agenten der ➢ Abwehr oder des RSHA im feindl. Hinterland. Ihm oblag zudem die Erprobung neuer Waffen, die Vorbereitung strateg. Angriffe mit Sonderwaffen wie z. B. der ➢ Mistel-Flugzeuge, die Bekämpfung wichtiger Ziele mit Spezialwaffen, der Transport von strateg. wertvollen Gütern mit Langstreckenmaschinen aus der von Japan besetzten Mandschurei. Auch Freiwillige für sog. Totaleinsätze mit bemannten Flugbomben vom Typ ➢ »Reichenberg« wurden beim K. ausgebildet, kamen aber nach einem Verbot Hitlers nicht mehr zum Einsatz.
Das K. ging aus dem mit Sonderaufgaben betrauten Versuchsverband des OB der Luftwaffe und der Transportkolonne XI OST hervor, das fliegende Personal bestand aus hochspezialisierten Besatzungen, Kommodore wurde im Herbst 44 Oberstleutnant ➢ Baumbach. Der Verband unterstand der Luftflotte Reich, an der O-Front als fliegender Verband der Luftflotte 6 (v. Greim) und verfügte über einen reichen Flugzeugpark von fast 40 verschiedenen Typen, darunter auch Lastensegler und Wasserflugzeuge sowie amerikan. Douglas DC-3 und etwa 20 viermotorige Bomber ➢ Flying Fortress und ➢ Liberator. Die Absetzkommandos waren als selbständige Einheiten unter Tarnnamen wie »Carmen«, »Clara« oder »Olga« über den dt. Machtbereich verteilt; mit Langstrekkentransportern Ju 290 wurden Agentenflüge bis in den Irak und die Kalmückensteppe unternommen. Auf dem Flugplatz Finow bei Berlin unterhielt das K. eine Sonderwerft, wo seine Maschinen für Geheimaufträge ausgerüstet wurden. Der Stab und Teile des Geschwaders wurden im April 45 aufgelöst.

Kanal, Der (engl. Channel), ➢ Ärmelkanal.

Kanaldurchbruch (Unternehmen »Cerberus«), erfolgreiche Rückführung der dt. Schlachtschiffe Scharnhorst und Gneisenau sowie des Schweren Kreuzers Prinz Eugen von ➢ Brest durch den ➢ Ärmelkanal in die Heimat am 11./12.2.42 unter Führung des Befehlshabers der Schlachtschiffe, Vizeadmiral Ciliax.
Der K. wurde erforderl., weil die Großkampfschiffe ständig von der RAF angegriffen und außerdem in der Nordsee und im Nordmeer zur Bekämpfung von Geleitzügen und für Abwehraufgaben gebraucht wurden. Dennoch ging die Seekriegsleitung nur zögernd auf einen entspr. Befehl Hitlers ein, weil man die brit. Luftüberlegenheit im Operationsgebiet fürchtete und zudem wegen der Minengefahr und aus Gründen der Marschgeschwindigkeit nicht direkt un-

ter der Küste fahren konnte. Erst als Anfang Febr. 42 auf allen 3 Einheiten volle Gefechtsbereitschaft hergestellt und das Übungsschießen mit allen Waffen zur Zufriedenheit abgeschlossen war, entschloß man sich zum Auslaufen am 11.2., um 21.45 Uhr in die sorgfältig durch Minensuch- und Räumboote abgesuchten Gewässer.
Die brit. Aufklärung hatte seit langem mit einer derartigen Operation gerechnet, konnte zunächst aber erfolgreich getäuscht werden. So wurde der von 6 Zerstörern, 14 Torpedobooten und zahlr. kleineren Schiffen sowie 176 Maschinen der Luftflotte 3 gesicherte Verband erst sehr spät vor Le Touquet erfaßt und angegriffen. Vergebl. blieben jedoch sowohl die Attacken zur See mit Zerstörern und Schnellbooten als auch massive Luftangriffe. Die Briten verloren 17 Jäger, 15 Bomber, 6 Torpedobomber und 3 Zerstörer. Scharnhorst konnte nach zwei Minentreffern ebenso wie die einmal getroffene Gneisenau und der unbeschädigte Kreuzer ohne Probleme Wilhelmshaven und die Elbe erreichen. Obwohl der K. somit eine empfindl. Niederlage für die brit. Abwehr war, zeigte er andererseits aber auch die Notwendigkeit auf, im überseeischen ➢ Zufuhrkrieg schwerer Einheiten einzusetzen.

Kanalinseln (engl. Channel Islands, frz. Iles Normandes), Inselgruppe im ➢ Ärmelkanal vor der frz. Küste westl. der Halbinsel Cotentin, bestehend aus den größeren brit. Inseln Jersey und Guernsey sowie Alderney und Sark und den frz. Roches Douvres und Iles Chausey, insges. 195 km². Die K. wurden am 30.6./11.7.40 von dt. Truppen besetzt, nachdem 22 656 der rd. 94 000 Einwohner (1940) nach Großbrit. evakuiert worden waren. Da die Briten ihre Landsleute nicht gefährden wollten, wurden die Inseln von Kampfhandlungen fast gänzl. verschont und bis Kriegsende in dt. Hand. Besatzer und Bevölkerung arrangierten sich in einem relativ problemlosen Nebeneinander, sogar die brit. Nationalhymne durfte mit schriftl. Genehmigung gesungen werden. Am 9.5.45 übergab Gen.major Wulf die K. kampflos den Engländern.

Kapitulation (der dt. Wehrmacht), ➢ Bedingungslose Kapitulation.

Karlshorst, östl. Stadtteil Berlins. In der ehemaligen Pionier- und Infanterieschule des dt. Heeres in K. unterzeichneten (in Wiederholung der Zeremonie vom 7.5.45 im angloamerikan. Hauptquartier in Reims) am 8.5.45 Gen.feldmarschall Keitel, Gen.admiral von Friedeburg und Gen.oberst Stumpff die ➢ Bedingungslose Kapitulation der dt. Wehrmacht.

Karolinen, Gruppe von 963 Inseln und Atollen im westl. Pazifik mit insges. 1200 km² Landfläche. Die K. wurden seit 1919 als Völkerbundsmandat von Japan verwaltet. Im Pazifik-Krieg gerieten sie schon bald in den Angriffsbereich der amerikan. Bomber, so daß die Japaner ihre Hauptverteidigungslinie auf die westl. Inseln der K. und auf die ➢ Marianen zurückverlegten. Zunächst schaltete die US-Marineluftwaffe im Febr. 44 ➢ Truk aus, ehe nach intensiver Feuervorbereitung durch Bomben und Schiffsartillerie am 23.9.44 amerikan. Truppen auf dem Ulithi-Atoll landeten, ohne auf japan. Widerstand zu stoßen. Am 1.1.45 wurde die Insel Fais ebenfalls kampflos genommen.

Kassel, Hauptstadt der preuß. Provinz Hessen-Nassau mit 216 000 Einwohnern (1940). Als bedeutender Industriestandort (u.a. ➢ Fieseler-Werke) war K. häufiges Ziel der alliierten Bomber: Ein erster schwerer Luftangriff traf die Stadt am 27./28.8.42, als 222 brit. Maschinen bei 30 Verlusten 513 t Bomben abwarfen. Fast völlig verwüstet wurde der Stadtkern durch zwei Großangriffe im Okt. 43; am 4.10. fielen 1544 t, und am 22.10. entfachten 1824 t Bomben einen vernichtenden Feuersturm. Es folgten zahlr. weitere Angriffe, besonders schwere am 22.9. und am 2.10.44, als 2898 t Bomben K. endgültig in einen Trümmerhaufen verwandelten. Am 3.4.45 drangen Einheiten der 1. US-Armee (Hodges) in die Stadt ein, wo am nächsten Tag der letzte Widerstand erlosch.

Kasserine, Ortschaft in Tunesien südwestl. von Kairouan am gleichnamigen Paß. K. war im Febr. 43 Ziel der Offensive ➢ »Morgenluft« des Dt. Afrika-Korps, das nach dem Rückzug aus Libyen hinter der ➢ Mareth-Linie in Stellung gegangen war. Über K. wollte Rommel in die alger. Ebene bis zur Küste bei Bône durchbrechen und das II. US-Korps (Gen.major Fredendall) von seinem Nachschub abschneiden. Unterstützt von Einheiten der 5. Pz.armee (Gen.oberst v. Arnim), gelang Rommel

Kasserine: Deutsche Panzer rücken auf die Paßhöhe vor (Februar 1943).

die Einnahme von K. und die Eroberung der Paßhöhe am 18.2.43, der weitere Vorstoß aber blieb vor Thala bei Gegenangriffen der brit. 6. Pz.div. am 22.2. liegen. Am 24.2. brach Rommel wegen Gefährdung der Mareth-Front die Schlacht von K. ab, das am 27.2. wieder von US-Truppen besetzt wurde. Der vorübergehende dt. Erfolg war durch nicht zu ersetzende Material- und Mannschaftsverluste erkauft worden.

Kate, alliierter Codename für den einmotorigen japan. Marinebomber Nakajima B5N, Erstflug Jan. 37. 144 Maschinen vom Typ K., darunter 40 Torpedobomber des Trägers ≻ Soryu, nahmen am Überfall auf Pearl Harbor (7.12.41) teil. Die Maschine erwies sich im Laufe des Krieges als Japans erfolgreichster Torpedobomber – die Versenkung der US-Träger Yorktown, Lexington, Wasp und Hornet ging auf ihr Konto –, andererseits war sie im Luftkampf mit ihrer schwachen Rückwärtsbewaffnung von max. 2x7,7-mm-MG leicht verwundbar. Der zwei- bis dreisitzige Ganzmetalltiefdecker war bei seiner Indienststellung das modernste Trägerflugzeug der Welt mit mechan. faltbaren Flügeln, Fowlerklappen und einziehbarem Fahrwerk. Er wurde erstmals im japan.-chines. Krieg als leichter Bomber eingesetzt. 1939 erschien die verbesserte Hauptversion B5N2 als Torpedobomber mit 1x1000 PS und max. 378 km/h in 3600 m Höhe, Reichweite 1730 km, 1x800-kg-Torpedo unter dem Rumpf. Die K. flog bis 1944, zuletzt über den Marianen, einzelne Exemplare wurden auch noch später als ≻ Kamikaze-Bomber gesichtet.

Katjuscha, Salvengeschütz der sowjet. Raketenartillerie, bei den dt. Soldaten als ≻ Stalinorgel bezeichnet und gefürchtet.

Kattara-Senke, 20 000 km^2 große Niederung aus Salzsümpfen und Sandflächen im westl. Ägypten südl. ≻ El Alamein, für motorisierte Verbände nicht passierbar. Die K. bildete im S der Alamein-Front eine natürl. Sperre, die Umgehungsmanöver, wie sie von Rommel im Afrikafeldzug mehrfach erfolgreich angewandt worden waren, unmögl. machte und eine bewegl. Kampfführung erschwerte.

Katyn, sowjet. Dorf 20 km westl. Smolensk. Bei K. entdeckten im Frühjahr 43 dt. Soldaten Massengräber poln. Offiziere, eine Kommission des ≻ IKRK identifizierte von 4363 exhumierten Leichen 2730 als poln. Soldaten, die 1939 in sowjet. Gefangenschaft geraten und durch Genickschuß getötet worden waren. Damit war das Schicksal eines Teils der 10 000 vermißten poln. Offiziere geklärt, nach deren Verbleib die poln. Exilreg. in London bis dahin vergebl. geforscht hatte. Das sowjet. Kriegsverbrechen von K. führte zum Bruch zw. der UdSSR und der poln. Exilreg., obwohl die Westmächte die sowjet. Lesart von der dt. Täterschaft aus Sorge um die Kriegskoalition teilten. Im Nürnberger Prozeß erwies sich diese Version als unhaltbar, so daß der Anklagepunkt K. abgesetzt wurde, zumal die Gefahr bestand, daß die – später auch bewiesene – sowjet. Schuld ans Tageslicht hätte kommen können.

Kaukasus-Offensive, Teil des dt. Angriffsplans ≻ »Blau« im Sommer 42.

Katyn: Untersuchung der Leichenfunde durch den ungarischen Gerichtsmediziner Dr. Orsos

Mit Weisung Nr. 45 befahl Hitler am 23.7. parallel zum Vorstoß auf ≻ Stalingrad den Angriff über Rostow und den W-Kaukasus zur O-Küste des Schwarzen Meeres und zu den Ölfeldern von ≻ Baku und Grosny durch die Heeresgruppe A (List). Am 26.7. erfolgreich angelaufen (9.8. Einnahme Maikops, 21.8. Hissen der Reichskriegsflagge auf dem Elbrus), geriet der Vormarsch wegen der wachsenden Nachschubschwierigkeiten ins Stocken, was zur Ablösung Lists durch Kleist (22.11.) führte. Wie die 6. Armee in Stalingrad geriet die Heeresgruppe A seit Nov. nach sowjet. Gegenoffensiven in Gefahr, abgeschnitten zu werden. Hitler befahl daher am 28.12. den Rückzug in den ≻ Kuban-Brückenkopf, wo die rd. 400000 Mann sowjet. Kräfte binden sollten, bis das Gros über die Straße von Kertsch auf die Krim in Sicherheit gebracht werden konnte (Unternehmen »Wiking«). Die K. hatte sich als verlustreicher Fehlschlag erwiesen und außerdem durch Schwächung des Angriffskeils gegen die Wolga maßgebl. zur Katastrophe von Stalingrad beigetragen.

Kauz, Beiname des dt. Bombers Dornier Do 215, eine verbesserte Version der Do 17 ≻ Fliegender Bleistift.

Kearney, amerikan. Zerstörer einer Escort Group, die am 16.10.41 zur Sicherung eines Geleitzuges stieß. K. wurde am nächsten Tag vom dt. U 568 torpediert, wobei 11 Mann getötet und 7 verwundet wurden. Der K.-Zwischenfall innerhalb des von der dt. Kriegsmarine erklärten ausgeweiteten Operationsgebiets beruhte auf einer Fehleinschätzung des U-Boot-Kommandanten, der K. für brit. gehalten hatte. Der Zusammenstoß wurde von der US-Propaganda zur Förderung der amerikan. Kriegsbereitschaft gegen Deutschland genutzt wie schon der Zwischenfall mit dem Zerstörer ≻ Greer.

Keitel, Wilhelm, * Helmscherode (Harz) 22.9.1882, † Nürnberg 16.10. 1946 (hingerichtet), dt. Gen.feldmarschall (19.7.40); 1901 Eintritt ins Heer, im 1. Weltkrieg Artillerie- und Gen.stabsoffizier, 1.3.34 Gen.major, 1.10.35 Chef des Wehrmachtamtes im Reichskriegsmin. (4.2.38 ≻ Oberkommando der Wehrmacht/OKW), 1.1.36 Gen.leutnant, 1.8.37 Gen. der Artillerie, 10.11.38 Gen.oberst. K. war als OKW-Chef an allen militär. Planungen für den Krieg maßgebl. beteiligt, hatte aber mangels Befehlsgewalt nur geringen Einfluß auf die Operationen. Seine eher ministeriellen Funktionen kamen zum Ausdruck u.a. bei der Unterzeichnung völkerrechtswidriger Anordnungen wie dem ≫ Kommissarbefehl, dem ≫ Kugelerlaß oder dem ≫ Nacht-und-Nebel-Erlaß. Durchdrungen vom Glauben an Hitlers »Genie«, war K. – Spitzname »Lakaitel« – willfähriger Erfüllungsgehilfe des Diktators, den er nach dem Sieg über Frkr. als »größten Feldherrn aller Zeiten« feierte. Er verstrickte mit dieser unkrit. Haltung die Wehrmacht in die nat.-soz. Gewaltpolitik und mußte am 8.5.45 die ≫ Bedingungslose Kapitulation unterzeichnen. Am 13.5.45 verhaftet, wurde er in Nürnberg vor das Internat. Militärtribunal gestellt und am 1.10.46 zum Tod durch den Strang verurteilt.

Kempei Tai, japan. Ahwehrdienst und geheime Feldpolizei; dem Kriegsmin. unterstellt. Zu den Aufgaben der K. gehörte die Bekämpfung von Subversion, Sabotage und Spionage im Kriegsgebiet sowie in den besetzten und annektierten Ländern. In Konkurrenz zur Gegenspionage des Innen- und Justizmin. weitete die K. ihren Aktionsbereich auch innerhalb Japans aus, u.a. bei der Enttarnung und Verhaftung des dt. Sowjetspions ≫ Sorge. Hauptsächl. aber agierten die 1945 etwa 70000 K.-Leute in den besetzten Gebieten, wo sie wegen ihrer brutalen Verhör- und Haftmethoden als »japan. Gestapo« berüchtigt waren. Alliierte Gerichte verurteilten nach dem Krieg zahlr. Mitglieder der K. zum Tod oder zu Zwangsarbeit.

Kertsch, sowjet. Hafenstadt und Landzunge an der O-Spitze der Krim mit 104000 Einwohnern (1939). K. wurde am 16.11.41 vom dt. XXXXII. AK genommen, mußte aber nach einer sowjet. Landung am 29.12.41 wieder aufgegeben werden. Im Mai 42 gelang erneut die Einnahme des für die geplante Offensive Richtung Kaukasus wichtigen Hafens an der nur 4-15 km breiten Straßen von K., die das Schwarze mit dem Asowschen Meer verbindet. 1943 rückte der Raum K. erneut in den Brennpunkt, als die von Wolga und Kaukasus in den Kuban-Brückenkopf zurückflutenden dt. Truppen über die Meerenge bei K. auf die Krim gerettet werden konnten. 10.5.44 Rückeroberung durch die Rote Armee.

Kesselring, Albert, * Marktsteft (Unterfranken) 30.11.1885, † Bad Nauheim 16.7.1960, dt. Gen.feldmarschall (19.7.40); 1904 Eintritt ins Heer, im 1. Weltkrieg bei der Artillerie, Stabsverwendungen, 1933 formales Ausscheiden aus dem Dienst zur Übernahme des getarnten Luftwaffenverwaltungsamtes, 1.3.35 Gen.major, 1.4.36 Gen.leutnant. Nach Übergang zur offenen Luftrüstung wurde K. am 5.6.36 Gen.stabschef der Luftwaffe, erhielt am 1.6.37 die Beförderung zum Gen. der Flieger und übernahm am 1.1.38 den Oberbefehl über die Luftflotte 1, mit der er am Polenfeldzug teilnahm. Seit Jan. 40 kommandierte K. die Luftflotte 2, führte sie im Frankreichfeldzug, während der Luftschlacht um England und bis Dez. 41 auch in Rußland. Er wurde danach OB Süd und erhielt die schwierige Aufgabe, mit dem italien. Comando Supremo und dem eigenwilligen ≫ Rommel in N-Afrika zu kooperieren. Nach dem Ausscheiden Italiens aus dem Krieg (Sept. 43) übernahm K. den Oberbefehl im ges. Mittelmeerraum (21.11.43 OB Südwest) und wurde kurz vor Kriegsende am 11.3.45 OB West. Am 1.5.45 von den Amerikanern gefangengenommen, wurde K. an die Briten ausgeliefert und in Venedig vor ein Militärgericht gestellt, das ihn wegen des Massakers in den ➢ Ardeatin. Höhlen, die in seinem ehemaligen Verantwortungsbereich lagen, am 6.5.47 zum Tod verurteilte. Zu lebenslanger Haft, später zu 20 Jahren begnadigt, wurde er im Juli 52 vorzeitig freigelassen.

KG 200, Abk. für ➢ **K**ampf**g**eschwader **200**.

Kiel, Hauptstadt der preuß. Provinz Schleswig-Holstein mit 274000 Einwohnern (1940). Als Reichskriegshafen am Ostsee-Ausgang des Kaiser-Wilhelm-Kanals und Schiffbauzentrum war K. eines der Hauptziele der alliierten Luftoffensive. Besonders schwer getroffen wurde die Stadt am 16./17.8.44 mit 900 t, zehn Tage später mit 1921 t und am 15./16.9.44 mit 1448 t Bomben. Kurz vor Kriegsende griffen am 3.4.45 noch einmal rd. 700 Maschinen der 8. US-Luftflotte an und setzten mit 2200 t Bomben das Zerstörungswerk fort. 58 % (44 700) der Wohnungen wurden bei den insges. 90 Luftangriffen vernichtet, im Hafen wurden zahlr. Schiffe beschädigt oder versenkt, darunter die ➢ Admiral Hipper, die ➢ Admiral Scheer und die ➢ Emden.

Kiew, Hauptstadt der Ukrain. Sowjetrepublik am rechten Ufer des mittleren Dnjepr mit 850000 Einwohnern (1940). Im Rußlandfeldzug überschritten Anfang Sept. 41 die dt. 6. Armee (v. Reichenau) im N und die dt. 17. Armee (v. Stülpnagel) im S den Dnjepr beiderseits K., während die Pz.gruppe 2 (Guderian) der Heeresgruppe Mitte nach S schwenkte und K. vom Rücken her bedrohte. Die Pz.gruppe 1 (v. Kleist) stieß zugleich von Krementschug Guderians Verband entgegen. Als am 19.9. die sowjet. 37. Armee (Wlassow) K. endl. räumen durfte, war es zu spät, denn schon am 12.9. waren die dt. Pz.keile bei Lochwiza zusammengetroffen und hatten östl. K. 4 sowjet. Armeen eingeschlossen. Bis zum 26.9. wurden in der Kesselschlacht von K. 665000 Rotarmisten gefangengenommen, 884 Pz. und 3718 Geschütze erbeutet. K. wurde Sitz des dt. Reichskommissars Ukraine ➢ Koch, der von hier aus die Ausplünderung des Landes organisierte, bis im Herbst 43 die Rote Armee wieder heranrückte. Am 3.11. durchbrach die 1. Ukrain. Front (Watutin) aus Brückenköpfen nördl. K. die Front der dt. 4. Pz.armee (Hoth) und eroberte die Stadt am 6.11. nach 778 Tagen dt. Besatzung zurück.

King, Ernst Joseph, * Lorain (Ohio) 23.11.1878, † Portsmouth (New Hampshire) 25.6.1956, amerikan. Flottenadmiral (Dez. 44); Kadett im Krieg gegen Spanien 1898, 1906 als Leutnant Lehrer an der Marineakademie in Annapolis, im 1. Weltkrieg beim Stab der Atlantik-Flotte, danach Wechsel zur U-Boot-Waffe, 1921 Kapitän z.S., 1927 (als 48jähriger) Erwerb des Pilotenscheins, 1930-32 Kommandant Träger ➢ Lexington, 1933 Konteradmiral. K. kommandierte seit 1939 die Aufklärungsstreitkräfte im Atlantik, wurde als Vier-Sterne-Admiral 1941 OB der Atlantik-Flotte und leitete dort die Operationen gegen die dt. U-Boote im noch nicht erklärten Krieg. Nach Kriegseintritt der USA zum Flottenchef ernannt, führte er die amerikan. Seestreitkräfte von seinem Hauptquartier in Washington aus. In dieser Position war K., der zugleich den ⋙ Combined Chiefs of Staff angehörte, die Schlüsselfigur der amerikan. Seekriegführung. Nicht zuletzt seiner Tatkraft war es zu verdanken, daß die USA schon 7 Monate nach der Katastrophe von Pearl Harbor im Pazifik zur Gegenoffensive übergehen konnten, ohne den vorrangigen Kampf gegen den dt. Hauptgegner zu vernachlässigen. 1945 Rücktritt, Nachfolger wurde ⋙ Nimitz.

King George V., brit. Schlachtschiff, 21.1.39 Stapellauf, 11.12.40 in Dienst gestellt, 36 750 t, 27 kn, 227 m lang, 31,4 m breit, bis 2000 Mann Besatzung; Bewaffnung: 10x35,6 cm, 16x13,2 cm, 96 kleinere Rohre. Die K. (Captain Patterson) gehörte bei Kriegsbeginn zur Home Fleet und wurde v.a. zu Sicherungsaufgaben herangezogen. Ende Mai 41 nahm sie an der Jagd auf die ⋙ Bismarck teil und trug mit ihren schweren Geschützen wesentl. zum Erfolg über das dt. Schlachtschiff bei. Der Versuch hingegen, im Febr. 42 die Verlegung der dt. Schiffe Admiral Scheer und Prinz Eugen nach Norwegen zu verhindern, scheiterte. In der Folgezeit war die K. v.a. zum Schutz von Geleiten im Nordpolarmeer eingesetzt (dabei am 30.4.42 Beschädigung durch Kollision mit einem Zerstörer) und wurde im Mai 43 der Force H im Mittelmeer zugeteilt, wo sie u.a. am 10.7.43 die alliierte Landung auf Sizilien (⋙ »Husky«) und am 9.9.43 die brit. Landung in Tarent (⋙ »Slapstick«) deckte. Nach Grundüberholung im Okt. 44 zur Pacific Fleet verlegt, beteiligte sie sich an Angriffen der US-Flotte gegen Sumatra, Formosa, Okinawa und die japan. Inseln, wo sie Hafenanlagen und Industriebetriebe beschoß. März 46 wieder Home Fleet, Jan. 58 abgewrackt.

Kinkaid, Thomas Cassin, * Hanover (New Hampshire) 3.4.1888, † Bethesda (Maryland) 17.11.1972, amerikan. Admiral (Okt. 45) Kurz vor Kriegseintritt der USA wurde K. Flaggoffizier und kommandierte nach Pearl Harbor eine Kreuzerdiv. im Pazifik, u.a. in den Schlachten in der Korallensee (Mai 42) und bei Midway (Juni 42). Danach erhielt er eine Trägergruppe, mit der er bei den Santa-Cruz-Inseln (Okt. 42) und bei Guadalcanal (Nov. 42) kämpfte. Als OB der nordpazif. Flotte leitete K. die Rückeroberung der von den Japanern besetzten ⋙ Aleuten-Inseln Attu (Mai 43) und Kiska (Aug. 43), nachdem er im Juni 43 zum Vizeadmiral befördert worden war. Seit Nov. 43 war er OB der 7. Flotte unter Gen. MacArthur, dessen Landeoperationen u.a. auf Neuguinea, den Philippinen und bei Kriegsende in Korea und auf dem chines. Festland er deckte. Nach Kriegsende Dienst in hohen Stäben, Mai 50 Ruhestand.

Kiribati, seit 1979 Name der selbständigen ⋙ Gilbertinseln.

Kirishima, japan. Schlachtschiff, 1.12.13 Stapellauf, 19.4.15 in Dienst gestellt, 29 330 t, 30 kn, 214,6 m lang, 31 m breit, 1118 Mann Besatzung; Bewaffnung 8x35,6 cm, 14x15,2 cm, 8x12,7 cm, 40 kleinere Rohre. Die K. gehörte zur 3. Schlachtschiff-Div., die im Dez. 41 den Angriff der Trägerkampfgruppe gegen ⋙ Pearl Harbor deckte, und nahm danach an Operationen gegen Rabaul und Port Darwin sowie an der Schlacht in der ➢ Java-See teil, wo sie gemeinsam mit der ➢ Hiei den US-Zerstörer Edsall versenkte. Anfang April 42 setzte sie Vizeadmiral Nagumo beim Raid gegen Ceylon und Anfang Juni in der Schlacht bei ➢ Midway ein. Auch bei der See-Luft-Schlacht bei den Salomonen Ende Aug. 42 und in der Trägerschlacht bei den Santa-Cruz-Inseln Ende Okt. 42 gehörte die K. zur Deckungsgruppe der Träger Nagumos. Im Entscheidungskampf um ➢ Guadalcanal Mitte Nov. 42 überstand das Schiff den ersten Zusammenstoß mit einem US-Flottenverband unter Konteradmiral Callaghan, doch in der Nacht des 14./15.11. kam es zum Gefecht mit den amerikan. Schlachtschiffen South Dakota und Washington, deren radargelenktes Feuer auf 8000 m die K. innerhalb von 7 Minuten vernichtete.

»Kirschkern«, Deckname des Flugkörpers Fieseler Fi 103 oder Flakzielgerät FZG 76, bekannter als ➢ V 1.

KL, offiz. Abk. für ➢ **K**onzentrations**l**ager.

Kleinkampfmittel, Sammelbezeichnung für Kleinst-U-Boote, Einmann-Torpedos, Sprengboote u.a. Miniatur-Waffensysteme der dt. Kriegsmarine. Die v.a. seit 1943 zur Abwehr der erwarteten ➢ Invasion entwickelten K. sollten die dt. Unterlegenheit zur See

Kleinkampfmittel: beschädigter Einmann-Torpedoträger, rechts der Trägerkörper mit der (hier abgebrochenen) Plexiglaskuppel

mildern, in Einzelaktionen möglichst viele gegner. Kräfte binden und durch erschwerte Ortung Verwirrung stiften. Bei aller Kühnheit der K.-Kämpfer konnten jedoch nur wenige Erfolge errungen werden angesichts der geringen Möglichkeiten, die K. nahe genug an den Feind zu bringen.

Kleist, Ewald von, * Braunfels an der Lahn 8.8.1881, † Lager Wladimiroka Okt. 1954, dt. Gen.feldmarschall (1.2.43); 1899 Eintritt ins Heer, im 1. Weltkrieg Gen.stabsoffizier, 1919 Übernahme in die Reichswehr, 1932 Gen. major. K. stand dem Nat.-soz. krit. gegenüber und geriet als Befehlshaber im »Wehrgau« Schlesien (seit 1933) in erhebl. Konflikte mit der SA-Führung. Im Gefolge der Fritsch-Krise am 28.2.38 verabschiedet, wurde er vor Kriegsausbruch reaktiviert und befehligte im Polenfeldzug das XXII. Armeekorps. Er bewies die Schlagkraft geballter Panzerverbände und erhielt im Westfeldzug wie im Balkanfeldzug eine eigene Panzergruppe, mit der er u.a. Belgrad eroberte. Auch in Rußland führte er Panzerverbände, bevor er am 22.11.42 OB der Heeresgruppe A wurde, die er nach der Katastrophe von Stalingrad intakt vom Kaukasus zurücknehmen konnte. Für den Verlust der Krim von Hitler verantwortl. gemacht, wurde er am 30.3.44 entlassen. Nach Kriegsende lieferten die Amerikaner K. an Jugoslawien aus, wo er am 4.8.48 zu 15 Jahren Zwangsarbeit verurteilt, im Jahr darauf aber an die Sowjetunion abgeschoben wurde. Dort starb er in einem Lager für Kriegsverbrecher.

Kliment Woroschilow (KW), sowjet. schwerer Kampfpz., seit 1939 in Großserie gebaut, 43,5 t, 6,75 m lang, 3,32 m breit und 2,71 m hoch. Der KW I war mit einer 7,62-cm-Kanone L/30,5 und 3 MG bewaffnet, hatte 5 Mann Besatzung und erreichte mit einem 550-PS-Dieselmotor 35 km/h. Die Panzerung betrug bis zu 90 mm und stieg bei späteren Versionen auf 130 mm an. Bei Beginn des dt. Angriffs am 22.6.41 waren 508 KW 1 bei der Truppe, bis Jahresende wurden weitere 728 Exemplare fertig, 1942 erreichte die Produktion 3000 und 1943 rd. 6000 Stück. Der mit dem gleichen Fahrgestell ausgestattete KW II war ein schwerfälliger Artilleriepz., der in einem hohen Turmaufbau mit senkrechten Wänden eine 15,2-cm-Haubitze trug. Sein Gewicht wuchs auf 52 t, die Geschwindigkeit des 3,25 hohen Fahrzeugs sank entspr. auf 26 km/h, der Fahrbereich auf 250 km. Nachfolger des KW wurden Kampfwagen vom Typ ➢ Josef Stalin.

Kluge, Hans Günther von, * Posen 30.10.1882, † bei Metz 18.8.1944, dt. Gen.feldmarschall (19.7.40); 1901 zum Heer, im 1. Weltkrieg Gen.stabsoffizier, rasche Karriere in der Reichswehr (1933 Gen.major). K. führte im Polen- und Frankreichfeldzug die 4. Armee, mit der er auch nach Rußland zog. Am 18.12.41 wurde er OB der Heeresgruppe Mitte und erhielt für seine Verdienste von Hitler zum 60. Geburtstag eine Dotation von 250 000 RM. Sein Erster Gen.stabsoffizier ➢ Tresckow bemühte sich mit nur geringem Erfolg, K. auf die Seite des militär. Widerstands zu ziehen. Ein Autounfall (12.10.43) zwang K. zu längerer Erholungspause. Als er am 7.7.44 den Oberbefehl über das Westheer übernahm und nach Rommels Verwundung am 17.7. auch die Heeresgruppe B, wurde er für die Verschwörer des 20.7.44 zur Schlüsselfigur im Westen. Zunächst schwankend, verweigerte sich K. jedoch, als er von Hitlers Überleben erfuhr. Er hatte aber den Verdacht der Gestapo erregt und wurde am 17.8.44 seines Kommandos enthoben. Er schrieb Hitler einen Abschiedsbrief, in dem er seine unwandelbare Treue betonte, zugleich aber die Beendigung des Krieges forderte, und nahm auf der Fahrt nach Deutschland Gift.

Koch, Erich, * Elberfeld (heute Wuppertal-E.) 19.6.1896, † Bartchero (Polen) 1986, dt. Politiker; Bahnbeamter, Kriegsfreiwilliger, aktiv im Ruhrkampf, 1922 NSDAP-Beitritt, 1926 wegen republikfeindl. Aktivitäten amtsenthoben, 1928 Gauleiter und 1933 Oberpräs. von Ostpreußen, 1930 MdR. K. galt selbst in Parteikreisen als äußerst unbeherrscht und brutal. Als er nach Kriegsausbruch Reichsverteidigungskommissar und 1942 Reichskommissar Ukraine wurde, entfaltete K. ein Terrorregiment, das zuweilen sogar bei der SS auf Widerstand stieß und in der zunächst dt.freundl. Bevölkerung eine lawinenartig wachsende Partisanenbewegung provozierte. K. betrieb eine Politik massiver Eindeutschung, ließ die Schulen schließen, da Bildung für Russen nicht erforderl. sei, ließ Zigtausende zur Zwangsarbeit ins Reich deportieren und war verantwortl. für zahllose Transporte von Juden in die Vernichtungslager. 1944 kehrte K. nach Königsberg zurück, organisierte den Volkssturm gegen die Rote Armee und tauchte bei Kriegsende unter. Erst Ende Mai 49 wurde er von brit. Militärpolizei aufgegriffen, am 14.2.50 an Polen ausgeliefert und dort 1959 wegen Beihilfe zum Mord an mindestens 400 000 Polen (die Verbrechen in der Ukraine blieben unberücksichtigt) zum Tod verurteilt, aber wegen Unzurechnungsfähigkeit nicht hingerichtet.

Koenig, Pierre, * Caen 10.10.1898, † Neuilly-sur-Seine 2.9.1970, frz. General; 1917 Kriegsfreiwilliger, danach Berufsoffizier, seit 1931 bei der Kolonialarmee in Marokko. K. kam im Febr. 40 mit der 13. Halbbrigade der ➢ Fremdenlegion nach Frkr., nahm an der Expedition nach Norwegen teil und zeichnete sich dort als Hauptmann bei den Kämpfen um Namsos aus. Auf dem Umweg über Brest kam die Einheit Ende Juni 40 nach Großbrit., wo sie sich de Gaulle anschloß und zum Kern der neuen ➢ Forces Françaises Libres (FFL) gehörte. Am 1.7.40 zum Bataillonskommandeur ernannt, war K. an der mißglückten Unternehmung gegen ➢ Dakar beteiligt und wurde danach Militärbefehlshaber in Kamerun, von wo aus die Rückgewinnung von Gabun gelang. K. kommandierte im Kampf gegen die Italiener in O-Afrika eine FFL-Einheit, mit der er auch an der Kampagne in Syrien gegen die Truppen von Gen. ➢ Dentz teilnahm; am 12.8.41 folgte die Beförderung zum Brigadegen. Bekannt wurde K. als Verteidiger des Wüstenforts ➢ Bir Hacheim, wo er im Mai 42 Rommels Offensive »Theseus« 14 Tage lang aufhielt. Als stellv. Gen.stabschef hatte er 1943 in Algerien die Aufgabe, die traditionsreiche N-Afrika-Armee mit den FFL zum gemeinsamen Kampf gegen die Achsenmächte zu verschmelzen.
Fast noch schwieriger gestaltete sich die Vereinigung der verschiedenen bewaffneten Gruppierungen der ➢ Résistance seit April 44 von London aus unter sei-

nem Kommando in den ➢ Forces Françaises de l'Intérieur (FFI). Nach der Befreiung Frkr.s war K. im Aug. 44 im Rang eines Armeegen. Militärgouverneur von Paris und 1945-49 OB der frz. Besatzungstruppen in Deutschland und damit Mitglied des ➢ Alliierten Kontrollrates.

Kollaboration, allg. Zusammenarbeit mit einer feindl. Besatzungsmacht, im engeren Sinne Unterstützung und Unterstützer der dt. Behörden in Frkr. 1940-44. Zunächst als Bez. für das Reg.programm ➢ Pétains (11.10.40) verwendet, das Anpassung soweit unumgängl. und Selbständigkeit soweit wie mögl. anstrebte, wurde K. zum Begriff für alle Formen der Förderung der dt. Besatzer und der Übernahme ihrer faschist. und antisemit. Positionen in Politik und Publizistik. Der dt. Angriff auf die UdSSR (22.6.41) polarisierte die frz. Gesellschaft in der Frage der K. weiter: Während die ➢ Résistance durch Zustrom der nun von der Lähmung durch den Hitler-Stalin-Pakt befreiten Kommunisten erhebl. Auftrieb erhielt, kam es auf der bürgerl. Seite zur Mobilisierung der antibolschewist. Ressentiments (Légion des Volontaires Français). Die Folge waren bürgerkriegsähnl. Kämpfe zw. kollaborierenden Milizen und den Maquisards u.a. der ➢ Armée secrète. Die Anhänger der K. wurden in die Verbrechen der nat.-soz. Besatzer verstrickt und zu Komplizen bei der ➢ Judenverfolgung gemacht. Nach der Landung der Alliierten in Frkr. wichen die prominenten Kollaborateure nach Deutschland aus und wurden nach dem Zusammenbruch des Dt. Reiches zumeist zum Tod verurteilt. Die kleinen Mitläufer sahen sich einer blutigen Abrechnung gegenüber, deren Opferzahlen in die Hunderttausende gingen. V.a. Frauen, die sich mit dt. Soldaten eingelassen hatten, traf der Haß der Mitbürger.

Köln, dt. Großstadt am Rhein mit 770 000 Einwohnern (1940). Als eine der bedeutendsten Industrie- und Handelsstädte des Dt. Reiches gehörte K. zu den Hauptzielen der alliierten Luftoffensive. Schon 1941 kam es zu kleineren Angriffen, ehe das brit. Bomber Command am 30./31.5.42 den ersten Tausend-Bomber-Schlag gegen K. führte (➢ »Millenium«), der 19 370 Wohnungen und 1505 Gewerbebetriebe vernichtete. Es folgten zahlr. ähnl. schwere Angriffe, u.a. am 29.6., 4.7. und 9.7.43 mit jeweils rd. 1700 t Bomben. Ende Okt. 44 griffen an drei Tagen 1899 brit. Maschinen an und luden 9019 t Bomben über K. ab. Insges. wurden 76 % des Wohnraums zerstört, zahlr. unersetzl. Kulturdenkmäler vernichtet oder – wie der weltberühmte Dom – schwer beschädigt. Am 7.3.45 besetzte das VII. Korps (Collins) der 1. US-Armee die Stadt.

Komet, dt. Hilfskreuzer (Schiff 45), 2.6.40 in Dienst gestellt; 3287 BRT, Länge 115,4 m, Breite 15,3 m, Höchstgeschwindigkeit 14,5 kn, 269 Mann Besatzung; Bewaffnung: 6x15 cm, 1x6-cm-Bootskanone, 6 Rohre Flak, 6 Torpedorohre, 2 Bordflugzeuge Arado Ar 196. Die K. erreichte ihren Operationsraum im Pazifik im Sept. 40 über die Nordpolarroute mit Hilfe sowjet. Eisbrecher (Passagegebühr fast 1 Mio. RM). Nach gemeinsamen Operationen mit ➢ Orion und erfolgreicher Beschießung der Phosphat-Insel Nauru lief das Schiff in den Atlantik, erreichte unter dem Schutz dt. U-Boote Cherbourg

am 26.11.41 und vier Tage später Hamburg. Während der 516 Seetage waren der K. über 63 000 BRT (z.T. zus. mit Orion) feindl. Schiffsraum zum Opfer gefallen. Von Febr.-Okt. 42 wurde sie zu einer 2. Fahrt ausgerüstet, zu der sie am 8.10. auslief.
Zunächst konnte der Hilfskreuzer brit. Angriffen im Kanal ausweichen, wurde aber in der Nacht des 14./15.10.42 bei Cap de la Hague gestellt und von einem brit. Torpedoboot versenkt, wobei 251 dt. Seeleute ihr Leben verloren.

Komet, Beiname des Raketenjägers Messerschmitt Me 163 (bei der Truppe »Kraftei« genannt). Die K. kam seit Spätsommer 44 als erster serienreifer Raketen-Abfangjäger der Welt zum Einsatz. Von gedrungener Bauweise, mit gepfeilten Stummelflügeln und ohne Schwanz, war die K. das unkonventionellste und schnellste Einsatzmuster der Luftwaffe. Es ging aus dem Versuchsflugzeug DFS 294 hervor; die Zelle wurde zunächst als Gleiter erprobt, bei den ersten Versuchsflügen mit einem 750-kp-Walter-Raketenantriebwerk erreichte Testpilot Heini Dittmar am 2.10.41 mit 1002 km/h fast Schallgeschwindigkeit. Als Abfangjäger erhielt die Me 163 B-1 einen neuen Rumpf und 2x30-mm-Kanonen als starre Bewaffnung, sie erreichte bis zu 800 km/h, stieg in 2 Min. 40 Sek. auf 9150 m, hatte eine Dienstgipfelhöhe von 15 200 m und bei 8 Min. Flugdauer einen Aktionsradius von 100 km. Die K. startete mit abwerfbarem Fahrgestell und landete auf Kufen, wobei es zahlr. tödl. Unfälle gab. Der Raketenantrieb arbeitete mit einem heißen Gemisch aus Wasserstoffsuperoxyd und Methylalkohol; Treibstoffreste konnten bei der geringsten Erschütterung explodieren. Insges. wurden 364 Versuchs- und Serienmuster gebaut.

Kommando 99, Tarnbez. für die Exekutionseinheit des KZ Buchenwald für die nach den Einsatzbefehlen 8 und 9 des Chefs der Sicherheitspolizei und des SD in den Stalags des Reichsgebiets ausgesonderten polit. unerwünschten sowjet. Gefangenen. Nach Eintreffen dieser Rotarmisten im KZ wurde das K. über Lautsprecher aufgefordert, sich zur Exekutionsstätte zu begeben (»99« war die Telefonnummer des ehemaligen Pferdestalls, der als »Genickschußanlage« umgebaut worden war). Die Opfer wurden einzeln in einen Raum geführt, der als Ärztezimmer hergerichtet war, und an eine Meßlatte gestellt. Aus einem kleinen abgedunkelten Raum hinter der Latte schoß ein SS-Mann dem Gefangenen ins Genick, während Lautsprechermusik im »Wartezimmer« das Schußgeräusch übertönte. Zwei Häftlinge zogen den Toten in eine benachbarte Leichenkammer, die Spuren der Tötung wurden durch Abspritzen mit Wasser beseitigt. Im KZ Buchenwald wurden mindestens 7000 sowjet. Gefangene auf diese Weise umgebracht. Solche Tötungen von Russen kamen in fast allen Konzentrationslagern vor, wobei auch Gas, tödl. Injektionen u.a. Methoden eingesetzt wurden. Die meisten Opfer gab es in Sachsenhausen, wo rd. 18 000 russ. Gefangene ermordet wurden.

Kommandobefehl, am 18.10.42 von Hitler getroffene Anordnung zur Vernichtung von sog. Terror- und Sabotagetrupps, insbes. gegen brit. ➢ Kommandounternehmen gerichtet und schon am 7.10.42 im Wehrmachtbericht angekündigt. Der K. wurde vom Wehrmachtführungsstab (Jodl) formuliert und verlangte die Überstellung von gefangenen Kommando-Soldaten an den SD, der ihre Erschießung veranlaßte; jede militär. Verwahrung wurde untersagt.

Kommandounternehmen, Überfälle von Sondereinheiten auf Versorgungs-, Transport- und militär. Einrichtungen, im allg. im Hinterland des Gegners, wobei sich die Angreifer nach Erfüllung des Auftrags möglichst kampflos zurückziehen sollten. K. wurden von nahezu allen kriegführenden Parteien durchgeführt (auf dt. Seite z. B. ➢ »Greif«). Besonders häufig waren brit. K., bei denen »Special Forces« oder »Raiding Units« unter verschiedensten Bez. eingesetzt wurden: Commandos, Special Air Service (SAS), Special Boat Service (SBS), Popski's Private Army (PPA), Long Range Desert Group usw. Zunächst unternahmen sie sog. Nadelstichüberfälle, die die dt. Stellen beunruhigen sollten, seit 1942 intensivierten sie die K. als Ersatz für eine Zweite Front (z.B. ➢ Bruneval, ➢ »Frankton«, ➢ Saint-Nazaire) und griffen in der Zeit alliierter Großlandungen und Offensiven im Wege »überholender Landungen« zur Unterstützung im feindl. Hinterland ein, wobei manchmal dt. Uniformen getragen und erbeutete Wehrmachtfahrzeuge benutzt wurden. Während die Kleinkriegunternehmen bis Mitte 42 im wesentl. nur psycholog. Wirkung erzielten, waren die K. der zweiten Kriegshälfte auch militär. bedeutsam, ablesbar an Hitlers ➢ Kommandobefehl vom 18.10.42.

Kommissarbefehl (offiz. Richtlinien für die Behandlung polit. Kommissare), Anordnung Hitlers zur Liquidierung gefangener Kommissare der Roten Armee, kurz vor Beginn des Rußlandfeldzugs herausgegeben. Nach dem K. sollten polit. Kommissare »jeder Art und Stellung« noch auf dem Gefechtsfeld »erledigt« werden, im rückwärtigen Gebiet ergriffene waren dem SD zu übergeben. Die Richtlinien wurden am 6.6.41 an die OB der 3 Wehrmachtteile übersandt, die für eine Verteilung bis zu den OB der Armeen bzw. Luftflotten sorgen sollten, von dort war mündl. Weitergabe vorgesehen. Nahezu ein Jahr lang blieb der völkerrechtswidrige K. in Kraft, obwohl sich sofort die Proteste der Truppe beim OKH dagegen häuften. Erst im Mai 42 wurde der Befehl versuchsweise außer Kraft gesetzt und nicht erneuert.

Komorowski, Tadeusz Graf ➢ Bór-Komorowski, Tadeusz Graf.

Königsberg, Hauptstadt Ostpreußens mit 372 000 Einwohnern (1940). Lange vom Krieg verschont, war K. am 26./27. und 29./30.8.44 Ziel brit. Luftangriffe, denen die gesamte Innenstadt mit Dom, Schloß und Speicherbauten zum Opfer fiel. Am 26.1.45 begann dann die Beschießung der Stadt durch die 3. Weißruss. Front (Tschernjachowski); vom 30.1. an war K. von allen Landverbindungen abgeschnitten. Gegen eine wachsende Übermacht zu Land und in der Luft – 2500 sowjet. Kampfflugzeuge gegen 150-200 dt. Jäger, die obendrein wegen Spritmangel oft nicht aufsteigen konnten – hielt die zur Festung erklärte wichtigste Handelsmetropole des dt. O bis in den April. Bei einem Angriff am 18.3. kam der sowjet. Front-OB ums Leben und wurde durch Marschall ➢ Wassilewski ersetzt, der

Kräfte der 1. Balt. Front zur Verstärkung heranzog. Nach massiver Artillerie- und Luftvorbereitung begann am 4.4. der Sturm auf K. mit 3 Armeen, 538 Pz. und 5000 Geschützen. Am 9.4. kapitulierten die Verteidiger unter Gen. der Inf. Lasch, der dafür in Abwesenheit zum Tod verurteilt und dessen Familie in Sippenhaft genommen wurde. Nach dem Krieg von der UdSSR annektiert, trägt K. heute den Namen Kaliningrad.

Königstiger, dt. schwerer Pz.kampfwagen VI, ⋙ Tiger II.

Konjew, Iwan Stepanowitsch, * Lodejno (Bezirk Kirow) 28.12.1897, † Moskau 21.5.1973, sowjet. Marschall (20.2.44), im Bürgerkrieg bei der Roten Armee, 1918 Mitglied der KPdSU, 1932-34 Militärakademie Frunse, 1937-39 in Fernost. Bei Kriegsbeginn Gen.leutnant, befehligte K. die 19. Armee, wurde am 11.9.41 zum Armeegen. befördert und erhielt den Oberbefehl über die W-Front, im Okt. 41 bei der Schlacht um ⋙ Moskau über die Kalinin-Front. Von Aug. 42 bis Febr. 43 erneut OB der W-Front, seit März 43 der NW-Front, befehligte K. in der Schlacht am ⋙ Kursker Bogen im Juli 43 die Steppenfront, die den südl. dt. Pz.keil bei Prochorowka zurückschlug. Seine Front wurde im Okt. 43 in 2. Ukrain. Front umbenannt und Richtung Kirowograd eingesetzt, das K. am 8.1.44 nehmen konnte. Er wechselte im Mai 44 zur 1. Ukrain. Front, eroberte am 27.7.44 Lemberg und erreichte am 29.7. die Weichsel. Aus dem dort gewonnenen Brückenkopf bei ⋙ Baranow traten seine Truppen am 12.1.45 zur Großoffensive an, nahmen schon eine Woche später Krakau und kontrollierten Ende Febr. 45 ganz Schlesien. Am 16.4.45 eröffnete K. im S der Front die Schlacht um ⋙ Berlin, stieß bis ⋙ Torgau an der Elbe vor, wo am 25.4. die erste Berührung mit den US-Truppen gelang, und griff die dt. Heeresgruppe Mitte in Böhmen an. Am 9.5.45 zogen Einheiten seiner Front in Prag ein. Nach dem Krieg erhielt K. hohe Kommandoposten: 1946 OB der sowjet. Landstreitkräfte, 1955-60 OB aller Warschauer-Pakt-Streitkräfte, 1960-62 nach Konflikt mit Chruschtschow nur noch OB der Heeresgruppe Deutschland.

Konvoi-System, Methode zur Sicherung von Frachtschiffen, ⋙ Geleitzug.

Konzentrationslager, offiz. Abk. KL, sonst üblicher KZ, Einrichtungen zur Zusammenfassung von polit. Häftlingen, Straffälligen, »unsicheren Elementen«, Kriegsgefangenen, Internierten u.a. Erstmals entstanden während des amerikan. Bürgerkriegs und später auch im Burenkrieg eingerichtet, stehen die K. heute als Begriff für den nat.-soz. Polizeistaat; das 3. Reich schuf sich mit ihnen ein Terrorinstrument, das in aller Offenheit – ganz im Gegensatz zu den Vernichtungslagern (⋙ Judenverfolgung) – gehandhabt wurde. Schon unmittelbar nach der Machtergreifung (30.1.33) wurden von der SA unter Berufung auf die Notverordnung des Reichspräs. »zum Schutz von Volk und Staat« nach dem Reichstagsbrand zahlr. »Schutzhaftlager« für polit. Gegner eingerichtet. Etwa 25 000 Personen fielen in den nächsten beiden Monaten dieser »präventiven Polizeimaßnahme« zum Opfer.

Oft war das Motiv für eine Festnahme private Rachsucht; es gab SA-Stürme,

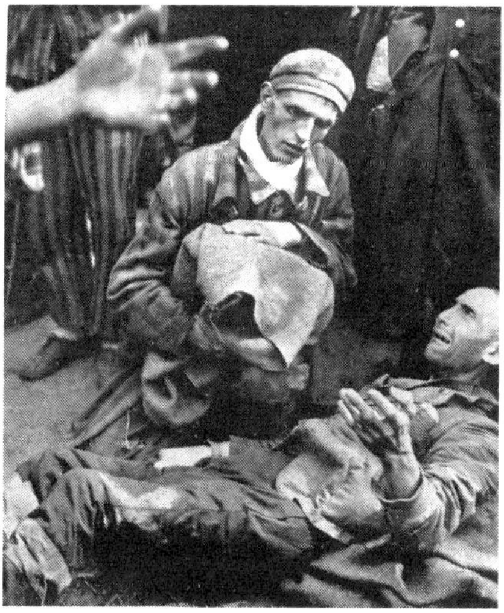

Konzentrationslager: überlebende KZ-Häftlinge nach ihrer Befreiung 1945

die in Hinterzimmern, Scheunen oder Waldhütten »wilde K.« betrieben, in denen die Häftlinge grausam mißhandelt und gefoltert wurden. Im Zuge der Konsolidierung des nat.-soz. Staates wurden sie durch offiz. Lager in SS-Regie abgelöst, in denen staatl. organisierter Terror den wahllosen der Frühzeit ersetzte. Die bekanntesten K. im Reichsgebiet waren bis in die erste Kriegsphase: Buchenwald auf dem Ettersberg bei Weimar (1937), Dachau bei München (1933), Esterwegen (Emslandlager, 1933), Flossenbürg in der Oberpfalz (1938), Groß-Rosen bei Striegau (Schlesien, 1940), Mauthausen bei Linz (Österreich, 1938), Neuengamme östl. Hamburg (1938), Oranienburg, später Sachsenhausen (Brandenburg, 1933 bzw. 1936), Ravensbrück nördl. Fürstenberg a.d. Havel (1939, für Frauen), Stutthof bei Danzig (1939).

Modell für die K. wurde Dachau, dessen Lagerkommandant ≻ Eicke am 1.10.33 eine Lagerordnung erlassen hatte, die er nach Ernennung zum »Inspekteur der K.« (4.7.34) für alle K. verbindl. machte.

Die Disziplin der SS-Angehörigen in den K. war durchweg schlecht. Daran änderte auch die harte Bestrafung (bis hin zur Todesstrafe) von einzelnen Übergriffen nichts. Parallel zur SS-Organisation wurde später eine Selbstverwaltung der Häftlinge eingerichtet, an deren Spitze die Lagerältesten standen, gefolgt von den Blockältesten der einzelnen Baracken und dem Stubendienst. In den Schreibstuben, Krankenrevieren und Krematorien arbeiteten Funktionshäftlinge, die bei den Arbeitskommandos als Kapos und Vorarbeiter eingesetzt wurden. Gern gab die SS diese begehrten Posten Kriminellen, die »Politische« und Intellektuelle drangsalierten und den Kampf um Privilegien brutalisierten. Das SS-Personal der K. wurde durch SS-Wachtruppen, später »Totenkopfverbände« genannt, ergänzt, denen die Außenbewachung übertragen war. Was Hygiene, Kleidung, Verpflegung und ärztl. Versorgung anging, waren die Lebensverhältnisse in den K. überall empörend. Die Insassen hausten zumeist in zugigen Holzbaracken, schliefen auf dreistöckigen Etagenpritschen, oft zu dritt unter einer einzigen Decke. Statt Matratzen gab es Strohsäcke und manchmal nur das blanke Holz. Selbst im Winter erhielten die geschwächten Häftlinge keine weitere Kleidung als den dünnen, ungewaschenen gestreiften Anzug mit den farbigen Winkeln der Häftlingskategorie. Zu essen gab es neben geringen Brotrationen v.a. Rüben- und sonstige Wassersuppen. Die unzulängl. sanitären Einrichtungen riefen immer wieder Seuchen hervor,

die im Verein mit den unmenschl. Arbeitsbedingungen zu außerordentl. hoher Sterblichkeit führten. Darüber hinaus forderten Mißhandlungen, drakon. Strafen und Menschenversuche von nat.-soz. Medizinern (u.a. Erprobung von Impfstoffen, Unterkühlungen, Massensterilisierungen, Giftgaswirkungen), bei denen der Tod der Probanden in Kauf genommen wurde oder gar beabsichtigt war, zahllose weitere Opfer.
Ursprüngl. gedacht als Umerziehungslager (aus denen man nach guter Führung auch entlassen werden konnte), wandelten sich die K. im Lauf der Zeit zu Instrumenten einer aggressiven Rassen- und Bevölkerungspolitik. Neben vermeintl. und tatsächl. Regimegegnern wurden zunehmend Homosexuelle, Sektenmitglieder und sog. Arbeitsscheue auf Dauer eingeliefert und zur Sklavenarbeit gezwungen. Nach Kriegsbeginn kamen Gefangene und ausländ. Häftlinge (u.a. nach dem ➢ Nacht-und-Nebel-Erlaß) aus den dt. besetzten Gebieten hinzu. In den Lagern stand somit ein riesiges Reservoir an ➢ Zwangsarbeitern zur Verfügung, das die SS zum Aufbau eigener Wirtschaftsbetriebe nutzte. Im Febr. 42 wurde unter der Leitung des späteren SS-Obergruppenführers Oswald Pohl das Wirtschafts-Verwaltungshauptamt (WVHA) gegründet, in dessen Amtsgruppe D die Dienststelle des Inspekteurs der K. aufging. Wo die Industrie Arbeitskräfte brauchte, wurden Außenkommandos (Nebenlager) errichtet. So vergrößerte sich die Gesamtzahl der Häftlinge auf 525 000 im Aug. 44 und betrug Anfang 45 schließl. über 600 000 Menschen. Das damit gespeiste Wirtschaftsimperium breitete sich auch über die besetzten Gebiete aus; im März 44 gehörten 28 Lager mit 164 Außenkommandos dazu.
Das Interesse des WVHA an der Ausnutzung der Arbeitskräfte widersprach in gewisser Weise dem des Reichssicherheitshauptamts (RSHA) auf Ausschaltung oder Umerziehung der Gefangenen. Vorteile aber hatte das kaum für die Betroffenen, denn im April 42 befahl Pohl die Ausnutzung »im wahrsten Sinn des Wortes erschöpfend« zu gestalten, und seit Sept. 42 galt die Anweisung, Gefängnisinsassen (Sicherheitsverwahrte u.a.) »zur Vernichtung durch Arbeit« in die K. einzuweisen. Außerdem ging man dazu über, alle nicht mehr arbeitsfähigen Häftlinge (»Muselmänner«) auszusondern und in Tötungsanstalten der Euthanasie-Aktion oder in Vernichtungslager zu verlegen und dort zu töten. Höchste Perfektion erreichte das mörder. System in den Lagern Auschwitz und Maidanek im besetzten Polen, wo das K. mit einem Vernichtungslager kombiniert war. Die Eingelieferten wurden am Lagereingang »selektiert«, die als »nicht arbeitsfähig« Eingestuften verschwanden sofort in den Gaskammern, die übrigen folgten ihnen, sobald ihre Arbeitsleistungen nachließen. Um Auschwitz gruppierten sich große Rüstungsbetriebe, in denen die Menschen »verbraucht« wurden und in deren betriebsamem Schatten andererseits die Transporte in die Massenmordanstalten (laut Kommandant Höß »bis zu 100 Eisenbahnwaggons tägl.«) unauffällig unterzubringen waren.
Als gegen Ende des Krieges die Fronten näherrückten, ergingen Evakuierungsbefehle; Lager wurden aufgelöst und die Gefangenen vor dem Zugriff der gegner. Truppen in Güter- und Viehwagen gepfercht oder in endlosen Fußmär-

schen ins Reichsinnere getrieben. Dabei grassierten Seuchen, erschöpfte Häftlinge wurden am Wege erschossen; noch in den letzten Tagen des Krieges kamen dabei Tausende um. Doch selbst im Reich waren die Transporte bald nicht mehr sicher vor den Wahnvorstellungen der Machthaber. So trieben Wachmannschaften des Lagers Dachau einen Teil der Häftlinge vor den amerikan. Pz. her in Richtung einer angebl. ≫ Alpenfestung, so wurden 5000 Häftlinge des Lagers Neuengamme in Lübeck auf die Cap Arcona verladen, wo sie fast alle bei einem brit. Bombenangriff ums Leben kamen. Schrecklichstes endeckten die brit. Truppen im Lager Bergen-Belsen (Lüneburger Heide, 1943 gegründet), wo sie am 15.4.45 einrückten und 60000 Häftlinge vorfanden, zumeist Überlebende von Transporten, u.a. aus Auschwitz. Nach der Befreiung starben noch 13 000 der völlig erschöpften und kranken Opfer des nat.-soz. Terrors; bekannt sind Filmaufnahmen von Bulldozern, die Leichenberge in die Massengräber schieben.

Korallensee, Teil des südwestl. Pazifiks zw. NO-Australien, Neuen Hebriden, Salomonen und Neuguinea, Anfang Mai 42 Schauplatz der ersten See-Luft-Schlacht. Noch vor der Eroberung von ≫ Midway plante der OB der japan. Kriegsmarine, Admiral ≫ Yamamoto, im Frühjahr 42 einen Flottenvorstoß in die K., um das japan. Vorfeld zu erweitern. Strateg. Hauptziel war die Einnahme von ≫ Port Moresby auf Neuguinea zur Isolierung Australiens und als Sprungbrett für eine Invasion des Kontinents. Vizeadmiral Inouye, OB der japan. 4. Flotte, leitete die Operation von Rabaul aus, die zangenartig angelegt war. Während eine Trägergruppe mit Zuikaku und Shokaku (insges. 126 Flugzeuge) sowie 2 Kreuzern und 6 Zerstörern um die ≫ Salomonen herum vorstieß, sollte die Invasionsflotte mit dem kleinen Träger Shoho (21 Maschinen), 3 Kreuzern und 7 Zerstörern den kürzeren Weg um die S-Spitze von Neuguinea nehmen. Beim Anmarsch wurden am 3.5. auf der südl. Salomon-Insel Tulagi vor ≫ Guadalcanal Truppen abgesetzt, die einen Luftstützpunkt errichten sollten.
Der amerikan. Aufklärung, die den japan. Marinecode entschlüsselt hatte, war die Massierung gegner. Kräfte nicht entgangen. Admiral ≫ Nimitz, OB der US-Pazifikflotte, schickte den Japanern die Task Force 17 unter Konteradmiral Fletcher mit den Trägern Yorktown und Lexington (insges. 143 Flugzeuge), 5 Kreuzern und 9 Zerstörern entgegen, dazu stießen die Task Force 11 (Fitch) und 44 (Crace). Am 7.5. kam es zu ersten Gefechten; amerikan. Trägerflugzeuge versenkten die Shoho beim Anmarsch auf Port Moresby, die Japaner einen Zerstörer und einen großen Tanker, den sie irrtüml. für den einzigen US-Träger im Kampfgebiet hielten. Am 8.5. entbrannte »über den Horizont hinweg« auf eine Gefechtsentfernung von 200 sm eine Trägerschlacht, bei der die US-Flotte die Lexington verlor, die Yorktown wurde von einer 350-kg-Bombe außer Gefecht gesetzt, die drei Decks durchschlug und 66 Mann tötete. Genauso schwer aber wogen die japan. Verluste: Die Shokaku hatte 108 Tote und schleppte sich brennend aus dem Kampfgebiet, die Zuikaku verlor einen Großteil ihrer Flugzeugbesatzungen; beide Träger fehlten daher bei Midway.

Der takt. japan. Erfolg verwandelte sich damit in eine Niederlage, denn auch der Angriff auf Port Moresby mußte abgeblasen werden.

Korea, ostasiat. Halbinsel zw. Gelbem und Japan. Meer mit 220 000 km² und 23,8 Mio. Einwohnern (1940), Hauptstadt Seoul. Seit 1910 japan. Gen.gouvernement, wurde K. einer massiven Japanisierung unterzogen, 1938 wurde Japanisch sogar offiz. Landessprache, obwohl nur 500 000 Japaner dort lebten. Die wirtschaftl. Ausbeutung und polizeistaatl. Unterdrückung hatte sich seit Beginn des chines.-japan. Krieges (1937) verschärft; 1938 gab es in K. 44 000 polit. Gefangene. Nach Beginn des Pazifikkrieges wurde die Lage noch schlechter: Zwei Drittel der Reisernte mußten an Japan ausgeliefert werden, rd. 1,2 Mio. Koreaner wurden zur Zwangsarbeit in der Rüstungsindustrie nach Japan deportiert, noch einmal so viele in die ➢ Mandschurei und auf die Insel Sachalin, seit 1943 galt in K. Wehrpflicht für die japan. Streitkräfte. Der von Anfang an aktive korean. Widerstand sammelte sich im Ausland um verschiedene Emigrantengruppen, in Nationalchina bildete sich eine Exilreg. unter Kim Koo, die von den USA jedoch nicht anerkannt wurde, da Washington eine rechte Gruppierung unter Syngman Rhee auf Hawaii favorisierte. Bei der Befreiung im Aug. 45 kehrte KP-Führer Kim Il Sung mit der Roten Armee zurück und bildete im sowjet. besetzten N eine provisor. Reg. Die Amerikaner besetzten den S der Halbinsel und installierten Syngman Rhee. Der 38. Breitengrad wurde zw. den Besatzungstruppen als Demarkationslinie vereinbart und die Teilung des Landes damit besiegelt, nachdem alle Ver- handlungen über freie Wahlen und die Bildung einer gesamtkorean. Reg. (1948) gescheitert waren. Auch der K.-Krieg (1950-53) brachte nach ungeheuren Opfern keine Änderung.

Korfu, wichtigste und nördlichste der griech. Inseln im Ionischen Meer mit 593 km² und 101 000 Einwohnern (1940). Nach der Niederlage Griechenlands im Balkanfeldzug besetzten italien. Truppen K. am 27.4.41. Als Italien Anfang Sept. 43 einen Sonderwaffenstillstand mit den Alliierten schloß, versuchten Einheiten der dt. Kriegsmarine K. am 13.9. im Handstreich zu nehmen, scheiterten aber, so daß die Insel bis 26.9. gegen zähen italien. Widerstand erobert werden mußte. »Zur Strafe« ließ Hitler den italien. Kommandanten von K. und 4000 seiner Soldaten summarisch erschießen. Am 30.9.44 räumte die Wehrmacht die Insel, zwei Wochen später landeten brit. Truppen.

Kormoran, dt. Hilfskreuzer (Schiff 41), am 9.10.40 in Dienst gestellt; 8736 BRT, Länge 164 m, Breite 20,2 m, Höchstgeschwindigkeit 18 kn, bis 400 Mann Besatzung; Bewaffnung: 6x15 cm, 2x3,7-cm-Pak, 5 Rohre Flak, 6 Torpedorohre, 390 Minen, 2 Bordflugzeuge Arado Ar 196; Kommandant: Fregattenkapitän Detmers. Die K. lief am 3.12.40 zum Handelskrieg aus, durchbrach die Dänemarkstraße und operierte im Atlantik, Pazifik und Ind. Ozean. Dem größten dt. Hilfskreuzer fielen dabei 10 Schiffe mit 56 965 BRT zum Opfer, 1 Tanker (11 309 BRT) wurde als Prise nach Bordeaux entlassen. Das Ende für die K. kam, als sie am 19.11.41 vom austral. Kreuzer Sydney angehalten wurde. Kommandant Detmers gelang es durch geschicktes Taktieren, den Kreuzer herankommen zu lassen, so daß die K. bei geeigneter Entfernung das Feuer aus allen Waffen eröffnen konnte. Die Sydney sank – einziger belegter Fall der Versenkung eines regulären Kreuzers durch einen Hilfskreuzer -, doch auch K. hatte 4 schwere Treffer erhalten, 76 Mann waren gefallen. Detmers ließ das Schiff sprengen und ging mit der Besatzung in austral. Gefangenschaft.

Korridor (Poln. K.), im Versailler Vertrag 1919 geschaffener Gebietsstreifen im bis dahin dt. Westpreußen zwischen Danzig/Weichsel und Pommern zur Sicherung eines Zugangs zum Meer für das neugeschaffene Polen, 15 865 km² mit 330 600 meist dt.sprachigen Einwohnern. Der K., ohne Volksabstimmung abgetreten, trennte Ostpreußen vom Reich und wurde trotz Verkehrsfreiheit für plombierte dt. Züge zum Dauerkrisenherd. Hitler nutzte das ungelöste Problem 1939, um Polen unter Druck zu setzen. K.-Frage und die Lage ➢ Danzigs wurden dann zum Auslöser des ➢ Polenfeldzugs. 1939-45 gehörte das K.-Gebiet zum Reichsgau Danzig-Westpreußen.

Korsika, frz. Mittelmeerinsel mit 8681 km² und 332 000 Einwohnern (1939), Hauptstadt Ajaccio. K., das nur 77 km von der italien., aber 180 km von der frz. S-Küste entfernt liegt und auch ethn. Italien nähersteht, wurde nach der Niederlage Frkr.s 1940 von Rom beansprucht, doch beließ es Hitler bei Vichy und behielt sich eine Regelung für den Friedensvertrag vor. Nach der Besetzung von S-Frkr. im Rahmen des dt. Unternehmens ➢ »Anton« (Nov. 42) entsandte Mussolini 80 000 Mann nach K., wo sich eine starke Widerstandsbewegung gebildet hatte, nur halbherzig bekämpft von den Vichy-Sicherheitskräften. Es kam zu einer Welle von Verhaftungen, Deportationen und Exekutionen, doch konnten Kontakte zw. der Résistance und den Alliierten ebensowenig unterbunden werden wie die Versorgung der Untergrundkämpfer mit Waffen. Nach dem Ausscheiden Italiens aus dem Krieg (Sept. 43) räumte die Wehrmacht Sardinien und setzte die 90. Pz.grenadierdiv. nach K. über, wo schon die SS-Brigade »Reichsführer« stationiert war. Gen. ➢ Giraud drängte unterdessen die Alliierten, K. zu besetzen, doch fehlten wegen der Landung bei ➢ Salerno die Mittel dazu. Giraud handelte daher auf eigene Faust und ließ das freifrz. 1. AK unter Gen. Henry Martin bei Ajaccio an Land gehen. Die dt. Truppen, die seit 12.9. Befehl hatten, auch K. zu räumen, hatten sich bereits auf Bastia zurückgezogen, so daß die Landungstruppen zunächst auf keinerlei Widerstand stießen. Unterstützt von den kors. Freischärlern und z.T. auch von den noch nicht entwaffneten italien. Truppen, versuchten die Franzosen, die Einschiffung der dt. Einheiten zu verhindern. Nach verlustreichen Kämpfen (Wehrmacht rd. 1500 Gefallene und Verwundete, Verluste der Gegenseite rd. 1100 Mann) gelang jedoch bis 4.10. der Abtransport von rd. 30 000 dt. Soldaten aufs italien. Festland. Mit K. war das erste frz. Departement befreit worden.

Kosaken, ursprüngl. Angehörige krieger. Reiterstämme im SO des europ. und im SW des asiat. Rußland. Aus K. rekrutierten sich in der Zarenzeit v.a.

Grenz- und Wachverbände, die entspr. Privilegien genossen. Nach der Oktoberrevolution verloren sie ihre Sonderstellung und standen der bolschewist. Herrschaft meist feindl. gegenüber, 30 000 K. wanderten aus. Die dt. Truppen wurden im Rußlandfeldzug daher von den K. oft als Befreier begrüßt; die K. stellten sich in großer Zahl als Hilfswillige und auch Soldaten der Wehrmacht zur Verfügung.

Aus K.-Regimentern wurde schließl. das XIV. K.-Kavallerie-Korps der SS unter Führung des dt. Gen. Pannwitz zusammengestellt, das gegen Kriegsende in N-Jugoslawien stand. Von der dt. Kapitulation überrascht, ließ Pannwitz entgegen den Bestimmungen seine beiden K.-Div. und den Troß mit vielen Frauen und Kindern nach Kärnten weitermarschieren, da sowjet. Gefangenschaft für die meisten der sichere Tod gewesen wäre, und begab sich in brit. Gewahrsam. Aufgrund brit.-sowjet. Absprachen wurden die K. jedoch am 28.5.45 »als Spezialeinheiten der SS-Banditen« der Roten Armee übergeben, wobei es zu Massakern, Massenselbstmord und Übergriffen brit. Soldaten kam. Die Sowjets ließen fast alle Offiziere hinrichten, die Unteroffiziere und Mannschaften, sofern sie die »Repatriierung« überlebten, verschwanden in sibir. Arbeits- und Straflagern.

»Kraftei«, im Landserjargon Bez. für den gedrungenen, stummelflügligen Raketenjäger Me 163 ➢ Komet.

Kreisauer Kreis, nach dem schles. Gut (bei Schweidnitz) des Grafen Helmuth von Moltke benannter Widerstandskreis, 1940 entstanden, bestehend aus Vertretern aller gesellschaftl. und polit. Richtungen. Der K. verstand sich nicht als konspirativer Zirkel und lehnte einen »Tyrannenmord« ab; es ging vielmehr um Entwürfe für ein Deutschland nach Hitler, das sich die Mitglieder des K. als konsequent demokrat. aufgebauten Staat dachten, der zu europ. Föderation finden müsse. Mit der Verhaftung Moltkes im Jan. 44 und dem Todesurteil gegen ihn (hingerichtet 23.1.45) war der K. prakt. zerschlagen.

Kreta, griech. Mittelmeerinsel am S-Rand der ➢ Ägäis mit 8379 km^2 und rd. 430 000 Einwohnern (1939). Nach K. setzten sich gegen Ende des ➢ Balkanfeldzuges der griech. König mit seiner Reg. sowie Teile des brit. Expeditionskorps ab. Churchill ordnete die Verteidigung der Insel an und betraute damit den neuseeländ. Gen. ➢ Freyberg, dem 32 382 brit. und 10 258 schlecht ausgerüstete griech. Soldaten zur Verfügung standen, während die dt. Aufklärung nur max. 15 000 Briten gemeldet hatte. Zwar ohne Luftschirm, aber gedeckt durch große Teile der seebeherrschenden brit. Mittelmeerflotte, erwarteten die Verteidiger in gut getarnten Stellungen den dt. Angriff im Rahmen des Unternehmens ➢ »Merkur«, der nach vorbereitenden heftigen Luftangriffen am Morgen des 20.5.41 einsetzte.

Über K. sprangen in 3 Gruppen 15 000 Mann der 7. Fallschirmdiv. des XI. Fliegerkorps (Gen. Student) ab: West (Gen.major Meindl) bei Malemes am Morgen, Mitte (Gen.leutnant Süssmann) bei Rethymnon und Ost (Gen.leutnant Ringel) bei Iraklion am Nachmittag. Sie gerieten z.T. in mörderisches Abwehrfeuer und konnten zunächst nirgends die gesteckten Ziele, v.a. Flugfelder für

Kreta: erste Absprungwelle deutscher Fallschirmjäger beim bis dahin größten Luftlandeunternehmen der Kriegsgeschichte (Mai 1941)

Nachschub und Verstärkungen, erreichen. Auch die Vereinigung der Landeköpfe gelang nicht, zumal die Hilfe über See ausfiel: Eine erste dt. Motorseglerstaffel wurde in der Nacht des 21./22.5. von der brit. Force D gestellt und zersprengt, von 2331 Mann kamen 297 ums Leben. Weiteren Staffeln erging es erst besser, als die Luftwaffe in rollendem Einsatz die brit. Kriegsschiffe vertrieb. Diese Luftüberlegenheit sollte schließl. über die Seeherrschaft triumphieren. Die Royal Navy verlor 3 Kreuzer und 6 Zerstörer, außerdem durch Beschädigungen für lange Zeit 3 Schlachtschiffe, 1 Träger, 6 Kreuzer und 5 Zerstörer; 2011 Seesoldaten fielen. Trotz dieser Opfer war der dt. Nachschub letztl. nicht entscheidend zu stören, so daß sich die Lage der Fallschirm- und Gebirgsjäger auf K. stabilisierte. Malemes mit Flugplatz war schon am zweiten Tag genommen worden, am 27.5. fiel die Hauptstadt Chania, tags darauf der Hafen in der Sudabucht. Rethymnon ergab sich am 29.5., als der Abtransport

brit. Soldaten schon in vollem Gange war: 17 000 Mann konnten noch in Sicherheit gebracht werden, ehe am 31.5. der Widerstand erlosch. Die Verluste auf beiden Seiten waren erhebl.: Die Briten verloren, abgesehen von den Opfern der Marine, 15 743 Mann an Gefallenen und Gefangenen, auf dt. Seite gab es 3725 Tote und Vermißte, 2643 Mann wurden verwundet.
Hauptgrund dafür waren auf dt. Seite Führungsfehler: schlecht gewählte Angriffspunkte, unzureichende Aufklärung, Mängel in der Bodenorganisation, zu knappe Vorbereitung usw. Hitler mißtraute fortan Luftlandungen überhaupt und blies nicht zuletzt deshalb das viel entscheidendere Unternehmen ➢ »Herkules« gegen ➢ Malta ab. Das brit. Fiasko später bei ➢ Arnheim gab ihm scheinbar recht. Die dt. Fallschirmjäger wurden nach K. nicht mehr für Luftlandungen verwendet; sie dienten künftig als »infanterist. Feuerwehr«. Ihr Sieg auf K. blieb fast gänzl. ungenutzt, die strateg. Wirkung auf den ➢ Afrikafeldzug war kaum zu spüren, Offensiven gegen die brit. Position im Nahen Osten gingen von K. nicht aus, obwohl die Insel bis zur dt. Kapitulation am 8.5.45 gehalten wurde.

Kriegsgefangene, zur Verhinderung ihrer weiteren Teilnahme am Kampf in Sicherheitshaft genommene feindl. Kombattanten. Während des 2. Weltkrieges richtete sich die Behandlung der K. nach dem ➢ Genfer Abkommen vom 27.7.29, soweit die Kriegführenden diesem beigetreten waren. Daneben war die Haager Landkriegsordnung (HLKO) von 1907 anzuwenden. Die UdSSR hatte das Genfer Abkommen nicht ratifiziert, und an die HLKO sah sie sich nicht gebunden, da sie sich von allen durch das Zarenreich abgeschlossenen Verträgen losgesagt hatte. Gleichwohl ließ sie nach Ausbruch des Dt.-Sowjet. Krieges der Reg. des Dt. Reiches u.a. über die schwed. Vertretung in Moskau durch Note vom 17.7.41 mitteilen, daß sie sich unter der Bedingung der Gegenseitigkeit an die HLKO halten werde. Diese Note wurde von der Reichsreg. nicht beantwortet.
Die Behandlung der in dt. Gewahrsam befindl. westalliierten K. entsprach im wesentl. den internat. Vereinbarungen, wenn man von Ausnahmen absieht: So waren z.B. nach dem ➢ Kommandobefehl Angehörige der Kommandotrupps zu erschießen und notgelandete »Terrorflieger« der Lynchjustiz der Bevölkerung zu überlassen. Darüber hinaus befahl Hitler in einigen Fällen Repressalien, die gegenüber K. in der Regel verboten waren (u.a. Erschießung wiederergriffener flüchtiger K.). Häufiger dagegen kamen Verstöße gegen die internat. Vereinbarungen bei der Behandlung der K. aus östl. Staaten vor. Gegen alle Grundsätze des Völkerrechts jedoch verstieß die Behandlung der sowjet. K. Ursache war einerseits, daß Hitler sich wegen der fehlenden russ. Unterschrift unter das Genfer Abkommen selbst nicht daran gebunden fühlte, andererseits die Einstufung des Kampfes im Osten als »Krieg zweier Weltanschauungen«.
Schon unmittelbar nach der Gefangennahme begann der Leidensweg der sowjet. Soldaten. Zu Zehntausenden lagen sie nach den Kesselschlachten entkräftet, krank oder verwundet in den Armee-Gefangenen-Sammelstellen und Durchgangslagern. Die erforderl. Versorgung blieb wegen Nachschubschwie-

Kriegsgefangene: deutsche Landser auf dem Weg in ein sowjetisches Internierungslager

rigkeiten oder aus anderen Gründen aus. Massensterben war die Folge. Auch auf dem Transport in die Stammlager des rückwärtigen Gebietes und in das Reich starb eine große Zahl K. Die Lage besserte sich nach der Ankunft nicht, zumal durch bes. Befehle die Versorgung eingeschränkt wurde. Allerdings versuchten im K.-Wesen tätige Offiziere und Unternehmer, bei denen die K. im Arbeitseinsatz standen, von sich aus deren Los zu bessern. Erst als der Arbeitskräftemangel sich bemerkbar machte und die K. dringend für die Kriegswirtsch. benötigt wurden, trat langsam eine Wende in der Behandlung ein.

Daneben gab es zeitweise, teils bis zum Zusammenbruch des 3. Reiches, Befehle, die eine phys. Vernichtung für gewisse Gruppen sowjet. K. anordneten. So waren nach dem sog. ➢ Kommissarbefehl vom 6.6.41 gefangene Kommissare noch auf dem Gefechtsfeld »zu erledigen«. Als die Truppe dem Befehl nur zögernd nachkam und viele Kommissare in die Lager abgeschoben wurden, setzte SD-Chef Heydrich Einsatzkommandos ein, die die K.-Lager nach Kommissaren zu überprüfen und darüber hinaus alle polit. »untragbaren« K. ausfindig zu machen hatten. Diese K. wurden der »Sonderbehandlung« zugeführt, d.h. getötet. Manchmal nahm man von der sofortigen Liquidierung Abstand und stellte die selektierten K. für »wiss. Versuche« mit voraussehbar tödlichem Ausgang zur Verfügung. Arbeitsunfähige, kranke und verwundete K. waren in den besetzten Gebieten der UdSSR zeitweise den Höheren SS- und Polizeiführern zu übergeben, die die »unnützen Esser« erschießen ließen. Flüchtige und wiederergriffene K. wurden nach dem ➢ Kugelerlaß erschossen. K., die gegen die ihnen auferlegten Beschränkungen verstießen – z.B. Verbot des Umgangs mit dt. Frauen und Mädchen –, wurden erhängt. Dasselbe

Schicksal traf poln. und serb. K., während westl. K. nur eine Bestrafung wegen Ungehorsams zu erwarten hatten. Es ist davon auszugehen, daß wenigstens 2 530 000 von den mindestens 5,4 Mio. in dt. Gefangenschaft geratenen Rotarmisten gestorben sind oder ermordet wurden.
Die Behandlung dt. K. im Gewahrsam der damaligen Alliierten war unterschiedl. Die westl. Mächte hielten sich im wesentl. an das Völkerrecht, wenn man von Exzessen kleinerer Einheiten oder einzelner absieht. Allerdings nahmen Übergriffe und Unkorrektheiten gegenüber dt. K. in der Endphase des Krieges und nach der Kapitulation zu, insbes. zum Nachteil von Angehörigen der Waffen-SS. Vielfach sind auch Verstöße als Reaktion auf das Bekanntwerden von nat.-soz. Verbrechen zu sehen. Der häufige Vorwurf mangelhafter Versorgung und Unterbringung kann in dieser Allgemeinheit nicht aufrechterhalten werden. Untersuchungen ergaben, daß diese Verhältnisse sich durchweg auf die Zeit kurz vor und nach der Kapitulation beziehen, als Amerikaner und Briten rd. 4 Mio. dt. K. einbrachten, deren Versorgung und Unterbringung erhebl. Schwierigkeiten bereitete. Mit Erfolg bemühte man sich, diese Mängel zu überwinden, so daß das befürchtete Massensterben ausblieb. Mit der Entlassung der K. begannen die westl. Alliierten schon kurze Zeit nach der Kapitulation, die Amerikaner z.B. noch im Mai 45. Bis Ende 48 waren alle dt. K., die sich im Gewahrsam der Westmächte befunden hatten, in Ausführung des Beschlusses der Moskauer Außenministerkonferenz von 1947 auf freiem Fuß, ausgenommen die wegen Kriegsverbrechen verurteilten.
Wie das Schicksal der sowjet. K. in dt. Gefangenschaft, war das der dt. K. in sowjet. Hand katastrophal. Der »konventionslose Krieg«, die ideolog. Kriegführung und namentl. die schlechten Lebensbedingungen, unter denen auch die sowjet. Zivilbevölkerung zu leiden hatte, forderten erhebl. Opfer unter den K. In den ersten Monaten nach dem Einfall in die UdSSR bis in das Jahr 1942 hinein wurden dt. Soldaten häufig, später vereinzelt auf Befehl von Kommissaren und fanat. Offizieren unmittelbar nach der Gefangennahme erschossen, was anfangs auf den von der dt. Seite erlassenen Kommissarbefehl und später auf die aufpeitschende sowjet. Propaganda (Ehrenburg) zurückzuführen sein dürfte. Auf den Transporten in die festen Lager starben Tausende an Entkräftung. Unterkunft, Verpflegung und ärztl. Betreuung waren bei harter Arbeit unter teils ungewohnten klimat. Verhältnissen bis etwa 1948 äußerst schlecht, die Sterblichkeit entspr. hoch. Von den 1941/42 in Gefangenschaft geratenen dt. Soldaten starben 90-95 %, 1943: 60-70 %, 1944: 30-40 %, 1945: 20-25%. Erst 1949 erreichte die Todesziffer infolge der allg. in der UdSSR verbesserten Lebensbedingungen ein normales Maß. Mit der Entlassung der K. nahm sich die UdSSR Zeit. Sie waren billige Arbeitskräfte für den Wiederaufbau. Zwar wurden schon in den ersten Nachkriegsjahren dt. K. entlassen; überwiegend handelte es sich aber dabei um Arbeitsunfähige. Noch im Mai 50 trafen Heimkehrertransporte in der Bundesrepublik ein. Zurück blieben die wegen Kriegsverbrechen Verurteilten. Ein Teil kam 1953/54 nach Hause. Erst nach Verhandlungen Adenauers im Sept. 55 in Moskau erklärte sich die UdSSR bereit,

auch die restl. »kriminellen Elemente« freizugeben. Nach (west)dt. Berechnungen hätten noch insges. 130 000 K. in sowjet. Gewahrsam sein müssen, nach russ. Angaben waren es jedoch nur 9628 Personen, die in Straflagern einsaßen. Im Jahre 1956 kehrten diese K. heim. Von insges. 3,06 Mio. in sowjet. Gefangenschaft geratenen dt. Soldaten waren 1 094 250 eines natürlichen Todes gestorben oder auf sonstige Weise ums Leben gekommen.

Kriegshilfsdienst, zusätzl. Arbeitspflicht zunächst für weibl. Jugendliche, eingeführt mit Erlaß vom 29.7.41 als halbjährige Verlängerung des Reichsarbeitsdienstes. Offiz. waren insbes. soziale Tätigkeiten und allenfalls Bürodienst vorgesehen, doch arbeiteten 1942/43 von den rd. 50 000 zum K. eingezogenen Frauen über die Hälfte in der Rüstungsindustrie. Als K. galt später auch der Dienst als ➢ Luftwaffenhelfer.

Kriegssonderstrafrecht, Verschärfung von strafrechtl. Bestimmungen kurz vor oder während des Krieges, insbes. durch häufige Androhung der Todesstrafe. Das K. betraf vor allem. die Wehrkraftzersetzung (17.8.38), das Abhören ausländ. Sender (1.9.39), Plünderung und kriminelle Ausnutzung u.a. der Verdunklung (Verordnung gegen Volksschädlinge 5.9.39), Wehrmittelbeschädigung und Störung kriegswichtiger Betriebe (25.11.39), Gewalttaten mit der Waffe (5.12.39) sowie Vorschriften zur Sicherstellung der Versorgung von Bevölkerung und Truppe (4.9.39 und 26.11.41). Durch immer weitere Verschärfung der fragl. Bestimmungen war schließl. mit Verordnung vom 5.5.44 prakt. jede Straftat mit der Todesstrafe bedroht, die Rechte der Angeklagten und Verteidiger wurden systemat. abgebaut und Ausländer unter Sonder(un)recht gestellt (u.a. Polenstrafrechtsverordnung, 4.12.41).

Kriegswirtschaft, vollständige Ausrichtung der nat.-soz. Wirtschaft auf militär. Erfordernisse. Trotz der von Anfang an auf Aufrüstung und Krieg hin angelegten nat.-soz. Politik war die Wirtschaft 1939 nicht ausreichend auf einen längerwährenden Krieg vorbereitet. Sie hatte sich aufgrund der ➢ Blitzkriegskonzeption Hitlers auf großen Produktionsausstoß von Rüstungsmaterial zu Anfang des Krieges eingerichtet: Zwar verfügte sie somit über einen hohen Rüstungsstand, für einen längeren, materialaufwendigen Krieg fehlte ihr dagegen das notwendige Rüstungspotential. Der Kriegsbeginn hatte keine wesentl. Umstellung auf eine umfassende K. gebracht, weder war die staatl. Planung und Lenkung intensiviert, noch war eine grundlegende Modernisierung der Produktionsanlagen durchgeführt worden. Trotz des am 17.3.40 eingerichteten Min. für Bewaffnung und Munition unter ➢ Todt wurde die Rüstungsproduktion nicht verstärkt. Deutschland hielt über zwei Jahre an der Strategie der Breitenrüstung (Materialüberlegenheit) fest, der Ausstoß an Waffen und Munition war Anfang 42 noch genauso hoch wie bei Kriegsbeginn. Aus innenpolit. Gründen wurde die zivile Produktion kaum eingeschränkt, trotz permanenten Arbeitskräftemangels wurde das Potential nicht voll ausgeschöpft: Frauen wurden während des Krieges kaum vermehrt eingesetzt, die Arbeitszeit wurde nicht drast. verlängert.

Kriegswirtschaft: Geschützproduktion in einer deutschen Fabrikanlage

Nach dem Scheitern des Blitzkrieges im Winter 41 (Niederlage vor Moskau und Kriegseintritt der USA) mußte die Wirtsch. auf K. umgestellt werden. Mit dem Nachfolger Todts, dem neuen Rüstungsmin. ⪢ Speer, begann im Febr. 42 eine neue Periode in der dt. K.: Auf Todts Vorarbeiten aufbauend, stieg unter seiner Leitung die Rüstungsproduktion bis Mitte 44 um das Dreifache. Speer zentralisierte die Produktion rüstungswichtiger Güter, setzte billige und einfache Massenfertigungsanlagen ein, die zudem noch von ungelernten Arbeitskräften, ⪢ Fremd- und Zwangsarbeitern sowie KZ-Häftlingen bedient werden konnten. Die unkoordinierte Zuweisung von Zwangsarbeitern durch den Generalbevollmächtigten für den Arbeitseinsatz, ⪢ Sauckel, stand im Gegensatz zu der Auffassung Speers, nach der ausländ. Facharbeiter in ihren Heimatländern für Deutschland produzieren sollten. Die ökonom. Schwierigkeiten wuchsen mit dem Verlust besetzter Gebiete sowie den zunehmenden alliierten Bombenangriffen. Die ständige Rohstoffknappheit und der Arbeitskräftemangel waren nach den militär. Niederlagen nicht mehr auszugleichen.

Krim, sowjet. Halbinsel an der N-Küste des Schwarzen Meeres mit 26 000 km^2 und 1,1 Mio. Einwohnern (1939). Nach der Eroberung der Ukraine im ⪢ Rußlandfeldzug im Herbst 41 und der Zerschlagung starker sowjet. Kräfte am Asowschen Meer versuchte die dt. 11. Armee (v. Manstein) seit 24.9.41 den Zugang zur K., die von der sowjet. 51. Armee verteidigt wurde, durch die Enge von Perekop zu erzwingen. Erst am 27.10. gelang der Durchbruch, und bis 16.11. war die Halbinsel bis auf die eingeschlossene Seefestung Sewastopol in dt. Hand. Rückeroberungsversuche der Roten Armee durch Landungen bei Feodosia und ⪢ Kertsch (Ende Dez. 41) sowie bei Eupatoria (5.1.42) scheiterten, ein sowjet. Brückenkopf bei Kertsch wurde im Mai 42 zerschlagen, wobei 150 000 Rotarmisten in Gefangenschaft gerieten. Nach schweren Angriffen durch Stukas und Artillerie (u.a. Eisenbahngeschütz ≫ Dora) im Juni 42 gelang am 1.7.42 die Erstürmung Sewastopols und die Gefangennahme der überlebenden rd. 100 000 Verteidiger. Über die Straße von Kertsch konnten Ende 42/Anfang 43 Teile der vom Kaukasus zurückgehenden dt. Heeresgruppe A (v. Kleist) auf die K. überführt werden. Im Verlauf des sowjet. Vormarschs wurde die dt. 17. Armee im Dez. 43 auf der K. abgeschnitten und verlor 80 000 Mann, da Hitler erst viel zu spät die Räumung der Halbinsel genehmigte (8.5.44).

Kuban-Brückenkopf, von der dt. 17. Armee (Ruoff, später Jaenecke) vom 31.1. bis 9.10.43 gehaltene Stellung auf der Taman-Halbinsel am O-Ufer des Schwarzen/Asowschen Meers, durch die Straße von Kertsch von der Krim getrennt. In den K. zogen sich Teile der dt. Heeresgruppe A (v. Kleist) zurück, nachdem der Vorstoß zum Kaukasus gescheitert war. Trotz wiederholter, mit überlegenen Kräften geführter sowjet. Angriffe hielt der K., so daß im Sept./Okt. 43 noch 239 669 Soldaten, 16 311 Verwundete, 27 456 Zivilisten sowie 115 477 t Wehrmachtsgut (v.a. Munition), 21 230 Kfz, 74 Pz., 1815 Geschütze und 74 657 Pferde auf die Krim überführt werden konnten. Transportmaschinen flogen außerdem 15 661 Mann aus.

Küchler, Georg von, * Philippsruh (Hessen) 30.5.1881, † Garmisch-Partenkirchen 25.5.1968, dt. Gen.feldmarschall (30.6.42). K. führte im Polenfeldzug die 3. Armee bei der Heeresgruppe Nord (v. Bock) und erhielt am 5.11.39 den Oberbefehl über die 18. Armee, nachdem er vorübergehend wegen seiner Proteste gegen die Morde der ≫ Einsatzgruppen und der SS in Polen suspendiert worden war. Im W konnte er nach nur viertägigem Kampf am 14.5.40 die Kapitulation der Niederlande entgegennehmen und am 14.6.40 in Paris einziehen, am 19.7. wurde er zum Gen.oberst befördert. Im Rußlandfeldzug führte K. wieder die 18. Armee, ehe er am 17.1.42 OB der Heeesgruppe Nord wurde. Nach zweijährigen Kämpfen, die kaum Frontveränderungen im N brachten, machte sich die wachsende sowjet. Überlegenheit bemerkbar. K. sah eine Rettung nur in radikaler Verkürzung der Front und wich vor der am 20.1.44 losbrechenden sowjet. Offensive in Stellungen zw. Newa und Wolchow zurück. Hitler, der um die Bündnistreue Finnlands fürchtete, enthob K. daraufhin am 1.2.44 seines Kommandos und setzte ihn nicht wieder ein. Okt. 48 vom Internat. Militärtribunal in Nürnberg zu 20 Jahren Haft verurteilt, vorzeitige Entlassung am 18.2.53.

Kugelerlaß, vermutl. Anfang 44 herausgegebener Befehl des OKW zur Behandlung von geflüchteten und wiederergriffenen Kriegsgefangenen (Ausnahme brit. und amerikan. Soldaten). Mit Fernschreiben vom 4.3.44 – der Original-Erlaß ist nicht überliefert – wurde der K. vom Chef der Sicherheitspolizei und des SD (CSSD) den unterstellten Dienststellen mitgeteilt. Danach waren die fragl. Gefangenen dem KZ Mauthausen unter dem Kennwort »Ak-

tion Kugel« zu überstellen, wo sie getötet wurden.
Betont wurde, daß alle Maßnahmen im Rahmen des K. strikt geheimzuhalten seien.

Kulmhof (poln. Chelmno), nat.-soz. Vernichtungslager im Wartheland unweit von Lodz (Litzmannstadt), errichtet Okt./Nov. 41. In K. wurden im Rahmen der Judenverfolgung von Dez. 41 bis März 43 und von April bis Aug. 44 mindestens 155 000, nach poln. Angaben sogar 300 000 Juden ermordet.

Kummetz, Oskar, * Iltowo (Ostpreußen) 21.7.1891, † 17.12.1980, dt. Gen.admiral (16.9.44); 1910 zur Marine, im 1. Weltkrieg u.a. bei den Torpedobooten. In der Reichs- bzw. Kriegsmarine war K. 1934-37 Führer der Torpedoboote, zuletzt als Kapitän z.S. Bei Kriegsausbruch Chef des Stabes beim Flottenkommando, wurde K. im Dez. 39 Chef der Torpedoinspektion und mußte die Torpedokrise lösen, deren Folgen (reihenweises Versagen der Magnetzünder) er selbst im Einsatz als Führer der Kampfgruppe Oslo beim Unternehmen ➢ »Weserübung« erlebte. Am 1.4.42 zum Vizeadmiral und am 1.3.43 zum Admiral befördert, war K. Juni 42 – Febr. 44 Befehlshaber der Kreuzer/Kampfgruppe und dann bis Kriegsende OB des Marineoberkommandos Ostsee.

Kunstraub, organisierte Plünderung der Kunstschätze in den während des Krieges dt. besetzten Länder. Die Beute des K., nach einer unvollständigen Zwischenbilanz vom 15.7.44 rd. 22 000 Kunstgegenstände, darunter 5281 Gemälde, war teils bestimmt für das nach dem »Endsieg« geplante »größte Museum der Welt« in Linz, teils wurde sie von Parteigrößen, v.a. Göring, requiriert zu Repräsentationszwecken.

Kuomintang, chines. Nat. Volkspartei, 1912 gegründet, seit 1928 an der Reg., in ständigem Konflikt mit den Kommunisten. Nach dem japan. Angriff 1937 kam es zur Verständigung der K. mit dem kommunist. Führer Mao Tse-tung. Das brüchige Bündnis hielt nur unter dem äußeren Druck und zerbrach nach der Niederlage Japans 1945. Im folgenden Bürgerkrieg wurde die K. bis 1949 vom chines. Festland vertrieben und zog sich auf die Insel Formosa (Taiwan) zurück. Bis heute hält sie den Anspruch aufrecht, die legitime verfassungsmäßige Reg. für ganz China zu sein.

Kurilen (japan. Chishima), japan., rd. 1200 km langer vulkan. Inselbogen, zw. der Halbinsel Kamtschatka im N und Hokkaido im S, am Eingang des Ochotskischen Meeres mit 15 910 km^2 und knapp 13 000 Einwohnern (1936). Die wirtschaftl. wenig interessanten, aber strateg. wichtigen K. wurden im Aug. 45 im Rahmen der sowjet. Fernostoffensive von der Roten Armee erobert. Die amphib. Operation rollte ab 9.8. die Inselkette von N her auf und stieß stellenweise, z.B. auf Simushir, auf erbitterten Widerstand. Die letzten Garnisonen kapitulierten erst am 1.9.45. Seither gehören die K. zum sowjet. Gebiet Sachalin. Zwar verzichtete Japan im Frieden von San Francisco 1951 auf die Inseln, da aber Moskau das Vertragswerk nicht unterzeichnete, ließ Tokio in den 60er Jahren den Anspruch wenigstens auf die südl. K. wieder aufleben.

Kurita, Takeo, * Ibaragi bei Tokio 28.4.1889, † ebd. 19.12.1977, japan. Vizeadmiral (Juni 42); 1910 zur Marine, 1922 als Korvettenkapitän Zerstörer-Kommandant, diverse Bordkommandos (u.a. 1937 Schlachtschiff Kongo). 1938 zum Konteradmiral ernannt, kommandierte K. bei Kriegsbeginn die 7. Kreuzerdiv., mit der er u.a. die Landung auf Java (Febr. 42) sicherte. Bei Midway verlor er einen seiner Kreuzer, übernahm dann den Befehl über die 3. Schlachtschiffdiv. und brachte mit seinen Artillerie-Überfällen die auf Guadalcanal gelandeten US-Truppen mehrmals in schwierige Lagen. 1943 wurde er Befehlshaber der 2. Flotte, deren Kreuzer im Nov. 43 vor Rabaul von amerikan. Trägermaschinen schwer getroffen wurden, und führte in der Schlacht in der Philippinen-See (Juni 44) die 3. Trägerdiv., die hohe Verluste hatte. Als K., der nun die japan. 5. Flotte befehligte, im Okt. 44 mit seinem Angriff im ≫ Leyte-Golf auf die amerikan. Landungstruppen scheiterte und ablaufen mußte, da er der anmarschierenden schnellen amerikan. Trägergruppe unter Admiral Halsey nicht gewachsen gewesen wäre, wurde er auf den Posten eines Kommandanten der Marineakademie abgeschoben.

Kurland, Provinz in Lettland zw. Ostsee, Rigaer Meerbusen und Düna. K. wurde im Juli/Aug. 41 von der dt. 18. Armee (v. Küchler) besetzt und geriet erst im Sommer 44 wieder in Frontnähe, als die dt. Heeresgruppe Nord (Frießner, später Schörner) von der Leningrader (Goworow) und den drei Balt. Fronten (Bagramjan, Jeremenko, Maslennikow) aus Estland vertrieben und auf Riga/ostpreuß. Grenze zurückgeworfen wurde, so daß sie in Gefahr geriet, von der Heeresgruppe Mitte abgetrennt und eingeschlossen zu werden. Hitler jedoch reagierte nicht auf entspr. Warnungen von Gen.stabschef Guderian, und so erreichte am 10.10.44 die 1. Balt. Front die Ostsee beiderseits Memel, ehe die Heeresgruppe geordnet zurückgenommen werden konnte. Den Abtransport über See, ohnehin schwierig, seit die ≫ Balt. Inseln Ende Nov. in sowjet. Hand waren, verbot Hitler. In sechs großen K.-Schlachten behauptete der seit 26.1.45 Heeresgruppe K. genannte Verband aus 16. (Volckamer v. Kirchensittenbach) und 18. Armee (Boege) die Halbinsel bis Mai 45, da sich die sowjet. Führung schließl. mit der Blockierung begnügte. Am 10.5.45 ging Heeresgruppen-OB Gen.oberst Hilpert mit 208 000 Mann in sowjet. Gefangenschaft.

Kursk, sowjet. Stadt auf der Mittelruss. Platte mit 120 000 Einwohnern (1940). K. wurde beim Unternehmen ≫ »Taifun«, der dt. Offensive gegen Moskau, am 3.11.41 vom dt. XXXXVIII. Pz.-korps (Kempf) genommen und blieb bis Febr. 43 in dt. Hand. Im Zuge der sowjet. Winteroffensive wurde im Jan. 43 die östl. K. verteidigende dt. 2. Armee überrannt und die Stadt am 8.2. von der sowjet. 60. Armee (Tschernjachowski) zurückerobert. Die Offensive ließ um K. einen weit nach W vorspringenden Frontbogen entstehen, den Hitler beim Unternehmen ≫ »Zitadelle« im Juli 43 in einer Zangenoperation zur Falle für 2 sowjet. Fronten machen wollte.

»Kurt Eggers«, Beiname einer SS-Standarte, in der die Kriegsberichter(KB)-Einheiten der Waffen-SS zusammengefaßt waren, am 3.11.43

benannt durch Erlaß Hitlers nach dem nat.-soz. Barden K. E. (1905-1943), Einsatz seit Mai 40. Die Männer von »K.« sollten über die Kämpfe der SS-Verbände berichten, wobei zur Vermeidung von Konkurrenz mit den Propagandatruppen der Wehrmacht ausdrückl. befohlen wurde, daß die aktive Propaganda gegen den Gegner nicht zu den speziellen Aufgaben der SS-Berichter gehören sollte, so daß die Aktivpropaganda im alleinigen Zuständigkeitsbereich der Wehrmacht verblieb.

Kusnezow, Fjodor Isidorowitsch, * Moskau 29.9.1898, † ebd. 22.3.1961, sowjet. Gen.oberst. Bei Beginn des dt. Angriffs (22.6.41) war K. OB der NW-Front (bis 30.6.), übernahm am 24.7. die Zentralfront und verteidigte mit der 51. Armee erfolglos die Krim. Er war danach OB der 61. Armee, stellv. OB der W-Front und 1942/43 Kommandeur der Militärakademie Frunse. 1943/44 noch einmal stellv. OB der Karel. Front, später der Wolchow-Front, wurde K. bei Kriegsende Befehlshaber im Militärbezirk Ural und ging 1948 in Ruhestand.

Kutrzeba, Tadeusz, * Krakau 15.4.1886, † London 8.1.1947, poln. General (19.3.39); im 1. Weltkrieg Hauptmann der österreich. Pioniertruppe, danach diverse Stabsstellungen (u.a. 1920/21 Chef des Stabes der 2. Armee), 1.1.1927 Brigadegen. Bei Kriegsbeginn war K. OB der Armee »Posen«, übernahm dann die Armeegruppe »Warschau« und geriet in dt. Gefangenschaft. Erst im Mai 45 befreiten ihn alliierte Truppen. Da er nicht in die kommunist. gewordene Heimat zurückkehren wollte, wählte er das engl. Exil, wo er, geschwächt durch die langen Jahre der Haft, bald starb.

KW, Typenabk. für den schweren sowjet. Pz.kampfwagen ➢ Kliment Woroschilow.

Kwajalein, Atoll der japan. ➢ Marshallinseln, mit 1680 km² größte Lagune der Erde. K., das über 2 japan. Luftbasen verfügte und von rd. 8000 Mann verteidigt wurde, war im Zuge der amerikan. Gegenoffensive im Pazifik Ziel des Unternehmens »Flintlock«, für das die 5. US-Flotte (Spruance) 300 Schiffe zusammenzog, darunter 7 Schlachtschiffe und 4 Trägergruppen mit 750 Maschinen. Sie nutzte das 250 sm entfernte Majuro-Atoll beim Anmarsch als Liegeplatz. Kampfschwimmer erkundeten im voraus Landestellen und sprengten Unterwasserhindernisse, eine takt. Lehre aus den bitteren Verlusten beim Kampf um ➢ Tarawa auf den Gilbert-Inseln. 53 000 Mann Kampftruppen, in der Hauptsache die 4. Marine-Inf.div. (Schmidt) und die 7. Inf.div. (Corlett), wurden seit 1.2.44 in 2 Landungsgruppen ausgeschifft, von denen eine auf den Nebeninseln Roi und Namur an der N-Ecke des Atolls an Land ging, während der südl. Verband K. selbst stürmte, das zuvor mit einer Feuerwalze von 32 000 Granaten umgepflügt worden war. Bis 4.2. war K. in der Hand der Amerikaner, die 372 Gefallene und 1582 Verwundete verloren hatten, während die japan. Garnison unter Konteradmiral Akiyamu fast gänzl. aufgerieben wurde. Nur 174 Mann, meist korean. Zwangsarbeiter, überlebten.

KZ, allg. übl. Abk. für ➢ **Konzentrationslager**, offiz. KL.

L

La, Typenabk. für die Flugzeuge des sowjet. Konstrukteurs Semjon A. **Lawotschkin** (* 29.8.1900, † 9.6.1960), der sich v.a. als Schöpfer der La-5, Nachfolgemodell der ➢ LaGG-3, einen Namen machte. Die entscheidende Verbesserung gelang durch Verwendung eines leistungsstarken und wartungsarmen ASch-82-Doppelsternmotors, inspiriert vom amerikan. 14-Zylinder Wright Cyclone. Leicht erkennbar an der typischen Rundsichthaube und standardmäßig mit 2x20-mm-(später 2x23-mm-) Kanonen im Motorbug ausgerüstet, wurde die La-5 überwiegend aus Holz gebaut. Im Winter 1942/43 tauchte sie zusammen mit der ➢ Jak-9 in größerer Zahl als neuer Gegner der Luftwaffe über Stalingrad auf. Seit Mitte 43 kam die verbesserte und häufigste 1650-PS-Version La-5 FN zur Truppe. An Steigleistung den dt. ➢ Me 109 G und ➢ Fw 190 überlegen, erreichte sie in 5000 m Höhe 647 km/h. Als Jagdbomber trug sie 4xRS-82-Raketen oder 150 kg Bomben unter den Tragflächen. Die mit 1850-PS-Triebwerk weiter verbesserte La-7 folgte Mitte 44 in Gemischtbauweise, eine Ganzmetallversion La-9 von Ende 44 erlebte nur noch wenige Fronteinsäze. Sie wurde nach dem Krieg Standardjäger des Ostblocks; die Langstreckenausführung La-11, 1950-53 über Korea eingesetzt, bildete den Schlußpunkt von Lawotschkins erfolgreichen Kolbenjägern. Insges. wurden rd. 15 000 La-Jäger gebaut, davon fast zwei Drittel La-5.

Laborde, Jean de, *Chantilly 29.11. 1878, † Castillon-la-Bataille (Gironde) 5.8.1977, frz. Admiral (1938); im 1. Weltkrieg Marinepilot, später u.a. Kommandant des ersten frz. Trägers. Als Marinebefehlshaber in W-Frkr. erteilte L. bei sich abzeichnender Niederlage seinen Einheiten im Juni 40 den Befehl, sich der Royal Navy zur Verfügung zu stellen, widerrief dann aber auf Anordnung Pétains, der auf Erfüllung der Waffenstillstandsbedingungen bestand, in denen strikte Neutralität der frz. Kriegsmarine vereinbart worden war. Nach dem brit. Flottenüberfall auf ➢ Mers el-Kebir (Juli 40) übernahm L. das Kommando der neuen frz. Hochseeflotte, deren Aufbau Hitler zum Schutz der Übersee-Besitzungen Vichy-Frkr.s genehmigt hatte. Im Nov. 42, nach der alliierten Landung ➢ »Torch«, widersetzte sich L. dem Befehl ➢ Darlans, mit der Kriegsflotte von Toulon nach N-Afrika auszulaufen, und verpflichtete sich ehrenwörtl. bei den dt. Besatzungsbehörden, den frz. Kriegshafen gegen jeden Zugriffsversuch der Alliierten zu verteidigen. Dennoch besetzte die Wehrmacht am 27.11.42 im Rahmen des Unternehmens ➢ »Lila« Toulon, woraufhin L. der Flotte die Selbstversenkung befahl. Dafür wurde er am 28.3.47 vom Obersten Staatsgerichtshof zum Tod verurteilt, da er Frkr. durch seinen blinden Gehorsam um seine stärkste Waffe gebracht habe; später Begnadigung.

Laconia-Befehl, Weisung des Befehlshabers der U-Boote ➢ Dönitz vom 17.9.42, die das Bergen von Schiffbrüchigen von versenkten Schiffen untersagte, da es für die U-Boote zu riskant geworden war. Anlaß und Name des L. bezogen sich auf die Versenkung des brit. Truppentransporters Laconia nordöstl. Ascension im S-Atlantik am 12.9. durch U 156 (Korvettenkapitän Hartenstein), das sofort nach Vernichtung des Schiffes, das 1800 italien. Kriegsgefangene an Bord hatte, mit den Rettungsarbeiten begann und in offenem Funkspruch um internat. Unterstützung bat. Zwei dt. und ein italien. U-Boot kamen am 15. und 16.9. zu Hilfe, frz. Schiffe liefen aus westafrikan. Häfen aus. Auch brit. Einheiten kamen heran, erbaten aber US-Luftsicherung. Die amerikan. Stellen hatten den dt. Funkspruch nur verstümmelt aufgefangen und gaben daher Feuerbefehl gegen die U-Boote, die bereits zahlr. Schiffbrüchige aufgenommen oder in Booten im Schlepp hatten. Ein amerikan. Liberator-Bomber griff trotz der Rotkreuzflagge auf U 156 mehrfach an, so daß Hartenstein die Rettungsarbeiten einstellen mußte, auch U 506 mit 142 Geretteten wurde am 17.9. angegriffen, so daß insges. nur 1083 Überlebende den mittlerweile eingetroffenen frz. Schiffen übergeben werden konnten.
Der von Dönitz zur Vermeidung ähnl. Gefahren für seine Boote erlassene L. wurde in den ➢ Nürnberger Prozessen gegen ihn verwendet, obwohl das Gericht der Anklage nicht folgte, die im L. eine Anstiftung zu »vorsätzl.« Tötung von Schiffbrüchigen sah.

Ladoga-See, mit 18 400 km² größter See Europas in N-Rußland, Abfluß durch die Newa in den Finn. Meerbusen. Als die dt. Truppen am 8.9.41 Schlüsselburg am S-Ufer des L. erreichten und zugleich finn. Verbände das N- und O-Ufer entlang vorstießen, wurde die Millionenstadt ➢ Leningrad von allen Landverbindungen abgeschnitten. Nur über den L. – im Sommer per Schiff, im Winter übers Eis mit Schlittenfahrzeugen – konnte die Stadt versorgt werden. Zwar erreichten die Lieferungen nie den erforderl. Umfang, doch reduzierte man den Bedarf der Stadt durch Massen-Evakuierungen ebenfalls über den L., ehe im Jan. 43 die Rote Armee Schlüsselburg und einen schmalen Landkorridor an der S-Küste freikämpfen konnte.

LaGG, Typenbez. für die Flugzeuge des sowjet. Konstrukteurteams **La**wotschkin, **G**orbunow und **G**udkow. Die drei Ingenieure entwickelten 1938/40 parallel zur ➢ MiG- und ➢ Jak-Serie als dritten Standardjäger der zweiten Generation die LaGG-1 für den 1050-PS-Klimow-Reihenmotor, Erstflug 30.3.39. Die verbesserte Version LaGG-3 war mit einer 20-mm-Motorkanone und 2x12,7-min-MG stark bewaffnet; sie kann Ende 40 zur Truppe. Die Zelle bestand im wesentl. aus heimischem Birkenholz, was sich angesichts der horrenden Verluste nach dem dt. Überfall als deutl. Vorteil erwies; insges. 6528 Maschinen wurden abgeliefert. An Geschwindigkeit und Steigfähigkeit der ➢ Me 109 unterlegen, wurde die LaGG-3 Anfang 42 an die

Lancaster: Der schwere britische Bomber wurde ab 1942 zum Hauptträger der Flächenbombardements auf deutsche Städte.

Einheiten zweiter Linie abgegeben. Inzw. hatte Lawotschkin den Entwurf für den Einbau eines luftgekühlten 1600-PS-Doppelsternmotors konstruiert, aus dem schließl. der erfolgreiche Jagdeinsitzer La-5 wurde.

LAH, Abk. für »**L**eibstandarte-SS **A**dolf **H**itler«.

Lancaster, brit. schwerer Bomber der Firma Avro, viermotorig, 1941 in Serienproduktion genommen, bis 1946 insges. 7796 Exemplare. Das Einsatzmodell Mk 1 kam im Dez. 41 zur Truppe, erster Frontflug 3.3.42 zum Minenlegen in der Dt. Bucht. Am 17.4. folgte das offiz. Einsatzdebüt mit einem Langstreckenraid bei Tage gegen die MAN-Werke in Augsburg, wobei 7 von 12 eingesetzten L. verlorengingen. Die Maschine spielte bei insges. 156 000 L.-Einsätzen ihre wichtigste Rolle als Hauptträger der nächtl. Flächenbombardements auf dt. Städte. Jede L. transportierte durchschnittl. 4 t Bomben, doch wurde der Bomber mit der Zeit für immer größere Kampflasten ausgebaut, u.a. für die 3629-kg-Riesenbombe »Block Buster« (Wohnblockknacker) oder den torpedoartig geschnittenen Tallboy von fast 6 t. Eine Sonderversion schleppte das 10-t-Ungeheuer ➢ Grand Slam halb versenkt unter dem Rumpf. Die besten L.-Besatzungen zog das RAF-Bomberkommando Anfang 43 in der geheimen Sonderstaffel 617 zusammen, die unter Oberstleutnant Gibson die ➢ Eder- und Möhnetalsperren zerstörte (Spitzname »Dam Busters«), am 14.11.44 das Schlachtschiff ➢ Tirpitz versenkte und sich am 25.4.45 Hitlers Berghof auf dem Obersalzberg vornahm.
Die L. war für ihre 28 t Rüstgewicht ausgesprochen leicht zu fliegen und verdaute erstaunl. Beschußschäden, doch erwies sich das Fehlen eines Abwehrstands an der Rumpfunterseite wiederholt als tödliche Schwäche des schwe-

ren Bombers (≻ »Schräge Musik«). Daten der Nachtbomber-Reihe Mk III: max. 435 km/h mit 4 V-Motoren Packard/Rolls-Royce Merlin 28 oder 32 von je 1390 PS, Bombenzuladung bis 6340 kg, 3600 km Reichweite, 8x7,7-mm-MG in 3 Drehtürmen, 7 Mann Besatzung.

»Landcrab« (engl. Strandkrabbe), Codebez. für die Rückeroberung der ≻ Aleuten-Insel Attu durch die 7. US-Inf.div. (Brown) seit 11.5.43. Durch die Task Force 51 (Rockwell) unter dem Feuerschutz schwerer Schiffsartillerie an Land gesetzt, konnten die amerikan. Truppen den Widerstand der 2600 japan. Verteidiger unter Oberst Yamazaki bis 30.5. brechen. Nur 28 Japaner ergaben sich, die übrigen waren gefallen oder hatten sich das Leben genommen.

La Rochelle, frz. Hafenstadt an der Biskaya-Küste mit 48 000 Einwohnern (1940). L. wurde am 23.6.40 von dt. Truppen besetzt und war in der Folgezeit Stützpunkt der dt. Kriegsmarine (u.a. 3. U-Flottille). Als eine der Atlantikfestungen blieb die Stadt bis zur Kapitulation am 9.5.45 in dt. Hand. Die dt. Soldaten in L. bildeten am 30.1.45 das Premierenpublikum für den Durchhalte-Film »Kolberg«, dessen Kopie am Fallschirm über der Stadt abgeworfen wurde.

Lasch, Otto, * Pless (Oberschlesien) 25.6.1893, † Stuttgart 29.4.1971, dt. Gen. der Inf. (1.11.44). L., am 1.8.42 zum Gen.major ernannt, war seit 27.9.42 als Kommandeur der 217. Inf.div. an der O-Front eingesetzt. Seit 1.4.43 Gen.leutnant, übernahm er am 20.11.43 die 349. Inf.div., wurde am 1.9.44 Kommand. Gen. des LXIV. AK und am 1.11.44 Kommandant der Festung ≻ Königsberg, die er lange gegen große sowjet. Übermacht hielt, ehe er am 9.4.45 die Waffen strecken mußte. Hitler ließ ihn daraufhin wegen »Feigheit vor dem Feind« in Abwesenheit zum Tod verurteilen und seine Familie in Sippenhaft nehmen. Ende Okt. 55 kehrte L. aus sowjet. Gefangenschaft zurück.

Lattre de Tassigny, Jean de, * Mouilleron-en-Pareds (Vendée) 2.2.1889, † Paris 11.1.1952, Marschall von Frkr. (postum 15.1.52); im 1. Weltkrieg Hauptmann der Inf., 5mal verwundet, 1921-26 Kolonialdienst unter Marschall Lyautey in Marokko. Bei Kriegsbeginn und während des ≻ Sitzkriegs 1939/40 war L. als Brigadegen. Stabschef der 5. Armee (Bourret) im Elsaß und heim dt. Angriff im W (10.5.40) Kommandeur der 14. Inf.div. Nach der Niederlage blieb er bei der Vichy-Armee und war Befehlshaber im 16. Militärbezirk Montpellier. Nach der alliierten Landung in N-Afrika (8.11.42) versuchte L. unterzutauchen und eine Widerstandsfront gegen die dt. Besetzung von S-Frkr. (≻ »Anton«) aufzubauen, wurde aber festgenommen und zu 10 Jahren Haft verurteilt. Am 3.9.43 gelang ihm die Flucht aus dem Gefängnis Riom nach England. Von dort nach N-Afrika gebracht, wurde L. am 15.4.44 OB der freifrz. Truppen, mit denen er an der Landung in S-Frkr. (≻ »Dragoon«) am 15.8.44 teilnahm und Toulon und Marseille befreite. Am 25.9.44 wurden seine beiden AK in der frz. 1. Armee zusammengefaßt, an deren Spitze er nach einer harten Winterschlacht im März 45 den Rhein südl. Mannheim überschreiten konnte. Am 8.5.45 nahm L. in Berlin-Karlshorst als Vertreter Frkr.s die dt. Kapitulation entgegen, wurde wenig später Gen.inspekteur des frz. Heeres, 1949 OB der Landstreitkräfte der neugegründeten NATO und 1950 Hochkommissar und OB in Frz. Indochina.

Laval, Pierre, * Châteldon (Puy-de-Dôme) 28.6.1883, † Paris 15.10.1945 (hingerichtet), frz. Politiker; Jurist, 1914 Abgeordneter in der Nat.versammlung (zunächst Sozialist, dann parteilos), 1918 Senator, bis 1931 mehrfach Min., 1931/32 und 1935/36 Min.präs. Nach der Niederlage Frkr.s im Juni 40 berief ihn ➢ Pétain als stellv. Min.präs. in sein Kabinett, da sich der inzw. zum Konservativen gewandelte L. für den autoritären »État Français« und seine Politik der ➢ Kollaboration empfahl. Es kam jedoch zum Konflikt, weil L. die Willfährigkeit der dt. Besatzungsmacht gegenüber nach Meinung des Staatschefs übertrieb, der ihn am 13.12.40 entließ, aber auf dt. Druck am 17.4.42 wieder berufen mußte. L. war in der Folgezeit der eigentl. starke Mann in Vichy, das er aus der Abhängigkeit zur Partnerschaft mit Deutschland führen wollte, da er vom Sieg Hitlers nach wie vor überzeugt war. Er verstrickte Frkr. damit in die nat.-soz. Verbrechen, konnte die Judendeportationen nicht verhindern und die Quote der frz. ➢ Zwangsarbeiter für die dt. Rüstungsindustrie nur unwesentl. verringern. Sein polit. Spielraum schrumpfte weiter nach der Besetzung von S-Frkr. (Nov.42) durch die Wehrmacht. Beim Herankommen der alliierten Armeen mußte L. auf dt. Druck nach Belfort und schließl. nach ➢ Sigmaringen ausweichen. Im Mai 45 gelang ihm die Flucht nach Spanien, doch ließ ihn Franco nach Österreich abschieben, von wo ihn die amerikan. Besatzungsmacht an Frkr. auslieferte. Am 9.10.45 zum Tod verurteilt, unternahm L. einen Selbstmordversuch, wurde aber »gerettet« und nach kurzer Erholung zur Hinrichtung geführt.

Lebensmittelkarten, zur Rationierung von Nahrungsmitteln eingeführte Berechtigungsscheine, im Dt. Reich kurz vor Kriegsbeginn am 27.8.39 erstmals ausgegeben. Anfangs genügte eine Karte für die verschiedenen Güter, später wurden zahlr. Differenzierungen eingeführt nach Waren (Reichsbrot-, Reichsfettkarte u.a.), Zeitraum und Berechtigten (Schwerarbeiter, Fronturlauber, werdende Mütter u.a.). Juden und ➢ Zwangsarbeiter erhielten stark verringerte Zuteilungen. Insges. sanken die auf den L. ausgewiesenen Kontingente mit wachsender Kriegsdauer: 1945 erhielt 1 Erwachsener wöchentl. 125 g Fett, 250 g Fleisch, 1700 g Brot. Die L. mußten noch bis 10.1.50 in der Bundesrepublik beibehalten werden. In der DDR dauerte die Lebensmittelbewirtschaftung bis zum Mai 1958, und auch Großbritannien trennte sich erst Ende der 50er Jahre vom System der L.

Leber, Julius, * Biesheim (Elsaß) 16.11.1883, † Berlin-Plötzensee 5.1.1945 (hingerichtet), dt. Politiker; 1924 bis 1933 MdR der SPD, nach der nat.-soz. Machtergreifung 1933 verhaftet und bis 1937 im KZ Oranienburg festgehalten. L. wurde während seiner Haft zum unversöhnl. Gegner Hitlers und sammelte nach der Entlassung sozialdemokrat. Widerstandskämpfer um sich. Von den Verschwörern des 20. Juli 44 als Innenmin. vorgesehen, wurde er am

5.7.44 nach Denunziation verhaftet und nach dem Scheitern des Umsturzversuchs im Okt. 44 vom Volksgerichtshof zum Tod verurteilt.

Leclerc, eigentl. Jacques Philippe de Hauteclocque, * Belloy-Saint-Léonard (Somme) 20.11.1902, † bei Colomb-Béchar (Algerien) 27.11.1947, Marschall von Frkr. (postum 23.8.52); Kolonialdienst, 1934 Hauptmann, Dozent in Saint-Cyr. Bei Beginn des dt. Angriffs im W (10.5.40) war L. Chef des Stabes der 4. mot. Div. in Belgien, die bei Lille eingekesselt wurde. L. schlug sich zu den eigenen Linien durch, wurde an der Aube verwundet und setzte sich nach der Niederlage Frkr.s. nach London ab. Dort am 22.7.40 eingetroffen, nahm er den Namen L. an und wurde von de Gaulle nach Frz. Äquatorialafrika entsandt, um die Kolonien ins freifrz. Lager zu überführen. Das gelang ihm in Kamerun und im Tschad, wo ihn die Beförderung zum Oberst (Dez. 40) und der Auftrag erreichte, mit einer motorisierten Marschkolonne über 1600 km quer durch die Sahara Angriffe nach SO-Libyen vorzutragen. Mit 350 Mann besetzte L. am 2.3.41 die Kufra-Oasen. Anfang 1943 stieß er mit 2500 Mann weiter nach Tripolis vor, wo er sich am 23.1.43 der brit. 8. Armee anschloß. Inzw. Div.gen., stellte er am 24.8.43 in Marokko die frz. 2. Pz.div. auf, die Anfang Aug. 44 in die Invasionsschlacht geworfen wurde und im Verband des XV. US-Korps (Haislip) auf Paris marschierte. Bei der Besetzung der frz. Hauptstadt ließen die Amerikaner L. am 24.8.44 den Vortritt, so daß er die Kapitulation des dt. Wehrmachtbefehlshabers v. Choltitz entgegennehmen konnte. Es folgte die Befreiung Straßburgs am 23.11.44 und ein zügiger Vormarsch, der am 5.5.45 in Berchtesgaden endete. Danach OB in Fernost und seit Juli 46 in N-Afrika, kam L. bei einem Flugzeugabsturz ums Leben.

Lee, Willis Augustus jr., * Natlee (Kentucky) 11.5.1888, † Casco Bay (Maine) 25.8.1945, amerikan. Vizeadmiral (März 44); 1908 zur Marine, im 1. Weltkrieg bei den Zerstörern im O-Atlantik, 1920 bei den Olymp. Spielen in Antwerpen Goldmedaillengewinner als Schütze, 1927 Zerstörer-Kommandant, 1936 Konteradmiral und Kreuzer-Kommandant. Bei Kriegsbeginn wurde L. in den Stab von Admiral ≫ King berufen. Er übernahm im Aug. 42 eine Schlachtschiffdiv. und zeichnete sich mit seinem Flaggschiff Washington in den Nachtschlachten um Guadalcanal aus (Nov. 42). Im April 43 erhielt er die Ernennung zum Befehlshaber der Schlachtschiffe im Pazifik (Task Force 54/34), mit denen er bei allen größeren Operationen der schnellen Flotte unter Halsey und Spruance dabei war. Im Juni 45 in die USA zurückbeordert zur Entwicklung einer neuen Taktik gegen die japan. ≫ Kamikaze-Waffe, verunglückte L. bald darauf tödlich.

Lee (General Lee), nach Südstaaten-Gen. Robert Edward L. (1807-70) benannter amerikan. Kampfpz., der 1940 in Serie ging, 28 t, 5,65 m lang, 2,75 m breit und 3,05 hoch. Ein 340-PS-Motor brachten den L. auf max. 42 km/h, die Panzerung betrug bis 88 mm, die Besatzung 7 Mann. Als Hauptwaffe besaß der Tank im Rumpf eine 7,5-cm-Kanone L/53 und eine 3,7-cm-Kanone L/53 im Drehturm, außerdem 3-4 MG; der Aktionsradius reichte bis 300 km. Eine etwas schwerere Version des L. hieß bei den Briten General ➢ Grant.

Leeb, Wilhelm Ritter von, * Landsberg am Lech 5.9.1876, † Hohenschwangau 29.4.1956, dt. Gen.feldmarschall (19.7.40); 1895 Eintritt in die bayer. Armee, im 1. Weltkrieg Gen.stabsoffizier, danach Reichswehrkarriere (1.2.29 Gen. major). Beim Revirement nach der Fritsch-Krise im März 38 zunächst verabschiedet, nahm L. als Gen.oberst im Okt. 38 an der Besetzung des Sudetenlandes mit der Heeresgruppe 1 teil, übernahm am 26.8.39 den Oberbefehl über die Heeresgruppe C am Oberrhein, mit der er am 14.6.40 die ➢ Maginot-Linie durchbrach. Im Rußlandfeldzug befehligte L. die Heeresgruppe Nord, die auf Leningrad vorstieß. Wegen eigenmächtiger Frontkorrekturen wurde er am 16.1.42 von Hitler entlassen und fand keine Verwendung mehr. Am 22. 10.48 verurteilte ein amerikan. Militärgericht L. u.a. wegen Weitergabe des ➢ Kommissarbefehls zu 3 Jahren Haft, die als verbüßt galten.

Légion des Volontaires Français (L. contre le Bolchevisme, LVF), im Sommer 41 von dem Sozialisten M. Déat, dem rechtsgerichteten Politiker M. Bucard u.a. Anhängern der ➢ Kollaboration als private Vereinigung gegründete frz. Truppe zum Kampf an dt. Seite gegen die Rote Armee. Die L. erhielt v.a. Zulauf von ehemaligen Berufssoldaten, Rechtsextremisten und Abenteurern. Da sich Vichy nicht mit der UdSSR im Kriegszustand befand, wurde die L. von der Wehrmacht als Inf.regiment 638 ausgebildet und feldgrau eingekleidet, letzter Standort Greifenberg in Pommern. Lediglich die Trikolore als Regimentsfahne und ein entspr. Ärmelzeichen wiesen ihre Soldaten als ausländ. Freiwillige aus. Als die Truppe im Dez. 41 ohne Winterausrüstung und schwere Waffen vor Moskau zum Einsatz kam, umfaßte sie 2452 Mann, darunter 181 Offiziere. Nach hohen Verlusten, v.a. durch Erfrierungen, und einer umfassenden Reorganisation folgten Kämpfe gegen Partisanen im Mittelabschnitt, wofür bes. die ehemaligen Kolonialoffiziere einschlägige Erfahrungen mitbrachten. Am 28.7.43 beging die L. in Paris mit einer Fahnenweihe im Invalidendom und einem Marsch über die Champs Élysées ihren zweiten Gründungstag. Bis Sommer 44 war sie anschließend an den Abwehrkämpfen in Weißrußland beteiligt, ehe die letzten 2000 Mann im Herbst 44 in die SS-Div. »Charlemagne« überführt wurden.

Le Havre, frz. Hafenstadt, ➢ Havre, Le.

»Lehrgang«, Deckname für die Räumung Siziliens durch die dt. und italien. Truppen 9.-17.8.43. 38 Tage nach der Landung der Alliierten auf der Insel war »L.« abgeschlossen: Knapp 40 000 dt. Soldaten, darunter 4444 Verwundete, mit 9605 Fahrzeugen, 47 Pz., 94 Geschützen und 17 000 t Material sowie über 60 000 Italiener mit 227 Fahrzeugen und 41 Geschützen wurden unter Leitung von Kapitän z.S. von Liebenstein über die Straße von Messina aufs italien. Festland gebracht. Die nach ihrem raschen Vormarsch erschöpften alliierten Streitkräfte unternahmen zwar ständig Luftangriffe auf die »L.«-Transporte, konnten aber wegen massiver Flakabwehr kaum Wirkung erzielen.

Leibstandarte-SS »Adolf Hitler« (LAH), am 17.3.33 aus 120 Mann der ehemaligen Münchener Leibwache Hitlers gebildete bewaffnete SS-Truppe, zunächst unter der Bez. SS-Stabswache Berlin, dann Wachbataillon Berlin und seit Sept. 33 LAH, kaserniert in der ehemaligen Hauptkadettenanstalt Berlin-Lichterfelde. In erster Linie für den persönl. Schutz Hitlers zuständig, übernahm die LAH unter ihrem Kommandeur Josef (»Sepp«) ➢ Dietrich (bis Juli 43) auch Sicherungsaufgaben und diente als Repräsentationsgarde des 3. Reiches (u.a. Innendienst in der Reichskanzlei). Sie wurde am 9.11.33 auf Hitler persönl. vereidigt und so gegen die Verfassungsbestimmungen Privatarmee des Reichskanzlers. Mit Unterstützung der Reichswehr übernahm sie in der Röhm-Affäre 1934 die Hauptaufgaben bei der Verhaftung und Liquidierung der SA-Führer in Bayern und Berlin. Ihr »Erfolg« bei dieser polizeistaatl. Aktion führte zum Zusammenschluß mit den Polit. Bereitschaften zur SS-Verfügungstruppe, in deren Rahmen die LAH bis 1938 auf die Stärke eines motorisierten Infanterieregiments gebracht wurde. Nach dem Polenfeldzug in die ➢ Waffen-SS eingegliedert, wurde die LAH 1940 Brigade und 1941 Div. (9.9.42 SS-Pz.grenadierdiv., Febr. 44 1. SS-Pz. div.). Sie galt in der Waffen-SS als Elitetruppe und machte durch oft überharte Kampfführung auf allen Kriegsschauplätzen von sich reden. Ihr Ende kam im April 45 in Österreich.

Leibstandarte-SS Adolf Hitler: Aufmarsch am Tag der Machtergreifung, 30. Januar 1937

Leigh-Mallory, Sir Trafford, * Mobberley (Cheshire) 11.7.1892, † bei Grenoble (Frkr.) 14.11.1944, brit. Luftmarschall; im 1. Weltkrieg Staffelkapitän, danach v.a. im Ausbildungswesen der RAF, 1938 Air Vice Marshal (Gen.leutnant). L. befehligte bei Kriegsbeginn die No. 12 Fighter Group des Jägerkommandos, die die Industriestädte der Midlands und die Schiffahrtsrouten entlang der O-Küste zu verteidigen hatte. Während der Luftschlacht um England gehörte L. zu den Kritikern ➢ Dowdings, da er eine offensivere Jägerführung in größeren Verbänden bevorzugte, wie er sie von Dez. 40 an als neuer Kommandeur der No. 11 Fighter Group in SO-England praktizierte. Im Nov. 42 wurde er Chef des Fighter Command und am 15.11.43 OB der takt. alliierten Luftstreitkräfte bei der Operation ≫ »Overlord«, wobei es zu Konflikten mit ≫ Spaatz und ≫ Harris über den Einsatz der schweren Bomber kam. Auf L. ging der erfolgreiche Transportation Plan für die Invasion zurück, durch den alle gegner. Verkehrs- und Nachrichtenverbindungen im engeren und weiteren Kampfraum schon vor der Landung systemat. aus der Luft ausgeschaltet wurden. Anfang Nov. 44 zum OB der alliierten Luftstreitkräfte in SO-Asien ernannt, kam L. auf dem Flug dorthin ums Leben.

Leih- und Pachtgesetz (Lend-and-Lease-Act), in Erweiterung der ≫ Cash-and-carry-Klausel am 11.3.41 vom US-Kongreß verabschiedete Ermächtigung für US-Präs. Roosevelt, kriegswichtige Güter ohne Bezahlung an Staaten zu liefern, deren Verteidigung für die USA als lebenswichtig anzusehen war. Nach dem Zusammenbruch Frkr.s wurde das L. für Großbrit. zur Rettung. Bis 1945 erreichten die L.-Lieferungen ein Volumen von 50,6 Mrd. Dollar, von denen England 30 und die Sowjetunion 11 Mrd. erhielten.

LeMay, Curtis E., * Columbus (Ohio) 15.11.1906, amerikan. Fliegergeneral; Ingenieur, zunächst bei der Artillerie, 1928 Eintritt in die Heeresluftwaffe, Jan. 37 in der Operationsabt. mit der Einsatzplanung für die ≫ Flying Fortress betraut, Febr. 40 Kommandeur eines Aufklärungsgeschwaders. Bei Kriegsbeginn führte L. eine Bomberstaffel und wurde zur 8. Luftflotte nach England versetzt, wo er an der Spitze der 305. Bombardment Group zahlr. Tagesangriffe gegen Deutschland flog.

Leih- und Pachtgesetz: Einschiffung amerikanischer Jeeps nach England

Er verbesserte die Angriffs- und Abwehrtaktik der strateg. Bomberflotte u.a. durch Einführung des nach Höhen gestaffelten Pulks von jeweils 18 Maschinen. Am 28.9.43 zum Brigadegen. ernannt, kehrte L. im Nov. 43 zu weiterer Ausbildung in die USA zurück und wurde als jüngster Gen.major der Heeresluftwaffe im März 44 OB der 20. Luftflotte in Fernost, die von China und später den Marianen aus mit den neuen B-29 ≫ Superfortress Japan bombardierte und im Aug. 45 die beiden Atomangriffe auf ≫ Hiroshima und ≫ Nagasaki flog. 3.3.52 Gen.stabschef der US-Luftwaffe, Jan. 65 Ruhestand.

Lemberg (poln. Lwów), poln. Stadt in Galizien mit 318 000 Einwohnern (19xx). L. wurde im Polenfeldzug am 23.9.39 von der Roten Armee besetzt und nach Beginn des Rußlandfeldzugs am 30.6.41 von der dt. 1. Gebirgsdiv. (Lanz) der 17. Armee (v. Stülpnagel) erobert. Die dt. Truppen fanden hier zahlr. z.T. grausam mißhandelte Opfer des sowjet. Geheimdiensts vor, zumeist ukrain. Nationalisten, die man der Feindbegünstigung verdächtigt hatte. Hitler duldete daher zunächst die Bildung einer ukrain. Reg. in L., ließ deren Führer jedoch schon wenig später verhaften und Selbständigkeitsbestrebungen unterdrücken. Während der dt. Besatzung wurden fast alle Lemberger Juden (rd. ein Drittel der Einwohnerschaft) in die Vernichtungslager deportiert. Am 27.7.44 eroberten die sowjet. Armeen 38 und 60 der 1. Ukrain. Front (Konjew) L. zurück; Einheiten der poln. ≫ Heimatarmee, die sie dabei unterstützten, wurden anschließend entwaffnet und interniert, die poln. Bevölkerung (1936 über 100 000) wurde später vertrieben.

Leningrad, sowjet. Gebietshauptstadt am östl. Ufer des Finn. Meerbusens (Kronstädter Bucht) im Delta der Newa mit 3,2 Mio. Einwohnern (19xx). L. war im Rußlandfeldzug Operationsziel der dt. Heeresgruppe Nord (v. Leeb), die Anfang Sept. 41 den Stadtrand erreichte, am 9.9.41 Schlüsselburg nahm und damit die einstige Hauptstadt des Zarenreichs von allen Landverbindungen abschnitt. Bedroht auch von NW durch die finn. Truppen, blieb L. nur die Versorgung über das Wasser oder Eis des südl. Ladogasees, eine ständig gefährdete und nie hinreichend ergiebige Route. Hitler, der zunächst die Eroberung der Stadt angestrebt hatte, hielt L. für neutralisiert, zog Kräfte ab für andere Frontabschnitte und begnügte sich mit der Belagerung, der insges. ein Drittel der Einwohnerschaft durch Hunger, Erfrierungen, Krankheiten und Kriegseinwirkung (Artilleriebeschuß, Luftangriffe) zum Opfer fiel. Erst im Jan. 43 lockerte sich der Belagerungsring, nachdem im Aug./Sept. 42 der Ausbruchsversuch der Leningrader Front (Goworow) ebenso von der dt. 18. Armee (Lindemann) zurückgeschlagen worden war wie der Entsatzvorstoß von O durch die Wolchow-Front (Merezkow), wobei die dt. 11. Armee zur Verstärkung hatte herangezogen werden müssen. Am 11.1.43 erst gelang die Bildung eines schmalen Korridors, durch den die Versorgung von L. wiederaufgenommen werden konnte. Befreit aber wurde die Stadt erst ein ganzes Jahr später nach 900 Tagen Belagerung, als am 14.1.44 eine Offensive von drei sowjet. Fronten losbrach und bis Mitte Febr. die dt. Heeresgruppe Nord (v. Küchler, später Model) auf den Peipus-See zurückwarf.

Leopold III., * Brüssel 3.11.1901, † ebd. 26.9.1983, belg. König (17.2.34). Mit entschiedenem Neutralitätskurs versuchte L., seinem Land das Schicksal des 1. Weltkriegs zu ersparen, konnte aber den dt. Einmarsch am 10.5.40 nicht abwenden. Nach kurzer Gegenwehr mußte er am 28.5. die Waffen strecken und wurde in Schloß Laeken interniert. Vergebl. blieb auch sein Bemühen, durch einen Bittgang zu Hitler in Berchtesgaden am 19.11.40 die Freilassung der belg. Gefangenen zu erwirken. Am 7.6.44 wurde er nach Deutschland verbracht und erst am 8.5.45 befreit. Eine erneute Reg.übernahme erwies sich als unmögl., da L. wegen der Kapitulation von 1940 als eine Art Kollaborateur galt; 11.8.50 Thronverzicht zugunsten seines Sohnes Baudouin.

Lettland, mittlerer der ≫ Baltischen Staaten.

Leuna-Werke, größte dt. Anlage zur Herstellung von synthet. Benzin in Leuna an der Saale. Die L. wurden trotz starker Flak-Sicherung insges. 22mal von alliierten Bomberverbänden angegriffen. Obwohl dabei 6552 Maschinen über 18 300 t Bomben abwarfen, konnte die Produktion der L. nie ganz unterbunden werden.

Leuschner, Wilhelm, * Bayreuth 15.6.1890, † Berlin 29.9.1944 (hingerichtet), dt. Politiker und Gewerkschaftler; 1928-32 hess. Innenmin., 1932 stellv. Vors. des Allg. Dt. Gewerkschaftsbundes. L. wurde im Zuge der Zerschlagung der Gewerkschaften (2.5.33) verhaftet und 2 Jahre im KZ Lichtenburg festgehalten. Nach seiner Entlassung bemühte er sich um Koordination des gewerkschaftl. Widerstands und war vom Kreis der Verschwörer des 20. Juli 44 als Vizekanzler (unter Goerdeler) vorgesehen. Nach dem Scheitern des Attentats stellte sich L. am 16.8.44, da seine Frau als Geisel inhaftiert worden war, und wurde am 9.9.44 zum Tod verurteilt.

Lexington, amerikan. Flugzeugträger, 3.10.25 Stapellauf, 14.12.27 in Dienst gestellt, 33 000 t, 33 kn, 278,8 m lang, 32,2 m breit, bis 2951 Mann Besatzung; Bewaffnung: 10x12,7 cm sowie leichtere Fla-Waffen, max. 120 Flugzeuge. Ursprüngl. als Schlachtkreuzer geplant, wurde die L. zum Träger umgebaut und der US-Pazifikflotte zugeteilt. Nach Kriegsbeginn nahm sie im Dez. 41 am vergebl. Versuch teil, die Insel ≫ Wake vor dem japan. Zugriff zu retten, und wurde auch gegen andere japan. Landungen ohne größere Erfolge eingesetzt. Ihr Ende kam in der Träger-Luftschlacht in der ≫ Korallensee: Sie gehörte zur Task Force 17 (Fletcher), die gegen die japan. Invasionsflotte vor Neuguinea in Marsch gesetzt worden war.

Am 8.5.42 erzielten Trägerflugzeuge der Shokaku und der Zuikaku mehrere Lufttorpedo- und Bombentreffer auf der L., die in Brand geriet und von Captain Sherman aufgegeben werden mußte. Die Mannschaft konnte vollzählig von Bord gehen, ein US-Zerstörer gab dem Schiff den Fangschuß.

Ley, Robert, * Niederbreidenbach (Berg. Land) 15.2.1890, † Nürnberg 25.10.1945, dt. Politiker; 1925 NSDAP-Beitritt, 1930 MdR, Nov. 32 Reichsorganisationsleiter der Partei, Mai 33 Chef der Dt. Arbeitsfront (DAF), bei Kriegsende Flucht nach Österreich, dort verhaftet und als einer der Hauptkriegsverbrecher in Nürnberg vor das Internat. Militärtribunal gestellt, Selbstmord kurz vor Beginn der Verhandlungen.

Leyte, Insel der Philippinen südöstl. ≫ Luzon mit 7250 km^2. An der O-Küste von L. begann am 20.10.44 mit der Landung der 6. US-Armee (Krueger) die Rückeroberung der Philippinen. 132 000 Mann und 200 000 t Material wurden ausgeschifft, es entstand ein stabiler Brückenkopf, der auch beim japan. Großangriff während der Schlacht im ➢ Leyte-Golf (22.-25.10.) nicht in Gefahr geriet. Der Vormarsch auf L. aber kam wegen des Monsunregens zunächst nur schleppend voran, zumal von Luzon 45 000 Mann Verstärkung für die verteidigende japan. 35. Armee (Suzuki) herankamen. Durch weitere überholende Landungen gelang es den Amerikanern allmähl., die Japaner von ihren Hafenstützpunkten abzuschneiden und bei völliger Seeherrschaft ihren Nachschub lahmzulegen. Am 25.12.44 erlosch der letzte organisierte Widerstand, nur wenige hundert Japaner entkamen von L., 6 Div. mit rd. 67 000 Mann waren untergegangen. Die amerikan. Verluste beliefen sich auf 3504 Gefallene und 11 991 Verwundete.

Leyte-Golf, Seegebiet vor den mittleren Philippinen, Ende Okt. 44 Schauplatz der ersten amerikan. Landung zur Rückeroberung der Inselgruppe. Gegen die am 20.10. anlaufende Invasionsarmada der 7. US-Flotte (Kinkaid) warf der japan. Flottenchef Toyoda alle verfügbaren See- und Luftstreitkräfte in den Kampf, aus dem sich die größte Seeschlacht der Geschichte entwickelte, an der insges. 64 japan. und 218 alliierte Kriegsschiffe beteiligt waren. Der japan. Plan sah vor, Teile der amerikan. Sicherungsgruppen nach N abzulenken, so daß Schlachtschiffe und Kreuzer in 2 Gruppen um die Inseln Samar und Leyte herum in den L. vorstoßen und die Landungsflotte zerschlagen könnten. Der nördl. Kampfverband (Kurita) verlor schon auf dem Anmarsch von Borneo durch U-Boot- und Luftangriffe 2 Kreuzer und das Schlachtschiff Musashi und machte zunächst kehrt, so daß sich Admiral ➢ Halsey voreilig mit der Task Force 38 (Mitscher) gegen eine von NO herankommende japan. Trägergruppe unter Admiral Ozawa wandte, sie bei Kap Engano (N-Spitze der Philippinen) stellte und alle 4 Träger sowie 5 andere Schiffe versenkte. Inzw. war Kurita jedoch erneut umgekehrt, hatte in der Nacht zum 25.10. die San-Bernardino-Straße zw. Samar und Luzon mit 4 Schlachtschiffen, 8 Kreuzern und 11 Zerstörern passiert und bedrohte die US-Landung. Angegriffen von amerikan. Trägermaschinen und Zerstörern, glaubte Kurita mangels Luftaufklärung der Task Force 38 gegenüberzustehen und brach das Gefecht, in dem er 1 US-Geleitträger und 3 Zerstörer versenkt hatte, nach Verlust von 3 Kreuzern ab.

Der südl. japan. Angriffsverband (Nishimura) mit 2 Schlachtschiffen, 1 Kreuzer und 4 Zerstörern war derweil am Eingang des L. in eine Falle gelaufen und in einem Nachtgefecht von der weit überlegenen Task Force 77 (Oldendorf) bis auf 1 Zerstörer vernichtet worden. Admiral Nishimura ging mit seinem Flaggschiff Yamashiro unter, eine Nachhut unter Vizeadmiral Shima verlor wenig später 2 ihrer 3 Kreuzer. Toyodas Plan hatte damit in einer Katastrophe für die kaiserl. Marine geendet: 4 Träger, darunter die Zuikaku, letzter Veteran von ➢ Pearl Harbor, 3 Schlachtschiffe, 10 Kreuzer, 9 Zerstörer mit insges. 300 000 t waren verloren, 10 000 Mann gefallen, 1500 Flugzeuge wurden eingebüßt. Die Amerikaner hatten dagegen nur 4 kleine Träger und 3 Zerstörer verloren. Nach der Schlacht im L. spielte die japan. Flotte im Pazifik keine Rolle mehr. Wie verzweifelt die Lage war, zeigte die Bildung des ≻ Kamikaze-Korps, das hier erstmals in Aktion getreten war.

Libanon, frz. Mandatsgebiet an der östl. Mittelmeerküste mit rd. 10 000 km² und knapp 1 Mio. Einwohnern (1941), Hauptstadt Beirut. Die schon für 1936 von Paris angekündigte Unabhängigkeit des L. war bei Kriegsbeginn noch nicht vollzogen, so daß die oberste Gewalt beim frz. Hochkommissar für die Levante verblieb; frz. OB im östl. Mittelmeer war seit Ende Aug. 39 Gen. ≻ Weygand, der aber am 17.5.40 nach Frkr. abberufen wurde, ehe er die geplante Orientarmee hatte aufbauen können. Sein Nachfolger Gen. Mittelhauser unterstellte sich nach der Niederlage Frkr.s im Juni 40 mit seinen Streitkräften der Reg. ≻ Pétain. Brit. Truppen, die am 8.6.41 in den L. einmarschierten, stießen hier wie in Syrien auf entschlossenen Widerstand der Vichy-treuen Verbände unter Gen. ≻ Dentz, der aber am 14.7.41 der Übermacht weichen mußte; de Gaulle ernannte Gen. Georges Catroux zum Hochkommissar. Die libanes. Nationalisten fanden jedoch bei den Briten Unterstützung für ihre Forderung nach Unabhängigkeit und proklamierten im Nov. 43 die Republik L.; die letzten frz. Truppen verließen das Land im Aug. 46.

Liberator, amerikan. Langstreckenbomber Consolidated B-24, Erstflug 29.12.39. Die L. entstand aus einem Entwicklungsauftrag für einen schweren Tagbomber, der die B-17 ≻ Flying Fortress an Zuladung und Reichweite übertreffen sollte. Mit insges. 18 188 Exemplaren wurde die L. das am meisten gebaute Kampfflugzeug der USA im 2. Weltkrieg. Charakterist. für die Konstruktion waren der plumpe Rumpf mit dem Doppelleitwerk und die schlanken weitgespannten Flügel mit Davis-Hochauftriebsprofil, dem das viermotorige Baumuster seine extreme Reichweite von bis zu 7400 km verdankte. Die ersten Einsatzmuster gingen 1941 an die RAF, die insges. 1694 Stück abnahm und die L. erfolgreich als Patrouillenbomber über dem Atlantik zur Boot-Bekämpfung und Geleitsicherung einsetzte; in gleicher Rolle auch bei der US-Navy als PB4Y-1. Die Masse der L. operierte als strateg. Bomber über dem Pazifik, dem Mittelmeerraum und von England aus über N-Europa und dem Reich. Zus. mit der B-17 bildete sie hier das Rückgrat der US-Tages-Offensive. Die häufigste Version B-24J hatte 10 Mann Besatzung, 10x12,7-mm-MG als bewegl. Abwehrbewaffnung, 467 km/h Höchstgeschwindigkeit, 3380km Reichweite mit 2270 kg Bomben.

Libyen, 1934 durch Zusammenfassung der bis 1912 türk. Provinzen Tripolitanien und Cyrenaika gebildete italien. Kolonie in N-Afrika, insges. 1,76 Mio. km² mit knapp 900 000 Einwohnern (1940), Hauptstadt Tripolis. Von L. aus griffen italien. Truppen am 13.9.40 das von brit. Streitkräften verteidigte ≻ Ägypten an und entfesselten nach schweren Niederlagen und dem damit erforderl. dt. Eingreifen den ≻ Afrikafeldzug. Nach Rückeroberung (seit März 41) der anfangs verlorenen ≻ Cyrenaika, wurde der Gewinn bis Herbst 41 wieder eingebüßt, und erst im Frühling/Sommer 42 konnte die dt.-italien. Pz.armee Afrika (Rommel) L. erneut befreien und sogar bis ≫ El Alamein 80 km westl. Alexandria vorstoßen. Dem nächsten Gegenschlag der brit. 8. Armee (Montgomery) hatte Rommel jedoch nichts mehr entgegenzusetzen, so daß L. bis Jan. 43 völlig und endgültig verlorenging. Italien mußte der Kolonie 1947 im Friedensvertrag die Unabhängigkeit gewähren.

Lichtenstein, Deckname für das Funkmeßgerät FuG 202/212 der dt. Luftwaffe. L., das erste bordeigene Suchradar der dt. Nachtjagd, wurde von der Firma Telefunken entwickelt und seit Sommer 41 erprobt. Es arbeitete auf 60-cm-Wellenlänge bei einer Reichweite von 200 bis 3000 m und setzte sich dank steigender Abschußziffern trotz des sperrigen Antennengeweihs am Bug der Jäger durch. Das streng geheime Gerät, im Funkverkehr »Emil Emil« genannt, fiel den Briten am 9.5.42 unversehrt in die Hände. Sie störten den L.-Empfang seitdem durch ≫ »Window«-Abwurf (Stanniolstreifen). Im Herbst 43 stand mit dem Weitwinkel-L. SN 2 (FuG 220) für 3,30-m-Wellenlänge ein neues Bordradar zur Verfügung, das aber im Sommer 44 ebenfalls von den Briten erbeutet und anschließend erfolgreich gestört wurde.

Lidice (dt. Liditz), tschech. Bergarbeitersiedlung bei Kladno westl. von Prag. L. wurde auf Hitlers Befehl, den K. H. ≫ Frank telefon. dem Befehlshaber der Sicherheitspolizei und des SD in Prag durchgab, am Abend des 9.6.42 von dt. Polizei und SD umstellt. Nachdem eine Wehrmachteinheit die Absperrung übernommen hatte, ließ die Polizei Frauen und Kinder abtransportieren und nach eigener Meldung »172 erwachsene Männer durch ein Exekutionskommando in Stärke von 1 Offizier, 2 Unterführern und 20 Mann« erschießen. Hinzu kamen in der Nacht noch 11 Arbeiter der Spätschicht und bereits inhaftierte 15 Angehörige von in England dienenden tschech. Legionären, insges. also 198 unmittelbar Ermordete. Die von SS-Hauptsturmführer Rostock (1951 hingerichtet) geleitete Aktion, die mit der völligen Zerstörung von L. endete, wurde als Vergeltung für das Attentat auf ≫ Heydrich am 27.5.42 ausgegeben, obwohl eine Verbindung der Täter zu L. nicht erwiesen war. Das Massaker verschärfte die Spannungen im Protektorat dramat. und wurde wie ≫ Oradour-sur-Glane zum Symbol des nat.-soz. Terrors. Nach dem Krieg wurde der Ort als Neu-L. in der Nähe wiederaufgebaut. Der Schauplatz der Mordaktion ist heute Gedenkstätte.

Lightning, amerikan. Jagdeinsitzer Lockheed P-38, Erstflug 27.1.39. Die geforderten Leistungen für diesen 1937 ausgeschriebenen Höhenabfangjäger bedingten zweimotorige Bauweise, die vorgesehene Verwendung von Abgasturboladern führte zur unkonventionellen Doppelrumpfanordnung. Die L. tauchte 1942 im Fronteinsatz auf, wobei sie sich im Pazifik als gefährl. Gegner der japan. ≫ Zero-Sen entpuppte. Die dt. Luftwaffe machte mit der L. erstmals Ende 42 in N-Afrika Bekanntschaft; sie zeigte sich seit Jan. 43 als Begleitjäger der 8. US Air Force über dem Reichsgebiet und am 3.3.44 als erster US-Fernjäger über Berlin. Beim Luftkampf mit der ≫ Me 109 und Fw 190 zeigte die L. die typ. Schwächen zweimotoriger Jäger, u.a. mangelnde Wendigkeit. Sie wurde nach und nach durch die P-47

Thunderbolt und P-51 ➢ Mustang abgelöst, blieb aber mit ihrer schweren Bugbewaffnung von 1x20-mm-Kanone und 4x12,7-mm-MG, dazu Bomben- und Raketen-Außenlasten, als Jagdbomber gefürchtet; dt. Spitzname »Gabelschwanzteufel«. Aus der Gesamtproduktion von 9923 Stück wurden rd. 1400 Serienmuster unter der Typenbez. F-4 oder F-5 zu Fotoaufklärern umgerüstet. Die letzte Einsatzvariante P-38L hatte mit 2x1425-PS-Allison-V-Motoren eine Höchstgeschwindigkeit von 630 km/h, normale Reichweite von 3640 km, trug als max. Außenlasten 10x130-mm-Raketen oder 1916 kg Bomben.

»Lila«, Deckname für die Besetzung des frz. Kriegshafens Toulon am 27.11.42 durch das II. SS-Pz.korps (Hausser). Nach dem Einmarsch dt. Truppen in die unbesetzte frz. S-Zone beim Unternehmen ➢ »Anton«, das auf die Landung der Angloamerikaner in Marokko (➢ »Torch«) reagiert hatte, war Toulon ausgespart worden; die seit 1940 im Hafen liegende frz. Mittelmeerflotte sollte zus. mit der ➢ Waffenstillstandsarmee die Verteidigung von Stadt und Küste übernehmen. Die frz. Führung hatte diesen dt. Zusicherungen geglaubt und damit den Zeitpunkt für ein Auslaufen der Flotte nach N-Afrika verpaßt. Als sich die dortigen frz. Befehlshaber (u.a. ➢ Darlan) nach kurzer Gegenwehr mit den Alliierten verständigten, wuchs das dt. Mißtrauen gegen die frz. Admiralität, so daß der Entschluß für »L.« fiel: 2 dt. Pz.div., unterstützt von der Luftflotte 3 (Sperrle), sollten in raschem Vorstoß die frz. Garnison und die Schiffsbesatzungen überrumpeln und Selbstversenkungen verhindern. Das gelang nicht, da die Truppenbewegungen und die häufigen dt. Aufklärungsflüge die frz. Stellen alarmiert hatten und weil sich der Vormarsch verzögerte. So erreichte den OB der frz. Hochseeflotte, Admiral de ➢ Laborde, auf dem Schlachtschiff ➢ Strasbourg noch beizeiten eine Warnung, worauf er die oft geübte Selbstversenkung anordnen konnte. Sie gelang fast vollständig, so daß die dt. Verbände nur noch Wracks vorfanden: 3 Schlachtschiffe, 4 Schwere und 3 Leichte Kreuzer, 1 Flugzeugmutterschiff, 30 Zerstörer, 16 U-Boote, 11 Kanonen- und 3 Torpedoboote waren im Hafenbecken gesunken, 5 U-Boote hatten ungesehen auslaufen können; gut die Hälfte der frz. Flotte war vernichtet, die nach dem Schock von ➢ Mers el-Kebir und ➢ Dakar zu lange gezögert hatte, sich den Alliierten anzuschließen. »L.«, dem die Auflösung der frz. Waffenstillstandsarmee folgte, war daher in den Augen der dt. Führung immerhin ein Teilerfolg.

Linse, hölzernes Sprengboot, Größe 1,8 t, Länge 5,75 m, Breite 1,75 m, 35 kn schnell. Die L. operierte in 3er-Rotten: 1 Kommandoboot mit 2 L., die nach Abspringen der Fahrer von Funkern mit ihren 400 kg Sprengstoff ins Ziel gelenkt wurden. Beim Auftreffen wurde der Bug abgesprengt und die eigentl. Ladung im Heck während des Sinkens mit Verzögerung unter dem Ziel zur Explosion gebracht. Mehrere L. kamen gegen die alliierten Landungen in ➢ Anzio und bei der ➢ Invasion zum Einsatz. Erfolge aber stellten sich erst ein nach Verbesserung der Seefähigkeit. Insges. wurden rd. 1200 L. produziert.

Lioré et Olivier Leo 451, frz. mittelschwerer Bomber, Erstflug 16.1.37. Die L. war bei Kriegsausbruch das einzige moderne Modell bei den Bombergruppen der Armée de l'Air und zur Ablösung der schwerfälligen »Luftkreuzer« Amiot 143 und Bloch 200 bestimmt. Im Mai 40 operierten zwei Gruppen an der NO-Front, die sich bei Tiefangriffen auf Brücken am Albertkanal und bei Sedan aufopferten. Insges. gingen rd. 130 der 451 L. verloren. Die Maschine erreichte mit ihren 2x1060-PS-Gnome & Rhône-Sternmotoren max. 480 km/h; Bombenlast bis 1400 kg, Abwehrbewaffnung: 1x20-mm-Kanone und 2x7,5-mm-MG.

List, Wilhelm, * Oberkirchberg bei Ulm 14.5.1880, † Garmisch-Partenkirchen (Obb.) 18.6.1971, dt. Gen.feldmarschall (19.7.40); 1898 Eintritt ins Heer, im 1. Weltkrieg Gen.stabsoffizier, Reichswehrkarriere, 1.10.30 Gen.major, 1.10.32 Gen.leutnant, 1.10.35 Gen. der Inf., 1.4.39 Gen.oberst. L. war nach dem Anschluß Österreichs OB des Gruppenkommandos 5 in Wien, führte im Polenfeldzug die 14. Armee und wurde am 25.10.39 OB der 12. Armee, die er im Frankreichfeldzug Mai/Juni 40 wie auf dem Balkan April/Mai 41 befehligte. Vom 1.7. bis 15.10.41 OB Südost, übernahm L. nach längerer Beurlaubung am 7.7.42 die Heeresgruppe A in Rußland, mit der er die exzentrische Operation gegen den Kaukasus führen sollte. Hitler bestand trotz seiner Warnungen auf dieser Überdehnung der Kräfte und löste L. nach weiteren Protesten am 10.9.42 ab. Obwohl sich L.s Lageburteilung rasch als richtig erwies, fand er keine Verwendung mehr. Nach Kriegsende verhaftet, wurde L. im sog. Geisel-Prozeß gegen die Südost-Generäle am 19.10.48 zu lebenslanger Haft verurteilt, aus Krankheitsgründen aber am Heiligen Abend 1952 aus dem Kriegsverbrechergefängnis in Landsberg entlassen.

Litauen, westlichster der ⋙ Baltischen Staaten.

»Little Boy« (Kleiner Junge), Beiname der ⋙ Atombombe, die am 6.8.45 von US-Oberst Paul Tibbets mit der B-29 Superfortress ⋙ »Enola Gay« über ⋙ Hiroshima ins Ziel gebracht wurde. Ursprüngl. parallel zur Nagasaki-Bombe ⋙ »Fat Man« in Anspielung auf den hageren US-Präs. Roosevelt »Thin Man« genannt, erhielt die Uranbombe den Namen »L.« wegen der geringeren Ausmaße und der schlankeren Form, als sie ihre Plutonium-Schwesterbombe aufwies. »L.« wog bei 3,50 m Länge und 0,75 m Durchmesser 4,5 t und entwickelte eine Sprengkraft von 12,5 Kilotonnen (kt). Die zur Auslösung der Kernkettenreaktion erforderl. überkrit. Masse wurde durch Vereinigung zweier unterkrit. Massen von Uran 235 durch Zusammenschießen erreicht.

Littorio, italien. Schlachtschiff, 30.6.43 umbenannt in ⋙ Italia.

Loerzer, Bruno, * Berlin 22.1.1891, † Hamburg 22.8.1960, dt. Gen.oberst (16.2.43); im 1. Weltkrieg Jagdflieger (44 Luftsiege), Freundschaft mit Göring, nach dem Krieg in der Luftfahrtindustrie. 1.4.33 Präs. des Dt. Luftsportverbands. L. wurde am 1.4.35 als Oberst und Inspekteur der Luftwaffenreserve reaktiviert, erhielt am 1.4.38 die Ernennung zum Gen.major und Inspekteur der Jagdflieger und war bei Kriegsausbruch

Kommandeur der 2. Fliegerdiv. (seit 1.2.39), die am 28.11.39 in II. Fliegerkorps umbenannt wurde. Am 1.1.40 zum Gen.leutnant und am 19.7.40 zum Gen. der Flieger ernannt, wurde L. im W, im Mittelmeerraum und an der O-Front eingesetzt. Am 1.3.43 bestellte ihn Göring zum Chef des Luftwaffenpersonalamtes, gleichzeitig betraute er ihn mit der nat.-soz. Ausrichtung der Luftwaffe. Am 20.12.44 wurde L. zur Führerreserve versetzt.

Löhr, Alexander, * Turnu Severin 20.5.1885, † Belgrad 16.2.1947, österreich. Gen.oberst (3.5.41); Gen. stabsausbildung, 1918 zur österreich. Fliegertruppe, 1936 als Gen.major OB der Bundesluftstreitkräfte, nach dem Anschluß Chef des Luftwaffenkommandos Ostmark. L. befehligte vom 18.3.39-23.6.42 die Luftflotte 4, mit der er an den Feldzügen in Polen, auf dem Balkan und in Rußland teilnahm. Er war dann OB Südost und führte die Heeresgruppe E, mit der er noch im Jan. 45 in Jugoslawien eine neue Abwehrfront aufbaute. Abgeschnitten von allen Verbindungen, ging L. Anfang Mai 45 mit seinen Verbänden in jugoslaw. Gefangenschaft. U.a. wegen des von ihm geführten Luftangriffs auf Belgrad (6.4.41) wurde er zum Tod verurteilt und hingerichtet.

Lohse, Hinrich, * Mühlenbarbeck bei Itzehoe 2.9.1896, † ebd. 25.2.1964, dt. Politiker; 1923 Beitritt zur NSDAP, 1925 Gauleiter und 1933 Oberpräs. von Schleswig-Holstein, 1937 SA-Obergruppenführer. L. wurde bei Kriegsbeginn Reichsverteidigungskommissar und im Nov. 41 zum Reichskommissar Ostland (Balt. Staaten und Teile Weißrußlands) ernannt. Er betrachtete seinen Herrschaftsbereich als Kolonie, beteiligte sich durch die sog. Ostland-Gesellschaften an der Ausplünderung und ließ die SS bei ihrem Ausrottungsfeldzug gegen die jüd. Bevölkerung und angebl. Reichsfeinde gewähren. 1948 dafür zu 10 Jahren Haft verurteilt, wurde er aus gesundheitl. Gründen schon 1951 freigelassen.

London, brit. Haupt- und Hafenstadt an der Themse mit rd. 8,7 Mio. Einwohnern (1940). Als Herz des Empire, Schaltzentrale der Kriegführung und größter Ballungsraum des Landes wurde L. Hauptziel aller dt. Luftoperationen gegen die brit. Inseln; bis 18.4.44 insges. 354 Luftangriffe, dann von Juni 44 bis März 45 Beschuß mit V-Waffen. Schon im Sept. 39 bereitete sich L. auf den Luftkrieg vor (Auslagerung von Reg.stellen, Evakuierung von Müttern mit Kleinkindern sowie 650000 Schülern, Hochlassen von Sperrballons u.a.). Die ersten Bomben fielen jedoch erst am 23.8.40 auf die Innenstadt und lösten eine Vergeltung der RAF gegen Berlin aus, was wiederum zu Hitlers Drohung führte, er werde »L. vom Erdboden vertilgen« (4.9.40). Beim folgenden ≫ »Blitz« fielen allein im Sept. 40 über 5300 t Sprengbomben und 7429 Brandschüttkästen auf die Themsestadt, wo allnächtl. die Menschen in den U-Bahn-Schächten Schutz suchten. Seit März 41 folgte eine Serie weiterer dt. Nachtangriffe, deren schwerster am 10./11.5.41 mit 500 Maschinen (711 t Spreng- und 87000 Brandbomben) 1212 Londoner tötete und 1769 verletzte, 12000 wurden obdachlos. Insges. vernichtete die dt. Luftoffensive 1940/41 rd. 84000 Ge-

London: Bergung von Verschütteten nach einem deutschen Bombenangriff 1940

bäude und beschädigte zahllose weitere, darunter Westminster Abbey und das House of Parliament. Nach einer Atempause durch den dt. Angriff im O nahm die Luftwaffe die Nachtbombardements Anfang 43 wieder auf und setzte sie im Frühjahr 44 mit dem Unternehmen »Steinbock« fort. Die erste (von 2461) ➢ V 1 schlug am 13.6.44 in L. ein, der Beschuß mit der Robotbombe zerstörte 25 000 Häuser, tötete 6184 Menschen und verletzte 17 981, obwohl Flak, Jäger und Ballons die meisten der anfliegenden Projektile unschädl. machten. Gegen die Fernraketen ➢ V 2 hingegen, die vom 8.9.44 bis 27.3.45 insges. 518 Treffer in Groß-L. erzielten, gab es keine Abwehrmöglichkeit. Nach brit. Quellen fielen ihnen 2274 Londoner zum Opfer, 6523 wurden verletzt.

Long Range Desert Group (LRDG, engl. Langstrecken-Wüstenkampfverband), anfangs nur 30 Mann starke brit. Spezialeinheit, am 23.6.40 von ➢ Wavell in Kairo zum Einsatz in der Sahara gegr., erster Kommandeur Major Bagnold. Anfangs v.a. mit Aufklärungsaufgaben betraut, entwickelte sich die L. zu einer höchst effektiven Eingreiftruppe, die u.a. zus. mit freifrz. Kräften unter ➢ Leclerc vom Tschad aus die Kufra-Oasen besetzte, die zu einem ihrer Hauptstützpunkte für Raids gegen die Nachrichten- und Nachschublinien der dt.-italien. Truppen in N-Afrika wurden. Ende 41 stieß zur L. ein Special Air Service (SAS), der Sabotageaufträge durch Luftlandungen ausführte. Bei Einsätzen gegen dt. Feldflugplätze und Außenposten erzielten L. und SAS einige Erfolge, scheiterten aber u.a. bei Angriffen auf die Häfen von Tobruk und Benghasi. Beim Vormarsch der brit. 8. Armee nach dem Sieg von El Alamein (Nov. 42) leisteten beide Gruppen erfolgreiche Aufklärungsarbeit u.a. an der ➢ Mareth-Linie bei der Suche nach einer Umgehungsmöglichkeit. Am 2.4.43 stellte die L. ihre Aktivitäten ein, ihre Spezialisten wurden verschiedenen Kommandos zugeteilt, die in der Folgezeit v.a. auf dem Balkan operierten und die Partisanenbewegungen unterstützten.

Long Range Penetration Groups (LRP, Eingreiftruppe mit großer Reichweite), Ende Dez. 42 als 77. ind. Brigade von Gen.major ➢ Wingate gegr. brit. Spezialeinheit für den Guerillakampf in Burma im Rücken des Gegners; bekannter unter dem Beinamen ≫ Chindits.

LRDG, Abk. für ≫ **L**ong **R**ange **D**esert **G**roup.

LRP, Abk. für **L**ong **R**ange **P**enetration Groups, ≫ Chindits.

Lübeck, dt. Hafenstadt an der Trave mit 155 000 Einwohnern (1940). L. mit seinen wertvollen Kulturdenkmälern war in der Nacht des 28./29.3.42 Ziel eines verheerenden Angriffs von 234 brit. Wellington- und Stirling-Bombern, die bei diesem ersten »area bombing« (Flächenbombardement) 304 t Brand- und Sprengbomben warfen. 320 Zivilisten kamen ums Leben, 785 wurden z.T. schwer verletzt, 1425 Gebäude gingen in Flammen auf, 1976 erlitten schwere Schäden. Die RAF verlor 12 Maschinen. Die Angriffe auf L. und auf Rostock (24.-27.4.42) führten bei Hitler zum Vergeltungsbeschluß: Da unersetzl. Kulturgüter zerstört worden waren, ließ er als Ziel histor. engl. Städte wie Bath, Canterbury, Exeter aussuchen und sie bei den sog. ≫ Baedeker-Angriffen bombardieren.

Lublin, poln. Stadt in Galizien mit 150 000 Einwohnern (1940). L. wurde am 17.9.39 während des Polenfeldzugs von dt. Truppen besetzt und gehörte bis 1944 zum ≫ Gen.gouvernement. Anfang Juli 44 von der Roten Armee erobert, wurde L. am 25.7.44 Sitz des am 21.7. in Cholm mit sowjet. Hilfe ins Leben gerufenen Poln. Komitees der Nat. Befreiung, fortan bekannt als Lubliner Komitee. Es sollte als kommunist. Gegengewicht gegen die bürgerl. Londoner Exilreg. Stalins Interessen bei der Neuordnung Polens durchsetzen. Beim ≫ Warschauer Aufstand (Aug./Okt. 44) zerbrach wegen der ausbleibenden sowjet. Hilfe die ohnehin wegen des Massakers von ≫ Katyn belastete Beziehung zw. der poln. Exilreg./≫ Heimatarmee und Moskau, das nach der Befreiung Warschaus am 17.1.45 dort das kommunist. Komitee installierte. Zum Schein wurden Verhandlungen mit London geführt, doch änderte das nichts an der Bolschewisierung des Landes. Am 28.6.45 wurde aus dem Komitee von L. die erste poln. Nachkriegsreg. gebildet.

Luchs, dt. Aufklärungspz. mit Vollketten, entstanden aus dem ≫ Panzer(kampfwagen) II, 12 t, 4,64 m lang, 2,05 m hoch, 178 PS, max. 60 km/h, 250 km Fahrbereich, 4 Mann Besatzung. Der mit einer 2-cm-Kanone und einem MG schwach bewaffnete L. wurde seit 1943 bei den Aufklärungszügen der Pz.abt. und bei den Pz.aufklärungsabt. mit wenig Erfolg eingesetzt. Wegen dieser schlechten Ergebnisse blieb es bei geringen Stückzahlen.

Ludwigshafen, dt. Großstadt am Oberrhein, ≫ Mannheim/Ludwigshafen.

Luftschlacht um England, Kampf der dt. Luftwaffe gegen die Royal Air Force (RAF) um die Luftherrschaft über dem ≫ Ärmelkanal und S-England 1940/41. Nach der Weigerung Londons, den »sinnlos gewordenen Kampf« (Hitler) nach dem Zusammenbruch Frkr.s aufzugehen, gab Hitler mit Weisung Nr. 16 vom 16.7.40 das Unternehmen ≫ »Seelöwe« für eine Invasion Englands in Auftrag, das nur unter einem sicheren Luftschirm durchführbar war. Daher hieß es in der Weisung Nr. 17 vom 1.8.40: »Die dt. Fliegertruppe hat mit allen zur Verfügung stehenden Kräften die engl. Luftwaffe möglichst bald niederzukämpfen.« Am 13.8.40 (Deckname »Adlertag«) begann der Angriff; die dt. Luftwaffe verfügte dafür über die Luftflotten 2 (Kesselring) in Belgien, 3 (Sperrle) in N-Frkr. und 5 (Stumpff) in Norwegen mit 875 Bombern, 316 Sturzbombern, 45 Fernaufklärern, 702 Jägern und 227 Zerstörern, insges. also über 2355 Maschinen, die am ersten Tag bei 34 Verlusten rd. 1500 Einsätze flogen. Bis 31.8.40 summierten sie sich auf 4779 Einsätze, bei denen 4638 t Bomben auf militär. Ziele abgeworfen wurden, 215 Bomber und 252 Jäger gingen verloren. Es gelang nicht, die Jagdabwehr der RAF niederzukämpfen, die mit der Radar-Frühwarnkette an der S-Küste über ein auf dt. Seite lange nicht richtig eingeschätztes Abwehrmittel verfügte und zudem »Heimvorteil« hatte: Ausgestiegene Besatzungen konnten mit neuen Maschinen mehrmals aufsteigen, während mit den dt. Flugzeugen zumeist auch die Flieger verloren waren. Als anfällig erwiesen sich v.a. die ruhmreichen ➢ Stukas, die für den Fernkampf nicht geeignet und gegenüber den brit. Jägern zu schwerfällig waren. Auch die Reichweite der dt. Jäger machte Probleme, die Zerstörer vom Typ ➢ Me 110 bewährten sich nur bedingt. Nachdem am 24.8. erstmals versehentl. Bomben auf Londoner Stadtgebiet gefallen waren und die Verluste der Luftwaffe unerträgl. wurden, kam es Anfang Sept. 40 zum Zielwechsel: In 65 Nachtangriffen bombardierten jeweils Hunderte dt. Maschinen die brit. Hauptstadt; Tageseinflüge, die allein genügende Treffergenauigkeit garantierten, mußten wegen der steigenden Verluste immer weiter eingeschränkt werden. So erholte sich das Fighter Command, während die erhoffte Zermürbung der Zivilbevölkerung ausblieb und die angestrebte Schädigung der Industrie nicht erreicht wurde. Selbst so verheerende Angriffe wie der auf ➢ Coventry am 14./15.11.40 stählten eher den Widerstandswillen der Briten, ebenso wie später die brit. Flächenbombardements die Deutschen nur erbitterten, aber nicht beugten.

Die Krise auf dem Balkan und der Aufmarsch der Wehrmacht gegen die UdSSR zwangen nach und nach zur Reduzierung der Angriffe und schließl. zum Abbruch der L., die 41 294 Zivilisten das Leben gekostet hatte und bei der 52 128 schwer verletzt worden waren (bis 31.5.41). Die Voraussetzungen aber für die Landung »Seelöwe« hatte sie nicht schaffen können. Im Gegenteil: Die L. hatte die brit. Kriegsproduktion erst richtig angekurbelt, amerikan. Hilfe stimuliert und der dt. Luftwaffe mit dem Verlust von 1142 Bombern, 802 Jägern, 330 Zerstörern, 128 Sturzbombern und den meisten ihrer Besatzungen einen Aderlaß beschert, der sich in den folgenden Jahren bitter bemerkbar machen sollte. Es kam auch in den späteren Kriegsjahren zu weiteren Luftangriffen gegen ➢ London und andere Ziele in England (➢ Baedeker-Angriffe, ➢ »Steinbock«, ➢ V 1, ➢ V 2 u.a.), die eigentl. L. aber war verloren, die Insel gerettet.

Luftschutz, Gesamtheit der Maßnahmen zum Schutz vor Bombenangriffen. Der Ausbau des zivilen L. war die defensive Flankierung der Aufrüstung und hatte nach der nat.-soz. Machtergreifung entspr. hohe Priorität. Schon am 29.4.33 wurde der Reichsluftschutzbund (RLB) gegr., der dem Reichsmin. für die Luftfahrt und OB der Luftwaffe unterstand und 1944 von der NSDAP übernommen wurde. Ihm oblag die Schulung der ehrenamtl. L.warte, die die sog. L.gemeinschaften in einzelnen Häusern oder Häuserblocks führten. Mit L.gesetz vom 26.5.35 wurde eine L.pflicht eingeführt, die eine Dienstpflicht (Fliegeralarm, Verdunklung, Brandbekämpfung, Erste Hilfe, Räumarbeiten u.a.) sowie eine Sachleistungspflicht (Bau von L.räumen, Bereitstellung von Gerät u.a.) für alle Deutschen vorsah. Der RLB verfügte bei Kriegsausbruch über 13,5 Mio. Mitglieder, 820 000 Amtsträger, 28 000 L.lehrer in 3800 L.schulen, zu deren Lehrgängen jeder verpflichtet werden konnte. Besondere Aufgaben waren dem betriebl. L. (Werk-L.) zugewiesen. Der alliierte Luftkrieg zeigte nach 1942 die engen Grenzen des L. im modernen Krieg auf, viele L.helfer wurden Opfer ihres Dienstes.

Luftwaffenhelfer (HJ), offiz. Bez. für 15-17jährige Schüler, die als Flakhelfer seit Febr. 43 im Rahmen des Kriegshilfsdienstes bei der Reichsverteidigung im Luftkrieg eingesetzt waren (Verordnung vom 26.1.43), nachdem sich herausgestellt hatte, daß die seit Mai 42 für die ≫ Heimatflak herangezogenen Kräfte bei weitem nicht ausreichten. Die ursprüngl. Formel 100 L. für 70 Soldaten wurde bald revidiert, da sich die oft fanat. kämpfenden Jungen den vielfach schon skept. Landsern als mindestens ebenbürtig erwiesen. Sie übernahmen bald sämtl. Funktionen selbst an den

Luftwaffenhelfer: Übernahme von Schulabgängern in die Luftwaffe in Flensburg (Ende 1944)

schweren Fla-Geschützen vom Munitionskanonier bis zum Geschützführer. Schulklassenweise eingezogen, erhielten die L. weiterhin – zunehmend eingeschränkten – Unterricht. Bis Kriegsende dürften insges. 200 000 L. (und Marinehelfer) im Einsatz gewesen sein. Genaue Daten über Verluste unter den L. existieren nicht, doch lassen Berichte von zahlr. Volltreffern in Flakstellungen hohe Opferzahlen vermuten. Bei einheitl. (Ausgeh-)Uniform der Flieger- bzw. Marine-HJ gehörten die L. offiz. der Hitlerjugend an, ein Umstand, den die Mehrzahl der sich als Soldaten fühlenden Jungen ablehnte. Da sie als Hitlerjungen keinen Kombattantenstatus hatten, wurden die L. in der letzten Kriegszeit teilweise entlassen und gewöhnl. sofort zur Wehrmacht eingezogen. Soweit sie als L. im Fronteinsatz standen, machte man sie meist noch schnell zu Flaksoldaten, da ihnen sonst bei Gefangennahme mit allen Konsequenzen die Behandlung als Partisanen drohte.

»Lustre« (engl. Glanz, Ruhm), Codebez. für die Entsendung brit. Truppen nach Griechenland gegen die aus Albanien angreifenden Italiener seit 4.3.41. Im Rahmen des Unternehmens »L.« waren bis Beginn des ➢ Balkanfeldzugs (6.4.41) 1 Pz.brigade und 2 Inf.div. gelandet, insges. erreichte das brit. Expeditionskorps eine Stärke von über 60 000 Mann, ehe am 24.4.41 vor den anrückenden Verbänden der dt. Wehrmacht (27.4. Einzug in Athen) das Unternehmen ➢ »Demon« zur Räumung des Landes ausgelöst werden mußte.

Lüth, Wolfgang, * Riga 15.10.1913, † Flensburg-Mürwik 14.5.1945, dt. Kapitän z.S. (1.9.44); 1933 zur Marine, 1936 zur U-Boot-Waffe. Im Dez. 39 erhielt L. das Kommando über U 9, im Juni 40 über U 138, im Okt. 40 über U 43, im Mai 42 über U 181, das er erst im Okt. 43 nach der längsten Feindfahrt eines dt. U-Boots (205 Tage seit März 43) abgab. Insges. versenkte L. mit seinen Booten 1 U-Boot und 43 Handelsschiffe mit 225 713 BRT. Er übernahm am 1.1.44 als Korvettenkapitän die 22. U-Flottille und wurde im Juli 44 zur Marineschule Mürwik versetzt, deren Kommandeur er von Sept. 44 an war. L. wurde kurz nach Kriegsende bei einem nächtl. Kontrollgang von einem dt. Wachposten erschossen.

Lütjens, Günther, * Wiesbaden 25.5. 1889, † im Nordatlantik 27.5.1941, dt. Admiral (1.9.40); 1907 zur Marine, im 1. Weltkrieg bei der Torpedowaffe, in der Reichs- bzw. Kriegsmarine 1934/35 Kommandant des Leichten Kreuzers Karlsruhe als Kapitän z.S., 1936/37 Chef des Marinepersonalamtes im OKM. Im Okt. 37 zum Konteradmiral und Führer der Torpedoboote ernannt, wurde L. im Okt. 39 Befehlshaber der Aufklärungsstreitkräfte und führte als Stellv. des Flottenchefs die Deckungsgruppe beim Unternehmen ➢ »Weserübung« (April 40). Im Juli 40 wurde L. Flottenchef, führte im Febr./März 41 das Unternehmen »Berlin« mit den Schlachtschiffen Scharnhorst und Gneisenau und wurde mit dem Unternehmen ➢ »Rheinübung« betraut, für dessen Verschiebung er vergebl. eintrat. Von Bord der ➢ Bismarck aus führte er im Mai 41 die Operation und befahl trotz der schweren Treffer im Gefecht mit dem brit. Schlachtkreuzer ➢ Hood die Fortsetzung gegen den

Rat des Kommandanten E. Lindemann. Er fiel im Endkampf gegen weit überlegene brit. Seestreitkräfte bei der Selbstversenkung seines Flaggschiffs.

Lützow, seit 15.11.39 Name des Panzerschiffs ≫ Deutschland, Febr. 40 Schwerer Kreuzer. Die L. nahm am Unternehmen ≫ »Weserübung« teil und erhielt von einem brit. U-Boot auf dem Rückweg zwei Torpedotreffer, die Schrauben und Ruder zerstörten. Nach Kiel geschleppt, wurde das Schiff am 13.6.41 erneut von brit. Bomben beschädigt und mußte bis Jan. 42 in Reparatur. Es folgten Einsätze von Norwegen aus u.a. gegen alliierte Geleitzüge wie beim Unternehmen ≫ »Regenbogen« (Neujahr 43). 1944 diente L. als Ausbildungsschiff in der Ostsee und wurde dann gegen sowjet. Landziele eingesetzt (Memel, Frauenburg, Danzig u.a.). Am 16.4.45 setzten brit. Bomber den Kreuzer bei Swinemünde auf Grund, so daß er nur noch als stationäre Batterie fungierte. Im Sept. 47 wurde er gehoben, nach Leningrad geschleppt und dort 1948/49 abgewrackt.

Luxemburg, im W an das Dt. Reich grenzendes Großherzogtum mit 2587 km^2 und 303 000 Einwohnern (1940), gleichnamige Hauptstadt. Das wirtschaftl. und als Finanzplatz wichtige, neutrale L. wurde beim dt. Angriff im W (10.5.40) überrannt, die Großherzogin Charlotte (1896-1985, regierte 1919-64) floh über Paris nach London und bildete dort eine Exilreg. für die Dauer der Besetzung ihres Landes. Dessen Existenz endete jedoch mit der Angliederung an Deutschland am 30.8.42 als Teil des Moselgaus Koblenz-Trier unter Gauleiter Simon. Die dt. Behörden setzten L. massiver Eindeutschung aus, verboten die frz. Sprache, verfügten die Verdeutschung roman. klingender Vor-, Familien- und Ortsnamen, übertrugen die dt. (Rassen-) Gesetze auf L. (700 jüd. Bürger wurden Opfer der ≫ Judenverfolgung) und zogen Luxemburger zur Wehrmacht ein. Anfang Sept. 44 erreichten die alliierten Armeen L., das im Zuge der dt. ≫ Ardennenoffensive jedoch noch einmal Kriegsschauplatz wurde. Nach der endgültigen Befreiung im Jan. 45 kehrte die Großherzogin mit der Exilreg. zurück, die staatl. Souveränität von L. wurde wiederhergestellt.

Luzon, größte Insel der Philippinen mit der Hauptstadt Manila, 105 700 km^2 und 7,3 Mio. Einwohner (1941). L. war am 10.12.41 Ziel erster japan. Landungen, denen am 24.12. die Hauptlandung der 14. Armee (Homma) folgte. Sie drängte die verteidigenden Amerikaner und Filipinos unter ≫ MacArthur auf die Halbinsel Bataan zurück, wo sie am 9.4.42 kapitulierten, 76 000 Mann gingen in Gefangenschaft; die Inselfestung ≫ Corregidor kapitulierte erst am 6.5.42.
Die Rückeroberung von L. durch die Amerikaner begann nach vorbereitenden Landungen auf ≫ Leyte und Mindoro am 9.1.45, als unter dem Schutz der 7. US-Flotte (Kinkaid) 68 339000 Mann der 6. Armee (Krueger) an der NW-Küste an Land gingen. Der japan. OB Yamashita zog sich mit seinen 260 000 Mann in die Bergregionen zurück und lieferte den angreifenden US-Truppen erbitterte Abwehrschlachten, u.a. um Manila, das erst am 3.3. in amerikan. Hand war, nachdem Corregidor am 26.2. und Bataan am 28.2. zurückerobert worden waren. Bis zum

13.4. wehrte sich noch das »Betonschlachtschiff« Fort Drum an der Einfahrt zur Manila-Bucht, es wurde durch Hineingießen und Inbrandsetzen von 15 000 l Benzin buchstäbl. ausgeräuchert. Nach letzten Sturmangriffen auf die japan. Bergstellungen fiel am 26.4.45 das schwer befestigte japan. Hauptquartier Bangui, womit die Schlacht um L. beendet war. Sie hatte 7933 GIs das Leben gekostet, 32 732 waren verwundet worden; japan. Verluste: 192 000 Mann.

Lysander, brit. Verbindungsflugzeug der Firma Westland Aircraft Ltd., Erstflug 15.6.36. Die L., ein einmotoriger Schulterdecker für 2 Mann Besatzung, wurde v.a durch Spezialaufgaben an der Front der Geheimdienste bekannt. Techn. ein Gegenstück zum Fieseler ➢ Storch, bewährte sie sich dank ihrer Kurzstarteigenschaften beim Absetzen und Aufnehmen von Agenten im Feindgebiet. Zwei RAF-Staffeln brachten zw. Aug. 41 und Nov. 44 bei über 400 Flügen 293 Personen nach Frkr. und nahmen mehr als 500 mit zurück nach England, meistens bei Nacht von versteckten Behelfspisten aus. Bis Jan. 42 wurden insges. 1652 Maschinen produziert, davon 225 in Kanada.

M

M 3/5 (brit. Stuart I/VI), leichter amerikan. Kampfpz., Serienbau seit 1940. Der M 3 (Stuart I) wog 12,3 t und maß 4,46 m in der Länge, 2,30 m in der Breite und 2,47 m in der Höhe; 4 Mann Besatzung, bewaffnet mit einer 3,7-cm-Kanone und 5 MG. Ein 250-PS-Motor brachte ihn auf max. 57 km/h bei einem Fahrbereich von 112 km und einer Panzerung von max. 43 mm. Der M 5 (Stuart VI) erreichte mit 2x121-PS-Motoren 64 km/h, sein Gewicht wuchs auf 15 t, der Fahrbereich konnte beträchtl. auf 270 km gesteigert werden. Seit Juli 41 traten an Großbrit. gelieferte Stuarts in N-Afrika auf, von 1942 an waren sie

M 3: Der seit 1940 in Serie gebaute Kampfpanzer wurde vor allem auf dem nordafrikanischen Kriegsschauplatz eingesetzt.

bei allen US-Aufklärungsverbänden in Tunesien im Einsatz.

M 13/40, italien. Kampfpz., 14 t, 4,91 m lang, 2,20 m breit, 2,37 m hoch. Ein 105-PS-Triebwerk brachte den M 13/40 auf max. 31 km/h auf der Straße, die Bewaffnung bestand aus einer 4,7-cm-Kanone L/32 und zwei MG, die Besatzung aus 4 Mann, max. Panzerung 30 mm, Fahrbereich 200 km. Der Pz. konnte 104 Granaten für die wenig leistungsfähige Kanone mitführen. Der M 13/40 gehörte zur Standardausrüstung der italien. Pz.div. im Afrikafeldzug.

MacArthur, Douglas, * Little Rock (Arkansas) 26.1.1880, † Washington 5.4.1964, amerikan. General of the Army (Feldmarschall, 18.12.44); im 1. Weltkrieg in Div.stäben in Frkr., zuletzt Kommandeur einer Brigade, 1919 als bis dahin jüngster Offizier Chef der Militärakademie West Point, 1922 Brigadegen., 1922-25 Kommandos auf den Philippinen, 1930 Gen.stabschef des US-Heeres. M. bemühte sich um Modernisierung und Verstärkung der Armee, geriet aber nach Anfangserfolgen in Konflikt mit Präs. Roosevelt, dessen Politik des New Deal klare Prioritäten auf wirtschaftl. und sozialem Gebiet setzte. M. wurde 1935 zu den US-Truppen auf den ≫ Philippinen versetzt mit dem Auftrag, eine philippin. Armee aufzustellen. Er erhielt dafür allerdings kaum Unterstützung aus Washington, so daß er seinen ursprüngl. Plan, den Archipel insges. gegen eine japan. Invasion zu verteidigen, aufgab und einen Rückzug auf die Halbinsel ≫ Bataan vorsah, von wo aus der Hafen von Manila blockiert werden sollte. Doch selbst diese Strategie war nach dem japan. Angriff vom 8.12.41 nur kurze Zeit durchzuhalten. Bei aussichtsloser Lage der Verteidiger wurde M. am 23.2.42 abberufen und am 17.3.42 zum OB der US-Streitkräfte im SW-Pazifik ernannt. Unermüdl. forderte er die Konzentration aller Kräfte gegen Japan und geriet damit in Konflikt sowohl mit der »Germany first«-Strategie des Präs. als auch mit den Briten. Das hinderte ihn nicht, seine Offensive auf den ≫ Salomonen (bis Okt. 43 in amerikan. Hand) und auf ≫ Neuguinea (März 44 erobert) erfolgreich fortzusetzen. M. propagierte die Rückeroberung der Philippinen, konnte Roosevelt für den Plan gewinnen und Ende Febr. 45 wieder in Manila einziehen. Am 6.4.45 wurde er OB aller US-Streitkräfte im Pazifik und nahm in dieser Eigenschaft am 2.9.45 auf dem Schlachtschiff Missouri die Kapitulation Japans entgegen. Danach OB der Besatzungsarmee und 1950 OB der UN-Truppen im Koreakrieg, wurde M. am 11.4.51 abberufen wegen Kritik an den militärpolit. Entscheidungen von Präs. Truman und der Forderung nach Einsatz von Atomwaffen; seitdem im Ruhestand.

Macchi C. 200 Saetta (Pfeil), italien. Jagdeinsitzer, Erstflug 24.12.37. Die M. stellte 1940/41 zusammen mit dem Doppeldecker ≫ Fiat C.R. 42 das Gros aller Frontjäger bei der Regia Aeronautica und brachte es mit dem sperrigen 840-PS-Sternmotor auf max. 503 km/h in 4500 m Höhe. Die Bewaffnung von 2x12,7-mm-MG erwies sich als völlig unzureichend. Insges. wurden 1151 M. gebaut.

Macchi C. 202 Folgore (Blitz), italien. Jagdeinsitzer, Erstflug 10.8.40. Die M. brach mit der Tradition des Sternmotors bei Italiens Militärflugzeugen, die in den 30er Jahren techn. v.a. auf die Bedürfnisse eines Kolonialkrieges zugeschnitten waren. Dieser zweite Serienjäger von Aeronautica Macchi entstand durch den Einbau eines windschnittigen 1175-PS-Reihenmotors Daimler-Benz DB 601 in eine Zelle der C. 200. Im Nov. 41 zuerst in Libyen eingesetzt, wurde der Operationsbereich bald auf den gesamten Mittelmeerraum, den Balkan und beim italien. Fliegerkorps im O ausgedehnt, 1492 Exemplare der M. wurden gebaut: max. 590 km/h in 5200 m Höhe, 2x12,7-mm- und 2x7,7-mm-MG. Eine Weiterentwicklung M.C. 205 Veltro (Windhund) erhielt einen 1475-PS-Motor DB 605, der in Italien von Alfa Romeo nachgebaut wurde. Sie erreichte 638 km/h in 7200 m Höhe und kam in ersten Serienmustern im April 43 zur Truppe. Auf dt. Seite flog diese Maschine noch bis Kriegsende bei den republikan.-faschist. Jagdfliegern in N-Italien; insges. wurden noch 262 Stück ausgeliefert.

Mackensen, Eberhard von, * Bromberg (Westpreußen) 24.9.1889, † Altmühlendorf (Schleswig-Holstein) 19.5.1969, dt. Gen.oberst (6.7.43). M. war seit 1.5.39 Chef des Gen.stabs des Gruppenkommandos 5 (Wien) und übernahm bei Kriegsausbruch die gleiche Position bei der 14. Armee, die am 13.10.39 in 12. Armee umbenannt und in den W verlegt wurde. Mit dem III. AK (später III. Pz.korps), das er seit 15.1.41 als Kommand. Gen. führte, nahm M. bei der Heeresgruppe Süd am Angriff auf die Sowjetunion teil und wurde am 22.1.42 OB der 1. Pz.armee im Kaukasus. Folgenreich wurde seine Versetzung nach Italien am 5.11.43 als OB der 14. Armee. Zum einen führte sie am 6.7.44 zur Absetzung durch Hitler wegen Differenzen in der Lagebeurteilung, zum anderen zur Verwicklung in das Massaker in den ≫ Ardeatin. Höhlen am 23.3.44. Ein brit. Militärgericht in Rom verurteilte M. deswegen im Juli 47 zu lebenslängl. Freiheitsstrafe, die im Gnadenwege auf 25 Jahre Haft herabgesetzt wurde. Im Okt. 52 wurde M. vorzeitig entlassen.

Madagaskar, viertgrößte Insel der Erde und frz. Kolonie vor der SO-Küste Afrikas mit 588 000 km² und 3,9 Mio. Einwohnern (1939), davon knapp 30 000 Franzosen, Hauptstadt Tananarive. M. verblieb nach dem Zusammenbruch Frkr.s im Juni 40 unter Vichy-Verwaltung und bedeutete wegen seiner Lage mitten in den Seewegen von Europa um das Kap der Guten Hoffnung in den Ind. Ozean eine ständige Gefahr für die brit. Transporte in den Nahen und Fernen Osten; v.a. der Nachschub der brit. 8. Armee in Libyen lief zum großen Teil durch die Straße von Moçambique zw. M. und dem afrikan. Festland. Gen.gouverneur Annet hatte Weisung, die souveränen Rechte Frkr.s gegen jeden Angreifer zu verteidigen. In London mehrten sich jedoch seit Anfang 42 die Befürchtungen, Vichy könne Tokio ähnl. wie in Indochina auf M. Stützpunkte überlassen. Schließlich beschloß das brit. Kriegskabinett das Unternehmen »Ironclad« zur Besetzung der Insel, um den Japanern zuvorzukommen. Erste Etappe war die Eroberung des Hafens Diego Suarez (5.-7.5.42) an der N-Spitze, die erste amphib. Operation der Briten. Hier torpedierten am 30./31.5. japan. Klein-U-Boote das brit. Schlachtschiff Ramillies. Da eine Einigung mit dem frz. Gouverneur über eine Duldung der brit. Kontrolle nicht zu erzielen war und die Reg. der ≻ Südafrikan. Union auf die völlige Besetzung der Insel drängte, nahmen die Briten am 10.9. ihre militär. Operationen wieder auf. Am 23.9. besetzten sie kampflos die Hauptstadt Tananarive, am 5.11.42 gaben die hoffnungslos unterlegenen Verteidiger von M. auf. Im Dez. 42 wurde die Übergabe von M. an de Gaulles Freifranzosen vereinbart. – M. spielte nach dem dt. Sieg über Frkr. vorübergehend eine Rolle bei den Planungen der SS die europ. Juden betreffend: Ehe die ≻ Judenverfolgung in ihr mörder. Stadium trat, erwog man eine »territoriale Endlösung der Judenfrage« durch Deportation der Betroffenen nach M., was aber wegen der brit. Seeherrschaft, des fehlenden Friedensvertrags mit Frkr., der Niederlagen in Rußland und der völlig unlösbaren Transportprobleme Utopie blieb.

Maginot-Linie, nach dem frz. Kriegsmin. André Maginot (1877-1932) benannter Befestigungsgürtel an der frz.-dt. Grenze (Longwy bis Basel). Seit 1929 im Bau (1932 weitgehend fertiggestellt), bestand die fast 3 Mrd. Franc teure M. aus einem Geflecht von 150 km unterirdischer Gänge mit 39 Wehrgruppen, 70 Bunkern, 500 Artillerie- und Infanterieblöcken, 500 Kasematten, Unterständen und Beobachtungstürmen. Die Anlage galt als unüberwindl. und führte in Frkr. zu fataler Fehleinschätzung der eigenen militär. Lage und zu einem Defensivdenken, das der bewegl. dt. Kampfführung im ≻ Frankreichfeldzug nichts entgegenzusetzen hatte. Die Wehrmacht umging 1940 die M. unter Verletzung der Neutralität der Benelux-Staaten und kesselte in ihrem Rücken das Gros der frz. Kräfte ein, bevor am 16.6.40 die Heeresgruppe C die M. auch frontal durchbrach.

Maidanek (Lublin-M.), nat.-soz. ≻ Konzentrationslager am südwestl. Stadtrand von Lublin, im Okt. 41 errichtet und ein Jahr später zum Vernichtungslager im Rahmen der ≻ Judenverfolgung erweitert. In M. wurden über 200 000 Menschen in Gaskammern ermordet, zahlr. weitere wurden erschossen oder erlagen den unmenschl. Haft- und Arbeitsbedingungen. M. ist heute Museum und Gedenkstätte.

Malaya, brit. Besitzung auf der Malaiischen Halbinsel in SO-Asien mit 125 000 km² und rd. 4 Mio. Einwohnern (1939), Hauptstadt Kuala Lumpur. M. gehörte zu den ersten Invasionszielen der Japaner nach Beginn der Feindseligkeiten in Fernost: Am 8.12.41 landete an der O-Küste beiderseits der Grenze zu Thailand die japan. 25. Armee (Yamashita) mit 35 000 Mann und überrannte die 600 km lange Halbinsel in 54 Tagen. Die brit. Verteidiger unter Gen.leutnant Percival konnten zwar 80 000 Soldaten aufbieten, verfügten aber im Gegensatz zu den Japanern nicht über Pz. und nur über wenige schwere Waffen; die 158 modernen Maschinen der RAF wurden bereits am Invasionstag weitgehend am Boden ausgeschaltet. Auch ein Hilfsversuch der Royal Navy schlug fehl: Am 10.12. wurde die Force Z mit den Schlachtschiffen ≻ Repulse und ≻ Prince of Wales, die japan. Landungskonvois abfangen sollten, im Südchines. Meer von 90 japan. Marinebombern angegriffen und zersprengt, beide Großkampfschiffe gingen verloren. Yamashita hielt nichts mehr auf; durch überholende Landungen, Dschungelmärsche und frontale Pz.angriffe warf er die Briten aus allen Verteidigungsstellungen. Am 11.1.42 fiel Kuala Lumpur mit dem Hauptquartier des brit. III. Korps (Heath), am 24.1. begann der brit. Rückzug über die Straße von Johore nach ➢ Singapur an der S-Spitze der Halbinsel, am 15.2. endete mit der Kapitulation dieser letzten Bastion der Kampf um M. – Zu der geplanten Rückeroberung kam es 1945 wegen des Kriegsendes nicht mehr.

Malinowski, Rodion Jakowlewitsch, * Odessa 23.11.1898, † Moskau 31.3. 1967, sowjet. Marschall (10.9.44); 1915 eingezogen, 1916/17 bei den russ. Truppen in Frkr., danach Fremdenlegion, 1919 Rückkehr und Einsatz in der Roten Armee, 1926 Beitritt zur KPdSU, 1937/38 Teilnahme am span. Bürgerkrieg. Bei Beginn der dt.-sowjet. Feindseligkeiten war M. Gen.major und Kommandeur des XXXXVIII. Schützenkorps an der Südfront, die er seit Dez. 41 selbst führte, nachdem er vorher die 6. Armee im Raum Nowomoskowsk und Pawlograd befehligt hatte. In der Schlacht um ➢ Stalingrad wurde M. als OB der 2. Gardearmee gegen den dt. Entsatzvorstoß Mitte Dez. 42 an der Myschkowa eingesetzt. Am 2.2.43 übernahm er wieder die Südfront, wurde zum Gen.leutnant befördert, eroberte Rostow am Don zurück (14.2.) und drang bis zum Mius vor. Seit April 43 OB der Südwestfront (Okt.43 umbenannt in 3. Ukrain. Front), gelang es M. Ende 43 durch raschen Vormarsch, die dt. Truppen auf der Krim abzuschneiden und am 10.4.44 seine Heimatstadt Odessa zu befreien. Bei Jassy und Kischinew durchbrach er mit der 2. Ukrain. Front, die er im Mai von ➢ Konjew übernommen hatte, am 20.8.44 die dt. Front und besiegelte das Schicksal des mit Deutschland verbündeten Rumänien (Bukarest 31.8.44). Beim weiteren Vormarsch fielen schließl. Budapest (11.2.45) und Wien (14.4.45). Im Endkampf gegen Japan übernahm M. die Transbaikal-Front und besiegte im Aug. 45 die Kwantung-Armee. 1956/57 war er OB der sowjet. Landstreitkräfte und wurde am 26.10.57 Verteidigungsmin., ein Amt, das er bis zu seinem Tod innehatte.

Malmedy, belg. Kreisstadt südl. Aachen (➢ Eupen-Malmedy) mit 5900 Einwohnern (1940). Kurz nach Anlaufen der dt. ➢ Ardennenoffensive wurde bei M. eine amerikan. Abt. am 17.12.44 durch die 1. SS-Pz.div. ➢ »Leibstandarte-SS Adolf Hitler« abgeschnitten. Die GIs ergaben sich, doch eröffneten SS-Männer aus ungeklärten Gründen das Feuer aus Maschinenwaffen und töteten 71 der bereits gefangengenommenen Amerikaner. Das Massaker von M. hatte nach dem Krieg ein viel diskutiertes gerichtl. Nachspiel. 73 ehemalige Angehörige der SS-Div., darunter SS-Standartenführer ➢ Peiper, wurden in Dachau vor ein Militärtribunal gestellt und aufgrund angebl. erpreßter Geständnisse am 16.7.46 verurteilt: 43 zum Tod, 22 zu lebenslängl., die restl. zu befristeten Haftstrafen; alle Strafen wurden später mehrfach herab- oder ausgesetzt.

Malta, brit. Kronkolonie (1800-1964) und Inselgruppe in der Straße von Sizilien zw. westl. und östl. Mittelmeerbecken, bestehend aus der Hauptinsel M. mit der Hauptstadt La Valetta, Gozo,

Malta: Bofors-Luftabwehrgeschütz einer britischen Flakstellung an der Hafeneinfahrt von La Valetta

Comino und zahlr. Kleinstinseln, insges. 316 km² mit 279 000 Einwohnern (1939), beschränkte Selbstverwaltung unter einem brit. Gouverneur. Wegen der strateg. bedeutenden Lage relativ stark befestigt, galt M. vielen brit. Militärs dennoch als nicht zu verteidigen im Fall eines militär. Konflikts mit Italien, und der brit. Premier Chamberlain erwog sogar zeitweise, die Insel Italien gegen Zusicherung weiterer Neutralität zu überlassen. Doch die Royal Navy hielt an M. fest als wichtigem Glied in der Kette ihrer Stützpunkte von Gibral-

tar über Alexandria und Aden nach Indien.
Italien versäumte nach dem Kriegseintritt (10.6.40) die Einnahme des noch schwachen M., so daß trotz einiger Luftangriffe das militär. Potential der Insel, insbes. die Luftstreitkräfte, erfolgreich ausgebaut werden konnte. Das machte sich bei Beginn des Kriegs in Libyen durch hohe Nachschubverluste Italiens bemerkbar, die dt. Hilfe zu Lande (⋙ Afrikafeldzug) und in der Luft erforderl. machte. Das dt. X. Fliegerkorps verlegte nach S-Italien und Sizilien und konnte zeitweise die Bedrohung durch M. ausschalten. Erst als der Rußlandfeldzug den Abzug starker Fliegerkräfte erzwang, gelang den Briten die weitere Aufrüstung von M. durch neue Flugplätze, bombensichere Depots, Verlegung der 10. U-Flottille u.a. Von Juni-Nov. 41 gingen daraufhin über 20 % des Nachschubs für die dt.-italien. Verbände in N-Afrika verloren, so daß ⋙ Rommel die Cyrenaika wieder preisgeben mußte.
Die Luftflotte 2 (Kesselring) verlegte Ende 41 nach S-Italien mit dem Auftrag (Weisung Nr. 38 vom 2.12.41), die Luftherrschaft über dem Mittelmeer zu erkämpfen, den Schutz der Afrikageleite sicherzustellen und M. zu neutralisieren. Das gelang durch pausenlose Luftangriffe z.T. mit Flächenbombardements gegen Flugplätze und Hafenanlagen, die den Rückzug aller brit. Überwassereinheiten von M. unter hohen Verlusten erzwangen. Allein im April 42 wurden bei 9599 Einsätzen 6700 t Bomben auf M. abgeworfen. Flankierend wurde von dt. Seite für den Sommer 42 die Eroberung von M. aus der Luft durch das Unternehmen ⋙ »Herkules« in Aussicht genommen. Die Versorgung der Insel über See brach fast völlig zusammen, so daß im Juni 42 nur noch für 3 Wochen Brennstoff und Lebensmittel vorhanden waren. Der Gouverneur Gen. William Dobbie erlitt einen Nervenzusammenbruch und wurde am 7.5.42 durch Lord ⋙ Gort ersetzt. Immerhin gelang es der Royal Navy, unter ungeheuren Verlusten mit den Unternehmen »Vigorous« und ⋙ »Pedestal« M. im Juni und Aug. 42 notdürftig zu versorgen und auch neue Jagdflugzeuge zu stationieren. Inzw. hatte Hitler »Herkules« abgeblasen, da aufgrund der Erfolge Rommels (21.6.42 Einnahme ⋙ Tobruks) der Sieg in N-Afrika auch ohne die riskante Operation für mögl. gehalten wurde. Aufgrund der daher nötigen Zersplitterung der dt. Kräfte aber erholte sich M. erneut, so daß der Nachschub für die Pz.armee Afrika entscheidend gestört wurde: Von Aug.-Okt. 42 gingen rd. ein Drittel aller Transporte verloren, allein im Okt. 42 wurden mit 4 Tankern 66 % des Treibstoffnachschubs vernichtet. ⋙ El Alamein war somit auch die Quittung für die Fehleinschätzung von M. durch die Achsenmächte. Mit der alliierten Landung auf Sizilien geriet M. im Sommer 43 an den Rand des Kriegsgeschehens. Die Insel hatte in drei Jahren des Kampfes 3215mal Luftalarm erlebt, 14 000 t Bomben waren niedergegangen, 1490 Zivilisten ums Leben gekommen – relativ wenige dank der guten Luftschutzmöglichkeiten in Höhlen u.a. – und 35 000 Wohnungen zerstört worden. Die dt. Luftwaffe verlor insges. über 1000 Maschinen, die RAF bei der Verteidigung 568.

Mammut, Weiterentwicklung des dt. Funkmeßgeräts ⋙ Freya.

Mandschukuo, Kaiserreich in O-Asien auf dem Gebiet der ehemaligen Mandschurei mit 1,3 Mio. km² und 43 Mio. Einwohnern (1940). M. war eine polit. Schöpfung Japans, das die chines. Provinz nach dem Einmarsch (18.9.31) zu einem neuen Staat unter dem letzten Mandschu-Herrscher Pu-Yi erklärte. M. schloß mit Japan einen Beistandspakt und wurde von den Achsenmächten und nach dem japan.-sowjet. Nichtangriffspakt vom 13.4.41 auch von Moskau anerkannt. Tatsächl. handelte es sich bei der Gründung von M. um eine japan. Annexion, die mit der Kapitulation Japans 1945 beendet war. Pu-Yi dankte offiz. am 15.8.45 ab, wurde als »Kriegsverbrecher« nach Sibirien deportiert, 1950 an die Volksrepublik China zur »Umerziehung« ausgeliefert und starb am 17.10.67 in Peking.

Mandschurei, nordöstl. Teil Chinas zw. Amur im N und Gelbem Meer im S, 1931 nach der japan. Besetzung in das neugeschaffene Kaiserreich Mandschukuo einbezogen. Die M. blieb bis in die letzten Kriegstage unter Kontrolle der japan. Kwantung-Armee (Yamada), einer Heeresgruppe von rd. 1 Mio. Mann, die aber von Korea bis zur Mongolei eine mehrere Tausend km lange Grenze bewachen mußte und kaum noch über Pz., Flugzeuge und schwere Waffen verfügte. Nachdem auf der Konferenz von Jalta (Febr. 45) der Kriegseintritt der UdSSR gegen Japan drei Monate nach Kriegsende in Europa vereinbart worden war, kündigte Moskau am 5.4.45 den Neutralitätspakt mit Tokio und ließ seit Mai an der Grenze zur M. insges. 1,5 Mio. Mann aufmarschieren: die Transbaikal-(Malinowski), die 1. (Merezkow) und die 2. Fernostfront (Purkajew) mit 10 Schützenarmeen und der 6. Garde-Pz.armee. Japan. Bitten um Vermittlung eines Waffenstillstands mit den USA wurden von Stalin verschleppt, der um seinen Anteil an der Beute fürchtete. Nach Abwurf der ≫ Atombombe auf Hiroshima (6.8.45) erklärte er daher umgehend Japan den Krieg und ließ seine Truppen seit 9.8. aus 3 Richtungen in die M., die bis 18.8. völlig besetzt wurde, und in ≫ Korea einrücken, am 21.8. erfolgte die Kapitulation der Japaner.

Manhattan Project (Manhattan Engineer District, MED), seit Aug. 42 Sammelbez. für alle Aktivitäten zur Entwicklung einer amerikan. Atombombe unter Federführung des Heeres, Leitung Brigadegen. Groves. Ausgelöst wurde das M. durch ein warnendes Schreiben ≫ Einsteins vom 2.8.39 an US-Präs. Roosevelt, das auf dt. Anstrengungen in der Atomforschung aufmerksam machte. Als 1942 eine deutl. Steigerung der Schwerwasserproduktion im ≫ Norsk-Hydro-Werk im dt. besetzten Norwegen festgestellt wurde, erhielt M. offiz. Rang. Aus Gründen der Geheimhaltung wurden die Mittel dafür (schließl. über 2,5 Mrd. Dollar) allerdings ohne Konsultation des Kongresses bewilligt. Zeitweise arbeiteten bis zu 300 000 Personen mit am M., nur eine Handvoll aber kannten den ges. Umfang und das letztl. Ziel der Unternehmungen, für die zwei riesige Produktionsstätten in Oak Ridge (Tennessee) und Hanford (Washington) geschaffen wurden. Für den Zusammenbau der Bombe und die Leitung der wiss. Forschung schuf man in Los Alamos (New Mexico) ausgedehnte Laboranlagen und Werkstätten. Ganz in der Nähe bei ≫ Alamogordo fand am 16.7.45 die erste erfolgreiche Zündung einer A-Bombe statt, der die Abwürfe auf ≫ Hiroshima und ≫ Nagasaki folgten.

Mannerheim, Carl Gustav Freiherr von, * Villnäs bei Turku 4.6.1867, † Lausanne 27.1.1951, finn. Politiker. M. kämpfte im 1. Weltkrieg bis 1917 als Offizier in der russ. Armee, führte 1917/18 als OB die finn. »Weiße« Armee und schlug mit dt. Hilfe die finn. Rote Armee; als Reichsverweser konnte er 1918/19 erfolgreich die internat. Anerkennung der finn. Unabhängigkeit durchsetzen. Als Gen.feldmarschall übernahm M. im finn.-sowjet. ≫ Winterkrieg und im 2. Weltkrieg den Oberbefehl über die finn. Streitkräfte, vermied zu enge Anlehnung an das nat.-soz. Deutschland und schloß als Staatspräs. (1944-46) den Waffenstillstand mit der Sowjetunion.

Mannerheim-Linie, nach ≫ Mannerheim benannter, 1938/39 angelegter Befestigungsgürtel auf der 125 km breiten Karel. Landenge zw. Ladoga-See und Finn. Meerbusen (Ostsee). Die M. bestand aus 96 Bunkern, betonierten MG-Ständen und Mannschafts-Unterständen hinter Minenfeldern und Pz.gräben, bezog natürl. Hindernisse wie Sümpfe und Seen in die Verteidigungsstellungen mit ein und war an den Flanken bei Koivisto im SW und bei Taipale im NO durch schwere Küstenbatterien mit 25,4-, 15- und 12-cm-Geschützen gesichert.
Im Winter waren jedoch die Seegebiete meist sogar für Panzer übers Eis passierbar und boten Möglichkeiten, die ohnehin zu schwach bewaffnete M. zu umgehen. Dennoch hielt sie im ≫ Winterkrieg 1939/40 lange der Roten Armee stand, die erst im Febr. 40 unter erhebl. Verlusten Einbrüche erzielen konnte. Im Rußlandfeldzug, in den Finnland Ende Juni 41 eintrat, wurden die Befestigungen vorverlegt, mußten aber 1943 wieder zurückgenommen werden. Im Juni 44 durchbrachen sowjet. Truppen endgültig die Stellungen.

Mannheim/Ludwigshafen, industrieller Ballungsraum zu beiden Seiten des Rheins in Höhe des Neckarzuflusses mit 286 000 (Mannheim) und 145 000 (Ludwigshafen) Einwohnern (1940). Zahlr. Angriffe der alliierten Luftoffensive richteten sich gegen M., wo u.a. mit der BASF eins der wichtigsten Werke der chem. Industrie seinen Standort hatte. Schon 1941/42 kam es zu ersten Angriffen, die sich 1943 steigerten: Besonders schwer getroffen wurde M. am 9./10.8., als 432 Maschinen 1684 t Bomben warfen, und am 5./6.9. beim Einflug von 546 RAF-Bombern, die bei 34 Verlusten 1463 t Bomben ausklinkten. Am 23./24.9. folgte ein Großangriff von ähnl. Stärke, der die Produktionskapazität des Raums M. empfindl. traf. Die Zerstörungen gingen 1944 weiter, als v.a. die 8. US-Luftflotte bei Tage Punktziele angriff und u.a. am 29.1. die BASF-Anlagen schwer beschädigte. Insges. fielen dem Bombenkrieg 53 % des Wohnraums in M. zum Opfer. Ludwigshafen wurde am 25.3.45 vom XX. US-Korps (Walker), Mannheim 4 Tage später vom XV. US-Korps (Haislip) besetzt.

Manstein, Erich von (ursprüngl. E. v. Lewinski), * Berlin 24.11.1887, † Irschenhausen (Isartal) 10.6.1973, dt. Gen.feldmarschall (1.7.42); 1906 Offizier, im 1.Weltkrieg Gen.stabsverwendung, Reichswehrkarriere (1.10.36 Gen.

major). M. war bei Kriegsausbruch Chef des Stabes der Heeresgruppe Süd und entwickelte nach dem Sieg über Polen den Operationsplan für den ➢ Frankreichfeldzug: »Sichelschnitt« durch die Ardennen und Belgien mit schnellen Panzerverbänden zur Kanalküste. Der vom OKH sehr skeptisch beurteilte Plan fand Hitlers Billigung und brachte nach dem Erfolg die Beförderung M.s zum Gen. der Inf. (19.7.40). Im ➢ Rußlandfeldzug war M. u.a. mit der 11. Armee Eroberer der Krim und wurde während der Stalingradkrise OB der Heeresgruppe Don (später Süd). Zwar konnte er den sowjet. Kessel um die dt. 6. Armee nicht mehr sprengen, doch gelang ihm mit einer genialen »Strategie der Aushilfen« die Rettung der Südfront in Rußland (u.a. Rückeroberung Charkows 16.3.43). Nach Meinungsverschiedenheiten mit Hitler, der nun »nur noch Steher« haben wollte, wurde mit M. am 30.3.44 der wohl fähigste dt. Stratege abgelöst und nicht wieder verwendet. Von den Briten gefangengenommen, wurde er am 19.12.49 in Hamburg zu 18 Jahren Haft verurteilt, u.a. weil er den ➢ Kommissarbefehl weitergegeben und die Morde der ➢ Einsatzgruppen als »harte Sühne am Judentum, dem geistigen Träger des bolschewist. Terrors« gebilligt hatte. Aus Gesundheitsgründen im Mai 53 freigelassen, schrieb M. seine Memoiren »Verlorene Siege« (1955) und beriet die Bundesreg. in Fragen der Wiederbewaffnung.

Manstein: Militärstratege von hohen Graden und Vater des deutschen Sieges im Westen 1940

Manteuffel, Hasso von, * Potsdam 14.1.1897, † Reith bei Brixlegg (Tirol) 24.9.1978, dt. Gen. der Pz.truppen (1.9.44) M. war seit 1.2.39 Lehrgangsleiter an der Pz.truppenschule und wurde am 13.6.40 Kommandeur des Kradschützen-Bataillons 3 im Frankreichfeldzug. Danach folgende Kommandos: 1.5.41 Kommandeur des 1. Bataillons Schützenregiment 7, 25.8.41 Kommandeur des Pz.grenadierregiments 6, 15.7.42 Kommandeur der 7. Pz.brigade der 7. Pz.div. in Frkr. M. übernahm am 8.2.43 eine nach ihm benannte Div. in Tunesien und wurde wegen Erkrankung Ende April 43 ausgeflogen. Am 1.8.43 wurde er Kommandeur der 7. Pz.div. und am 1.2.44 der Pz.div. »Großdeutschland«, die beide an der O-Front kämpften. Bei der ➢ Ardennenoffensive im Dez. 44 sollte seine 5. Pz.armee, die er seit 1.9. befehligte, eine entscheidende Rolle im Mittelabschnitt spielen. Seit 5.3.45 OB der 3. Pz.armee in Pommern und Mecklenburg, ging M. in amerikan. Gefangenschaft, aus der er 1947 heimkehrte.

Maquis, frz. Buschwald, Gestrüpp; im übertragenen Sinn Bez. für die frz. Untergrundbewegung ➢ Résistance, ihre Kämpfer nannte man entspr. Maquisards.

Marauder, mittelschwerer amerikan. Bomber Martin B-26; Erstflug 25.11.40, Höchstgeschwindigkeit 450 km/h, Bombenlast 2369 kg, bewegl. Abwehrbewaffnung von bis zu 11x12,2-mm- und 2x7,62-mm-MG. Die M. war das Schwestermodell der B-25 ➢ Mitchell und wurde hauptsächl. bei den zweimotorigen US-Verbänden über Europa eingesetzt. Im März 44 operierten von England und Italien aus 11 Gruppen mit insges. 1931 Maschinen.

Marder 38, dt. Selbstfahrlafette mit 7,5-cm-Pak 40/3 L/46 auf Fahrgestell des Skoda-Pz. 38; 12 t, 4,87 m lang, 2,63 m breit, 2,47 m hoch, 4 Mann Besatzung, bis 25 mm Panzerung. Der Kampfstand des M. war nach oben offen. Selbstfahrlafetten vom Typ M. wurden bis zur Einführung des ➢ Hetzer (gleiches Fahrgestell) bei den Pz.jägerabt. verwendet. Neben dem übl. M. existierte, ebenfalls auf gleichem Fahrgestell, eine Version mit dem schweren Inf.-Geschütz 33, Kaliber 15 cm.

Mareth-Linie, befestigte Stellung im östl. Tunesien etwa auf der Höhe der Insel Djerba. Die M. war 1936-40 von der frz. Armee gegen italien. Libyen ausgebaut und nach dem Frankreichfeldzug von den Italienern weitgehend desarmiert worden. Nach der alliierten Landung ➢ »Torch« (8.11.42) und der fast gleichzeitigen Niederlage Rommels bei ➢ El Alamein wurde die M. hastig wieder instandgesetzt als Auffangstellung für die zurückgehende dt.-italien. Pz.armee Afrika. Sie grub sich Anfang Febr. 43 hier ein und formierte sich nach dem mißglückten Unternehmen »Morgenluft« gegen ➢ Kasserine zur letzten Offensive Rommels im ➢ Afrikafeldzug. Am 6.3.43 griff er mit den Pz.div. 10, 15 und 21, den leichten Div. 90 und 164 sowie Teilen von 3 italien. Div. aus der M. heraus das X. und XXX. Korps der brit. 8. Armee (Montgomery) an, die am 24.2. die M. erreicht hatte und wegen der Überdehnung ihrer Nachschublinien den Vormarsch abbrechen mußte. Der Angriff blieb im brit. Feuer liegen und kostete die mittlerweile gebildete dt.-italien. Heeresgruppe Afrika ein Drittel der eingesetzten 150 Pz. Rommel verließ nach diesem Fehlschlag endgültig den nordafrikan. Kriegsschauplatz, dessen Räumung er vergebl. gefordert hatte. Die brit. 8. Armee ging am 20./21.3. ihrerseits zum Angriff auf die M. über. Während der frontale Stoß der 50. Div. abgewehrt wurde, gelang dem X. Korps und dem herangeführten neuseeländ. Korps (Freyberg), beraten von den frz. Erbauern der M., die südl. Umgehung der Befestigungsanlagen, die am 27.3. von den nun vom italien. Gen.oberst Messe geführten Achsentruppen geräumt wurden. Sie konnten sich vom Gegner lösen und im Wadi ➢ Akarit nördl. Gabès einen neuen Riegel bilden, der bis 7.4.43 hielt.

»Margarethe I«, Deckname für dt. Pläne zur Besetzung Ungarns bei Gefahr eines Frontwechsels. Am 7.11.43 in Auftrag gegeben, bis 28.2.44 vorbereitet und von Hitler am 12.3.44 ausgelöst.

»Margarethe II«, Deckname für die seit 26.1.44 ausgearbeiteten Pläne zur Besetzung Rumäniens im Fall eines Ausscheidens des Verbündeten aus dem Krieg. Die Vorbereitungen für »M.« wurden auf Anordnung Hitlers am 28.2.44 wieder eingestellt.

Marianen, vulkan. Archipel Mikronesiens im westl. Pazifik mit den 3 Hauptinseln Saipan, Tinian (beide seit 1920 japan. Mandat) und ➢ Guam (seit 1898 amerikan.). Guam als südlichste und größte der Inseln wurde schon am 10.12.41 von den Japanern besetzt und wie die beiden anderen stark befestigt. Die (Rück-)Eroberung der M. durch die Amerikaner (Unternehmen »Forager«) im Sommer 44 bildete eines der wichtigsten strateg. Etappenziele beim ➢ Inselspringen Richtung Tokio; von hier aus rückte das 2400 km Luftlinie entfernte japan. Mutterland mit seinen Industriezentren nun auch von S her in die Reichweite der amerikan. Fernbomber vom Typ B-29 ➢ Superfortress. Von Tinian startete am 6.8.45 der erste Atombomber der Geschichte zum Angriff auf ➢ Hiroshima.
Für die Operation »Forager« hatte Admiral Nimitz die bis dahin größte amphib. Streitmacht von 540 Kriegs- und Hilfsschiffen zusammengezogen, Admiral Turner erhielt den Auftrag, insges. 127 000 Mann zu landen. Fernsicherung übernahm die 5. Flotte (Spruance) mit 7 Schlachtschiffen und den 15 Trägern von Task Force 58 (Mitscher) mit 800 Flugzeugen. Nach intensiver Vorbereitung durch Schiffsartillerie und Bombardierungen wurde zuerst Saipan (bis 9.7.), dann Tinian (bis 1.8.) und schließl. Guam (bis 10.8.) gegen wesentl. stärkeren Widerstand als erwartet genommen. Fassungslos beobachteten die GIs immer wieder die selbstmörder. ➢ Banzai-Gegenangriffe aus hoffnungsloser Lage und den fast immer bis zum letzten Mann ausgefochtenen Kampf. Einige wenige Japaner tauchten auch in Dschungelgebieten unter, wo noch 1972 letzte japan. Kämpfer kapitulierten.

»Marita«, Deckname für die von Hitler mit Weisung Nr. 20 am 13.12.40 angeordnete Planung eines Angriffs auf Griechenland von Bulgarien aus zur Entlastung der in ➢ Albanien in Bedrängnis geratenen italien. Streitkräfte. Ziel von »M.« sollte die Inbesitznahme der Küste der ➢ Ägäis und des Beckens von Saloniki sein. Als mögl. Fortsetzung der Offensive war an einen Angriff über Larissa und den Isthmus von Korinth bis auf den Peloponnes gedacht. Nach dem Putsch dt.feindl. Kräfte in Jugoslawien (27.3.41) wurde »M.« durch einen weiteren Angriff aus Österreich Richtung Belgrad zum ➢ Balkanfeldzug ausgeweitet.

»Market Garden« (engl. Handelsgärtnerei), Codebez. für den alliierten Plan, mit einer Luftlandung im Herbst 44 den Rhein zu überspringen und damit den Weg ins Dt. Reich zu öffnen. »M.« war vom brit. OB ➢ Montgomery entwickelt worden, dem Eisenhowers Vormarsch auf breiter Front zu bedächtig erschien. Als Ziel für »M.« boten sich Eindhoven, Nimwegen und Arnheim sowie die dortigen Brücken an. Angesetzt wurden 2 amerikan. und 1 brit. Luftlandediv. sowie 1 poln. Fallschirmjägerbrigade. Während die Amerikaner die frontnäheren Brückenköpfe südl. Nimwegen bilden sollten, war für Briten und Polen der weite Sprung über den Rhein vorgesehen. Die erreichten Positionen waren so lange zu halten, bis das brit. XXX. Korps der 2. Armee (Dempsey) aufgeschlossen hätte. »M. begann am 17.9. und verlief bei den US-Landungen planmäßig, während die Briten bei ➢ Arnheim auf massive Gegenwehr des II. SS-Pz.korps (Bittrich) stießen und aufgerieben wurden.

Marsa Matruh, ägypt. Hafenstädtchen an der Mittelmeerküste. M. wurde im ➢ Afrikafeldzug nach dem Fall Tobruks (21.6.42) am 26.6. von den dt.-italien. Truppen erreicht und nach kurzer Belagerung am 29.6. genommen, wobei 6000 brit. Verteidiger in Gefangenschaft gerieten. Rommel hielt M. fälschlicherweise für die letzte stärker befestigte Stellung der brit. 8. Armee vor Alexandria und ließ trotz schwindender Kräfte weiter nach O angreifen. Schon bei ➢ El Alamein aber stieß er auf massive Verteidigung und mußte den Vormarsch abbrechen. Die Briten eroberten M. am 7.11.42 zurück.

Marschall, Wilhelm, * Augsburg 30.9. 1886, † Mölln 20.3.1976, dt. Gen.admiral (1.2.43); 1906 zur Marine, im 1. Weltkrieg erfolgreicher U-Boot-Kommandant (44 Schiffe mit 120000 BRT), ausgezeichnet mit dem Pour le mérite (4.7.18). Nach verschiedenen Kommandos war M. als Konteradmiral 1936/37 Chef der Operationsabt. im OKM, befehligte 1937/38 die dt. Seestreitkräfte vor Spanien und wurde im Okt. 39 Flottenchef. In dieser Funktion erhielt er am 1.12.39 die Ernennung zum Admiral und leitete als Seebefehlshaber West u.a. Schlachtschiffeinsätze wie z.B. ➢ Juno«. Von Aug. 40 bis Aug. 42 unterstand M. das Bildungswesen, danach war er bis April 43 Kommandierender Admiral Frkr./OB Marinegruppe West. Am 30.6.43 zV gestellt, wurde er ein Jahr später als Sonderbevollmächtigter für die ➢ Donau reaktiviert, im Nov. 44 erneut zV gestellt und gegen Kriegsende im April 45 nochmals reaktiviert als OB des Marineoberkommandos West. Nach der Rückkehr aus US-Gefangenschaft im Juni 46 lebte M. in Kiel im Ruhestand und betätigte sich als Marinehistoriker.

Marseille, Hans-Joachim, * Berlin 13.12.1919, † Nordafrika 30.9.1942, dt. Jagdflieger; seit 1938 bei der Luft-

Marseille: mit 158 Luftsiegen der erfolgreichste deutsche Jagdflieger der westlichen Kriegsschauplätze

waffe, März 41 nach Nordafrika versetzt, Juni 42 Hauptmann. Mit 17 Abschüssen an einem einzigen Tag (1.9.42) und insges. 158 Luftsiegen war M. erfolgreichster Jagdflieger der westl. Kriegsschauplätze und wurde von der nat.-soz. Propaganda als »Stern von Afrika« gefeiert (Brillanten zum Ritterkreuz mit Eichenlaub und Schwertern, 4.9.42). Er kam beim Absprung aus seiner brennenden Maschine ums Leben, weil sich der Fallschirm nicht öffnete.

Marseille, zweitgrößte frz. Stadt und wichtigster Hafen des westl. Mittelmeers mit (1939) 910 000 Einwohnern östl. der versandenden Mündung der Rhône. Von M. aus bombardierte die RAF im Juni 40 Genua, ansonsten blieb die Stadt vom Frankreichfeldzug relativ unberührt (nur 2./3.6.40 dt. Luftangriffe) und gehörte danach zum unbesetzten Teil des Landes. Nach dessen Besetzung beim dt. Unternehmen ➣ »Anton« (Nov. 42) kam es zu Judendeportationen aus M. und zu harten Maßnahmen gegen die ➣ Résistance, u.a. Sprengung der maler. Altstadt Vieux-Port (Febr. 43). Beim alliierten Unternehmen ➣ »Dragoon« (15.8.44) gehörte M. zu den Zielen des frz. II. Korps (de Lattre de Tassigny), das die Stadt bis spätestens 24.9.44 erobern sollte. Da S-Frkr. jedoch von dt. Truppen geräumt und nur Toulon und M. gehalten wurden, hatte die verteidigende dt. 224. Inf.div. (Gen. Schäffer) bei absoluter alliierter Luftherrschaft kaum Außenunterstützung und sah sich zudem wachsendem inneren Widerstand gegenüber (u.a. seit 19.8. Generalstreik). So konnten Teile der alger. 3. Div. und frz. 1. Pz.div. schon am 23.8. in die Stadt eindringen und in blutigen Straßenkämpfen am 28.8. die Kapitulation erzwingen. Nach frz. Angaben waren 5500 dt. und 1500 frz. Soldaten gefallen. Trotz der schweren Zerstörungen und der zahlr. Wracks im Hafen wurden schon bald wieder monatl. über 500 000 t in M. umgeschlagen, das damit zu einer der bedeutendsten Nachschubbasen der vorrückenden Westalliierten an der Mittelmeerküste wurde.

Marshall, George Catlett, * Uniontown (Pennsylvania) 31.12.1880, † Washington 16.10.1959, amerikan. General und Politiker; 1901 Offizier, im 1. Weltkrieg zuletzt als Oberstleutnant in Frkr., danach verschiedene Kommandos, u.a. in China, Dozent am Army War College in Washington. M. wurde im Okt. 38 stellv. Gen.stabschef der amerikan. Streitkräfte, im Sept. 39 Gen.stabschef und war seit März 42 nur dem Präs. verantwortl. Bei Dienstantritt fand er ein Heer von 60 000 Berufssoldaten vor, brachte es bis zum Beginn des Pazifik-Krieges (7.12.41) auf 1 Mio. und bis Aug. 43 auf 3 Mio. Mann. Als oberster militär. Berater Roosevelts nahm er an allen alliierten Gipfelkonferenzen teil und hatte entspr. Einfluß auf die strateg. Planungen. Nach dem Krieg am 21.11.45 zurückgetreten, begann M. eine polit. Laufbahn zunächst als Sonderbotschafter von Präs. Truman in China, wo er vergebl. einen Ausgleich zw. den Nat.chinesen unter Tschiangkaischek und den Kommunisten unter Mao Tsetung zu vermitteln suchte. Am 21.1.47 wurde er Außenmin. und verkündete am 5.6.47 das European Rescue Programm (ERP), bekannter unter der Bez. M.-Plan, zur Behebung der Not und zur Linderung der Kriegsfolgen in Europa, Teil seines Programms zur Eindämmung (»Containment«) des Kommunismus. Aus gesundheitl. Gründen trat er im Jan. 49 zurück, war während des Koreakriegs 1950/51 noch einmal Verteidigungsmin. und erhielt am 30.10.53 zus. mit Albert Schweitzer den Friedensnobelpreis.

Marshallinseln, Inselgruppe Mikronesiens im mittleren Pazifik, bestehend aus 34 in 2 Reihen angeordneten Koralleninseln (Atolle) und 320 kleineren Inseln mit zus. 181 km² Landmasse, die sich über ein Seegebiet von rd. 1 Mio. km² verteilen, Hauptinsel Jaluit. 1885-1919 dt. Schutzgebiet, waren die M. danach japan. Mandatsgebiet und gerieten nach der amerikan. Eroberung der ≫ Gilbertinseln im Febr. 44 in die Reichweite der US-Inselspringer. Zunächst griffen Trägerkampfgruppen und landgestützte Maschinen die verschiedenen Inselgruppen an, um die dortigen japan. Luftbasen auszuschalten. Erstes Landungsziel der amphib. Streitkräfte war das zur westl. Ralikgruppe gehörende Atoll ≫ Kwajalein beim Unternehmen »Flintlock«, das in den ersten Febr.tagen ablief und dem am 17.2. die Operation »Catchpole« gegen ≫ Eniwetok folgte. Gleichzeitig unternahm die Task Force 58 (Mitscher) einen Trägervorstoß gegen die Karolineninsel ≫ Truk. Der Verlust der M. zwang Japan, seinen Verteidigungsring weiter nach N bis zu den ≫ Marianen zurückzunehmen, die nächstes Ziel der amerikan. Gegenoffensive werden sollten.

Maryland, amerikan. Schlachtschiff, 20.3.20 Stapellauf, 21.7.21 in Dienst gestellt, 32 000 t, 20 kn, 190,2 m lang, 32,9 m breit, bis 1968 Mann Besatzung; Bewaffnung: 8x40,6 cm, 18x12,7 cm, zahlr. kleinere Rohre. Die M. wurde beim Überfall Japans auf ≫ Pearl Harbor am 7.12.41 durch 2 Bombentreffer leicht beschädigt und konnte mit eigener Kraft in die USA zur Reparatur zurückkehren. Von Juni 42 an zu Sicherungsaufgaben bei Midway herangezogen, gehörte die M. zur Task Group 36.4 (Hill) bei den US-Landungen auf Neugeorgien (Juli 43), zur Task Group 53.4 (Kingman) bei der Invasion der Gilbertinseln (Nov. 43) und zur Task Group 53.5 (Oldendorf) beim Angriff auf Kwajalein (Febr. 44). Auch bei den Landungen auf Saipan (Juni/Juli 44) und Palau (Sept./Okt. 44) zählte die M. zu Deckungsgruppen. Es folgte ihr Einsatz in der Schlacht im ≫ Leyte-Golf (Okt. und Nov. 44), in der sie am 29.11. Kamikaze-Treffer erhielt, und beim Großangriff auf ≫ Okinawa (März/April 45), bei dem sie am 7.4. erneut von Selbstmordfliegern schwer beschädigt wurde. April 47 eingemottet, Aug. 59 abgewrackt.

Maryland, brit. leichter Bomber und Aufklärer der US-Firma Glenn L. Martin Co. of Baltimore; auch bei der Armée de l'Air als Martin 167 im Einsatz. Der Prototyp flog erstmals am 14.3.39 und erzielte eine frz. Bestellung von 215 Maschinen mit 2x1050-PS-Pratt & Whitney-Doppelsternmotoren. Etwa ein Drittel kam noch zur Truppe und bombardierte im Mai/Juni 40 dt. Pz.konzentrationen, Nachschubkolonnen und ähnl. Ziele; später Einsatz gegen den italien. Vormarsch in SO-Frkr. Fast alle noch flugfähigen Maschinen wurden noch vor dem Waffenstillstand nach frz. W-Afrika überführt, mindestens 5 Besatzungen setzten sich nach England ab. Die M. eignete sich dank ihrer günstigen Geschwindigkeit von max. 489 km/h und Reichweite von 2092 km bes. zum Fernaufklärer.

Maschinengewehr MG 42, seit 1942 in Serie produzierte Waffe als Ersatz für das MG 34, mit dem die Wehrmacht in den Krieg gezogen war. Das neuartige Verschlußsystem des M. basierte auf einem Patent von Eduard Strecke aus Warschau. Das M. wog mit Zweibein 11,6 kg, hatte eine Kadenz von bis zu 1500 Schuß/min. und verschoß die 7,92-mm-Mauserpatrone des dt. Inf.gewehrs 98k mit einer Mündungsgeschwindigkeit von 820 m/s, die eine max. Schußweite von 4000 m ermöglichte. Das mit Schulterstütze 1,23 m lange M., im Landserjargon »Hitler-Säge« genannt, war eine der bekanntesten Waffen des Krieges.

Maslennikow, Iwan, * bei Saratow 16.9.1900, † Moskau 16.4.1964, sowjet. Armeegeneral (1944); zunächst Polizist, dann Karriere in der Roten Armee. M. war beim dt. Überfall auf die UdSSR (22.6.41) OB der 29. Armee der W-Front, übernahm dann die 39. Armee der Kalininfront und führte, seit Anfang 42 Gen.leutnant, vom 24.1. bis 13.5.43 die Nordkaukasusfront. 1943/44 war er nacheinander Stellv. OB der Wolchow-, Südwest- und der Leningrader Front, ehe er OB der 3. Balt. Front wurde, mit der er u.a. Estland befreite. Im Aug. 45 war M., der sich als einziger Polizeigen. auch als Frontbefehlshaber bewährte, stellv. OB der Sowjettruppen in Fernost im Endkampf gegen Japan.

Matapan, Kap an der S-Spitze Griechenlands (Peloponnes). Nach dem mißlungenen Überfall Italiens auf Griechenland (Ende Okt. 40) und dem Eingreifen brit. Truppen entstand für die schon zum Angriff auf die Sowjetunion entschlossene dt. Führung eine bedrohl. Lage an der S-Flanke. Das OKW drängte daher den Bundesgenossen, mit seiner trotz der Einbußen beim brit. Träger-Raid gegen ➢ Tarent (11.11.40) noch immer starken Flotte energ. gegen die engl. Konvois von Ägypten nach Kreta und zum griech. Festland vorzugehen. Als am 16.3.41 das dt. X. Fliegerkorps irrtüml. Treffer auf 2 brit. Schlachtschiffen durch He-111-Torpedobomber meldete, entschloß sich das Comando Supremo zum Handeln gegen die angebl. geschwächte brit. Mittelmeerflotte: Ein Kampfverband unter Admiral Iachino mit dem Schlachtschiff Vittorio Veneto, 9 Kreuzern und 13 Zerstörern ging am 26.3. von Neapel, Tarent, Brindisi und Messina in See mit dem Auftrag, vor Kreta brit. Griechenland-Geleite zu stellen und zu vernichten; Luftsicherung sollte das dt. X. Fliegerkorps übernehmen. Den Briten war die Operation nicht verborgen geblieben, und ihr OB Mittelmeer, Admiral Cunningham, ließ am 27.3. gegen Mittag nach Meldung des italien. Verbandes durch ein Sunderland-Flugboot ein Geschwader von 4 Kreuzern und 4 Zerstörern als Force B unter Vizeadmiral Pridham-Wippell aus Piräus auslaufen. Er selbst setzte von Alexandria seine Force A mit den Schlachtschiffen Warspite, Barham und Valiant, dem Träger Formidable und 4 Zerstörern in Marsch, zu denen später 5 austral. Zerstörer stießen.

Im unklaren über die Stärke des Gegners, lief Iachino bei schwerer See in Richtung der Insel Gawdos, 20 sm südl. Kreta, wo er am Morgen des 28.3. die brit. Force B sichtete, deren Verfolgung seine 3. Div. mit 3 Schweren Kreuzern (Div.admiral Sansonetti) übernahm. Trotz der überlegenen Feuerkraft seiner Einheiten ließ der italien. Flottenchef aus Sorge vor Luftangriffen das Gefecht abbrechen, seinen Verband gegen Mittag kehrtmachen und Kurs auf Tarent nehmen. Am Nachmittag griffen Swordfish-Torpedoflugzeuge der Formidable und auf Kreta stationierte Bomber die ablaufenden italien. Schiffe an und erzielten Treffer auf der Vittorio Veneto und dem Schweren Kreuzer Pola. Während das Schlachtschiff nach kurzer Pause mit verminderter Geschwindigkeit seinen Marsch fortsetzen konnte, blieb die Pola hilflos liegen. Iachino beorderte daher am Abend seine 1. Div. mit 2 Kreuzern und 4 Zerstörern ab, um den Havaristen zu schützen. Sie trafen fast gleichzeitig mit der brit. Force A bei der Pola ein, hatten aber im Gegensatz zum radarbestückten Gegner in der Dunkelheit kein klares Lagebild und wurden auf kurze Entfernung von den schweren Einheiten Cunninghams zusammengeschossen. Die Kreuzer Zara und Fiume sowie 2 Zerstörer sanken, 1 Zerstörer wurde beschädigt, nur 1 Zerstörer entkam unversehrt. Die Pola wurde nach Rettung der an Bord verbliebenen 258 Mann von brit. Zerstörern durch Torpedofangschuß versenkt. Viel zu spät erschienen am nächsten Tag 16 Ju 88 des X. Fliegerkorps zu obendrein vergebl. Angriffen auf die Force A. Die Katastrophe von M. war nicht zuletzt auf dies Versagen der Luftsicherung und auf die techn. Überlegenheit des Gegners durch Träger und Radar zurückzuführen. Während die Briten nur 1 Torpedoflugzeug einbüßten, hatten die Italiener mit ihren Schiffen 3000 Mann verloren, 905 Mann wurden von brit. und griech. Schiffen gerettet und gingen in Gefangenschaft.

Matilda (A.12), brit. Inf.-Pz. Mark II, Prototyp April 38, Serienfertigung ein Jahr später bei Vulcan Foundry, 26,5 t, 5,92 m lang, 2,51 m breit und 2,39 m hoch. Der M. hatte 4 Mann Besatzung, erreichte mit 2x87-PS-Motoren max. 24 km/h, hatte einen Fahrbereich von 112 km, eine starke Panzerung bis 80 mm und war mit einer 40-mm-Kanone L/52 ausgerüstet. Die Versionen III bis V waren mit 2x95 PS stärker motorisiert, aber auch nicht schneller. Insges. wurden rd. 3000 M. gebaut.

Mauthausen, nat.-soz. ➢ Konzentrationslager 20 km östl. von Linz, errichtet Aug. 38, bis 1945 über 71 000 beurkundete Todesopfer.

McClusky, Clarence Wade jr., * Buffalo (New York) 1.6.1902, † Bethesda (Maryland) 27.6.1976, amerikan. Konteradmiral (1956); 1926 zur Marine, Torpedo- und Pilotenausbildung seit 1929 auf verschiedenen Trägern, 1938-40 Ausbilder an der Marineakademie, danach (seit April 41 als Kommandeur) mit der Jagdstaffel 6 auf dem Träger ➢ Enterprise. M. nahm nach Kriegsbeginn an zahlr. Trägerraids, u.a. gegen die Marshall- und Gilbertinseln, teil. Im April 42 als Korvettenkapitän zum Führer der fliegenden Verbände auf der Enterprise ernannt, gelang seinen Sturzbombern bei ➢ Midway (Juni 42) die Versenkung der japan. Träger Hiryu Akagi und Kaga und damit ein entscheidender Beitrag zur Kriegswende im Pazifik. Es folgten Stabs- und Verwaltungsverwendungen in der Heimat. Bei

Kriegsende Kommandant des Geleitträgers Corregidor, war M. während des Koreakrieges zeitweilig Stabschef der 7. Flotte und wurde wegen seiner herausragenden Kriegsverdienste 1956 als Konteradmiral hochdekoriert in den Ruhestand entlassen.

Me 109, Typenabk. des Jagdeinsitzers der Firma Messerschmitt, Erstflug Mai 35. Die M. war Standardjäger der Luftwaffe, flog aber auch bei allen europ. Verbündeten Deutschlands. Neben dem ➢ Stuka Ju 87 das bekannteste dt. Baumuster, war sie vom ersten bis zum letzten Kriegstag an allen Fronten anzutreffen. Sie wurde in dieser Zeit in ungefähr hundert Varianten mit immer neuen Rüstsätzen als Jagdbomber, Höhenjäger, Aufklärer, Pulkzerstörer, Nachtjäger, Trainer u.a. eingesetzt.
Die Gesamtproduktion von rd. 35 000 Maschinen lag an der Spitze aller zeitgenöss. Jagdflugzeuge.
Die M. ging auf das schnelle Reiseflugzeug Me 108 Taifun zurück. Als Ganzmetalleindecker in Schalenbauweise mit einziehbarem Fahrwerk und verglaster Kabine verkörperte sie bereits alle Merkmale eines Hochleistungsjägers der zweiten Generation, wie ihn das Luftfahrtmin. 1934 in einer Ausschreibung zur Ablösung der herkömml. Doppeldecker gefordert hatte.
Die ersten Truppenmuster der Baureihen B und C erreichten max. 460 km/h. Sie wurden im span. Bürgerkrieg mit überzeugenden Ergebnissen getestet. Die erste Großserie E (»Emil«) von 1939/40 war mit 2x20-mm-Kanonen und 2x7,9-mm-MG bewaffnet, sie flog mit dem neuen 1100-PS-Reihenmotor DB 601 max. 570 km/h und rechtfertigte über Polen und Frkr. den Ruf der M. als bester Jäger der Welt. In der Luftschlacht um England der ➢ Hurricane und selbst der ➢ Spitfire im allg. überlegen, machte sich jedoch die geringe Eindringtiefe der für rein takt. Gefechtsaufgaben konzipierten Maschine als großes Handicap bemerkbar: Von 100 Minuten Flugzeit blieben den Piloten nur 20 Minuten effektive Kampfzeit im Großraum London.
Die Zelle der M. wurde 1940 für den leistungsstärkeren 1300-PS-Motor DB 601 nochmals umkonstruiert. Die aerodynam. abgerundete Baureihe F von 1941/42 zeichnete sich durch gute Steigleistungen aus, flog max. 635 km/h, war mit 20-mm-Kanone und 2x7,9-mm-MG jedoch schwächer bewaffnet als die E-Serie.
Im W u.a. gegen ➢ Thunderbolt oder Mosquito techn. immer mehr ins Hintertreffen geraten, wurde sie seit 1942 unter Verwendung des DB-605-Triebwerks weiterentwickelt: Die neue G-Serie erhielt 2x13-mm-MG und eine 20- oder 30-mm-Motorkanone, die als charakterist. Veränderung der Zelle zwei seitl. Ausbuchtungen an der Triebwerkshaube mit sich brachte (Spitzname »Beule«). Im Herbst 44 präsentierte Messerschmitt schließl. die letzte Standardreihe K. Sie vereinte die zahlr. konstruktiven Verbesserungen des Modells, darunter die Vollsichthaube (»Gallandhaube«), Druckkabine, Pz.schutz für den Piloten, Methanoleinspritzung für 1800 PS Notleistung in Bodennähe u.a. Mit max. 728 km/h kam diese Version wieder an die Leistungen der amerikan. P-51 ➢ Mustang, des gefährlichsten Gegners, heran, doch war inzw. der Luftwaffe der Treibstoff ausgegangen.

Messerschmitt AG: Rotte Me 262 auf einem Übungsflug

Me 110, Typenabk. für den zweimotorigen Zerstörer und Nachtjäger der Firma ≻ Messerschmitt, Erstflug 12.5.36.
Bei Kriegsbeginn standen 68 Exemplare der Einsatzserie C. mit 2x1100-PS-Motoren DB 601-A zur Verfügung. Mit 4x7,9-mm-MG und 2x20-mm-Kanonen als starre Bugbewaffnung erwiesen sie sich 1939/40 in Polen und Frkr. als wirksame Waffe beim Tiefangriff auf Flugplätze und Kolonnen. Dagegen versagte die M. bei ihrer eigentl. Aufgabe als Begleitjäger bei der ≻ Luftschlacht um England. Mangels Wendigkeit war sie fast so verwundbar wie die Bomber, die sie vor den ≻ Hurricanes und ≻ Spitfires schützen sollte; als Schnellbomber brauchte sie selber Jagdschutz. Bis Ende Okt. 40 gingen 235 Besatzungen verloren.
Die Baureihen von 1941/42 wurden im O und im Mittelmeerraum hauptsächl. als Jagdbomber und Fotoaufklärer eingesetzt, eine Langstreckenversion D mit Zusatztanks benutzte ≻ Heß am 10.5.41 für seinen »Friedensflug« von Augsburg nach Schottland. Weil das techn. unzureichende Nachfolgemuster Me 210 zur Me 410 ≻ Hornisse umkonstruiert werden mußte, ging die Fertigung der M. weiter; bis März 45 insges. 6150 Stück. Die Masse aller Maschinen gehörte zur verbesserten Baureihe G mit dem 1475-PS-Reihenmotor DB 605. Bis zum Auftauchen amerikan. Begleitjäger über Deutschland operierten die Zerstörergeschwader ZG 26 und ZG 76 erfolgr. bei der Reichsverteidigung. Speziell zur Bekämpfung der B-171 Flying Fortress

waren ihre M. unter den Tragflächen mit Abschußrohren für zwei 21-cm-Werferraketen ausgerüstet, die aus sicherer Entfernung auf die Bomberpulks abgefeuert werden konnten. Sie zeigten ihre tödl. Wirkung u.a. am »schwarzen Freitag« (13.8.43) der 8. US-Luftflotte, die beim Doppelangriff auf ≫ Schweinfurt und Regensburg 60 der 367 eingesetzten B-17 einbüßte. Ihre wichtigste Rolle spielte die M. seit 1941 beim Aufbau der Nachtjagd, bei der sie neben der Ju 88 bis Kriegsende unentbehrl. Standardmuster blieb. Die Baureihe G-4 wurde für diesen Zweck am Rumpfbug mit einer sperrigen Radarantenne (»Hirschgeweih«) für das seit Febr. 42 eingeführte ≫ Lichtenstein-Funkmeßgerat ausgerüstet, z.T. auch mit ≫ »Schräger Musik«, einer nach oben feuernden Spezialbewaffnung. Nach brit. Schätzungen vernichteten M.-Nachtjäger über 4200 meist viermotorige RAF-Bomber. Daten der Baureihe G-4: max. 547 km/h in 7600 m Höhe, Reichweite rd. 2000 km mit Zusatztanks, 2x30-mm- und 2x20-mm-Kanonen im Bug, 2x7,9-mm-MG als bewegl. Abwehrbewaffnung nach hinten; 2-3 Mann Besatzung.

Mechelen-Zwischenfall, Notlandung der dt. Luftwaffenmajore Hönmanns und Reinberger beim belg. Ort Mechelen am 10.1.40. Zum M. wurde die Landung wegen der geheimen Unterlagen, die die Offiziere über die bevorstehende dt. Offensive im Westen bei sich hatten. Zwar gelang ihnen die Vernichtung der meisten Papiere, aber auch aus den Resten konnten die belg. Militärs ersehen, daß ein dt. Angriff durch die Niederlande und Belgien geplant war. Erst durch den M. kam der »Sichelschnitt«-Entwurf Mansteins für den ≫ Frankreichfeldzug in die engere Wahl, da Hitler die Änderung des Angriffskonzepts wegen des M. anordnete.

Memel, ostpreuß. Hafenstadt am Eingang des Kurischen Haffs mit 43 300 Einwohnern (1940). M. wurde mit dem umliegenden Gebiet (2566 km²) nach dem 1. Weltkrieg ohne Volksabstimmung vom Dt. Reich abgetrennt, 1923 von Litauen annektiert und am 22.3.39 auf massiven Druck Berlins an Deutschland zurückgegeben; 23.3. Einmarsch dt. Truppen. Am 10.10.44 stieß die sowjet. 5. Garde-Pz.armee der 1. Balt. Front (Bagramjan) nördl. M. zur Ostsee durch, und wenig später schnitt ein weiterer Angriff im S die Stadt gänzl. ab. Nach Evakuierung eines großen Teils der Bevölkerung wurde sie zur »Festung« erklärt und bis 22.1.45 vom dt. XXVIII. AK (Gollnick) verteidigt, das dann über die Kurische Nehrung nach Ostpreußen abzog.

»Menace« (frz. und engl. Drohung), Deckname für eine brit.-frz. Operation zur Besetzung ≫ Dakars durch freifrz. Truppen im Sept. 40. Während die Engländer mit »M.« eine Bedrohung ihrer Kaproute ausschalten und einen weiteren Stützpunkt für die ≫ Atlantikschlacht gewinnen wollten, schwebte de Gaulle, der das Unternehmen persönl. leitete, vor, Vichy vom Senegal aus das frz. Kolonialreich in Afrika zu entreißen. Zudem lagerten in Dakar die vor den dt. Truppen geretteten Goldvorräte der Bank von Frkr. Für »M.« schifften sich in England 2400 gaullist. Soldaten ein, die im Notfall von 4000 brit. Marineinfanteristen unterstützt werden sollten. Zur Deckung dieser ersten militär. Aktion freifrz. Einheiten stellte die Royal Navy die Schlachtschiffe Barham und Resolution, den Träger Ark Royal, 3 Schwere Kreuzer und 6 Zerstörer ab (Force M unter Admiral Cunningham), die frz. Landungstruppen wurden auf Avisos und Frachtern transportiert, Flaggschiff de Gaulles war die Westernland, mit der er am 31.8.40 in See ging. Das Unternehmen scheiterte am Widerstand Vichy-treuer Seestreitkräfte und Küstenartillerie, wobei die Erbitterung über den brit. Überfall auf ≫ Mers el-Kebir eine erhebl. Rolle spielte.

Merezkow, Kiril Afanasjewitsch, * Saraisk (Gebiet Moskau) 7.6.1897, † Moskau 30.12.1968, Marschall der Sowjetunion (26.10.44); 1918 zur Roten Armee, Teilnahme am Bürgerkrieg und am Krieg gegen Polen, Gen.stabsausbildung, diverse Kommandos, Befehlshaber in verschiedenen Militärbezirken, 1935 Gen.stabschef der Fernostarmee, 1936/37 Militärberater im span. Bürgerkrieg. M. führte im ≫ Winterkrieg gegen Finnland die 7. Armee und durchbrach im Febr. 40 die Mannerheim-Linie (»Held der Sowjetunion«), Juni 40 Armeegeneral. M. kämpfte während des gesamten Rußlandkriegs am N-Abschnitt der Front gegen die dt. Wehrmacht, war seit Dez. 41 OB der Wolchow-Front und blieb es mit einer kurzen Unterbrechung 1942 (Befehlshaber der 33. Armee) bis Febr. 44, danach führte er die Karel. Front bis Juni 45. Einer seiner größten Erfolge war die Sprengung des Belagerungsrings um ≫ Leningrad. Im Aug. 45 kommandierte M. die 1. Fernostfront gegen die japan. Kwantungarmee. Nach Ende der militär. Laufbahn Mitglied des Obersten Sowjet und 1955-64 stellv. Verteidigungsmin.

»Merkur«, Deckname für die Operationen zur Besetzung der griech. Mittelmeerinsel ≫ Kreta durch dt. Truppen Ende Mai 41. Nach dem Überfall Italiens auf Griechenland im Okt. 40 waren auf Kreta brit. Heeres- und Luftwaffeneinheiten gelandet, die im Laufe des brit. Rückzugs vom Festland gegen Ende des ≫ Balkanfeldzuges im April 41 noch verstärkt wurden. Von hier aus sollte der Widerstand fortgesetzt und eine Basis geschaffen werden, um die dt. Position auf dem Balkan mit den lebenswichtigen rumän. Erdölgebieten zu bedrohen. Angesichts der brit. Seeherrschaft schlug daher Gen. ≫ Student am 21.4.41 Hitler eine großangelegte Luftlandeoperation vor, die nach einigem Zögern mit Führerweisung Nr. 28 am 25.4. angeordnet wurde und den Namen »M.« erhielt. Man erhoffte sich davon zudem den Gewinn von Absprungpositionen zur Bekämpfung der brit. Flotte im östl. Mittelmeer, zur Bedrohung ihrer Basen in Ägypten und zur Unterstützung der Front in N-Afrika. Für »M.« wurden bereitgestellt 15 000 Springer der 7. Fallschirmdiv. (Gen.leutnant Süssmann), 8500 Mann der 5. Gebirgsdiv. (Gen.major Ringel) und 700 Kradschützen der 5. Pz.div., insges. 24 200 Mann. Sie sollten von 10 Transportgruppen mit 539 Ju 52 und 300 Lastenseglern, gedeckt von 270 Bombern, 150 Stukas, 90 Jägern, 90 Zerstörern und 60 Aufklärern, auf die fieberhaft befestigte Insel gebracht werden. Über die Stärke der brit. Verteidiger lieferte die dt. Aufklärung freil. viel zu geringe Zahlen, so daß die Angreifer bei der Auslösung von »M.« am 20.5.41 blutige Überraschungen erleben.

Mers el-Kebir, frz. Kriegshafen bei Oran in Algerien, wo bei Ende des Frankreichfeldzuges ein großer Teil der frz. Kriegsflotte lag: die Schlachtschiffe Dunkerque, Strasbourg, Provence und Bretagne, das Flugzeugmutterschiff Commandant Teste sowie eine Flottille von 6 Zerstörern. Obwohl die dt. Waffenstillstandsbedingungen vom 22.6.40 die Flotte in frz. Hand beließen und nur die spätere Entwaffnung vorsahen, befürchtete das brit. Kriegskabinett die Eingliederung in die dt. Kriegsmarine und löste am 3.7.40 u.a. gegen M. das Unternehmen ➢ »Catapult« aus. Aus Gibraltar nahm die Force H (Admiral Somerville) mit den Schlachtschiffen Hood, Resolution und Valiant, dem Träger Ark Royal, 2 Kreuzern und 11 Zerstörern Kurs auf M., wo dem frz. Befehlshaber, Vizeadmiral Gensoul, ein Ultimatum übergeben wurde: Anschluß seiner Einheiten an die Navy, Verlegung in brit. Häfen – notfalls auch in die USA – oder Selbstversenkung. Als die frz. Führung dies verweigerte, ließ Somerville das Feuer auf die vor Anker liegenden und nur notdürftig gefechtsbereit gemachten Schiffe eröffnen. Bei dem anschließenden Gefecht, das eher einer Exekution als einem Kampf glich, wurden Bretagne mit 977 Mann und ein Zerstörer (42 Tote) versenkt, Provence und Dunkerque (210 Tote) schwer getroffen, während der Strasbourg mit 5 Zerstörern trotz Verfolgung und zahlreicher Angriffe von Trägerflugzeugen die Flucht nach Toulon gelang. Um den Erfolg der Aktion sicherzustellen, flogen am 6.7. noch einmal brit. Torpedoflugzeuge Angriffe auf M., so daß die Gesamtzahl der frz. Opfer schließl. auf 1297 Mann stieg. In Frkr. löste der Überfall des einstigen Verbündeten einen tiefen Schock aus, der zum Abbruch der Beziehungen zw. Vichy und London führte und die frz. Bereitschaft zur ➢ Kollaboration entscheidend förderte.

Messe, Giovanni, * Mesagne bei Brindisi 10.12.1883, † Rom 18.12.1968, italien. Marschall (12.5.43). M. führte im April 39 das italien. Expeditionskorps zur Besetzung ➢ Albaniens und übernahm im Mai 40 das Kommando über das Kavalleriekorps. Vom 17.7.41 bis 9.7.42 befehligte er das Corpo di spedizione italiano en Russia (CSIR = italien. Expeditionskorps) im S der O-Front und war vom 10.7. bis 1.11.42 Kommand. Gen. des XXXV. AK. Wegen Differenzen über die Verwendung der italien. Truppen im O ließ sich M. ablösen, wurde aber schon im Febr. 43 als OB der italien. 1. Armee nach N-Afrika kommandiert, wo er bei den Kämpfen an der ➢ Mareth-Linie und im Wadi ➢ Akarit Defensiverfolge erzielte. Das konnte allerdings die Kapitulation der dt.-italien. Heeresgruppe Afrika nur verzögern. M. ging mit seinen Soldaten am 13.5.43 in Gefangenschaft, nachdem er tags zuvor von Mussolini noch zum Marschall befördert worden war. Nach dem italien. Sonderwaffenstillstand vom Sept. 43 wurde M. am 21.11.43 Chef des Allg. Gen.stabs der Badoglio-Reg. als Nachfolger von ➢ Ambrosio. Nach Kriegsende zunächst zurückgezogen, war er 1953-61 Senator und bis zu seinem Tod Präs. des italien. Frontkämpferverbands.

Messerschmitt AG, dt. Flugzeugwerke mit Stammsitz Augsburg; 1938 aus den Bayer. Flugzeugwerken hervorgegangen. Daher figurieren einige Baumuster gleichzeitig unter den Typenabk. Bf oder Me, bisweilen auch als Me(Bf). Schon die Bayer. Flugzeugwerke hatten fast ausnahmslos Konstruktionen des Firmengründers Prof. Willy Messerschmitt (1898-1978) gefertigt. Aus dem schnellen Reiseflugzeug Bf (Me) 108 Taifun entwickelte M. 1934/35 den Jagdeinsitzer ≫ Me (Bf) 109, der mit rd. 35 000 Exemplaren das meistgefertigte Jagdflugzeug des 2. Weltkriegs wurde. Es folgten seit 1938 der zweimotorige Zerstörer ≫ Me 110 und dessen Nachfolgemodelle Me 210 und Me 410 ≫ Hornisse. Dazu kamen als revolutionäre Neuerungen seit 1943 die Me 163 ≫ Komet, der erste in Serie gebaute Raketenjäger, und seit 1944 als erster operationsreifer Düsenjäger der Welt die zweistrahlige Me 262 Schwalbe. Im Auftrag des Luftfahrtmin. beschäftigte sich M. auch mit der Entwicklung von Großraumflugzeugen. 1942 kam der sechsmotorige Großtransporter Me 323 ≫ Gigant an die Front. Das Projekt eines vier- bis sechsmotorigen »Amerikabombers« Me 264 mit 1800 kg Bombenzuladung gelangte nicht über zwei Prototypen hinaus. Nach dem Krieg verlegte M. den Flugzeugbau nach Spanien; in Augsburg wurden Nähmaschinen und Kabinenroller hergestellt. Seit 1956 beteiligte sich die Firma in Deutschland am Lizenzbau von Militärflugzeugen.

Metaxas, Ioannis, * Ithaka 12.4.1871, † Athen 29.1.1941, griech. Politiker und General. M. war nach einem Staatsstreich seit 1936 Reg.chef auf Lebenszeit mit diktator. Vollmachten. Mit der Ablehnung des italien. Ultimatums am 28.10.40 durch M. begann der Krieg in ≫ Albanien, aus dem durch dt. Eingreifen der ≫ Balkanfeldzug wurde, den M. nicht mehr erlebte, für den er aber durch Bau der nach ihm benannten M.-Linie (seit 1936) im N des Landes vorgesorgt hatte.

Metaxas-Linie, nach dem griech. Staats-chef benannter Befestigungsgürtel längs der Grenze zu Bulgarien in O-Makedonien und in Thrakien. Beginnend im Beles-Gebirge, erstreckte sich die M. über rd. 200 km nach O den Nestos entlang bis zur Mündung. Die im allg. nur schwach bewaffneten Befestigungen, teils Bunker und Unterstände, teils bloße Feldstellungen, waren nur im Bereich Rupel-Paß/Struma gut ausgebaut, konnten aber dem Angriff der dt. 12. Armee (List) seit 6.4.41 beim ≫ Balkanfeldzug nicht lange standhalten. Schon am nächsten Tag wurde die M. stellenweise durchbrochen, das XVIII. AK (Böhme) stieß weit ins Hinterland vor, die 2. Pz.div. (Veiel) rückte am 9.4. im Saloniki ein, so daß die griech. Ostmakedonienarmee (Bakopoulos) von den Hauptkräften abgeschnitten war und kapitulieren mußte.

Meteor, brit. Düsenjäger der Firma Gloster Aircraft Co., Erstflug 5.3.44. Die M. war das erste und einzige Strahlflugzeug, das auf alliierter Seite noch zum Einsatz kam. 16 Einsatzmuster M. I wurden seit Juli 44 an die RAF zur Bekämpfung der ≫ V 1 geliefert. Am 4.8. vernichteten sie erstmals zwei Flugbomben. Bei Kriegsende operierten zwei Staffeln mit der 2. takt. Luftwaffe auf dem Kontinent, es kam jedoch nicht mehr zu Luftkämpfen mit den dt. Düsenjägern. Das damalige Serienmodell M. III erreichte 793 km/h Höchstgeschwindigkeit in 9150 m Höhe. Es war mit 4x20-mm-Kanonen bewaffnet, die beiden Strahlturbinen Rolls-Royce Derwent entwickelten je 907 kp Schub.

Metox, Name des dt. Funkmeßbeobachtungsgeräts FuMB 1 der Kriegsmarine. M. arbeitete im Meterwellenbereich (1,8-4 m) als Überlagerungsempfänger und wurde auf U-Booten eingesetzt zur Meldung feindl. Ortung durch ≫ Radar. Bis Ende 42 mit gutem Erfolg verwendet, versagte das Gerät dann immer häufiger, da die alliierten Ortungsanlagen auf Dezimeterwellen umgestellt wurden. Auf dt. Seite führte das zum Fehlschluß, die Gegenseite könne die M.-Impulse (Eigenstrahlung) auffangen. Zu spät wurde daher die Weiterentwicklung von M. zum sog. ≫ Naxos-Gerät betrieben, das im Zentimeterwellenbereich arbeitete.

Metz, frz. Stadt in Lothringen an der Mündung der Seille in die Mosel mit 105 000 Einwohnern (1940). M. wurde am 17.6.40 von dt. Truppen genommen und Sitz der dt. Zivilverwaltung. Danach dem Gau Westmark zugeschlagen, war der Raum M. im Herbst 44 Schauplatz schwerer Abwehrkämpfe. Ende Aug. 44 erreichte die 3. US-Armee (Patton) nach einem kräftezehrenden 50tägigen Vormarsch durch ganz Frkr. die Maas. Ihr XX. Korps (Walker), das vor M. hielt, umfaßte 2 Inf.- und 1 Pz.div., die dt. 1. Armee (v. Knobelsdorff) konnte etwa ebenso starke Kräfte (zunächst unter Gen. Lübbe, dann Gen. Kittel) zur Verteidigung einsetzen. Ein erster Versuch der Amerikaner im Sept. 44, M. einzuschließen und die Verteidiger damit zum Rückzug zu zwingen, scheiterte an ungünstigem Wetter und massivem Abwehrfeuer der Festungsgeschütze, so daß, auch wegen anderer Prioritäten (≫ Arnheim), im Okt. eine Kampfpause eintrat. Erst am 7.11. griffen die GIs wieder an, konnten im N einen Brükkenkopf bilden und im S die Seille überqueren. Am 19.11. schloß sich die Zange um M., am 20. ergaben sich die Festungswerke, und am 22. erlosch der letzte Widerstand in der Stadt.

Mexiko, größter Staat Mittelamerikas mit fast 2 Mio. km² und 21 Mio. Einwohnern (1939), Hauptstadt Mexico City. Als unmittelbarer Nachbar der übermächtigen USA war M. immer bestrebt, seinen eigenen Weg zu betonen, was nach der mexikan. Revolution von 1911 v.a. in einem wachsenden Nationalismus und Antikapitalismus zum Ausdruck kam. Prägende innenpolit. Kraft war in den 30er und 40er Jahren der PRN (Partido Nacional Revolucionario, 1938 PRM: Partido de la Revolución Mexicana) mit dem Präs. Lázaro Cárdenas (1934-40) und Avila Camacho (bis 1946), die einen entschlossenen Reformkurs steuerten, den Großgrundbesitz zugunsten der Landbevölkerung enteigneten und eine Art nat. Sozialismus propagierten. Mit der Verstaatlichung der internat., v.a. amerikan. Ölgesellschaften am 18.3.38 riskierte Cárdenas den Konflikt mit Großbrit., das die diplomat. Beziehungen zu M. abbrach, und den USA, die mit wirtschaftl. Sanktionen reagierten. Das zwang zum Aufbau eigener Industrie und führte zu wachsendem Handel mit Deutschland und Japan.
Bei Kriegsausbruch neutral, sah sich M. im weiteren Verlauf des Konflikts zu mehr Kooperation mit den USA gezwungen, obwohl starke dt.freundl. Strömungen und profaschist. eingestell-

te Militärkreise dagegen Front zu machen versuchten. Bei Beginn des Krieges im Pazifik lehnte sich das Land mit atlant. wie pazif. Küste schon aus geograph. Gründen an die USA an. Die diplomat. Beziehungen zu den Achsenmächten wurden abgebrochen, dt. und japan. Guthaben in M. eingefroren. Am 8.4.42 schlossen M. und die USA einen Pakt, der amerikan. Stützpunkte in M., die Ausrüstung der mexikan. Armee auf der Basis des ≻ Leih- und Pachtgesetzes, umfangr. amerikan. Hilfe bei der Erschließung von M. und intensiven Warenaustausch vorsah. Nach der Enttarnung eines dt. Agentenrings und der Versenkung mehrerer mexikan. Schiffe durch dt. U-Boote erklärte M. am 28.5.42 den Achsenmächten den Krieg. Neben Brasilien nahm M. als einziges lateinamerikan. Land aktiv an der alliierten Kriegführung teil durch Freiwillige in der US-Armee, Abstellung von Schiffen für Atlantikgeleitzüge und Einsatz von Luftstreitkräften in Fernost. Die Beteiligung am Krieg brachte, u.a. durch Verdreifachung der amerikan. Investitionen in M., erhebl. wirtschaft. Vorteile und trug zum Ausgleich der sozialen Spannungen bei.

Meyer, Kurt, * Herxheim (Pfalz) 23.12. 1910, † Hagen (Westfalen) 23.12.1961, SS-Brigadeführer (1.9.44); 1925 NSDAP-Beitritt, nach längerer Arbeitslosigkeit 1929 Anwärter bei der Landespolizei, 15.10.31 zur SS. Als Sturmbannführer wurde M. am 1.9.40 Kommandeur der Aufklärungsabt. der ≻ Leibstandarte SS »Adolf Hitler«, mit der er am Balkanfeldzug und am Krieg gegen die UdSSR teilnahm. M., der sich mit seiner schneidig-schnellen Kampfführung den Spitznamen »Panzermeyer« erworben hatte, wurde SS-Oberführer (1.8.43) und erhielt das Kommando über das Pz.grenadier-Regiment 25 der 12. SS-Pz.div. ≻ »Hitlerjugend«, die er vom 16.6. bis 6.9.44 als jüngster Div.kommandeur in den harten Abwehrkämpfen gegen die alliierten Invasionstruppen führte, wobei die Div. so schwere Verluste erlitt, daß sie im Sept. 44 neu aufgestellt werden mußte.

»Michael«, Deckname für die dt. Planungen zur Räumung der ≻ Krim. Im Okt. 43 drohte die Abschnürung der dt. 17. Armee auf der Halbinsel durch die 4. Ukrain. Front (Tolbuchin). Das daraufhin vom dt. OB Gen. der Pioniere Jaenecke ausgelöste Unternehmen »M.« wurde jedoch von Hitler am 28.10. angehalten, so daß nach Durchbruch der Sowjets am 1.11. bis zum Dnjepr die Landenge von Perekop abgeriegelt und der dt. Verband von allen Landverbindungen abgeschnitten war. Bis April 44 wurde er auf die Seefestung Sewastopol in aussichtslose Lage zurückgedrängt, Hitler aber reagierte noch am 29.4. auf Vorstellungen Jaeneckes, die noch 64 000 dt. Verteidiger über See zu retten, mit der Ablösung des OB durch Gen. der Inf. Allmendinger. Am 8.5. mußte dann doch die Genehmigung zur Räumung erteilt werden, es gelang Luftwaffe und Kriegsmarine aber nur noch, 37 000 Mann, darunter 10 000 Verwundete, nach Rumänien zu überführen, die Zahl der Toten und Vermißten war damit seit dem 8.4. auf 31 700 Deutsche und 25 000 Rumänen angestiegen, das Schicksal von 20 000 Mann blieb ungeklärt.

Michel, dt. Hilfskreuzer (Schiff 28), als solcher 17.9.41 in Dienst gestellt; 4750

BRT, Länge 132 m, Breite 16,8 m, Höchstgeschwindigkeit 16 kn, rd. 400 Mann Besatzung; Bewaffnung: 6x15 cm, 1x10,5 cm, 8 kleinere Rohre Flak, 6 Torpedorohre, 2 Bordflugzeuge Arado Ar 196, Leichtes Schnellboot »Esau»; Kommandanten: bis Mai 43 Kapitän z.S. Ruckteschell, dann Kapitän z.S. Gumprich. Die M. war halbfertig in Danzig Sept. 39 erbeutet worden und ging am 9.3.42 zum Handelskrieg in See. Nach hartem Durchbruchgefecht im Ärmelkanal gelang im S-Atlantik und im Pazifik die Versenkung von insges. 14 Schiffen mit 94 363 BRT, woran das mitgeführte Schnellboot großen Anteil hatte. Der ersten knapp einjährigen Fahrt folgte nach Überholung in Japan seit 21.5.43 ein zweites Unternehmen mit nur noch 3 Erfolgen von insges. 27 632 BRT, ehe die M. am 17.10.43 vom US-U-Boot Tarpon in südjapan. Gewässern torpediert wurde. 290 Mann kamen ums Leben, 116 Gerettete erreichten Japan. Damit endete der Kampf der dt. ➢ Hilfskreuzer.

Mid Ocean Meeting Point (MOMP), östl. Geleitzuggrenze für amerikan. Kriegsschiffe im Atlantik vor Kriegseintritt der USA. Als M. durften bis Aug. 41 Positionen bis 26 Grad westl. Länge gewählt werden, wo brit. Einheiten die Eskortierung übernahmen. Danach wurde die Grenze aufgrund des Zwischenfalls mit dem Zerstörer ➢ Greer bis auf 22 Grad westl. Länge vorgeschoben, so daß die brit. Schiffe die Konvois abholen konnten, ohne in Island zu bunkern.

Midway, polynes. Inselgruppe und amerikan. Stützpunkt im mittleren Pazifik nordwestl. Hawaii. Die beiden M.-Atolle Sand Island und Eastern Island von zus. 5,2 km² bildeten zu Beginn des Pazifikkrieges nach dem Fall von ➢ Wake den wichtigsten Außenposten der USA, die dort Flugfelder, eine Seefliegerstation, Funkanlagen und umfangreiche Treibstoff- und Munitionsdepots unterhielten. Nach dem amerikan. ➢ Doolittle-Raid gegen Tokio (18.4.42) erwies sich das japan. Inselvorfeld als immer noch zu klein, und Flottenchef ➢ Yamamoto plante daher umgehend ein Landungsunternehmen gegen M., das einem unsinkbaren Flugzeugträger auf halbem Weg zw. Hawaii und dem japan. Mutterland gleichgekommen wäre. Trotz seiner Verwundbarkeit hätte M. eine ideale Basis für Vorstöße gegen die amerikan. W-Küste und den Panamakanal bedeutet. Zudem schien es günstig, durch einen Angriff die US-Pazifikflotte aus der Reserve zu locken und zur ersehnten Schlacht zu stellen, ehe sie die Einbußen von ➢ Pearl Harbor ausgeglichen hatte. Yamamoto setzte dafür fast seine gesamten Überwasserstreitkräfte ein: 8 Träger mit 407 Maschinen, 11 Schlachtschiffe, 22 Kreuzer und 65 Zerstörer. Die Trägerstaffeln verteilte er auf mehrere getrennt operierende Kampfgruppen, ein schlachtentscheidender Fehler, wie sich zeigen sollte: Ein Verband (Kakuta, Landungsgruppe unter Hisogaya) führte einen Ablenkungsangriff gegen die ➢ Aleuten, doch ließ sich die amerikan. Aufklärung nicht täuschen, da sie den japan. Funkcode entschlüsselt hatte. Admiral ➢ Nimitz ließ daher gegen die japan. Landungsgruppe für M. (Kondo) und den Trägerverband unter Vizeadmiral ➢ Nagumo seine beiden Trägergruppen rechtzeitig auslaufen und in Lauerstellung nordöstl. M. gehen: Task

Force 16 (Spruance) mit 6 Kreuzern und 9 Zerstörern gruppierte sich um die Träger Hornet und Enterprise, Task Force 17 (Fletcher) mit 2 Kreuzern und 6 Zerstörern um die Yorktown, die nach der Schlacht in der ≫ Korallensee instandgesetzt worden war.
Inzw. hatte sich Yamamoto auf dem gewaltigen Schlachtschiff ≫ Yamato eingeschifft und führte seinen Hauptverband aus 7 Schlachtschiffen, 5 Kreuzern und 12 Zerstörern heran, die Landungsgruppe mit 12 Truppentransportern kam von den Marianen, gesichert von 2 Schlachtschiffen, 7 Kreuzern und 22 Zerstörern, dazu 1 Flugzeugmutterschiff und 1 leichter Träger. Die 4 schnellen Träger Nagumos mit der 1. Marine-Luftflotte bildeten die Speerspitze. Etwa 400 km nordwestl. M. hoben 108 ihrer Maschinen am 4.6.42 noch vor Sonnenaufgang ab zum Angriff auf M., wo sie die militär. Anlagen bombardierten und bei 6 eigenen Verlusten 17 US-Jäger abschossen. Beim Rückflug meldete der Formationsführer, er halte die Insel weiter für kampffähig. Nagumo ließ daher die gegen Schiffsziele bereitgestellten Torpedobomber unter Deck schaffen und für einen zweiten Schlag gegen M. mit Spreng- und Splitterbomben umrüsten. In dieser Phase erhielt der Admiral um 8.20 Uhr Meldung über mindestens einen herankommenden amerikan. Träger, so daß er in fieberhafter Eile die Staffeln der 2. Welle wieder mit Torpedos und Pz.sprengbomben bestücken lassen mußte. Da seine 1. Welle in dieser Zeit zum Tanken und Munitionieren zurückkehrte, waren alle 4 Träger momentan außer Gefecht. Dennoch hielt Nagumos Luftschirm gegen hartnäckige Versuche amerikan. Torpedobomber, im Tiefflug durchzubrechen. Um 9.28 Uhr griffen die ersten Devastator von Task Force 16 ohne eigenen Jagdschutz an; 35 von 41 US-Maschinen wurden dabei Opfer der ≫ Zero-Sen.
Nagumo ließ nun seine Träger zum eigenen Angriff in den Wind drehen, als die Schlacht eine dramat. Wende nahm: Hoch über der japan. Gruppe kippten um 10.28 Uhr 34 Sturzbomber der Yorktown und Enterprise ab und erzielten mit drei 450-kg-Bomben Treffer auf dem Flugdeck der Akagi. Nagumos Flaggschiff verwandelte sich in ein Flammenmeer, das gleiche Schicksal ereilte innerhalb von 5 Minuten die Träger Soryu und Kaga. Ledigl. die Hiryu war der Katastrophe im Schutz einer Regenböe entgangen und richtete nun 2 Gegenangriffe auf die Yorktown, die außer Gefecht gesetzt und am 7.6. von einem japan. U-Boot versenkt werden konnte. Doch auch der letzte Träger Nagumos wurde am Nachmittag Opfer der amerikan. Sturzbomber, Vizeadmiral Yamaguchi fiel. Nach den ersten Hiobsbotschaften hatte Yamamoto seine Landungsflotte beidrehen lassen und lief mit seinem Kampfverband in höchster Fahrt nach M., um die US-Träger mit seiner weitreichenden Artillerie womöglich noch in einem Nachtgefecht zu stellen. Doch Spruance hielt sich außer Reichweite, so daß die Japaner aus Sorge vor weiteren Luftangriffen am Morgen des 5.6. endgültig abziehen mußten, wobei es zu weiteren Verlusten durch Angriffe von Trägermaschinen und Kollisionen kam. Verluste insges.: Japan 3500 Mann, 332 Flugzeuge, USA 307 Mann und 147 Flugzeuge.
Die Schlacht von M. hatte die entscheidende Bedeutung von Trägern gegenüber den Schlachtschiffen beim weiträumigen Seekrieg »über den Horizont

hinweg« erwiesen. Die – seit 1598 erste – schwere Niederlage der japan. Flotte brachte das Ende ihrer Seeherrschaft und die Wende im pazif. Krieg, in dem die USA die Initiative nicht mehr abgaben.

MiG, Typenbez. für Flugzeuge des sowjet. Konstrukteursteams Artjom I. **Mi**kojan (1905-70) und Michail I. **G**urewitsch (1893-1976), die 1939/40 den Jagdeinsitzer M.-1 und Anfang 41 die verbesserte M.-3 mit dem 1350-PS-Mikulin-AM-35-Reihenmotor entwarfen. Die M.-3 zeichnete sich durch bes. Höhenleistungen von 5000 m an aus und erreichte in 7000 m Höhe 640 km/h; dennoch blieb sie mit ihren 1x12,7-mm- und 2x7,62-mm-MG der Me 109 an Bewaffnung klar unterlegen. Die Produktion der beiden Jäger der ersten Stunde wurde im Sommer 42 nach für sowjet. Verhältnisse kleiner Serie von 3322 Maschinen eingestellt, da inzw. in den Werken hinter dem Ural die Massenfertigung der Jäger vom Typ ➢ Jak und ➢ La angelaufen war.

Mihailovic, Dragojub (genannt Draza), * Ivanjica (Serbien) 27.4.1893, † Belgrad 17.7.1946 (hingerichtet), jugoslaw. Offizier und Politiker; Ende des 1. Weltkriegs Hauptmann, 1934 Militärattaché in Sofia, 1936 in Prag, 1939 Oberst. M. zog sich nach der Kapitulation Jugoslawiens (17.4.41) mit anderen versprengten Soldaten in die Berge zurück und baute die Partisanenorganisation der sog. Cetnici (Name einer Truppe in den Türkenkriegen des 17./18. Jh.) auf. Zwar erhielt er nach dem dt. Überfall auf die Sowjetunion Zustrom von kommunist. Gruppen, doch kam es bald zu Konflikten und zur Abspaltung der Kommunisten unter ➢ Tito. M., im Sommer 41 von der jugoslaw. Exilreg. in London zum Gen. und OB der Truppen in der Heimat ernannt, zog sich vor einer dt. Offensive gegen die Partisanen nach Montenegro zurück, wurde am 12.1.42 Verteidigungsmin. der Exilreg. und erhielt bevorzugt alliierte Hilfe. Da es vereinzelt zu gemeinsamen Attacken mit dt. Truppen gegen kommunist. Einheiten kam, geriet M. ins Zwielicht und verlor zunächst Stalins Unterstützung, später (Anfang 44) auch die der Angloamerikaner. Im Juni 44 ließ ihn die Exilreg. fallen und forderte ihre Landsleute zum Anschluß an Tito auf. M. tauchte gegen Kriegsende unter, wurde aber im März 46 verhaftet, von der kommunist. Reg. vor Gericht gestellt und zum Tod verurteilt.

Miklós-Dálnoki, Béla, * Budapest 11.6. 1890, † ebd. 21.11.1948, ungar. Generaloberst und Politiker; 1933-36 Militärattaché in Berlin, 1939 Kommandeur der 2. Kavallerie-Brigade. M. war seit 1.3.41 Kommand. Gen. des Schnellen Korps, mit dem er an der Seite der dt. Wehrmacht in den Krieg gegen die Sowjetunion zog. Von Febr. bis Okt. 42 kommmandierte er das ungar. IX. Korps und war dann bis zum 5.8.44 Chef der Militärkanzlei des Reichsverwesers ➢ Horthy. Anschließend OB der ungar. 1. Armee, ging M. am 16.10.44 zu den Sowjets über, um sich das Schicksal des Staatschefs, die Verhaftung durch dt. Truppen, zu ersparen. Unter dem Schutz der Roten Armee gründete er am 22.12.44 in Debrecen eine Provisor. Nat.reg. und erklärte als deren Min.präs. am 31.12.44 dem Dt. Reich den Krieg. Das konnte den Prozeß der von den Sowjets betriebenen Bolschewisierung des

Landes nicht aufhalten; am 15.11.45 trat M. zurück und schied aus dem polit. Leben aus.

Milch, Erhard, * Wilhelmshaven 30.3. 1892, † Wuppertal 25.1.1972, dt. Gen. feldmarschall (19.7.40); im 1. Weltkrieg bei der Fliegertruppe, danach bei den Junkers-Werken, 1926 Vorstandsmitglied bei der Lufthansa (1942 Präs.). Am 30.1.33 ernannte Göring M. zu seinem Stellv. als Reichskommissar für die dt. Luftfahrt, einen Monat später wurde M. Staatssekretär. Seine jüd. Abstammung war kein Hindernis; mit dem Satz »Wer Jude ist, bestimme ich« wischte Göring alle Bedenken vom Tisch. Als Gen. der Flieger (seit 1935) und Gen.inspekteur der Luftwaffe (seit 1938) hatte M. eine Schlüsselposition beim Aufbau der Luftwaffe und bei deren Vorbereitung auf den Kriegseinsatz. M. übernahm nach dem Selbstmord ≫ Udets auch die Aufgaben des Gen.luftzeugmeisters. Seine Vorstellungen, die dt. Luftstreitkräfte auf die Reichsverteidigung gegen die immer mehr anwachsenden alliierten Bomberströme umzustellen, drangen bei Hitler und Göring nicht durch. Im Gegenteil: Die katastrophalen Mißerfolge der Luftwaffe 1943/44 wurden M. zur Last gelegt; bis Jan. 45 verlor er sämtl. Funktionen. Im Nürnberger Prozeß gegen die Hauptkriegsverbrecher trat er als Zeuge gegen Göring auf. Er selbst wurde im sog. M.-Prozeß am 17.7.47 zu lebenslanger Haft verurteilt, 1951 zu 15 Jahren begnadigt und 1954 freigelassen. Er war danach als Industrieberater tätig.

Militärgerichtsbarkeit (dt.), am 4.11.33 durch Militärstrafgerichtsordnung geschaffene Einrichtung zur Aburteilung von Angehörigen der Wehrmacht und anderen Militärpersonen (für SS und Polizeiangehörige gab es seit Okt. 39 eine Sondergerichtsbarkeit). Die seit Kriegsbeginn zuständigen Feldkriegsgerichte bestanden nur aus einem Kriegsrichter, der auch die Anklage führte, eine eigene Anklagebehörde gab es nur beim Reichskriegsgericht, Rechtsmittel wurden durch Nachprüfverfahren beim militär. OB ersetzt. Insges. fällten die Organe der M. im Krieg mindestens 40 000 Todesurteile, von denen anfangs 90 %, später 70 % vollstreckt wurden (1. Weltkrieg 32 Hinrichtungen bei 148 Todesurteilen). Das Gros entfiel auf Delikte (≫ Kriegssonderstrafrecht), die in westl. Armeen gar nicht oder doch nie mit der Höchststrafe geahndet wurden (insges. 300 Exekutionen, meist wegen Mordes). Selbst Zeitstrafen bedeuteten in der Konsequenz für die Verurteilten nicht selten den Tod, da sie in ≫ Konzentrationslager eingeliefert oder in ≫ Bewährungseinheiten gesteckt und zu »Himmelfahrtskommandos« eingesetzt wurden. Über 1000 Gerichte bei den Div., den Feldkommandanturen und auf Kriegsschiffen übten mit rd. 3000 Juristen die M. in der Wehrmacht aus. Hinter ihrer drakon. Härte steckte das Vorurteil, im vergangenen Krieg sei die jurist. »Milde« mitverantwortl. fur den Zusammenbruch gewesen. Hinzu kam ein fataler Wettbewerb der Richter und militär. Gerichtsherren, sich der nat.-soz. Führung durch Unnachsichtigkeit zu empfehlen. Vollends zum Terrorinstrument wurde die M. gegen Kriegsende, als Standgerichte zur »Sicherung der Disziplin« an der Tagesordnung waren und sogar Angehörige von »Feiglingen« (z.B. unverwundet in Gefangenschaft geratene Soldaten) bedrohten (Sippenhaftung). Nach dem Krieg wurde kein Angehöriger der M. wegen der in ihrem Namen begangenen Greuel zur Rechenschaft gezogen, Entschädigung für die Angehörigen der Opfer dieser Unrechtsjustiz blieben die Ausnahme.

Militärinternierte, in ein neutrales Land übergetretene und nach Entwaffnung dort untergebrachte Angehörige der Truppen einer kriegführenden Macht. V.a. das Schicksal der dt. M. in Schweden beschäftigte 1945 die Weltöffentlichkeit: Kurz vor und nach der Kapitulation flüchteten im wesentl. Angehörige der Kurland-Armee nach Schweden, um der sowjet. Gefangenschaft zu entgehen. Bis zum 15.5.45 trafen laufend auf Kampffähren, Fischkuttern, Schleppern, in Rettungs-, Schlauch- und Paddelbooten Flüchtlinge auf Gotland und in den Häfen der O- und S-Küste Schwedens ein. Trotz offiz. Anordnung zur Zurückweisung uniformierten dt. Personals wurden die Flüchtlinge aus humanitären Gründen aufgenommen und in Internierungslagern u.a. in Ränneslätt und auf Backamo untergebracht. Insges. sammelten sich schließl. rd. 3000 M., darunter 167 Wehrmachts- und SS-Angehörige balt. Volkszugehörigkeit.
Anfang Juni 45 forderte die UdSSR Schweden zur Auslieferung der M. auf, die nach der Kapitulation aus sowjet. Operationsgebiet geflohen waren. Am 16.6. erklärte sich Schweden einverstanden. Massive Proteste von Presse und Kirchen v.a. wegen der Gefahr für die balt. M., die in der UdSSR als Verräter behandelt werden würden, blieben ebenso erfolglos wie Eingaben des Sprechers der M., Gen.leutnant Angelo Müller, der sich an den König, Graf ≫ Bernadotte, die Bischöfe, Papst Pius XII. und Außenmin. Undén gewandt hatte.
Für den 30.11. war der Abtransport der M. zur Einschiffung nach Trelleborg befohlen, wo inzw. das sowjet. Schiff Kuban eingetroffen war. Der Tag ging als »blutiger Freitag« in die Geschichte der dt. M. ein: Selbstverstümmelungen und Selbstmordversuche nahmen zu, allein in Backamo mußten 367 M. ins Krankenhaus eingeliefert werden. Die anderen wurden planmäßig auf die Kuban gebracht, die am 2.12. mit 1610 Mann in See ging. Am 6.12. wurden 528 halbwegs Genesene vom Lazarettschiff Bjeloostrow abgeholt, das am 25.1.46 noch einmal 377 M. an Bord nahm, darunter 146 Balten. Von den weiteren M. waren am 2.12.45 rd. 230 Mann in den W transportiert worden, weitere folgten am 26.1.46, 53 Mann wurden an Polen ausgeliefert. Nur wenigen M. war die Flucht gelungen. Soweit sie sich in Schweden hatten verbergen können, wurde ihnen später die Aufenthaltserlaubnis erteilt. –
In Abweichung vom Begriff bezeichnete man nach dem Ausscheiden Italiens aus dem Krieg (Sept. 43) die entwaffneten italien. Soldaten als M.; sie wurden mit OKW-Erlaß vom 15.9.43 als »Kriegsgefangene« eingestuft und in 3 Gruppen eingeteilt: bündnistreue, nicht mehr kampfwillige und solche Soldaten, die nach dem »Bündnisbruch« Widerstand geleistet hatten. Die ersten behielten ihre Waffen und wurden als geschlossene Einheiten in dt. Verbände eingegliedert oder als Milizionäre gegen Partisanen eingesetzt. Die beiden anderen Gruppen waren zu entwaffnen und wurden als Gefangene in der dt. Kriegswirtschaft verwendet, wobei Of-

fiziere von Einheiten, die sich der Entwaffnung widersetzt hatten, standrechtl. zu erschießen waren, während ihre Soldaten v.a. in den O zum Arbeitseinsatz abtransportiert wurden. Vereinzelt wurden nicht mehr kampfwillige Italiener später nach Hause entlassen, wenn ihre sonstige Zuverlässigkeit als gesichert galt.

»**Millenium**«, brit. Codebez. für den Tausend-Bomber-Schlag in der Nacht vom 30./31.5.42 gegen ➢ Köln. Mit diesem »Jahrtausend«-Angriff demonstrierte die RAF erstmals in spektakulärer Weise ihre neue Strategie des Flächenbombardements, bei dem durch Einäscherung ganzer Wohnviertel hauptsächl. die Moral der Zivilbevölkerung getroffen werden sollte. Unter seinem neuen OB ➢ Harris hatte das ➢ Bomber Command die neuen Weisungen im Frühjahr 42 gegen die beiden Hansestädte Lübeck und Rostock erprobt. Für den eigentl. Schlag wurden Hamburg und Köln in die engere Wahl gezogen, wobei die Wetterlage über dem Ziel den Ausschlag für die Stadt am Rhein gab. Weil eigentl. nur 457 Maschinen und Besatzungen für den Angriff zur Verfügung standen, wurden zur Erreichung der propagandist. Zahl von 1000 Angreifern auch alle geeigneten Flugzeuge von Ausbildungs- und Umschulungseinheiten zusammengezogen, so daß schließl. von 52 Flugfeldern 1046 Maschinen aufstiegen, darunter 230 viermotorige. Mindestens 898 entluden innerhalb von 90 Minuten 1455 t Bomben über Köln, davon zwei Drittel Brandbomben. Zum Schutz gegen die dt. Nachtjagd wurde erstmals die Taktik des konzentrierten Bomberstroms praktiziert. Danach sollten jeweils 11 Maschinen pro Minute über dem Ziel eintreffen. RAF-Piloten berichteten, der Himmel über der brennenden Domstadt sei belebt gewesen »wie Piccadilly Circus«. 240 Hektar Stadtfläche, davon die Hälfte im Zentrum, mit insges. 14 500 Wohn- und Geschäftshäusern wurden zerstört, 6630 Häuser schwer beschädigt und mehr als 300 Betriebe getroffen. Nach örtl. Unterlagen kamen 486 Zivilisten ums Leben, 5027 wurden verletzt, 45 000 obdachlos und 140 000 evakuiert. Die RAF verlor 41 Bomber und 3 von 88 Störflugzeugen. Im Juni 42 folgten zwei weitere Tausend-Bomber-Schläge gegen ➢ Essen und Bremen, die wegen schlechten Wetters allerdings weniger Schaden anrichteten.

Minsk, Hauptstadt der Weißruss. Sowjetrepublik mit 240 000 Einwohnern (1940). Im Rußlandfeldzug erreichte am 27.6.41 das dt. XXXXVII. Pz.korps (Kempf) der Pz.gruppe 2 den Südrand von M. und stellte die Verbindung zu dem von N kommenden LVII. Pz.korps (Kuntzen) der Pz.gruppe 3 her, so daß Teile der sowjet. Westfront (Timoschenko) westl. der Stadt eingeschlossen waren. M. selbst fiel am folgenden Tag; bis zum 9.7. wurde der Kessel zerschlagen: 332 898 Rotarmisten gerieten in Gefangenschaft, 1809 Geschütze und 3332 Pz.fahrzeuge wurden zerstört oder erbeutet. M. war in der Folgezeit häufig Ziel sowjet. Luftangriffe, da über den Bahnknoten viele dt. Transporte rollten. Der dt. Gen.kommissar für Weißruthenien, Gauleiter Wilhelm Kube, fiel am 22.9.43 in seinem Amtssitz M. einem Anschlag sowjet. Partisanen zum Opfer. Im Zuge der sowjet. Sommeroffensive, die zum Zusammenbruch der dt. Heeresgruppe Mitte (Busch, später

Model) führte, eroberte die Sowjet. 3. Armee (Gorbatow) M. am 3.7.44 zurück.

Missouri, amerikan. Schlachtschiff, 29.1.44 Stapellauf, 11.6.44 in Dienst gestellt, 45 000 t, 33 kn, 270,5 m lang, 33 m breit, bis 2978 Mann Besatzung; Bewaffnung: 9x40,6 cm, 20x12,7 cm, 128 kleinere Rohre. Die hochmoderne M. wurde der Task Force 58 (Mitscher), Group 58.2 (Davison) zugeteilt und war im Febr./März 45 beim großen Trägerraid gegen Tokio und andere Landziele auf den japan. Hauptinseln erstmals im Einsatz. Sie gehörte dann zu Deckungsgruppen vor ≻ Okinawa, wo sie am 11.4. und am 17.4.45 leichte ≻ Kamikaze-Treffer erhielt. Nach weiteren Einsätzen gegen das japan. Mutterland erlebte die M. am 2.9.45 in der Sagami-Bucht vor Tokio ihre Sternstunde: An Bord erschien die Delegation der japan. Reg. unter Außenmin. Shigemitsu und Gen. Umazu und unterzeichnete um 9.25 Uhr vor dem amerikan. OB im Pazifik, Armeegen. MacArthur, und Abgesandten aller am Krieg in Fernost beteiligter Staaten die Kapitulationsurkunden, womit der 2. Weltkrieg zu Ende ging. Die M. kämpfte später im Korea-Krieg; 26.8.55 außer Dienst gestellt.

Mistel, Beiname der unbemannten Einwegversion der ≻ Ju 88 im Gespann mit einem bemannten Leitflugzeug. Die Kombination war auch als »Huckepack«, »Vater und Sohn« oder unter dem amtl. Tarnnamen »Beethoven« bekannt. Die Ju 88 trug als sog. Verbrauchsgerät an Stelle der Kanzel eine 1,5-t- oder 3,5-t-Hohlladung mit »Elefantenrüssel« (Distanz-Zünder), diente also takt. als fliegende Bombe. Die Leitflugzeuge, Jagdeinsitzer vom Typ ≻ Me 109 oder ≻ Fw 190, waren auf einem Strebebock an der Rumpfoberseite des Bombers befestigt, dessen Motoren bis in Objektnähe allein liefen und die M. auf 380 km/h brachten. Erst dann ließ der Pilot das Leitflugzeug an, lenkte die Ju 88 aus etwa 5 bis 1 km Entfernung durch ein Visier in flachem Gleitflug auf das Ziel und koppelte sich zum Heimflug ab. Die erste Einsatzstaffel flog Ende Juni 44 mit 5 M. zwei Nachtangriffe gegen die Invasionsflotte in der Seinebucht und erzielte 4 Treffer, allerdings nur auf unwichtigen Sperrschiffen. Für einen Überraschungsangriff auf die brit. Home Fleet in Scapa Flow wurden Ende 44 auf Absprungbasen in Dänemark 60 M.-Gespanne zusammengezogen. Der Großeinsatz kam jedoch ebensowenig zustande wie das für März 45 geplante Unternehmen ≻ »Eisenhammer«, bei dem das KG 200 mit 100 M. von Ostpreußen aus einen nächtl. Vernichtungsschlag gegen Großkraftwerke bei Moskau führen sollte. Statt dessen zersplitterten sich die M.-Staffeln zu verlustreichen Angriffen gegen Brücken an Oder und Rhein. Bis Kriegsende wurden schätzungsweise 250 Ju-88-Zellen zu M.-Flugzeugen umgebaut, über 50 fielen den Alliierten allein im Raum Merseburg in die Hände.

Mitchell, mittelschwerer zweimotoriger amerikan. Bomber North American B-25, Erstflug 19.8.40. Berühmt wurde die M. durch den sog. ≻ Doolittle-Raid gegen Tokio (18.4.42). Der Pazifik blieb während des ganzen Krieges das wichtigste Operationsgebiet der M., wo sie sich als Tiefangriffsbomber beim ≻ Inselspringen sowie bei der Bekämpfung von Schiffszielen bewährte. Sie war in dieser Rolle mit einer 7,5-cm-Kanone und bis zu 12x12,7-mm-MG im unverglasten Rumpfbug bewaffnet. Im Kampf gegen die europ. Achsenmächte traten die ersten M. im Aug. 42 über N-Afrika in Aktion, seit Anfang 43 dann auch über W-Europa. Fast 11 000 Exemplare wurden gebaut. Die wichtigste Serienvariante B-25 J hatte eine normale Bombenzuladung von 1360 kg, 4 Mann Besatzung und 444 km/h Höchstgeschwindigkeit in 4580 m Höhe. Das Startgewicht lag bei 15,3 t.

Mitscher, Marc Andrew, * Hillsboro (Wisconsin) 26.1.1887, † Norfolk (Virginia) 3.2.1947, amerikan. Admiral (März 46); 1910 zur Marine, Dienst auf Schlachtschiffen und Zerstörern, 1916 Erwerb des Pilotenscheins als Marineflieger, fliegerische Rekordleistungen, 1926 Stationierung auf dem ersten Träger der US-Marine, der Langley, 1939 Kapitän z.S. M. wurde 1941 erster Kommandant des neuen Trägers Hornet, führte ihn beim ➢ Doolittle-Raid gegen Tokio (April 42) und in der Seeschlacht von Midway (Juni 42). Im folgenden Monat zum Konteradmiral befördert, übernahm M. seit Jan. 44 schnelle Trägergruppen, mit denen er bei den Angriffen auf die Marshallinseln, auf Truk, Neuguinea, in den Schlachten in der Philippinen-See und im Leyte-Golf, vor Formosa, Iwo Jima und Okinawa den Luftschirm stellte. Im März 44 wurde der in der Trägerkriegführung wohl erfahrenste US-Offizier zum Vizeadmiral ernannt und im Juli 45 als stellv. Stabschef der Navy (für Fliegerei) nach Washington berufen. 1946 Befehlshaber der 8. (atlant.) Flotte.

»Mittelbau« (auch »Dora-M.«), Deckname für ein unterird. Rüstungszentrum im Südharz mit Schwerpunkt im Raum Nordhausen. »M.« wurde eingerichtet nach dem schweren brit. Bombenangriff vom 17./18.8.43 (➢ »Hydra«) auf die Raketenversuchsanstalt in Peenemünde. Es wurde eigens eine reichseigene Tarnfirma Mittelwerk GmbH für die Errichtung der Produktionsstätten gegründet, in denen die Massenfertigung der künftigen »Vergeltungswaffen« (➢ V 1, ➢ V 2) in bombensicheren Schächten und Stollen anlaufen sollte. Bei Kriegsende waren rd. 30 000 Menschen, zum größten Teil ➢ Zwangsarbeiter und KZ-Häftlinge aus Buchenwald, zur Geheimwaffenproduktion im sog. Mittelraum eingesetzt, der im April von US-Truppen besetzt wurde. Die Anlagen des »M.« fielen ihnen fast unversehrt in die Hände und wurden nach Ausschlachtung am 1.7.45 den Sowjets übergeben, die die verbliebenen dt. Spezialisten – die meisten hatten schon die Amerikaner engagiert – in die UdSSR transportierten.

Mittelmeer (Mittelländ. Meer), Binnenmeer zw. Afrika/Vorderasien und Europa, rd. 2,5 Mio. km^2, mit Verbindung zum Atlantik durch die Straße von ➢ Gibraltar, zum ➢ Schwarzen Meer durch den Bosporus und zum Roten Meer durch den ➢ Suezkanal (seit 1869); wegen stark zerklüfteter Küstengliederung mehrere Nebenmeere wie ➢ Adria oder ➢ Ägäis und zahlr. Inseln. Das M. spielte in den dt. Plänen vor und zu Beginn des Krieges kaum eine Rolle, zumal zunächst das verbündete Italien dem Kampf fernblieb. Auch Großbrit. hatte für den Konfliktfall kaum vorgesorgt, da man mit einer baldigen Unterbrechung des Seeweges durch die starke italien. Flotte rechnen mußte und mit der zwar sehr langen, aber relativ sicheren Kaproute über eine Ausweichmöglichkeit für die Transporte von und nach Fernost verfügte.

Mit dem Kriegseintritt Italiens (10.6.40) wurde das M., das Mussolini in der faschist. Propaganda schon vor der Annexion ≫ Albaniens (April 39) zum »mare nostro« (unser Meer) erklärt hatte, Kampfgebiet. Obwohl kurz danach Frkr. kapitulierte, hielt London nun an der M.-Strategie fest, um die italien. Kräfte zu binden und Möglichkeiten zum Eingreifen auf dem Kontinent offenzuhalten. Das ohnehin wenig günstige Kräfteverhältnis zur italien. Flotte drohte jedoch durch das Hinzutreten von Einheiten des besiegten Frkr. vollends hoffnungslos zu werden. Daher kam es zum Entschluß des brit. Kriegskabinetts, die in Mers el-Kebir liegenden frz. Kriegsschiffe am 3.7.40 anzugreifen. Die Neutralisierung des in Alexandria ankernden frz. Geschwaders gelang kampflos. Damit behielt die Royal Navy die Initiative im M., zumal die italien. Flotte jedes Risiko scheute. Sie sollte geschont werden für den »Parallelkrieg«, den Mussolini mit dem Angriff auf Ägypten (13.9.40) und Griechenland (28.10.40) entfesselte. Das völlige Fiasko beider Feldzüge aber zwang die Wehrmacht, wegen der Bedrohung der S-Flanke einzugreifen: Das X. Fliegerkorps verlegte nach Sizilien, das Dt. Afrika-Korps nach Libyen, Griechenland und Jugoslawien wurden im April/Mai 41 überrannt und die Briten zum zweiten Mal vom Kontinent und wenig später auch von der M.-Insel ≫ Kreta vertrieben, wobei die brit. M.flotte erhebl. Verluste hatte. Die dt. Kriegsmarine mußte 24 U-Boote und zahlr. kleine Überwassereinheiten ins M. entsenden, da die italien. Flotte nach schweren Verlusten durch den brit. Trägerangriff auf ≫ Tarent (13.11.40) und die Niederlage in der Seeschlacht von ≫ Matapan (März 41) nicht einmal mehr die nötigsten Sicherungsaufgaben lösen konnte. Diese begrenzte Intervention erzielte erstaunl. Erfolge wie die Ausschaltung des Trägers Illustrious (Jan. 41), die Versenkung des Trägers Ark Royal (13.11.41) und des Schlachtschiffs Barham (25.11.41).

Die Lage für Großbrit. im M. und im Nahen Osten wurde durch das dt. Engagement bedrohl., v.a. als auch im ≫ Irak Aufruhr ausbrach. Er konnte durch die Besetzung Syriens und des Libanon an der O-Küste des M. gemeistert werden, bevor der dt. Überfall auf die UdSSR (22.6.41) insges. Entlastung brachte. Geleitzüge für ≫ Malta, das die Nachschubwege zw. Italien und N-Afrika beherrschte und dessen Einnahme versäumt worden war, kamen wieder durch, Rommel mußte seine Truppen aus der Cyrenaika zurücknehmen. Nach dem Kriegsbeginn im Pazifik (7.12.41) wendete sich das Blatt noch einmal, da brit. Kräfte nach Fernost abgegeben werden mußten und dt. Verstärkungen im M.-Gebiet eintrafen. Massive Angriffe der dt. Luftwaffe auf Malta konnten die Insel niederhalten und im Frühjahr/Sommer 42 Rommel für seinen Siegeszug über Tobruk bis El Alamein den nötigen Nachschub sichern. Da aber die Ausschaltung des »unsinkbaren Flugzeugträgers« erneut unterblieb, verstrich die letzte Chance zu einem Sieg der Achsenmächte im M., wo im Nov. 42 die Amerikaner erschienen und die Niederlage der dt.-italien. Heeresgruppe Afrika besiegelten (13.5.43). Nach der Landung der Alliierten in Sizilien (10.7.43) und auf dem italien. Festland (Sept. 43) sowie dem Ausscheiden Italiens aus dem Krieg (8.9.43) verlor das M. als Kriegsschauplatz an Bedeutung und diente nur noch als Sprungbrett für die Landung in S-Frkr. (15.8.44), der letzten großen Operation im M., und als Basis für Angriffe von See und aus der Luft gegen Ziele auf dem Balkan (z.B. Erdölgebiet von ➢ Ploesti). Churchills Strategie der Peripherie gegen den »weichen Bauch Europas«, die noch bei der Casablanca-Konferenz (Jan. 43) favorisiert worden war, war inzw. zugunsten der Errichtung einer Zweiten Front in NW-Frkr. aufgegeben worden. In dt. Hand blieben nur einige Inseln des ➢ Dodekanes und Kreta.

Möbelwagen, dt. Flugabwehrpz. auf Fahrgestell Pz. IV, 25 t, 3,7-cm-Flak L/60, 7 Mann Besatzung, Fahrbereich 180 km (Straße) und 120 km (Gelände), Frontpanzerung 80 mm. Die schwach gepanzerten Seitenwände (10 mm) des nach oben offenen Kampfstandes wurden in der Feuerstellung heruntergeklappt.

Model, Walter, * Genthin bei Magdeburg 24.1.1891, † Lintorf bei Düsseldorf 21.4.1945, dt. Gen.feldmarschall (1.3.44); 1909 Eintritt ins Heer, im 1. Weltkrieg Truppen- und Gen.stabsverwendung, 1919 in die Reichswehr übernommen und am 1.3.38 Gen.major und Chef des Stabes des IV. Armeekorps. M. bewährte sich im Polen- und im Frankreichfeldzug, führte im Rußlandfeldzug sein XXXXI. Panzerkorps bis in die Nähe von Moskau und führte als OB der 9. Armee in der letzten dt. Offensive im O bei Kursk (Juli 43). Der »Meister der Defensive« wurde am 9.1.44 Heeresgruppenchef, zunächst Nord, seit 31.3.44 N-Ukraine, am 28.6.44 Mitte und als Nachfolger ➢ Kluges am 17.8.44 im W der Heeresgruppe B. Unter seiner Leitung gelang die Abwehr der alliierten Luftlandung bei Arnheim und der Vorstoß in der Ardennenoffensive. Ausweglos eingeschlossen, gab M. im April 45 seinen restl. Verbänden (ca. 300 000 Mann) im Ruhrkessel den Befehl zur Selbstauflösung und nahm sich das Leben.

Modlin, poln. Ortschaft nordwestl. Warschau, an der Mündung des Bug in die Weichsel, 1500 Einwohner (1939). Die Festung von M. war neben ➢ Warschau, Iwangorod und ➢ Brest-Litowsk einer der Eckpfeiler der poln. Verteidigung im Polenfeldzug. Eine nach der Festung benannte poln. Armee »M.« im Raum M. sollte den Weg zur Hauptstadt schützen, wurde aber von der dt. 3. Armee (v. Küchler) auf den Bug zurückgedrängt. Während ein Teil der poln. Verteidiger weiter nach Warschau auswich, igelten sich die anderen in M. ein und leisteten erbitterten Widerstand. Seit dem 13.9.39 eingeschlossen, ergab sich die Festung (Gen. Thommée) mit 30 000 Mann erst am 29.9. nach schweren Luftangriffen vom 26./27.9. mit insges. 1000 Maschinen. – Anfang 45 stand M. erneut im Brennpunkt der Kämpfe, als dort Teile der dt. 2. Armee (Weiss) von der 2. Ukrain. Front (Rokossowski) überrannt wurden. Sie stieß am 14.1. an M. vorbei und eroberte am 17.1. die Festung durch Einheiten der 70. Armee (Popow).

Möhnetalsperre, Stausee im Sauerland mit 135 Mio. cbm Fassungsvermögen, 1908-13 erbaut. Wie die ≻ Edertalsperre war die M. am 16./17.5.43 kurz nach 2 Uhr Ziel eines Angriffs der RAF-Sonderstaffel 617 unter Oberstleutnant Gibson. Erste Anflüge mißlangen im Abwehrfeuer der Flak, erst beim fünften Versuch barst die 45 m hohe Staumauer auf 75 m Breite, so daß eine gewaltige Flutwelle zu Tal schoß. Ein Lager mit 324 Zwangsarbeiterinnen wurde sofort weggeschwemmt, allein im Ort Neheim kamen über 600 Menschen ums Leben, die Gesamtzahl der Opfer wurde auf 1200 geschätzt. Trotz dieser menschl. Katastrophe blieb die erhoffte wirtschaftl. aus, da die Überflutung wegen der landschaftl. Gegebenheiten nicht weiträumig genug ausfiel und die Wasserversorgung des Ruhrgebiets aus anderen Quellen gedeckt werden konnte, so daß die Produktion kaum sank.

Mölders: der wohl populärste deutsche Jagdflieger des Zweiten Weltkriegs

Molch, dt. Einmann-U-Boot, Frühjahr 44 entwickelt, 11 t, 10,83 m lang, aufgetaucht 4,3 kn, unter Wasser 5 kn. Wie mit den anderen ≻ Kleinkampfmitteln versuchte die dt. Kriegsmarine mit dem M. bei absoluter alliierter Luftherrschaft eine Unterwasserwaffe mit hohem Überraschungseffekt zu schaffen. Das mit zwei 53,3-cm-Torpedos an seitl. Leitschienen ausgerüstete Kleinst-U-Boot konnte 50 m tief tauchen und etwa 50 Stunden im Einsatz bleiben. In italien. Gewässern und vor der niederländ.-belg. Küste eingesetzt, vermochten die insges. 363 M. jedoch keine nennenswerten Erfolge zu erzielen.

Mölders, Werner, * Gelsenkirchen, 18.3.1913, † Breslau 22.11.1941, dt. Jagdflieger; 1931 Reichswehreintritt, 1935 zur Luftwaffe, 1938/39 mit 14 Abschüssen erfolgreichster Flieger der Legion Condor im span. Bürgerkrieg; im 2. Weltkrieg 115 Luftsiege, 16.7.41 erster Träger der Brillanten zum Ritterkreuz mit Eichenlaub und Schwertern, tödl. Absturz beim Flug zur Beerdigung von ≻ Udet. M. diente im Heldenkult der NS-Propaganda als Jugendvorbild; die Alliierten nutzten seine Popularität im sog. ≻ Mölders-Brief.

Mölders-Brief, von der brit. Propaganda gefälschtes und in zigtausend Exemplaren im Jan. 42 über Deutschland abgeworfenes Schreiben von W. ≻ Mölders an einen Stettiner Geistlichen, das ein klares Bekenntnis des prominenten Jagdfliegers zum kath. Glauben enthielt; gab den Gerüchten neue Nahrung, beim Absturz des Jugend-Idols am 22.11.41 sei »von oben« nachgeholfen worden.

Molotow, Wjatscheslaw Michajlowitsch, ursprüngl. W. M. Skrjabin, * Kukarka (heute Sowjetsk im Gebiet Kirow) 9.3.1890, † Moskau 8.11.1986, sowjet. Politiker; seit 1906 Bolschewik, Redakteur der Parteizeitung »Prawda« (Pseudonym M. = der Hammer); enger Mitarbeiter Stalins; 1921-57 Mitglied des Zentralkomitees der KPdSU, 1926-57 in deren Politbüro; 1930-41 Vors. des Rates der Volkskommissare, danach stellvertr. Vors. »Der Buchhalter« (Lenin über M.) wurde am 3.5.39 im Verhandlungsvorfeld des Krieges Außenmin., weil sein jüd. Vorgänger Litwinow eine Öffnung zum nat.-soz. Dt. Reich blockierte. Der ➣ Dt.-Sowjet. Nichtangriffsvertrag vom 23.8.39 und sein geheimes Zusatzprotokoll waren nicht zuletzt M.s Werk, das der von Stalins »Säuberungen« geschwächten Roten Armee entscheidenden Zeitgewinn brachte und Hitler die nötige Rückendeckung zur Entfesselung des Krieges verschaffte. Daß dieser die Sowjetunion nicht verschonen würde, wußte M. und sorgte im Frühjahr 41 für Sicherung in Fernost durch einen Neutralitätsvertrag mit Japan. Er rettete Moskau im Winter 41 nach der dt. Kriegserklärung (22.6.41). Nach Krieg und Stalins Tod verlor M. im Zuge der Entstalinisierung an Einfluß und büßte schließl. alle Ämter ein. 1962 Parteiausschluß, zum 94. Geburtstag Rehabilitierung.

MOMP, Abk. für ➣ **M**id **O**cean **M**eeting **P**oint.

Monsunboote, in der dt. Kriegsmarine Bez. für die seit Sommer 44 nach Fernost zu Operationen im Ind. Ozean verlegten U-Boote. Die M. erhielten von Japan Stützpunkte in Singapur und auf Java zugewiesen, wo sie Brennstoff, Munition und Versorgungsgüter aufnehmen konnten. Das Landpersonal stellten die Mannschaften verlorener Hilfskreuzer, Chef der M. wurde Fregattenkapitän Dommes. Die erste Gruppe seiner Boote lief, zusätzl. ausgerüstet mit dem Tragschrauber ➣ Bachstelze, Ende Juni 44 nach SO-Asien aus, wo in der Folgezeit max. 11 M. gleichzeitig operierten. Von den schließl. insges. 41 mit gutem Erfolg eingesetzten M. gingen 30 verloren. Die anderen kehrten mit wichtigen Rohstoffen nach Deutschland zurück.

Monte Cassino, Berg (519 m) im mittelitalien. Latium mit der Gründungsabtei des Benediktinerordens auf dem Gipfel. M. und der gleichnamige Ort bildeten 1943/44 das Herzstück der dt. »Gustav«-Linie, an der nach der Kapitulation Italiens (8.9.43) der Vormarsch der Alliierten nach Rom zum Stehen gebracht werden sollte. Der dem Massiv des Monte Cairo (1669 m) vorgelagerte Berg beherrscht das Liri-Tal, den Zugang zur Ebene von Latium und damit zur italien. Hauptstadt, deren Eroberung von den Alliierten nach dem Erfolg der Landung bei Salerno noch für Okt. 43 vorgesehen war. Wegen Wetter-, Nachschub- und Geländeschwierigkeiten, v.a. aber wegen des geschickten Widerstands der 10. dt. Armee (v. Vietinghoff), erreichten die amerikan. 5. (Clark) und die brit. 8. Armee (Montgomery) erst im Jan. 44 die »Gustav«-Linie in voller Länge und versuchten in

Monte Cassino: britische Infanteristen am Fuße des von schwerem Artilleriebeschuß gezeichneten Berges; auf dem Gipfel die Klosterruinen der Benediktiner-Abtei

vier Schlachten, den Riegel am M. zu durchbrechen:
1) Am 18.1.44 griffen das X. brit. Korps (McCreery) im Mündungsgebiet des Garigliano und das II. US-Korps (Keyes) am Rapido südl. des M. an, um Verteidigungskräfte zu binden und damit die Landung des VI. US-Korps bei ≫ Anzio im Rücken der dt. Front zu entlasten. Während die Briten einen kleinen Brückenkopf gewinnen konnten, mußten sich die Amerikaner bei 2000 Mann Verlust nach Gegenangriffen des dt. XIV. Pz.korps (von Senger und Etterlin) bis 22.1. wieder in die Ausgangsstellung zurückziehen. Flankenangriffe des frz. Expeditionskorps (Juin) gegen Atina im N und der brit. 46. Div. bei Sant' Ambrogio im S des amerikan. Abschnitts scheiterten ebenfalls.
2) Nach kurzer Pause gingen die Alliierten am 25.1.44 zur Daueroffensive über. Vergebl. jedoch versuchte die 34. US-Inf.div., den M. im N zu umgehen, und ebenso erfolglos blieben Vorstöße der Franzosen, die vorübergehend einige umliegende Gipfel nehmen konnten. Gegenangriffe der dt. 44. Inf.div. stellten die alte Lage wieder her. Der den M. überragende Kalvarienberg (593 m) wechselte zw. 6.2. und 10.2. viermal den Besitzer, Sieger blieb die durch 3 Bataillone Fallschirmjäger verstärkte dt. 90. Pz.grenadierdiv. gegen das II. US-Korps. Das zur Unterstützung der Amerikaner herangeführte II. neuseeländ.

Korps (Freyberg) wurde mit einem erneuten Frontalangriff auf den M. beauftragt, es forderte dafür aber eine vorbereitende Bombardierung des Klosters, das von den dt. Verteidigern bewußt aus dem Kampfraum ausgespart und dessen Kunstschätze nach Rom ausgelagert worden waren. 142 Flying Fortress und 87 weitere Maschinen verwandelten am 15.2. die Abtei in einen Trümmerhaufen, den erst jetzt Einheiten der dt. Fallschirmjägerdiv. (Gen.leutnant Heidrich) besetzten. Wiederholte Sturmangriffe brit. Kolonialtruppen auf den Kalvarienberg wurden am 18.2. abgewiesen.
3) In der 3. Schlacht am M. sollte ein Angriff durch den Ort Cassino den Durchbruch schaffen: Am 15.3. gingen die Neuseeländer vor, nach Bombardierung der dt. Stellung mit 800 Maschinen, die 1200 t Bomben abwarfen. Dennoch lief sich der Angriff fest und war auch durch massiertes Feuer der Artillerie nicht voranzubringen, die fast 600 000 Granaten verschoß. Am 23.3. mußten die Alliierten den Kampf erneut abbrechen.
4) Für den nächsten Großangriff gruppierte der alliierte OB ≫ Alexander um: Das Zentrum am M. übernahm die brit. 8. Armee mit dem XIII. brit. und dem II. poln. Korps (Anders), während die Amerikaner an der Küste auf Minturno und die Franzosen nördl. davon gegen das Massiv des Monte Majo (940 m) am westl. Eingang des Liri-Tales vorstoßen sollten.
In der Nacht vom 11./12.5. feuerten über 2000 alliierte Geschütze an der ges. M.-Front und leiteten die vierte Offensive ein, die im Zentrum nach geringen Geländegewinnen zunächst liegenblieb. Erfolgreicher verliefen die Angriffe marokkan. Div. des frz. Expeditionskorps, die am 13.5. auf dem Majo die Trikolore hißten und unter Verzicht auf motorisierte Verbände zu Fuß mit Maultieren durch die Monti Aurunci vordrangen. Das XIV. Pz.korps auf dem rechten dt. Flügel mußte weichen, wodurch die ges. Front in Bewegung geriet und der dt. OB Süd Kesselring M. am 17.5. räumen ließ, wo am nächsten Tag poln. Truppen einzogen. Dem VI. US-Korps gelang nun auch der Ausbruch aus dem Brückenkopf bei Anzio, der Weg nach Rom war offen.
Insges. verloren die Alliierten bei M. 12 000 Mann, die Wehrmacht büßte über 20 000 Mann an Gefallenen, Vermißten und Gefangenen ein.

Montgomery, Bernard Law, Viscount of Alamein and Hindhead, * Kensington (heute zu London) 17.11.1887, † Isington Mill (Hampshire) 24.3.1976, brit. Feldmarschall (1.9.44); 1939/40 mit der 3. Div. bei den brit. Expeditionsstreitkräften in Frkr. M. wurde nach den erstaunl. Erfolgen ≫ Rommels am 13.8.42 OB der brit. 8. Armee in Ägypten und konnte nach dem Sieg bei El Alamein (Nov. 42) den ≫ Afrikafeldzug erfolgreich beenden. 1944 war er OB der brit. Truppen bei der ≫ Invasion und befehligte nach dem dt. Zusammenbruch die brit. Besatzungstruppen in Deutschland bis zum 26.6.46. Danach war er Chef des Empire-Gen.stabs und von März 52–Aug. 58 stellv. NATO-OB.

Montoire, frz. Kleinstadt im Departement Loir-et-Cher. Nach seinem enttäuschenden Gespräch mit Franco in Hendaye traf sich Hitler am 22.10.40 in M. mit dem frz. Marschall ≫ Pétain, Präs. des unbesetzten Vichy-Frkr. Wie schon sein span. Gesprächspartner wich auch der frz. Politiker der dt. Forderung nach Beteiligung am Kampf gegen England – ohne direkten Kriegseintritt – aus. Trotz der antibrit. Stimmung in Bevölkerung und Administration nach ➢ Mers el-Kebir und trotz der Gefahr einer dt. Besetzung auch des restl. Frkr.s bei zu harscher Verweigerung wollte Pétain sich nicht festlegen, u.a. weil Hitler nicht bereit war, Zusagen über friedensvertragl. Regelungen und die Rückkehr der frz. Kriegsgefangenen zu machen. Es blieb bei unverbindl. Absichtserklärungen.

Morane Saulnier M.S. 406, frz. Jagdeinsitzer. Die M. war analog zur dt. ➢ Me 109 und brit. Hawker ➢ Hurricane Frkr.s erstes Jagdflugzeug mit geschlossenem Cockpit und einziehbarem Fahrwerk. Der Prototyp M.S. 405 flog erstmals am 8.8.35.
Bei Luftgefechten über dem Westwall während des ➢ Sitzkriegs schossen M.-Piloten nach frz. Angaben bei 13 eigenen Verlusten 32 Gegner ab. Im Frankreichfeldzug flogen 278 M. bei 11 Jagdgruppen. Sie verbissen sich über den Brücken von Sedan und Maastricht in verlustreiche Kämpfe mit den techn. und zahlenmäßig überlegenen Me 109 und wurden später während der 2. Feldzugsphase in Tiefangriffen verschlissen. Die M. war mit einer 20-mm-Kanone und 2x7,5-mm-MG bewaffnet und erreichte 485 km/h.

»Morgenluft«, Deckname der Offensive ➢ Rommels mit Teilen des Dt. Afrika-Korps (15. Pz.- und 164. leichte Div.) gegen den südl. Frontabschnitt des II. US-Korps (Fredendall) im Febr. 43 in Tunesien. In Erweiterung der Konzeption von Gen.oberst v. ➢ Arnim beim Unternehmen ➢ »Frühlingswind« zielte »M.« mit geballtem Stoß auf ➢ Kasserine, Tebéssa und schließl. Bône an der alger. Küste, um die US-Truppen von ihren Nachschubbasen abzuschneiden. Der am 15.2. anlaufende Angriff brachte zunächst erstaunl. Anfangserfolge: Noch am gleichen Tag wurde Gafsa genommen, am 17. Feriana. Das OKW verfügte daraufhin die Verstärkung des Angriffskeils durch die Kampfgruppe Ziegler (10. und 21. Pz.div. der 5. Armee) zum Vorstoß über den Kasserine-Paß, der am 18.2. in dt. Hand war. Der alliierte Widerstand versteifte sich jedoch; Meldungen über Offensiv-Vorbereitungen der brit. 8. Armee gegen die ➢ Mareth-Linie zwangen schließl. am 24.2. zum Abbruch von »M.«, dem letzten dt. Versuch im ➢ Afrikafeldzug, die Initiative zurückzugewinnen. Trotz wesentl. höherer alliierter Verluste war der Aderlaß für die dt.-italien. Truppen gravierender, da aufgrund der alliierten Luft- und Seeherrschaft schwerer zu kompensieren. Der Fehlschlag führte zur Bildung der Heeresgruppe Afrika aus allen dt.-italien. Verbänden im tunes. Brückenkopf unter dem einheitl. Kommando Rommels (25.2.), der am 9.3. durch v. Arnim abgelöst wurde.

Morgenthau-Plan, nach dem Auftraggeber, US-Finanzmin. Henry Morgenthau jr. (1891-1967), benanntes Programm der USA für die Behandlung des besiegten Deutschlands (»Program to prevent Germany from starting a World War III«). In 14 Punkten entwickelte der M. einen Stufenplan, der letztl. auf eine Reagrarisierung des Landes hinauslief durch Demontage der Industriekapazitäten und Stillegung der Bergwerke.

Darüber hinaus waren internat. Kontrolle der dt. Wirtschaft für mindestens 20 Jahre, umfangreiche Gebietsabtretungen und die Aufteilung des restl. Reichsgebiets in 2 Staaten vorgesehen. Im Sept. 44 US-Präs. Roosevelt vorgelegt, fand der M. zunächst seine und auch die Zustimmung Churchills, doch distanzierten sich beide nach heftiger öffentl. Kritik von dem harten Straffrieden. Die nat.-soz. Propaganda prangerte den M. gleichwohl als »Judas Mordplan« an und nutzte ihn für Durchhalteparolen.

Moskalenko, Kirill Semjonowitsch, * Gritschino (Donez-Gebiet) 11.5.1902, Marschall der Sowjetunion (11.3.55); 1920 Eintritt in die Rote Armee. M. war im ≫ Winterkrieg gegen Finnland 1939/49 Artillerie-Kommandeur der 51. Schützendiv., wurde 1940 Gen.major und kommandierte nach dem dt. Angriff (22.6.41) Pz.- und Kavallerie-Korps. Seit Ende 41 war er OB der 6. und der 38. Armee, der 1. Pz.- und der 1. Gardearmee, führte danach die 40. und seit Anfang 43 schließl. wieder die 38. Armee bis zur Eroberung der Tschechoslowakei im Mai 45. 1948-53 bei der Luftabwehr, 1953-60 Befehlshaber im Militärbezirk Moskau, 1960-62 OB der strateg. Raketentruppe, dann bis 1972 stellv. Verteidigungsmin. der UdSSR.

Moskau, Hauptstadt der Sowjetunion mit fast 4,2 Mio. Einwohnern (1940). M. gehörte zunächst zu den Hauptangriffszielen der Wehrmacht im Rußlandfeldzug, Hitler aber verschob im Juli 41 die Eroberung zugunsten der Einschließung der sowjet. Armeen in der Ukraine und der Besetzung des dortigen Industriereviers. Nach Abschluß dieser Operationen gab er mit Weisung Nr. 35 die Offensive Richtung M., das am 21./22.7. erstmals von der dt. Luftwaffe bombardiert worden war, der Heeresgruppe Mitte (Bock) wieder frei. Für dieses Unternehmen »Taifun« verfügte sie über die Pz.gruppen 2, 3 und 4 sowie die 2., 4. und 9. Armee mit 14 Pz.-, 8 mot. und 56 Inf.div., unterstützt durch die Luftflotte 2 (Kesselring). Nachdem die Pz.gruppe 2 (später 2. Pz.armee) unter Gen.oberst Guderian schon am 30.9. Richtung Orel – ≫ Brjansk vorgestoßen war, folgte am 2.10. der Generalangriff. In einer bis 20.10. andauernden Doppelschlacht bei Brjansk und ≫ Wjasma wurden die sowjet. Armeen 30 (Chomenko), 19 (Lukin), 20 (Jerschakow), 24 (Rakutin), 43 (Akimow), 32 (Wischnewski) und 3 (Kreiser) vernichtet, zwei weitere weitgehend aufgerieben; 673 000 Rotarmisten gerieten in Gefangenschaft, die sowjet. Reg. floh am 16.10. aus der Stadt, der Weg nach M. schien frei. Kurz darauf aber setzte die Schlammperiode ein, die Offensivbewegungen unmögl. machte, so daß der Angriff erst am 15.11. wiederaufgenommen werden konnte. Er kam erneut rasch voran, und am 27.11. erreichte ein Erkundungstrupp des Pz.pionierbataillons 62 den Ort Chimki 8 km vor M.

Es blieb die größte Annäherung an das Ziel M., denn der russ. Widerstand versteifte sich, frische sibir. Truppen trafen aus Fernost ein, wo ein Neutralitätspakt mit Japan (14.4.41) vor Überraschungen sicherte. Am 5./6.12. traten die sowjet. Kalininfront (Konjew) und die W-Front (Schukow) mit 14 Armeen vor M. zur Gegenoffensive an und zwangen die dt. Truppen zu weiträumigen Absetzbewegungen auf kräftesparende Frontlinien, wo Hitler »Halten um jeden Preis« an-

Moskau: Eingreifen des seit Napoleons Zeiten gefürchteten Generals Winter in die Entscheidungsschlacht vor der russischen Hauptstadt, Dezember 1941

ordnete. Trotz weiterer Angriffe konnten die Fronten bis zum Ende des Winters stabilisiert, Kessel wie die bei Cholm und ➢ Demjansk danach entsetzt werden. Eine neue Offensive gegen M. aber war gegen die jetzt unerschütterl. sowjet. Verteidigung nicht mehr mögl., und nach den sowjet. Siegen im Frühjahr/Sommer 43 rückte die Stadt auch aus der Reichweite der dt. Luftwaffe, die zudem mit der Unterstützung der weichenden dt. Truppen schon überlastet war.

Moskauer Konferenzen, Sammelbez. für drei Gesprächsrunden alliierter Politiker in der sowjet. Hauptstadt während des Krieges und kurz danach: Die 1. der M. tagte vom 19. bis 30.10.42 zur Vorbereitung des Gipfeltreffens von ➢ Teheran und beschloß neben der Wiederherstellung Österreichs u.a. die Schaffung der Europ. Beratenden Kommission. – Auf der 2. der M. vom 16. bis zum 26.12.45 berieten die alliierten Außenmin. die Fernostfrage, Friedensverträge für die Balkanstaaten und Finnland und die Gründung einer Atomenergiekommission. – Die letzte der M. vom 10.3. bis zum 24.4.47 über die dt. Frage scheiterte, da sich die drei westl. Außenmin. mit dem sowjet. Kollegen in keinem Punkt (dt. O-Grenze, Staatsform Deutschlands, Reparationen) einigen konnten.

Mosquito, brit. Kampfflugzeug der Firma De Havilland. Die M. verkörperte kompromißlos den Typ eines Schnellbombers, der sich zum eigenen Schutz allein auf seine überlegene Schnelligkeit verließ. Sie kombinierte zwei leistungsstarke Rolls-Royce Merlin mit strömungsgünstiger Zelle, die aus Gründen der Gewichts- und Materialersparnis aus Holz gebaut werden sollte. Die ersten 50 Serienmuster kamen zw. Juli 41 und März 42 zu den RAF-Staffeln; der Fotoaufklärer Mk I und der Bomber Mk IV, beide mit verglaster Rumpfspitze, verzichteten auf jegl. Abwehrbewaffnung: 2x1230 PS, max. 611 km/h in 5200 m Höhe, 900 kg Bomben, 3280 km Reichweite, 10600 m Dienstgipfelhöhe. Die Mk IV wurde seit Mai 42 v.a. für Überraschungsangriffe bei Tage eingesetzt; beim ersten Vorstoß nach Berlin am 30.1.43 platzten 3 M. in Görings Festansprache zum 10. Jahrestag der Machtergreifung.
Mit Elitebesatzungen des ➢ Pfadfinderkorps tauchte die M. seit Mai 43 bei Nacht über Deutschland auf, eine Langstreckenvariante Mk XVI mit Druckkabine und 2x1680 PS kletterte bis auf 12000 m und erreichte 656 km/h. Die außergewöhnl. Schnelligkeit und Wendigkeit legte eine Verwendung der M. als Nachtjäger und Jagdbomber nahe. Diese Mk II löste seit Mai 42 stufenweise die ➢ Havoc und den Beaufighter ab: 4x20-mm-Kanonen und 4x7,7-mm-MG starr im Rumpfbug. Das Bordradar wurde in späteren Versionen ständig verbessert und machte die M. bei der Fernnachtjagd zu einer höchst wirksamen Angriffswaffe. Über S-England vernichteten M.-Nachtjäger rd. 600 ➢ V 1. Fast jede dritte M. gehörte zur Baureihe Mk VI, die seit Frühjahr 43 als Jagdbomber an die Front kam. Mit 8x27,2-cm-Raketen unter den Tragflächen attackierte sie U-Boote und andere Schiffsziele.
Insges. wurden bis 1945 in Großbrit., Kanada und Australien 6710 M. gefertigt, bis 1950 waren es 7781 Maschinen in 41 Varianten.

Mountbatten, Louis Francis Albert (seit 1947 Earl of Burma), * Windsor 25.6.1900, † Mullaghmore (Republik Irland) 27.8.1979, brit. Admiral of the Fleet (Großadmiral, 21.10.56); Sohn des Prinzen Ludwig Alexander von Battenberg, Vetter von König Georg V., 1927 in England eingebürgert, im 1. Weltkrieg bei der Navy, Funkspezialist. M. nahm als Kommandant des Zerstörers Kelly am Kampf um Norwegen (Frühjahr 40) teil, übernahm dann den Träger Illustrious, organisierte ➣ Kommandounternehmen und leitete den Raid gegen ➣ Dieppe (Aug. 42). Seit Aug. 43 Admiral, wurde er Chef des South East Asia Command (SEAC), das die chines. Truppen unter US-General Stilwell, die brit.-ind. 14. Armee, die Luftlandetruppen von Gen. ➣ Wingate, die amerikan. Lufttransportverbände und die brit. Flotte im Ind. Ozean umfaßte. Im Sept. 45 konnte M. die Kapitulation der japan. Streitkräfte in S-Asien entgegennehmen. 1947 letzter Vizekönig in Indien, 1948 dort Gen.gouverneur, 1952-54 OB der NATO-Streitkräfte Mittelmeer, 1955-59 1. Lord der Admiralität (Marinemin.), 1959-65 Chef des Verteidigungsstabes, dann Gouverneur der Isle of Wight; fiel einem Attentat ir. Terroristen zum Opfer.

»Mulberry Harbor« (engl. Maulbeer-Hafen), Tarnbez. für künstl. Häfen, die die Alliierten bei der ➣ Invasion in der Normandie einsetzten. 2 »M.« wurden im Sept. 43 in Auftrag gegeben, sie sollten hinter einer Kette aus 60 versenkten Blockierungschiffen und Senkkästen als Wellenbrecher montiert werden und bestanden aus Ponton-Molenköpfen sowie einer schwimmenden Straße. Die 61 m langen, 18 m breiten und 3 m tiefen Pontons erhielten an den 4 Ecken motorgetriebene ausziehbare Teleskopbeine, die in den Grund getrieben wurden und ihre Länge je nach Wasserstand veränderten. Je 2 der Molenköpfe, insges. 32, wurden in T-Form aneinandergereiht, so daß immer 2 Fahrzeuge zugleich zu entladen waren. Von den Pontons führte eine schwimmende Straße zur Küste: sie gab zwar dem Seegang nach, blieb aber durch Verankerung immer passierbar. 150 Schleppboote brachten seit 9.6.44 die Einzelteile über den Kanal, wo ein »M.« vor dem amerikan. Landekopf »Omaha« und einer vor dem »Gold Beach« der Briten bei Arromanches montiert wurde. Über den amerikan. »M.« wurden nach 10 Tagen schon 14 000 t Nachschub tägl. gelöscht, doch zerstörte ihn ein Sturm wenig später; der brit. M. wurde langsamer fertig, widerstand aber dafür dem Sturm und ermöglichte nach Reparatur seit 8.7.44 tägl. einen Umschlag von 6000 t Versorgungsgütern.

München, Hauptstadt Bayerns mit 818 000 Einwohnern (1939). U.a. als Ausgangspunkt der Karriere Hitlers und als Sitz der Parteizentrale (»Braunes Haus«) von der nat.-soz. Propaganda zur »Hauptstadt der Bewegung« stilisiert, war M. alljährl. am 8./9.11. Schauplatz der Feiern zum Gedenken an den Hitler-Putsch von 1923. Bei diesem Anlaß unternahm der Schreiner Georg Elser 1939 im Bürgerbräukeller ein Attentat auf Hitler, dem dieser knapp entging. Wie alle großen Städte Deutschlands war M. während des Krieges mehrfach Ziel alliierter Luftangriffe, die v.a. dem wichtigen Verkehrsknoten (Flughafen u.a.) und den in und um M. konzentrierten Industriebetrieben galten, aber auch durch Flächenwürfe die Zivilbevölkerung schwer trafen und unersetzl. Kulturdenkmäler vernichteten. Nach ersten Einflügen im Sept. 42 und im Frühjahr 43 steigerten sich Häufigkeit und Stärke der Angriffe: U.a. warfen am 6./7.9.43 über 350 Maschinen der RAF bei 16 Verlusten 1020 t Bomben auf die Stadt, in ähnl. Stärke wiederholt am 3.10.43. Seit Frühjahr 44 erschienen dann vermehrt US-Bomber von Italien aus zu Tagesangriffen auf süddt. Industrieziele. Die schwersten Schäden richteten brit. Verbände in der Nacht des 7./8.1.45 an, als sie in zwei Wellen mit rd. 250 und 450 Maschinen die Innenstadt mit 2175 t Bomben belegten. Insges. wurden ca. 82 000 Wohnungen (33 %) zerstört. Am 30.4.45 zogen Einheiten der 7. US-Armee (Patch) in M. ein.

Münchener Abkommen, am 30.9.38 in München geschlossener Vertrag zw. den europ. Großmächten Deutschland, Italien, Frkr. und Großbrit. über die Abtretung des Sudetenlandes an das Dt. Reich. Dem M. war ein von der nat.-soz. Propaganda entfesselter Nervenkrieg vorausgegangen, der nur durch Erfüllung aller Forderungen Hitlers in letzter Minute beendet werden konnte, ehe er zu einem wirkl. Krieg mit unabschätzbaren Risiken wurde. Paradoxerweise aber bedeutete das M. dennoch durch die Kapitulation der Westmächte vor Hitler einen entscheidenden Schritt auf dem Weg in den Krieg, da der dt. Diktator den »verweichlichten Demokratien« nun keinerlei ernsthaften Widerstand gegen weitere Pläne zutraute und v.a. weil es wegen des Paktierens mit den faschist. Staaten zu einer tiefen Entfremdung zw.

Münchener Abkommen: Hitler, Chamberlain (verdeckt), Daladier, Mussolini, Ribbentrop und Graf Ciano (von links) bei Beginn der Konferenz

der Sowjetunion und den Westmächten kam, die den ≫ Dt.-Sowjet. Nichtangriffsvertrag ermöglichte.

Murman-Bahn, 1915-17 gebaute, 1451 km lange Eisenbahnlinie zw. ≫ Murmansk und ≫ Leningrad. Nach Kriegseintritt Finnlands gegen die UdSSR richtete sich die dt.-finn. Offensive im äußersten N gegen mehrere Stationen der M.: Während das AOK Norwegen (v. Falkenhorst) Murmansk, Kandalakscha im N und mit dem unterstellten finn. III. Korps Richtung Lutschi in der Mitte angriff, aber nirgendwo die M. erreichte, unterbrach die Heeresgruppe Nord (v. Leeb) am 8.9.41 durch die Einnahme von Schlüsselburg die Nachschubader unmittelbar vor Leningrad. Zur gleichen Zeit durchtrennte die Karel. Armee die M. zw. Ladoga- und Onega-See. Das führte zwar zu empfindl. Einbußen bei der Versorgung Leningrads, störte jedoch nur vorübergehend den Nachschubfluß von Murmansk für die sowjet. Truppen, da die M. östl. des Onega-Sees mit einem Entlastungsstrang weitergebaut wurde.

Murmansk, sowjet. Hafen, Marinestützpunkt und Gebietshauptstadt am ≫ Nordpolarmeer auf der Halbinsel Kola mit 117 000 Einwohnern (1940). Im finn.-sowjet. ≫ Winterkrieg 1939/40 erwog das brit. Oberkommando zeitweilig eine Intervention durch Landung eines Expeditionskorps zur Unterbrechung der ≫ Murman-Bahn zw. M. und Leningrad, doch machte der Friedensschluß im März 40 das Unternehmen unmögl.
Als ganzjährig eisfreier Hafen, über den ein wesentl. Teil der sowjet. Importe und später der alliierten Hilfslieferungen für die Rote Armee lief, war M. nach Beginn des Rußlandfeldzugs (22.6.41) und der finn. Kriegserklärung (26.6.41) Ziel von dt. Luftangriffen und einer Offensive der dt. Norwegen-Armee (v. Falkenhorst) aus dem Raum Petsamo, die aber von der sowjet. 14. Armee (Frolow) aufgefangen wurde. Im Okt. 41 blies das OKW weitere Vorstöße Richtung M. ab und setzte auf Fortsetzung der Bombardierung durch die Luftflotte 5 (Stumpff) zur Ausschaltung der Verladeeinrichtungen und Hafenanlagen, was nur ansatzweise gelang, da die Sowjets die Luftverteidigung von M. intensivierten und ihrerseits durch Angriffe auf die dt. Flugfelder in N-Norwegen der Luftwaffe erhebl. Verluste beibrachten. Im Sommer 44 ging die Rote Armee auch vor M. zur Offensive gegen die dt. 20. Gebirgsarmee (Rendulic) über, die schließl. im Rahmen des Unternehmens ≫ »Birke« Finnland räumen mußte.

Musashi, japan. Schlachtschiff, 5.8.42 in Dienst gestellt, 69 100 t, 27 kn, 263 m lang, 38,9 m breit, 2500 Mann Besatzung; Bewaffnung: 9x45,6 cm, 6x15,5 cm, 24x12,7 cm, 113 kleinere Rohre. Mit der ≫ Yamato war die M. das größte Schlachtschiff der Welt. Am 29.3.44 erhielt sie gleich beim ersten größeren Einsatz bei Palau einen Torpedotreffer, nahm dann Mitte Juni 44 an der Schlacht in der Philippinen-See teil und kämpfte mit der Zentralgruppe (Kurita) in der Schlacht im ≫ Leyte-Golf im Okt. 44 gegen die US-Landungen auf den Philippinen. In der Sibuyan-See wurde dic japan. Gruppe in 4 Wellen von amerikan. Trägerflugzeugen der Task Force 38 (Mitscher) angegriffen, wobei schon zu Beginn nach 1 Bomben-

und 1 Torpedotreffer der Kommandant, Konteradmiral Inoguchi, fiel. Es folgten weitere 19 Bombeneinschläge und 10 Treffer mit Lufttorpedos, so daß die M. am Abend des 24.10.44 sank.

Mussert, Anton Adriaan, * Werkendam 11.5.1894, † Den Haag 7.5.1946 (hingerichtet), niederländ. Politiker; Wasserbauingenieur. M. gründete im Dez. 31 nach dt. Vorbild die Nationaal-Socialistische Beweging (NSB) und errang 1937 einige Parlamentssitze. Nach der dt. Besetzung 1940 wurde die NSB von Reichsstatthalter ➢ Seyß-Inquart zur einzigen niederländ. polit. Partei erklärt und Mussert als Führer der holländ. ➢ Kollaboration 1942 zum »Leiter des niederländ. Volkes« ernannt. Viel Einfluß hatte er nicht, konnte aber Pläne eines Anschlusses der Niederlande an das Dt. Reich durchkreuzen, gegen die Juden-Deportationen protestierte er nicht. Bei der überwiegenden Mehrheit seiner Landsleute galt er als Verräter, wurde nach Kriegsende verhaftet und zum Tod verurteilt.

Mussolini, Benito, * Predappio (Forlì) 29.7.1883, † Giulino de Mezzegra (Como) 28.4.1945, italien. Politiker; Lehrer, 1900 Eintritt in die Sozialist. Partei (PSI), 1909 Gründung und bis 1912 Leitung der Zeitschrift »Lotta di Classe«, mehrmals wegen »Hetze« inhaftiert, 1912 Chefredakteur des sozialist. Zentralorgans »Avanti«, 1914 Trennung von den Sozialisten und Gründung der Zeitung »Popolo d'Italia«, 1915-17 Teilnahme am 1. Weltkrieg, 1919 Gründung der »Fasci di Combattimento« (Kampfbünde), gleichzeitig Kampf gegen sozialist. Revolutionäre wie kapitalist. »Ausbeuter«. Mit einem Marsch seiner »Schwarzhemden« auf Rom am 28.10.22 meldete M. seinen Machtanspruch an, wurde vom König mit der Bildung einer Koalitionsreg. beauftragt, drängte bald seine Partner beiseite und baute ein autoritäres Regime auf; Symbol: Rutenbündel (latein. fascis, daher der Begriff Faschismus) als Zeichen staatl. Amtsgewalt. Als OB der Streitkräfte, Polizeichef, Min.präs. und Min. zahlr. Ressorts (zeitweise bis zu 8) ließ er sich als »Duce« (Führer) und »Capo di Governo« (Reg.chef) huldigen und sicherte seine Macht durch polizeistaatl. Willkür im Innern und imperialist. Politik nach außen.

Bei diesen außenpolit. Abenteuern fand M. in dem zunächst als »Nachäffer« bespöttelten Hitler zunehmend Unterstützung, z.B. bei der Annexion ➢ Abessiniens 1935/36, und verband sich mit ihm im span. Bürgerkrieg 1936-39 zur Waffenbrüderschaft zugunsten Francos. Es entwickelte sich die »Achse Berlin-Rom«, wobei M. allerdings zusehends zum Juniorpartner herabsank. 1938 beim ➢ Münchener Abkommen gelang ihm noch einmal durch Gipfeldiplomatie die Abwendung des Krieges, auf den Italien weniger als alle anderen vorbereitet war, versprach aber militär. Beistand für spätere krieger. Verwicklungen des Dt. Reiches im sog. ➢ Stahlpakt (Mai 39). Dennoch blieb er im Polenfeldzug (Sept. 39) dem Krieg fern, stürzte sich aber am 10.6.40 übereilt in den Kampf gegen Frkr., da er angesichts der raschen Siegeslaufs der dt. Wehrmacht bei der Verteilung der Beute zu spät zu kommen befürchtete. Damit und mit gescheiterten eigenen »Parallelkriegen« (➢ Albanien, ➢ Balkan-, ➢ Afrikafeldzug) wurde er zum Gefangenen des tödl. Hitlerschen Endsiegkonzepts.

Als Feldherr war M. glücklos, seine Personalpolitik bei der Vergabe von hohen Posten oder bei der Besetzung des ➢ Comando Supremo orientierte sich an persönl. oder polit. Präferenzen, nicht an militär. Erfordernissen. Seine schärfste Waffe, die große italien. Kriegsflotte, ging im Kampf mit der Royal Navy im ➢ Mittelmeer ruhmlos unter. Als Meister der Pose – nach dem Fall ➢ Tobruks (21.6.42) ließ er sich eine Phantasieuniform für den Einritt in Kairo schneidern – entwickelte er bei sinkendem Kriegsglück immer operettenhaftere Züge und verschärfte zugleich den Terror im Innern. Die Entfremdung zw. dem kriegsmüden italien. Volk und dem »Duce« wuchs, und der Faschist. Großrat vollstreckte nur ein allg. Urteil, als er am 25.7.43 M. entmachtete und verhaften ließ. Zwar befreiten ihn am 12.9.43 dt. Fallschirmjäger aus einem Hotel auf dem Gran Sasso, doch fristete M. fortan als nomineller Chef einer »Repubblica Sociale Italiana« in N-Italien das Dasein einer Marionette seiner dt. Aufseher. Als er sich bei Kriegsende in die Schweiz absetzen wollte, wurde er von Partisanen ergriffen und zusammen mit seiner Geliebten Clara Petacci erschossen.

Mustang, amerikan. Jagdeinsitzer North American P-51, Erstflug 26.10.40. Die Karriere der M. als kriegsentscheidender Langstreckenbegleitjäger begann durch die Ausrüstung mit dem Motor Rolls-Royce Merlin 61 bzw. dessen amerikan. Nachbau Packard/Merlin V-1650 mit zweistufigem Superlader von 1400, später 1700 PS. In Verbindung mit einer vierblättrigen Luftschraube verlieh er der M. eine Höchstgeschwindigkeit von 710 km/h. Die ersten Serien B und C gingen 1943 in die Produktion, 1944 kam die verbesserte D-Version mit aufgesetzter Tropfenhaube und 6x12,7-mm-MG als Standardbewaffnung heraus.
Die ersten M. tauchten im Dez. 43 über Kiel auf, am 4.3.44 dehnten sie ihren Aktionsradius bis Berlin aus. Mit zwei abwerfbaren Zusatztanks verlängerte sich die Reichweite auf 2750 km, so daß die amerikan. B-17 ➢ Flying Fortress mit M.-Eskorte Pendeloperationen quer über das Reich mit Landung in der Ukraine (➢ Poltawa) oder Italien unternehmen konnten. Von insges. 10 720 anerkannten amerikan. Abschüssen über Europa gingen fast 50 % auf das Konto von M.-Piloten. Nach amtl. Angaben vernichteten M.-Verbände außerdem 4131 dt. Flugzeuge am Boden. Sie gingen gegen Kriegsende vermehrt zu Tiefangriffen über, wobei die M. mit 2x454-kg-Bomben oder 10x125-mm-Raketengeschosse zum Jagdbomber umgerüstet wurde. Von 1940-45 wurden insges. 16 575 M. der verschiedenen Baureihen gefertigt, die letzte und schnellste Serienvariante H flog max. 784 km/h. Bei Kriegsende standen rd. 5500 M. im Dienst der US-Heeresluftwaffe und rd. 1300 bei der RAF, die mit ihren M. 232 ➢ V 1 vernichtete. Im Pazifik war die M. über ➢ Iwo Jima anzutreffen und als Begleitschutz für die B-29 ➢ Superfortress bei ihren Flächenbombardierungen von Städten des japan. Mutterlands.

N

Nacht-und-Nebel-Erlaß, am 7.12.41 von OKW-Chef Keitel auf Befehl Hitlers herausgegebene Anordnung. Sie verfügte, daß in den besetzten Gebieten Personen, denen »Straftaten gegen das Dt. Reich« vorgeworfen wurden, bei »Nacht und Nebel« nach Deutschland zu verbringen seien, sofern nicht die Todesstrafe vor Kriegsgerichten sichergestellt war. Die sog. NN-Häftlinge wurden von Sondergerichten abgeurteilt. Bei Freispruch oder nach Verbüßung ihrer Strafen wurden sie in KZ, v.a. Natzweiler und Groß Rosen, eingeliefert. Aus »Abschreckungsgründen« war ihnen jeder Kontakt mit der Heimat verwehrt. Rd. 7000 Personen wurden nach dem N. verschleppt, das Gros aus Frkr.

Nagasaki, japan. Hafenstadt mit 250 000 Einwohnern (1942) auf Kiuschu; Marinestützpkt und Industriezentrum mit den größten Werftanlagen Ostasiens. Drei Tage nach ➢ Hiroshima wurde N. am 9.8.45 Opfer eines amerikan. Atombombenangriffs, weil das ursprüngl. Ziel, die ebenfalls auf Kiuschu gelegene Stadt Kokura, unter einer dichten Wolkendecke lag. Die von Tinian anfliegende B-29 »Bock's Car« unter dem Kommando von Major Charles W. Sweeney drehte trotz Treibstoffmangels auf das Ersatzziel N. ab, das zwar auch verhangen war, aber ab und zu durch Wolkenlöcher gesichtet wurde. Um 10.58 Uhr klinkte Sweeney die Plutoniumbombe ➢ »Fat Man« aus, die mit 22 Kilotonnen (kt) nahezu die doppelte Explosivkraft des Hiroshima-Sprengsatzes ➢ »Little Boy« entwickelte. Die in 500 m Höhe erfolgende Detonation vernichtete ein Areal von 4,5 km^2 vollständig und hätte beinahe die angreifende Maschine erreicht, die zu Beobachtungszwecken zu nahe am Explosionsherd gehalten worden war und nur durch eine Notlandung auf Okinawa gerettet wurde. Die Vernichtung von N. kam wie in Hiroshima durch Lichtblitz, Feuersturm, Druckwelle und radioaktive Strahlung. Der Stadtteil Urakami verschwand gänzl. vom Erdboden, im Hafen explodierten die Schiffe als brennende Fackeln, die Werftanlagen schmolzen. Ein Höhenzug verhinderte die Vernichtung auch der westl. Stadtteile, so daß Zerstörungen und Opferzahlen geringer blieben als beim vorangegangenen Uran-Blitz. Nach amerikan. Angaben starben in N. am 9.8. und in den Wochen danach 35 000 Menschen, 60 000 erlitten meist schwere Verletzungen. Diese Zahlen wurden in einer japan. Studie 1960 nach unten auf 20 000 und 50 000 korrigiert. Das Inferno erreichte daher zwar nicht das Ausmaß von Dresden oder ➢ Tokio, der Schock jedoch war angesichts des Zerstörungs- und Tötungswerks nur einer Bombe weit größer und führte zur Anerkennung der alliierten Forderung nach bedingungsloser Kapitulation durch die japan. Reg., nachdem die Respektierung des Tenno ⋙ Hirohito zugesagt worden war. Der Untergang von N. fiel zudem mit der sowjet. Kriegserklärung zusammen.

Nagato, japan. Schlachtschiff, 9.11.19 Stapellauf, 25.11.20 in Dienst gestellt, 33 800 t, 25 kn, 215,8 m lang, 29 m breit, bis 1368 Mann Besatzung; Bewaffnung: 8x40,6 cm, 18x14 cm, 8x12,7 cm, 98 kleinere Rohre. Bei Beginn der Feindseligkeiten im Pazifik war die N. Flaggschiff von Admiral ⋙ Yamamoto, der am 7.12.41 an Bord des Schiffs die Nachricht vom gelungenen Überfall auf ⋙ Pearl Harbor auffing. In der Schlacht bei ⋙ Midway (Anfang Juni 42) gehörte die N. zur Sicherungsgruppe, nahm im Juni 44 mit der Trägergruppe B an der Schlacht in der Philippinen-See teil und versenkte während der Schlacht im Leyte-Golf (Okt. 44) den amerikan. Geleitträger Gambier Bay. Danach wegen Treibstoffmangels vor Jokohama festliegend, wurde N. am 18.7.45 Opfer von Trägerflugzeugen der Yorktown, die den einstigen Stolz der Kaiserl. Marine ausschalteten. 20.9.45 als Kriegsbeute an die USA ausgeliefert, anschließend Zielschiff bei Atomwaffentests im Bikini-Atoll; dabei am 29.7.46 versenkt.

Nagumo, Chuichi, * Yamagata 1887, † Saipan 6.7.1944, japan. Vizeadmiral (1939); 1908 zur Kaiserl. Marine, 1917 Zerstörer-Kommandant, 1929 Kapitän z.S., 1935 Konteradmiral, u.a. Kommandant des Schlachtschiffs Yamashiro. N. bemühte sich im Vorfeld des Krieges v.a. um den Aufbau der noch wenig beachteten Marine-Luftwaffe und wurde OB der 1. Marine-Luftflotte. In dieser Eigenschaft befehligte er das japan. Angriffsgeschwader gegen ⋙ Pearl Harbor, das u.a. 5 Träger mit 423 Flugzeugen umfaßte und am 7.12.41 den Pazifikkrieg auslöste. Nach seiner Rückkehr nach Japan (23.12.) ließ N. seinen Verband zu weiteren Träger-Raids auslaufen, bombardierte ⋙ Rabaul (20./23.1.42) und Port Darwin (14.2.42), wo ihm 11 Handelsschiffe und 1 US-Zerstörer zum Opfer fielen, und griff dann im Ind. Ozean Ceylon an, wo er u.a. den brit. Träger Hermes vernichten konnte (9.4.42). Sein Stern sank in der Schlacht bei ⋙ Midway, in der er die Vorhut kommandierte und alle seine Träger verlor. Zwar gelang ihm mit der Versenkung des US-Trägers Hornet und der Beschädigung der Enterprise am 26.10.42 in der Schlacht bei den ⋙ Santa-Cruz-Inseln eine Revanche, doch um den Preis des Verlusts fast aller Trägerflugzeuge. Im März 44 OB im Zentralpazifik geworden, versuchte N. vergebl., die amerikan. Offensive u.a. gegen die Marianen zu stoppen. Auf ⋙ Saipan, wo er sein Hauptquartier aufgeschlagen hatte, befehligte er seine letzte Schlacht gegen das am 15.6.44 gelandete V. Amphib. US-Korps (Smith). Wie der OB der dort verteidigenden japan. 31. Armee, Gen.leutnant Saito, beging der »Held von Pearl Harbor« bei unvermeidl. Niederlage rituellen Selbstmord nach den Regeln des »Buschido« (Weg des Kriegers).

Nakajima, japan. Flugzeugfirma, mit einer Gesamtproduktion von nahezu 20 000 Maschinen wichtigster japan. Hersteller; bekannt v.a. das Trägerflugzeug BSN ⋙ Kate, der schwere Bomber Ki-49 Donryu und der Jagdeinsitzer Ki-84 ≻ Hayate.

Narvik, Hafenstadt in N-Norwegen mit knapp 10000 Einwohnern (1940). Der ganzjährig eisfreie Hafen N., über den die Ausfuhr des schwed. Erzes aus den Gruben bei Kiruna und Gällivare abgewickelt wurde, spielte in den alliierten Planungen seit Jan. 40 für ein Eingreifen in den finn.-sowjet. ≻ Winterkrieg eine wesentl. Rolle, weil mit seiner Einnahme der dt. Erznachschub zu unterbinden gewesen wäre. Der Friedenschluß im März 40 machte den Vorwand untaugl., doch wurde weiter an Besetzungsplänen gearbeitet. Sie kamen zu spät, da dt. Truppen im Rahmen des Unternehmens ≻ »Weserübung« am 9.4.40 in N. landeten. Es handelte sich um 2000 Mann Gebirgstruppen unter Gen.major ≻ Dietl, die mit der aus 10 Zerstörern gebildeten Kriegsschiffgruppe 1 (Bonte) einliefen, ohne auf nennenswerten Widerstand zu stoßen. Am nächsten Tag jedoch griff die brit. 2. Zerstörer-Flottille an und versenkte 2 dt. Zerstörer, die übrigen 8 sanken am 13.4. nach erneutem brit. Angriff. Die überlebenden Mannschaften (ca. 2100 Mann) schlossen sich Dietls Verband an, dessen Lage nach Landung der brit. 24. Brigade nördl. N. krit. geworden war. Den vom OKW freigegebenen Übertritt nach Schweden lehnte Dietl jedoch ab, zog sich am 28.5. angesichts einer mit weit überlegenen Kräften (28000 Mann) geführten alliierten Offensive aus der Stadt zurück und igelte sich an der Erzbahn ein. Wegen der katastrophalen Entwicklung in Frkr. mußten die alliierten Truppen seit 3.6.40 zurückgezogen werden, so daß die dt. Gebirgsjäger am 8.6. N. wieder besetzen konnten. Es blieb bis Kriegsende in dt. Hand und diente der Kriegsmarine u.a. als Ausfallpforte für Angriffe auf Geleitzüge im ≻ Nordpolarmeer.

Nashorn (früher Hornisse), dt. Selbstfahrlafette auf Fahrgestell Panzer IV mit 8,8-cm-Pak 43 L071, 24,4 t, 5,80 m Länge, 2,92 in Breite, gleiche Höhe. Das N. wurde seit Mai 43 bei schweren Heeres-Pz.jägerabt. eingesetzt. Mit einem 300-PS-Motor erreichte das N. 24 km/h, die Besatzung betrug 5 Mann. Seit Febr. 43 wurden insges. 493 Exemplare gebaut.

Nationalkomitee »Freies Deutschland«, unmittelbar nach der dt. Niederlage in der Pz.schlacht bei ≻ Kursk am 13.7.43 in Krasnogorsk bei Moskau (später Sitz in Lunjowo) unter sowjet. Aufsicht von dt. Kriegsgefangenen, Mitgliedern der kommunist. Exilführung und emigrierten antifaschist. dt. Schriftstellern gegründete Organisation. Das N. wollte zur Beendigung des Krieges durch Einwirken auf die dt. Öffentlichkeit und die dt. Soldaten der O-Front beitragen, denen die Vorteile einer baldigen Aufgabe des Kampfes sowohl persönl. (Überlaufen) wie kollektiv (Sturz Hitlers) klargemacht werden sollten. Die Zeitung des N., »Freies Deutschland«, schwarz-weiß-rot umrandet und in insges. 120 Nummern verbreitet, Flugblätter, Grabenlautsprecher und Radiosendungen (eigener Sender »Freies Deutschland« in Moskau) appellierten daher bewußt an patriot. Gefühle und vermieden marxist. Propagandaformeln. In Zusammenarbeit mit dem ≻ Bund Dt. Offiziere (seit 14.9.43) nutzte man auch die Autorität promi-

Nationalkomitee »Freies Deutschland«: General Walter von Seydlitz ruft in einem Kessel an der Ostfront eingeschlossene deutsche Soldaten zur Übergabe auf.

nenter Truppenführer wie Gen.feldmarschall ➢ Paulus, die schonungslos die militär. Lage schilderten. Gerade deren Entwicklung aber machte die Arbeit des N. mit wachsender Gewißheit des alliierten Sieges zunehmend schwerer. Die von der N.-Propaganda erhoffte Schwächung der dt. Kampfmoral wurde nicht mehr benötigt, so daß auf sowjet. Druck die Aufrufe zunehmend sozialist. gefärbt wurden. Das schwächte die ohnehin geringe Wirkung der N.-Agitation auf die dt. Soldaten, deren Glaube an das Genie des »Führers« und deren Angst vor sowjet. Gefangenschaft überwogen, so daß auch ein »Aufruf der 50 Generale an Volk und Wehrmacht« (8.12.44) nahezu unbeachtet blieb. Nach dem Krieg spielte das N., das bei den Westmächten anfangs Befürchtungen eines dt.-sowjet. Separatfriedens ausgelöst hatte, kaum noch eine Rolle und wurde am 2.11.45 aufgelöst. Einige der prominenten Mitglieder wie Walter Ulbricht oder Wilhelm Pieck rückten jedoch in der Sowjet. Besatzungszone in führende Stellungen.

Natter, Beiname des raketengetriebenen dt. Abfangjägers Bachem Ba 349, seit Sommer 44 in letzter Minute im Rahmen des Jäger-Notprogramms als materialsparende Einfachwaffe gegen die viermotorigen US-Bomber entwickelt; erster unbemannter Versuchsstart 22.12.44. Bei der N. handelte es sich prakt. um eine steuerbare Rakete von 6 m Länge mit einem Flugzeugleitwerk und Stummelflügeln von 4 m Spannweite. Sie startete mit einem

2000-kp-Flüssigkeitsmotor Walter HWK-509 und 4 Hilfsraketen von einem 25 m hohen Gerüst fast senkrecht und erreichte in 1 min. die Einsatzhöhe von 10 000 m, Kampfzeit 6-7,4 min. Bewaffnet war die N. mit einer Batterie von 24x5,5-cm-R4M-Luft-Luft-Raketen in der Bugnase. Nach Abfeuern der Salve sollte sich der Pilot mit dem Fallschirm retten, das abgesprengte Heckteil mit dem ausgebrannten Raketenmotor glitt zwecks Wiederverwendung an einem zweiten Fallschirm zur Erde. Insges. wurden noch 36 N. in S-Deutschland gebaut, 10 davon warteten im April 45 bei Kirchheim/Teck auf ihre Einsatzerprobung. Bei Annäherung der Alliierten wurden sie auf ihren Startgerüsten zerstört.

Natzweiler (Struthof), elsäss. Dorf in den nördl. Vogesen, seit 1.5.41 Standort eines nat.-soz. ➢ Konzentrationslagers.

Naujocks, Alfred Helmut, * 20.9.1911, † Hamburg 4.4.1966, dt. Geheimagent; Maschinenbauer, 1931 zur SS. N. war 1939 SS-Sturmbannführer und arbeitete für den SD im Auslandsnachrichtendienst. Er erhielt am 10.8.39 den Auftrag, einen fingierten Überfall auf den Reichssender ➢ Gleiwitz zur propagandist. Vorbereitung des Angriffs auf Polen durchzuführen. N. war später u.a. an der Entführung brit. Agenten beim Venlo-Zwischenfall und am Fälschungsunternehmen ➢ »Bernhard« beteiligt. Nach dem Krieg aus amerikan. Internierung geflohen, wurde N. nie gerichtl. zur Verantwortung gezogen.

Naxos, Name des dt. Funkmeßbeobachtungsgeräts FuMB 7, das seit Okt. 43 die versagenden ➢ Metox-Anlagen ersetzte. N. arbeitete im Wellenbereich 8-12 cm und konnte so bei einer Reichweite bis 50 km wieder die gegner. Ortung durch ➢ Radar melden (Pfeifton). Es kam allerdings zu spät, um die ➢ Atlantikschlacht wesentl. beeinflussen zu können. Bei der Nachtjagd wurde dasselbe Gerät als N. 2 oder N. Z mit großem Erfolg zum Anpeilen des ➢ H2S-Radars der brit. Bomber eingesetzt. Zus. mit dem neuen ➢ Lichtenstein-SN 2 und dem sog. Flensburg-Peiler, der auf das brit. »Monica«-Heckradar ansprach, führte es zu steigenden Verlusten beim brit. Bomber Command: Von Nov. 43 bis März 44 gingen bei 35 größeren Angriffen 1047 Maschinen überwiegend durch die neue ➢ »Zahme Sau«-Taktik verloren. Die dt. Erfolge sanken wieder, als den Briten am 13.7.44 eine ➢ Ju 88 mit N.-Bordradar in die Hände fiel. Sie splitterten nun die Bomberströme auf und schalteten ihre H2S-Geräte erst 60 km vor dem Ziel ein, »Monica« wurde ganz aufgegeben.

Nebe, Arthur, * Berlin 13.11.1894, † ebd. 4.3.1945 (hingerichtet); dt. Polizeioffizier; Kriegsfreiwilliger, 1918 Oberstleutnant (EK I), 1920 zur Berliner Polizei, 1931 NSDAP-Beitritt, 1.4.34 Kriminalrat, 1936 Chef der Kripo, 1.7.37 Reichskriminaldirektor. N. war nach Bildung des RSHA Chef des Amtes V und lieferte dem militär. Widerstand um Gen.oberst ➢ Beck, mit dem er seit 1938 befreundet war, wertvolle Informationen aus dem Zentrum der nat.-soz. Macht. Im Rußlandfeldzug kommandierte er die ➢ Einsatzgruppe B, ließ sich aber angesichts der Blutorgien (45 467 ermordete Juden während seiner Führung) ablösen. Danach in der alten Stellung, floh er nach dem Scheitern des Attentats vom 20.7.44 und verriet so erst seine Verstrickung in die Verschwörung; 16.1.45 verhaftet, 2.3.45 zum Tod verurteilt.

Nebelwerfer, Tarnbez. (oft fälschl. auf den dt. Raketeningenieur Rudolf Nebel, 1894-1978, bezogen) für Geschoßwerfer der dt. Wehrmacht zur Bekämpfung von Flächenzielen durch Salvenfeuer. Die rückstoßfreien N. wurden auf geländegängige Kfz, leichte Pz. oder Selbstfahrlafetten montiert, bestanden aus bewegl. Rohren und verschossen ungelenkte reaktive Granaten. Der 1939 eingeführte N. 35, Kaliber 10,5 cm, wog in Feuerstellung 100 kg, erreichte 3250 m Schußweite und wurde bei 3 Abt. eingesetzt. Die noch unbefriedigenden Ergebnisse führten, auch als Antwort auf die sowjet. Katjuscha (≫ Stalinorgel), zur Weiterentwicklung zum sechsrohrigen N. 41, Kaliber 15 cm, 560 kg (leer), Schußweite 6700 m. Durch Erhöhung des Kalibers auf 21 und 30 cm – durch Einsatzschienen war auch der Abschuß von 15-cm-Geschossen möglich – verbesserte man Reichweite (bis 12 700 m) und Wirkung des N. weiter.

Neger, nach dem Konstrukteur Richard Mohr benannter dt. Trägertorpedo. Der mit 1 Fahrer in einer Sichtkuppel bemannte, nicht tauchfähige 7,65 m lange N. führte an der Unterseite einen zweiten Torpedo als Waffe in Zielnähe und eignete sich v.a. zum Nachteinsatz gegen Hafenanlagen oder vor Anker liegende Schiffe. Die ersten der insges. 200 N. kamen im April 44 gegen den alliierten Landekopf in ≫ Anzio ohne Erfolg zum Einsatz. Nach einem weiteren Versuch im Sommer 44 in der Seinebucht, wo immerhin die Zerstörung des brit. Kreuzers Dragon (8.7.44) und die Versenkung eines Zerstörers und einiger Frachter gelang, wurde der N. wegen zu hoher Verluste nicht mehr eingesetzt.

Nehring, Walther, * Stretzin 15.8. 1892, † Düsseldorf 20.4.1983, dt. Gen. der Pz.truppen (1.7.42); Eintritt ins Heer 16.9.11, Reichswehr, 1.3.37 Oberst. N. wurde am 1.7.39 Chef des Gen.stabes des XIX. AK, mit dem er in den Krieg gegen Polen zog, seit 1.6.40 diente er in gleicher Position bei der Pz.gruppe Guderian im Frankreichfeldzug. Am 1.8.40 zum Gen.major befördert, erhielt N. das Kommando über die neugebildete 18. Pz.div., mit der er am 22.6.41 in Rußland einrückte. Am 1.2.42 wurde er Gen.leutnant und führte vom 9.3. bis 31.8.42 das ≫ Dt. Afrika-Korps. Nach der Landung der Alliierten in N-Afrika übernahm N. den Befehl über die eiligst nach Tunesien herübergebrachten dt. Truppen (LXXXX. AK), mit denen er den Brückenkopf sichern konnte. Nach Erweiterung seines AK zur 5. Pz.armee wurde er nach Deutschland zurückbeordert und durch Gen.oberst v. ≫ Arnim ersetzt. Am 10.2.43 wurde N. Kommand. Gen. des XXIV. Pz.korps im O, führte vom 2.7. bis 8.8.44 stellv. die 4. Pz.armee und danach wieder bis zum 15.10.44 sein Pz.korps. Mit der »Gruppe N.« (XXIV. Pz.korps und Reste des XXXII. AK) erzwang er am 20.1.45 als »wandernder Kessel« nach Losbrechen der sowjet. Winteroffensive an der Weichsel den Pilica-Übergang und gewann am 22.1.45 südöstl. Sieradz Anschluß an das von Ostpreußen herankommende Pz.korps »Großdeutschland« (Saucken). Vom 22.3.45 bis Kriegsende war N. OB der 1. Pz.armee, die zuletzt in der Mähr. Senke und im Altvatergebirge kämpfte.

Nell, alliierter Codename für den japan. mittelschweren Bomber Mitsubishi G3M, Erstflug Juli 35. Bei Beginn des Pazifikkrieges standen rd. 300 N. im Truppendienst. Obwohl die Reihe 1943 nach insges. 1048 Exemplaren zugunsten des neuen Bombers ➢ Betty Mitsubishi G4M auslief, blieb das Baumuster während des ganzen Krieges im Einsatz, zuletzt in einer umgebauten Version als Transporter mit dem alliierten Codenamen Tina. Daten der Baureihe G3M3: 2x1300 PS, max. 416 km/h in 5900 m Höhe, Reichweite bis 3363 km; 1x20-mm-Kanone und 2x7,7-mm-MG als bewegl. Abwehrbewaffnung, bis 1000 kg Bomben oder 1 Torpedo.

Nelson, brit. Schlachtschiff, benannt nach dem engl. Seehelden Horatio N. (1758-1805), 2.9.25 Stapellauf, 10.9.27 in Dienst gestellt, 34 000 t, 23 kn, 216,4 m lang, 32,3 m breit, bis 1640 Mann Besatzung; Bewaffnung: 9x40,6 cm, 12x15,2 cm, 6x12 cm, 112 kleinere Rohre. In der ersten Kriegsphase nahm die N. mit der Home Fleet Sicherungsaufgaben vor Norwegen und in der Nordsee wahr (u.a. Bergung des schwer beschädigten U-Boots Spearfish 25./26.9.39). Am 30.10.39 blieb ein Angriff von U 56 auf die N., die den brit. Premier Churchill an Bord hatte, westl. der Orkney-Inseln ohne Erfolg. Ihrerseits suchte die N. Ende Nov. 39 ebenso erfolglos eine dt. Kriegsschiffgruppe mit den Schlachtschiffen Gneisenau und Scharnhorst, die im N-Atlantik operierte. Nach schwerer Beschädigung durch eine von U 31 gelegte Mine bei Loch Ewe mußte die N. bis Aug. 40 repariert werden, operierte dann wieder vor Norwegen und anschließend in den Heimatgewässern, in Erwartung eines dt. Invasionsversuchs. Bis Juni 41 nahm sie Deckungsaufgaben für Atlantik-Geleitzüge wahr und verlegte dann zur Force II ins Mittelmeer, wo sie ebenfalls Konvoi-Sicherung übernahm. Als Flaggschiff von Admiral Somerville von einem Lufttorpedotreffer südl. Sardinien am 27.9.41 erneut beschädigt, konnte sie erst im April 42 wieder ins Mittelmeer entsandt werden, wo sie bei Landungen (u.a. auf Sizilien 10.7.43, bei Salerno 9.9.43) und Trägerraids zu verschiedenen Deckungsgruppen gehörte. Für die Invasion der Alliierten in der Normandie nach dem Ärmelkanal zurückverlegt, erhielt die N. im Juni 44 einen Minentreffer, wurde in den USA repariert und dann zur brit. East Indies Fleet abgestellt. An Bord der N. nahm am 2.9.45 Vizeadmiral Wake-Walker die Kapitulation der japan. Streitkräfte im Raum Penang entgegen. 13.11.45 zurück nach England, danach Schulschiff, März 49 abgewrackt.

»Neptune«, Codebez. für die alliierten Marineoperationen während der ➢ Invasion vor der Normandie am 6.6.44. Für »N.« wurden eine amerikan. (Kirk) und eine brit. Kampfgruppe (Vian) gebildet, bestehend aus 7 Schlachtschiffen, 2 Monitoren, 23 Kreuzern, 105 Zerstörern und 1076 kleineren Kriegsschiffen, die 4126 Landungsfahrzeuge deckten. Sie konnten fast ungehindert operieren und ihre künstl. ➢ »Mulberry«-Häfen einrichten, da die dt. Luftwaffe so gut wie ausgeschaltet war und die Kriegsmarine nur über 5 Zerstörer und knapp 500 kleinere Einheiten verfügte. Die Zerstörer, von denen 2 verlorengingen, erreichten nicht einmal den Invasionsraum, während die Torpedo- und Schnellboote einige wenige Erfolge erzielten.

Nero-Befehl (Verbrannte-Erde-Befehl), Bez. für den Befehl Hitlers vom 19.3.45, alle irgendwie vom Feind zu nutzenden Einrichtungen in Deutschland beim Rückzug zu zerstören, benannt nach dem röm. Kaiser Nero, der Rom in Brand setzen ließ. Rüstungsmin. ≫ Speer wandte sich in einem Schreiben an Hitler vom 29.3.45 gegen den N. und erreichte, daß ihm die Zuständigkeit für Zerstörungsweisungen übertragen wurde. In Zusammenarbeit mit Wehrmacht und Verwaltung gelang es ihm, den N. weitgehend zu unterlaufen.

Nettuno, italien. Seebad südl. Rom mit ca. 7500 Einwohnern (1940), ≫ Anzio.

Neuengamme, Dorf etwa 30 km östl. Hamburg, seit Dez. 38 Standort eines nat.-soz. ≫ Konzentrationslagers, in dem bis Kriegsende etwa 56 000 Menschen umkamen.

Neuguinea, zweitgrößte Insel der Erde im SW-Pazifik nördl. Australien, mit Nebeninseln 805 000 km^2 und 1,5 Mio. Einwohner, polit. geteilt in den niederländ. W, den austral. SO (Papua-N.) mit der Hauptstadt Port Moresby und das brit.-austral. Mandatsgebiet im NO (bis 1919 als Kaiser-Wilhelms-Land dt. Kolonie). In den japan. Planungen spielte N. als Basis für Luftangriffe auf Australien eine wichtige Rolle. Japan. Streitkräfte besetzten nach dem Fall von ≫ Niederländ. Indien den ganzen W-Teil und im März 42 das Gebiet um Lae und Salamaua im O, doch scheiterte in der Schlacht in der ≫ Korallensee der Versuch einer Eroberung von Port Moresby von See aus. Am 22./23.7.42 landeten daher Teile der japan. 18. Armee unter Gen.major Horii bei Buna an der NO-Küste von Papua und kämpften sich gegen die austral.-amerikan. Verteidiger unter Gen.major Hering durch Dschungel und Gebirge quer über die Insel vor. Am 26.9.42 blieb der japan. Vormarsch 48 km vor Port Moresby liegen, Horii blies zum Rückzug auf die Ausgangsstellungen, aus denen er jedoch bis Jan. 43 ebenfalls vertrieben wurde. Jetzt landeten laufend alliierte Verstärkungen, und im Herbst/Winter 43/44 stießen sie längs der NO-Küste vor, schlossen durch überholende Landungen im N die japan. Truppen ein und kontrollierten seit Juli 44 wieder ganz N., nur Reste der japan. Verteidiger hielten sich bis Kriegsende im unwegsamen Bergland.

Neurath, Konstantin Freiherr von, * Klein-Glattbach (Württemberg) 2.2. 1873, † Enzweihingen (Württemberg) 14.8.1956, dt. Politiker und SS-Obergruppenführer (19.6.43); Diplomatenlaufbahn, 1921 Botschafter in Rom, 1930 in London, 2.6.32 Reichsaußenmin., 1937 NSDAP-Beitritt, 4.2.38 Reichsmin. ohne Geschäftsbereich. Hitler bestellte N. am 18.3.39 zum Reichsprotektor in Böhmen und Mähren (der einstigen Tschechei), doch war der eigentl. starke Mann in Prag sein Stellvertreter K.H. ≫ Frank. Am 27.9.41 wurde N. angebl. aus Altersgründen, in

Wahrheit wegen zu liberaler Amtsführung »beurlaubt« und 1943 entlassen. Im Prozeß gegen die Hauptkriegsverbrecher wurde er am 1.10.46 zu 15 Jahren Haft verurteilt, am 6.11.1954 wegen eines Augenleidens aber vorzeitig freigelassen.

Neuseeland, brit. Dominion und Doppelinsel im südwestl. Pazifik mit 268 676 km^2 und 1,7 Mio. Einwohnern (1940), Hauptstadt Wellington. Wie 1914-18 schloß sich N. 1939 der brit. Politik an und erklärte am 4.9.39 Deutschland und am 8.12.41 Japan den Krieg. Es wurden umgehend einige Div. aus Freiwilligen aufgestellt, 1940 wurde die allg. Wehrpflicht eingeführt. Unter dem Befehl von Gen. ➢ Freyberg kämpften neuseeländ. Truppen 1941 zuerst in Griechenland, später auf Kreta und in N-Afrika. Das Expeditionskorps beteiligte sich 1942 an der Kampagne in Syrien und im Libanon und machte seit Okt. 43 den Feldzug in Italien mit. Während der Luftschlacht um England zählte die RAF zahlr. Freiwillige aus N., von denen drei Jagd-Asse mit mehr als 20 Luftsiegen wurden. Angesichts der Bedrohung durch Japan machte 1942 auch die Heimatfront mobil: Im Juli zählte die Armee 154 550 Mann, davon dienten 124 000 als Reservisten in der Home Guard, außerdem wurde ein Hilfskorps aus 75 000 Frauen aufgestellt. Der US-Pazifikflotte dienten Häfen in N. als rückwärtige Basis; zeitweilig waren dort bis zu 42 000 GIs stationiert, die von der Reg. im Austausch gegen Lieferungen im Rahmen des ➢ Leih- und Pachtgesetzes untergebracht und versorgt wurden. Zur Finanzierung der Kriegsanstrengungen verordnete Wellington staatl. Preiskontrollen und zusätzl. Verteidigungssteuern; die Landwirtschaft, lebenswichtig für die Nahrungsmittelversorgung von Großbrit., wurde intensiviert. N. verlor im Krieg 11 600 Gefallene und 15 700 Verwundete, 7000 Mann gerieten in Gefangenschaft. Der Krieg hatte für das Land zugleich den ersten Schritt in die internat. Politik gebracht. Bereits vor dem Angriff Japans auf ➢ Pearl Harbor (7.12.41) entsandte N. einen Botschafter nach Washington, beteiligte sich 1945 an der Konferenz von San Francisco zur Gründung der Vereinten Nationen und emanzipierte sich zunehmend von der brit. Führung. Der Canberra-Pakt von 1944 hatte die Bindungen zu Australien gestärkt, die auch nach dem Krieg militär. wie polit. bestimmend blieben (ANZUS-Pakt).

Nevada, amerikan. Schlachtschiff, 11.7.14 Stapellauf, 11.3.16 in Dienst gestellt, 27 500 t, 20 kn, 177,8 m lang, 29 m breit, bis 1301 Mann Besatzung; Bewaffnung: 10x35,6 cm, 16x12,7 cm, 72 kleinere Rohre. Am 7.12.41 setzten japan. Trägerflugzeuge die im Hafen von ➢ Pearl Harbor liegende N. mit 5 Bomben- und 1 Lufttorpedotreffer in flachem Wasser auf Grund. Sie wurde am 12.2.42 gehoben, bis Frühjahr 43 repariert und im Mai 43 beim Unternehmen »Landcrab« zur Rückeroberung der Aleuten-Insel Attu bei der Task Force 51 (Rockwell) eingesetzt. In den Atlantik verlegt und zur Konvoi-Sicherung eingesetzt, gehörte die N. bei der Invasion in der Normandie am 6.6.44 (➢ »Overlord«) zur Western Naval Task Force (Kirk), die mit schwerer Artillerie Feuerschutz gab und dt. Bereitstellungen zerschlug; die N. feuerte dabei insges. 4747 Granaten ihrer beiden größten

Kaliber ab. Auch bei der Landung in S-Frkr. (≫ »Dragoon«) am 15.8.44 nahm sie an der Bekämpfung der Küstenbatterien teil und beschoß Toulon und Marseille. Wieder in den Pazifik kommandiert, kam sie gegen Iwo Jima und ≫ Okinawa zum Einsatz und erhielt am 27.3.45 einen ≫ Kamikaze-Treffer, erlitt aber nur leichte Schäden. Bis Kriegsende noch im Einsatz gegen die japan. Hauptinseln, 30.1.46 außer Dienst gestellt, Zielschiff für Atomwaffen- und Raketentests im Bikini-Atoll, 31.7.48 versenkt.

Niederlande, westeurop. Königreich und Nachbarstaat Deutschlands mit 34 222 km² und 8,8 Mio. Einwohnern (1940), Hauptstadt Den Haag, kulturelles Zentrum ≫ Amsterdam. Schon im 1. Weltkrieg neutral, hielten die N. auch in den 30er Jahren strikt an dieser Linie fest. Der dt. Aufmarschplan im W (≫ »Gelb«) nahm darauf jedoch keine Rücksicht. Am 10.5.40 überschritten die Verbände der dt. Heeresgruppe B (v. Bock) ohne Kriegserklärung die dt.-niederländ. Grenze, Luftlandetruppen sicherten strateg. wichtige Punkte im Raum Den Haag und ≫ Rotterdam, das am 14.5. vom KG 54 bombardiert und zerstört wurde, weil die Nachricht von der Übergabe der Stadt die Flieger nicht mehr erreicht hatte. Einen Tag zuvor waren Königin Wilhelmina und ihr Kabinett nach London geflohen, wo es als Exilreg. weiter amtierte, nachdem die niederländ. Streitkräfte am 25.5 kapituliert und Berlin am 25.5. ein Reichskommissariat für die N. unter ≫ Seyß-Inquart mit unterstellten niederländ. Staatssekretären als Zivilreg. neben dem Militärbefehlshaber Gen. ≫ Christiansen errichtet hatte. Den dt. Behörden stellte sich die Nationaal Socialistische Beweging ≫ Musserts, bisher eine unbedeutende Splittergruppe, zur Verfügung, die als einzige polit. Organisation zugelassen blieb, freil. ohne Einfluß zu gewinnen. Die dt. Besatzungspolitik zielte vielmehr auf die Nazifizierung und Gleichschaltung des »artverwandten german. Landes« mit dem Fernziel der Angliederung an das Reich. Zunächst begnügte man sich mit der Ausbeutung der Wirtschaft, der Rekrutierung von Zwangsarbeitern und der Ausweitung der ≫ Judenverfolgung auf die N. (106 000 Opfer). Die Kollaboration hatte angesichts des Terrors der Besatzer keine Chance, die Erfolge der dt. Werber für die ≫ Freiwilligen-Verbände waren entspr. gering, zumal der sich ausweitende Untergrundkampf von Kirche und Wirtschaft gefördert wurde. Anders als Belgien blieben die N. bis Kriegsende weitgehend in dt. Hand, da die alliierten Truppen vorbeistießen und die Luftlandung bei ≫ Arnheim im Sept. 44 scheiterte. So erlebte die »Festung Holland« noch 8 harte Besatzungsmonate mit Hungersnot, verschärfter Unterdrückung, Streiks und Überflutungen, da zur Verteidigung die Schleusen geöffnet wurden. Erst mit der dt. Kapitulation im NW-Raum (4.5.45) endete diese Leidenszeit, 28.6.45 Rückkehr der Königin.

Niederländisch-Indien, niederländ. Kolonialgebiet in SO-Asien, bestehend aus fast dem ges. Malaiischen Archipel mit den 4 Großen Sundainseln, dem W-Teil von Neuguinea und einer Vielzahl kleinerer Inseln, rd. 2 Mio. km² und 70 Mio. Einwohner (1940), Hauptstadt Batavia (heute Djakarta) auf Java. Das rohstoffreiche und fruchtbare N. gehörte zu den Hauptzielen der japan. Offensive nach Beginn des Pazifik-Krieges. Begünstigt durch den raschen Zusammenbruch der brit. Bastion in ≫ Malaya, die Stützpunkte in ≫ Indochina und die Besetzung der ≫ Philippinen, brauchten die Japaner zur Eroberung des riesigen Inselreichs kaum 3 Monate. Am 16.12.41 landeten die ersten japan. Truppen auf ≫ Borneo, Anfang Jan. 42 richteten sich amphib. Operationen gegen Celebes, die Molukken, Bali und Timor, am 14.2.42 gingen 3000 Japaner auf Sumatra an Land, und Ende Febr. 42 richtete sich der entscheidende Angriff gegen Java, das Herz von N. mit dem ≫ ABDA-Command. Gegen die unter starker Sicherung anlaufende japan. Landungsarmada ging ein alliiertes Ostindiengeschwader unter Konteradmiral Doormann in See und stellte die Japaner zur Schlacht in der ≫ Java-See (27.2.-1.3.). Sie wurde zur Katastrophe für die Verbündeten und öffnete den Japanern den Weg nach Batavia (5.3.). Am 9.3.42 kapitulierten die Niederländer unter Gen. Porten und die brit.-austral. Truppen unter Gen. Sitwell. Die »Niederlage des Weißen Mannes« in N. gab der indones. Unabhängigkeitsbewegung erhebl. Auftrieb. Auch mit militär. Mitteln und drakon. Härte gelang es den Niederländern nach dem Krieg nicht, die einstige Kolonie wieder in Besitz zu nehmen; Anerkennung der indones. Republik 17.12.49.

Nimitz, Chester William, * Fredericksburg (Texas) 24.2.1885, † Insel Yerba Buena bei San Francisco 20.2.1966, amerikan. Flottenadmiral (Dez. 44); bis 1905 Marineakademie, 1909 zur U-Boot-Waffe, Spezialausbildung für Dieselmotoren, Ende des 1. Weltkriegs Stabschef des Befehlshabers der U-Boote im Atlantik, danach Ing.-Studium u.a. in Deutschland und Belgien, wechselnde Stabs-, Verwaltungs- und Lehraufgaben (u.a. Schule für Reserveoffiziere der Marine an der Universität von San Francisco) sowie Bordkommandos. 1938 zum Konteradmiral ernannt, erhielt N. nach Kriegseintritt der USA das Oberkommando über die Pazifikflotte und war seit Okt. 43 OB der Zentralpazif. See-, Land- und Luftstreitkräfte (Hauptquartier auf Hawaii). Er hatte durch geschickte Führung der Mitarbeiter wie der Operationen an allen Siegen der US-Flotte gegen Japan entscheidenden Anteil, gehörte am 2.9.45 zu den Unterzeichnern der japan. Kapitulationsurkunden und wurde im Dez. 45 Nachfolger von ≫ King als OB der amerikan. Kriegsmarine. 15.12.47 Ruhestand.

NK (FD), Abk. für ≫ Nationalkomitee »Freies Deutschland«.

NN-Häftlinge, Kurzbez. für nach dem ≫ Nacht-und-Nebel-Erlaß in dt. Gefängnissen und KZs inhaftierte Ausländer.

»Nordlicht«, Deckname eines für den 14.9.42 geplanten dt. Angriffs auf das seit einem Jahr belagerte ≫ Leningrad. Für »N.« war eigens die 11. Armee (Manstein) von der Krim herangebracht worden, doch scheiterten die dt. Offensivplanungen an einem sowjet. Großangriff mit der Leningrader (Goworow) und der Wolchow-Front (Merezkow) gegen die dt. 18. Armee (Lindemann) im Raum Schlüsselburg, der am 27.8.42 begann und den die 11. Armee in schweren Kämpfen zum Stehen brachte; für »N.« fehlten danach die Kräfte, auch war die Ausgangslage nicht mehr gegeben.

Nordpolarmeer, Nebenmeer des Atlantiks zw. N-Norwegen, Spitzbergen, Grönland, Kanada, den USA und der UdSSR, rd. 14 Mio. km², fast ständig mit Treibeisfeldern bedeckt, im Winter völlig zugefroren. Das N. wurde seit Mitte 40 ins Kriegsgeschehen einbezogen, als nach der Besetzung Norwegens durch dt. Truppen ein erster Vorstoß der dt. Kriegsmarine mit schweren Überwassereinheiten erfolgte. Erst nach Beginn des Rußlandfeldzugs aber kam es im Juli 41 zur Stationierung stärkerer dt. Seestreitkräfte in N-Norwegen mit Stützpunkt Kirkenes (u.a. 6. Zerstörer-Flottille, mehrere U-Boote). Sie sollten die Nachschublinien des Gebirgskorps Norwegen sichern, das an der Murmansk-Front angriff. Murmansk und die Fischer-Halbinsel aber blieben in sowjet. Hand, so daß durch das N. westl. Geleitzüge für die Rote Armee laufen konnten. Gegen diese Lebensader der sowjet. Kriegführung richtete sich in der Folge die Verlegung schwerer dt. Seestreitkräfte (Tirpitz, Admiral Scheer, Scharnhorst, Admiral Hipper, Prinz Eugen u.a.) nach N-Norwegen, das damit auch gegen alliierte Invasionsversuche gesichert werden sollte. Es entbrannte ein Zufuhrkrieg, in dem die dt. Kriegsmarine über Wasser einige Erfolge erzielte (≻ »Rösselsprung«, »Wunderland«), aber v.a. mit U-Booten den alliierten Geleitzügen schwer zu schaffen machte. Auch die Luftwaffe griff mit erhebl. Wirkung ein. Die gegner. Abwehr versuchte v.a. durch Verstärkung der Konvoi-Sicherung der Gefahr zu begegnen, ihre U-Boote waren weniger erfolgreich, zumal die eigentl. überlegene sowjet. Marine meist defensiv blieb. Nach dem Rückzug der dt. Truppen aus Finnland im Nov. 44 stellte sie die Operationen ganz ein, und auch die dt. Kriegsmarine mußte von kleineren Vorstößen abgesehen ihren Kampf gegen die N.-Geleitzüge abbrechen.

Nordsee, flaches Randmeer des Atlantiks zw. Großbrit. im W und der belg./niederländ./dt. Küste im S und SO sowie Dänemark und Norwegen im O und NO, nach N zum ≻ Nordpolarmeer offen, durch den ≻ Ärmelkanal mit dem Atlantik verbunden, rd. 580000 km². In den Plänen der dt. Kriegsmarine rechnete man für den Fall eines Krieges gegen Großbrit. mit einer Neuauflage der ≻ Blockade aus dem 1. Weltkrieg, die von der Royal Navy auch tatsächl. vorgesehen war. Trotz gleicher Ausgangslage wie 1914 konnten die dt. Überwasserstreitkräfte jedoch durch waghalsigere Führung und höhere Geschwindigkeit und Reichweite dennoch auch schon zu Beginn des Krieges ihre Operationen aus der N. hinaustragen. Der offensive Kampf in der N. selbst galt anfangs v.a. der Verminung brit. und frz. Gewässer und Zufahrtswege; zur Verteidigung legte man andererseits starke Minensperren vor die Dt. Bucht (≻ Westwall). Unter Leitung des Marinegruppenkommandos West (Saalwächter) wurden zudem U-Boot-Operationen gegen die brit. O-Küste und Raids gegen die Zufuhren aus Skandinavien unternommen.
Zu Seeschlachten wie noch 1916 am Skagerrak kam es in der N. nie. Von einigen spektakulären U-Boot-Einsätzen

wie dem von Kapitänleutnant ≻ Prien gegen die brit. Home Fleet in Scapa Flow (14.10.39) oder dem des brit. U-Boots Salmon (Bickford) in der Dt. Bucht (12./13.12.39) abgesehen, blieb es zunächst beim Handels- und Minenkrieg, in den verstärkt die Luftwaffen eingriffen (erster Einsatz von Minen durch dt. Maschinen am 20.11.39). Erst beim dt. Unternehmen ≻ »Weserübung« zur Besetzung Dänemarks und Norwegens, die alle brit. Blockadepläne bezügl. Skandinaviens endgültig illusor. machte, kam es zu schweren Seegefechten wie dem Kampf der Zerstörer in Narvik (8.-13.4.40). Trotz der schweren dt. Verluste wog die Ausweitung der Operationsbasen schwerer und sorgte, v.a. nach dem weiteren Gewinn der frz. Atlantikhäfen (Juni 40), für ein Abflauen der Kampftätigkeit in der N. bis Kriegsende.
Mit Luftangriffen versuchte die RAF, später unterstützt von der 8. US-Luftflotte, in der Folgezeit ohne sonderl. Wirkung die dt. »Erzstraße« nach Norwegen zu unterbrechen. Auch die Bombardierung der dt. Hafenstädte und Schiffswerften konnte den Nachschub an U-Booten für die ≻ Atlantikschlacht zunächst kaum vermindern. Zu den wenigen alliierten Erfolgen in der N. zählten allenfalls die Kommandounternehmen gegen Ziele in Norwegen wie das Schwerwasser-Werk von ≻ Norsk Hydro (Febr. 43). Erst im letzten Kriegsjahr machten sich bei wachsender Luftüberlegenheit der Alliierten Behinderungen der dt. Transporte und der Operationen der dt. Kriegsmarine in der N. bemerkbar und zwangen zur Einführung des Konvoisystems. So konnte schließl. bis Kriegsende die Versorgung über See an den dt. und dt. besetzten Küsten der N. im wesentl. aufrechterhalten werden; über 30 Mio. t Erz, Holz und sonstige Waren wurden von April 40 an aus Skandinavien nach Deutschland verschifft, bei einer Verlustrate, die noch im Jan. 45 bei nur 0,5 und selbst im April 45 erst bei 10 % lag. Der dt. Kriegsmarine war es gelungen, bei eigenem hohem Einsatz starke gegner. Kräfte durch die Kriegführung in der N. zu binden.

»Nordwind«, Deckname für die am 31.12.44 einsetzende dt. Offensive mit dem XXXIX. Pz.-(Decker) und XIII. SS-Korps (Prieß) im nördl. Elsaß, mit begrenztem Ziel gegen die 7. US-Armee (Patch) und die (frei-)frz. 1. Armee (de Lattre de Tassigny). Zwar blieb »N.« bereits in den ersten beiden Tagen hinter Plan zurück, doch mußte das XV. US-Korps (Haislip) weichen. Der alliierte OB Eisenhower befahl daher, die Front auf die Höhen der Vogesen zurückzunehmen und Straßburg zu räumen. Das führte zu einer Vertrauenskrise zw. den Verbündeten und de Gaulle, der auf der Verteidigung der Stadt bestand und ankündigte, frz. Kräfte würden sie notfalls allein halten. Eisenhower drohte daraufhin mit Entzug von Munition und Treibstoff, doch entwickelte sich die Lage dank Luftherrschaft so, daß sich der Konflikt löste: Am 9.1.45 lief sich der dt. Angriff südl. Weißenburg fest, die erzielten Geländegewinne gingen in den folgenden Tagen verloren.

Norsk Hydro, südnorweg. Firma in Rjukan, die als einzige in Europa seit den 30er Jahren ≻ Schweres Wasser (Deuterium) für Laborzwecke herstellte, das sich als geeignete Dämpfsubstanz für Kettenreaktionen bei der Kernspal-

Norwegen: Vorstoß einer deutschen Abteilung mit einem Panzerzug auf der Eisenbahnlinie Oslo-Bergen, April 1940

tung erwies. Anfang 40 kaufte die frz. Reg. auf Veranlassung des Kernphysikers Frédéric Joliot (1900-1958) die ges. Schwerwasserbestände von 180 kg bei N. auf, ehe Norwegen von der Wehrmacht besetzt wurde. Das Wasser konnte später auch in Frkr. vor den dt. Truppen nach England gerettet werden. N. produzierte nun im dt. Auftrag weiter und konnte den Ausstoß 1942 auf 5000 kg steigern. Das weckte brit. Argwohn hinsichtl. einer mögl. Entwicklung dt. ≫ Atombomben und führte zu einem Kommandounternehmen gegen N.: Am 19.11.42 scheiterte ein Luftlandeversuch unter zahlr. Opfern beim Absturz zweier Lastensegler, erst am 16.2.43 gelang das Absetzen von 6 norweg. Soldaten, die am 28.2. die Konzentrieranlage von N. sprengten, den Schwerwasservorrat von 1500 kg vernichteten und nach Schweden entkamen. N. produzierte jedoch bald wieder und wurde daher am 16.11.43 bombardiert, wobei 60 kg Deuterium verlorengingen. Die daraufhin geplante Evakuierung der Anlagen nach Deutschland scheiterte durch Versenkung des dafür eingesetzten Fährschiffes am 20.2.44.

Norwegen, Königreich in Skandinavien mit 322 538 km^2 und 2,8 Mio. Einwohnern (1939), Hauptstadt Oslo. Trotz der traditionellen Neutralitätspolitik N.s beobachtete Hitler nach Kriegsbeginn argwöhn. die guten Beziehungen zw. Oslo und London, v.a. nach dem sowjet. Angriff auf Finnland (≫ Winterkrieg), der eine Intervention der Westmächte auslösen und damit den dt. Erznachschub über ≫ Narvik (rd. 40 %) gefährden konnte. Der Zwischenfall mit dem Troßschiff ≫ Altmark bestärkte Hitler in seinem Mißtrauen und führte schließl. am 9.4.40 zur Auslösung des Unternehmens ≫ »Weserübung«, der Invasion des Landes durch dt. Truppen. Die Hoffnung, man könne wie in ≫ Dänemark dem Angriff den Charakter einer »friedl. Besetzung« geben, erfüllte sich nicht, erst nach zweimonatigen Kämpfen war N. in dt. Hand, König Haakon VII. floh, in London bildete sich eine Exilreg. Den Besatzern stellte sich die »Nasjonal Samling« des Faschistenführers ≫ Quisling zur Verfügung, doch scheiterte eine Reg.bildung an mangelnder einheim. Unterstützung. Seit 24.4.40 führte unter dem dt. Reichskommissar ≫ Terboven ein norweg. Administrationsrat aus hohen Beamten und seit 25.9.40 ein 12köpfiger kommissar. Staatsrat die Reg.geschäfte. Die dt. Behörden versuchten jedoch, durch systemat. Förderung der »Nasjonal Samling« Quisling eine Basis zu verschaffen, erklärten seine Bewegung zur einzigen »staatstragenden Partei« und ernannten ihn am 1.2.42 erneut zum Min.präs., worauf er die norweg. Verfassung außer Kraft setzte. Man erreichte damit allerdings nicht die erwünschte Beruhigung der Lage, die Aktivitäten von Untergrundkämpfern nahmen in dem Maße zu, in dem sie Terboven mit wachsendem Terror zu ersticken suchte, gegen Ende waren rd. 40 000 Norweger in KZ-Haft. Zur Verschärfung der Situation trugen nicht zuletzt die nat.-soz. Rassengesetze und die ≫ Judenverfolgung bei, 900 jüd. Bürger wurden deportiert, 768 davon ermordet. Die Leidenszeit ging mit der kampflosen Kapitulation der dt. Streitkräfte (ca. 40 000 Mann) am 4.5.45 zu Ende, am 31.5. kehrte die Exilreg. nach Oslo zurück.

Norwegen-Feldzug, zusammenfassende Bez. für die militär. Operationen während und infolge des dt. Unternehmens ≫ »Weserübung«.

Nowotny, Walter, * Gmünd (Österreich) 7.12.1920, † W-Front 9.11.1944, dt. Jagdflieger. N. trat im Aug. 39 in die Luftwaffe ein und wurde in der Jagdfliegerschule Schwechat bei Wien ausgebil-

Nowotny: eines der großen deutschen Flieger-Asse des Zweiten Weltkrieges

det. Im Febr. 41 zum JG 54 versetzt, erzielte er am 19.7.41 seinen ersten Luftsieg. Es folgte eine steile Karriere, begleitet von schließl. 258 Abschüssen, davon zweimal an einem einzigen Tag 10. Am 25.10.42 wurde N. Staffelkapitän, wenig später Gruppenkommandeur und Mitte Nov. 43 Geschwaderkommodore. Die Reihe seiner Luftsiege wurde abgebrochen, als er wegen seines pädagog. Talents nach Frkr. kommandiert wurde als Kommodore des Ausbildungsgeschwaders 101. Im Juli 44 begann N. mit der Aufstellung eines nach ihm benannten Kommandos für die takt. Erprobung des Düsenjägers Me 262 ➣ Schwalbe. Dabei gelangen ihm noch einmal 3 Luftsiege, ehe er wegen Triebwerkschadens Opfer amerikan. ➣ Mustang wurde.

Nürnberg, Stadt in Mittelfranken mit 431 000 Einwohnern (1940). N. spielte als »Stadt der Reichsparteitage« eine wesentl. Rolle bei der Selbstdarstellung des nat.-soz. Regimes und war deswegen und als Standort einiger bedeutender Industriebetriebe eines der bevorzugten Ziele der alliierten Luftoffensive gegen Deutschland. Aufgrund der großen Entfernung geriet die Stadt jedoch erst relativ spät nach Einführung des ➣ H2S-Radars in den Aktionsradius des brit. Bomber Command. Am 8.3.43 starteten 335 Viermotorige gegen N., 294 erreichten auch das Zielgebiet, doch war der Verband aufgesplittert, so daß der beabsichtigte Feuersturm durch konzentrischen Bombenwurf ausblieb. Auch der Großangriff vom 30./31.3.44 mit 795 Maschinen wurde zur Schlappe für die RAF: Zwar konnten 710 Flugzeuge 2460 t Bomben ins Ziel bringen, doch um den Preis von 95 abgeschossenen und 71 schwer beschädigten Bombern (davon 12 Totalverluste durch Bruchlandung). Mit sinkender Stärke der dt. Nachtjagd konnten solche Erfolge jedoch nicht wiederholt werden, so daß auch N. schließl. zu 50 % zerstört wurde (61 200 Wohnungen), wobei unersetzl. Kulturdenkmäler verloren gingen. Pünktl. zum letzten Geburtstag Hitlers besetzten am 20.4.45 Einheiten der 7. US-Armee (Patch) die Stadt. Sie war später Schauplatz der alliierten Kriegsverbrecherprozesse.

Nürnberger Prozesse, Sammelbez. für 13 Prozesse gegen führende Persönlichkeiten des Dritten Reiches aus Politik, Wirtschaft, SS, Polizei, Ärzteschaft und Wehrmacht vor dem Internat. Militär-Tribunal (IMT) sowie amerikan. Gerichten in Nürnberg, im Mittelpunkt das

Verfahren gegen ➢ Göring und 23 weitere Hauptkriegsverbrecher und 6 Organisationen, Anklagepunkte: Verbrechen gegen den Frieden (Planung und Führung eines Angriffskriegs), Kriegsverbrechen, Verbrechen gegen die Menschlichkeit und Mitgliedschaft in verbrecherischen Organisationen. Am 6.10.45 wurde Anklage erhoben, am 20.11.45 begann der Prozeß, und am 1.10.46 ergingen die Urteile: 12mal Todesstrafe (Göring, Ribbentrop, Keitel, Kaltenbrunner, Rosenberg, Frank, Frick, Streicher, Sauckel, Jodl, Seyß-Inquart, Bormann in Abwesenheit), 3 lebenslängl. (Heß, Funk, Raeder) und 4 befristete Haftstrafen (Dönitz, Schirach, Speer, Neurath), 3 Freisprüche (Papen, Fritzsche, Schacht). Außer Göring (Giftselbstmord) und Bormann (verschollen) wurden alle zum Tod verurteilten Täter am 16.10.46 hingerichtet.

O

Oberkommando der Kriegsmarine (OKM), oberste Verwaltungs- und Kommandobehörde der dt. Kriegsmarine unter dem Oberbefehlshaber der Kriegsmarine: 1.6.35-30.1.43 ➢ Raeder, bis 1.5.45 ➢ Dönitz, bis 8.5.45 ➢ Friedeburg.

Oberkommando der Luftwaffe (OKL), erst seit Sept. 43 übl. Bez. für die oberste Verwaltungs- und Kommandobehörde der Luftwaffe unter ihren Oberbefehlshabern Göring (1.3.35-23.4.45) und zuletzt ➢ Greim (25.4.-8.5.45).

Oberkommando der Wehrmacht (OKW), im Gefolge der Fritsch-Krise am 4.2.38 gebildete oberste Verwaltungs- und Kommandobehörde der dt. Streitkräfte unter ➢ Keitel, der wiederum Hitler als Oberstem Befehlshaber der Wehrmacht direkt unterstellt war. Keitel erhielt den Rang eines Reichsmin. und wurde mit der Wahrnehmung der Geschäfte des Reichskriegsmin. beauftragt. 4 Ämter bildeten die Organisation des O.: Das Wehrmachtführungsamt (seit 1940 Wehrmachtführungsstab) unter ➢ Jodl war die militär. Stabsabteilung Hitlers, das Amt Ausland/➢ Abwehr führte bis Febr. 44 ➢ Canaris, hinzu kamen die verwaltenden Abteilungen Allg. Wehrmachtsamt sowie Wehrwirtschafts- und Rüstungsamt. Das O. arbeitete Hitlers »Weisungen für die Kriegsführung« aus und gab seine Befehle an die Teilstreitkräfte weiter, ohne allerdings direkte Kommandoberechtigung über sie zu haben. Es kontrollierte nur die militär. Planungen der Wehrmachtteile auf die Befolgung der allg. Anweisungen Hitlers hin. Im Nürnberger Prozeß 1945 u.a. wegen der Weitergabe des ➢ Kommissarbefehls und des ➢ Kugel-Erlasses angeklagt, wurde das O. dennoch nicht unter die verbrecher. Organisationen eingereiht, da das Gericht wie beim Gen.stab den Organisationscharakter verneinte und zur Ahndung der Verbrechen des O. die Aburteilung der einzelnen Beteiligten empfahl.

Oberkommando des Heeres (OKH), höchste Verwaltungs- und Kommandobehörde des Heeres unter seinem Oberbefehlshaber: 1.11.36-4.2.38 ➢ Fritsch, bis 19.12.41 ➢ Brauchitsch, danach Hitler, nach dessen Selbstmord (30.4.45) das O. aufgelöst wurde.

Oboe (**O**bserver **b**ombing **o**ver **e**nemy), Abk. für das elektron. Zielfindungssystem des brit. Bomber Command, bestehend aus 2 Bodensendern (»Katze« und »Maus«) an der Küste O-Englands und bordeigenen O.-Empfängern. Im Schnittpunkt der beiden Sendestrahlen löste die O.-geführte Maschine ihre Leuchtmarkierungen bzw. Bomben im Blindwurf aus. O. stellte eine wesentl.

Verbesserung gegenüber ≫ GEE dar; bei ersten Versuchen des O.-gesteuerten Bombenwurfs im Dez. 42 über Lorient und Saint-Nazaire ergab sich eine max. Streuung von 600 m. Die Reichweite aber blieb wegen der Erdkrümmung auf rd. 450 km begrenzt, das System wurde daher v.a. zur Führung hochfliegender Pfadfindermaschinen eingesetzt. Dt. Störversuchen begegneten die Briten durch Wechseln der O.-Frequenzen. Nach der Invasion wurde im Zuge des alliierten Vormarsches die Reichweite von O. durch Einsatz mobiler Sender auf dem Kontinent erweitert.

Odessa, sowjet. Hafenstadt an der nördl. Schwarzmeerküste mit rd. 600000 Einwohnern (1939). O. lag bei Beginn des Rußlandfeldzugs im Angriffsbereich der rumän. 4. Armee, die gegen die verteidigende sowjet. 9. Armee (Tscherewitschenko) rasch Erfolge erzielte, O. am 5.8.41 erreichte und die Stadt bis 13.8. einschließen konnte. Die sowjet. Führung erklärte O. zur Verteidigungszone, in der sich Reste der zurückflutenden Truppen mit den etwa 35000 Verteidigern (Marine und Freiwillige) einigelten. Weiter über See verstärkt, konnte die Garnison alle rumän. Angriffe bis zum Okt. abwehren. Die Lage wurde jedoch wegen des dt. Vormarschs Richtung Krim schließl. aussichtslos, so daß O. seit 1.10. geräumt wurde. Die sowjet. Schwarzmeerflotte brachte bis 16.10. noch 70000 Soldaten und 15990 Zivilisten nach Sewastopol. Im März 44 erhielt die ukrain. Front (Malinowski), die bereits am südl. Bug hielt, den Auftrag, zum Dnjestr vorzustoßen und O. zu nehmen. Aus mehreren Brückenköpfen am rechten Bug-Ufer gingen 3 sowjet. Armeen Ende des Monats gegen die dt. 6. Armee (Angelis) vor, die sich nur hinhaltend verteidigen konnte, zumal sie im Rücken von starken Partisanen-Kräften bedroht war. Am 10.4. mußte sie O. räumen und hinter den Dnjestr zurückgehen.
Mit dem Verlust dieses Hafens zeichnete sich das Ende der dt. Kriegführung im ≫ Schwarzen Meer ab.

Ofenrohr, Tarnbez. der dt. Raketenpz.büchse 44, bekannter als ≫ Panzerschreck.

Office of Strategic Services (S), geheimer militär. und polit. Auslandsnachrichtendienst der USA, 13.7.42 offiz. gegründet. Das O. unterstand dem Gen.stab und wurde von Gen.major »Wild Bill« Donovan geleitet, der, im Zivilberuf Anwalt, schon seit Juli 41 im Auftrag Roosevelts die Arbeit der verschiedenen amerikan. Nachrichtendienste koordinierte. Dem O., das eng mit den Briten zusammenarbeitete, oblag außer der Informationsbeschaffung die Spionageabwehr und im Rahmen der psycholog. Kriegführung die »schwarze Propaganda« im Frontbereich. Das Hauptquartier in Europa residierte in London, wichtige Stützpunkte wurden in den US-Botschaften in den neutralen Ländern eingerichtet (z.B. A. ≫ Dulles in Bern). Uniformierte O.-Teams unterstützten in den besetzten Ländern Europas und SO-Asiens den Kampf der Partisanen. Nur Lateinamerika, traditionelle Domäne des FBI, und der SW-Pazifik, wo ≫ MacArthur sich ausschließl. auf den Nachrichtendienst des Heeres (G-2) stützte, waren als Operationsgebiete für den O. ausgeklammert. Er wurde am 20.9.45 aufgelöst, erstand aber mit vielen der alten Mitarbeiter am

26.7.47 neu als Central Intelligence Agency (CIA).

Office of War Information (OWI), von US-Präs. Roosevelt am 13.6.42 geschaffene Organisation, der während des Krieges die Verantwortung für die offiz. Propaganda der Vereinigten Staaten im Ausland übertragen war. Erste Flugblätter für dt. und italien. Soldaten verbreitete das O. im Nov. 42 nach der Landung ≫ »Torch« in N-Afrika. Flugblätter für die dt. Bevölkerung wurden erstmals im Juli 43 über Kassel abgeworfen. Nach 14 Monaten wurden die rein amerikan. Flugblätter durch angloamerikan. Koproduktionen abgelöst. Auf allen Kriegsschauplätzen zusammen arbeiteten bis zu 13 000 Personen für das O., das nach Schätzungen insges. 110 Mio. Dollar ausgab.

Ohka (japan. Kirschblüte), bemannte Bombe des ≫ Kamikaze-Korps der japan. Marineluftwaffe. Im Aug. 44 als Spezialwaffe zur Bekämpfung amerikan. Flottenverbände entwickelt, wurden bis März 45 noch 755 O. hergestellt. Sie wurden im Schacht des schweren ≫ Betty-Bombers auf etwa 40 bis 80 km Entfernung ins Zielgebiet getragen und dann in 6000 bis 8000 m Höhe zum Angriff ohne Wiederkehr ausgeklinkt. Die O. mit ihrem Gefechtskopf von 1200 kg Sprengstoff erreichte im Horizontalflug max. 860 km/h und im Sturzflug über 1000 km/h. Für die Endphase der Flugbahn zündete der Pilot einen Feststoff-Raketenmotor von 800 kp Schub. In der techn. Konzeption ähnelte die steuerbare Raketenbombe der dt. Bachem Ba 349 ≫ Natter. Die ersten 50 Einsatzmodelle wurden Ende Dez. 44 beim Transport auf die Philippinen versenkt. Beim ersten Gefechtsstart gegen einen US-Flottenverband 480 km vor Kiuschu am 21.3.45 gingen alle 16 Mutterflugzeuge schon beim Anflug verloren. Später wurden zahlr. O. mit geringem Erfolg gegen die Invasionsflotte bei ≫ Okinawa eingesetzt.

Ohlendorf, Otto, * Hoheneggelsen bei Hildesheim 4.2.1907, † Landsberg (Lech) 7.6.1951 (hingerichtet), SS-Gruppenführer (Nov. 44); Jurist, 1925 NSDAP-, 1926 SS-Beitritt. O. leitete bei Kriegsbeginn den Sicherheitsdienst (SD) im Amt III des RSHA und rückte im Juni 41 als Chef der ≫ Einsatzgruppe D in Rußland ein, wo seinen Kommandos rd. 90 000 Zivilisten, meist jüd. Bürger, zum Opfer fielen. O. wurde wegen dieser Massaker am 10.4.48 in Nürnberg vom amerikan. Militärgerichtshof II zum Tod verurteilt.

OKH, Abk. für ≫ **O**ber**k**ommando des **H**eeres.

Okinawa, Hauptinsel der japan. Riukiu-Gruppe mit 1220 km^2 und rd. 450 000 Einwohnern (1941), Hauptstadt Naha. O., nur knapp 600 km von der japan. Hauptinsel Kiuschu entfernt, war letztes Ziel beim amerikan. ≫ Inselspringen im mittleren Pazifik. Der Angriff wurde im Okt. 44 beschlossen und begann am 23.3.45 mit einem tagelangen Luft- und Artilleriebombardement. Am 1.4. landete die 10. US-Armee unter Gen.leutnant Buckner mit dem 3. Amphib. Korps (Geiger) und dem 14. AK (Hodges). Die Landungsflotte unter Admiral Turner umfaßte 1300 Schiffe, darunter 18 Geleitträger und 10 ältere Schlachtschiffe. Dazu kam die Task Force 58 (Mitscher) mit 18 schnellen Trägern und eine brit.

Trägergruppe (Rawlings). O. wurde von rd. 130 000 Mann unter Gen.leutnant Ushijima verteidigt, die aber an der Küste kaum Widerstand leisteten. Die Amerikaner konnten daher schon am ersten Tag 50 000 Mann landen, die etwa 100 km lange Insel am nächsten Tag in der Mitte durchtrennen und 2 der 3 Flugfelder erobern. Dann aber stießen die Marines beim Vormarsch nach N auf der Halbinsel Motobu, v.a. aber im S an der sog. Shuri-Linie auf erbitterte Gegenwehr. Ushijima hatte sich hier mit seinen Truppen in gut getarnten Bunkern und Höhlen eingegraben, die im Kampf Mann gegen Mann mit Flammenwerfern und Handgranaten regelrecht ausgeräuchert werden mußten. Erst am 21.5. durchbrachen die Amerikaner die Befestigungslinie, und erst am 24.6. erlosch der japan. Widerstand an der S-Spitze; Ushijima und sein Stab hatten Harakiri verübt.
Die verbissene Verteidigung von O. war der letzte japan. Versuch, den amerikan. Vormarsch Richtung Mutterland zu stoppen und mit koordinierten Selbstmordattacken der US- Pazifikflotte einen entscheidenden Schlag zu versetzen; dazu standen auf Kiuschu und Formosa rd. 2000 Flugzeuge bereit. Am 6.4. unternahmen 355 Kamikaze-Maschinen den ersten von insges. 10 Masseneinsätzen, 341 andere Flugzeuge wurden zu konventionellen Bomben- und Torpedo-Angriffen angesetzt. Am gleichen Tag nahm das Riesenschlachtschiff ➢ Yamato mit 1 Kreuzer und 8 Zerstörern Kurs auf O., wo es sich als Küstenbatterie auf Grund setzen und mit seinen 9x45,6-cm-Rohren die Invasionsflotte zersprengen sollte. Doch der Verband wurde am 7.4. von der amerikan. Aufklärung erfaßt, von 280 Trägerflugzeugen angegriffen und bis auf 4 Zerstörer vernichtet; die Yamato sank mit 2498 Mann. Insges. hatten die japan. Kamikaze-Angriffe bei einem Verlust von 930 Selbstmord-Maschinen und Begleitjägern 16 amerikan. Schiffe, keines größer als ein Zerstörer, versenkt und 185 beschädigt, darunter 7 Träger und 10 Schlachtschiffe. Verheerender war die moral. Wirkung auf die US-Soldaten, von denen viele zermürbt aus dem Kampf genommen werden mußten, darunter Flottenbefehlshaber wie Mitscher, Spruance, Hill und Turner. Am Ende der 82tägigen Kämpfe um O., die den Weg nach Japan geöffnet hatten, zählte die 10. US-Armee 7613 Gefallene, darunter OB Buckner, und 31 807 Verwundete; die US-Flotte meldete 4907 Tote und 4824 Verwundete. Von der japan. Garnison überlebte bis auf 7400 Gefangene niemand, die Zivilbevölkerung beklagte 26 000 Opfer.

OKL, Abk. für ➢ **O**ber**k**ommando der **L**uftwaffe.

Oklahoma, amerikan. Schlachtschiff, 23.3.14 Stapellauf, 2.5.16 in Dienst gestellt, 27 500 t, 20 kn, 177,8 m lang, 29 m breit, bis 1025 Mann Besatzung; Bewaffnung: 10x35,6 cm, 6x12,7 cm, 14 kleinere Rohre. Die O. lag beim Überfall Japans am 7.12.41 im Hafen von ➢ Pearl Harbor und sank als eines der ersten Schiffe nach 4 Lufttorpedotreffern; 415 Mann, darunter Captain Bode, kamen ums Leben. 1943 wurde das Schiff gehoben, aber nicht mehr repariert. Es sank erneut am 17.5.47, als es zum Abwracken nach San Francisco geschleppt werden sollte und 540 sm nordöstl. Pearl Harbor die Trossen rissen.

OKM, Abk. für ≫ **O**ber**k**ommando der Kriegs**m**arine.

OKW, Abk. für ≫ **O**ber**k**ommando der **W**ehrmacht.

Olbricht, Friedrich, * Leisnig (Sachsen) 4.10.1888, † Berlin 20.7.1944, dt. Gen. der Inf. (1.6.40); 1907 Eintritt ins Heer, 1926-31 in der Abt. ≫ Fremde Heere im Reichswehrmin., 1.4.37 Gen.major, 1.1.39 Gen.leutnant. O. führte bei Kriegsbeginn die 24. Inf.div. und wurde am 15.2.40 Chef des Allg. Heeresamts im OKH. Schon seit 1938 in Verbindung mit dem militär. Widerstand um Beck, entwickelte er den Plan ≫ »Walküre« als Tarnung für den Sturz des nat.-soz. Regimes. Er wurde jedoch wegen einer Panne am 20.7.44 verspätet ausgelöst, so daß sich die Wirkung vor Bekanntwerden des Überlebens Hitlers nicht mehr entfalten konnte. Gen.oberst ≫ Fromm ließ O. und weitere Verschwörer noch am Abend des Attentatstages zur Bemäntelung eigener Mitwisserschaft standrechtl. erschießen.

Oradour-sur-Glane, frz. Ortschaft nordöstl. von Limoges im Limousin. Am 10.6.44 rückte die 3. Kompanie des 1. Bataillons des Regiments »Der Führer« der 2. SS-Pz.div. »Das Reich« in O. ein und trieb die Bewohner zusammen. Während die Männer in Häusern und Scheunen erschossen wurden, schlossen

Oradour-sur-Glane: Die Ruinen der eingeäscherten Stadt, in der Einheiten der SS-Division »Das Reich« am 10. Juni 1944 642 Einwohner im Alter zwischen 18 Tagen und 85 Jahren grausam ermordeten.

die dt. Soldaten 500 Frauen und Kinder in der Kirche ein und zündeten das Gebäude wie alle übrigen des Ortes an. Dem Massaker entkamen nur 36 Personen, 642 verloren ihr Leben im Feuer oder Kugelhagel. O. wurde offiz. als »Vergeltungsmaßnahme« bezeichnet, da die von Toulouse an die Invasionsfront marschierende Division schwere Verluste durch Partisanen erlitten habe. Hitler verhinderte eine gerichtl. Verfolgung, die auch durch den schnellen Vormarsch der Alliierten und den Untergang der 3. Kompanie zunächst unmögl. war. Erst 1953 mußten sich 21 ehemalige Angehörige der SS-Einheit vor einem Militärtribunal in Bordeaux verantworten. Nach einer eigens erlassenen Lex O., nach der bereits die Zugehörigkeit zu einer an Kriegsverbrechen beteiligten Einheit für einen Schuldspruch ausreichte, wurden 2 Todesurteile, 18 Haftstrafen und 1 Freispruch verkündet; eine Amnestie milderte unmittelbar darauf die Strafen. 1983 wurde ein Zugführer der 3. Kompanie, Heinz Barth, in Ost-Berlin zu lebenslanger Haft verurteilt. Die Ruinen von O. blieben als Mahnmal stehen, der Ort wurde in der Nähe neu aufgebaut.

Oran, Hafenstadt in W-Algerien mit 170 000 Einwohnern (1940). In ≫ Mers el-Kebir bei O. kam es am 3.7.40 zum Überfall der Royal Navy auf die frz. Kriegsflotte. O. war am 8.11.42 Ziel einer der alliierten Kampfgruppen beim Landeunternehmen ≫ »Torch« und wurde nach kurzer Gegenwehr der frz. Besatzung am 10.11. von US-Truppen unter Gen.major Fredendall besetzt.

Orel, sowjet. Gebietshauptstadt an der Oka mit 111 000 Einwohnern (1940). Der wichtige Bahnknoten O. war im Herbst 41 Ziel der dt. 2. Pz.armee (Guderian) beim Angriff auf Moskau (Unternehmen ≫ »Taifun«) und wurde am 3.10. planmäßig genommen. Nach dem gescheiterten dt. Unternehmen ≫ »Zitadelle« gegen den Frontbogen bei Kursk erreichte die sowjet. 3. Armee (Kolpaktschi) am 5.8.43 O. und besetzte die zuvor von den dt. Truppen im Rahmen der ≫ »Hagen-Bewegung« geräumte Stadt.

Organisation Todt (O.T.), 1938 für den Bau militär. Anlagen, der der Zuständigkeit des OKH entzogen wurde, gegründete und nach ihrem Leiter ≫ Todt benannte Bautruppe, techn. Leitung Bauingenieur Xaver Dorsch. Zunächst am ≫ Westwall eingesetzt, war die O. nach Kriegsbeginn v.a. mit der Instandsetzung zerstörter Brücken, Eisenbahnlinien und Straßen im Reich und in den besetzten Gebieten sowie mit weiteren Befestigungsarbeiten (u.a. ≫ Atlantikwall) beschäftigt. Sie verfügte dazu Ende 44 über 1,36 Mio. erdbraun uniformierte, mit Gasmaske und Stahlhelm ausgerüstete Zivil- und ≫ Zwangsarbeiter und zog auch Häftlinge der KZ und Kriegsgefangene v.a. für lagernahe Projekte heran.

Orion, dt. Hilfskreuzer, Schiff 36, Baujahr 1930, 9.12.39 als Kriegsschiff in Dienst gestellt, 7021 BRT, 148 m lang, 18,6 m breit, 14 kn, 376 Mann Besatzung; Bewaffnung: 6x15 cm, 1x7,5 cm, 8 Rohre Flak, 6 Torpedorohre, 228 Minen, 1 Bordflugzeug. Die O. ging am 6.4.40 zum Handelskrieg in See, vorgesehenes Operationsgebiet war der südl. Pazifik, den sie nach Durchbruch durch die Dänemarkstraße und Passieren von

Kap Hoorn (27.5.) im Frühsommer erreichte. Zunächst legte das Schiff Minen vor dem neuseeländ. Hafen Auckland, durch die mehrere gegner. Schiffe sanken, und operierte dann im Seegebiet westl. und nordwestl. Australiens, zeitweise gemeinsam mit der ≻ Komet. Trotz mancher Probleme mit der Maschinenanlage und bei der Versorgung mit Betriebsstoff gelang auf der insges. 511 Tage langen Fahrt (inkl. Minenerfolge) die Versenkung von 10 Schiffen mit 62915 BRT zuzügl. der gemeinsamen Erfolge mit der Komet von 43 162 BRT. Am 23.8.41 beendete die O. ihre Karriere als Hilfskreuzer in Bordeaux und wurde in der Folgezeit als Werkstattschiff und unter dem Namen Hektor als Artillerieschulschiff eingesetzt. Ende Jan. 45 erhielt es den alten Namen wieder und transportierte Flüchtlinge aus den Ostgebieten. Dabei wurde die O. am 4.5.45 nördl. Swinemünde durch Bombentreffer versenkt, wobei 150 von rd. 4000 an Bord befindlichen Personen ums Leben kamen.

»Orkan«, Tarnname für die dt. Luft-Luft-Rakete R4M.

Ösel, größte der ≻ Balt. Inseln.

Oslo, Hauptstadt Norwegens mit 250000 Einwohnern (1940). O. wurde am 9.4.40 im Rahmen des Unternehmens ≻ »Weserübung« von dt. Luftlandetruppen besetzt, während sich die Kriegsschiffgruppe 5 von See her näherte, wobei der Schwere Kreuzer ≻ Blücher in der Dröbak-Enge im O.-Fjord durch Feuer der Küstenbatterien und Torpedotreffer verlorenging. O. war in der Folgezeit Sitz des dt. »Reichskommissars für die besetzten norweg. Gebiete« ≻ Terboven, der zur Eindämmung von Anschlägen der Widerstandsbewegung u.a. 1943 die Universität von O. schließen ließ. Die Stadt trafen auch schwächere brit. Luftangriffe, z.B. am 26.9.42. Nach der dt. Kapitulation im NW-Raum (4.5.45) gingen die Besatzer in brit. Gefangenschaft, die norweg. Exilreg. kehrte am 31.5.45 nach O. zurück.

OSS, Abk. für ≻ **O**ffice of **S**trategic **S**ervices.

Ostarbeiter, offiz. Bez. für die ≻ Zwangsarbeiter aus der Sowjetunion.

Oster, Hans, * Dresden 9.8.1888, † KZ Flossenbürg 9.4.1945, dt. Gen.major (1.12.41); im 1. Weltkrieg Gen.stabsoffizier, 1933 zur ≻ Abwehr im Reichswehrmin. (später OKW) und 1939 Leiter von deren Zentralabt. Seit der Ermordung seines einstigen Chefs Gen. Schleicher während der sog. Röhm-Affäre (30.6.34) erbitterter Gegner des Nat.-soz., nutzte O. seine Schlüsselstellung für den Widerstand und verriet u.a. den Beginn des dt. Angriffs im W den Holländern. Doch da er wegen zahlr. Verschiebungen schon mehrmals Fehlalarm gegeben hatte, bezweifelte man auch den tatsächl. Termin (10.5.40), so daß der Überraschungsschlag der Wehrmacht gelang. O. beschaffte für verschiedene Attentatsversuche Sprengstoff, setzte sich für Verfolgte ein (u.a. Ausschleusung als angebl. V-Leute) und hielt Verbindung zu alliierten Geheimdiensten (u.a. ≻ Dulles in der Schweiz). Bei der Verhaftung seines Mitarbeiters v. ≻ Dohnanyi fand die Gestapo Belastungsmaterial auch gegen O., das am 31.3.44 zu seiner Entlassung führte. Von den Verschwörern des 20. Juli 44 als Präs. des Reichskriegsgerichts vorgesehen, wurde O. nach Fehlschlag des Umsturzversuchs am 21.7.44 verhaftet und kurz vor Eintreffen amerikan. Truppen nach Standgericht gehängt.

Ostgebiete, Sammelbez. für die östl. der Oder-Neiße-Linie liegenden Gebiete des ehemaligen Dt. Reiches in den Grenzen von 1937: Ostpreußen, Pommern, Schlesien. Die sowjet. (N-Ostpreußen) bzw. poln. verwalteten O. wurden 1945 bzw. 1949 unter Bruch des Potsdamer Abkommens von der UdSSR bzw. Polen annektiert.

Ostland, am 17.7.41 während des Rußlandfeldzugs aus den ehemaligen Balt. Staaten und Teilen Weißrußlands gebildetes dt. Reichskommissariat unter Reichskommissar Hinrich Lohse (1896-1964).

Ostsee, nordeurop. Binnenmeer mit 390 000 km², durch Skagerrak, Kattegat, Großen und Kleinen Belt mit der Nordsee verbunden.
Die O. spielte in den Planungen der dt. Kriegsmarine eine wesentl. Rolle als Ausbildungs- und Schulgebiet, da die potentiellen gegner. Kräfte gering zu veranschlagen waren und ihre Ausschaltung durch Landkriegsoperationen vorausgesetzt wurde. Die Werftkapazitäten an den Küsten der O. wurden aufgestockt, weil sie vor brit. See- und Luftangriffen sicher schienen. Angesichts der schwed. Neutralität, des Bündnisses mit der Sowjetunion (23.8.39), der finn. Lähmung im und nach dem ≫ Winterkrieg, der Ausschaltung der poln. Kräfte gleich nach Kriegsbeginn und der Besetzung Dänemarks im April 40 konnte die Kriegsmarine bis zum Rußlandfeldzug ungehindert in der O. operieren und auch nach dem dt. Angriff auf die UdSSR (22.6.41) eine Bedrohung durch sowjet. Seestreitkräfte mit intensivem Mineneinsatz gering halten, unterstützt durch den raschen Vormarsch der Heeresgruppe Nord längs der russ. O.-Küste. Zusammen mit der nun verbündeten finn. Flotte legten dt. Minenschiffe umfangreiche Sperren, z.B. Corbetha, Apolda und v.a. ≫ Juminda, die den Finn. Meerbusen, in dem die sowjet. Flotte lag, abriegelten. Nach einigen schweren Verlusten versuchte kein sowjet. Kriegsschiff mehr, in die offene O. durchzubrechen, nur einigen wenigen U-Booten gelang das, doch erzielten auch sie bei planlosen Einzelunternehmen keine Erfolge. Nach der Eroberung der ≫ Baltischen Inseln und dem Erreichen Leningrads wurden die Minensperren weiter nach O verlegt, so daß die Rote Flotte gänzl. in der Kronstädter Bucht eingeschnürt wurde, wo sie durch dt. Luftangriffe erhebl. Verluste erlitt. Dennoch blieb sie wegen der mißlungenen Eroberung Leningrads eine ständige Bedrohung und zwang durch verlustreiche Durchbruchsunternehmen mit U-Booten die Kriegsmarine zur Geleitsicherung für ihre wertvolleren Einheiten. Erst als Netzsperren seit Frühjahr 43 jeden Ausbruch aus dem Finn. Meerbusen vereitelten, wurden diese Kräfte wieder frei. Mit zunehmenden Erfolgen der Sowjets im Landkrieg verschlechterte sich auch die dt. Situation in der O. Nach der Kapitulation Finnlands (Sept. 44) und der Rückeroberung der Balt. Inseln (Okt./Nov. 44) durch die Rote Armee konnte die sowjet. Flotte in die O. durchbrechen und die durch Nachschub-

und Truppentransportaufgaben, z.B. für die bald danach abgeschnittene Kurlandarmee, überlastete Kriegsmarine in Bedrängnis bringen. Die Sowjets, unterstützt von brit. Luftstreitkräften, verminten nun ihrerseits dt. Häfen und profitierten zudem von früheren dt. Minensperren, die nun auch die Operationen der dt. Verbände nicht selten behinderten. Das waren in der letzten Kriegsphase v.a. Transporte von Flüchtlingen aus den bedrohten Ostgebieten.
Dafür zog das OKM alle verfügbaren Einheiten in der O. zusammen, darunter »Dickschiffe« wie die Lützow, Admiral Scheer und Prinz Eugen. Mit der Beschießung von Landzielen durch die präzise Kreuzerartillerie versuchte man den sowjet. Vormarsch zu hemmen und dadurch für die Rettungstransporte Zeit zu gewinnen. Das wurde erleichtert durch die fast bis Kriegsende aufrechterhaltene Seeherrschaft der Kriegsmarine in der O., wo die verbliebenen Überwassereinheiten massiert werden konnten, da ihr Einsatz anderweitig keinen Erfolg mehr versprach. Die Verluste blieben daher trotz trag. Fälle wie ≫ Wilhelm Gustloff insges. gering, verglichen mit der Rettung von rd. 2,2 Mio. Flüchtlingen über See.

Ostwall, parallel zum ≫ Westwall gebildete propagandist. Bez. für die seit Mitte 43 aufgebaute dt. Verteidigungslinie im O entlang Dnjepr und Desna, ≫ »Panther-Stellung«.

»Overlord« (engl. Lehnsherr), Codename für den strateg. Plan der Westalliierten zur Invasion auf dem europ. Festland. »O.« entsprang dem sowjet. Wunsch nach einer ≫ Zweiten Front gegen die dt. Wehrmacht, um die Rote

»Overlord«: US-General Eisenhower (links), der Oberbefehlshaber der alliierten Invasionsarmee, und der englische Feldmarschall Montgomery (rechts), Oberbefehlshaber der alliierten Landstreitkräfte.

Armee zu entlasten. Stalin fand mit dieser Forderung Gehör bei US-Präs. Roosevelt, der eine entspr. Planung schon 1942 in Auftrag gab (Landung mit 6 Div. im April 43 zw. Le Havre und Boulogne). Der brit. Premier Churchill jedoch sperrte sich zunächst, da er den frontalen Angriff auf den dt. besetzten Kontinent für zu riskant hielt – der Raid gegen ≫ Dieppe (19.8.42) sollte nicht zuletzt den Beweis dafür liefern – und eine »Strategie der Peripherie« mit einem Angriff auf den »weichen Bauch Europas« vorzog. Dahinter steckte auch die Sorge, der Einflußbereich Moskaus könne sich zu weit nach W vorschieben. Zunächst kam es daher zur Landung ≫ »Torch« in N-Afrika (8.11.42), zum

Sprung nach ≫ Sizilien (10.7.43) und aufs italien. Festland (3.9.43). Erst auf weitere massive sowjet. Vorhaltungen hin entschlossen sich die westl. Reg.chefs im Mai 43 auf der ≫ »Trident«-Konferenz in Washington, die Combined Chiefs of Staff mit der Planung von »O.« zu beauftragen und das Unternehmen für 1944 vorzubereiten.
Als Landeraum wurde die normann. Küste zw. Cherbourg und Le Havre gewählt, weil der Gegner eine Invasion vermutl. an der engsten Stelle des ≫ Ärmelkanals am Pas de Calais erwartete, weil das Zielgebiet günstig im Operationsbereich der Jagdwaffe lag und weil die Ufer am wenigsten Probleme boten. Für »O.« stellten die Alliierten eine Streitmacht von 3 Mio. Mann unter US-Gen. ≫ Eisenhower auf, deren Gros als 21. Heeresgruppe (Montgomery) mit der 1. US-Armee (Bradley) auf dem rechten und der brit. 2. Armee (Dempsey) auf dem linken Flügel aufgefächert in 5 Korps an Land gehen sollte, wo kurz vorher Luftlandetruppen erste Stützpunkte bilden würden. Massive Unterstützung der Landung durch Luft- (Leigh Mallory) und Seestreitkräfte (Ramsay) sollte die dt. Abwehr niederhalten, deren 30 Inf.- und 6 Pz.div. zudem auf 7. (Dollmann) und 15. Armee (Salmuth) verteilt und von der Bretagne bis nach Belgien verstreut waren. Sie bildeten die Heeresgruppe B unter Gen.feldmarschall Rommel, dessen Abwehrmaßnahmen jedoch unter ständigen Reibereien mit dem OB West, Rundstedt, und Eingriffen Hitlers litten. Weder wurde der ≫ Atlantikwall hinreichend ausgebaut, noch standen auch nur entfernt genügend Fliegerkräfte zur Verfügung. Als »O.« am 6.6.44 ausgelöst wurde und die ≫ Invasion begann, trafen die Alliierten auf einen überraschten und ungenügend vorbereiteten Gegner.

OWI, Abk. für ≫ **O**ffice of **W**ar **I**nformation.

Ozawa, Jisaburo, * Miyazaki (Kiuschu) 2.10.1886, † ebd. 9.11.1966, japan. Vizeadmiral (1940); bis 1909 Marineakademie, zunächst Kommandant von Torpedobooten, dann von Zerstörern, 1926 als Fregattenkapitän im Stab der Vereinigten Flotte, 1929 Studienreise in die USA und nach Europa, 1934 Kreuzer- und 1935 Schlachtschiff-Kommandant, 1941 Direktor der Marine-Stabsakademie. Bei Angriffsbeginn im Dez. 41 wurde O. Befehlshaber der Süd-Expeditions-Flotte, mit der er die Landungen in Malaya und auf Sumatra unternahm. Es folgten Operationen während des Handelskriegs im Golf von Bengalen und mit der 3. Trägerflotte Luftangriffe gegen amerikan. Vorstöße bei den Salomonen und gegen Neuguinea (April 43). Anfang 44 erhielt O. den Oberbefehl über die Mobile Flotte, die fast alle großen Überwassereinheiten der Kaiserl. Marine umfaßte. Erfolge aber konnte er damit weder in der Philippinen-See (Juni 44) noch im Leyte-Golf (Okt. 44) erringen, wo sein Angriff auf die amerikan. Landungsflotte abgewiesen wurde. Auch die Verteidigung der japan. Küsten, die seit Frühjahr 45 zunehmend Ziel amerikan. Träger- und Schlachtschiff-Raids waren, gelang kaum noch, da die gegner. Material- und v.a. Luftüberlegenheit keine Entfaltungsmöglichkeiten mehr ließ.

P

Pantelleria, italien. Vulkaninsel rd. 100 km südwestl. von Sizilien mit 9500 Einwohnern (1940), 83 km^2 groß. P. diente als Marine- und Luftwaffenstützpunkt der italien. Streitkräfte, die hier unterird. Hangars für rd. 80 Jagdflugzeuge ausgebaut hatten. Ein brit. Plan vom Okt. 40 zur Eroberung von P. (Unternehmen »Workshop«) wurde mangels geeigneter Landungsmittel im Jan. 41 fallengelassen. Nach Ende des ➢ Afrikafeldzugs gewann die Insel strateg. Bedeutung für das alliierte Unternehmen ➢ »Husky« zur Eroberung Siziliens. Vom 1.-3.6.43 flogen daraufhin alliierte Bomber 5285 Einsätze gegen P. und warfen 6200 t Bomben ab. Die 11 000 italienischen und knapp 100 deutschen Verteidiger der Insel ergaben sich am 11.6. Nach Instandsetzung des Flugfeldes verlegten am 26.6.43 amerikan. Jagdmaschinen nach P., dessen Fall in der italien. Öffentlichkeit einen Schock auslöste, weil hier erstmals »italien. Mutterland« besetzt worden war.

Panther, dt. Pz.kampfwagen V, entwickelt als Antwort auf den bis dahin überlegenen sowjet. ➢ T-34, seit Nov. 42 bei MAN und Daimler-Benz in Serie gebaut, im Febr. 43 Ablieferung der ersten 18 P.; 45,5 t, 6,88 m Länge (mit Rohr 8,86 m), 3,34 m Breite und 2,97 m Höhe. Die 7,5-cm-Kampfwagenkanone 42 L/70 vermochte bei einer Mündungsgeschwindigkeit bis zu 1120 m/s die Panzerung des T-34 auf jede Entfernung im Schußbereich zu durchschlagen, der P. führte 79 Granaten mit. Von Jan. 43 an beteiligten sich auch die Henschel-Werke an der Produktion, so daß 1943 schon 1845 P. gebaut werden konnten, 1944 dann 3874, davon als Höhepunkt im Juli 44 380 Stück. Im Jan. 45 wurden noch 211 P. gefertigt, im Febr. die letzten 126. Damit betrug die Gesamtstückzahl 5966, wozu noch 341 Jagdpanther mit 8,8-cm Pak L/71 kamen. Mit einem 600-PS-(Dauerleistung)Maybach-Motor erreichte der P. auf der Straße max. 55 km/h, im Gelände 24 km/h, der Kraftstoffvorrat von 730 l reichte für 177 km auf der Straße und 89 km im Gelände, Straßenverbrauch 412 l/100 km. Gepanzert war der P. an der Fahrerfront bis 80 mm, an der Turmfront mit 110 mm.
Wie der ➢ Tiger I wurde der P. entgegen den Warnungen der Fachleute viel zu früh ins Gefecht geschickt, erstmals beim Unternehmen ➢ »Zitadelle« Anfang Juli 43. Die P. fielen zum großen Teil schon auf der Fahrt von Orel, wohin sie per Bahn gebracht worden waren, zum Einsatz bei ➢ Belgorod aus. Später wurde der P. ein zuverlässiges Kampffahrzeug, das sich fast allen Pz. der Gegner überlegen zeigte. 1943 gingen an den Fronten 525 Exemplare verloren, 1944 waren es 2297, davon allein im Juli 347 (Invasion) und 234 im Dez. (Ardennenoffensive). Für Jan. 45 wurden 237 Verluste registriert, insges. also

3059; spätere Zahlen fehlen wie auch die Angaben über die Fertigung nach Febr. 45.

»Panther-Stellung«, Deckname für die auch Ostwall genannte dt. Verteidigungslinie an Dnjepr und Desna. Der Ausbau der »P.« wurde von Hitler nach der Niederlage vor Kursk (Unternehmen ➢ »Zitadelle«) am 12.8.43 angeordnet, doch hatten die dt. Truppen kaum damit begonnen, als die Heeresgruppe Süd (v. Manstein) Mitte Sept. 43 schon auf die »P.« zw. Melitopol und dem Brückenkopf Saporoschje zurückgedrängt wurde. Am 21.9.43 durchbrach die sowjet. Zentralfront (Rokossowski) nach Überschreiten des ➢ Dnjepr auf 80 km Breite beiderseits der Pripjet-Mündung die kaum ausgebaute »P.«, am 22.9. folgte die sowjet. 3. Garde-Pz.armee (Rybalko) der Woronesch-Front (Watutin) bei Perejaslaw. Im Bereich der Heeresgruppe Nord (Model, später Lindemann) verlief die »P.« auf der Linie Narwa-Peipussee-Pleskau-Opotschka-Raum westl. Newel. Sie wurde am 18.2.44 bezogen und konnte bis 12.7.44 gehalten werden.

Panzer(kampfwagen) I, gemäß Entwicklungsauftrag des Heereswaffenamtes von 1933 gebauter, leichter dt. Pz. zur Erstausstattung der Pz.div., Serienbau seit 1934, Ausführung A: 5,4 t, 3,96 m lang, 2,06 m breit und 1,70 m hoch. Mit einem 60-PS-Motor erreichte der P. 39 km/h, sein Fahrbereich betrug im Gelände 97 km, auf der Straße 145 km. Der nur mit 2 MG in einem Drehturm bewaffnete 2-Mann-Kampfwagen war leicht und bewegl., die Panzerung mit nur 15 mm gering. Da die Leistungen nicht überzeugten, entstand die Ausführung B., wobei das Fahrzeug auf 4,39 m verlängert und mit einem 100-PS-Motor ausgerüstet wurde. Die Geschwindigkeit blieb mit max. 40 km/h fast gleich, der Fahrbereich stieg auf 123 bzw. 153 km. Bei Kriegsbeginn waren 1445 P. bei der Truppe, am 1.4.40 noch 1062 und am 10.5.40 beim Feldheer im W 523 Exemplare.

Panzer(kampfwagen) II, in 7 Versionen gebauter, leichter dt. Kampfwagen, Entwicklungsauftrag 1934 bei Krupp/MAN/Henschel; Typ A bis E 8,6 t, 4,64 m lang, 2,30 m breit, 2,02 m hoch, 140 PS, max. 48 km/h auf der Straße und 19 km/h im Gelände bei einem Fahrbereich von 260 km (Gelände 105 km), 3 Mann Besatzung, 20-mm-Kanone MK 30 L/55 und 1x7,92-mm-MG. Der in der modernsten Version L mit einem 180-PS-Motor verstärkte P. kam auf max. 64 km/h. 1942 wurden noch 100 Stück mit der 20-mm-Kanone und 31 Exemplare mit einer 50-mm-Kanone gebaut. Der P. war ein robustes, wendiges Fahrzeug mit schwacher Bewaffnung und Panzerung; er wurde hauptsächl. in Pz.aufklärungs-Abt. verwendet sowie bei den leichten Div. und der Kavallerie. Nachdem 1935 die ersten 50 P. und 1936 weitere 150 Stück gebaut worden waren, begann die Großserie 1937, so daß bei Kriegsbeginn 1223 P. zur Verfügung standen; am 1.6.41 gab es noch insges. 1072 Stück, bis zum Auslaufen der Produktion 1942 kamen 509 weitere zur Truppe, meist zu den Ausbildungsverbänden.

Panzer(kampfwagen) III, in 12 Versionen gebauter, mittlerer dt. Kampfpz., 1937 als Ersatz für die Pz. I und II eingeführt, 22,3 t, 5 Mann Besatzung, 5,41 m lang (ohne Rohr), 2,92 m breit, 2,51 m hoch, 300 PS, max. 39 km/h auf der Straße und 18 km/h im Gelände, die Versionen J und L etwas schneller. Der P. bildete von 1940-42 die Hauptausstattung der Pz.regimenter und war bis 1941 den meisten gegner. Typen an Beweglichkeit und Feuerkraft überlegen. Bei Kriegsbeginn waren erst 98 Exemplare vorhanden, doch wuchs der Bestand rasch. Insges. wurden 549 P. mit 3,7-cm-Kanone (Vomag Alkett), 2394 mit 5,0-cm-Kanone L/42 (Henschel), 1969 mit 5,0-cm-Kanone L/60 (Nibelungenwerke) und 660 mit 7,5-cm-Kanone L/24 (Versionen M und N von Krupp) gefertigt, dazu 262 Bergepz. und 100 Flammenwerfer. Bis Juli 44 gingen 4943 P. verloren.

Panzer(kampfwagen) IV, in 10 Versionen gebauter, auf einen Krupp-Entwurf von 1935 zurückgehender dt. Kampfwagen; Gewicht 17,3-25 t, 250-320 PS, max 30-42 km/h, 150-300 km Fahrbereich, 5 Mann Besatzung, 7,5-cm-Kanone, insges. bis Kriegsende 8003 Exemplare. Die ersten Ausführungen waren mit einer 75-mm-Kurzrohrkanone und einem Coaxial-MG 7,62 mm bewaffnet und 30 mm gepanzert. Von Version D an wurde der P. an der Stirnseite mit einer zusätzl. Panzerung von 30 mm und an den Außenseiten von 20 mm durch Aufnieten versehen. Außerdem erhielt er Walzenblenden mit 30 mm starkem Panzerschild, ein kardanisch aufgehängtes MG 7,62 mm vorn links kam hinzu. Bis zum Frankreich-

Panzer IV auf Spähfahrt in der libyschen Wüste

feldzug war der P. allen gegner. Kampfwagen überlegen. Erst zu Beginn des Rußlandfeldzuges erlitt er schwere Verluste durch die sowjet. Tanks ➢ T-34 und KW-1 (➢ Kliment Woroschilow). Daraufhin wurde er mit einer Kanone L 48 (75-mm-Langrohr) ausgerüstet, um den Rückstand in der Feuerkraft auszugleichen. Seit 1942 lösten ➢ Tiger I und ➢ Panther den P. allmähl. ab, der jedoch an allen Fronten Standardpanzer blieb, da die neuen Modelle wegen der alliierten Luftangriffe und zunehmender Rohstoffknappheit nicht mehr im notwendigen Rahmen gefertigt werden konnten. Aufbauend auf dem äußerst bewährten Fahrgestell gab es etliche Panzer, die direkt vom P. abgeleitet waren: ➢ Nashorn, Hummel, Jagdpanzer IV, Sturmgeschütz IV, Flakpanzer IV: ➢ Möbelwagen, Wirbelwind, Ostwind.

Panzer(kampfwagen) V, dt. Kampfpz., ➢ Panther.

Panzer(kampfwagen) VI, dt. Kampfpz., ➢ Tiger I.

Panzer(kampfwagen) VII, dt. Kampfpz., ➢ Tiger II (Königstiger).

Panzerfaust, 1943 beim dt. Heer eingeführte, rückstoßfreie Schulterwaffe mit nach hinten offenem Rohr, zum Verfeuern von Hohlladungsgeschossen. Zunächst wurde die P. klein 30 mit einem Kaliber von 4,5 cm und 3 kg Gewicht entwickelt, wenig später folgen die 6,1 kg schwere P. 60 mit Kaliber 5 cm und schließl. die P. 100, die bei einem Kaliber von 6 cm 6,8 kg wog. Erst diese größere Version hatte bei einer Rohrlänge von 1,15 m eine befriedigende Reichweite von 150 bis 200 m. Zunächst in geringen Stückzahlen eingesetzt, gewann die P. erst seit Sommer 44 bei den schweren Abwehrkämpfen Bedeutung. Im Juli 44 wurden 120 000 Stück gefertigt, im Jan. 45 aber schon 1,25 Mio. Die Wirksamkeit der P. war begrenzt, da ihre geringe Reichweite selbst bei größeren Kalibern hohe Anforderungen an Mut und Nerven der Schützen stellte und da sie nur in unübersichtl. Gelände Erfolg versprach (Häuserkampf u.a.).

Panzerschreck (Ofenrohr), dt. Raketenpz.-büchse 44, vergrößerte ➢ Panzerfaust mit Kaliber 8,8 cm und einem Gewicht von 9,5 kg bei 1,64 m Länge. Der P. verschoß 3,3-kg-Gefechtsköpfe (Hohlladungen), die elektr. gezündet wurden; Stabilisierungsflächen sorgten für einwandfreie Flugbahn. Die Durchschlagskraft v.a. der vergrößerten Version mit Kaliber 10 cm und 2 m Rohrlänge erwies sich als ausgezeichnet, und auch die Reichweite war mit bis zu 500 m (sichere Treffer bis 200 m) deutl. besser als bei der Pz.faust. Dennoch blieb der Einsatz des P. wegen des starken Feuerstrahls und der damit schnell auszumachenden Position des Schützen an günstige Geländeverhältnisse gebunden.

Papagos, Alexandros, * Athen 9.12. 1883, † ebd. 4.10.1955, griech. Feldmarschall (1949) und Politiker; 1906 Eintritt ins Heer, 1919-22 Teilnahme am Krieg gegen die Türkei, als Anhänger von ➢ Metaxas 1935/36 Kriegsmin., 1936 Gen.stabschef. P. leitete 1940/41 als OB des Heeres die griech. Gegenoffensive gegen die von Albanien eingedrungenen italien. Truppen und warf sie zurück, so daß dt. Hilfe für die

Paris: deutsche Truppen beim Vorbeimarsch am Arc de Triomphe, Juni 1940

Italiener erforderl. wurde, die zum ➢ Balkanfeldzug führte. Dt. Truppen nahmen P. gefangen und verbrachten ihn nach Deutschland, wo er bis Kriegsende in KZ-Haft blieb. Im griech. Bürgerkrieg schlug er 1949 den kommunist. Aufstand nieder, gab dann seine militär. Ämter ab und gründete 1951 die Hellen. Sammlungsbewegung; Nov. 52 bis zum Tod Min.präs.

Paris, Hauptstadt Frkr.s an der Seine mit rd. 2,9 Mio. Einwohnern (1940). P. war eines der Hauptziele der 2. Phase des dt. ➢ Frankreichfeldzugs (Fall »Rot«), die am 3.6.40 mit einem Großangriff der Luftwaffe gegen Bahnhöfe, Flugplätze und Industrieanlagen im Raum P. eingeleitet wurde (254 Todesopfer, 26 abgeschossene dt. Maschinen). Nach dem Zusammenbruch der Front an der Aisne erklärte das frz. Oberkommando P. zur offenen Stadt, die am 14.6. von der dt. 87. Inf.div. besetzt wurde, 23.6. Blitzbesuch Hitlers. In den folgenden 1537 Tagen der Besetzung war P. mit seinem trotz aller Einschränkungen pulsierenden kulturellen und gesellschaftl. Leben beliebtester Standort dt. Besatzungssoldaten. Das änderte sich trotz einiger alliierter Luftangriffe (u.a. im März 42 und im April 43 auf die Renaultwerke) erst im Aug. 44, als P. beim Heranrücken alliierter Truppen zur Frontstadt wurde. Zum Militärbefehlshaber Groß-P. hatte Hitler am 7.8.44 Gen. v. ➢ Choltitz ernannt und ihm die Verteidigung bis zum letzten Mann unter Sprengung sämtl. Seine-Brücken befohlen. Entgegen der dt. Annahme zielte der alliierte Stoß jedoch zunächst an P. vorüber, da ➢ Eisenhower eine Einschließung der Stadt dem Risiko von Straßenkämpfen vorzog. Trotz seiner Warnungen kam es jedoch in P. zu Unruhen, und am 19.8. proklamierten Résistance-Führer den bewaffneten Aufstand. In dieser Lage appellierte de Gaulle, der vor wachsendem kommunist. Einfluß in der Hauptstadt warnte, an Eisenhower, Hilfe nicht länger zurückzuhalten. Das V. US-Korps gab daraufhin die frz. 2. Pz.div. unter ➢ Leclerc zum Eilmarsch auf P. frei. Die Vorhut traf am 24.8. vor der Polizeipräfektur ein, das Gros folgte am nächsten Tag unter unbeschreibl. Jubel der Bevölkerung, während zugleich die 4. US-Inf.div. die Vorstände erreichte. Choltiz, der mit den Aufständ. unter schwed. Vermittlung Waffenruhe verabredet und die Zerstörungsbefehle Hitlers geschickt hinausgezögert hatte, kapitulierte am 25.8. vor Leclerc, dem er ein nahezu unversehrtes P. übergeben konnte. 12 800 seiner Soldaten gingen in Gefangenschaft, 3200 waren gefallen. Die Verluste der frz. 2. Pz.div. beliefen sich auf 310 Gefallene und 319 Verwundete, während die Freischärler der ➢ Forces Françaises de l'Intérieur (FFI) 1000 Tote und 1500 Verletzte verloren hatten, hinzu kamen 582 tote und 2000 verwundete Zivilisten. Zwar wurde Hitlers Befehl zur Beschießung von P. durch Fernwaffen nicht mehr ausgeführt, doch kostete ein Bombenangriff der Luftflotte 3 (Deßloch) am 26./27.8. noch einmal 213 Einwohnern von P. das Leben, 914 wurden verletzt.

Park, Sir Keith Rodney, * Thames (Neuseeland) 15.6.1892, † Auckland (Neuseeland) 5.2.1975, brit. Luftmarschall; 1917/18 Jagdflieger in Frkr., danach Kommandeur einiger Fliegerhorste und Stabsausbildung, Stabschef des Fighter Command in Stanmore, April

40 Air Vice Marshal (Gen.leutnant). Als Kommandeur der No. 11 Fighter Group hatte P. in der ≫ Luftschlacht um England mit dem SO einschließl. Londons den kritischsten Sektor zu verteidigen. Dafür standen ihm nie mehr als 200 Maschinen, meist ≫ Hurricane, zur Verfügung, so daß er sich im Sommer 40 weitgehend auf Defensive beschränken mußte. 1941 wurde P. OB der brit. Luftstreitkräfte in Ägypten; seit 15.7.42 in gleicher Funktion auf ≫ Malta, seit Jan. 44 im Mittleren O, seit Febr. 45 OB der alliierten Luftstreitkräfte in SO-Asien; 1946 Ruhestand als Air Chief Marshal (Gen.-oberst).

Partisanen, Zivilisten oder nicht den regulären Streitkräften angehörende Kombattanten, die einzeln oder in Gruppen aus dem Hinterhalt gegen eine Besatzungsmacht oder die rückwärtigen Verbindungen einer Okkupationsarmee kämpfen. Völkerrechtl. sind P. nur dann als reguläre Kombattanten anerkannt und müssen bei Gefangennahme wie ≫ Kriegsgefangene behandelt werden, wenn sie einen verantwortl. Führer haben, ein auch aus größerer Entfernung erkennbares Abzeichen tragen und ihre Waffen offen führen (Artikel I der Haager Landkriegsordnung von 1907, Artikel 4 des III. Genfer Abkommens zum Schutze der Kriegsopfer von 1949). Diese Bedingungen werden jedoch im modernen P.krieg in der Regel nicht erfüllt. Im 2. Weltkrieg mußte sich die dt. Wehrmacht in den besetzten Gebieten der Aktionen von P. erwehren, ein Kampf, der auf beiden Seiten mit großer Erbitterung und Grausamkeit geführt wurde und häufig barbar. Vergeltungsaktionen gegen die Bevölkerung nach sich zog.
Im Jan. 43 kämpften in Weißrußland 57 500 P., bis zum Nov. 43 stieg ihre Zahl auf 122 600 an. Anfang 44 operierten hinter den dt. Linien über 250 000 sowjet. P. Sie brachten stellenweise die dt. Verbände in erhebl. Bedrängnis, bes. bei großen Niederlagen wie dem Zusammenbruch der Heeresgruppe Mitte im Sommer 44. Für 1943 meldeten die sowjet. P. 11 000 Sprengungen von Bahnlinien und 9000 zum Entgleisen gebrachte Transportzüge, wobei rd. 6000 Lokomotiven und 40 000 Waggons zerstört oder beschädigt wurden, sowie die Zerstörung von 22 000 dt. Kfz.
Auf dem Balkan verfügte ≫ Tito im März 44 nach dt. Schätzungen über 11 Korps mit 31 Divisionen von je 2000-4000 Mann. Nach dt. Meldungen sollen diesen Kräften vom 1.1.-1.8.44 Verluste in Höhe von 55 800 Toten und 21 500 Gefangenen zugefügt worden sein. Die Zahl der Überläufer betrug 2500. Die Tito-P. wurden von den Alliierten versorgt, holten sich aber auch viele Waffen von den italien. Besatzungstruppen und erbeuteten sie im Kampf gegen die kroat. Wehrmacht. Trotz umfangreicher dt. Gegenmaßnahmen blieb Tito unbesiegt. Am 25.5.44 scheiterte knapp der Versuch dt. Fallschirmjäger, Titos Hauptquartier in Dvar auszuheben. Seine Truppen verloren mit wachsender Kriegsdauer den P.charakter und entwickelten sich zu einer regulären Armee.
Nach dt. Angaben wurden vom 6.6. bis 31.8.44 in Frkr. und Belgien 11 086 »Terroristen« im Kampf »niedergemacht« und 4700 als Gefangene eingebracht. Im März 44 gab es 460, im April 44 schon 500 Fälle von Eisenbahnsabotage. Die Versorgung mit Waffen für

die Maquisards der ➢ Résistance erfolgte aus der Luft durch alliierte Flugzeuge. P.krieg entwickelte sich auch in Italien nach dessen Ausscheiden aus dem Krieg im Sommer 43. Laut dt. Berichten wurden vom 12.5.-30.9.44 in Italien 12582 »Banditen« getötet und 8500 gefangengenommen. Ein gnadenloser Kleinkrieg tobte auch in Griechenland, wo die stärkste Kraft die über 22000 Kämpfer der kommunist. ELAS waren.

Patton, George Smith, * San Gabriel (Kalifornien) 11.11.1885, † Mannheim, 21.12.1945, amerikan. General; 1909 Militärakademie West Point, 1917 als Kommandeur einer Tank-Brigade an der Front in Frkr., danach verschiedene Kommandos und Lehraufträge. P. war bei Kriegsbeginn Oberst, wurde im Juli 40 zum Brigadegen. befördert und kommandierte seit April 41 die 2. US-Pz.div. Mit der Western Task Force landete er beim Unternehmen ➢ »Torch« am 8.11.42 mit 35000 Mann in Marokko und löste nach der amerikan. Niederlage bei ➢ Kasserine Gen.major Fredendall als OB des II. US-Korps ab, Beförderung zum Gen.major. Bei der Landung auf Sizilien (10.7.43) führte P. die 7. US-Armee und nach der ➢ Invasion in der Normandie seit 1.8.44 die 3. US-Armee, mit der er bei ➢ Avranches durchbrach und an Paris vorbei zur Mosel vorstieß. Wegen der dt. ➢ Ardennenoffensive mußte er nach der Einnahme von Metz Richtung N eindrehen gegen den Belagerungsring um ➢ Bastogne. Bei Koblenz erreichte sein Verband am 17.3.45 den Rhein, überschritt den Fluß am 23. und stellte seine Offensive erst 90 km vor Prag ein. Nach dem Krieg Militärgouverneur in Bayern, kam P. bei einem Autounfall ums Leben.

»Paukenschlag«, Deckname für die U-Boot-Offensive gegen den Schiffsverkehr vor der O-Küste der USA. Nachdem schon 2 Tage vor der dt. Kriegserklärung die amerikan. Gewässer am 9.12.41 für die dt. Seekriegsführung freigegeben worden waren, forderte U-Boot-Chef Dönitz für »P.« 12 Atlantik-Boote, um mit einem Überraschungseffekt gegen den unerfahrenen Gegner zu möglichst großen Erfolgen zu kommen. Es gelang aber nur die Entsendung von 5 Booten, da v.a. der Verlauf des italien. ➢ Afrikafeldzugs zur Abgabe von Kräften ins Mittelmeer zwang. Für »P.« war das Gebiet zw. Kap Hatteras im S und der Mündung des St.-Lorenz-Stroms vorgesehen. Der Angriff begann einheitl. am 12./13.1.42 und führte bis 7.2. zur Versenkung von 26 Frachtern mit 163021 BRT und zur Torpedierung von 2 weiteren Schiffen mit 15192 BRT. Schon während der Offensive trafen weitere Boote vor der amerikan. Küste ein und dehnten die Operationen bis in die Karibik aus, um v.a. den Öl-Transport aus Venezuela zu stören.

Paulus, Friedrich, * Breitenau (Kreis Melsungen) 23.9.1890, † Dresden 1.2.1957, dt. Gen.feldmarschall (31.1.43); 1910 Eintritt ins preuß. Heer, im 1. Weltkrieg Offizier, danach Einsatz bei der Grenzsicherung im O, 1920-39 verschiedene Stabs- und Truppenkommandos in Reichswehr und Wehrmacht. Als Oberquartiermeister I des Gen.stabs des Heeres (seit Sept. 40) war P. beteiligt an der Vorbereitung des Rußlandfeldzuges, in dem er im Jan. 42 den Oberbefehl über die 6. Armee übernahm. Mit dieser griff er im Aug. 42 Stalingrad an und wurde nach fast vollständiger Eroberung der Stadt im Nov. 42 von der Roten Armee eingeschlossen. Als P. am 2.2.43 kapitulierte und mit dem Rest seiner Armee (ca. 90 000 Mann) in Gefangenschaft ging, wurde er von Hitler der Feigheit bezichtigt: »Der Mann hat sich totzuschießen!« P. beteiligte sich am Aufbau des ➢ Nationalkomitees »Freies Deutschland« und rief die dt. Truppen der Ostfront zum Überlaufen auf. 1953 aus der Gefangenschaft entlassen, nahm er Wohnsitz in der DDR.

Pavelic, Ante, * Bradina (Herzegowina) 14.7.1898, † Madrid 28.12.1959, kroat. Politiker; Jurist, 1929 wegen nationalist. kroat. Hetze in Exil in Italien, von dort Leitung der Unabhängigkeitsbewegung Ustascha und ihrer Terroranschläge. Der von Mussolini unterstützte P. wurde nach der Kapitulation Jugoslawiens (17.4.41) im ➢ Balkanfeldzug Chef (Poglavnik) eines »Unabhängigen Staates Kroatien«, den er schon am 10.4. proklamiert hatte und den er bis hin zur Ermordung und Deportation der Juden ganz im Sinn seiner nat.-soz. und faschist. Protektoren führte. Im Gegensatz zu den meisten seiner Anhänger, die bei Kriegsende Opfer der Abrechnung mit den Kollaborateuren wurden, konnte P. über Österreich und Italien nach Argentinien entkommen, wo er eine bedeutungslose Exilreg. gründete.

Pe, Typenabk. für Kampfflugzeuge des sowjet. Konstrukteurs Wladimir M. **Pet**ljakow (1891-1942), der 1936/38 den einzigen sowjet. viermotorigen Langstreckenbomber des Krieges, die P.-8 (ursprüngl. TB-7), entwickelte, Erstflug 27.12.36. Mit diesem Baumuster für 11 Mann Besatzung, Höchstgeschwindigkeit 438 km/h, mit 2 t Bomben max. 5445 km Reichweite, flogen Piloten des sowjet. Langstreckenkommandos im Sommer 42 zwei Nachtangriffe gegen Königsberg, außerdem Angriffe gegen Berlin, Stettin, Danzig, Warschau und die Ölfelder von Ploesti, allerdings mit nur geringer militär. Wirkung und eher moral. Wert für die sowjet. Heimatfront. Nur 79 P.-8 wurden gebaut, da sich die sowjet. Luftwaffe auf takt. Einsätze konzentrierte. Dafür eignete sich der sturzflugtaugl. Frontbomber P.-2 (»Peschka«), Erstflug 7.5.39, der in 11 426 Exemplaren gebaut wurde und von der Verteidigung Moskaus bis zur Schlacht um Berlin das Rückgrat der zweimotorigen Bomberverbände bildete. Daten des letzten Serienmusters: max. 581 km/h mit 2x1210-PS-Motoren, 6 MG, 1000 kg Bombenzuladung, 1770 km Reichweite, 3 Mann Besatzung.

Pearl Harbor, Marinestützpunkt der USA auf der Hawaii-Insel Oahu. Am 7.12.41 griffen 355 Maschinen der japan. Marine-Luftwaffe P. an, versenkten 5 Schlachtschiffe, beschädigten 3 weitere und vernichteten außerdem zahlr. Schiffe, Flugzeuge und Militäreinrichtungen. Die USA verloren 2403 Tote und 1178 Verwundete. P. wurde zum Auslöser des amerikan.-japan. Krieges und der dt. Kriegserklärung an die USA (11.12.41). US-Präs. Roosevelt konnte nun aktiv in den lange unterstützten, in der amerikan. Öffentlichkeit aber ungeliebten Krieg gegen die Achsenmächte eingreifen. Daß er zu diesem Zweck P.

absichtl. preisgegeben hat, blieb Spekulation.

»Pedestal«, (engl. Sockel, Stütze), Codebez. für eine brit. Konvoi-Operation zur Versorgung ≻ Maltas. Im Rahmen von »P.« passierte am 10.8.42 ein Geleitzug von 13 Transportern und 1 Tanker, gesichert durch 4 Kreuzer und 11 Zerstörer, die Straße von Gibraltar zusammen mit der Deckungsgruppe (Syfret), bestehend aus 2 Schlachtschiffen, 4 Trägern, 3 Kreuzern und 14 Zerstörern. Von der dt. Luftaufklärung erfaßt, wurde der »P.«-Konvoi mehrfach von dt. und italien. Fliegerkräften sowie von U-Booten angegriffen, wobei zahlr. Frachter und Einheiten der Deckungsgruppe, darunter der Träger Eagle (4er-Fächer von U 73 unter Kapitänleutnant Rosenbaum), versenkt wurden; nur 4 Transporter erreichten schließl. ihr Ziel.

Peenemünde, Fischerdorf auf der Halbinsel Usedom vor der Odermündung. In P. begann das Heereswaffenamt 1936 mit dem Aufbau der Raketenversuchsanstalt unter Leitung von General Dornberger und W. v. ≻ Braun. Hier wurde die Fernrakete A-4 (Propagandaname V 2) entwickelt, die zum Arsenal der sog. Wunderwaffen im 2. Weltkrieg gehörte, aber erst nach dem Krieg in amerikan. Weiterentwicklung militär. und raumfahrtechn. Bedeutung gewann.

Peiper, Joachim, * Berlin 30.1.1915, † Traves 13.7.1976, SS-Standartenführer (Oberst) der Waffen-SS; während der Ardennen-Offensive Kommandeur einer gepanzerten Kampfgruppe der 1. SS-Panzerdivision »Leibstandarte Adolf Hitler«. P. wurde im ≻ Malmedy-Prozeß wegen angebl. Gefangenenerschießungen zum Tod verurteilt, später zu lebenslängl. Freiheitsstrafe begnadigt und Ende 56 vorzeitig entlassen. Anfang 1970 ließ er sich in Traves im frz. Jura nieder. Als bekannt wurde, wer er war, setzte unter Führung der kommunist. Zeitung »L'Humanité« eine Pressekampagne gegen ihn ein. Man forderte seine sofortige Ausweisung. Nach Morddrohungen wurde am Vorabend des frz. Nationalfeiertages 1976 sein Haus in Brand gesteckt. In dem abgebrannten Gebäude fand man P.s verkohlte Leiche. Zu der Tat bekannte sich eine Untergrundorganisation mit dem Namen »Les Vengeurs« (Die Rächer). Die Täter wurden nicht gefaßt.

Pennsylvania, amerikan. Schlachtschiff, 16.3.15 Stapellauf, 12.6.16 in Dienst gestellt, 33 100 t, 20 kn, 185,3 m lang, 32,4 m breit, bis 2290 Mann Besatzung; Bewaffnung: 12x35,6 cm, 16x12,7 cm, 72 kleinere Rohre. Im Dock von ≻ Pearl Harbor liegend erhielt die P. beim japan. Überfall am 7.12.41 einen Bombentreffer. Nach Instandsetzung wurde sie zu Ausbildungszwecken genutzt und umgebaut. Danach gehörte sie zur Task Force 51 (Rockwell), Group 51.1 (Kingman) bei der Rückeroberung der Aleuten-Inseln Attu (Mai 43) und Kiska (Aug. 43), übernahm dann mit der Task Group 51.2 (Griffin) Deckungsaufgaben bei den Landungen auf den Gilbert-Inseln (Nov. 43) und kämpfte mit der Fire Support Group bei der Invasion von Palau (Sept. 44). Mit einer Schlachtschiff-Gruppe unter Konteradmiral Oldendorf griff sie im Okt. 44 in die Kämpfe im ≻ Leyte-Golf ein (Verbrauch von 11 800 Granaten der beiden größten Kaliber) und beschoß zur Vorbereitung der US-Landung Ziele auf Luzon (Jan. 45). In den letzten Kriegswochen vor Okinawa und im Ostchines. Meer eingesetzt, wurde die P. am 1.8.45 von Küstenartillerie getroffen und am 12.8.45 von einem Lufttorpedo schwer beschädigt, konnte aber den Kampf fortsetzen. Nach Kriegsende überstand sie die Atomtests im Bikini-Atoll unbeschädigt und sank als Artilleriezielschiff am 10.2.48.

Pershing (General P.), schwerer amerikan. Kampfpz. M 26, Prototyp Juni 43 u.a. von der Firma Chrysler; 42 t, 6,40 m lang, 3,50 m breit, 2,70 m hoch, 145 mm Stirnpanzerung, 500 PS, max. 48 km/h, Reichweite 150 km, 5 Mann Besatzung, 90-mm-Kanone, 1x12,7-mm-MG und 2x7,62-mm-MG. Die Produktion des P, der als Nachfolger des ≫ Sherman und als Antwort auf die dt. Pz.kampfwagen ≫ Panther und ≫ Tiger gedacht war, verzögerte sich, weil man mit dem Masseneinsatz der herkömml. Pz. auskommen zu können meinte. Erst der Schock der dt. Ardennenoffensive im Dez. 44 beflügelte das Projekt wieder, so daß bis Juni 45 noch 1436 P. hergestellt wurden.

Pétain, Henri Philippe, * Cauchy-la-Tour (Pas-de-Calais) 24.4.1856, † Port Joinville (Insel Yeu) 23.7.1951, frz. Marschall (Nov. 18) und Politiker; im 1. Weltkrieg zunächst als General Führer eines Korps, seit 1915 der 2. Armee, im Febr. 16 OB der Verteidiger Verduns, am 15.5.17 OB des frz. Heeres, 1922-31

Pétain: der legendäre Marschall des Ersten Weltkrieges bei seinem Zusammentreffen mit Hitler in Montoire, Oktober 1940

Gen.inspekteur der Armee, 1929 Mitglied der Académie Française, 1931 Inspekteur der Luftverteidigung, 1934 kurze Zeit Kriegsmin. P., dessen Nimbus als »Sieger von Verdun« ungebrochen blieb, wurde im März 39 als Botschafter zu Franco geschickt, um die im span. Bürgerkrieg fast gänzl. abgerissenen frz.-span. Beziehungen wiederherzustellen. Nach dem dt. Angriff (10.5.40) berief ≻ Reynaud P. als nat. Symbolfigur ins Kabinett (stellv. Min.präs.) und mußte ihm nach dem Fall von Paris am 16.6.40 als Reg.chef weichen. P. schloß am 22./24.6. Waffenstillstand mit Deutschland und Italien und wurde am 10.7. von der frz. Nat.versammlung in ≻ Vichy mit 569 zu 80 Stimmen zum Chef des »État Français« berufen und mit diktator. Vollmachten ausgestattet.

P. verfolgte einen Doppelkurs der begrenzten Zusammenarbeit mit der dt. Besatzungsmacht bei gleichzeitiger Verweigerung. In ≻ Montoire gelang es ihm, Frkr. aus Hitlers Kriegsplänen herauszuhalten; er förderte aber die Bildung einer frz. »Freiwilligenlegion gegen den Bolschewismus«. Er stellte zeitweilig den Befürworter einer völligen ≻ Kollaboration, ≻ Laval, kalt, befahl aber am 8.11.42 den Widerstand der frz. Truppen gegen die alliierte Landung in N-Afrika. Er stand in geheimer Verbindung mit der brit. Reg., ließ aber Geiselerschießungen und Judendeportationen durch die Deutschen ohne Protest geschehen. Nach innen setzte er auf den Ausbau eines korporativen Staates, entließ alle einstigen Repräsentanten der III. Republik, suchte die wirtsch. Folgen des Krieges zu mildern und kämpfte vergebl. um die Freilassung der frz. Kriegsgefangenen in Deutschland. Sein Doppelspiel war für die frz. Öffentlichkeit nicht durchschaubar, für zahlr. Franzosen war P. die Legitimation zur Kollaboration. Von den Deutschen am 20.8.44 nach Belfort und am 8.9. nach Sigmaringen verbracht, stellte sich P. am 24.4.45 den frz. Behörden, obwohl de ≻ Gaulle es vorgezogen hätte, wenn er ins Schweizer Exil gegangen wäre. So kam es vom 23.7.-15.8.45 zum Prozeß, der bei 14 zu 13 Richterstimmen mit dem Todesurteil für P. endete. Wegen des hohen Alters begnadigt, verbrachte er seine letzten Jahre in Festungshaft auf der Insel Yeu.

Petljakow, Wladimir M., sowjet. Flugzeugkonstrukteur, Typenabk. ≻ Pe.

Petrow, Iwan Jefimowitsch, * Trubschewskoje bei Brjansk 30.9.1896, † Moskau 7.4.1958, sowjet. Armeegeneral; 1918 Eintritt in die Rote Armee. P. befehligte seit 5.10.41 die Küstenarmee, die Odessa zäh verteidigte und dann auf der Krim gegen die dt. 11. Armee (v. Manstein) kämpfte. Am 16.3.43 wurde er Chef des Stabes der Nordkaukasus-Front (Tjulenjew), deren Oberbefehl er am 13.5.43 übernahm und mit der er bis Okt. 43 den dt. ≻ Kuban-Brückenkopf beseitigte. Am 5.8.44 erhielt P. die 4. Ukrain. Front von Tolbuchin, die er über die Karpaten nach Ungarn und in die Tschechoslowakei führte. Nach dem Krieg bis 1952 Befehlshaber im Militärbezirk Turkestan, dann im Verteidigungsmin. tätig.

Petsamo, Bezirk und Hafenstadt in N-Finnland mit 7600 Einwohnern (1940). Im ≻ Winterkrieg 1939/40 wurde P. von der Roten Armee erobert, aber im

Frieden von Moskau (12.3.40) wieder zurückgegeben. Nach der dt. Besetzung Norwegens (April 40) spielte P. als ganzjährig eisfreier Hafen und Umschlagplatz für die nahegelegenen Kupfer- und Nickelgruben eine wichtige Rolle für die dt. Rohstoffversorgung. Beim Angriff auf die Sowjetunion (22.6.41) und dem Eintritt Finnlands auf dt. Seite in den Kampf (26.6.41) diente zudem der Flugplatz von P. der Luftwaffe als Basis für die Angriffe auf ➢ Murmansk. Die Offensive zu Lande kam allerdings nicht weit voran, doch konnte die Fischer-Halbinsel, von der aus die Zufahrt zum Hafen von P. kontrollierbar war, genommen werden. Nach dem Ausscheiden Finnlands aus dem Krieg (Sept. 44) sah sich die im Raum P. im Rahmen des Unternehmens ➢ »Birke« zum Rückzug versammelte dt. 20. Gebirgsarmee (Rendulic) seit 7.10.44 einer Offensive der sowjet. 14. Armee (Tscherbakow) gegenüber, die am 15.10. P. besetzte. Im Vertrag von Paris (17.1.47) trat Finnland die Stadt an die Sowjetunion ab.

Pfadfinder, Bez. für Führungsmaschinen von Bomberverbänden. Die P. waren mit bes. elektron. Navigationshilfen ausgerüstet und mit speziell geschulten Elitebesatzungen bemannt. Sie flogen beim nächtl. Luftkrieg dem Bomberstrom voraus ins Zielgebiet, wo sie den Angriffsbereich mit ➢ Christbäumen und Leuchtbomben markierten. Die erste geschlossene P.-Einheit der dt. Luftwaffe war die selbstständige Kampfgruppe KG 100, deren Maschinen mit dem X-Gerät ausgerüstet waren, das einen automat. Bombenabwurf ermöglichte. Seit 13.8.40 über England im Einsatz, führten die dt. P. u.a. den Nachtangriff auf die Industriestadt ➢ Coventry (14./15.11.40); später, beim Unternehmen »Steinbock«, wurden die P. von der I. Gruppe/KG 66 gestellt. – Auf alliierter Seite wurde am 15.8.42 ein P.-Korps der RAF unter Oberst Bennett gegründet; auch die 8. US-Luftflotte in England nutzte radarbestückte P. für ihre Tagesangriffe. Hochfliegende P. vom Typ ➢ Mosquito flogen Scheinangriffe, um die dt. Jagdwaffe vom Hauptziel abzulenken. Umgekehrt bemühte sich die Luftabwehr, die Bomberverbände durch Scheinmarkierungen und Scheinfeuer in die Irre zu führen.

Pfeil, Beiname des dt. schweren Mehrzweckjägers Dornier Do 335, Erprobung Herbst 43. Die P., ein unkonventionelles Baumuster mit Tandemantrieb (Zug- und Druckpropeller), war bei Kriegsende das schnellste Kolbenmotorflugzeug der Luftwaffe und eines der schnellsten der Welt. Charakterist. Konstruktionsmerkmal war außer den beiden Luftschrauben an Heck und Bug das kreuzförmige Heckleitwerk aus je zwei Höhen- und Seitenflossen. Der Führerraum war serienmäßig mit einem Preßluftkatapultsitz ausgerüstet. 21 Maschinen kamen zur Truppenerprobung, aber nicht mehr zum Einsatz. - Daten: 2xDB 603 von je 1800 PS, Höchstgeschwindigkeit 763 km/h in 6400 m Höhe, Dienstgipfelhöhe 11 400 m, 1x30-mm und 2x20-mm-Kanonen, max. Startgewicht 11,7 t.

Philippinen, Staat im W-Pazifik, bestehend aus über 7000 Inseln von 296 000 km ➢ mit rd. 17 Mio. Einwohnern (1941), Hauptstadt Manila auf Luzon. Die P. waren bis 1898 span. Kolonie, danach amerikan. Protektorat, seit 1935 erste Schritte in die Unabhängigkeit bei zunächst fortdauernder Oberaufsicht der USA v.a. in der Außen- und Verteidigungspolitik. Die Inselgruppe beherrschte Japans Seeweg durch das Südchines. Meer und war daher eines der Hauptziele der japan. Offensive nach Beginn des Pazifik-Krieges. Die Verteidiger unter US-Gen. ➢ MacArthur verfügten über 19 000 Amerikaner und 160 000 Filipinos, deren Kampfwert im allg. allerdings gering war. Die US-Heeresluftwaffe konnte 140 Maschinen aufbieten, die Navy unter Admiral Hart 3 Kreuzer, 13 Zerstörer und 18 U-Boote, gegen den japan. Ansturm zu wenig. Immerhin dauerte es fast 6 Monate, ehe die P. am 6.5.42 ganz in der Hand der Japaner waren, die sich bemühten, mit antikolonialist. Parolen (»Asien den Asiaten«) die Bevölkerung für sich zu gewinnen. Die folgende Besatzungszeit aber brachte erhebl. wirtschaftl. Probleme. Es bildeten sich bald antijapan. Widerstandsgruppen, die den US-Truppen bei der Rückeroberung gute Dienste leisteten. Sie begann am 20.10.44 mit der Landung auf ➢ Leyte und der Seeschlacht im ➢ Leyte-Golf, der am 9.1.45 der Hauptangriff auf ➢ Luzon folgte. Die restl. von der japan. 35. Armee (Suzuki) verteidigten Inseln wurden in 38 amphib. Operationen bis zum Sommer 45 besetzt, so daß MacArthur am 5.7. die Befreiung der P. für abgeschlossen erklärte, obwohl noch bis Kriegsende Kämpfe aufflackerten. Die Schlacht um die P. war mit 15 000 Toten und 50 000 Verwundeten die verlustreichste für die USA in Fernost und bedeutete für die Japaner, die allein auf Leyte und Luzon 260 000 Mann verloren, die endgültige Niederlage. Die USA entließen die P. am 4.7.46 in die volle Unabhängigkeit und schlossen mit ihnen einen »Hilfspakt« auf 99 Jahre.

Philippinen-See, Nebenmeer des Pazifik zw. den ➢ Philippinen und den ➢ Marianen, 19./20.6.44 Schauplatz der letzten großen Trägerschlacht im Zusammenhang mit den US-Landungen auf den Marianen. Beteiligt waren die US-Task Force 58 (Mitscher) mit 15 und die japan. 1. Flotte (Ozawa) mit 9 Trägern. Nach dem Plan des japan. Flottenchefs Toyoda sollten landgestützte Bomber eingreifen, doch wurden sie größtenteils schon am Boden ausgeschaltet, was die örtl. Kommandeure jedoch nicht korrekt weitermeldeten. Ozawas Streitmacht, zu der auch 5 Schlachtschiffe gehörten, befand sich südwestl. Guam, als er am 19.6. erfuhr, daß der US-Kampfverband bereits in Reichweite seiner leichten Trägerflugzeuge lag, während er selbst noch für den Gegner unerreichbar war. Zw. 8 und 11 Uhr ließ er 372 Maschinen in 4 Wellen starten. Sie sollten nach dem Angriff nach Guam weiterfliegen und von dort aufgetankt und neu munitioniert beim Rückflug ein zweites Mal angreifen. Für die Masse der unerfahrenen japan. Piloten erübrigte sich der Befehl. Sie wurden schon über See vom amerikan. Radar geortet und im Vorfeld der Task Force von ➢ Hellcat-Jägern abgefangen, so daß nur wenige Maschinen den Flakgürtel durchbrachen. Das Schlachtschiff South Dakota erhielt einen direkten Bombentreffer (27 Tote), einige Einheiten wurden leicht beschädigt. Dafür verlor die japan. Marineluftwaffe schon beim morgendl. Großangriff 272 Maschinen, so daß die US-Piloten von einem regelrechten ➢

»Truthahnschießen« sprachen. Der Start der Japaner war zudem vom US-U-Boot Albacore bemerkt worden, das die Cavallo herbeifunkte und zus. mit diesem U-Boot Ozawas Flaggschiff, den modernen Träger Taiho, und den Träger Shokaku versenkte. Ozawa zog sich nach NW zurück, wurde aber am Nachmittag des 20.6. erneut von US-Aufklärern erfaßt. Mitscher ließ trotz der späten Stunde 77 Sturz- und 54 Torpedobomber aufsteigen, die kurz vor Sonnenuntergang den Träger Hiyo versenkten und 2 weitere in Brand schossen. Bei der Rückkehr in der Dunkelheit mußten 80 US-Maschinen notwassern, doch konnten 160 der 209 vermißten Piloten am nächsten Tag gerettet werden. Die Schlacht um die Marianen endete damit schon vor der Eroberung des Archipels mit einem klaren amerikan. Sieg, während die japan. Trägerstaffeln in der P. endgültig ausgeschaltet worden waren.

Pinguin, dt. Hilfskreuzer (Schiff 33), als solcher am 6.2.60 in Dienst gestellt unter Kapitän z.S. Krüder; 7766 BRT, Länge 155 m, Breite 18,7 m, Höchstgeschwindigkeit 17 kn, 401 Mann Besatzung; Bewaffnung: 6x15 cm, 1x7,5 cm, 6 Rohre Flak, 4 Torpedorohre, 380 Minen, 2 Bordflugzeuge He 114 (dafür ab März 41 nur 1 Arado Ar 196). Die P. lief am 15.6.40 von Gotenhafen aus, durchbrach eine Woche später die Dänemarkstraße und führte Handelskrieg im Atlantik, Pazifik und im Ind. Ozean. Der Hilfskreuzer drang im Jan. 41 sogar in antarkt. Gewässer vor und kaperte Walfangschiffe. Danach operierte er erfolgreich an der afrikan. Ostküste, konnte aber den brit. Tanker Emperor erst versenken, als dieser schon Hilfe herbeigefunkt hatte. Sie kam in Gestalt des Schweren Kreuzers Cornwall nahe den Seychellen und führte in einem Gefecht zum Untergang der P., als eine 20,3-cm-Salve des Kreuzers das Minendepot und damit das ganze Schiff explodieren ließ. 341 Mann der Besatzung und 200 Gefangene kamen um, die Cornwall rettete 60 Mann und 22 Gefangene. Mit der P. ging der erfolgreichste Hilfskreuzer des Krieges (insges. 154619 BRT) verloren.

Pius XII., ursprüngl. Eugenio Pacelli, * Rom 2.3.1876, † Castel Gandolfo 9.10.1958, Papst (2.3.39); 1899 Priesterweihe, 1920-29 Nuntius bei der dt. Reichsreg., 1930 Kardinalstaatssekretär. P. trat sein Amt als Oberhaupt der kath. Kirche im Vorfeld des Krieges an und versuchte vergebl., durch Vermittlungsangebote den Frieden zu retten. Auch seine Bemühungen um Hilfe für die Verfolgten und die Opfer des Krieges erzielten nicht die erhofften Erfolge. In seiner Handlungsfreiheit im faschist., später nat.-soz. kontrollierten Italien stark eingeschränkt, mied P. die Konfrontation mit den Machthabern und protestierte sogar nur sehr indirekt gegen die blutige Kirchen- und Priesterverfolgung (≫ Intelligenz-Aktion) in Polen. Obwohl er über den Völkermord der dt. ≫ Judenverfolgung unterrichtet war, riet er seinen Bischöfen von offenen Anklagen ab, »um größere Übel zu vermeiden« (Brief an den Berliner Bischof Preysing vom 30.4.43), und beschränkte sich auf kirchl. Fragen. Das brachte ihn postum ins Zwielicht (Drama »Der Stellvertreter« von Rolf Hochhuth, 1963) und verdunkelte seine Integrationsleistung während des Krieges und seine theolog. Bedeutung.

PK, Abk. für ⋙ **P**ropaganda-**K**ompanien, deren Angehörige als PK-Männer bezeichnet wurden.

Ploesti, rumän. Bezirksstadt mit 77 000 Einwohnern (1940). Das Erdölgebiet von P. war die wichtigste Versorgungsquelle Deutschlands und wurde im Okt. 40 auf Wunsch von Staatschef ⋙ Antonescu von der dt. 16. Pz.div. besetzt. P. geriet nach der dt.-italien. Niederlage in N-Afrika 1943 in den Operationsbereich der viermotorigen Bomber der 9. US-Luftflotte und erlebte am 1.8.43 den ersten Großangriff von 178 B-24 ⋙ Liberator, die im libyschen Derna aufgestiegen waren (Operation »Tidalwave«). Der Raid erzielte allerdings wenig Wirkung, kostete die Amerikaner aber 773 Mann fliegendes Personal, da 54 Bomber über P. abgeschossen wurden und weitere beim Rückflug abstürzten oder in der Türkei notlanden mußten; nur 11 Maschinen erreichten wieder die Ausgangsbasis. Erst am 5.4.44 kam es zum nächsten Angriff, den nun die 15. US-Luftflotte führte. Am 30.8.44 nahm die Rote Armee die Stadt.

Pohl, Oswald, * Duisburg, 30.6.1892, † Landsberg am Lech 8.6.1951 (hingerichtet), SS-Obergruppenführer (21.4. 42); 1926 NSDAP-Beitritt, 1.2.34 als SS-Standartenführer Verwaltungschef im SS-Hauptamt. P. baute einen Konzern aus SS-eigenen Wirtschaftsunternehmen auf, die am 31.12.42 unter dem Dach des Wirtschafts- und Verwaltungs-Hauptamts (WVHA) zusammengefaßt wurden. Dank eines Heeres von KZ-Häftlingen, Anfang 45 über 700 000, die er radikal ausbeutete und damit Himmlers Auftrag der »Vernichtung durch Arbeit« erfüllte, erzielte P. enorme Gewinne, zumal er zahlr. Häftlinge zu profitablen Bedingungen auch noch an die Industrie »vermietete«. Die Zahl der als ⋙ Zwangsarbeiter umgekommenen KZ-Insassen wird auf eine halbe Mio. geschätzt. In einem Prozeß vor dem Militärgerichtshof III der USA gegen 18 Mitarbeiter des WVHA wurden P. und 3 weitere Angeklagte am 3.11.47 zum Tod verurteilt, nur das Urteil gegen P. wurde vollstreckt.

»Pointblank« (engl. direkt, frontal), Codebez. für die auf der ⋙ Casablanca-Konferenz im Jan. 43 beschlossene alliierte Bomberoffensive gegen Deutschland. Im Rahmen von »P.« sollte die RAF die nächtl. Flächenangriffe weiterführen, während die US-Bomber für Präzisionsbombardements bei Tage gegen Punktziele vorgesehen waren: Flugplätze, Verkehrsknoten, Betriebe der Rüstungsindustrie (insbes. Fertigungsstätten für Jäger und U-Boote), Versorgungseinrichtungen u.a. »P.« lief am 10.6.43 an.

Pokryschkin, Aleksandr Iwanowitsch, * 6.3.1913, sowjet. Jagdflieger und Luftmarschall (16.12.72); 1932 zur Roten Armee. P. erzielte im Krieg auf 560 Feindflügen 59 Luftsiege und war damit einer der erfolgreichsten sowjet. Piloten. Dreimal als Held der Sowjetunion ausgezeichnet, machte er eine steile Nachkriegskarriere: 1948 Militärakademie Frunse, 1969 Gen.oberst und Stellv. OB der Luftabwehrtruppen, 1971 Vors. des Zentralkomitees der Fördergesellschaft der Streitkräfte.

Polen, östl. Nachbarstaat des Dt. Reiches mit 390 000 km ⋙ und 34,8 Mio. Einwohnern (1939), Hauptstadt Warschau. Die Entwicklung des jungen P. (entstanden 1918) war geprägt von der Lage zw. den übermächtigen unmittelbaren Nachbarn Sowjetunion und Dt. Reich, deren offenbar unüberbrückbare ideolog. Differenzen in den 30er Jahren dem Land eine trüger. Sicherheit gaben und zu riskanter Schaukelpolitik verführten. Das lieferte nach Verweigerung der Rückgabe ≫ Danzigs und der harten Haltung in der ≫ Korridor-Frage im Frühjahr 39 Hitler den Vorwand zur Kündigung des dt.-poln. Nichtangriffspakts von 1934. Da P. zugleich Durchmarschrechte für die Rote Armee ablehnte, scheiterten die Verhandlungen der Westmächte mit Moskau, was schließl. zum ≫ Dt.-Sowjet Nichtangriffsvertrag vom 23.8.39 und zum dt. ≫ Polenfeldzug führte. P. verschwand vorübergehend von der Landkarte, bestand aber völkerrechtl. durch eine Exilreg. in London weiter, die auch ein eigenes Truppenkontingent unter ≫ Anders für den Krieg gegen Deutschland mit brit. Hilfe aufstellen konnte. Aber auch im Lande bildete sich angesichts der brutalen dt. Besatzungspolitik im ≫ Gen.gouvernement (5-6 Mio. Todesopfer, darunter 3 Mio. durch die ≫ Judenverfolgung) ein Untergrundstaat mit einer eigenen ≫ Heimatarmee, die wegen ausbleibender sowjet. Hilfe im ≫ Warschauer Aufstand (Aug.-Okt. 44) unterging. Das belastete die wegen ≫ Katyn ohnehin gespannten Beziehungen zw. der Exilreg. und Stalin, der mit einem in ≫ Lublin gebildeten kommunist. Komitee nach der Eroberung P.s vollendete Tatsachen und alle Voraussetzungen für die Bolschewisierung des Landes schaffte. Es verlor nach dem Krieg das schon 1939 vorübergehend von der Roten Armee besetzte O-P. und wurde im W durch die dt. Gebiete hinter der Oder-Neiße-Linie entschädigt.

Polenfeldzug, von Hitler am 1.9.39 ausgelöster Krieg gegen Polen, der sich zum Zweiten Weltkrieg ausweiten sollte. Dem P. voran ging eine Phase hekt. diplomat. Vermittlungsversuche um Beilegung der dt.-poln. Differenzen (u.a. ≫ Korridor, ≫ Danzigfrage). Sie scheiterten letztl. an Hitlers Willen zur gewaltsamen Lösung der sog. Raumfrage. Zwar wurde der bereits für den 26.8. gegebene Angriffsbefehl noch einmal zurückgenommen - Italien hatte sich als nicht kriegsbereit erklärt -, doch dann ordnete Hitler nach kurzen Scheinverhandlungen die Auslösung des Falles »Weiß« an. Den propagandist. Vorwand

Polenfeldzug: Übergabe der von der Wehrmacht eingenommenen Festungsstadt Brest-Litowsk an einen Bevollmächtigten der Roten Armee, September 1939

lieferte der SD mit der vorgetäuschten poln. Besetzung des Reichssenders ≫ Gleiwitz.
In zwei Angriffskeilen stieß das Gros des aktiven dt. Heeres (57 Divisionen) aus Pommern und Ostpreußen – Heeresgruppe Nord (Gen.oberst v. Bock) – sowie aus Schlesien und der Slowakei – Heresgruppe Süd (Gen.oberst Rundstedt) - mit ca. 2500 Panzern konzentr. Richtung Warschau vor, unterstützt von den Luftflotten 1 und 4 mit insges. 1107 Maschinen. Die poln. Heeresleitung (Marschall Rydz-Smigly) hatte das Gros ihrer Kräfte (26 Divisionen, 10 Brigaden) entlang der 1900 km langen Grenze aufmarschieren lassen. Insges. hatte Polen 40 Divisionen und 16 Brigaden mit 1132 leichten Panzerfahrzeugen mobilisiert. Die poln. Luftstreitkräfte verfügten über 745 Flugzeuge, die Flotte war bedeutungslos und wurde bis auf 5 U-Boote und 3 Zerstörer Opfer der dt. Luftangriffe.
Bis zum 7.9. waren alle poln. Armeen im Grenzgebiet entweder durchbrochen, angeschlagen oder zum Rückzug gezwungen. Schon am 5.9. befahl Rydz-Smigly den Rückzug hinter die Weichsel. Aus psycholog. und wehrwirtsch. Gründen sowie in der Hoffnung auf einen Angriff Frkr.s im Westen hatte er in Überschätzung der eigenen Stärke den ungünstigsten Grenzaufmarsch gewählt. An der unheilvollen Entwicklung konnte auch die am 6.9. im Raum Saarbrücken anlaufende »Offensive« der frz. 4. Armee nichts ändern, weil sie nicht zum Abtransport dt. Divisonen aus Polen zwang.
Zw. dem 8. und 13.9. kam es bei Radom zur ersten Kesselschlacht, die dt. 10. Armee nahm 65 000 Polen gefangen. Bereits am 11.9. hatte das dt. I. Korps Warschau von seinen östl. Verbindungen abgeschnitten. Vom 17.-20.9. brachte die Heeresgruppe Süd bei Lublin 60 000 Gefangene ein. Zugleich vollzog sich das Schicksal der poln. Armeen Posen und Pomerellen; 170 000 Polen gingen in Gefangenschaft. Die poln. Luftstreitkräfte verloren bis 15.9. 330 Maschinen, davon die meisten im Luftkampf und nicht am Boden (nur 50), wie die dt. Propaganda gemeldet hatte.
Am 17.9 griff von Osten her die Rote Armee mit zwei Heeresgruppen nach den im ≫ Dt.-Sowjet Nichtangriffsvertrag vorgesehenen Gebieten, die 1918-20 an Polen verlorengegangen waren. Polen konnte dagegen nur noch Reste von 9 Divisionen und 3 Brigaden aufbieten. Die poln. Reg. floh am gleichen Tag nach Rumänien, die Reste der Luftstreitkr. folgten (116 Maschinen). Der Zusammenbruch war nun nur noch eine Zeitfrage: Die seit dem 19.9. eingeschlossene, von 120 000 Soldaten verteidigte poln. Hauptstadt kapitulierte am 28.9. nach Beschießung und schweren Luftangriffen. Mit der Kapitulation von 16 857 poln. Soldaten bei Kock (östl. Deblin) am 6.10. endete der P. Die poln. Armee verlor gegen Deutschland 70 000 Tote, 133 000 Verwundete und 700 000 Gefangene, die Rote Armee meldete zudem 217 000 gefangene Polen bei 737 eigenen Toten und 1859 Verwundeten. Die Wehrmacht hatte an Verlusten: 10 572 Tote, 3409 Vermißte und 30 322 Verwundete, dazu 217 Panzer, 285 Flugzeuge, 1 Minensuchboot.
Eine Vorahnung der Leiden der kommenden Besatzungspolitik vermittelte schon während des P. der Terror der den dt. Angriffsarmeen folgenden ≫ Einsatzgruppen und der sowjet. Sicherheits-

polizei NKWD. Polen wurde zw. Deutschland und der Sowjetunion geteilt. Die dt. besetzten Gebiete wurden z. T. ins Reich inkorporiert (ca. 90 000 km ≫ mit 10 Mio. Einwohnern, ≫ Danzig-Westpreußen, Warthegau), der Rest am 26.10.39 zum ≫ Gen.gouvernement zusammengefaßt. Das Ende des P. brachte jedoch kein Ende des Kriegszustandes, da die Westmächte das Ergebnis der Gewaltpolitik Hitlers nicht hinnehmen wollten und seine Friedensangebote ablehnten.

Polikarpow, Typenbez. für Flugzeuge des sowjet. Konstrukteurs Nikolai N. Polikarpow (1892-1944). P. entwarf in den 20er und 30er Jahren die ersten Jagdflugzeuge sowjet. Bauart, darunter den Doppeldecker I-15 von 1933 und dessen Weiterentwicklung von 1938 I-153. Bekannt wurde P. jedoch v.a. als Schöpfer der I-16, Erstflug 31.12.33. Aus dem span. Bürgerkrieg wegen ihrer kurzen, gedrungenen Form unter dem Spitznamen Rata (Ratte) bekannt, verkörperte die P. I-16 den techn. Durchbruch vom drahtbespannten Doppeldecker zum freitragenden Jagdeindecker mit einziehbarem Fahrwerk. Beim dt. Überfall 1941 bildeten P. I-16 immer noch das Ruckgrat der sowjet. Fliegertruppe. Inzw. z.B. gegenüber der ≫ Me 109 techn. unterlegen, versuchten sowjet. Piloten dies dadurch wettzumachen, daß sie einzeln fliegende ≫ He 111 oder ≫ Ju 88 per Rammstoß vom Himmel holten. Bei der Truppe hieß der robuste Jäger, der im Winter auf Kufen startete, »Ischak« (Eselein). Daten der letzten Standardserie Type 24: 1x1000-PS-Sternmotor Schezow M 62, max. 525 km/h auf Meereshöhe, 2x20-mm-Kanonen und 2x7,62-mm-MG, bis zu drei 82-mm-Raketen RS-82 unter jeder Tragfläche, Reichweite 400 km; insges. wurden rd. 20 000 Rata gebaut.
Als langlebigste P. erwies sich die Po-2, ein unkompliziertes Schul- und Verbindungsflugzeug von 1927, das noch bis 1952 in rd. 20 000 Exemplaren hergestellt wurde. Nach dem charakterist. Surren ihres 110-PS-5-Zylinder-Sternmotors war die Po-2 auf dt. Seite als »Nähmaschine« oder »Kaffeemühle« bekannt.

Poltawa, sowjet. Gebietshauptstadt in der Ukraine, mit rd. 130 000 Einwohnern (1939). P. wurde am 18.9.41 von dt. Truppen genommen und am 23.9.43 von der Roten Armee zurückerobert. Der Flugplatz der Stadt diente im Juni 44 der US-Luftwaffe für die sog. Pendeloffensive von England und Italien aus gegen dt. besetzte Gebiete im O und SO.

Port Moresby, Verwaltungssitz des austral. Territoriums Papua auf ≫ Neuguinea mit 2600 Einwohnern (1940). P. war eines der Hauptziele der japan. Offensive nach Beginn des Pazifik-Krieges, da sich von hier aus Australien neutralisieren und bombardieren ließ. Im Mai 42 versammelten die Japaner in ≫ Rabaul u.a. starke Flottenkräfte zum Vorstoß gegen P., wo Landungstruppen abgesetzt werden sollten. Das Vorhaben scheiterte trotz des takt. Erfolgs der Japaner in der Schlacht in der ≫ Korallensee, und auch der Ende Juli 42 gestartete Versuch einer Eroberung von P. auf dem Landweg mußte am 26.9. ergebnislos abgebrochen werden.

Portugal, Republik – seit 1933 autoritär ohne Parlament von Antonio Salazar

(1889-1970) regiert – auf der Iber. Halbinsel mit 88 500 km ≫ und 7 Mio. Einwohnern (inkl. Azoren und Madeira 92 000 km^2 und 7,5 Mio. Einwohner), Hauptstadt Lissabon. Strateg. durch die offene Seeseite und das umfängl. Kolonialreich gefährdet, bemühte sich P., das seit 17.3.39 durch einen Freundschaftspakt mit dem faschist. Spanien verbunden war, im Krieg erfolgreich um die Bewahrung der Neutralität. Durch Aufrechterhaltung der Rohstofflieferungen an das Dt. Reich (u.a. Wolfram) einerseits und Überlassung von Stützpunkten auf den ≫ Azoren an die Alliierten andererseits hielt P. geschickt die Balance und wurde wegen dieser Politik neben der ≫ Schweiz zu einem Tummelplatz der Agenten beider Seiten und zum Schlupfloch für viele Flüchtlinge aus dem dt. beherrschten Europa.

Potez 63, frz. schwerer Jäger und Aufklärer, Erstflug 25.4.36. Die P. entsprach in ihrer Grundkonzeption und auch in den Umrissen der ≫ Me 110 und wurde auch wie diese als Nachtjäger eingesetzt. Da sich die Verwechslungen häuften, wurden Jäger, Aufklärer und Bomber der P.-Serie während der Schlacht um Frkr. im Juni 40 zusätzl. zur vergrößerten weißumrandeten Kokarde mit einem weißen Streifen auf dem Rumpf bemalt. Daten des Jagdmehrsitzers Potez 63: 2x700 PS, max. 460 km/h, 2x20-mm-Kanonen im Rumpfbug, 1x7,5-mm-MG, 2-3 Mann Besatzung.

Potsdamer Abkommen, Abschlußkommuniqué der Konferenz in Potsdam bei Berlin vom 17.7. bis 2.8.45. Darin regelten die Reg.chefs der »Großen Drei« – USA (Truman), UdSSR (Stalin) und Großbrit. (Churchill, später Attlee) – insbes. die Behandlung des besiegten Deutschlands. Das P. bestimmte: 1. völlige Abrüstung und Entmilitarisierung Deutschlands; 2. Auflösung der NSDAP und Entfernung aller ihrer Mitglieder aus öffentl. Ämtern sowie Aburteilung der Kriegsverbrecher; 3. Demokratisierung; 4. Dezentralisierung der dt. Verwaltung. – Wirtschaftl. Beschlüsse: 1. Verbot der Rüstungsproduktion; 2. Demontage von Produktionsanlagen; 3. Förderung einer Friedensindustrie; 4. alliierte Kontrolle der Wirtschaft; 5. Wiederaufbau; 6. Behandlung Deutschlands als wirtschaftl. Einheit; 7. Reparations-Leistungen. – Grenzziehung (vorbehalt. friedensvertragl. Regelung): 1. Übergabe von N-Ostpreußen an die UdSSR; 2. Unterstellung der anderen Gebiete östl. der Oder-Neiße-Linie unter poln. Verwaltung; 3. Ausweisung der dt. Bevölkerung aus O-Europa und den dt. Ostgebieten (≫ Vertreibung). – Das P., dem die provisor. frz. Reg. am 4.8. im wesentl. zustimmte, bildete die rechtl. Grundlage für die gemeinsame Verantwortung der Siegermächte gegenüber Deutschland als Ganzem.

PQ 17, Codebez. für eine alliierte Konvoi-Operation im Nordpolarmeer Ende Juni/Anfang Juli 42 mit 36 Frachtern, 1 Flottentanker und 3 Rettungsschiffen von Reykjavik aus mit Ziel Archangelsk (UdSSR), Nahsicherung durch 6 Zerstörer, 4 Korvetten, mehrere Minensucher, Trawler, Flakschiffe und U-Boote, Ferndeckung durch Schlachtschiffe Duke of York und Washington, Träger Victorious, 2 Kreuzer und 14 Zerstörer. P. wurde am 1.7. von der dt. Aufklärung erfaßt, ohne daß allerdings zunächst klare Erkenntnisse über die Sicherungskräfte gewonnen wurden. Die dt. Kriegsmarine zog vorsorgl. schwere Überwassereinheiten zusammen, deren Anmarsch von brit. Aufklärern gemeldet wurde. Der 1. Seelord, Admiral Pound, ordnete daraufhin die Auflösung von P. und den Abmarsch der Kreuzergruppe nach W an, da er v.a. den Verlust der beiden an der Operation beteiligten US-Kreuzer befürchtete. Als Antwort ging die dt. Kampfgruppe am 5.7. mit dem Schlachtschiff Tirpitz, den Schweren Kreuzern Admiral Hipper und Admiral Scheer, 7 Zerstörern und 2 Torpedobooten in See und versenkte 6 Frachter, weitere wurden beschädigt und z.T. durch Fangschuß von U-Booten versenkt. Der Flottenverband zog sich anschließend zurück und überließ die weitere Bekämpfung von P. der Luftwaffe und den U-Booten. Insges. verlor der Konvoi bis 10.7. 24 Schiffe mit 143 977 BRT, wobei 3350 Kfz., 430 Pz., 210 Flugzeuge und 99 316 t sonstiges für die Sowjetunion bestimmtes Kriegsmaterial versanken. Die dt. Luftwaffe verlor bei 202 Einsätzen 5 Maschinen.

Prag, Hauptstadt der Tschechoslowakei und seit der dt. Besetzung (15.3.39) Sitz des Reichsprotektors für Böhmen und Mähren, rd. 1 Mio. Einwohner (1939). P., das wegen seiner Lage lange von direkter Kriegseinwirkung verschont blieb, war am 27.5.42 Schauplatz des Attentats auf den stellv. Reichsprotektor ≫ Heydrich. Die bis dahin relativ vorsichtige Behandlung der für die dt. Rüstungsindustrie wichtigen Bevölkerung (u.a. Hydrieranlagen in Brüx, Skoda-Werke) schlug abrupt in brutale Unterdrückung um (z.B. ≫ Lidice) und führte bei Heranrücken der Roten Armee am 5.5.45 zum Aufstand tschech. Nationalisten in P., die durch Selbstbefreiung den sowjet. Truppen zuvorkommen wollten und auf die 3. US-Armee (Patton) hofften, die auf 60 km an P. herangekommen war. Gen.feldmarschall Schörner, OB der im Raum P. stehenden dt. Heeresgruppe Mitte, fürchtete um seine Rückzugswege nach W und ließ angreifen, so daß es v.a. am 7./8.5. zu schweren Straßenkämpfen kam, die durch das Überlaufen von Teilen der ≫ Wlassow-Armee zu den Aufständischen noch an Heftigkeit zunahmen. Vorschläge von US-Gen. Patton, auf P. zu marschieren und die Widerstandskämpfer zu entsetzen, wurden mit Rücksicht auf den sowjet. Verbündeten von Eisenhower verboten, eine bereits in Marsch gesetzte Vorausabt. amerikan. Pz. ließ er zurückbeordern. Am 9.5. drangen Einheiten der sowjet. 3. Garde-Pz.armee (Rybalko) in P. ein und beendeten bis 10.5. die Kämpfe.

Prien, Günther, * Osterfeld (Thüringen) 16.1.1908, † Nordatlantik 7.3.1941, dt. Korvettenkapitän (1.3.41); zunächst Handelsmarine, 1935 Leutnant z.S. P. war als Kapitänleutnant bei Kriegsausbruch Kommandant von U 47, mit dem er am 14.10.39 in den vielfach gesicherten Ankerplatz der brit. Home Fleet in Scapa Flow eindrang und das Schlachtschiff »Royal Oak« versenkte. P. wurde damit einer der ersten propagandist. vermarkteten Kriegshelden der Marine, erhielt zahlr. Auszeichnungen (u.a. Ritterkreuz mit Eichenlaub) und wurde Bestseller-Autor mit seinem Buch »Mein Weg nach Scapa Flow« (1940), das nach dem Krieg unter dem Titel »I sank the Royal Oak« auch in England ein Erfolg wurde. P. versenkte 1940/41

Prien und Hitler anläßlich der Verleihung des Ritterkreuzes mit Eichenlaub

weitere Schiffe mit insges. 160 935 BRT und wurde schließl. Opfer der Wasserbomben des brit. Zerstörers »Wolverine«.

Prince of Wales, brit. Schlachtschiff, 3.5.39 Stapellauf, 31.3.41 in Dienst gestellt, 36 750 t, 27 kn, 227,1 m lang, 31,4 m breit, bis 2000 Mann Besatzung; Bewaffnung: 10x35,6 cm, 16x13,2 cm, 96 kleinere Rohre. Obwohl noch im Probefahrt-Stadium, wurde die P. im Mai 41 der Kampfgruppe von Vizeadmiral Holland zugeteilt, die am 24.5. in Gefechtsberührung mit ➢ Prinz Eugen und ➢ Bismarck geriet. Nach schwerer Beschädigung (7 Treffer innerhalb 4 Minuten) war die P. zum Abdrehen gezwungen. Im Aug. 41 reiste Premiermin. Churchill an Bord der P. zum Treffen mit US-Präs. Roosevelt, bei dem sie die ➢ Atlantik-Charta verkündeten. Zur Force H ins Mittelmeer kommandiert, war die P. beim Malta-Konvoi »Halberd« (engl. Hellebarde) Ende Sept. 41 Flaggschiff von Viezeadmiral Curteis. Sie wurde anschließend nach Singapur verlegt (Eintreffen 2.12.41) und von dort aus zur Bekämpfung der japan. Landungen in Malaya angesetzt. Am Morgen des 10.12.41 vom japan. 22. Marine-Fliegergeschwader erfaßt, wurde sie wie der begleitende Schlachtkreuzer Repulse durch Bomben und Torpedos versenkt; Captain Leach und der Kommand. Admiral Philipps kamen dabei ums Leben, 796 Mann der Besatzung wurden von Zerstörern gerettet.

Princeton, amerikan. Flugzeugträger, 18.10.42 Stapellauf, 25.2.43 in Dienst gestellt, 11 000 t, 33 kn, 189,9 m lang, 21,8 m breit, bis 1569 Mann Besatzung; Bewaffnung: 56 Rohre Flak, 45 Flugzeuge. Den ersten größeren Einsatz erlebte die P. beim Trägerraid der »Fast Carrier Task Force 50« unter Konteradmiral Pownall am 18./19.9.43 gegen Tarawa. Während der Eroberung von ➢ Bougainville folgten weitere Angriffe der P.-Maschinen auf japan. Flugfelder, und auch bei den US-Landungen auf den Gilbertinseln im Nov. 43 kämpfte die P. im Verband der Task Force 50 unter Pownall. Ihre Flugzeuge bereiteten dann die Landung auf Kwajalein vor (Febr. 44), griffen im April 44 Ziele auf Palau und anderen Inseln an und bombardierten Hollandia. Es folgten Trägerraids gegen die Marianen und die Vulcan-Inseln (Juni 44), Luftangriffe auf Mindanao (Sept. 44), Formosa und Luzon (Okt. 44). Mit der Task Group 38.3 (Sherman) nahm die P. an den Kämpfen im Leyte-Golf teil, wo sie am 24.10.44 frühmorgens vom einzigen durchgebrochenen japan. Flugzeug einen schweren Bombentreffer erhielt. Ausgedehnte Brände zwangen zur Aufgabe des Schiffes, bei dessen Evakuierung der längsseits gegangene Kreuzer Birmingham durch Explosionen auf der P. beschädigt wurde.

Prinz Eugen, dt. Schwerer Kreuzer, ursprüngl. geplanter Name Tegetthoff (österreich.-ungar. Admiral), Stapellauf 22.8.38, in Dienst gestellt 1.8.40; 18 400 t, 207,7 m lang, 21,9 m breit, 32 kn, bis 1599 Mann Besatzung; Bewaffnung: 8x20,3 cm, 12x10,5 cm, zahlr. kleinere Rohre Flak, 12 Torpedorohre, 3 Bordflugzeuge Arado Ar 196. Die P. lief nach Ausbildungsfahrten zum Handelskrieg aus und war vom 18.5.41 an mit der ➢ Bismarck am Unternehmen ➢ »Rheinübung« beteiligt, wurde aber nach dem siegreichen Gefecht mit dem brit. Schlachtkreuzer Hood in der Nacht des 24./25.5. zu selbständigem Operieren entlassen, entging so den brit. Verfolgern und lief wegen Maschinenschadens am 1.6.41. in Brest ein. Hier mehrfach Ziel brit. Luftangriffe, konnte die P. am 12.2.42 beim ➢ Kanaldurchbruch in Sicherheit gebracht werden. Beim anschließenden Marsch nach Norwegen erhielt sie am 23.2.42 schwere Torpedotreffer vom brit. U-Boot Trident und wurde nach Reparatur im Mai 43 dem Ausbildungsverband in der Ostsee zugeteilt, aus dem immer wieder Kampfgruppen zur Unterstützung der Operationen des Heeres im Küstenbereich der O-Front gebildet wurden. Bei Kriegsende befand sich die P. in Norwegen, wurde am 14.12.45 an die USA abgeliefert und im Bikini-Atoll als Testobjekt für Kernwaffenversuche verwendet; 17.12.46 gekentert.

Propagandakompanien (PK), 1938 bei den Armeegeneralkommandos eingerichtete Sondereinheiten (nach Kriegsbeginn auch bei Marine und Luftwaffe) aus militär. und fachl. Personal, um das »Zusammenwirken zw. Propaganda- und Waffenkrieg im Operationsgebiet« sicherzustellen; erstmals eingesetzt zur Kriegsberichterstattung beim Einmarsch der dt. Truppen ins Sudetenland. Die P. waren gegliedert in Troß, Arbeitsstaffel, Lautsprecherzug und 3 Kriegsberichterzüge, die jeweils aus Wort-, Film-, Bild- und Rundfunktrupp bestanden. Das von den P. hergestellte Material wurde nach Passieren der militär. Vorzensur an das Propagandamin. geschickt, wo man z.B. die Filme für die Vorführung in Programmen der Dt. Wochenschau aufbereitete. Zunächst den Nachrichtentruppen unterstellt, wurden die P. 1943 eine eigene Truppe, bei der bis Kriegsende insges. rd. 15 000 Mann dienten.

Protektorat Böhmen und Mähren, dem Dt. Reich mit Erlaß Hitlers vom 16.3.39, einen Tag nach dem Einmarsch dt. Truppen angegliedertes »Schutzgebiet«, bestehend aus dem tschech. Teil der Tschechoslowakei mit 48 900 km² und 7,5 Mio. Einwohnern (1940), Hauptstadt Prag. Das P. wurde von einem Reichsprotektor (zunächst Neurath, seit Aug. 43 Frick) regiert, wobei die eigentl. Macht jedoch bei ihren Stellv. (bis Mai 42 Heydrich, dann Daluege und seit Aug. 43 K. H. Frank) lag. Ihre Politik verfolgte einen konsequenten Kurs der Eindeutschung, Ausbeutung und Herabstufung der Tschechen zu Bürgern zweiter Klasse.

Dennoch bemühte man sich anfangs um relativ korrekte Behandlung, da die Arbeiterschaft für die Rüstungsproduktion gebraucht wurde. Erst nach dem Attentat auf Heydrich gingen die dt. Behörden zu brutaler Unterdrückung über (u.a. ≫ Lidice), so daß die u.a. wegen der ≫ Judenverfolgung ohnehin gespannte Lage sich weiter verschärfte. Insges. fielen dem nat.-soz. Terror rd. 65 000 Juden und 40 000 Tschechen zum Opfer. Bei Näherrücken der Fronten kam es daher Anfang Mai 45 v.a. in Prag zu Aufständen der tschech. Nationalisten und nach Kriegsende bei der ≫ Vertreibung der dt. Bevölkerung zu blutigen Racheakten.

Pu-Yi, * 11.2.1906, † Peking 17.10. 1967, letzter Kaiser von China als Kind 1908-11 und (Marionetten-)Kaiser von ≫ Mandschukuo 1932-45; danach in sowjet. Gefangenschaft, an China ausgeliefert und nach »Umerziehung« Gärtner in Peking.

PZL, Typenabk. für Flugzeuge der staat. poln. Flugzeugwerke **P**anstwowe **Z**aklady **L**otnicze in Warschau. Die Luftstreitkräfte des poln. Heeres verfügten bei Kriegsbeginn über 463 einsatzbereite Maschinen erster Linie. Darunter galt die PZL P-37 Los (»Elch«), Erstflug Juni 36, als einer der modernsten mittleren Bomber ihrer Zeit, dessen erste Serienmuster im Herbst 38 an die Luftregimenter gingen. Sie flogen mit 2x918 PS max. 440 km/h und trugen als übl. Kampfzuladung 20x110-kg-Bomben im Rumpf. Der einmotorige Heeresbomber und Aufklärer PZL P-23 Karas (»Karausche«), Erstflug Aug. 34, mit 4x7,7-mm-MG, 700 kg Bombenlast und max. 319 km/h war im Sept. 39 hoffnungslos veraltet. Fünf Karas-Staffeln mit insges. 45 Maschinen flogen bei der Bomberbrigade verlustreiche Tiefangriffe gegen dt. Fahrzeugkolonnen, andere wurden als bewaffnete Aufklärer eingesetzt. Ebenfalls veraltet war die PZL P-11, die im Sept. 39 das Gros aller 166 poln. Jäger stellte. Der elegante Hochdecker, Erstflug Sept. 31, war zum Nachfolger der PZL P-7 bestimmt und wurde in insges. 175 Stück gefertigt. Bei ihren 17tägigen Operationen über Polen gegen einen zehnfach überlegenen Gegner schossen PZL-Jäger bei 116 eigenen Verlusten 129 dt. Maschinen ab und griffen vorrückende Wehrmachtskolonnen mit 12,5-kg-Bomben an. Daten der P-11: max. 390 km/h mit 1x580-PS-Bristol-Sternmotor, 2x oder 4x7,7-mm-MG.

Q

Quebec-Konferenzen, zwei Gesprächsrunden alliierter Politiker während des 2. Weltkriegs in der kanad. Provinzhauptstadt Quebec. Die 1. Q. (Codebez. »Quadrant«) vom 17.-24.8.43 mit Churchill, Roosevelt, ihren Außenmin., dem kanad. Premier und dem chines. Außenmin. beschloß die »Germany first«-Strategie, die vorrangige Bekämpfung Deutschlands. Eine ⋗ Invasion in Frkr. sollte im Mai 44 erfolgen, unterstützt von einer Landung im Mittelmeerraum. – Bei der 2. Q. vom 11.-16.9.44 besprachen Roosevelt und Churchill Fragen der Niederwerfung Japans und der Besetzung Deutschlands (u.a. ⋗ Morgenthau-Plan).

Queen Elizabeth, brit. Schlachtschiff, 16.10.13 Stapellauf, 19.1.15 in Dienst gestellt, 32700 t, 23 kn, 195 m lang, 27,6 m breit, bis 951 Mann Besatzung; Bewaffnung: 8x38,1 cm, 20x11,4 cm, 84 kleinere Rohre. 1926/27 und von Aug. 37 bis 31.1.41 umgebaut und modernisiert, wurde die Q. der brit. Mittelmeer-Flotte zugeteilt und fuhr seit Mai 41 Konvoisicherung, war zur Räumung Kretas eingesetzt und bekämpfte italien. Geleitzüge vor Libyen (Ende Nov. 41). Am 19.12.41 brachten italien. Torpedoreiter im Hafen von ⋗ Alexandria Sprengladungen an der Q. an, die schwer beschädigt auf Grund sank. Provisor. repariert verlegte sie nach Norfolk (USA) und kam erst im Jan. 44 als Verstärkung der brit. Eastern Fleet (Somerville) nach Ceylon. Dort übernahm sie die Sicherung von Trägerraids gegen Ziele u.a. auf Sumatra und bildete seit 23.11.44 zus. mit der Renown, 5 Geleitträgern, 8 Kreuzern und 24 Zerstörern die brit. East Indies Fleet unter Vizeadmiral Power, die u.a. bei Landungen in Burma (Jan./Febr. 45 und Anfang Mai 45) die Deckung übernahm und Angriffe gegen Ziele an der Küste Sumatras fuhr (20.5.45). Juli 48 abgewrackt.

Quisling, Vidkun, * Fyredal (Telemark) 18.7.1887, † Oslo 24.10.1945 (hingerichtet); norweg. Politiker; Offizier, 1922-26 beteiligt an Hilfsmaßnahmen für die hungernde sowjet. Bevölkerung, 1927/28 Legationssekretär an der norweg. Botschaft in Moskau. Zunächst begeistert von der russ. Revolution, wandelte sich Q. nach seiner Heimkehr (1930) zum radikalen Antibolschewisten und gründete 1933 eine faschist. »Norweg. Volkserhebung«, die er später »Nasjonal Samling« nannte. Einen Parlamentssitz konnte jedoch nicht einmal Q. als Parteivors. erobern. Im Krieg setzte er dann ganz auf die dt. Karte, wurde am 14.12.39 von Hitler empfangen und warnte vor einer brit. Invasion Norwegens. Nach der dt. Landung (9.4.40) rief er zur Beendigung des Widerstands auf und stellte sich dem Reichskommissar ⋗ Terboven zur Verfügung. Zwar wurde seine Partei zur einzig zugelassenen erklärt und Q. 1942 zum Min.präs. einer »nat. Reg.« gemacht, doch blieb sein Einfluß auf die dt. Besatzungspolitik unbedeutend. Am 9.5.45 wurde er festgenommen und am 10.9.45 zum Tod verurteilt. Die intern. Presse machte seinen Namen zur allg. Bez. für Kollaborateur, Landesverräter.

R

R4/M (R = Rakete, 4 = 4 kg, M = Minenkopf), Luft-Luft-Rakete der dt. Luftwaffe, auch unter der Bez. »Orkan« bekannt, erst gegen Kriegsende von der Dt. Waffen- und Munitionsfabrik in Lübeck entwickelt, Kaliber 5,5 cm, max. Reichweite 1500 m, insges. rd. 12 000 Stück gefertigt. Bis März 45 wurden etwa 60 Düsenjäger Me 262 ≫ Schwalbe mit Abschußrosten unter den Tragflächen für je 12 R. ausgerüstet. Die Erprobung der etwa 80 cm langen Pulverrakete beim JG 7 (Steinhoff) und beim JV 44 (Galland) gegen die US-Bomberpulks brachte überzeugende Ergebnisse; u.a. wurden bei einem Einsatz aus einem Verband von 425 ≫ Flying Fortress 25 Maschinen ohne eigene Verluste abgeschossen. Die 500-g-Sprengladung reichte aus, einen viermotorigen Bomber mit einem Treffer zum Absturz zu bringen. Mit der R. wurden auch Raketenjäger vom Typ Me 163 ≫ Komet und versuchsweise die Bachem ≫ Natter ausgerüstet.

Rabaul, Hafen und Hauptort auf der zum austral. Mandatsgebiet Neuguinea gehörenden Insel Neu-Britannien mit 1500 Einwohnern (1937). Am O-Ausgang des ≫ Bismarck-Archipels gelegen und ausgestattet mit einem vorzügl. geschützten natürl. Hafen, gehörte R. bei Beginn der Kampfhandlungen im Pazifik zu den wichtigsten Zielen des ersten japan. Vorstoßes. Am 22.1.42 besetzten Einheiten der japan. 18. Armee die Stadt, die zum Hauptstützpunkt der japan. Marine und Luftwaffe ausgebaut wurde und als Vorposten für eine geplante Invasion ≫ Australiens dienen sollte. Rd. 100 000 Mann, 2 Luftflotten mit 600 Maschinen und Einheiten der japan. 8. Flotte wurden hier stationiert, den Hafen schützten Minensperren und schwere Küstenartillerie. Beim ≫ Inselspringen der amerikan. Streitkräfte wurde R. daher bewußt umgangen und schließl. isoliert: Der südl. Teil der Insel war bis März 44 in alliierter Hand, im W fielen schon kurz zuvor die Admiralitätsinseln, und im O beendeten die USA zur selben Zeit siegreich die Schlacht um die ≫ Salomonen. Schwere Luftangriffe, u.a. am 3.9.43, neutralisierten immer wieder die in R. konzentrierte japan. Offensivkraft. Die Japaner zogen schließl. ihre Luftstreitmacht aus R. ab, wo 52 200 Heeres- und 16 300 Marinesoldaten nahezu untätig das Kriegsende abwarten mußten.

Radar, engl. Abk. für **Ra**dio **d**etecting **a**nd **r**anging (dt. ≫ Funkmeß und Funkortung), mit elektromagnet. Wellen arbeitendes Verfahren zur Ortung von Flugzeugen, Schiffen u.a., auch als Navigationshilfe verwendet. Großbrit., das in den 30er Jahren auf alliierter Seite Pionierarbeit auf dem Gebiet der Funkortung leistete, benutzte zunächst die Abk. RDF (Radio direction finding) und übernahm erst später den aus dem Amerikan. stammenden Begriff R. Die Briten setzten wegen ihrer insularen Lage die R.-Technik vorrangig in der Luftverteidigung ein und verfügten dank der Weitsicht wissenschaftl. RAF-Berater wie Robert Wattson-Watt oder Henry Tizard bei Kriegsbeginn unter der Tarnbez. »Chain Home« über ein funktionsfähiges Frühwarnsystem, das 18 Stationen entlang der S- und O-Küste zw. Portsmouth und Aberdeen umfaßte. Sie meldeten schon auf 160 km Entfernung anfliegende Maschinen, was zusammen mit ➢ Ultra dem Fighter Command in der ➢ Luftschlacht um England einen entscheidenden takt. Vorsprung gegenüber den dt. Bombern sicherte. Vom bodenständigen Luftwarnraum weitete sich die R.-Technik auf immer neue Anwendungsgebiete aus: Feuerleitsysteme, boden- oder bordgestütze Navigation für Flugzeuge, U-Boot-Ortung, Nachtjagd u.a. Bei der Seeschlacht von ➢ Matapan (28.3.41) wurde ein italien. Kreuzerverband von der brit. Mittelmeerflotte mit R.-Hilfe vernichtend geschlagen, am 24.5.41 blieb das dt. Schlachtschiff Bismarck Sieger über die brit. Gegner Hood und Prince of Wales, weil das im Bereich der Dezimeterwellen arbeitende Funkmeß-Gerät ➢ Seetakt den brit. R.-Hilfen noch überlegen war.

Das änderte sich mit dem Durchbruch, den Wissenschaftler der Universität Birmingham wenig später erzielten: Ihr Magnetron, eine leistungsstarke Senderöhre für scharf gebündelte Zentimeterwellen, bescherte den Angloamerikanern seit 1942/43 in allen Bereichen des R. eine klare Überlegenheit und führte u.a. zur siegreichen Wende in der ➢ Atlantikschlacht. Weiterentwicklung wie das ➢ H2S-Navigations- und Zielfindungs-R. ermöglichten den alliierten Bomberflotten bei Tag und Nacht das Operieren über dem Reichsgebiet, unabhängig von elektron. Leitstrahlen. Auch im Pazifik signalisierte der wachsende Antennenwald auf den Einheiten der US-Navy den Siegeszug der lautlosen Waffe; die japan. Marine konnte ihren hoffnungslosen Rückstand nicht mehr aufholen. Alles, was mit R. zusammenhing, war während des Krieges von dichtem Geheimnisschleier umgeben. Beide Seiten arbeiteten an immer neuen Methoden zur Blendung der elektron. Augen des Gegners (u.a. ➢ Window) oder zur Nutzung der feindl. R.-Impulse für die eigene Abwehr (z.B. ➢ Naxos). So entwickelte sich seit 1943 ein regelrechter Hochfrequenzkrieg, der die Perfektionierung des R. enorm beschleunigte und die Nachkriegsnutzung in Meteorologie, Astronomie, Flugsicherung, Verkehr u.a. entscheidend voranbrachte.

Radio Humanité, dt. Schwarz- oder Geheimsender, der vom Dez. 39 bis zur Kapitulation Frkr.s versuchte, die frz. Bevölkerung mit der Vorgabe zu täuschen, er sei ein mobiler, sich frei in Frkr. bewegender Sender der Kommunist. Partei Frkr.s. Neben dem zweiten dt. Geheimsender »La Voix de la Paix« (Stimme des Friedens) verbreitete R. v.a. während des Westfeldzuges perfekte Greuelpropaganda, die ein Flüchtlingschaos auf den frz. Straßen auslösen und dadurch die Operationen der frz. und brit. Streitkräfte stören sollte. Alliierte Berichte bestätigten die Wirkung dieser Propaganda.

Raeder, Erich, * Wandsbek (Heute Hamburg-W.) 24.4.1876, † Kiel 6.11.

Raeder: Oberbefehlshaber der Kriegsmarine 1935-1943

1960, dt. Großadmiral (1.4.39); 1894 zur Marine, im 1. Weltkrieg Admiralstabsoffizier und zuletzt Kommandant des Kleinen Kreuzers »Cöln«, dann im Reichmarineamt und schließl. als Admiral am 1.20.28 Chef der Marineleitung (seit 1.1.35 OB der Kriegsmarine). R., der schon in der Weimarer Zeit die dt. Kriegsmarine durch Panzerschiffe über das eigentl. im Versailler Vertrag erlaubte Maß ausgebaut hatte, begrüßte Hitlers Aufrüstungspolitik, warnte aber unentwegt vor einem Konflikt mit der brit. Seemacht. Bei Kriegsausbruch stellte er daher resigniert fest, nun könne die völlig unzureichend gerüstete Marine nur noch »in Ehren untergehen«. Folgte Hitler zunächst noch mit dem ≻ Norwegen-Feldzug R.s. Vorschlägen, so wuchs die Entfremdung zw. ihnen, als statt der Konzentration auf den brit. Feind immer neue Aufgaben für die Kriegsmarine die Kräfte zersplitterten. Zum Bruch kam es, als Hitler die Abwrackung der großen Überwassereinheiten zugunsten der U-Boot-Waffe anordnete. R. widersetzte sich und wurde daher am 31.3.43 durch ≻ Dönitz als OB der Kriegsmarine ersetzt. Dennoch brachte ihn seine Rolle bei der Vorbereitung des Krieges 1945 auf die Nürnberger Anklagebank. Am 1.10.46 zu lebensländl. Haft verurteilt, wurde R. am 26.9.55 aus Gesundheitsgründen vorzeitig aus dem Spandauer Gefängnis entlassen.

RAF, Abk. für **R**oyal **A**ir **F**orce (Königl. [brit.] Luftstreitmacht).

Raketen-Sprenggranate 4831, offiz. Name der dt. Feststoffrakete ≻ Rheinbote.

Ramcke, Hermann Bernhard, * Schleswig 24.1.1889, † Kappeln 4.7.1968, dt. Gen. der Fallschirmtruppe (1.9.44). R. nahm Ende Mai 41 am Unternehmen ≻ »Merkur« gegen Kreta teil, wurde am 1.8.41 zum Gen.major befördert und führte 1941/42 die Fallschirmjägerbrigade 2 in Afrika. Seit 21.12.42 Gen. leutnant, kämpfte R. nach dem dt. Rückzug aus Tunesien in Italien und von Febr. bis Juni 44 an der O-Front. Es folgte der Einsatz an der Invasionsfront als Kommandeur der 2. Fallschirmjägerdiv. und der Festung ≻ Brest, vor der Mitte Aug. 44 die Spitzen des VIII. US-Korps (Middleton) auftauchten und die bis

27.8. eingeschlossen wurde. R. konnte sich bis zum 19.9. halten, mußte dann aber die Stadt übergeben und ging in Gefangenschaft. Im Dez. 46 an die Franzosen ausgeliefert, wurde er am 21.3.51 wegen angebl. Kriegsverbrechen während der Belagerung von Brest zu 5 Jahren Haft verurteilt, aber schon am 24.6.51 freigelassen.

Rangun, Hauptstadt der brit. Kronkolonie ➣ Burma mit rd. 1 Mio. Einwohnern (1941), See- und Flußhafen am R.-River, dem östl. Mündungsarm des Irawadi. Nach Fertigstellung der ➣ Burmastraße 1937 wurde R. wichtigster Nachschubhafen für die nat.chines. Truppen ➣ Tschiangkaischeks und gehörte daher zu den Hauptzielen der japan. Landoffensive, die am 8.12.41 begann. Nach Bombardierung der Stadt, die fast 3000 Opfer forderte, kam der Hafenbetrieb z.T. zum Erliegen. Die brit. Truppen zogen sich vor der anrückenden japan. 15. Armee (Iida) zurück, die R. am 3.3.42 kampflos besetzte. Am 3.5.45 wurde die von den Japanern geräumte Stadt im Rahmen der amphib. Operation »Dracula« des brit. XV. Korps (Christison) von der ind. 26. Div. wieder genommen.

Rata (span. Ratte), Beiname des sowjet. Jagdeinsitzers ➣ Polikarpow I-16.

Ratschbumm, im Landserjargon Bez. für die sowjet. Div.kanone 7,62 cm, Modell 1939; 1040 kg in Feuerstellung, 7,45-kg-Granaten, 8750 m Schußweite. Die R. war gefürchtet, weil das Abschußgeräusch fast mit dem Geschoßeinschlag zusammenfiel. Trotz der deutl. schwächeren techn. Leistungen wurde die R. daher wegen der psycholog. Wirkung oft mit der dt. 8,8-cm-➣ Flak verglichen.

Ravensbrück, am 15.5.39 errichtetes nat.-soz. ➣ Konzentrationslager für Frauen nördl. Fürstenberg a.d. Havel.

»Regenbogen«, Deckname für den Angriff von schweren Überwassereinheiten der dt. Kriegsmarine gegen den alliierten Konvoi JW 51B im Nordpolarmeer. Für »R.« gingen am 30.12.42 unter Vizeadmiral Kummetz in See: die Schweren Kreuzer Admiral Hipper und Lützow sowie 6 Zerstörer. Wegen unzureichender Luftaufklärung und -sicherung in der Dunkelheit des arktischen Winters gelang nach Erfassung des Konvois nur die Versendung von 2 Geleitzerstörern, aber um den Preis des Verlustes des dt. Zerstörers Friedrich Eckholt und eines Unterwassertreffers auf der Hipper. Kummetz brach das Gefecht nach Eingreifen der Fernsicherung des Konvois am 1.1.43 ab, um seine Kreuzer nicht unnötig zu gefährden. Hitler nahm das Scheitern von »R.« zum Anlaß, die Verschrottung der Großkampfschiffe zu fordern, was zum Bruch mit Großadmiral ➣ Raeder führte.

Reichenau, Walter von, * Karlsruhe 8.10.1884, † Poltawa 17.1.1942, dt. Gen.feldmarschall (19.7.40); 1903 zum Heer, im 1. Weltkrieg Batteriechef und Gen.stabsoffizier, in der Reichswehr am 1.2.33 Chef des Ministeramts (13.2.34 Wehrmachtsamt) im Reichswehrmin., 1.2.34 Gen.major, 1.10.35 Gen.leutnant, 1.10.36 Gen. der Artillerie. R. war bei Kriegsbeginn OB der 10. Armee, die er schon beim Einmarsch in die Tschechoslowakei (März 39) geführt hatte. Er stieß mit ihr im Zentrum der Heeresgruppe Süd (v. Rundstedt) im Polenfeldzug Richtung Warschau vor, das am 27.9.39 kapitulierte. Am 1.10.39 zum Gen.oberst ernannt, führte R. im W dann die 6. Armee am Südflügel der Heeresgruppe B (v. Bock) und nahm am 28.5.40 die belg. Kapitulation entgegen. Auch beim Angriff auf die UdSSR (22.6.41) befehligte er die 6. Armee bei der Heeresgruppe Süd (v. Rundstedt), ging Richtung Schitomir-Dnjepr vor und erreichte am 24.10.41 Charkow und Belgorod. Nach dem Rückschlag bei Rostow löste R. v. Rundstedt als OB der Heeresgruppe Süd ab, konnte die Stadt aber auch nicht halten. R. galt als nat.-soz. eingestellter Offizier, wovon z.B. sein Tagesbefehl vom 10.10.41 zeugte, in dem er die ≫ Judenverfolgung als »harte, aber gerechte Sühne am jüd. Untermenschtum« bezeichnete.

»Reichenberg«, Tarnname für die bemannte Version der Flugbombe Fieseler Fi 103, bekannter unter dem Propagandanamen ≫ V 1. »R.« war als sog. Verlustgerät für »Totaleinsätze« gegen Punktziele mit hastig ausgebildeten Selbstaufopferungspiloten des ≫ Kampfgeschwaders (KG) 200 bestimmt. Als Einsatzwaffe mit einem 800-kg-Gefechtskopf und Führerstand vor dem Strahlrohr sollte »R.« von Trägerflugzeugen etwa 300 km vor dem Ziel ausgeklinkt werden: Fluggewicht 2,25 t, max. 800 km/h mit gezündetem Triebwerk, Flugdauer 32 min. Die Aussichten des Piloten, sich aus der winzigen Kabine mit dem Fallschirm zu retten, wären unter Gefechtsbedingungen gleich null gewesen; etwa 100 Freiwillige befanden sich noch in der Ausbildung, als Hitler das Selbstmordprojekt Ende Febr. 45 aus Sorge um die öffentl. Wirkung verbot. Rd. 1000 »R.« wurden bei Kriegsende von den Alliierten in einer unterird. Luftmunitionsanstalt bei Hamburg entdeckt.

Reichskommissar für die besetzten Gebiete, Leiter der vom Dt. Reich in einem Teil der besetzten Länder eingerichteten dt. Zivilverwaltungen. Als R. fungierten: in den Niederlanden ≫ Seyß-Inquart, in Norwegen ≫ Terboven, in den besetzten Teilen der UdSSR – soweit nicht Teil des rückwärtigen Heeresgebiets – Hinrich Lohse (Ostland) und Erich Koch (Ukraine). Die beiden ersteren unterstanden Hitler direkt, die beiden anderen dem Reichsmin. für die besetzten O-Gebiete ≫ Rosenberg. Die R., die mit Ausnahme von Seyß-Inquart zugleich Gauleiter der NSDAP waren, stellten in ihrem jeweiligen Bereich als Hoheitsträger des Reiches die höchste Autorität dar und vereinten legislative und exekutive Gewalt, lagen aber, v.a. im O, häufig in Kompetenzstreit mit der für Rasse- und Sicherheitsfragen zuständigen SS. Während in den Niederlanden und in Norwegen die einheim. Verwaltungsapparate bestehenblieben und die R. sich im allg. auf Aufsichtsfunktionen beschrankten, ging in den östl. Gebieten die ges. überlokale Verwaltung in dt. Hand über (Ausnahme Balt. Staaten). Die R. gehörten zu den Hauptverantwortl. für die Durchführung der zum großen Teil äußerst repressiven Maßnahmen gegenüber der einheim. Bevölkerung.

Reichsministerium für Bewaffnung und Munition, am 17.3.40 unter Fritz ≫ Todt (vorher Gen.inspektor für Sonderaufgaben des Vierjahresplans) geschaffenes Ressort. Hauptaufgaben des R. waren anfangs Rationalisierung, Kostenminderung und Senkung des Rohstoffverbrauchs in der Rüstungsindustrie; ihre Betriebe wurden zur Produktionsausschüssen zusammengefaßt. Unter Einschluß kompetenter Industrie- und Wehrmachtvertreter wurden die Kapazitäten erfaßt, Planungen abgestimmt, Aufträge nach wirtschaftl. Kriterien vergeben und strenge Rohstoffkontingentierungen festgelegt. Daneben arbeiteten Entwicklungsausschüsse an der Standardisierung von Waffentypen und rationelleren Fertigungstechniken. Das System ließ der Industrie relativ viel Spielraum und »Selbstverantwortung«. Es förderte die weitere Konzentration der Wirtschaft und die Verschmelzung von nat.-soz. Regime und Industrie. Durch das Ende 41 auf Initiative des R. eingeführte »Festpreissystem« konnten deutl. Erfolge auf dem Rationalisierungs- und Kostensektor erzielt werden. Nach Kriegseintritt der USA und ersten Rückschlägen für die dt. Wehrmacht im O Anfang 42 wurde auch der nat.-soz. Führung klar, daß die »Tiefenrüstung« verstärkt werden mußte und eine Abkehr von der Strategie der ➢ Blitzkriege unvermeidl. war. Bevor jedoch Todt sein System ausweiten konnte, kam er unter mysteriösen Umständen bei einem Flugzeugabsturz ums Leben. Zwar besaß sein R. noch nicht die Kompetenzen des späteren Min. ➢ Speer, doch stellte Todt die Weichen entscheidend und erweiterte seinen Einfluß auf Kosten des Reichswirtschaftsmin. und des Wehrwirtschaftsamts. Der Gesamtzuwachs der Rüstungsproduktion von über 50% im ersten Halbjahr 42 ging eher auf seine Reformen zurück als auf den Nachfolger Speer.

Reims, frz. Stadt in der Champagne mit 117 000 Einwohnern (1940). Die alte Krönungsstadt der frz. Könige wurde am 11.6.40 von der dt. 34. Inf.div. besetzt. Nach Rückeroberung durch das XX. US-Korps (Walker) Ende Aug. 44 schlug der alliierte OB Eisenhower in R. sein Hauptquartier auf, in das Anfang Mai 45 Hitlers Nachfolger Großadmiral Dönitz zunächst Gen.admiral v. Friedeburg, dann Gen.oberst Jodl zur Verhandlung einer Kapitulation entsandte. Er hoffte, nach dem Vorbild der Heeresgruppe C in Italien, deren Waffenstreckung der brit. OB Alexander am 2.5.45 akzeptiert hatte, eine separate Kapitulation für den W abschließen und so Zeit gewinnen zu können, um noch möglichst viele dt. Soldaten und Zivilisten vor dem Zugriff der Roten Armee zu retten. Eisenhower bestand jedoch auf Einstellung der Feindseligkeiten gegenüber allen Alliierten, da die von seinem brit. Kollegen Montgomery am 4.5. angenommene Kapitulation in NW-Raum in Moskau erhebl. Irritationen über eine dt.-angloamerikan. Verständigung ausgelöst hatte. Am 7.5. um 2.41 Uhr unterzeichnete Jodl daher in R. schließl. die ➢ Bedingungslose Kapitulation der Wehrmacht für den 8.5. 23.01 Uhr. Die Zeremonie wurde am nächsten Tag in Berlin-Karlshorst vor den Sowjets durch Gen.feldmarschall Keitel wiederholt.

Reinhardt, Georg-Hans, * Bautzen 1.3.1887, † München 22.11.1953, dt. Gen.oberst (1.1.42); Eintritt ins Heer 25.3.07, in der Reichswehr am 1.2.34 Oberst und in der Wehrmacht am 1.4.37 Gen.major. R. nahm als Kommandeur der 4. Pz.div. (Würzburg) am Polenfeldzug teil und wurde danach am 1.10.39

Reitsch: Deutschlands erster weiblicher Flugkapitän mit dem von Hitler verliehenen EK I (1942)

zum Gen.leutnant ernannt. Im Frankreichfeldzug führte er als Kommand. Gen. das XXXXI. Pz.korps, das er am 15.2.40 übernommen hatte. Nach der Beförderung zum Gen. der Pz.truppe wurde R. am 5.10.41 OB der 3. Pz.armee an der O-Front (zunächst Pz.gruppe 3) und am 16.8.44 OB der nach der sowjet. Sommeroffensive geschwächten Heeresgruppe Mitte. Von Hitler für die Preisgabe Ostpreußens im Jan. 45 mitverantwortl. gemacht, wurde R. am 26.1.45 abgelöst und durch Gen.oberst ➢ Rendulic ersetzt. Im OKW-Prozeß in Nürnberg wurde R. am 28.10.48 zu 15 Jahren Haft verurteilt, am 27.2.52 aber begnadigt und entlassen.

Reitsch, Hanna, * Hirschberg (Schlesien) 29.3.1912, † Frankfurt am Main 24.8.1979, dt. Fliegerin; in den 30er Jahren zahlr. Rekorde, 1937 erster weibl. Flugkapitän, 1938 Erstflug mit einem Hubschrauber (Fw 61). R. wurde Testpilotin der Luftwaffe und erprobte zahlr. Militärmaschinen, u.a. Me 163 ➢ Komet, Me 232 ➢ Gigant, bemannte Version der Flugbombe ➢ V 1 (➢ »Reichenberg«). 1942 erhielt sie als eine der ganz wenigen Frauen das EK I von Hitler, den sie noch Ende April 45 im umkämpften Berlin aufsuchte, als sie den neuen Luftwaffen-OB Ritter von ➢ Greim einflog. Bei Kriegsende amerikan. Internierung bis 1946.

Remagen, Stadt nördl. von Koblenz am linken Rheinufer mit 5505 Einwohnern (1939). Die 330 m lange, 1916-18 gebaute Ludendorff-Brücke von R. über den Rhein wurde am 7.3.45 zum Sprungbrett für die Amerikaner ins Innere Deutschlands: Den dt. Pionieren war die rechtzeitige Sprengung mißlungen, so daß die 9. US-Armee innerhalb von 24 Stunden 8000 Mann ans Ostufer des Rheins bringen und den Brückenkopf mit Flak und Jagdmaschinen erfolgreich gegen dt. Luftangriffe sichern konnte. Selbst der Beschuß mit elf V 2-Raketen von Arnheim her richtete nichts aus. Ehe die Brücke von R. unter Transportbelastung und Bombentreffern am 17.3.45 zusammenbrach (46 Todesopfer), hatte die US-Armee 18 Bataillone übergesetzt. Der dt. Zusammenbruch wurde so um mehrere Wochen beschleunigt. Hitler ließ fünf im Brückenbereich eingesetzte Offiziere zum Tod verurteilen, vier Urteile wurden vollstreckt.

Remagen: Stoßtrupp der 1. US-Armee bei der Sicherung der unbeschädigten Ludendorff-Brücke, März 1945

Remer, Otto-Ernst, * Neubrandenburg 18.8.1912, dt. Gen.major (31.1.45). Als Major und Kommandeur des Wachbataillons Berlin spielte R. beim Umsturzversuch des militär. Widerstands am 20.7.44 eine Schlüsselrolle. Von den Verschwörern mit der Verhaftung von Goebbels beauftragt, ließ er sich von diesem zu einem Telefonat mit dem Führerhauptquartier überreden und konnte sich so von Hitlers Überleben überzeugen. Er übernahm nun umgekehrt die Verhaftung der Widerstandskämpfer und wurde unter Überspringung eines Ranges zum Oberst befördert. 1950 Gründungsmitglied der später verbotenen rechtsextremen Sozialist. Reichspartei (SRP), nationalist. Agitator.

Renault R 35, leichter frz. Kampfpz. von 1935, 9,8 t, 4 m lang, 1,85 m breit und ebenso hoch, bis 40 mm Panzerung. Wie der ≫ Hotchkiss H 35 ein 2-Mann-Kampfwagen und wie dieser mit 1 MG und 3,7-cm-Kanone bewaffnet, hatte der R. im Kampf Pz. gegen Pz. wenig Chancen und war obendrein mit seinem 82-PS-Motor und max. 19 km/h recht langsam, Fahrbereich 138 km. 1939/40 gab es 1380 R. bei 23 selbständigen Pz.bataillonen. Polen besaß bei Kriegsbeginn 53 Kampfpz. dieses Typs.

Rendulic, Lothar, * Wiener Neustadt 23.11.1887, † Linz/Donau 17.7.1971, dt. Gen.-oberst (1.4.44); Leutnant im k.u.k. Heer 8.8.10, im österreich. Bundesheer 1933 Oberst, in der Wehrmacht 1.12.41 Gen.leutnant, 1.12.42 Gen. der Inf. R. nahm als Chef des Gen.stabs des XVII. AK (Wien, später Linz) am Polenfeldzug und als Führer der 14. Inf.div. seit 15.6.40 am Frankreichfeldzug teil. Bei Beginn des Kriegs gegen die Sowjetunion befehligte er die 52. Inf.div., die er am 5.10.40 übernommen hatte. Am 1.11.42 wurde R. Kommand. Gen. des XXXV. AK bei der Heeresgruppe Mitte, am 15.4.43 OB der 2. Pz.armee auf dem Balkan und am 25.6.44 OB der 20. Gebirgsarmee in Finnland. Danach führte er in rascher Folge verschiedene Heeresgruppen: 15.1.45 Kurland, 27.1.45 Nord, 10.3.45 erneut Kurland und 25.3.45 Süd. Am 7.5.45 kapitulierte R. mit seinen Verbänden in Österreich und ging in amerikan. Gefangenschaft. Im Prozeß gegen die Südostgeneräle zu 25 Jahren Haft verurteilt, wurde er am 1.2.51 zu 10 Jahren Gefängnis begnadigt und bereits am 16.12.51 freigelassen.

Renown, brit. Schlachtkreuzer, 4.3.16 Stapellauf, 20.9.16 in Dienst gestellt, 30 000 t, 29 kn, 242,4 m lang, 31,3 m breit, bis 1205 Mann Besatzung; Bewaffnung: 6x38,1 cm, 20x11,4 cm, 86 kleinere Rohre. Bei Kriegsbeginn gehörte die R. zur brit. Home Fleet und sicherte die gegen Deutschland verhängte Seeblockade. Anfang April deckte sie das brit. Minenunternehmen »Wilfred« vor Norwegen, wo wenig später (9.4.) die dt. Invasionsflotte für ≫ »Weserübung« erschien; in einem kurzen Gefecht mit den dt. Schlachtschiffen Scharnhorst und Gneisenau erhielt sie zwei 28-cm-Treffer, die aber nicht detonierten. Bei der Evakuierung Narviks Anfang Juni 40 übernahm die R. die Deckung. Im Aug. 40 zur Force H ins Mittelmeer verlegt, wurde sie v.a. zur Konvoi-Sicherung eingesetzt (u.a. »Tiger«-Großkonvoi nach Malta, Mai 41), nahm als Flaggschiff von Vizeadmiral Somerville an der Seeschlacht bei Kap Teulada teil (Sardinien, Ende Nov. 40), beschoß zus. mit anderen Einheiten im Febr. 41 Genua und lief Ende Mai 41 mit dem Gibraltar-Geschwader zur Jagd auf die ≫ Bismarck aus. Im Nov. 42 sicherte die R. im Verband der Force H (Syfret) die Landungen in NW-Afrika im Rahmen des Unternehmens ≫ »Torch«. Im Aug. 43 diente sie Premiermin. Churchill als Reiseschiff bei der Rückkehr von den ≫ Quebec-Konferenzen, und auch zum Treffen in ≫ Kairo fuhr er mit der R. (Nov. 43). Im Januar 44 verstärkte sie die brit. Eastern Fleet (Somerville), nahm an Raids gegen Sumatra teil (März/April und Juli 44) und gehörte seit 23.11.44 mit der Queen Elizabeth, 5 Geleitträgern, 8 Kreuzern und 24 Zerstörern zur brit. East Indies Fleet, die im Endkampf gegen die Japaner Landungen in Burma (Jan./Febr. und Mai 45) deckte und Küstenbeschießungen durchführte.

Repubblica Sociale Italiana (RSI), amtl. Bez. für den von Mussolini nach seiner Befreiung (12.9.43) geführten faschist. Staat von ≫ Salò in N-Italien.

Repulse, brit. Schlachtkreuzer, 8.1.16 Stapellauf, 18.8.16 in Dienst gestellt, 31 500 t, 29 kn, 242,4 m lang, 31,3 m breit, bis 1205 Mann Besatzung; Bewaffnung: 6x38,1 cm, 9x10,2 cm, 40 kleinere Rohre. Nach mehrfachen Umbauten nach dem 1. Weltkrieg gehörte die R. bei Kriegsbeginn zur Home Fleet, die in der Nordsee die brit. Seeblockade sicherte und bei der Landung alliierter Truppen in Norwegen (April 40, ≫ »Weser-übung«) Deckungsaufgaben wahrnahm. Auch bei der Evakuierung Narviks Anfang Juni 40 gehörte die R. zur Sicherungsgruppe. Im Jan. 41 lauerte sie vergebl. den dt. Schlachtschiffen Scharn- horst und Gneisenau auf, die zum Unternehmen »Berlin« in den Atlantik durchbrechen wollten, und war im Mai 41 an der erfolgreichen Jagd brit. Kriegsschiffe auf die ≫ Bismarck beteiligt. Am 2.12.41 traf die R. zur Verstärkung in Singapur ein und wurde zur Bekämpfung japan. Landungen in Malaya angesetzt. Dabei wurde sie am 10.12.41 Opfer des japan. 22. Marine-Fliegergeschwaders, das die R. und die ≫ Prince of Wales mit gut koordinierten Bomben- und Torpedoangriffen innerhalb kürzester Zeit versenkte; 327 Mann kamen ums Leben, die anderen, darunter auch Captain Tennant, wurden von Zerstörern gerettet.

Résistance, Sammelbez. für die frz. Widerstandsorganisationen während der dt Besetzung (1940-44). Die R. reichte von den kommunist. ≫ Franctireurs et Partisans bis zur ≫ Armée secrète und erhielt ihren ersten Impuls durch den Aufruf de Gaulles über BBC vom 18.6.40 zur Weiterführung des Kampfes aus dem Untergrund. Mit Streiks, Sabotageaktionen, Anschlägen auf den dt. Nachschub, Fluchthilfeunternehmen, Flugblättern u.a. bekämpfte die R. die dt. Besatzer und die Vertreter der ≫ Kollaboration in Vichy und band starke Sicherheitskräfte. Trotz massiver Gegenmaßnahmen, die bis zu Massakern wie in ≫ Oradour-sur-Glane reichten, wuchs das Heer der R.-Kämpfer, die sich am 27.5.43 in einem Nat. Widerstandsrat (Conseil National de la R., CNR) zusammenschlossen. Seine bewaffneten Verbände, ausgerüstet mit abgeworfenem alliiertem oder erbeutetem dt. Material, vereinigten sich am 1.2.44 zu den ≫ Forces Françaises de l'Intérieur (FFI) und stellten bei der alliierten ≫ Invasion nach Einschätzung Eisenhowers einen Kampfwert von 15 Div. dar. Wichtig v.a. war ihre Nachrichtenbeschaffung im feindl. Hinterland, die die alliierten Operationen erleichterte; eigene militär. Aktionen wie im ≫ Vercors schlugen jedoch fehl. Die FFI gingen weitgehend in den mit den Angloamerikanern vorrückenden freifrz. Streitkräften (≫ Forces Françaises Libres, FFL) auf, führende R.-Angehörige wurden Mitglieder der provisor. Reg. de Gaulles und prägten den demokrat. Neuanfang der IV. Republik. Die R. verlor bei ihrem Kampf gegen die Besatzer und deren frz. Gefolgsleute schätzungsweise 30 000 Mann durch Exekutionen, an denen sich auch frz. Miliz beteiligte,

75 000 in nat.-soz. ≫ Konzentrationslager deportierte Widerstandskämpfer kehrten nicht zurück. Nach der Befreiung forderte umgekehrt die blutige Abrechnung der R. mit den Kollaborateuren noch einmal zahlr. Menschenleben.

Resolution, brit. Schlachtschiff, 14.1.15 Stapellauf, Dez. 16 in Dienst gestellt, 29 150 t, 23 kn, 189,1 m lang, 27 m breit, bis 997 Mann Besatzung; Bewaffnung: 8x38,1 cm, 12x15,2 cm, 8x10,2 cm, 32 kleinere Rohre. Zunächst im Ärmelkanal eingesetzt, transportierte die R. im Okt. 39 mit dem Schwesterschiff Revenge den brit. Staatsschatz nach Kanada, fungierte dann als Truppentransporter und brachte im Mai 40 in Norwegen einige Pz. für die alliierten Truppen an Land. Am 18.5. erhielt sie dort einen 1000-kg-Bombentreffer, der 3 Decks durchschlug. Im Juni 40 zur Force H ins Mittelmeer, wo sie am Überfall auf ≫ Mers el-Kebir beteiligt war, und im Aug. 40 zur Force M in Freetown (Sierra Leone) verlegt, deckte die R. den Landungsversuch gaullist. Truppen in Dakar (23.-25.9.40) und erhielt dabei einen Torpedo- und 4 Artillerie-Treffer, so daß sie nach Freetown geschleppt werden mußte. Nach Reparatur bis April 42 verlegte sie zur Eastern Fleet nach Ceylon, ging im Sept. 43 zurück nach England und diente dort seit Mai 44 als Beischiff der Heizerschule. Mai 48 abgewrackt.

Reynaud, Paul, * Barcelonette 15.10. 1878, † Paris 21.9.1966, frz.Politiker; Jurist, 1919-40 Abgeordneter der Demokrat. Allianz in der Nat.versammlung, mehrfach Min. Als Gegner des Appeasement wurde R. im März 40 Min.-präs., konnte aber nach dem dt. Angriff (10.5.40) die Katastrophe nicht abwenden. Vergebl. appellierte er an US-Präs. Roosevelt, zu spät förderte er das strateg. Konzept de Gaulles (Pz.massierung), erfolglos plädierte er nach der Flucht mit seiner Reg. nach Bordeaux für eine Fortsetzung des Kampfes von den Kolonien aus. Am 16.6.40 mußte R. ≫ Pétain weichen, wurde 1942 an Deutschland ausgeliefert und blieb bis Kriegsende in KZ-Haft. 1946-62 erneut Abgeordneter.

RFSS (uChdDtPol), Abk. für Reichsführer-SS (und Chef der Deutschen Polizei), Amtsbez. Himmlers (seit 1936).

Rheinbote, vierstufige dt. Feststoffrakete, offiz. Name Raketen-Sprenggranate 4831. Nach längeren Versuchen entstand schließl. 1944 das endgültige Baumuster Rh Z 61/9 von 11,4 m Länge und einem Gesamtgewicht von 1715 kg. Der in allen Stufen mit einem Sechsflächenleitwerk stabilisierte R. verbrannte seine 585 kg Pulver in 14,8 s, erreichte bei Brennschluß 1520 m/s und brachte die letzte Stufe (19 cm Durchmesser) in 70 km Höhe, von wo sie nach 260 s in einem Fallwinkel von 52 Grad in rd. 200 km Entfernung aufschlug. Der Gefechtskopf war mit 25 kg Sprengstoff bestückt. Für die Fertigung des R. wurden nur 132 Arbeitsstunden benötigt, so daß 1944/45 noch 242 Stück fertig wurden. 70 R. wurden von der 460 Mann starken Artillerie-Abt. 709 bis Mitte Jan. 45 von Wagenplattformen aus auf Antwerpen abgefeuert; der wichtige Nachschubhafen der Alliierten wurde jedoch nicht getroffen.

Rheintochter, zweistufige ferngelenkte dt. Feststoffrakete mit 6 gepfeilten Stabilisierungsflächen. Die R. war 5,75 m lang und trug bei einer Spannweite von 3 m einen Gefechtskopf mit 23-kg-Sprengladung. Die nur noch in wenigen Versuchsmustern fertiggestellte Rakete erreichte 8000 m Höhe und eine Geschwindigkeit von 1500 km/h.

»Rheinübung«, Deckname für den Atlantik-Raid einer dt. Kampfgruppe unter Vizeadmiral ≫ Lütjens, bestehend aus dem Schlachtschiff ≫ Bismarck und dem Schweren Kreuzer ≫ Prinz Eugen, im Mai 41. Das erfolgreiche Unternehmen ≫ »Berlin« hatte der Seekriegsleitung die Wirksamkeit von Einzeloperationen im ≫ Zufuhrkrieg gegen Großbritannien bewiesen. Mit »R.« sollte das Rezept erneut angewandt werden, ursprüngl. in größerem Rahmen. Da aber die Schlachtschiffe Scharnhorst und Gneisenau nicht einsatzfähig in Brest lagen, blieben nur zwei schwere Einheiten, zumal rasches Handeln geboten war: Mit wachsender Tagesdauer wurde der Durchbruch durch die Dänemarkstraße schwieriger, und die Fortschritte in der Radar-Technik begünstigten die brit. Sicherung. Obwohl »R.« letztl. scheiterte (Ablauf ≫ Bismarck) wurde ein Ziel erreicht: die Bindung starker brit. Kräfte und damit die vorübergehende Entlastung der Afrika-Geleite der Achsenmächte.

Rheinwiesenlager, umgangssprachl. Bez. für die von den amerikan. Truppen nach Überschreiten des Rheins errichteten Prisoner of War Transient Enclosures (PWTE), Gefangenenlager mit einer Aufnahmekapazität von 1,3 Mio. Mann. Die R. entsprachen in etwa den in Frkr. und Belgien verwendeten ≫ Continental Central Prisoner of War Enclosures und waren in »Compounds« oder »Cages« unterteilt, die von Gefangenen geführt wurden. Die dt. »Compoundsleader« wurden von einer ebenfalls aus dt. Soldaten gebildeten Lagerpolizei unterstützt, die nicht selten ihre Kameraden schikanierte (z.B. in Rheingönnheim, Rheinberg, Bretzenheim). Unterkünfte waren in den R. nicht vorhanden; jeder Kompanie wurde »mit einer Armbewegung« ein Stück freies Gelände zugewiesen (Bad Kreuznach), das mit Stacheldraht umzäunt war oder wurde. Die Gefangenen gruben sich Erdlöcher, die bei anhaltendem Regen oft einstürzten (Rheinberg, Bretzenheim), so daß zahlr. Landser erstickten. Verpflegung gab es in den ersten Tagen nicht, erst nach einiger Zeit wurden Brotrationen verteilt (1 Brot für 25 Mann z.B. in Remagen und Bad Kreuznach). Durch Korruption der dt. Lagerverwaltung und des amerikan. Aufsichtspersonals verschwanden z. T. ganze Wagenladungen mit Lebensmitteln (Ludwigshafen, Neustadt), was die Versorgungslage noch verschärfte und zuweilen zu Kameradendiebstahl und Selbstjustiz führte (u.a. Bad Kreuznach, Bretzenheim).
Die Amerikaner versuchten ohne Erfolg, das Ernährungsproblem in den R. durch Entlassung von Kranken, Verwundeten und Jugendlichen zu lösen. Erst nach Wochen besserten sich die Lebensverhältnisse, Zelte wurden als Unterkünfte zur Verfügung gestellt, und die Verpflegungssätze stiegen langsam, aber stetig. Am 12.6.45 wurden die R. Rheinberg (94 788 Mann) sowie Wickrathberg (84 370) den Briten und am 10.7.45 die R. Sinzig (25 200), Andernach (16 600), Siershahn (25 000), Bretzenheim (17 200), Dietersheim

(33 600), Koblenz (21 600) sowie Dietz (22 000) den Franzosen übergeben. Die Angaben über die in den R. umgekommenen dt. Soldaten schwanken erhebl.; aus Aufzeichnungen der Besatzungsmächte und Mitteilungen der dt. Gemeindeverwaltungen ergeben sich etwa 5300 Todesopfer.

Rhodos, Hauptinsel des italien. Verwaltungsgebiets ➢ Dodekanes vor der SW-Küste der Türkei mit 1398 km², rd. 62 000 Einwohnern (1940) und gleichnamiger Hauptstadt an der NO-Spitze. Nach dem Ausscheiden Italiens aus dem Krieg kapitulierte auf R. die italien. Besatzung unter Geschwaderadmiral Campioni am 8.9.43 nach einem dt. Luftangriff. Als sich die dt. Truppen im Herbst 44 aus der Ägäis zurückzogen, blieben 6356 dt. Soldaten und 4737 »hilfswillige« Italiener auf R. zurück und hielten die Insel bis Kriegsende.

Ribbentrop, Joachim von, * Wesel 30.4.1893, † Nürnberg 16.10.1946 (hingerichtet), dt. Politiker; Kaufmann, 1.5.32 NSDAP-Beitritt, außenpolit. Berater Hitlers und Architekt des ➢ Dt.-Brit. Flottenabkommens (18.6.35), 1936-38 Botschafter in London. R. wurde am 4.2.38 als Nachfolger Neuraths von Hitler zum Reichsaußenmin. berufen, schloß am 23.8.39 in Moskau den ➢ Dt.-Sowjet. Nichtangriffsvertrag und flankierte Hitlers aggressive und imperialist. Politik mit weiteren Vertragswerken wie ➢ Stahlpakt oder ➢ Dreimächtepakt. Der Krieg ließ allerdings seinen Spielraum immer weiter schrumpfen, so daß R. nur die Rolle des Erfüllungsgehilfen Hitlers, u.a. auch bei der ➢ Judenverfolgung (Druck auf Verbündete zur Auslieferung ihrer jüd. Bürger), blieb. Am 14.6.45 verhaftet, wurde R. vom Internat. Militär-Tribunal in Nürnberg am 1.10.46 zum Tod verurteilt.

Richelieu, frz. Schlachtschiff, 17.1.39 Stapellauf, 15.6.40 in Dienst gestellt, 38 500 t, 30 kn, 247,8 m lang, 33 m breit, 1550 Mann Besatzung; Bewaffnung: 8x38,1 cm, 9x15,2 cm, 12x10 cm. Die R. konnte vor einem dt. Zugriff am 18.6.40 von Brest nach ➢ Dakar in Sicherheit gebracht werden, wo sie allerdings am 8.7.40 von einem brit. Kampfverband mit dem Träger Hermes und 2 Schweren Kreuzern bedroht wurde. Nachdem ein brit. Ultimatum wie kurz zuvor in ➢ Mers el-Kebir abgelehnt worden war, attakierte ein brit. Motorboot die R. mit Wasserbomben, während 6 Swordfish der Hermes mit Lufftorpedos angriffen und einen Treffer erzielten. Trotz der Beschädigung spielte die Artillerie der R. beim gaullist. Landungsversuch ➢ »Menace« 23.-25.9.40 eine wesentl. Rolle durch Treffer auf den brit. Deckungsschiffen Barham und Resolution. Nach Anschluß der frz. N-Afrikaarmee an die Alliierten wurde das Schiff zur Reparatur und endgültigen Fertigstellung (u.a. Ausrüstung mit zahlr. kleineren Rohren Flak) in die USA verlegt und am 19.11.43 der brit. Home Fleet zugeteilt. Im März 44 zur brit. Eastern Fleet kommandiert, nahm die R. an Operationen gegen Sumatra und die Andamanen teil, kam im Sept. 44 zur Überholung nach Casablanca und stieß im März 45 wieder zu den brit. Seestreitkräften im Ind. Ozean zum Endkampf gegen die Japaner. Nach deren Kapitulation lag die R. bis Dez. 45 in Indochina, kehrte im März 46 nach Cherbourg zurück, wurde 1956 außer

Dienst gestellt und im Aug. 68 in La Spezia abgewrackt.

Richthofen, Wolfram Freiherr von, * Barzdorf bei Striegau (Schlesien) 10.10.1895, † Lüneburg 12.7.1945, dt. Gen.feldmarschall (16.2.43); im 1. Weltkrieg zunächst bei den Husaren, 1917 Jagdflieger im Geschwader seines Vetters Manfred von R., Maschinenbaustudium, Eintritt ins Waffenamt des Reichswehrmin., 1933 Leiter der Erprobungsabt. im Reichsluftfahrtmin., Jan. 37 Chef des Stabes und Nov. 38 als Gen.major Kommandeur der Legion Condor im span. Bürgerkrieg (bis 21.2.39). R. war bei Kriegsbeginn Fliegerführer z.b.V. (Stuka-Verbände) und übernahm nach dem Polenfeldzug das VIII. Fliegerkorps, mit dem er, seit 19.7.40 Gen. der Flieger (Gen.leutnant übersprungen), in Frkr., auf dem Balkan und in Rußland kämpfte. Am 1.3.42 zum Gen.oberst befördert, wurde R. am 24.6.42 OB der Luftflotte 4 im O und führte vom 12.6.43 bis zum 27.10.44 die Luftflotte 2 in Italien, ehe eine schwere Erkrankung (Gehirntumor) seiner militär. Karriere ein Ende machte.

Riga, Hauptstadt Lettlands mit knapp 400000 Einwohnern (1940). Im Rußlandfeldzug lag R. im Angriffskorridor der dt. Heeresgruppe Nord (v. Leeb), wurde am 12.6.41 von der Kampfgruppe Oberst Lasch des I. AK erreicht und bis 1.7. erobert. In Kaiserwald bei R. richteten die nat.-soz. Besatzungsbehörden noch im gleichen Jahr ein ≫ Konzentrationslager ein, in dem über 10000 lett. und dt. Juden ermordet wurden und das dann als Zwangsarbeiterlager fungierte. Vor R. bildete im Sept. 44 die Heeresgruppe Nord (Schörner) Auffangsstellungen, die jedoch Anfang Okt. schon von den sowjet. Balt. Fronten 2 und 3 durchbrochen wurden, so daß die mittlerweile abgeschnittenen dt. Truppen am 13.10. die Stadt räumen mußten und nach ≫ Kurland zurückgingen.

Riom, zentralfrz. Stadt im Departement Puy-de-Dôme nördl. von Clermont-Ferrand. In R. fand vor dem obersten Gerichtshof von Vichy-Frkr. vom 19.2. bis 11.4.42 ein Prozeß gegen führende Politiker und Militärs der III. Republik statt. Die Reg. Pétain hatte das Sondertribunal unmittelbar nach der Niederlage am 30.7.40 ins Leben gerufen, um die Hauptverantwortlichen für die mangelhafte frz. Kriegsbereitschaft zu ermitteln und abzuurteilen. Inhaftiert und angeklagt wurden die beiden ehemaligen Min.präs. Blum und ≫ Daladier sowie drei ihrer wichtigsten Mitarbeiter, darunter Luftfahrtmin. La Chambre und Gen.stabschef ≫ Gamelin. Da das Verfahren die erwünschte öffentl. Wirkung verfehlte, wurde es noch während der Beweisaufnahme stillschweigend vertagt. Die Vichy-Reg. löste den Gerichtshof auf Weisung der dt. Besatzungsbehörden im Mai 43 auf. Blum, Daladier und Gamelin, die drei prominentesten Angeklagten, waren inzw. nach Deutschland deportiert worden.

Rodney, brit. Schlachtschiff, 17.12.25 Stapellauf, 10.11.27 in Dienst gestellt, 36300 t, 23 kn, 262,2 m lang, 31,7 m breit, 1477 Mann Besatzung; Bewaffnung: 9x40,6 cm, 12x15,2 cm, 6x12 cm, 122 kleinere Rohre. Die R. sicherte nach Kriegsbeginn im Verband der brit. Home Fleet die Seeblockade gegen

Deutschland und wurde im April 40 vor Norwegen eingesetzt, wo sie am 9.4. von Ju 88 des KG 30 und He 111 angegriffen wurde und einen 500-kg-Bombentreffer erhielt. Gegen eine eventuelle dt. Invasion in den Ärmelkanal kommandiert, nahm sie im Jan. 41 an der erfolglosen Jagd auf die dt. Schlachtschiffe Scharnhorst und Gneisenau teil. Bei der Suche nach der ➢ Bismarck war sie glücklicher und konnte am 27.5.41 mit der ➢ King George V. das Feuer auf den bereits beschädigten Gegner eröffnen. Nach Überholung wurde sie zur Force H ins Mittelmeer abgeordnet und dort v.a. zur Konvoi-Sicherung eingesetzt (u.a. »Halberd« nach Malta, 24.-30.9.41, ➢ »Pedestal«, 10.-15.8.42). Beim Landungsunternehmen »Torch« in NW-Afrika gehörte sie Anfang Nov. 42 ebenso zur Deckungsgruppe wie bei den Landungen auf Sizilien im Juli 43 und in der Bucht von Salerno im Sept. 43. Für die alliierte Invasion in der Normandie in den Ärmelkanal zurückgekehrt, gab sie der Landungsarmada Feuerschutz, beschoß Caen und schaltete im Aug. 44 die dt. Küstenbatterien auf Alderney aus. Im Sept./Okt. 44 fuhr sie im Nordpolarmeer Sicherung für den Konvoi JW 60, wurde danach der Reserve zugeteilt und im März 45 nach 156 000 sm Fahrleistung im Krieg abgewrackt.

Rokossowski, Konstantin Konstantinowitsch, * Warschau 21.12.1896, † Moskau 3.8.1968, sowjet. Marschall (19.6.44); im Bürgerkrieg bei der Roten Armee, 1919 Mitglied der KPdSU, 1929 Frunse-Militärakademie, im Zuge der Stalinschen Säuberungen 1937 verhaftet. Nach seiner Freilassung wurde R. mit der Führung des V. Kavalleriekorps betraut und kommandierte als Gen.major bei Beginn des dt. Angriffs im Juni 41 das IX. mechanisierte Korps, seit 7.8.41 die 16. Armee, mit der er an der Schlacht um Moskau teilnahm und bei der sowjet. Winteroffensive erhebl. Geländegewinne erzielte. Im März 42 schwer verwundet, erhielt R. am 13.7.42 als Gen.leutnant den Oberbefehl über die Brjansker Front, am 30.9.42 über die Don-Front, mit der er entscheidenden Anteil hatte an der Aufsplitterung und schließlichen Vernichtung des dt. Kessels in ➢ Stalingrad. R. wurde dafür am 15.1.43 zum Gen.oberst befördert. Im Febr. 43 wurde sein Großverband in Zentralfront umbenannt und nordwestl. ➢ Kursk eingesetzt. In der Schlacht um Weißrußland führte R. die 1. Weißruss. Front, befreite am 3.7.44 Minsk, zeichnete sich bei der Zerschlagung der dt. Heeresgruppe Mitte (Busch) bis Ende Juli 44 aus. Im Nov. 44 wurde er OB der 2. Weißruss. Front, die im März 45 Ostpreußen vom Restreich trennte: 28.3. Gotenhafen/Gdingen, 30.3. Danzig. Nach Einnahme von Stettin (26.4.) führte R. in der Schlacht um ➢ Berlin den rechten sowjet. Flügel. Am 24.6.45 kommandierte er in Moskau die große Siegesparade der Roten Armee.
Zunächst Befehlshaber in einem Militärbezirk und stellv. sowjet. Verteidigungsmin., wurde R. 1949 »auf Bitten der poln. Reg. mit Billigung der Sowjetreg.« poln. Verteidigungsmin. 1956 Rückkehr.

Rom, Hauptstadt Italiens am Tiber mit 1,36 Mio. Einwohnern (1940). R. war am 19.7.43 nach der Landung der Angloamerikaner auf ➢ Sizilien erstmals Ziel eines alliierten Luftangriffs mit 270 Viermotorigen, die 166 Zivilisten töteten und 1659 verwundeten. Als Italien am Anfang Sept. 43 mit den Alliierten einen Sonderwaffenstillstand schloß, besetzten im Rahmen des Unternehmens ➢ »Achse« am 10.9. die dt. 3. Pz.grenadierdiv. und die 2. Fallschirmjägerdiv. R. nach Niederkämpfen bzw. Kapitulation der italien. Verteidiger unter Korpsgen. Giacomo Carboni. Die ursprüngl. geplante Entsendung einer amerikan. Luftlandediv. zur Unterstützung der Italiener mußte mangels klarer italien. Zusagen und wegen der um R. massierten dt. Kräfte abgesagt werden. Wegen des zähen Widerstands der dt. Verteidiger am ➢ Monte Cassino blieb die Stadt noch bis zum Sommer 44 in dt. Hand. Erst am 4.6. räumte die dt. 14. Armee (v. Mackensen) das von Gen. feldmarschall Kessselring zur »offenen Stadt« erklärte R., in das Einheiten der 5. US-Armee (Clark) einzogen. Da die Tiberbrücken intakt geblieben waren, hatten die dt. Nachhuten durch die sofort nachstoßenden amerikan. Pz.truppen schwere Verluste. R. wurde Sitz der italien. Reg. unter Badoglio.

Roma, italien. Schlachtschiff, 9.6.40 Stapellauf, 14.6.42 in Dienst gestellt, 41 300 t, 31 kn, 240,7 m lang, 32,9 m breit, bis 1960 Mann Besatzung; 9x38,1 cm, 12x15,2 cm, 12x9 cm, 20 kleinere Fla-Waffen. Die R., modernstes Großkampfschiff der italien. Kriegsmarine, kam nicht mehr zu größeren Einsätzen. Sie wurde am 4.12.42 im Hafen von Neapel von amerikan. Maschinen der 9. Luftflotte erfolglos angegriffen, dann nach La Spezia (Ligurien) verlegt, wo sie am 5.6.43 einen leichten Bombentreffer erhielt. Wie in den Bestimmungen des Sonderwaffenstillstands mit den Alliierten (3.9.43) ausgehandelt, lief die R. mit den Resten der italien. Schlachtflotte am 9.9.43 aus La Spezia Richtung Malta aus, wurde aber von der dt. Luftaufklärung erfaßt und von 11 Do 217 des KG 100 mit Lenkbomben vom Typ Fritz X angegriffen. Dabei erzielte Oberleutnant Schmetz einen Volltreffer, so daß die R. sank; 1254 Seeleute, darunter Flottenchef Admiral Bergamini, kamen ums Leben.

Rommel, Erwin, * Heidenheim (Brenz) 15.11.1891, † in der Nähe von Herrlingen bei Ulm, 14.10.1944, dt. Gen.feldmarschall (22.6.42); 1910 Eintritt ins Heer, im 1. Weltkrieg bei der Inf., ausgezeichnet mit dem Pour le mérite, Reichswehrkarriere (u.a. 1929-33 Taktiklehrer an der Inf.schule Dresden), 1935 Verbindungsoffizier zur Reichsjugendführung, 1938/39 Kommandant des Führerhauptquartiers, 1.8.39 Gen.major. R. erhielt am 5.2.40 das Kommando über die 7. Pz.div., die sich im Frankreichfeldzug den Beinamen »Gespensterdiv.« erwarb. Am 1.1.41 zum Gen.leutnant befördert, wurde R. am 14.2.41 Kommand. Gen. des Dt. Afrika-Korps, das dem in Libyen bedrängten italien. Verbündeten zu Hilfe kam. Als »Gen. in der Sonne« brachte der wegen seiner listenreichen Kampfführung auch »Wüstenfuchs« genannte R., der am 1.7.41 Gen. der Pz.truppen und am 30.1.42 Gen.oberst wurde, die brit. 8. Armee an den Rand einer Niederlage. Am 21.6.42 fiel ihm ➢ Tobruk in die Hände, und am 30.6.42 stand er mit seiner Pz.armee Afrika bei ➢ El Alamein, nur 80 km westl. Alexandria. Wegen der versäumten Einnahme ➢ Maltas wuchsen jedoch die Nachschubprobleme, so daß R. Anfang Nov. 42 vor den angreifenden

Rommel: der legendäre Wüstenfuchs bei der Befehlsausgabe auf seinem Kampfpanzer

Briten unter ➢ Montgomery den Rückzug antreten mußte, zumal er nun durch die alliierte Landung ➢ »Torch« in Marokko und Algerien (8.11.42) auch im Rücken bedroht war.
Vergebl. forderte er in den folgenden Wochen die noch mögl. Rettung der dt.-italien. Heeresgruppe Afrika. Hitler berief ihn am 9.3.43, kurz vor der endgültigen Niederlage in Tunesien (13.5.), zurück und beauftragte ihn als OB der Heeresgruppe B mit der Organisation der Verteidigung Italiens und am 1.12.43 mit den Vorbereitungen zur Abwehr der in N-Frkr. erwarteten alliierten Invasion. Seine Maßnahmen griffen jedoch kaum, zumal es immer wieder zu Reibungen mit dem OB West, v. Rundstedt, kam und R. ohnehin keine Aussichten für einen Sieg in der kommenden Invasionsschlacht sah. Am 15.7.44 beschwor er Hitler briefl., den sinnlosen Kampf zu beenden, wurde 2 Tage später schwer verwundet und nach Genesung wegen Verbindung zum militär. Widerstand, der ihn nach einem geglückten Umsturz als OB des Heeres gewinnen wollte, zum Selbstmord gezwungen. Zur Bemäntelung ordnete Hitler für den wohl populärsten dt. Heerführer des Krieges ein Staatsbegräbnis an.

Roosevelt, Franklin Delano, * Hyde Park (New York) 30.1.1882, † Warm Springs (Georgia) 12.4.1945, amerikan. Politiker; Rechtsanwalt, 1912 Senator in New York (Demokrat. Partei), 1913-20 Unterstaatssekretär für Marine und 1919 Leiter der amerikan. Demobilisierung in Europa nach dem 1. Weltkrieg. R.s Karriere erhielt 1920/21 einen Knick, als er sich zunächst erfolglos um die Vizepräsidentschaft bewarb, dann an Kinderlähmung erkrankte und an den Rollstuhl gefesselt wurde. Bis 1928 weiter als Anwalt tätig, wurde R. im Jahr darauf zum Gouverneur von New York und Ende 32 gegen den Amtsinhaber Hoover zum 32. Präs. der USA gewählt. Als einzigem US-Präs. gelang ihm noch dreimal die Wiederwahl (1936, 1940 und 1944), so daß sich seine Amtszeit fast auf den Tag genau mit der Dauer des 3. Reiches und mit Hitlers Amtszeit deckte.
Wie dieser stand R. bei Reg.antritt vor der Aufgabe, die Weltwirtschaftskrise zu überwinden, und wie diesem gelang ihm das letztl. erst durch Aufrüstungspolitik. Sie griff in den USA allerdings wesentl. später wegen der isolationist. öffentl. Meinung, die R. lange die Hände band. Immerhin gelang ihm mit dem Programm des »New Deal« (Neuverteilung) ein allmähl. Kurswechsel vom totalen Wirtschaftsliberalismus zum Sozialstaat (Arbeitslosenunterstützung, Altersversorgung u.a.), der die gesellschaftl. Widersprüche dämpfte und R.s Popularität sicherte. Das ermöglichte ihm zunehmend Front zu machen gegen die Expansionspolitik Deutschlands, Italiens und Japans und nach Kriegsbeginn England großzügig zu unterstützen (➢ Leih- und Pachtgesetz). Nach dem dt. Angriff auf die Sowjetunion (22.6.41) schlug sich das in der ➢ Atlantik-Charta nieder und mündete in den Kriegseintritt der USA nach dem japan. Überfall auf ➢ Pearl Harbor. Die Mobilisierung der ganzen amerikan. Wirtschaftskraft entschied letztl. den 2. Weltkrieg zugunsten der Alliierten.
Auf R. ging dabei die auf den Konferenzen von Casablanca, Teheran und Jalta verabredete »Germany first«-Strategie zurück und die Forderung nach ➢ Be-

dingungsloser Kapitulation der Achsenmächte. R. war es auch, der entgegen den Warnungen ≫ Churchills der Roten Armee Osteuropa überließ, weil er Stalin für ein Engagement gegen Japan gewinnen wollte. Daß er ihn dazu gar nicht brauchen würde, ahnte R. nicht, da er den riesigen Rüstungsvorsprung nicht mehr erlebte, den die Entwicklung der von ihm in Auftrag gegebenen ≫ Atombombe für die USA bedeutete. Sein früher Tod, der im untergehenden Berlin noch einmal Hoffnungen auf einen Zerfall der alliierten Kriegskoaliton weckte, verschob die weltpolit. Gewichte zugunsten Stalins, wie das ≫ Potsdamer Abkommen zeigen sollte.

Rosenberg, Alfred, * Reval 12.1.1893, † Nürnberg 16.10.1946 (hingerichtet), dt. Politiker; Architekturstudium, 1919 fast gleichzeitiger Eintritt mit Hitler in die DAP, 1921 Chefredakteur des Parteiblatts »Völk. Beobachter« (seit 1938 Herausgeber), Teilnahme am Hitler-Putsch 1923, 1930 Publikation »Der Mythus des 20. Jahrhunderts« (neben Hitlers »Mein Kampf« wichtigste nat.-soz. Programmschrift), 1933 Leiter des Außenpolit. Amtes der Partei, 1934 »Beauftragter des Führers für die Überwachung der ges. geistigen und weltanschaul. Schulung und Erziehung der NSDAP«. Der in der Partei wenig geschätzte R. wurde von Hitler am 17.11.41 zum Reichsmin. für die besetzten Ostgebiete berufen und geriet dadurch in weitere Konflikte mit Auswärtigem Amt, Wehrmacht und SS, zumal er deren Terror in Rußland für falsch hielt. Er konnte jedoch seine Vorstellungen von einer Förderung der kleineren Völker gegen die Russen und die bolschewist. Herrschaft nicht durchsetzen. Bei Kriegsende verhaftet, wurde R. am 1.10.46 als einer der Hauptkriegsverbrecher vom Internat. Militärtribunal in Nürnberg zum Tod verurteilt.

»Rösselsprung«, Deckname des dt. Flottenvorstoßes gegen die alliierte Konvoi-Operation ≫ PQ 17 im Nordpolarmeer.

Rostow, sowjet. Gebietshauptstadt am Don (48 km oberhalb der Mündung ins Asowsche Meer) mit 510 000 Einwohnern (1939). Das Industriezentrum R. (Landwirtschaftsmaschinen u.a.) war nach der Eroberung der Ukraine Ziel der dt. Heeresgruppe Süd im Herbst 41 und konnte am 20.11. von der 1. Pz.armee (v. Kleist) gegen den heftigen Widerstand der sowjet. 56. Armee (Remisow) genommen werden. Damit hatte sich am rechten Flügel der dt. Heeresgruppe ein weiter Frontvorsprung gebildet, der von der neuaufgestellten sowjet. 37. (Lopatin) und der 9. Armee (Charitonow) bedroht wurde. Heeresgruppen-OB v. Rundstedt befahl daher nach den ersten sowjet. Einbrüchen während der seit 17.11. laufenden Gegenoffensive am 28.11. die Rücknahme der Pz.armee, was zu einer Ablösung durch v. ≫ Reichenau führte. Der neue OB mußte jedoch den Rückzug fortsetzen, so daß R. erst im Rahmen der dt. Sommeroffensive ≫ »Blau« am 23.7.42 vom dt. LVII. Pz.korps und der 125. Inf.div. der Armeegruppe Ruoff erneut erobert werden konnte. Schon am 9.2.43, kurz nach der dt. Niederlage in Stalingrad, erreichte die sowjet. 28. Armee (Gerasimenko) das brennende R., das am 14.2. von den dt. Truppen endgültig aufgegeben werden mußte.

»Rot«, Deckname für die am 5.6.40 um 5 Uhr beginnende zweite und entscheidende Phase des ➢ Frankreichfeldzugs. Die Heeresgruppe B (v. Bock) durchbrach gleich nach Angriffsbeginn die an der Somme improvisierte sog. Weygand-Linie und erreichte schon am 9.6. die untere Seine. An diesem Tag folgte die Offensive der Heeresgruppe A (v. Rundstedt) an der oberen Aisne und der Maas in südöstl. Richtung zur Einschließung der frz. Kräfte hinter der ➢ Maginot-Linie, die am 14.6. frontal von der Heeresgruppe C (v. Leeb) angegriffen und wenig später durchbrochen wurde. Am 11.6. war die frz. Reg. aus Paris geflohen, wo am 14.6. dt. Truppen einzogen, und am 22.6. war »R.« mit der Unterzeichnung des Waffenstillstands in ➢ Compiègne abgeschlossen.

Rote Kapelle, von der Gestapo geprägte Bez. für eine sowjet. Spionage- und Widerstandsorganisation unter Leo Trepper (1904-1982), seit 1938 entstanden. Trepper, der Zweigstellen in Den Haag, Marseille, Nizza, Genf, Bern, Basel und Schweden errichtete, fand auch Kontakt zu einer Gruppe dt. Gegner des Nat.-soz. um den Offizier im Luftfahrtmin. Harro Schulze-Boysen (1909-1942) und den Oberregierungsrat im Wirtschaftsmin. Arvid von Harnack (1901-1942), die Kern der dt. Sektion R. wurden und Nachrichten für die UdSSR beschafften, da sie einem Sieg über Hitler nur mit Unterstützung von außen für mögl. hielten. Ein Netz von Mitgliedern sorgte durch wechselnde Standorte für kontinuierl. Funkkontakt mit den sowjet. Stellen, die bis 1943 rd. 1500 Funksprüche über dt. Agenten, Aufmarschpläne, neue Waffen u.a. auffingen. Die dt. Abwehr richtete im Juli 42 ein Sonderkommando R. ein, dem schon im Aug. 42 die führenden Mitglieder ins Netz gingen. Nach Folterungen wurden sie fast ausnahmslos als »Volksverräter« zum Tod verurteilt und hingerichtet.

Rotes Kreuz, ➢ Deutsches Rotes Kreuz, ➢ Internat. Komitee vom Roten Kreuz.

Rotmistrow, Pawel Alexejewitsch, * Skoworowo 23.6.1903, sowjet. Marschall (28.5.62); 1919 zur Roten Armee. R. war nach dem dt. Angriff im Herbst 41 als Oberst Kommandeur der 8. Pz.brigade und wurde am 24.8.42 Kommand. Gen. des VII. Pz.korps. Zum Gen.leutnant befördert (29.12.42), führte er 1943/44 die 5. Garde-Pz.armee zunächst bei der Woronesch-Front (Watutin), dann bei der 2. Ukrain. Front (Konjew) und wurde 1945 OB der Pz.verbände der sowjet. Besatzungstruppen in Deutschland. 1958 Kommandeur der Kriegsakademie der Pz.truppen.

Rotterdam, größte Hafenstadt der Niederlande mit rd. 600000 Einwohnern (1940). R. wurde trotz bereits laufender Kapitulationsverhandlungen am 14.5.40 Opfer eines dt. Luftangriffs (Kampfgeschwader 54), der nicht mehr rechtzeitig gestoppt wurde. Über 900 Menschen kamen ums Leben, die histor. Altstadt wurde völlig zerstört. R. wurde wie ➢ Coventry im Luftkrieg zum Auftakt einer Kriegführung auch gegen die Zivilbevölkerung.

Rotterdam-Gerät, dt. Bez. für das brit. 9-cm-Bordradar ➢ H2S, benannt nach dem ersten Fundort in Holland, wo die streng geheime elektron. Navigations-

und Bombenwurfhilfe des Bomber Command im Wrack eines am 2.2.43 abgeschossenen ➢ Stirling-Bombers entdeckt worden war. Einer Arbeitsgemeinschaft aus Vertretern der Luftwaffe und Experten für Hochfrequenztechnik gelang es, die genaue Arbeitsweise dieses ersten operationsreifen Bodensichtradars zu ermitteln und Gegenmaßnahmen zu entwickeln, u.a. durch Radartarnung mit Metallfolien oder -attrappen und den ➢ Naxos-Empfänger zur Anpeilung von H2S-Impulsen. Die Entdeckung des R. bedeutete auf dt. Seite eine peinl. Überraschung, weil sie einen geradezu sensationellen alliierten Vorsprung auf dem Gebiet des scharf gebündelten Zentimeterwellen-Radars enthüllte.

Royal Oak, brit. Schlachtschiff, 17.11.14 Stapellauf, Mai 16 in Dienst gestellt, 29 150 t, 21 kn, 189,1 m lang, 27 m breit, bis 997 Mann Besatzung; Bewaffnung: 8x38,1 cm, 12x15,2 cm, 8x10,2 cm, 32 kleinere Rohre. Die R. lag nach Kriegsbeginn im Hafen der brit. Home Fleet in Scapa Flow, in den trotz zahlr. Sperren und verzweigter U-Boot-Fangnetze in der Nachtd des 13./14.10.39 Kapitänleutnant ➢ Prien mit U 47 eindrang. Nach mehreren Torpedoversagern gelang ihm um 0.59 Uhr ein erster Treffer auf der R. Während Captain Benn den Schaden inspizierte, zerriß ein zweiter Torpedo den Schiffsrumpf. Die R. sank, 833 Seeleute, darunter auch der Befehlshaber des 2. Schlachtschiffgeschwaders, Konteradmiral Blagrove, ertranken.

Rschew, sowjet. Stadt im Gebiet Kalinin an der Wolga nordwestl. Moskau mit 60 000 Einwohnern (1941). Beim dt. Angriff auf Moskau nahm die 9. Armee (Strauß) R. gegen die verteidigende sowjet. 29. Armee. Während der sowjet. Winteroffensive 1941/42 stieß die sowjet. Kalinin-Front (Konjew) beiderseits R. vorbei, konnte aber die Stadt nicht zurückerobern, so daß hier ein weit vorspringender dt. Frontbogen entstand. Er mußte Anfang März im Rahmen der sog. »Büffelbewegung« aufgegeben werden; sowjet. Truppen zogen am 3.3. wieder in R. ein. Hitlers Plan eines erneuten Angriffs auf die sowjet. Hauptstadt aus dem Raum R. war endgültig gescheitert.

Rudel, Hans-Ulrich, * Konradswaldau (Schlesien) 2.7.1916, † Rosenheim 18.12.1982, dt. Oberst der Luftwaffe (1.1.45); 1937/38 Flugausbildung (Stuka und Aufklärer). R. spezialisierte sich

Rudel: mit der Verleihung des Goldenen Eichenlaubs zum Ritterkreuz der am höchsten dekorierte Soldat der Wehrmacht im Zweiten Weltkrieg

mit seinem bes. bewaffneten Stuka auf die Pz.jagd im Osten und erreichte bis Kriegsende bei 2530 Einsätzen 519 Abschüsse. Hinzu kamen 800 zerstörte Fahrzeuge, ein versenkter Kreuzer und ein schwer beschädigtes Schlachtschiff. Der am höchsten dekorierte Soldat der Wehrmacht (Goldenes Eichenlaub mit Schwertern und Brillanten zum Ritterkreuz) entkam im März 44 sowjet. Gefangenschaft, verlor im Febr. 45 sein rechtes Bein und geriet am 8.5.45 in amerikan. Gefangenschaft. R. lebte nach dem Krieg lange in Argentinien in nat.-soz. Emigrantenkolonien und setzte sich in der Bundesrepublik für rechtsextremist. Organisationen ein.

Rudeltaktik, nach dem Vorbild der Angriffsweise von Wolfsrudeln gewählte Bez. für das gruppenweise Angreifen der dt. U-Boote, v.a. in der ➢ Atlantikschlacht. Schon im 1. Weltkrieg vereinzelt angewandt, kam die von ➢ Dönitz entwickelte und perfektionierte R. durch die modernen Nachrichtenmittel erst im Krieg 1939-45 zum Tragen. Sie war die Antwort auf das System der Geleitzüge, deren Bekämpfung auch die Zusammenfassung der U-Boot-Kräfte erforderte. Von Land aus wurden die Boote an die Konvois herangeführt, wo dann ein Führer den weiteren Kampf leitete, von Land kontinuierl. mit Lagedaten versorgt. Während des 2. Weltkriegs erstmals im Okt. 39 angewandt, konnte die R. zunächst nur begrenzte Erfolge erzielen, da zu wenige Boote zur Verfügung standen. Erst 1941/42 entfaltete sie ihre volle Wirksamkeit und brachte Großbrit. an den Rand einer Niederlage. Mit Verbesserung der alliierten Abwehrmittel durch ➢ Radar und Einbruch in den dt. Code mit Hilfe von ➢ Ultra mußte die R. im Mai 43 wegen zu hoher Verluste wieder aufgegeben werden.

Ruge, Friedrich, * Leipzig 24.12.1894, † Tübingen 3.7.1985, dt. Vizeadmiral (1.2.43); 1914 zur Marine, im 1. Weltkrieg bei den Torpedobooten, Übernahme in die Reichsmarine als Oberleutnant z.S., Verwendung beim Minensuchdienst, 1937 Kapitän z.S. Bei Kriegsbeginn war R. Führer der Minensuchboote Ost und seit Okt. 39 West. Im Febr. 41 wurden ihm auch alle Vorposten- und Sicherungsverbände im W als Befehlshaber der Sicherung West unterstellt. Am 1.4.42 zum Konteradmiral befördert, war R. von Mai bis Aug. 43 Befehlshaber des dt. Marinekommandos Italien und danach Marineberater des OB der Heeresgruppe B Rommel. Von Nov. 44 bis Kriegsende leitete er das Konstruktionsamt bei OKM. Nach dem Krieg am Aufbau der Bundesmarine beteiligt und 1.3.56 deren Inspekteur, 30.9.61 Abschied, 1967 Honorarprof. in Tübingen.

Ruhrgebiet, bedeutendstes Industrierevier des Dt. Reiches zw. Rhein-Ruhr-Lippe. Als Zentrum der Steinkohleförderung, Stahlerzeugung und Rüstungsproduktion (Krupp u.a.) war das R. neben der Reichshauptstadt das Hauptziel der alliierten Bomberoffensive gegen Deutschland. Am 17.5.40 griffen erstmals 99 brit. Bomber Öllager und Eisenbahnanlagen im R. an. Einen ersten Höhepunkt erreichten die Bombardierungen in der Zeit vom 5.3. bis 28.6.43, als die RAF mit einer »Battle of the Ruhr« die dt. Kriegsproduktion tödl. zu treffen versuchte. Rd. 22 000 t Bomben gingen nieder, doch der angestrebte Erfolg blieb weitgehend aus, da die meisten Betriebe schon nach kurzer Pause wieder die alten Produktionsziffern erreichten. Schwer getroffen wurde dagegen die Zivilbevölkerung in den großen Städten wie ≫ Essen, ≫ Duisburg, Bochum, Gelsenkirchen, ≫ Dortmund, wo über 32 000 Menschen bis Kriegsende ums Leben kamen.

Ruhrkessel, durch Zusammentreffen der aus dem Raum Remagen-Andernach vorstoßenden amerikan. 1. Armee (Hodges) mit der über Wesel und Hamm herankommenden 9. US-Armee (Simpson) am 1.4.45 bei Lippstadt entstandener Kessel um die dt. Heeresgruppe B (Model) zw. Rhein, Ruhr und Sieg. Den amerikan. Verbänden gelang am 14.4. die Aufsplitterung des R. in zwei Teile: Der kleinere östl. löste sich am 16.4., der westl. einen Tag später auf; 325 000 dt. Soldaten der 5. Pz.armee (Harpe), der 15. Armee (v. Zangen), der Armeeabt. Lüttwitz und des III. Flak-Korps (v. Rantzau) gingen in Gefangenschaft. Gen.feldmarschall Model beging nach der Niederlage Selbstmord.

Rumänien, Königreich in SO-Europa mit 295 000 km² und 20 Mio. Einwohnern (1940), Hauptstadt Bukarest, 1918-38 konstitutionell regiert, bis Sept. 40 Königsdiktatur, dann autoritäres Regime unter ≫ Antonescu. R. war territorial einer der Gewinner der Friedensverträge von 1919/20 (Siebenbürgen, westl. Banat, Dobrudscha, Bessarabien, Bukowina), sah sich aber gerade deswegen Revisionsforderungen Ungarns, der UdSSR und Bulgariens gegenüber und war auch aus wirtschaftl. Gründen auf Anlehnung an eine der europ. Großmächte angewiesen. Das führte zu immer engerer Bindung an das nat.-soz. Deutschland (u.a. Wirtschaftsvertrag 23.3.39, »Ölpakt« 27.5.40), aber auch zur Unterwerfung unter die Interessen Berlins: 28.6.40 Abtretung Bessarabiens und der N-Bukowina an die UdSSR gemäß Dt.-Sowjet. Nichtangriffsvertrag, Gebietsverluste in den ≫ Wiener Schiedssprüchen.
Nach Entmachtung von König Carol II. (6.9.40) setzte Staatschef Antonescu ganz auf die dt. Karte, trat am 30.11.40 dem ≫ Dreimächtepakt und zwei Tage später dem ≫ Antikominternpakt bei und schloß sich am 24.6.41 dem dt. ≫ Rußlandfeldzug an, der dem Land schwere Verluste brachte (u.a. Untergang von 2 Div. in Stalingrad und weiterer Großverbände während der Kämpfe um die Stadt). Beim dt. Rückzug erreichte die Rote Armee im Frühjahr 44 die rumän. Grenze; eine am 20.8.44 begonnene sowjet. Großoffensive führte am 23.8.44 zur Verhaftung Antonescus, am 28.8. zur Kriegserklärung der neuen Reg. Sanatescu an das Dt. Reich und zur Vernichtung der dt. Heeresgruppe Südukraine (Frießner). R. und die Sowjetunion schlossen am 12.9.44 Waffenstillstand, nachdem am 31.8. sowjet. Verbände Bukarest besetzt hatten. In den folgenden Kämpfen an sowjet. Seite gegen die Wehrmacht erlitt die rumän. Armee noch einmal hohe Verluste (169 000 Gefallene und Verwundete). Am 27.2.45 übernahm auf sowjet. Druck eine kommunist. geführte Reg. die Geschäfte, am 30.12.47 war die damit eingeleitete Bolschewisierung des Landes durch Proklamation der Volksrepublik R. abgeschlossen.

Rundstedt, Gerd von, * Aschersleben 12.12.1875, † Hannover 24.2.1953, dt. Gen.feldmarschall (19.7.40); 1892 Eintritt ins Heer, im 1. Weltkrieg Gen.stabsoffizier, in der Reichswehr 1.11.27 Gen.major, 1.2.29 Gen.leutnant, 1.10.32 Gen. der Inf. und OB des Gruppenkommandos 1 (Berlin), 1.3.38 Gen.oberst und 1.11.38 verabschiedet. Bei Kriegsbeginn wurde R. reaktiviert, führte im Polenfeldzug die Heeresgruppe Süd, in Frkr. die Heeresgruppe A, die den siegbringenden Stoß durch die Ardennen zum Ärmelkanal unternahm, und im O wieder die Heeresgruppe Süd. Angesichts starker sowjet. Bedrohung seines rechten Flügels nahm R. die Front bei ➣ Rostow im Nov. 41 zurück und wurde daraufhin von Hitler am 28.11. abgelöst und durch v. Reichenau ersetzt. Am 1.3.42 zum OB West ernannt, blieb R. in diesem Amt bis zum 10.3.45 mit einer kleinen Unterbrechung nach der gelungenen ➣ Invasion der Alliierten in der Normandie (Juni 44), als er sich Hitlers Unwillen wegen Drängens auf Beendigung des Krieges zugezogen hatte. In dieser Zwischenzeit (2.7.-5.9.44) leitete er u.a. den »Ehrenhof« der Wehrmacht zur Maßregelung von Offizieren, die der Verbindung zum militär. Widerstand und zu den Attentätern vom 20.7.44 verdächtig waren. Als den Amerikanern bei ➣ Remagen die Überquerung des Rheins über eine intakte Brücke gelang, fiel R. endgültig in Ungnade. Nach Kriegsende erst amerikan., dann brit. Gefangenschaft, 5.5.49 schwer krank entlassen.

Rußlandfeldzug, Bez. für den Kampf der dt. Wehrmacht und ihrer Verbündeten gegen die Rote Armee 1941-45. Nachdem England nicht zu bezwingen war, sollte der R. die Kriegsentscheidung bringen und zudem das Lebensraum-Konzept verwirklichen, das Hitler als »heiligste Mission meines Lebens« bezeichnete. Er deklarierte daher den R. als »Krieg zweier Weltanschauungen«, in dem Ritterlichkeit und traditionelle soldat. Ehrbegriffe fehl am Platze seien (➣ Kommissarbefehl, ➣ Einsatzgruppen). Ziel der Eroberung sollte die »rücksichtslose Germanisierung« sein, von der Hitler schon am 3.2.33 vor hohen Militärs gesprochen hatte und deren Details der ➣ Generalplan Ost enthielt. Über den ➣ Dt.-Sowjet. Nichtangriffsvertrag setzte sich Hitler ohne Bedenken hinweg, da er einem sowjet. Überfall zuvorkommen müsse.

Die dt. Vorbereitungen für einen R. hatten schon im Sommer 40 (»Aufbau Ost«, 5.8.40) begonnen und waren mit Weisung Nr. 21 vom 18.12.40 (Fall »Barbarossa«) konkret geworden: »In einem schnellen Feldzug« die Linie Archangelsk-Astrachan erreichen, ehe die UdSSR ihre riesigen Reserven von 12 Mio. Soldaten mobilisieren könne. Zum durch den ➣ Balkanfeldzug verzögerten Angriff ohne Kriegserklärung traten dann am 22.6.41 rd. 75% des dt. Feldheeres (3 Mio. Mann mit 3580 Panzern und Sturmgeschützen) in drei Heeresgruppen mit insges. 152 Div. an: Nord (Gen.feldmarschall v. Leeb) mit Stoßrichtung balt. Länder und Leningrad, Mitte (Gen.feldmarschall v. Bock) in Richtung Minsk-Smolensk-Moskau und Süd (Gen.feldmarschall v. Rundstedt) in Richtung Kiew-Dnjeprbogen. Dazu kam seit 2.7. die rumän. Armeegruppe Antonescu mit 15 Divisionen. Der dt. Angriff traf auf 5 sowjet. Heeresgruppen, formiert in 15 Armeen mit 149 Div. Die dt. Luftwaffe bot in den Luftflotten 1, 2, 4 und 5 insges. 1945 Bom-

Rußlandfeldzug: deutscher Sturmgeschütz-Verband auf dem Vormarsch, Sommer 1942

ber, Stukas, Zerstörer und Jäger auf, die Sowjetunion über 8000 Maschinen.
Der Sommerfeldzug brachte den dt. Armeen große Landgewinne: Baltikum, Weißrußland, Ukraine. In der Kesselschlacht von Bialystok und Minsk (bis 9.7.) gingen 324 000 sowjet. Soldaten in Gefangenschaft, bei Smolensk (bis 5.8.) weitere 310 000 und in der Doppelschlacht von Wjasma und Brjansk (bis 15.10.) sogar 673 000. Die Erfolge verleiteten Hitler früh zur Annahme, der R. sei bereits gewonnen. Mit Befehl vom 14.7. verfügte er die Verlegung des Rüstungsschwerpunkts auf den U-Boot- und Flugzeug-Bau zu Lasten des Heeres. Am 2.10. trat die Heeresgruppe Mitte zum Angriff auf Moskau an und kam so gut voran, daß die sowjet. Reg. am 16.10. die Stadt verließ und nach Kuibyschew ging. Nach Einbruch des Winters, auf den das dt. Heer nicht vorbereitet war, erlosch die dt. Stoßkraft 27 km vor dem Kreml am 1.12. Bis zu diesem Tag hatte das Ostheer schon 158 773 Tote, 31 191 Vermißte und 563 082 Verwundete verloren, die Luftwaffe 2093 Maschinen. Sowjet. Winteroffensiven (seit 5./6.12.41) mit frischen sibir. Kräften, die wegen des Sowjet.-Japan. Neutralitätspaktes (13.4.41) in Fernost entbehrl. waren, forderten auf dt. Seite schwere Opfer (21 808 Tote, 5247 Vermißte, 75 169 Verwundete) und zwangen zur Aufgabe weiter Gebiete.
Der R. des Jahres 1942 begann mit der Kesselschlacht südl. Charkow (17.-26.5.) und der Zerschlagung der sowjet. Truppen auf der Krim. Dann trat das dt. Heer am 28.6. im Süden zur Sommeroffensive an: Die Heeresgruppe B erreichte am 3.7. den Don bei Woronesch; auf der Krim gelang am 1.7. die Eroberung von Sewastopol. Die sowjet. Front wankte, aber die nun erhebl. niedrigeren Gefangenenzahlen zeigten, daß der Gegner nicht geschlagen war. In einer zweiten Operationsphase wurde am 23.7. Rostow erobert. Entgegen der bisherigen Planung bestimmte Hitler (Weisung Nr. 45 vom 23.7.) exzentr. Operationen gegen Stalingrad und zugleich gegen den Kaukasus. Nach Erreichen des Hochkaukasus (Elbrus 22.8.) blieb die Heeresgruppe A am Terek stecken, die Heeresgruppe B erreichte Mitte Sept. Stalingrad und wurde in wochenlange, verlustreiche Häuserkämpfe verwickelt. Im Herbst 42 bot sich die Front dort der Roten Armee förml. für eine großangelegte Zangenoperation an. Die nördl. und die südl. Flanke hielten je eine italien., ungar. und zwei rumän. Armeen mit zus. 37 Div. Sie traf am 19.11. die volle Kraft sowjet. Offensiven: Die dt. 6. Armee wurde mit 250 000 Mann abgeschnitten. Hitler untersagte, nicht zuletzt von Görings Versprechungen einer Luftversorgung verleitet, den noch mögl. Ausbruch. Der dt. Widerstand in Stalingrad erlosch am 2.2.43: 91 000 Verteidiger gerieten in sowjet. Gefangenschaft, nur 6000 kehrten später heim. Die Rote Armee drang im Winter 42/43 überall weit nach Westen vor. In den dt. besetzten Gebieten führte zudem die barbar. Behandlung der Bevölkerung durch die nat.-soz. Verwaltung v.a. im Mittelabschnitt zu lawinenartig anwachsender Partisanentätigkeit.
Örtl. Erfolge (8.2. Kursk, 9.2. Belgorod, 16.3. Charkow zurückerobert) schufen im R. des Jahres 1943 Voraussetzungen für einen letzten Offensivversuch Hitlers, der allerdings durch Einmischung in kleinste Details und ständiges Auswechseln von nicht genehmen Heerfüh-

rern die Operationen gefährdete. Nach mehrfachen Verschiebungen begann am 5.7. bei Kursk gegen einen großen sowjet. Frontbogen mit 33 Div., 2000 Pz. und 1800 Flugzeugen der längst vom Gegner einkalkulierte dt. Angriff, der nach Anfangserfolgen am 12.7. liegenblieb. Im Herbst mußte der Kuban-Brückenkopf über See geräumt werden (7.9.-9.10.) Am 4.1.44 überschritt die Rote Armee bei Sarny (Wolhynien) die ehemals poln.-sowjet. Grenze. Zugleich brach sie endgültig den Ring der dt. Hungerblockade um das seit Aug. 41 eingeschlossene Leningrad und trat am 4.3. in der Ukraine zur Frühjahrsoffensive an. Sie drückt die dt. Front bis über den Pruth weit nach Rumänien, an die Karpaten und nach Ostgalizien zurück, wo sie sich kurzfristig konsolidierte. Bis 12.5.44 vernichteten sowjet. Truppen die abgeschnittene dt. 17. Armee auf der Krim, deren rechtzeitige Räumung Hitler verboten hatte. Die Rote Armee gab die Initiative nicht mehr ab. Am 1.6.44 besaß sie 476 Div., dazu 37 Pz.- und mechanisierte Korps, 93 Artilleriediv. und insges. 14787 Kampfflugzeuge. Eine Großoffensive gegen die dt. Heeresgruppe Mitte vom 22.6.44 an führte bis zum 8.7. zur Vernichtung von 28 Div. mit 350000 Mann, eine Katastrophe, die Stalingrad in den Schatten stellte. Auch im Norden drang die Rote Armee weit nach Westen vor, nahm Estland und den größten Teil von Lettland und Litauen und erreichte am 29.7.44 die Rigaer Bucht. Der in Erwartung der sowjet. Truppen, die bei Sandomierz an der Weichsel angekommen waren, am 1.8. begonnene ≫ Warschauer Aufstand blieb ohne sowjet. Unterstützung und brach am 2.10. zusammen, ebenso der slowak. Aufstand vom 28.8.-29.10. Im Süden fiel der nächste Schlag am 20.8. gegen die dt. Heeresgruppe Südukraine. In wenigen Tagen wurde die dt. 6. Armee mit 18 Divisionen zerschlagen, am 25.8. erklärte der frühere Bundesgenosse Rumänien Deutschland den Krieg, das Ölgebiet von Ploesti ging verloren (30.8.), und am 31.8. wurde Bukarest besetzt.

Die Entwicklung zwang Hitler zur schrittweisen Aufgabe Südosteuropas: Am 16.9.44 rückten sowjet. Truppen in Sofia ein, neben der rumän. nahm nun auch die bulgar. Armee den Kampf gegen die Wehrmacht auf. Im Norden mußte Finnland nach Verlust Kareliens am 4.9. den Kampf einstellen. Danach blieb Ungarn, seit 19.3.44 dt. besetzt, der letzte Bundesgenosse. Im Okt. drang die Rote Armee auch auf ungar. Gebiet vor (20.10. Debrecen) und eroberte einen Teil Jugoslawiens (Belgrad 20.10.). Ende 44 war damit die Lage Deutschlands an allen Fronten hoffnungslos.

Zw. 12. und 14.1.45 traten zw. Memel und den Karpaten vier sowjet. Heeresgruppen mit 25 Armeen zur Großoffensive an. Die dt. Front zerbrach, am 17.1. zog die Rote Armee in Warschau ein, am 19.1. in Krakau und Lodz und erreichte am 22.1. die Oder nördl. und südl. von Breslau. Das oberschles. Industrierevier ging verloren, und am 26.1. riß die Landverbindung zu Ostpreußen ab. In dieses Inferno wurden in Ostpreußen und Schlesien zahllose Flüchtlingstrecks hineingezogen, deren rechtzeitiger Abtransport durch die polit. Führung (Gauleiter Koch und Hanke) verhindert worden war.

Rüstungsproduktion, Herstellung von Kriegsmaterial aller Art (Gerät, Waffen, Munition). Die dt. R. durchlief im Krieg

3 Phasen: Die Jahre 1939-41 waren gekennzeichnet durch eine nur zögernde Umstellung der Industrie auf R.; die Konsumgüterindustrie erlitt kaum Einbußen (»friedensähnl. Kriegswirtschaft« in der Blitzkriegsphase). Von 1942 bis Sommer 44 wurde die R. beträchtl. gesteigert mittels zentraler Lenkung der ➢ Kriegswirtschaft, immer stärkerer Konzentrierung der industriellen Ressourcen auf die R., Rationalisierung der Fertigung, Standardisierung der Produkte usw. (»Totalisierung« des Krieges in mehreren Stufen). Im Juli 44 erreichte die dt. R. ihr Maximum; erst danach ging sie – zunächst allmähl., seit Dez. 44 beschleunigt – zurück (3. Phase), da jetzt die durch Luftangriffe und Gebietsverluste hervorgerufenen Zerstörungen von Produktionskapazitäten sowie Nachschub- und Versorgungsstockungen nicht mehr kompensiert werden konnten. Trotz der zeitweiligen quantitativen Erfolge blieb die dt. R. gegenüber der der Alliierten stets im Hintertreffen. Sie betrug 1939 noch 67%, schwand 1942 auf 25% und kam 1944 auf 30% der angloamerikan. und sowjet. R. (Schätzungen). Index der R. Deutschlands (1939 = 100): 176 (1940), 176 (1941), 256 (1942), 400 (1943), 500 (1944).

Rydz-Smigly, Edward, * Brzezany (Ostpolen, heute zur Ukrain. SSR) 11.3.1886, † Warschau 12.12.1941, poln. Marschall (1936) und Politiker; zunächst Kunstmaler. R. war mit dem Staatschef Pilsudski befreundet, kämpfte 1919-21 gegen die Rote Armee, wurde 1921 Armeeinspekteur und war als Gen.inspekteur und Oberster Befehlshaber 1936-39 auch polit. maßgebend im Vorfeld des Krieges. Als sich während des Polenfeldzugs im Sept. 39 die Niederlage abzeichnete, setze sich R. nach Rumänien ab. Er kehrte 1940 heiml. nach Polen zurück, um den Widerstand gegen die dt. Besatzung zu organisieren, wobei er unter ungeklärten Umständen ums Leben kam.

Ryti, Risto Heikki, * Huittinen (Gebiet Turku-Pori) 3.2.1889, † Helsinki 25.10.1956, finn. Politiker (Fortschrittspartei); 1919-24 und 1927-29 Abgeordneter im Reichstag, 1921-24 Finanzmin. und 1923-40 Präs. der Bank von Finnland. R. war bei Kriegsbeginn Min. präs., wurde am 19.12.40 Staatspräs. und hatte maßgebl. Anteil am Eintritt Finnlands an dt. Seite in den Krieg gegen die UdSSR (26.6.41). Er wurde daher am 1.8.44 von ➢ Mannerheim abgelöst, als Verhandlungen mit der Roten Armee über einen Waffenstillstand unausweichl. geworden waren. Als Mitverantwortl. für die Kriegserklärung an die Sowjetunion am 21.2.46 zu 10 Jahren Zuchthaus verurteilt, 23.9.49 freigelassen.

S

Sacharow, Matwei Wassiljewitsch, * St. Petersburg 4.8.1898, † Moskau 31.1.1972, sowjet. Marschall (8.5.59); 1918 Eintritt in die Rote Armee, Teilnahme am Bürgerkrieg. S. war bei Beginn des dt. Angriffs (22.6.41) Gen.major und diente von Jan. 42 bis Mai 43 als Chef des Stabes der Kalininfront unter Konjew. In gleicher Funktion wechselte er dann zur Steppenfront und als Gen.oberst 1944 zur 2. Ukrain. Front. Im Mai 44 führte er als OB der 2. Garde-Armee den Sturmangriff im N der Seefestung Sewastopol, die bis 12.5. erobert werden konnte. S. übernahm anschließend die 2. Weißruss. Front, die er während der vernichtenden sowjet. Sommeroffensive seit 22.6.44 gegen die dt. Heeresgruppe Mitte (Busch) befehligte. Von Rokossowski abgelöst, war S. nach dem Krieg u.a. 1955 Mitglied des Gebietskomitees von Leningrad, 1957 bis Mitte April 60 OB der sowjet. Truppen in der DDR und dann mit kurzer Unterbrechung bis 1971 Gen.stabschef der Roten Armee.

Sachsenhausen, Gemeinde im Bezirk Potsdam, seit Aug./Sept. 36 Standort eines nat.-soz. ≫ Konzentrationslagers, in dem u.a. allein im Herbst 41 über 11 000 sowjet. Kriegsgefangene durch Genickschuß und bei der Erprobung des sog. Gaswagens ermordet wurden.

Saetta (Pfeil), Beiname des italien. Jagdeinsitzers ≫ Macchi C. 200.

Saint-Lô, frz. Stadt in der Normandie und Verwaltungssitz des Departements Manche mit 12 000 Einwohnern (1940). S. wurde am 17.6.40 von dt. Truppen besetzt. Während der alliierten ≫ Invasion Anfang Juni 44 verwandelten angloamerikan. Bomber den wichtigen Straßenknoten in einen Trümmerhaufen. Nach Plan hätte L. schon in den ersten Tagen nach der Landung genommen werden sollen, doch blieb ein Vorstoß des XIX. US-Korps (Corlett) 6 km vor der Stadt in sumpfigem Gelände liegen. Erst nach Eroberung der ges. Halbinsel Cotentin nahmen die amerikan. Truppen am 7.7.44 den Angriff wieder auf, wurden am 11.7. jedoch erneut von der dt. Pz.lehrdiv. (Bayerlein) zum Stehen gebracht. Erst am 18.7. drangen US-Truppen in den verwüsteten Ort ein.

Saint-Nazaire, westfrz. Hafenstadt am rechten Ufer der Loiremündung mit 46 000 Einw. (1939). Im ≫ Frankreichfeldzug wurden zw. 16. und 18.6.40 von S. aus 52 235 frz. und brit. Soldaten vor den anrückenden dt. Truppen nach Großbrit. eingeschifft. Am 21.6.40 besetzte die dt. 11. Schützenbrigade die Stadt, der Hafen wurde zu einem der bedeutendsten dt. U-Boot-Stützpunkte (6. und 7. U-Flottille) ausgebaut, die Werftanlagen dienten der Kriegsmarine als

Reparatur- und Neubaubetriebe. Das sog. Normandie-Dock (Name vom dort gebauten frz. Luxusliner) in S. war zudem das einzige, das Schlachtschiffe der Tirpitz-Klasse aufnehmen konnte. Dagegen v.a. richtete sich am 28.3.42 das brit. Kommando-Unternehmen ➣ »Chariot«: Nach einem ablenkenden Luftangriff auf die Stadt näherte sich von See ein Konvoi mit dem Zerstörer Campbelltown, der eine Zeitzünder-Sprengladung mit sich führte, und 2 Begleit-Zerstörern sowie 16 Vorpostenbooten mit insges. 353 Mann Besatzung und 258 Kommando-Soldaten mit Sabotageauftrag. Der Verband wurde kurz vor dem Ziel von dt. Suchscheinwerfern erfaßt und erlitt schon im Anlaufen schwere Verluste. Dennoch gelang das Rammen der äußeren Dock-Schleuse durch den Spreng-Zerstörer und das Ausschiffen der meisten Kommandos. Sie wurden aber von den dt. Batterien an der Alten Mole und am Bassin-Eingang unter schweres Feuer genommen, so daß die meisten fielen oder in Gefangenschaft gerieten. Als von See her zudem die dt. 5. Torpedoboot-Flottille zu Hilfe kam, gelang nur noch 4 Vorpostenbooten die Rückkehr nach England. Von den 277 Mann des Kommandos kehrten 208 nicht zurück, die Zivilbevölkerung hatte Verluste durch das Bombardement und durch dt. Verteidiger bei der Suche nach versprengten Saboteuren. Die Campbelltown explodierte erst am Vormittag des 28.3. und zerstörte das Tor völlig; 120 dt. Offiziere und Experten, die das Schiff gerade untersuchten, kamen bei der Explosion ums Leben. Dieser brit. Erfolg hatte keine sonderl. Nachteile für die Kriegsmarine, da eine Atlantikkriegführung mit Überwasserstreitkräften nicht mehr vorgesehen war. Als U-Boot-Basis blieb N. erhalten, das nach der ➣ Invasion zur ➣ Atlantikfestung erklärt wurde und erst am 8.5.45 kapitulierte. Teile der Zivilbevölkerung waren vorher schon vom Roten Kreuz evakuiert worden.

Saipan, Hauptinsel der nördl. ➣ Marianen im westl. Pazifik mit 122 km^2 und rd. 47 000 Einwohnern (1940), Hauptort Garapan. S. war erstes Ziel der amerikan. Operation »Forager« zur Eroberung der strateg. bedeutenden Inselgruppe. Am 15./17.6.44 landete das V. amphib. Korps (Smith) im S der Insel mit 2 Div. Marineinf. und einer Heeresdiv.; das Unternehmen wurde von 7 Schlachtschiffen, 11 Kreuzern und 4 Trägern gedeckt, die etwa 200 japan. Flugzeuge außer Gefecht setzten. Insges. wurden 67 451 Mann an Land gebracht, wo die japan. 31. Armee unter Vizeadmiral Nagumo, dem »Helden von ➣ Pearl Harbor«, verteidigte. Er konnte die Bildung des Landekopfs nicht verhindern und mußte nach N zurückweichen. Ehe er am 6.7.44 wie der örtl. Befehlshaber Gen.leutnant Saito Selbstmord beging, rief er seine Soldaten zu einem letzten ➣ Banzai-Angriff auf, der aber am folgenden Tag im mörder. Feuer der amerikan. 4. Marineinf.div. liegenblieb, so daß der japan. Widerstand am 9.7. endgültig erlosch. Er hatte bis auf rd. 1000 Mann die gesamte Garnison auf S., 32 000 Soldaten, das Leben gekostet. Auch etwa 20 000 Zivilisten wurden Opfer der Kämpfe oder begingen Selbstmord, indem sie sich von den Klippen ins Meer stürzten. Amerikan. Verluste: 3426 Tote und 10 600 Verwundete.

Salamander, Beiname des dt. Düsenjägers Heinkel He 162, Erstflug 6.12.44.

Als materialsparender »Volksjäger« sollte die S. mit hastig ausgebildeten jungen Soldaten im Masseneinsatz die alliierte Bomberoffensive stoppen. Bei Kriegsende befanden sich etwa 800 S. in mehr oder weniger fortgeschrittenem Bauzustand, etwa 100 waren fertiggestellt, lagen aber meist wegen Treibstoffmangels fest. Die Serienvariante He 162 A hatte eine BMW-Stahlturbine von 810 kp Schub, erreichte max. 838 km/h und war mit 2x20-mm-Kanonen bewaffnet.

Salerno, Hafen- und Hauptstadt der gleichnamigen Provinz am gleichnamigen Golf der W-Küste Unteritaliens, südöstl. von Neapel, mit 67 000 Einwohnern (1936). Im Rahmen des alliierten Unternehmens ➢ »Avalanche« landeten im Morgengrauen des 9.9.43 Verbände der 5. US-Armee (Gen.leutnant Clark): In S. selbst, westl. davon bei Amalfi und südl. an der Picentino-Mündung bildete das X. brit. Korps, unterstützt von einigen Kommando-Einheiten, Landeköpfe, weiter südl. bei den Ruinen des antiken Paestum schiffte das VI. US-Korps 2 Div. aus. Die Landungsflotte, geführt vom amerikan. Vizeadmiral Hewitt, unterstützt von 7 Kreuzern, 2 Monitoren und 34 Zerstörern, wurde gedeckt von 2 Schlachtschiffen, 2 Trägern, 5 Geleitträgern, 3 Leichten Kreuzern und 29 Zerstörern. Es war beabsichtigt, möglichst rasch die Höhenzüge um die Bucht, insbes. auf der Halbinsel von Sorrent zu gewinnen, den Weg ins Hinterland zu öffnen und umgehend auf Neapel vorzustoßen, möglicherweise sogar die dt. Truppen im »Fuß des italien. Stiefels« abzuschneiden. Das scheiterte an der dt. Gegenwehr, getragen von der 10. Armee (Gen.oberst v. Vietinghoff). Zwar herrschte in Zusammenhang mit der Entwaffnung der italien. Wehrmacht (➢ »Achse«), die tags zuvor die Waffen gestreckt hatte, erhebl. Verwirrung in den dt. Stäben, doch ausgerechnet die im Angriffsgebiet liegende italien. 7. Armee (Gen. Arisio) machte keinerlei Schwierigkeiten, sondern überließ den dt. Truppen sogar unversehrt und widerstandslos Treibstoff- und Versorgungsdepots. Daher konnte die früh alarmierte 16. Pz.div. gegen die Landeköpfe vorgehen, so daß die Angriffsziele der Angloamerikaner zunächst nirgends erreicht wurden. Immerhin konnte Clark bis zum 12.9. weiteres Gelände gewinnen, eine zusammenhängende Front bilden und den Flugplatz von Monte Corvino unmittelbar südl. von S. nehmen. Erst zw. 12. und 14.9. kam ein dt. Gegenangriff mit mehreren Div. zum Tragen, gefährdeten Angriffe der Luftwaffe mit Fernlenkbomben die im Golf ankernde Flotte, die Verluste erlitt: 4 Transporter, 7 Landungsschiffe und 1 Schwerer Kreuzer wurden versenkt, zahlr. andere Einheiten z.T. erhebl. beschädigt. Die Front wurde stellenweise auf 3 km an den Strand gedrückt, so daß Clark schon die Zusammenlegung seiner beiden Angriffskorps erwog und Luftlandetruppen zur Verstärkung anforderte. Die Krise konnte durch geballte Artillerie der um 2 weitere Schlachtschiffe verstärkten Flotte und pausenlose Luftangriffe überwunden werden. Ganz bereinigt war sie erst, als am 16.9. die Spitzen der von Kalabrien anrückenden brit. 8. Armee (Gen. Montgomery) auftauchten. Planmäßig zogen sich daraufhin die dt. 10. Armee und das LXXVI. Pz. korps (Gen. Herr) unter hinhaltendem

Widerstand nach N auf die ≫ »Gustav«-Linie zurück.

Salò, italien. Ortschaft in der Provinz Brescia am Gardasee, seit 15.9.43 Amtssitz der Reg. der Repubblica Sociale Italiana unter ≫ Mussolini. Die Republik von S. war eine dt. Schöpfung und erlangte kaum Bedeutung. Wirtschaftl. vom Reichsbevollmächtigten Botschafter Rahn und polit. vom Höchsten SS- und Polizeiführer ≫ Wolff beaufsichtigt, bedrängt von einer wachsenden Partisanenbewegung bei herankommender Front, geschwächt durch Massendesertionen aus der regulären Armee, fristete Mussolini ein Marionettendasein, lieferte den dt. Terrormaßnahmen den Deckmantel der Legalität und bescherte Italien einen blutigen Bürgerkrieg, dem er schließl. selbst zum Opfer fiel.

Salomonen (engl. Solomon Islands), Inselgruppe Melanesiens, südöstl. Fortsetzung des ≫ Bismarck-Archipels, mit etwa 39 000 km² und 135 000 Einwohnern, 1895/99 zw. Großbrit. und Deutschland geteilt, dt. Teil 1920 austral. Mandat. Die S., aus zwei vulkan. Inselreihen bestehend, wurden im ersten Halbjahr 42 so gut wie kampflos von den Japanern besetzt und waren damit eine ständige Bedrohung der Seewege zw. den USA und Australien. Ihre Rückeroberung (Operation »Watchtower«) erhielt in der alliierten Strategie des ≫ Inselspringens daher hohe Priorität und bildete den rechten Arm des Plans ≫ »Elkton«. Sie begann am 7.8.42 von SO her mit der amerikan. Landung auf Tulagi und ≫ Guadalcanal, wo die längste Inselschlacht des Pazifikkrieges um den Besitz des Flugplatzes Henderson Field entbrannte. Nach dem Sieg trieben die Amerikaner ihre Offensive nach N voran. Die beiden größten Landungsunternehmen »Toenails« (30.6.43) und »Cherryblossom« (1.11.43) galten Neu-Georgien und ≫ Bougainville. Ende März 44 waren bis auf Santa Isabel und Choiseul, die ausgeklammert wurden, die S. und die zw. den Inselreihen verlaufende Nachschublinie »The Slot« (der Schlitz) in amerikan. Hand. Die Schlacht um die S. kostete die Japaner über 2700 Maschinen ihrer Marineluftwaffe; Flottenchef ≫ Yamamoto wurde am 17.2.43 Opfer amerikan. Jäger.

Santa-Cruz-Inseln, Archipel nördl. der Neuen Hebriden, brit. Schutzgebiet. Bei den S. entbrannte am 26.10.42 auf dem Höhepunkt der Kämpfe um ≫ Guadalcanal eine Trägerschlacht: Der japan. Flottenchef Yamamoto hatte 47 Schiffe mit 212 Flugzeugen von ≫ Truk zur Unterstützung der Landtruppen durch schwere Schiffsartillerie und Marineflieger in Marsch gesetzt. Die US-Flotte war dagegen in weitem Bogen um die S. mit Task Force 16 (Kinkaid) und 17 (Murray) in Stellung gegangen. Am 25.10. sichtete ein Flugboot die japan. Flotte, und am folgenden Morgen begann auf eine Distanz von mehreren hundert km der Schlagabtausch »über den Horizont hinweg«. Schon nach der ersten amerikan. Angriffswelle mußte der Leichte Träger Zuiho brennend aus dem Kampf genommen werden, während auf der Gegenseite der Träger Hornet nach 6 Bomben- und 2 Torpedotreffern mit Schlagseite liegen blieb. Seine schon gestarteten Maschinen schossen den Flottenträger Shokaku in Brand und landeten auf der Enterprise, dem zweiten US-Träger, der ebenfalls von 2 Bombentreffern leicht beschädigt wurde. Kinkaid zog sich daraufhin nach SW zurück, ein Abschleppversuch an der havarierten Hornet scheiterte, sie mußte nach Angriffen japan. Zerstörer aufgegeben werden und wurde in der folgenden Nacht versenkt, wobei 111 an Bord gebliebene Besatzungsmitglieder getötet und 108 verwundet wurden. Obwohl die Japaner keinen Träger verloren, sondern nur Schäden erlitten hatten, erwies sich der Erfolg bei den S. als Pyrrhus-Sieg, da 3 Träger vorerst außer Gefecht waren, denn die Zuikaku hatte den größten Teil ihrer Maschinen und – schlimmer noch – Piloten verloren. Außerdem blieb der eigentl. Auftrag, Flugzeuge auf Guadalcanal zu landen, unerfüllbar, da es nicht gelang, den Flugplatz Henderson Field zurückzuerobern.

Saratoga, amerikan. Flugzeugträger, 7.4.25 Stapellauf, 16.11.27 in Dienst gestellt, 33 000 t, 33 kn, 270,8 m lang, 32,2 m breit, bis 3373 Mann Besatzung; Bewaffnung: 16x12,7 cm und kleinere Fla-Waffen, bis 120 Flugzeuge. Bei Beginn des Krieges im Pazifik lief die S. in den W-Pazifik aus, nahm Ende Dez. 41 am vergebl. Versuch teil, die japan. Invasion von Wake zu vereiteln, und wurde am 11.1.42 vom japan. U-Boot 1-6 torpediert. Nach viermonatiger Reparatur in San Diego transportierte sie Flugzeuge für die im Pazifik operierenden US-Träger und wurde am 7.8.42 zur Vorbereitung und Deckung der US-Landung auf Guadalcanal eingesetzt. Maschinen der S. versenkten in der Seeschlacht östl. der Salomonen am 24.8.42 den japan. Träger Ryuyo und beschädigten 1 Kreuzer. Die S. selbst erhielt am 31.8.42 einen Torpedotreffer vom japan. U-Boot 1-26. Nach erneuter Instandsetzung sicherte sie mit der Trägergruppe von Konteradmiral Ramsey im Juni/Juli 43 die amerikan. Landungen auf Neugeorgien und mit der Task Force 38 (Sherman) im Nov. 43 auf Bougainville. Es folgten Trägerraids gegen die Gilbertinseln (Ende Nov. 43), japan. Stützpunkte auf den Marshallinseln (Jan./Febr. 44), zus. mit der British Eastern Fleet Angriffe auf Sumatra (April 44) und Java (Mai 44). Ende 44 diente die S. zur Ausbildung von Nachtjagd-Piloten und gehörte beim Kampf um ➢ Iwo Jima zur Task Group 58.5 (Gardner). Dort am 21.2.45 von 2 Bomben- und 4 ➢ Kamikaze-Treffern schwer beschädigt, diente der Träger nach Kriegsende als Zielschiff bei Kernwaffentests.

Sardinien, zweitgrößte italien. Insel mit 24 000 km² und rd. 1 Mio. Einwohnern (1940). Beim Ausscheiden Italiens aus dem Krieg und der Auslösung des Unternehmens ➢ »Achse« verzichtete der Kommandant der dt. Truppen (90. Pz.grenadierdiv.) auf S., Gen.leutnant Lungershausen, auf den Versuch, die weit überlegenen italien. Kräfte zu entwaffnen, und zog seine Einheiten unbehindert im N der Insel zusammen. Nach einem vergebl. Anlauf, die Seefestung La Maddalena zu erobern, in der zahlr. verhaftete Faschisten festgehalten wurden, gelang bis 18.9.43 befehlsgemäß die Rückführung der dt. Truppen nach Korsika.

Sauckel, Fritz, * Haßfurt (Unterfranken) 27.10.1894, † Nürnberg 16.10. 1946 (hingerichtet), dt. Politiker; Seemann, Schlosser, 1923 NSDAP-Beitritt, 1927 Gauleiter und 1932 Min.präs. in Thüringen. S. wurde bei Kriegsbeginn zum Reichsverteidigungskommissar für den Wehrkreis IX (Kassel) und am 21.3.42 zum ≫ Gen.bevollmächtigten für den Arbeitseinsatz ernannt. Als solcher verantwortl. für die Verschleppung und den Tod von Mio. ≫ Zwangsarbeitern, wurde er am 1.10.46 als einer der Hauptkriegsverbrecher vom Internat. Militärtribunal zum Tod verurteilt.

Savo, kleine Felseninsel vor der NO-Spitze von ≫ Guadalcanal (Salomonen). Bei S. kann es während der Schlacht um die Hauptinsel im Sommer und Herbst 42 zweimal zu schweren Seegefechten: Gegen die amerikan. Landungen auf Guadalcanal lief am 8.8. die japan. 8. Flotte unter Vizeadmiral Mikawa mit 5 Schweren und 2 Leichten Kreuzern sowie einem Zerstörer aus Rabaul (Neu-Britannien) aus und überraschte im S.-Sund eine alliierte Deckungsgruppe. Bei einem der schnellsten Siege der Seekriegsgeschichte schossen die Japaner 1 Kreuzer zusammen, versenkten 4 weitere und beschädigten zahlr. kleinere Einheiten, wobei sie selbst kaum Treffer erhielten. 1270 Mann bezahlten die alliierten Führungsmängel mit dem Leben, 709 wurden verwundet. Südostwärts S. prallten am 13.11. erneut japan. und amerikan. Seestreitkräfte aufeinander. Mit 2 Schlachtschiffen, 1 Kreuzer und 11 Zerstörern liefen die Japaner zur Beschießung der US-Luftbasis Henderson Field an und gerieten in der Dunkelheit an einen Kampfverband der Amerikaner mit 5 Kreuzern und 7 Zerstörern, der in einem wilden Gefecht auf kürzeste Distanz auseinandergerissen wurde und schwere Verluste erlitt: 1 amerikan. Kreuzer und 4 Zerstörer sanken sofort nach Artillerietreffern, auf japan. Seite gingen das Schlachtschiff Hiei und zwei Zerstörer verloren. In weiteren Gefechten bis zum 15.11. büßte die US-Flotte, die durch die eilig herbeibeorderte Task Force 64 (Lee) verstärkt worden war, 1 weiteren Kreuzer und noch 3 Zerstörer ein, während die Japaner auch ihr zweites Schlachtschiff Kirishima im radargelenkten Feuer des US-Schlachtschiffs Washington aufgeben mußten und außerdem 1 Kreuzer und 3 Zerstörer verloren.

Scapa Flow, Stützpunkt der brit. Home Fleet in einem gut geschützten natürl. Hafen in einer Bucht der Orkney-Inseln. S. war 1918 Internierungsort der dt. Hochseeflotte, die sich hier am 21.6.19 selbst versenkte. Nach Kriegsbeginn 1939 entwarf ≫ Dönitz als Führer (später Befehlshaber) der U-Boote einen Plan zum Angriff in der »Höhle des Löwen« auf die in S. vor Anker liegenden brit. Großkampfschiffe und betraute Kapitänleutnant ≫ Prien mit der Durchführung. Mit U 47 drang Prien in der Nacht des 14.10.39 durch den Holm-Sund in den mit U-Boot-Fangnetzen, Minensperren und Blockadeschiffen gesicherten Hafen ein, torpedierte nach mehreren Fehlschüssen das Schlachtschiff ≫ Royal Oak und entkam wieder in die Nordsee. Militär. ohne größere Bedeutung, löste das Bravourstück in Großbrit. einen tiefen Schock aus. S. wurde später (Aug./Sept. 40) vermint, aber nicht mehr direkt angegriffen.

Scharnhorst, dt. Schlachtschiff, benannt nach dem Feldherrn der Freiheitskriege Gerhard von S. (1755-1813), Stapellauf 3.10.36, in Dienst gestellt 7.1.39, 38 900 t, Länge 234,9 m, Breite 30 m, 31,5 kn, bis zu 1840 Mann Besatzung; Bewaffnung: 9x28 cm, 12x15 cm, 14 Flak 10,5 cm und zahlr. kleinere Rohre, 6 Torpedorohre (seit 1941), 4 Bordflugzeuge Arado 196. Die S. nahm im April 40 bei der Deckungsgruppe am Unternehmen ➢ »Weserübung« gegen Norwegen teil und lief dann mit dem Schwesterschiff ➢ Gneisenau zur Bekämpfung von Geleitzügen in den N-Atlantik aus, wobei im Juni 40 u.a. die Versenkung des brit. Trägers Glorious gelang. Vom 22.1. bis 23.3.41 führte die S. im Rahmen des Unternehmens »Berlin« erneut erfolgr. Handelskrieg im Atlantik und lief dann in Brest ein. Dort mehrfach von der RAF bombardiert und durch Treffer beschädigt, konnte das Schiff beim Kanaldurchbruch im Febr. 42 in Sicherheit gebracht werden. In Kiel wurde die S. repariert und überholt, verlegte dann nach N-Norwegen und unternahm von dort seit März 43 u.a.mit der ➢ Tirpitz Vorstöße gegen alliierte Nordmeer-Geleite. So lief sie am 25.12.43 zur Bekämpfung des Konvois JW 55B aus, konnte aber keine Fühlung mit dem Geleitzug gewinnen, sondern stieß auf dem Rückmarsch in Höhe des Nordkaps auf dessen Fernsicherung und wurde am 26.12. durch Artillerie und 15 Torpedotreffer versenkt. Bis auf 36 Gerettete kam die ges. Besatzung mit Konteradmiral ➢ Bey ums Leben.

Schildkröten-Stellung, Deckname für die kaum ausgebaute Verteidigungslinie am Ufer des Kalmius südl. Stalino. In der zweiten Hälfte des Aug. 43 zog sich die dt. 6. Armee unter Gen.oberst Hollidt nach Verlust der Mius-Stellung in die S. zurück. Am 3.9.43 befahl Hitler der Armee, die S. um jeden Preis zu halten, doch schon 3 Tage später durchbrach im N die sowjet. Südwestfront (Malinowski) die dt. Front, so daß die Naht zw. der Heeresgruppe Mitte (v. Kluge) und der Heeresgruppe Süd (v. Manstein) am Fluß Sejm zerriß und sich der sowjet. Zentralfront (Rokossowski) der Weg zum mittleren Dnjepr öffnete. Die dt. 6. Armee gab daher die S. auf und zog sich bis 20.9.43 weiter nach W auf die ➢ Panther-Stellung zw. Melitopol und Saporoschje zurück.

Schleswig-Holstein, dt. Linienschiff, 7.12.06 Stapellauf, 6.7.08 in Dienst gestellt, 14 218 t, Länge 127,6 m, Breite 22,2 m, rd. 750 Mann Besatzung, 18 kn; Bewaffnung 1939: 4x28 cm, 10x15 cm, 4x8,8-cm-Flak, zahlr. kleinere Rohre. Die S., eines der langlebigsten dt. Kriegsschiffe, eröffnete mit der Beschießung der Westerplatte bei Danzig am 1.9.39 um 4.45 Uhr den Polenfeldzug und damit den 2. Weltkrieg. Sie nahm danach am Unternehmen »Weserübung« gegen Norwegen teil, fuhr bis 1941 Sicherung in der Ostsee und diente dann als Wohnschiff in Gotenhafen (Gdingen). Dort nach Bombentreffern am 18.12.44 ausgebrannt, wurde die S. am 21.3.45 durch Sprengung zerstört.

Schlüsselburg, sowjet. Stadt östl. Leningrad am Ausfluß der Newa aus dem Ladoga-See mit rd. 20 000 Einwohnern (1941). Im Rußlandfeldzug wurde S., verteidigt von der sowjet. 42. Armee (Iwanow), am 8.9.41 von der dt. 20. Inf.div. (mot.) (Zorn) erobert. Damit war Leningrad von allen Landverbindungen abgeschnitten. Die

Verbindung konnte von der Roten Armee erst am 18.1.43 wiederhergestellt werden, als es der sowjet. 67. Armee (Duchanow) gelang, die Stadt der dt. 18. Armee (Lindemann) zu entreißen und sich mit der von O herankommenden sowjet. 2. Stoßarmee (Romanowski) zu vereinen. Die Offensive wurde von 2 Luftarmeen unterstützt und führte zur Bildung eines 8 bis 11 km breiten Korridors nach Leningrad, der jedoch von den Sinjawino-Höhen aus bedroht war, die bis Jan. 44 von den dt. Truppen gehalten wurden.

Schmidt, Rudolf, * Berlin 12.5.1886, † Krefeld 7.4.1957, dt. Gen.oberst (1.1.42); 1.10.36 Gen.major, 1.6.38 Gen.leutnant. S. war bei Kriegsbeginn Kommandeur der 1. Pz.div., übernahm am 1.2.40 das XXXIX. Pz.korps und führte seit 1.6.40 die 2. Armee in Frkr. Während der Winterkrise vor Moskau erhielt er am 25.12.41 den Oberbefehl über die 2. Pz.armee, deren Kommando ≫ Guderian entzogen worden war. Im April 43 wurde S. ebenfalls abgelöst, weil er Hitlers Kriegsführung scharf kritisiert hatte, und vor das Reichskriegsgericht gestellt, das ihn aber freisprach. Dennoch fand er keine Verwendung mehr und wurde am 30.9.43 verabschiedet. 1947 verhafteten ihn die Sowjets auf einer Reise nach Weimar und entließen ihn erst 1956 wieder in die Heimat.

Schnaufer, Heinz-Wolfgang, * Calw (Württemberg) 16.2.1922, † bei Bordeaux 15.7.1950, dt. Jagdflieger; 1940 freiwillige Meldung zur Luftwaffe. S. schoß am 2.6.42 als Nachtjäger den ersten Bomber ab, dem 120 weitere folgen sollten. Am 1.8.43 wurde er Kapitän der 12. Staffel des Nachtjagd- geschwaders 1 und am 31.12.43 zum Oberleutnant, am 1.5.44 zum Hauptmann und am 1.12.44 zum Major befördert. Für die hohe Zahl seiner Luftsiege benötigte S. nur 164 Einsätze, wobei er am 21.2.45 an einem Tag 9 Lancaster abschoß. Die Briten nannten ihn nach seinem belg. Einsatzstützpunkt respektvoll »das Nachtgespenst von St. Trond« und ließen ihm am 16.2.45 sogar Geburtstagsgrüße über den Soldatensender Calais zukommen. Der erfolgreichste Nachtjäger der Welt ging als Kommandeur des Nachtjagdgeschwaders 4 nach der Kapitulation in brit. Gefangenschaft, seine Me 110 mit den 121 Abschußstrichen wurde im Londoner Hyde Park ausgestellt. 1946 heimgekehrt, kam S. beim Zusammenstoß mit einem Lkw auf der Fahrt von Biarritz nach Bordeaux ums Leben.

Schniewind, Otto, * Saarlouis 14.12. 1887, † Linz am Rhein 26.3.1964, dt. Gen.admiral (1.3.44); Eintritt in die Marine 3.4.07, im 1. Weltkrieg bei der Torpedowaffe, 1.1.25 bis 4.9.26 Adjutant von Reichswehrmin. Geßler, 1.10.33 Kapitän z.S., in der Kriegsmarine 1.10.37 Konteradmiral, 1.1.40 Vizeadmiral, 1.9.40 Admiral. S. war von Sept. 34 bis Okt. 37 Chef des Stabes der Flotte, 1937/38 Chef des Marinewehramtes im OKM und seit 1.11.38 Chef des Stabes der Seekriegsleitung und damit oberster Berater des OB der Kriegsmarine, Großadmiral Raeder. Am 12.6.41 wurde er Flottenchef und fungierte seit März 43 zugleich als OB des Marinegruppenkommandos Nord, ehe er am 31.7.44 zur Führerreserve versetzt und am 30.4.45 zV gestellt wurde. Im ≫ OKW-Prozeß wurde S. von der Anklage, Kriegsver- brechen begangen zu haben, freigesprochen.

Schnorchel, Luftmast für dt. U-Boote. Der auf erbeuteten niederländ. U-Booten entdeckte S. wurde erst 1943 von der dt. Kriegsmarine aufgegriffen und auf U 58 erprobt. Es handelte sich um ein klappbares Zuluft- und Abgasrohr mit Kugelschwimmerverschluß, das Unterwasserfahrten mit Diesel- statt Elektroantrieb ermöglichte, so daß auch das riskante Auftauchen zum Aufladen der Akkus entfiel. Im Frühjahr 44 kamen die ersten Boote mit S. zum Einsatz, und vom 1.6.44 an durften auf Befehl von Dönitz nur noch Boote mit S. in den Atlantik auslaufen. Die Höchstfahrt mit S. von 4-6 kn knapp unter der Wasseroberfläche reichte für Angriffszwecke zwar nicht aus, doch führte die erschwerte Ortung zu deutl. Steigerung der Versenkungsziffern, die Verluste gingen merkl. zurück.

Schobert, Eugen Ritter von, * Würzburg 13.3.1883, † Südabschnitt der O-Front 12.9.1941, dt. Gen.oberst (19.7.40); 1.10.34 Gen.major, 1.1.37 Gen.leutnant, 1.2.38 Gen. der Inf. Bei Kriegsbeginn befehligte S. das VII. AK und wurde am 25.10.40 OB der 11. Armee, mit der er bei der Heeresgruppe Süd (v. Rundstedt) am 22.6.41 in Rußland einrückte. Im Sept. 41 erhielt S. den Auftrag zum Angriff auf die Krim, kam aber bei einem Erkundungsflug ums Leben, als sein Fieseler Storch in einem sowjet. Minenfeld notlandete.

Schnorchel: Der seit 1943 eingesetzte Luftmast, der vom gegnerischen Radar nicht geortet werden konnte, erlaubte den deutschen U-Booten tagelanges Unterwasserfahren.

Schörner, Ferdinand, * München 12. 6. 1892, † ebd. 2.7.1973, dt. Gen.feldmarschall (5.4.45); im 1. Weltkrieg hochdekorierter Offizier (Pour le mérite), Reichswehr-Laufbahn, 1.8.40 Gen.major. Die eigentl. Karriere für S. begann erst nach der Kriegswende 1942/43, als sein harter Führungsstil Hitler am geeignetsten schien, die Devise »Halten um jeden Preis« durchzusetzen. Als Heeresgruppen-OB (31.3.44 Süd, 20.7.44 Nord, 18.1.45 Mitte) hatte der fanat. Nat.-soz. S. (im Febr. 44 kurze Zeit Chef des nat.-soz. Führungsstabs im OKH) mit seinen brutalen Disziplinierungsmaßnahmen (Erschießungen, Himmelfahrtskommandos u.a.) zunächst »Erfolg«, verheizte dann aber vielfach sinnlos seine zusammenschmelzenden Verbände. Von Hitler testamentar. zum OB des Heeres bestimmt, verließ S. am 11.5.45 seine Truppen in Böhmen und setzte sich in Zivil nach Österreich ab. Schon Ende Mai 45 lieferten ihn die Amerikaner jedoch an die Sowjetunion aus, wo er bis 1955 in Gefängnissen und Kriegsverbrecherlagern festgehalten wurde. Nach Deutschland zurückgekehrt, wurde S. im Okt. 57 wegen Totschlags zu 4 Jahren Haft verurteilt, 1960 aber bereits aus Gesundheitsgründen entlassen.

»Schräge Musik«, im Pilotenjargon Bez. für die Spezialbewaffnung dt. zweimotoriger Nachtjäger in Form von 2x20- oder 30-mm-Kanonen, die an der Rumpfoberseite im Winkel von 65 bis 80 Grad schräg nach oben schossen. Sie ermöglichte den Angriff auf brit. Nachtbomber im toten Abwehrwinkel von unten her. Die Kanonen wurden durch ein Reflexvisier ausgelöst. Die »S.« wurde 1943 von der Truppe entwickelt und führte zu rasch ansteigenden Abschußziffern, hohe Verluste hatten v.a. die mit der ≫ Lancaster ausgerüsteten brit. Staffeln.

Schukow, Georgi Konstantinowitsch, * Strelkowa (Kaluga) 11.12.1896, † Moskau 18.6.1974, sowjet. Maschall (1943); gelernter Kürschner; 1915 zur Armee, 1928 Teilnahme an einem Lehrgang der Reichswehr für Offiziere der Roten Armee, 1932-36 Divisionskommandeur, 1940 Befehlshaber im Militärbezirk Kiew, 1.2.41 Gen.stabschef. S. befehligte im Winter 41/42 den Gegenstoß der Roten Armee vor Moskau, der weite Einbrüche im Mittelabschnitt der dt. O-Front erzielte. 1942/43 koordinierte S. die sowjet. Offensiven bei Stalin-

Schukow: im Winter 1941 Retter Moskaus und im Frühjahr 1945 Eroberer Berlins

grad, Leningrad und Kursk, rückte 1945 als »Sieger von Berlin« in die Reichshauptstadt ein, nahm in Karlshorst die dt. Kapitulation entgegen und war bis April 46 OB der sowjet. Truppen in Deutschland. 1957 fiel er, seit 1955 Verteidigungsmin. und Mitglied des Politbüros, in Ungnade und wurde aller Ämter enthoben.

Schwalbe, Beiname des Düsenjägers Me 262A-1a der Firma ➢ Messerschmitt, erster 1944/45 in Serie gefertigter und eingesetzter Turbinenjäger der Welt. Der Entwurf für das zweistrahlige »Verfolgungs-Jagdflugzeug« stammte vom Juni 39, am 18.7.42 startete die S. mit der neuen Strahlturbine Jumo 004 zum Düsenflug. Das revolutionäre Jagdflugzeug erreichte 800 km/h, doch erst Anfang 43 erhielt das Entwicklungsprogramm erhöhte Dringlichkeitsstufe. Hitler wurde die Maschine am 26.11.43 in Insterburg (Ostpr.) vorgeführt; dabei kam es zu der unsinnigen Anweisung, aus der S. seinen langersehnten »Blitzbomber« zu machen, so daß eine zweite Variante Me 262A-2a als Bombenträger unter dem Namen ➢ Sturmvogel entwickelt wurde. Das verzögerte im Verein mit den alliierten Luftangriffen auf die Fabriken in Regensburg den Einsatz des Jägers. Im Okt. 44 übernahm das Kommando ➢ Nowotny die ersten 30 Serienjäger. Es operierte bis zum Tod des Kommandeurs (8.11.44) von Achmer und Hespe aus gegen Verbände amerikan. Viermotoriger, wobei durch Unfälle und Feindverluste 26 Maschinen verlorengingen. Selten konnte das Kommando mehr als drei S. gefechtsklar melden, jedoch bewies es durch 28 Abschüsse die Überlegenheit des Jägers, der mit 2x900-kp-Strahlturbinen Jumo 004-B1 bis 870 km/h erreichte, max. Reichweite 1050 km, Startgewicht 6,4 t. Zur Jahreswende 44/45 wurde unter Oberst Steinhoff das JG 7 aufgestellt und mit der S. ausgerüstet, das im Frühjahr 45 mit wechselndem Erfolg bei den letzten Luftschlachten über dem Reich in Aktion trat. Zu Versuchszwecken wurden Me 262 als schwere Jäger mit einer 5-cm-Bugkanone oder als »Heimatschützer« mit einem zusätzl. Raketenantrieb ausgerüstet. Insges. erreichte die Produktion 1433 Me 262, von denen nur ein Viertel zum Fronteinsatz kam. Allein 497 Maschinen wurden bei Bombenangriffen schon auf den Bändern zerstört oder gingen bei Überführungsflügen verloren.

Schwarzes Meer, nordöstl. Randmeer des ➢ Mittelmeers, mit ihm durch Bosporus und Dardanellen und mit dem Asowschen Meer durch die Straße von ➢ Kertsch verbunden, rd. 450000 km², W-Küste bulgar. und rumän. N- und O-Küste sowjet., S-Ufer zur Türkei. Für den Einsatz im S. war die dt. Kriegsmarine in keiner Weise vorbereitet und konnte sich daher bei Beginn des ➢ Rußlandfeldzugs nur auf die schwachen rumän. Seestreitkräfte stützen, da Bulgarien dem Krieg gegen die UdSSR fernblieb. An eigenen Kräften standen nur die Einheiten der ➢ Donauflottille und einige kleinere Fahrzeuge aus der ➢ Ägäis zur Verfügung, so daß die sowjet. Schwarzmeerflotte mit 1 Schlachtschiff, 6 Kreuzern, 21 Zerstörern, 47 U-Booten, zahlr. Räum- und Torpedobooten sowie 650 Maschinen der Marineluftwaffe weit überlegen schien. Das Übergewicht aber kam wegen des raschen dt. Vormarschs zu Lande und der dt. Luftherrschaft nicht zum

Tragen, fast bis zum Ende der Kampfhandlungen im und um das S. behielt die dt. Kriegsmarine die Seeherrschaft, wobei sie sich auf zahlr. Beutefahrzeuge stützen konnte. Da sich der Landkrieg für die Wehrmacht zunächst nach Wunsch entwickelte, wurde erst in der Winterkrise 41/42 der Ruf nach mehr Seeunterstützung laut, v.a. bei der Lösung der Nachschubprobleme. Es wurden daher über die Elbe, über Land und auf der Donau ins S. überführt: 16 Schnell-, 23 Räum- und 6 U-Boote sowie 50 Fährprahme, 26 U-Jäger und 200 kleinere Einheiten, hinzu kamen seit Mitte 42 einige italien. Boote und Neubauten aus Werften in Rumänien und im eroberten Rußland. Nach dem Verlust zahlr. Überwassereinheiten unternahm die sowjet. Flotte, der im Herbst 42 nur noch ein schmaler Küstenstreifen zw. Batum und Tuapse geblieben war, kaum noch eigene Seeoperationen, sondern deckte v.a. Landungsunternehmen und unterstützte Heeresverbände im Küstenbereich. Nach der Kriegswende bei Stalingrad wurden die verbliebenen sowjet. Überwasser-Einheiten, außer dem Schlachtschiff nur noch 4 Kreuzer und 9 Zerstörer, aktiver, konnten aber z.B. die Rückführung der dt. Truppen aus dem ≫ Kuban-Brückenkopf nicht verhindern. Bei einem Angriff auf dt. Konvois verloren sie 3 Zerstörer durch Bombentreffer. Und selbst als sich das Kräfteverhältnis in der Luft allmähl. zugunsten der Sowjets wandelte, blieben ihre Operationen im S. weitgehend erfolglos, u.a. beim Versuch, die Räumung der Krim durch die dt. 17. Armee zu unterbinden (Mai 44). Mit dem Übertritt Rumäniens und Bulgariens auf die sowjet. Seite im Aug./Sept. 44 war der Krieg im S. beendet, die verbliebenen dt. U-Boote versenkten sich selbst, die flußgängigen Einheiten kämpften sich unter erhebl. Verlusten auf der Donau zurück.

Schweden, Königreich in Skandinavien mit knapp 450 000 km² und 6,4 Mio. Einwohnern (1939), Hauptstadt Stockholm. S. blieb unter der Reg. des sozialdemokrat. Min.präs. Per Albin Hansson (1885-1946) den ganzen Krieg über neutral, selbst ein offiz. Hilfeersuchen der finn. Reg. im ≫ Winterkrieg gegen die UdSSR wurde am 14.2.40 abgelehnt und ledigl. die Bildung eines freiwilligen Jäger- und Bomberverbands zur Unterstützung des Nachbarlands gestattet. Nach der dt. Besetzung Norwegens (April 40) setzte S. die Belieferung der dt. Industrie mit hochwertigem Eisenerz (ca. 30 % des dt. Bedarfs) über Narvik fort, wie es auch sonst seine Neutralität v.a. durch wirtschaftliches Entgegenkommen und als Umschlagplatz beider Seiten zu sichern suchte. Der dt. Vormarsch in Rußland schnürte S. vollends im dt. beherrschten Ostseeraum ein und führte zur Verstärkung der Verteidigungsanstrengungen. Erst nach der Kriegswende 1943 konnte Stockholm wieder Handlungsspielraum gewinnen und sich den Westmächten nähern. Bis Kriegsende spielte S. als Tummelplatz alliierter wie dt. Agenten und als Zufluchtsland u.a. für die dän. Juden eine herausragende Rolle; auch Kontakte des dt. Widerstands und des poln. Untergrunds zu den Angloamerikanern liefen über S., und selbst Himmler bediente sich schwed. Drähte beim untaugl. Versuch, in letzter Stunde zu einer Verständigung mit den Westalliierten zu kommen.

Schweinfurt, Stadt in Unterfranken (Bayern) am Main mit 49000 Einwohnern (1940). Als bedeutender Industriestandort (v.a. Kugellager) war S. trotz der Lage tief im dt. Binnenland mehrfach Ziel massiver alliierter Luftangriffe, v.a. bei Tage durch die 8. US-Luftflotte. Bes. schwer getroffen wurde die Stadt am 17.8.43, als 376 B-17 ➢ Flying Fortress unter dem Schutz von Langstreckenjägern (Mustangs u.a.) einflogen und 724 t Bomben ausklinkten. Allerdings verloren die Angreifer 60 Bomber (16%) durch dt. Jäger und die um S. massierte Flak (über 300 Geschütze). Noch verlustreicher verlief für die Amerikaner der Raid vom 14.10.43, als von 291 eingesetzten Viermotorigen 60 über Deutschland abgeschossen wurden, 17 über See und über England verlorengingen und 121 beschädigt wurden. Die dt. Jagdwaffe büßte 50 Maschinen ein, die Industrieproduktion in S. sank vorübergehend um 10%. Die Katastrophe von S. führte zu einer Unterbrechung der amerikan. Tagesoffensive. Erst am 24.2.44 erschienen wieder 266 US-Bomber über S., von denen bei verbessertem Jagdschutz nur 11 abgeschossen werden konnten. Doch auch mit weiteren Bombardierungen gelang nie die Ausschaltung der Industrie in S., die zudem teilweise ausgelagert worden war. Am 5.4.45 besetzten Einheiten der 7. US-Armee (Patch) die Stadt.

Schweiz, Bundesstaat in Mitteleuropa, südwestl. Nachbar Deutschlands, 41288 km² und 4,2 Mio. Einwohner (1940), Hauptstadt Bern. Am Vorabend des Krieges betonte der schweizer. Bundesrat in einer Note an über 40 Reg. die traditionelle Linie der Neutralität, erklärte aber zugleich, daß die S. ihr Territorium gegen jeden Angriff mit allen Mitteln verteidigen werde, und mobilisierte die Streitkräfte (Wehrpflichtigenheer von 450000 Mann). Als die S. nach der Niederlage Frkr.s im Juni 40 gänzl. in die Zange der Achsenmächte geriet, verstärkte sie demonstrativ ihre Verteidigungsbereitschaft (Einberufung zusätzl. Milizionäre), OB Gen. Henri Guisan versammelte das höhere Offizierkorps im histor. Rütli und schwor es auf seine Verteidigungsstrategie »bis zum Letzten« ein, in den Alpen wurde aus Bunkern, Flugpisten, bombensicheren Vorratslagern u.a. ein »Réduit national« geschaffen, das jeden Angriff zu einem riskanten Unternehmen gemacht hätte. Daß trotz entspr. Planungen ein dt. Eroberungsversuch (Unternehmen »Tannenbaum«) ebenso ausblieb wie der von Stalin angeregte Durchmarsch der Alliierten, lag jedoch eher am polit. Nutzen, den beide Seiten aus der Neutralität der S. zogen. So erhielt das Dt. Reich Kredite (u.a. 18.7.41 rd. 850 Mio. Franken) und lagerte in Schweizer Banken das den Opfern der ➢ Judenverfolgung geraubte (Zahn-)Gold, so diente die S. als Operationsbasis der alliierten Geheimdienste (A. ➢ Dulles), so ließen sich über das ➢ Internat. Komitee vom Roten Kreuz in Genf Austausch- und Hilfsaktionen in die Wege leiten. Trotz immer wieder verschärfter restriktiver Einwanderungsbestimmungen (»Das Boot ist voll«) war die S. zudem für rd. 300000 Flüchtlinge, darunter 100000 meist frz. Soldaten und 66000 illegale Immigranten, letzte Zuflucht im nat.-soz. beherrschten Europa. Direkt vom Krieg betroffen war das Land nur durch Luftraumverletzungen zunächst dt., später v.a. alliierter Maschinen; am 1.4.44 traf irrtüml. ein amerikan. Bombenangriff Schaffhausen und tötete 50 Zivilisten.

Schweres Wasser, Wasser, dessen Moleküle statt gewöhnl. Wasserstoff Deuterium enthalten (D_2O). S. friert bereits bei 3,7°C und hat einen leicht erhöhten Siedepunkt. Es wird durch Elektrolyse gewonnen und zeichnet sich durch bes. geringe Absorption von Neutronen aus. Es eignet sich daher zur Dämpfung und Kontrolle von Kernkettenreaktionen in Atomreaktoren und spielte bei der Entwicklung der ➢ Atombombe eine wesentl. Rolle. Einziger europ. Hersteller von S. war ➢ Norsk Hydro in Rjukan (S-Norwegen).

Schwerin von Krosigk, Johann Ludwig (Lutz) Graf von, * Rathmannsdorf (Anhalt) 22.8.1887, † Essen 4.3.1977, dt. Politiker; Jurist, seit 1920 im Reichsfinanzmin. S. übernahm am 2.6.32 das Finanzressort und blieb bis Kriegsende im Amt, obwohl er nicht der NSDAP angehörte. Nach Hitlers Selbstmord berief ihn Dönitz zum Leiter seiner »Geschäftsführenden Reichsreg.«, mit der S. am 23.5.45 verhaftet wurde. Der Militärgerichtshof V der USA in Nürnberg verurteilte ihn am 11.4.49 zu 10 Jahren Haft, aus der er schon im Jan. 51 entlassen wurde.

SD, Abk. für **S**icherheits**d**ienst des Reichsführers-SS.

SdKfz, Typenabk. für **S**on**d**er**k**raft**f**ahr**z**euge der dt. Wehrmacht. Zu den S. gehörten außer reinen Kettenfahrzeugen wie Pz., Sturmgeschützen und Jagdpz. auch Halbkettenfahrzeuge aller Typen und sonstige Sonderausführungen wie Zugmaschinen, Pz.spähwagen, Schützenpz. und der in 14000 Stück produzierte VW-Schwimmwagen.

SEAC, Abk. für ➢ **S**outh-**E**ast **A**sia **C**ommand.

Seafire, brit. trägergestützter Jagdeinsitzer der Firma Vickers Supermarine; Marinevariante der ➢ Spitfire, die in verschiedenen Baureihen auch als Bildaufklärer und Jagdbomber herauskam. Die wichtigste Baureihe Mk III war seit 1943 mit Faltflügeln ausgerüstet, was ihre Handhabung und Unterbringung an Bord wesentl. erleichterte; Einsatz v.a. im Pazifik; bis Kriegsende wurden rd. 1200 S. gebaut. Daten der Mk III: 1x1470 PS, max. 563 km/h in 3800 m Höhe, normale Reichweite 744 km, 2x20-mm-Kanonen und 4x7,7-mm-MG, 1x227-kg- oder 2x113-kg-Bomben Außenlast als Jabo.

Secret Intelligence Service (SIS), brit. geheimer Nachrichtendienst, als Abt. Military Intelligence MI 6 des Intelligence Service (IS) zuständig für die Auslandsspionage, gegründet 1911, dem Foreign Office angegliedert. Normalerweise von einem Admiral geleitet, erhielt der S. im Nov. 39 mit Colonel Stewart Menzies erstmals einen Heeresoffizier als Chef, nachdem im Sept. 39 das Hauptquartier von London aufs Land nach ➢ Bletchley Park verlegt worden war. Dort konnte seit Sommer 40 in der »Code and Cypher School« der dt. Funkverkehr mitgelesen werden, da dem S. über Mittelsmänner die Geheimnisse des dt. Chiffrierautomaten ➢ »Enigma« in die Hände gefallen waren, so daß das brit. Oberkommando über dt. Truppenbewegungen und Operationsplanungen immer gut informiert war. Der Dienst unterhielt auch Kontakte zum dt. Widerstand, hatte aber entgegen allen Behauptungen der nat.-soz. Propaganda mit dem Bürgerbräu-Attentat auf Hitler (8.11.39) nichts zu tun. Der Anschlag auf ≫ Heydrich am 27.5.42 ging hingegen auf sein Konto, ebenso die Irreführung der dt. ≫ Abwehr im Vorfeld der alliierten Landung auf Sizilien und in der Normandie.

Seehund, Weiterentwicklung des dt. Kleinst-U-Boots ≫ Hecht, 14,9 t, 11,9 m Länge, 1,7 m Breite, 2 Mann Besatzung, bis 7,7 kn. Der mit 2 Torpedos bewaffnete und noch in 25 Exemplaren gefertigte S. verfügte über ein festes Sehrohr und eine Lufterneuerungsanlage und konnte bis Windstärke 4 eingesetzt werden. 1944/45 frontreif, erzielte er allerdings nur noch wenige Erfolge, u.a.Versenkung eines frz. Zerstörers im Ärmelkanal.

Seekriegsleitung (Skl), oberste Kommandostelle des OB der dt. Kriegsmarine. Die S. plante und führte den Seekrieg und lenkte die Kräfteverteilung. Während in heimischen Gewässern die Marine-Gruppenkommandos die operative Führung hatten, war in den anderen Seegebieten die S. zuständig, allerdings unter Ausschluß des U-Boot-Krieges, der vom Befehlshaber der U-Boote (BdU) geführt wurde. Chef des Stabes der S. waren nach Kriegsbeginn: bis 10.6.41 Admiral Schniewind, bis 20.2.43 Admiral Fricke und bis Kriegsende Admiral Meisel (seit 1.5.44 Chef der S.).

»Seelöwe«, Deckname für die geplante Landung von Wehrmachttruppen in Großbrit. Nachdem schon im Winter 39/40 in der Seekriegsleitung erste Überlegungen für eine Invasion der brit. Insel angestellt worden waren, rückte

Seelöwe: Landungsmanöver im Schutz deutscher Sperrballone und Flakeinheiten

sie nach Erreichen der Kanalküste im Frankreichfeldzug durch dt. Truppen in den Bereich des Möglichen. Bei einem diesbezügl. Vortrag des OB der Kriegsmarine am 20.5.40 blieb Hitler jedoch reserviert, da er nach einem Sieg auf dem Festland mit dem Einlenken Londons rechnete. Als die ≻ British Expeditionary Forces aus ≻ Dünkirchen entkommen waren und auch der Zusammenbruch Frkr.s nicht die erwünschte Wirkung auf Großbrit. ausübte, wurde am 2.7.40 der Befehl zu Vorbereitungen und am 16.7. mit Weisung Nr. 16 das Unternehmen »S.« in Auftrag gegeben: Bis zum 15.8. sollte in den Kanalhäfen »Transportraum für 260400 Mann, 61983 Pferde, 34200 Fahrzeuge, darunter Pz., Artillerie und 52 leichte Flakbatterien der Luftwaffe« bereitgestellt werden. Die dafür erforderliche Flotte sollte die dt. Armeen 9 (Strauß) und 16 (Busch) in drei »Treffen« übersetzen, wozu allerdings zuvor die Luftherrschaft über dem ≻ Ärmelkanal zu erringen und die brit. Flotte durch Minensperren und geeignete Ablenkungsangriffe fernzuhalten war. Obwohl als »überraschender Übergang« geplant, ließ sich weder die Truppenmassierung von 40 Div., später auf 25 reduziert, noch das Zusammenziehen der zahllosen, größtenteils im frz. Hinterland requirierten Transportmittel verheimlichen, so daß wegen brit. Luftangriffe, denen insges. 51 Prähme, 9 Dampfer und 1 Schlepper zum Opfer fielen, der ohnehin nicht haltbare Termin weit hinausgeschoben werden mußte. Es fehlte obendrein an geeigneten Landungsschiffen, die erst von Heer und Marine in fieberhafter Eile entwickelt werden mußten. Die dafür und für die Armierung der anderen Einheiten erforderl. Material- und Werftaufwendungen verzögerten alle anderen Seerüstungsaufgaben bedenkl., so daß nach Scheitern der Luftwaffe beim Kampf um die Luftherrschaft »S.« zunehmend illusor. wurde. Zwar konnte die Kriegsmarine am 16.9.40 Einsatzbereitschaft melden: 168 Truppentransporter, 1975 Prähme, 100 Küstenmotorschiffe, 420 Schlepper, 1600 Motorboote, doch war zw. OKH und OKM immer noch das Vorgehen strittig: Die Marine forderte einen kleinen Landestreifen von nur 110 km Länge zw. Folkstone und Brighton, um die Sicherungskräfte nicht zu zersplittern, das Heer verlangte die Ausdehnung bis mindestens zur Isle of Wight und die Nachführung der 6. Armee (v. Reichenau) weit westl. bei Portland; das sei erforderl. wegen der brit. Verteidigungskräfte, bestehend aus 26 Felddiv. – 8 an der O-Küste bis zum Wash, 7 anschließend bei Dover, 3 als Reserve um London, 5 an der S-Küste und 2 im W. Hitler entschied sich wegen der begrenzten Mittel für die kleine Lösung, die aber auch immer wieder verschoben wurde. Herbststürme und der sich abzeichnende Konflikt im O führten am 12.10.40 schließl. zu dem Entschluß, »S.« aufs nächste Jahr zu vertagen. Die Vorbereitungen sollten »nur noch als polit. und militär. Druckmittel« aufrechterhalten werden. Am 10.1.41 wurden auch sie endgültig eingestellt.

Seelower Höhen, Hügelkette in O-Brandenburg westl. von Küstrin. Bei den S. kam es im April 45 während der Operation der Roten Armee in ≻ Berlin zur einzigen schwereren Schlappe der Sowjets: Der OB der dt. Heeresgruppe Weichsel, Gen.oberst Heinrici, hatte den Beginn der Offensive der 1.

Weißruss. Front (Schukow), die mit 10 Armeen an der Oder hielt und mehrere Brückenköpfe gebildet hatte, richtig für den 16.4. angenommen, in der Nacht zuvor die 9. Armee (Busse) aus der Front zurückgezogen und sie auf den S. in Stellung gehen lassen. Der russ. Feuerschlag aus 20000 Geschützen am nächsten Morgen um 4 Uhr ging daher ins Leere, und die vorstürmenden Rotarmisten gerieten von den Höhen her in mörder. Feuer. Erst als Munitionsmangel und sowjet. Luftstreitkräfte weiteren Widerstand unmögl. machten, mußte Heinrici nach 3 Tagen aufgeben. Seine Taktik, scherzhaft Unternehmen »Schlittenfahrt« genannt, hätte bei früherer Anwendung den sowjet. Vormarsch wesentl. verlangsamt, war aber an Hitlers starren Halte-Befehlen gescheitert.

Seetakt, Tarnname eines Funkmeßgeräts der dt. Kriegsmarine, seit 1934 parallel zu ➢ Freya entwickelt. S., das zunächst auf 50-, dann auf 80-cm-Welle arbeitete, lieferte der Schiffsartillerie als erstes Feuerleitgerät Zieldaten auf Radar-Basis und wurde wegen seines gitterförmigen Antennenaufbaus auch »Matratze« genannt. Alle größeren dt. Kriegsschiffe wurden nach Erprobung, u.a. auf der Admiral Graf Spee, mit dem S. ausgerüstet, das während des gesamten Krieges in Gebrauch blieb. Spätestens seit 1942 war es jedoch den alliierten Geräten weit unterlegen, da eine Verbesserung durch Umstellung vom Dezimeter- auf den Zentimeterwellenbereich nicht gelang.

Servizio Informazione Militare (SIM), militär. Geheimdienst des italien. Heeres, dem Kriegsmin. unterstellt, zuständig für Abwehr und Nachrichtenbeschaffung. Der S. arbeitete seit 1936 auf allen Ebenen eng mit der dt. ➢ Abwehr zusammen durch direkte Kontakte seines Chefs Gen. Roatta mit ➢ Canaris. Da auch Marine und Luftwaffe eigene Nachrichten- und Abwehrabt. unterhielten, herrschte bei Kriegseintritt Italiens 1940 erhebl. Kompetenzwirrwarr, der im folgenden Jahr durch Aufwertung des S. und Unterstellung unter das ➢ Comando Supremo behoben werden sollte. Bei vielen nachrichtendienstl. Erfolgen, u.a. im Vorfeld der alliierten Landungen ➢ »Torch« in N-Afrika (Nov. 42) und ➢ »Husky« auf Sizilien (Juli 43), versagte aber weitgehend die Spionage-Abwehr, v.a. in der Marine. Die hohen Verluste der italien. Geleitzüge waren nicht zuletzt darauf zurückzuführen.

Sewastopol, sowjet. Hafenstadt und Seefestung auf der Krim mit rd. 110000 Einwohnern (1939). Nachdem die Krim von der dt. 11. Armee (v. Manstein) bis 16.11.41 erobert worden war, blieb nur S. als Hauptstützpunkt der sowjet. Schwarzmeerflotte in der Hand der Roten Armee. Versuche, die von See versorgte Festung im Sturm zu nehmen, scheiterten u.a. am 17.12.41, als 5 Div. mit Luftwaffen- und Pz.unterstützung vergebl. anrannten. Manstein mußte zur Belagerung übergehen und weitere Kräfte heranziehen. Von Luftwaffe (VIII. Fliegerkorps unter Gen.oberst v. Richthofen) und schwerer Artillerie (insges. 600 Rohre), darunter das Eisenbahngeschütz ➢ Dora, unter Dauerfeuer bzw. -bombardement genommen, zur See durch Einheiten der dt. Kriegsmarine bedroht, wurde S. seit 7.6.42 erneut angegriffen (Unternehmen »Störfang«).

Sewastopol: deutsche Infanterie vor einem zerschossenen Befestigungswerk, Juni 1942

Nach erbitterten Kämpfen um jedes Befestigungswerk mußten die sowjet. Verteidiger unter Gen. Petrow und Vizeadmiral Oktjabrski am 30.6. nach 250 Tagen Belagerung mit der Räumung von S. beginnen und am nächsten Tag kapitulieren; rd. 100000 Rotarmisten gingen in dt. Gefangenschaft. Die Belagerung und Erstürmung von S. wiederholte sich 1944 mit umgekehrten Vorzeichen, nachdem die dt. 17. Armee (Jaenecke) im Dez. 43 auf der Krim abgeschnitten worden war und Hitler eine rechtzeitige Räumung untersagt hatte. Am 8.4.44 begann eine sowjet. Doppeloffensive mit der 2. Gardearmee (Sacharow) und der 51. Armee (Kreïzer) sowie der selbständigen Küstenarmee (Jeremenko) gegen die auf S. zurückgehenden dt. Truppen. Nachdem am 16.4. Jalta gefallen war, begann der Schlußangriff. Erst am 8.5. aber genehmigte Hitler die Evakuierung, so daß ein Teil der 17. Armee, seit 1.5. unter OB

Gen. Allmendinger, in Gefangenschaft geriet. 37 500 Mann konnten bis 13.5. trotz massierter sowjet. Luftangriffe und U-Boot-Einsätze über See evakuiert werden, wobei 8100 der eingeschifften Soldaten mit Transportern und Kleinfahrzeugen untergingen. Seit 12.5.44 war S. wieder in sowjet. Hand.

Seydlitz-Kurzbach, Walther von, * Hamburg 22.8.1888, † Bremen 28.4.1976, dt. Gen. der Artillerie (1.6.42); 1908 Eintritt ins Heer. 1920 bis 29 Batterie-Chef, 1930 Reichswehrmin., danach verschiedene Truppenkommandos. S., bei Kriegsbeginn Oberst, wurde am 1.12.39 zum Gen. major befördert und war vom 10.3.40 bis zum 1.1.42 Kommandeur der 12. Inf.div. Am 1.12.41 zum Gen.leutnant ernannt, zeichnete sich S. als Führer des Sonderkorps zur Entsetzung des Kessels von ≫ Demjansk aus und wurde am 8.5.42 Kommand. Gen. des LI. AK., mit dem er in ≫ Stalingrad kämpfte und am 31.1.43 in Gefangenschaft ging. S., der schon lange Hitlers unverantwortl. Kriegführung kritisiert hatte, stellte sich dem ≫ Bund Dt. Offiziere als Vorsitzender zur Verfügung und war Vizepräs. des ≫ Nationalkomitees »Freies Deutschland«, wofür er vom Reichskriegsgericht in Abwesenheit zum Tod verurteilt wurde. Da er sich aber auch weigerte, ein Bekenntnis zum Kommunismus abzulegen, und Aufforderungen zur Mitarbeit am »Aufbau des Sozialismus« in der sowjet. Besatzungszone ablehnte, erging auch in der Sowjetunion ein Todesurteil gegen ihn, das in 25 Jahre Haft umgewandelt wurde. 7.10.55 Heimkehr in die Bundesrepublik.

Seyß-Inquart, Arthur, * Stannern bei Iglau (Mähren) 22.7.1892, † Nürnberg 16.10.1946 (hingerichtet), österreich. Politiker. Als Hitlers Mann in Wien wurde S. beim Anschluß Österreichs im März 38 Bundeskanzler, rief die dt. Truppen ins Land und war seit 16.3.38 Reichsstatthalter (bis 30.4.39). Im Mai 39 zum Reichsmin. ohne Geschäftsbereich ernannt und nach dem Polenfeldzug zum stellv. Gen.gouverneur, wurde S. im Mai 40 Reichskommissar für die besetzten Niederlande. Als solcher war er mitverantwortl. für die Ausplünderung des Landes, die Verschleppung von Zwangsarbeitern, Geiselerschießungen, Judenverfolgung u.a. Er wurde nach Kriegsende verhaftet und vom Internat. Militärtribunal am 1.10.46 als einer der Hauptkriegsverbrecher zu Tod verurteilt.

SHAEF, Abk. für ≫ **S**upreme **H**eadquarters **A**llied **E**xpeditionary **F**orce.

Sherman (General S.), nach dem Bürgerkriegsgen. William Tecumseh S. (1820-91) benannter amerikan. Pz. (Tank, Medium M 4), Prototyp Sept. 41, Serienbau seit Juli 42. Der S. wurde in 7 Hauptversionen und zahlr. Abarten gebaut, sein Fahrgestell diente als Basis für eine ganze Reihe von Sondermodellen als Pz.jager, Sturmpz., Brücken und Artilleriepz. Abmessungen des A1: 6,16 m lang, 2,67 breit, 2,79 hoch. Die Leistungen der Ausführungen wuchsen: 28,8-33,6 t, 343-450 PS, 39-45 km/h, 161-230 km Fahrbereich, 7,5-10,5-cm-Kanone; die Besatzung blieb 5 Mann stark. Als der S. im Okt. 42 an der Alamein-Front in N-Afrika erschien, war er allen Gegnern in Bewaffnung und Panzerung überlegen. Da jedoch Weiterentwicklungen kaum in Serie gingen, hatte er diese Vorteile schon im Juni 44 bei der Invasion gegenüber dem dt. ➢ Tiger und Panther verloren und erreichte auch nicht den Standard des sowjet. T-34/85. Der S., der bei allen alliierten Pz.truppen kämpfte und in größeren Mengen auch an die UdSSR geliefert wurde, hieß bei den Australiern Sentinel und bei den Kanadiern Ram. Die gesamte Pz.fertigung der USA belief sich 1939-45 auf 88 000 Stück, davon waren allein 49 234 S.

Shi-ha (Chi-ha), mittelschwerer japan. Pz.kampfwagen der Firma Mitsubishi, 15 t, 5,73 m lang, 2,33 m breit und ebenso hoch, 4 Mann Besatzung, 25-mm-Panzerung, 170 PS, max. 35 km/h; Bewaffnung: 1x57-mm-Kanone und 2x7,7-mm-MG. Der auf brit. Vorbild zurückgehende S. kam 1937 zur Truppe und blieb während des ganzen Krieges Standardmodell an allen Fronten. Eine leichtere Version Shi-hi wurde 1940 in Dienst gestellt, eine mit 17,2 t etwas schwerere namens Shi-he mit einem 240-PS-Diesel kam noch 1944 heraus, weitere Versionen u.a. mit 7,5-cm-Kanone befanden sich bei Kriegsende im Erprobungsstadium. Daneben gab es Sonderausführungen als Kommandopz., Flammenwerfer oder Sturmgeschütz.

Shinano, japan. Flugzeugträger, 11.11.44 Stapellauf, 19.11.44 in Dienst gestellt, 69 100 t, 27 kn, 263 m lang, 36,9 m breit, 2500 Mann Besatzung; Bewaffnung 16x12,7 cm 145 kleinere Rohre, 47 Flugzeuge. Ursprüngl. als Schlachtschiff der Yamato-Klasse am 4.5.40 auf Kiel gelegt, wurde das Riesenschiff nach den empfindlichen Verlusten der japan. Trägerflotte in der Schlacht bei ➢ Midway zum Träger umkonstruiert und überhastet in den Kampf geworfen. Die S., als Luftbasis und Versorger für andere Träger vorgesehen, fiel schon beim ersten größeren Einsatz im Nov. 44 vor der japan. Insel Shikoku bei Kap Muroto 6 Torpedos des amerikan. U-Boots Archerfish zum Opfer.

»Shingle« (engl. steiniger Strand), Deckname der Landungsoperation des VI. US-Korps bei ➢ Anzio im S von Rom. Mit »S.« wollten die Alliierten die bei ➢ Monte Cassino festgefahrene italien. Front wieder in Bewegung bringen und womögl. die dt. 10. Armee (v. Vietinghoff), die die ➢ »Gustav«-Linie verteidigte, abschneiden.

Shoho, japan. Flugzeugträger, 1.6.35 Stapellauf, 26.1.42 in Dienst gestellt, 11 260 t, 28 kn, 201,4 m lang, 18 m breit, 785 Mann Besatzung; Bewaffnung: 8x12,7 cm, zahlr. kleinere Rohre, 30 Flugzeuge. Zunächst als U-Boot-Begleitschiff geplant, wurde die S. 1941 zum Träger umgebaut. Ihr erster größerer Einsatz blieb der einzige: In der Träger-Luftschlacht in der ➢ Korallensee gehörte sie zur Deckungsgruppe von Konteradmiral Goto, die am 7.5.42 von 93 US-Trägerflugzeugen der ➢ Lexington angegriffen wurde. Sie versenkten die S. innerhalb von 5 Minuten, nur 100 Seeleute konnten von Zerstörern gerettet werden; unter den Gefallenen war auch der Kommandant der S., Kapitän z.S. Izawa.

Shokaku, japan. Flugzeugträger, 1.6.39 Stapellauf, 8.8.41 in Dienst gestellt, 25 675 t, 34,2 kn, 250 m lang, 26 m breit, 1660 Mann Besatzung; Bewaffnung: 16x12,7 cm, zahlr. kleinere Fla-Rohre, 84 Flugzeuge. Am 26.11.41 lief die S. mit der 1. Marine-Luftflotte unter Vizeadmiral Nagumo aus der Hittokappu-Bucht zum Angriff auf ➢ Pearl Harbor (7.12.41) aus, der den Pazifik-Krieg auslöste. Während der Träger-Luftschlacht in der Korallensee gehörte sie zur Trägergruppe von Konteradmiral Hara, die am 8.5.42 von der amerikan. Task Force 17 (Fletcher) gesichtet und mit 90 Flugzeugen angegriffen wurde. Die S. erhielt dabei 3 Bombentreffer (108 Tote) und schleppte sich brennend aus dem Kampfgebiet. Sie fehlte wenig später den Japanern in der entscheidenden Schlacht bei ➢ Midway. Erst Ende Aug. 42 konnte die S. wieder in die Gefechte östl. der Salomonen eingreifen und den US-Träger Enterprise beschädigen. Im Okt. 42 kämpfte sie mit der Hauptgruppe (Nagumo) in der Trägerschlacht bei den Santa-Cruz-Inseln, wurde von amerikan. Trägerflugzeugen leicht getroffen, konnte aber entkommen. In der Schlacht in der ➢ Philippinen-See bei der Trägergruppe von Vizeadmiral Ozawa, wurde die S. am 19.6.44 vom amerikan. U-Boot Savalla torpediert, geriet in Brand und explodierte, als die Flammen die Munitionskammern erreichten.

Short Brothers, brit. Flugzeugfirma in Rochester mit Zweigfirma Short & Harland in Belfast; 1908 von den Brüdern Oswald, Eustace und Horace Short gegründet. S. spezialisierte sich im 1. Weltkrieg auf Seeflugzeuge und entwickelte in der 30er Jahren für den weltweiten Postdienst der British Overseas Airways Corporation (BOAC) die viermotorigen Empire-Flugboote, aus denen wiederum 1938 das RAF-Flugboot ➢ Sunderland hervorging. Die von S. gebaute ➢ Stirling wurde Englands erster viermotoriger Bomber.

»Sichelschnitt«, von Churchill geprägte Bez. für den Operationsvorschlag von ➢ Manstein für den dt. Angriff im W (➢ »Gelb«). Der »S.« fand im Aufmarschplan vom 24.2.40 seinen Niederschlag und sah den Vorstoß starker Pz.verbände durch die als kaum passierbar geltenden Ardennen und den Durchbruch durch die alliierte Front zw. Sedan und Namur Richtung Ärmelkanal vor. Damit sollten die in Belgien aufmarschierten alliierten Kräfte abgeschnitten und im Zusammenwirken mit einer von N herankommenden Heeresgruppe vernichtet werden. Daß der »S.«-Plan im ➢ Frankreichfeldzug weitgehend aufging, lag an der schwachen Sicherung der alliierten Front im Ardennenraum und an der überlegenen dt. Pz.taktik.

Sigmaringen, Kreisstadt an der oberen Donau in Württemberg mit 6500 Einwohnern (1940). Das Hohenzollern-Schloß von S. war seit 8.9.44 Zwangsresidenz der aus Frkr. abtransportierten Reg. ➢ Pétain. Während der Präs. und sein Reg.chef ➢ Laval jeden Kontakt mit dt. Stellen verweigerten, entfaltete ein Teil ihres Gefolges, insbes. Generalsekretär F. de Brinon, rege polit. Aktivitäten. Ein Exilkabinett wurde ins Leben gerufen, der Radiosender »Ici la France« nahm den Betrieb auf, ein »Befreiungskomitee« unter ➢ Doriot entsandte mit dem dt. KG 200 Fallschirmagenten nach Frkr. Bei Näherrücken der Alliierten zerstreuten sich die Kollaborateure. Pétain, der die frz. Truppen in S. hatte erwarten wollen, wurde von den dt. Bewachern über die Schweizer Grenze geschafft.

Sikorski, Wladyslaw, * Tuszów Narodowy 20. 5. 1881, † Gibraltar 4.7. 1943, poln. General und Politiker; Bauingenieur, im 1. Weltkrieg Leiter der Militärabteilung im Obersten Nationalkomitee, Mitkämpfer Pilsudskis, 1921/22 Gen.stabschef, 1922/23 Min. präs., 1924/25 Kriegsmin., 1925/26 Befehlshaber im Militärbezirk Lemberg. S. überwarf sich mit Pilsudski und nahm 1929 seinen Abschied. Er emigrierte 1939 nach Frkr., bildete noch während des Polenfeldzugs eine poln. Exilreg., die er als Min.präs. führte, und ging nach London. 1941 schloß er sich dem brit. Abkommen mit Moskau an, das er aber nach Entdeckung der Massengräber von ➢ Katyn wieder aufgab. Daß er bald darauf bei einem Flugzeugabsturz ums Leben kam, hat Mordgerüchte bis heute nicht verstummen lassen.

»Silberstreif«, Deckname für das größte Unternehmen der dt. Propagandatruppen an der O-Front von Mai bis Sept. 43. »S.« sollte nach den schweren Rückschlägen der dt. Propaganda im Winter 42/43 doch noch den psycholog. Einbruch in die Rote Armee, v.a. durch die Unterstützung von russ. Hilfskräften, erzielen. Den Schwerpunkt bildete der »Grundsätzl. Befehl Nr. 13« des OKW, der die Behandlung zukünftiger sowjet. Überläufer großzügig regelte. Mit der größten je gedruckten Flugblatt-Auflage (allein bis Juni 43 über 200 Mio. Stück) wurde diese Regelung verbreitet. In der Nacht vom 6./7.5.43 eröffnete »S.« mit allen zur Verfügung stehenden Medien seine Propaganda-Großoffensive an der gesamten Front im O, wobei die Erfolgsschwerpunkte zunächst bei den für das Unternehmen ➢ »Zitadelle« im Juli 43 bei Kursk eingesetzten Verbänden lagen. Die Heeresgruppe Süd meldete nach nur 665 Überläufern im Juni für Juli 3543 (532 % Steigerung), allerdings sank die Zahl nach dem Scheitern des dt. Angriffs im Sept. 43 wieder auf 560 Überläufer. »S.« wurde offiz. nie beendet, sondern lief langsam aus. Die großen Hoffnungen der dt. Führung erfüllten sich bei der allg. ungünstigen Lageentwicklung nicht.

SIM, Abk. für ➢ **S**ervizio **I**nformazione **M**ilitare.

Sima, Horia, * Bukarest 3.7.1906, rumän. Politiker. S. war seit 1938 Führer der faschist. Eisernen Garde, nach deren Verbot 1938 er bis 1940 ins Exil ging. Nach Rückkehr und Umbenennung seiner Garde in »Rumän. Legionärsbewegung« war S. 1940/41 stellv. Min.präs. unter ➢ Antonescu, scheiterte aber mit einem Putschversuch und mußte fliehen. In Deutschland danach in einem KZ interniert, durfte S. nach der Besetzung Rumäniens durch die Rote Armee im Herbst 44 in Wien eine Exilreg. von dt. Gnaden bilden. 22.2.46 in Bukarest in Abwesenheit zum Tod verurteilt.

Singapur (engl. Singapore), brit. Stützpunkt und Inselkolonie an der S-Spitze der Halbinsel Malaya mit 581 km^2 und 1 Mio. Einwohnern (1941). Als sich Ende Jan. 42 die brit. Truppen gegen japan. Invasionstruppen nicht mehr auf dem malaiischen Festland halten konnten, zogen sie sich über die Straße von Johore nach S. zurück, das als stärkste

Seefestung der Welt galt, die den kürzesten Seeweg von Fernost nach Europa durch die Straße von Malakka beherrschte. Für einen Angriff aus dem N von Land her war sie jedoch in keiner Weise vorbereitet, die schweren Batterien wiesen auf die See, Pz.hindernisse fehlten, die Uferstreifen waren unvermint, die Luftverteidigung bestand aus 9 frontklaren Jagdeinsitzern. Verteidigt wurde S. von 38 teils mangelhaft ausgerüsteten Inf.bataillonen unter Gen.leutnant Percival. Ansonsten bestand die Garnison von rd. 85 000 Mann aus Etappen- und Verwaltungsdiensten. Die Japaner unter Gen.leutnant Yamashita überquerten in der Nacht zum 8.2.42 mit 2 Div. die Meerenge und stürmten nach Zuzug einer weiteren Div., darunter Elitesoldaten der Kaiserl. Garde, am 10.2. die Anhöhe von Bukit Timah, das letzte natürl. Hindernis vor der Stadt. Gegenangriffe scheiterten unter hohen Verlusten, die Bevölkerung reagierte mit einer Panik, als das Stadtzentrum in den Feuerbereich der japan. Feldartillerie geriet. Am 13.2. begann die Evakuierung von 3000 brit. Spezialisten, deren Schiffe jedoch aufgebracht oder versenkt wurden. Als Munition und Wasser knapp wurden, entschloß sich Percival am 15.2. zur Kapitulation, zu der er die brit. Fahne tragen mußte, womit Yamashita vor der Öffentlichkeit die endgültige Niederlage des weißen Mannes dokumentieren wollte. Churchill beklagte die Niederlage von S. als das schwerste Unglück, das die brit. Armee je getroffen habe. Sie verlor 9000 Tote und Verwundete, der Rest der Garnison geriet in Gefangenschaft. Die japan. Verluste von 3000 Toten und 6500 Verwundeten zeugten von der Härte der Kämpfe. – 1944 begannen Planungen zur Rückeroberung von S. (Operation »Zipper«), zu der es wegen der japan. Gesamtkapitulation am 2.9.45 nicht mehr kam.

SIS, Abk. für ≫ **S**ecret **I**ntelligence **S**ervice.

Sitzkrieg, Bez. für die nahezu kampflose Kriegsphase an der dt. W-Front nach der brit.-frz. Kriegserklärung vom 3.9.39 und dem dt. Angriff im W am 10.5.40. Dem S. entsprach auf engl. Seite die Bez. »phoney war« (Scheinkrieg), die wohl durch Hörfehler als »funny war« zur frz. Bez. »drôle de guerre« (komischer Krieg, oder in Reimübersetzung: Witzkrieg) führte. Außer örtl. Vorstößen und Aufklärungsflügen, vereinzelten Artillerieduellen und Flugblattaktionen blieb es während und nach dem ≫ Polenfeldzug ruhig am ≫ Westwall, was der Wehrmacht die nötige Atempause verschaffte. Der S. war Folge des verhängnisvollen frz. Festungsdenkens im Schutz der angebl. unüberwindl. Maginot-Linie.

Sizilien, süditalien. Insel im zentralen Mittelmeer mit 25 709 km² und rd. 4,1 Mio. Einwohnern (1940). S. spielte während des ≫ Afrikafeldzuges eine entscheidende Rolle als Ausgangsbasis für Nachschubgeleite und war nach dem Ende der Kämpfe in N-Afrika Ziel der alliierten Landungsoperation ≫ »Husky«, der wochenlange vorbereitende Luftangriffe und die Eroberung von ≫ Pantelleria vorausgingen. Am 10.7.43 setzte eine Flotte (Admiral Cuningham) von 280 Kriegsschiffen, 320 Transportern, 900 großen und 1125 kleinen Landungsfahrzeugen bei erhebl. Seegang die amerikan. 7. Armee

(Gen.leutnant Patton) und die brit. 8. Armee (Gen. Montgomery) an Land unter dem Schirm einer Luftstreitmacht (Luftmarschall Tedder) von 3680 Maschinen. Während der Versuch, mit Luftlandetruppen im Vorgriff strateg. wichtige Punkte zu besetzen, wegen des stürm. Wetters weitgehend fehlschlug, kamen die amphib. Verbände ohne größere Schwierigkeiten an Land: die Amerikaner im Golf von Gela, die Briten zw. der Halbinsel von Pachino an der SO-Ecke der Insel und Syrakus, dessen Hafen bis zum Abend genommen war und eine wichtige Nachschubbasis wurde. Die Verteidiger von S., die italien. 6. Armee (Armeegen. Guzzoni) mit 4. Inf.- und 5. Küstenschutzdiv. sowie der dt. Pz.div. »Hermann Göring« und der 15. Pz.grenadierdiv., hatten die Landung erwartet, wegen des schlechten Wetters allerdings später. Zudem fehlte letzte Klarheit über die genauen Angriffsziele. So war zwar der Hafen von Gela unbrauchbar gemacht worden, andere dagegen wie der von Syrakus intakt geblieben. Die direkte Bekämpfung der Landung im offenen Strandgelände war wegen der alliierten Luftherrschaft und angesichts der Feuerkraft der Schiffsartillerie wenig ratsam. Gegenangriffe kamen daher erst in den Tagen danach zum Tragen, als die Landeköpfe stabilisiert waren und der Nachschub ungehindert floß. Wenn dennoch die Attacken insbes. der Pz. von »Hermann Göring«, darunter 17 Tiger, bei der 45. US-Div. am 11./12.7. fast zu Panik und teilweiser Wiedereinschiffung führten, so änderte das nichts an der aussichtslosen Lage der Verteidiger. Die italien. Armee lief schon nach wenigen Tagen auseinander, so daß der Widerstand fast ausschließl. von den dt. Truppen geleistet wurde, die Verstärkung durch das XIV. Pz. korps unter Gen. ➢ Hube erhielten, der den Oberbefehl über alle dt. Verbände am 17.7. übernahm. Die Aufgabe war heikel, weil sie unter der ständigen Gefahr gelöst werden mußte, daß Italien aus der Kriegskoalition ausscheidet und die dt. Truppen in der Falle sitzen. Nach der Entmachtung Mussolinis (25.7.) konnte es daher nur noch um geordnete Rückführung aufs italien. Festland gehen. Hube ließ bei Catania einen Riegel aufbauen, an dem der Vormarsch der brit. 8. Armee zum Stehen kam, während er den rechten Flügel auf die Linie San Stefano-Troina allmähl. zurücknahm und das Zentrum an die Ätna-Hänge anlehnte. Durch gezielte Zerstörungen und Minenfelder gebremst, erreichten Pattons Truppen das Vorfeld erst am 1.8. und durchstießen die Stellung am 6.8., nachdem die dt. Verteidiger sich unbemerkt abgesetzt hatten. Versuche, die dt. Bewegung durch Landungen im Rücken zu überholen, blieben erfolglos, so daß am 12.8. das Unternehmen ➢ »Lehrgang« zur Räumung von S. anlaufen und am 17.8. ohne wesentl. Verluste abgeschlossen werden konnte. Am gleichen Tag nahmen die Alliierten Messina.

»Sizilien«, Deckname für den Vorstoß einer Kampfgruppe der dt. Kriegsmarine, bestehend aus den Schlachtschiffen Scharnhorst und Tirpitz sowie 9 Zerstörern, unter Admiral Kummetz gegen Spitzbergen. Der für »S.« angesetzte Verband ging am 6.9.43 in See und landete ein Bataillon des Grenadierregiments 349, dem unter dem Schutz der schweren Artillerie der Schlachtschiffe die Vernichtung von Küstenbatterien und die Sprengung von Wasser- und Elektrizitätswerken sowie Vorratslagern gelang; auch eine Wetterstation fiel dem Unternehmen »S.« zum Opfer. Die dt. Kampfgruppe lief am 9.9.43 wieder im norweg. Altafjord ein.

Skorzeny, Otto, * Wien 12. 6. 1908, † Madrid 6.7.1975, SS-Standartenführer (Febr. 45); Dipl.-Ing., 1930 NSDAP-Beitritt, 1939 zur Leibstandarte SS »Adolf Hitler«, 1940 Waffen-SS-Division »Das Reich«. Bekannt wurde S. als »Mussolini-Befreier«, obwohl die eigentl. Befreiung des seit 25.7.43 gefangenen »Duce« am 12.9.43 von Fallschirmjägern geleistet wurde, die S. nur begleiteten. Im Okt. 44 spielte er eine Hauptrolle bei der Verhaftung des ungar. Staatschefs ≫ Horthy auf der Budapester Burg (Unternehmen »Panzerfaust«) und führte bei Beginn der Ardennen-Offensive im Dez. 44 die SS-Panzerbrigade 150, eine Truppe aus engl. sprechenden und als GIs verkleideten SS-Leuten, die den Gegner irreführen sollte. Dieses Unternehmen »Greif« hatte zwar wenig Erfolg, schürte aber die Agentenfurcht bei den Amerikanern. Am 15.5.45 in der Steiermark gefangengenommen, wurde S. am 9.8.47 von einem amerikan. Militärgericht freigesprochen. Er floh aus dem Internierungslager Darmstadt und setzte sich nach Spanien ab.

Skua, brit. Marinesturzbomber der Firma Blackburn. Bei Kriegsausbruch waren drei Trägerstaffeln mit der zweisitzigen S. ausgerüstet. Von den Orkney-Inseln aus starteten am 10.4.40 vom Träger ≫ Ark Royal 15 Maschinen zu einem Angriff auf den dt. Leichten Kreuzer Königsberg im Hafen von Bergen. Er wurde als erstes Kriegsschiff mit drei 225-kg-Bomben durch Sturzkampfbomber versenkt.

Skymaster, amerikan. Transportflugzeug Douglas C-54, Erstflug 26.3.42. Ziviles Ausgangsmuster für die S. war das viermotorige Langstreckenverkehrsflugzeug DC-4, mit dessen Entwurf ≫ Douglas bereits Mitte der 30er Jahre begonnen hatte. Nach dem Kriegseintritt der USA wurden alle in der Produktion befindlichen Verkehrsflugzeuge einschließl. der ersten 24 DC-4 von der Armee beschlagnahmt und in das neu geschaffene Air Transport Command eingegliedert. Für militär. Zwecke wurden von der Heeresluftwaffe insges. 952 Maschinen geordert. Weitere 221 S. gingen unter der Typenbez. R5D an die US-Navy. Im Sommer 48 wurden aus allen Teilen der Welt 225 S.-Transporter zum Berliner Luftbrückeneinsatz beordert. Andere wurden nach Kriegsende für den zivilen Transatlantikdienst von den Flug- linien übernommen. Die S. konnte bis zu 50 Soldaten oder 14,5 t Fracht befördern und erreichte mit 4x1450 PS eine Reisegeschwindigkeit von 385 km/h sowie 6276 km max. Reichweite.

Skytrain, amerikan. Transportflugzeug Douglas C-47 (Beiname bei der RAF: Dakota). Die militär. Version des berühmten Verkehrsflugzeugs Douglas DC-3 spielte auf alliierter Seite dieselbe tragende Rolle wie die ≫ Ju 52 für die dt. Kriegführung, nur war die zweimotorige Douglas-Konstruktion, Erstflug 17.12.35, techn. und aerodynam. ein ganzes Stück moderner. Die US-Army hatte ein Jahr vor ≫ Pearl Harbor die ersten größeren Aufträge für eine militär. Transportversion erteilt, doch wurde erst jetzt in den Zweigwerken Long Beach und Tulsa die Massenfertigung angekurbelt (Gesamtbestellung 10048 Stück, am 1.5.45 wurde die 10000. S. geliefert). Bei der Truppe nach einem schwerfälligen Entenvogel »Gooney Bird« genannt, diente die S. von Island bis Neuguinea auf allen Kriegsschauplätzen in vielfältiger Funktion als fliegendes Arbeitspferd, das auch mit Kufen und Schwimmern ausgerüstet werden konnte. Sie schleppte Nachschub über den Himalaja, Lastensegler nach ➢ Arnheim und setzte Agenten hinter den feindl. Linien ab. Die alliierten OBs nutzten sie als elegant eingerichtetes Stabsflugzeug; eine S. brachte Gen.feldmarschall Keitel und seine Begleiter am 8.5.45 zur Unterzeichnung der Kapitulation Deutschlands nach Berlin. Das typ. Gebrumm der 2x1200-PS-Pratt & Whitney-Doppelsternmotoren kannte jeder Soldat. Routinemäßig beförderte die S. bis zu 3 t Fracht oder 21 Personen, die Reisegeschwindigkeit lag bei 298 km/h, die Reichweite bei max. 3420 km, das Startgewicht betrug max. 14,9 t. Eine Sondervariante für die Luftlandetruppe war zum Transport von 28 ausgerüsteten Soldaten ausgelegt und trug die Bez. Skytrooper. Die RAF erhielt rd. 1200 Maschinen im Rahmen des ➢ Leih- und Pachtgesetzes. Die Sowjets bauten den Typ in 2000 Exemplaren als Li-2 nach, die Japaner fertigten 450 S. in Lizenz, die auf alliierter Seite »Tabby« genannt wurden. Tausende von überschüssigen S. wurden nach Kriegsende an zivile Interessenten abgegeben, darunter auch die neue Lufthansa.

»Slapstick« (engl. Posse), Deckname für die Landung der 1. brit. Luftlandediv. der 8. Armee (Gen. Montgomery) am 9.9.43 in ➢ Tarent. »S.« war die rechte untere Ecke des alliierten Invasionsdreiecks in S-Italien: Während das brit. XIII. Korps von der »Stiefelspitze« mit der Operation ➢ »Baytown« angriff und die S. US-Armee beim Unternehmen ➢ »Avalanche« im Golf von Salerno an Land ging, sollten die brit. Fallschirmjäger vom »Stiefelabsatz« her vorstoßen. Die vom brit. 12. Kreuzergeschwader gelandeten Truppen stießen zwar auf keine Gegenwehr, da die dt. Truppen abgezogen waren und Italien tags zuvor kapituliert hatte, doch hatten dt. Schnellboote noch Minen legen können, auf denen der brit. Minenkreuzer Abdiel am 10.9. unter schweren Verlusten sank. Die mit »S.« an Land gebrachten Truppen erreichten schon am 11.9. Brindisi und am 14.9. Bari.

»Sledge-Hammer« (engl. Vorschlaghammer), Codebez. für die von den USA und Großbrit. am 14.4.42 festgelegten Sofortmaßnahmen für den Fall eines drohenden Zusammenbruchs der Sowjetunion. Trotz längst nicht ausreichender Vorbereitungen sollte im Rahmen von »S.« 1943, notfalls noch 1942, eine Landung in N-Frkr. unternommen werden, für die Großbrit. 18 Div. bereitzustellen hätte. Churchill drang mit seinen Bedenken und seinem Alternativvorschlag einer Landung in N-Afrika nicht durch und mußte angesichts der amerikan. Drohung, die Hauptkräfte der USA in den Pazifik zu werfen, entspr. Planungen zusagen. Bei Beginn der dt. Sommeroffensive ➢ »Blau« gegen Wolga und Kaukasus stellte sich im Juli 42 das Problem »S.« immer dringlicher.

Churchill konnte es immerhin soweit modifizieren, daß zunächst eine Art Generalprobe mit dem Unternehmen »Jubilee« gegen ≫ Dieppe unternommen werden sollte. Deren Scheitern im Aug. 42 führte zur Streichung von »S.« und zum Umschwenken auf das Unternehmen ≫ »Torch«.

Slowakei, bis 1939 Teil der Tschechoslowakei, dann südöstl. Nachbarstaat des Dt. Reiches mit 38 000 km^2 und 2,6 Mio. Einwohnern, Hauptstadt Preßburg. Die S. hatte in Absprache mit Berlin am Vorabend des dt. Einmarschs (14.3.39) ihre Autonomie erklärt und sich unter dt. Schutz gestellt. Von zahlr. Staaten anerkannt, darunter auch Polen, die Sowjetunion und de facto auch die Westmächte, beteiligte sich die S. unter (Min.-)Präs. Tiso auf dt. Seite am Polenfeldzug, trat am 24.11.40 dem ≫ Dreimächte- und einen Tag später dem ≫ Antikominternpakt bei, erklärte zwei Tage nach dem dt. Angriff am 24.6.41 der UdSSR den Krieg und mußte sich widerstrebend in das nat.-soz. Programm der ≫ Judenverfolgung einspannen lassen. Ein Aufstand gegen die Deutschen bei Heranrücken der Roten Armee im Sept./Okt. 44 wurde von Wehrmacht und SS erstickt. Im Mai 45 proklamierte ein slowak. Nationalrat wieder die Zusammengehörigkeit mit dem tschech. Volk und Staat.

S.M. 79, italien. Mittelstreckenbomber der Firma Savoia Marchetti. Die S. kam 1937/38 im span. Bürgerkrieg zur Erprobung, beim Kriegseintritt (10.6.40) verfügte die Regia Aeronautica über 594 der dreimotorigen S., die unter dem Beinamen Sparviero (Sperber) Italiens bekanntester und zahlenmäßig wichtigster Bomber des Krieges wurde. Er eignete sich dank seiner außerordentl. Manövrierfähigkeit bes. zum Torpedoangriff und wurde seit Ende 39 speziell zu diesem Zweck in einer verbesserten Serie gebaut. Typ. für diesen leinwandverkleideten »Sperrholzbomber« war ein Buckel für zwei MG-Stände auf der Rumpfoberseite. Die Abwehrbewaffnung betrug insges. 3x12,7-mm- und 1x7,7-mm-MG. Weitere Daten: 3x1000 PS, max. 475 km/h in 4000 m Höhe, bis zu 1250 kg Bomben oder zwei Torpedos, 4 Mann Besatzung. Insgesamt wurden 1330 S. gefertigt, zuletzt die Version III für die republikan.-faschist. Luftstreitkräfte in N-Italien.

S.M. 81, italien. Bomber und Transporter der Firma Savoia Marchetti. Aus dem zivilen Verkehrsflugzeug S.M. 73 entwickelt, war die S., die schon in Abessinien und im span. Bürgerkrieg flog, in mancher Hinsicht ein Gegenstück zur ≫ Ju 52; 534 Serienmuster wurden gebaut, 304 standen im Juni 40 noch im Truppendienst, davon zwei Drittel für Schulungs- und Transportaufgaben. In O-Afrika, Libyen und in der Ägäis operierten einige Bomberstaffeln mit diesem veralteten Typ, der sogar noch Nachtangriffe auf Port Said und Alexandria unternahm.

S.M. 82, italien. Transportflugzeug der Firma Savoia Marchetti. Abgeleitet vom kleineren Verkehrsflugzeug S.M. 75, war die S. größte Transportmaschine der Regia Aeronautica, insges. wurden 875 Exemplare des dreimotorigen Typs gebaut, der bei fast 18 t Abfluggewicht bis zu 7230 kg Nutzlast oder 50 vollausgerüstete Soldaten befördern konnte. Nach dem italien. Sonderwaffenstillstand (Sept. 43) wurden viele S. von der Luftwaffe übernommen, andere überdauerten das Kriegsende noch bis 1960 bei der Aeronautica Militare.

Smolensk, Gebietshauptstadt in der UdSSR an der »Moskauer Rollbahn« (370 km vor der Hauptstadt) mit 157 000 Einwohnern (1939). S. wurde während des Rußlandfeldzugs am 16.7.41 von der 29. mot. Div. (Boltenstern) erobert. Wenig später schloß sich hinter der Stadt die Zange der dt. Pz.gruppen 4 (Hoepner) und 2 (Guderian) um die sowjet. 16. (Lukin), 19. (Konjew) und 20. Armee (Kurotschkin); nach Zerschlagung des Kessels bis 5.8.41 gingen 310 000 Rotarmisten in Gefangenschaft, den dt. Truppen fielen 3205 Pz. und 3120 Geschütze in die Hände. Über zwei Jahre später mußte die dt. Heeresgruppe Mitte (v. Kluge) S. am 24.9.43 wieder räumen vor den anrückenden sowjet. Armeen 31 (Gluzdowski), 5 (Polenow) und 68 (Schurawljow).

Smolensker Komitee, im Sept. 41 in Smolensk auf dt. Initiative gegründeter Zusammenschluß sowjet. Militärs und Politiker, die zur Kooperation mit den dt. Behörden und Truppen bereit waren. Hitler ignorierte das S., doch förderten es hohe dt. Offiziere weiter und gewannen im Frühjahr 43 Gen. ≫ Wlassow für ein «Smolensker Manifest«, das zum Kampf gegen Stalin aufrief und hinter den sowjet. Linien abgeworfen wurde. Hitler aber verbot weitere Aktivitäten des S. am 8.6.43 endgültig.

Sobibór, nat.-soz. Vernichtungslager im Distrikt Lublin, Frühjahr 42 errichtet. In S. wurden im Rahmen der Judenverfolgung mindestens 150 000, wahrscheinl. aber über 250 000 Menschen ermordet.

SOE, Abk. für ≫ **S**pecial **O**perations **E**xecutive.

Sokolowski, Wassilij Danilowitsch, *Kozliki bei Grodno 21.7.1897, † Moskau 10.5.1968, Marschall der Sowjetunion (4.6.46); 1918 zur Roten Armee, Gen.stabsausbildung, 1931 Eintritt in die KPdSU. Als Gen.leutnant war S. bei Beginn des dt. Angriffs (22.6.41) Chef des Stabes der W-Front (Timoschenko, später Schukow) und hatte maßgebl. Anteil an den Planungen für eine sowjet. Gegenoffensive vor Moskau. Anfang 42 übernahm er selbst als OB die W-Front und wurde im Juni 42 zum Gen.oberst befördert. Nach der dt. Niederlage vor Kursk im Juli 43 führte S. mit seiner Front eine erfolgreiche Gegenoffensive gegen die dt. Heeresgruppe Mitte (v. Kluge), wurde am 23.8.43 zum Armeegen. befördert und eroberte Ende Sept. 43 Smolensk zurück. Im April 44 zum Gen.stabschef der 1. Ukrain. Front und im April 45 zum Stellv. Schukows als OB der 1. Weißruss. Front ernannt, nahm er an der Eroberung Berlins teil. Seit 10.4.46 war S. OB der sowjet. Truppen in Deutschland und als solcher Mitglied des ≫ Alliierten Kontrollrats; später bis 1960 Gen.stabschef und 1. stellv. Verteidigungsmin.

«Soldatensender Calais«, bekanntester engl. Propagandasender, der von der brit. Insel aus ein Programm für die dt. Soldaten auf Mittelwelle ausstrahlte. Vom 14.11.43 bis zum 14.4.45 verbreitete über diesen stärksten Sender Europas (600 kW) ein Team von dt. Emigranten und brit. Journalisten unter der Leitung von Denis Sefton ≫ Delmer geschickt sortierte und redigierte Nachrichten sowie gelungene Unterhaltungssendungen, dabei wahre Informationen mit Desinformation und Lüge raffiniert mischend. Trotz der scharfen Strafandrohung für »Feindhörer« wuchs die »Gemeinde« des Sender unvermindert bis Kriegsende und brachte eine ständige Beunruhigung für die dt. Überwachungsorgane, obwohl die von Delmer erhoffte spürbare Demoralisierung im dt. Bereich nicht eintrat.

Sollum, Hafen an der ägypt. Grenze zur Cyrenaika nördl. des ≫ Halfaja-Passes. S. wechselte im Afrikafeldzug mehrfach den Besitzer und war v.a. beim brit. Unternehmen ≫ »Crusader« im Nov. 41 heftig umkämpft, wurde abgeschnitten und erst 17.1.42 von der brit. 8. Armee genommen. Im Sommer 42 beim Vorstoß Rommels nach El Alamein erneut von dt.-italien. Truppen besetzt, mußte S. am 11.11.42 endgültig geräumt werden.

Somerville, James Fownes, * Weybridge (Surrey) 17.7.1882, † Dinder House (Somerset) 19.3.1949, brit. Flottenadmiral (Mai 45); im 1. Weltkrieg beauftragt mit der Ausrüstung von Großkampfschiffen mit drahtloser Feuerleitkontrolle, 1921 Kapitän z.S., Stabsaufgaben, Bordkommandos, 1933 Konteradmiral, 1936-38 Zerstörerführer im Mittelmeer, 1937 Vizeadmiral. S. wurde 1938 OB der brit. Ostindienflotte, mußte aber wegen Erkrankung vorübergehend den Dienst quittieren. Nach Wiederherstellung dem Admiral Dover Ramsay zugeteilt, erhielt er im Juni 40 das Kommando über die Force H (Gibraltargeschwader), die er u.a beim Überfall auf die frz. Schlachtflotte in ≫ Mers el-Kebir (Juli 40), im Gefecht bei Kap Teulada (Nov. 40) gegen die italien. Flotte und bei der Beschießung von Genua (Febr. 41) einsetzte. Im Mai 41 beteiligte er sich an der Jagd auf die ≫ Bismarck und nahm dann v.a. Aufgaben der Konvoisicherung nach Malta und zum Suezkanal wahr. Nach Beginn des Krieges in Fernost übernahm S. die Brit. Eastern Fleet mit Hauptquartier in Trincomalee (Ceylon) und wurde im April 42 zum Admiral befördert. Am 23.8.44 von Admiral ≫ Fraser abgelöst, ging S. als Delegierter der Royal Navy nach Washington, von wo er im Okt. 45 in den Ruhestand heimkehrte.

Somua S 35, frz. Kampfpz., seit 1936 Serienfertigung, 20 t, 5,30 m lang, 2,12 m breit und 2,62 m hoch, 40-55 mm Panzerung. Mit einem 190-PS-Motor erreichte der S. max. 40 km/h und einen Fahrbereich von 260 km. Der sehr bewegliche 3-Mann-Kampfwagen war mit seiner 4,7-cm-Kanone L/32 in der Bewaffnung dem dt. ≫ Panzer III überlegen. Von den insges. 500 gebauten Exemplaren befanden sich bei Beginn des dt. Angriff im W (10.5.40) 261 bei den leichten mechanisierten Div. des frz. Heeres.

Sonderkommando »Elbe«, Tarnname des Rammverbands der dt. Luftwaffe. Das S. wurde im Frühjahr 45 im Raum Magdeburg zusammengezogen und sollte alliierte Bomber nach dem Vorbild der japan. ≫ Kamikaze-Flieger notfalls durch Selbstaufopferung bekämpfen. Obwohl von vielen Kommandeuren scharf abgelehnt, kam es am 7.4.45 zum ersten »Elbe-Einsatz« im Rahmen des Unternehmens »Werwolf«: Unter dem Begleitschutz von Düsenjägern des JG 7 stiegen 183 Maschinen des S. gegen einfliegende Bomber der 8. US-Luftflotte auf und vernichteten über dem Steinhuder Meer bei 133 eigenen Totalverlusten und 77 gefallenen Piloten 23 Viermotorige; die Düsenjäger meldeten 28 weitere Abschüsse. Nur 50 Rammjäger kehrten zurück.

»Sonnenblume«, Deckname für die Entsendung dt. Truppen nach Libyen zur Unterstützung der bedrängten Italiener im Febr. 41. Nachdem Mussolini dt. Hilfsangebote noch im Dez. 40 brüsk abgelehnt hatte, sah er sich Anfang 41 gezwungen, um die Entsendung eines »Sperrverbands« gepanzerter Kräfte zu bitten. Am 6.2.41 erging die OKW-Weisung für »S.«, vom 8. bis 11.2. lief ein erster Konvoi mit Truppen und Material für das ➢ Dt.-Afrika-Korps nach Tripolis. Das Kommando über die dt. Truppen erhielt Gen.leutnant Rommel.

Sorge, Richard, * bei Baku (UdSSR) 4.10.1895, † Tokio 9.7.1944 (hingerichtet, dt. Journalist und Agent; Kriegsfreiwilliger 1914, Volkswirt, 1917 zur USPD, 1919 zur KPD, Redakteur, 1925 sowjet. Staatsbürger. S. ging 1929 als Korrespondent der »Frankfurter Zeitung« nach Fernost und baute seit 1933 in Japan ein sowjet. Agentennetz auf. Seine Meldungen über den dt. Angriff auf die UdSSR ließ Stalin allerdings ebenso unbeachtet wie die Nachricht vom bevorstehenden japan. Überfall auf Pearl Harbor. Kurz nach Absetzen dieses Funkspruchs am 16.10.41 verhaftet, wurde S. mit Rücksicht auf den japan.-sowjet. Nichtangriffsvertrag vom April 41 erst 1944 vor Gericht gestellt und zum Tod verurteilt. 1964 postum als »Held der Sowjetunion« ausgezeichent.

Soryu, japan. Flugzeugträger, 23.12.35 Stapellauf, 29.12.37 in Dienst gestellt, 15 900 t, 34 kn, 222 m lang, 21,3 m breit, 1100 Mann Besatzung; Bewaffnung: 12x12,7 cm, zahlr. kleinere Fla-Rohre, 71 Flugzeuge. Die S. gehörte zum japan. Angriffsgeschwader, das mit dem Überfall auf ➢ Pearl Harbor am 7.12.41 den Krieg im Pazifik entfesselte. Bei der Invasion auf ➢ Wake seit 21.12.41 bombardierten Maschinen der S. und der Hiryu die Insel 6 Tage lang, am 19.2.42 unternahmen sie einen Luftangriff auf Port Darwin (Australien) und deckten im Febr./März 42 die Landungen in Niederländ. Ostindien, wo sie am 1.3. einen amerikan. Tanker versenkten. Nach Teilnahme am Raid von Vizeadmiral Nagumo gegen Ceylon Anfang April 42 kämpfte die S. auch in dessen Trägergruppe in der Schlacht bei ➢ Midway. Am 4.6.42 um 10.21 Uhr von einer Sturzbomberstaffel des US-Trägers Yorktown angegriffen, war die S. nach 4 Volltreffern zw. den an Deck aufgereihten Maschinen innerhalb von 5 Minuten nur noch ein brennendes Wrack, das von detonierender Munition und explodierenden Treibstofftanks erschüttert wurde und am Nachmittag sank; 718 Mann der Besatzung, darunter Kapitän Yanagimoto, kamen ums Leben.

South-East Asia Command (SEAC), alliiertes Oberkommando für den Ind. Ozean, Ceylon, Burma, Thailand, Malaya und Sumatra, errichtet 1943, OB Lord ➢ Mountbatten. Im S. waren Großbrit., die USA und China vertreten, die beiden letzteren durch Gen. ➢ Stilwell, der in Personalunion OB in N-Burma und Gen.stabschef von ➢ Tschiangkaischek war. Sitz des S. wie auch der unterstellten Stäbe der Land- (Gifford) und Luftstreitkräfte (Peirse) war Delhi, die Kommandozentrale der Seestreitkräfte (Somerville) residierte in Colombo (Ceylon). Zunächst verfügte das S. zu Lande nur über die brit. 14. Armee (Slim), gegen Kriegsende unterstanden ihm schließl. insges. 2 Mio. Mann.

Sowjetisch-Finnischer Krieg 1939/40, ➢ Winterkrieg.

Spaatz, Carl Andrew, * Boyertown (Penn.) 21.6.1891, † Washington 14.7.1974, amerikan. General. S.leitete 1940 eine Beobachtergruppe, die den Luftkrieg über Frkr. und die ➢ Luftschlacht um England an Ort und Stelle studierte, wurde 1941 Brigadegen. und Chef der Planungsabt. der Heeresluftwaffe, im Juni 42 Gen.major und erster OB der 8. US-Luftflotte in Großbrit. 1942/43 leitete er die Luftoperationen während der alliierten Landungen in N-Afrika und Sizilien und wurde im Jan. 44 OB der Strateg. US-Luftstreitkräfte in Europa. Anders als RAF-Bomberchef ➢ Harris war S. ein entschiedener Verfechter des Präzisionsbombardements bei Tage. Er entwarf u.a. die Pläne der sog. Öloffensive, mit der Amerikas Bomberwaffe die dt. Treibstoffproduktion lahmlegte. Im Juli 45 übernahm S. den Oberbefehl der Strateg. Luftstreitkräfte im Pazifik mit Hauptquartier ➢ Guam, wo er die Endphase der amerikan. Luftoffensive gegen Japan bis zur atomaren Vernichtung von ➢ Hiroshima und ➢ Nagasaki leitete. Nach Gründung der US-Air Force als selbständige Teilstreitkraft 1947 wurde S. als Fünf-Sterne-Gen. deren erster Stabschef.

Spanien, Staat auf der Iber. Halbinsel mit 505 000 km² und 26 Mio. Einwohnern (1939), Hauptstadt Madrid. Im Vorfeld des Krieges kam es in S. zur ersten Kraftprobe zw. den faschist. und demokrat. Kräften in Europa. Anlaß war der 1936-39 gewaltsam ausgetragene Konflikt zw. der konservativ-klerikalen Rechten und den Anhängern der Volksfront im span. Bürgerkrieg, in dem italien. Truppen und dt. Luftstreitkräfte (Legion Condor) auf seiten der von ➢ Franco geführten faschist. Falange eingriffen und internat. Brigaden, unterstützt von der UdSSR, der Republik zur Hilfe kamen. Nachdem Großbrit. selbst angesichts des Zusammenbruchs Frkr.s 1940 auf dt. Friedensangebote nicht eingegangen war, hoffte Hitler, S. aus Dank für frühere Hilfe zum Eintritt in den Krieg gegen England bewegen zu können. Obwohl der dt. Diktator beim Treffen von Hendaye am 23.10.40 den span. Staatschef mit der Eroberung Gibraltars lockte (➢ »Felix«), schraubte Franco seine Bedingungen für eine span. Kriegserklärung an London so hoch, daß die Verhandlungen ergebnislos abgebrochen werden mußten. Lediglich zur Entsendung der ➢ Blauen Div. und eines Jagdfliegerverbands gegen Rußland war S. später bereit. Das Land blieb den ganzen Krieg über neutral, gewann so wichtige Zeit, um die Wunden des Bürgerkriegs verheilen zu lassen, und war für viele Flüchtlinge aus dem dt. besetzten W-Europa Durchgangsstation nach Portugal und Amerika. Mit sinkendem dt. Kriegsglück

Spanien: Momentaufnahme aus dem spanischen Bürgerkrieg: Falangisten führen republikanische Gefangene ab.

emanzipierte sich Madrid immer weiter von Berlin, forderte am 8.10.43 seine Div. aus dem O. zurück und näherte sich den Westmächten.

Sparviero (italien. Sperber), Beiname des Mittelstreckenbombers ➢ S.M. 79.

Special Operations Executive (SOE), Sonderabt. des brit. Geheimdienstes für Sabotage und subversive Kriegführung in den dt. besetzten Ländern, im Juli 40 auf Weisung Churchills gegründet. Die S. nahm unter dem Befehl von Gen. Colin Gubbins, einem Spezialisten des Guerillakriegs, im Febr. 41 ihre Geheimoperationen auf. Ursprüngl. v.a. zur Störung der feindl. Rüstungsproduktion gedacht und dem Min. für Kriegswirtschaft angegliedert, wurde das Amt im Sept. 42 direkt dem alliierten Hauptquartier unterstellt, um den Untergrundkrieg besser mit den militär. Operationen zu koordinieren. Die Zentrale der S. in der Londoner Baker Street 64 unterhielt Abt. für die einzelnen Länder. Die brit. S.-Offiziere arbeiteten mit den jeweiligen Exilreg. zusammen und gewannen Flüchtlinge der verschiedenen Nationen als Saboteure, Attentäter oder Kuriere, die in rd. 60 geheimen Informationszentren geschult wurden. In neutralen und befreundeten Ländern richtete die S. Außenstellen ein. Es gelang mit der Zeit, in nahezu allen dt. besetzten Gebieten bewaffnete Widerstandsgruppen und geheime Nachrichtennetze aufzubauen, die von London kontrolliert und versorgt wurden. Die bei weitem größte Abt. war die French Section unter Colonel Maurice Buckmaster, die insges. 5000 t Material für die ≫ Résistance und 400 Agenten nach Frkr. schleuste; rd. 100 Mann kehrten nicht zurück. Auf das Konto der S. gingen zahlr. Anschläge auf Verkehrsanlagen und Rüstungsfabriken, wie z.B. die ≫ Norsk Hydro-Werke in Rjukan (Febr. 43). Mit Hilfe poln. S.-Agenten konnten im Juli 44 Teile der dt. Fernrakete ≫ V 2 vom Versuchsgelände Blizna zur techn. Untersuchung nach England geschafft werden. Für die Geheimflüge der S., die insges. rd. 10000 Personen beschäftigte, standen 2 Sonderstaffeln der RAF zur Verfügung. Im Jan. 46 wurde die Organisation aufgelöst.

Speer, Albert, * Mannheim 19.3.1905, † London 1.9.1981, dt. Architekt und Politiker; während des Studiums Mitglied einer völk. Gruppe, nach der von S. fast »magisch« erlebten Begegnung mit Hitler 1931 Mitglied der NSDAP, als Architekt Vertreter eines neoklassizist.-imperialen Baustils; als Mitarbeiter des Baumeisters Troost nähere Bekanntschaft und schließl. Freundschaft mit Hitler, Entwurf gigant. Parteitagskulissen und Repräsentationsbauten im »Pharaonenstil«. S. konnte im Jan. 39 nach Rekordzeit die Neue Reichskanzlei übergeben, für deren Bau ihm unbegrenzte Mittel zur Verfügung gestanden hatten. Vieles blieb jedoch wegen des Kriegsbeginns im Planungsstadium stecken, darunter die Neugestaltung Berlins als »Welthauptstadt Germania«. Beeindruckt vom Organisationstalent S.s, der sich als Künstler verstand, berief ihn Hitler am 18.2.42 zum Nachfolger des verunglückten ≫ Todt als Min. für Bewaffnung und Munition (2.9.43 erweitert zum Ressort Rüstung und Kriegsproduktion). Bis 1944 gelang S. eine erhebl. Steigerung des Ausstoßes von Waffen und Gerät, wobei ihm zugute kam, daß er sein Amt zu einem Zeitpunkt antrat, als auch die nat.-soz. Führung die Notwendigkeit verschärfter kriegswirtschaftl. Anstrengungen erkannte. Mit der »Zentralen Planung«, einer Art Verbundsystem, steuerte er durch Rationalisierung, Kontingentierung der Rohstoffe, Zuteilung von Arbeitskräften und techn. Innovationen die Rüstungsindustrie, deren privatrechtl. Charakter davon unberührt blieb. Im Zuge der »Totalisierung« des Krieges seit Frühjahr 43 übernahm das »Min. S.« auch die Rüstungsproduktion von

Speer: seit den 30er Jahren einer von Hitlers wenigen persönlichen Freunden, in den letzten Kriegsjahren Hitlers Rüstungsminister

Marine und – später (1944) – Luftwaffe und erweiterte seinen Einfluß durch immer neue Rekordergebnisse bei immer schlechteren äußeren Bedingungen (Rückzüge, Bombenkrieg u.a.). Neben der Mobilisierung des Durchhaltewillens mit Hilfe massiver Propaganda basierten diese »Erfolge« auf der gnadenlosen Ausbeutung der zu Mio. rekrutierten ➢ Zwangsarbeiter. Als S. Ende 44 erkannte, daß die Niederlage dennoch unvermeidl. war, ging er auf Distanz zu Hitler, sabotierte den ➢ Nero-Befehl (19.3.45) und erwog sogar – nach eigener Aussage – ein Giftgas-Attentat. Wegen Verbrechen gegen die Menschlichkeit im Nürnberger Prozeß verurteilt, erhielt S. eine 20jährige Haftstrafe, die er in Spandau verbüßte. Als einer der wenigen Angeklagten hatte er eine »Mitverantwortung« an den nat.-soz. Greueln eingeräumt.

Speidel, Hans, * Metzingen. 28.10. 1897, † Bad Honnef 28.11.1984, dt. Gen.leutnant (1.1.44); 1914 Eintritt ins Heer, Studium der Volkswirtschaft und der Geschichte, 1936 OKH-Abt. Fremde Heere West. S., der gute Beziehungen zu den führenden Mitgliedern des militär. Widerstands pflegte, war im Krieg Stabschef bei verschiedenen Großverbänden, seit 14.4.44 bei der Heeresgruppe B (Rommel) in Frkr. Nach Scheitern des Attentats vom 20.7.44 am 5.9.44 verhaftet, konnte er seine Beteiligung an der Verschwörung erfolgr. verschleiern, entging so dem Todesurteil und wurde bei Kriegsende aus der Haft befreit. Berater beim Aufbau der Bundeswehr, 1957-63 erster OB der NATO-Landstreitkräfte Mitteleuropa.

Sperrle, Hugo, * Ludwigsburg 7.2. 1885, † bei Landsberg am Lech 2.4. 1953, dt. Gen.feldmarschall (19.7.40); 1903 zum Heer, im 1. Weltkrieg Fliegeroffizier, in der Reichswehr verschiedene Truppenkommandos. S. hatte wesentl. Anteil an der getarnten Luftrüstung und wurde 1935 Befehlshaber im Luftgau V (München). 1936/37 führte er im span. Bürgerkrieg die Legion Condor, wurde aber wegen seiner Warnungen vor militär. Abenteuern versetzt und erhielt am 1.7.38 das Kommando über die Luftflotte 3, die er auch im Frankreichfeldzug befehligte. 1944 leitete S. die Operationen der Luftwaffe zur Abwehr der Invasion der Alliierten in Frkr. und wurde nach dem Scheitern seiner Gegenmaßnahmen am 23.8.44 abgelöst und verabschiedet. Im OKW-Prozeß wurde S. am 22.10.48 in allen Anklagepunkten freigesprochen.

Spitfire, brit. Jagdeinsitzer der Firma Vikkers Supermarine. Die S. und ihre Piloten machten 1940 während der ➢ Luftschlacht um England Geschichte; alljährl. am 15.9. (Battle of Britain Day) feiert die RAF ihren Sieg über die dt. Luftwaffe mit einem Vorbeiflug von S., die seinerzeit als Herausforderer der ➢ Me 109 berühmt wurden. Charakterist. für den Entwurf war eine grazile Zelle mit ellipt. abgerundeten Flügeln, die sich in vollkommener Aerodynamik mit dem Rolls-Royce-Merlin-12-Zylinder-V-Motor vereinte. Am 8.8.40 verfügte das Fighter Commmand über 370 S. in 19 Staffeln, die über ganz Großbrit. verteilt waren. Klass. Modell der Luftschlacht um England war die Mk IA, die mit den leichtkalibrigen 8x7,7-mm-MG der kanonenbestückten Me 109E zwar unterlegen, jedoch steigfreudiger und wendiger

Spitfire: Alarmstart eines Geschwaders während der Luftschlacht um England, August 1940

war. Daten: 1x1030 PS, max. 583 km/h in 5600 m Höhe, Reichweite 630 km, 2,4 t Startgewicht. Die Entwicklung der S. ging während des ges. Krieges weiter, die erste Großserie Mk V kam mit variabler Flügelbewaffnung heraus, u.a. mit 4x20-mm-Kanonen oder 2x20-mm-Kanonen und 4x7,7-mm-MG; 1x1450 PS, max. 593 km/h. Mit diesem Modell ging die RAF im Frühjahr 41 zur Offensive an der Kanalfront über, Ende 41 waren 43 Staffeln mit der Mk V ausgerüstet. Sie war der Me 109F an Feuerkraft überlegen, geriet jedoch 1942 gegenüber der ➣ Fw 190 ins Hintertreffen. Hauptmuster an allen Fronten war in den letzten drei Kriegsjahren die Baureihe Mk IX mit Vierblattpropeller für den 1665-PS-Merlin-Motor; max. 658 km/h in 7626 m Höhe, 2x20-mm-Kanonen und 4x7,7-mm- oder 2x12,7-mm-MG. Die Jägerreihe Mk XIV mit Fünfblattpropeller und Tropfenhaube erreichte mit dem 2050-PS-Griffon-Motor max. 717 km/h in 8000 m Höhe. Eine S. dieses Typs schoß als erste brit. Maschine einen Düsenjäger Me 262 im Luftkampf ab. Als die Produktion im Okt. 47 auslief, verteilten sich die insges. 20 351 S. auf rd. 20 verschiedene Baureihen, u.a. als Höhenjäger, Fotoaufklärer, Jagdbomber und Tiefangriffsflugzeug. Eine Sonderversion Mk XII wurde als Tiefflugjäger gegen die V 1 eingesetzt; für den Trägereinsatz entstand die Marineversion ➢ Seafire. 1331 S. wurden an die Sowjetunion geliefert.

Sponeck, Hans Graf von, * Düsseldorf 12.2.1888, † Festung Germersheim 23.7.1944, dt. Gen.leutnant (1.2.40); 1.2.38 Gen.major. S. wurde am 1.2.39 Kommandeur der 22. Inf.-div., die er auch bei Kriegsbeginn befehligte. Im Rußlandfeldzug übernahm er am 10.10.41 das XXXXII. AK, das er bei der Eroberung der Krim führte. Im Dez. 41 sah sich S. auf der Halbinsel ➢ Kertsch dem Angriff von 2 sowjet. Armeen gegenüber, die unter dem Schutz starker Seestreitkräfte gelandet waren, und befahl am 29.12.41 gegen die Weisungen seiner Vorgesetzten zur Rettung seines Korps die Räumung von Kertsch. Dafür am 31.12. seines Kommandos enthoben und vor ein Kriegsgericht unter Vorsitz Görings gestellt, wurde S. am 23.1.42 wegen »fahrlässigen Ungehorsams im Felde« zum Tod verurteilt und am 22.2.42 zu 6 Jahren Festungshaft begnadigt. Obwohl dadurch gar nicht in der Lage, mit dem Widerstand zu konspirieren, ließ Himmler S. nach dem Attentat vom 20.7.44 als Mitverschwörer erschießen.

Spruance, Raymond Ames, * Baltimore (Maryland) 3.7.1886, † Monterey (Kalifornien) 13.12.1969, amerikan. Admiral (Febr. 44). S. wurde 1940 Flaggoffizier und kommandierte bei Kriegseintritt der USA eine Kreuzerdiv. im Pazifik, wo er an der ersten Gegenoffensive unter Halsey beteiligt war, u.a. Angriffe gegen die Marshallinseln (Febr. 42), ➢ Doolittle-Raid gegen Tokio (April 42). In der Seeschlacht bei ➢ Midway war trotz des nominellen Oberkommandos von ➢ Fletcher v.a. S. der amerikan. Erfolg zu danken, da er seine Trägergruppe äußerst geschickt einsetzte. Nach über einjährigem Stabsdienst bei ➢ Nimitz auf Hawaii führte S. die 5. Flotte bei den Landungen auf den Gilbert- (Nov. 43) und Marshallinseln (Jan. 44) beim Raid gegen Truk (Febr. 44), bei der Eroberung der Marianen und in der Seeschlacht in der Philippinen-See (Juni 44). Von Aug. 44 bis Jan. 45 plante er in Pearl Harbor die weiteren Operationen seiner Flotte, die er dann gegen Iwo Jima und Okinawa einsetzte. Von Halsey abgelöst, war S. an den Planungen für eine Invasion Japans beteiligt, wurde nach Kriegsende Nachfolger von Nimitz als OB der Pazifikflotte, war 1946 Präs. des Naval War College und ging am 1.7.48 in Ruhestand; 1952-56 Botschafter auf den Philippinen.

SS. Abk. für **S**chutz**s**taffeln, ➢ Waffen-SS.

Stahlpakt, von Mussolini zur Kennzeichnung der »ehernen« Solidarität geprägte Bez. für den zw. Ribbentrop und Ciano am 22.5.39 in Berlin auf 10 Jahre geschlossenen dt.-italien. Vertrag. Der S. sah die Anerkennung der gemeinsamen Grenze (dt. Verzicht auf Südtirol), eine Konsultationspflicht, die gegenseitige polit. und militär. Unterstützung bei Bedrohung von außen, die uneingeschränkte und unbedingte militär. Hilfeleistung bei »krieger. Verwicklungen mit einer anderen Macht oder mit anderen Mächten«, die Einrichtung von Kommissionen für die militär. und kriegswirtsch. Zusammenarbeit sowie im Kriegsfall den Verzicht auf einseitigen Sonderfrieden vor. Der S. beruhte auf gegensätzl. Motiven der Kontrahenten: Während Hitler ihn ohne Konsultation als Mittel zur polit. Vorbereitung des längst geplanten Polenfeldzuges (11.4.39 Weisung für den »Fall Weiß«) und zur Abschreckung der Westmächte benutzen wollte, verband Mussolini mit ihm die Hoffnung, die Deutschen damit zumindest bis 1942/43 auf Frieden festlegen zu können. Die offenkundig bewußte Irreführung der Italiener auf dt. Seite, die völlig unzureichende militär. und wehrwirtsch. Kriegsbereitschaft auf italien. Seite gaben Mussolini bei Kriegsausbruch am 1.9.39 den begründeten Vorwand, den S. zu ignorieren und eine Politik der »non belligeranza« zu proklamieren. Auch später im Krieg gewann der S. kaum Bedeutung (keine Institutionalisierung der gemeinsamen Kriegführung) und wurde mit dem einseitigen Waffenstillstand der Italiener am 3.9.43 schließl. gegenstandslos. Der S. vermochte nur mühsam die tiefe Brüchigkeit der dt.-italien. Achsenfreundschaft zu verhüllen.

Stalag, Abk. für die dt. **Stammlager** für Kriegsgefangene im Mannschaftsrang. Während des Krieges bestanden etwa 150 S. mit zahlr. Teil- und Nebenlagern sowie Tausenden von Arbeitskommandos. Sie lagen durchweg im sog. OKW-Bereich (Heimat- und besetztes Wehrmachtverwaltungsgebiet). Im Gegensatz zu den Durchgangslagern (Dulag) und Armee-Gefangenen-Sammelstellen im OKH-Bereich (Operationsgebiet) hatten die S. feste Standorte. Im Dt. Reich wurden sie röm. numeriert nach dem jeweiligen Wehrkreis und mit einem Großbuchstaben für das betreffende S. gekennzeichnet. In den besetzten Gebieten trugen sie seit 1941 in der Regel dreistellige arab. Zahlen zw. 300 und 400. Nach der »Vorschrift für das Kriegsgefangenenwesen, Teil 5« war ein S. mit höchstens 10 000 Mann zu belegen, eine Quote, die allerdings oft überschritten wurde. Obwohl Auf- und Ausbau der S. genau reglementiert waren (Raumgebühr, Raumverteilung, Bauart der Baracken u.a.), existierten erhebl. Unterschiede; v.a. die Lager für sowjet. Gefangene entsprachen im allg. nicht den Vorschriften.

Stalin, Josef, ursprüngl. J. Dschugaschwili, * Gori (Georgien) 21.12. 1879, † Kunzewo (heute zu Moskau) 5.3.1953, sowjet. Politiker; Priesterausbildung, 1898 Mitglied der Sozialdemokrat. Arbeiterpartei Rußlands (seit 1904 bei der Mehrheitsfraktion der Bolschewiki), mehrfach verhaftet und verbannt, 1912 Mitglied des Zentralkomitees (ZK) und Annahme des Namens S. (= der Stählerne), nach der Oktoberrevolution (1917) Aufstieg zum Gen.sekretär des ZK (1922). Nach Lenins Tod hatte S. bis 1929 alle Rivalen, insbes. Trotzki, überspielt und errichtete in den 30er Jahren eine persönl. Diktatur auf der Basis polizeistaatl. Terrors. Mit Zwangskollektivierung der Landwirtschaft und einem aufwendigen Industrialisierungsprogramm versuchte er zugleich, die außenpolit. Unabhängigkeit durch wirtsch. Gesundung und Aufrüstung zu sichern. Der span. Bürgerkrieg und das ≫ Münchener Abkommen machten jedoch die Gefährdung der jungen Sowjetunion deutl.: Zum einen war die Rüstungslücke zu den faschist. Staaten weiterhin erhebl., zum anderen zeichnete sich bedrohl. eine Koalition der Westmächte mit Hitler ab. S. ersetzte daher 1939 seinen prowestl. Außenmin. Litwinow durch ≫ Molotow, erreichte trotz der ideolog. Gegensätze mit dem ≫ Dt.-Sowjet. Nichtangriffsvertrag vom 23.8.39 erhebl. Zeitgewinn und konnte mit Hitlers Billigung seine territoriale Basis durch Annexionen (Ostpolen, Bessarabien, Balt. Staaten u. a.) und den ≫ Winterkrieg gegen Finnland ausbauen. Zwar geriet die Sowjetunion durch den von S. noch nicht vermuteten dt. Angriff (22.6.41) im ≫ Rußlandfeldzug dennoch an den Rand des Zusammenbruchs, doch S.s Nichtangriffspakt mit Japan (April 41) hielt, ein Bündnis mit England (und damit den USA) half, und der Appell an den russ. Patriotismus brachte schließl. die Wende. Dachte S., seit 1941 auch Min.präs. und 1943 Marschall, zunächst noch an einen mögl. Sonderfrieden mit dem Dt. Reich, so setzte er schon bald, wie seine Alliierten, auf die ≫ Bedingungslose Kapitulation und lehnte sogar dt. Austauschangebote für seinen gefangenen Sohn Jakow ab, der in dt. Haft 1943 umkam. Auf den Konferenzen von ≫ Teheran, ≫ Jalta und ≫ Potsdam erwies sich S. als der geschickteste Verhandlungspartner und sicherte seine gewonnenen Positionen durch eine Politik der vollendeten Tatsachen. Zu Hilfe dabei kamen ihm die Wechsel in der polit. Führung der USA und Englands 1945 sowie das im Krieg gewaltig angewachsene Potential der Roten Armee. Es erlaubte ihm einen Konfliktkurs, der zum erwünschten Kalten Krieg mit seinen einstigen Verbündeten und zur Abschottung durch einen Eisernen Vorhang führte, hinter dem S. das Programm der Bolschewisierung Ost- und Südosteuropas ungestört vorantreiben konnte.

Stalingrad (bis 1925 Zarizyn, seit 1961 Wolgograd), bedeutende sowjet. Industrie- und Handelsstadt am hohen W-Ufer der unteren Wolga in flacher, karger Steppenlandschaft, 600 000 Einwohner (1942). S. spielte 1942 in der ursprüngl. Planung der dt. Sommeroffensive »Blau«, die eigentl. auf den Kaukasus zielte, zunächst eine Nebenrolle: Bei der geplanten Vernichtung der sowjet. Kräfte im weit nach O schwingenden Großen Don-Bogen war »S. selbst zu erreichen oder zumindest so unter Wirkung unserer schweren Waffen zu bringen, daß es als weiteres Rüstungs- und Verkehrszentrum ausfällt« (Weisung Nr. 41 vom 5.4.42). In der Annahme jedoch, der Gegner sei bereits in den Eröffnungsschlachten der Sommeroffensive entscheidend geschlagen worden, drehte Hitler den unteren Angriffsflügel, die Heeresgruppe A, nach S ab (Weisung Nr. 45 vom 23.7.42), während der obere, die Heeresgruppe B, großenteils im Raum Woronesch gefesselt blieb. Die ursprüngl. sehr wuchtigen Stoßgruppen reduzierten sich auf die 6. Armee (Paulus) aus NW und die 4. Pz.armee (Hoth) aus SW. Zugleich erweiterte sich ihr Auftrag dahin, durch Gewinnen der Linie S. – Astrachan die Kaukasus-

Stalingrad: deutsche Landser im Straßenkampf, Dezember 1942

Offensive zu decken, wofür die Kräfte fehlten. Die Luftunterstützung übernahm das VIII. Fliegerkorps (Fiebig). S. wurde damit zum Angelpunkt der Gesamtoffensive, was Stalin erkannte und mit dem Ausbau dieser Zone zum Verteidigungsschwerpunkt beantwortete. Unter Gen.oberst Jeremenko und Polit-Kommissar Chruschtschow wurden vor S. 4 Stellungsbögen ausgebaut und 6 Armeen, 2 Pz.armeen sowie 1 Luftarmee konzentriert. Diese Massierung konnte den dt. Einbruch in das Vorfeld von S., den die sehr starke 6. Armee bei Kalatsch (7.-14.8.) erkämpfte, empfindl. hemmen, aber nicht verhindern; immerhin gelang es den sowjet. Armeen, die 4. Pz.armee bei Tinguta zu stoppen und den größeren Teil der 6. Armee in ihrer linken Flanke durch Brückenköpfe zu binden. Das dt. XIV. Pz.korps (v. Wietersheim), das am 23.8. die Wolga und S. erreichte, wurde sogar vorübergehend in zwei Teile zerbrochen und z.T. eingeschlossen. Die sowjet. Gegenstöße aus den Don-Brückenköpfen nahmen der 6. Armee die Kraft, im Verein mit der 4. Pz.armee, die am 30.8. eingebrochen war, die sowjet. 62. und 64. Armee vor S. zu fassen. Die Verteidiger mußten im frontalen Angriff verdrängt oder vernichtet werden. Diese Aufgabe übernahm das LI. AK (v. Seydlitz), das, wie die gegenüberstehende sowjet. 62. Armee (Tschuikow), laufend – aber im

Gegensatz zu ihr nur aus dem Armeebestand – verstärkt und erneuert wurde; nach O deckten dt. und rumän. Korps der 4. Pz.armee seine rechte Flanke, nach N 3 Korps der 6. Armee seine linke. Von Ende Aug. bis Mitte Nov. kämpfte sich das LI. AK in mehreren Angriffen durch die Trümmer des zerbombten S. zur Wolga durch, an der die sowjet. 62. Armee zuletzt nur noch wenige Brückenköpfe hielt, aber insges. die dt. Hauptkräfte band und verschliß. Die 17 Div. der 6. Armee sanken von 254 421 auf 138 823 Mann ab, die 51 780 russ. Hilfswillige ergänzten. An den Vorstoß wolgaabwärts war nicht mehr zu denken. Spätestens seit dem 12.9. bereitete Stalin die Einschließung der 6. Armee (»Uranus«) und den Durchbruch bis Rostow (»Saturn«) vor; zu diesem Zweck optimierte er die Kampfkraft der Südwestfront (Watutin) mit 3 ≫ Armeen und 2 Luftarmeen, der Donfront (Rokossowski) mit 3 Armeen und 1 Luftarmee, der Stalingradfront (Jeremenko) mit 4 Armeen und 1 Luftarmee. Hitler rechnete mit einer Wiederholung der bolschewist. Präzedenzoperationen bei Zarizyn im Bürgerkrieg (1918 und 1919/20) und verstärkte die Donlinie im Okt. mit der rumän. 4., der italien. 8. Armee und dem XXXXVIII. Pz.korps als Rückhalt. Doch dank überlegter Schwerpunktbildung durchbrachen oder vertrieben die sowjet. Truppen am 19./20.11. die rumän. Verbände an beiden dt. Flanken überraschend schnell. Die wegen ungenügender Zufuhr in der Beweglichkeit sehr eingeschränkte 6. Armee – die meisten Pferde waren in Fütterungsdepots abgegeben – vermochte noch ihre Aufrollung, aber nicht mehr ihre Einschließung zu verhindern. Bereits früher hatte Hitler Anträge u.a. von Paulus, die zur Abnützungsschlacht degenerierte Operation abzubrechen und die exponierte Armee aus S. zurückzuziehen, schon aus Prestigegründen kategor. abgelehnt. So verbot er auch jetzt den Ausbruch, den Paulus vorschlug und Seydlitz für sein AK selbständig einleitete. Hitler rechnete mit ausreichender Luftversorgung und baldigem Entsatz durch die neugebildete Heeresgruppe Don (Manstein) nach dem Vorbild von ≫ Demjansk und wollte S. halten, das ihm als unabdingbarer Ausgangspunkt für die Offensive des nächsten Jahres galt. Zu diesem Zweck ließ er Seydlitz, dessen eigenmächtigen Ausbruchsversuch Paulus vertuschte, mit 13 der 23 eingeschlossenen Div. der 6. Armee und eines Korps der 4. Pz.armee den Angriff wolgawärts fortsetzen. Wegen dieser Bindung ihrer mot. Verbände und Pz.kräfte, aber auch infolge des struktur-, wetter- und feindbedingten Ungenügens der Luftbrücke von den Basen der Luftflotte 4 zum S.-Flughafen Pitomnik wurde die 6. Armee weitgehend bewegungsunfähig und konnte nach zu später Umgruppierung Mitte Dez. nicht zur Entsatzoperation der 4. Pz.armee (≫ »Wintergewitter«) beitragen. Nach weiteren »Saturn«-Operationen der Roten Armee, die seit 16.12. die italien. 8. Armee und seit 24.12. die dt. 4. Pz.armee trafen, fand die dt. Front erst nahe der Ausgangslinie vom Juli wieder Halt. Das Kaukasusgebiet mußte geräumt werden. Dennoch beharrte Hitler auf dem Halten des S.-Kessels und des ≫ Kuban-Brückenkopfes im Kaukasusvorland (17. Armee/Ruoff) als vorgeschobene Offensivbasen für 1943. Das Verlöschen der 6. Armee – deren hohe

Moral seit der Jahreswende ins Wanken geriet – durch Kälte, Hunger, Krankheit und Kampf (Gefechtsverluste durchschnittl. bis 10.1.43 rd. 650 Mann/Tag) nahm der Oberste Befehlshaber nicht zur Kenntnis und übertrieb die sowjet. takt. Fehler und logist. Unzulänglichkeiten (Versorgungsmängel bei Winterbekleidung, Munition, Treibstoff). Nach Ablehnung einer Kapitulationsaufforderung Rokossowskis drückte die Donfront seit 10.1.43 den Kessel von W her ein. Am 31.1./2.2.43 ergaben sich dessen letzte Reste. Die sowjet. Verluste beim Unternehmen »Uranus« sind unbekannt, auf dt. Seite fielen 58000 Mann; nur 6000 der in S. in Gefangenschaft geratenen 201 000 Soldaten kehrten später heim. Die dt. Niederlage in der Schlacht um S. beendete den Vormarsch der Wehrmacht im ➢ Rußlandfeldzug und wurde allg. als Wendepunkt des Krieges empfunden. Goebbels nutzte die Katastrophe für seine Durchhalte-Propaganda und rief am 18.2.43 im Berliner Sportpalast unter dem Jubel des sorgsam ausgesuchten Publikums zum ➢ Totalen Krieg auf.

Stalin-Linie, unter Einbeziehung natürl. Hindernisse gebildeter, nur teilweise ausgebauter Befestigungsgürtel in der westl. Sowjetunion. Die S. verlief von der Dnjestr-Mündung vor Odessa am O-Ufer des Flusses nach N, bog zw. Kamenezpodolsk und Winniza nach NO ab, an Schitomir vorbei bis Tschernigow, von wo sie sich wieder in nördl. Richtung über Mogilew bis Orscha und Polozk hinzog. Die v.a. im südl. Abschnitt starke S. konnte bei Beginn des Rußlandfeldzugs den dt. Vormarsch nur vorübergehend hemmen und war schon Mitte Juli 41 fast auf voller Länge durchbrochen.

Stalinorgel, bei den dt. Truppen übl. Bez. für den sowjet. Raketenwerfer Katjuscha (oder Maria Iwanowna). Die erstmals vor Leningrad am 21.9.41 aufgetauchte S. bestand aus schwenkbaren 2,5 bis 5 m langen Leitschienen, die auf Lkw montiert wurden, und verschoß elektr. gezündete Granaten verschiedenen Kalibers auf Entfernungen zw. 2500 und 8400 m. Die leichtere, zunächst eingesetzte Version BM 8 feuerte Salven von 32 oder 36 Geschossen vom Kaliber 7,5 und 8,2 cm ab, die schwerste S. brachte es bis auf 54 bis zu 80 kg schwere Granaten vom Kaliber 40,6 cm. Die geringe Schußgenauigkeit der S. wurde durch Masseneinsatz, schnelle Schußfolge, Flächenabdeckung, ungeheure Beweglichkeit durch den Lkw-Transport und v.a. die verheerende moral. Wirkung des Salvenfeuers ausgeglichen, verstärkt durch das jaulende Abschußgeräusch.

Stauffenberg, Claus Graf Schenk von, * Jettingen bei Günzburg 15.11.1907, † Berlin 20.7.1944, dt. Offizier und Widerstandskämpfer; 1926 zur Kavallerie, 1936 Dozent an der Kriegsakademie Berlin. S. nahm beim Stab des XVI. AK (mot.) unter ➢ Hoepner am Polen- und Frankreichfeldzug teil und arbeitete in Rußland u.a. mit dem ➢ Smolensker Komitee zusammen bei der Aufstellung von Freiwilligen-Verbänden. Schon lange ein Feind des nat.-soz. Rassismus, erlebte er hier den braunen Terror in seiner brutalsten Form und wurde zum geschworenen Feind Hitlers. Beim Stab der 10. Pz.div. in Afrika am 7.4.43 schwer verwundet

Stauffenberg: als Kopf und zugleich ausführendes Organ des fehlgeschlagenen Attentats vom 20. Juli 1944 eine der großen Gestalten des deutschen Widerstands gegen die NS-Diktatur

(Verlust eines Auges und einer Hand), kam der genesene S. am 1.10.43 als Chef des Stabes zum Allg. Heeresamt unter ≫ Olbricht und wurde zum Motor des Widerstands. Die Gelegenheit zum Attentat auf Hitler bot sich ihm, als er am 1.7.44 als Oberst Stabschef des Befehlshabers des Ersatzheers geworden war und nun Zutritt zu den Lagebesprechungen im Führerhauptquartier hatte. Am 20.7.44 stellte S. eine Zeitzünderbombe in der Lagebaracke ab, flog in der Annahme, Hitler getötet zu haben, nach Berlin, um dort den Umsturz zu leiten, mußte aber aufgeben, als die Nachricht vom Überleben des Diktators bekanntwurde und alle Planungen der Verschwörer gegenstandslos machte. Gen.oberst Fromm ließ ihn mit weiteren Widerstandskämpfern zur Bemäntelung eigener Verstrickung in den Putschversuch noch am Abend des gleichen Tages standrechtl. erschießen.

Stawka, ursprüngl. allg. Bez. für das Zelt des Befehlshabers im russ. Heer, im 1. und 2. Weltkrieg übertragen auf das Hauptquartier des Oberkommandos der zarist., später der Roten Armee. Bei Beginn des dt. Angriffs am 22.6.41 führte Marschall Timoschenko in Abwesenheit Stalins, der in Sotschi kurte und erst am 4.7. die Führung übernahm (8.8. Generalissimus), den S. als Volkskommissar (Min.) für Verteidigung, weitere Mitglieder waren Armeegen. Schukow (26.8.42 Stellv. Stalins als oberster militär. Befehlshaber), Molotow als Stellv. Stalins und Volkskommissar für Auswärtiges, die Marschälle Woroschilow und Budjonny sowie der Volkskommissar für die Marine, Admiral Kusnezow, »beraten« von einigen Mitgliedern oder Kandidaten des Politbüros. Der S., dessen Zusammensetzung sich während des Krieges mehrfach änderte, unterstand anfangs der polit. Aufsicht eines Staatsverteidigungs-Komitees, das ebenfalls von Stalin geleitet wurde, und war zuständig für die strateg. Führung des Krieges, während die Fronten (Heeresgruppen) die operative und die kleineren Verbände die takt. Führung wahrnahmen. Die Planung lag beim Gen.stab des S., gegliedert in 6 Hauptabt. für Operationen, Feindnachrichten, Nachrichtenverbindung, Organisation und Mobilmachung, Topographie sowie Kriegsgeschichte. Chef des Stabes waren: bis Okt. 41 Schukow, bis Nov. 42 Schaposchnikow, dann Wassiljewski.

»Steinbock«, Deckname für die letzte dt. Bomberoffensive gegen Großbrit. im Frühjahr 44. »S.« begann in der Nacht vom 21./22.1. mit einem Großangriff auf London, das mit insges. 17 Bombardements bis 18./19.4. Hauptziel blieb. Danach wurden noch bis Mitte Mai mit schwächeren Kräften Hull, Bristol und Portsmouth angegriffen. Hitler hatte die Offensive persönl. zur Vergeltung für die Flächenbombardierungen der RAF angeordnet. Die Operation leitete der »Angriffsführer England«, Gen.major Peltz, dem 524 Maschinen (462 einsatzbereit) zur Verfügung standen, darunter erstmals He 177 ➢ Greif, doch konnte er selbst beim schwersten Angriff am 18./19.2. nicht mehr als 187 Bomber über der brit. Hauptstadt versammeln. »S.« tötete 1556 Menschen und verletzte 2916 schwer, 329 dt. Maschinen gingen aufgrund der seit 1941 stark verbesserten Luftabwehr (➢ Radar) verloren.

Steiner, Felix, * Stallupönen (Ostpreußen) 23.5.1896, † München 17.5. 1966, SS-Obergruppenführer und Gen. der Waffen-SS (1.7.43). S., der im Gegensatz zu ➢ Hausser in der ➢ Waffen-SS ein Elitekonzept verwirklichen wollte, war bei Kriegsbeginn Regimentskommandeur. Er wurde im Nov. 40 Gen.major und Kommandeur der 5. SS-Pz.grenadierdiv. »Wiking«, die aus europ. Freiwilligen (Flamen, Wallonen, Niederländern, Dänen, Norwegern, Finnen) bestand. Im Nov. 42 übernahm S. das III. Pz.korps des Heeres, wurde im Mai 43 Kommand. Gen. des III. SS-Pz.korps. Von Ende Jan. bis 25.3.45 war S. OB der neugebildeten 11. Pz.armee in Pommern und danach bis 3.5.45 OB einer nach ihm benannten Armeegruppe. Hitler setzte große Hoffnungen auf ihn und befahl ihm am 21.4.45, von N her auf Berlin vorzustoßen und die Hauptstadt zu entsetzen, was angesichts der tatsächl. Kräfteverhältnisse völlig utop. war. 3.5.45 brit. Gefangenschaft, 27.4.48 Entlassung.

Stilwell, Joseph Warren, * Palatka (Florida) 19.3.1883, † San Francisco 12.10.1946, amerikan. General; 1904 Absolvent der Akademie West Point, 1917/18 mit dem amerikan. Expeditionskorps in Frkr., Studium der Sinologie, Militärattaché in China 1926-29 und 1935-39. S. wurde bei Beginn des Krieges in Fernost Stabschef ➢ Tschiangkaischeks und nach Eintritt der USA in den Krieg OB der amerikan. Streitkräfte im Bereich China – Burma – Indien. Es gelang ihm unter ungünstigsten Umständen, seine Verbände vor den Japanern aus Burma nach Indien und S-China zu retten und Kräfte für eine Gegenoffensive zu sammeln. Trotz beginnender Erfolge wurde S. schließl. auf Wunsch von Tschiangkaischek im Okt. 44 in die USA zurückberufen, da er mit seiner Kompromißlosigkeit andere Befehlshaber, v.a. den OB des SEAC, ➢ Mountbatten, verärgerte; Spitzname »Essig-Joe«. Er war danach OB der 10. US-Armee und seit 1946 der 6. US-Armee in San Francisco.

Stimson, Henry Lewis, * New York 21.9.1867, † Huntingdon (New York) 20.10.1950, amerikan. Politiker; Jurist, 1911-13 Kriegsmin., 1928-30 Gouverneur der Philippinen, 1930-33 Außenmin. S., ein kompromißloser Feind des faschist. Imperialismus (S.-Doktrin), wurde 1940 von Roosevelt erneut zum Kriegsmin. berufen, sah aber dessen

Kurs des engen Bündnisses mit der Sowjetunion sehr krit. und wandte sich gegen alle Bestrebungen einer Ausschaltung Deutschlands in Mitteleuropa wie etwa durch den ➢ Morgenthau-Plan. In Fernost befürwortete er hingegen den Einsatz der ➢ Atombombe zur Kriegsverkürzung. Rücktritt 28.9.45.

Stirling, schwerer brit. Bomber der Firma Short, Erstflug 14.5.39. Die S. kam als erstes viermotoriges Baumuster des RAF Bomber Command mit 7 Mann Besatzung und bis zu 6350 kg Bombenzuladung über dem Kontinent zum Einsatz. Sie war seit Febr. 41 in wachsender Zahl bei schließl. 11 Staffeln an der Nachtbomberoffensive beteiligt, dabei auch Verwendung als ➢ Pfadfinder. Von 1943 an wurde die S. als Nachtbomber durch die moderneren ➢ Halifax und ➢ Lancaster abgelöst. Im Kriege wuchs die Gesamtproduktion auf 2383 Exemplare verschiedener Bauserien, wobei die S. zuletzt als Minenleger, Transporter und v.a. als Schleppflugzeug diente. Sie brachte bei den großen alliierten Luftlandeunternehmen einen Hamilcar- oder bis zu 5 Horsa-Lastensegler ans Ziel.

Storch, dt. Kurzstartflugzeug Fieseler Fi 56, diente im Krieg an allen Fronten unter dem Spitznamen »fliegender Kübelwagen« als Nahaufklärer sowie als Stabs-, Verbindungs- und Sanitätsflugzeug. Das dreisitzige Kabinenflugzeug mit dem langbeinigen S.-Fahrwerk und einem 24-PS-Argus-AS-10-Reihenmotor benötigte dank seiner exzellenten Langsamflugeigenschaften nur 65 m Anlauf beim Start und 20 m beim Landen. Die Mindestgeschwindigkeit mit ausgefahrenen Landeklappen lag je nach Gegenwind zw. 51 und 38 km/h. Der Prototyp wurde 1937 von ➢ Udet beim internat. Fliegertreffen in Zürich öffentl. vorgestellt. Für die Luftwaffe fertigten die ➢ Fieseler-Werke während des Krieges 2549 Maschinen der militär. Version Fi 156 C, die sich nach rückwärts mit einem 7,92-mm-MG verteidigte. Den wirksamsten Schutz vor feindl. Jägern boten jedoch Bremsmanöver des Piloten. Die Produktion wurde vom Kasseler Stammwerk in die besetzten Gebiete verlagert, und zwar zu Morane Saulnier in Frkr. und Benes-Mraz in der CSR. Dort lief die Serienfertigung nach Kriegsende noch einige Jahre weiter.

Strasbourg, frz. Schlachtschiff, 12.12.36 Stapellauf, Dez. 38 in Dienst gestellt, 26500 t, 30 kn, 214,5 m lang, 31,1 m breit, bis 1431 Mann Besatzung; Bewaffnung: 8x33 cm, 16x13 cm, zahlr. kleinere Rohre Flak. In der ersten Kriegsphase beteiligte sich die S. unter Kapitän z.S. Collinet seit Okt. 39 ohne Erfolg an der Jagd auf das dt. Pz.schiff ➢ Admiral Graf Spee, verlegte am 27.4.40 ins Mittelmeer und lag nach der Niederlage Frkr.s in ➢ Mers el-Kebir. Dort am 3.7.40 von einem brit. Flottenverband überfallen, gelang ihr leicht beschädigt der Ausbruch nach Toulon. Als Flaggschiff des OB der frz. Hochseeflotte, Admiral de Laborde, gab die S. am 27.11.42 beim dt. Unternehmen ➢ »Lila« das Signal zur Selbstversenkung der Kriegsschiffe, die etwa 100 Einheiten mit 230000 t gelang. Das in 14 m tiefem Wasser auf Grund gesetzte Schiff wurde am 17.4. von den Italienern geborgen, das Wrack im Mai 44 an die frz. Marine zurückgegeben und am 18.8.44 durch US-Flugzeuge erneut versenkt. Aug. 45 wieder geborgen und für Sprengversuche unter Wasser genutzt, Mai 55 abgewrackt.

Streicher, Julius, * Fleinhausen bei Augsburg 12.2.1885, † Nürnberg 16.10.1946 (hingerichtet), dt. Politiker; Lehrer, 1921 NSDAP-Beitritt, 1923 Gründung der antisemit. Zeitschrift »Der Stürmer« und Teilnahme am Hitler-Putsch, 1928 Gauleiter von Franken, 1933 Reichstagsabgeordneter, 1935 maßgebl. Beteiligung an den Nürnberger Rassegesetzen. Obwohl in der Folgezeit zunehmend entmachtet, trug S. mit seiner primitiven Hetze entscheidend zur ➢ Judenverfolgung bei. Er wurde nach Kriegsende am 23.5.45 verhaftet und am 1.10.46 vom Internat. Militärtribunal in Nürnberg als einer der Hauptkriegsverbrecher wegen Verbrechen gegen die Menschlichkeit zum Tod verurteilt.

Stroop, Jürgen, * Detmold 26.9.1895, † Warschau 6.3.1952 (hingerichtet), SS-Gruppenführer (1943). S. wurde nach Kriegsbeginn v.a. zur »Bandenbekämpfung« eingesetzt und erhielt am 19.4.43 den Auftrag, den Warschauer Getto-Aufstand niederzuschlagen. Bis 16.5. vernichtete er planmäßig den jüd. Wohnbezirk und wurde danach als Höherer SS- und Polizeiführer nach Griechenland versetzt. Am 21.3.47 verurteilte ein amerikan. Militärgericht S. zum Tod, ließ ihn dann aber an Polen ausliefern, wo er ebenfalls zum Tod verurteilt wurde.

Struthof, auch unter dem Namen Natzweiler bekanntes nat.-soz. ➢ Konzentrationslager in den Vogesen.

Stuart I/VI, brit. Bez. für den leichten amerikan. Kampfpz. ➢ M 3/5.

Student, Kurt, * Birkholz (Kreis Züllichau-Schwiebus) 12.5.1890, † Bad Salzuflen 1.7.1978, dt. Gen.oberst (13.7.44); 1910 Eintritt ins Heer, im 1. Weltkrieg bei den Fliegern, 1918 Hauptmann, danach Referent für Flugtechnik und beteiligt an der heiml. Luftrüstung, 1933 Kommandeur der Techn. Schulen, später der Erprobungsstelle Rechlin, Inspekteur der Fliegerschulen und Höherer Fliegerkommandeur 3. Am 1.4.38 zum Gen.major ernannt, wurde S. am 1.7.38 Kommandeur der Fallschirmtruppe, seit Sept. 38 der 7. Fliegerdiv., die zu Beginn des Feldzugs im W zur Einnahme strateg. wichtiger Brücken (u.a. in Rotterdam) und Stellungen eingesetzt wurde. Für seine seine dabei errungenen Verdienste wurde der erst am 1.1.40 zum Gen.leutnant beförderte S. schon am 29.5.40 zum Gen. der Flieger ernannt und im folgenden Jahr als Kommand. Gen. des XI. Fliegerkorps mit der Eroberung ➢ Kretas aus der Luft beauftragt. Seine Fallschirmjäger hatten nur noch einmal einen spektakulären Luftlandeeinsatz, als sie am 12.9.43 Mussolini aus der Haft auf dem Gran Sasso befreiten (Unternehmen »Eiche«). S. war danach vom 1.5. bis zum 18.11.44 und erneut vom 10. bis zum 18.4.45 OB der 1. Fallschirmarmee. In der Zeit dazw. führte er die Heeresgruppe H und wurde am 28.4.45, wenige Tage vor Kriegsende, noch OB der Heeresgruppe Weichsel. Am 28.5.45 verhaftet, wurde S. von einem amerikan. Militärgericht zu 5 Jahren Haft verurteilt, aber schon wenig später nach einer erfolgreichen Berufung freigelassen.

Stuka, Kurzwort für das Sturzkampfflugzeug Junkers Ju 87. Junkers hatte im schwed. Zweigwerk Malmö den sturzflugtaugl. Jagdzweisitzer Ju (K) 47 entwickelt, der zum direkten Vorläufers des S. wurde; Erstflug 17.9.35. Im Sommer 37 übernahm das S.-Geschwader Immelmann in Schwerin die ersten Maschinen der A-Serie. Die Kampferprobung bei der Legion Condor im span. Bürgerkrieg ergab eine außerordentl. Treffsicherheit beim Bombenwurf, die takt. Erfahrungen schlugen sich in der B-Serie von 1938/41 nieder. Die Ju 87 »Bertha« erhielt neben einer neuen Kabine ein schlankeres Fahrwerk und v.a. den 1200-PS-Jumo-211-Reihenmotor. Mit ihren häßl. Knickflügeln und dem Hängekühler unter der Motorschnauze verkörperte sie den S. schlechthin, obwohl die ➢ Ju 88 ebenfalls als Sturzbomber ausgelegt worden war. Für den Überfall auf Polen zog die Luftwaffe 9 Gruppen und 1 Staffel mit 348 S. zusammen; etwa ebenso viele unterstützten als »fliegende Artillerie« im W den Pz.durchbruch. Die S.-Staffeln flogen ihre Ziele in Dreierketten an, aus 3000 bis 5000 m Höhe kippten sie fast senkrecht über die Tragfläche ab und klinkten kurz vor dem Abfangen zw. 800 und 300 m ihre Bomben aus. Sturzkampfangriffe erwiesen sich als bes. wirksam gegen Bunker, Pz.ansammlungen, Brücken, Eisenbahnanlagen, Schiffe und ähnl. Punktziele. Das infernalische Geheul der »Jericho-Trompeten«, einer kleinen Propellersirene am linken Radbein, demoralisierte als zusätzl. psycholog. Effekt Zivilbevölkerung und feindl. Bodentruppen.

Bei der ➢ Luftschlacht um England zerstob der S.-Mythos. Gegen angriffslustige Spitfires hatte der klobige, viel zu langsame Bomber keine Chance. Nach unerträgl. Verlusten wurden die S.-Gruppen Ende Aug. 40 aus der England-Offensive gezogen. So lange sich die Achsenmächte der Luftüberlegenheit erfreuten, wurden S. mit einigem Erfolg über dem Mittelmeerraum und N-Afrika verwendet. In Rußland operierten die S.-Verbände anfangs noch einmal nach dem bewährten Blitzkriegskonzept, bald jedoch wurden sie als »Feuerwehr der Luft« bei den immer härteren Schlachten verschlissen. Mitte 43 war die Zeit des S. vorüber, aber er blieb im O als »Nachtschlächter« und »fliegende Pak« weiterhin unentbehrl. Mit verbesserten Kampfleistungen war inzw. die letzte und zahlenmäßig wichtigste Großserie für den 1400-PS-Jumo-211-J-Reihenmotor an die Front gekommen. Diese Ju 87 D, kenntl. an der tropfenförmigen Abdeckhaube und verkleinertem Kühler, flog max. 408 km/h, verfügte über Pz.schutz für Pilot und Beobachter, 2x7,9-mm- oder 2x20-mm-Kanonen als starre Bewaffnung nach vorn und ein 7,92-mm-Zwillings-MG als bewegl. Abwehrbewaffnung nach hinten, 5,7 t Abfluggewicht, bis 1800 kg Bomben an Außengehängen. Die G-Serie war als »Pz.knacker« konzipiert; sie trug 2 automat. 3,7-cm-Flak 18 mit je einem 12-Schuß-Magazin unter den Tragflächen. Oberst ➢ Rudel, mit 2530 Frontflügen bekanntester S.-Pilot, zerstörte 519 Sowjetpz. mit einem solchen »Kanonenvogel«. Der letzte von insges. 5709 S. wurde im Okt. 44 abgeliefert, Ende März 45 war dieses Baumuster noch bei 19 Pz.jagdstaffeln und Nachtschlachtgruppen vertreten, der Bestand jedoch auf 300 Maschinen zusammengeschmolzen.

Stülpnagel, Karl-Heinrich von, * Darmstadt 2.1.1886, † Berlin-Plötzensee 30.8.44 (hingerichtet), dt. Gen. der Inf. (1.4.39); 1904 Eintritt ins Heer, Ende des 1. Weltkriegs Hauptmann, 1.10.35 Gen.major, 1.10.37 Gen.leutnant. S. wurde nach dem Polenfeldzug am 21.10.39 Oberquartiermeister I im Gen.stab des Heeres und am 30.5.40 Kommand. Gen. des II. AK. Seit 21.6.40 Leiter der dt.-frz. Waffenstillstandskommission in Wiesbaden und seit 15.2.41 OB der 17. Armee, mit der er bis 25.11.41 am Rußlandfeldzug teilnahm, wurde S. am 13.2.42 Militärbefehlshaber Frkr. Er näherte sich seit 1943 dem militär. Widerstand und ließ nach dem Attentat vom 20.7.44 gemäß Plan »Walküre« die SS-, SD- und Gestapo-Führer, insges. etwa 1200 Personen, in Paris festnehmen, mußte sie aber am nächsten Tag wieder freilassen und wurde nach Deutschland zurückbeordert. Bei Verdun, wo er 1916 gekämpft hatte, versuchte er sich das Leben zu nehmen, schoß sich aber nur blind und wurde vom Volksgerichtshof zum Tod verurteilt.

Stumme, Georg, * Halberstadt 29.7. 1886, † El Alamein 24.10.1942, dt. Gen. der Pz.truppen (1.6.40); 1.8.36 Gen.major, 1.4.38 Gen.leutnant. S. befehligte bei Kriegsbeginn die 2. leichte Div., die am 18.10.39 in 7. Pz.div. umbenannt wurde. Seit 15.2.40 Kommand. Gen. des XXXX. Pz.korps, kämpfte S. in Frkr. und in Rußland, wo ihm u.a. am 26.8.41 die Vernichtung der sowjet. 22. Armee (Jerschakow) bei Welikije-Luki gelang. Im Sommer 42 kehrte er nach Deutschland zurück und übernahm am 20.9.42 für den kranken Rommel die Führung der Pz.armee Afrika. Bei Beginn der Offensive der brit. 8. Armee (Montgomery) an der Front bei ➢ El Alamein am 24.10.42 versuchte er sich durch eigenen Augenschein an der Hauptkampflinie ein Lagebild zu verschaffen, erlitt einen Herzinfarkt und wurde erst nach 2 Tagen auf dem Schlachtfeld tot geborgen.

Stumpff, Hans-Jürgen, * Kolberg (Pommern) 15.6.1889, † Frankfurt am Main 9.3.1968, dt. Gen.oberst (19.7.40); Eintritt ins Heer 1.4.08, in der Reichswehr 1.7.33 Oberst und Amtschef z.b.V. im Reichswehrmin., seit 1.9.33 im neugebildeten Reichsluftfahrtmin., in der Wehrmacht 1.4.36 Gen.major, 1.8.37 Gen.leutnant, 1.11.38 Gen. der Flieger. S. wurde am 1.6.37 Gen.stabschef der Luftwaffe und 1939 Chef der Luftwehr im Luftfahrtmin. Seit 12.1.40 führte er als OB verschiedene Luftflotten: bis 10.3.40 Luftflotte 1 im W, bis 6.11.43 Luftflotte 5 in Norwegen und von Jan. 44 bis Kriegsende Luftflotte Reich. In dieser Eigenschaft als Stellv. von Luftwaffen-OB ➢ Greim war er Mitunterzeichner der Bedingungslosen Kapitulation im sowjet. Hauptquartier in Karlshorst am 9.5.45. Ein brit. Militärgericht sprach S. im Okt. 47 von der Anklage frei, den Terrorfliegerbefehl weitergegeben zu haben.

Sturmowik, Beiname des sowjet. Schlachtflugzeugs ➢ Il-2.

Sturmvogel, Beiname des Düsenjagdbombers Messerschmitt Me 262A-2a. Bei einer Vorführung der Me 262 ➢ Schwalbe am 26.11.43 im ostpreuß. Insterburg glaubte Hitler in dem als Abfangjäger konstruierten Strahlflugzeug endl. den ersehnten »Blitzbomber« zur

Abwehr alliierter Invasionsversuche gefunden zu haben. Daher entstand die S.-Version als Bombenträger für 2x250-kg-Bomben als Außenlast, die das Startgewicht erhöhte und die Geschwindigkeit um 200 km/h reduzierte. Die ersten S. wurden im Spätsommer 44 dem KG 51 »Edelweiß« zur Erprobung an der Invasionsfront zugewiesen, später rüsteten 2 Gruppen des Geschwaders auf den »Blitzbomber« um. Maschinen vom Typ S. traten im Winter 44/45 von Rheine aus mit Einzel- und Überraschungsangriffen während der ➢ Ardennenoffensive und beim Unternehmen ➢ »Bodenplatte« in Erscheinung und erzielten psycholog., aber kaum militär. Wirkung.

Stuttgart, Hauptstadt Württembergs mit 460000 Einwohnern (1940). S., von der nat.-soz. Propaganda als »Stadt der Auslandsdeutschen« bezeichnet, war als Standort wichtigster Industriewerke (u.a. Daimler-Benz) eines der Hauptziele der alliierten Luftoffensive gegen Deutschland. Nach schwächeren Angriffen schon im Mai 42 folgte im Nov. 42 ein erster Großangriff von 222 brit. Maschinen, die bei 10 Verlusten 335 t Bomben auf die Stadt warfen. Am 11./12.3.43 erschienen 267 brit. Flugzeuge über S. mit 801 t Bomben, die 112 Zivilisten töteten und 386 verletzten, 11 Angreifer wurden abgeschossen. Am 14./15.4.43 trafen die Bomben von 365 Viermotorigen mehrere Stadtviertel, 619 Stuttgarter starben, 703 wurden verletzt, 23 brit. Bomber kehrten nicht zurück. Die anfliegenden Verbände wurden immer größer: Am 2.3.44 kamen 503 Briten, am 15./16.3.44 sogar 813 RAF-Bomber (36 abgeschossen), die abgeworfene Bombenlast stieg auf 2609 t. Im Juli 44 vernichteten 3 Großangriffe fast die ganze Innenstadt, über 100000 Menschen wurden obdachlos, 898 kamen in den Flammen um, 1916 Verletzte wurden gezählt. Die Einflüge setzten sich im Sept. 44 und im Jan. 45 fort, ehe am 22.4.45 Einheiten der frz. 1. Armee (de Lattre de Tassigny) S. besetzten. Insges. waren 42000 Wohnungen (30 %) vernichtet.

Stutthof, nat.-soz. ➢ Konzentrationslager 36 km östl. Danzig, im Sept. 39 als Zivilgefangenenlager gegründet, 13.1.42 offiz. KZ.

Su, Typenabk. für Flugzeuge des sowjet. Konstrukteurs Pawel **Su**choj (1895-1971). Der zweisitzige Tiefangriffsbomber Su-2, Erstflug 1937, stand bei Beginn des dt. Angriffs als einziges gepanzertes Erdkampfflugzeug der sowjet. Luftwaffe in größerer Zahl zur Verfügung. Er überbrückte mit schweren Verlusten die Zeit bis zur Massenproduktion der ➢ Il-2; 1942 aus dem Frontdienst genommen und den Ausbildungseinheiten zugeteilt. Daten der letzten Standardversion: 1x1400 PS, max. 485 km/h, bis 600 kg Bombenlast, 4x7,62-mm-MG starr in den Flügeln, 1 MG im Rumpfturm.

Südafrikanische Union, Staat im südlichsten Teil Afrikas und Dominion im Brit. Commonwealth; 1,2 Mio km^2, 10,5 Mio. Einwohner (1940), davon etwa 2 Mio. Weiße; Reg.sitz Pretoria, Parlamentssitz Kapstadt. Die S. trat am 6.9.39 in den Krieg ein. Vorangegangen war eine Kampfabstimmung: Min.präs. Hertzog hatte als Sprecher der burischen Nationalpartei für Neutralität plädiert, jedoch eine Abstimmungsniederlage erlitten (60:87) und seinen Rücktritt erklärt. Gen. J. C. Smuts, schon im 1. Weltkrieg Mitglied des brit. Kriegskabinetts, Vors. der Unionspartei, übernahm als Repräsentant der gemäßigten Buren und der englischsprachigen Minderheit die Reg. Seine zweite Kriegsallianz mit der ehemaligen Kolonialmacht blieb innenpolit. umstritten, da ein Teil der Afrikaans sprechenden Buren traditionell englandfeindl. eingestellt war. Rechtsextreme Kreise um den späteren Min.präs. Malan sympathisierten offen mit den Achsenmächten.

Die südafrikan. Streitkräfte rekrutierten sich ausschließl. aus Freiwilligen; nur Weiße durften Waffen tragen. Insges. meldeten sich 345 000 Mann, so daß die S. beträchtl. Truppenkontingente zu den Feldzügen in O- und N-Afrika entsenden konnte. Nach dem Fall von Tobruk (21.6.42) gingen 13 000 Südafrikaner unter Gen. Kloppers in dt.-italien. Gefangenschaft. Südafrikan. Einheiten beteiligten sich 1942 an der Besetzung Madagaskars, später an den Kämpfen in Italien und in Burma. Die Luftstreitkräfte machten für Operationen in O-Afrika und im Mittelmeerraum 18 Staffeln mobil. Für Transportzwecke wurden aus den Beständen der South African Airways Verkehrsmaschinen vom Typ Ju 52 requiriert, so daß dieses Baumuster auf beiden Seiten der Front zu finden war. Südafrikaner dienten zus. mit Freiwilligen aus anderen Teilen des Commonwealth bei den brit. Luftstreitkräften und zeichneten sich als Jagdflieger aus: Zu den RAF-Assen mit 20 und mehr Abschüssen zählten vier Südafrikaner.

Wirtschaftl. unterstützte die S. die alliierten Kriegsanstrengungen als Rohstoff- und Waffenlieferant. Da die Zufuhren aus Großbrit. ausblieben, ging die S. verstärkt zu Eigenproduktion von Konsumgütern und Maschinen über. Die Industrialisierung nahm einen rapiden Aufschwung. Entspr. wuchsen die städt. Bevölkerung und das Heer der schwarzen Lohnarbeiter, was wiederum den sozialen Wandel vom Agrar- zum Industrieland beschleunigte.

Südostgeneräle, Sammelbez. für die Wehrmachtbefehlshaber in SO-Europa, die im sog. Geisel-Prozeß 1947/48 für die in diesem Gebiet während des Krieges begangenen Kriegsverbrechen zur Verantwortung gezogen wurden.

»Südstern«, Deckname für ein Kampfpropaganda-Unternehmen der SS-Standarte ≫ »Kurt Eggers« an der Italienfront mit dem Ziel, Soldaten der auf alliierter Seite eingesetzten poln. Div. unter Gen. ≫ Anders zum Überlaufen zu bewegen. Unter dem Decknamen »Wanda« strahlte ein Propagandasender gegen das Anders-Korps am 3.3.44 sein erstes Programm ab. Der eigentl. psycholog. Trumpf von »S.« bestand in der ersten Phase bis Herbst 44 in dem Versprechen, alle poln. Überläufer sofort nach Hause (»do domu«) zu entlassen. Die genaue Erfolgszahl – es wurde von zw. 50 und 1900 Überläufern gesprochen – ist nicht mehr zu ermitteln. Neben der Propaganda gegen das Anders-Korps übernahm »S.« auch die propagandist. Bearbeitung der westalliierten Verbände der amerikan. 5. und der brit. 8. Armee, wobei der Schwerpunkt ebenfalls auf der Rundfunkpropaganda lag. Die Flugblätter des Unternehmens »S.« gehören von Grafik und Druck her zu den eindrucksvollsten des Krieges.

Suezkanal, Schiffahrtsstraße zw. Mittel- und Rotem Meer/Ind. Ozean, 1869 eröffnet, 168 km lang, befahrbar für Schiffe bis 11,6 m Tiefgang. Der S., der den Seeweg von Europa nach S- und SO-Asien drast. verkürzt, gehörte zu Ägypten, wurde aber gemäß Abkommen von 1936 von Großbrit. verteidigt. Die brit. 8. Armee in N-Afrika erhielt ihren Nachschub zum großen Teil durch den S., der daher oft Ziel dt. Luftangriffe und Fernziel der Offensiven Rommels war. Es gelang jedoch weder der Luftwaffe noch der Pz.armee Afrika, diese Lebensader der brit. Land- und Seestreitkräfte im Mittelmeerraum zu unterbrechen.

Suisei (Komet), Beiname des zweisitzigen japan. Marinebombers und Aufklärers Yokosuka D4Y. Die S. war als trägergestützter Sturzbomber konzipiert, der als Nachfolger der ≻ Aichi D-3A Val ebenso schnell wie der Jäger Zero-Sen sein sollte; Erstflug Nov. 40. Die Maschine wurde in einer Serie mit Reihen-, in einer zweiten mit Sternmotor ausgestattet und seit Ende 42 zunächst als Aufklärer eingesetzt. Ende 43 erschien sie mit verstärkten Tragflächen als Sturzbomber, hauptsächl. von Landbasen operierend. In der letzten Kriegsphase wurden alle Versionen für Selbstmordeinsätze herangezogen, eine einsitzige Variante mit 800 kg Sprengstoff an Bord war von vornherein als ≻ Kamikaze-Flugzeug konstruiert. Vereinzelt kam es zur Verwendung als Nachtjäger. Daten der Serie D4Y3: 1x1560-PS-Doppelsternmotor, max. 560 km/h in 5900 m Höhe, bis zu 1510 km Reichweite, 1x7,9-mm-MG, bis 750 kg Bombenzuladung.

Sunderland, brit. viermotoriges Flugboot der Firma Short Bros., Erstflug 16.10.37. Dem RAF-Küstenkommando stand die S. bei Kriegsausbruch als einziger Fernaufklärer zur Verfügung. Zur weiträumigen Geleitschutzsicherung und U-Boot-Jagd über dem Atlantik wurden S.-Flugboote von 1940 an mit dem neuen ASV-Suchradar ausgerüstet. Die Luftwaffe taufte die S. wegen ihrer starken Abwehrbewaffnung von 8x7,7-mm-MG »fliegendes Stachelschwein«. Insges. wurden 749 Maschinen in 3 Serien gebaut. Die Serie Mk II erreichte mit 4x1010-PS-Bristol-Pegasus-Sternmotoren max. 338 km/h und hatte eine Reichweite von 2856 km bei max. Bombenzuladung von 907 kg, Besatzung 10 Mann. Eine Transportversion beteiligte sich 1948/49 an der Berliner Luftbrücke und wasserte auf der Havel.

Superfortress, amerikan. schwerer Langstreckenbomber Boeing B-29, Erstflug 21.9.42, mit 43 m Spannweite, 30 m Länge und 61 t Abfluggewicht größter viermotoriger Bomber des Krieges. Die Standardausstattung der S. mit Druckkabine und ferngesteuerten Waffentürmen (1x20-mm-Kanone und 12x12,7-mm-MG) wies bereits in die Technik der 50er Jahre. Erhebl. Schwierigkeiten bereitete die Kühlung der mächtigen 2200-PS-Wright-Cyclone-Sternmotoren, die die S. in 9150 m Höhe auf max. 575 km/h brachten, Reichweite 5230 km mit 4536 kg Bombenzuladung, Bombenhöchstlast 9 t, Dienstgipfelhöhe 10 200 m. Die ersten der 1664 zunächst bestellten Serienmuster wurden im Sommer 43 in Dienst gestellt. Die erste Staffel wurde im März 44 nach Kalkutta und von dort weiter nach China verlegt; 5.6.44 erster Tagesangriff von rd. 100 S. gegen Eisenbahnanlagen in ➢ Bangkok, wenige Tage später erster Nachtangriff auf Japan. Nach der Eroberung der Marianen wurden ➢ Guam, ➢ Saipan und ➢ Tinian zu Stützpunkten der 20. US-Luftflotte (Le May) mit 5 Flugfeldern für je 180 S. ausgebaut. Von dort aus begannen die Flächenangriffe gegen die japan. Großstädte mit einem nächtl. Bombardement Tokios am 9.3.45 durch 333 S., deren Brandbomben rd. 80000 Zivilisten zum Opfer fielen. Bei ohnmächtiger Luftverteidigung konnten die Maschinen zugunsten höherer Bombenlasten sogar auf die schwere Abwehrbewaffnung verzichten und, geschützt durch spezielle Sondervarianten der Langstreckenjäger ➢ Thunderbolt und ➢ Mustang, gegen Kriegsende auch bei Tage in Massenformationen über Japan operieren. Über 95% der 177841 t Bomben, die das japan. Mutterland trafen, fielen aus den Bombenschächten der S. Die US-Luftwaffe stellte im Dez. 44 unter Oberst Tibbets eine Sondereinheit mit 15 S. für den geplanten Abwurf der ➢ Atombombe auf. Diese 509th Composite Group verlegte im Mai 45 nach Tinian, von wo am 6.8.45 die »Enola Gay« und am 9.8.45 die »Bock's Car« mit ihrer nuklearen Fracht nach ➢ Hiroshima und ➢ Nagasaki starteten. Bei Kriegsende verfügte die US-Heeresluftwaffe über 2132 S., insges. 3970 liefen vom Band, die letzten wurden 1954 ausgemustert.

Supreme Headquarters Allied Expeditionary Force (SHAEF), oberster Gen.stab der alliierten Streitkräfte auf dem europ. Kriegsschauplatz unter OB Eisenhower, Mitte Febr. 44 gegründet durch Zusammenfassung des COSSAC (Chief of Staff Supreme Allied Commander, Gen. Morgan) und des AFHQ (Allied Force Headquarters). Zunächst mit der Planung von ➢ »Overlord« für die Landung in der Normandie befaßt, leitete, koordinierte und organisierte S. danach den Vormarsch der im Sept. 44 insges. 3109495 Mann starken alliierten Streitkräfte auf dem Kontinent. Dafür verfügte S. im Febr. 45 über 16000 Mann Personal (zwei Drittel Amerikaner) in Versailles und Reims. Am 14.7.45 aufgelöst, war S. Vorbild späterer gemeinsamer Stäbe, u.a. in der NATO.

Swordfish, brit. Torpedobomber und Seeaufklärer der Firma Fairey. Die S. war einer der wenigen Doppeldecker, die bis Kriegsende im Fronteinsatz blieben; der Prototyp flog erstmals am 17.4.34. Im Sept. 39 waren 13 Staffeln der Marineluftwaffe mit diesem Trägerflugzeug ausgerüstet, das mit Schwim-

Swordfish-Torpedobomber auf U-Boot-Jagd

mern auch als Katapultmaschine bei den schweren Überwassereinheiten der Royal Navy anzutreffen war. 12 weitere S.-Staffeln kamen hinzu, ehe die Produktion im Aug. 44 mit der 2391. Maschine eingestellt wurde. Das altertüml. Erscheinungsbild des stoff- und drahtbespannten Zwei- oder Dreisitzers mit dem Spitznamen »Stringbag« (Einkaufsnetz) stand im Gegensatz zu den überragenden Erfolgen der S. als Trägerflugzeug und U-Boot-Jäger. Die Baureihe Mk I erreichte mit ihrem 690-PS-Bristol-Pegasus-Sternmotor 248 km/h und hatte mit einem Torpedo eine Reichweite von 880 km. Sie war mit 2x7,7-mm-MG und 6x12-kg-Bomben unter Rumpf und Tragflächen, später auch (Mk II und III) mit 8x27 kg Raketen bewaffnet.

Szálasi, Ferenc, * Kosice 6.1.1897, † Budapest 12.3.1946 (hingerichtet), ungar. Politiker; 1935 Mitbegründer der faschist. und antisemit. Hungaristen-Bewegung (später Pfeilkreuzler). S. konnte sich im ohnehin autoritären Staat ≫ Horthys nicht durchsetzen und wurde erst nach dessen Verhaftung durch dt. Truppen am 16.10.44 in aussichtsloser Lage von Berlin an die Macht gebracht. Er lieferte in letzter Stunde noch zahlr. jüd. Bürger der nat.-soz. ≫ Judenverfolgung aus und trug mit seinen unsinnigen Durchhalte-Befehlen zu weiterer Zerstörung des Landes bei. Nach Österreich entkommen, wurde S. von den Amerikanern verhaftet und an Ungarn ausgeliefert, wo er zum Tod verurteilt wurde.

T

T-26, sowjet. leichter Pz., entstanden aus dem von Vickers 1928 entwickelten 6-t-Pz., wichtig v.a. der Typ C, 10,3 t, 4,62 m lang, 2,44 m breit und 2,33 m hoch, 16-25 mm Panzerung. Ein 91-PS-Motor brachte den T. auf max. 27 km/h (gegenüber 30 km/h beim Typ A, der nur 8,6 t wog). Er war mit einer 4,5-cm-Kanone L/46 und zwei MG bewaffnet und hatte 3 Mann Besatzung. Abarten existierten mit 12,2-cm-Haubitze sowie Flammenwerfern. Der seit 1933 in der UdSSR in Serie gebaute, relativ billig herzustellende Kampfwagen bildete in großen Stückzahlen noch bei Beginn des dt. Angriffs am 22.6.41 die Standardausstattung der den Schützendiv. beigefügten Pz.bataillone.

T-28, schwerer sowjet. Durchbruchspz., seit 1933 gebaut, 28 t, 500 PS, max. 37 km/h und 220 km Fahrbereich (Straße), 7,44 m lang, 2,81 m breit, 2,82 hoch, 7,62-cm-Kanone L/16,5 und 2 MG in Drehtürmen, Panzerung 20 mm (Seite) und 30 mm (Stirn), 6 Mann Besatzung. Der T. wurde in größeren Stückzahlen bei der Besetzung von O-Polen im Sept. 39 eingesetzt und im Winterkrieg gegen Finnland, wo er entscheidenden Anteil an der Überwindung der Mannerheim-Linie hatte.

T-34, mittelschwerer sowjet. Pz.kampfwagen; Gewicht 26,3-32 t, 500 PS, 53 km/h Höchstgeschwindigkeit, 300-450 km Fahrbereich (Straße), 7,62-cm-Feldkanone (seit Sommer 44 8,5-cm-Fla-

T-34-Panzer mit aufgesessener Infanterie im Sturmangriff

Kanone), 2x7,62-mm-MG, 4 Mann Besatzung, Prototyp 1939, Serienproduktion seit Juni 40, insges. rd. 40 000 Stück gebaut. Der T. tauchte erstmals im Aug. 41 vor den dt. Linien auf und erwies sich den dt. Kampfwagen ≫ Panzer III und IV an Feuerkraft und Beweglichkeit weit überlegen. Sein trapezförmiger Aufbau und die starke Panzerung boten ihm zudem einen guten Schutz gegen Direktbeschuß, seine breiten Ketten erzeugten geringen Bodendruck, so daß er auch bei großen Schlamm- und Schneemassen geländegängig blieb. Besonders auffällig waren die ungewöhnl. hohe Geschwindigkeit und die sehr gute Manövrierfähigkeit. Mit dem T-34/85 kam 1943/44 die letzte Version zum Einsatz, die 5 Mann Besatzung hatte und bis in die 50er Jahre Standardpz. der Warschauer-Pakt-Staaten blieb.

T-35, schwerer sowjet. Kampfpz., seit 1933 gebaut, 50 t, 9,72 m lang, 3,20 m breit, 3,43 m hoch, 500 PS, max. 30 km/h und 150 km Fahrbereich (Straße), 10 Mann Besatzung; Bewaffnung in 5 Türmen: 7,62-cm-Kanone (96 Granaten), 2x4,5-cm-Kanonen (220 Granaten), 5 MG. Als größter Pz. seiner Zeit war der T. zur Bekämpfung von befestigten Stellungen gedacht. Er tauchte nach Auslaufen der Produktion (1939) noch in der ersten Phase des dt. Rußlandfeldzugs auf.

T-70, sowjet. Aufklärungspz., 9,2 t, 4,29 m lang, 2,42 m breit und 2,05 m hoch, bis 60 mm Panzerung. Mit 2x70-PS-Motoren erreichte der gut geformte und robuste T. max. 45 km/h; er hatte 2 Mann Besatzung und war mit 4,5-cm-Kanone und 1 MG bewaffnet. Seit 1940 kam er in großen Stückzahlen zum Einsatz.

»Taifun«, Deckname der Offensive der dt. Heeresgruppe Mitte (v. Bock) gegen Moskau seit 2.10.41 mit den Pz.gruppen 2, 3 und 4 sowie der 2., 4. und 9. Armee aus dem Raum nordöstl. Smolensk. Die Wehrmacht setzte für »T.« 14 Pz.-, 8 mot. und 56 Inf.div ein, die von der Luftflotte 2 (Kesselring) mit 2 Fliegerkorps unterstützt wurden. Das Unternehmen flankierten Angriffe der Heeresgruppe Süd (v. Rundstedt) in Richtung Donez sowie Charkow und Kursk.

Tallinn (dt. Reval), Hauptstadt Estlands mit 147 000 Einwohnern (1940). T. wurde während des Rußlandfeldzugs am 28.8.41 von dt. Truppen besetzt und am 22.9.44 von der sowjet. Leningrader Front (Goworow) zurückerobert.

»Tannenberg« (Unternehmen »T.«), Deckname für die »Bekämpfung reichs- und dt.feindl. Elemente rückwärts der fechtenden Truppe« im Polenfeldzug durch ≫ Einsatzgruppen des Chefs der Sicherheitspolizei. Für T. waren 2700 Mann eingesetzt, die durch summar. Erschießungen u.a. von Intellektuellen (≫ Intelligenz-Aktion), Geistlichen, polit. Führern und Juden die von Hitler gewünschte »Flurbereinigung« vornahmen. Proteste der Wehrmacht gegen die Mordkommandos blieben wirkungslos. Die Einsatzgruppen wurden mit Erlaß Himmlers vom 20. 11.39 aufgelöst und für den ≫ Rußlandfeldzug neuaufgestellt.

Tarawa, Atoll der ≫ Gilbertinseln. T., eine dreieckige Kette von kleinen

Inseln und Korallenriffen, bildete mit seinem Flugplatz eine der vorgeschobenen japan. Bastionen im mittleren Pazifik. Die Einfahrt in die Lagune beherrschte die Inselfestung Betio, eine flache, sandige Insel von 1,2 km², die mit unterird. Geschützständen, Bunkern und befestigten MG-Nestern gespickt war. Die japan. Garnison unter Konteradmiral Shibasaki umfaßte außer Baubataillonen eine erstklassige Kampftruppe von 2619 Marinesoldaten. Am Morgen des 20.11.43 landete die 2. US-Marineinf.div. (Smith) auf T. Die Marines mußten einige hundert Meter durch schweres Sperrfeuer an Land waten, da ihre Amphibienfahrzeuge wegen falsch geschätzter Wassertiefe auf Riffs festsaßen. Gegen Mittag hatten rd. 5000 Mann mit Flammenwerfern und geballten Ladungen in blutigen Nahkämpfen einen Landekopf erobert. Am nächsten Tag besetzten die Amerikaner den W-Zipfel der Insel, drangen bis zur Flugpiste vor und brachten Artillerie an Land. In der Nacht zum 23.11 unternahmen die Japaner in zerstreuten Gruppen einen letzten Gegenangriff mit Handgranaten, Degen und Bajonetten, der im Feuer der Marines liegenblieb. Am Mittag, nach 75 Stunden Kampf, erlosch der japan. Widerstand. 1115 Amerikaner und fast alle Japaner bis auf 17 Mann und 129 korean. Zwangsarbeiter waren gefallen, 2309 GIs verwundet; von 125 Landungsfahrzeugen hatten die Amerikaner 90 verloren. T. war eine blutige Lehre für die späteren amerikan. Landungsunternehmen, Vorbereitung (u.a. durch Froschmänner), Führung, Feuerunterstützung und Funkverbindungen wurden wesentl. verbessert.

Tarent, italien. Hafen- und Hauptstadt der gleichnamigen Provinz an der inneren Küste des »Stiefelabsatzes« mit 159 000 Einwohnern (1939). T. war einer der Heimathäfen der italien. Kriegsflotte und wurde daher am 11./12.11.40 Ziel eines Angriffs brit. Trägerflugzeuge (Unternehmen »Judgement«): In zwei Wellen griffen Bomber und Torpedoflieger des Trägers Illustrious während der Nacht die vor Anker liegenden schweren Überwassereinheiten an und erzielten trotz massiven Flakfeuers und dichter Sperrballonkette bei nur 2 Verlusten 3 Treffer auf dem modernen Schlachtschiff Littorio (später ➢ Italia) und je 1 auf den älteren Großkampfschiffen Caio Duilio und Conte di Cavour, die auf Grund sank; 1 Kreuzer und 1 Zerstörer wurden beschädigt. Der Raid gegen T. zeigte die Verwundbarkeit selbst stark verteidigter Häfen, schaltete auf längere Zeit die Hälfte der italien. Schlachtflotte aus, zwang den Rest zum Rückzug nach Neapel und sicherte die brit. Seeherrschaft im zentralen Mittelmeer. Die dt. Bereitschaft zur Intervention im S-Raum wurde dadurch nicht unwesentl. gefördert. T. erhielt in der Folgezeit neue Bedeutung als Nachschubhafen für das ➢ Dt. Afrika-Korps. Am 9.9.43 wurde die Stadt im Rahmen des Unternehmens »Slapstick« von der 1. Luftlandediv. der brit. 8. Armee besetzt.

Tedder, Sir Arthur William, * Glenguin (Schottland) 11.7.1890, † Banstead (Surrey) 3.6.1967, brit. Luftmarschall; Aufklärer- und Jagdpilot im 1. Weltkrieg, 1917 Staffelkapitän, nach Besuch des RAF Staff College leitende Funktionen im Luftfahrtmin., u.a. als Chef des Ausbildungswesens, seit 1938 Direktor der Abt. für Forschung und Entwicklung. Bei Kriegsbeginn war T. stellv. Kommandeur der RAF im Nahen Osten und wurde im Herbst 41 deren Befehlshaber. Den chron. Flugzeugmangel auf diesem Kriegsschauplatz besserte er durch eine Organisation mobiler Reparaturdienste; den Erfolg von ≫ El Alamein sicherte er mit intensiver Bodenunterstützung durch seine inzw. erstarkten Luftstreitkräfte. Nach der ≫ Casablanca-Konferenz übernahm T. 1943 das neue angloamerikan. Luftwaffenkommando Mittelmeer und koordinierte mit Eisenhower die See-, Luft- und Bodenoperationen bei den Landungen auf Sizilien (Juli 43) und in Italien (Sept. 43). Als Stellv. Eisenhowers in Großbrit. setzte T. die bewährte Zusammenarbeit 1944 bei Vorbereitung und Durchführung des Unternehmens ≫ »Overlord« fort. Im Nov. 44 übernahm er von ≫ Leigh-Mallory das Kommando über die alliierten takt. Luftstreitkräfte und nahm am 9.5.45 an der Unterzeichnung der Kapitulation Deutschlands in Berlin-Karlshorst teil. Nach Kriegsende Stabschef der RAF, 1949 Ruhestand.

Teheran, Hauptstadt des ≫ Iran mit 530 000 Einwohnern (1939). In T. tagte vom 28.11. bis zum 1.12.43 eine Konferenz der Reg.- bzw. Staatschefs Großbrit.s (Churchill), der UdSSR (Stalin) und der USA (Roosevelt). Themen waren die Neuordnung Europas nach dem Krieg, die Behandlung des besiegten Deutschlands, die Beendigung des Pazifikkrieges und die Errichtung einer Weltfriedensorganisation. Die dt. Frage wurde an eine Europ. Beratende Kommission überwiesen, eine W-Verschiebung Polens aber schon definitiv beschlossen. Zur Entlastung der UdSSR sagten die Westmächte eine ≫ Invasion in N-Frkr. für Mai 44 zu, während die UdSSR nach Kriegsende in Europa in den Kampf gegen Japan einzutreten versprach.

Tempest, brit. Jagdeinsitzer und Jagdbomber der Firma Hawker Aircraft. Die T. war der modernste Jäger der RAF und wurde dank ihrer hohen Geschwindigkeit von max. 697 km/h erfolgreich zur Bekämpfung der ≫ V 1 eingesetzt, 638 von insges. 1771 abgeschossenen Flugbomben holten T.-Piloten vom Himmel. Die Maschine war eine Weiterentwicklung der ≫ Typhoon; sie unterschied sich von ihrer Vorgängerin durch einen neukonstruierten, dünneren Hochleistungsflügel. Erstflug 2.9.42; im April 44 kamen die ersten Serienmuster Mk V zur Truppe. Bei Kriegsende war dieses Baumuster bei 7 Staffeln im Einsatz. Es war wie die Typhoon standardmäßig mit 4x20-mm-Kanonen sowie mit dem mächtigen 2180-PS-Triebwerk Napier Sabre und einer vierflügeligen Luftschraube ausgerüstet. Als typisches Kennzeichen trug es unter der Motorhaube ebenfalls einen bartartigen Ölkühler.

Tenzan (japan. Himmlischer Berg), Beiname des japan. einmotorigen dreisitzigen Marinebombers und -aufklärers Nakajima B6N, Erstflug März 42. Die T. kam als Nachfolger der Nakajima B5N ≫ Kate erstmals im Dez. 43 bei den Marshallinseln zum Fronteinsatz und wurde für den Rest des Krieges Japans wichtigster Torpedobomber. Einige Exemplare waren mit einem Schiffssuchradar (ASV-Radar) für Nachtangriffe ausgerüstet. Von April bis Juni

45 flog die japan. Marineluftwaffe mit diesem Baumuster massive Kamikaze-Einsätze gegen die US-Pazifikflotte. Von 1268 gefertigten Maschinen gehörte die Masse zur Baureihe B6N2: 1x1850 PS, max. 482 km/h in 4900 m Höhe, bis 2646 km Reichweite, Gipfelhöhe 9000 m, 3x7,7-mm-MG, 1x800-kg-Torpedo oder 6x100-kg-Bomben unter dem Rumpf.

Terboven, Josef, * Essen 23.5.1898, † Oslo 11.5.1945, dt. Politiker; 1923 NSDAP-Beitritt, Teilnahme am Hitler-Putsch, 1928 Gauleiter von Essen, 5.2.35 Oberpräs. der Rheinprovinz. T. wurde am 24.4.40 nach der dt. Besetzung ≫ Norwegens Reichskommissar in Oslo. Er wurde zur Symbolfigur der dt. Unterdrückungs- und Ausbeutungspolitik. Angesichts des sicheren Todesurteils nahm er sich bei Kriegsende das Leben.

Terror- und Sabotageerlaß, im Juli 44 erlassene Verfügung, nach der bei »Terror«- und Sabotageakten nur dt. Staatsbürger der ≫ Militärgerichtsbarkeit unterlagen, während alle anderen sofort »niederzukämpfen« oder dem SD (zur Tötung) zu übergeben waren.

»The Hump«, Truppen bez. der amerikan. Luftbrücke von N-Indien nach China; der Name hump (= Höcker) bezog sich auf die steilen, bis 6000 m hohen Gipfel des Himalaja, die von den Transporterpiloten überquert werden mußten. Jeden geglückten Versorgungsflug über das höchste Gebirge der Erde markierten sie mit einem Kamel auf dem Rumpfbug ihrer Maschinen. Nach der Eroberung der ≫ Burmastraße durch die Japaner Anfang 42 war für die lebenswichtigen westl. Lieferungen an Nationalchina nur der Luftweg geblieben. Aus improvisierten Anfängen mit einigen requirierten ≫ Douglas-DC-3-Verkehrsflugzeugen entwickelte sich nach und nach das größte strateg. Lufttransportunternehmen des Krieges. Es war dazu bestimmt, China im Krieg zu halten und damit japan. Kräfte auf dem Festland zu binden. »T.« erlebte im letzten Kriegsjahr den Höhepunkt mit einer Leistung von 71 042 t im Juli 45. Bis zum offiz. Abschluß wurden unter der Regie des Air Transport Command (ATC) rd. 650 000 t Nachschubgüter und Treibstoff über den Himalaja gebracht, die sowohl für die Truppen des ≫ Kuomintang als auch für die in China stationierten US-Luftstreitkräfte bestimmt waren. Da es an Flugzeugen, Ersatzteilen und Piloten mangelte, beflogen die Besatzungen die etwa 800 km lange Route von den Ausgangsbasen in N-Indien und später in N-Burma nach Kunming (Yünnan) oft dreimal tägl. oder auch nachts unter häufig schwierigsten Wetterbedingungen. Unfälle waren v.a. zu Beginn an der Tagesordnung, im Jan. 44 kamen auf je 1000 t Fracht 3 Tote. Insges. starben rd. 850 Transportflieger im Einsatz, fast 600 Maschinen gingen verloren. Letzter Kommandeur der Operation war Brigadegen. William Turner, der 1948 die Berliner Luftbrücke organisierte.

Theresienstadt, Garnisonstadt 60 km nördl. Prag mit rd. 7000 Einwohnern (1939), seit 24.11.41 nach Evakuierung der Bevölkerung Standort eines nat.-soz. ≫ Konzentrationslagers und eines Gettos, v.a. für ältere jüd. Bürger aus dem Dt. Reich, die im Rahmen der ≫

Judenverfolgung deportiert worden waren. Von den insges. 135 000 Menschen, die in T. ankamen, wurden 85 934 weitergeleitet zur Vergasung in den Vernichtungslagern, 34 000 Insassen starben in T., 17 000 wurden am 8.5.45 von der Roten Armee befreit.

»Theseus«, Deckname für den Operationsplan Rommels zur Durchbrechung der Ghasala-Front und zur Eroberung Tobruks im Frühsommer 42. Im Febr. 42 hatten die dt.-italien. Truppen die ≫ Cyrenaika zurückerobert und hielten an der Linie ≫ Ghasala- ≫ Bir Hacheim, die im N vom XIII. und im S vom XXX. Korps der brit. 8. Armee (Ritchie) hinter tiefgestaffelten, dichten Minenfeldern verteidigt wurde. Mit »T.« wollte Rommel die brit. Riegelstellungen, die sog. Boxes, sowohl frontal als auch vom Rücken her angreifen. Während er selbst mit dem ≫ Dt. Afrika-Korps (15. und 21. Pz.div. sowie 90. leichte Div.) die Sperren im S umgehen würde, sollten das italien. X. und das XXI. Korps im N und im Zentrum angreifen; das italien. II. Korps wurde mit der Div. »Trieste« gegen den linken brit. Flügel und mit der Pz.div. »Ariete« gegen das Fort Bir Hacheim angesetzt. Die Luftflotte 2 (Kesselring) stellte 542 Maschinen bereit, auf die 605 Flugzeuge der brit. »Desert Air Force« kamen. Als »T.« am 26.5.42 anlief, gelang jedoch wider Erwarten weder die vollständige Umfassung noch der Frontaldurchbruch, so daß Rommel seine z.T. bis El Adem, dem Hauptquartier des brit. XIII. Korps, vorgedrungenen Verbände in den sog. Wurstkessel um Sidi Muftah im Mittelabschnitt zurücknehmen mußte. Erst nach dem Fall von Bir Hacheim gelang am 11.6. der Ausbruch und der Stoß gegen das eigentl. Ziel von »T.«, gegen ≫ Tobruk.

Thomas, Georg, * Forst (Lausitz) 20.2. 1890, † Frankfurt am Main 29.10.1946, dt. Gen. der Inf. (1.8.40); T. wurde am 1.10.35 Chef der Amtsgruppe Wehrwirtschaftsstab im OKH und war, seit 1.1.38 Gen.major und seit 1.1.40 Gen. leutnant, von Kriegsbeginn bis zum 20.11.42 Chef des Wehrwirtschafts- und Rüstungsamts. Wegen Opposition gegen den Rußlandkrieg seines Amtes enthoben, wurde T. am 15.1.43 General zbV. beim Chef OKW für wehrwirtschaftl. Geschichtsschreibung, am 15.8.44 in die Führerreserve versetzt und am 20.11.44 wegen angebl. Verbindung zum Widerstand festgenommen. Er blieb bis Kriegsende in Haft, zur einer Verurteilung kam es nicht mehr.

Thor, dt. Hilfskreuzer (Schiff 10), als solcher am 15.3.40 in Dienst gestellt, 3862 BRT, 122 m lang, 16,7 m breit, max. 18 kn, 345 Mann Besatzung; Bewaffnung: 6x15 cm, 1x6-cm-Bootskanone, 2x3,7-cm-Flak, 4x2-cm-Flak, 4 Torpedorohre, 1 Bordflugzeug Arado Ar 196. Die T. lief am 6.6.40 unter Kapitän z.S. Kähler aus, passierte die Dänemark-Straße und beschädigte bei Gefechten die brit. Hilfskreuzer Alcantara (28.7.40) und Carnarvon Castle (5.12.40), wenig später gelang am 4.4.41 die Versenkung des brit. Hilfskreuzers Voltaire (13 301 BRT). Hinzu kam die Versenkung von 12 Handelsschiffen mit 96 602 BRT, ehe die T. am 30.4.41 wieder in Hamburg einlief. Bei einer zweiten Unternehmung seit 17.1.42 unter Kapitän z.S. Gumprich operierte das Schiff im Pazifik und im Ind. Ozean und lief am 10.10.42 in Yokohama ein. Dort wurde die T. durch eine Explosion auf dem Versorger Uckermark am 30.11.42 zerstört, nachdem sie auf der zweiten Fahrt insges. 10 Schiffe mit 56 036 BRT ausgeschaltet hatte.

Thor, dt. Mörser, Kaliber 60 cm, 120 t, 5,07 m Rohrlänge, 12 Schuß pro Stunde, 6800 m Schußweite. T. diente zur Bekämpfung schwerer Befestigungswerke und wurde auf einer Vollketten-Selbstfahrlafette mit 12-Zylinder-Dieselmotor transportiert. Insges. wurden 7 Exemplare gebaut und u.a. gegen Brest-Litowsk und Sewastopol eingesetzt.

Thunderbolt, amerikan. Jagdeinsitzer und Jagdbomber Republic P-47, Erstflug 6.5.41. Mit anfangs 6, zuletzt 9 t Abfluggewicht war die T. der schwerste einmotorige Kolbenjäger des Krieges. Alexander Kartveli, Schöpfer der beiden Vormuster P-35 und P-43, konstruierte die Maschine 1940 für den luftgekühlten 18-Zylinder-Doppelsternmotor Pratt & Whitney R-2800 Double-Wasp, mit seinen 2000 PS seinerzeit leistungsstärkstes Triebwerk für den geforderten Höhenjäger. Raum- und Gewichtsprobleme ergaben sich aus dem Einbau des Abgasturboladers im Rumpf hinter dem Führersitz und der überschweren Bewaffnung von 6x oder 8x12,7-mm-MG in den Tragflächen. Das Serienmodell flog 693 km/h in 9150 m Höhe; Produktionsbeginn März 42, Einsatzdebüt 8.4.43 über Europa bei der 8. US-Luftflotte als Höhenbegleitjäger. Mit einem 1410-Liter-Zusatztank unter dem Rumpf flog sie im März ihre erste Langstreckeneskorte nach Berlin, wurde in dieser Rolle jedoch bald von der neuen ≫ Mustang abgelöst. Mit 1130 kg Bomben oder 10x125-mm-Raketengeschossen unter den Tragflächen traten die T. der 8. und 9. US-Luftflotte dafür immer häufiger als gefürchteter Jagdbomber in Erscheinung. 9000 Loks, 86 000 Lkw, 6000 Pz. und gepanzerte Fahrzeuge sowie an die 60 000 Gespanne fielen den T. zum Opfer, 3572 Feindflugzeuge schossen sie im Luftkampf ab. Bis zur letzten Serienvariante P-47 N wurden 15 683 Maschinen gebaut, darunter der Hochgeschwindigkeitsjäger P-47 M mit 2800 PS Kampfleistung und max. 752 km/h speziell zur Bekämpfung der V 1 durch die RAF, die 830 T. bezog; die UdSSR erhielt 203 Maschinen.

Tiger I, dt. schwerer Pz.kampfwagen VI, 55 t, 6,20 m lang (mit Rohr 8,56 m), 3,54 m breit, 2,88 m hoch, Panzerung bis 110 mm. Mit einem 700-PS-Maybach-Motor erreichte der Koloß 37 km/h auf der Straße und noch 20 km/h im Gelände. Der T. konnte 569 l Sprit mitführen und verbrauchte 486 l/100 km. Für die 8,8-cm-Kampfwagenkanone L/56, die Pz.granaten mit einer Anfangsgeschwindigkeit von 810 m/s verschoß, konnten 92 Granaten mitgeführt werden sowie 5700 Schuß für die beiden 7,92-mm-MG. Am 20.4.42 stellten die Henschel-Werke und Prof. Porsche Hitler je einen Prototyp vor. Dabei erwies sich das konventionelle Henschel-Modell als das brauchbarere. Es ging im August 42 in Serie. Der Einsatz der noch sehr störanfälligen ersten Exemplare des T. erfolgte überstürzt und in ungünstigem Gelände im Sept. 42 am Wolchow südl. Leningrad (1. Kompanie der schweren Pz.-Abt. 502). Im Okt. 42 gingen dort 3 T. verloren, insges. wurden bis Jahresende 42 noch 77 Exemplare produziert. Davon griffen einige im Nov./Dez. 42 in N-Afrika in den Kampf um den Brückenkopf Tunesien ein und verbreiteten v.a. bei den US-Truppen wegen der enormen Feuerkraft Schrecken. Am 14.2.43 gelang einem T. der Abschuß eines ➢ Sherman auf eine Entfernung von 2700 m. Von den insgesamt 1343 bis Aug. 44 (Ablösung durch den ➢ Tiger II) gebauten T. waren 1162 bis Jan. 45 außer Gefecht. Zu den hohen Verlusten trugen neben der erdrückenden Luftüberlegenheit der Westalliierten die ungünstige Formgebung und die geringe Beweglichkeit bei. An Panzerung und Bewaffnung war der T. jedoch fast allen Pz.typen der Gegner überlegen; nur die Versionen II und III des sowjet. ➢ Josef Stalin waren stärker bewaffnet. – Neben dem Kampfpz. wurde 1944 ein Sturmtiger mit 38-cm-Mörser gebaut.

Tiger II, dt. schwerer Pz.kampfwagen VI (SdKfz 182) Königstiger, verbesserte Version des ➢ Tiger I, 69,7 t, 7,26 m (mit Rohr 10,26 m) lang, 3,75 m breit und 3,09 m hoch, Panzerung 150 (Fahrerfront) bis 185 mm (Turmfront). Mit

Tiger-Panzer auf dem Marsch in die Ardennen, Dezember 1944

einem 600-PS-Motor erreichte der T. auf der Straße max. 41 km/h und im Gelände 17 km/h bei einem Fahrbereich von 170 bzw. 121 km, Kraftstoffverbrauch 500 l/100 km Straße. Der T. konnte 84 Granaten für seine 8,8-cm-Kampfwagenkanone 43 L/71 mitführen, die eine Mündungsgeschwindigkeit bis 1000 m/s hatte, die weitere Bewaffnung bestand aus 2x7,92-mm-MG. Im Dez. 43 begann die Firma Henschel in Kassel mit dem Serienbau des T., im Jan. 44 wurden die ersten 5 Exemplare abgeliefert, die größte Monatsproduktion im Aug. 44 betrug 94 Stück. Größere Zahlen konnten auch wegen der ständigen Luftangriffe auf die Fertigungsstätten nicht erreicht werden, so daß es bei einer Gesamtproduktion von 459 Stück blieb.

Timoschenko, Semjon Konstantinowitsch, * Furmanowka (Bessarabien) 6.2.1895, † Moskau 1.4.1970, sowjet. Marschall (7.5.40); 1915 Eintritt in die Zarenarmee, im Bürgerkrieg Febr. 18 zur Roten Armee, Kommandeur der 6. Kavalleriediv. unter ≻ Budjonny. Als Befehlshaber im Militärbezirk Kiew marschierte T. am 17.9.39 mit seinen Truppen gemäß Vereinbarung des Dt.-Sowjet. Nichtangriffsvertrags in O-Polen ein, nahm als OB der NW-Front am ≻ Winterkrieg gegen Finnland teil und wurde am 6.5.40 als Nachfolger Woroschilows Volkskommissar für Verteidigung. Am 2.7.41, nach dem dt. Angriff, löste er Armeegen. Pawlow, der hingerichtet wurde, als OB der W-Front ab, wechselte am 20.9. zur SW-Front, deren OB Kirponos gefallen war, und konnte den dt. Vormarsch erst am Don zum Stehen bringen. Eine schwere Niederlage erlitt T. beim Angriff auf Charkow seit 12.5.42, bei dem 240000 Rotarmisten in dt. Gefangenschaft gerieten. Im Juli 42 zeitweise OB der Stalingradfront, übernahm T. am 23.7.42 erneut die NW-Front, die er bis Nov. 43 führte, ehe er mit der Koordinierung des Einsatzes der 2. und 3. Ukrain. Front betraut wurde. Nach dem Krieg war er 10 Jahre lang Befehlshaber im Militärbezirk Weißrußland und ging 1960 in den Ruhestand.

Tinian, Insel der ≻ Marianen, seit 1920 japan. Mandatsgebiet. Auf T. landete am 24.7.44 das amerikan. V. Amphib. Korps (Smith) mit der 2. und 4. US-Marineinf.div. mit zus. 15 000 Mann, gesichert von Task Force 52 (Hill). Die 6200 japan. Verteidiger unter Admiral Kakuta und Oberst Ogata wurden vollkommen überrascht, ihr Gegenangriff auf den inzw. etablierten amerikan. Brückenkopf in der Nacht zum 25.7. blieb vor den amerikan. Stellungen liegen. Die GIs arbeiteten sich in den folgenden Tagen im Schutz einer Feuerwalze nach S vor, wobei sie gegen hartnäckige Widerstandsnester erstmals Napalmbomben einsetzten. Am 30.7. nahmen sie die Inselstadt Tinian, 2 Tage später erlosch der organisierte Widerstand. Die letzten 250 überlebenden Japaner ergaben sich den US-Truppen, die 327 Gefallene und 1771 Verwundete verloren hatten. Wie ≻ Saipan und ≻ Guam wurde T. in Rekordzeit zu einer Basis für 2 Geschwader mit Fernbombern vom Typ B-29 ≻ Superfortress ausgebaut, so daß im Nov. 44 die Langstreckenoffensive gegen Japan beginnen konnte. Im Sommer 45 versammelte sich auf T. die 509. Composite Group (Tibbets), die die beiden ≻ Atombomben ins Ziel bringen sollte.

Am 26.7. trafen an Bord des Kreuzers Indianapolis Gehäuse und erste Teile des Sprengstoffs für die Uranbombe ➢ Little Boy ein, die am 6.8. ➢ Hiroshima vernichtete. Auch der Angriff auf ➢ Nagasaki zwei Tage später wurde von T. gestartet.

Tirpitz, dt. Schlachtschiff, benannt nach dem Kaiserl. Gen.admiral Alfred v. T. (1849-1930), Stapellauf 1.4.39, in Dienst gestellt 25.2.41, 42 900 t, 251 m lang, 36 m breit, max. 30,8 kn, 2600 Mann Besatzung; Bewaffnung: 8x38 cm, 12x15cm, 16x10,5-, 16x3,7- und bis 58x2-cm-Flak, 8 Torpedorohre, 6 Bordflugzeuge Arado Ar 196. Die T. wurde im Jan. 42 nach Norwegen verlegt und unternahm von dort aus Vorstöße gegen den alliierten Konvoiverkehr im ➢ Nordpolarmeer und gegen Landziele, wie z.B. im Sept. 43 beim Unternehmen ➢ »Sizilien« gegen Spitzbergen. Am 21./22.9.43 drangen brit. Kleinst-U-Boote in den Netzkasten der bei Narvik liegenden T. ein und beschädigten sie durch Grundminen so schwer, daß sie bis März 44 ausfiel. Danach richteten sich zahlr. brit. Luftangriffe gegen das im Altafjord liegende Schiff, das u.a. am 3.4.44 beschädigt wurde. Am 12.11.44 trafen brit. Maschinen die T. mit 6-t-Spezialbomben, der Turm explodierte, die Backbordseite wurde völlig eingedrückt, so daß das Schlachtschiff kenterte und 1204 Seeleute mit in die Tiefe riß. Nach dem Krieg wurde das Wrack abgebrochen.

Tito, Josip, ursprüngl. J. Broz, * Kumrovec (Kroatien) 25.5.1892, † Ljubljana 4.5.1980, jugoslaw. Marschall (29.11.43) und Politiker; 1918-20 Dienst in der Roten Armee, 1920 Mitbegründer der kommunist. Partei in Jugoslawien, zeitweise in Haft oder im Exil, 1937 Gen.sekretär der KPJ, Kampf gegen Franco im span. Bürgerkrieg. Nach dem dt. ➢ Balkanfeldzug beschloß die KPJ am 4.7.41 den bewaffneten Kampf gegen die Besatzer. T. arbeitete dabei zunächst mit den Cetnici seines bürgerl. Rivalen ➢ Mihailovic zusammen, löste dann aber seine Partisanen aus der Verbindung und konnte allmähl. neben der sowjet. auch brit. Hilfe gewinnen. Seine Verbände entwickelten sich zu einer regulären Armee, die den dt. Truppen erhebl. Schwierigkeiten bereitete und bald bis auf die Städte das gesamte Landesinnere kontrollierte. Nach dem Krieg und bluti-

Tito: Führer der von der KPJ konrollierten Partisanenverbände im besetzten Jugoslawien

ger Abrechnung mit den Kollaborateuren sowie polit. Feinden wurde T. am 29.11.45 Min.präs. der Volksrepublik Jugoslawien, brach 1948 mit Stalin, wurde 1953 Staatspräs. (seit 1963 auf Lebenszeit) und stabilisierte den Vielvölkerstaat dank seiner großen Autorität und dem Nimbus des Befreiers von der faschist. Fremdherrschaft.

TNHP-S, tschechoslowak. Pz.kampfwagen, 10,5 t, 4,90 in lang, 2,06 m breit, 2,37 m hoch, Bewaffnung: 3,7-cm-Kanone L/40 oder L/45 und 2 MG, 4 Mann Besatzung. Der T. gehörte zu den etwa 1000 Pz., die die Wehrmacht bei der Annexion der restl. tschech. Gebiete im März 39 erbeutete. Mit seinem 125-PS-Praga-Motor erreichte er max. 42 km/h und hatte mit dem 218-l-Tank einen Fahrbereich von 240 km Straße oder 160 km Gelände. Bei der Wehrmacht P 38 (t) genannt, kamen im Frankreichfeldzug 228 T. zum Einsatz, am 1.4.42 besaß die Wehrmacht am 1.4.42 noch 522 Exemplare. Mit dem Fahrgestell des T. wurden u.a. der ≫ Marder mit der 7,62-cm-Pak und der Jagdpz. ≫ Hetzer ausgerüstet.

Tobruk, libysche Hafenstadt der östl. Cyrenaika mit 1600 Einwohnern (1936). Von der italien. Kolonialmacht zur Festung ausgebaut, war T. im ≫ Afrikafeldzug wegen seiner Lage und wegen des leistungsfähigen Tiefwasserhafens heftig umkämpft. Am 22.1.41 gelang dem brit. XIII. Korps (O'Connor) die Eroberung der Stadt und die Gefangennahme der 25 000 italien. Verteidiger (Reste XXII. Korps unter Gen. Pitassi-Manella). Weiter befestigt und mit tiefen Minengürteln abgeriegelt, blieb T. bei der ersten Offensive Rommels zur ägypt. Grenze im Frühjahr 41 als brit. Bollwerk im Rücken der dt.-italien. Front zurück. Es wurde von der austral. 9. Inf.div. gehalten, die am 14.4. und 30.4.41 Versuche des ≫ Dt. Afrika-Korps abwies, die tiefgestaffelten Pz.gräben, Bunkerstellungen und Pak-Nester vor T. zu überwinden. Bis Jahresende blieb die Stadt eingeschlossen und war oft heftigen Luftangriffen ausgesetzt, die v.a. die brit. Flotte trafen: 27 Schiffe gingen verloren, über 700 Mann kamen ums Leben.
Erst im Rahmen des Unternehmens ≫ »Crusader« konnte die brit. 8. Armee (Cunningham) T. am 10.12.41 entsetzen, das im Mai 42 erneut Ziel einer dt.-italien. Offensive wurde. Nachdem die Verteidiger von ≫ Bir Hacheim das Unternehmen ≫ »Theseus« zwei volle Wochen aufgehalten hatten, konnte Rommel beim folgenden Vorstoß auf T. am 20.6.42 die Abwehr von SO her durchbrechen und am 21.6. die Kapitulation der Besatzung (2. südafrikan. Div. und andere Kolonialtruppen) durch Gen. Klopper entgegennehmen. 32 200 Mann gerieten in dt. Gefangenschaft, den dt.-italien. Truppen fielen 5000 t Versorgungsgüter und 10 000 t Treibstoff in die Hände. Rommel wurde zum Gen. feldmarschall ernannt. Die reiche Beute und die Gewinnung des günstig gelegenen Nachschubhafens verleiteten die dt. Führung zu einer Überschätzung der eigenen Möglichkeiten und zum Verzicht auf die Einnahme ≫ Maltas. Die Front in N-Afrika erstarrte, da der Nachschub über T. nie die erforderl. Mengen erreichte. Nachdem ein brit. Kommando-Unternehmen im Sept. 42 gegen die Stadt noch erfolgreich abgewehrt werden konnte, mußte Rommel nach der Nie-

derlage von ≫ El Alamein T. am 13.11.42 endgültig aufgeben.

Todt, Fritz, * Pforzheim 4.9.1891, † bei Rastenburg (Ostpreußen) 8.2.1942, dt. Ingenieur und Politiker; Tiefbau-Studium; im 1. Weltkrieg Offizier; 5.1.22 NSDAP-Beitritt. 1931 wurde T. als Standartenführer in die Oberste SA-Führung aufgenommen, erhielt am 5.7.33 das wenige Tage zuvor geschaffene Amt des »Gen.inspektors für das dt. Straßenwesen« (30.11.33 Oberste Reichsbehörde) und leitete als solcher den Bau der Autobahnen. Mit Ernennung zum »Gen.bevollmächtigten für die Regelung der Bauwirtsch.« (Dez. 38) im Rahmen des Vierjahresplans hatte T. prakt. das ges. dt. Bauwesen zu koordinieren. Dazu diente ihm auch die ≫ Organisation T. (O.T.), die er zur Bewältigung des Baues des ≫ Westwalls gegr. hatte. Am 17.3.40 weiteten sich seine Kompetenzen auf die Lenkung der ges. ≫ Kriegswirtsch. aus durch Übernahme des Amtes eines Reichsmin. für Bewaffnung und Munition, zu dem 1941 noch das eines »Gen.inspektors für Wasser und Energie« kam. Mit seiner O.T. war T. im Krieg in allen besetzten Gebieten tätig, begann mit dem Ausbau des sog. Atlantikwalls vom Nordkap bis Südfrkr., stellte die russ. Eisenbahnlinien auf dt. Spurbreite um und betreute die Reparatur von zerstörten Straßen und Brücken. Als SA-Obergruppenführer nahm er in der Parteihierarchie ebenso einen hohen Rang ein wie militärisch mit dem Charakter als Gen.major der Luftwaffe, doch der zurückhaltende Technokrat T. mied Verwicklungen ins polit. Tagesgeschäft. Die Kriegslage sah er Ende 41 äußerst krit. Er kam nach einem Besuch im Führerhauptquartier »Wolfsschanze« beim Absturz seines Flugzeuges ums Leben und wurde in einem Staatsakt in Anwesenheit Hitlers in Berlin beigesetzt. Nachfolger in fast allen seinen Ämtern und als Min. wurde ≫ Speer.

Tojo, Hideki, * Tokio 30.12.1884, † ebd. 23.12.1948 (hingerichtet), japan. General und Politiker; 1933 Brigadegen., bei Beginn des Krieges in Fernost 1937 Gen.stabschef der Kwantungarmee in der Mandschurei. T. wurde im Mai 38 stellv. Kriegsmin. und im Dez. des gleichen Jahres Gen.stabschef des Heeres. Im Juli 40 übernahm er selbst das Kriegsmin. und stieg am 16.10.41 zum Min.präs. auf, da er als Vertreter des harten Kurses gegenüber den USA die Unterstützung der hohen Militärs genoß. Unter seiner Führung fiel die Entscheidung zum Angriff auf ≫ Pearl Harbor und damit zum Entscheidungskampf gegen die Vereinigten Staaten. Bei sich abzeichnender Kriegswende im Pazifik übernahm T. auch wieder das Kriegsmin. und das Amt des Gen.stabschefs, konnte aber weitere Rückschläge nicht vermeiden und trat am 18.7.44 nach Verlust der ≫ Marianen als Reg.chef zurück, blieb aber Gen.stabschef. Bei Kriegsende wurde er nach mißglücktem Selbstmordversuch als einer der Hauptkriegsverbrecher verhaftet und am 12.11.48 von einem Internat. Militärtribunal in Tokio zum Tod verurteilt.

Tokio, Hauptstadt des Kaiserreichs Japan mit 6,8 Mio. Einwohnern (1940). Ähnl. wie Warschau, London, Hamburg, Berlin und Dresden war T. Ziel verheerender Luftangriffe; in diesem Fall waren es die viermotorigen B-29

≫ Superfortress des amerikan. strateg. Bomberkommandos, die im Frühjahr 45 T. durch Massenangriffe verwüsteten. Am 18.4.42 hatten erstmals 13 B-25 ≫ Mitchell die Stadt während des ≫ Doolittle-Raids bombardiert, doch erzielten sie eher psycholog. Wirkung in den USA als militär. beim Gegner. Mit der Eroberung der ≫ Marianen im Aug. 44 gelangte T. in den Aktionsbereich der landgestützten B-29-Fernbomber: 24.11.44 erster Angriff mit 111 dieser Superfestungen auf ein Flugzeugwerk in der Stadt. Gen. ≫ LeMay stellte die Bomberoffensive gegen Japan dann auf nächtl. Flächenbombardements mit der dreifachen Ladung von Phosphorbrandbomben um: Am 9./10.3.45 forderte der erste Brandangriff auf T. durch 279 B-29 nach japan. Angaben 83 783 Tote und mehr als 100 000 Verwundete unter der Zivilbevölkerung; rd. 25 km^2 Stadtgebiet mit einem Viertel aller Gebäude, die wegen ihrer Leichtbauweise aus Holz und Papier wie Zunder brannten, wurden eingeäschert. Die Offensive eskalierte von Mitte April bis Mai 45; rd. 1000 B-29 flogen in den Nächten zum 24. und zum 26.5. die letzten großen Brandangriffe und brachten die auf T. abgeladene Bombenlast auf 11 836 t, die 50 % der bebauten Stadtfläche niederbrannten, so daß T. schon vor dem Abwurf der ersten Atombombe das schaurige Bild von ≫ Hiroshima bot.

»Torch« (engl. Fackel), Codebez. für die Landung anglomerikan. Truppen in Frz. N-Afrika am 8.11.42. Die ursprüngl. »Gymnast« genannte Operation »T.« kam erst nach erhebl. Kontroversen zustande, da die USA einen direkten Angriff auf das dt. besetzte europ. Festland von England aus über den Ärmelkanal favorisierten. N-Afrika erschien ihnen als Umweg und stand zudem unter Vichy-Kontrolle, war also völkerrechtl. neutral. Angesichts der sich zuspitzenden Lage im Mittelmeerraum ergaben sich im Sommer 42 jedoch Aspekte, die Roosevelt schließl. am 24.7. »T.« zustimmen ließen: Es schien nun, nach dem Fall ≫ Tobruks, nicht mehr ausgeschlossen, daß Rommel mit seiner dt.-italien. Pz.armee Afrika zum Suezkanal durchstoßen und damit Großbrit. aus dem Mittelmeer vertreiben könnte. Einen Monat später zeigte zudem der Landungsversuch bei ≫ Dieppe, daß an der frz. Kanalküste eine Invasion nur unter Aufbietung ungeheurer Kräfte hätte gelingen können. Mit »T« wollte man deshalb Rommels Position im Rücken bedrohen, eine Basis für Angriffe gegen Italien, den schwächeren Bundesgenossen der Achse, gewinnen, die scheinbar dem Zusammenbruch nahe Rote Armee möglichst rasch entlasten, das faschist. Spanien vom Kriegseintritt auf seiten Deutschlands abschrecken und auch einem dt. Zugriff auf die frz. Besitzungen in N-Afrika zuvorkommen. Das Risiko einer frz. Gegenwehr versuchten die Alliierten durch geheimdienstl. Vorbereitung zu verringern (u.a. ≫ Weygand-Murphy-Abkommen; Geheimtreffen von Gen. ≫ Clark mit kooperationsbereiten frz. Offizieren in Algier am 23.10.42). Offiz. näml. galt die immer wieder betonte Weisung Pétains, Frz. N-Afrika gegen jegl. Angriff mit Waffengewalt zu verteidigen wie seinerzeit ≫ Dakar, wobei die antibrit. Ressentiments seit dem Überfall von ≫ Mers el-Kebir eine wesentl. Rolle spielten. Es mußte daher auch vermieden werden, daß die alliierten Absichten zu früh erkannt wurden, wenn schon die umfangreichen Schiffsbewegungen nicht zu verbergen waren. Für »T.« waren angesetzt: Western Task Force (Hewitt) aus den USA, gesichert durch 2 Schlachtschiffe, 1 Träger, 4 Geleitträger, 3 Schwere und 4 Leichte Kreuzer, 38 Zerstörer und zahlr. andere Einheiten, mit 35 000 Amerikanern (Patton), die an der marokkan. Küste an Land gehen und Casablanca nehmen sollten; aus Großbrit. die Center Task Force (Troubridge), gesichert durch 1 Führungsschiff, 2 Geleitträger, 2 Leichte Kreuzer, 1 Flakkreuzer, 13 Zerstörer und diverse kleinere Einheiten, mit 39 000 Mann US-Landungstruppen (Fredendall), die im Raum Oran an der alger. Küste abgesetzt werden sollten, und ebenfalls aus Großbrit. die Eastern Task Force (Burrough), gesichert durch 1 Führungsschiff, 1 Monitor, 3 Flakschiffe, 8 Zerstörer und weitere Kriegsschiffe sowie die brit. »Force O« mit 1 Träger, 1 Geleitträger, 3 Leichten Kreuzern und 5 Zerstörern, mit 23 000 Briten und 10 000 GIs (Ryder), die Algier nehmen sollten. Landungen weiter östl. wurden aus Sorge vor dt. Luftangriffen von Sizilien aus zunächst vermieden, was sich rächen sollte. Trotz der Katastrophe Frkr.s 1940 war die frz. Afrikaarmee nicht zu unterschätzen, da sie in den beiden letzten Jahren reorganisiert worden war und u.a. über die geretteten Reste der Luftwaffe verfügte. Hinzu kam ein Zufall: Admiral ➢ Darlan, OB der Vichy-Streitkräfte, befand sich aus privaten Gründen in Algier und band dem dort kommandierenden Gen. ➢ Juin die Hände für ein eventuelles Arrangement mit den Angloamerikanern. Zwar gelang überall die völlige Überraschung der Verteidiger, doch kam es danach an allen Landeköpfen zu Gefechten, bei denen die frz. Marine 1 Kreuzer, 9 Zerstörer und 8 U-Boote verlor, 803 Mann fielen, rd. 1000 wurden verwundet. Die Alliierten verloren beim Versuch, in den Hafen von Algier einzudringen, 1 Zerstörer, in Oran 2 Sloops, außerdem v.a. durch dt. Luft- und U-Boot-Angriffe (bis 16.11.) 1 Geleitträger, 1 Flakschiff, 3 Zerstörer, 6 kleinere Kriegsschiffe und 18 Transporter mit 199 338 BRT; 700 Angreifer waren gefallen. Erst am 10.11. um 11.20 Uhr fand sich Darlan zum Waffenstillstand bereit; in Casablanca schwiegen die Waffen erst gegen Abend. Nachdem er schon am 9.11. die diplomat. Beziehungen zu den USA abgebrochen hatte, verurteilte Pétain am 13.11. in einer Rundfunkansprache Darlans Vorgehen scharf und ließ ihn ablösen, teilte aber insgeheim sein Einverständnis mit. Als Reaktion auf »T.« forderte das OKW ultimativ von Vichy die Zustimmung zur Verlegung dt. Truppen nach Tunesien, die am Morgen des 9.11. von Sizilien aus begann (u.a. Fallschirmjägerregiment 5). Der alliierte Plan, Rommels Armee nach der Niederlage von ➢ El Alamein in Libyen einzuschließen, wurde damit vereitelt, obwohl die gelandeten Verbände rasch vorstießen und durch Luftlandungen u.a. bei Bône (12.11.) und Souk el Arba (16.11.) der dt. Besetzung zuvorzukommen versuchten. Der Krieg in Tunesien zog sich noch bis Mai 43 hin. Als weitere dt. Antwort auf »T.« erfolgte am 10./11.11. die Auslösung des Unternehmens ➢ »Anton« zur Besetzung auch der bisher unbesetzten Zone Frkr.s.

Torgau, Kreisstadt an der Elbe zw. Dessau und Dresden mit 17 700 Ein-

Torgau: ein GI und ein Rotarmist beim Zusammentreffen der ersten amerikanischen und sowjetischen Verbände an der Elbe (25. April 1945)

Totaler Krieg: fanatisiertes Publikum der Goebbels-Rede vom 18. Februar 1943 im Berliner Sportpalast

wohnern (1942). In T. trafen am 25.4.45 gegen 16 Uhr Truppen der sowjet. 58. Garde-Schützendiv. der 5. Garde-Armee (Schadow) mit Teilen der 68. US-Div. (Reinhardt) der 1. US-Armee (Hodges) aufeinander und zerschnitten damit den restl. dt. Kampfraum in zwei Teile. Als Stelle der Begegnung wurde nachträgl. aus symbol. Gründen die Strommitte auf einer zerstörten Brücke gewählt und nicht das O-Ufer der Elbe, wo das Treffen tatsächl. stattfand.

Totaler Krieg, von Erich Ludendorff (1865-1937) geprägte Bez. für die Mobilisierung »buchstäbl. der ges. Kraft eines Volkes« für den Kampf. Das Schlagwort vom T. wurde von der nat.-soz. Propaganda aufgegriffen und durch die Sportpalastrede Goebbels' nach der Katastrophe von ➣ Stalingrad am 18.2.43 propagiert. Die Verwirklichung ging von der Einführung einer allg. Dienstpflicht über die Rekrutierung von ➣ Zwangsarbeitern und Betriebsschließungen bis hin zur Aufstellung des ➣ Volkssturms (25.9.44). Verschärfungen des ➣ Kriegssonderstrafrechts sollten für den nötigen Nachdruck sorgen. Goebbels wurde im Juli 44 zum Gen.bevollmächtigten für den T. ernannt, der mit einer Mischung aus (Ver-)Tröstungen und Drohungen die letzte Kraft aus dem Volk preßte und den Krieg nach Hitlers Formulierung bis »fünf Minuten nach Zwölf« verlängerte.

Totenkopfverbände (offiz. SS-T.), bewaffnete SS-Truppe unter SS-Gruppenführer ➣ Eicke. Sie bewachte die KZs und rekrutierte sich z.T. aus blutjungen Arbeitslosen und Bauern. Schon äußerl. suchte Eicke seine T. mit dem Totenkopf auf dem rechten Kragenspiegel der dunklen, erdbraunen Uniform vom schwarzen Orden der SS als Sondereinheit abzuheben. Sie sollten rücksichtslos gehorchende, mitleidlose Vollstrecker des Führerwillens werden. Gelegenheit dazu bekam der Wachverband von Eickes eigenem KZ ≫ Dachau bei der Röhm-Affäre am 30.6.34: Eicke persönl. erschoß Röhm und wurde am 4.7.34 mit der Ernennung zum »Inspekteur der KZ und Führer der SS-Wachverbände« belohnt. Seine brutalisierten T. wuchsen bis Ende 38 auf 4 Standarten mit ca. 9000 Mann an. Auf sie fiel der Blick des Leiters des Ergänzungsamtes im SS-Hauptamt, Berger, als es darum ging, die militär. Verbände der SS-Verfügungstruppe (VT) aufzustocken. Teile der T. wurden aus dem KZ-Dienst gelöst, Polizeiverstärkungen aus der Allg. SS traten an ihre Stelle, und die T. bildeten nun mit VT und Junkerschulen die ≫ Waffen-SS. Schon am 1.11.39 schuf Eicke aus den T. und Teilen der Polizeiverstärkungen die SS-Division »Totenkopf«. Sie zeichnete sich in der ohnehin nicht zimperl. Waffen-SS durch überharte, inhumane Kriegführung aus; auf ihr Konto gingen nicht wenige Kriegsverbrechen. Die unbestritten großen soldat. Leistungen der T. wie etwa die Sprengung des Kessels von Demjansk im Frühjahr 42 traten dahinter zurück.

Toulon, frz. Hafenstadt am Mittelmeer mit rd. 150000 Einwohnern (1941). T. gehörte nach der Kapitulation Frkr.s zum unbesetzten Teil des Landes und beherbergte die starke frz. Mittelmeerflotte. Beim dt. Unternehmen ≫ »Anton« zur Besetzung von Rest-Frkr. Anfang Nov. 42 zunächst ausgespart, wurde die Stadt im Rahmen des Unternehmens ≫ »Lila« am 27.11.42 dann doch eingenommen, was zur Selbstversenkung der Kriegsflotte führte. Östl. von T. landete beim alliierten Unternehmen ≫ »Dragoon« seit 15.8.44 mit dem VI. US-Korps das freifrz. II. Korps (de Lattre de Tassigny), dessen 1. Div. und 3. alger. Div. am 23.8. die von 18000 Mann (u.a. 242. Inf.div. unter Gen. Baeßler) verteidigte Stadt befreiten. Nur auf der Halbinsel Saint-Mandrier leisteten etwa 1800 Marine- und Heeressoldaten unter Admiral Ruhfus noch bis zum 28.8. Widerstand.

Tovey, John Cronyn, * London 7.3. 1885, † auf Madeira 12.1.1971, brit. Flottenadmiral (Mai 43); 1900 zur Royal Navy, im 1. Weltkrieg Zerstörer-Kommandant (Auszeichnung in der Skagerrakschlacht 1916), 1923 Kapitän z.S., zahlr. Bordkommandos (u.a. Kommandant Schlachtschiff ≫ Rodney). Bei Kriegsbeginn diente T. als Konteradmiral unter ≫ Cunningham in der brit. Mittelmeerflotte und wurde im Okt. 40 im Rang eines Admirals Befehlshaber der Home Fleet, mit der er erfolgreich Jagd auf die ≫ Bismarck machte und Angriffe gegen die norweg. Küste führte. Erfahrung sammelte er auch in der Führung von Konvois im Nordpolarmeer, konnte aber die Katastrophe von ≫ PQ 17 nicht verhindern, da der OB Pound gegen seine Warnungen beim Nahen einer dt. Kampfgruppe die Auflösung des Geleits anordnete, was zum Verlust der meisten Frachter führte. Im Mai 43 von seinem Stellv. ≫ Fraser abgelöst, wurde T. Stützpunktbefehlshaber in Nore an der Themsemündung und war maßgebl. beteiligt an den Vorbereitungen der Invasion in der Normandie. 1946 Ruhestand.

»Trappenjagd«, Deckname für die Offensive der dt. 11. Armee (v. Manstein) mit 1 Pz.div., 5 Inf.div. und 3 rumän. Div. auf der Halbinsel Kertsch gegen die sowjet. Krim-Front (Koslow). »T.« begann am 8.5.42 und wurde vom VIII. Fliegerkorps (v. Richthofen) unterstützt. Bis zum 18.5. war das Gros der sowjet. Heeresgruppe zerschlagen, zwei – die 44. und 47. – von drei Armeen wurden fast völlig vernichtet. Die 11. Armee meldete 169 198 Gefangene; sie erbeutete oder zerstörte 284 Pz. und 1397 Geschütze. Manstein konnte sich nun ≫ Sewastopol zuwenden, das auf der Krim allein noch in sowjet. Hand war.

Treblinka, poln. Ortschaft nördl. Warschau, seit Sommer 42 Standort eines nat.-soz. Vernichtungslagers, in dem bis Ende Nov. 43 im Rahmen der ≫ Judenverfolgung mindestens 700 000 Menschen ermordet wurden; Aug. 44 von der Roten Armee erreicht.

Tresckow, Henning von, * Magdeburg 10.1.1901, † bei Bialystok (Weißrußland) 21.7.1944, dt. Gen.major (30.1.44); Kriegsfreiwilliger, 1924 zur Reichswehr, spätestens seit 1938 Gegner des Nat.-soz. und aktiv im Widerstand. T. war bei Kriegsbeginn Chef des Stabes der 221. Inf.div. und bekleidete die gleiche Funktion später u.a. bei der Heeresgruppe Mitte in Rußland, wo er sich vergebl. bemühte, den OB v. ≫ Kluge für einen Putsch gegen Hitler zu gewinnen. Immerhin verriet ihn dieser nicht, so daß T. am 13.3.43 ein Sprengstoff-Attentat auf Hitler organisieren konnte, das aber wegen Versagens des Zeitzünders scheiterte. Seit 20.11.43 Chef des Gen.stabs der 2. Armee, förderte er die Staatsstreichpläne Stauffenbergs und nahm sich nach deren Scheitern (mißlungenes Attentat am 20.7.44) in einem Waldstück das Leben.

»Trident« (engl. Dreizack), Codebez. für die angloamerikan. Beratungen in Washington vom 11. bis 26.5.43 über die Fortführung des Krieges, Teilnehmer neben US-Präs. Roosevelt und dem brit. Premier Churchill führende Militärs, auf brit. Seite u.a. die Generäle Brook und Ismay sowie Luftmarschall Portal, bei den Amerikanern die Generäle Marshall, Stilwell und Chennault sowie Admiral King. Bei sich abzeichnendem Sieg der Alliierten in N-Afrika stand die schon auf der ≫ Casablanca-Konferenz strittige Frage an, ob Churchills Strategie einer Offensive über das Mittelmeer gegen die S-Küsten des dt. beherrschten Kontinents zu bevorzugen sei oder man dem Drängen Stalins auf Errichtung einer ≫ Zweiten Front in N-Frkr. nachgeben müsse, wie es Roosevelt wünschte. Außerdem ging es um die Luftoffensive gegen Deutschland und um den Kampf in Fernost. Im einzelnen wurde beschlossen: Planung einer Großlandung ≫ »Overlord« in der Normandie für den 1.5.44; Vorbereitung für eine baldige Einnahme Siziliens (≫ »Husky«) und Landungen auf dem italien. Festland; Verhandlungen mit Portugal über alliierte Stützpunkte auf den Azoren (Operation »Lifebelt«); Ausweitung des Bombenkriegs gegen Deutschland durch RAF und 8. US-Luftflotte sowie Luftangriffe auf die rumän. Ölförderung bei Ploesti; Fortsetzung des ≫ Inselspringens im Pazifik; Verstärkung der Luftoperationen in China und Burma, wo auch eine Landung vorbereitet werden sollte (≫ »Anakim«). Die Beschlüsse von »T.« führten zu einer erregten Korrespondenz zw. Churchill und Stalin, der ein Vorziehen von »Overlord« forderte, und zu einer Konfrontation zw. Roosevelt und de Gaulle, der mit der Gründung eines Komitees der nat. Befreiung (31.5.43) frz. Ansprüche für den Fall einer alliierten Landung in Frkr. anmeldete. Auf amerikan. Druck unterblieb eine Anerkennung des Komitees, das sich als provisor. frz. Reg. verstand.

Tripolis, Hauptstadt der italien. Kolonie Libyen mit 108 000 Einwohnern (1940). T. diente während des ≫ Afrikafeldzugs als Nachschubhafen der dt.-italien. Truppen, wurde mehrfach von brit. Kriegsschiffen beschossen und am 29.11.42 auch von amerikan. Flugzeugen bombardiert. Auf dem Rückzug nach der Niederlage von ≫ El Alamein versuchte die Pz.armee Afrika die Stadt zu halten, mußte sich aber vor der anrückenden brit. 8. Armee (Montgomery) und den von S herankommenden (frei)-frz. Truppen ≫ Leclercs am 23.1.43 in die ≫ Mareth-Linie zurückziehen.

Truk, Atoll und japan. Flottenstützpunkt im mittleren Pazifik, Hauptgruppe der Karolinen, die 1899 bis 1919 dt. Schutzgebiet waren. Die als »japan. Pearl Harbor« oder »Gibraltar des Pazifik« bezeichnete Marinebasis T. verfügte über einen durch ein Korallenriff gesicherten natürl. Hafen und diente der Vereinigten Flotte als Sprungbrett nach ≫ Neuguinea und den ≫ Salomonen. Nach der Schlacht bei Midway (Juni 42) hielt sich hier das Gros der japan. Flotte für den mittleren und südl. Pazifik einsatzbereit. Ähnl. wie die Stützpunkte Kavieng und ≫ Rabaul wurde T. bei der amerikan. Gegenoffensive 1944 umgangen, von seinen Seeverbindungen abgeschnitten und durch Luftangriffe neutralisiert. Als die Amerikaner auf den ≫ Marshallinseln landeten, zog sich Admiral Koga mit der Flotte von T. nach Palau zurück und ließ zur Verteidigung der Insel, die über eine starke Garnison und 365 Flugzeuge verfügte, nur 2 Leichte Kreuzer und 8 Zerstörer zurück. Am 17./18.2.44 griff die US-Task Force 58 (Mitscher) T. mit Trägerflugzeugen an und zerstörte bei 25 eigenen Verlusten 200 japan. Maschinen. Die Japaner verloren außerdem beide Kreuzer, 4 Zerstörer und 19 Frachtschiffe und konnten beim einzigen Gegenangriff mit Torpedoflugzeugen nur einen Treffer auf der ≫ Intrepid erzielen. T. war damit ausgeschaltet und fiel den Amerikanern bei Kriegsende kampflos in die Hände.

Truman, Harry S(pencer), * Lamar (Missouri) 8.5.1884, † Kansas City 26.12.1972, 33. Präs. der USA (1945-53); im 1. Weltkrieg als Offizier in Frkr., 1921 Konkurs als Textilhändler, danach Richter. T. wurde 1935 demokrat. Senator seines Heimatstaates (1940 wiedergewählt) und leitete seit 1941 das T.-Komitee zur Kontrolle der amerikan. Kriegsausgaben. Am 7.11.44 nominierten die Demokraten T. zum Vizepräs., als der er nach dem Tod ≫ Roosevelts am 12.4.45 dessen Nachfolge antrat (1948 wiedergewählt). Das schwächte die Position der USA beim ≫ Potsdamer Abkommen trotz der gelungenen Premiere der ≫ Atombombe, deren Abwurf auf Hiroshima und Nagasaki T.

im Aug. 45 anordnete. Im anschließenden Kalten Krieg verfolgte T. einen Kurs des Containment (Eindämmung) des sowjet. Expansionismus, stärkte durch Wirtschaftshilfe (Marshall-Plan) und NATO-Gründung (1949) die westeurop. Staaten und griff schließl. im Koreakrieg zur militär. Abwehr des Kommunismus.

Truppenübungsplatz, von den Streitkräften zu Manöverzwecken genutzte größere Geländefläche. Am Rande von oder auf T. (Altengrabow, Bergen-Belsen, Hammerstein, Lamsdorf, Munsterlager, Neuhammer, Senne, Thorn, Zeithain) wurden bei Beginn des Rußlandfeldzugs große Lager für sowjet. Gefangene errichtet, die anfangs den Charakter von Durchgangslagern (Dulags) hatten, über die viele Hunderttausende von Rotarmisten in die Stammlager (Stalags) transportiert wurden. In der Wartezeit lagen die Gefangenen auf den T. überwiegend schutzlos auf freiem Feld, was viele nicht überlebten, zumal die Ernährung völlig unzureichend war. Tausende wurden zudem auf Grund der Einsatzbefehle 8 und 9 des Chefs der Sicherheitspolizei und des SD vom 17. bzw. 21.7.41 als »polit. unerwünscht« ausgesondert und in ≻ Konzentrationslagern ermordet.
Im Stalag XI C (311) Bergen-Belsen trafen z.B. bis Herbst 41 rd. 25 000 Gefangene ein, die sich auf einem mit Stacheldraht abgezäunten riesigen Gelände Erdlöcher zur Unterkunft graben mußten. Im Okt. 41 brach Fleckfieber aus, an dem 12 000 Mann starben. Hinzu kamen die Opfer der Stapo Hamburg, die mißliebige Rotarmisten aussonderte (ca. 2000) und nach Sachsenhausen überstellte, wo sie in der »Genickschußanlage« umgebracht wurden. Die übrigen mußten als Zwangsarbeiter Frondienst leisten. Im Herbst 43 lebten noch 3000 Mann in Bergen-Belsen.

»Truthahnschießen« (amerikan. The Great Marianas Turkey Shoot), im Jargon der amerikan. Piloten Bez. für den Massenabschuß japan. Trägerflugzeuge am 19.6.44 bei der Schlacht in der ≻ Philippinen-See westl. der Marianen. Bei einem Großangriff auf die US-Task Force 58 (Mitscher) während der amerikan. Landung auf Saipan verlor die japan. Marineluftwaffe von 372 gestarteten Maschinen 242 durch US-Jäger vom Typ ≻ Hellcat oder Schiffsflak, ohne selbst Erfolge gegen die Schiffsziele verbuchen zu können. Auf dem Weiterflug nach ≻ Guam gingen weitere 50 Flugzeuge verloren, während die amerikan. Angreifer am selben Tag nur 29 Maschinen einbüßten. Bei einer Quote von 10:1 erschien den US-Piloten der Kampf wie eine Jagdpartie.

Tschad (frz. Tchad), Verwaltungsgebiet in Frz. Äquatorialafrika mit rd. 2 Mio. Einwohnern (1940) und 1,3 Mio. km^2, meist Steppe und Wüste, Hauptstadt Fort Lamy. Der T. war das erste frz. Kolonialgebiet, das sich der freifrz. Bewegung de Gaulles anschloß (3.7.40), der am 22.11.40 Oberst ≻ Leclerc zum Militärgouverneur ernannte. Im O an den brit.-ägypt. Sudan grenzend und im N an das italien. Libyen, kam dem T. eine strateg. Schlüsselrolle zu, u.a. für Überführungsflüge von Kampfflugzeugen für die brit. Truppen in Ägypten und für Angriffe auf die S-Flanke der dt.-italien. Truppen in der Cyrenaika. So griff Leclerc zus. mit der brit. Long Range Desert Group im März 41 erfolgr. die Kufra-Oasen an und erschwerte damit entscheidend die italien. Luftverbindung von N- nach O-Afrika (Eritrea und Abessinien). Mit einer Kampfführung der Nadelstiche im Fessan band er zudem gegner. Sicherungstruppen und konnte schließl. am 23.1.43 in einem Blitzmarsch vom T. aus Tripolis erreichen und sich dort der vorrückenden brit. 8. Armee anschließen. Seine Kampfgruppe von 2500 Mann wurde Kern der freifrz. 2. Pz.div., die er im Aug. 43 aufstellte.

Tschechoslowakei, südöstl. Nachbarstaat des Dt. Reiches mit 140 485 km^2 und 15 Mio. Einwohnern (1939), Hauptstadt Prag. Die aus Teilen der Donaumonarchie 1918 gebildete T. litt von Beginn an unter erhebl. Nationalitätenproblemen; v.a. die starke dt. Minderheit (22,4 %) machte wegen der mächtigen Unterstützung aus Berlin nach der nat.-soz. Machtergreifung Schwierigkeiten, zumal sie geschlossen rings an den Grenzen zu Deutschland im Sudetenland siedelte. Im Münchener Abkommen vom 29.9.38 erreichte Hitler die Abtretung des Gebiets an das Dt. Reich und setzte in den folgenden Monaten trotz gegenteiliger Versprechungen den Druck auf Prag fort. Nach Proklamation der Unabhängigkeit der ➢ Slowakei am 14.3.39 nutzte er die »Selbstauflösung« des Staates zur »Zerschlagung der Resttschechei«, auf deren Gebiet das ➢ Protektorat Böhmen und Mähren als dt. Nebenland gebildet wurde. Dieser Akt der Annexion eines nichtdt. Landes wurde zum entscheidenden Schritt auf dem Weg in den Krieg, da die Westmächte ihren bisherigen Kurs eines Appeasement gegenüber den faschist. Diktaturen abrupt beendeten. Die T. wurde nach der Befreiung durch die Rote Armee (Mai 45) wiederhergestellt.

Tschernjachowski, Iwan Danilowitsch, * Uman 26.6.1906, † Mehlsack (Ostpreußen) 18.2.1945, sowjet. Armeegeneral; 1924 Eintritt in die Rote Armee, Besuch der Artillerieschule in Kiew bis 1928, Ingenieur-Studium, 1940 Oberstleutnant. Bei Beginn des dt. Angriffs war T. als Oberst im N-Abschnitt Kommandeur der 28. Pz.div., die nach Verlust fast aller Kampfwagen in 241. Inf.div. umbenannt wurde. Am 5.5.42 zum Gen.major befördert, übernahm T. im Juli 42 das XVIII. Pz.korps bei Woronesch und wurde am 25.7.42 OB der 60. Armee, mit der er sich zunächst zurückziehen mußte, aber im Verlauf der Schlacht um Stalingrad Woronesch am 25.1.43 wieder nehmen konnte. Er setzte den Vormarsch auf Kursk fort, eroberte die Stadt am 8.2.43 zurück und wurde am 14.2.43 zum Gen.leutnant befördert. T. beteiligte sich mit seinem Verband erfolgreich an der Gegenoffensive gegen das dt. Unternehmen ➢ »Zitadelle« und erreichte Ende Sept. 43 den Dnjepr. Im Febr. 44 folgte die Ernennung zum Gen.oberst, und am 12.4.44 wurde T. OB der 3. Weißruss. Front, die an der sowjet. Großoffensive gegen die dt. Heeresgruppen Nord (Lindemann) und Mitte (Busch) teilnahm und u.a. am 13.7. Wilna eroberte. Ende Aug. 44 stand T. an der ostpreuß. Grenze, von wo er im Jan./Febr. 45 mit 5 Armeen auf Königsberg vorging. Er wurde in der Nähe des Schloßbergs vor Elbing tödl. verwundet.

Tschiangkaischek, * Feng Hwa (Tschekiang) 31.10.1887, † Taipeh

(Taiwan) 5.4.1975, chines. Politiker und Marschall; 1906-11 Ausbildung auf chines. und japan. Militärakademien, 1911 Anschluß an die revolutionäre Nat.partei (≫ Kuomintang) Sun Yat-sens und 1924 dessen Nachfolger, 18.4.27 Chef der Nat.reg. in Nanking mit diktator. Vollmachten. T. gelang nach jahrzehntelangen Wirren wieder die Einigung Chinas unter einer Zentralreg., doch kam es schon bald zum Konflikt mit den Kommunisten, deren Führungskader blutig verfolgt wurden. Nach der japan. Annexion der ≫ Mandschurei schlug T. gegenüber Tokio einen Kompromiß-Kurs ein, um vor der unvermeidl. Auseinandersetzung mit dem japan. Imperialismus zunächst die Kommunisten auszuschalten, die er in den äußersten NW abdrängte. Entscheidende Erfolge gelangen ihm jedoch nicht, und nach dem japan. Angriff 1937 sah er sich zum Einlenken und zur Beteiligung der Kommunisten an einer nat. Einheitsfront gegen die Invasoren gezwungen. T. lehnte sich eng an die USA an, die ihm mit Gen. ≫ Stilwell einen Gen.stabschef als Aufpasser verordneten. Trotz weitreichender Zusagen der Westmächte für die Zeit nach dem Sieg über Japan, u.a. auf der ≫ Kairo Konferenz (Nov. 43), blieb T. mißtrauisch und setzte schließl. im Okt. 44 die Abberufung Stilwells durch. Dennoch versuchte ihn Washington auch nach Kriegsende zu halten, als der Bürgerkrieg gegen die Kommunisten wieder ausbrach, doch hatte T. die Basis im Volk verloren und mußte schließl. mit den Resten seiner Armee nach Formosa fliehen. Dort etablierte er als Staatspräs. sein Nat.china und beharrte in illusionärer Wirklichkeitsverleugnung und zunehmender außenpolit. Isolierung auf der Fiktion, weiterhin einziger legitimer Repräsentant Chinas zu sein.

Tschuikow, Wassili Iwanowitsch, * Serebrjanyje Prudy bei Tula 12.2.1900, † Moskau 18.3.1982, Marschall der Sowjetunion (11.3.55); 1918 zur Roten Armee. Beim sowjet. Einmarsch in Polen (17.9.39) war T. OB der 4. Armee, die er auch im ≫ Winterkrieg gegen Finnland führte. Danach Militärattaché in China, wurde er im Juli 42 zum Gen.leutnant befördert und am 10.9.42 OB der 62. Armee (später 8. Gardearmee), die er in der Schlacht um Stalingrad kommandierte und die im Herbst 43 den Dnjepr erreichte. Sie stieß seit 20.10.43 bei der 1. Weißruss. Front (Rokossowski) Richtung Warschau vor. Am 29.1.45 überschritt T. die dt. Grenze und nahm im April 45 an der Operation teil, die mit der Eroberung der dt. Hauptstadt endete. In der Folgezeit kommandierte er die sowjet. Besatzungstruppen in Thüringen, wurde am 1.4.49 OB der sowjet. Heeresgruppe Deutschland, war 1953-60 Befehlshaber im Militärbezirk Kiew, 1960-64 stellv. Verteidigungsmin. und dann bis 1972 Chef der Zivilverteidigung; seit 1961 Mitglied des ZK der KPdSU.

Tu, Typenabk. für Flugzeuge des sowjet. Konstrukteurs Andreij N. **Tu**polew (1888-1972). Über 100 Entwürfe, überwiegend Großflugzeuge, stammten aus seinem Konstruktionsbüro. Aufsehen erregte im span. Bürgerkrieg sein schlanker Ganzmetallbomber Tu SB-2 (Erstflug 7.10.34); über 200 Maschinen standen im Dienst der republikan. Luftwaffe. In der Mandschurei operierte die SB-2 auf chines. Seite gegen die Japaner, auch im finn.-sowjet. ≫ Winterkrieg war sie erfolgreich. Beim dt. Überfall war das zweimotorige Modell für drei Mann Besatzung und 1200 kg Bombenlast techn. veraltet, es wurde dennoch bis Ende 41 hauptsächl. bei Nacht eingesetzt; insges. 6656 Stück wurden nach sowjet. Angaben gebaut. – Als polit. Häftling begann Tupolew Ende der 30er Jahre mit dem Entwurf des zweimotorigen Sturzkampfbombers Tu-2, der 1944/45 in begrenzten Stückzahlen zur Front kam. Die Maschine mit einer langgestreckten Kabine und Doppelleitwerk erreichte mit 2x1850 PS max. 550 km/h und hatte bei einer Bombenlast von 1500 kg eine Reichweite von 2500 km; 1111 Exemplare wurden gebaut. – Da die Westmächte keine viermotorigen Bomber liefern konnten, kopierte Tupolew nach notgelandeten Maschinen die B-29 ➣ Superfortress und brachte 1944 den Tu-4-Bomber heraus, der noch in 1200 Exemplaren gebaut wurde; eine zweite Version als Verkehrsflugzeug für 66 Passagiere erhielt die Typenbez. Tu-70.

Tula, sowjet. Stadt 150 km südl. Moskau mit 273 000 Einwohnern (1940). Bei der dt. Offensive »Taifun« gegen die sowjet. Hauptstadt lag T. im Angriffsraum der dt. 2. Pz.armee (Guderian), die bis auf wenige km an die Stadt herankam und sie nahezu einkreiste. Am 5.12.41 aber entschloß sich Guderian, den Frontbogen östl. T. wieder zu räumen, und mußte nach Anlaufen der sowjet. Winteroffensive Mitte Dez. 41 seine Truppen völlig zurücknehmen.

Tunesien, frz. Schutzgebiet in N-Afrika mit 125 000 km² und 2,7 Mio. Einwohnern (1939), Hauptstadt Tunis. T. geriet ins Kriegsgeschehen mit der Landung ➣ »Torch« der Angloamerikaner am 8.11.42 in Marokko und Algerien. Die alliierten Truppen bedrohten die nach der Niederlage bei ➣ El Alamein zurückgehende dt.-italien. Pz.armee Afrika (Rommel) im Rücken. Daher beschloß das OKW nach Ultimatum an Vichy die Verlegung der dt. 5. Pz.armee unter Gen.oberst v. Arnim nach T., wo seit 9.11.42 laufend Truppen und Nachschubgüter eingeflogen wurden. Es gelang, den alliierten Vormarsch im W zum Stehen zu bringen und die von O herankommenden Truppen Rommels im Jan. 43 im Brückenkopf T. aufzunehmen. Am 23.2.43 wurde aus allen Verbänden die Heeresgruppe Afrika unter Gen.feldmarschall Rommel gebildet, der vergebl. die Räumung von T. und die Rettung der dortigen Truppen forderte. Sie erzielten einige begrenzte Erfolge wie beim Unternehmen ➣ »Frühlingswind« gegen den Kasserine-Paß, doch glückte kein entscheidender Schlag gegen die anwachsende gegner. Streitmacht, zumal der Nachschub über das Mittelmeer von Royal Navy und RAF weitgehend unterbunden wurde. Die dt.-italien. Heeresgruppe, seit 9.3.43 unter v. Arnim, mußte sich am 13.5.43 der Übermacht geschlagen geben; 130 000 Dt. und 120 000 Italiener gingen in alliierte Gefangenschaft.

Türkei, Republik in Kleinasien und SO-Europa mit 772 000 km² und 17,9 Mio. Einwohnern (1940), Hauptstadt Istanbul. Die T., die schon vor Kriegsbeginn ihre Neutralität beidseitig durch ein kunstvolles Netz von Verträgen abgesichert hatte, unterstrich ihren Kurs unter Reg.chef Inönü (1938-50) auch nach Ausbruch der Feindseligkeiten sowohl durch ein Bündnis mit Großbrit. (19.10.39) als auch durch einen Freundschaftsvertrag mit Deutschland (16.6.41) und blieb neutral. Viele Flüchtlinge entkamen über die T. aus dem dt. besetzten Europa. Auch als Tummelplatz der Agenten beider Seiten (u.a. ➢ Cicero) spielte das Land eine Rolle im Krieg. Zwar übte London beim Treffen Churchills mit Inönü am 30./31.3.43 in Adana erhebl. Druck aus, konnte aber die T. nicht zum Kriegseintritt auf seiten der Alliierten bewegen. Istanbul versuchte im Gegenteil, wenn auch vergebl., zw. Moskau und Berlin zu vermitteln, und wandte sich erst von Deutschland ab, als die Niederlage offenkundig wurde. Am 2.8.44 wurden die diplomat. Beziehungen abgebrochen, am 1.3.45 folgte die Kriegserklärung als Eintrittskarte für die Vereinten Nationen.

Typhoon, brit. Jagdeinsitzer und Jagdbomber der Firma Hawker Aircraft Ltd. Die T. wurde als Nachfolgemuster der ➢ Hurricane 1938/39 um die neuen 2000-PS-Supertriebwerke konstruiert; der Prototyp für den 24-Zylinder-H-Motor Napier Sabre flog erstmals am 24.2.40. Die Höhenleistungen blieben jedoch unbefriedigend, so daß sie nach Ausbesserung ihrer techn. Mängel von Ende 43 an vornehml. als Jagdbomber gegen Radarstationen, Flugplätze, Schiffsziele und Eisenbahnzüge auf dem Kontinent eingesetzt wurde. An der Invasionsfront tauchten raketenbestückte T. zum Schrecken dt. Nachschub- und Pz.Kolonnen auf. Die Hauptversion Mk IB mit dem 2180-PS-Sabre-II-Motor und z.T. blasenförmigem Kabinendach war mit 4x20-mm-Kanonen in den Tragflächen, Abschußrosten für je 4x27-mm-Raketen unter jedem Flügel oder Abwurfgehängen für 2x454-kg-Bomben ausgerüstet. Die in insges. 3300 Stück gebaute T. erreichte max. 658 km/h und hatte ein Startgewicht von 5853 kg.

U

Überläufer, Soldat, der sich freiwillig, ohne zu kämpfen, in den Gewahrsam des Gegners begibt. Ü. hatten meist den Status von Kriegsgefangenen, wurden aber in der Regel besser behandelt als die gefangengenommenen Kameraden. Oft bildeten sie eigene Organisationen, deren Aktivitäten von Propaganda (z.B. ➢ Nationalkomitee »Freies Deutschland«) bis hin zum bewaffneten Kampf gegen die ehemals eigenen Streitkräfte reichten (z.B. Wlassow-Armee). Zum Gewinnen von Ü. setzten die Kriegpropagandisten v. a. Lautsprecheraufrufe und Flugblätter ein, die mit Versprechungen lockten. Die dt. Ü.-Propaganda war v.a. gegen die Rote Armee erfolgreich: Allein von Mai bis Okt. 42 registrierte die Wehrmacht 79 319 übergelaufene sowjet. Soldaten.

Udet, Ernst, * Frankfurt am Main 24.6.1896, † Berlin 17.11.1941, dt. Gen.oberst (19.7.40); im 1. Weltkrieg Führer einer Jagdstaffel (62 Abschüsse), Pour le mérite, in den 20er Jahren Kunstflieger, 1935 Oberst im Reichsluftfahrtmin., Febr. 36 Inspekteur der Jagd- und Sturzkampfflieger, Juni 36 Chef des Techn. Amtes der Luftwaffe. U. wurde am 1.12.39 zum Gen.luftzeugmeister ernannt und war damit für das Konzept der Luftrüstung verantwortl. Es bewährte sich zwar in der ersten Kriegsphase, als v.a. takt. Aufgaben zu lösen waren, zeigte aber schon während der ➢ Luftschlacht um England 1940/41 entscheidende Schwächen. Als auch in Rußland die Probleme der Luftwaffe offenkundig wurden, nahm sich U. das Leben.

Udet: als Inspekteur der Jagd- und Sturzkampfflieger Organisator der deutschen Stuka-Waffe

Uhu, Beiname des Nachtjägers Heinkel He 219. Der Prototyp absolvierte am 15.11.42 in Rostock den Erstflug und beeindruckte durch hervorragende Leistungen. Bei der »scharfen« Erprobung der Nullserie schoß eine Versuchseinheit bei 5 Nachteinsätzen 20 brit. Bomber ab, davon 6 schnelle ≻ Mosquitos, denen sich weder die Ju 88 noch die Me 110 techn. gewachsen zeigten. Die He 219-A war mit Bugrad, Druckkabine, Lichtenstein-Radar, später auch mit Schleudersitzen für die zweiköpfige Besatzung ausgerüstet. Sie erreichte mit 2x1800-PS-V-Motoren DB 603 max. 670 km/h in 7 km Höhe, hatte eine Reichweite von max. 2000 km und eine Dienstgipfelhöhe von 12700 m. Die Standardbewaffnung bestand aus 2x20-mm-Kanonen in den Flügelwurzeln und aus 4x20- oder 30-mm-Kanonen als ≻ »Schräge Musik«. Die Serienfertigung des modernsten dt. Nachtjägers wurde vom Luftfahrtmin. zugunsten der Ju 88 immer wieder verzögert, so daß schließl. nur 268 Maschinen gebaut wurden.

Ukraine, Gebiet in der südl. Sowjetunion, beiderseits des Dnjepr und Dnjestr bis zum Schwarzen und zum Asowschen Meer, mit rd. 900000 km² und 45 Mio. Einwohnern (1940); Hauptstadt Kiew. Nach den großen Anfangserfolgen im dt. ≻ Rußlandfeldzug ordnete Hitler das Einschwenken der auf Moskau vorstoßenden Panzerverbände an, um die Industrie- und Landwirtschaftsbasis der U. für die dt. Versorgung zu sichern. Nach der Eroberung wurde die U. zu einem Reichskommissariat unter E. Koch zusammengefaßt, Rosenbergs Vorschlag eines selbständigen ukrain. Satellitenstaates wurde von Hitler aus rassist. (»Untermenschen«) und ökonom. Gründen (ungehinderte Ausbeutung) verworfen. Die im Rahmen des ≻ Generalplans Ost vorgesehene dt. Aufsiedelung der U. (u.a. durch Südtiroler) kam über winzige Ansätze nicht hinaus, ehe die Rote Armee das Land im Laufe des Herbstes 43 wieder zurückeroberte.

»Ultra«, Tarnname für die Operation des brit. ≻ Secret Intelligence Service (SIS) zur Entschlüsselung des mit Hilfe des Chiffrierautomaten ≻ »Enigma« formulierten dt. Funkcodes. Der Abhörzentrale des SIS in ≻ Bletchley Park gelang durch Einsatz eines Simultanrechners der Einbruch in das dt. System, so daß der Funkverkehr der Wehrmacht seit April 40 immer rascher und umfassender mitgelesen werden konnte. Das dadurch gewonnene klare Lagebild trug zum Gelingen vieler alliierter Operationen bei, angefangen bei der ≻ Luftschlacht um England über die erfolgreiche Jagd auf die ≻ Bismarck, den Sieg in der ≻ Atlantikschlacht bis hin zum Durchbruch bei ≻ El Alamein, der ≻ Invasion in der Normandie und zum Rheinübergang 1945. An manchen Tagen wurden bis zu 2000 Funksprüche aufgefangen und von den rd. 6000 »U.«-Mitarbeitern in aller Welt ausgewertet. Bes. Verbindungsgruppen (Special Liaison Units) sorgten für die Weitergabe der »U.«-Meldungen; nur ein winziger Kreis von Eingeweihten aber wußte, woher die oft verblüffend genauen Erkenntnisse stammten. Squadron Leader Frederic Winterbotham, verantwortl. Nachrichtenoffizier für »U.«, stand in direkter telefon. Verbindung mit Churchill.
Großbrit. teilte dieses größte Kriegsgeheimnis mit den Amerikanern, die ihrerseits unter dem Decknamen »Magic« die Geheimcodes des japan. Außenamtes und der kaiserl. Marine geknackt hatten, die ebenfalls auf »Enigma«-Basis arbeiteten. In einigen wenigen Fällen

allerdings schwieg das elektron. Orakel, z.B. bei der ➢ Ardennenoffensive, da sich der dt. Aufmarsch in absoluter Funkstille vollzog. Das Vertrauen der dt. Führung in »Enigma« blieb trotz gegenteiliger Indizien bis Kriegsende unerschüttert, einen Entschlüsselungserfolg à la »U.« hielt man für ausgeschlossen und vermutete hinter den alliierten Informationen eher Verrat und Spionage. In der letzten Kriegsphase stammten bis zu 90 % des alliierten Nachrichtenmaterials von »U.«, dessen Rolle noch Jahrzehnte nach dem Krieg verschleiert wurde. Erst 1974 durfte Winterbotham die Wahrheit über »U.« enthüllen.

Ungarn, Königreich im S-Mitteleuropa mit 93 000 km² und 9 Mio. Einwohnern (1937); nach den ➢ Wiener Schiedssprüchen 1938 und 1941 vergrößert auf 161 000 km² mit 15 Mio. Einwohnern, Hauptstadt Budapest. Ursprüngl. Republik, wurde U. nach einem Staatsstreich zu einer Monarchie mit Thronvakanz unter Reichsverweser ➢ Horthy. Er lehnte die ungar. Außenpolitik zunehmend an die der faschist. Staaten, v.a. des nat.-soz. Dt. Reiches, an und profitierte von deren imperialist. Bestrebungen. U. wurde damit aber auch zum Gefangenen der auf Krieg ausgerichteten Politik Hitlers, trat dem Antikominternpakt (24.2.39) und dem Dreimächtepakt (20. 11.40) bei, beteiligte sich mit 10 Brigaden am ➢ Balkanfeldzug und erklärte am 27.6.41 der UdSSR und Großbrit. den Krieg (12.12.41 Kriegserklärung auch an die USA). Nach schweren Verlusten im Raum Stalingrad im Jan. 43 und den folgenden Rückschlägen für die dt. Wehrmacht versuchte Horthy zur Verständigung mit Moskau zu kommen, was nach Bekanntwerden in Berlin zur Besetzung U.s am 19.3.44 durch dt. Truppen führte. Horthy aber mühte sich weiter um Waffenruhe, so daß Hitler ihn am 16.10.44 verhaften und durch ➢ Szálasi ersetzen ließ, der sich anders als Horthy nicht gegen die Deportation der ungar. Juden wehrte (rd. 200 000 Opfer). Zu diesem Zeitpunkt war jedoch schon das halbe Land von der Roten Armee besetzt, die Budapest im Dez. 44 einschloß und bis 11.2.45 eroberte. Schon vorher hatte die UdSSR am 20.1.45 mit einer provisor. Reg. Waffenstillstand geschlossen und die Bolschewisierung U.s unter Rkosi eingeleitet.

Unruh, Walter von, * Tillendorf (Fraustadt) 30.12.1877, † Bad Berneck 1956, dt. Gen. der Inf. (11.7.42); 1896 zum Heer, im 1. Weltkrieg mit dem Pour le mérite ausgezeichnet, in der Reichswehr Oberst (1.4.24), Abschied mit dem Charakter als Gen.major am 28.2.27. Mit dem Charakter als Gen. leutnant wurde U. bei der Mobilmachung am 27.8.39 wieder ins Heer übernommen und am 24.7.41 endgültig zum Gen.leutnant befördert. Berühmt-gefürchtet wurde U. als »Sonderbeauftragter für die Überprüfung des zweckmäßigen Kriegseinsatzes«, der Heimat und Etappe nach den letzten taugl. Männern durchkämmte, was ihm bei der Truppe den Spitznamen »Heldenklau« einbrachte. Am 23.7.44 schied er endgültig aus dem Heeresdienst aus.

V

V 1, Abk. und Propagandabez. für **V**ergeltungswaffe **1**, die wie die ≫ V 2 zu den »Wunderwaffen« gehörte, die angebl. in letzter Minute die Kriegswende und damit den unablässig beschworenen »Endsieg« bringen sollten. Bei der V 1 handelte es sich um den unbemannten Flugkörper Fieseler Fi 103, der bei ei-

V 1 auf Testflug

nem Gesamtgewicht von 2180 kg einen 850-kg-Gefechtskopf bis zu 370 km weit transportieren konnte. Ein Argus-AS-014-Staudruckrohr über dem Heck entwickelte 335 kp Schub für 480 bis 640 km/h des Stummelflügel-Geschosses. Der Kurs wurde mittels automat. Kreiselkompaß vorgegeben, den Absturz über dem Ziel löste ein propellergetriebenes Zählwerk durch Abschalten der Brennstoffzufuhr aus. Die Luftwaffe hatte die Flugbombe in Konkurrenz zur Heeresrakete A 4 (V 2) speziell zum Fernkampf gegen ➢ London entwickelt, Deckname »Kirschkern« oder Flakzielgerät FZG 76. Die Großserienproduktion verzögerte sich bis März 44; insges. wurden 30 329 Exemplare zum Stückpreis von 5060 RM gebaut.

Erprobung und Einsatz der V 1 oblagen dem Flak-Regiment 155 (W) unter Oberst Wachtel, die Führung des Fernkampfes an der Kanalküste unterstand dem LXV. AK (Gen.leutnant Heinemann). Am 12./13.6.44 wurde das Feuer auf London eröffnet, das den ganzen Sommer über unter Dauerbeschuß lag. Erst als die Alliierten die letzten Feuerstellungen in N-Frkr. besetzt hatten, war die akute Gefahr für die brit. Hauptstadt gebannt, doch blieb SO-England noch bis Ende März 45 Ziel von V 1-Beschuß, z.B. beim Abwurf von 1776 Geschossen durch Bomber des Typs He 111, wobei 77 Maschinen verlorengingen. Von insges. 22 679 eingesetzten Flugbomben zielten 8839 auf London, 1052 versagten schon beim Start, viele gingen in offenem Gelände nieder, 1871 wurden Opfer brit. Jäger, 4061 wurden durch die Flak mit Hilfe eines neuen amerikan. Annäherungszünders zur Strecke gebracht. Insges. wurden 5823 Einschläge in England gezählt. Seit Herbst 44 verlagerte sich der Schwerpunkt der V 1-Offensive auf Festlandziele: 11 988 Projektile wurden von Holland und der Eifel aus gegen Antwerpen und Lüttich abgefeuert und richteten beträchtl. Schäden an, hatten aber militär. keinerlei Bedeutung mehr. Eine bemannte V 1-Version ➢ »Reichenberg« für Selbstaufopferungsflieger kam nicht mehr zum Einsatz.

V 2, Abk. für **V**ergeltungswaffe **2**, Propagandaname der dt. Fernrakete A-4. Techn. als Ursprung aller Weltraumraketen eine Jahrhundertleistung, blieb die militär. und psycholog. Wirkung dieser sensationellsten aller sog. »Wunderwaffen« hinter den Hoffnungen der nat.-soz. Führung zurück. Die Entwicklung einer ballist. Rakete durch W. v. ➢ Braun begann Anfang der 30er Jahre auf dem Versuchsgelände des ➢ Heereswaffenamts in Kummersdorf bei Berlin und wurde seit 1937 in ➢ Peenemünde fortgesetzt, wo schließl. am 3.10.42 nach mehreren Fehlstarts der erste 120-km-Probeflug glückte, so daß das Projekt 1943 höchste Dringlichkeitsstufe erhielt. Anders als bei der ➢ V 1 war eine direkte Abwehr der überschallschnellen Fernrakete nicht möglich. Das 14 m lange Projektil wog unbetankt etwa 4 t, der Motor für flüssigen Sauerstoff und ein Äthylalkohol-Wasser-Gemisch entwickelte 25 t Startschub. Die V 2 hob senkrecht ab und raste in 29 km Höhe durch die Stratosphäre über einen Leitstrahl auf ihr bis zu 340 km entferntes Ziel zu, wo der 975-kg-Gefechtskopf einschlug. Die Serienfertigung wurde mehrfach durch alliierte Luftangriffe (u.a. ➢ »Hydra«) verzögert und schließl. in den unterird. ➢ Mittelbau verlegt. Von

Anfang Jan. 44 bis April 45 wurden 5940 Exemplare zum Stückpreis (ohne Sprengkopf) von 119 600 RM geliefert. Zwei für den Beschuß ➢ Londons gedachte Riesenbunker bei Watten und Wizernes in N-Frkr. wurden noch vor Fertigstellung von RAF-Bombern zerstört. Daher begann der Beschuß der brit. Hauptstadt mit V 2 durch mobile Heeresartillerie, die am 8.9.44 aus dem Raum Den Haag das Feuer eröffnete und bis 27.3.45 insges. 1269 Raketen auf England abschoß, davon 1225 auf London. Über ein Drittel der Projektile zerlegte beim Flug, die Treffsicherheit war ungenügend, so daß nur 518 Einschläge im Großraum London gezählt wurden (2274 Tote). Weit mehr V 2, insges. 1739 Stück, gingen auf kontinentale Ziele nieder, darunter 15 auf Paris. Eindeutiger Schwerpunkt dieser Offensive war aber mit 1539 V 2 ➢ Antwerpen, wo am 16.12.44 ein Volltreffer 567 Besucher eines Kinos, darunter 490 brit. Soldaten, tötete. Insges. 6448 Menschen fielen in Belgien den V-Waffen zum Opfer, 22 524 wurden verletzt. Einziger takt. Einsatz der V 2 war der auf ausdrückl. Befehl Hitlers angeordnete Beschuß der Brücke von ➢ Remagen, die aber von keiner der 11 Raketen getroffen wurde. Von den verschiedenen Ableitungen der A-4 kam nur noch die Fla-Rakete ➢ Wasserfall in die Truppenerprobung. Das Projekt einer 2-stufigen Monsterrakete A 9/A 10, die sogar über den Atlantik hinweg gegen die USA eingesetzt werden sollte, kam über das Reißbrettstadium nicht hinaus.

Val, Beiname des japan. Sturzkampfbombers ➢ Aichi D3-A.

Valentine, brit. Inf.pz. der Firma Vickers Armstrong, Auslieferungsbeginn Mai 40, Gesamtproduktion 8275 Stück, davon 1420 in Kanada. Die Typen Mark VI und Mark VII des V. wurden auch an die Sowjetunion geliefert. Daten der Baureihen Mark I-VII: 16 t, 5,43 m lang, 2,63 m breit, 2,27 m hoch, 3-4 Mann Besatzung, Panzerung bis 65 mm. Mit einem 135-PS-Dieselmotor erreichte der V. max. 24 km/h, seine Bewaffnung umfaßte eine 40-mm-Kanone L/52 und ein MG. Obwohl der V. als langsamer Inf.begleiter vorgesehen war, diente er 1941 zur Ausstattung von Pz.div. in N-Afrika. Im Mai 43 wurden die V. aus der Front genommen. Die Baumuster VIII-X besaßen eine 5,7-cm-Kanone, der Mark XI sogar eine 7,5-cm-Kanone.

Valiant, brit. Schlachtschiff, 4.11.14 Stapellauf, 19.2.16 in Dienst gestellt, 32 700 t, 23 kn, 195 m lang, 27,6 m breit, bis 951 Mann Besatzung; Bewaffnung: 8x38,1 cm, 20x11,4 cm, 84 kleinere Rohre. Bei Kriegsbeginn noch im Umbau, griff die V. erst bei Anlaufen des Unternehmens ➢ »Weserübung« im April 40 vor Norwegen in die Kämpfe ein und deckte Transporte von Invasionstruppen und im Juni 40 auch deren Rückführung. Danach wurde sie der Force H im Mittelmeer zugeteilt und gehörte zur Kampfgruppe, die am 3.7.40 die frz. Flotte in ➢ Mers el-Kebir zusammenschoß. Sie diente anschließend zur Sicherung von Geleitzügen und Truppentransporten, nahm Ende Nov. 40 an der Seeschlacht bei Kap Teulada (Sardinien) teil, gehörte in der Seeschlacht bei Kap ➢ Matapan zur Force A (Cunningham) und griff mit der Mittelmeerflotte in der Nacht vom

20./21.4.41 Tripolis an, wo 6 Frachter und 1 Zerstörer getroffen wurden. Auf dem Rückmarsch durch Minentreffer leicht beschädigt, wurde die V. am 21.5.41 bei Luftangriffen während der Kämpfe um Kreta von zwei Bomben getroffen und am 19.12.41 im Hafen von Alexandria von italien. Torpedoreitern auf Grund gesetzt. Zeitweise zur British Eastern Fleet in Ceylon verlegt, kämpfte die V. seit Juni 43 wieder im Mittelmeer, deckte mit der Force H (Willis) die Landungen auf Sizilien (10.7.43) und in der Bucht von Salerno (9.-16.9.43). Im Jan. 44 traf sie erneut im Ind. Ozean zur Verstärkung der Eastern Fleet ein, mit der sie Raids gegen Sumatra (April und Juli 44) und Java (Mai 44) unternahm. Beim Eindocken in Trincomalee (Ceylon) wurde die V. am 8.8.44 bei einem Dockbruch schwer beschädigt und mußte zur Reparatur nach England zurückkehren (Jan. 45). Nach Kriegsende Heizer-Schulschiff in Devonport; Nov. 48 abgewrackt.

Vengeance, Sturzbomber der amerikan. Firma Vultee Aviation, 1940 in brit. Auftrag als Gegenstück zur dt. Ju 87 ≻ Stuka entwickelt. Von den insges. 1528 gebauten Exemplaren übernahm die RAF 1205 und setzte den einmotorigen Zweisitzer für 910 kg Bombenlast bei vier Frontstaffeln 1943/44 über ≻ Burma ein.

Vercors, Gebirgskessel in den frz. Voralpen südwestl. Grenoble mit rd. 950 km². Wie eine natürl. Festung von bis zu 2000 m hohen Gipfeln umrahmt, entwickelte sich der dichtbewaldete V. Anfang 43 zu einem ersten Schlupfwinkel der ≻ Résistance und sollte in deren Planungen (Operation »Montagnards«) Ausfalltor für einen Guerillakampf gegen die dt. Verbindungslinien im Rhônetal und in den Alpen werden. Nach einer alliierten Landung in S-Frkr. sollten alliierte Fallschirmjäger im V. abgesetzt werden, eine Idee, die von Abgesandten de Gaulles gebilligt und Ende Febr. 43 von London ausdrückl. bestätigt wurde. Es wurden brit. und gaullist. Verbindungsoffiziere entsandt und im Dez. 43 erste Waffenbehälter über dem V. abgeworfen. Obwohl Gen. ≻ Koenig vor voreiligen Guerilla-Aktionen im frontfernen Bereich warnte, versammelte die Résistance während und nach der alliierten Landung in der Normandie bis Mitte Juli 44 rd. 4000 Mann der ≻ Forces Françaises de l'Intérieur (FFI) im entlegenen V., ließ Flugfelder planieren und rief die Republik aus in Erwartung alliierter Luftlandetruppen, die aber ausblieben. Die Wehrmacht massierte inzw. in den Tälern Gebirgstruppen, die am 19.7. mit Artillerieunterstützung zum Sturm auf die Felspässe antraten, während 400 Mann Waffen-SS mit Lastenseglern im Kessel landeten. Die dt. Verbände brannten 2 Dörfer nieder, erschossen Gefangene und »Verdächtige«; insges. starben 639 Widerstandskämpfer und 231 Zivilisten, während die dt. Angreifer rd. 150 Mann verloren.

Vereinte Nationen (engl. United Nations/UN), am 26.6.45 von 50 Kriegsgegnern Deutschlands gegründete Weltorganisation auf der Basis der Charta der V., die auf der Konferenz von San Francisco verabschiedet worden war und auf eine Initiative von US-Präs. Roosevelt zurückging. Im Sinne der ≻ Atlantik-Charta sollen die V. Frieden und internat. Sicherheit fördern, freundschaftl. Beziehungen zw. den Völkern stiften, den Menschenrechten Achtung verschaffen und zur Lösung internat. Probleme beitragen. Grundlage dafür ist die Gleichberechtigung aller Mitglieder, die sich verpflichten, alle Streitigkeiten friedl. beizulegen. Ursprüngl. eine antidt. Gründung, ausgedrückt in den sog. Feindstaatenklauseln, haben die V. spätestens seit Aufnahme der Bundesrepublik und der DDR 1972 dieses Kriegserbe überwunden.

Vernichtungslager, im Rahmen der ➢ Judenverfolgung seit 1941 im besetzten Polen errichtete nat.-soz. ➢ Konzentrationslager, die v.a. oder ausschließl. zur Tötung von Juden dienten.

Versorgungslage, Lebensmittel- und Konsumgüterbelieferung der Zivilbevölkerung. Aus Furcht vor einer Wiederholung der nicht zuletzt durch Lebensmittelknappheit ausgelösten Revolution von 1918/19 unternahm die dt. Führung große Anstrengungen zur Sicherung einer befriedigenden V. nach Kriegsbeginn 1939. Zwar mußten die Rationen für Lebensmittel (➢ Lebensmittelkarten) mit wachsender Kriegsdauer gekürzt und vielfach Ersatzstoffe angeboten werden, doch war eine ausreichende Ernährung der Bevölkerung – mit Ausnahme der ➢ Zwangsarbeiter, v.a. aus dem O – bis 1944 gewährleistet. Ermöglicht wurde das zum einen durch eine relative Stabilisierung der inländ. landwirtschaftl. Erträge, die mit Hilfe rigoroser Planung und Überwachung sowie durch umfangreichen Einsatz von Zwangsarbeitern gelang, zum anderen durch Plünderung der besetzten Gebiete, wo Hungersnöte in Kauf genommen wurden. Weniger günstig gestaltete sich die V. bei den Konsumgütern. Die Produktion für den zivilen Bedarf ging bis 1941 (Phase der ➢ Blitzkriege) langsam, dann beschleunigt zurück. Hinzu kamen auch hier qualitative Verschlechterungen. Auch wurden die Fertigungskapazitäten zunehmend dafür beansprucht, die Ausgebombten mit dem Nötigsten auszustatten. Insges. konnte die V. auf einem Niveau gehalten werden, das der Staatsführung die Loyalität der Bevölkerung sicherte. Die V. spitzte sich erst in den letzten Kriegwochen und v.a. in den ersten Nachkriegsjahren zeitweilig dramat. zu.

Vertreibung, allg. Ausweisung größerer Bevölkerungsgruppen aus ihrem Wohngebiet, im engeren Sinne das mehr oder – zumeist – weniger freiwillige Verlassen der ➢ Ostgebiete durch die dt. Bevölkerung kurz vor und nach Ende des Krieges. Die V. war von den Alliierten wegen der W-Verschiebung Polens schon auf der Konferenz von ➢ Teheran beschlossen worden, doch entsprach ihre Verwirklichung in keiner Weise der vorgesehenen »humanen« Durchführung. Von den insges. 19,7 Mio. Deutschen östl. der Oder-Neiße-Linie und in O-Europa kamen bis 1950 fast 12 Mio. nach Westdeutschland und 4,4 Mio. in die DDR (von wo sie meist als Sowjetzonenflüchtlinge nach W weiterzogen). Sie hatten zumeist ihre gesamte Habe verloren, 2 Mio. weitere verloren auch ihr Leben während der V., in der sich aufgestauter Haß der lange von den Deutschen unterdrückten Völker entlud, aber auch planmäßig mit tödl. Brutalität zur Abschreckung von Rückkehrwilligen vorgegangen wurde.

Vichy, frz. Stadt in der Auvergne, Departement Allier, nordöstl. Clermont-Ferrand mit 45 000 Einwohnern (1940). V., das am 20.6.40 von dt. Truppen erreicht wurde, war nach der Niederlage Frkr.s Sitz der und Bez. für die frz. Reg. in der unbesetzten Zone des Landes. Hier trat am 10.7.40 zum letzten Mal die frz. Nat.versammlung zusammen und wählte mit 569:80 Stimmen ➢ Pétain zum Staatspräs. mit diktator. Vollmachten, dessen Reg. u.a. vom Vatikan, von den USA und der UdSSR anerkannt wurde, aber weitgehend von Berlin abhängig war. Trotz des darum gewählten Kurses der ➢ Kollaboration konnte V. Frkr. aus dem weiteren Krieg zunächst heraushalten, mußte jedoch dafür Zugeständnisse machen und bei einer grundsätzl. Haltung des »attentisme« (Abwarten) u.a. die nat.-soz. ➢ Judenverfolgung unterstützen, an der die V.-Miliz erhebl. Anteil hatte. Gegen diese Erfüllungspolitik und die dt. Besatzer bildete sich eine starke ➢ Résistance, die V. erhebl. Schwierigkeiten machte, v.a. nach der Besetzung von S-Frkr. (➢ »Anton«), die der alliierten Landung in frz. N-Afrika (➢ »Torch«) im Nov. 42 folgte. V. hatte nun den letzten polit. Handlungsspielraum verloren und konnte nur noch nach dt. Anweisungen handeln. Bei Heranrücken der Alliierten wurde die Stadt geräumt und die Reg. über Belfort (26.8.44) nach ➢ Sigmaringen (7.9.44) verbracht, wo sie ihre bis heute umstrittene Tätigkeit einstellte.

Vietinghoff, Heinrich von, genannt Scheel, * Mainz 6.12.1887, † Pfronten (Allgäu) 23.2.1952, dt. Gen.oberst (1.9.43). V. war seit 24.11.38 Kommandeur der 5. Pz.div., mit der er am Polenfeldzug teilnahm, und führte seit 26.10.39 als Kommand. Gen. das XIII. AK, mit dem er den Krieg im W mitmachte. Seit 1.11.40 Kommand. Gen. des XXXXVI. Pz.korps, kämpfte V. auf dem Balkan und seit Angriffsbeginn an der O-Front, zunächst bei der Heeresgruppe Nord, dann Mitte. Vom 1.9. bis 1.12.42 war er vertretungsweise Führer der 9. Armee, übernahm dann den Oberbefehl über die 15. Armee im W und am 15.8.43 über die 10. Armee in Italien, wo er Kesselring nach dessen schwerem Unfall vom 23.10.44 bis zum 15.1.45 als OB Südwest vertrat. Ende Jan. 45 vorübergehend OB der Heeresgruppe Kurland, führte V. seit 10.3. die Heeresgruppe C in Italien und war zugleich OB Südwest. Ende April 45 nahm er Verbindung zu den Alliierten auf und unterzeichnete am 29.4. in ➢ Caserta die Kapitulation seiner Truppen, die am 2.5. um 14 Uhr in Kraft trat.

Viktor Emanuel III., * Neapel 11.11.1869, † Alexandria 28.12.1947, König von Italien (1900-46). V. ernannte am 31.10.22 Mussolini zum Min. präs., wurde 1936 Kaiser von Äthiopien und 1939 König in Albanien. Weitgehend entmachtet, vermochte er jedoch die Opposition gegen den »Duce« zu bündeln und dessen Verhaftung am 25.7.43 durchzusetzen. Mit der von ihm installierten Reg. ➢ Badoglio ging er im Sept. 43 zu den Alliierten über, verzichtete am 9.4.44 zugunsten seines Sohnes Umberto auf den Thron, konnte aber die durch das Bündnis mit den Faschisten diskreditierte Monarchie damit nicht retten; 9.6.46 endgültige Abdankung.

Vittorio Veneto, italien. Schlachtschiff, 25.7.35 Stapellauf, 28.4.40 in Dienst gestellt, 41 300 t, 31 kn, 236 m lang, 32,9 m breit, bis 1872 Mann Besatzung; Bewaffnung: 9x38,1 cm, 12x15,2 cm, 12x9 cm und kleinere Fla-Waffen. Nach erfolglosen Einsätzen gegen brit. Malta-Konvois nahm die V., Flaggschiff der italien. Marine (seit 9.11.40 Admiral Iachino), Ende Nov. 40 an der Seeschlacht bei Kap Teulada (Sardinien) teil und verlegte nach Angriffen brit. Bomber auf Neapel am 8.1.41 nach La Spezia (Ligurien). Bei Kap ≫ Matapan erzielten brit. Trägerflugzeuge der Formidable am 28.3.41 Lufttorpedo-Treffer auf der V. (Kapitän z.S. Sparzani), die sich aber in Sicherheit bringen konnte. Danach zur Sicherung eigener Transporte nach N-Afrika und zur Bekämpfung brit. Malta-Konvois eingesetzt, wurde die V. am 14.12.41 vom brit. U-Boot Urge durch Torpedotreffer schwer beschädigt und konnte erst wieder im Juni 42 eingesetzt werden. Nach Bekanntgabe des italien. Sonderwaffenstillstands am 8.9.43 lief sie mit allen noch intakten Einheiten der italien. Flotte aus La Spezia Richtung Malta aus und wurde von der Royal Navy in Alexandria interniert. Febr. 46 an Italien zurückgegeben, 1948 abgewrackt.

Volkssturm, durch Führererlaß vom 25.9.44 aufgestellte Truppe aus bisher nicht eingezogenen Männern zw. 16 und 60 Jahren. Zuständig für die Bildung des V. waren polit. ≫ Bormann und militär. ≫ Himmler, betroffen rd. 6 Mio. Männer, die aus berufl., Alters- oder Gesundheitsgründen bisher freige-

Volkssturm: Mit Panzerfäusten bewaffnet, werden Kinder und alte Männer auf ganze Armeen losgelassen.

stellt waren. Die V.-Einheiten erreichten bei bereits empfindl. Material- und Munitionsmangel keinen befriedigenden Kampfwert mehr, erlitten aber v.a. bei der erbitterten Verteidigung im O gegen die Rote Armee erhebl. Verluste und wurden nicht selten in ihren feldgrau umgefärbten Parteiuniformen vom Gegner als Partisanen behandelt. Zwar wurde nur noch ein kleiner Teil der für den V. vorgesehenen Männer erfaßt und eingezogen, doch wegen der schlechten Ausbildung und der hoffnungslosen militär. Situation waren die Opferzahlen hoch; nach dem Krieg wurden 175 000 V.-Männer in den Vermißtenkarteien geführt, genaue Angaben über die Zahl der Gefallenen fehlen.

W

»Wacht am Rhein«, Codebez. für eine Angriffsoperation der Wehrmacht im W im Spätherbst 44. Erstmals am 16.9.44 von Hitler angesprochen, sollte eine solche Offensive die Lage nutzen: Nach stürm. Vormarsch im Sommer mußte die Rote Armee zunächst pausieren, die brit. Niederlage nach der Luftlandung bei ➢ Arnheim und die Verluste der Amerikaner beim Kampf um ➢ Aachen ließen einen angeschlagenen Gegner vermuten, der zudem mit einem dt. Gegenschlag am allerwenigsten rechnete. Am 12.10.44 legte der Wehrmachtführungsstab einen ersten Operationsentwurf (zunächst noch unter dem Decknamen »Christrose«) für »W.« vor: Wie beim ➢ »Sichelschnitt« 1940 sollten starke gepanzerte Verbände durch die Ardennen zur Maas vorstoßen und am 7. Tage ➢ Antwerpen nehmen. Damit wären 30 alliierte Div. in N Belgien und S-Holland abgeschnitten und könnten wie einst bei Dünkirchen vernichtet oder wenigstens vertrieben werden. »W.« unterlag höchster Geheimhaltung, erst am 24.10. wurden die Gen.stabschefs des OB West Rundstedt und der Heeresgruppe B (Model) unterrichtet, am 3.11. wurden die Armeebefehlshaber instruiert. Sie mußten unter Androhung der Todesstrafe schriftl. Stillschweigen geloben. Die zunächst für den 27.11. vorgesehene Auslösung von »W.« mußte wegen zahlr. Transportprobleme der von allen Fronten dafür abgezogenen Verbände verschoben werden. Am 11./12.12. versammelte Hitler im Führerhauptquartier »Adlerhorst« die Korpskommandeure und Divisionschefs, gab die letzten Befehle aus und beschwor den »Blitzsieg« von 1940. Mit der Auslösung von »W.« am 16.12.44 begann dann die ➢ Ardennenoffensive, die letzte größere Angriffsoperation der Wehrmacht.

Waco CG-4A, amerikan. Kampf- und Lastensegler. Während des Aufbaus der US-Luftlandetruppen wurden bis zum Invasionstag (6.6.44) über 13 000 W. als Standardmodell zum Schlepp durch die C-47 ➢ Skytrain des Troop Carrier Command gebaut. In das Fertigungsprogramm wurden zahlr. Möbelfabriken eingeschaltet. Die W. beförderte bei max. 190 km/h Schleppgeschwindigkeit in ihrem Kastenrumpf 15 Soldaten einschließl. Pilot und Copilot oder 8 Mann plus Jeep. Bei den Briten wurde das Modell unter dem Beinamen Hadrian eingesetzt.

Waffen-SS, seit Nov. 39 gebräuchl. Sammelbez. für die bewaffneten Verbände der SS und Polizei. Die W. umfaßte mithin die bisherige Verfügungstruppe, die ➢ Totenkopfverbände und die Junkerschulen, ferner die aus Kräften der Ordnungspolizei neu aufgestellte Polizeidivision sowie die Angehörigen der zuständigen Zentraldienststellen

Waffen-SS: Verleihung des Ritterkreuzes an einen holländischen Freiwilligen

(v.a. Ergänzungs-, Waffen- und Personalamt der W.). Schon bald wurden teils aus haushaltsrechtl. Gründen, teils um bestimmte Personenkreise vor einer Einziehung zur Wehrmacht zu schützen, weitere SS-Einrichtungen – insbes. diverse Ausbildungsstätten sowie sämtl. KZ – zu Teilen der erklärt.
War der Aufbau einer SS-eigenen Armee vor dem Krieg am Widerstand bes. der Heeresleitung gescheitert, so ermöglichte deren Einflußverlust in Verbindung mit den Zwängen des Krieges eine grundlegend neue Entwicklung. Die bewaffnete SS, die vor Kriegsbeginn nicht einmal im Divisionsverband bestanden hatte, verfügte gegen Kriegsende bei einer Gesamt-Iststärke von mehr als 600 000 Mann über (nominell) 38 Divisionen, 16 Generalkommandos und ein Armeeoberkommando (6. SS-Panzerarmee). Der Preis für diese stürm. Entwicklung war eine v.a. seit Beginn des Krieges gegen die Sowjetunion zunehmende Aufweichung des – formell freil. nie aufgegebenen – Freiwilligkeitsprinzips bei gleichzeitiger Lockerung der Tauglichkeitsbestimmungen; hinzu kam die Heranziehung einer wachsenden Zahl volksdt. und ausländ. Freiwilliger aus fast allen Ländern Europas. Der Wandel der W. von einer kleinen Prätorianergarde zu einer schließl. nur noch in der Minderheit aus rein dt. Soldaten bestehenden multinat. Massenarmee führte, zumal unter den Bedingungen des Krieges, sowohl zu einer allmähl. Erosion der weltanschaul. Geschlossenheit der W. als auch zu einer weitgehenden Einbuße ihrer militär. Elitequalität. Die Konsequenz aus dieser Entwicklung war eine von der SS-Führung 1944 vor-

genommene Dreiteilung der W. Deren Kern bildeten danach die nur aus »ordenfähigen« SS-Männern bestehenden »SS-Divisionen«. Daneben gab es die mit nicht SS-taugl. Deutschen und »Germanen« (d.h. West- und Nordeuropäern) aufgefüllten »Freiwilligendivisionen« sowie schließl. die aus nicht »german.«, zumeist osteurop. Freiwilligen aufgestellten »Waffendivisionen« der SS.
Die militär. Qualität aller dieser Verbände war entspr. ihrer personellen Zusammensetzung und materiellen Ausstattung, ihrem Ausbildungsstand und der Qualität ihres insges. sehr heterogenen Führerkorps höchst unterschiedlich. Der Ruf der an allen Fronten (mit Ausnahme N-Afrikas) eingesetzten W. als einer militär. Elite beruht auf den herausragenden Leistungen relativ weniger, personell und materiell bestausgestatteter Verbände, die zumeist – wie die Divisionen »Leibstandarte«, »Das Reich«, »Totenkopf« oder »Wiking« – aus den Stämmen der Vorkriegs-SS hervorgegangen waren. Die Kehrseite der für diese Verbände charakterist. Selbstaufopferungsbereitschaft war eine gegen Feind und Zivilbevölkerung oftmals rücksichtslose Kriegführung, die durch eine Fülle von Kriegsverbrechen belegt ist (u.a. Le Paradis, Klisura, ≻ Oradour, ≻ Malmedy). Deswegen und aufgrund der organisator. und personellen Verknüpfungen mit anderen Teilen der SS einschließl. des Vernichtungsapparates (≻ Einsatzgruppen, ≻ Konzentrationslager u.a.) wurde die W. im Nürnberger Prozeß gegen die Hauptkriegsverbrecher zur Verbrecherischen Organisation erklärt. In der Tat war die W., obwohl dienst- und haushaltsrechtl. ein staatl., formell dem Geschäftsbereich des Reichsinnenmin. zugeordnetes Organ, stets Teil der Gesamt-SS und als solcher der militär. Exponent einer auf die Person Hitlers fixierten Führerexekutive. Unbeschadet ihrer Frontverwendung im Rahmen des Kriegsheeres und der oft engen Kooperation zw. Heeres- und SS-Verbänden war die W. mithin weder rechtl. noch ihrer histor. Genese nach ein »vierter Wehrmachtteil«.

Waffenstillstandsarmee, Bez. für die Streitkräfte Vichy-Frkr.s. Im Waffenstillstand von ≻ Compiègne war dem besiegten Frkr. nur noch eine W. von 100 000 Mann zuzügl. Marine- und Polizeikräften sowie Kolonialtruppen zugestanden worden. Sie wurde beim dt. Unternehmen ≻ »Anton« zur Besetzung von S-Frkr. im Nov. 42 entwaffnet, doch hatten einige Kommandeure längst Verbindung zur Armée secrète aufgenommen und Waffenverstecke angelegt. Viele Soldaten der W. schlossen sich der Résistance an, die damit wertvolle militär. Ausbilder gewann.

Wake, Inselstützpunkt der USA im westl. Pazifik, 7,8 km^2. Trotz seiner strateg. Lage zw. den ≻ Marianen und Hawaii war W. zum Zeitpunkt des japan. Überfalls auf Pearl Harbor (7.12.41) nur bedingt verteidigungsbereit. Eine U-Boot-Basis und ein Luftstützpunkt befanden sich noch im Aufbau, die Garnison bestand aus 452 Marines, die über 12x76-mm-Fla-Geschütze, eine Küstenbatterie von 6x15,2 cm und 12 ≻ Wildcat zur Jagdabwehr verfügten. W. gehörte zu den ersten Zielen der japan. Inseloffensive nach Eröffnung der Feindseligkeiten. Im Schutz von 3 Leichten Kreuzern und 6 Zerstörern tauchte am 11.12.41 eine Landungsflotte vor dem Atoll auf, drehte aber ab, als 2 Zerstörer von der präzise schießenden Küstenartillerie versenkt und 2 weitere beschädigt worden waren. Der amerikan. Sieg blieb Episode, denn die zum Entsatz in Marsch gesetzte US-Kampfgruppe unter Admiral ➢ Fletcher mit dem Träger ➢ Saratoga kehrte wieder um, als die Japaner erneut mit einer überlegenen Invasionsflotte – 3 Schwere Kreuzer, 2 Träger – vor W. auftauchten. Nach massiver Luftvorbereitung gingen ihre Truppen in der Nacht vom 22./23.12. im toten Winkel der Küstenbatterien an Land und überwältigten die amerikan. Verteidiger in wenigen Stunden. Im weiteren Verlauf des Krieges im Pazifik spielte das zu Beginn so umkämpfte Eiland nur eine Nebenrolle. Die Amerikaner umgingen W. beim ➢ Inselspringen und übernahmen es erst wieder nach der japan. Gesamtkapitulation (Sept. 45).

Walcheren, niederländ. Insel (heute Halbinsel) in der Provinz Seeland mit 213 km^2 und 47 000 Einwohnern (1940). Da von W. aus die Zufahrt nach ➢ Antwerpen kontrollierbar war, starteten die Alliierten nach der Besetzung Belgiens und mehrfacher Bombardierung von W. am 1.11.44 das Unternehmen »Infatuate« zur Eroberung der Insel, die von der dt. 70. Inf.div. (Daser) verteidigt wurde. Den Angriff führten die brit. 152. Brigade und mehrere Einsatzkommandos sowie die brit. 4. Spezialbrigade unter Gen.major Hakewell Smith. Nach Beschießung der dt. Stellungen, u.a. durch das brit. Schlachtschiff Warspite, und Niederkämpfen der Küstenartillerie gingen die brit. Truppen in Vlissingen und Westkapelle an Land, brauchten aber eine ganze Woche, um den Widerstand endgültig zu brechen, und verloren 27 500 Mann an Verwundeten und Gefallenen.

»Walküre«, Deckname für am 31.7.43 erlassene Bestimmungen für Gegenmaßnahmen bei Aufständen im Dt. Reich. Für »W.« sollten Kampfgruppen aus dem Ersatzheer gebildet und durch die Wehrkreiskommandos zum Objektschutz herangezogen werden. Der Widerstand versuchte mit Hilfe von »W.« am 20.7.44 die Kontrolle über Berlin und das Reich zu gewinnen (➢ Zwanzigster Juli).

Wannsee-Konferenz, Besprechung von hohen Vertretern der Reichs- und Parteibehörden unter Leitung von ➢ Heydrich im Kripo-Gebäude Am Großen Wannsee 56-58 am 20.1.42 über die weitere ➢ Judenverfolgung (»Endlösung der Judenfrage«).

Warhawk, amerikan. Jagdeinsitzer und Jagdbomber Curtiss P-40. Die W war eine Weiterentwicklung der Curtiss P-36 und bei Kriegsausbruch als einziges US-Jagdflugzeug für die Großserienfertigung verfügbar: 1100 W. dienten im Dez. 41 bei der US-Heeresluftwaffe, schließl. wurden 13 738 Stück bis Mitte 44 gebaut. Entspr. zahlr. war dieses Baumuster in den krit. Jahren 1942/43 auf allen Kriegsschauplätzen; auch die RAF benutzte die W. in großer Zahl unter dem Beinamen Tomahawk, später Kittyhawk, als Jäger und v.a. als Jagdbomber mit 1000 kg Außenlasten in Fernost und im Mittelmeerraum. 2097 W. gingen an die UdSSR. Die Maschine wurde im Lauf der Bauzeit immer schwerer bewaffnet (bis 6x12,7-mm-

MG), gepanzert und mit selbstdichtenden Treibstofftanks ausgerüstet.

Warschau, Hauptstadt Polens mit 1,3 Mio. Einwohnern (1939). Im Polenfeldzug erreichten die Spitzen der dt. 4. Pz.div. (Reinhardt) am 8.9.39 W., das am 19.9. völlig eingeschlossen war. Da die 120 000 Verteidiger unter Gen. J. Rómmel die Übergabe verweigerten, kam es zu schweren Luftangriffen auf die Stadt. Erst nach erhebl. Zerstörungen streckten die Polen am 28.9. die Waffen. Die nat.-soz. Besatzungsbehörden faßten die rd. 400 000 Juden von W. in einem Getto zusammen, in dem viele bei elendsten Lebensbedingungen starben und von wo bis Okt. 42 rd. 300 000 zur Tötung in Vernichtungslager deportiert wurden. Im April 43 kam es zum ➢ Warschauer Getto-Aufstand, bei dem die verbliebenen Juden entweder umkamen oder nach der Kapitulation ebenfalls in die Gaskammern geschickt wurden. Im Aug. 44 erhob sich dann die poln. ➢ Heimatarmee zum ➢ Warschauer Aufstand gegen die Besatzer, der aber ebenfalls scheiterte. Am 17.1.45 räumte die dt. 9. Armee (Busse) die Stadt.

Warschauer Aufstand, Erhebung der poln. Heimatarmee unter ➢ Bór-Komorowski gegen die dt. Besatzungsmacht in der poln. Hauptstadt. Der W. wurde ausgelöst, als die Rote Armee herankam und einerseits die Hoffnung auf Hilfe wuchs, andererseits der Wunsch wach wurde, die eigene Hauptstadt aus eigener Kraft zu befreien. Mit zunächst 14 000, später 36 000 völlig unzureichend bewaffneten Kämpfern versuchten die Polen seit 1.8.44, die dt. 9. Armee und die Polizei- und SS-Kräf-

Warschauer Aufstand: Heckenschützen im Straßenkampf in der polnischen Hauptstadt, August 1944

te unter von dem ≫ Bach-Zelewski zu vertreiben, erlitten aber in langen, erbitterten Kämpfen schwere Niederlagen und mußten am 2.10.44 kapitulieren, obwohl seit 14.9. die sowjet. Truppen die Weichsel und die Vorstadt Praga erreicht hatten. Die Aufständischen verloren 16000 Gefallene und 6000 Verwundete, auf dt. Seite kamen 2000 Mann ums Leben, 9000 wurden verwundet, 166000 Zivilisten sollen Opfer der Kämpfe geworden sein, 70000 Polen wurden zur Zwangsarbeit in KZs verschleppt. Damit hatte die Wehrmacht Stalins Geschäft besorgt, der durch die Ausschaltung der bürgerl. Kräfte leichtes Spiel hatte, nach der Eroberung Warschaus sein kommunist. Lubliner Komitee als provisor. Reg. zu etablieren.

Warschauer Getto-Aufstand, Erhebung im jüd. Wohnbezirk in der poln. Hauptstadt seit 19.4.43. Nachdem bereits über 300000 Juden aus Warschau in die Vernichtungslager deportiert worden waren, beschloß die SS im Frühjahr 43 die endgültige Räumung des Gettos und löste beim Einrücken den W. aus, an dem sich allerdings nur ein Teil der 75000 im Getto verbliebenen Juden beteiligte. Die SS-Einheiten unter Brigadeführer Stroop wurden immer wieder von den jüd. Kämpfern vertrieben, so daß am 23.4. die Häuser im Getto in Brand gesetzt wurden. Viele Bewohner, die dem Flammenmeer entkamen, leisteten aus Kellern und Abwasserkanälen weiter Widerstand und konnten nur durch Flutung und Sprengungen niedergekämpft werden. Mitte Mai 43 gaben die letzten überlebenden Aufständischen auf. 56000 Juden waren gefangengenommen worden, die anderen waren gefallen, 7000 wurden nach der Kapitulation erschossen, 21000 kamen in die Vernichtungslager, die restlichen wurden in Arbeitslager eingewiesen. Dt. Verluste: 16 Tote, 90 Verwundete.

Warspite, brit. Schlachtschiff, 26.11.13 Stapellauf, 19.3.15 in Dienst gestellt, 30600 t, 24 kn, 195 m lang, 27,6 m breit, bis 951 Mann Besatzung; Bewaffnung: 8x38,1 cm, 8x15,2 cm, 8x10,2 cm, 48 kleinere Rohre. Die W. operierte nach der Besetzung Norwegens durch dt. Truppen im April 40 in der nördl. Nordsee, beschoß am 24.4. Narvik, verlegte danach ins Mittelmeer, griff am 8.7.40 in die Schlacht bei Punta Stilo (Kalabrien) ein und erzielte einen schweren Treffer auf dem italien. Schlachtschiff Giulio Cesare. Danach zur Konvoisicherung und bei Beschießungen eingesetzt, nahm die W. mit der Force A (Cunningham) Ende März 41 an der Seeschlacht bei Kap ≫ Matapan teil, wobei ihre Radaranlage den Briten entscheidende Vorteile sicherte. Es folgten ein Raid mit der brit. Mittelmeerflotte gegen Tripolis (21.4.41) und Operationen zur Verteidigung und schließl. Räumung Kretas beim dt. Unternehmen ≫ »Merkur«. Dabei von Ju 88 und Me 109 durch Bomben beschädigt, ging die W. zur Reparatur in die USA und verlegte im Febr. 42 zur Sicherung austral. Truppentransporte zur British Eastern Fleet in den Ind. Ozean. Im April 43 war sie wieder im Mittelmeer eingesetzt, wo sie bei den Landungen auf Sizilien (10.7.43), in Kalabrien (Anfang Sept. 43) und in der Bucht von Salerno (Mitte Sept. 43) zu den Deckungsgruppen gehörte und am 16.9. von einer Gleitbombe schwer beschädigt wurde. Mit der Eastern Naval Task Force unter Konteradmiral Vian unterstützte sie die alliierte Invasion in der Normandie (seit 6.6.44) und bekämpfte mit ihrer Artillerie dt. Küstenbatterien, u.a. in Le ≫ Havre, das am 12.9.44 von alliierten Truppen genommen wurde, und auf Walcheren zur Vorbereitung der Landung brit. Truppen (1.11.44). März 46 außer Dienst gestellt, Juli 50 abgewrackt.

Wasserfall, dt. Fla-Rakete, im Auftrag des Heereswaffenamtes seit Herbst 43 von W. v. ≫ Braun entwickelt; erster Testschuß 28.2.44. Die 7,87 m lange W., eine Flüssigkeitsrakete von 8000 kp Schub mit einem Startgewicht von 3,3 t und einem 100-kg-Gefechtskopf, war eine verkleinerte ≫ V 2 mit kurzen Flügeln und 8,8 cm Durchmesser. Sie wurde senkrecht gestartet, zu Beginn des Fluges auf einem elektr. Leitstrahl gesteuert und in bis zu 25 km entfernte Ziele gebracht. Anfangs hatte sie einen opt. Lenkkopf, erhielt aber später einen Infrarotsuchkopf »Hamburg«. Die rd. 50 Versuchsmuster erzielten gute Ergebnisse gegen alliierte Bomberpulks, doch wurde die Entwicklung zugunsten der Konzentration auf die V 2 Ende Febr. 45 eingestellt.

Wassermann, Weiterentwicklung des dt. Funkmeßgeräts ≫ Freya.

Wassilewski, Alexandr Michailowitsch, * Nowaja Golschika (Gebiet Kostroma) 30.9.1895, † Moskau 5.12.1977, Marschall der Sowjetunion (16.2.43); April 19 zur Roten Armee, 1938 Beitritt zur KPdSU. W. war bei Beginn des dt. Angriffs auf die UdSSR als Gen.major Chef der Abt. Operative Verwaltung im Gen.stab und wurde im Aug. 41 Stellv. von Gen.stabschef Schaposchnikow, den er, inzw. Gen.oberst, am 26.6.42 ablöste. Auf Planungen W.s gingen u.a. die sowjet. Gegenoffensive »Uranus« bei ≫ Stalingrad und die erfolgr. Abwehr des dt. Unternehmens ≫ »Zitadelle« bei Kursk zurück, auch weitere siegreiche Operationen trugen seine Handschrift. Als der OB der 3. Weißruss. Front, ≫ Tschernjachowski, im Febr. 45 fiel, übernahm W. selbst die Führung dieser Heeresgruppe und schloß die Eroberung Ostpreußens ab. Im Aug. war er OB in Fernost, 1949-53 Kriegsmin., 1952-61 Mitglied des ZK; Memoiren 1974.

Wavell, Archibald, * Colchester 5.5.1883, † London 24.5.1950, brit. Feldmarschall (18.6.43); 1899 Militärakademie Sandhurst, im 1. Weltkrieg u.a. Militärattaché in Rußland, 1919/20 in Ägypten, 1932/33 Adjutant des Königs, 1937 als Gen.leutnant OB in Palästina. W. wurde am 2.8.39 OB aller brit. Landstreitkräfte im Nahen Osten und konnte im Herbst 40 erfolgreich die italien. Offensive gegen Ägypten abwehren und seinerseits zum Angriff auf Libyen übergehen. Nach Eingreifen des ≫ Dt. Afrika-Korps jedoch erlitten seine Truppen schwere Niederlagen, so daß Churchill W. durch ≫ Auchinleck ersetzte. Im Juli 41 zum OB in Indien ernannt, konnte W. als Oberkommandierender in SO-Asien die im Dez. 41 losbrechende japan. Offensive weder in Malaya noch in Niederländ. Indien aufhalten und mußte auch Burma räumen. Er wurde schließl. am 18.6.43 auf den Posten des Vizekönigs in Neu Delhi weggelobt; 1946 durch Mountbatten ersetzt, Febr. 47 Ruhestand.

Weberschiffchentaktik, andere Bez. für die Pendeloffensive der 8. US-Luftflotte beim Unternehmen »Frantic Joe« (wütender Josef, auf Stalin gemünzt). In Anwendung der W. starteten erstmals am 2.6.44 von England aus 130 B-17 ➢ Flying Fortress mit 70 Langstreckenjägern P-51 ➢ Mustang zum Angriff auf Ziele im dt. besetzten Ungarn und flogen dann nach Rußland weiter, wo sie in ➢ Poltawa, Pirjatin und Mirgorod landeten. Aufgetankt und neu munitioniert stiegen sie am 6.6. wieder auf, griffen den Fliegerhorst Galatz an und kehrten am 11.6. bei einem Verlust von je 2 Jägern und Bombern auf ihre Ausgangsbasen und nach Italien zurück. Nach weiteren Flügen im Stil der W. wurde das Verfahren nach einem schweren dt. Luftangriff auf Poltawa (47 zerstörte B-17) am 21./22.6.44 wieder aufgegeben. Beim ➢ Warschauer Aufstand erbaten die Westmächte erneut Landerechte hinter der sowjet. Front, um Hilfsgüter für die poln. Heimatarmee einzufliegen, erhielten aber von der Roten Armee keine Genehmigung.

Wehrwirtschaftsamt (WwA, bis 1939 Wehrwirtschaftsstab, Abt. des ➢ Oberkommandos der Wehrmacht (OKW) für kriegswirtschaftl. Planung und Beschaffung. Über ein Netz von Rüstungsinspektoren hielt das W. Verbindung zur Industrie, konnte jedoch gegenüber den Waffenämtern von Heer, Kriegsmarine und Luftwaffe eine umfassende Planungs- und Produktionskontrolle nicht durchsetzen. W.-Chef Gen. Thomas lehnte die Strategie der ➢ Blitzkriege hinsichtl. ihrer ökonom. Konsequenzen als leichtfertig ab und forderte früh die Umstellung auf »Breiten-« und »Tiefenrüstung« mit zentralen Zuständigkeiten für die Wehrmacht. Dabei hielt er eine umfassende Dienstpflicht für Frauen, Einschränkungen der Konsumgüterproduktion und Arbeitszeitverlängerungen für unumgängl., konnte sich aber mit solchen Vorschlägen bei Hitler kein Gehör verschaffen. Auch fehlende wirtschaftl. und techn. Sachkompetenz sowie schwerfälliger Bürokratismus gegenüber den Erfordernissen der polykrat. und fakt. improvisierten Kriegführung trugen dazu bei, daß das W. an Einfluß verlor und dem ➢ Reichsmin. für Bewaffnung und Munition, in dem es Mitte 42 aufging, die Initiative bei der Umstellung der ➢ Kriegswirtschaft überlassen mußte.

Weichs, Maximilian Freiherr von, * Dessau 12.11.1881, † Gut Rösberg bei Bonn 27.9.1954, dt. Gen.feldmarschall (1.2.43); 1902 Eintritt ins Heer, 1.4.33 Gen.major, 1.4.35 Gen.leutnant, 1.10.36 Gen. der Artillerie. W. wurde am 1.10.37 Kommand. Gen. des XIII. AK, mit dem er in Polen kämpfte, und am 20.10.39 OB der 2. Armee im Verband der Heeresgruppe A (v. Rundstedt), mit der er am Angriff im W beteiligt war. W. führte dann seine Armee im Balkanfeldzug (April 41) und zu Beginn des Krieges gegen die UdSSR. Für die dt. Sommeroffensive ➢ »Blau« bildete er eine nach ihm benannte Armeegruppe, ehe er am 15.7.42 v. Bock als OB der Heeresgruppe B ablöste.
Nach den Niederlagen im O ernannte Hitler W. am 26.8.43 zum OB Südost und der Heeresgruppe F, die er bis zur Auflösung am 25.3.45 befehligte. Eine Verwendung als OB der Heeresgruppe Weichsel scheiterte am Mißtrauen Hitlers dem praktizierenden Katholiken W.

gegenüber. Am 2.5.45 in amerikan. Gefangenschaft geraten, wurde W. im Prozeß gegen die SO-Generäle angeklagt, aber wegen seines schlechten Gesundheitszustands noch vor Eröffnung des Verfahrens gegen ihn am 3.11.48 freigelassen.

»Weiß«, Deckname für den dt. Angriff auf Polen. Die erste Weisung für »W.« erfolgte schon am 3.4.39 und beauftragte die dt. Streitkräfte, »die poln. Wehrmacht zu vernichten. Hierzu ist ein überraschender Angriffsbeginn anzustreben und vorzubereiten.« Bei Auslösung von »W.« und Eröffnung des ≻ Polenfeldzugs hieß es in Hitlers Weisung Nr. 1 für die Kriegführung: »Nachdem alle polit. Möglichkeiten erschöpft sind, ... habe ich mich zur gewaltsamen Lösung entschlossen. Der Angriff auf Polen ist nach den für den Fall Weiß getroffenen Vorbereitungen zu treffen.«

Weiße Rose, student. Widerstandsgruppe, v.a. in München um die Geschwister Scholl, Prof. Huber u.a. Die W. wandte sich 1942/43 mit Flugblättern und Mauerinschriften an die Öffentlichkeit, prangerte das nat.-soz. Unrechtsregime, seine Verbrechen an Juden und Polen und den Mißbrauch der Jugend für einen ungerechten Krieg an und rief zum passiven Widerstand auf, um eine »Erneuerung des schwerverwundeten dt. Geistes von innen her zu erreichen«. Bei einer Flugblattaktion am 18.2.43 im Lichthof der Universität wurden Mitglieder der W. vom Pedell beobachtet und der Polizei ausgeliefert. Wenige Tage später ergingen die ersten der sechs gegen W.-Angehörige verhängten Todesurteile, die sofort vollstreckt wurden.

Welikije-Luki, sowjet. Stadt an der Lowat. W. wurde am 18.7.41 von der dt. Pz.gruppe 3 (Hoth) erobert, geriet aber schon während der sowjet. Winteroffensive im Jan. 42 wieder in Gefahr; nur mit letzter Kraft konnte der Angriff wenige km vor W. zum Stehen gebracht werden. Am 15.1.43 aber wurde die von Hitler zum »Festen Platz« erklärte Stadt von der sowjet. Kalinin-Front (Jeremenko) überrannt, nur 102 dt. Verteidiger konnten sich zu den eigenen Linien nach W durchschlagen.

Wellington, brit. Mittelstreckenbomber der Firma Vickers-Armstrong, Erstflug 15.6.36. Die W. war zu Kriegsbeginn schwerstes Baumuster unter den damaligen zweimotorigen Standardbombern der RAF. Sie galt wegen ihrer geodät. Bauweise aus freitragenden Leichtmetallverstrebungen nach Art eines Luftschiffs als bes. beschußfest. Dies rettete den viel zu schwach bewaffneten Bomber allerdings nicht vor katastrophalen Verlusten beim ersten größeren Tageseinsatz gegen Schiffsziele in der Dt. Bucht am 18.12.39. Das Debakel veranlaßte das Bomberkommando, seine Strategie auf Nachtangriffe zu verlegen. W.-Bomber trugen 1941/42 die Hauptlast der Offensive und leisteten auch Pionierarbeit bei der Einführung elektron. Verfahren zur Zielfindung.
Beim ersten Tausend-Bomber-Schlag gegen Köln am 30./31.3.42 bestand das Gros der Armada aus rd. 600 W. Genau 63977 W.-Einsätze sind in den Akten des Bomberkommandos verzeichnet; insges. 11461 Maschinen wurden bis 1945 gebaut. Die W. wurde 1943 von den strateg. Bomberverbänden abgezogen, blieb jedoch über dem Mittelmeerraum und beim RAF-Kü-

stenkommando als Minensucher, Torpedoflugzeug und U-Boot-Jäger weiter im Einsatz.
Daten der Nachtbomberversion Mk X: 2x1585-PS-Doppelsternmotoren Bristol Hercules, max. 412 km/h in 4400 m Höhe, 2170 km Reichweite, 2720 kg Bombenzuladung, 2x7,7-mm-MG und 4x7,7-mm-MG als Abwehrbewaffnung in Drehtürmen am Bug und am Heck, 6 Mann Besatzung.

Wenck, Walther, * Wittenberg 18.9. 1900, † Bad Rothenfelde 1.5.1982 (Autounfall), dt. Gen. der Pz.truppen (1.4.45). W. nahm am Polen- und am Frankreichfeldzug teil. Danach im O eingesetzt, wurde er am 4.2.42 als Lehrer an die Kriegsakademie in Berlin kommandiert. In der Folgezeit diente er als Chef des Gen.stabs bei mehreren Großverbänden an der O-Front: 3.9.42 LVII. Pz.korps, 26.11.42 rumän. 3. Armee, 27.12.42 Armee-Abt. Hollidt, später 6. Armee, 11.3.43 1. Pz.armee, 24.3.44 Heeresgruppe Südukraine in Rumänien unter Gen.oberst Schörner. Nach dem Attentat auf Hitler holte der neue Gen.stabschef des Heeres, Gen. oberst Guderian, W. als Chef der Operationsabt. In dieser Dienststellung blieb W. bis zu seiner schweren Verletzung (Schädelbruch) am 17.2.45 bei einem Autounfall. Am 10.4.45 erhielt er das Kommando über die aus neuformierten, unfertigen Div. gebildete 12. Armee (Armee W.), die während der Schlacht um ➢ Berlin die Reichshauptstadt entsetzen sollte und auf die Hitler bis zum Schluß in völliger Verkennung der Lage hoffte.

Werwolf, von Himmler projektierte und von Goebbels am 1.4.45 auf der Welle des alten Deutschlandsenders proklamierte Partisanenbewegung, die hinter den Linien der vorrückenden Alliierten operieren sollte. Der Aufruf zur Bildung einer W.-Bewegung fand im abgekämpften Volk keinen Widerhall, nur einige jugendl. Fanatiker ließen sich zu Aktionen hinreißen, deren spektakulärste die Ermordung des Aachener Bürgermeisters Oppenhoff am 25.3.45 war. Die 7 Täter, darunter eine Frau, waren mit einer Beute-B-17 ➢ Flying Fortress von Hildesheim gestartet und bei Aachen abgesprungen. Zu weiteren W.-Morden kam es u.a. in Penzberg (Bayern) und im Wiesental (Schwarzwald), wo 8 russ. ➢ Zwangsarbeiter erschossen wurden.

»Weserübung«, Deckname für die militär. Operationen der dt. Wehrmacht zur Besetzung von Dänemark und Norwegen im April 40. »W.« sollte die schwed. Erzlieferungen über den nordnorweg. Hafen ➢ Narvik und die Zugänge zur ➢ Ostsee sichern. Beides war durch alliierte Planungen (5.2.40) zum Eingreifen in den finn.-sowjet. ➢ Winterkrieg mit 4 Div. (57500 Mann) gefährdet. Großbrit. und Frkr. verfolgten dabei die Absicht, die schwed. Erzgruben von Kiruna und Gällivare sowie den Erzausfuhrhafen Lulea durch 2 Brigaden zu besetzen. Am 15.3.40 sollten die ersten Truppen in Narvik an Land gehen, Schweden aber verweigerte das Durchmarschrecht, und der Frieden von Moskau am 12.3.40 machte die geplante Hilfe für Finnland gegenstandslos. Dennoch wurde die Skandinavien-Operation neu angesetzt für den 8.4.40, was auf dt. Seite nach dem Zwischenfall mit dem Troßschiff ➢ Altmark erwartet wurde und dem Hitler mit »W.« zuvorkommen wollte. Am 1.3.40 erfolgte seine Weisung dafür, und am 7.4.40 begannen die Operationen, die die Alliierten völlig überraschten, obwohl ihnen kurz zuvor der Einbruch in den dt. ➢ »Enigma«-Funkschlüssel gelungen war. Ihre Aufmerksamkeit war völlig absorbiert durch den dt. Aufmarsch im W, wo man den nächsten Angriff erwartete. Für »W.« setzte die Kriegsmarine zur Sicherung alle fahrbereiten Einheiten ein: 2 Schlachtschiffe, 7 Kreuzer, 14 Zerstörer, 8 Torpedoboote, 12 Schnellboote, 31 U-Boote sowie zahlr. kleinere Schiffe. Die Luftsicherung übernahm das X. Fliegerkorps mit 430 Maschinen, davon 220 Bomber. Als Gruppe XXI (Falkenhorst) wurden nach und nach 7 dt. Div. auf dem See- und Luftweg in Oslo, Kristiansand, Stavanger, Bergen und Narvik gelandet. Die Besetzung ➢ Dänemarks gelang fast kampflos (26 gefallene Dänen). ➢ Norwegen aber setzte sich mit 6 schwachen Div. und der Flotte zur Wehr und erhielt Hilfe durch brit., frz. und poln. Brigaden, die zw. dem 14. und 18.4. bei Harstad, Namsos, Andalsnes und Narvik landeten. Hier kamen die dt. Gebirgsjäger und Besatzungen von 10 versenkten Zerstörern unter Gen. ➢ Dietl in schwere Bedrängnis, mußten die Stadt räumen, konnten sich aber gegen die überlegenen Feindkräfte an der Erzbahn halten und nach dem alliierten Rückzug wegen der sich abzeichnenden Niederlage im ➢ Frankreichfeldzug Narvik wieder nehmen. Am 9.6. ordnete König Haakon VII. die Einstellung der Feindseligkeiten an. Die dt. Kriegsmarine hatte 3 Kreuzer, 10 Zerstörer, 1 Torpedoboot und 6 U-Boote verloren, ihre beiden Schlachtschiffe, 1 Pz.schiff und 2 Kreuzer waren beschädigt worden. Alliierte Schiffsverluste: 1 Träger, 2 Kreuzer, 9 Zerstörer und 6 U-Boote, dazu einige norweg. Einheiten, darunter 2 Pz.schiffe, 1 Zerstörer, 2 Torpedoboote und 3 U-Boote. Deutschland beklagte 3692 Tote, Großbrit. 3349, Norwegen 1355, Frkr. und Polen 530.

Wespe, dt. Selbstfahrlafette mit 10,5-cm-Pz.haubitze 18 L/26 auf Fahrgestell Pz. II; 12,5 t, 5 Mann Besatzung, Panzerung 10-30 mm. Der mit 10-12 mm schwach gepanzerte Kampfraum war oben offen. Mit einem 140-PS-Maybach-Motor erreichte die W., die seit 1943 bei den Pz.artillerie-Abt. verwendet wurde, 40 km/h auf der Straße, der Fahrbereich betrug 140 km, im Gelände 90 km, der Kraftstoffverbrauch lag zw. 120 und 180 l/100 km.
Auf dem gleichen Fahrgestell gab es Pz.jäger mit 7,62-cm-Pak 36 (russ. Beute) L/54, 5-cm-Pak 38 oder 7,5-cm-Pak 40 L/46. Sie führten die Bez. Marder II (Umbau 1942/43). Eine weitere Version trug das schwere Inf.geschütz 33 (15 cm).

Westfeldzug, Bez. für die militär. Operationen der dt. Wehrmacht gegen die Niederlande, Belgien und Frkr. im Mai/Juni 40, ➢ Frankreichfeldzug.

West Virginia, amerikan. Schlachtschiff, 19.11.21 Stapellauf, 1.12.23 in Dienst gestellt, 32600 t, 20 kn, 190,2 m lang, 29,7 m breit, bis 2182 Mann Besatzung; Bewaffnung: 8x40,6 cm, 16x12,7 cm, 90 kleinere Rohre. Die W. lag im Hafen von Pearl Harbor, als der japan. Überfall auf die dortige US-Pazifikflotte am 7.12.41 den Krieg in Fernost entfesselte. Das Schiff, das längsseits vor dem Schlachtschiff Tennessee verankert war, wurde von 6 Lufttorpedos und 2 Bomben getroffen, seitl. aufgerissen und sank mit 106 Mann, darunter Captain Bennion; die Tennessee kam mit leichten Beschädigungen davon. Am 30.5.42 geborgen und bis Mitte 44 repariert, kam die W. im Juli 44 wieder im Pazifik zum Einsatz, nahm im Okt. 44 mit der Task Force 78 (Weyler) an der Seeschlacht im ➢ Leyte-Golf teil, fuhr Fernsicherung bei Landungen auf den Philippinen (Dez. 44/Jan. 45) und beschoß mit der Fire Support Group (Deyo) Ende März 45 Okinawa, wo sie am 1.4. ➢ Kamikaze- und Bombentreffer erhielt. 9.1.47 eingemottet, Jan. 61 abgewrackt.

Westwall, Befestigungslinie entlang der dt. W-Grenze auf 630 km Länge von der SW-Ecke bis in den Raum Aachen. Der zw. Mai 38 und Sept. 39 für 3,5 Mrd. RM erbaute W., der 4,5 Mio. t Material verschlang, bestand aus 14 000 Bunkern, Kampfanlagen und Unterständen sowie Betonigeln zur Pz.abwehr. Mit großem Propagandaaufwand gefeiert und als unüberwindl. dargestellt, erfüllte er 1939/40 tatsächl. eine gewisse Abschreckungsfunktion gegenüber den Westmächten, bestand aber seine Bewährungsprobe 1944/45 nirgendwo, zumal moderne Waffen in vielen Bunkern keinen Platz fanden, während andere Stellungen inzw. ihre Ausrüstung eingebüßt hatten.

Weygand, Maxime, * Brüssel 21.1. 1867, † Paris 28.1.1965, frz. Armeegeneral; im 1. Weltkrieg Gen.stabschef von Marschall Foch, 1923/24 OB der frz. Levantearmee im Nahen Osten, 1930 Gen.stabschef, 1931 Gen. inspekteur der Armee, 1935 Ruhestand. W. wurde bei Kriegsbeginn reaktiviert und löste nach dem katastrophalen Verlauf der alliierten Operationen nach Beginn des dt. Angriffs im W (10.5.40) am 19.5. ➢ Gamelin als OB der frz.-brit. Streitkräfte ab. Doch selbst die hastige Bildung einer nach ihm benannten Auffangstellung an der Somme vermochte den Zusammenbruch nicht mehr abzuwenden, so daß W. schon am 12.6.40 Verhandlungen über einen Waffenstillstand empfahl. Bei Übernahme der frz. Reg. am 16.6.40 durch ➢ Pétain wurde W. Kriegsmin. und hatte wesentl. Anteil an der Aufgabe des Kampfes am 22.6.40. Am 6.9.40 ernannte ihn der Staatschef von Vichy-Frkr. zum Gen. gouverneur in Frz. N-Afrika mit Sitz in Algier, wo er im Febr. 41 das für den weiteren Verlauf des Krieges wichtige ➢ W.-Murphy-Abkommen schließen konnte. Das führte aber auch auf dt. Druck am 20.11.41 zu seiner Abberufung und ein Jahr später zu seiner Verhaftung. Erst im Mai 45 aus dt. Gefangenschaft befreit, wurde W. wegen angebl. Kollaboration festgenommen, am 6.5.48 aber vom Obersten Gerichtshof rehabilitiert.

Weygand-Murphy-Abkommen, Bez. für ein am 26.2.41 unterzeichnetes Memorandum des Bevollmächtigten der Vichy-Reg. in Frz. N-Afrika, ➢ Weygand, und des Vertreters des US-Außenmin., Robert D. Murphy, über wirtschaftl. Zusammenarbeit, insbes. in Algerien. Mißtrauisch beobachtet von der dt. Besatzungsmacht, erreichte Weygand die Zusage amerikan. Konsumgüterlieferungen im Austausch gegen Rohstoffe. Die Abwicklung des Handels ermöglichte den USA den verdeckten Aufbau eines Nachrichtendienstes in N-Afrika, der ihnen später bei der Operation ≫ »Torch« (Nov. 42) zugute kam. Das W. verstärkte die dt. Vorbehalte gegen Weygand und führte schließl. zu seiner Abberufung (Nov. 41) und Verhaftung (Nov. 42).

Whitley, brit. mittelschwerer Nachtbomber und Küstenaufklärer der Firma Armstrong Withworth, Erstflug 17.3.36. Die W., ältester unter den drei RAF-Standardbombern von 1939, startete schon am Abend nach der brit. Kriegserklärung zum Feindflug: 10 Maschinen der No. 4 Group warfen am 3.14.9.39 beim ersten Nachteinsatz des Bomber Command 6 Millionen Flugblätter über NW-Deutschland und dem Ruhrgebiet ab. Die Gruppe dehnte ihre nächtl. Propagandaflüge während des sog. ≫ Sitzkrieges bis nach Berlin, Prag und Warschau aus. In der Nacht vom 19./20.3.40 griffen sie als erstes Ziel auf dt. Boden den Seefliegerhorst in Hörnum auf Sylt an. Zu den 5 Flugzeugtypen, die ≫ Beaverbrook im Mai 40 als vorrangig für die Produktion auswählte, gehörte die Serienvariante Mk V. Zu insges. 1466 Stück gefertigt, wurde sie mit ihren 2x1075-PS-Triebwerken Rolls-Royce Merlin, 3150 kg Bombenzuladung und max. 367 km/h wichtigstes Frontmuster dieses legendären Nachtbombers. Die W. flog bis Ende April 42 im strateg. Einsatz; die Produktion ging noch bis Juni 43 weiter, da der klobige, robuste Bomber mit dem Spitznamen »Scheunentor« inzw. beim RAF-Küstenkommando als Seeaufklärer gute Dienste leistete. Andere Maschinen wurden zur Ausbildung von Fallschirmspringern und als Transporter zur Versorgung Maltas herangezogen; insges. wurden 1814 Exemplare gebaut.

Widder, dt. Hilfskreuzer (Schiff 21), als solcher am 30.11.39 in Dienst gestellt und im Jan. 40 von Korvettenkapitän Ruckteschell übernommen; 7851 BRT, 152 m Länge, 18,2 m Breite, Höchstgeschwindigkeit 14 kn, 364 Mann Besatzung; Bewaffnung: 6x15 cm, 1x7,5 cm, 8 Rohre Flak, 4 Torpedorohre, 2 Bordflugzeuge Heinkel He 114. W. lief am 5.5.40 zum Handelskrieg aus und erreichte nach einem Gefecht mit brit. U-Boot am 14.5. den Durchbruch durch die Dänemarkstraße. Bis zum 31.10.40, als W. wieder in Brest einlief, wurden 10 Frachter, darunter das einzige von einem Hilfskreuzer angegriffene Segelschiff, mit 58 644 BRT versenkt. W. wurde später als Werkstattschiff in norweg. Gewässern eingesetzt, wo sie bei Kriegsende in brit. Hand fiel. Im Okt. 55 strandete sie an der norweg. Küste, das Wrack wurde abgebrochen.

Wiener Schiedssprüche, dt.-italien. Entscheidungen zur Regelung ungar. Gebietsansprüche gegenüber der Tschechoslowakei und Rumänien: 1. Entscheidung des dt. und des italien. Außenmin. am 2.11.38 über Abtretung eines Streifens der südl. Slowakei sowie der Karpato-Ukraine mit 12 000 km² und 1 Mio. Einwohnern an Ungarn. 2. Entscheidung des dt. und des italien. Außenmin. am 30.8.40 über Abtretung N-Siebenbürgens und des Szekerlandes mit 43 000 km² und 2,5 Mio. Einwohnern von Rumänien an Ungarn. Die W. wurden beim Waffenstillstand Ungarns mit den Alliierten am 20.1.45 aufgehoben, wodurch wieder erhebl. ungar. Minderheiten v.a. unter rumän. Herrschaft gerieten; trotz Einbindung beider Staaten in den Ostblock kam es deswegen bis in die 80er Jahre immer wieder zu Konflikten.

Wiking, Beiname des Großtransporters Blohm & Voß Bv 222, nach einem Auftrag der Lufthansa als ziviles Transatlantik-Flugboot entwickelt, Erstflug 7.9.40. Die Luftwaffe übernahm die W., einen Koloß von 46 m Spannweite und 49 t Fluggewicht, als strateg. Großraumtransporter zum Einsatz zw. Norwegen und Afrika. Eine für »Fernstaufklärung und Fernst-Kampfaufgaben« bestimmte Weiterentwicklung Bv 238 war mit 60 m Spannweite und 94 t Startgewicht das größte Flugzeug der Welt; das einzige Versuchsmuster (Erstflug 10.3.44) wurde kurz vor Kriegsende von brit. Tieffliegern auf einem See in Mecklenburg zerstört.
Von der W. wurden insges. 13 Exemplare gebaut, die bis auf 4 Maschinen abgeschossen oder auf dem Wasser zerstört wurden; 2 Beutestücke gingen in die USA und wurden dort verschrottet. Daten der Standardversion Bv 222 C: 6x1000-PS-Dieselmotoren Bramo Fafnir oder Jumo 207 C; Höchstgeschwindigkeit (ohne Bewaffnung) 390 km/h; max. Reichweite bei 28 Stunden Flugdauer 6100 km; Bewaffnung je nach Einsatztyp von 1x7,92-mm-MG bis zu 6 MG-Ständen; 11 Mann Besatzung; Unterbringungskapazität für 110 voll ausgerüstete Soldaten.

Wildcat, amerikan. Jagdeinsitzer Grumman F4F, Erstflug 2.9.37, zweiter Prototyp 2.2.39. Mit ihrem faßförmigen Rumpf und dem 1200-PS-Wright-Cyclone-Doppelsternmotor markierte die W. den Sprung vom Doppeldecker zum modernen Eindecker bei den Trägerstaffeln der US-Navy. Als techn. Vorläufer der Grumman F6F ➢ Hellcat trug sie bis Sommer 43 die Hauptlast beim Luftkrieg über dem Pazifik. Die ersten Serienmuster aus einer frz. Bestellung gingen im Sommer 40 als Grumman Martlet an die brit. Marineluftwaffe; die Masse aller rd. 8000 W. flog bei der US-Navy und beim Marinekorps. Techn. Daten: max. 528 km/h in 6400 m Höhe, 1420 km Reichweite, 4x12,7-mm-MG, Gehänge für 2x45-kg-Bomben.

»Wilde Sau«, Tarnbez. der dt. Luftwaffe für wetterabhängige helle Objektnachtjagd im Gegensatz zum bodengelenkten ➢Himmelbett-Verfahren oder der weiträumigen Verfolgungsnachtjagd ➢ »Zahme Sau«. Für die »W.« wurden seit Sommer 43 nach der Störung des ➢ Lichtenstein-Radars durch ➢ »Window«-Abwurf v.a. Me 109 und Fw 190 mit Zusatztanks eingesetzt. Sie versammelten sich im hell erleuchteten Zielgebiet (Brände, Scheinwerfer, Markierungswürfe) der feindl. Bomber und griffen auf Sichtweite an. Bei schlechtem Wetter häuften sich jedoch die eigenen Ausfälle, so daß die »W.« im März 44 eingestellt wurde. Inzw. hatten die zweimotorigen Nachtjäger mit ➢ Naxos und dem neuen ➢ Lichtenstein SN 2 neue leistungsfähige Radaraugen zum Aufspüren der anfliegenden Bomberverbände bekommen.

Wilhelm Gustloff, Passagierschiff der Dt. Arbeitsfront, benannt nach dem am 4.2.36 ermordeten Schweizer NSDAP-Funktionär, Stapellauf 5.7.37, 25 484 BRT, 208,5 m lang, 23,5 m breit, 10 Decks, 417 Mann Besatzung, Kapazität für 1465 Passagiere, Jungfernfahrt 23.3.38. Die W. wurde bei Kriegsbeginn zum Hilfsbeischiff der Kriegsmarine erklärt und als Lazarett- und Kasernenschiff in Gotenhafen eingesetzt. Nach Bombentreffern und Reparatur ging sie am 30.1.45 mit 6600 Menschen, zumeist Flüchtlingen, an Bord bei minus 18 Grad in See mit Ziel Kiel-Flensburg. Um 21.08 Uhr wurde sie vor Stolpmünde vom sowjet. U-Boot S 13 torpediert und sank innerhalb einer Stunde; 5348 Menschen kamen ums Leben.

Wilna (Vilnius), Hauptstadt Litauens mit 209 000 Einwohnern (1939). W. wurde gemäß Dt.-Sowjet. Nichtangriffsvertrag am 16.6.40 von der Roten Armee besetzt, die nach Beginn des Rußlandfeldzugs am 24.6.41 die Stadt vor der dt. 7. Pz.div. (v. Funck) wieder räumen mußte. Die nat.-soz. Behörden richteten in W. ein Getto ein, das immer wieder durch Massenerschießungen v.a. Arbeitsunfähiger (wöchentl. bis zu 1000 Menschen) dezimiert und schließl. Mitte Okt. 41 durch Erschießung von 15 000 Insassen zu einem großen Teil geleert wurde; zu ähnl. Massakern kam es am 24.10. (rd. 7000 Ermordete) und 5.11.41 (3000 Opfer). Bis Herbst 43 wurden die meisten der überlebenden jüd. Einwohner in die balt. Staaten deportiert, die verbleibenden rd. 3000 Juden erschossen SS-Kommandos im Juli 44. Wenige Tage später traten 4 sowjet. Fronten zum Vorstoß Richtung W. an, erreichten es am 9.7. und kämpften die dt. Verteidiger unter Gen.major Stahel bis 13.7. mit Hilfe von Einheiten der poln. ≫ Heimatarmee nieder, die nach dem Sieg von der Roten Armee allerdings entwaffnet wurden.

»Window«, Codename für das brit. Verfahren zur Störung dt. Funkmeßgeräte durch Massenabwurf von Metallfolien; erstmals mit durchschlagendem Erfolg praktiziert beim Großangriff ≫ »Gomorrha« auf Hamburg in der Nacht zum 25.7.43. Dichte Wolken von 30 cm langen und 1,5 cm breiten Aluminiumstreifen (»Chaff«) saturierten das im Dezimeterwellenbereich arbeitende ≫ Würzburg- und ≫ Lichtenstein-Radar der Bodenabwehr und Nachtjagd. Das »W.«-Verfahren war beiden Seiten schon seit über einem Jahr bekannt und hieß bei der dt. Luftwaffe »Düppel«. Man verzichtete jedoch zunächst auf den Einsatz aus Sorge, der Gegner könne nach dem gleichen Muster das eigene Radar mattsetzen. Nach dem ersten Überraschungserfolg wurden Gegenmaßnahmen entwickelt, u.a. Entstörgeräte wie »Würzlaus« oder Ausweichen auf andere Radarfrequenzen, wobei der kürzere Zentimeterwellenbereich am schwersten zu stören war. Die dt. Luftwaffe wandte das »W.«- bzw. »Düppel«-Verfahren (»düppeln«) u.a. bei ihrer letzten Bomberoffensive ≫ »Steinbock« gegen Großbrit. an.

Wingate, Orde Charles, * Naini Tal (Uttar Pradesh/Indien) 1903, † N-Burma 24.3.1944, brit. Gen.major; Absolvent der Militärakademie in Woolwich. W., der Arabisch studiert hatte und bei den Kameraden als Exzentriker bekannt war, sammelte erste Erfahrungen als Kolonialoffizier im Sudan und in den 30er Jahren in Palästina, wo er sog. Night Squads, irreguläre zionist. Kommandoeinheiten, zum Schutz jüd. Siedlungen aufstellte. Nach Kriegsausbruch zeichnete er sich mit der sog. Gideon Force, einer einheim. Partisanentruppe, bei der Rückeroberung ≫ Abessiniens aus (Frühjahr 41). Sein langjähriger

Vorgesetzter und OB in Indien ≫ Wavell berief W. 1942 nach Burma, wo der ideenreiche »Napoleon des Guerillakriegs« die Spezialtruppe der ≫ Chindits ins Leben rief. Sie hatte trotz hoher Verluste großen Anteil am alliierten Sieg über die japan. Dschungel-Bastionen, den W. allerdings nicht mehr erlebte. Er kam bei einem Flugzeugunfall zu Beginn einer durch Chindits unterstützten alliierten Offensive ums Leben.

»Wintergewitter«, Deckname für einen Entsatzvorstoß zur Befreiung der in ≫ Stalingrad eingeschlossenen dt. 6. Armee (Paulus). »W.« lief, getragen von der 4. Pz.armee (Hoth), von SW her am 12.12.42 an, blieb aber 48 km vor Stalingrad liegen. Unter diesen Umständen wurde ein Ausbruchsversuch der 6. Armee (Deckname »Donnerschlag«) von Hitler, der sich nach wie vor Illusionen über eine mögl. Luftversorgung der eingeschlossenen Verbände machte, verboten.

Winterkrieg, Bez. für den finn.-sowjet. Krieg vom 30.11.39 bis zum 12.3.40. Der W. wurde von der UdSSR provoziert, nachdem Finnland im ≫ Dt.-Sowjet. Nichtangriffsvertrag zur Einflußsphäre Moskaus erklärt worden war. Helsinki verweigerte die ultimativ geforderten sowjet. Stützpunkte auf finn. Staatsgebiet ebenso wie die »Korrektur« der Grenze in Karelien. Mit 450 000 Mann griff daraufhin die Rote Armee die weit unterlegenen finn. Streitkräfte an, scheiterte aber zunächst an der ≫ Mannerheim-Linie. Erst der Einsatz weiterer 500 000 Rotarmisten unter Timoschenko brachte den sowjet. Sieg, den Stalin aber wegen drohender Intervention der Westmächte nicht wie gewünscht ausnutzen konnte und sich bei einem Verlust von 207 000 Gefallenen und Verwundeten im Frieden von Moskau mit Gebietsgewinnen von 35 000 km², einigen Stützpunkten und dem Abschluß eines Nichtangriffsvertrags zufriedengeben mußte. Nach Beginn des dt. Angriffs auf die Sowjetunion (22.6.41) erklärte Finnland am 26.6. Moskau den »Fortsetzungskrieg« zur Revision der harten Friedensbedingungen. Das Versagen der Roten Armee im W. führte bei Hitler zu einer fatalen Unterschätzung der militär. Schlagkraft der Sowjetunion und ihrer Menschen- und Materialressourcen.

Winterkrieg: bis auf die Sehschlitze eingemummter finnischer Soldat im Kampf im offenen Gelände

Witzleben, Erwin von, * Breslau 4.12. 1881, † Berlin-Plötzensee 8.8.1944 (hingerichtet), dt. Gen.feldmarschall (19.7.40); 1.2.34 Gen.major und OB im Wehrkreis III, 1.12.34 Gen.leutnant, 1.10.36 Gen. der Inf. Als OB der dt. 1. Armee wurde W. am 1.11.39 zum Gen.oberst befördert. Er führte seinen

Verband auch im W, wurde am 26.10.40 OB der Heeresgruppe D in Frkr. und am 1.5.41 OB West. Schon seit 1936 aktiv im Widerstand, wurde W. am 21.3.42 auf Verdächtigungen hin von Hitler in den Ruhestand verabschiedet. Trotz religiöser Bedenken rang er sich zur Zustimmung zum Attentat Stauffenbergs durch und sollte nach dessen Gelingen OB der Wehrmacht werden. Einen Tag nach Scheitern des Umsturzversuchs vom 20.7.44 wurde W. verhaftet und am 8.8.44 zum Tod verurteilt.

Wjasma, sowjet. Stadt an der Rollbahn Smolensk – Moskau mit 25000 Einwohnern (1941). W. wurde am 7.10.41 von der dt. 7. Pz.div. (v. Funck) der Pz.gruppe 2 (Guderian) erobert, die im Rahmen des Unternehmens »Taifun« auf Moskau vorstieß. In einer Doppelschlacht vernichteten die dt. Truppen im Raum W. und ➢ Brjansk mehrere sowjet. Armeen und brachten 673000 Gefangene ein. Während der sowjet. Gegenoffensive im Winter 41/42 erreichte das 1. Garde-Kavallerie-Korps (Below) den Stadtrand von W., konnte es aber nicht nehmen. Erst am 12.3.43 räumte die dt. 4. Armee (Heinrici) die Stadt.

Wlassow, Andrej, * Lomkino bei Nischnij Nowgorod 1.9.1900, † Moskau 2.8.1946 (hingerichtet), sowjet. Gen.leutnant; 1919 Eintritt in die Rote

Wlassow: der ehemalige sowjetische Generalleutnant bei der Inspektion seiner Truppen, Ende 1944

Armee. W. war bei Beginn des dt. Rußlandfeldzuges Kommand. Gen. des IV. Panzerkorps und verteidigte im Sept. 41 Kiew als OB der 37. Armee. Nach Erfolgen bei der Schlacht um Moskau (Dez.41) wurde W. am 21.3.42 in den Wolchow-Kessel eingeflogen, wo er am 11.7.42 in dt. Gefangenschaft geriet. Er stellte sich dem ≫ Smolensker Komitee zur Verfügung, verfaßte am 10.9.42 sein erstes Flugblatt, das sowjet. Soldaten zum Überlaufen aufforderte, und bemühte sich um die Bildung einer Freiwilligenarmee aus sowjet. Kriegsgefangenen zur Befreiung Rußlands vom Bolschewismus. Die nat.-soz. Führung aber benutzte ihn nur zu Propagandazwecken, hielt ihn hin und gestattete erst bei aussichtsloser Lage die Bildung von 2 Divisionen (W.-Armee). Von US-Truppen 1945 gefangengenommen, wurde W. an die Sowjetunion ausgeliefert.

Wolff, Karl, * Darmstadt 13.5.1900, † Rosenheim 15.7.1984, SS-Obergruppenführer und Gen. der Waffen-SS (30.1.42); 1931 NSDAP- und SS-Beitritt, Juli 33 persönl. Adjutant Himmlers, 30.1.37 Gruppenführer, 1939 Verbindungsmann zum Führerhauptquartier. W. ging als Höchster SS- und Polizeiführer am 23.9.43 nach Italien, wo er seit 26.7.44 als Bevollmächtigter Gen. der Wehrmacht die Reg. Mussolini in ≫ Salò kontrollierte. Bei sich abzeichnender dt. Niederlage knüpfte W. Kontakte zum US-Geheimdienst in der Schweiz und erreichte eine vorzeitige Waffenstreckung am 29.4.45 (in Kraft 2.5.). Im Nürnberger Prozeß gegen die Hauptkriegsverbrecher trat W. als Zeuge auf, wurde selber in einem dt. Spruchkammerverfahren 1949 zu 4 Jahren Gefängnis und am 30.9.64 wegen Beihilfe zum Mord in mindestens 300 000 Fällen (Judendeportationen) zu 15 Jahren Zuchthaus verurteilt; 1971 Haftverschonung aus Gesundheitsgründen.

Woronesch, sowjet. Stadt am gleichnamigen Fluß, knapp oberhalb der Mündung in den Don, mit 327 000 Einwohnern (1940). W. lag während der dt. Sommeroffensive ≫ »Blau« im Angriffsraum der 4. Pz.armee (Hoth) und wurde Anfang Juli 42 erreicht. Von der dt. 2. Armee (v. Salmuth) besetzt, mußte W. jedoch schon am 25.1.43 vor den angreifenden sowjet. Armeen 40 (Moskalenko) und 60 (Tschernjachowski) aufgegeben werden.

Woroschilow, Kliment Jefremowitsch, * Werchenaja (Ukraine) 23.1.1881, † Moskau 3.12.1969, Marschall der Sowjetunion (20.11.35); Maschinenbauarbeiter, wegen revolutionärer Aktivitäten mehrfach inhaftiert, im Bürgerkrieg enger Mitarbeiter Stalins, 1918 OB der 10. Armee, 1919 der 14. Armee, 1926 Mitglied des Politbüros, Nov. 25 bis Juni 34 Volkskommissar (Min.) für Krieg und Marine, dann bis Mai 40 Mitglied des Verteidigungsrats. Nach dem dt. Angriff (22.6.41) gehörte W. zum ≫ Stawka und führte im Sept. 41 die Leningrad-Front, wurde nach den katastrophalen Niederlagen von Schukow abgelöst und mit der Unterstützung der Partisanen-Bewegung betraut. Nach Stalins Tod 1953-60 Staatsoberhaupt (Vors. des Präsidiums des Obersten Sowjet).

Würzburg, Deckname für das Funkmeßgerät FuMG 62 der dt. Luftwaffe.

Seit 1941 gehörten W.-Geräte zur Standardausrüstung der Flak- und Scheinwerferbatterien; sie meldeten anders als die ➢ Freya-Frühwarnanlagen auch die Höhe anfliegender Maschinen, erster Einsatz Juni 40 im Ruhrgebiet. Auch schon 1941 kam es zum Einsatz des W. zur Nachtjagdführung beim ➢ Himmelbett-Verfahren, das durch die verbesserte Version des W.-Riesen (FuMG 65) mit 65 statt 40 km Reichweite 1942 ausgebaut wurde. Das Standard-W. mit einem schwenkbaren Parabolspiegel von 3 m Durchmesser arbeitete auf der 53,6-cm-Welle. Eine W.-Stellung bei ➢ Bruneval in der Normandie war am 27./28.2.42 Ziel eines brit. Kommandounternehmens, bei dem das bis dahin geheime Gerät zur techn. Untersuchung nach England entführt wurde. Das ermöglichte der RAF, die dt. Luftabwehr seit Sommer 43 durch Abwurf von Aluminiumstreifen (➢ »Window«) eine Zeitlang wirksam zu stören. Rd. 4000 W. und 1500 W.-Riesen wurden gebaut.

Y

Yamamoto, Isoroku, * Nagaoka (Hondo) 4.4.1884, † Salomonen 18.4.1943, japan. Admiral (Nov. 40); 1901 Marine-Akademie, Teilnahme an der Seeschlacht von Tsushima im russ.-japan. Krieg (1905), 1919/21 Studium in den USA, 1925 Marineattaché, 1930 Konteradmiral, 1935 stellv. Marinemin., 1938 OB der 1. Flotte. Im Nov. 40 wurde der für seine scharf antiamerikan. Haltung bekannt Y. OB der japan. Vereinigten Flotte und setzte zus. mit ≫ Nagumo v.a. auf den Ausbau der Trägerflotte, mit der er in einem Konflikt mit den USA die weit verstreuten Ziele im Pazifik erreichen wollte. Auf Y. ging auch der Plan zur Ausschaltung der amerikan. Pazifikflotte durch den Träger-Raid gegen ≫ Pearl Harbor zurück, den er leitete und mit dem er den Krieg im Pazifik auslöste. Er führte ihn mit entschlossenen Angriffen und großen Anfangserfolgen, ehe am 4.6.42 in der Seeschlacht bei ≫ Midway, bei der er persönl. den japan. Angriff kom mandierte, der erste große Rückschlag folgte. Neben ungenauer Aufklärung, Unterschätzung der amerikan. Kräfte u.a. hatte dazu die Verzettelung der japan. Flotte durch Y. beigetragen. Die katastrophalen Folgen für die japan. Kriegführung erlebte Y. nur noch in Ansätzen: während der Schlacht um die ≫ Salomonen reiste er Mitte April 43 zur Inspektion auf die Insel ≫ Bougainville; beim Anflug seines von einer Gruppe Zero-Jäger geschützten Bombers auf den Flugplatz von Kaihili wurde die Maschine von amerikan. Langstreckenjägern P-38 ≫ Lightning abgeschossen. Die Amerikaner hatten den japan. Code entschlüsselt und kannten daher auf die Minute Y.s Ankunftszeit. Y. wurde postum zum Großadmiral befördert.

Yamashita, Tomoyuki, * Kochi 1885, † Manila 27.2.1946 (hingerichtet), japan. Armeegen. (1943). Als OB der japan. 25. Armee erhielt Y. bei Kriegsbeginn im Pazifik (7.12.41) den Auftrag zur Eroberung der Malaiischen Halbinsel (Malaya) mit ≫ Singapur, das er am 15.2.42 fast ohne Verluste nehmen konnte; 70 000 brit. Verteidiger unter Gen.leutnant Percival gerieten in Gefangenschaft. Y. wurde danach OB der japan. Truppen in der ≫ Mandschurei und im Sept. 44 mit der Verteidigung der Philippinen gegen amerikan. Landungen betraut. Er fand auf der Hauptinsel Luzon eine zusammengewürfelte Streitmacht von 262 000 Mann Marine-, Heeres-, Transport- und Sanitätspersonal vor, die seit der Niederlage in den Schlachten im ≫ Leyte-Golf (Okt. 44) zudem kaum noch Nachschub erhielt. Er formte daraus die japan. 14. Armee und teilte die Insel in drei Verteidigungsbereiche ein. Er selbst kommandierte im N mit dem Gros der Truppen, konnte aber die Landung der 6. US-Armee (Krueger) im Lingayen-Golf am 9.1.45 kaum behindern und nur einige Erfolge durch ≫ Kamikaze-Angriffe erzielen. Y. zog sich auf Manila zurück, das er eigentl. aussparen wollte, das aber in erbitterter Schlacht gegen seinen Befehl von Marineeinheiten vom 4.2. bis 3.3.45 verteidigt und so zerstört wurde. Bis 15.8. war die amerikan. Eroberung Luzons abgeschlossen; Y. führte jedoch noch bis zur Kapitulation Japans (2.9.) in den Bergen Guerilla-Krieg. Nach der Gefangennahme wegen Verbrechen gegen die Menschlichkeit (u.a. Gefangenenmißhandlung und -ermordung), die er bestritt, am 29.10.45 vor Gericht gestellt, wurde er zum Tod verurteilt; ein Gnadengesuch blieb erfolglos.

Yamato, japan. Schlachtschiff, 8.8.40 Stapellauf, 16.12.41 in Dienst gestellt, 69 100 t, 27 kn, 263 m lang, 38,9 m breit, 2500 Mann Besatzung; Bewaffnung: 9x45,6 cm (wie beim Schwesterschiff ≫ Musashi die schwersten je auf einem Schiff installierten Geschütze), 6x15,5 cm, 24x12,7 cm, 113 kleinere Rohre. In der Seeschlacht bei ≫ Midway Anfang Juni 42 war die Y. Flaggschiff des japan. OB Admiral Yamamoto und wurde sonst in Reserve gehalten. Ende Dez. 43 sollte sie Truppentransporte von Truk nach Rabaul decken, fiel aber nach Torpedierung durch das US-U-Boot Skate am 24.12. aus. Im Juni 44 gehörte die Y. zur Vorhut der japan. Flotte (Ozawa) in der Schlacht in der ≫ Philippinen-See und bei den Gefechten im ≫ Leyte-Golf im Okt. 44 zur Zentralgruppe (Kurita) und wurde am 24.10. von US-Trägerflugzeugen leicht beschädigt. Trotz weiterer Beschädigung bei einem amerikan. Luftangriff auf die Werft von Kure am 19.3.45 lief die Y. am 6.4.45 zum Angriff auf die US-Landung auf ≫ Okinawa aus. Sogleich von der amerikan. Aufklärung erfaßt, griffen am 7.4. um 10 Uhr 280 Trägerflugzeuge die Y. und ihre Kampfgruppe an und erzielten um 12.41 Uhr 2 Bomben- und 1 Torpedotreffer auf der Y.; eine zweite Welle mit 100 US-Maschinen verwandelte mit 9 weiteren Torpedo- und 3 Bombentreffern die Y. in ein Wrack, das um 14.23 Uhr explodierte und 2498 Mann, darunter den OB der Flotte, Vizeadmiral Ito, und den Kommandanten, Konteradmiral Ariaga, in die Tiefe riß.

Yorktown, amerikan. Flugzeugträger, 4.4.36 Stapellauf, 30.9.37 in Dienst gestellt, 20 000 t, 34 kn, 246,9 m lang, 25,3 m breit, bis 2919 Mann Besatzung; Bewaffnung: 8x12,7 cm, zahlr. kleinere Fla-Rohre, bis 90 Flugzeuge. Die Y. operierte nach Kriegsbeginn bis Mitte 41 im Atlantik und verlegte im Dez.41 in den Pazifik, wo sie an mehreren Trägerraids teilnahm, u.a. gegen die japan. Landungsflotte vor Rabaul (März 42). Während der Trägerluftschlacht in der ≫ Korallensee kämpfte sie mit der US-Task Force 17 (Fletcher) und wurde am 8.5.42 durch Bombentreffer beschädigt. Sie konnte dennoch im folgenden Monat in der See-Luft-Schlacht bei ≫ Midway eingesetzt werden, in der sie am 4.6. 3 Bomben und 2 Lufttorpedos von Trägerflugzeugen der Hiryu trafen und in Brand setzten. Die Mannschaft ging von Bord. Ein Rettungstrupp bemühte sich vergebl., das hilflos in der See treibende Schiff zum Abschleppen flottzumachen. Nach einem Torpedotreffer durch das japan. U-Boot I-168 mußte die Y. am 7.6. aufgegeben werden.

Z

»Zahme Sau«, Tarnbez. der dt. Luftwaffe für die weiträumige Verfolgungsnachtjagd im Gegensatz zur objektgebundenen hellen ≫ »Wilde Sau«-Taktik. Zur »Z.« versammelten sich nach erkannten Feindeinflügen zweimotorige Nachtjagdgruppen aus allen Teilen des Reichs um verschiedene Funkfeuer. Von dort wurden sie durch eine laufende Funksprechreportage vom Boden oft über mehrere hundert km hinweg in den feindl. Bomberstrom geschleust, wo sie sich ihre Opfer mit dem bordeigenen ≫ Lichtenstein-Radar selber suchten. Begünstigt wurde diese Taktik durch die Einführung des ≫ Naxos-Peilers und der ≫ »Schrägen Musik« als Angriffsbewaffnung. Die »Z.«-Taktik wurde erstmals erfolgreich in der Nacht vom 17./18.8.43 beim ≫ »Hydra«-Angriff der RAF gegen Peenemünde (41 Abschüsse) praktiziert. Sie brachte dem Bomber Command in den folgenden Monaten über dem Ruhrgebiet und Berlin steigende Verluste; Höhepunkt war der Langstreckenangriff auf ≫ Nürnberg, bei dem am 30./31.3.44 95 viermotorige Bomber abgeschossen wurden. Zeitweilig mußte die brit. Nachtoffensive sogar unterbrochen werden, doch erlahmte auch die »Z.« bald wieder durch Treibstoffmangel und verbesserte alliierte Störmethoden.

Zeitzler, Kurt, * Coßmar (Luckau/Brandenburg) 9.6.1895, † Hohenaschau (Oberbayern) 24.9.1963, dt. Gen.oberst (30.1.44). Als Chef des Gen.stabs des XXII. AK bei der 14. Armee ging Z. in den Polenfeldzug, übernahm die gleiche Funktion im März 40 bei der Pz.gruppe A (v. Kleist), mit der er in Frkr., auf dem Balkan und in Rußland kämpfte (25.10.41 umbenannt in 1. Pz.armee). Am 1.4.42 wechselte Z. als Chef des Gen.stabs zur Heeresgruppe D (v. Rundstedt) im W und wurde schließl. am 24.9.42 als Nachfolger von Gen. oberst Halder Chef des Gen.stabs des Heeres. Von dem energ. Z. (Spitzname »Kugelblitz«) erhoffte sich Hitler mehr Zustimmung für seine immer riskantere Kriegführung. Doch schon während der Krise in Stalingrad kam es zu schweren Konflikten zw. beiden. Viermal lehnte Hitler Ablösungsgesuche ab, ehe er Z. am 10.7.44 doch verabschiedete, formell am 31.1.45. Bis 1947 war Z. in brit. Kriegsgefangenschaft.

Zero-Sen, Beiname des japan. Jagdeinsitzers Mitsubishi A6M Reisen, Erstflug 1.4.39.
Das berühmteste aller japan. Kriegsflugzeuge war auf Wunsch der Piloten unter Verzicht auf selbstschließende Tanks und auf Panzerung ganz auf Manövrierfähigkeit im Kurvenkampf ausgelegt. Als erster Trägerjäger der Welt war die Z. auch landgestützten Gegnern wie der brit. ≫ Hurricane oder der amerikan. P-40 ≫ Warhawk klar überlegen. Sie

sicherte den kaiserl. Marinefliegern bis Ende 42 die Vorherrschaft beim Luftkrieg über dem Pazifik und SO-Asien. Das Bild änderte sich jedoch, als sie es auf amerikan. Seite mit leistungsstärkeren Baumustern wie den neuen Navy-Jägern ≫ Hellcat und Corsair oder der P-38 ≫ Lightning zu tun bekam. Unter dem Druck wachsender Verluste bemühten sich die Konstrukteure, die Z. durch stärkere Triebwerke, Panzerung und Bewaffnung den härteren Kampfbedingungen anzupassen. So wurde die zweite Baureihe A6M3 im Herbst 43 durch die abermals verbesserte Großserie A6M5 mit 1130 PS, max. 565 km/h in 6000 m Höhe und 1920 km Reichweite abgelöst. Zu den 2x20-mm-Kanonen in den Flügeln kamen bis zu 3x13-mm-MG. Zunehmende Bedeutung gewann die Z. seit Herbst 44 als Jagd- und Sturzbomber sowie als ≫ Kamikaze-Flugzeug. Die A6M8 mit einem 1560-PS-Motor Mitsubishi Kinsei bildete den letzten, vergebl. Versuch, den techn. Rückstand aufzuholen. Insges. liefen 10937 Exemplare aller Versionen vom Band.

»Zitadelle«, Deckname für die dt. Offensivoperation gegen den weit nach W vorspringenden Frontbogen vor Kursk. Für das am 5.7.43 ausgelöste Unternehmen »Z.« traten an: im S bei Belgorod die Armee-Abt. Kempf und die 4. Pz.armee (Hoth) mit 7 Inf.- und 11 Pz.div. sowie 3 Sturmbrigaden, im N bei Orel die 9. Armee (Model) mit 7 Inf.-, 6 Pz.- und 2 Pz.grenadierdiv. Insges. setzte die Wehrmacht 2000 Pz., darunter erstmals 90 schwere, selbst dem ≫ T-34 überlegene ≫ Tiger I sowie ≫ Panther, und 1800 Flugzeuge der Luftflotten 4 (Deßloch) und 6 (Ritter v. Greim) ein. Der Plan »Z.« war der Führung der Roten Armee längst durch den langwierigen Aufmarsch und beste Unterrichtung durch ≫ Partisanen in allen Details bekannt, so daß entspr. Kräfte an den Einbruchstellen konzentriert wurden. Den nördl. dt. Vorstoß sollte die Zentralfront (Rokossowski) auffangen, die dafür über 37 Schützendiv., 6 Pz.korps und 3 mot. Brigaden verfügte; im S verteidigte die Woronesch-Front (Watutin) mit 30 Schützendiv., 8 Pz.korps und 13 mot. Brigaden. Gegen diese geballte Streitmacht hinter tiefgestaffelten Abwehrstellungen kam der mehrfach verschobene und durch sowjet. Bombardements gestörte Angriff nur schleppend und unter unvertretbar hohen Verlusten voran. Am 10.7. erlosch die Offensivkraft des nördl. Angriffskeils, der nur 15 km vorgedrungen war, im S blieb der dt. Vorstoß nach 35 km liegen, nachdem die Sowjets 2 Armeen und 1 Garde-Pz.korps von der Steppenfront (Konjew) zur Verstärkung herangeführt hatten. Vollends gescheitert war das Unternehmen »Z.« spätestens am 12.7., als nördl. Orel eine sowjet. Gegenoffensive der West- (Sokolowski) und der Brjansker Front (Popow) gegen die dt. 2. Pz.armee (Schmidt) losbrach, so daß Hitler sich am nächsten Tag zur Einstellung des Angriffs gezwungen sah, zumal die krisenhafte Entwicklung auf Sizilien beim unsicher werdenden Bundesgenossen die Abgabe von Kräften erforderte. Die Initiative im O war mit dieser größten Pz.schlacht des Krieges, an der 6000 Kampfwagen und fast 2 Mio. Mann beteiligt waren, endgültig an die Rote Armee übergegangen, auch wenn ihre Verluste durch die Operation »Z.« höher lagen als bei der Wehrmacht: Die Sowjets zählten 17 000 gefallene und 34 000 gefangene Rotarmisten, auf dt. Seite waren 3300 Mann gefallen und 17 420 in Gefangenschaft geraten, die unersetzl. Materialverluste nicht gerechnet.

Zufuhrkrieg (Handelskrieg), Bekämpfung feindl. Warentransporte zur See, im engeren Sinn die Gesamtheit der militär. Maßnahmen von dt. Kriegsmarine und Luftwaffe zur Störung oder gar Unterbrechung des Seenachschubs für Großbritannien. Nach den schmerzl. eigenen Erfahrungen im 1. Weltkrieg mit der brit. ➢ Blockade wurde auf dt. Seite die noch größere Abhängigkeit Englands von seinen überseeischen Schifffahrtslinien erkannt und seit 1938, als ein militär. Konflikt mit der größten Seemacht nicht mehr auszuschließen war, verstärkt bei der Seerüstung berücksichtigt. Dabei setzte sich zunächst die Haltung des OB der Kriegsmarine durch, der den Schwerpunkt auf den Ausbau der schweren Überwasserstreitkräfte legte. Da aber der Krieg wesentl. schneller kam, als es Hitler Raeder gegenüber prognostiziert hatte (1943), mußten neue Prioritäten gesetzt werden: Nur die U-Boot-Waffe konnte in dieser Lage einigermaßen rasch ausgebaut werden und mit Aussicht auf Erfolg in die ➢ Atlantikschlacht gehen. Fast der gesamte brit. Nachschub näml. mußte über die Atlantikrouten, die sog. »Western Approaches«, abgewickelt werden, so daß die Nebenmeere wie ➢ Mittelmeer, ➢ Ärmelkanal, ➢ Nordsee, ➢ Nordpolarmeer u.a. im Z. nur Nebenkriegsschauplätze bildeten. V.a. dort konnte die Luftwaffe einen großen Teil der Last des Kampfes tragen, während im Fernbereich die Kriegsmarine fast gänzl. auf sich allein gestellt war. Ihre schweren Einheiten waren dabei zahlenmäßig der Royal Navy hoffnungslos unterlegen, so daß sie sich auf Einzeloperationen beschränken mußten, die immerhin ein Vielfaches an gegner. Kräften banden. Mit Verlust der ➢ Admiral Graf Spee und schließl. der ➢ Bismarck schwanden die Chancen weiter, und so brach die Seekriegsleitung schließl. mit dem ➢ Kanaldurchbruch im Febr. 42 den Z. mit Großkampfschiffen ab. Über Wasser beteiligten sich daran nur noch die ➢ Hilfskreuzer, freil. ohne entscheidende Wirkung, die zudem nach Ausfällen rasch sank. Dagegen erreichte die U-Boot-Waffe 1941/42 ihre größte Wirksamkeit und rückte durch rapide ansteigende Versenkungszahlen einen Sieg im Z. in greifbare Nähe. An diesen Erfolgen wuchs allerdings auch der Gegner, dessen Geleitzugsysteme, Peilüberwachung, Wasserbomben- und Trägereinsatz immer perfekter wurden. Als mit Einführung des ➢ Radars und durch die Entschlüsselung des dt. U-Boot-Funkverkehrs seit Jan. 43 eine sinnvolle Fortsetzung der ➢ Rudeltaktik nahezu unmögl. wurde, mußte der Z. auch unter Wasser weitgehend eingestellt werden. Er war damit insges. verloren und beschränkte sich in den letzten beiden Kriegsjahren zunehmend auf Minenunternehmen und Luftangriffe im Nahbereich, die den angloamerikan. Nachschub nicht mehr ernsthaft zu gefährden vermochten.

Zuikaku, japan. Flugzeugträger, 27.11.39 Stapellauf, 25.9.41 in Dienst gestellt, 25 675 t, 34 kn, 250 m lang, 26 m breit, 1660 Mann Besatzung; Bewaffnung: 16x12,7 cm, zahlr. kleinere Fla-Rohre, 84 Flugzeuge. Die Z. gehörte zum japan. Trägerverband, der am 7.12.41 seine Maschinen zum Überfall auf die amerikan. Pazifikflotte in ➢ Pearl Harbor aufsteigen ließ und damit den Krieg in Fernost auslöste. In der Träger-Luftschlacht in der Korallensee (Mai 42) blieb die Z. zwar unbeschädigt, verlor aber nahezu alle ihre Maschinen mit ihren Besatzungen, so daß sie für das Unternehmen gegen ➢ Midway im folgen Monat nicht eingesetzt wurde. Es folgten mit der Trägergruppe Vizeadmiral Nagumos die Schlachten östl.˙ der Salomonen (Aug. 42) und bei den Santa-Cruz-Inseln (Ende Okt. 42). Auch an der letzten japan. Luftoffensive im April 43 gegen amerikan. Schiffe vor Tulagi und Guadalcanal nahmen die Maschinen der Z. teil und erzielten auch einige Erfolge. Aussichtslos dagegen war ihr Kampf im folgenden Jahr in der Philippinen-See (Juni 44), wo sie, früh durch Radar geortet, reihenweise von amerikan. Jägern und Schiffsflak vom Himmel geholt wurden (»Truthahnschießen«); die Z. selbst erlitt leichte Beschädigungen durch Bombentreffer. Das Ende kam im ➢ Leyte-Golf: Am 25.10.44 griffen Trägerflugzeuge der Essex und der Lexington den von Vizeadmiral Ozawa befehligten Verband mit der Z. an und erzielten mehrere Torpedotreffer, die so schwere Schäden verursachten, daß der Träger nach Evakuierung der meisten Besatzungsmitglieder 7 Stunden später sank.

Zwangsarbeiter, zwangsrekrutierte Zivilarbeiter aus den dt. besetzten Gebieten im 2. Weltkrieg. Die Z. wurden v.a.in Landwirtsch. und Industrie im Dt. Reich eingesetzt oder auch in Zulieferbetrieben ihrer Heimat. Es handelte sich

Zwangsarbeiter: junge Tatarin aus dem Millionenheer der Ostarbeiter an der Drehbank eines Rüstungsbetriebes

vornehml. um Polen, Russen, Franzosen, Belgier und Niederländer. Nachdem man zunächst versucht hatte, Arbeitskräfte anzuwerben (»Fremdarbeiter«), wurde mit wachsender Kriegsdauer die Maske der Freiwilligkeit fallengelassen, der schon von Anfang an mit Drohung (Entzug der Lebensmittelkarten u.a.) nachgeholfen worden war. Am 21.3.42 ernannte Hitler ≻ Sauckel zum Generalbevollmächtigten für den Arbeitseinsatz, am 22.8.42 genehmigte ein Erlaß die Zwangsverpflichtung von Arbeitern in allen besetzten Gebieten und in den Gefangenenlagern, am 15.4.43 sprach Sauckel in seiner ersten Jahresbilanz von 3 638 056 »neuen fremdvölk. Arbeitskräften« und 1 622 829 Kriegsgefangenen, die der dt. Kriegswirtsch. »zugeführt« worden seien. Beim Nürnberger Prozeß wurde von einer Gesamtzahl von 12 Mio. Z. ausgegangen, von denen die überwältigende Mehrheit mit oft brutaler Gewalt von SS- und SD-unterstützten Einsatzkommandos der Arbeitsämter zum Dienst in Deutschland gepreßt wurde (z. T. regelrechte Verschleppung). Die Z. wurden von der Sicherheitspolizei und dem Referat »Ausländ. Arbeiter« bei der Gestapo überwacht. Während die Z. aus den westl. Ländern in etwa ihren dt. Kollegen gleichgestellt waren (insbes. die begehrten Facharbeiter), wurden die »Ostarbeiter« aus der Sowjetunion und die »nicht eindeutschungsfähigen« Z. aus Polen und Südosteuropa zahlr. Beschränkungen unterworfen. Sie mußten Kennzeichen auf der Kleidung tragen – »OST« für russ., »P« für poln. Z. –, durften nicht an kulturellen oder kirchl. Veranstaltungen teilnehmen, Radio und Zeitungen waren ihnen verboten, Verhältnisse mit dt. Frauen konnten als »Rassenschande« mit der Todesstrafe geahndet werden. Zudem erhielten die Z. aus dem Osten deutl. niedrigere Löhne, von denen sie noch bis zu 15 % abzuführen hatten (»Ostarbeiterabgabe«), da sie auch in der Heimat einen geringeren Lebensstandard gehabt hätten.

Zwanzigster Juli (1944), Tag des gescheiterten Attentats auf Hitler im Führerhauptquartier bei Rastenburg (Ostpreußen). Nach mehreren vergebl. Anläufen im Herbst 38, Winter 39/40 und 43 verdichteten sich unter der tatkräftigen Koordination und generalstabsmäßigen Planung durch Oberstleutnant i.G. ≻ Stauffenberg (seit 1.7.44 Oberst und Stabschef beim Befehlshaber des Ersatzheeres, Gen.oberst Fromm, in Berlin) seit Herbst 43 die Vorbereitungen höherer Militärs, ehemaliger Politiker, Gewerkschaftler und Diplomaten zum Staatsstreich. Der Entschluß zum aktiven Widerstand wurzelte in der polit.-moral. Ablehnung der dt. Kriegführung und Besatzungspolitik, bes. im O, und der Behandlung der Juden, in Zweifeln an der Führungsqualität Hitlers und im Bewußtsein der Kriegswende.

V.a. die Militärs standen vor dem Dilemma, bei Gelingen eines Staatsstreichs nach innen dem Volk die drohende Niederlage und den Bankrott des Regimes überzeugend demonstrieren und zugleich nach außen noch ausreichend Spielraum für einen ehrenvollen Waffenstillstand trotz der alliierten Forderung nach ≻ Bedingungsloser Kapitulation verteidigen zu müssen. Sie riskierten sogar bewußt eine neue »Dolchstoßlegende«. Unmittelbares Ziel der Verschwörer waren Beseitigung Hitlers, Übernahme der Gewalt im Reich durch die Wehrmacht nach Auslösung des Befehls ≻ »Walküre«, Festsetzung der Staats-, Partei-, SS-, SD- und Gestapoführung, Wiederherstellung von Recht und Freiheit, Unterstellung der KZ unter eigene Hoheit, Einsetzung einer vorläufigen Staatsgewalt (Reichsverweser L. Beck, Reichs-

Zwanzigster Juli: Mussolini, Dönitz, Hitler, Göring und Generaloberst Loerzer beim Fototermin nach dem Attentat

kanzler Goerdeler, Vizekanzler Leuschner, Innenmin. Leber, Außenmin. Hassell, OB der Wehrmacht Gen.feldmarschall Witzleben) und sofortige Einleitung von Sonderfriedensverhandlungen im Westen.

Die frühe Zerschlagung von Widerstandszentren durch die Gestapo (Jan. 44 Verhaftung Moltkes als Führer des ➢ Kreisauer Kreises, Febr. 44 Entmachtung Canaris' als Chef der ➢ Abwehr), die steckbriefl. Enttarnung Goerdelers am 18.7.44 und die Verhaftung von Leber und Reichwein sowie die dramat. schnelle Einengung des dt. militär.-polit. Handlungsspielraums nach der alliierten Landung in der Normandie (6.6.44) und dem sowjet. Durchbruch an der mittleren O-Front zwangen die Verschwörer nach zwei Aufschüben am 11. und 15.7. schließl. am Z. zum Losschlagen. Dabei übernahm Stauffenberg die überaus schwierige Doppelrolle als Attentäter und Leiter des Staatsstreichs in Berlin. Widrige Umstände im Führerhauptquartier (Lagebesprechung in einer Holzbaracke statt, wie übl., in einem Bunker, ungünstige Plazierung der Aktentasche mit der Zeitzünderbombe) führten dazu, daß Hitler das Attentat nur leicht verletzt überlebte und die von General Fellgiebel verordnete Nachrichtensperre zu schnell aufgehoben wurde. Dies hatte verhängnisvolle Folgen für die Berliner Leitzentrale des Staatsstreichs im Gebäude des OKH in der Bendlerstraße (heute Stauffenbergstraße). Hier lag die Initiative bei Beck, Gen.oberst Hoepner, Gen. Olbricht (Chef des Heeresamtes) und nach seiner Rückkehr aus Rastenburg (Abflug 13.15, Ankunft Berlin 15.45 Uhr) v.a. bei Stauffenberg. Er war überzeugt, Hitler getötet zu haben, obwohl er die Baracke wenige Minuten vor der Detonation verlassen hatte. Nach Ausgabe des Stichworts »Walküre« um 16 Uhr formierten sich jedoch auf die Nachricht vom Überleben Hitlers regimetreue Gegenkräfte um das Berliner Wachbataillon unter Major ➢ Remer und unter der Initiative von Keitel. Gegen 23 Uhr war der Putsch in Berlin gescheitert; Stauffenberg, Olbricht, Oberleutnant W. v. Haeften und Oberst Mertz v. Quirnheim wurden noch in der gleichen Nacht »standgerichtlich« erschossen; auch Beck wurde nach vergebl. Selbstmordversuch getötet. Zeitweilig erfolgreich war der Staatsstreich ledigl. in Paris (unter dem einsatzfreudigen Militärbefehlshaber Frkr., General ➢ Stülpnagel), Wien, Prag, Kassel und Frankfurt verlaufen. Der Blutjustiz des Volksgerichtshofes fielen in den Monaten nach dem Z. etwa 200 Verschwörer zum Opfer, etwa 7000 wurden verhaftet. Die Gründe für das Scheitern des Z. sind vielfältig: V.a. zählt die Tatsache, daß Hitler überlebte und sich keine profilierten Frontkommandeure mit ihren Truppen zur Verfügung stellten; auch ein gewisses Zaudern vieler Verschwörer in Berlin, die Überforderung Stauffenbergs durch seine Doppelfunktion, die Nichtbesetzung des Rundfunks, das Mißlingen der Festnahme von Goebbels und die zu frühe Aufhebung der Nachrichtensperre über Rastenburg dürften eine wichtige Rolle gespielt haben. Der Z. hat trotz seines Scheiterns durch den hohen Mut seiner Opfer und ihre moral. Integrität ein bis in unsere Gegenwart fortwirkendes Zeugnis für das »andere Deutschland« hinterlassen: »Es kommt nicht mehr auf den prakt. Zweck an, sondern darauf, daß der dt. Widerstand vor der Welt und vor der Geschichte den entscheidenden Wurf gewagt hat« (➢ Tresckow).

Zweite Front, von Stalin schon 1941 bei den Westmächten angemahnte Invasion des europ. Kontinents. Eine Z. wurde von Churchill und Roosevelt auch immer wieder, u.a. auf der Casablanca-Konferenz, zugesagt, doch konnten sie sich zunächst nicht zu einer direkten Konfrontation mit der Wehrmacht »vor der dt. Tür« entschließen, weil dazu noch die Kräfte fehlten. Das Desaster beim Raid gegen Dieppe im Aug. 42 diente v.a. Churchill als Beweis für das zu hohe Risiko einer Direktlandung in Frkr. und für die Schlüssigkeit seiner Strategie der Peripherie, die auf den »weichen Bauch Europas« von S her zielte. Er konnte daher gegenüber den Amerikanern die Landung ➢ »Torch« in N-Afrika durchsetzen, die den Afrikafeldzug endgültig entschied und seine 8. Armee (Montgomery) für weiteres Vorgehen freimachte. Das zielte nun auf ➢ Sizilien und das italien. Festland, wo eine Z. wegen der Kriegsmüdigkeit des dt. Verbündeten besonders vielversprechend schien. Von Stalin aber wurde dies richtig als Ausweichmanöver und als Versuch eingeschätzt, einem eventuellen Vormarsch der Roten Armee in SO-Europa zuvorzukommen und ihren Griff nach Mitteleuropa zu vereiteln. Die Spannungen im alliierten Lager verschärften sich durch das Z.-Problem bedrohl., so daß in ➢ Teheran Ende 43 endgültig die Entscheidung für eine ➢ Invasion in N-Frkr. fiel, die sich freil. noch mehrfach verzögerte. Erst am 6.6.44 stand eine vorerst noch schwache Z. in der Normandie und signalisierte endgültig die Niederlage des 3. Reiches.

Zwilling, Beiname des Schleppflugzeugs Heinkel ≫ He 111 Z. Die Konstruktion der Z. wurde auf Anregung ≫ Udets Anfang 41 speziell zum Schleppen des schweren Lastenseglers Me 321 ≫ Gigant entwickelt, da sich der Troika-Schlepp mit drei ≫ Me 110 als zu riskant erwies. Zwei He 111 wurden unter Fortfall je eines Außenflügels durch ein Mittelstück verbunden und mit einem zusätzl. fünften Motor bestückt. Insges. 12 Maschinen mit einer Spannweite von 35,20 m, 28,4 t Startgewicht und 6700 PS Startleistung wurden gebaut. Elf Schleppzüge wurden 1943 zur Versorgung des ≫ Kuban-Brükkenkopfs eingesetzt, auf dem Rückflug nahmen die Gigant-Segler bis zu 100 Verwundete mit. Nach der alliierten Landung auf Sizilien transportierten Z.-Schleppzüge von S-Frkr. Fallschirmjäger nach Italien. Dabei wurden ≫ Gotha 242-Lastensegler im Tandemschlepp benutzt. Techn. Daten: 5x1340 PS, max. 435 km/h in 8000 m Höhe, Schlepptempo 219 km/h mit einer Me 321; 2x13-mm- und 4x7,9-mm-MG, 7 Mann Besatzung.